Bernecker / Dirscherl (Hrsg.)
Spanien heute

BIBLIOTHECA IBERO-AMERICANA

Veröffentlichungen des Ibero-Amerikanischen Instituts
Preußischer Kulturbesitz
Herausgegeben von Dietrich Briesemeister
Band 65

Walther L. Bernecker / Klaus Dirscherl (Hrsg.)

Spanien heute

Politik · Wirtschaft · Kultur

Vervuert Verlag · Frankfurt am Main

1998

Die Deutsche Bibliothek - CIP-Einheitsaufnahme

Spanien heute : Politik, Wirtschaft, Kultur /
Walther L. Bernecker ; Klaus Dirscherl (Hrsg.). -
Frankfurt am Main : Vervuert, 1998
  (Bibliotheca Ibero-Americana ; Vol. 65)
  ISSN 0067-8015
  ISBN 3-89354-565-4

© Vervuert Verlag, Frankfurt am Main 1998
Alle Rechte vorbehalten
Gedruckt auf säure- und chlorfrei gebleichtem,
alterungsbeständigen Papier.
Printed in Germany

Inhaltsverzeichnis

Walther L. Bernecker / Klaus Dirscherl:
Einleitung 7

I. Demokratische Konsolidierung und neue politische Kultur

Peter A. Kraus / Wolfgang Merkel:
Die Konsolidierung der Demokratie nach Franco 37

Dag Oeing
Wahlenthaltung: Profil und Motive der spanischen Nichtwähler 63

Andreas Hildenbrand
Regionalismus und Autonomiestaat (1977-1997) 101

Walter Haubrich
Die politische Kultur 141

II. Alte und neue Machtträger: Monarchie, Militär, Wirtschaft

Walther L. Bernecker
Monarchie und Demokratie. Zur politischen Rolle von König Juan Carlos 161

Martina Fischer
Zur Bedeutung der Armee im nachfranquistischen Spanien:
Bruch und Kontinuität im Verhältnis von Militär und Gesellschaft 191

Gabriel M. Pérez-Alcalá
Die spanische Wirtschaft auf dem Weg nach Maastricht 225

Holm-Detlev Köhler
Gewerkschaften und Arbeitsbeziehungen in der Demokratie 267

III. Zum Wandel in der Gesellschaft

Roland Ostermann
Transition und sozialer Umbruch 297

Carlos Collado Seidel
Kirche und Religiosität 321

Claudia Hölzle
Das Schulsystem und die europäische Herausforderung 353

Karl-Wilhelm Kreis
Zwanzig Jahre demokratisches Spanien: Zur Entwicklung der Situation
der Frau nach dem Ende der Franco-Ära 381

IV. Spanien und das Fremde

Ana Barro / Klaus Dirscherl
Spanien und das Fremde 427

Norbert Rehrmann
Mehr Kontinuität als Bruch: Lateinamerikabilder spanischer
Schriftsteller, Wissenschaftler und Politiker 455

Rafael Domínguez Rodríguez
Der Tourismusboom und seine Folgen 485

V. Medienkultur

Ulrich Winter
Spanische Intellektuelle heute 517

Hans-Jörg Neuschäfer
Von der *movida* zum Kulturbusiness. Ein Blick in den
Literaturbetrieb der 90er Jahre 541

Jean-Pierre Castellani
Die Tagespresse im Medienwettbewerb – (teilweise) eine Erfolgsgeschichte ... 565

Klaus-Peter Walter
Pedro Almodóvar und das Kino der Gegenwart 581

Peter M. Spangenberg
Die Liberalisierung des Fernsehens. Iberische Variationen über
kulturelle, politische und wirtschaftliche Interessenlagen 609

VI. Anhang

Abkürzungsverzeichnis 643

Chronologie 647

Auswahlbibliographie 663
    1. Transition 663
    2. Wirtschaft und Gesellschaft 666
    3. Machtfaktoren und Institutionen 671
    4. Staat, Autonomien, Regionalismus 675
    5. Spanien und das Fremde 678
    6. Medien und Kultur 679

Autorinnen und Autoren 683

Personen- und Sachregister 691

Walther L. Bernecker / Klaus Dirscherl

Einleitung

Die vorliegende Ausgabe von *Spanien heute* ist im Vergleich zu den ersten beiden Auflagen des gleichnamigen Titels ein vollständig neues Buch: Die meisten Aufsätze sind als Originalbeiträge ausdrücklich für diesen Band geschrieben worden; für den Kulturteil konnte ein neuer Herausgeber gewonnen werden; in vielen Fällen sind neue Themenschwerpunkte gesetzt worden; wenn doch frühere Themen von den gleichen Autoren wieder bearbeitet worden sind, wurden die Beiträge umstrukturiert und bis in die unmittelbare Gegenwart fortgeschrieben; die Einleitung berücksichtigt all diese Änderungen und führt nicht nur in das Spanien der *transición* ein, sondern zieht bereits ein (vorläufiges) Fazit der sozialistischen Regierungsjahre und skizziert die Umstände der konservativen Wende von 1996; die Chronologie wurde aktualisiert, die Bibliographie durch Aufnahme neuester Titel vervollständigt.

Die in den einzelnen Beiträgen behandelte Zeitspanne umfaßt in erster Linie die Jahre zwischen 1975, als durch den Tod des früheren Staatschefs Francisco Franco der Übergangsprozeß in die Demokratie entscheidend angestoßen wurde, und heute; immer wieder mußte in den Aufsätzen jedoch auf die Jahre der Diktatur zurückverwiesen werden, um die Entwicklung der letzten zwei Jahrzehnte verständlich erscheinen zu lassen. Aus der Sicht des Jahres 1998 mußten bei dem Unterfangen, einen Aufsatzband über das heutige Spanien herauszugeben, drei Zeiteinheiten Berücksichtigung finden: zum einen die Jahre der *transición* im engeren Sinne des Wortes (1975-1982), zum anderen die lange Phase der sozialistischen Herrschaft (1982-1996), schließlich der Übergang der Regierungsgewalt an die konservative Volkspartei im Jahre 1996.

Die *transición*

Was jener insgesamt friedliche Systemwechsel von einer autoritären Diktatur in eine liberal-pluralistische Demokratie, die vielgepriesene *transición*, in einer längerfristigen historischen Perspektive bewirkt hat, macht ein Vergleich zwischen den dreißiger und den neunziger Jahren deutlich. Blickt man nämlich heute auf die letzten sechzig Jahre spanischer Geschichte zurück, auf die Zeit der Republik (in ihren Friedens- und Bürgerkriegsjahren), auf die lange Epoche der franquistischen Diktatur und auf die erregenden Jahre des Übergangs in eine parlamentarisch-demokratische Monarchie, und vergleicht man sodann den Ausgangspunkt mit dem Endpunkt, so präsentiert sich dem Betrachter ein merkwürdig-widersprüchliches Bild: In den Jahren der Zweiten Republik war Spanien in politischer Hinsicht ein modernes Land, wenn man darunter ein aufgefächertes Parteien- und Verbandswesen, wirksame Vertretungskörperschaften, ein differenziertes und unabhängiges Medienwesen und die Chance zu direkter Einwirkung möglichst großer Bevölkerungskreise auf die Zusammensetzung des Parlaments versteht. Im wirtschaftlichen Bereich wies es demgegenüber noch alle Merkmale einer rückständigen, international nicht konkurrenzfähigen Struktur auf, und auch im gesellschaftlichen Sektor überwogen die Merkmale der Traditionalität, des Verhaftetseins in jahrhundertealten Strukturen.

In der Schlußphase des Franquismus, also rund vierzig Jahre später, hatten sich die Vorzeichen geradezu umgekehrt. Unabhängig davon, welche der sozioökonomischen Indikatoren für Modernität herangezogen werden, war Spanien gesellschaftlich und wirtschaftlich ein modernes Land: Die Demographie hatte in den letzten Jahrzehnten immer ausgeprägter die Muster entwickelter Industrienationen angenommen, die Wanderungsbewegungen hatten zu hochgradiger Verdichtung der spanischen Bevölkerung und einer hohen Urbanisierungsrate geführt, die Erwerbsstruktur der Bevölkerung entsprach weitgehend der anderer Industriegesellschaften, das Wertesystem war fundamentalen Wandlungen unterworfen worden, der Säkularisierungsprozeß hatte nahezu alle Schichten der Bevölkerung erfaßt. Ganz anders sah demgegenüber der Befund im politischen Bereich aus. Das autoritäre Herrschaftssystem des Franquismus, das wie eine eiserne Glocke über die Gesellschaft gestülpt worden war, hatte nur wenige optische Retuschen erfahren, der Diktator war über Jahrzehnte hinweg unangefochten im Besitz der politischen Macht geblieben. Der autoritär-hierarchische Grundzug des Regimes hatte sich bis zuletzt nicht gewandelt.

Wiederum zehn Jahre später, also Mitte der achtziger Jahre, zeigte Spanien ein abermals radikal verändertes Gesicht. Die Immobilität des Franquismus, seine Unfähigkeit, eine politische Entwicklung einzuleiten und das Land aus der politischen Totenstarre des Bürgerkrieges hinauszuführen, war nach dem Ableben des Diktators schnell überwunden worden und hatte einem dynamischen Reformismus Platz gemacht, der unter der behutsamen Anleitung eines jungen Monarchen das Land innerhalb weniger Jahre zu einer parlamentarischen Demokratie werden ließ.

Die letzten sechzig Jahre spanischer Geschichte lassen von neuem deutlich werden, was für die iberische Geschichte des 19. Jahrhunderts wiederholt festgestellt worden ist: daß die Entwicklung Spaniens sich durch Diskontinuitäten und Verwerfungen auszeichnet, deren augenfälligste die Ungleichzeitigkeit der politischen und wirtschaftlich-sozialen Verfassung ist; daß heterogene Elemente stets gleichzeitig anzutreffen waren. Wie kaum ein anderer Staat war Spanien ein »Land der halben Entwicklungen«. Erst die Reformen der letzten zwei Jahrzehnte scheinen endgültig die Differenzen zwischen politischem und sozioökonomischem Entwicklungsstand eingeebnet zu haben.

Auf das weite Gebiet der Kultur üben Ereignisse und Zäsuren im politischen Leben einen weit geringeren Einfluß aus als wirtschaftliche Vorgänge. Gerade die Phase der *transición* in Spanien bietet dafür ein anschauliches Beispiel. Weder der Tod Francos 1975 noch die endgültige Abschaffung der Zensur 1977 wurden zu Schlüsseldaten für Literatur, Theater, Musik, Film oder Bildende Kunst. Die entscheidenden Entwicklungen hatten entweder schon viel früher eingesetzt – wie etwa in der Literatur Anfang der siebziger Jahre – oder kamen erst sehr viel später in Gang: im Theater von der Mitte der achtziger Jahre an. In der ersten Zeit der wiedergewonnenen Freiheit holten Literaten und Poeten, Theaterautoren und Maler auch keineswegs bis dahin sorgsam vor dem Zensor versteckte Meisterwerke hervor, obwohl in der Öffentlichkeit hier und da entsprechende Erwartungen gehegt wurden. Vielmehr machte sich, schon bald nachdem der Druck gewichen war, eine gewisse Orientierungslosigkeit breit – auch und gerade als Folge der wirtschaftlichen Unsicherheiten.

Zu Recht gilt ein besonderes Interesse der historisch-politisch interessierten Öffentlichkeit den letzten zwei Jahrzehnten, in denen das Land aus dem politischen Steinzeitalter in die Epoche der politischen Modernität geradezu katapultiert worden ist. Zu diesem im ganzen geglückten Übergang von der Diktatur zur Demokratie haben alle wichtigen Parteien und sozialen Schichten durch Verzicht auf manche Forderungen, durch besonnenes Verhalten, durch Augenmaß und politische Reife beigetragen. Für besondere Überraschung sorgte König Juan Carlos, der im Demokratisierungsprozeß eine Rolle übernahm, die ihm niemand zugetraut hatte: Anfangs abgestempelt als gefügiges Werkzeug Francos, dann nach dessen Tod eingeschätzt als eine Galionsfigur ohne Zukunftserwartung, als anachronistische Notlösung, galt er ab 1977 unumstritten als Motor demokratischer Reformen, überparteilicher Wächter der Verfassung und wichtigste Integrationsfigur im Lande.

Nach dem Tode Francos repräsentierte Juan Carlos vorerst die Kontinuität der »Nationalen Bewegung«, der traditionellen Ordnung und der angestammten Hierarchien. Der Übergang zur parlamentarischen Demokratie wurde insofern von legal-institutionellen Hindernissen befreit, als der König seine Autorität für jenen Prozeß ebenso entschieden wie behutsam einsetzte und den eidgebundenen Offizieren das Beispiel einer zeitgemäßen Haltung vor Augen führte. Die Rolle des Königs ist nicht nur passiv gewesen. Er hat vielmehr eine aktive militärische Personalpolitik betrieben, indem er nach 1975 unzählige Militärzentren besuchte, ständig Kontakt mit Offizieren hielt, den Dialog mit den früheren Waffenbrüdern nie abbrechen ließ. Außerdem stellte der Monarch eine der letzten großen Symbolfiguren dar, die die Armee mit der angeblich glorreichen Militärtradition verband. In einer Lage, in der sich in konservativen Fraktionen der Armee ein Gefühl der Frustration und Entrüstung wegen der Rückkehr der früheren Gegner von links und wegen der Preisgabe traditioneller Positionen breitmachte, erschien der König als Bewahrer geheiligter Traditionen und als Bollwerk gegen eine linksinspirierte Zersetzung der Gesellschaft.

Neben Juan Carlos trat – als zweite Überraschung – Adolfo Suárez, der Schritt für Schritt, unterstützt vom König und legitimiert durch das Referendum vom Dezember 1976, das Franco-Regime demontierte, die Einheitspartei auflöste, die Syndikate durch freie Gewerkschaften ersetzte, Parteien zuließ, die Pressefreiheit garantierte, das Militär aus seiner Verstrickung in die Politik hinauszuführen versuchte, das Ständeparlament zur Selbstauflösung überredete: Schritt für Schritt, wenn auch zum Teil in atemberaubendem, wiewohl sorgfältig kalkuliertem Tempo erfolgte der Übergang vom Franquismus in die Moderne, der Wandel ohne Blutvergießen. Die bürgerliche Mitte-Rechts-Regierung bewerkstelligte unter seiner Führung den friedlichen Übergang von der Diktatur in die Demokratie; trotz aller Kritik, die an der Zentrumsregierung geübt werden kann, ist das ihre große historische Leistung, die uneingeschränkte Anerkennung verdient.

Die sozialistische Regierungszeit (1982-1996)

Nachdem zu Beginn der achtziger Jahre im Bereich der politischen Mitte die Union des Demokratischen Zentrums (*Unión de Centro Democrático*, UCD) – jene Partei, die unter der Führung von Adolfo Suárez die wesentlichen Maßnahmen im Prozeß der Transition durchgeführt hatte – zwischen der Notwendigkeit von Reformen und den eigennützigen Interessen konservativer Gruppen zerrieben worden war, wurden die Wahlen von 1982 zwischen der rechten Volksallianz (*Alianza Popular*, AP) und der Sozialistischen Partei (*Partido Socialista Obrero Español*, PSOE) unter ihrem jungen Generalsekretär Felipe González entschieden. Die Sozialisten errangen die absolute Mehrheit der Parlamentssitze und regierten das Land bis 1996. Diese lange Epoche der PSOE-Regierungstätigkeit läßt sich unter zwei Rubriken zusammenfassen:

Sozial- und wirtschaftspolitisch ging es um eine längst überfällige Modernisierung, d.h. um die erforderliche strukturelle Anpassung an die Weltwirtschaft; außen- und sicherheitspolitisch standen zuerst der Eintritt in die Europäischen Gemeinschaften und der Verbleib in der NATO, später dann die Integration in die supranationalen Organisationen der westlichen Hemisphäre zur Debatte. In beiden Bereichen sollte es zu erheblichen Friktionen und Widersprüchen kommen; die Sozialisten betrieben weder die Politik, die ihre rechten Kritiker drohend vorhergesagt hatten, noch führten sie die Maßnahmen durch, die ihre linken Anhänger erhofften.

Einleitung 11

Als besonders problematisch erwies sich der Wirtschaftsbereich. Schon zu Beginn seiner Amtszeit hatte Felipe González als Ziele der nächsten vier Jahre die völlige Anpassung des Landes an das Europa der Gemeinschaft, Wirtschaftswachstum und geringere Arbeitslosigkeit, technologischen Fortschritt und Ausgleich der sozialen Gegensätze innerhalb der Bevölkerung bezeichnet. Die allgemeine Zielsetzung war ein Spanien, das »funktioniert« und »europäisch« ist. Diese Ziele konnten nur partiell erreicht werden.

Der Regierung mußte es primär darum gehen, die Industrie wieder wettbewerbsfähig zu machen; das aber bedeutete, daß die Sozialisten sich vor allem mit denen anzulegen hatten, die ihnen zur Macht verholfen hatten: Bis Anfang 1988 entließen die staatlichen Betriebe 60.000 Beschäftigte, nachdem sie Jahr für Jahr Verluste gemacht hatten; die in der Staatsholding INI zusammengefaßten Unternehmen waren 1983 etwa mit fast 2,9 Milliarden Mark in den roten Zahlen; dazu gehörten beispielsweise die Fluggesellschaft Iberia, die Automobilfirma Seat, die Werftindustrie und der Bergbau. Vom Gesamtmodernisierungsprogramm betroffen waren vor allem Betriebe in Krisenbranchen – etwa Werften, Stahlunternehmen, Textilbetriebe, die Elektroindustrie. Wo immer die Regierung konnte, privatisierte sie Staatsunternehmen.

Das Hauptziel der Wirtschafts- und Sozialpolitik der Regierung konnte nicht erreicht werden: die Reduzierung der Arbeitslosigkeit. Im Gegenteil: Nach zweijähriger sozialistischer Amtszeit gab es (Ende 1984) schon 500.000 Beschäftigungslose mehr; mit 21 % Arbeitsuchenden stellte Spanien damit einen traurigen europäischen Rekord. Der ebenfalls Ende 1984 abgehaltene 30. Parteitag der Sozialisten stand allerdings unter dem Motto: »Spanien – Verpflichtung zur Solidarität«. Damit sollte betont werden, daß nach dem Wechsel von 1982 nicht eine bloß technokratische und an makroökonomischen Daten orientierte Krisenbewältigung und industrielle Modernisierung angestrebt wurde. Trotz aller Bemühungen stieg die Arbeitslosigkeit jedoch weiter: Mitte 1985 betrug sie rund 23 % (über drei Millionen Beschäftigungslose). Die Situation wird zwar durch die »Schattenwirtschaft« (*economía sumergida*), die unregistrierte Tätigkeit von Schwarzarbeitern wie von »Einzelunternehmern« (etwa Handwerker oder Putzfrauen), erleichtert, doch nur ein Drittel der Arbeitslosen ist versichert, was wieder schwere soziale Belastungen zur Folge hat. Die »liberal-konservative Politik« von Wirtschaftsminister Miguel Boyer (so die Tageszeitung *El País*) mit ihren Lohnbeschränkungen, ihrer Lockerung des Kündigungsschutzes und der Erhöhung der Unternehmergewinne schürte weitere Konflikte. (Die Inflation, die 1982 noch fast 15 % betragen hatte, konnte allerdings bis 1987 auf rund 4,5 % gesenkt werden.) Mitte 1985 wurden von Boyer weitere Reformvorhaben zur Belebung der Wirtschaft eingeleitet. Durch Steigerung des Inlandkonsums und eine Erleichterung der Investitionen sollten die Stagnation und die unaufhaltsam wachsende Arbeitslosigkeit bekämpft werden; zentrale Aspekte der Reformen waren die Senkung der Einkommenssteuer, eine Änderung der Sozialversicherungen zuungunsten der Arbeitnehmer, die Erleichterung der Auslandsinvestitionen und die Minderung der Steuerlast für die Unternehmen. Während die Rechtsopposition die Maßnahmen begrüßte, ging die sozialistische Gewerkschaft UGT offen auf Kollisionskurs mit dem marktwirtschaftlich-liberalen Sanierungs- und Austeritätsprogramm der Regierung. Gleichzeitig kam es zum ersten Generalstreik seit 40 Jahren – einem Streik gegen das neue Rentengesetz, das eine Verringerung der Anfangsrenten vorsah.

Hatte die PSOE-Regierung bei ihrer Sozial- und Wirtschaftspolitik vor allem mit der Gegnerschaft der Arbeiter zu rechnen, so provozierte ihre Reformprogrammatik in vielen anderen Bereichen die Reaktion der konservativen Rechten. Die Opposition der Volkskoalition verwies systematisch alle Gesetze, die das »alte« Spanien modernisieren sollten, ans Verfassungsgericht. Zeitweise lag über ein Dutzend wichtiger Gesetze bei Gericht vor, darunter die Reform des Schulwesens, ein Universitätsgesetz, ein Gewerkschaftsgesetz und ein Gesetz zur gerechteren Regelung des Finanzausgleichs der Regionen.

Blickt man auf die lange Regierungszeit des PSOE zurück, so drängt sich ein ambivalenter Eindruck auf: Einerseits ist auf beachtliche Erfolge zu verweisen, die es der Partei ermöglicht haben, die unter demokratischen Verhältnissen einmalig lange Zeit von fast 14 Jahren zu regieren. Andererseits ist eine Negativbilanz unübersehbar, die schließlich zur Abwahl des PSOE führte. Im sozioökonomischen Bereich etwa wird deutlich, daß Spaniens Sozialisten die Restriktionen des Weltmarkts und den Modernisierungsdruck durch den EG-Beitritt als handlungsbestimmend betrachteten. Dementsprechend konzentrierte sich die Politik in einer ersten Phase auch auf die Modernisierung der Wirtschaft, und erst für eine zweite Etappe war der umfassende Aufbau eines Wohlfahrtsstaats vorgesehen. Die Konzentration der liberalen PSOE-Wirtschaftspolitik auf den Markt verwies Umverteilungsvorstellungen deutlich an die zweite Stelle der regierungspolitischen Ziele, während die gesamtwirtschaftliche Strategie sich primär an der Inflationsbekämpfung, der Stabilisierung der Leistungsbilanz und der Eindämmung des Defizits im öffentlichen Sektor (etwa durch Rationalisierung und Teilprivatisierung) orientierte. Dementsprechend war auch der ökonomische Modernisierungsschub in der Ära González gewaltig: Das Bruttoinlandsprodukt Spaniens stieg seit Mitte der achtziger Jahre im Jahresdurchschnitt um 2,9% (EU-Durchschnitt: 2,4%), die Inflationsrate konnte halbiert werden, die Devisenreserven vervierfachten, der Außenhandel verfünffachte, die jährlichen Auslandsinvestitionen verachtfachten sich. Das Wohlstandsniveau der Bevölkerung wurde spürbar erhöht. Die neoliberale Grundorientierung der Wirtschaftspolitik zog in der zweiten Hälfte der achtziger Jahre einen regelrechten (nationalen wie internationalen) Investitionsboom nach sich. Das Land wurde zu einem der begehrtesten Märkte in Europa. Was González, vor allem unter den älteren Spaniern, seine Stammwählerschaft einbrachte, war der unter seiner Regierung deutlich gestiegene Lebensstandard für die Mehrheit der Bevölkerung. Vor allem auf das flache Land brachte er (einige) Segnungen des Wohlfahrtsstaates: Renten, Arbeitslosengelder, staatlicher Gesundheitsdienst sind Errungenschaften, die mit der Regierung des PSOE in Zusammenhang gebracht werden.

Von großer kultureller Bedeutung war der Sog jener Aufbruchbewegung, die Mitte der achtziger Jahre Spanien und ganz besonders die Hauptstadt Madrid erfaßte und die in breiten, vor allem jüngeren Bevölkerungsschichten ein bis dahin ungekanntes Interesse an kulturellen Aktivitäten im weitesten Sinn weckte. Es war gewiß kein Zufall, daß diese sogenannte *movida* kultureller Praxis nahezu synchron mit einer Besserung der wirtschaftlichen Lage einherging. In der Kunst ist der Zusammenhang besonders eindeutig: Bilder und sonstige künstlerische Arbeiten wurden auf einem üppig wuchernden Markt unverblümt als Anlageobjekt betrachtet. Und die Kultur generell entdeckte auf teilweise »berauschende« Art den spektakulären Ereignischarakter eines Teils ihrer Praktiken.

Die Sozialisten brachten eine sehr viel größere Bereitschaft als frühere Regierungen auf, Geld in die Kultur im weitesten Sinn zu stecken – womit der Staat zum ersten Mal seit mehr als vierzig Jahren Verantwortung in einem Bereich übernahm, der sich bislang weitgehend aus individuellen und privaten Initiativen erneuerte oder unter der Dunstglocke staatlicher Zensurkultur dahinkümmerte. Das bedeutete zwar keineswegs, daß damit zwangsläufig Theateraufführungen und Konzerte besser wurden. Die Versäumnisse aus der Zeit der Diktatur waren nicht auf einen Schlag zu beseitigen. Doch die Arbeitsbedingungen für Künstler, Schriftsteller und Intellektuelle wurden zum Teil entscheidend verbessert.

Gleichzeitig aber veränderten sich auch die »medialen« Grundbedingungen kultureller Praxis mit der zunehmenden Dominanz visueller Medien über die tradierte »Monokultur« des Schriftlichen. Videotheken ersetzten zunehmend Buchläden, soweit solche überhaupt vorhanden waren. Das Fernsehen erweiterte durch neue Vermittlungstechniken seine Programmvielfalt und seine Reichweite. Die Tatsache, daß die führenden Tageszeitungen *El País* und *El Mundo* mit den dahinter stehenden Kommunikationskonzernen heute einen »Medienkrieg« um sogenannte Plattformen des Telekommunikationsmarktes des 21. Jahrhunderts führen, macht nicht nur deutlich, wie sehr Kultur und öffentliche Kommunikation (nicht nur in Spanien) mittlerweile »mediatisiert«, sondern auch, wie unentwirrbar kulturelle, politische und wirtschaftliche Interessen aufs innigste verschränkt sind.

Außenpolitisch ist die Bilanz der zweiten Hälfte der Ära González durchaus erfolgreich: Zuerst ist die Verbesserung des internationalen Ansehens Spaniens durch das »Superjahr« 1992 (Olympiade in Barcelona, Weltausstellung in Sevilla,

Madrid Kulturhauptstadt Europas) zu nennen. Sodann ist auf die besonders erfolgreiche Europa-Politik (insbesondere in der zweiten Hälfte 1995, als das Land den Vorsitz in der Europäischen Union innehatte) des überzeugten Europäers González zu verweisen. Selbst innenpolitische Gegner gestanden der sozialistischen Außenpolitik große Erfolge zu: Das Gewicht Spaniens in der Europäischen Union hat zugenommen, für den Friedensprozeß im Nahen Osten war Spanien ein bedeutender Vermittlungspartner, seit einiger Zeit ist der angesehene Außenpolitiker Javier Solana NATO-Generalsekretär, Spanien hat an allen wichtigen NATO-Aktionen – etwa im zweiten Golfkrieg gegen den Irak oder bei den Missionen im ehemaligen Jugoslawien – mitgewirkt.

Die Ära González weist allerdings auch eine andere Seite auf: Bei Regierungsantritt der Sozialisten (1982) betrug die Staatsverschuldung 31,4% des Bruttoinlandsproduktes, am Ende ihrer Regierungszeit (1996) lag sie bei 65% – trotz langjährigen Wachstums, milliardenfacher Unterstützung aus der Brüsseler EU-Kasse und eines stark gestiegenen Steuerdrucks. Hatte die Vorbereitung auf das »Feierjahr« 1992 im Lande selbst wie im Ausland eine regelrechte Spanien-Euphorie bewirkt, so war schon vor Ablauf des Jubeljahres der Einbruch erfolgt, von dem sich das Land nur allmählich erholte. Im Hinblick auf die Maastrichter Konvergenzkriterien blieb die spanische Wirtschaft deutlich hinter den Mindestanforderungen zurück, eine Teilnahme an der vorgesehenen Währungsunion erschien lange Zeit unwahrscheinlich. Vor allem konnte das Hauptproblem im Sozialbereich nicht gelöst werden: die hohe Arbeitslosigkeit, die (je nach Berechnungsgrundlage) zwischen 16 und 22% lag.

Arbeitslosigkeit und Sozialabbau für die Verlierer des ökonomischen Modernisierungsprozesses waren auch die Hauptgründe, weswegen sich zuerst die Gewerkschaften und allmählich immer breitere Schichten der Gesellschaft von der Regierungspolitik abwandten. Die Regierung mußte zumindest partiell Konzessionen machen. Das Ende der Sparpolitik führte auch zum Zusammenbruch der spekulativen »Kasino-Wirtschaft«, ausländische Anleger zogen erschreckt ihre Gelder ab, die Pesete verlor an Wert, eine Welle von Pleiten und Entlassungen erfaßte das Land. An diesen Schwierigkeiten zerbrach schließlich das Reformbündnis zwischen Arbeitern und urbaner Mittelschicht, das über zehn Jahre lang die Grundlage »felipistischer« Politik gewesen war, nachdem die besserverdienenden Angestellten nicht länger bereit waren, mit höheren Steuern, steigenden Zinsen und stagnierenden Renten das soziale Netz für die Verlierer der sozialistischen Modernisierung zu finanzieren.

Zu der somit nicht uneingeschränkt positiven Bilanz im sozio-ökonomischen Bereich gesellten sich seit Anfang der neunziger Jahre stets kritischere Aspekte im politischen Sektor. Immer häufiger wurden in der Öffentlichkeit Vorwürfe wie Vetternwirtschaft, Gefälligkeitskorruption, Arroganz, provozierende Zurschaustellung von Privilegien, Leistungsunfähigkeit in der Staatsverwaltung, technokratisches Amtsverständnis, mangelnde soziale Sensibilität, Förderung des konsumistischen und materialistischen Denkens und Verhaltens laut. Gewerkschaften und Arbeiterbasis ergriffen deutlich gegen die Regierungspolitik Partei. Schließlich war das Ansehen der Regierung im Ausland weit besser als im Inland.

Hinzu kam, daß seit 1993 Regieren für die Sozialisten ungleich schwieriger als zuvor geworden war: Als der Vertrauensschwund in die »politische Klasse« zugenommen hatte, die Wirtschaft in eine tiefe Rezession geraten war und Krisenbewußtsein sich breitgemacht hatte, trat Ministerpräsident González die Flucht nach vorne an und ließ im Juni 1993 vorgezogene Neuwahlen durchführen. Die Sozialisten gingen zwar mit 38,68% der Stimmen und 159 (von 350) Abgeordnetensitzen als Sieger aus den Wahlen hervor; sie hatten aber ihre absolute Mehrheit verloren und waren fortan auf die parlamentarische Unterstützung durch die katalanischen Nationalisten (*Convergència i Unió*) in den *Cortes* angewiesen. Die Rede war von einem »historischen Kompromiß«. Um die für parlamentarische Mehrheiten erforderliche Unterstützung der Regionalisten von Jordi Pujol zu erhalten, versprach der Regierungschef, weitere Kompetenzen, vor allem im Finanzbereich, an die Autonomen Gemeinschaften zu übertragen; diese erhielten sodann 15% der Lohn- und Einkommensteuer zu ihrer freien Verwendung überlassen.

Trotz des parlamentarischen Rückhalts sah sich die Regierung in den Folgejahren ständigen Krisen ausgesetzt. Angesichts des auf zahlreiche politische Skandale und Korruptionsaffären zurückgehenden Popularitätsverlustes verabschiedete der PSOE auf seinem 33. Parteitag 1994 einen Katalog von Maßnahmen, mit denen die drückendsten Probleme des Landes angegangen werden sollten: Eine Steigerung der Wettbewerbsfähigkeit sollte der spanischen Wirtschaft die weitere Integration in die EU erleichtern, eine moderate Lohnpolitik und die Bekämpfung des Sozialversicherungsbetrugs sollten zur Stabilisierung der Unternehmen beitragen, und zur Aufbesserung des Ansehens der »politischen Klasse« beschloß die Partei, entschiedener gegen die Korruption vorzugehen. Die Korruptionsaffären rissen jedoch nicht ab: Dem ehemaligen Generaldirektor der Sicherheitspolizei *Guardia Civil*, Luis Roldán, wurden Amtsmißbrauch und massive illegale Bereicherung vorgeworfen. Nach einer spektakulären Verfolgungsjagd wurde der untergetauchte Roldán schließlich in Laos gestellt und in Spanien inhaftiert. Die Transferierung unversteuerter Spekulationsgewinne in Höhe von mehreren Millionen Mark ins Ausland durch Mariano Rubio, den Gouverneur (1984-1992) der Zentralbank, erschütterte das Vertrauen in die solidesten Institutionen des Landes. Die Verhaftung des Großfinanziers Javier de la Rosa wegen Betrugs, Urkunden- und Bilanzfälschung, durch welche die größte Pleite in der spanischen Geschichte ausgelöst worden war, erschütterte die Position des katalanischen Regierungschefs Pujol, der Finanzbürgschaften für ihn übernommen hatte. Ende 1994 gesellte sich zu den zahlreichen Korruptionsvorwürfen der Verdacht des Staatsterrorismus: Im Auftrag oder zumindest mit Billigung des staatlichen Polizeiapparats soll die 1983-1987 aktive Terrorgruppe *Grupos Antiterroristas de Liberación* (GAL, »Antiterroristische Befreiungsgruppen«) Attentate gegen Mitglieder der baskischen Organisation ETA mit dem Ziel verübt haben, die baskische Unabhängigkeitsbewegung durch gezielten Gegenterror zu zerschlagen. Selbst Ministerpräsident González kam in den (von ihm stets bestrittenen) Verdacht, als *Señor X* Urheber und Organisator der GAL-Aktionen gewesen zu sein.

Die nicht abreißende Kette von Skandalen und Verdächtigungen führte zu erheblichen Einbrüchen des PSOE in der Wählergunst. Bei Kommunal- und Regionalwahlen mußten die Sozialisten selbst in früheren Hochburgen hohe Verluste hinnehmen. Dafür gewannen die Konservativen des *Partido Popular* (PP, »Volkspartei«) zunehmend an politischem Einfluß. Die Partei war nach verschiedenen Umbenennungen 1989 aus der früheren »Volksallianz« (*Alianza Popular*) Fraga Iribarnes hervorgegangen. Nachdem unter der Führung dieses Altfranquisten offensichtlich kein großer Stimmenzugewinn zu erreichen war, öffnete sich die neu konstituierte Partei zur Mitte, vermied allzu »brisante« Wahlthemen wie Abtreibung oder Todesstrafe, distanzierte sich von den vielzitierten »faktischen Mächten« (Kirche, Militär, Banken), ging zum Unternehmerverband CEOE auf Distanz und präsentierte sich pausenlos als Alternative für die Mittelschichten.

Der 9. Kongreß des *Partido Popular* wurde 1989 zu einem wichtigen Wendepunkt in der Geschichte der Partei. Fraga Iribarne ließ sich erneut zum Vorsitzenden wählen; er konnte den Generalsekretär des Europarates, den liberalen Christdemokraten Marcelino Oreja, als Stellvertretenden Vorsitzenden in die Partei integrieren. Kurz danach wechselte auch die Christdemokratie unter ihrem Vorsitzenden Javier Rupérez zum *Partido Popular* über. Im Hinblick auf eine Integration in den Bund der Europäischen Christdemokraten änderte der Kongreß den Parteinamen von »Volksallianz« zu »Volkspartei«. Nach zähen Verhandlungen zwischen Fraga und dem Vorsitzenden des »Demokratischen und Sozialen Zentrums«, Adolfo Suárez, entstand im Frühjahr 1989 zwischen beiden Parteien ein Pakt, durch den über Mißtrauensanträge in den Autonomen Gemeinschaften und Gemeinden sozialistische Bürgermeister gestürzt werden sollten. Die ersten Bürgermeisterwechsel vollzogen sich in Guadalajara und in Ibiza, der wichtigste und symbolträchtigste ereignete sich in Madrid, wo der PSOE-Oberbürgermeister Juan Barranco seinen Sessel dem Zentristen Agustín Rodríguez Sahagún räumen mußte.

Bei den Wahlen von 1989 zum Europaparlament erlitt der PP empfindliche Verluste. Daraufhin wurde der Regierungschef von Kastilien-León, der junge Finanzinspektor José María Aznar, von Fraga zum PP-Kandidaten für das Amt des Ministerpräsidenten bei den bevorstehenden Parlamentswahlen bestimmt. Neuer Generalsekretär der Partei wurde Francisco Álvarez Cascos. Der *Partido*

Popular konnte bei den Parlamentswahlen vom Oktober 1989 zwar in keiner Weise die Vorherrschaft des PSOE gefährden, aber mit knapp 5,3 Millionen Wählerstimmen und 106 Abgeordnetenmandaten sein Ergebnis von 1986 leicht verbessern. Damit war für Aznar der Weg zum PP-Parteivorsitz frei, Fraga wurde Ehrenvorsitzender.

Als Anfang 1990 einige Mitte- und Regionalparteien eine Annäherung an den regierenden PSOE vollzogen und diese Zusammenarbeit als »konstitutioneller Block« bezeichnet wurde, entschied sich auch der PP für eine verhandlungsbereite Haltung der Regierung gegenüber. In allen staatspolitisch wichtigen Fragen (Wirtschaft, Bildung, Terrorismusbekämpfung, EG) sollte eine enge Abstimmung zwischen den Parteien erfolgen. Damit schlug die Volkspartei einen neuen Kurs ein: Nach dem eher populistischen Versuch der Jahre 1986/87 hatte die Partei seit 1989 auf die zentristisch-christdemokratische Karte gesetzt; fortan wurde der »liberalen« Linie Vorzug gegeben. Der »Trend zur Mitte« ließ sich auch an der Zusammensetzung der neuen Führungsmannschaft der Partei feststellen: Fast die Hälfte kam aus der früheren »Union des Demokratischen Zentrums«. Das Durchschnittsalter der Parteiführung betrug damals vierzig Jahre; damit sind die führenden Mitglieder der Partei nicht mehr von den Bürgerkriegspolarisierungen geprägt.

Anfang April 1990 fand in Sevilla der 10. Parteikongreß statt, auf dem Aznar einstimmig zum Parteivorsitzenden gewählt wurde. Manuel Fraga Iribarne wurde zum »Gründer-Vorsitzenden« (*Presidente-Fundador*) der Partei. Auf dem Kongreß betonte die Volkspartei ihre Position der »Unabhängigkeit, Mäßigung und Mitte«; sie präsentierte sich als einzige Alternative zu den regierenden Sozialisten, verwandte in ihrem Aufruf zugleich moralisierende Parolen, die deutlichen Anklang an die sozialistischen Aufrufe von 1982 erkennen ließen. Zum Programm-»Dekalog« der Partei gehörten eine stärker bürgerbezogene Autonomiepolitik, Glaubwürdigkeit der rechtsstaatlichen Institutionen, Europazugewandtheit, ein neuer Regierungsstil, Modernisierung des Landes, Erhöhung der Konkurrenzfähigkeit, gesellschaftliche Solidarität.

Um nicht von dem Negativsog der Sozialisten, der spätestens seit 1993 klar erkennbar war, erfaßt zu werden, kündigte im Herbst 1995 der katalanische Regierungschef Jordi Pujol die Unterstützung der Regierung González durch seine Partei auf. Damit wurden vorgezogene Neuwahlen unausweichlich. Der Wahlkampf war wesentlich von der »Korruptionskultur« der vorhergehenden Jahre geprägt; er wurde von allen Beteiligten in dem Bewußtsein geführt, daß in Spanien eine lange Epoche zu Ende ging und ein »historischer« Neuanfang bevorstand. Schon vor der »Abwahl« der Sozialisten wurden allenthalben historische Nachrufe auf die Regierungszeit von González veröffentlicht. Immer wieder wurde darauf hingewiesen, daß die sozialistische Epoche in späteren Geschichtsbüchern wohl als die Phase spanischer Geschichte interpretiert werden dürfte, in der das Land die endgültige Wende zur Modernität vollzog. Vergessen waren die Befürchtungen eines möglichen Rechtsputsches, verflogen der Traum eines spanischen Sonderweges. Europazugewandtheit, internationale Zusammenarbeit, Stabilisierung demokratischer Institutionen, wirtschaftliche Öffnung, Ausbau der Infrastruktur, Einführung wohlfahrtsstaatlicher Elemente im Erziehungswesen, im Rentensystem oder bei der Krankenversicherung – all das sind unbezweifelbare politische Erfolge des *Felipismo*, der sozialistischen Regierungsära unter Felipe González.

Die konservative Wende (1996)

Bei den Wahlen vom 3. März 1996 wurde die Volkspartei zwar zur stärksten politischen Kraft; ihr Vorsprung vor den Sozialisten fiel jedoch weit geringer als allgemein erwartet aus. Der *Partido Popular* erhielt 38,85% der Stimmen und damit 156 (von 350) Sitze, die Sozialistische Partei 37,48% beziehungsweise 141 Sitze, das Linksbündnis *Izquierda Unida* 10,6% beziehungsweise 21 Sitze. Die katalanischen Nationalisten zogen mit 16, die baskischen mit fünf, die kanarischen mit vier Abgeordneten ins Parlament. Die Wahlbeteiligung lag bei 78%. Mit den vorgezogenen Neuwahlen und dem Regierungswechsel kehrte in Spaniens Politik wieder Ruhe ein. Die Krisenstimmung und das spannungsgeladene Klima der vorhergehenden Jahre waren überwunden.

Der knappe Wahlsieg des PP hatte zur Folge, daß Aznar parlamentarische Unterstützung von den bürgerlichen Nationalisten Kataloniens (CiU), des Baskenlandes (*Partido Nacionalista Vasco*, PNV) und der Kanarischen Inseln (*Coalición Canaria*, CC) brauchte. Am 4. Mai wurde Aznar schließlich vom Parlament mit 181 Stimmen (seines eigenen PP sowie der katalanischen, baskischen und kanarischen Regionalisten) zum neuen spanischen Ministerpräsidenten gewählt. Die Mehrheit im Parlament konnte die neue Regierung nur nach langen Verhandlungen (besonders mit den katalanischen Regionalisten der CiU) und mit der Zusage großzügiger Finanzleistungen für die Autonomen Regionen erreichen. Das neue Finanzierungsmodell löst die ältere Regelung von 1993 ab. Die Autonomen Gemeinschaften können jetzt über 30% der Lohn- und Einkommensteuer eigenständig verfügen (früher waren es 15% gewesen). Am meisten profitiert (neben Galicien und Valencia) Katalonien davon; das Baskenland und Navarra haben eigene günstige Steuerregelungen. Der »Koalitionspakt« mit den katalanischen Nationalisten enthält auch weitere Zugeständnisse an die Regionen, etwa die Möglichkeit, zum Teil eigene Steuersätze festzusetzen, oder die Verantwortung über die Häfen und die Arbeitsämter. Dem baskischen PNV gegenüber verpflichtete sich die Regierung zur Aufnahme von Verhandlungen über die vollkommene baskische Autonomie sowie zur Rückzahlung des nach dem Bürgerkrieg enteigneten PNV-

Vermögens. Volkspartei und CiU einigten sich auf die Abschaffung der Wehrpflicht für das Jahr 2001 und die Bildung einer Berufsarmee. In manchen Bereichen »vergaß« die neue Regierung einfach ihre Wahlankündigungen: So übernahm der PP die von ihm zuerst heftig angegriffene Politik der vorhergehenden PSOE-Regierungen, was die Behandlung von ETA-Häftlingen betrifft. Im Verhältnis zwischen Gesamtstaat und Autonomen Gemeinschaften mußte die Volkspartei ihr zentralistisches und anti-autonomistisches Programm aufgeben. Aznar hatte angekündigt, 5.000 höhere Stellen in der Staatsverwaltung abzuschaffen; schließlich wurden nur knapp 400 gestrichen, dafür entstanden aber andere.

Die erforderliche Rücksichtnahme auf die Parteien der Autonomen Gemeinschaften führte dazu, daß die neue konservative Regierung keine spanisch-nationalistische Politik treiben kann, wie das große Teile der Partei und auch die Spitzenkandidaten im Wahlkampf angekündigt hatten. Auch die versprochenen Steuersenkungen für die Wohlhabenden, die eine wirksame Defizitbekämpfung erschwert hätten, konnten nicht durchgesetzt werden, da die Katalanisten dafür nicht zu haben waren. Statt dessen erhöhte die Regierung mehrere indirekte Steuern für Verbrauchsgüter (Tabak, Alkohol). Die eindeutig europäische Einstellung der katalanischen Partei und die außenpolitischen Erfahrungen Pujols verhinderten eine allzu rechtsgerichtete Wirtschafts- und Sozialpolitik. Spaniens Wirtschaftsverbände und Großbanken zeigten sich mit der politischen Wende in Madrid zufrieden; insbesondere lobten sie die wirtschaftsliberalen Reformen – etwa die Einleitung eines umfangreichen Privatisierungsprogramms – und die »ausgleichende Dialogbereitschaft« mit den Sozialverbänden.

Das Regierungsprogramm Aznars enthält vier Schwerpunkte: Maßnahmen zur Stimulierung der Wirtschaft und zur Schaffung neuer Arbeitsplätze; Vertiefung der regionalen Autonomie; Stärkung der demokratischen Institutionen; Fortführung des europapolitischen Engagements. In der Europapolitik sollte der Erfüllung der Maastrichter Konvergenzkriterien zur Teilnahme an der Europäischen Wirtschafts- und Währungsunion oberste Priorität eingeräumt werden. In der Verteidigungspolitik will sich Spanien auch in die militärische Kommandostruktur der NATO eingliedern.

Obwohl Aznar von einem »Kabinett der Mitte und der Reformen« sprach, sahen viele Kommentatoren eine deutliche Dominanz der rechtskonservativen »alten Garde«. Wichtige Posten wurden mit streng konservativen Personen besetzt: Der Militärjurist Federico Trillo, ein »hardliner« der Partei, wurde Parlamentspräsident. Manche Minister gehören dem rechten Flügel an: Umstritten ist etwa der konservative stellvertretende Regierungschef Francisco Álvarez Cascos. Auf dem rechten Parteiflügel sind die meisten Frauen in der Regierung angesiedelt. Erziehungs- und Kulturministerin Esperanza Aguirre lehnt als extreme Ultraliberale im Prinzip jede staatliche Subvention für Kultur ab (nicht jedoch für die Privatschulen, auf welche die Kinder der Reichen gehen). Die Justizministerin Margarita Mariscal ist zwar parteilos, wird aber dem rechten Umfeld der Volkspartei zugerechnet. Umweltministerin Isabel Tocino gehört der katholischen Laienorganisation Opus Dei an. Innenminister Jaime Mayor Oreja und Arbeitsminister Javier Arenas kommen aus früheren christlich-demokratischen Parteien. Eine Schlüsselrolle hat Finanz- und Wirtschaftsminister Rodrigo Rato inne, Verfechter eines strikt wirtschaftsliberalen Kurses. Außenminister Abel Matutes, ein früherer EU-Kommissar, hat manchen Mißgriff, vor allem gegenüber Lateinamerika, zu verantworten; in der EU-Politik zeigte sich die Regierung vorerst unsicher und wechselhaft.

Bei seinem Regierungsantritt fand Aznar positive volkswirtschaftliche Zahlen vor: Die Aktienkurse waren auf einem historischen Höchststand, die Zinsen fielen auf das niedrigste Niveau seit mehreren Jahren, die Pesete stieg auf ein neues Jahreshoch. Mit rund 2,2 Millionen arbeitslos gemeldeten Personen erreichte die Arbeitslosigkeit Mitte 1996 den niedrigsten Stand seit 1982. Zurückgeführt wurde die Senkung der Arbeitslosenzahlen auch auf die schnellen Arbeitsmarktreformen der Regierung (drastische Liberalisierung des Arbeitsrechts, Legalisierung von »Lehrlingsverträgen« mit Taschengeldbezahlungen).

Durch Ausgabenkürzungen (niedrigere staatliche Investitionen, geringere Gehälter im öffentlichen Dienst, Verkauf von Staatsfirmen) und Gebührenerhöhungen (für Geldspielautomaten, Flughafensicherheit, Gesundheitskontrollen, Lizenzgebühr für Fernmeldebetreiber, Spezialsteuer für Versicherungsprodukte) soll das Defizit auf die von Maastricht erlaubten drei Prozent des Inlandprodukts gedrückt werden. Neben Streichungen bei öffentlichen Investitionen werden die Subventionen für defizitäre Staatsbetriebe stark gekürzt; zahlreiche Privatisierungen staatlicher Betriebe (etwa des Telekom-Konzerns) sind vorgesehen. Die Sparanstrengungen konzentrieren sich auf die drei Ausgabenposten Verwaltung, Unternehmenssubventionen, öffentliche Investitionen. Die Zustimmung der baskischen Nationalisten zum Staatshaushalt erhielt Aznar, nachdem er der Regierung des Baskenlandes das Recht zugestand, »spezielle Steuern« (auf Tabak, Alkohol, Mineralöl) in ihrer Region selbst zu erheben.

Ende 1996 schickte sich Spanien an, die Maastrichter Konvergenzkriterien zu erfüllen: Die Inflation war auf den niedrigsten Stand seit 30 Jahren gedrückt (3,6%), die Leistungsbilanz zeigte wieder Überschüsse, die Zinsen lagen bei einem historischen Tief (Leitzins: 6,75%), die Währung erwies sich an den Märkten als stabil, die Staatsverschuldung lag im Verhältnis zum Sozialprodukt unter dem EU-Durchschnitt, die Devisenreserven (56 Milliarden Dollar) hatten erheblich zugenommen. Die Stabilitätsfortschritte waren unverkennbar, Auslandsgelder strömten wieder massiv ins Land. Die Finanzwelt blickte mit großen Erwartungen der geplanten Währungsunion entgegen; »Euroforia« wurde zum

Wort des Jahres an Spaniens Börsen, die Aktienkurse kletterten 1996 von einem historischen Rekord zum anderen, der Markt für Peseten-Auslandsanleihen boomte. Ganz offensichtlich sorgten das Ende der langanhaltenden politischen Krise und die Machtübernahme der Konservativen für neue Zuversicht. Mit den sparpolitischen und wirtschaftsliberalen Entscheidungen der neuen Regierung sowie den Stabilitätsfortschritten setzte sodann in der zweiten Hälfte 1996 der massive Zufluß von Auslandskapital ein.

Der Regierungswechsel von 1996 führte in Spanien zu einem Gefühl von Zeitenwende; Aznar sprach (polemisch-übertrieben) gar von einer »zweiten *transición*«. Die Rückkehr der Konservativen an die Macht war für Spanien insofern von großer psychologischer Bedeutung, als damit »Normalität« unter demokratischen Bedingungen demonstriert werden konnte, nachdem zuvor die Überzeugung weitverbreitet gewesen war, die Rechte sei in Spanien nicht mehrheitsfähig. Die neuerliche Erfahrung eines geordneten Regierungswechsels war für die Spanier ein deutlicher Beleg für das Funktionieren ihrer demokratischen Institutionen.

***

Insgesamt hat die Entwicklung der politischen Kräfteverhältnisse in den bisherigen zwei Jahrzehnten spanischer Demokratie einen »vernünftigen« Verlauf genommen. Die Wähler haben bei den ersten Wahlen im Übergang zur Demokratie (1977, 1979) einer Koalition der rechten Mitte (UCD) mehrheitlich ihre Stimmen gegeben; die Regierungen unter Adolfo Suárez konnten unter Rückgriff auf die konstitutionelle Legalität des franquistischen Regimes die neue demokratische Legalität ohne allzu große Erschütterungen durchsetzen, was einer Linksregierung wegen der wahrscheinlich größeren Widerstände von seiten der Vertreter des alten Regimes wohl nicht gelungen wäre. Als besonders günstig erwies es sich dabei, daß die UCD im damaligen Parlament über keine absolute Mehrheit verfügte, weshalb sie zu einer Politik des »Konsenses« mit den anderen politischen Kräften gezwungen war. An Durchsetzung einer einseitigen parteipolitischen Haltung war nicht zu denken.

Als genauso günstig erwies es sich, daß der PSOE 1982 und während der gesamten achtziger Jahre mit absoluten Mehrheiten regieren konnte, da eine Linksregierung die erforderlichen Wirtschaftsreformen leichter als eine Rechtsregierung durchführen konnte. Da die Sozialisten auf keine Koalitionspartner Rücksicht nehmen mußten, sie außerdem über die Macht in den meisten Autonomen Gemeinschaften verfügten, konnten sie die notwendigen Reformen im sozio-ökonomischen Bereich konsequent durchführen. Unter dieser Perspektive des »vernünftigen« Wählens war es für Spanien wohl auch gut, daß der seit langem vorhergesagte Sieg der Konservativen 1996 eher knapp ausfiel, da der *Partido Popular* auf diese Weise seine zentralistischen und allzu konservativen Positionen zurücknehmen und sich der Mitte annähern mußte. Sowohl die letzte Regierung der Sozialisten (1993-1996) als auch die der Konservativen seit 1996 waren zur Beschaffung parlamentarischer Mehrheiten auf »Legislaturpakte« angewiesen, durch welche die Parteien Kataloniens und des Baskenlandes in die Madrider Regierungsverantwortung mit eingebunden wurden. Die gesamtstaatlichen Parteien (PSOE, PP) wurden genauso wie die regionalistischen Parteien in ein Verantwortungsbündnis gezwungen, das beiden Seiten zahlreiche Kompromisse und Mäßigung abnötigte. Profitiert hat davon bis heute die spanische Demokratie.

Die Beiträge dieses Bandes

Viele der bisher kursorisch angesprochenen Aspekte werden in den folgenden Beiträgen gründlicher analysiert. Die Studien verfolgen ein mehrfaches Ziel: Zum einen geht es darum, nach der inzwischen zahlreich vorliegenden Literatur zur Transition eine Aufsatzsammlung vorzulegen, die sich von der Fixierung auf die Übergangsjahre löst und die Probleme einer im wesentlichen konsolidierten Demokratie untersucht. Zum anderen soll dem deutschen, an der wissenschaftlichen Spaniendiskussion interessierten Leser die Gelegenheit geboten werden, sich mit dem neuesten Stand der Forschung zur jüngsten spanischen Geschichte vertraut zu machen; es ist den Herausgebern gelungen, ausgewiesene Fachleute aus dem In- und Ausland als Autoren zu gewinnen. Schließlich besteht ein weiteres Ziel des Sammelbandes darin, ein übersichtlich aufgebautes und didaktisch gut verwertbares Übersichtswerk all jenen an die Hand zu geben, die sich beruflich oder privat für Spanien interessieren.

Kapitel I: Demokratische Konsolidierung und neue politische Kultur

Das erste Kapitel beschäftigt sich mit den Problemen der demokratischen Konsolidierung, mit Wahlen und Wahlenthaltung, mit Aspekten der politischen Kultur im heutigen Spanien. Peter A. Kraus und Wolfgang Merkel skizzieren und analysieren den Demokratisierungserfolg Spaniens anhand eines systematischen Konsolidierungsmodells, das es erlaubt, eine differenzierte Bestandsaufnahme der Stärken und Schwächen der demokratischen Stabilität des Landes vorzulegen. Die beiden Autoren gehen von einem Mehrebenenmodell demokratischer Konsolidierung aus: Die erste Ebene stellt die konstitutionelle Konsolidierung, das heißt die zentralen politischen Verfassungsinstitutionen, dar, die zweite die repräsentative Konsolidierung, somit die territoriale und funktionale Interessenrepräsentation; auf der dritten Ebene geht es um die Verhaltenskonsolidierung der »informellen« politischen Akteure wie Militär, Großgrundbesitzer oder Unternehmer, auf der vierten um die Konsolidierung der Bürgergesellschaft, des soziokulturellen »Unterbaus« der Demokratie.

Während der Konsolidierungsstand der ersten drei Ebenen voll ausgeprägt ist, hat – den Beobachtungen von Kraus und Merkel zufolge – die Zivilgesellschaft noch nicht dieselbe Kraft und Bedeutung wie in den alten Demokratien Europas. Dieses Ergebnis leitet unmittelbar zu dem Beitrag von Dag Oeing über, in dem »Profil und Motive der spanischen Nichtwähler« seit den ersten demokratischen Wahlen von 1977 bis heute untersucht werden. Der Autor geht der Frage nach, warum in Spanien regelmäßig ein Fünftel bis ein Drittel der Wahlberechtigten auf das ihnen von der Verfassung gegebene Recht, mittels Stimmabgabe bei den Wahlen Einfluß auf die demokratischen Entscheidungsprozesse zu nehmen, verzichtet. Darüber hinaus geht es ihm darum herauszufinden, wer nicht zur Wahl geht und ob es im Verlauf der letzten zwanzig Jahre Veränderungen innerhalb der Nichtwählergruppe gegeben hat. Mit Hilfe einer sehr differenzierten Analysemethode kann Dag Oeing feststellen, daß Spanien eine Verschiebung der Wahlenthaltung vom Land in die Stadt und vom ersten in den zweiten sowie vor allem in den dritten Sektor erlebt. Trotz der Heterogenität der Nichtwählerschaft läßt sich feststellen, daß die soziodemographischen Profile der Nichtwähler viele Merkmale sozialer Randgruppen aufweisen: Es sind (Haus-)Frauen, Ältere und Jüngere, »Singles«, Arbeitslose, Studenten, Rentner. Die Nichtwählerschaft scheint sich momentan in einem Strukturwandel zu befinden, bei dem sich eine Verlagerung aus sozialen Randpositionen ohne politisches Interesse hin zu einer Nichtwählerschaft politisch gebildeter und wirtschaftlich unabhängiger Bürger andeutet. Zugleich interpretieren Politikwissenschaftler die relativ hohe Wahlenthaltung in Spanien nicht als Ablehnung des politischen Systems an sich, sondern als Enttäuschung über den momentanen Zustand seiner Organe. Somit kommt auch Dag Oeing zu dem positiven Ergebnis, daß »die spanische Demokratie sich in einem sehr stabilen Zustand befindet«.

Andreas Hildenbrand untersucht die Entwicklung des Regionalismus und des Autonomiestaates in den letzten 20 Jahren. Seine materialgesättigte Studie nimmt eine Analyse und Bewertung der Praxis des spanischen Autonomiestaates vor. Zunächst behandelt er die Grundlagen der Dezentralisierung, insbesondere die in der Verfassung von 1978 festgelegten Weichenstellungen. Sodann werden die wichtigsten Etappen der zwischen 1979 und 1983 schrittweise erfolgten Konstituierung der 17 Autonomen Gemeinschaften skizziert. In Form einer synoptischen Bilanz stellt Hildenbrand als zentrale Aspekte seines Beitrages die Dynamik, Bestimmungsfaktoren und Hauptprobleme der seit 1983 erfolgenden Konsolidierung und Ausgestaltung des Autonomiestaates dar. Dabei beschäftigt er sich auch mit der Entwicklung des subjektiven regionalen Bewußtseins und der Herausbildung regionaler Parteiensysteme. Für die Jahre der sozialistischen Herrschaft geht es um drei entscheidende Fragenkreise: um die Kompetenzenverteilung zwischen Staat und Autonomen Gemeinschaften, das Finanzierungssystem und die Beteiligung der Autonomen Gemeinschaften an der Willensbildung des staatlichen Gesetzgebers. Abschließend skizziert der Autor noch die autonomiepolitischen Maßnahmen der neuen konservativen Regierung Aznar.

Stellten Kraus und Merkel gewisse Defizite in der vollen Ausprägung der Zivilgesellschaft fest und konstatierte Oeing einen kontinuierlich hohen Anteil an Nichtwählern, so spricht Walter Haubrich in seinem Beitrag über die politische Kultur im Lande vom Desinteresse einer Mehrheit der Spanier an Politik überhaupt und von dem geringen Ansehen, das Politiker häufig südlich der Pyrenäen genießen. Er führt diese Geringschätzung politischen Tuns unter anderem auch auf die zahlreichen Korruptionsskandale während der sozialistischen Regierungsjahre zurück, auf den materialistischen Wertekatalog der achtziger Jahre, auf das Bereicherungsstreben der politischen Eliten. Des weiteren geht er auf besonders kritische Aspekte des öffentlichen Lebens ein: auf die »Politisierung der Justiz« und damit die »Justizialisierung der Politik«, auf die mitunter unverantwortliche Rolle mancher politischer Journalisten, auf den wenig positiven Beitrag spanischer Intellektueller zur politischen Kultur ihres Landes. Trotz vieler bedenklicher Aspekte kommt Haubrich schließlich doch zu einem Ergebnis, das die Resultate von Kraus / Merkel und Oeing bestätigt: »Bei aller verständlichen Ernüchterung besteht kein Grund, die Fortdauer der spanischen Demokratie [...] als gefährdet zu betrachten.«

Kapitel II: Alte und neue Machtträger: Monarchie, Militär, Wirtschaft

Im zweiten Kapitel wird die Rolle der Krone, des Militärs, der Wirtschaft und der Gewerkschaften bei der Stabilisierung der Demokratie und der Sicherung des Wohlfahrtsstaates untersucht. Walther L. Bernecker geht in seinem Beitrag über die Rolle des Königs im Demokratisierungsprozeß der Frage nach, wie ein Teil des politischen Systems – die Krone – zur Demokratisierung beitragen konnte. Einleitend skizziert er den langen und schwierigen Weg »zurück zur Monarchie«, der während des Franquismus durchlaufen werden mußte. Sodann geht es um die staatsrechtliche Position des Monarchen in der Übergangsphase nach Francos Tod bis zur Verabschiedung der Verfassung von 1978. Die Frage, was eine selbst noch nicht konsolidierte Monarchie für die Festigung der Demokratie leisten konnte, verweist auf den Beitrag der Krone zur Verringerung der Legitimitätsdefizite, die andere Teile des politischen Systems aufwiesen. Dabei wird die politische Rolle des Königs als »Motor des Wandels« dargestellt, bevor die Legitimitätsproblematik und die verschiedenen Legitimationsformen erörtert werden. Schließlich geht es um die Stellung des Monarchen in der Verfassung und um das

Verhältnis von Monarchie und Demokratie in Spanien. Als Fazit läßt sich festhalten, daß die von Juan Carlos eingeschlagene Strategie und die Erfolge im Demokratisierungsprozeß das Gesamtsystem legitimierten und stabilisierten. Es war die Monarchie, die bei der Durchsetzung der Demokratie einen entscheidenden Beitrag leistete; sie war ein nicht zu überschätzender Faktor bei der Überwindung des autoritären Systems.

Martina Fischer analysiert in ihrem Beitrag Bruch und Kontinuität im Verhältnis von Militär und Gesellschaft in Spanien. Ausgehend von den antidemokratischen Traditionen des spanischen Militärs, den Putschabsichten und Umsturzplänen in den ersten Jahren der Transition, geht es ihr zentral um die Militärpolitik der achtziger Jahre, das heißt um den Reform- und Modernisierungsprozeß, den das spanische Militär in den sozialistischen Regierungsjahren durchlief. Sie untersucht die Neuordnung der Kompetenzen zwischen militärischer und politischer Ebene und die Umstrukturierung der Armee, die Ausrüstungsmodernisierung, die Widersprüche in diesem Prozeß. Sodann analysiert die Autorin die Akzeptanzprobleme in der Gesellschaft und den Dissens über das Rekrutierungssystem als Auslöser für eine Selbstverständniskrise in der Armee sowie, in deren Gefolge, das Bemühen des Verteidigungsministeriums um eine Verbesserung der zivil-militärischen Beziehungen. Abschließend geht Martina Fischer auf die Vollendung der Bündnis-Integration und die Orientierung auf weltweite Einsatzfelder sowie auf den Beschluß zur Abschaffung der Wehrpflicht ein. Ein Teilfazit auch ihrer sehr detailreichen Untersuchung lautet: »Daß das spanische Militär weiterhin versuchen könnte, die parlamentarische Demokratie durch Putsch aus den Angeln zu heben und die Zeit zurückzudrehen, kann ernsthaft niemand mehr erwarten.«

Gabriel M. Pérez-Alcalá schildert den Weg der spanischen Wirtschaft nach Maastricht als eine Erfolgsgeschichte. Und in der Tat nahm die Ökonomie des Landes spätestens seit dem EG-Beitritt 1986 einen beträchtlichen Aufschwung, der sie konkurrenzfähig machte gegenüber den großen europäischen Partnern Deutschland, Frankreich und Großbritannien. Verantwortlich für den Aufschwung war aber nicht nur der EG-Beitritt, sondern auch die relativ erfolgreiche Wirtschaftspolitik sozialdemokratischer Prägung mit einem deutlich liberalen Einschlag, für die die verschiedenen Regierungen unter Felipe González verantwortlich zeichneten. Die gesamte Wirtschaft wurde Schritt für Schritt einer Umstrukturierung unterzogen, die sie dem westeuropäischen Standard annäherte und die Erfüllung der Maastricht-Kriterien als realistisch erscheinen läßt. So gesehen ist es verständlich, daß Spanien sich heute ebenso wie andere EU-Länder um das wirtschaftliche Wohlbefinden der Euro-Lokomotive Deutschland sorgt, daß die spanische Wirtschaft aber gleichzeitig die Gewißheit hat, nicht mehr nur in Abhängigkeit von stärkeren Partnern zu stehen, sondern eigenständig einen wichtigen Beitrag zur Realisierung der Maastricht-Ziele leisten zu können. Die Einführung des Wohlfahrtstaates hat zwar über viele Jahre hinweg die Inflation angeheizt, doch der relative soziale Friede, den Spaniens Regierungen auch und gerade durch ihre Wirtschaftspolitik stabilisieren konnten, war ein Ziel, das diesen Preis rechtfertigt. Wenn heute die Regierung Aznar auf eine wohlgeführte Wirtschaft verweisen kann, so ist es gewiß nicht ihr Verdienst allein. Sie erntet vielmehr die Früchte eines demokratischen Stabilisierungs- und eines wirtschaftlichen Aufbauprozesses, den im wesentlichen die verschiedenen Regierungen González in Gang gesetzt haben.

Holm-Detlev Köhler liefert einen in historische Etappen und Themenbereiche gegliederten Überblick über die Entwicklung der Arbeitsbeziehungen und Gewerkschaften im demokratischen Spanien. Er beginnt mit einem Rückblick auf die Tradition der Arbeiterbewegung und die Ausgangsbedingungen zu Beginn der »gewerkschaftlichen Transition«, des Demokratisierungsprozesses der Gewerkschaften und der Arbeitsbeziehungen nach Francos Tod. Sodann faßt er die für die Ausgestaltung der Arbeitsbeziehungen wesentlichen Ergebnisse des Demokratisierungsprozesses zusammen und stellt die Akteure, die institutionellen und rechtlichen Rahmenbedingungen sowie die politischen und wirtschaftlichen Konfliktfelder in ihren historischen Rahmen. Von besonderer Bedeutung sind Entwicklung und Struktur der Arbeitsbeziehungen sowie die Probleme des letzten Jahrzehnts, in dem sich Gewerkschaften und Arbeitgeber den Folgen der europäischen Integration und einem fortgesetzten ökonomischen Strukturwandel stellen mußten. Köhlers Fazit ist für die Gewerkschaften wenig optimistisch, da der Austeritätsdruck, der Trend zur Deregulierung des Arbeitsmarktes und zur Individualisierung der betrieblichen Beschäftigungsverhältnisse andauern werden.

Kapitel III: Zum Wandel in der Gesellschaft

Die folgenden vier Beiträge thematisieren wichtige Wandlungsprozesse in der spanischen Gesellschaft der letzten zwei Jahrzehnte. Roland Ostermann untersucht zwei Hauptmerkmale der sozialen Umbruchsituation nach Francos Tod: Kriminalität und illegalen Drogenkonsum. Er stellt diese beiden Erscheinungsformen »abweichenden Verhaltens« in die größeren Zusammenhänge von gesellschaftlicher Modernisierung und politischem sowie sozioökonomischem Wandel. Obwohl der politische Übergang und der wirtschaftliche Restrukturierungsprozeß abgeschlossen sind, konnten Drogenmißbrauch und Kriminalität bis heute nicht wesentlich eingedämmt werden. Im Verständnis der Bevölkerung zählen sie neben der hohen Arbeitslosigkeit und der allgemeinen wirtschaftlichen Lage zu den zentralen Konfliktfeldern der gesellschaftlichen Entwicklung des Landes nach 1975. In Zusammenhang mit illegalem Drogenkonsum und dem Bereich kriminellen Verhaltens spricht Ostermann von einer spanischen »Sonderentwicklung«, was weniger auf die absoluten Zahlen als vielmehr auf den beschleunigten Anstieg dieser Devianzformen im Zeitraum von nur wenigen Jahren verweist: »Es ist anzunehmen, daß Drogenmißbrauch und Kriminalität die eigentlichen Schattenseiten des umfassenden Modernisierungsprojektes von Staat und Gesellschaft in Spanien nach 1975 darstellen.«

Nicht weniger dramatisch haben sich im Spanien der letzten 20 Jahre die Rolle der Kirche in Staat und Gesellschaft und die Religiosität der Spanier geändert. Carlos Collado Seidel geht in seinem Beitrag davon aus, daß zu Beginn der Transition die Kirche ihren eigenen, für viele Mitglieder des Klerus schmerzhaften Übergangsprozeß schon hinter sich gebracht hatte. Nach 1975 verhinderten die Aussagen des Zweiten Vatikanischen Konzils eine aktive politische Parteinahme der kirchlichen Führung; die Kirche hielt sich betont im Hintergrund. Sie ließ sich auch nicht mehr für politische Zwecke instrumentalisieren, spielte in der Transition vielmehr eine stabilisierende Rolle. Im weiteren Verlauf seiner Untersuchung skizziert Collado Seidel die dramatische Veränderung (Reduzierung) der religiösen Praxis nach 1975 sowie die »Privatisierung von Glauben und Religion«. Im Gegensatz zum Rückgang der »offiziellen« religiösen Praxis läßt sich allerdings ein gewaltiger Aufschwung an »volksreligiösen« Formen (Prozessionen, Wallfahrten, populäre Heiligenkulte) feststellen. Nach Abschluß der Transition endete auch die Zurückhaltung der Kirche in öffentlichen Belangen; Staat und Kirche gerieten nunmehr immer öfter aneinander. Konkrete Problemfelder in den Beziehungen zwischen Kirche und Staat waren (und sind) die Finanzierung der Kirchen, das Erziehungswesen und der katholische Religionsunterricht, die Regelung des Ehescheidungsrechtes, des Abtreibungsgesetzes und der Sterbehilfe. Die spanische Gesellschaft, so das Fazit des Autors, befindet sich im Hinblick auf ihre Religiosität und das Verhältnis zur Amtskirche nach wie vor in einem Umwandlungsprozeß, in dem die Kirche immer noch Schwierigkeiten hat, in einer säkularisierten und pluralen Gesellschaft zurechtzukommen.

Claudia Hölzle erläutert in ihrem Beitrag, wie Spanien seit den siebziger Jahren durch eine Bildungsreform in mehreren Phasen das Schulsystem aus Francos Zeiten an die Bildungsstandards der Europäischen Gemeinschaft heranführt. Der Konvergenzdruck, der von Europa ausging und immer noch ausgeht, betraf vor allem das allgemeinbildende und das berufsbildende Erziehungssystem. Spanien mußte u.a. die Dauer der allgemeinen Schulpflicht aufstocken, die Gliederung des Schulsystems grundlegend ändern und die Qualifikationsanforderungen europäischem Standard anpassen. Besonders viel Mühe bereitet dabei auch heute noch die berufliche Ausbildung, die in Spanien zu lange betriebliche und schulische Inhalte und Praktiken voneinander getrennt halten wollte. Interessant ist auch, daß bereits 1970 ein Bildungsgesetz vorgelegt wurde, das erstaunlich fortschrittliche

Elemente, wie das Prinzip der *educación permanente,* enthielt, Elemente freilich, die nicht immer umgesetzt wurden. Spätere Bildungsreformen, insbesondere die 1990 beschlossene LOGSE, brachten aber das spanische Bildungssystem, und insbesondere die Berufsausbildung, entschieden auf den Weg der EU-spezifischen Normen, so daß heute berechtigte Hoffnung besteht, auch für die jungen Spanierinnen und Spanier annähernd gleiche Chancen auf einem erweiterten Arbeitsmarkt zu schaffen. Die Eingriffe der neuen konservativen Regierung in die noch laufende Umsetzung der LOGSE lassen aber mitunter befürchten, daß in manchen Bereichen die Reformuhr wieder etwas zurückgedreht wird.

Karl-Wilhelm Kreis zeichnet in seinem Beitrag die Entwicklung der Situation der Frau seit dem Ende des Franco-Regimes bis heute nach. Die Systematik seiner Darstellung folgt der Aufgliederung in vier Teilbereiche: Frau und Recht, Frau und Erziehung, Frau und Arbeit, Frau und Politik. Auf der Ebene der Legislative ist ein grundlegender Wandel gegenüber der Franco-Zeit zugunsten der Gleichberechtigung der Frau erreicht worden. Ob die gesetzlichen Neuerungen im Verlauf der vergangenen 20 Jahre auch ein Korrelat in der gesellschaftlichen Praxis gefunden haben, wird anhand der übrigen drei Bereiche untersucht. Dabei kommt Kreis zu vielfältig-differenzierten Ergebnissen: Rein quantitativ ist eindeutig eine Änderung zugunsten der Frau in Form eines stetigen Anstiegs des weiblichen Anteils an der öffentlichen Bildung zu konstatieren; allerdings ist eine Tradierung weiblicher Berufsrollenmuster festzustellen, was auch mit den (bis heute fortwirkenden) eklatanten Widersprüchen zwischen dem emanzipatorischen Anspruch der demokratischen Regierung und der Praxis des von ihr zu kontrollierenden Bildungswesens insofern zusammenhängen kann, als weiterhin eine Reproduktion von unter dem Franquismus geförderten Vorstellungen von weiblicher Ungleichheit in den inhaltlichen Aspekten der laufenden Erziehungsprogramme stattfindet. Im Vergleich zu den Bewertungen der stagnierenden Entwicklung im Schulbuchbereich zeichnet sich im Fernsehen zumindest die Tendenz eines Wandels zum allmählichen und teilweisen Verschwinden historisch überholter Stereotypen des Verständnisses geschlechtsspezifischer Rollenmuster ab.

Im Bereich »Frau und Arbeit« ist nur bedingt eine positive Bilanz zu ziehen: Auf vielen Sektoren ist zwar Zahlengleichheit von Männern und Frauen erreicht, in einigen gibt es sogar ein leichtes Übergewicht der Frauen; die Demokratie hat auch den Frauen den Zugang zu Berufen des Rechtswesens, der Medizin oder des Journalismus eröffnet. Allerdings ist den Frauen immer noch nicht in dem ihrer Qualifikation gebührenden Maß Aufnahme in Führungspositionen gewährt worden. Auch in der Politik hat erst die Demokratie die Voraussetzung für eine offizielle Beteiligung der Frauen geschaffen. Ein durchgreifender Wandel wurde Ende der achtziger Jahre konstatierbar, als Frauen wichtige und zahlreiche Positionen in verschiedenen öffentlichen Funktionen einnahmen.

Die bis zum Ende der PSOE-Regierung (1996) aufzeigbare Tendenz zur stetigen Steigerung des weiblichen Anteils in fast allen relevanten gesellschaftlichen Bereichen setzte sich unter der neuen konservativen Regierung insofern fort, als Aznar vier Frauen in sein Kabinett berief. Allerdings distanzieren sich die Ministerinnen deutlich von feministischer Politik, sie diskriminieren die Arbeit des »Fraueninstituts«, haben die Erhöhung der staatlichen Förderungsmittel für den konfessionellen Privatschulbereich verfügt, schleusen besonders Konservative in die ministeriale Verwaltung ein. Ganz offensichtlich muß der Kampf der Frau um gesellschaftliche Gleichberechtigung unvermindert fortgesetzt werden.

Kapitel IV: Spanien und das Fremde

Im vierten Kapitel wird Spaniens Umgang mit dem Fremden in gesellschaftlicher, wirtschaftlicher, soziokultureller und mentaler Hinsicht behandelt. Die Modernisierungsschübe, die Spanien intensiver als andere westeuropäische Länder in den letzten beiden Jahrzehnten erlebte, konfrontierten das Land mit einem Phänomen, das in der Francozeit wenig beachtet wurde, da man es teilweise tabuisiert hatte: die Öffnung nach außen und die Auseinandersetzung mit dem Fremden in seinen verschiedenen Erscheinungsformen. Ana Barro und Klaus Dirscherl weisen in ihrem Beitrag auf die historischen Gründe dieser teilweisen Tabuisierung oder Ausgrenzung fremder Menschen und fremder Kulturen hin, um dann die aktuellen Schwierigkeiten zu erläutern, die Spanien mit der Tatsache hat, daß es sich heute, in Zeiten des wirtschaftlichen Booms, in ein Einwanderungsland verwandelt und gleichzeitig alle Jahre von ca. 40 Millionen ausländischen Touristen aufgesucht wird. Fremdenfeindliche Reaktionen gegenüber ungebetenen und umworbenen Gästen gilt es dabei in ihrem Stellenwert ebenso zu beurteilen wie konfligierende wirtschaftliche und außenpolitische Interessen, die man in dieser heiklen Situation auf einen Nenner bringen muß.

Spaniens neue Rolle in der EU und seine immer noch ambivalente Haltung gegenüber den lateinamerikanischen »Brudernationen« machen deutlich, daß das Land einhundert Jahre nach der Katastrophe von 1898 und dem darauf folgenden Rückzug in sein eigenes Inneres nicht mehr umhin kann, sich der Außenwelt zu öffnen. Traditionsbewußtsein und Augenmaß sind dabei ebenso gefragt wie demokratische Normen, die es beim Umgang mit dem Fremden zu praktizieren gilt. Schließlich will man weiterhin gute Fortschritte auf dem Wege der Modernisierung erzielen, und diese wird sich mehr denn je im Kontext einer sich globalisierenden Welt vollziehen. So gesehen liefert der Beitrag Materialien und Einsichten zu dem zunehmend wichtigen Feld der interkulturellen Kommunikation, die sich nicht nur beim Umgang von Menschen unterschiedlicher Kulturen auf internationaler Ebene abspielt, sondern auch im Inneren Spaniens selbst stattfindet.

Norbert Rehrmann untersucht im gleichen Kapitel Spaniens Blick nach Lateinamerika, wie er sich im Diskurs seiner Intellektuellen artikuliert. Er kommt dabei zu der etwas überraschenden und nicht unbedingt erfreulichen Erkenntnis, daß nicht nur konservative, sondern auch progressiv inspirierte Meinungsführer und Schriftsteller immer noch nicht ohne weiteres bereit sind, ihre postkoloniale und in aller Regel »panhispanistische« Betrachtungsweise jenes Teils der Erde aufzugeben, der sich längst auf unterschiedliche Weise zu einer Vielfalt von (auch konkurrierenden) Staaten entwickelt hat und der seine kulturellen Beziehungen zum einstigen »Mutterland« Spanien keineswegs nur als Segen empfindet. Schuld an der Persistenz panhispanistischer Haltungen gegenüber Lateinamerika sind für Rehrmann zum Teil die »Interpretationskartelle« der spanischen Lateinamerikaforschung, die fortfahren, ein Bild vom einstmals spanischen Subkontinent zu produzieren, das weder seiner soziopolitischen Realität entspricht, noch von seinen Einwohnern goutiert wird. Besonders deutlich wurde diese mentale Kluft zwischen Spanien und Lateinamerika 1992 anläßlich des *Quinto Centenario*, bei dem das offizielle Spanien sich – vor den Augen der Welt – immer noch ziemlich schwer tat, die kulturelle Heterogenität Lateinamerikas in Geschichte und Gegenwart anzuerkennen.

Rafael Domínguez schließlich stellt die wirtschaftlichen Vorteile, die landesplanerischen Konsequenzen und die ökologischen Folgeerscheinungen des von Krisen selten gebremsten Tourismusbooms dar, der Jahr für Jahr die Volkswirtschaft Spaniens mit seinen Erträgen in Schwung bringt und der besonders in den touristisch attraktiven Landesteilen zu einer soziokulturellen und landesplanerischen Neustrukturierung ganzer Landstriche führt. Die Bemühungen des Staates, gesetzgeberisch den manchmal bedenklichen touristischen Wildwuchs in vernünftige Bahnen zu lenken, werden dabei ebenso dargestellt (etwa die berühmte *Ley de Costas*) wie die Umwandlung traditionell landwirtschaftlich geprägter Gegenden in Wirtschaftsräume mit einer starken Dominanz des Dienstleistungssektors und die großen Wanderungsbewegungen vom Binnenland an die Küsten, die eine solche Wandlung nach sich zieht.

Kapitel V: Medienkultur

Das letzte Kapitel wird der Kultur und ihrer immer deutlicher werdenden Prägung durch die (neuen) Medien gewidmet. Gerade im Beitrag zu Spaniens Intellektuellen wird deutlich, daß die demokratische Öffnung der *transición* nicht nur die »Wiederbelebung des intellektuellen Feldes« bedeutete, wie Ulrich Winter unter Verwendung eines zentralen Begriffs von Pierre Bourdieu ausführt, sondern daß die kritische Teilnahme von Philosophen, Schriftstellern und Künstlern an der Debatte über Spanien und seine Probleme in zunehmendem Maße von der fortschreitenden Mediatisierung der kulturellen Praxis geprägt ist. Unmittelbar nach Francos Tod machte den Intellektuellen zwar noch erheblich die Ansicht zu schaffen, daß sie als Schriftsteller und Denker – trotz ihres geistigen Widerstands – wenig zur Veränderung oder gar Abschaffung des alten Regimes beitrugen. Gerade im Aufbau eines neuen demokratischen Systems sah man dann aber zu Recht ein weites Feld der Betätigung, die von der kritischen, aber distanzierten Kommentierung soziopolitischer Fragen etwa eines Juan Goytisolo bis hin zur Partizipation an der politischen Macht reicht, wie sie Jorge Semprún zeitweise praktizierte. Die Verlagerung der intellektuellen Aktion vom Essay, vom Pamphlet und der öffentlichen Kundgebung in die Kommentarspalten und Talkshows der heute dominierenden Medien bedeutet zwar eine Veränderung kultureller Praxis, die Spanien mit anderen Ländern teilt. Aber gerade aufgrund der gegenüber Deutschland besonders auffälligen Medienpräsenz einiger spanischer Intellektueller ergeben sich Einflußmöglichkeiten, um die sie deutsche Intellektuelle durchaus beneiden könnten. Die Gefahren der medialen Verflachung und der Flucht in die wohlinszenierte Brillanz der Formulierung sind dabei freilich unübersehbar.

Hans-Jörg Neuschäfer präsentiert deshalb in seinem Beitrag nicht eigentlich die aktuelle spanische Literatur, sondern vielmehr den »Literaturbetrieb«, der sie hervorbringt, d.h. also jene neue Geschäftigkeit der Schriftsteller, ihrer Agenten und Verleger, die darauf abzielt, die Literatur, ihre Stars und ihre Ereignisse mediengerecht zu inszenieren. Die Annäherung bestimmter Literaturformen an den Journalismus wird dabei ebenso kommentiert wie die Infizierung mit Businesspraktiken, die die Literaturkritik, die Vergabe von gut dotierten Literaturpreisen, sogar die altehrwürdige *Real Academia* und – warum nicht – auch die Inhalte der Literatur selbst (vgl. den Erfolgsroman *El Premio* von Manuel Vázquez Montalbán) erfaßt.

So wie die heutige Literatur ihren Mann bzw. ihre Frau im Medienwettbewerb stellen muß, gilt dies in noch viel stärkerem Maße für die Presse, speziell die Tagespresse. Jean-Pierre Castellanis Beitrag leistet deshalb neben einer Präsentation des nationalen und regionalen Zeitungsmarktes und einer Schilderung des Aufstiegs der zwei führenden Blätter (*El País* und *El Mundo*) im Kontext der *transición* eine medienkritische Analyse der Konkurrenzsituation speziell mit dem Fernsehen, in der sich die heutige Tagespresse (nicht nur in Spanien) befindet. Dabei wird u.a. der Frage nachgegangen, warum sich auf dem spanischen Zeitungsmarkt ein Blatt vom Stile der *Bild-Zeitung* (bisher) nicht durchsetzen konnte und wieso in der Folge nicht nur rosarote Wochenmagazine (in Spanien die *prensa amarilla*), sondern auch das Fernsehen und sogar die seriöse Tagespresse auf nationaler Ebene sich manchmal im Stile der *prensa amarilla* präsentieren und – der Erfolg von *El Mundo* zeigt es – mit Enthüllungsjournalismus offensichtlich auf interessierte Leser stoßen.

Klaus-Peter Walter stellt in seinem Beitrag wichtige Trends der spanischen Spielfilmproduktion seit der *transición* dar. Er geht dabei schwerpunktmäßig auf den mittlerweile auch weltweit geschätzten Kultregisseur Pedro Almodóvar ein und macht deutlich, daß die heute schon wieder verebbte *movida* der achtziger Jahre zumindest im Film zu einer künstlerischen Komplexität gereift ist, die man in der Tat als *das* Kulturereignis der *transición* bezeichnen könnte. Denn der spanische Film hat es geschafft, nicht nur im eigenen Land Zuschauerrekorde gegenüber der nordamerikanischen Konkurrenz zu erzielen, sondern er hat auch international künstlerische und wirtschaftliche Anerkennung gefunden. Fernando Trueba oder der junge Amenábar, aber auch die Filme der vor kurzem gestorbenen Pilar Miró machen deutlich, daß es der spanischen Filmindustrie als einer der wenigen in Europa (neben der Frankreichs) mitunter gelingt, gegen die Übermacht Hollywoods zu bestehen. Eine der Überlebensstrategien besteht dabei in der Kooperation mit dem Fernsehen, ohne dessen Mitfinanzierung die meisten Filme nicht mehr gedreht werden könnten. Daß dies auch Folgen für die Qualität und die Art der Geschichten hat, die der spanische Spielfilm heute erzählt, kann man an vielen Almodóvar-Filmen, an den Filmen aus den Autonomen Regionen, aber auch an dem zuletzt hochgelobten Medien-Thriller *Tesis* von Amenábar studieren.

Peter M. Spangenberg liefert in seinem Beitrag zur »Liberalisierung des Fernsehens« eine Analyse des seit 1997 entbrannten »Fernsehkriegs«, nachdem er zunächst die Geschichte des spanischen Fernsehens seit der *transición* erzählt, die wirtschaftlichen Verflechtungen und die Politisierung dieses Teils des Medienmarktes erläutert, um dann die seit mehr als einem Jahr geführte Auseinandersetzung um den Telekommunikationsmarkt der Zukunft zu schildern. Dabei wird nicht nur das enorme wirtschaftliche Gewicht deutlich, um das es bei diesem Medienkrieg geht, sondern auch die politischen Konsequenzen, die sich daraus unter Umständen für die Zukunft Spaniens ergeben können. Spangenberg weist zu Recht darauf hin, daß große Entscheidungen auf dem Medienmarkt stets auch folgenreich für die Entwicklung der politischen Kultur und der Machtverhältnisse im Lande waren. Man denke nur an die Folgen der frühen Lizenzerteilung an *El País* noch vor Beginn der eigentlichen *transición* oder die Einführung des Regionalfernsehens gegen den Wunsch der Zentralregierung in den achtziger Jahren. Gerade am Beitrag von Peter M. Spangenberg wird deutlich, daß kulturelle Praxis heute mehr denn je mit dem Markt und speziell dem Medienmarkt, und zwar nicht nur auf nationaler, sondern auf internationaler Ebene verbunden ist, und daß kulturelle Leistungen und Entwicklungen, Kulturgeschichte also, immer auch Wirtschafts- und Politikgeschichte sind.

***

Der in den vorhergehenden Absätzen gegebene Überblick über Zielsetzung, Aufbau und Inhalt des Bandes läßt deutlich werden, daß die Beiträge ein breites Themenspektrum aus den Bereichen Politik, Wirtschaft, Gesellschaft und Kultur abdecken; die unterschiedlichen Zugänge und Fragestellungen der Autoren – die allesamt Spezialisten für die von ihnen bearbeiteten Aspekte sind – stellen darüber hinaus sicher, daß sich vor dem Auge des Lesers ein wissenschaftlich fundiertes, gleichwohl pluralistisch ausdifferenziertes Bild einer höchst komplexen Wirklichkeit von Spaniens Gegenwart auftut. Natürlich bleibt jeder Sammelband Stückwerk; auch im vorliegenden konnte keine erschöpfende Erfassung aller relevanten Aspekte der Entwicklung der letzten Jahrzehnte erfolgen. Eine Chronologie sowie eine sorgfältig ausgewählte und nach Sachthemen gegliederte Bibliographie sollen dafür eine Weiterbeschäftigung mit hier nicht oder nur unzureichend behandelten Aspekten erleichtern.

I

Demokratische Konsolidierung und neue politische Kultur

Peter A. Kraus / Wolfgang Merkel

Die Konsolidierung der Demokratie nach Franco

Einleitung

Die große dritte Demokratisierungswelle dieses Jahrhunderts nahm ihren Ausgang in Südeuropa. Als Mitte der siebziger Jahre Portugal, Griechenland und Spanien ihre diktatorischen Systeme abzuschütteln begannen, war dies der Auftakt einer lang anhaltenden Demokratisierungswelle, die von Südeuropa nach Lateinamerika brandete, das pazifische Ostasien erreichte, um im *annus mirabilis* 1989 im Osten Europas ihren Höhepunkt zu erreichen. Im Verlauf dieser Welle wechselten zwischen 1974 und 1989 einunddreißig Staaten von diktatorischen zu demokratischen Regimen.[1] Aber bis zur Hälfte der neunziger Jahre ist es nur wenigen dieser Staaten gelungen, ihre Demokratie zu konsolidieren. Einigkeit besteht in der Transformationsforschung, daß zu den ganz wenigen Ländern der »Dritten Welle«, die ihre Demokratie ausreichend gegen mögliche Destabilisierungstendenzen und autoritäre Versuchungen immunisiert haben, Portugal und Spanien sowie mit gewissen Einschränkungen auch Griechenland gehören.[2] Die drei südeuropäischen Länder sind in den ersten Jahren der Transformation unterschiedliche Wege gegangen. Während Portugal im Zuge einer revolutionären *ruptura* das autoritäre Salazar/Caetano-Regime ohne langwierigen Übergang hinwegfegte, die griechischen Obristen nach ihrem sozialimperialistischen Abenteuer auf Zypern in die Kasernen zurückgezwungen oder bestraft wurden, vollzog sich der politische Systemwechsel in Spanien graduell und wurde zunächst von oben, d.h. von den reformbereiten franquistischen Eliten gesteuert. Angesichts der drohenden Vetomacht des Militärs, den verbliebenen *hardliners* (»Bunker«) und den tonangebenden *softliners* des Franco-Regimes hatte Spanien von den drei südeuropäischen Ländern zunächst die beschwerlichste Transformationsstrecke zu überwinden. Aber schon 15 Jahre später wurde der spanische Demokratisierungsprozeß in fast

---

[1] Vgl. Samuel Huntington: *The Third Wave. Democratization in the Late Twentieth Century*. Oklahoma City 1991.
[2] Vgl. u.a. Peter A. Kraus: »Elemente einer Theorie postautoritärer Demokratisierungsprozesse im südeuropäischen Kontext«, in: *Politische Vierteljahresschrift* 1/1990, S.191-213; Wolfgang Merkel: »Vom Ende der Diktaturen zum Binnenmarkt 1993. Griechenland, Portugal und Spanien auf dem Weg zurück nach Europa«, in: *Aus Politik und Zeitgeschichte*, B. 51, 1990, S. 3-14; Richard Gunther / Nikiforos P. Diamandouros / Hans-Jürgen Puhle (Hgg.): *The Politics of Democratic Consolidation. Southern Europe in Comparative Perspective*. Baltimore 1995; Juan Linz / Alfred Stepan: *Problems of Democratic Transition and Consolidation. Southern Europe, South America, and Post-communist Europe*. Baltimore 1996.

allen osteuropäischen Ländern – allen voran Polen und Ungarn – als das Erfolgsbeispiel einer »paktierten Transition« gepriesen und in Teilen gar nachgeahmt.[3]

20 Jahre nach der gerühmten *transición pactada*[4] lohnt es sich deshalb in besonderem Maße, den Demokratisierungserfolg Spaniens anhand eines systematischen Konsolidierungsmodells genauer zu ergründen und nachzuzeichnen. Wir versprechen uns davon eine differenziertere Bestandsaufnahme der Stärken und Schwächen der demokratischen Stabilität Spaniens, als es die variierenden pauschalen Feststellungen vermögen, die spanische Demokratie sei spätestens nach dem gescheiterten Putschversuch 1981 oder dem richtungspolitischen Wechsel an der Regierung 1982 oder aber nach der festen Einbindung in die EG 1986 konsolidiert gewesen.

1. Ein Mehrebenenmodell demokratischer Konsolidierung

Die Konsolidierung postautoritärer Demokratien läßt sich analytisch in vier Ebenen differenzieren, auf denen sich die Konsolidierungschancen des Gesamtsystems entscheiden. Diese vier zu analytischen Zwecken konstruierten Ebenen können zugleich in aller Regel auch als eine temporale Abfolge von Konsolidierungsphasen verstanden werden.[5]

1. Ebene. Die konstitutionelle Konsolidierung: Sie bezieht sich auf die zentralen politischen Verfassungsinstitutionen wie Staatsoberhaupt, Regierung, Parlament, Judikative und das Wahlsystem[6] **(Makroebene: Strukturen).**

Die konstitutionelle Konsolidierung ist von den vier Ebenen in der Regel am frühesten abgeschlossen und wirkt durch normative, strukturierende und damit handlungseingrenzende Vorgaben auf die zweite sowie die nachfolgenden Ebenen 3 und 4 ein.

2. Ebene. Die repräsentative Konsolidierung: Sie betrifft die territoriale und funktionale Interessenrepräsentation, d.h. vor allem Parteien, Verbände und Interessengruppen **(Mesoebene: Akteure).**

---

3 Entsprechende Einschätzungen geben u.a. die folgenden profilierten Vertreter der »Transitionsforschung« ab: Adam Przeworski: *Democracy and the Market*. Cambridge 1991, S. 8; Linz / Stepan: *Problems* (Anm. 2), S. 88.

4 Linz und Stepan sprechen – nach Transformationsphasen differenziert – von *reforma pactada* und *ruptura pactada*. Vgl. Linz / Stepan: *Problems* (Anm. 2), S. 87.

5 Vgl. Wolfgang Merkel: »Theorien der Transformation. Die Konsolidierung postautoritärer Demokratien«, in: Klaus von Beyme / Claus Offe (Hgg.): *Theorien in der Ära der Transformation*, PVS-Sonderheft 26, Opladen 1996.

6 Wenngleich Wahlsysteme selten Verfassungsrang besitzen, sind sie infolge ihrer faktischen Bedeutung für die Zuteilung von politischen Repräsentationschancen von vergleichbarer Relevanz für die Konsolidierung der Demokratien wie die großen Verfassungsorgane.

Die zwei Konstellationen und Handlungen der Akteure auf Ebene 2 entscheiden einerseits mit darüber, wie sich die Normen und Strukturen auf der ersten Ebene konsolidieren, und andererseits, ob die gemeinsame Konfiguration von Ebene 1 und 2 das Verhalten der Akteure auf Ebene 3 positiv oder negativ im Hinblick auf die demokratische Konsolidierung beeinflußt.

3. Ebene. Verhaltenskonsolidierung: Auf der dritten Ebene agieren die »informellen«, d.h. die potentiellen politischen Akteure wie Militär, Großgrundbesitzer, Finanzkapital, Unternehmer, radikale Bewegungen und Gruppen oder populistisch-charismatische Führer (**Mesoebene: informelle politische Akteure**).

Die Konsolidierungserfolge auf den Ebenen 1 und 2 entscheiden wesentlich mit darüber, ob diese »informellen« politischen Akteure (auch: Vetoakteure) ihre Interessen innerhalb oder außerhalb bzw. gegen die demokratischen Normen und Institutionen verfolgen werden. Sind die ersten drei Ebenen konsolidiert, gehen von ihnen entscheidende Impulse auf die Herausbildung einer demokratiestabilisierenden Bürgergesellschaft aus.

4. Ebene. Konsolidierung der Bürgergesellschaft (civil society und *civic culture):* Die vierte Ebene schließt die Konsolidierung des demokratischen politischen Systems mit der Stabilisierung des soziokulturellen Unterbaus der Demokratie ab. Sie kann, wie wir aus der politischen Kulturforschung der zweiten Demokratisierungswelle (Italien, BRD, Österreich und Japan nach 1945) wissen, Jahrzehnte dauern und erst durch einen Generationenwechsel besiegelt werden[7] (**Mikroebene: Bürger**).

Von einer konsolidierten demokratischen Zivilkultur, die sowohl die Einstellungs- wie die Handlungsebene der Bürger berücksichtigt, gehen immunisierende Wirkungen auf die Ebenen 1-3 aus, wenn deren Stabilität (Ebene 1 und 2) oder Integration (Ebene 3) durch externe (wirtschaftliche, außenpolitische etc.) Krisen bedroht sind. Erst wenn alle vier Ebenen konsolidiert sind, kann von einer weitgehend krisenresistenten Demokratie gesprochen werden.

Im folgenden soll konkret geprüft werden, wie, warum, wieweit und wie stabil sich die Konsolidierung der spanischen Demokratie auf jeder dieser Ebenen vollzogen hat.

---

7 Vgl. u.a. Gabriel Almond / Sydney Verba (Hgg.): *The Civic Culture.* Princeton 1963 und dies. (Hgg.): *The Civic Culture Revisited.* Boston 1980.

Abb. 1: Mehrebenenmodell der demokratischen Konsolidierung

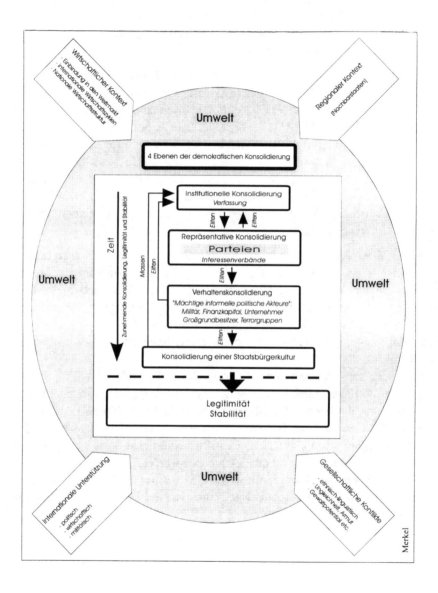

2. Die Konsolidierung der Verfassung und der politischen Institutionen

Der Tod des Diktators Francisco Franco im November 1975 brachte kein jähes Ende der autoritären Ordnung mit sich. Bis zu den ersten freien und allgemeinen Wahlen seit dem Ausbruch des Bürgerkriegs, die im Juni 1977 stattfanden, wurde der Prozeß des politischen Wandels in Spanien maßgeblich von Eliten aus den Reihen des alten Regimes gelenkt, die allerdings nicht umhin konnten, den Dialog mit der demokratischen Opposition zu suchen. Nach dem Ableben des *Caudillo* hatten beide Seiten zunächst nur schwer zu vereinbarende Ausgangspositionen eingenommen, für die die programmatischen Begriffe der *reforma* und der *ruptura* standen: Dem Vorhaben eines von oben gelenkten und graduellen Umbaus der institutionellen Hinterlassenschaft der Diktatur (*reforma*) trat das Ziel einer drastischen und eindeutigen Abkehr von der Vergangenheit gegenüber (*ruptura*), wofür eine Übergangsregierung unter Einschluß der antifranquistischen Kräfte gebildet werden sollte.

Das Resultat des Tauziehens zwischen Reformfranquisten und oppositionellen Kräften war die *transición pactada*, die mittlerweile zu einem festen begrifflichen Bezugspunkt der vergleichenden Demokratisierungsforschung geworden ist. In der Tat gelang es im Zuge der Umbrüche nach Franco in relativ kurzer Zeit, den im Übergang zur Demokratie eingeschlagenen Weg über eine breite Koalition der Zustimmung abzusichern. Den institutionellen Kompromissen der verfassunggebenden Periode fiel dabei eine Schlüsselrolle zu.

Die Wahlen von 1977 führten im neuen Parlament faktisch zu einem Machtpatt zwischen den Repräsentanten der *reforma* und den politischen Gruppierungen, die einen klaren Bruch – die *ruptura* – mit der Hinterlassenschaft der Franco-Ära anstrebten. Die Wahlergebnisse erinnerten einige Beobachter an das Stimmverhalten der spanischen Bevölkerung 41 Jahre zuvor, im letzten Urnengang der Zweiten Republik: So ließen sich sowohl hinsichtlich der geographischen Verteilung politischer Präferenzen als auch hinsichtlich der Tendenz zum Gleichgewicht zwischen Links- und Rechtsparteien manche Parallelen feststellen.[8] Im Gegensatz zur Situation vor dem Bürgerkrieg konnte diesmal von einer Dynamik der wachsenden Konfrontation zwischen zwei großen politischen Blöcken jedoch nicht die Rede sein. Vielmehr dominierten von den Regimereformern bis hin zu den Kommunisten quer durch die weltanschaulichen Lager die Stimmen, die zur Mäßigung

---

8 Vgl. Miguel Martínez Cuadrado: »El sistema político español y el comportamiento electoral regional de la Europa del sur«, in: ders. (Hg.): *Mutaciones y transformaciones de las sociedades del sur de Europa en el umbral de los años ochenta*. Madrid 1980, S. 63-65.

aufriefen.[9] Das Fehlen einer klaren parlamentarischen Mehrheit für die UCD-Exekutive um Adolfo Suárez war darüber hinaus ein Faktor, der die Kompromißorientierung der wichtigsten Parteien nach den Wahlen von 1977 zusätzlich begünstigte. Die entscheidende Phase der *transición*, in der die institutionellen Unterbauten der neuen Demokratie errichtet wurden, stand eindeutig unter dem Primat der parteiübergreifenden Konsensbildung.

Ein erster Entwurf der Verfassung wurde zwischen August 1977 bis April 1978 von der *ponencia* ausgearbeitet. Diesem siebenköpfigen Komitee gehörten drei Abgeordnete der Zentrumsunion und je ein Vertreter von AP, PSOE, PCE und den katalanischen Nationalisten an. Bei der Redaktion des Schlußtextes konnten UCD und PSOE als stärkste politische Gruppierungen ihre Vorstellungen in den entsprechenden parlamentarischen Kommissionen weitgehend durchsetzen. Im Oktober 1978 wurde die Vorlage mit breiter Mehrheit durch das Parlament verabschiedet;[10] im Dezember desselben Jahres erfolgte schließlich die Ratifizierung der Verfassung in einem Referendum, das ebenfalls eine sehr hohe Zustimmungsquote von knapp 90% ergab. Das politische Integrationsvermögen der Verfassung von 1978 erwies sich als ausgesprochen hoch, wie sich auch zeigt, wenn man Spanien den zwei anderen jüngeren südeuropäischen Demokratien Portugal und Griechenland gegenüberstellt, in denen es mit der Veränderung der politischen Kräfteverhältnisse bereits in den achtziger Jahren zur Revision einzelner Verfassungsabschnitte kam.[11] Die neue Verfassung definierte Spanien als konstitutionelle Monarchie mit einem parlamentarischen Regierungssystem und als sozialen Rechtsstaat. Sie orientierte sich allgemein an den normativen Leitlinien moderner westlicher Demokratien, nicht zuletzt auch am deutschen Grundgesetz, das u.a. bei der Übernahme des konstruktiven Mißtrauensvotums im Art. 113 Pate stand. In einzelnen Passagen blieben allerdings auch die Interessen von Vetomächten nicht unberücksichtigt, so etwa insbesondere bei der Hervorhebung der institutionellen Stellung der Streitkräfte.

Im Streben nach Konkordanz während der verfassunggebenden Periode verdichteten sich charakteristische Merkmale der spanischen Demokratisierung. Die Politik des *consenso* ging nicht aus einer im Licht der Öffentlichkeit geführten politischen Debatte hervor, sondern aus Verhandlungen innerhalb eines kleinen

---

9 Der Wille zur Mäßigung in der Entstehungsphase der neuen Demokratie läßt sich gerade auch als ein Ausdruck der kollektiven Erinnerung an die traumatische Konfrontation des Bürgerkriegs interpretieren, so die These von Víctor Pérez Díaz: *La primacía de la sociedad civil*. Madrid 1993, S. 40.

10 Im Kongreß, der Hauptkammer des Parlaments, gab es 326 Ja-Stimmen bei 6 Nein-Stimmen und 14 Enthaltungen.

11 Für einen knappen Vergleich der verfassungspolitischen Dynamik in Portugal, Griechenland und Spanien siehe Peter A. Kraus: »Südeuropa: Die erfolgreiche Institutionalisierung der Demokratie«, in: Wolfgang Merkel / Eberhard Sandschneider / Dieter Segert (Hgg.): *Systemwechsel 2. Die Institutionalisierung der Demokratie*. Opladen 1996, S. 266-275.

Kreises von Parteieliten. Wesentliche Kompromisse kamen erst bei vertraulichen Gesprächen einiger weniger Spitzenpolitiker zustande. Um sich dem Druck eines breiteren Publikums zu entziehen, tagten die Verfassungsväter hinter verschlossenen Türen. Tatsächlich gelang es ihnen auf diese Weise auch, einst hochgradig virulente Gegensätze, wie etwa diejenigen zwischen Republikanismus und Monarchismus oder zwischen Laizismus und Katholizismus, nachhaltig zu entschärfen. Die Architekten des Konsenses von 1978 brachten durch ihre umfassende Verständigungsbereitschaft die Möglichkeiten einer demokratischen Institutionalisierung von Konflikten deutlich zur Geltung. Sie verstärkten mit ihrem Vorgehen allerdings auch die Elitenlastigkeit eines ohnehin schon weitgehend von Eliten gesteuerten Übergangs zur Demokratie.

Der Drang zur Konsensbildung in den Verfassungsverhandlungen implizierte zugleich, daß bei kontroversen Fragen dilatorische Formelkompromisse manchmal die konsequente Behandlung eines Problems ersetzten. In Spanien selbst bezeichnen Experten den Verfassungstext deswegen nicht selten als ungenau, unvollständig oder doppeldeutig.[12] Was besonders spannungsträchtige Themen betraf, entpuppte sich der *consenso* im nachhinein insofern als nur vorübergehend kaschierter Dissens. Der generelle Zwang zur Übereinkunft grenzte die Positionen von Minderheiten aus.[13] Angelegenheiten, die sich nicht mit hinreichendem Einvernehmen regeln ließen, wurden zum Gegenstand von Nichtentscheidungen. Vor allem in den Verfassungsbestimmungen, die sich mit der Stellung von Nationalitäten und Regionen befassen, blieben die Gestaltungsvorgaben außerordentlich ambivalent.

Die Strategie der Konkordanz, die den Verlauf der *transición* in der kritischen Periode der Jahre 1977 und 1978 prägte, verband auf eine für den paktierten Regimewechsel typische Weise Elemente der Kontinuität und der Diskontinuität. Es waren zweifelsohne reformwillige Eliten des alten Regimes, die zunächst die Rahmenbedingungen für den Übergang zur Demokratie festlegen konnten. Außerdem erschwerte das Fortbestehen wichtiger Teile der institutionellen Strukturen der Franco-Ära mitsamt den dort noch vorhandenen Vetopotentialen eine gradlinige und zügige Umsetzung der postautoritären Transformationspläne. Der Entwurf der Grundrisse eines neuen politischen Institutionengefüges unterlag insofern durchaus nicht unbeträchtlichen Restriktionen. Die konstitutionellen Pakte verloren deswegen dennoch kaum an Tragfähigkeit und Integrationsvermögen.

---

12 Siehe z.B. Jorge de Esteban: »El proceso constituyente español, 1977-1978«, in: José Félix Tezanos / Ramón Cotarelo / Andrés de Blas (Hgg.): *La transición democrática española*. Madrid 1989, S. 303f.
13 In dieser Beziehung warf vor allem der Umstand, daß der Verfassungskonsens die baskischen Nationalisten nicht einschloß, relativ hohe politische Kosten auf. Vgl. Richard Gunther: »Constitutional Change in Contemporary Spain«, in: Keith G. Banting / Richard Simeon (Hgg.): *The Politics of Constitutional Change in Industrial Nations*. London 1985, S. 63.

Auch wenn er auf UCD und PSOE als Hauptsäulen gebaut war, reichte der Konsens der demokratischen Gründungsetappe doch von den Kommunisten bis zum gemäßigten Flügel der rechten Volksallianz. Die Verfassungsgebung implizierte für nahezu alle im Parlament vertretenen Kräfte eine akzeptable Basis zur Umwandlung des franquistischen Herrschaftssystems in eine liberale Demokratie westeuropäischen Zuschnitts und kam insofern einer unmißverständlichen Abkehr von der autoritären Vergangenheit gleich.

In Anbetracht des von Anfang an hohen politischen Bindungsgrads der Verfassungskompromisse läßt sich argumentieren, daß der Konsolidierungsprozeß auf der institutionellen Ebene im postfranquistischen Spanien bereits relativ frühzeitig abgeschlossen wurde. Mit der Ratifizierung der Autonomiestatute für das Baskenland und Katalonien, die Ende 1979 erfolgte, stand der übergeordnete institutionelle Rahmen des demokratischen Regimes weitgehend fest. Das Thema der Autonomie von Nationalitäten und Regionen verweist gleichzeitig aber auf eine Besonderheit des Institutionalisierungsprozesses der neuen spanischen Demokratie. Die vor allem im Baskenland und in Katalonien massiv vorgebrachten Forderungen nach tiefgreifenden politischen Dezentralisierungsmaßnahmen führten bekanntlich dazu, daß der Regimewandel eine umfassende und bis heute noch nicht beendete Transformation der Staatsstrukturen einleitete. Die politischen Umbrüche in Spanien beschränkten sich nicht allein auf die Demokratisierung eines nichtdemokratischen Regimetyps, sondern führten zu einer grundlegenden Umgestaltung des territorialen Staatsaufbaus durch den »Staat der Autonomen Gemeinschaften«. Diese Umgestaltung zielte zum einen darauf ab, die Kontinuität eines »gesamtspanischen« Staatsverbands zu sichern; zum anderen sollte sie weitreichende Zugeständnisse an die Forderungen der baskischen und katalanischen Nationalisten ermöglichen.

Der Wandel der Staatsorganisation in Spanien hat sich nur teilweise mit der Institutionalisierung des demokratischen Regimes überschnitten. Er setzte zwar in der verfassunggebenden Periode ein, nahm aber erst mit der Verabschiedung der Autonomiestatute für die Basken und Katalanen und der anschließenden Wahl der ersten Regionalparlamente 1979/80 konkretere Formen an. Im Grunde war die Abkoppelung der Demokratisierung im engeren Sinne vom hochkontroversen Entscheidungsbereich des Umbaus der Staatsstrukturen eine wichtige Voraussetzung dafür, daß die politischen Akteure der liberalen Demokratie ein stabiles institutionelles Fundament geben konnten, ohne vorher Einvernehmen über alle wesentlichen Streitfragen zu erzielen.

Bei der Formulierung der Verfassungsübereinkünfte wurde die Autonomiefrage zwar notgedrungen eingehend thematisiert. Eine »definitive« Klärung dieser Frage erbrachte die Politik des *consenso* jedoch keineswegs. Statt klarer konzeptioneller Richtlinien enthielt der territorialpolitische Teil der Verfassungspakte häufig mehrdeutige Kompromisse. Stellt man die Dimensionen der Problematik von Nationalitäten und Regionen in Rechnung, so leistete die vorläufige »Entscheidung für die Nichtentscheidung« einen bedeutenden Beitrag zur Entlastung der politischen Agenda der *transición*. Die in der Übergangsperiode getroffenen Autonomievereinbarungen waren über ganze Passagen hinweg so elastisch gefaßt, daß sowohl ein großer Teil der nationalistischen Kräfte in den Peripherien als auch die Sachwalter der Interessen des Zentralstaats davon ausgehen konnten, bei den unvermeidbaren künftigen Verhandlungen über die Ausformung des *Estado de las Autonomías* noch über genügend politischen Spielraum zur Durchsetzung der eigenen Vorstellungen zu verfügen. Letztlich hatte der verschwommene Inhalt der postautoritären Gründungspakte, die den Bereich der territorialen Machtverteilung betrafen, die Konsequenz, daß nach 1980 das Verfassungsgericht in den zahlreichen Konflikten zwischen der Zentralregierung und den neugeschaffenen Autonomen Gemeinschaften immer wieder die Rolle des Schiedsrichters übernehmen mußte.[14]

Als Feld der geregelten Interaktionen von staatlichen und substaatlichen Akteuren bzw. von spanischer Regierung und Regionalexekutiven gewann das Autonomiesystem erst allmählich schärfere Konturen, nachdem sich das konstitutionelle »Basisregime« der liberalen Demokratie bereits konsolidiert hatte. Als 1982 die *elecciones del cambio* stattfanden, konnte von eingespielten Austauschmustern in den Zentrum-Peripherie-Beziehungen kaum die Rede sein. Abgesehen von den Sonderfällen Andalusiens, Galiciens, Kataloniens und des Baskenlands hatten vor 1983 in keiner Autonomen Gemeinschaft Regionalwahlen stattgefunden; mehrere Gemeinschaften hatten sich vor dem ersten und erdrutschartigen Wahlsieg des PSOE in der neuen Demokratie noch gar nicht konstituiert. Das territorialpolitische Ordnungsgefüge des Autonomiestaats, dessen »endgültige« Konsolidierung letztlich vom auch gegenwärtig kaum absehbaren Abschluß des Prozesses politisch-administrativer Dezentralisierung abhängt, stellt insofern eine nachträgliche Ergänzung des konstitutionellen Regimes dar.

Unter diesem Vorzeichen betrachtet, weist die institutionelle Dimension des demokratischen Wandels in Spanien womöglich den »Makel« auf, daß die Definition der Staatsform im Hinblick auf die vertikale Gewaltenteilung zunächst weitgehend offen blieb. Daraus erklärt sich die bis heute anhaltende Tendenz, daß sich politische Streitigkeiten, soweit sie das Verhältnis von Zentralgewalt und nationalistischen Peripherien berühren, sehr schnell zu Konflikten über die Verfassungsinhalte ausweiten. Die Bedrohung einer Konstitutionalisierung tagespolitischer Gegensätze scheint im Staat der Autonomen Gemeinschaften allgegenwär-

---

14 Zur schwierigen Implementierung des Autonomiemodells, das den Pluralismus von Nationalitäten und Regionen regeln soll, siehe Peter A. Kraus: *Nationalismus und Demokratie*. Wiesbaden 1996.

tig. Dementsprechend sind dem spanischen Autonomiesystem Gemeinsamkeiten mit dem zentrifugalen Föderalismus Kanadas bescheinigt worden.[15] Diese Situation sollte jedoch nicht als ein Indiz institutioneller Konsolidierungsdefizite bewertet werden; vielmehr entspricht sie schlichtweg strukturellen Konflikten, die das politische Geschehen in Spanien maßgeblich prägen. Gerade eines der Hauptmerkmale des Modells der Autonomen Gemeinschaften, das bei der Grundlegung der neuen Staatsform oft Anlaß zur Kritik bot, nämlich der Verzicht auf eine »eindeutige Lösung« der Problematik von Nationalitäten und Regionen, hat in der Zwischenzeit unerwartete positive Effekte hervorgebracht. Denn gerade aufgrund der Offenheit des Autonomiemodells sehen sich die meisten Akteure nicht dazu gezwungen, die Territorialpolitik als ein Feld unaufschiebbarer Verfassungsfragen wahrzunehmen. Wenn man die Anomalie des Terrors im Baskenland einmal ausblendet, bietet der Staat der Autonomen Gemeinschaften Anschauungsmaterial dafür, daß sich Nationalitätenkonflikte zwar nicht unbedingt »lösen«, aber doch mehr oder weniger erfolgreich institutionell »regeln« lassen. Der unabgeschlossene Charakter des Autonomieprozesses dürfte die institutionelle Stabilität der Demokratie bisher also eher gefördert als beeinträchtigt haben.

3. Die Konsolidierung von Parteien und Verbänden

a. Parteien

Den politischen Parteien kommt in modernen Demokratien eine zentrale Bedeutung zu. Bis auf ganz wenige Ausnahmen (USA) sind sie die zentralen Akteure, die zwischen der Gesellschaft und dem Staat vermitteln. Ihre wichtigste Aufgabe ist es, einen wesentlichen Teil der gesellschaftlichen Interessen zu aggregieren und zu artikulieren, um sie dann in die staatlichen Entscheidungsarenen hineinzutragen, sie dort zu vertreten und in bindende Entscheidungen umzusetzen.[16] Diese Funktion wird von unterschiedlichen Parteien in unterschiedlicher Weise und Intensität mit ebenso unterschiedlichen Folgen für die Konsolidierung der Demokratie erfüllt. Wie sie konkret erfüllt wird, hängt in jungen Demokratien zu einem wesentlichen Teil davon ab, in welcher Gestalt, mit welcher Dynamik und mit welchen Wettbewerbsmechanismen sich das Parteiensystem herausbildet. Wir wollen dies für Spanien an den vier zentralen Dimensionen der Fragmentierung, der Polarisierung, der Wählerfluktuation und der sozialen Verankerung der Parteien aufzeigen.

---

15 Siehe hierzu Francisco Colom González: »Las políticas constitucionales y los avatares del federalismo: Canadá y España ante la 'cuestión nacional'«, in: *Debats*, 56, 1996, S. 4-16.
16 Vgl. Klaus von Beyme: *Parteien in westlichen Demokratien*. München 1982.

Fragmentierung und Polarisierung

Die Fragmentierung eines Parteiensystems wird häufig durch den sog. Fragmentierungsindex gemessen, der die Zahl der Parteien nach ihren Stimmenanteilen gewichtet erfaßt.[17] In der Stabilitätsforschung insbesondere junger Demokratien gelten, nicht zuletzt aufgrund der negativen Erfahrungen von Weimar, der IV. Französischen und I. Italienischen Republik hohe Fragmentierungsindices als riskant, in jedem Fall aber als problematisch für den Fortbestand der demokratischen Ordnung. Die junge spanische Demokratie hatte selbst bei den Gründungswahlen von 1977 nie das Problem einer hohen Fragmentierung ihrer Parteienlandschaft, und schon Ende der siebziger Jahre hatte sich ihr Fragmentierungsindex auf dem Niveau der etablierten westeuropäischen Demokratien eingependelt.[18] Dies hat sich auch in der Folgezeit der achtziger und neunziger Jahre nicht mehr verändert. Konsolidierend wirkte darüber hinaus, daß es nicht nur eine moderate Anzahl von relevanten Parteien auf nationaler Ebene gab, sondern die Mehrheit der Wähler eindeutig zu der großen Mitte-Rechts- (1977-1982: UCD; 1982ff: AP, bzw. später PP) bzw. Mitte-Links-Partei tendierte (PSOE). Dies ermöglichte die Bildung relativ kompakter Regierungen, die meist erst in den Endphasen ihrer Regierungsperioden (UCD: 1980-82; PSOE: 1992-96) die Handlungsfähigkeit verloren, weil sie sich intern spalteten und auflösten (UCD) oder aufgrund schwindender parlamentarischer Mehrheiten auf die Unterstützung regionalistischer Parteien (1992-96: PSOE auf CiU) angewiesen waren. Selbst wenn die Regierungen über keine festen parteilichen Mehrheiten im Parlament verfügten (UCD: 1977-1982; PSOE: 1992-1996), gelang es ihnen durch die parlamentarische Unterstützung kleinerer, häufig regionalistischer, Parteien, ihre Entscheidungsfähigkeit zu sichern.[19]

Auch wenn es 1982 infolge der Krise der UCD[20] vorgezogene Neuwahlen gab und die Legislaturperioden auch 1989 und 1992 vorzeitig beendet wurden, muß für Spanien nach Inkrafttreten der Verfassung im Jahre 1978 von einer im internationalen Demokratievergleich beachtlichen Regierungsstabilität gesprochen

---

17 Vgl. Douglas Rae: »A Note on the Fractionalization of some European Party Systems«, in: *Comparative Political Studies* 1, 1968, S. 413-418. Der Fragmentierungs- bzw. der Fraktionierungsindex wird nach Rae berechnet, indem die Summe der quadrierten Wähleranteile aller Parteien gebildet und dann von 1 abgezogen wird.
18 Vgl. Merkel: »Ende der Diktaturen« (Anm. 2).
19 Dies gilt in erstaunlichem Maße gerade für die ersten beiden Legislaturperioden, in denen die Minderheitenregierung der UCD häufig nicht nur auf die rechtskonservative AP zurückgreifen konnte, sondern sich in zentralen politischen Fragen (z.B. Verfassung) auch der Unterstützung von PSOE, mitunter gar des PCE versichern konnte. Vgl. Gabriel Colomer: »Espagna e Portogallo: regimi di leadership di partito«, in: ders. (Hg.): *La Politica in Europa*. Rom/Bari 1995, S. 302.
20 Vgl. Carlos Huneeus: *La Unión de Centro Democrático y la transición a la democracia en España*. Madrid 1985.

werden. Daß diese Stabilität nicht in die Stagnation führte und es vielmehr schon zweimal zu einem richtungspolitischen Wechsel in der Regierungsverantwortung kam (1982: von der UCD zum PSOE; 1996: vom PSOE zum PP), diente der Stabilisierung und Normalisierung der jungen Demokratie ebenso wie der Innovationsfähigkeit der spanischen Politik.[21] Während man das spanische Parteiensystem in der Terminologie von Sartori (1976) als ein moderates Vielparteiensystem (ergänzt von regionalistischen Parteien insbesondere auf der Ebene der Autonomen Gemeinschaften) bezeichnen muß, funktionierte es auf der Ebene der Regierungsbildung fast wie ein Zweiparteiensystem.[22] So konnte sich die dominante Position des PSOE im Parteiensystem während der achtziger Jahre nicht in der gleichen Weise verstetigen, wie dies bei den Christdemokraten in Italien und den Liberaldemokraten in Japan für die ersten vier Jahrzehnte ihrer postautoritären Demokratien der Fall war. Sichtbare Abnutzungs-, Klientelismus- und Korruptionserscheinungen konnten deshalb in Spanien nie die Dimension der beiden anderen Länder der zweiten Demokratisierungswelle (nach 1945) erreichen. Insofern trugen die o.g. Eigenschaften des Parteiensystems sowohl zur Stabilität der Regierung als auch zu deren Alternanz und damit zur Konsolidierung der spanischen Demokratie insgesamt bei.

Die ideologische Polarisierung[23] des spanischen Parteiensystems war nicht so stark ausgeprägt, daß sie dekonsolidierende Impulse auf das Gesamtsystem ausgesendet hätte. Eine politisch oder hinsichtlich ihres Wählerzuspruchs relevante rechtsradikale Antisystempartei hat es in der neuen spanischen Demokratie, anders als in vielen westeuropäischen Demokratien, niemals gegeben. Auch die Kommunistische Partei (PCE) besaß keineswegs den Charakter einer linksextremen, antidemokratischen Partei. In der zweiten Hälfte der siebziger Jahre ließ sie sich als reformfreudig-eurokommunistische KP gar in die Politik des demokratischen Konsenses einbinden (z.B. Moncloa-Pakte; Verabschiedung der Verfassung) und trug damit erheblich zur raschen Konsolidierung der Grundstrukturen der spanischen Demokratie bei.[24] Danach rieb sie sich in Flügelkämpfen und Abspaltungen auf, sank in der Wählergunst von 10,5% (1979) auf zeitweise 4,1% ab, um

---

21 Samuel Huntington bezeichnete einen solchen zweimaligen *turn-over-test* als das eigentliche Kriterium für eine erfolgreiche demokratische Konsolidierung. Vgl. Huntington: *Third Wave* (Anm. 1), S. 266.
22 Vgl. Colomer: »Espagna e Portogallo« (Anm. 19), S. 308.
23 Die ideologische Polarisierung eines Parteiensystems läßt sich als die metrische Distanz (0-10) zwischen den relevanten linken und rechten Flügelparteien messen. Vgl. Giovanni Sartori: *Parties and Party Systems. A Framework for Analysis.* Cambridge u.a. 1976.
24 Vgl. Peter A. Kraus / Wolfgang Merkel: »Die Linksparteien«, in: Walther L. Bernecker / Carlos Collado Seidel (Hgg.): *Spanien nach Franco. Der Übergang von der Diktatur zur Demokratie.* München 1993, S. 204f.; Hans-Jürgen Puhle: »Politische Parteien und demokratische Konsolidierung in Südeuropa«, in: Wolfgang Merkel / Eberhard Sandschneider (Hgg.): *Systemwechsel 3. Parteien im Transformationsprozeß.* Opladen 1997.

erst am Ende der achtziger Jahre wieder auf knapp 10% der Wählerstimmen zu kommen. Eine Gefahr für die Demokratie ging vom PCE bzw. später von der kommunistischen Wahlallianz *Izquierda Unida* (IU) nie aus.

Wählerfluktuation (volatility)

Es gehört zu den gesicherten Erkenntnissen der Transformationsforschung insbesondere der dritten Demokratisierungswelle, daß junge postautokratische Demokratien in der Regel mit dem hartnäckigen Problem der Volatilität zu kämpfen haben. Eine hohe *volatility*[25] ist ein sicherer Indikator dafür, daß sich noch keine stabile Wähler-Parteien-Identifikation herausgebildet hat, die Parteien noch nicht über eine ausreichende Verwurzelung in der Gesellschaft und über genügend Vertrauen und Akzeptanz unter den Bürgern verfügen. Treten hohe Netto-Wählerfluktuationen auf, so kommt es zu signifikanten Verschiebungen im Parteiensystem. In der Transformationsforschung werden Wahlen mit hohen Volatilitätsraten deshalb als »kritische Wahlen« bezeichnet.[26]

Die spanische Wählerschaft zeigte im westeuropäischen Vergleich in den siebziger und achtziger Jahren eine überdurchschnittliche Volatilität.[27] Herausragend waren die Parlamentswahlen von 1982, als es zu einem regelrechten *realignment* des Parteiensystems kam und die Volatilität auf 42,3% stieg.[28] Aber selbst hier blieb die sog. *interblock volatility*, also die Nettowählerverschiebungen zwischen dem linken und rechten »Parteienlager«, mit 7,4% relativ gering. Dies bedeutet, daß die politisch signifikante Wählerverschiebung auch in der einzigen »kritischen Wahl« der neuen spanischen Demokratie nur moderate Dimensionen erreichte und das politische System in keiner Weise destabilisierte. Das Gegenteil war der Fall. Denn das durch den Zerfall der UCD ausgelöste *realignment*, d.h. die kurze Dekonsolidierung und rasche Rekonsolidierung des Parteiensystems, trug erheblich zur Konsolidierung der spanischen Demokratie insgesamt bei.

Gesellschaftliche Verankerung der Parteien

In Spanien entstanden keine klassischen Massenparteien mit ausgeprägter Organisationsstruktur, hoher Mitgliederzahl und einem dichten Netzwerk von funktional differenzierten Massenorganisationen. Auch dies unterscheidet das Parteiensystem der jungen spanischen Demokratie strukturell von dem Parteiensystem Ita-

---

25 Als *total volatility* wird die Summe der prozentualen Wählerverschiebungen aller Parteien im Vergleich zur vorhergehenden Wahl bezeichnet. Die sog. *interblock volatility* bezeichnet die Nettowählerverschiebung (in %) zwischen dem linken und dem rechten Block/Lager des Parteiensystems.
26 Leonardo Morlino: »Political Parties and Democratic Consolidation in Southern Europe«, in: Gunther / Diamandouros / Puhle (Hgg.): *Politics of Democratic Consolidation* (Anm. 2), S. 319.
27 Vgl. Merkel: »Ende der Diktaturen« (Anm. 2), S. 7.
28 Vgl. Morlino: »Political Parties« (Anm. 26), S. 318.

liens nach 1945. Die Organisationsquote[29] der spanischen Parteien betrug Mitte der achtziger Jahre nur 1/8 der italienischen Parteiorganisationen.[30] Ein wichtiger Grund für diesen Unterschied liegt zum einen im unterschiedlichen Charakter des mobilisierenden faschistischen Systems Italiens zwischen 1922 und 1943 und der gesellschaftlichen Demobilisierung unter Franco. Zum anderen ist diese Differenz auf die verschiedenen Perioden zurückzuführen, in denen sich die neuen demokratischen Parteiensysteme Italiens und Spaniens herausbildeten. Mitte der siebziger Jahre, als Spanien zum Parteienpluralismus zurückkehrte, waren die Massenintegrationsparteien der etablierten Demokratien schon in eine Organisations- und Orientierungskrise geraten. Die Individualisierung der Gesellschaft, die Erosion kollektiver Klassenidentitäten und die fortschreitende Auflösung der soziokulturellen Milieus verlangten nach moderneren Wählermobilisierungsstrategien. Die elektronischen Medien, insbesondere das Fernsehen, ersetzten die schwerfälligeren Mobilisierungsstrategien überholter Organisationsstrukturen.

Die modernere Gesellschaft Spaniens ist für den Einfluß der Medien[31] ein noch deutlicheres Beispiel als die sozioökonomisch weniger entwickelten Gesellschaften Griechenlands und Portugals, in denen die neuen demokratischen Parteien sich noch teilweise als Massenparteien rekonstituierten. Die Sozialistische Arbeiterpartei Spaniens (PSOE) war in dieser Hinsicht sicherlich die modernste Partei des Landes.[32] Mit einer Organisationsquote von 1,9% (1986)[33] blieb sie weit hinter der typischen Quote von Massenparteien (ca. 15%) zurück. Die Folge war eine »schlanke« Partei mit einer straffen, abgehobenen Parteispitze, die vor allem durch ihren charismatischen Parteiführer Felipe González über die Medien mit den Wählern kommunizierte. Diese Form der politischen Kommunikation war Ergebnis und zugleich auch verstärkende Ursache einer gesunkenen Organisationsbereitschaft der Wählerschaft. Ob damit ein substantieller Demokratieverlust gegenüber der Institution der Massenintegrationsparteien beklagt werden muß, ist allerdings zu bezweifeln. Denn spätestens seit Robert Michels ehernem Gesetz der Oligarchie wissen wir, daß die Organisationen der großen Massenparteien nie ein Hort partizipationsgetragener demokratischer Entscheidungsfindung gewesen sind.

---

29 Die Organisationsquote gibt den Prozentanteil der Parteimitglieder an den Parteiwählern an.
30 Vgl. Morlino: »Political Parties« (Anm. 26), S. 335.
31 Vgl. Carlos H. Filgueira / Dieter Nohlen: »Presse und Transition in Europa und Lateinamerika«, in: Hans-Joachim Lauth / Wolfgang Merkel (Hgg.): *Zivilgesellschaft und Transformation. Länderstudien zu Mittelost- und Südeuropa, Asien, Afrika, Lateinamerika und Nahost*. Mainz 1997; Helmut Bischoff: *Die spanische Presse im Redemokratisierungsprozeß*. Bochum 1986.
32 Vgl. u.a.: Hans-Jürgen Puhle: »El PSOE: un partido predominante y heterogéneo«, in: Juan Linz / José R. Montero (Hgg.): *Crisis y cambio: electores y partidos en la España de los años ochenta*. Madrid 1986, S. 289-344; Wolfgang Merkel: »Sozialdemokratische Politik in einer postkeynesianischen Ära? Das Beispiel der sozialistischen Regierung Spaniens (1982-1988)«, in: *Politische Vierteljahresschrift* 4, 1989, S. 629-654.
33 Vgl. Morlino: »Political Parties« (Anm. 26), S. 335.

Die modernen spanischen Parteien verfügen über keine organisatorisch gesicherte Verwurzelung in der Gesellschaft. Dies stellte in den späten siebziger Jahren durchaus noch einen Unterschied zu den schon länger etablierten Parteien des europäischen Kontinents dar. Ein Unterschied allerdings, der zwanzig Jahre danach infolge der abnehmenden Integrations- und Mobilisierungsfähigkeit der Massenparteien in den älteren Demokratien weitgehend verblaßt ist.

Insgesamt ist noch einmal festzuhalten, daß die politischen Parteien spätestens nach den demokratischen Gründungswahlen von 1977 die zentralen Akteure der Transition und der Konsolidierung der Demokratie in Spanien gewesen sind. Die frühe Konsolidierung eines numerisch wie ideologisch moderaten Vielparteiensystems und die rasche Überwindung der »kritischen Wahlen« von 1982 haben zweifellos einen wichtigen Beitrag zur Konsolidierung der spanischen Demokratie geleistet.

b. Verbände und Arbeitsbeziehungen

Parteien können und dürfen die Interessenvermittlung zwischen Gesellschaft und Staat nicht alleine leisten. Ihre territoriale Repräsentation muß durch ein komplementäres Regime der funktionalen Interessenvermittlung durch Verbände und Interessengruppen ergänzt werden. Aber gerade diese Ebene intermediärer Strukturen ist in postautoritären Gesellschaften typischerweise unterentwickelt. So dauerte die Stabilisierung der funktionalen Repräsentation bei den beiden großen Interessenverbänden von Kapital und Arbeit in Spanien länger als die rasche Konsolidierung der politischen Parteien. Insbesondere die Herausbildung langfristig stabiler Verhandlungsmuster zwischen den Gewerkschaften und den Arbeitgeberverbänden sowie dem Staat erwies sich als schwierig und von vielfältigen Konflikten durchsetzt.[34]

Die kollektive Selbstorganisation sozialer Interessen und ihre Aktions- wie Kooperationsfähigkeit waren zu Beginn der Redemokratisierung in den siebziger Jahren im allgemeinen nur gering ausgebildet.[35] Die Unternehmer, die unter Franco ihre kollektive Interessenvertretung weitgehend dem Staat überlassen hatten, sahen aufgrund fehlender freier Gewerkschaften und der Wahrnehmung ihrer Interessen durch einen autoritär-dominanten Staat keine zwingenden Gründe zum Aufbau starker Interessenverbände. In der Transitionsphase entstand dann erst 1977 mit der Fusion von drei Einzelverbänden in der CEOE (*Confederación Española de Organizaciones Empresariales*) ein zentraler Unternehmerverband.

---

34 Vgl. u.a. Philippe C. Schmitter: »Organized Interests and Democratic Consolidation in Southern Europe«, in: Gunther / Diamandouros / Puhle (Hgg.): *Politics of Democratic Consolidation* (Anm. 2), S. 284-314; Peter A. Kraus: »Assoziationen und Interessengruppen«, in: Wolfgang Merkel / Eberhard Sandschneider (Hgg.): *Systemwechsel 4. Verbände*. Opladen 1997.
35 Vgl. Víctor Pérez Díaz: *El retorno de la sociedad civil*. Madrid 1987, S. 66.

Dieser wurde aber sehr rasch mit einem Organisationsgrad von fast 80% zur quasimonopolistischen Interessenorganisation der Unternehmer.[36] Allerdings besitzt die CEOE wie die meisten Unternehmerverbände in wichtigen wirtschaftlichen Fragen, wie etwa dem Investitionsverhalten, nur wenig Durchsetzungsfähigkeit gegenüber ihren eigenen Mitgliedern.

Gewerkschaften besitzen dagegen in der Regel eine weit höhere Verpflichtungsfähigkeit gegenüber ihren Mitgliedern zur Einhaltung von bi- und trilateralen Übereinkünften mit den Unternehmerverbänden und dem Staat. Die Gewerkschaften waren zu Beginn der Demokratisierung zudem auch relativ gut organisiert, weil sie auf die stabilen Organisationskerne der schon in der Endphase des Franco-Regimes geduldeten *Comisiones Obreras (CCOO)* zurückgreifen konnten. Doch kam es in der spanischen Gewerkschaftsbewegung nach 1975 nie zu einer vergleichbaren Konzentration wie auf der Arbeitgeberseite.[37] Die Gewerkschaften waren und sind richtungspolitisch in kommunistische (CCOO), sozialistische (UGT) und regionalistisch-autonomistische Gewerkschaften (u.a. ELA-STV) gespalten. Ihre Repräsentativität ist bei einem Organisationsgrad von ca. 10% (1990) seit über einem Jahrzehnt eine der niedrigsten in Westeuropa. Es bestanden also seit den späten siebziger Jahren extrem ungünstige organisatorische Voraussetzungen für eine neokorporatistische Kooperation in den industriellen Beziehungen. Wir vertreten nicht die These, daß neokorporatistische Arbeitsbeziehungen per se demokratischer wären als pluralistische oder syndikalistische Arrangements.[38] In jungen Demokratien, die noch nicht konsolidiert sind, können neokorporatistische Kooperationen jedoch als positiv gewertet werden. Denn neokorporatistische Arrangements entlasten die Arena staatlichen Handelns von polarisierenden politischen Konflikten in der ökonomischen Verteilungsfrage. Sie koordinieren die antagonistischen Interessen von Kapital und Arbeit unter weitgehender Ausschaltung von Arbeitskonflikten und tragen so zu wirtschaftlichen Erfolgen bei, die sich wiederum stabilisierend auf die noch nicht gefestigte Demokratie auswirken.

Trotz der schlechten organisatorischen Ausgangsbedingungen und entgegen zentralen Theoremen der Neokorporatismusforschung[39] wurden in Spanien in einer entscheidenden Phase der Transition und demokratischen Konsolidierung zwischen 1977 und 1986 eine Reihe von Wirtschafts- und Sozialpakten zwischen Gewerkschaften, CEOE und dem Staat geschlossen. Die Inhalte der Abkommen

---

36 Vgl. Merkel: »Sozialdemokratische Politik« (Anm. 32), S. 637; auch: Dieter Nohlen / Andreas Hildenbrand: *Spanien. Wirtschaft, Gesellschaft, Politik.* Opladen 1992, S. 217ff.
37 Vgl. Köhler: *Gewerkschaften*, in diesem Band.
38 Auf die demokratischen Kosten von neokorporatistischen Entscheidungsverfahren hat insbesondere Claus Offe aufmerksam gemacht. Vgl. Claus Offe: »Korporatismus als System nichtstaatlicher Makrosteuerung?«, in: *Geschichte und Gesellschaft*, 10, 1984, S. 234-256.
39 Vgl. u.a. Gerhard Lehmbruch / Philippe C. Schmitter (Hgg.): *Trends Toward Corporatist Intermediation.* London 1979; dies. (Hgg.): *Patterns of Corporatist Policy Making.* London 1982.

betrafen politische, wirtschaftliche und soziale Fragen.⁴⁰ Trotz ihres niedrigen Organisationsgrades und ihrer organisatorischen Fragmentierung hielten die Gewerkschaften ihre Verpflichtung zur Lohnzurückhaltung weitgehend ein. Doch weder konnte und wollte der Unternehmerverband die Investitionsversprechen gegenüber der eigenen Verbandsklientel durchsetzen, noch lösten die Regierungen nach 1980 ihre Verpflichtungen hinreichend ein. Die Gewerkschaften wurden deshalb Opfer ihrer eigenen Schwäche und der Asymmetrie der neokorporatistischen Verhandlungspositionen. 1986 wurden die sozioökonomischen Pakte durch die Gewerkschaften aufgekündigt und nicht mehr fortgesetzt. Es kam zu einem Bruch zwischen der sozialistischen Regierung und den Gewerkschaften.

Der eigentliche Effekt der Pakte bestand weniger in ihren Auswirkungen auf die wirtschaftliche Situation des Landes. Dieser ist in der wirtschafts- und sozialwissenschaftlichen Diskussion durchaus umstritten.⁴¹ Eine weit wichtigere Auswirkung der Übereinkünfte war vielmehr die Stabilisierung der Demokratie in einer noch frühen und prekären Phase der Transition (Moncloa-Pakte). Politisch und gesellschaftlich polarisierende und destabilisierende Arbeitskonflikte blieben der jungen, noch nicht konsolidierten spanischen Demokratie in dieser Phase erspart. Dies ist bei einer Arbeitslosigkeit, die bis Mitte der achtziger Jahre auf über 20% stieg, kein gering einzuschätzender Konsolidierungsbeitrag. Allerdings verspielte gerade die PSOE-Regierung die Kooperationsbereitschaft der Gewerkschaften über 1986 hinaus. Das konnte zwar nicht mehr den erreichten Bestand der demokratischen Konsolidierung gefährden, führte aber längerfristig zu einer Dominanz der Kapitalseite und eines sozial immer weniger gebändigten Kapitalismus.⁴² Produziert die sozialstaatlich nur unzureichend eingehegte Marktwirtschaft eine wachsende sozioökonomische Ungleichheit und weiterhin hohe Arbeitslosigkeit, so kann dies längerfristig nicht nur zu einer schwindenden Akzeptanz gegenüber einem entfesselt-globalisierten Kapitalismus, sondern auch zu einem Absinken des Legitimitätsniveaus der demokratischen Institutionen Spaniens in den anwachsenden Schichten der Modernisierungsverlierer führen.

4. Verhaltenskonsolidierung und Vetoakteure

In der spanischen Öffentlichkeit scheint heute in Vergessenheit geraten zu sein, daß die Existenz von *poderes fácticos*, die gleichsam als »unsichtbarer Dritter« neben Regierung und Opposition aktiv am politischen Geschehen mitwirkten, für

---

40 Vgl. u.a. Juan Martínez-Alier / Jordi Roca: »Spain after Franco. From Corporatist Ideology to Corporatist Reality«, in: *International Journal of Political Economy*, 17, 1987, S. 56-87; vgl. auch Köhler: *Gewerkschaften*, in diesem Band.
41 Vgl. u.a. Martínez-Alier / Roca: »Spain after Franco« (Anm. 40); Wolfgang Merkel: *Ende der Sozialdemokratie?* Frankfurt a.M. 1993, S. 351ff.
42 Vgl. Merkel: »Sozialdemokratie« (Anm. 41), S. 361.

den Verlauf der *transición* von nicht zu unterschätzender Bedeutung war. Solche »faktischen Gewalten« treten in einer Periode nachautoritärer Umbrüche als potentielle oder reale Vetomächte auf, die sich der Kontrolle der demokratisch legitimierten Institutionen entziehen und mit offenen oder verdeckten Interventionsdrohungen die politischen Gestaltungsspielräume auf der Transformationsagenda einschränken. Obwohl es nicht eine so maßgebliche Rolle wie in mehreren anderen, mehr oder weniger zeitgleich verlaufenden Fällen des Regimewechsels in Südeuropa und Lateinamerika spielen sollte, war es auch im Postfranquismus das Militär, welches das herausragende Beispiel eines *poder fáctico* abgab.[43] Von der unmißverständlichen Anerkennung der politischen Alleinzuständigkeit der Zivilgewalten von seiten der Streitkräfte konnte vor der Konsolidierung der spanischen Demokratie kaum die Rede sein.

Zwar war das Franco-Regime zu keinem Zeitpunkt eine echte Militärdiktatur. Hohe Armeeangehörige übten dennoch bis zum Ende der autoritären Epoche – etwa über den Einsatz der Militärgerichtsbarkeit zur Unterdrückung oppositioneller Aktivitäten – wichtige interne Kontrollfunktionen aus und besetzten regelmäßig Spitzenämter in Politik und Verwaltung. Die Einbindung der Truppen, deren Aufgabenbereich de facto mindestens ebensosehr innen- wie außenpolitisch definiert war, in den autoritären Machtapparat blieb bis zum Ende des Franquismus offensichtlich. Schon bald signalisierte ein beachtlicher Teil der militärischen Eliten sein Mißtrauen gegenüber den von den Regimereformern um Suárez angekündigten Bestrebungen zur Demokratisierung des Landes.[44] Den ersten Regierungen der Übergangsperiode gelang es trotz großer Bemühungen nur bedingt, die Führung der Streitkräfte zu politischer Zurückhaltung zu bewegen. So äußerten einige Generäle deutlich ihren Unmut über die im April 1977 erfolgte Legalisierung des PCE, die sie als einen nicht hinnehmbaren Verrat an der politischen Erbschaft Francos auffaßten. Darüber hinaus lösten vor allem die angekündigten Maßnahmen zur politischen Dezentralisierung in den Reihen des Militärs, dem das autoritäre Regime die Rolle zugewiesen hatte, über die sakrosankte »Einheit des Vaterlandes« zu wachen, beträchtliches Befremden aus. Die wachsende Zahl von Armeeangehörigen, die nach 1975 ETA-Attentaten zum Opfer fielen, trug in den Kasernen zusätzlich zur Verbreitung der Skepsis gegenüber dem Transformationsprozeß bei. In der Regierungszeit der UCD mehrten sich mit dem Fortschreiten der Demokratisierung auch die Anzeichen dafür, daß militärische Zirkel danach trachteten, den politischen Wandel zum Stillstand zu bringen: Wiederholte Male wurden zwischen 1978 und 1982 innerhalb der Streitkräfte ausgeheckte

---

43 Salvador Giner / Eduardo Sevilla: »Spain: from corporatism to corporatism«, in: Allan M. Williams (Hg.): *Southern Europe Transformed*. London 1984, S. 126.
44 Julio Busquets: *Pronunciamientos y golpes de Estado en España*. Barcelona 1992, S. 151f.

Putschpläne aufgedeckt.[45] In einem Fall – dem *Tejerazo*, der Besetzung des Madrider Parlaments durch Einheiten der *Guardia Civil* im Februar 1981 – kam es schließlich zum spektakulären Scheitern eines handfesten Putschversuchs.

In der Entstehungsphase der neuen Demokratie herrschte von den Reformfranquisten bis hin zu den Kommunisten weitgehendes Einvernehmen darüber, bei der Zurückdrängung des Einflusses der Militärs auf die politische Entwicklung größte Vorsicht walten zu lassen. In der Tat konnten Angehörige der Streitkräfte, die in antidemokratische Intrigen verwickelt waren, bis zum fehlgeschlagenen Putsch von 1981 damit rechnen, von den für sie zuständigen Militärgerichten mit Nachsicht behandelt zu werden. Zudem blieben die Interessen der Truppen auch in der Verfassung von 1978, die prinzipiell einen klaren Schlußstrich unter die autoritäre Vergangenheit ziehen sollte, nicht gänzlich unberücksichtigt. In Artikel 8 des Einleitungsabschnitts ist hinsichtlich der Aufgaben des Militärs in der parlamentarischen Monarchie bezeichnenderweise folgendes zu lesen:

Den Streitkräften ... obliegt es, die Souveränität und Unabhängigkeit Spaniens zu gewährleisten und seine territoriale Integrität und verfassungsmäßige Ordnung zu verteidigen.[46]

Die Verfassungsväter hatten die Passage als beschwichtigend gemeinte Absichtserklärung an demokratieskeptische militärische Führungskreise ausgearbeitet. Allerdings blieb den Befriedungsgesten der neuen demokratischen Mandatsträger zunächst nur geringer Erfolg beschieden. Ein Teil der Armeespitze sah sich durch die Formulierung dazu berechtigt, weiterhin die Rolle einer politischen Aufsichtsinstanz zu beanspruchen. Trotz der besonderen Würdigung der Position der Streitkräfte stieß der Verfassungstext außerdem bei keinem der drei vom König zu Senatoren bestimmten hohen Militärs, denen insbesondere die konstitutionellen Autonomieregelungen zu weit gingen, auf politische Zustimmung.[47] Im Anschluß an den Putschversuch von 1981 erlangten Repräsentanten der Streitkräfte von den politischen Eliten in der Frage des Umbaus der Staatsstrukturen offenbar Zugeständnisse, die zu einer spürbaren Drosselung des Autonomieprozesses führen sollten.

Die Versuche der Militärhierarchie, auf das politische Geschehen Einfluß zu nehmen, verloren erst nach dem großen Wahlsieg des PSOE im Herbst 1982 ihren bedrohlichen Charakter für die Demokratie. Die sozialistische Regierung setzte

---

45 Eine informative Dokumentation zu diesen Putschbestrebungen bieten José Luis Morales / Juan Calada: *La alternativa militar: el golpismo después de Franco*. Madrid 1981.
46 Zitiert nach Michael Antoni: *Spanien auf dem Weg zur Demokratie: Parteien, Wahlen, Verfassung und politische Entwicklung 1975-80*. Frankfurt a.M. 1981.
47 Carolyn P. Boyd / James M. Boyden: »The Armed Forces and the Transition to Democracy in Spain«, in: Thomas D. Lancaster / Gary Prevost (Hgg.): *Politics and Change in Spain*. New York 1985, S. 106.

Maßnahmen zur Professionalisierung und Modernisierung der Streitkräfte gezielt als Mittel ein, um deren Vertrauen zu gewinnen. Der noch unter der letzten UCD-Exekutive erfolgte NATO-Beitritt Spaniens erleichterte die Umsetzung dieser Strategie zweifelsohne: Die Umorientierung auf Fragen der äußeren Sicherheit innerhalb des westlichen Verteidigunsbündnisses lenkte die Aufmerksamkeit der Generäle von der spanischen Innenpolitik ab. Zugleich gingen die Sozialisten verstärkt dazu über, Schlüsselpositionen auf Kommandoebene mit loyalen Militärs zu besetzen. Nach 1984 wurden überdies verschiedene gesetzgeberische Maßnahmen in Angriff genommen, um die korporativen Privilegien der Streitkräfte abzubauen.[48] Aus heutiger Sicht kann schwerlich bezweifelt werden, daß die Präsenz des militärischen Moments in der spanischen Politik seit Anfang der 80er Jahre stetig zurückgegangen ist. Im nachhinein hat sich die Regierungsübernahme durch die Sozialisten als ein entscheidender Wendepunkt bei der institutionellen Einbindung der Truppen erwiesen. Zumindest gibt es von diesem Zeitpunkt an keine augenfälligen Hinweise mehr darauf, daß von den Streitkräften Vetogefahren ausgehen, die den Prozeß demokratischer Konsolidierung beeinträchtigen.

In Zusammenhang mit dem Stellenwert informeller Gruppen und Vetomächte sollte auch die Frage nach der Rolle der politischen Gewalt im Postfranquismus wenigstens kursorisch angesprochen werden. Dabei rückt in erster Linie die baskische Untergrundorganisation ETA in den Vordergrund.[49] Die ETA hat trotz wiederholter Rückschläge und der Inhaftierung wichtiger Mitglieder ihres Führungsapparats ihre Operationsfähigkeit bislang nie vollends eingebüßt. Der militante Arm des baskischen Nationalismus hat sich somit ungeachtet seiner zunehmenden politischen Isolation als ein hartnäckiger und beunruhigender Störfaktor in der neuen Demokratie erwiesen; dennoch läßt sich kaum behaupten, daß deren Bestand durch den ETA-Terror wirklich ernsthaft auf die Probe gestellt worden wäre. Die ETA und ihr soziopolitisches Umfeld verfügen letztlich nicht über die Machtressourcen eines Vetoakteurs. Der Einsatz krimineller Methoden bei der Bekämpfung der ETA durch Angehörige der staatlichen Sicherheitskräfte in den 80er Jahren, der in den Skandal um die GAL[50] münden sollte, ist wiederum als ein besonders bedrohlicher Aspekt des baskischen Konflikts zu bewerten. Gegenwärtig versuchen die Gerichte zu klären, in welchem Umfang sozialistische Politiker für die Machenschaften der GAL zur Rechenschaft zu ziehen sind. Affären wie diejenige um die GAL haben nach 1990 der Reputation der politischen Eliten bis weit in PSOE-Regierungskreise hinein schweren Schaden zugefügt; sie haben

---

48 Felipe Agüero: »Democratic Consolidation and the Military in Southern Europe and South America«, in: Richard Gunther / P. Nikiforos Diamandouros / Hans-Jürgen Puhle (Hgg.): *The Politics of Democratic Consolidation*. Baltimore 1995, S. 132f.
49 Vgl. zur ETA-Problematik: Pedro Ibarra Güell: *La evolución estratégica de ETA*. San Sebastián 1989; Peter Waldmann: *Militanter Nationalismus im Baskenland*. Frankfurt a.M. 1990.
50 Das Kürzel GAL steht für *Grupos Antiterroristas de Liberación*.

aber kaum das demokratische System als solches in eine Legitimationskrise gestürzt. Im übrigen lassen sich auch die GAL und ihre Trägergruppen im Staatsapparat nicht als wirkliche politische Vetogewalten betrachten. Was die Gefährdung der Demokratie durch Vetoakteure im engeren Sinne angeht, bleibt soweit zusammenfassend festzuhalten, daß die Verhaltenskonsolidierung trotz einiger gewichtiger »Schönheitsfehler« Mitte der 80er Jahre bereits weit fortgeschritten war.

5. Die Bedeutung der *Civil Society* und *Civic Culture* für die Konsolidierung der Demokratie

In unserem Konsolidierungsmodell haben wir argumentiert, daß erst die Herausbildung einer demokratiestützenden Staatsbürgerkultur die Konsolidierung der Demokratie abschließt. Mit diesem Argument haben wir uns von minimalistischen Konsolidierungskonzepten, aber auch von Konzepten mittlerer Reichweite abgesetzt.[51] Damit gehen wir von einer längeren Frist aus, die notwendig ist, um eine Demokratie zu konsolidieren.

Wir definieren die Zivilgesellschaft zunächst als eine vor- bzw. nichtstaatliche Handlungssphäre, in der sich eine Fülle pluraler und miteinander konkurrierender wie kooperierender Initiativen, Vereinigungen und Interessengruppen bewegen, um ihre spezifischen normativen und materiellen Interessen wirkungsvoll und selbstorganisiert zu vertreten.[52] Die Zivilgesellschaft ist also kein homogener Akteur, sondern ein Sammelbecken unterschiedlicher Bewegungen, Organisationen und Vereinigungen, die allerdings einen normativen Minimalkonsens teilen. Dieser beruht im Kern auf der Anerkennung des Anderen (Toleranz) und dem Prinzip der Fairness. In rechtsstaatlichen Demokratien schließen wir die Anwendung von Gewalt durch zivilgesellschaftliche Gruppen aus.[53] Greifen einzelne »zivilgesellschaftliche« Akteure zur Gewalt, so begeben sie sich damit aus der zivilgesellschaftlichen Sphäre hinaus. Auf dieser konzeptionellen Grundlage können folgende Organisationen der Zivilgesellschaft zugerechnet werden: Verbände und Interessengruppen, kulturelle und religiöse Vereinigungen, Bildungseinrichtungen und Informationsnetzwerke, Entwicklungsorganisationen (NGOs, Selbsthilfegruppen), Bürgerinitiativen (Umwelt, Frauenrechte etc.) und Bürgerrechtsgruppen.

---

51 Zur kritischen Beurteilung dieser Konzepte vgl. Wolfgang Merkel: »Theorien der Transformation« (Anm. 5).

52 Zur Rolle der Zivilgesellschaft in Transformationsprozessen vgl. Lauth / Merkel: »Zivilgesellschaft und Transformation«, in: dies. (Hgg.): *Zivilgesellschaft und Transformation* (Anm. 31).

53 In Diktaturen ist die Gewaltanwendung gegen die autokratischen Machthaber nicht ausgeschlossen. Allerdings unterliegt sie auch dort den strengen normativen Legitimitätsprüfungen, wie sie in der staatsphilosophischen Diskussion in der Figur des Tyrannenmordes und des Widerstandsrechts (durchaus kontrovers) diskutiert werden.

Unsere übergreifende These lautet nun: Je besser diese zivilgesellschaftlichen Vereinigungen und Initiativen vier zentrale Funktionen für Gesellschaft und Staat erfüllen, desto unverwundbarer hat sich eine Demokratie konsolidiert. Die vier Funktionen sind: Schutz der Bürger vor staatlicher Willkür (das Argument von John Locke), Befriedung der Gesellschaft durch Entschärfung der Konfliktpotentiale (das Argument von Lipset / Rokkan), Sozialisierung politischer Eliten (Tocquevilles Argument der »Schule der Demokratie«), Institutionalisierung von Öffentlichkeit und demokratisch-ziviler Selbstreflexion (Jürgen Habermas).

In Spanien wurde der Transformationsprozeß von unterschiedlichen zivilgesellschaftlichen »Zyklen« begleitet. So entwickelten sich schon im Gefolge der staatlich forcierten wirtschaftlichen Modernisierung während der spätfranquistischen Regimephase zunehmend autonome Gewerkschaftsstrukturen (CCOO), reformwillige Unternehmervereinigungen, regionalistische Bewegungen im Baskenland, in Katalonien und Andalusien,[54] Nachbarschaftsvereinigungen, Studentenbewegungen und kulturelle Zirkel.[55] Sie erzeugten und verstärkten zunehmend liberale und zivilkulturelle Bewußtseinsformen (Tocquevilles Funktion der »Schule der Demokratie«). Damit brachten sie das Franco-Regime zwar nicht zu Fall, unterspülten aber die soziokulturellen Fundamente seiner Herrschaftsstruktur. Darüber hinaus trugen sie nach Francos Tod maßgeblich mit dazu bei, die repressive Strategie der franquistischen *hardliners* (Armee; Bunker) als ein wenig rationales und kaum erfolgversprechendes Konzept der Herrschaftssicherung erscheinen zu lassen. Damit schützten sie zusehends auch die individuelle und gesellschaftliche Sphäre vor Übergriffen des Staates (Lockes Funktion der »negativen Freiheit«). Allerdings war die erwachende Zivilgesellschaft in Spanien während der Demokratisierungsphase (1975-1977) und der beginnenden Mobilisierung nicht ausreichend aktiviert, organisiert und stark genug, um die Transitionsagenda maßgeblich mitzubestimmen. In dieser Phase wirkte die Zivilgesellschaft weniger als ein aktiver Akteur (wie *Solidarnóść* und katholische Kirche in Polen), sondern eher als eine passive Restriktion, die die repressiven Handlungsoptionen der antidemokratischen alten Regimeeliten erheblich einengte und eine Demokratisierung der politischen Herrschaftsstrukturen nach Francos Tod begünstigte. Während also die Lockesche und Tocquevillesche Funktion der Zivilgesellschaft in Spanien nach 1975 weitgehend erfüllt wurden, war die Zivilgesellschaft insgesamt zu schwach, um auch einen wichtigen Beitrag zur Etablierung eines wirkungsvollen, partizipationsoffenen Raumes der gesellschaftlichen Selbstreflexion zu etablieren (Habermassche Funktion). Dies teilt die spanische allerdings mit vielen reiferen Demokratien.

---

54 Vgl. Kraus: *Nationalismus* (Anm. 14), S. 146.
55 Vgl. u.a. Pérez Díaz: *Sociedad civil* (Anm. 35).

Die Grenzen und die relative Schwäche der spanischen Zivilgesellschaft wurden insbesondere in der wichtigen Konsolidierungsphase zwischen 1978 und 1981 deutlich, als der *desencanto* die gesellschaftliche Euphorie über die politischen Reformen dämpfte. Die Enttäuschung über die bescheidenen Möglichkeiten und Wirkungen der soziopolitischen Partizipation in der neuen Demokratie führten bei vielen einst politisch und sozial aktiven Bürgern zum *shifting involvement* (Hirschman) von der *res publica* zu den *res privatae*. Die Gesellschaft überließ den politischen Raum wieder den professionalisierten politischen, wenn auch nun demokratisch legitimierten Eliten. Auf eine Spätfolge dieses zivilgesellschaftlichen Rückzugs Ende der siebziger und während der gesamten achtziger Jahre hat unlängst Víctor Pérez Díaz hingewiesen.[56] Er sieht die offene Korruption und den grassierenden Staatsklientelismus, der sich in den späten achtziger und frühen neunziger Jahren in einer Skandalwelle offenbarte, als eine Konsequenz mangelnden zivilgesellschaftlichen Engagements und unzureichender ziviler Kontrolle gegenüber den politischen und administrativen Eliten des Staates. Die Reaktion der Medien, der Opposition und der öffentlichen Meinung auf diese Skandale und die politisch-institutionelle Sanktion der Verantwortlichen sieht Pérez Díaz allerdings zum einen als ein Zeichen durchaus aktivierbarer zivilgesellschaftlicher Energien und zum anderen als einen krisenhaften Reifeschub für die spanische Demokratie.

Wenn die *civil society* vor allem die handlungsorientierte Dimension der Gesellschaft spiegelt, so erfaßt die *civic culture* insbesondere die handlungsrelevanten Einstellungen und Werte der Bürger. Und hier deuten die Umfragedaten auf eine solide Fundierung der spanischen Demokratie hin. 1992 bezeichneten laut Eurobarometer 78% der spanischen Bürger die Demokratie als die beste aller Staatsformen und lagen damit im Durchschnitt der EU-Staaten.[57] Alternativen wurden selbst in krisenhaften Momenten nur von einem kleinen Teil der Bürger bevorzugt. So sprachen sich im selben Jahr nur 9% für eine mögliche Notstandsdiktatur aus (EU: 7,9%). Hinsichtlich der Akzeptanz der Demokratie und der Ablehnung autoritärer Herrschaftsformen hat die spanische wie auch die portugiesische Gesellschaft spätestens zu Beginn der neunziger Jahre westeuropäische Standards erreicht.[58]

Unterhalb dieser generalisierten Zustimmung zur Demokratie erhalten aber die politischen Institutionen unterschiedliche Sympathie- und Unterstützungswerte. Während die politischen Parteien und die Gewerkschaften den geringsten Zuspruch erfuhren und die Justiz noch unter dem Durchschnitt der staatlichen Insti-

---

56 Vgl. Víctor Pérez Díaz: *España puesta a prueba. 1976-1996*. Madrid 1996.
57 Alle Eurobarometer-Daten sind entnommen aus: Oscar W. Gabriel / Frank Brettschneider (Hgg.): *Die EU-Staaten im Vergleich*. Opladen 1994.
58 Vgl. Volker Stiehl / Wolfgang Merkel: »Zivilgesellschaft und Demokratie in Spanien und Portugal«, in: Lauth / Merkel (Hgg.): *Zivilgesellschaft und Transformation* (Anm. 31).

tutionen lag, erhielt die Polizei die höchste Wertschätzung der Bürger. Selbst die Armee lag noch deutlich vor Parteien, Gewerkschaften und der Justiz.[59] Die Tatsache, daß gerade die undemokratisch organisierten Apparate der staatlichen Gewalt eine eindeutige Bevorzugung vor den Kerninstitutionen der Demokratie erhalten, deutet zum einen auf eine Entfremdung der »politischen Klasse« von den Bürgern hin und enthüllt zum anderen ein etatistisches Demokratieverständnis. Beides manifestiert sich in einer Art »demokratischem Zynismus«,[60] der den Graben zwischen Regierenden und Regierten sichtbar vertieft hat. So liegen auch die meisten Daten, die die politische Partizipationsbereitschaft der Bürger messen, deutlich unter dem Durchschnitt der EU-Mitgliedstaaten.[61] Pointiert lassen sich diese, wie andere Umfragewerte von Eurobarometer und Morlino / Montero, so interpretieren, daß die *civic culture* (Werte-, Einstellungsdimension) in Spanien durchaus demokratiestützende Ausmaße angenommen hat, während die *civil society*, also die gesellschaftliche Handlungsdimension, noch hinter der Entwicklung der etablierten Demokratien West- und Nordeuropas zurückbleibt.

6. Schlußfolgerung

»There is broad scholarly consensus that Spanish democracy was consolidated no later than the peaceful transfer of power to the socialist opposition after the October general elections. We accept this date. However, a case could be made that democracy was consolidated even earlier, ...«[62] Mit diesen Worten resümieren Juan Linz und Alfred Stepan ihre Untersuchung zur Demokratisierung und Konsolidierung des politischen Systems Spaniens nach 1975. Diese Schlußfolgerung ist durchaus begründet. Allerdings irritiert das auf einen Monat präzise festgelegte Datum. Noch im September 1982 mußte die spanische Demokratie demzufolge als nicht konsolidiert gelten. Dessen scheinen sich Linz und Stepan aber nicht ganz so sicher, da sie auch einen etwas früheren Zeit»punkt« für möglich halten. Überzeugt sind sie jedoch, daß die Konsolidierung der spanischen Demokratie nicht später als am 28. Oktober 1982, dem Tag des Wahlsiegs des PSOE als neuer Regierungspartei, abgeschlossen war. Diese scheinbare chronologische Präzision zeigt eine Schwäche der Konsolidierungsforschung, die ab einem bestimmten Ereignis, ja einem bestimmten Tag dem gesamten demokratischen System das Gütesiegel »konsolidiert« verleiht, das ihm wenig vorher aber noch abgesprochen wurde. Die Schwäche liegt in der mangelnden Differenzierung des politischen

---

59 Vgl. Leonardo Morlino / José R. Montero: »Legitimacy and Democracy«, in: Gunther / Diamandouros / Puhle (Hgg.): *Politics of Democratic Consolidation* (Anm. 2), S. 257f.
60 Vgl. José María Maravall: *The Transition to Democracy in Spain*. London 1982.
61 Vgl. Stiehl / Merkel: *Zivilgesellschaft und Demokratie* (Anm. 50), S. 88f.
62 Linz / Stepan: *Consolidation* (Anm. 2), S. 108.

Systems. Diese läßt sich, wie wir gezeigt haben, entweder in unterschiedlichen Ebenen[63] oder in seinen verschiedenen Teilregimen[64] vornehmen. Eine solche Konzeptualisierung der demokratischen Konsolidierung erlaubt eine differenziertere Urteilsform als die pauschal-binäre Codierung in konsolidiert versus nicht konsolidiert. In dem Maße nämlich, wie wir den Konsolidierungsstand und die einzelnen Konsolidierungsschwächen auf den einzelnen Systemebenen feststellen und in ihrer Bedeutung für das gesamte System beurteilen, können wir zum einen eine genauere Einschätzung des Konsolidierungsniveaus des gesamten Systems und damit besser begründete Aussagen zu den Stabilitätsperspektiven einer bestimmten Demokratie zum anderen treffen.

Wie war also der Konsolidierungsstand der vier von uns oben vorgestellten Systemebenen Ende 1982, und wie ist er Mitte der neunziger Jahre zu beurteilen? Die Ebene der zentralen Verfassungsinstitutionen (Ebene 1) war 1982 zweifellos stabilisiert. Dies war insbesondere das Ergebnis einer konsensorientierten Verhandlungs- und Entscheidungspraxis, die alle maßgeblichen politischen Eliten an der Ausarbeitung, Verabschiedung und Etablierung der Verfassung beteiligte.[65] Allerdings war die Regelung der vertikalen territorialen Gliederung des spanischen Staates noch keineswegs abgeschlossen, geschweige denn konsolidiert. Das Offenlassen dieser umstrittenen Frage erwies sich im Sinne Machiavellis als ein Akt politischer *virtù*. Die Entscheidungseliten entkrampften dadurch die gedrängte Transitionsagenda und belasteten den Prozeß der demokratischen Konsolidierung nicht durch einen polarisierenden Konflikt.

Die Konsolidierung der Ebene der Verfassungsinstitutionen wäre nicht so rasch gelungen, hätte sich nicht frühzeitig ein Parteiensystem herausgebildet, das weder extrem polarisiert noch stark fragmentiert war. Die politischen Parteien stellten die wichtigsten politischen Akteure nach den demokratischen Gründungswahlen von 1977 dar. Sie waren alle an der Formulierung der konstitutionellen Spielregeln beteiligt und akzeptierten sie später auch in der Politik. Ihre Konsensorientierung in den konsolidierungswichtigen »Systemfragen« isolierte potentielle Vetoakteure und half gerade in der Phase zwischen 1977 und 1982, die neue demokratische Legitimität unter den Bürgern zu verankern. Die großen Wirtschaftsverbände und insbesondere die Gewerkschaften blieben in Spanien jedoch schwach. Dies führte zu einer Überlastung der Parteien, die dadurch fast die gesamte Repräsentations-

---

63 Vgl. Merkel: »Theorien« (Anm. 5), S. 38f.
64 Vgl. Philippe C. Schmitter: *The Consolidation of Political Democracy in Southern Europe*. Florenz 1988 (unv. Ms.).
65 Dieser konsensorientierte Politikstil wurde auch in der Abstimmung der *Cortes* sichtbar: 325 der Abgeordneten stimmten der Verfassung zu und nur sechs votierten gegen sie; acht Abgeordnete enthielten sich. Im nachfolgenden Verfassungsreferendum billigten 88% der abstimmenden Bürger die Verfassung (Linz/Stepan: *Consolidation*, S. 115; Dieter Nohlen: »Parlamentarismus in Spanien in verfassungssystematischer Perspektive«, in: *Zeitschrift für Parlamentsfragen*, 3 / 1988, S. 374.

und politische Entscheidungslast zu tragen hatten. Die Folge war, daß die Parteien von den Bürgern für alle negativen Politikergebnisse verantwortlich gemacht wurden und bis heute zunehmend an Rückhalt in der Bevölkerung verloren haben. Die Schwäche der Verbände und damit der Fähigkeit der Gesellschaft, kollektiv zu handeln, führte darüber hinaus zu der paradox scheinenden Konsequenz eines etatistischen Politikverständnisses (insbesondere in den achtziger Jahren) auf der einen und einer zunehmenden Dominanz ungezügelter Marktkräfte auf der anderen Seite (insbesondere in den neunziger Jahren).

Eine der großen Leistungen der spanischen Politik und ihrer wichtigsten Akteure war die faktische Unterordnung der Streitkräfte unter zivile Aufsicht. Nach dem mißlungenen Putschversuch von 1981, der Bestrafung der Putschverantwortlichen 1982 und den Militärreformen der ersten sozialistischen Regierung (1982-86) verschwand das Militär als drohender Vetoakteur aus der spanischen Politik. Die ETA konnte ebenfalls weder zu einer Vetomacht werden noch die spanische Demokratie zu einem illiberalen Polizeistaat machen. Wenn man sich auch 1982 noch nicht völlig sicher sein konnte, so sind doch gegenwärtig keine demokratiegefährdenden Vetoakteure (Ebene 3) mehr zu erkennen.

Die Zivilgesellschaft erlebte schon mit dem wirtschaftlichen Aufschwung der sechziger und siebziger Jahre eine erste Renaissance. Damit half sie in klassisch modernisierungstheoretischer Weise, die Fundamente jeglicher autoritären Herrschaft zu unterspülen. Während des eigentlichen Regimewechsels zwischen 1975 und 1977 spielte sie jedoch keine solch aktive Rolle wie die zivilgesellschaftlichen Bewegungen und Initiativen in Portugal und einigen Staaten Ostmitteleuropas. Dennoch begrenzte ihre schiere Existenz die Handlungsoptionen der antidemokratischen Kräfte. Allerdings hat auch heute die Zivilgesellschaft nicht dieselbe Kraft und Bedeutung wie in den angelsächsischen Demokratien oder im nördlichen Europa. Dies wird durch Umfrageergebnisse der politischen Kulturforschung deutlich unterstrichen. Während die Bürger Spaniens zwar eindeutig die Demokratie als die einzig legitime politische Herrschaftsordnung anerkennen, ist ihre Neigung, sich aktiv in die Politik einzumischen, noch sichtbar schwächer als in den meisten westlichen Demokratien ausgeprägt. Dies bedeutet natürlich in keiner Weise, daß die spanische Demokratie gefährdet ist. Ihr Immunisierungsschutz ist jedoch an dieser Stelle schwächer als in Dänemark, Schweden, den Niederlanden oder den USA. Aber wir wissen aus der Demokratisierungsforschung der »zweiten Welle« (Deutschland, Österreich, Italien, Japan), daß gerade die solide zivilkulturelle Unterfütterung viel länger dauert als die vergleichsweise schnelle Stabilisierung von Institutionen und politischen Organisationen. Will eine Demokratie aber nicht zur Schumpeterianischen Variante der durch freie Wahlen ermöglichten Elitenzirkulation degenerieren, muß sich der *demos* auch zwischen den Wahlterminen auf ziviler Ebene artikulieren und organisieren.

Dag Oeing

Wahlenthaltung: Profil und Motive der spanischen Nichtwähler

1. Einleitung

Nach dem Ende der Franco-Ära wurde mit der Parlamentswahl vom 15.6.1977 eine neue Epoche demokratischer Wahlen in Spanien eingeläutet. Bei der Beurteilung aller seitdem abgehaltenen Wahlen steht neben dem politischen Ergebnis auch das Phänomen der Wahlenthaltung im Mittelpunkt des Interesses der Öffentlichkeit. Gerade in den ersten Jahren des neuen demokratischen Zeitalters wurde dieser Erscheinung besondere Beachtung geschenkt, da sie u.a. auch als Gradmesser für die politische Akzeptanz der noch jungen Demokratie in der Bevölkerung galt. Ein hoher Nichtwähleranteil wurde in diesem Zusammenhang als Enttäuschung zumindest eines Teils der Bürger über das neue demokratische System oder sogar als dessen radikale Ablehnung verstanden.[1] Es bleibt immerhin festzuhalten, daß die Wahlenthaltung bei der ersten Parlamentswahl im Juni 1977 noch ca. 22% betrug, während an der zweiten Parlamentswahl im März 1979 schon etwa ein Drittel der Wahlberechtigten nicht teilnahm, bei den einen Monat später stattfindenden Kommunalwahlen waren es sogar mehr als 37%, die der Wahlurne fernblieben.[2] Vor dem Hintergrund der damaligen wirtschaftlichen Rezession und vor allem des mißglückten Staatsstreiches im Jahre 1981 wurde dieser Anstieg der Nichtwählerquote von politischen Beobachtern mit großer Besorgnis registriert; ein zentrales Thema des Wahlkampfes von 1982 war daher die Remobilisierung der Nichtwähler.[3] Daß sich die Debatte über die Wahlenthaltung nicht nur auf die Anfänge der Demokratie in Spanien beschränkt, sondern im Gegenteil auch heutzutage noch aktuell ist, zeigt sich an der lebhaften Diskussion um die Wahlenthaltung bei der Kommunalwahl 1991, bei der mit 37,3% ein ähnlich hoher Nichtwähleranteil wie 1979 registriert wurde.[4]

---

1   José R. Montero: »La abstención electoral en las elecciones legislativas de 1982: Términos de referencia, pautas de distribución y factores políticos«, in: *Revista de Derecho Político*, Nr. 22, 1986, S. 105.
2   José María Astorkia Hualde: »Evolución de la abstención en España: 1976-1991«, in: Pilar del Castillo (Hg.): *Comportamiento político y electoral*. Madrid 1994, S. 5.
3   Manuel Justel: »Panorámica de la abstención electoral en España«, in: *Revista de Estudios Políticos* (Nueva Época), Nr. 68, 1990, S. 345.
4   Astorkia Hualde: »Evolución« (Anm. 2), S. 3.

Wie sind die Zahlen über den Anteil der Nichtwähler bei den Wahlen zu interpretieren? Warum verzichtet regelmäßig ca. ein Fünftel bis ein Drittel der spanischen Wahlberechtigten auf das ihnen von der Verfassung gegebene Recht, mittels Stimmabgabe bei den Wahlen Einfluß auf die demokratischen Entscheidungsprozesse zu nehmen, und wer sind diese Nichtwähler? Konkret stellen sich also zwei wesentliche Fragen: Wer geht nicht zur Wahl? Warum gehen diese Personen nicht zur Wahl?

Diese Fragen nach dem Profil und den Motiven der Nichtwähler sollen neben der Beschreibung der quantitativen Wahlenthaltung im Mittelpunkt des Beitrags stehen. Mit Hilfe der Darstellung der Entwicklung von 1977 bis 1993[5] soll darüber hinaus untersucht werden, ob es in dem betrachteten Zeitraum eventuell Veränderungen innerhalb der Gruppe der Nichtwähler gegeben hat. Sind die Nichtwähler tatsächlich immer noch größtenteils Angehörige sozialer Randgruppen, zeichnet sie ein geringes Interesse an der Politik aus, wie es in der Literatur häufig dargestellt wird?[6] Oder lassen sich in Spanien eventuell ähnliche Entwicklungen wie in Deutschland beobachten? Eilfort beispielsweise spricht für den deutschen Fall von einer »Strukturerweiterung« der Nichtwählerschaft um eine »[...] bedeutende Gruppe von Nichtwählern mit ausgeprägtem politischen Interesse«,[7] Armingeon gar von einem »Strukturwandel« der Nichtwählerschaft: »Vom desinteressierten und apathischen zum interessierten und unzufriedenen Nichtwähler.«[8] Es geht im folgenden somit darum, die Entwicklung der Wahlenthaltung seit dem Übergang zur Demokratie zu erklären. Dabei soll sowohl auf die quantitative Ausprägung der Wahlenthaltung als auch auf das Profil und die Motive derjenigen eingegangen werden, welche die Gruppe der Nichtwähler bilden.

2. Das Wahlrecht[9]

Bevor man sich dem Problem der Wahlenthaltung widmet, muß zunächst geklärt werden, wie das der Stimmabgabe zugrundeliegende Wahlrecht beschaffen ist. Dabei interessiert insbesondere die Frage: Wer ist überhaupt wahlberechtigt? Die spanische Verfassung regelt nur die Grundzüge des Wahlsystems und überläßt

---

5 Für die Wahlen nach 1993 liegt noch kein geeignetes Datenmaterial vor.
6 Justel: »Panorámica« (Anm. 3), S. 373.
7 Michael Eilfort: *Die Nichtwähler: Wahlenthaltung als Form des Wahlverhaltens.* Paderborn 1994, S. 260f.
8 Klaus Armingeon: »Gründe und Folgen geringer Wahlbeteiligung«, in: *Kölner Zeitschrift für Soziologie und Sozialpsychologie*, 46. Jg., Heft 1, 1994, S. 54.
9 Wahlrecht soll hier als Festlegung der rechtlichen Voraussetzungen des Wählens verstanden werden. Dieter Nohlen: *Wahlrecht und Parteiensystem.* Opladen 1986, S. 38.

nach Art. 81 Abs. 1 die nähere Ausgestaltung dem Gesetzgeber,[10] dessen Aufgabe es ist, mittels Wahlgesetzen die für das Wahlsystem grundlegenden Entscheidungen zu treffen. Das endgültige Wahlgesetz wurde erst fast sieben Jahre nach Inkrafttreten der Verfassung mit der Ratifizierung des Organgesetzes (*Ley Orgánica*[11]) 5/1985 am 19.6.1985 verkündet und ersetzte die 1977 beschlossene Regelung, die bis zu diesem Zeitpunkt als *Real Decreto-Ley* 20/1977 das Wahlverfahren für die Parlaments- und Kommunalwahlen geregelt hatte.[12]

Die Grundlage des spanischen Wahlrechts bildet das Prinzip des allgemeinen Wahlrechts nach Art. 23 der spanischen Verfassung, das festlegt, wer grundsätzlich wahlberechtigt ist.[13] Nach diesem Prinzip haben alle volljährigen spanischen Staatsangehörigen das Recht, an den Wahlen teilzunehmen,[14] wobei die Volljährigkeit nach Art. 12 der Verfassung seit 1979 mit dem 18. Lebensjahr erreicht ist;[15] vorher galt das 21. Lebensjahr als Grenze.[16] Nach Art. 31 Abs. 2 des Organgesetzes 5/1985 gilt dieses Recht auch für die im Ausland lebenden spanischen Staatsbürger.[17] Ausgenommen von diesem Recht sind nur diejenigen, denen z.B. wegen geistiger Unzurechnungsfähigkeit oder im Zuge einer strafrechtlichen Verurteilung dieses Recht von einem Gericht ausdrücklich aberkannt wurde.[18] Bei den Kommunalwahlen sind zusätzlich auch jene Ausländer wahlberechtigt, deren Heimatländer den bei ihnen lebenden Spaniern dasselbe Recht einräumen (LO 5/1985 Art. 176).[19]

Allen Wahltypen ist gemein, daß das Wahlrecht für sie die vier Grundprinzipien demokratischer Wahlen vorschreibt: Außer dem bereits erläuterten Grundsatz des allgemeinen gilt auch das Prinzip des gleichen, direkten und geheimen Wahlrechts. Diese in der spanischen Verfassung festgeschriebenen Grundsätze[20]

---

10 Albrecht Weber: »Die Spanische Verfassung von 1978«, in: Gerhard Liebholz (Hg.): *Jahrbuch des Öffentlichen Rechts der Gegenwart*. Neue Folge / Band 29, Tübingen 1980, S. 222.
11 Organgesetze sind notwendig, um die Verfassung »auszuführen« und zu konkretisieren. Im Rang stehen sie unter der Verfassung, weisen gegenüber anderen Gesetzen aber einen erhöhten formellen Bestandsschutz und einen höheren Rang auf. Weber: »Spanische Verfassung« (Anm. 10), S. 232.
12 Pedro Cruz Villalón: »Zehn Jahre spanische Verfassung«, in: Peter Häberle (Hg.): *Jahrbuch des Öffentlichen Rechts der Gegenwart*. Neue Folge / Band 37, Tübingen 1988, S. 104.
13 *Diccionario del Sistema Político Español*. Madrid 1984, S. 204.
14 Laura Tamames / Ramón Tamames: *Introducción a la Constitución española*. Madrid, 5. Aufl. 1991, S. 46.
15 Ebd., S. 31.
16 Rafael López Pintor: *La opinión pública española: Del franquismo a la democracia*. Madrid 1982, S. 349.
17 Luis Aguiar de Luque / Ricardo Blanco Canales (Hgg.): *Constitución Española 1978-1988*. Madrid 1988, Band I, S. 729.
18 Ebd., S. 724.
19 Ebd., S. 750.
20 Tamames / Tamames: *Introducción* (Anm. 14), S. 108, 197.

bedeuten, daß das Stimmgewicht aller Wahlberechtigten gleich ist und nicht z.B. nach Besitz, Einkommen, Rasse, Geschlecht usw. differenziert wird, daß die Entscheidung des Wählers in Form der Stimmabgabe nicht von anderen erkennbar ist und daß die Wähler die Mandatsträger selbst und ohne Zwischengremien (Wahlmänner) bestimmen.[21] Ein weiteres Prinzip ist der Grundsatz des freien Wahlrechts, demzufolge die Stimmabgabe freiwillig ist und niemand dazu gezwungen werden darf.[22] Die Auswirkungen dieses für das Thema der Wahlenthaltung wichtigsten Prinzips, das auch für demokratische Wahlen keinesfalls selbstverständlich ist (z. B. herrscht in Belgien und Griechenland noch Wahlpflicht[23]), werden weiter unten noch näher untersucht.

3. Niveau und Tendenzen der Wahlenthaltung

Wie entwickelte sich nun der prozentuale Nichtwähleranteil bei den spanischen Wahlen seit dem Übergang zur Demokratie bis heute, von welchen Faktoren ist diese Entwicklung abhängig, und welche Vermutungen lassen sich über die zukünftige Entwicklung der Wahlenthaltung anstellen? Zur Beantwortung dieser Fragen werden in den folgenden Abschnitten die Nichtwähleranteile aller Parlaments- und Kommunalwahlen von 1977 bis 1995 dargestellt. Diese Zahlen bilden sodann den Hintergrund für die anschließende Betrachtung der Profile und Motive der Nichtwähler. Nach der Darstellung des Niveaus und der Tendenzen des Nichtwähleranteils bei den Parlaments- und Kommunalwahlen wird ein Vergleich mit anderen europäischen Demokratien durchgeführt, um die in Spanien festgestellten Nichtwählerquoten besser einordnen und eventuelle Besonderheiten der Wahlenthaltung feststellen zu können. Eine Beschränkung auf diese beiden Wahltypen erscheint sinnvoll, da nur sie landesweit zu einem einheitlichen Termin abgehalten werden.

Vor einer genaueren Betrachtung der Wahlenthaltung muß jedoch zunächst festgelegt werden, welche Personen überhaupt als Nichtwähler eingestuft werden sollen. Sind diejenigen, die zwar zur Wahl gehen, dann jedoch einen ungültigen bzw. leeren Stimmzettel abgeben, auch als Nichtwähler einzustufen, oder ist nur derjenige ein Nichtwähler, der tatsächlich am Wahltag nicht im Wahllokal erscheint? Dem offiziellen Sprachgebrauch in Spanien folgend soll der Nichtwähleranteil definiert werden als die Differenz zwischen der Anzahl der Wahlberechtigten und der Anzahl der Wähler, wobei jeder als Wähler betrachtet wird, der

---

21 Dieter Nohlen: *Wahlrecht und Parteiensystem*. Opladen 1986, S. 28f.
22 Tamames / Tamames: *Introducción* (Anm. 14), S. 109.
23 Manuel Justel: »Composición y dinámica de la abstención electoral en España«, in: Pilar del Castillo (Hg.): *Comportamiento político y electoral*. Madrid 1994, S. 25.

einen Stimmzettel abgibt, ungeachtet dessen, ob dieser gültig, ungültig oder leer ist. Diese Definition gilt in fast allen demokratischen Ländern, lediglich in Italien werden häufig auch diejenigen als Nichtwähler betrachtet, die einen ungültigen oder leeren Stimmzettel abgeben, da deren Anzahl aufgrund der bis vor kurzem herrschenden Wahlpflicht sehr hoch, die eigentliche Nichtwählerquote hingegen niedrig ist.[24] Da es sich in Spanien umgekehrt verhält und auch unmöglich abzuschätzen ist, wieviel Prozent gerade der ungültig Wählenden ihren Stimmzettel irrtümlich oder aus Unkenntnis der Wahlregeln falsch ausgefüllt haben und eigentlich an der Wahl teilnehmen wollten,[25] soll die Gruppe der Nichtwähler wie angegeben eingegrenzt werden. Hinzu kommt die Tatsache, daß der Anteil von etwa 1,5 bis 2% der Wahlberechtigten, die einen leeren oder ungültigen Stimmzettel abgeben, bei dem hier untersuchten Phänomen keine große Rolle spielt und auch von den spanischen Wahlforschern als nicht alarmierend eingestuft wird.[26]

3.1 Parlamentswahlen

Die Nichtwählerquoten bei den Parlamentswahlen[27] erlauben zunächst eine Unterteilung der bisher stattgefundenen sieben Wahlgänge in zwei deutlich voneinander unterscheidbare Gruppen: auf der einen Seite die Wahlen von 1977, 1982, 1993 und 1996, die durch eine geringere Wahlenthaltung von ca. 20-23% gekennzeichnet sind, auf der anderen Seite die Wahlen von 1979, 1986 und 1989, die mit etwa 30% eine vergleichsweise hohe Wahlenthaltung zu verzeichnen haben (s. Abb. 1). Dabei sind von Wahl zu Wahl starke Schwankungen des Nichtwähleranteils zu beobachten; so liegt die bisher höchste Wahlenthaltung (1979) zeitlich zwischen den Wahlgängen, bei denen die niedrigsten Nichtwählerquoten gemessen wurden (1977 und 1982). Ähnliche Schwankungen sind bis auf den Zeitraum von 1986 bis 1989 bei allen aufeinanderfolgenden Parlamentswahlen zu beobachten.

---

24 Manuel Justel: *La abstención electoral en España, 1977-1993*. Madrid 1995, S. 50f.
25 Francisco J. Bobillo: »El voto estéril: Nota acerca de un tipo de votos poco conocidos«, in: *Política y Sociedad*, Nr. 1, 1988, S. 129.
26 Francisco J. Bobillo: »El voto estéril en las elecciones generales españolas«, in: *Revista de Estudios Políticos* (Nueva Época), Nr. 62, 1988, S. 87.
27 Im weiteren Verlauf wird nur auf die Wahlen zum Abgeordnetenhaus eingegangen, da der Senat im spanischen Wahlsystem eine sehr untergeordnete Rolle spielt und außerdem hinsichtlich der Wahlenthaltung so gut wie keine Unterschiede zu den Wahlergebnissen des Abgeordnetenhauses aufweist.

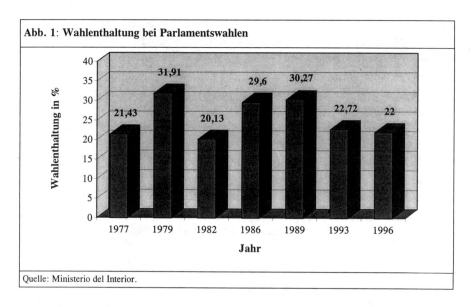

Abb. 1: Wahlenthaltung bei Parlamentswahlen

Quelle: Ministerio del Interior.

Zur Erklärung dieser Schwankungen und der großen Unterschiede zwischen den beiden oben erwähnten Gruppen stellte Montero als erster eine Hypothese auf,[28] die heute von fast allen Autoren geteilt wird.[29] Demzufolge lassen sich die Wahlen in zwei Kategorien unterteilen: In die »außergewöhnlichen« Wahlen, auch Wahlen des Wandels genannt, und die »normalen« Wahlen (Wahlen der Kontinuität). Der erste Typ tritt nur in Zeiten von bedeutenden sozialen, politischen oder ökonomischen Veränderungen auf, führt dann zu einer größeren Politisierung und Mobilisierung der Bevölkerung und damit zu einer höheren Wahlbeteiligung.[30] Die Wahlen von 1977 und 1982 sind in diesem Zusammenhang als ein Beispiel für niedrige Nichtwählerquoten infolge von außergewöhnlichen politischen Umständen zu betrachten, die allerdings unterschiedlicher Natur waren. Während die Wahlen von 1977 die ersten nach einer langen Zeit der Diktatur darstellten und den Beginn eines neuen Verfassungswesens und eines Systems des demokratischen Wettbewerbs der Parteien einleiteten,[31] die den für solche Erstwahlen typischen Effekt von großem Enthusiasmus und den Willen zur politischen Beteiligung

---

28 Montero: »Abstención« (Anm. 1), S. 123ff.
29 Justel: »Panorámica« (Anm. 3), S. 350; Pilar Del Castillo / Irene Delgado: »Las elecciones legislativas de 1993: movilidad de las preferencias partidistas«, in: Pilar del Castillo (Hg.): *Comportamiento político y electoral*. Madrid 1994, S. 126.
30 Justel: *Abstención* (Anm. 24), S. 84.
31 José R. Montero: »La vuelta a las urnas: Participación, movilización y abstención«, in: Juan J. Linz / José R. Montero (Hgg.): *Crisis y cambio: Electores y partidos en la España de los años ochenta*. Madrid 1986, S. 74.

unter der Bevölkerung mit sich brachten,[32] beruhte die geringe Wahlenthaltung 1982 auf ganz anderen Gründen. Sie war eher Ausdruck des Wunsches der Bevölkerung nach einer Konsolidierung der Demokratie und einer Verurteilung des ein Jahr zuvor mißglückten Putsches. Gleichzeitig wurden die Wähler auch durch die Aussicht auf einen Machtwechsel mobilisiert, der zum ersten Mal nach über 40 Jahren einer sozialistischen Partei wieder die Möglichkeit zur Regierungsübernahme gab.[33] Auch die hohe Wahlbeteiligung bei der Parlamentswahl 1996 läßt sich mit der Chance auf einen Machtwechsel nach fast 14 Jahren unterbrochener PSOE-Regierungszeit begründen. Viele Wahlberechtigten betrachteten daher auch ihre eigene Stimme als wichtig für den Wahlausgang und nahmen an der Wahl teil. Nach Justels Meinung ist deshalb die Hypothese Monteros noch zu erweitern, da die Wahlbeteiligung nicht nur in Zeiten großer Veränderungen ansteigt, sondern auch durch die höhere Bewertung der politischen Bedeutung einer Wahl und der Wichtigkeit der eigenen Stimme durch den einzelnen, wie dies bei einem ungewissen Wahlausgang der Fall ist.[34] Justel folgt mit dieser These dem Ansatz des rationalen Wählerverhaltens, demzufolge die Aussicht auf ein knappes Wahlergebnis die Wähler mobilisiert, da sie ihre Stimme als entscheidender für den Wahlausgang einschätzen. Auch die hohe Wahlbeteiligung bei der Parlamentswahl 1993 läßt sich hiermit erklären,[35] alle präelektoralen Umfragen deuteten damals auf einen knappen Ausgang der Wahl hin.[36] Nach Pallarés' Meinung steigt die Wahlbeteiligung allerdings nicht nur in Situationen, bei denen der Ausgang der Wahl bis zuletzt unklar bleibt, sondern auch bei einem schon vorher feststehenden Wahlergebnis, sofern dieses nur mit einem Machtwechsel verbunden ist.[37]

Im Gegensatz zu dem bisher geschilderten Wahltyp treten die nach Montero als »normal« zu bezeichnenden Wahlen in politisch ruhigeren Zeiten auf, die durch geringe Veränderungen und einen vorhersehbaren Wahlsieg für die Regierung gekennzeichnet sind.[38] So zeichnete sich bei den Wahlen von 1979 aufgrund des erfolgreichen Verlaufs des Übergangs zur Demokratie bereits frühzeitig ein Erfolg der Regierungspartei ab; auch 1986 und 1989 stand der Sieger der Wahl für den Bürger schon vor der Stimmenabgabe fest,[39] was eine höhere Wahlent-

---

32 José R. Montero: »Elecciones y ciclos electorales en España«, in: *Revista de Derecho Político*, Nr. 25, 1987, S. 19.
33 Montero: »Vuelta« (Anm. 31), S. 74.
34 Justel: »Panorámica« (Anm. 3), S. 350.
35 Josep M. Vallés: »The Spanish general election of 1993«, in: *Electoral Studies*. Band 13, Nr. 1, 1994, S. 89.
36 Del Castillo / Delgado: »Elecciones« (Anm. 29), S. 126.
37 Francesc Pallarés: »Las elecciones autonómicas en España: 1980-1992«, in: Pilar del Castillo (Hg.): *Comportamiento político y electoral*. Madrid 1994, S. 160.
38 Justel: *Abstención* (Anm. 24), S. 84.
39 Bei einer Umfrage kurz vor der Wahl von 1986 glaubten beispielsweise nur 7% der Befragten nicht an einen Wahlsieg des regierenden PSOE -- CIS Umfrage Nr. 1541 (Juni 1986).

haltung als bei den Wahlen mit unsicherem Ausgang oder einem Regierungswechsel zur Folge hatte.[40]

Insgesamt läßt sich sagen, daß die in den »normalen« Wahlen erreichten Nichtwählerquoten wohl das generelle Niveau der spanischen Wahlenthaltung widerspiegeln, das mittelfristig ohne größere Schwankungen bei etwa 30% liegt. Die in den »außergewöhnlichen« Wahlen erzielte niedrige Wahlenthaltung ist als Ausnahme anzusehen, zurückzuführen auf den einmaligen historischen Augenblick des Übergangs zur Demokratie. Allerdings beweisen die Ergebnisse der Wahlen von 1993 und 1996, daß die großen Schwankungen der Nichtwählerquoten nicht mit der Periode der *transición* enden, sondern daß bestimmte Konstellationen auch heute noch eine ungewöhnliche Mobilisierung der Wahlbevölkerung nach sich ziehen, jedoch bleibt auch unter diesen Umständen immer ein Sockel von etwa 20-22% Wahlenthaltung.[41] Eine genaue Aussage über zukünftige Nichtwählerquoten erscheint unter diesen Bedingungen nicht möglich, es steht aber zu vermuten, daß sie sich auch künftig in einem Korridor von 20 bis 30% bewegen werden.[42]

3.2 Kommunalwahlen

Betrachtet man die Entwicklung der Nichtwählerquoten der Kommunalwahlen, so fällt auf, daß diese ähnlich starke Schwankungen zu verzeichnen haben wie die der Parlamentswahlen (s. Abb. 2). Über die Interpretation dieser Schwankungen gibt es unter den Wahlforschern verschiedene Ansichten. Justel beispielsweise führt den schrittweisen Rückgang der Wahlenthaltung von 1979 bis 1987 auf die zunehmende Gewöhnung der Bevölkerung an die demokratischen Wahlprozesse zurück, eine Phase, die er mit dem erneuten Anstieg des Nichtwähleranteils bei der Wahl von 1991 als beendet ansieht.[43] Die zukünftige Wahlenthaltung wird seiner Meinung nach ähnliche Werte erreichen und fünf bis zehn Prozent über dem Durchschnitt »normaler« Parlamentswahlen liegen, d.h. bei etwa 35 bis 40%.[44] Capó Giol hingegen glaubt nicht an einen allmählichen Gewöhnungsprozeß mit sinkenden Nichtwählerquoten, vielmehr hält er die Wahlenthaltung bei den Kommunalwahlen von 1983 und 1987 für normal. Die hohe Nichtwählerquote der ersten Wahl ist seiner Meinung nach nicht mit der Neuheit von demokratischen Wahlen zu begründen (zumal dieser Umstand bei den Parlamentswahlen gerade für eine

---

40 Justel: »Panorámica« (Anm. 3), S. 351.
41 Astorkia Hualde: »Evolución« (Anm. 2), S. 11.
42 Justel: »Composición« (Anm. 23), S. 30.
43 Manuel Justel: *La abstención electoral en España: Características y factores*. Unveröffentlichtes Manuskript, Madrid 1993, S. 6.
44 Ebd., S. 7.

niedrige Wahlenthaltung verantwortlich gemacht wird), sondern mit der zeitlichen Nähe zu den nur einen Monat vorher abgehaltenen Parlamentswahlen, welche die Kommunalwahlen weniger wichtig erscheinen ließen.[45]

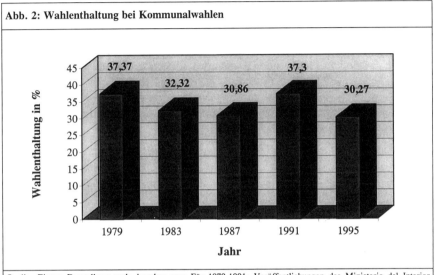

Abb. 2: Wahlenthaltung bei Kommunalwahlen

Quelle: Eigene Darstellung nach Angaben aus: Für 1979-1991: Veröffentlichungen des Ministerio del Interior (*Elecciones locales 1979, 1983, 1987* und *Elecciones municipales 1991*), für 1995 aus Schneider 1995, S. 114.

Des weiteren weist er darauf hin, daß bis auf den gerade beschriebenen Wahlgang und die Parlamentswahlen von 1982 alle Kommunal- und Parlamentswahlen von 1979 bis 1989 mit ca. 30% in etwa den gleichen Nichtwähleranteil aufwiesen. Dies lasse darauf schließen, daß die Höhe der Wahlenthaltung bei Kommunalwahlen von den gleichen nationalen Einflüssen bestimmt werde wie die Wahlenthaltung bei Parlamentswahlen und daß lokale Faktoren keine große Rolle spielten: »Las elecciones de alcaldes y concejales reciben unas presiones de carácter global que rompen el localismo; [...] son, en el fondo, unas elecciones de Estado a realizar en 8.000 municipios y no 8.000 elecciones municipales.«[46]

Ebenso wie Justel hält auch Capó Giol die Wahl von 1991 mit ihrem hohen Nichtwähleranteil für den Beginn einer neuen Phase, die von höherer Wahlenthaltung als zuvor gekennzeichnet ist. Diese vor der letzten Wahl abgegebene Prognose erwies sich als falsch: Mit 30,27% wurde 1995 sogar die niedrigste Wahl-

---

45   Jordi Capó Giol: »Elecciones municipales, pero no locales«, in: *Revista Española de Investigaciones Sociológicas*, Nr. 56, 1991, S. 152f.
46   Ebd., S. 154.

enthaltung aller bisherigen Kommunalwahlen verzeichnet.[47] Dieser Wert unterstützt die von Pallarés geäußerte Vermutung, daß die hohe Wahlenthaltung bei der Wahl 1991 Ausnahmecharakter gehabt habe und nur auf die in jener Zeit vieldiskutierten Korruptionsskandale zurückzuführen gewesen sei. Sie stellt also nicht den Beginn einer neuen Phase mit höherer Wahlenthaltung dar, vielmehr scheint die von Capó Giol beschriebene Tendenz der achtziger Jahre anzuhalten, derzufolge bei Kommunalwahlen ebenso wie bei »normalen« Parlamentswahlen einigermaßen stabile Nichtwählerquoten von etwa 30% zu erwarten sind.

3.3 Internationaler Vergleich der Wahlenthaltung

Wenn man sich vor Augen hält, daß sich die Wahlsysteme der einzelnen Länder voneinander unterscheiden und sie zudem im Laufe der Zeit immer wieder geändert wurden, dann wird schnell klar, wie problematisch ein Vergleich von Nichtwähleranteilen verschiedener Länder sein kann, bei dem diese Unterschiede unberücksichtigt bleiben. Die größten Auswirkungen auf die Wahlenthaltung gehen vom Wählerverzeichnis und der Wahlpflicht aus. Auch das Wahlalter und die Form der Stimmenverrechnung (Verhältnis- oder Mehrheitswahlrecht) können die Nichtwählerquote beeinflussen, wenn auch in geringerem Umfang. Nur bei Berücksichtigung dieser Unterschiede ist ein wirklicher Vergleich von Wahlergebnissen verschiedener Länder möglich, da sich mit ihrer Hilfe oft der größte Teil der Differenz zwischen verschiedenen Nichtwählerquoten erklären läßt.[48] Von ihnen bewirkt dabei lediglich die Form der Stimmenverrechnung, daß Spaniens Nichtwählerquote eventuell unterschätzt wird. Abhängig vom betrachteten Zeitraum und den beteiligten Staaten zeigen vergleichende Untersuchungen nämlich, daß bei Ländern mit Verhältniswahlen, wie z.B. Spanien, die Wahlenthaltung im Durchschnitt zwischen fünf und sieben Prozent niedriger ist als bei Mehrheitswahlen.[49] Da letztere Wahlform aber europaweit nur noch in Großbritannien zur Anwendung kommt,[50] spielt dieser Umstand keine große Rolle. Die übrigen drei der vier oben erwähnten Faktoren hingegen lassen die spanische Nichtwählerquote im Vergleich zu anderen Staaten höher aussehen als sie tatsächlich ist. Das Wahlalter spielt hierbei noch die geringste Rolle, da sich die Altersgrenze von 18

---

47 Hans Ulrich Schneider: »Die Kommunal- und Regionalwahlen in Spanien am 28. Mai 1995«, in: *KAS – Auslandsinformation*, 11. Jg., Nr. 8, 1995, S. 114.
48 Robert W. Jackman: »Political Institutions and Voter Turnout in the Industrial Democracies«, in: *American Political Science Review*, Band 81, Nr. 2, 1987, S. 405.
49 André Blais / R. K. Carty: »Does proportional representation foster voter turnout?«, in: *European Journal of Political Research*, Band 18, Nr. 2, 1990, S. 17; G. Bingham Powell Jr.: »Voting Turnout in Thirty Democracies: Partisan, Legal, and Socio-Economic Influences«, in: Richard Rose (Hg.): *Electoral Participation. A Comparative Analysis*. Beverly Hills / London 1980, S. 12.
50 Nohlen: *Wahlrecht* (Anm. 21), S. 108f.

Jahren in fast allen europäischen Staaten durchgesetzt hat, nur die Schweiz (19 Jahre) sowie Dänemark und Griechenland (20 Jahre) bilden Ausnahmen. In diesen Staaten könnte die Wahlenthaltung allein durch die höhere Altersgrenze etwas niedriger liegen als in Spanien, da vermutet wird, daß sich unter den jüngeren Wahlberechtigten überproportional viele Nichtwähler befinden. Dieser Effekt ist jedoch schwer meßbar und dürfte angesichts der geringen Differenz zwischen den verschiedenen Altersgrenzen minimal sein.[51]

Dies läßt sich in bezug auf die Auswirkungen des Wählerverzeichnisses nicht behaupten: Eine in 30 Staaten durchgeführte Untersuchung der Wahlenthaltung in den sechziger und siebziger Jahren ergab einen durchschnittlichen Anteil von 20% Nichtwählern unter den im Wählerverzeichnis eingetragenen Wahlberechtigten, aber 24% bei Berücksichtigung aller Bürger im wahlfähigen Alter.[52] Diese offensichtliche Lücke in den Wählerlisten existiert in Spanien nicht. Hier geht man davon aus, daß alle bzw. sogar zu viele Bürger im wahlfähigen Alter im Wählerverzeichnis registriert sind, da die Eintragung in dieses Verzeichnis von den Behörden durchgeführt wird; die Bürger müssen sich nicht mehr selbst einschreiben wie in anderen Ländern. Sehr oft wird es von den spanischen Behörden versäumt, die verzogenen oder verstorbenen Wahlberechtigten aus ihren Wählerlisten zu streichen. So wies das Wählerverzeichnis von 1996 etwa eine Million mehr Wahlberechtigte aus, als es laut Schätzung überhaupt Bürger über 18 Jahren gab. Dies würde bedeuten, daß die Wahlenthaltung bei den Parlamentswahlen nicht 22, sondern nur 19% betrug.[53] Da die Nichtwählerquoten immer im Verhältnis zum Wählerverzeichnis und nicht zur Gesamtzahl der Wahlberechtigten angegeben werden, läßt sich ein Teil der vergleichsweise hohen Wahlenthaltung in Spanien also auch auf die unvollständigen Wählerlisten anderer Länder bzw. auf die hohe Anzahl von »Karteileichen« im spanischen Wählerverzeichnis zurückführen.[54]

Am größten jedoch ist der Einfluß der Wahlpflicht, wie aus einer Untersuchung von Powell hervorgeht: In Ländern mit Wahlpflicht lag die Wahlenthaltung etwa zehn Prozentpunkte unter dem Durchschnitt der übrigen Nationen.[55] Auch neuere Zahlen bestätigen diese Differenz. Während in den europäischen Ländern mit Wahlpflicht (Belgien, Griechenland, Luxemburg, Italien und Österreich) der durchschnittliche Nichtwähleranteil bei den Wahlen von 1977 bis 1990 bei 10,5% lag, betrug dieser bei den übrigen 19,6%.[56] Daß dies kein Zufall ist, zeigt das holländische Beispiel, wo nach der Abschaffung der Wahlpflicht 1967 die Wahl-

---

51 Justel: »Composición« (Anm. 23), S. 22.
52 Powell: »Voting« (Anm. 49), S. 6.
53 Rafael López Pintor: »El fantasma electoral de la abstención«, in: *Saber y Leer* II/96, S. 9.
54 Justel: »Panorámica« (Anm. 3), S. 352f.; Justel: »Composición« (Anm. 23), S. 23.
55 Powell: »Voting« (Anm. 49), S. 9.
56 Justel: »Composición« (Anm. 23), S. 25.

enthaltung sprunghaft anstieg und nun im Durchschnitt zehn Prozentpunkte über dem früheren Niveau liegt.[57]

Um möglichst viele der gerade geschilderten Störfaktoren auszuschalten, sollen bei der nun folgenden Darstellung nur westeuropäische Staaten berücksichtigt werden, die hinsichtlich ihres Wahlsystems große Ähnlichkeit mit Spanien haben. Neben der Schweiz, die in dieser Beziehung große Unterschiede zu allen anderen Ländern aufweist, fehlen daher auch die Staaten mit Wahlpflicht (s. Tab. 1).

Tab. 1: Durchschnittliche Wahlenthaltung und Schwankungen bei Parlamentswahlen westeuropäischer Demokratien 1977-1990

Land	Anzahl der Wahlen	Durchschnittliche Wahlenthaltung in Prozent	Mittlere Standardabweichung
Spanien	5	26,7	4,7
Irland	6	26,5	1,9
Frankreich	4	25,6	6,1
Finnland	3	25,6	1,5
Großbritannien	3	25,2	1,4
Portugal	5	21,1	5,6
Norwegen	4	17,0	0,6
Holland	5	15,7	3,2
Dänemark	7	15,5	3,3
Deutschland	4	15,0	3,5
Schweden	4	10,5	1,8
Island	4	10,5	0,4
Durchschnitt	**4,5**	**19,6**	**2,8**

Quelle: Eigene Darstellung in Anlehnung an Justel 1994, S. 25.

Wie aus Tabelle 1 zu ersehen ist, hat Spanien unter den hier aufgeführten elf Ländern die höchste Wahlenthaltung. Auch wenn der spanische Nichtwähleranteil damit etwa sieben Prozent über dem Durchschnitt der erfaßten Staaten liegt, ist der Abstand zu schon lange bestehenden demokratischen Systemen wie denen in Großbritannien, Frankreich oder Irland doch nur minimal. Vergleicht man die Wahlenthaltung in Spanien mit der bei den unmittelbaren Nachbarn, dann fällt auf, daß es in diesem Punkt größere Gemeinsamkeiten mit Frankreich als mit Portugal gibt, wo der Übergang zur Demokratie zu einem ähnlichen Zeitpunkt wie in Spanien stattfand, die Wahlenthaltung jedoch deutlich niedriger liegt. Allerdings

---

57 Ivor Crewe: »Electoral Participation«, in: David Butler / Howard R. Penniman / Austin Ranney (Hgg.): *Democracy at the Polls. A Comparative National Election.* Washington / London 1987, S. 240.

scheinen sich die Nichtwähleranteile beider Länder in letzter Zeit anzugleichen: Während es in Portugal eine Tendenz zu höheren Nichtwählerquoten gibt, lag die Wahlenthaltung in Spanien bei den letzten Wahlen 1993 und 1996 mit 22,7 bzw. 22% klar unter dem bisherigen Durchschnitt. Die Behauptung, in Portugal würde die Demokratie auf eine größere Akzeptanz stoßen, läßt sich mit diesen Daten also nicht untermauern. Zieht man außerdem noch die bereits angesprochenen Unterschiede beim Wählerverzeichnis in Betracht, so erscheint Spaniens Spitzenplatz bei der Wahlenthaltung in einem anderen Licht. Während z.B. in Frankreich fünf bis zehn Prozent der Wahlberechtigten nicht im Wählerverzeichnis auftauchen und auch nicht als Nichtwähler geführt werden, sorgt in Spanien die automatische Registrierung der Wahlberechtigten durch die Behörden für vollständige Wählerlisten. Bei Berücksichtigung dieser Tatsache kann man die Nichtwählerquoten in Spanien nach Justels Meinung zwei bis vier Prozent geringer als zur Zeit ausgewiesen veranschlagen. Dadurch würde sich das Land stark dem europäischen Durchschnitt annähern und seinen Spitzenplatz bei der Wahlenthaltung verlieren.[58]

Hinsichtlich der zukünftigen Wahlenthaltung scheint es in allen Ländern eine Tendenz zu höheren Nichtwählerquoten zu geben.[59] Die in Spanien von Anfang an hohe Wahlenthaltung könnte daher nach Ansicht einiger Wahlforscher[60] bedeuten, daß das Land durch das späte Zustandekommen seiner Demokratie nur eine Entwicklung vorweggenommen hat, die jetzt auch andere Länder mit einer längeren demokratischen Tradition durchlaufen und die dort bisher von alten Strukturen eingedämmt wurde. Ein Beispiel hierfür ist die geringe Bindung der Spanier an politische Parteien, die in deren relativ niedrigen Mitgliederzahlen Ausdruck findet und sich in bestimmten Situationen (z.B. sicherer Wahlausgang ohne die Aussicht auf einen Machtwechsel) in höheren Nichtwählerquoten äußern kann. In anderen Ländern lassen sich ähnliche Tendenzen feststellen, die aber aufgrund ihrer parteipolitischen Tradition, die Spanien wegen der langen Zeit der Diktatur fehlt, noch nicht so deutlich hervorgetreten sind wie dort.[61] Während in Spanien der Grad der Partei-Identifikation von Anfang an gering war, nimmt er in anderen Ländern aufgrund des Schrumpfens der traditionellen politischen Milieus immer mehr ab.[62] Die hohen Nichtwählerquoten Spaniens wären also nichts Außergewöhnliches, sondern nur Ausdruck einer Entwicklung, die in anderen Ländern gerade erst beginnt. Montero meint hierzu:

---

58 Justel: »Composición« (Anm. 23), S. 24f.
59 José R. Montero: *Non-Voting in Spain: Some Quantitative and Attitudinal Aspects*. Barcelona 1990, S. 7.
60 Interview mit Justel (24.04.1995) und Montero (27.04.1995).
61 Juan J. Linz: »Consideraciones Finales«, in: Juan J. Linz / José R. Montero (Hgg.): *Crisis y cambio: Electores y partidos en la España de los años ochenta*. Madrid 1986, S. 658.
62 Ulrich Sarcinelli: »Vom Wählen und Nichtwählen«, in: *Das Parlament*, Nr. 39, 1994, S. 30.

> There is a feeling that the Spanish voting levels are producing suddenly results that in other contexts are perceived as the consequence of evolutive processes. That is why it would not be exaggerated to remark that one of the distinctive elements of the Spanish democracy lies not so much in its late arrival to the European scene but in its modernity. In other words, in developing a certain pattern of attitudes and behaviours towards which other European political systems are going but have not reached yet.[63]

Beachtenswert sind allerdings die weiter oben bereits angesprochenen Unterschiede zwischen den Nichtwählerquoten aufeinanderfolgender Parlamentswahlen, durch die Spanien sich deutlich von anderen europäischen Demokratien abhebt:

> Para valorar suficientemente la extraordinaria inestabilidad española, debe recordarse que las tasas de participación electoral de la mayor parte de los sistemas democráticos están caracterizadas ante todo por su considerable continuidad. Las diferencias de participación existentes entre los distintos países parecen compensarse así por la escasa variación que se registra dentro de cada uno de ellos.«[64]

Ausgedrückt werden diese Unterschiede durch die Standardabweichung, welche als Maß dafür dient, wie weit die beobachteten Nichtwähleranteile um die mittlere Wahlenthaltung jedes Landes streuen.[65] Vergleicht man die einzelnen Länder der Tab. 1 miteinander, so fällt auf, daß Spanien auch hier mit dem dritten Rang einen der vorderen Plätze einnimmt. Bei den beiden Staaten mit noch höheren Schwankungen der Wahlenthaltung bei Parlamentswahlen (Frankreich und Portugal) sind diese eher sporadischer Natur und lassen sich auf die zeitliche und damit demobilisierend wirkende Nähe einiger Wahltermine zu den Präsidentschaftswahlen zurückführen, die von der Bevölkerung für wichtiger gehalten werden. In Spanien hingegen sind die Schwankungen die Regel und bei fast allen aufeinanderfolgenden Wahlgängen zu beobachten.[66] Ein weiterer Unterschied zum portugiesischen Fall besteht darin, daß in Spanien hohe und niedrige Nichtwählerquoten ständig abwechseln, während die hohen Werte in Portugal auf einen kontinuierlichen Anstieg der Wahlenthaltung zurückzuführen sind.[67] Da mit Griechenland auch die dritte europäische Demokratie jüngeren Datums bei einer Standardabweichung von 1,7[68] keine Gemeinsamkeiten mit Spanien zeigt, können die großen Schwankungen des Nichtwähleranteils in Spanien auch nicht mit dem Prozeß des Übergangs zur Demokratie begründet werden. Vielmehr scheint die

---

63 Montero: *Non-Voting* (Anm. 59), S. 8.
64 Montero: »Vuelta« (Anm. 31), S. 78f.
65 Montero: *Non-Voting* (Anm. 59), S. 8.
66 Ebd., S. 8f.
67 Montero: »Vuelta« (Anm. 31), S. 78.
68 Justel: »Composición« (Anm. 23), S. 24.

Tatsache, daß »außergewöhnliche« Wahlen im regelmäßigen Wechsel mit »normalen« Abstimmungen standen, hierfür verantwortlich zu sein.

4. Profil der Nichtwähler

Nach der Analyse der quantitativen Aspekte der Wahlenthaltung geht es in diesem Abschnitt darum, die Zusammensetzung der Nichtwählerschaft zu untersuchen. Hierfür wird sowohl auf das Instrument der Aggregatdatenanalyse als auch auf Umfragedaten zurückgegriffen. Im Hinblick auf eine der zentralen Fragestellungen dieses Beitrags soll nicht nur das Profil der Nichtwählerschaft bei einer bestimmten Wahl dargestellt werden, sondern auch deren Entwicklung im Laufe der Zeit. Nur bei Berücksichtigung der Veränderungen, welche die Nichtwählerschaft von Wahl zu Wahl durchläuft, kann beurteilt werden, ob sie tatsächlich einen Strukturwandel erlebt und wie dieser aussieht.

4.1 Nichtwähler-Kategorien

Für die bisher behandelten Aspekte der Wahlenthaltung war eine Aufteilung der Nichtwähler in verschiedene Kategorien nicht notwendig, da nur die Nichtwählerschaft als Ganzes betrachtet wurde. Daraus sollte aber nicht der Eindruck entstehen, daß es sich bei den Nichtwählern um eine homogene Gruppe handeln würde. Der häufig zu lesende Ausdruck von der »Partei der Nichtwähler«[69] ist irreführend: Die Nichtwähler sind keine Partei, sondern ein Sammelbecken mit von Wahl zu Wahl anderer Zusammensetzung. Generell lassen sie sich in drei Gruppen unterteilen: Unfreiwillige, grundsätzliche und konjunkturelle Nichtwähler.

Die unfreiwilligen Nichtwähler sind zum einen Bürger, die de facto keine Gelegenheit zur Stimmabgabe und damit nicht die Wahl haben, zu wählen oder nicht zu wählen.[70] Diese »unechten« Nichtwähler existieren eventuell gar nicht, hierbei spielen die bereits angesprochenen fehlerhaften Wählerverzeichnisse eine große Rolle. Ihr Anteil an der Anzahl der Wahlberechtigten wird, je nach Autor, auf zwei bis sieben Prozent geschätzt.[71] Ferner werden auch die Nichtwähler »wider Willen« zu dieser Gruppe gezählt. Im Gegensatz zu den »unechten« Nichtwählern handelt es sich bei ihnen um wirklich Wahlberechtigte, also tatsächliche Nichtwähler. Ihre Wahlenthaltung hat »technische« Gründe, d.h. sie liegen im wesentlichen außerhalb ihres persönlichen Einflußbereiches und persönlicher Ent-

---

69 Z.B. Ursula Feist: »Die Partei der Nichtwähler«, in: *Gegenwartskunde* 41(4), 1992, S. 425-436.
70 Eilfort: *Nichtwähler* (Anm. 7), S. 54.
71 Diese Spanne wird in Crewe: »Electoral« (Anm. 57), S. 232 und Montero 1994, S. 105 genannt. Für López Pintor liegt sie bei zwei bis sechs Prozent, während Justel sie mit zwei bis vier Prozent angibt.

scheidungsmöglichkeiten. Typische Vertreter dieser Gruppe sind kurz vor der Wahl Erkrankte und kurzfristig Verreiste. Bei Umfragen nach den Parlamentswahlen 1986 bis 1993 gaben drei bis fünf Prozent der Befragten technische Gründe für ihre Wahlenthaltung an, bei den Kommunalwahlen 1987 und 1991 waren es fünf bzw. sechs Prozent.[72] Die Gesamtheit der unfreiwilligen Nichtwähler macht damit etwa fünf bis zehn Prozent der Wahlberechtigten aus. Diese Beobachtung läßt sich auch bei allen anderen westlichen Demokratien machen, selbst bei einer Totalmobilisierung ist also nur eine Wahlbeteiligung von 90 bis 95% zu erreichen. Bestätigt wird das durch die Tatsache, daß auch in liberalen Demokratien mit Wahlpflicht kein höherer Wert erzielt wird.[73]

Im Gegensatz zu den »Nichtwahlfähigen« haben freiwillige Nichtwähler durchaus die Möglichkeit, ihre Stimme abzugeben, unterlassen dies aber aus unterschiedlichen Gründen. Sie werden nicht aufgrund äußerer Umstände zum Nichtwähler, sondern aus eigenem Antrieb. Als grundsätzliche oder Dauer-Nichtwähler sind dabei die zu bezeichnen, die immer oder bei drei und mehr aufeinanderfolgenden Wahlgängen der Urne fernbleiben.[74] Zu ihnen gehören z.B. Angehörige von Randgruppen, Sekten oder religiösen Minderheiten, die eine Beteiligung am politischen Prozeß ablehnen, z.B. die Zeugen Jehovas.[75] Auch Gegner der Parteien oder des politischen Systems sowie apathische, der Politik gegenüber völlig gleichgültige Menschen zählen zu den grundsätzlichen Nichtwählern. Nach verschiedenen Untersuchungen liegt ihr Anteil an der Gesamtheit der Wahlberechtigten bei etwa sechs bis elf Prozent.[76]

Die konjunkturellen Nichtwähler stellen den wichtigsten, interessantesten und meist auch größten Teil der Gesamt-Nichtwählerschaft dar. Ihre Wahlenthaltung beruht auf einer freien Entscheidung und wird durch die bei einer bestimmten Wahl oder in einer bestimmten historischen Situation vorherrschende politische »Konjunktur« geleitet. Daß sie nicht an den Wahlen teilnehmen, kann vielerlei Gründe haben. Einige von ihnen bleiben aus Protest den Wahlurnen fern, andere weil sie die Wahl schon für entschieden halten oder ihr Ausgang für sie ohne Bedeutung ist.[77] Da die konjunkturellen Nichtwähler die Hauptverantwortlichen für die Schwankungen des Nichtwähleranteils von Wahl zu Wahl sind, stehen sie auch im Mittelpunkt der Forschung. Im Gegensatz zu allen anderen Bevölke-

---

72 CIS-Umfrage Nr. 1542, 1675, 1842, 1967 und 2061.
73 Eilfort: *Nichtwähler* (Anm. 7), S. 57.
74 Ebd.
75 Birgit Hoffmann-Jaberg / Dieter Roth : »Die Nichtwähler. Politische Normalität oder wachsende Distanz zu den Parteien?«, in: Wilhelm Bürklin / Dieter Roth (Hgg.): *Das Superwahljahr. Deutschland vor unkalkulierbaren Regierungsmehrheiten?* Köln 1994, S. 137.
76 CIS-Umfrage Nr. 1348, 1542; José R. Montero: »Una nota introductoria sobre los tipos de abstención y la movilidad de los abstencionistas«, in: *Estudis Electorals/7: El comportament electoral a l'estat espanyol (1977-1982)*. Barcelona 1984, S. 91.
77 Eilfort: *Nichtwähler* (Anm. 7), S. 60.

rungsgruppen, die entweder zu den Dauer-Wählern oder den Dauer-Nichtwählern gehören, sind sie die einzigen, die zu wechselndem Wahlverhalten tendieren.[78] Die Zahl der konjunkturellen Nichtwähler kann für jede Wahl leicht berechnet werden. Die unfreiwilligen und die Dauer-Nichtwähler zusammengerechnet, erhält man einen Durchschnittswert von etwa 16% Nichtwählern. Die Differenz zwischen diesem Wert und der tatsächlichen Wahlenthaltung macht die konjunkturellen Nichtwähler aus. Ihr Anteil an den Wahlberechtigten beträgt daher bei den Parlamentswahlen 4 bis 16% und bei den Kommunalwahlen 14 bis 21% (s. Abb. 1 und 2).

4.2 Methoden der Wahlforschung: Aggregatdatenanalyse und Umfrage

Die Aggregatdatenanalyse ist die »klassische« Methode der Wahlforschung. Auch heute noch arbeiten Wahlanalysen mit solchen Daten, die sich nicht auf einzelne Personen, sondern Bezirke, Kreise oder Regionen beziehen. Es handelt sich hierbei um amtliche Wahlergebnisse über die Stimmenanteile einzelner Parteien oder Kandidaten bzw. den Nichtwähleranteil in dem jeweiligen Wahlbezirk. Mit Hilfe von Angaben aus amtlichen Statistiken über die demographische Struktur und die soziale Zusammensetzung der Wahlbezirke lassen sich diese dann ordnen und hinsichtlich ihres Nichtwähleranteils miteinander vergleichen. Mit dieser Aggregation von Individualdaten läßt sich also aufzeigen, welches Wahlverhalten unterschiedliche soziale Gruppen aufweisen.[79] Zur Beschreibung derartiger Beziehungen wird üblicherweise der *Pearsonsche Korrelationskoeffizient r* verwendet. Er beschreibt den Grad des Zusammenhangs zwischen zwei Zufallsvariablen, z.B. Nichtwähleranteil und Größe der Wohngemeinde,[80] und kann Werte im Bereich von -1 bis +1 annehmen. Dabei besagt $r = -1$, daß hohe Meßwerte von x stets mit niedrigen y-Werten gepaart auftreten (negative Korrelation), $r = +1$ drückt aus, daß hohen x-Werten stets hohe y-Werte zugeordnet sind (positive Korrelation), $r = 0$ besagt: Beide Variablen stehen in keinem statistischen Zusammenhang miteinander.[81] Zu berücksichtigen bleibt allerdings, daß die sozialen und demographischen Charakteristika lediglich Indikatoren für unterschiedliches Wahlverhalten sind und damit das Wahlverhalten nicht direkt erklären können, sondern nur die hohe Wahrscheinlichkeit einer Tendenz angeben.[82] Die aggregierten Daten sind allerdings weitaus zuverlässiger als die in Umfragen gewonnenen, da sie tat-

---

78 Hoffmann-Jaberg / Roth: »Nichtwähler« (Anm. 75), S. 138.
79 Ute Kort-Krieger / Jörn W. Mundt: *Praxis der Wahlforschung. Eine Einführung.* Frankfurt a.M. 1986, S. 21.
80 Jürgen Bortz: *Statistik für Sozialwissenschaftler.* 3. Auflage, Berlin 1989, S. 101.
81 Ebd., S. 216.
82 Kort-Krieger / Mundt: »Praxis« (Anm. 79), S. 21.

sächlich erfolgtes und nicht nur angegebenes Wahlverhalten registrieren.[83] Die Umfrageforschung basiert auf Individualdaten, also »Informationen, die sich im Gegensatz zu Aggregatdaten auf der Ebene des einzelnen Wählers miteinander verknüpfen lassen«. Dabei können sowohl soziologische als auch politische Merkmale der Befragten untersucht und mit ihrem Wahlverhalten (Wahl oder Nichtwahl) verbunden werden. Ein entscheidender Vorteil der Umfrageforschung gegenüber der Aggregatdatenanalyse besteht darin, daß nur mit ihrer Hilfe Aussagen über die Motive der Nichtwähler gemacht werden können. Sie erlaubt außerdem eine sehr viel detailliertere Beschreibung des Nichtwählerprofils als die aggregierten Daten, die auf die durch das Nationale Institut für Statistik (INE) erfaßten statistischen Daten angewiesen sind, während bei Umfragen beliebig viele soziale und politische Merkmale abgefragt und auf ihren Zusammenhang mit der Wahlenthaltung überprüft werden können. Nachteilig wirkt sich aus, daß Umfragen sich nur auf die Angaben der Befragten stützen können, diese aber nicht unbedingt der Wahrheit entsprechen. In den Umfragen gaben sich z.B. im Durchschnitt nur etwa 47% der Nichtwähler als solche zu erkennen.[84] Zu hinterfragen bleibt dabei, ob die restlichen 53%, die ihre Wahlenthaltung nicht zugaben, als repräsentativ für alle Nichtwähler gelten können, oder ob bestimmte soziale Gruppen eher dazu neigen, ihre Wahlenthaltung zu verbergen. Für eine genaue Erfassung des Profils der spanischen Nichtwähler und ihrer Motive bietet sich die Anwendung beider hier beschriebenen Methoden an, da sie sich hinsichtlich ihrer Vor- und Nachteile sehr gut ergänzen.

4.3 Ergebnisse der Aggregatdatenanalyse: Struktureller und kultureller Kontext der Wahlenthaltung

Bei der Untersuchung der Wahlenthaltung auf Wahlkreisebene wird nach dem statistischen Zusammenhang zwischen dem Anteil bzw. dem Anstieg der Nichtwähler und ausgewählten Merkmalen auf Wahlkreisebene geforscht.[85] Zu diesem Zweck werden die Nichtwähleranteile der einzelnen Provinzen in Beziehung zu geographischen, wirtschaftlichen, sozialen, religiösen u.a. Strukturmerkmalen der jeweiligen Provinz gesetzt. Durch die dabei für jede Wahl ermittelten Korrelationskoeffizienten, die mit der Anzahl der im Wählerverzeichnis stehenden Personen der betreffenden Provinz gewichtet und dann zu einem landesweiten Durchschnitt zusammengefaßt werden, erhält man ein erstes Bild von den Zusammen-

---

83 Eilfort: *Die Nichtwähler* (Anm. 7), S. 85.
84 Justel: *Abstención* (Anm. 24), S. 55.
85 Jürgen W. Falter / Siegfried Schumann: »Der Nichtwähler, das unbekannte Wesen«, in: Hans-Dieter Klingemann / Max Kaases (Hgg.): *Wahlen und Wähler. Analysen aus Anlaß der Bundestagswahl 1990*. Opladen 1994, S. 165.

hängen zwischen sozialer bzw. regionaler Lage und dem Wahlverhalten sowie deren Entwicklung von Wahl zu Wahl.

4.3.1 Stadt-Land-Gefälle

Tab. 2: Zusammenhang zwischen Wahlenthaltung und Bevölkerungsverteilung

Wahlenthaltung	Bevölkerungs-dichte*	Bevölkerung in der Stadt**	Bevölkerung auf dem Land***
Parlamentswahlen			
1977	0,08	-0,35	0,82
1979	0,06	-0,32	0,77
1982	-0,04	-0,35	0,79
1986	0,20	-0,07	0,41
1989	0,25	-0,07	0,62
1993	0,30	-0,06	0,41
Kommunalwahlen			
1979	0,24	0,10	0,18
1983	0,24	0,00	0,52
1987	0,25	0,06	0,55
1991	0,57	0,46	-0,04

* Einwohnerzahl pro km^2
** Prozentualer Anteil der Bewohner von Städten mit mehr als 50.000 Einwohnern an der Gesamtbevölkerung
*** Prozentualer Anteil der auf dem Land lebenden Bürger an der Gesamtbevölkerung (nach der Definition des INE gehören dazu all jene, die mehr als 200 m von jeder Ansiedlung entfernt wohnen)
Quelle: In Anlehnung an Justel 1995, S. 128.

Bei Betrachtung der Koeffizienten in Tab. 2 wird schnell klar, daß die Wahlenthaltung in Spanien seit Mitte der achtziger Jahre immer mehr zu einem städtischen Phänomen wird. Am deutlichsten läßt sich dies an den Korrelationskoeffizienten der Bevölkerungsdichte ablesen, die Aufschluß über den Zusammenhang von Wahlenthaltung und Einwohnerzahl pro km^2 geben. Bei den Kommunalwahlen korrelierten diese beiden Variablen schon immer positiv, wobei 1991 im Vergleich zu den Vorjahren ein starker Anstieg zu verzeichnen war. Auch bei den Parlamentswahlen wird die positive Korrelation seit 1986 immer stärker, d.h. die Wahlenthaltung steigt mit zunehmender Bevölkerungsdichte. Begreift man Urbanisierung allerdings nicht nur als Bevölkerungskonzentration, sondern auch als Zeichen von sozioökonomischer und kultureller Entwicklung, dann zeigt die hier beschriebene Entwicklung der Wahlenthaltung, daß in Spanien der Trend nicht so verläuft, wie er von vielen Wahlforschern erwartet wurde.[86] Sie hatten angenommen, daß wirtschaftliche Entwicklung und soziale Modernisierung einen mobilisierenden Effekt auf die sozialen Randgruppen ausüben würden, die ihrer Meinung nach für den größten Teil der Wahlenthaltung verantwortlich seien. Dies müsse auch zu einer höheren politischen Beteiligung und zu niedrigeren Nichtwählerquoten führen.[87] Diese Ansicht wurde allerdings von der starken positiven Korrelation der Wahlenthaltung mit der städtischen Bevölkerung widerlegt. Sie zeigt, daß sich ein immer größerer Teil der Nichtwählerschaft vom Land in die Stadt verlagert.

4.3.2 Ökonomischer Hintergrund

Um den Grad des Zusammenhangs zwischen den einzelnen Wirtschaftssektoren und der Wahlenthaltung zu beschreiben, wird der prozentuale Anteil der Beschäftigten jedes Sektors an der Gesamtzahl der Arbeitnehmer der betreffenden Provinz mit der dortigen Nichtwählerquote verglichen. Bei der Betrachtung der Ergebnisse fällt zunächst einmal die deutliche Veränderung auf, welche die Korrelationskoeffizienten seit 1977 durchlaufen haben. Diese betrifft alle drei Sektoren gleichermaßen und läßt sich bei beiden Wahltypen feststellen. Es handelt sich dabei um eine Verschiebung der Wahlenthaltung vom ersten hin zum zweiten und dritten Sektor, die auf große Veränderungen hinsichtlich der Zusammensetzung der Nichtwählerschaft schließen läßt.

Noch Ende der siebziger Jahre neigten Provinzen mit einem starken Agrarsektor viel eher zur Wahlenthaltung als solche, in denen die Wirtschaft vom sekundären oder tertiären Sektor geprägt war, wobei diese Tendenz bei Parlamentswahlen deutlicher als bei Kommunalwahlen war.

Nach den letzten Wahlgängen hingegen macht es bei Parlamentswahlen kaum noch einen Unterschied, von welchem Sektor eine Provinz geprägt ist, da alle dieselben Nichtwählerquoten wie bei der letzten Wahl aufwiesen. Bei Kommunalwahlen neigen von Industrie und Dienstleistung geprägte Provinzen sogar zu einer höheren Wahlenthaltung als solche, in denen die Landwirtschaft dominiert. Es ist dabei wohl kein Zufall, daß diese Entwicklung ebenso wie bei der vorher betrachteten Bevölkerungsverteilung seit 1986 in verstärktem Maße zu beobachten ist. Die beobachtete Verschiebung der Wahlenthaltung aus ländlichen Gebieten in die Städte scheint dieselbe Entwicklung zu beschreiben, da die meisten Beschäftigten im Agrarbereich auf dem Land leben, während die Arbeitnehmer im sekundären

---

86 Lester W. Milbrath: »Political Participation«, in: Samuel L. Long (Hg.): *The Handbook of Political Behavior*. Nr. 4, New York 1981, S. 197-239; Rafael López Pintor: *Las bases sociales de la democracia en España*. Fundación Humanismo y Democracia, Madrid 1981.
87 Seymour Martin Lipset: *El hombre político. Las bases sociales de la política*. Madrid 1987, S. 262.

und tertiären Sektor wie die Unternehmen, für die sie arbeiten, eher in mittleren und hohen Bevölkerungskonzentrationen anzutreffen sind.[88]

Tab. 3: Zusammenhang zwischen Wahlenthaltung und Produktionsstruktur

Wahlenthaltung	Landwirtschaft*	Industrie*	Dienstleistungen*	Dienstleistungen 1991**
Parlamentswahlen				
1977	0,79	-0,56	-0,66	-0,52
1979	0,75	-0,56	-0,61	-0,47
1982	0,79	-0,62	-0,63	-0,49
1986	0,33	-0,39	-0,17	-0,02
1989	0,34	-0,46	-0,14	-0,01
1993	0,07	0,01	-0,10	0,06
Kommunalwahlen				
1979	0,13	-0,30	0,03	0,17
1983	0,37	-0,41	-0,21	-0,07
1987	0,27	-0,36	-0,12	-0,06
1991	-0,33	0,07	0,39	0,46

* Prozentualer Anteil der im jeweiligen Sektor Beschäftigten an der gesamten Arbeitnehmerschaft im Jahr 1985
** Prozentualer Anteil der im tertiären Sektor Beschäftigten an der gesamten Arbeitnehmerschaft im Jahr 1991
Quelle: In Anlehnung an Justel 1995, S. 137.

Insgesamt scheint die Entwicklung gegen die Richtung der industriellen und tertiären Entwicklung zu gehen. Dies widerspricht der klassischen linearen Interpretation, derzufolge die Modernisierung der Wirtschaft mit einer Abnahme der Wahlenthaltung verbunden ist. Da dieser Modernisierungsprozeß mit der Entwicklung hin zum tertiären Sektor in Spanien in vollem Gange ist, sollen auch die Daten von 1991 in die Analyse mit einbezogen werden, die den Prozentanteil der im tertiären Sektor Beschäftigten an der Gesamtheit der Arbeitnehmer der jeweiligen Provinz zu diesem Zeitpunkt mißt. Im Vergleich zu den 1985 erhobenen Daten ergeben sie aber kein anderes Bild, sondern bestätigen, daß die Verschiebung der Nichtwählerschaft einherzugehen scheint mit der Entwicklung der spanischen Wirtschaft hin zum tertiären Sektor.[89] Es bleibt aber zu beachten, daß der betrachtete Zeitraum für Theorien über eine langfristige Entwicklung eventuell zu

---

88 Justel: *Abstención* (Anm. 24), S. 13ff.
89 Ebd., S. 136ff.

kurz ist, bei der hier analysierten Situation könnte es sich auch um eine konjunkturelle Schwankung handeln.[90]

4.3.3 Sozialer Status

Die Entwicklung der Beziehung zwischen Wahlenthaltung und Einkommen scheint ebenso wie die zwischen Wahlenthaltung und Bevölkerungsverteilung bzw. Produktionsstruktur in zwei Etappen zu verlaufen. In der ersten Periode von 1977 bis 1986 korrelierten die beiden Variablen bei den Parlamentswahlen stark negativ miteinander, während sich bei den darauffolgenden Wahlen kaum ein statistischer Zusammenhang nachweisen ließ. Bei den Kommunalwahlen war dies von Anfang an der Fall, erst die Wahl 1991 brachte mit einer relativ starken positiven Korrelation die Wende. Während also in der ersten Periode die Provinzen mit vergleichsweise hohem durchschnittlichen Einkommen der Bevölkerung eine niedrige Wahlenthaltung aufwiesen, hatte dieser Faktor in der zweiten Periode keine bzw. sogar die entgegengesetzte Wirkung auf die Nichtwählerquoten. Dies deutet auf eine spürbare Veränderung des Phänomens der Wahlenthaltung hin. Hohe Einkommen oder ein hoher Lebensstandard bedeuten nicht mehr automatisch auch geringere Wahlenthaltung, wie dies von den Vertretern des soziologischen Gruppenansatzes propagiert wird.[91]

Ein ähnliches Ergebnis zeigt die Betrachtung des Zusammenhangs zwischen Beschäftigungsstatus und Wahlenthaltung. Vor allem bei den Parlamentswahlen war die Wahlenthaltung sowohl unter sämtlichen Arbeitnehmern als auch unter den Führungskräften zunächst sehr niedrig. Mit jeder Wahl wurde die Verbindung zwischen diesen beiden Variablen jedoch schwächer, bei der letzten Wahl war sie nur noch leicht negativ. Diese Tendenz von zunehmender Wahlenthaltung, die sich sowohl bei der Betrachtung der Gesamtheit aller Arbeitnehmer als auch bei der speziellen Gruppe der leitenden Angestellten und Ingenieure zeigt, verläuft damit parallel zu der Entwicklung des sekundären und tertiären Sektors. Auch bei den Kommunalwahlen ist der Verlauf ähnlich: von einer schwachen negativen zu einer schwachen positiven Korrelation.

---

90 Interview mit Justel und Montero am 03.05.1995.
91 Jacques Thomassen: »Introduction: The intellectual history of election studies«, in: *European Journal of Political Research*, Band 25, Nr. 3, 1994, S. 242.

Tab. 4: Zusammenhang zwischen Wahlenthaltung und sozialem Status			
Wahlenthaltung	Mittleres Einkommen*	Arbeitnehmer**	Leitende Angestellte und Ingenieure***
Parlamentswahlen			
1977	-0,44	-0,78	-0,61
1979	-0,42	-0,75	-0,59
1982	-0,45	-0,79	-0,64
1986	0,00	-0,41	-0,32
1989	0,07	-0,48	-0,34
1993	-0,08	-0,19	-0,05
Kommunalwahlen			
1979	-0,10	-0,12	-0,10
1983	-0,13	-0,42	-0,29
1987	-0,17	-0,32	-0,16
1991	0,39	0,19	0,31

* Durchschnittliches Familieneinkommen
** Gesamtzahl der Arbeitnehmer
*** Prozentualer Anteil der leitenden Angestellten und Ingenieure an der Gesamtzahl der Arbeitnehmer
Quelle: In Anlehnung an Justel 1995.

Insgesamt gesehen wird das Profil der Nichtwähler zunehmend undeutlicher. Während Ende der siebziger und Anfang der achtziger Jahre noch ein klarer Zusammenhang zwischen hohem Einkommen und geringer Wahlenthaltung bestand, läßt sich heute nicht mehr sagen, daß Bevölkerungsgruppen mit hohem Lebensstandard tendenziell in größerem Umfang an der Wahl teilnehmen. Wie in den vorherigen Abschnitten kommt man auch hier zu dem Schluß, daß die Wahlenthaltung mit zunehmendem Fortschritt nicht sinkt, sondern eher noch steigt.

4.3.4 Bildung

Bei diesem Faktor soll das Augenmerk vor allem auf der Untersuchung von zwei Extremgruppen liegen: Analphabeten und Akademiker. Als Vergleichsmaßstab hierzu dient die Bevölkerung ohne Universitätsstudium. Wie sich an den Koeffizienten in Tab. 5 ersehen läßt, war bis einschließlich 1982 ein fehlendes Studium ein Faktor, der sich demobilisierend auf das Wahlverhalten der Spanier auswirkte. Danach wurde dieser Faktor sowohl bei Parlaments- als auch bei Kommunalwahlen immer schwächer, bei den letzten beiden Wahlen kehrte sich seine Wirkung gar ins Gegenteil um. Genau umgekehrt verlief die Entwicklung des Korrelationskoeffizienten der Universitätsabsolventen: Bis 1983 verzeichneten die Provinzen mit einem hohen Anteil an Akademikern eine niedrige Wahlenthaltung, danach wurde die Auswirkung dieses Faktors immer schwächer. Während die beiden Variablen bei der letzten Parlamentswahl immer noch schwach negativ korrelierten, war die Korrelation bei der letzten Kommunalwahl bereits auf einem relativ stabilen positiven Niveau, d.h. in Provinzen mit einem hohen Anteil an Akademikern wurden auch hohe Nichtwählerquoten verzeichnet.

Tab. 5: Zusammenhang zwischen Wahlenthaltung und Bildungsniveau

Wahlenthaltung	Analphabeten*	Normaler Schulabschluß**	Akademiker***
Parlamentswahlen			
1977	0,06	0,38	-0,13
1979	0,05	0,39	-0,11
1982	0,09	0,37	-0,18
1986	-0,06	0,25	-0,07
1989	-0,07	0,14	-0,09
1993	-0,18	-0,11	0,01
Kommunalwahlen			
1979	0,10	0,39	-0,10
1983	-0,01	0,28	-0,05
1987	0,04	0,10	0,02
1991	-0,22	-0,08	0,29

* Prozentualer Anteil der Analphabeten an der Gesamtbevölkerung
** Prozentualer Anteil der Bevölkerung ohne Universitätsabschluß an der Gesamtbevölkerung
*** Prozentualer Anteil der Akademiker an der Gesamtbevölkerung
Quelle: In Anlehnung an Justel 1995, S. 144.

Die Korrelation der Analphabeten mit der Wahlenthaltung ist hingegen eher schwach. Da sie oft eine soziale Außenseiterrolle spielen, wäre aufgrund des sozialpsychologischen Ansatzes eine Tendenz zu hoher Wahlenthaltung in dieser Gruppe keine Überraschung gewesen. Bei der letzten Wahl wies sie aber sogar eine relativ niedrige Wahlenthaltung auf. Dieser Trend zeigt sich auch bei dem Ergebnis einer anderen Studie, bei welcher der Zusammenhang zwischen dem Teil der Bevölkerung ohne Schulabschluß bzw. mit Volksschule und der Wahlenthaltung gemessen wurde.[92] Auch in dieser Gruppe mit niedrigem Bildungsniveau wurde zunächst eine Tendenz zu hohen Nichtwählerquoten beobachtet, die sich im Laufe der Zeit immer mehr abschwächte und bei den Kommunalwahlen sogar ins Gegenteil umkehrte.

Nach der Analyse aller hier behandelten Faktoren kommt man zu dem Schluß, daß sich die Nichtwählerschaft in Spanien in einem Strukturwandel befindet. Da-

---

92 Justel: *Abstención – Características* (Anm. 43), S. 17.

bei lassen sich folgende Tendenzen feststellen: Die Wahlenthaltung verlagert sich aus den ländlichen Gebieten in die Städte und von traditionellen in moderne Wirtschaftssektoren. Ferner greift sie immer mehr auf die Angehörigen gebildeter und wohlhabender Schichten über.[93] Statt die Nichtwählerquoten zu senken, wie das von einigen Wahlforschern erwartet wurde, scheint der Modernisierungsprozeß in Spanien mit steigender Wahlenthaltung einherzugehen. Um diese Hypothese auf ihre Richtigkeit zu überprüfen und eventuell eine Begründung für die Strukturveränderung zu finden, sollen in den nächsten beiden Abschnitten soziologische und politische Faktoren anhand von Individualdaten hinsichtlich ihres Einflusses auf die Wahlenthaltung überprüft werden.

4.4 Umfrage-Ergebnisse

Die bisherige Untersuchung des Phänomens der Wahlenthaltung bewegte sich ausschließlich auf der Ebene des Wahlkreises und konzentrierte sich allein auf die Umstände hoher Wahlenthaltung. In den folgenden Abschnitten hingegen soll nun der Nichtwähler selbst im Mittelpunkt der Analyse stehen. Dieser Wechsel der Perspektive bedingt auch einen Wechsel der Datenbasis. Um die individuellen Eigenschaften von Nichtwählern beschreiben zu können, muß auf Umfragedaten zurückgegriffen werden. Alle hier verwendeten Umfragen wurden vom »Zentrum für Soziologische Untersuchungen« (CIS) in Auftrag gegeben. Es handelte sich dabei um »face-to-face«-Interviews, die jeweils unmittelbar nach dem Wahltermin der Parlaments- und Kommunalwahlen landesweit von Mitarbeitern des CIS durchgeführt wurden.[94] Dabei wurden je nach Umfrage zwischen 1183 und 8286 nach repräsentativen Gesichtspunkten ausgewählte Personen anhand von vorgegebenen Fragebögen zu ihrem Wahlverhalten befragt.[95]

4.4.1 Soziologische Einflußfaktoren

4.4.1.1 Geschlecht, Alter und Bildung

Die in Tab. 6 aufgelisteten Ergebnisse der Umfragen zeigen deutlich, daß es in bezug auf die Wahlenthaltung kaum einen Unterschied zwischen den Geschlechtern gibt. Bei beiden Wahltypen ist die Nichtwählerquote über den gesamten Zeitraum annähernd gleich. In den ersten Wahlgängen war die Wahlenthaltung unter den Frauen zwar leicht höher als die der Männer, diese Unterschiede sind aber mit den letzten Wahlen verschwunden. In Spanien ist damit dieselbe Entwicklung

---

93 Ebd., S. 18.
94 Nur die Umfragen zu den Parlamentswahlen 1977 und 1979 fanden erst sechs bzw. drei Monate nach den Wahlen statt.
95 Interview mit Justel am 26.04.1995.

zu beobachten, die vorher in anderen Ländern schon stattgefunden hat. Eine mögliche Erklärung dafür könnte sein, daß sich angesichts der zunehmend gleichen Chancen im Bildungsbereich und beim Zutritt zum Arbeitsmarkt auch das Wahlverhalten von Männern und Frauen angenähert hat.[96] Diese Theorie gilt für Spanien nur teilweise. Bei den Umfragen stellte sich heraus, daß die Wahlenthaltung unter berufstätigen Frauen genauso hoch ist wie bei Hausfrauen.[97] Der Zugang zum Arbeitsmarkt wirkt sich also nicht mobilisierend auf die Frauen aus. Die Ergebnisse der Umfrage zeigen aber, daß zumindest der erste Teil der Theorie zutrifft: Während die Nichtwählerquote bei den Frauen ohne Schulabschluß deutlich höher ist als bei den Männern in derselben Situation, weisen unter den Akademikern die Frauen eine niedrigere Wahlenthaltung auf.[98] Gleiche Bildungschancen für beide Geschlechter wirken sich auf die Wahlbeteiligung der Frauen also mobilisierend aus.

Tab. 6: **Wahlenthaltung von Männern und Frauen bei Parlaments- und Kommunalwahlen**

Wahljahr	Männer	Frauen
Parlamentswahlen		
1977	10	14
1979	15	17
1982	10	13
1986	14	15
1989	17	16
1993	13	13
Kommunalwahlen		
1979	18	20
1983	17	19
1987	13	18
1991	20	21
Quelle: Eigene Darstellung: CIS – Catálogo del Banco de Datos, 1993.		

Dem Faktor des Alters wird in der Wahlforschung große Bedeutung zugemessen. Hinsichtlich seines Einflusses auf das Wahlverhalten lassen sich dabei zwei Theorien unterscheiden: Während das lineare Modell besagt, daß die Wahlenthaltung mit zunehmendem Alter immer mehr abnimmt, vertreten die Anhänger des Kurven-

---

96   Milbrath: »Political« (Anm. 86), S. 228.
97   CIS – Catálogo del Banco de Datos, 1993.
98   Ebd.

modells die Ansicht, daß die Nichtwählerquoten bis zum Alter von 50 oder 60 Jahren ständig abnehmen, um dann bei den älteren Jahrgängen wieder anzusteigen.[99]

Tab. 7: Zusammenhang zwischen Wahlenthaltung und Altersstruktur

Wahlenthaltung	18-25	26-40	41-60	>60
Parlamentswahlen				
1977	23	10	9	17
1979	33	14	6	20
1982	20	10	8	11
1986	26	14	10	17
1989	23	19	10	19
1993	20	15	10	12
Kommunalwahlen				
1979	36	18	9	23
1983	24	20	14	21
1987	24	15	10	17
1991	31	20	15	20

Quelle: Eigene Darstellung: CIS – Catálogo del Banco de Datos, 1993.

Wie aus Tab. 7 deutlich hervorgeht, ist Spanien ein Beispiel für das Kurvenmodell: Bis zum 60. Lebensjahr sinkt die Wahlenthaltung mit zunehmendem Alter, bei Älteren verhält es sich umgekehrt. Die Nichtwählerquoten sind also unter den jüngsten und den ältesten Wahlberechtigten am höchsten, während die mittleren Jahrgänge eine niedrigere Wahlenthaltung aufweisen.

Hinsichtlich des dritten Faktors, der in diesem Abschnitt untersucht werden soll, läßt sich folgende Regel aufstellen: Je höher das Bildungsniveau, desto größer die Wahlenthaltung. Allerdings ist der Unterschied zwischen den Nichtwählerquoten der einzelnen Gruppen nicht besonders groß, was darauf schließen läßt, daß der Einfluß des Bildungsniveaus auf die Wahlenthaltung geringer ist als die des Alters. Trotzdem unterstreichen die hohen Nichtwählerquoten unter der gebildeten Bevölkerung, daß die mit Hilfe der Aggregatdatenanalyse aufgestellte Behauptung zutrifft: Ein hoher Lebensstandard oder eine gute soziale Position garantieren keine niedrige Wahlenthaltung.

4.4.1.2 Familienstand

Die Ergebnisse der Umfragen ergeben hinsichtlich der Bedeutung des Familienstandes für das Wahlverhalten ein klares Bild. In der Gruppe der Verheirateten ist die Wahlenthaltung deutlich niedriger als bei den Alleinstehenden, wobei es keine Rolle spielt, ob diese verwitwet, geschieden oder »Single« sind. Dieser Effekt

---
99 Angus Campbell u.a.: *The American Voter*. New York 1960.

betrifft im übrigen fast alle Altersschichten und jedes Bildungsniveau.[100] Der Grund dafür ist wohl in der gegenseitigen Mobilisierung der Ehepartner zu suchen, die sie in höherem Maße als die Alleinstehenden zur Abgabe ihres Stimmzettels bringt.[101]

4.4.1.3 Sozialer Status

Aus den Daten des CIS war für die Analyse dieses Faktors lediglich die in Tab. 8 dargelegte Aufstellung der Nichtwählerquoten bei Personen in unterschiedlichen Beschäftigungssituationen von Nutzen. Hierbei wird grundsätzlich zwischen Berufstätigen und Nichtberufstätigen unterschieden, wobei letztere noch einmal in Arbeitslose, Rentner, Studenten und Hausfrauen unterteilt wurden.

Tab. 8: Zusammenhang zwischen Wahlenthaltung und sozialem Status

Wahljahr	berufstätig	arbeitslos	Rentner	Student	Hausfrau
Parlamentswahlen					
1977	9	18	14	33	13
1979	13	22	18	42	14
1982	9	12	8	26	13
1986	13	19	13	24	13
1989	16	23	15	25	16
1993	13	16	12	19	12
Kommunalwahlen					
1979	16	22	20	52	18
1983	16	25	28	25	19
1987	14	19	13	19	16
1991	19	25	15	35	20

Quelle: Eigene Darstellung: CIS - Catálogo del Banco de Datos, 1993.

Die Ergebnisse zeigen für beide Wahlarten, daß die Wahlenthaltung unter den Berufstätigen geringer ist als bei den Personen ohne einen festen Arbeitsplatz. Zurückzuführen ist dies aber wohl eher auf den Vergleich von Studenten und Rentnern, die nach dem Kurvenmodell die Altersgruppen mit der höchsten Nichtwählerquote stellen, mit einem Teil der Bevölkerung, der hinsichtlich seiner Altersstruktur zu niedrigerer Wahlenthaltung neigt. Ohne diesen Effekt gäbe es voraussichtlich kaum Unterschiede im Wahlverhalten beider Gruppen, vor allem nicht ab der zweiten Hälfte der achtziger Jahre. Seit diesem Zeitpunkt nähern sich ihre Nichtwählerquoten immer mehr an, bei den Parlamentswahlen sind sie mittlerweile gleich.

---

100 CIS – Catálogo del Banco de Datos, 1993.
101 Campbell u.a.: *American* (Anm. 99), S. 109.

4.5 Politische Einflußfaktoren

Nach Eilfort haben alle Individuen und Gruppen von Individuen eine individuelle »Reizschwelle der Wahlbeteiligung«. Wird dieser Punkt überschritten, nehmen sie teil, sind die Reize nicht stark genug oder negativ, dann enthalten sie sich. Bei wem die Reizschwelle eher höher und bei wem sie eher tiefer liegt, wird von den im letzten Abschnitt behandelten soziologischen Faktoren bestimmt.[102] In diesem Abschnitt werden politische Faktoren analysiert. Mit ihrer Hilfe soll dargestellt werden, welcher Art und wie stark die Reize sein können, die zum Überschreiten der Schwelle beitragen oder aber ihr Erreichen verhindern.[103]

4.5.1 Politisches Interesse

Die Verbindung von politischem Interesse und niedriger Wahlenthaltung scheint auf der Hand zu liegen. Die Daten in Tab. 9 unterstreichen diesen Zusammenhang ebenfalls: Hohes politisches Interesse geht einher mit hoher Wahlbeteiligung, während politisch Uninteressierte potentielle Nichtwählerkandidaten sind. Teilweise auch als *antesala de la abstención* bezeichnet, stellt mangelndes politisches Interesse die direkte Vorstufe der Nichtwahl dar.[104] Obwohl das politische Interesse die Variable mit der wohl engsten Verbindung zur Wahlenthaltung ist,[105] sollte hier ebenso wie bei anderen Umfrage-Ergebnissen auch immer daran gedacht werden, daß diese Daten einige Risiken in sich bergen. Gerade für politisch Interessierte dürfte es schwerer sein zuzugeben, daß sie an einer Wahl nicht teilgenommen haben. Aber auch die relativ niedrige Nichtwählerquote bei den Parlaments- und Kommunalwahlen 1979 in der Gruppe der Wahlberechtigten, die sich selbst als »politisch wenig interessiert« einstufen, verweist auf die Schwierigkeit einer eindeutigen Interpretation der Umfrage-Ergebnisse.

Tab. 9: **Prozentuale Wahlenthaltung unter politisch unterschiedlich stark interessierten Bevölkerungsgruppen**

	Parlamentswahlen	Kommunalwahlen	
Interesse	1979	1979	1983
viel	12	16	11
normal	16	20	10
wenig	10	13	16
gar nicht	20	24	26
Summe	16	19	18
Quelle: In Anlehnung an Justel 1995, S. 265.			

---

102 Eilfort: *Nichtwähler* (Anm. 7), S. 255.
103 Ebd.
104 Justel: *Abstención* (Anm. 24) S. 268.
105 Milbrath: »Political« (Anm. 86).

4.5.2 Politische Identifizierung

Zwischen der Identifizierung mit Ideologien, Parteien und Parteiführern und dem allgemeinen politischen Interesse besteht natürlich eine enge Verbindung. Trotzdem lohnt sich auch in diesem Fall eine Analyse des Einflusses dieses Faktors auf die Wahlenthaltung, da es einen wesentlichen Unterschied zwischen beiden gibt. Hierzu muß man sich vorstellen, daß der individuelle Wahlprozeß normalerweise in zwei Stufen abläuft: Zuerst muß sich jeder darüber klar werden, ob er an einer Wahl teilnehmen will oder nicht, erst dann kann darüber nachgedacht werden, für welche parteipolitische Alternative man sich entscheidet. Während nun das politische Interesse die erste Stufe dieses Prozesses beeinflußt, kommt der Faktor der politischen Identifizierung erst bei der zweiten Stufe ins Spiel. Dies bedeutet, daß das Interesse über die Wahlteilnahme entscheidet und die Identifizierung über den Wahlausgang. Ragsdale und Rusk widersprechen dieser Ansicht: Ihrer Meinung nach fällt erst die Entscheidung, wen man wählen will, danach erst wird überlegt, ob man sie auch umsetzt und an der Wahl teilnimmt.[106] Auf jeden Fall aber müßte die politische Identifizierung, sei es mit einer Person, einer Partei oder einer Ideologie, eine mobilisierende Wirkung ausüben. Die Umfrage-Ergebnisse in Tab. 10 bestätigen dies.

Tab. 10: Prozentuale Wahlenthaltung nach politischer Identifikation

Identifizierung	Parlamentswahlen						Kommunalwahlen			
	1977	1979	1982	1986	1989	1993	1979	1983	1987	1991
Mit Ideologie										
Ja	8	13	8	11	13	10	17	14	12	17
Nein	22	23	19	28	30	27	26	33	29	37
Mit Parteiführer										
Ja	12	11	-	9	11	8	15	13	-	-
Nein	13	20	-	23	26	22	22	30	-	-
Mit Partei										
Ja	-	-	-	6	8	6	-	9	-	10
Nein	-	-	-	18	19	16	-	24	-	26
Quelle: In Anlehnung an: Justel 1995, S. 271.										

Bei allen Wahlgängen beider Wahlarten war der Nichtwähleranteil unter den Befragten, die sich mit etwas identifizieren konnten, niedriger. Bezüglich der Richtung der Identifizierung läßt sich sagen, daß diejenigen, die sich selbst ideologisch eher links einschätzen, zu einer höheren Wahlenthaltung neigen als die mit kon-

---

[106] Lyn Ragsdale / Jerrold G. Rusk: »Who Are Nonvoters? Profiles from the 1990 Senate Elections«, in: *American Journal of Political Science*, Band 37, Nr. 3, 1993, S. 742.

servativen Kräften Sympathisierenden. Bedeutender als dies war aber die Tatsache, daß teilweise mehr als die Hälfte der Befragten sich nicht ideologisch einordnen konnte oder wollte.[107] Dies macht klar, daß Wahlenthaltung eher etwas mit mangelnder Identifizierung mit politischen Faktoren zu tun hat als damit, mit welcher Partei oder Ideologie man sich identifiziert.

4.5.3 Interesse an der Wahlkampagne

Die Ergebnisse der Umfrage zu diesem Punkt machen deutlich, daß die Wahlenthaltung nicht unabhängig vom Interesse an der Wahlkampagne der politischen Parteien ist. Diese Aussage bestätigt damit die bei der Betrachtung des Zusammenhangs von allgemeinem politischen Interesse und Wahlenthaltung gemachten Beobachtungen. Vor allem bei den Befragten, die keinerlei Interesse an der Wahlkampagne zeigten, wurde eine deutlich höhere Wahlenthaltung festgestellt. Es läßt sich daher sagen, daß eine Wahlkampagne, die vom Bürger auch verfolgt wird, eine durchaus mobilisierende Wirkung auf die Wahlberechtigten haben kann. Dabei ist es nicht einmal notwendig, sie besonders intensiv zu verfolgen. Schon bei geringem Interesse lag die Wahlenthaltung deutlich niedriger als bei denen, die sie gar nicht verfolgten.

Insgesamt gesehen zeigt sich, daß es viele verschiedene Arten von »Reizen« gibt, die sich stimulierend auf die Wahlbeteiligung auswirken können. Der stärkste Reiz geht dabei von der Identifizierung mit einem politischen Faktor aus. Festzuhalten bleibt ferner, daß politische im Vergleich zu sozialen Faktoren eine große, wahrscheinlich sogar eine größere Rolle bei der Wahlenthaltung spielen.

5. Motive der Nichtwähler

5.1 Interpretation der Wahlenthaltung und ihrer Ursachen durch die Wähler

Aus den meisten postelektoralen Umfragen lassen sich nur wenige Informationen über die allgemeinen Gründe für Wahlenthaltung gewinnen. Zwei dieser Umfragen aus den Jahren 1984 und 1986 allerdings zeigen interessante Ergebnisse. Auf die Frage: »Wie beurteilen Sie das gesetzliche Wahlrecht?« antworteten 1984 (1986) ca. 69 (56)% der Bevölkerung, daß das Stimmrecht sowohl ein Recht als auch eine Pflicht sei, 27 (33)% sahen es nur als Recht, aber nicht als Pflicht, und nur ein (drei) Prozent der Befragten dachte fälschlicherweise, daß es in Spanien eine Wahlpflicht gebe (der Rest hatte keine Meinung).[108] Die Teilnahme an der Wahl wird von der Mehrheit der spanischen Bevölkerung also noch immer als staats-

---

107 CIS – Catálogo del Banco de Datos, 1993.
108 Ebd.

bürgerliche Pflicht angesehen, auch wenn die Zahl derjenigen, die diese Einstellung vertreten, dieser Umfrage zufolge rückläufig ist. Eine Studie von Montero hingegen kommt sogar zu dem Ergebnis, daß immer mehr Spanier das Wahlrecht auch als Pflicht verstehen.[109] Allerdings wächst gleichzeitig auch das Verständnis für die Nichtwähler. Dies zeigt sich an einer Untersuchung, bei der im Zeitraum von 1985 bis 1990 im Rahmen landesweiter Umfragen folgende Frage gestellt wurde:»Wenn Sie an Nichtwähler denken, welche der folgenden Meinungen würden Sie dann am ehesten vertreten«? Auf die Antwort, daß Nichtwählen immer ein Fehler sei, entfielen zwar die meisten Stimmen, doch sank die Zustimmung von 51% im Jahr 1985 fünf Jahre später auf nur noch 42%. Gleichzeitig stieg der Anteil derjenigen, die Wahlenthaltung als eine legitime Meinungsäußerung betrachten, von 22 auf 29%.[110] Es läßt sich also durchaus ein Trend zur »Aufweichung« der bisherigen Haltung zum Wahlverhalten erkennen, nach wie vor betrachtet aber ein Großteil der spanischen Bevölkerung den Wahlakt als Teil seiner Pflichten als Staatsbürger.

5.2 Gründe für Wahlbeteiligung

Auch die Umfrage-Ergebnisse in Tab. 11 lassen erkennen, daß viele Spanier immer noch die soziale Norm der Pflicht zur Wahl verinnerlicht haben. Wie jede andere Norm auch kann sie übertreten werden, die Häufigkeit der Übertretungen und damit die Höhe der Wahlenthaltung hängt dabei u.a. auch vom Grad der Verinnerlichung der Norm durch den einzelnen ab.

Tab. 11: Prozentualer Anteil der Antworten auf die Frage nach dem wichtigsten Grund für die Wahlbeteiligung

Antworten	1980	1989	1990
Staatsbürgerpflicht	57	61	58
Befriedigendes Gefühl	2	3	4
Eigener Partei helfen	11	9	13
Anderen Parteien schaden	6	7	7
Eigenen Kandidaten helfen	3	5	6
Andere Gründe	3	3	2
Keine Antwort	18	12	10
Summe	**100**	**100**	**100**

Quelle: CIS – Catálogo del Banco de Datos, 1993.

Wie stark diese Verinnerlichung ist, kann mit dem vorhandenen Datenmaterial schlecht geschätzt werden, daher sind zukünftige Aussagen über die Entwicklung

---

109 Montero: *Non-Voting* (Anm. 59), S. 21.
110 CIS – Catálogo del Banco de Datos, 1993.

dieser Norm, welche die meisten Wahlberechtigten betrifft, nur sehr schwer möglich.[111] Fest steht allerdings, daß sie sich quer durch die spanische Bevölkerung zieht; nur in wenigen sozialen oder politischen Segmenten der Bevölkerung wird sie nicht von der Mehrheit getragen.[112] Auch hier läßt sich allerdings wieder nur die Verbreitung und nicht die Intensität der Norm ablesen.

Aus der Analyse der Umfrage-Ergebnisse hinsichtlich der Motive für die Wahlbeteiligung ergibt sich, daß die soziale Norm der staatsbürgerlichen Wahlpflicht den mit Abstand wichtigsten Mobilisierungsfaktor darstellt. Diese Norm ist dabei in der ganzen Bevölkerung gleichermaßen präsent. Andere Motive wie der Wunsch, einer Partei oder einem Kandidaten zu helfen, bleiben dagegen ohne große Auswirkungen auf die Wahlbeteiligung.

5.3 Gründe für Wahlenthaltung

Im folgenden sollen die Gründe für Wahlenthaltung in zwei Gruppen unterteilt werden. Zunächst findet eine Analyse derjenigen Gründe statt, von denen die Befragten annehmen, daß sie bei einer Wahlenthaltung eine Rolle spielen. Die Befragten sind also keine Nichtwähler, sondern sollen nur die beim Interview abgefragten Gründe für Wahlenthaltung hinsichtlich ihrer Relevanz einschätzen. Beim zweiten Umfragetyp (s. Abschnitt 5.4) handelt es sich wieder um die bereits mehrfach verwendeten Befragungen des CIS, die dieser unmittelbar nach den Wahlen landesweit durchführt. Im Gegensatz zu den hier zuerst vorgestellten Umfragen enthalten sie keine Meinungen *über*, sondern *von* Nichtwählern.[113]

Tab. 12: Relative Wichtigkeit eines Grundes für Wahlenthaltung (Dezember 1989)				
Gründe	Wichtig?			
	ja	nein	weiß nicht	keine Antwort
Parteien sind alle gleich	27	51	17	5
Keine geeignete Partei	60	16	19	5
Wahlenthaltung aus Protest	38	37	20	5
Mangelnde Praxis im Wählen	29	46	20	5
Zufrieden mit jetzigem Zustand	16	59	20	5
Mangelndes Verantwortungsbewußtsein	42	33	20	5
Quelle: CIS – Catálogo del Banco de Datos, 1993.				

---

111 Interview mit Montero am 03.05.1995.
112 Justel: *Abstención* (Anm. 24), S. 338.
113 Bei den in diesem Abschnitt analysierten Daten des ersten Umfragetyps sind allerdings die unfreiwilligen Nichtwähler nicht mit erfaßt, da die den Befragten vorgegebenen Antwortmöglichkeiten keine technische Wahlenthaltung vorsahen.

Die in Tab. 12 dargestellten Umfrage-Ergebnisse zeigen, daß der Vorwurf des ungenügenden Parteienangebotes sowie das mangelnde Verantwortungsbewußtsein von Mitbürgern als wichtige Gründe für Wahlenthaltung genannt wurden. Interessant erscheint die Tatsache, daß Zufriedenheit mit dem jetzigen Zustand für die Befragten keinen Grund darstellt, nicht an der Wahl teilzunehmen. Dies widerspricht klar der Normalisierungstheorie, derzufolge Wahlenthaltung ein Zeichen für Stabilität des Systems sei. Justel verweist ferner darauf, daß der von sehr vielen als wichtig eingestufte Grund der fehlenden politischen Alternative zu den momentan existierenden Parteien verwunderlich erscheinen muß angesichts des spanischen Parteiensystems, das eigentlich sehr pluralistisch ist und neben den zahlreichen Regionalparteien auch viele Wahlmöglichkeiten auf gesamtstaatlicher Ebene bietet.[114] Die größte Kontroverse zwischen den Befragten gab es bei dem Punkt Wahlenthaltung aus Protest: Die eine Hälfte empfand ihn als wichtig, die andere nicht.

5.4 Motive für Wahlenthaltung bei den Parlamentswahlen

Tab. 13: Motive der Nichtwähler bei den Parlamentswahlen 1986-1993*

Motive	1986	1989	1993
Kein Interesse an Wahlen	14	7	12
Kein Interesse an Politik	44	41	38
Wahlausgang interessiert mich nicht	27	21	14
Ich fühlte mich von keiner Partei vertreten	-	-	27
Wahlausgang war klar, meine Stimme unwichtig	17	13	8
Enttäuschung über zuletzt gewählte Partei	18	15	11
Andere Motive	18	18	17

* Die Befragten konnten mehrere Angaben machen.
Quelle: CIS – Catálogo del Banco de Datos, 1993.

Die Ergebnisse in Tabelle 13 machen deutlich, daß politisches Desinteresse als Motiv für Wahlenthaltung eine große Rolle spielt. Da der Wahlausgang bei den letzten Parlamentswahlen immer relativ knapp war, läßt sich damit auch der geringer werdende Anteil derjenigen begründen, die bei einem klaren Wahlausgang zur Wahlenthaltung neigen. Insgesamt gesehen scheinen die Motive der Nichtwähler eher durch Desinteresse als durch Kritik geprägt zu sein. Allerdings nimmt diese zu, was auf die Diskreditierung der politischen Parteien aufgrund von Korruptionsskandalen zurückzuführen ist. Diese Beobachtung stärkt die The-

---

114 Interview mit Justel am 24.04.1995.

se, derzufolge die freiwillige, kritische und damit aktive Wahlenthaltung immer mehr an Bedeutung gewinnt, während politisches Desinteresse und die damit verbundene »passive« Wahlenthaltung an Bedeutung verlieren.[115]

6. Schlußbetrachtung

Wie ist das Phänomen der Wahlenthaltung im spanischen Fall zu charakterisieren? Folgende Besonderheiten kennzeichnen die Wahlenthaltung in diesem Land: Ein sehr wichtiger Punkt ist die hohe Mobilität der aggregierten Wahlenthaltung. Momentan erlebt Spanien einen Prozeß der Verschiebung der Wahlenthaltung vom Land in die Stadt. Dieser geht einher mit der Verschiebung hoher Nichtwählerquoten vom ersten in den zweiten und vor allem dritten Sektor. Es deutet sich damit eine Entwicklung an, die entgegengesetzt zur Modernisierung Spaniens verläuft und der Grund dafür ist, daß Spanien zusammen mit Frankreich und Japan die einzige westliche Demokratie mit höheren Nichtwählerquoten in der Stadt als auf dem Land ist. Gleichzeitig widerspricht sie damit auch der linearen These, die besagt, daß Wahlenthaltung nur die Folge von relativen sozialen Defiziten darstellt und dementsprechend mit zunehmender Modernisierung eines Landes geringer wird. Außerdem liefert sie erste Hinweise darauf, daß die Nichtwähler in Spanien immer aktiver in ihrer Wahlentscheidung werden und nicht von strukturellen oder soziologischen Faktoren beeinflußt werden.

Obwohl die Heterogenität der Nichtwählerschaft dies erschwert, kann man ein Profil der Nichtwähler herausarbeiten. Dabei läßt sich feststellen, daß auch in Spanien die soziodemographischen Profile der Nichtwähler viele typische Merkmale sozialer Randgruppen aufweisen: Es sind (Haus-)Frauen, Ältere und Jüngere, »Singles«, Arbeitslose, Studenten, Rentner usw.[116] Die spanischen Nichtwähler stimmen in diesen Aspekten mit denen der meisten anderen Länder überein. Es gibt aber auch einige Besonderheiten der spanischen Nichtwähler: Sie leben eher in der Stadt als auf dem Land, sie sind eher gebildet als ungebildet und teilweise eher aktiv als passiv in ihrem Beruf.

Die Motive der Nichtwähler sind ebenso wie ihr Profil bei weitem nicht einheitlich. Die Umfrage-Ergebnisse deuten allerdings darauf hin, daß vor allem die politischen Faktoren wie fehlende Identifikation mit einer Partei oder Ideologie für die Wahlenthaltung verantwortlich sind. Ferner besagt eine CIS-Umfrage, daß die freiwillige Wahlenthaltung sowohl bei Parlaments- als auch bei Kommunalwahlen deutlich gestiegen ist. So stieg der Anteil der freiwilligen Nichtwähler bei

---

115 Interview mit Montero am 03.05.1995.
116 Montero: *Non-Voting* (Anm. 59).

den Parlamentswahlen von 1977 bis 1993 von 53 auf 69%.[117] Dies deutet auf eine Zunahme der politischen und aktiven Wahlenthaltung hin. Das Wählen wird von der Mehrheit der spanischen Bevölkerung noch immer als staatsbürgerliche Pflicht angesehen, doch scheint die Anzahl derjenigen zu steigen, die bewußt nicht an den Wahlen teilnehmen, da sie sich nicht mit einer politischen Partei identifizieren können. Spaniens Demokratie erlebt damit von Beginn an einen Prozeß, den auch andere westliche Demokratien seit einigen Jahren durchlaufen: Die Bindung an die Parteien und die Identifikation mit ihnen nimmt ab, das Gefühl, von keiner Partei richtig vertreten zu werden, nimmt dagegen zu. Dies wirkt sich auch auf die Wahlenthaltung aus: Die Nichtwähler kommen nicht mehr nur aus den sozialen Randgruppen, immer mehr gebildete und sozial besser gestellte Wahlberechtigte entscheiden sich von Wahl zu Wahl bewußt, ob sie überhaupt an ihr teilnehmen wollen.

Wichtiger als die Spekulation über die Entwicklung der Motive der Nichtwähler ist jedoch die Übereinstimmung der Zahlen mit den vorhergehenden Analysen. Diese scheint gegeben: Auch die Untersuchung der Motive für Wahlenthaltung bei Kommunalwahlen läßt durchaus den Schluß zu, daß die Nichtwählerschaft sich in einem Strukturwandel befindet, in dessen Verlauf sich eine deutliche Verlagerung der Nichtwähler aus sozialen Randpositionen ohne politisches Interesse hin zu einer Nichtwählerschaft politisch gebildeter und wirtschaftlich unabhängiger Bürger andeuten könnte.

Welche Schlußfolgerungen lassen sich aus den Nichtwählerquoten auf den Zustand der spanischen Demokratie ziehen? Anders gefragt: Läßt sich anhand der Wahlenthaltung in einem Land überhaupt etwas über die momentane Stabilität seiner Demokratie sagen? Viele Wahlforscher bezweifeln dies und weisen auf die Beispiele der Schweiz und der USA hin, die eine ebenso traditionsreiche wie stabile Demokratie aufzuweisen haben und doch bei den Nichtwählerquoten mit durchschnittlich über 50% in der Schweiz und über 40% in den USA mit weitem Abstand vor allen anderen demokratischen Staaten liegen.[118] Obwohl die Wahlenthaltung also nicht viel über die Stabilität eines politischen Systems auszusagen vermag, kann man sie doch nicht als völlig irrelevant bezeichnen. Anders als in gefestigten Demokratien ist die Wahlenthaltung in der Übergangsphase von einem autoritären Regime zur Demokratie von nicht geringem Interesse, zeigt sie doch, inwieweit die noch junge Demokratie die Bürger von der Vorteilhaftigkeit dieses Systems zu überzeugen weiß. Im spanischen Fall wurden die hohen Nichtwählerquoten Ende der siebziger Jahre mit großer Besorgnis zur Kenntnis genommen und als Zeichen der Enttäuschung der Bevölkerung über das neue politische System

---

117 Justel: »Composición« (Anm. 23), S. 350.
118 López Pintor: »Fantasma« (Anm. 53), S. 9.

gewertet. Wie gefährlich solch ein Klima des »demokratischen Pessimismus« sein kann, zeigt der gescheiterte Staatsstreich Anfang der achtziger Jahre, dessen Initiatoren eventuell auf dieses Klima als unterstützendes Element spekulierten. Aber gerade dieser Versuch, das Rad der Geschichte zurückzudrehen, führte zu einer Stärkung der Demokratie, die sich auch in niedrigen Nichtwählerquoten niederschlug. So wurde die hohe Wahlenthaltung Ende der achtziger und Anfang der neunziger Jahre zwar immer noch heftig diskutiert, doch wurde sie nicht länger als Ablehnung des politischen Systems an sich interpretiert, sondern als Enttäuschung über den momentanen Zustand seiner Organe.[119] Neben der mittlerweile in Spanien deutlich zu beobachtenden Trennung dieser beiden Aspekte lassen auch die sehr niedrigen Nichtwählerquoten der letzten Wahlen sowie der reibungslose Übergang der Macht von den Sozialisten an die Konservativen den Schluß zu, daß die spanische Demokratie sich in einem sehr stabilen Zustand befindet.

---

119 Justel: *Abstención* (Anm. 24), S. 6.

Andreas Hildenbrand

Regionalismus und Autonomiestaat (1977-1997)

Seit 1983 gliedert sich der spanische Staat in 17 politisch autonome Regionen, die sogenannten Autonomen Gemeinschaften (*Comunidades Autónomas*, CCAA). In bezug auf Fläche, Bevölkerung und Pro-Kopf-Einkommen zeigen sie zwar große Unterschiede, aber alle verfügen über eigene Institutionen (Parlament, Präsident, Regierungsrat und Verwaltungsorgane), finanzielle Ressourcen sowie legislative und administrative Kompetenzen in einem umfangreichen Katalog von Materien. Insofern besitzen sie große Ähnlichkeit mit den regionalen Einheiten in anderen föderalen bzw. politisch dezentralisierten Staaten Europas, beispielsweise den deutschen Ländern oder den Regionen Italiens.

Die politische Dezentralisierung, die zur Gründung des sogenannten Autonomiestaates (*Estado de las Autonomías*) geführt hat, war in erster Linie die Antwort auf die nach dem Tod Francos (1975) vor allem im Baskenland und in Katalonien immer stärker hervortretenden Regionalismen. Die Hauptfunktion der Autonomen Gemeinschaften besteht darin, der regionalen Vielfalt Spaniens politisch-institutionell Rechnung zu tragen. Die Komponenten dieser Vielfalt waren und sind sprachlich-kulturelle, geographisch-ökonomische und politisch-historische Besonderheiten der einzelnen Regionen, also objektive regionale Differenzen, die einen wichtigen Faktor des spanischen Regionalismus bilden.[1]

Seit dem Beginn der Dezentralisierung mit der Einrichtung von vorläufigen Autonomieregimen in den Jahren 1977 und 1978 sind mittlerweile 20 Jahre vergangen. Dies bietet die Möglichkeit, über einen längeren Zeitraum hinweg eine Analyse und Bewertung der Praxis des spanischen Autonomiestaates vorzunehmen. Das ist die Zielsetzung des folgenden Beitrags. Zunächst werden die Grundlagen der Dezentralisierung behandelt, insbesondere die in der Verfassung von 1978 festgelegten Weichenstellungen. Sodann werden die wichtigsten Etappen der

---

1   Vier Sprachen werden in Spanien gesprochen: Kastilisch, Katalanisch (in Katalonien, Valencia, auf den Balearen und im Benaberre, einem Grenzgebiet Aragoniens zu Katalonien), Baskisch (Baskenland, nördlicher Teil Navarras) und Galicisch (Galicien, einige Grenzräume in den benachbarten Autonomen Gemeinschaften Asturien und Kastilien-León). Das Baskenland, Galicien und Katalonien hatten bereits zur Zeit der II. Republik (1931-1936) eigene Autonomiestatute erreicht, und in Katalonien war sogar mehrere Jahre lang eine autonome Regierung im Amt. Zu den politisch-historischen Besonderheiten gehören auch die historischen Rechte der Foralgebiete, d.h. die steuerlichen Privilegien der drei baskischen Provinzen und des alten Königreichs Navarra. Hinsichtlich der geographisch-ökonomischen Besonderheiten können insbesondere die Insellage (Kanarische Inseln, Balearen), Festlandsferne (Kanarische Inseln) und der stark ausgeprägte Gegensatz zwischen wohlhabenden (Madrid, Balearen, Katalonien) und relativ weniger entwickelten Regionen (Extremadura, Andalusien, Galicien) hervorgehoben werden.

zwischen 1979 und 1983 schrittweise erfolgten Konstituierung der 17 Autonomen Gemeinschaften skizziert.

Grunddaten zu den 17 Autonomen Gemeinschaften							
Autonome Gemeinschaft	Territorium	Bevölkerung		Netto-Familieneinkommen		BIP/Kopf	
	in% Spaniens	Zensus 1991		Spanien = 100		EU = 100	
		in% Spaniens	Dichte pro km²	1985	1995	1980	1995
Andalusien	17,3	17,9	80	80,2	78,3	56	58
Aragón	9,4	3,1	25	105,7	108,8	76	88
Asturien	2,1	2,8	104	96,3	96,4	77	75
Balearen	1,0	1,8	149	129,7	134,7	84	99
Baskenland	1,4	5,4	295	101,9	114,1	89	92
Extremadura	8,2	2,7	25	76,8	77,6	45	55
Galicien	5,8	7,0	92	88,3	92,3	61	60
Kanarische Inseln	1,4	3,8	219	89,4	90,1	58	76
Kantabrien	1,0	1,4	101	98,2	99,2	78	75
Kastilien-La Mancha	15,7	4,3	21	82,1	91,6	61	67
Kastilien u. León	18,7	6,5	27	92,6	101,4	70	74
Katalonien	6,3	15,6	191	119,0	118,5	83	94
Madrid	1,6	12,7	626	119,7	110,8	81	97
Murcia	2,2	2,7	94	89,0	79,6	65	69
Navarra	2,1	1,3	55	102,0	116,4	90	96
La Rioja	1,0	0,7	53	109,2	118,0	88	86
Valencia	4,6	9,9	168	106,3	100,8	71	75
Gesamtspanien	100,0	100,0	78	100,0	100,0	–	–
Quellen: INE: *Anuario Estadístico de España 1992*; BBV: *Renta nacional de España y su distribución provincial* (versch. Jahrgänge); EUROSTAT.							

Im Mittelpunkt des Beitrages stehen die Kapitel 3 und 4, die in Form einer synoptischen Bilanz die Dynamik, Bestimmungsfaktoren und Hauptprobleme der seit 1983 erfolgenden Konsolidierung und Ausgestaltung des Autonomiestaates vermitteln. Hierbei werden Vergleiche zum Modell des deutschen Föderalismus angestellt. Kapitel 3 beschäftigt sich mit dem Regionalismusphänomen, konkret mit der Entwicklung des subjektiven regionalen Bewußtseins und der Herausbildung regionaler Parteiensysteme, die einen Gradmesser des politischen Regionalismus bilden. Kapitel 4 analysiert für die Periode der PSOE-Regierungen (1982-96) drei Fragenkreise, die für die Entwicklung des Autonomiestaates wie auch generell für

für alle politisch dezentralisierten bzw. föderal strukturierten Staaten von essentieller Bedeutung sind: die Kompetenzenverteilung zwischen Staat und Autonomen Gemeinschaften, das Finanzierungssystem der Autonomen Gemeinschaften und die Beteiligung der Autonomen Gemeinschaften an der Willensbildung des staatlichen Gesetzgebers, die man durch die Reform des Senats zu einer Kammer der Autonomen Gemeinschaften institutionalisieren will. Abschließend erfolgt eine Beschreibung und Bewertung der autonomiepolitischen Maßnahmen, die von der seit 1996 amtierenden konservativen Zentralregierung des *Partido Popular* (PP) bislang eingeleitet wurden.

1. Die politischen und rechtlichen Grundlagen der Dezentralisierung[2]

Während des Franco-Regimes hatten die drei sogenannten historischen Nationalitäten (*nacionalidades históricas*), nämlich das Baskenland, Katalonien und Galicien, in denen zur Zeit der II. Republik Autonomiestatute durch Volksentscheide positiv entschieden worden waren, nicht nur ihre politische Sonderstellung verloren; auch ihre sprachlich-kulturelle Identität – Voraussetzung ihrer Autonomieforderung – versuchte man durch vielfältige Repressionsmaßnahmen auszulöschen. So war es verständlich, daß gerade in diesen Regionen, allerdings weniger in dem unterentwickelten und konservativ orientierten Galicien, die Forderung nach Redemokratisierung mit regionalistischen Zielsetzungen verbunden war. Traditionelle und neuentstandene nationalistische Parteien (PNV, EE, CDC, ERC) verlangten – unterstützt durch Massendemonstrationen – von Madrid die Wiedergewährung der politischen Autonomie.

Aber auch in anderen Regionen wurde von regionalistischen Gruppierungen (vor allem in Andalusien und Valencia) die politische Autonomie mit verschiedenen Begründungen und Stoßrichtungen gefordert. Sie ergaben sich aus unterschiedlichen Besonderheiten der Regionen, die geographischer (Insellage und Festlandsferne: Kanarische Inseln), sozio-ökonomischer (Unterentwicklung als Triebkraft des Regionalismus: vor allem Andalusien und Kanarische Inseln) oder sprachlich-kultureller (z.B. Valencia, Balearen, Asturien) Natur waren. Von der Entwicklung in Katalonien und dem Baskenland beeinflußt, entstand sogar in

---

2   Die Ausführungen zu den Grundlagen der Dezentralisierung stützen sich auf den Text der folgenden beiden Veröffentlichungen: Dieter Nohlen / Andreas Hildenbrand: »Politische Dezentralisierug in Spanien: Ergebnisse und Probleme der Bildung des Autonomiestaates«, in: *Zeitschrift für Parlamentsfragen*, 3, 1988, S. 323-334; Andreas Hildenbrand: »Das Regionalismusproblem«, in: Walther L. Bernecker / Carlos Collado Seidel (Hgg.): *Der Übergang von der Diktatur zur Demokratie 1975-1982*. München 1993, S. 104-126. Zur Vertiefung einzelner Aspekte sei auf die dort zitierte sowie auf die im Beitrag des Autors zur ersten Auflage von *Spanien heute* angeführte Bibliographie verwiesen.

Kastilien-León, Madrid und Kastilien-La Mancha – Gebieten, die nur eine äußerst schwache Tradition des politischen Regionalismus besaßen – im Rahmen eines »induzierten Regionalismus« ein subjektives regionales Bewußtsein, das die Forderung nach regionaler Autonomie laut werden ließ. Was dem Regionalismusproblem eine zusätzliche Brisanz verlieh, war die Tatsache, daß im Baskenland (ETA) und auf den Kanarischen Inseln (MPAIAC) terroristische Kräfte sogar die vollständige Unabhängigkeit der betreffenden Region forderten. Angesichts dieses Panoramas war die nach den Wahlen vom 15. Juni 1977 gebildete erste demokratische Regierung unter Ministerpräsident Adolfo Suárez (UCD) mit dem Regionalismus und der Autonomieforderung vor ein überaus komplexes und schwer zu lösendes Problem gestellt. Hinzu kam, daß die gesamtspanischen Linksparteien, Sozialisten (PSOE, PSP) und Kommunisten (PCE), im Sinne der Gewaltenteilung und Machtkontrolle die politische Dezentralisierung (bis hin zur möglichen Gründung eines föderalen Staates) als ein zentrales Element der Demokratisierung Spaniens betrachteten.

Nach Verhandlungen mit den aus Vertretern aller Parteien zusammengesetzten Parlamentarierversammlungen in den einzelnen Regionen entschloß sich die Regierung zwischen November 1977 und Oktober 1978, in fast allen Teilen des Staatsgebietes durch Gesetzesdekrete vorläufige Autonomieregime bzw. Präautonomien (*preautonomías*) einzurichten. Insgesamt wurden 13, mit rein administrativen Kompetenzen ausgestattete Präautonomien konstituiert. Um den Redemokratisierungsprozeß zu stabilisieren, machte man mit der Wiederherstellung der Institutionen der Selbstregierung in Katalonien (*Generalitat*) und der Einrichtung des Baskischen Generalrats (*Consejo General del País Vasco*) den Anfang.[3] Die Präautonomien haben als politische Ausgangskonstellation die Inhalte der Verfassung zum Thema Dezentralisierung sowie die spätere Ausgestaltung der verfassungsrechtlichen Bestimmungen maßgeblich beeinflußt.[4] Vor allem schufen sie eine erste Grundlage für die Zahl und räumliche Abgrenzung der Autonomen Gemeinschaften, die sich nach Verabschiedung der Verfassung im Rahmen der politischen Entwicklung konstituieren sollten.

Die Verfassung von 1978 ist ein flexibler Minimalkonsens, der aus einer extrem ausgeprägten Interessenpolarität zwischen den Parteien, dem Militär und anderen Gruppen hervorgegangen ist. Dies zeigt sich beispielhaft in den Schwächen und Zweideutigkeiten des Titels VIII (Art. 137-158) der Verfassung, der die Grund-

---

3 Allein die Provinzen Navarra, Madrid, León, Santander und Logroño sowie die auf nordafrikanischem Territorium liegenden spanischen Städte Ceuta und Melilla wurden aus verschiedenen Gründen nicht in das System der Präautonomien einbezogen.

4 So wurde ihnen in der ersten und zweiten Übergangsbestimmung der Verfassung das Recht auf Einleitung des Autonomieprozesses in dem betreffenden Landesteil zugewiesen, ein Recht, das sie sich kraft Art. 143 und 151 der Verfassung mit den Provinzialräten und Gemeinden teilen mußten.

prinzipien der Dezentralisierung enthält. Die Verfassung von 1978 definiert in Art. 2, daß die einzige spanische Nation sich aus verschiedenen Nationalitäten und Regionen zusammensetzt, welche das Recht auf Autonomie besitzen. Ebenfalls Autonomie bei der Wahrnehmung ihrer Interessen genießen die Munizipien, Provinzen und die sich konstituierenden Autonomen Gemeinschaften, welche gemäß Art. 137 der Verfassung die Gebietseinheiten des Staates bilden. Vergeblich aber wird man im Hinblick auf die territoriale Struktur des Staates in der Verfassung nach einer Definition der Staatsform suchen, und auch die Zahl und räumliche Abgrenzung der Autonomen Gemeinschaften wurden nicht festgelegt. Vielmehr sollte die definitive territoriale Gliederung des Staates aus dem Zusammenspiel zweier Faktoren hervorgehen, nämlich einerseits den Verfassungsnormen über Wege, Möglichkeiten und Grenzen der Dezentralisierung, andererseits dem »dispositiven Prinzip« (*principio dispositivo*), d.h. der Initiative derjenigen Gebietseinheiten, die künftig ihren aktiven Willen nach Selbstregierung bekundeten.

Von zentraler Bedeutung ist die Verankerung zweier grundverschiedener Modelle von Autonomen Gemeinschaften. Das gewöhnliche oder allgemeine Modell, das über den Weg des Art. 143 erreichbar ist und bei dem die Autonomen Gemeinschaften in ihren Autonomiestatuten ein durch die Materienliste des Art. 148 bestimmtes, niedrigeres Kompetenzenniveau übernehmen *können* (ein Pflichtminimum an Kompetenzen besteht nicht), konnte die Grundlage sowohl für eine administrative wie auch für eine politische Dezentralisierung liefern. Die Verfassung ließ nämlich offen, ob es sich bei den Kompetenzen um legislative oder rein administrative Befugnisse handelt, und ebenso sollten erst die künftig auszuhandelnden Autonomiestatute klären, ob die Autonomen Gemeinschaften dieses Modells letztlich auch Parlamente und Regierungen als Organe einer politisch autonomen Gebietseinheit besitzen werden. Das außergewöhnliche Modell bedeutet eine politische Dezentralisierung, da die Autonomen Gemeinschaften in diesem Fall kraft Art. 152 Parlamente und Regierungen haben und über ein höheres Kompetenzenniveau verfügen, das administrative und legislative Kompetenzen enthält. So können von ihren Autonomiestatuten alle Kompetenzen und Materien übernommen werden, die nicht in Art. 149.1 der Verfassung dem Staat vorbehalten sind.

Die Unterschiede zwischen beiden Modellen sollten aber nur vorübergehender Natur sein, denn Art. 148.2 eröffnet den Autonomen Gemeinschaften des gewöhnlichen Modells die Möglichkeit, fünf Jahre nach Inkrafttreten ihrer Autonomiestatute via Statutreform ebenfalls das höhere Kompetenzenniveau zu übernehmen. Hiermit bestanden die Voraussetzungen, letztlich im gesamten Staatsgebiet einen einzigen und endgültigen Typ von Autonomen Gemeinschaften zu institutionalisieren, der dem Charakter einer politischen Dezentralisierung entsprach. Der Weg des Art. 143 für die Bildung des gewöhnlichen Modells der Autonomen

Gemeinschaften war der langsame Weg zur politischen Autonomie. Der schnelle Weg, d.h. die Einrichtung des von vornherein ausdrücklich politischen, außergewöhnlichen Modells war für die drei historischen Nationalitäten wesentlich einfacher als für die restlichen Gebiete. Gemäß der zweiten Übergangsbestimmung der Verfassung mußten die historischen Nationalitäten ihren in der Vergangenheit bereits manifestierten Autonomiewillen nicht mehr erneut zum Ausdruck bringen. Die anderen Gebiete hingegen mußten den hindernisreichen Weg des Art. 151 beschreiten, der ihnen in der Phase der Feststellung des Autonomiewillens (*pronunciamiento autonómico*) den Nachweis eines ungewöhnlich hohen Konsenses abverlangte.

2. Die Konstituierung der Autonomen Gemeinschaften 1979-1983

Nach den Parlamentswahlen vom 1. März 1979 verständigte sich Ministerpräsident Adolfo Suárez mit Carlos Garaikoetxea (PNV), dem Präsidenten des Baskischen Generalrats, und den wichtigsten katalanischen Regierungsparteien (CiU, PSC, PSUC) auf die Autonomiestatute für das Baskenland und Katalonien, die am 25. Oktober 1979 in regionalen Referenden gebilligt wurden. Mit den ersten Wahlen (März 1980) zu den Parlamenten des Baskenlandes und Kataloniens fand die Institutionalisierung dieser beiden ersten Autonomen Gemeinschaften Spaniens ihren Abschluß.

Einige andere Regionen (Andalusien, Valencia, Aragonien, Kanarische Inseln) nahmen Katalonien und das Baskenland als Präzedenzfälle politischer Autonomie, um über den Weg des Art. 151 eine »ebenbürtige« Autonomie anzustreben; sie wollten sich nicht mit der »Autonomie zweiter Klasse« (dem gewöhnlichen Modell der Verfassung) begnügen. Aus Gründen des Machtkalküls im Parteienwettbewerb zwischen UCD und PSOE stand die UCD-Regierung solchen Vorhaben ablehnend gegenüber. Gerade in Andalusien und Valencia, wo der PSOE stark war, befürchtete die UCD gesamtspanische Auswirkungen durch künftig von der Linken gestellte Regionalregierungen. Unter dem Schlagwort »Rationalisierung der Autonomien« (*racionalización de las autonomías*) verfügte die UCD am 15. Januar 1980, daß die nicht zu den historischen Nationalitäten zählenden Regionen nur über den langsamen Weg (Art. 143) zur politischen Autonomie gelangen könnten.

Dieser Strategie wurde aber in Andalusien eine eindeutige Absage erteilt. Im Referendum vom 28. Februar 1980 sprach sich die andalusische Bevölkerung eindeutig für die Autonomie nach Art. 151 aus. Auch wenn das Referendum technisch gesehen scheiterte, da in einer der am wenigsten bevölkerten Provinzen (Almería) am Ende ca. 20.000 Stimmen fehlten, um auch in dieser Provinz die von der Verfassung für jede der acht Provinzen Andalusiens verlangte absolute Mehrheit der Wahlberechtigten zu erzielen, bedeutete das Ergebnis – 55,8% der Wahlberechtigten hatten für die Autonomie gestimmt – eine schwere politische Niederlage für die UCD-Regierung. Nach langwierigen Auseinandersetzungen und einer Verständigung zwischen UCD und PSOE konnte sich Andalusien als (in Spanien einzige) Autonome Gemeinschaft nach Art. 151 konstituieren.

Der andalusische Autonomieprozeß hatte nicht nur für die Region, sondern auch für die gesamtspanische Politik eine herausragende Bedeutung. Erstens schaufelte sich die zusehends intern zerstrittene UCD in dieser bevölkerungsreichen und somit wahlstrategisch wichtigen Region durch ihr autonomiepolitisches Taktieren selbst ihr »politisches Grab«. Zweitens, eng damit zusammenhängend, begann der Aufstieg des PSOE, der nach den Siegen bei den andalusischen und nationalen Parlamentswahlen 1982 zum ersten Machtwechsel in der Demokratie Spaniens führte. Drittens wurde in Andalusien für die späteren Autonomie-Vereinbarungen zwischen UCD und PSOE insofern die politische Vorentscheidung getroffen, als man eine gleichförmige Interpretation des Titels VIII der Verfassung in dem Sinne vornahm, daß letztlich alle Autonomen Gemeinschaften eine politische Autonomie, d.h. ein Parlament und legislative Kompetenzen haben sollten. Mit dem Referendum vom 28. Februar 1980 verwandelte Andalusien in eine »Regel«, was man zuvor nur als »Ausnahme« anwenden wollte.[5] Was den Fall der historischen Nationalität Galicien betraf, versuchte die UCD den Charakter der politischen Autonomie dadurch auszuhöhlen, daß sie in den Entwurf des Autonomiestatuts eine Klausel einbaute, die eine Unterordnung der autonomen legislativen Gewalt unter die gesetzgebende Gewalt des Zentralstaates bedeutet hätte. Auch in Galicien hatte die UCD letztlich keinen Erfolg. Galicien billigte in einem Referendum am 21. Dezember 1980 sein um die »UCD-Klausel« bereinigtes Autonomiestatut.

Im Falle der übrigen Regionen blieb der Autonomieprozeß vorerst blockiert, da weder die UCD noch der PSOE an einer Zusammenarbeit interessiert waren. Erst unter dem Schock des gescheiterten Staatsstreiches der Militärs am 23. Februar 1981 gingen beide Parteien aufeinander zu. Ohne die anderen Parteien schlossen die jetzt von Leopoldo Calvo Sotelo geführte UCD-Regierung und der PSOE den ersten Autonomiepakt in der Geschichte des Autonomiestaates, die sogenannten Autonomie-Vereinbarungen (*Acuerdos Autonómicos*), die am 31. Juli 1981 unterzeichnet wurden. Als Konsequenz des Putschversuchs sowie in beiderseitigem Interesse von UCD und PSOE brachten diese Autonomie-Vereinbarungen die Entscheidung, allen übrigen Regionen zwar die politische Autonomie zu

---

5 So die Auffassung des spanischen Verfassungsrechtlers Javier Pérez Royo: »La centralidad de Andalucía«, in: *Diario 16* vom 28.2.1992, S. 53.

ermöglichen, dies aber nur noch auf dem langsamen Weg über den Art. 143. Für Valencia, Navarra und die Kanarischen Inseln wurden dabei Sonderregelungen getroffen, welche diesen Regionen von Anfang an die Ausübung des höheren, bisher nur für Andalusien und die historischen Nationalitäten gültigen Kompetenzenniveaus erlaubte. Auf der Grundlage der Autonomie-Vereinbarungen konstituierten sich bis zum 25. Februar 1983 sämtliche restlichen Autonomen Gemeinschaften.[6] Mit den Wahlen zu den autonomen Parlamenten am 8. Mai 1983, durch die der PSOE in elf Fällen zur regionalen Regierungsmacht gelangte, fand die Institutionalisierung der Autonomen Gemeinschaften ihren Abschluß. Das gesamte Territorium des spanischen Staates war nun in insgesamt 17 Autonome Gemeinschaften untergliedert.

3. Entwicklung des regionalen Bewußtseins, Herausbildung regionaler Parteiensysteme und Bewertung des Autonomiestaates durch die Bürger

Für das Verständnis der Ursachen und Entwicklung des komplexen Phänomens Regionalismus in Spanien sind zumindest drei Elemente zu berücksichtigen:[7] die objektiven Tatbestände der regionalen Differenzierung, die sich in sozioökonomischen Variablen und Daten der politischen Geschichte widerspiegeln; das subjektive regionale Bewußtsein der Bevölkerung, das durch Umfragen erkundet werden kann;[8] und der politische Regionalismus, der durch die Existenz regionalistischer bzw. nationalistischer Parteien und ihr Abschneiden bei den nationalen und autonomen Parlamentswahlen erfaßbar wird. Die objektiven Tatbestände der

---

6 Am 25. Februar 1983 wurden die letzten vier Autonomiestatute (Madrid, Extremadura, Balearen, Kastilien-León) verkündet. Eines der wesentlichen Elemente der Autonomie-Vereinbarungen, nämlich das »Organgesetz zur Harmonisierung des Autonomieprozesses« (*Ley Orgánica para la Armonización del Proceso Autonómico* / LOAPA), das eine Schwächung der gesetzgebenden Gewalt der Autonomen Gemeinschaften bedeutet hätte, stieß auf heftigen politischen Widerstand und wurde schließlich durch das Urteil des Verfassungsgerichts vom 5. August 1983 aufgehoben.

7 Vgl. hierzu den empirisch zwar aktualisierungsbedürftigen, aber hinsichtlich seines Analyseansatzes nach wie vor gültigen Beitrag von Dieter Nohlen: »Regionalismen in Spanien«, in: *Aus Politik und Zeitgeschichte*/Beilage zur Wochenzeitung *Das Parlament*, B 12, v. 22.3.1980, S. 39-60.

8 Eine Zusammenschau der bislang vorliegenden Umfragen und Studien zum regionalen Bewußtsein liefert Rafael López Pintor: »El sistema político«, in: Fundación FOESSA: *V Informe sociológico sobre la situación social en España*. Madrid 1994, S. 557-694. Für Daten zur Entwicklung des subjektiven regionalen Bewußtseins vgl. *El País* v. 23.1.1997. Die neueste Umfrage zur Entwicklung des subjektiven regionalen Bewußtseins ist die im November/Dezember 1996 durchgeführte Untersuchung »Conciencia nacional y regional« des Centro de Investigaciones Sociológicas (CIS). Ihre wichtigsten Resultate wurden in *El País* v. 9.3.1997 vorgestellt.

regionalen Differenzierung in Spanien wurden bereits kurz angesprochen und sollen hier nicht eingehender behandelt werden.[9]

3.1 Das subjektive regionale Bewußtsein

Was das subjektive regionale Bewußtsein betrifft, so zeigt ein historischer Längsschnitt zunächst, daß es zwischen 1976 und 1979/80, also in den Jahren des Übergangs von der Diktatur zur Demokratie, zu einem explosionsartigen Anstieg des regionalen Bewußtseins kam, vor allem in den drei historischen Nationalitäten (weniger stark in Galicien), aber auch in Valencia, Andalusien und Kastilien-León. Im Zeitraum 1980-1987 verblieb das regionale Bewußtsein generell auf einem hohen Niveau, aber regional zeigten sich Unterschiede: deutlicher Anstieg in Katalonien und Kastilien-León, Abnahme im Baskenland, Galicien und Andalusien.[10] Während in den 80er Jahren die doppelte, regionale und nationale Identifikation (»Ich fühle mich genauso Andalusier, Katalane, Baske etc. wie Spanier«) deutlich zunahm, kam es seit Anfang der 90er Jahre unter dem Einfluß der Konflikte in Osteuropa und der Spannungen zwischen Katalonien und der Madrider Zentralregierung zu einer Verringerung dieser Doppelidentifikation und einer entsprechenden Zunahme der nationalen Identifikation. Immer mehr Bürger fühlen sich allein Spanier (1990: 18%, 1993: 30%) und immer weniger Bürger fühlten sich genauso Andalusier, Katalane, Baske, etc. wie Spanier (1990: 51%, 1993: 43%).[11]

Untersucht man die Entwicklung der regionalen und nationalen Doppelidentifikation im Zeitraum 1982-1993 in den drei historischen Nationalitäten und Andalusien, so zeigen sich klare Differenzierungen.[12] In Galicien sinkt die Doppel-

---

9 Zu den sprachlich-kulturellen, historisch-politischen und geographisch-historischen Besonderheiten der Regionen Spaniens und ihrer Bedeutung für das Regionalismusphänomen siehe ausführlicher Dieter Nohlen / Andreas Hildenbrand: *Spanien. Wirtschaft, Gesellschaft, Politik*. Opladen 1992, insbes. S. 294-306; Dieter Nohlen / Andreas Hildenbrand: »Regionalismus und politische Dezentralisierung in Spanien«, in: Dieter Nohlen / José Juan González Encinar: *Der Staat der Autonomen Gemeinschaften in Spanien*. Opladen 1992, S. 9-43, insbes. S. 10-21.

10 Vgl. hierzu die Umfrage der Fundación FIES, abgedruckt in: Francisco Alvira Martín / José García López: »Los españoles y las autonomías« in: *Papeles de Economía Española*, 35, 1988, S. 402-421.

11 Vgl. hierzu die folgenden im *V Informe sociológico sobre la situación social en España* der Fundación FOESSA (Madrid 1994, S. 588f.) veröffentlichten Umfrageergebnisse (1990: Umfrage OYCOS , 1993: Umfrage FOESSA): 1) Ich fühle mich genauso Andalusier, Katalane, Baske etc. wie Spanier: 1990 (51%), 1993 (43%); 2) Ich fühle mich nur Spanier: 1990 (18%), 1993 (30%); 3) Ich fühle mich eher Spanier als Andalusier, Katalane, Baske, etc.: 1990 (8%), 1993 (6%), 4) Ich fühle mich eher Andalusier, Katalane, Baske, etc. als Spanier: 1990 (12%), 1993 (12%); 5) Ich fühle mich nur Andalusier, Baske, Katalane, etc.: 1990 (4%), 1993 (6%); 6) Keine Meinung/Keine Antwort: 1990 (7%), 1993 (3%).

12 Vgl. Fundación FOESSA: *V. Informe sociológico sobre la situación social en España*. Madrid 1994, S. 589. Die Umfragedaten für 1982 stammen von DATA und sind in dem Beitrag von José Ramón Montero / Manuel Torcal: »Autonomías y Comunidades Autónomas en España:

identifikation (1982: 55%, 1993: 45%), und die rein nationale Identifikation nimmt zu (1982: 16%, 1993: 22%). In Andalusien dagegen steigt die Doppelidentifikation (1982: 47%, 1993: 58%), und die Zahl derjenigen, die sich allein als Spanier fühlen, bleibt unverändert (18%). Im Baskenland nimmt die Doppelidentifikation ebenfalls zu (1982: 25%, 1993: 35%), aber zugleich wächst die Zahl derjenigen, die sich nur als Spanier bezeichnen (1982: 9%, 1993: 14%). Bemerkenswert ist am baskischen Fall ferner, daß die Zahl derer, die sich ausschließlich als Basken fühlen, erheblich sinkt (1982: 44%, 1993: 27%); ganz im Gegensatz zu Katalonien, wo die ausschließlich katalanische Identifikation – bei allerdings wesentlich geringerem Niveau – einen leichten Zuwachs verzeichnet (1982: 9%, 1993: 12%). Diese Angabe deutet in Verbindung mit dem leichten Zuwachs bei der Doppelidentifikation (1982: 41%, 1993: 44%) und der klaren Abnahme der rein nationalen Identifikation (1982: 23%, 1993: 17%) darauf hin, daß in der noch jungen Geschichte des spanischen Autonomiestaats das regionale Bewußtsein am stärksten in Katalonien zugenommen hat und nicht etwa im Baskenland, das aufgrund der Existenz der mit Terrormethoden für die Unabhängigkeit der Region kämpfenden Organisation ETA in der in- und ausländischen Presse regelmäßig eine höhere Aufmerksamkeit erhält.

Umfragen geben nicht nur Auskunft über den Grad des regionalen Bewußtseins, sondern machen auch die ihm zugrundeliegenden Motive bzw. Dimensionen sichtbar, von denen einige eng mit den objektiven Tatbeständen der regionalen Differenzierung zusammenhängen. In der zu diesem Thema neuesten Untersuchung wird die Pluridimensionalität des Regionalismusphänomens in Spanien betont, wobei sich insgesamt neun verschiedene Dimensionen identifizieren lassen.[13]

In der ersten Dimension, Leistungsfähigkeit der Verwaltung der betreffenden Autonomen Gemeinschaft bei der Behandlung von sozialen Problemen globaler Natur (Drogen, Kriminalität, Arbeitslosigkeit, etc.), erzielen das Baskenland, Katalonien, Valencia und die Kanarischen Inseln die höchsten und Kastilien-León, La Rioja sowie Madrid die niedrigsten Werte. In der zweiten Dimension, Fähigkeit (Kontrolle, Kompetenz) der autonomen Verwaltung für das Treffen end-

---

Preferencias, dimensiones y orientaciones políticas«, in: *Revista de Estudios Políticos* 70, 1990, S. 3-91, insbes. S. 42 veröffentlicht. Die Angaben für 1993 beruhen auf der 1993 für die Erstellung des *V. Informe FOESSA* durchgeführten Umfrage.

13 Diese Studie, auf die sich die nachfolgenden Ausführungen stützen, wurde vorgelegt von Manuel García Ferrando / Eduardo López-Aranguren / Miguel Beltrán: *La conciencia nacional y regional en la España de las autonomías*. Madrid 1994; die Publikation eines Teils der Umfrageergebnisse erfolgte später in Eduardo López-Aranguren: »Las dimensiones de la conciencia nacional y regional«, in: *Revista Española de Investigaciones Sociológicas* / REIS 1995, S. 71f. Bei einigen der untersuchten Regionalismusdimensionen zieht die Studie Vergleiche mit den Ergebnissen einer früheren, ähnlich konzipierten Untersuchung; vgl. hierzu Manuel García Ferrando: *Regionalismo y autonomía en España 1976-1979*. Madrid 1982 sowie Eduardo López-Aranguren: *La conciencia regional en el proceso autonómico español*. Madrid 1983.

gültiger Entscheidungen bei zwischen dem Staat und der betreffenden Autonomen Gemeinschaft konfliktiven Themen (u.a. Standortwahl von Großgefängnissen und Kernkraftwerken, Trassenführung von Fernstraßen durch ökologisch wertvolle Gebiete), werden die höchsten Werte von Kantabrien, Katalonien und dem Baskenland und die niedrigsten von Murcia, Madrid und Kastilien-La Mancha erreicht. Hinsichtlich der dritten Dimension, Sensibilität der autonomen Verwaltung gegenüber den Bedürfnissen und Problemen der Bevölkerung, sind das Baskenland, La Rioja, Navarra, Asturien und Katalonien führend, während Kantabrien und Aragonien die »Schlußlichter« bilden. In bezug auf die vierte Dimension, Kenntnis und Benutzung der eigenen Sprache, ist das nationale bzw. regionale Bewußtsein am stärksten in Katalonien ausgeprägt, gefolgt von Galicien, Balearen, dem Baskenland und Valencia.

Die fünfte Dimension, die »politische«, ist für die Mehrheit der Bürger die Schlüsseldimension des Nationalismus und Regionalismus. Sie besteht aus drei Elementen: 1) Die Bevorzugung des Begriffs Nation gegenüber dem Begriff Region, 2) die Haltung bei der Frage der territorialen Organisation des spanischen Staates (zentralistischer Staat ohne Autonomien versus Anerkennung des Rechts auf Selbstbestimmung) und 3) die für die eigene Region bevorzugte Option (Autonome Gemeinschaft, Gliedstaat eines Bundesstaats oder Recht auf Selbstbestimmung mit dem Ziel der Unabhängigkeit). Bei dieser politischen Dimension besitzt Katalonien höhere Werte als das Baskenland. Für die Ausübung des Rechts auf Selbstbestimmung mit dem Ziel, einen eigenen unabhängigen Staat zu errichten, spricht sich in beiden Regionen aber nur eine Minderheit aus, 28% der befragten Erwachsenen in Katalonien und nicht mehr als 20% im Baskenland. In diesem Zusammenhang ist ebenfalls von Interesse die Korrelation zwischen den Höchstwerten des nationalen bzw. regionalen subjektiven Bewußtseins und der Bevorzugung der Ausübung des Rechts auf Selbstbestimmung (*autodeterminación*) gegenüber den beiden anderen Möglichkeiten, d.h. Gliedstaat eines föderalen Modells oder Kontinuität als Autonome Gemeinschaft.[14] Unter den Personen, die sich in Katalonien und im Baskenland als »sehr nationalistisch« einstufen, optieren 52% bzw. 46% für die Ausübung des Rechts auf Selbstbestimmung, um auf diese Weise die Unabhängigkeit der Region zu erreichen. Demgegenüber bevorzugt die Gruppe der sich als »sehr nationalistisch« einschätzenden Galicier die Kontinuität Galiciens als Autonome Gemeinschaft (51%) oder die Einrichtung eines föderalen Staates (35%). In Andalusien schließlich dominieren in der entsprechenden Gruppe eindeutig die Anhänger des gegenwärtigen Status Andalusiens als Autonome Gemeinschaft (73%).

---

14 Vgl. Eduardo López-Aranguren: »La opinión pública sobre las Administraciones Autonómica y Central« in: *Revista Internacional de Sociología* 13, 1996, S. 99-132, insbes. S. 124, Anm. 2.

Was die sechste Dimension betrifft, Erklärung der regionalen Entwicklungsunterschiede, so wurde danach gefragt, inwieweit diese nicht dependenztheoretisch oder mit dem Modell des internen Kolonialismus, sondern durch Faktoren wie Mentalität der Bevölkerung, Reichtum an natürlichen Ressourcen, früherer Industrialisierungsprozeß und Lokalisierung von Investitionen erklärbar sind. Zugunsten dieser Erklärungsfaktoren äußerten sich vor allem die Befragten in Asturien, im Baskenland, Kastilien-León und Aragonien. Bei der siebten Dimension, Leistungsfähigkeit der autonomen Verwaltung bei der Lösung sozialer Probleme lokaler Natur (z.B. soziale Dienste, Wohnungsbau, Verkehrsüberlastung), erzielen die Balearen, Navarra und La Rioja die höchsten und Extremadura, Kastilien-La Mancha sowie Aragonien die niedrigsten Werte. Bei der achten Dimension, Effizienz der autonomen Verwaltung, die auf die rationale Verwendung von Steuergeldern und anderen Ressourcen bei der Bereitstellung öffentlicher Dienste abhebt, sind das Baskenland, Murcia und Navarra die Spitzenreiter, während die autonomen Verwaltungen in Extremadura, Kastilien-La Mancha und Aragonien als nur wenig effizient eingestuft werden. Bei der neunten Dimension, Existenz interregionaler »Ausbeutungsbeziehungen«, wurde die Frage gestellt, ob und inwieweit das Wachstum einiger Regionen auf Kosten des Wachstums anderer Regionen erfolge. Bei dieser Dimension werden (1990), das Ergebnis einer früheren Umfrage (1979) bestätigend, die Höchstwerte in Andalusien, Galicien und Extremadura erreicht, also in den drei Autonomen Gemeinschaften mit dem niedrigsten Pro-Kopf-Einkommen. Am wenigsten gelten lassen und ließen (Umfrage von 1979) diese Erklärung regionaler Entwicklungsunterschiede die Bürger in La Rioja, Katalonien und Valencia.

3.2 Die Herausbildung regionaler Parteiensysteme

Der politische Regionalismus, der sich in der Existenz regionalistischer bzw. nationalistischer Parteien und ihrem Abschneiden bei den nationalen und autonomen Parlamentswahlen manifestiert, ist in den historischen Nationalitäten am stärksten ausgeprägt, vor allem in Katalonien und im Baskenland, weniger hingegen in Galicien. In Katalonien regiert seit 1984 die CiU (*Convergència i Unió*), ein Zusammenschluß von Mitte-Rechts-Parteien, dreimal mit absoluter Mehrheit gewählt. Auch nach den katalanischen Wahlen von 1995 bildete sie erneut die Regierung, allerdings hatte sie – infolge des starken Stimmenanstiegs des PP – nicht mehr die absolute Mehrheit. Im Baskenland war der christdemokratisch orientierte PNV (*Partido Nacionalista Vasco*) stets Regierungspartei und auch immer die stimmstärkste Partei. Im traditionell konservativ wählenden Galicien, dessen Präsident seit den autonomen Wahlen von 1989 der politische »Altmeister« Manuel Fraga

Iribarne ist,[15] waren die regionalistischen Parteien bislang für die Regierungsbildung bedeutungslos.

Auf der Grundlage der bisherigen Ergebnisse der nationalen Wahlen, der Wahlen im Baskenland, Katalonien, Galicien und Andalusien und den stets gleichzeitig stattfindenden Wahlen in den restlichen 13 Autonomen Gemeinschaften lassen sich im spanischen Autonomiestaat auf regionaler Ebene heute drei Gruppen von Parteiensystemen identifizieren.[16] Eine erste Gruppe von Parteiensystemen wird von den Autonomen Gemeinschaften gebildet, in denen nationalistische oder regionalistische Parteien bestehen, die nicht nur für den Bereich der betreffenden Autonomen Gemeinschaft, sondern auch auf gesamtstaatlicher Ebene relevant sind. Das sind das Baskenland (PNV, EA, EE, HB) und Katalonien (CiU, ER), wo die nationalistischen Parteien ohne Unterbrechung sowohl in den autonomen Parlamenten als auch im Abgeordnetenhaus vertreten sind. Eine zweite Gruppe umfaßt diejenigen Autonomen Gemeinschaften, in denen regionalistisch orientierte Parteien zwar vorhanden sind, ihr Einfluß auf das gesamtstaatliche Parteiensystem aber äußerst gering ist und auf den Bereich der Autonomen Gemeinschaft beschränkt bleibt. Hierbei handelt es sich um insgesamt zehn Autonome Gemeinschaften, in denen diese Parteien bislang keine kontinuierliche Vertretung in den autonomen Parlamenten und/oder im Abgeordnetenhaus besaßen: Galicien (BNPG, PSG/EG, CG), Andalusien (PA), Aragonien (PAR), Navarra (PNV, HB, UPN), die Kanarischen Inseln (AC-INC, AIC, AM, AHI, CNC, CC), die Balearen (UM, PSM, CIM), Kantabrien (PRC, UPCA), Extremadura (EXU, EU.CREX-PRE), La Rioja (PRP, PR) und Valencia (UV). Die dritte Gruppe besteht aus fünf Autonomen Gemeinschaften (Asturien, Kastilien-León, Kastilien-La Mancha, Madrid, Murcia), in denen regionalistische Parteien zwar vorhanden sind, diese aber den Einzug in das gesamtspanische oder betreffende autonome Parlament bislang nie geschafft haben.

Die Frage nach den Ergebnissen der regionalistischen bzw. nationalistischen Parteien bei den Wahlen zum nationalen Parlament hat in Spanien große Bedeutung für die Regierungsbildung. Denn im Vergleich zu anderen Ländern fehlt eine gesamtstaatliche Scharnierpartei, die als »dritte Kraft« sowohl mit dem

---

15 Er war Minister unter Franco, einer der Väter der Verfassung von 1978 und lange Jahre Parteiführer der AP bzw. des PP.

16 Die im folgenden vorgenommene Dreier-Klassifikation findet sich bei Josep María Vallès: »Wieviele Wahl-Spanien gibt es? Territoriale Dimensionen der Wahlen im heutigen Spanien«, in: Dieter Nohlen / José Juan González Encinar (Hgg.): *Der Staat der Autonomen Gemeinschaften in Spanien* (Anm. 9), S. 75-102, insbes. S. 78f. Die bisherigen Wahlen waren folgende: Nationale Wahlen (1977, 1979, 1982, 1986, 1989, 1993, 1996), Wahlen zum Parlament des Baskenlandes (1980, 1984, 1986, 1990, 1994), Wahlen zum Parlament Kataloniens (1980, 1984, 1988, 1992, 1995), Wahlen zum Parlament Galiciens (1981, 1985, 1989, 1993), Wahlen zum Parlament Andalusiens (1982, 1986, 1990, 1994, 1996) und die Wahlen zu den Parlamenten der übrigen 13 Autonomen Gemeinschaften (1983, 1987, 1991, 1995).

PSOE, aber auch mit dem PP eine Regierungskoalition bilden könnte.[17] Das bedeutet, daß die beiden großen nationalistischen Parteien PNV und CiU - zum Teil mit Unterstützung auch anderer regionalistischer Parteien (z.B. seit den Wahlen von 1996 *Coalición Canaria* / CC) - bei Verfehlen der absoluten Mehrheit durch die beiden gesamtspanischen Großparteien entweder die Rolle des Koalitionspartners übernehmen oder außerhalb einer Koalition als parlamentarische Kräfte die Regierung unterstützen müssen. Diese Entwicklungstendenz, die erstmals bei den nationalen Wahlen vom Juni 1993 (Verlust der absoluten Mehrheit durch den PSOE) sichtbar wurde und sich in den nationalen Wahlen vom März 1996 bestätigte (Verfehlen der absoluten Mehrheit durch den PP), dürfte sich angesichts der derzeitigen Pattsituation zwischen PP und PSOE bei den Wählerpräferenzen auch in den kommenden Jahren fortsetzen. Somit wird die Integration der katalanischen und baskischen nationalistischen Kräfte in den gesamtstaatlichen Entscheidungsprozeß in noch stärkerem Maße als bisher zu einer Schlüsselfrage des politischen Lebens Spaniens. Die Verantwortung der beiden großen gesamtspanischen Parteien besteht darin, zwischen der Anerkennung und Berücksichtigung der Besonderheiten der historischen Nationalitäten und den verfassungsrechtlich verankerten Grundsätzen der interterritorialen Solidarität und demokratischen Gleichheit eine »gesunde Mitte« zu finden.

3.3 Die Bewertung des Autonomiestaates durch die Bürger

Die Einrichtung des Autonomiestaates wird von der Mehrheit der Bürger positiv bewertet. Während 1977 noch die Hälfte der spanischen Bürger den zentralistischen Staat bevorzugte und auch nach den Wahlen von 1982 die Präferenz zugunsten eines Autonomiestaates noch keinen deutlichen Vorsprung gegenüber der zentralistischen Alternative hatte, wandelte sich dieses Bild ab Mitte der 80er Jahre. Nach Umfragen des *Centro de Investigaciones Sociológicas* (CIS) geben immer mehr Spanier (1984: 31%; 1990: 41%; März 1996: 47%, Dezember 1996: 44,5%) dem Autonomiestaat den Vorzug gegenüber einem zentralistischen Staat. Letzterer findet immer weniger Anhänger; 1984 noch 29%, 1989 noch 19% und

---

17 Die von den Kommunisten (PCE) dominierte Linkskoalition *Izquierda Unida* (IU) könnte ideologisch gesehen ein Koalitionspartner oder eine parlamentarische Stütze des PSOE sein. Aber die Konfrontationsstrategie der IU gegenüber dem PSOE - Paradebeispiel Andalusien -, die gänzlich anderen Vorstellungen des PSOE im Bereich der Wirtschafts- und Europapolitik und andere Gründe machen dies derzeit eher unwahrscheinlich. Andererseits kann nichts darüber hinwegtäuschen, daß die zwischen 1994 und 1996 in Andalusien gegenüber der dortigen PSOE-Regierung praktizierte, gemeinsame parlamentarische Oppositionsstrategie der IU und des PP, die in den vorgezogenen andalusischen Wahlen von 1996 mit einer empfindlichen Wahlniederlage der IU endete, eine politische »Eintagsfliege« war. Grundsätzlich bestehen die großen ideologischen Entfernungsbeziehungen zwischen IU und PP fort, die - von einigen Einzelfällen abgesehen - eine politische Zusammenarbeit zwischen PP und IU äußerst unwahrscheinlich machen.

schließlich 1996 nur noch 13% (März) bzw. 16,3% (Dezember), wobei die Werte im Baskenland und Katalonien wesentlich niedriger liegen.[18] Auch sind immer mehr Bürger (1993: 38%, 1996: 48%) der Meinung, daß der Autonomiestaat zur Verbesserung des Zusammenlebens zwischen den historischen Nationalitäten und den übrigen Regionen beigetragen hat. Die Zahl derjenigen, welche die Unabhängigkeit der eigenen Region als Alternative zum derzeitigen System des Autonomiestaats befürworten, hat sich im Verlauf der 80er Jahre weder in der Gesamtbevölkerung noch in Katalonien oder im Baskenland merklich verändert.[19] 1984 sprachen sich nur 10% der Bürger zugunsten der Option der Unabhängigkeit aus, und 1996 waren es sogar nur noch 7% (März) bzw. 8,1% (Dezember), wenngleich im Baskenland und Katalonien die entsprechenden Werte höher liegen.[20]

Mit der noch nicht allzulange zurückliegenden Erfahrung des zentralistischen Staates unter Franco haben die spanischen Bürger einen Vergleichsmaßstab für die wachsame Registrierung der zuweilen sichtbar werdenden Bürokratiedefizite,[21] die sich als »Erbkrankheiten« der zentralistischen Verwaltungstradition und -kultur Spaniens auf die neuen regionalen Verwaltungen übertragen haben. Trotzdem zeigen Umfragen, daß die Spanier mit dem Funktionieren der Verwaltungen ihrer jeweiligen Autonomen Gemeinschaft im großen und ganzen zufrieden sind. Nach Umfragedaten des CIS vom Dezember 1996 sind 36% der Bürger der Meinung, daß der Autonomiestaat gut funktioniert, 39,7% bescheinigen ihm ein mittelmäßiges Funktionieren und nur 9,4% glauben, daß er schlecht funktioniert. Die Zahl der Bürger, die glauben, daß die Autonomen Gemeinschaften zu einer größeren Bürgernähe bei der Erledigung öffentlicher Angelegenheiten beigetragen haben, ist von 48% (1993) auf 61% (März 1996) bzw. 55,9% (Dezember 1996) gestiegen.[22] Man schätzt die größere Bürgernähe und Partizipation, die sachge-

---

18 Diese Umfrage-Ergebnisse des CIS wurden abgedruckt in *El País* vom 10.7.1996 und in *El País* v. 9.3.1997. Das auf 1989 bezogene Ergebnis findet sich in Fundación FOESSA: *V Informe sociológico sobre la situación social en España*. Madrid 1994, S. 588.

19 Vgl. Fundación FOESSA: *V Informe sociológico sobre la situación social en España*. Madrid 1994, S. 588f.

20 Daten des CIS, vgl. *El País* v. 10.7.1996 und *El País* vom 9.3.1997. Im Baskenland und in Katalonien plädierten im Dezember 1996 durchschnittlich 23% der Befragten für die Ausübung des Rechts auf Selbstbestimmung.

21 Hierzu gehören Zuständigkeitswirrwar, Improvisation statt effizienter Koordinierung, nicht nach rationalen Kriterien erfolgende Verteilung und Nutzung der finanziellen und humanen Ressourcen, etc. Zu den Bürokratiedefiziten der gesamten öffentlichen Verwaltung Spaniens siehe Alejandro Nieto: *La »nueva« organización del desgobierno*. Barcelona 1996. Über die bisherigen Vorschläge zur Reform der Verwaltungen der Autonomen Gemeinschaften bietet einen Überblick Koldo Echebarría Ariznabarreta: »La paradoja de la reforma administrativa de las Comunidades Autónomas«, in: Instituto de Derecho Público: *Informe Comunidades Autónomas 1994*. Barcelona 1995, S. 638-658.

22 Vgl. *El País* vom 10.7.1996 und *El País* vom 9.3.1997.

rechtere Behandlung zahlreicher Angelegenheiten durch Informationsgewinnung und Entscheidung »vor Ort« und die relativ raschere Aufgabenerledigung. Praktisch niemand hat Sehnsucht nach den »alten Zeiten«, in denen viele Verwaltungsangelegenheiten auf dem zeitraubenden Weg über Madrid abgewickelt werden mußten. Angesichts der zuweilen vorgebrachten Kritik, daß die Einrichtung der autonomen Verwaltungen, die 1995 rund 600.000 öffentliche Bedienstete beschäftigte, lediglich zu einer Erhöhung der öffentlichen Ausgaben, nicht aber zu einer Verbesserung der Dienstleistungen geführt habe, ist ebenfalls von Interesse, daß die Zahl der Bürger, die dieser Meinung sind, rückläufig ist (1993: 50%, März 1996: 43%), wenngleich im Dezember 1996 (47,7%) hierbei eine leicht gegenläufige Tendenz erkennbar wurde.[23] Das allgemeine Image der Verwaltungen der Autonomen Gemeinschaften ist höher als das der Zentralverwaltung, allerdings niedriger als das Image der Lokalverwaltungen. Nach einer jüngeren Umfrage von CIRES bewerten 28% der Befragten die autonome Verwaltung als »positiv oder sehr positiv« und lediglich 12% als »negativ oder sehr negativ«.[24] Demgegenüber liegen die entsprechenden Werte für die Zentralverwaltung bei 21% (»positiv oder sehr positiv«) bzw. 19% (»negativ oder sehr negativ«) und für die Lokalverwaltungen bei 38% bzw. 17%.

4. Die Konsolidierung und Ausgestaltung des Autonomiestaates unter den PSOE-Regierungen (1982-1986)

4.1 Die Kompetenzenverteilung zwischen Staat und Autonomen Gemeinschaften

Bei den administrativen oder legislativen Kompetenzen brauchen die CCAA den Vergleich mit den deutschen Ländern nicht zu scheuen. Abgesehen von den Materien Verteidigung und Streitkräfte, Staatsangehörigkeit, Ein- und Auswanderung, internationale Beziehungen, Justizverwaltung, Zollwesen, Außenhandel und

---

23 Daten des CIS, vgl. *El País* v. 10.7.1996 und *El País* v. 9.3.1997. Unter den 600.000 im öffentlichen Dienst der Autonomen Gemeinschaften beschäftigten Personen arbeiten 200.000 auf von den Autonomen Gemeinschaften neu geschaffenen Arbeitsplätzen, und die restlichen 400.000 auf Stellen, die im Rahmen des Kompetenzentransfers vom Staat an die Autonomen Gemeinschaften übertragen wurden. Zu diesen Angaben siehe das von Joan Subirats geleitete Forschungsprojekt *Rendimiento institucional del Estado Autonómico,* dessen vorläufige Ergebnisse am 18.5.1995 in *El País* vorgestellt wurden.

24 Zu den Daten dieser Umfrage siehe *El País* v. 18. Mai 1995. Die im Vergleich zu den Provinzen und Gemeinden relative Neuheit der Autonomen Gemeinschaften in der spanischen Verwaltungswelt hat zur Folge, daß in dieser Umfrage die Zahl derjenigen, die keine eindeutig positive bzw. negative Meinung haben oder keine Antwort geben, im Fall der Autonomen Gemeinschaften deutlich höher ist als bei den anderen beiden Verwaltungen.

Währungssystem, die im komplizierten und wenig klaren System der Kompetenzenverteilung zwischen Staat und Autonomen Gemeinschaften als echte ausschließliche Kompetenzen des Staates bezeichnet werden können, erstreckt sich die administrative und/oder legislative Tätigkeit der CCAA in unterschiedlicher Intensität auf sämtliche übrigen Sachbereiche.[25]

Geht man von dem höheren Kompetenzenniveau aus, das bis vor kurzem und seit dem Zeitpunkt der Verkündung ihrer Autonomiestatute nur sieben Autonome Gemeinschaften (Katalonien, das Baskenland, Galicien, Andalusien, Navarra, die Kanarischen Inseln und Valencia) besaßen, zeigt sich ein Niveau, das sich dem der deutschen Länder sehr stark annähert. Das höhere Kompetenzenniveau unterscheidet sich von dem niedrigeren dadurch, daß es nicht nur die Kompetenzen im Bereich der 22 Materien des Art. 148.1 der Verfassung umfaßt, sondern auch alle diejenigen administrativen und/oder legislativen Kompetenzen, die im Bereich der 32 Materien des Art. 149.1 der Verfassung nicht als Kompetenz des Staates festgelegt wurden, sondern sozusagen »frei« geblieben sind.[26] Besitzt beispielsweise der Zentralstaat in einer bestimmten Materie des Art. 149.1 die Kompetenz der Rahmengesetzgebung oder die gesamte Gesetzgebungsbefugnis, so können die Autonomen Gemeinschaften im ersteren Fall die entsprechende Ausführungsgesetzgebung und die administrativen Befugnisse übernehmen, im zweiten Fall lediglich die Verwaltungsbefugnisse. Zu den wichtigsten Kompetenzen innerhalb des höheren Kompetenzenniveaus gehören die Gesetzgebung und Verwaltung im Erziehungswesen (unter Beachtung der staatlichen Organgesetze in diesem Sektor) und die Ausführungsgesetzgebung und Verwaltung im Gesundheitswesen. In beiden Materien ist mit der Wahrnehmung der entsprechenden Kompetenzen die Zuweisung beachtlicher finanzieller und personeller Ressourcen verbunden.

---

25 Die komplizierte Kompetenzenverteilung – insbesondere die Problematik der »ausschließlichen« Kompetenzen – kann mit einer reinen Lektüre der Verfassung und der Texte der Autonomiestatute nicht verstanden werden, sondern erfordert auch die Berücksichtigung der diesbezüglichen Verfassungsrechtsprechung. Siehe hierzu die ausführlichen Bemerkungen des Autors in: Dieter Nohlen / Andreas Hildenbrand: *Spanien. Wirtschaft, Gesellschaft, Politik*. Opladen 1992, S. 318-323. Ebenso nach wie vor gültig ist der vor allem auf die Verfassungsrechtsprechung zur Kompetenzenfrage abhebende Beitrag von Javier Pérez Royo: »Die Verteilung der Kompetenzen zwischen Staat und Autonomen Gemeinschaften«, in: Dieter Nohlen / José Juan González Encinar (Hgg.): *Der Staat der Autonomen Gemeinschaften in Spanien*. Opladen 1992, S. 103-124. Die Detailfragen des Prozesses der Kompetenzenübertragung und die Verfassungsrechtsprechung im Bereich der Kompetenzenverteilung können verfolgt werden in den Berichten *Informe Pi i Sunyer sobre Comunidades Autónomas* der Stiftung Fundació Carles Pi i Sunyer (Hgg. Manuel Ballbé Mallol / Joaquim Ferret i Jacas) sowie *Informe Comunidades Autónomas* des Instituto de Derecho Público (Hgg: Eliseo Aja in Zusammenarbeit mit Enoch Albertí Rovira, Tomàs Font i Llovet und Joaquín Tornos Mas). Beide Berichte erscheinen jährlich in Barcelona.

26 Zu den 22 Materien des Art. 148.1 gehören unter anderem Städtebau, Raumordnung, Wohnungswesen, regionale Wirtschaftsförderung, vollständig innerhalb des eigenen Territoriums verlaufende Infrastrukturen, Landwirtschaft, Umweltschutz, Kultur und Tourismus.

Die Entwicklung, die der Autonomiestaat zwischen 1983 und 1997 bei der Schlüsselfrage der Kompetenzenverteilung zwischen Staat und Autonomen Gemeinschaften durchlaufen hat, läßt sich durch drei herausragende Tendenzen charakterisieren: 1) massives Anschwellen (achtziger Jahre) und spürbarer Rückgang (neunziger Jahre) der vor dem Verfassungsgericht ausgetragenen Kompetenzenstreitigkeiten, 2) Erweiterung der Kompetenzen der Autonomen Gemeinschaften im Rahmen eines zweiten Autonomiepaktes und 3) rege Ausübung der legislativen Kompetenzen durch die autonomen Parlamente.

Die überaus hohe Zahl an Konflikten zwischen Staat und Autonomen Gemeinschaften im Bereich der Kompetenzenverteilung war die achtziger Jahre hindurch eine große Belastung für den Autonomiestaat. Der für die Lösung dieser Konflikte zuständige »Schiedsrichter«, das Verfassungsgericht (*Tribunal Constitucional*), wurde hierdurch übermäßig stark beansprucht. Ohne Zweifel hatten die diesbezüglichen Unklarheiten in der Verfassung und den Autonomiestatuten, v.a. was den Begriff der sogenannten »ausschließlichen« Kompetenzen anbelangt, für diese Konflikte einen Nährboden geschaffen. Ihre eigentliche Ursache war aber politischer Natur, denn es ist kein Zufall, daß die meisten Konflikte zwischen der Zentralregierung und den beiden historischen Nationalitäten Katalonien und Baskenland entstanden sind. Die politischen Gegensätze wurden infolge des wechselseitigen Mißtrauens und der mangelnden Kooperationsbereitschaft oft nicht durch politische Verhandlung bereinigt, sondern auf dem Weg des verfassungsrechtlichen Streits ausgetragen. Seit den nationalen Wahlen von 1989 zeigt sich allerdings eine klare Tendenzwende, denn die Zahl der vor das Verfassungsgericht gebrachten Konflikte ist seitdem erheblich zurückgegangen. Während in den achtziger Jahren eine jährliche Durchschnittszahl von 83 zu verzeichnen war, kamen 1993 nur 16 und 1995 nur 8 Konflikte vor das Verfassungsgericht. Neben anderen Ursachen, wie die durch die Verfassungsrechtsprechung im Lauf der Jahre entstandene größere Klarheit bei der Frage der Kompetenzenverteilung, die auf beiden Seiten zu einer erhöhten juristischen Expertise geführt hat, dürfte der Hauptgrund darin bestehen, daß in Spanien die Zentralregierungen seit den nationalen Wahlen von 1989 (prekäre absolute Mehrheit des PSOE), 1993 und 1996 immer stärker dazu gezwungen sind, aus Gründen der Regierungsfähigkeit die Verständigung mit dem baskischen PNV und der katalanischen CiU zu suchen.

Im März 1988 waren in allen über Art. 143 der Verfassung konstituierten Autonomen Gemeinschaften fünf Jahre seit der Verabschiedung des betreffenden Autonomiestatutes verstrichen. Wie in Art 148.2 der Verfassung vorgesehen, gab der Ablauf dieser Fünfjahresfrist jenen Autonomen Gemeinschaften nunmehr das Recht, über eine Reform der Autonomiestatute ihr Kompetenzenniveau innerhalb des durch Art. 149.1 der Verfassung abgesteckten Rahmens zu erweitern. Diesen Weg, der vor allem durch das Erfordernis von Zweidrittel- bzw. Dreifünftel-

Mehrheiten der jeweiligen autonomen Parlamente und die Abhaltung von Referenden langwierig und technisch schwierig war, wollten die vom PP regierten Autonomen Gemeinschaften Aragonien (PP-PAR), Kantabrien, Balearen, Kastilien-León und La Rioja beschreiten. Laut Verfassung (Art. 150.2) bestand aber auch noch ein anderer Weg für die Erweiterung der Kompetenzen, nämlich die Verabschiedung eines Organgesetzes durch das nationale Parlament zur Transferierung oder Delegierung von Kompetenzen an die Autonomen Gemeinschaften. Von dieser Möglichkeit wollten die PSOE-Zentralregierung und die vom PSOE regierten Autonomen Gemeinschaften (Extremadura, Madrid, Asturien, Murcia, Kastilien-La Mancha) Gebrauch machen. Im Auge hatte man dabei die Präzedenzfälle Kanarische Inseln und Valencia, wo seinerzeit zwei zugleich mit dem betreffenden Autonomiestatut verabschiedete Organgesetze (LOTRACA, LOTRAVA) beiden Autonomen Gemeinschaften von Anfang an die Ausübung des höheren Kompetenzenniveaus erlaubt hatten. Der Weg der Verabschiedung eines Organgesetzes, bei dem der staatliche Gesetzgeber die Initiative besitzt, hatte zum einen den Vorteil, im Sinne einer weitgehenden Homogenisierung des Kompetenzenniveaus der Autonomen Gemeinschaften die Zahl und Art der übertragenen Kompetenzen zu koordinieren. Zum anderen bot er auch die Möglichkeit, den zeitlichen Rhythmus des Übertragungsprozesses zu kontrollieren, eine Frage, die vor allem aufgrund der Implikationen der Kompetenzenübertragung für die Finanzierung der Autonomen Gemeinschaften von Relevanz war.

Nach längerem Hin und Her wurde schließlich die Entscheidung zugunsten des Wegs des Organgesetzes getroffen. Am 28. Februar 1992 schloß die PSOE-Regierung – ganz nach dem Vorbild der seinerzeit zwischen UCD-Regierung und dem PSOE geschlossenen Autonomievereinbarungen – mit der stärksten Oppositionspartei, dem PP, einen Autonomiepakt zur Erweiterung der Kompetenzen von zehn der über Art. 143 gebildeten Autonomen Gemeinschaften. Die auf der Grundlage dieses Paktes in den nachfolgenden Jahren erfolgte und zum Teil noch erfolgende schrittweise Übertragung von 32 neuen Kompetenzen wird zu einer weitgehenden Homogenisierung des Kompetenzenniveaus führen, d.h. das sogenannte höhere Kompetenzenniveau wird künftig allen 17 Autonomen Gemeinschaften zustehen. Diese weitgehende Angleichung der Kompetenzen aller CCAA entspricht der in der Bundesrepublik und vielen anderen föderalen Staaten üblichen Kompetenzenhomogenität. Lediglich beim Gesundheitswesen (INSALUD), der Sozialen Sicherheit und der Existenz einer autonomen Polizei (Baskenland, Katalonien) sowie regionsspezifischen Besonderheiten (Sprache, Foralrechte, auf

Küsten und Inseln bezogene Angelegenheiten etc.) werden auch künftig noch Unterschiede bestehen bleiben.[27]

Praktisch umgesetzt wurde der Autonomiepakt durch die Verabschiedung des Organgesetzes (*Ley Orgánica 9/1992*) vom 23. Dezember 1992 über die Übertragung von Kompetenzen an die Autonomen Gemeinschaften und der Organgesetze vom 24. März 1994 für die in diesem Zusammenhang notwendige Reform der Statute von zwölf Autonomen Gemeinschaften. Lediglich im Fall der Kanarischen Inseln wurde das Organgesetz zur Statutreform vorerst nicht verabschiedet. Die Kompetenzenerweiterung der Autonomen Gemeinschaften des Artikels 143 ging zügig voran. Allein im Jahr 1995 wurden 119 Dekrete der Kompetenzübertragung vom Staat verabschiedet, wobei die finanziell wichtigen Kompetenzentransfers in den Bereichen Universitäten, Beschäftigungswesen und Soziale Dienste (INSERSO) hervorgehoben werden können.[28] Aber auch für die Autonomen Gemeinschaften des Artikels 151 wurden 1995 39 Kompetenzübertragungen vorgenommen.[29] Was das Baskenland betrifft, so wurden nach einer langjährigen Periode des Stillstands (1988-1993) in der letzten PSOE-Legislatur erneut zwölf Kompetenzübertragungen vorgenommen.[30]

Nach dem Sieg des PP bei den Autonomiewahlen vom 28. Mai 1995 kam es bei der Frage der Kompetenzenerweiterung zu einem erneuten Impuls. In vier der von ihm regierten bzw. mitregierten Autonomen Gemeinschaften (Balearen/PP, Aragonien/PP-PAR, Kanarische Inseln/CC mit Unterstützung des PP, Asturien/PP, Kantabrien/PP) sowie in Kastilien-La Mancha (PSOE) ergriffen die Parlamente die Initiative zur Reform des betreffenden Autonomiestatuts, um Forderungen durchzusetzen, die über den im Autonomie-Pakt von 1992 festgelegten Rahmen hinausgehen. Die Parlamente der Balearen, Aragoniens und der Kanarischen Inseln verabschiedeten ihre Vorschläge zur Statutenreform in der zweiten Hälfte des Jahres 1995. Von aragonesischer Seite verlangte man für den Text des künftigen reformierten Statuts nicht nur die Definition Aragoniens als Nationalität (*nacionalidad*), sondern auch die Verankerung des Foralregimes, d.h. des speziellen Finanzierungssystems, das angesichts ihrer politisch-historischen und verfassungsmäßig anerkannten Besonderheiten lediglich das Baskenland und Navarra

---

27 Die Übernahme von Zuständigkeiten im Gesundheitswesen und im Bereich der Sozialen Sicherheit war nicht im Autonomiepakt von 1992 vorgesehen, was sicherlich auch daran liegt, daß die Mehrheit der Präsidenten der Autonomen Gemeinschaften des Art. 143 angesichts der finanziellen Krise der Gesundheitsverwaltung an einer Kompetenzübertragung kein sonderliches Interesse hatte.
28 Vgl. *El País* v. 3.1.1996.
29 Vgl. Luis R. Aizpeolea: »Un año autonómico pobre« in: *Anuario El País* 1996, S. 122f., insbes. S. 123.
30 Zu diesen Materien gehören u.a. das Personal der Justizverwaltung und der *Servicio Nacional de Productos Agrarios* (SENPA); vgl. *El País* v. 21.3.1996.

genießen. Von den UCD- und PSOE-Zentralregierungen sowie dem PP war eine Ausweitung dieses besonderen Finanzierungssystems auf andere Autonome Gemeinschaften stets entschieden abgelehnt worden mit dem Argument, daß hierdurch die finanzielle Einheit des Staates zerbrochen würde.[31] Im Fall der Reform des kanarischen Statuts war das Hauptziel die Erreichung von Zuständigkeiten der Autonomen Gemeinschaft im Bereich der die Inseln umgebenden spanischen Hoheitsgewässer.[32] Mit taktischem Blick auf die für 1996 bevorstehenden nationalen Wahlen standen PSOE und PP in der Debatte des Abgeordnetenhauses vom November 1995 über die Reform dieser Autonomiestatute den aragonesischen und kanarischen Forderungen durchaus wohlwollend gegenüber. Aber zu einer endgültigen Entscheidung sollte es erst nach dem Machtwechsel in Madrid kommen. Ebenso blieb die Behandlung der von den Parlamenten der Balearen, Asturiens, Kantabriens und Kastilien-La Manchas angestrebten Statutreformen, bei denen es nicht so sehr um die Ausweitung der Kompetenzen ging, sondern um das Funktionieren der autonomen Institutionen, der nächsten Legislatur vorbehalten.

Die Autonomen Gemeinschaften haben ihren durch die Kompetenzenverteilung abgesteckten Handlungsspielraum bislang aktiv ausgeschöpft. Deutlich läßt sich dies an der regen Gesetzesproduktion der Parlamente der Autonomen Gemeinschaften ablesen, denn zwischen 1980 und November 1994 wurden 2.036 Gesetze verabschiedet.[33]

Auf die sieben Autonomen Gemeinschaften, die von Anfang an über das höhere Kompetenzenniveau verfügten, entfielen in der genannten Periode allein 55% aller verabschiedeten Gesetze. Als Spitzenreiter unter allen Autonomen Gemeinschaften ragt mit 265 Gesetzen (18 pro Jahr) Katalonien hervor, während am anderen Extrempunkt La Rioja mit nur 42 Gesetzen (drei bis vier Gesetze pro Jahr) plaziert ist. Dennoch kann nicht die Schlußfolgerung gelten, daß ein höheres Kompetenzenniveau stets auch einen höheren legislativen *output* bedeutet. Denn Andalusien als Autonome Gemeinschaft mit höherem Kompetenzenniveau hat zwischen 1982 und 1994 jährlich nur sieben Gesetze (insgesamt 95) verabschiedet, während die beiden Autonomen Gemeinschaften des niedrigeren Niveaus Madrid (117 Gesetze) und Aragonien (114 Gesetze) zwischen 1983 und 1994 fast zehn Gesetze pro Jahr verabschiedet haben. Hervorzuheben ist ferner, daß nur

---

31 Die Schaffung einer eigenen Polizei der Autonomen Gemeinschaft und die Durchführungskompetenz im Bereich Gefängnisse bildeten weitere Forderungen.

32 Bei dieser Forderung hatte das kanarische Parlament die Verfassung Portugals von 1976 (Art. 229) und das Autonomiestatut der benachbarten Inselregion Madeira von 1991 (Art. 49) im Auge, in denen der Regierung der Autonomen Gemeinschaft Madeira die »Beteiligung an der Definition der Politiken im Bereich der Hoheitsgewässer, der Wirtschaftszone und der angrenzenden Meeresgründe« als Kompetenz zugewiesen ist.

33 Diese Zahl und die folgenden Angaben basieren auf dem von Joan Subirats geleiteten Forschungsprojekt *Rendimiento institucional del Estado Autonómico*, dessen vorläufige Ergebnisse am 18.5.1995 in *El País* vorgestellt wurden.

ein Drittel sich auf die Formulierung regionaler öffentlicher Politiken bezieht, vor allem in den Bereichen öffentliche Arbeiten, Städtebau/Raumordnung, Umweltschutz, Kultur und Erziehungswesen sowie Sozial- und Gesundheitspolitik. Rund die Hälfte aller Gesetze behandeln Institutionen und Verwaltungsfragen oder finanzielle Aspekte. In ganz besonderem Maße gilt dies für Navarra, wo 37% aller Gesetze Fragen des Finanzwesens zum Gegenstand haben.

4.2 Das Finanzierungssystem der Autonomen Gemeinschaften

In ganz entscheidender Weise hängt die Fähigkeit der Autonomen Gemeinschaften, ihre Kompetenzen für von ihnen getragene öffentliche Politiken auszuschöpfen, von den ihnen zur Verfügung stehenden finanziellen Mitteln ab. Damit ist die in allen politisch dezentralisierten bzw. föderalen Staaten relevante Schlüsselfrage nach der finanziellen Autonomie der regionalen Gebietskörperschaften gestellt, d.h. nach dem Grad ihrer Entscheidungskapazität, sowohl über die Höhe ihrer Einnahmen als auch über den Verwendungszweck ihrer Ausgaben.

Grundsätzlich sind im spanischen Autonomiestaat zwei Finanzierungssysteme zu unterscheiden: das Foralsystem (*régimen foral*), das speziell für das Baskenland und Navarra gilt, und das gewöhnliche Finanzierungssystem (*régimen común*) für die übrigen 15 Autonomen Gemeinschaften, dem die folgenden Ausführungen gewidmet sind.[34]

Im gewöhnlichen Finanzierungssystem bilden die Zuweisungen des Staates die Haupteinnahmequelle. Weitere Einnahmequellen sind die Subventionen der Europäischen Union, vor allem die für Spanien besonders umfangreichen Mittel der europäischen Strukturpolitik (Regionalfonds, Sozialfonds, etc.), sowie die in der Praxis bislang relativ bedeutungslosen eigenen Mittel (eigene Steuern, Gebühren und Sonderabgaben, Zuschläge auf staatliche Steuern, etc.), über deren Einrichtung oder Abschaffung die Autonomen Gemeinschaften selbst bestimmen können.[35]

---

34 Vereinfacht gesprochen funktioniert das für das Baskenland (*concierto económico*) und Navarra (*convenio económico*) geltende, in den historischen Sonderrechten beider Regionen wurzelnde Foralregime umgekehrt wie das gewöhnliche Finanzierungssystem. Denn Navarra und das Baskenland werden nicht wie die anderen Autonomen Gemeinschaften durch Zuweisungen an den staatlichen Einnahmen beteiligt, sondern tragen ihrerseits durch Zuweisungen, dem sogenannten *cupo*, zur Finanzierung der Staatsausgaben bei. Die privilegierte Stellung beider Regionen in Steuer- und Finanzangelegenheiten zeigt sich darin, daß sie fast alle in ihrem Gebiet anfallenden staatlichen Steuern erheben. Zu den Detailfragen des Foralregimes siehe Manuel Medina Guerrero: *Los regímenes financieros en la Constitución de 1978*. (Instituto Vasco de Administración Pública) Oñati 1991.

35 Zur Systematik der Einnahmequellen sowie den ökonomischen, rechtlichen und politischen Fragen der Entwicklung des gewöhnlichen Finanzierungssytems siehe Andreas Hildenbrand: »Die Finanzierung der Autonomen Gemeinschaften«, in: Juan José González Encinar / Dieter Nohlen: *Der Staat der Autonomen Gemeinschaften in Spanien* (Anm. 9), S. 125-176 sowie Juan

Die Zuweisungen des Staates gliedern sich in solche, bei denen die Autonomen Gemeinschaften über den Verwendungszweck selbst entscheiden (*financiación incondicionada*), und in zweckgebundene Zuweisungen (*financiación condicionada*). Erstere bestehen einerseits aus der Beteiligung der Autonomen Gemeinschaften an den Einnahmen des Staates (*Participación en los Ingresos del Estado/ PPI*),[36] d.h. – ähnlich wie im deutschen System des Großen Steuerverbunds bei den Gemeinschaftssteuern – aus Anteilen an den drei großen staatlichen Steuern (Einkommens-, Körperschafts- und Mehrwertsteuer), andererseits aus den abgetretenen Steuern (*impuestos cedidos*), beispielsweise die Vermögensübertragungssteuer, bei denen den Autonomen Gemeinschaften die Verwaltung und die jeweiligen Erträge zustehen, die Kompetenz für die gesetzliche Regelung hingegen beim Zentralstaat verbleibt. Zu den zweckgebundenen Zuweisungen gehören insbesondere die an die weniger entwickelten Autonomen Gemeinschaften erfolgenden Zahlungen aus dem Interterritorialen Ausgleichsfonds (*Fondo de Compensación Interterritorial/FCI*) sowie Subventionen für die Bereitstellung von Dienstleistungen im Gesundheitswesen (INSALUD). Letztere erhalten diejenigen Autonomen Gemeinschaften, die in dieser Materie bereits die entsprechenden Kompetenzen übernommen haben (u.a. Andalusien, Katalonien, Baskenland und Valencia).

Der Interterritoriale Ausgleichsfonds, der hauptsächlich Infrastrukturprojekte des Staates und der Autonomen Gemeinschaften finanziert, dient der Verwirklichung des in der Verfassung verankerten Prinzips der interterritorialen Solidarität und hat den Ausgleich der ökonomischen Entwicklungsdisparitäten zwischen den Regionen zum Ziel. Seit der Einrichtung des Fonds 1982 erhält Andalusien stets die meisten Mittel. Mit der Reform von 1990 wurde der Empfängerkreis reduziert, so daß fortan nicht mehr alle, sondern nur noch die neun relativ weniger entwickelten Autonomen Gemeinschaften Zuweisungen erhielten.[37] Bei der Ein-

---

Ramallo Massanet / Juan Zornoza Pérez: »Sistema y modelos de financiación autonómica«, in: *Papeles de Economía Española. Perspectivas del Sistema Financiero*, 51, 1995, S. 9-46.

36 Die jeweilige Beteiligung einer Autonomen Gemeinschaft errechnet sich auf der Grundlage ihrer betreffenden Werte bei einer Reihe von sozio-ökonomischen Variablen (Bevölkerung, Fläche, Dispersionsgrad der Siedlungseinheiten, Insellage, Anzahl der administrativen Einheiten, relative Armut, Steuerkraft), wobei die Bevölkerung mit großem Abstand das größte Gewicht besitzt.

37 Vor der Reform wurde der FCI nicht, wie in der Verfassung von 1978 vorgesehen, allein als regionalpolitisches Instrument zum Ausgleich der interregionalen ökonomischen Entwicklungsdisparitäten und somit zur Verwirklichung des Solidaritätsprinzips eingesetzt. Vielmehr wurde er auf der Grundlage entsprechender Bestimmungen der Autonomievereinbarungen von 1981, die später vom Rat für Steuer- und Finanzpolitik (Beschluß Nummer 2 vom 16.9.1981) und dem ersten Gesetz über den FCI (*Ley 7* vom 31.3.1984) übernommen und konkretisiert wurden, zum einzigen Instrument für die Finanzierung von Neuinvestitionen der Autonomen Gemeinschaften. Dies hatte zur Folge, daß alle Autonomen Gemeinschaften an diesem Fonds beteiligt werden mußten. Diese Doppelrolle des Fonds führte in der Praxis zu Zielkonflikten. Der Fonds erfüllte weder seine regionalpolitische Aufgabe noch die Finanzierung der Neuinvestitionen in zufriedenstellender Weise. Mit der Reform von 1990 wurde der FCI in zwei Teile aufgesplittet: 1) den neuen FCI im eigentlichen Sinn, als rein auf die weniger entwickelten Regionen bezogenes

richtung des FCI ließen sich die Verfassungsväter durch das Bonner Grundgesetz inspirieren, konkret durch Art. 104 a Abs. 4, der Finanzhilfen des Bundes an die Länder u.a. zum Ausgleich unterschiedlicher Wirtschaftskraft im Bundesgebiet vorsieht. Da aber die aus dem FCI fließenden Mittel allein aus dem Staatshaushalt und nicht etwa auch durch Einzahlung der reicheren Autonomen Gemeinschaften finanziert werden, besteht im Autonomiestaat lediglich eine Art vertikaler Finanzausgleich, nicht aber ein System des Finanzausgleichs horizontaler (aus Mitteln der Länder) und vertikaler (Bundesergänzungszuweisungen) Natur, wie es der deutsche Föderalismus kennt (Art. 107 GG).

Was die öffentlichen Ausgaben betrifft, so zeigt sich in der Praxis des Autonomiestaates eine stetig zunehmende Dezentralisierung zugunsten der Autonomen Gemeinschaften. Während 1982 die CCAA erst 3,8% aller öffentlichen Ausgaben tätigten, waren es 1986 schon 10,1% und 1992 bereits 22,4%.[38] 1995 wurde der Wert von 26% erreicht, also praktisch der gleiche Dezentralisierungsgrad der öffentlichen Ausgaben wie in den föderalen Staaten. Die entsprechenden Werte für den Staat beliefen sich auf 60% und für die lokalen Gebietskörperschaften auf 14%.[39] Die Dezentralisierung der öffentlichen Ausgaben im Sinne einer Aufteilung 50% Staat, 25% Autonome Gemeinschaften und 25% lokale Gebietskörperschaften, die bereits 1988 vom PSOE im »Programa 2000« vorgeschlagen wurde und derzeit im Rahmen des Gemeindepakts (*Pacto Municipal*) von den lokalen Gebietskörperschaften und den Anhängern der meisten Parteien (ausgenommen CiU) verlangt wird, hat man also noch keineswegs erreicht. Hinsichtlich des Verwendungszwecks der Ausgaben zeigen die Haushalte der Autonomen Gemeinschaften, daß über die Hälfte der Ausgaben öffentliche Bauvorhaben, das Gesundheitswesen, die Sozialen Dienste und das Erziehungswesen betreffen. Das entspricht der üblichen Ausgabenstruktur in den Gliedstaaten der föderalen Staaten.[40] Das erste und trotz seines Namens (*sistema definitivo*) keineswegs »endgültige« Finanzierungssystem für die Periode 1987-1991 und das darauffolgende Finanzierungssystem für die Periode 1992-1996, die beide auf der Grundlage der Beschlüsse des Rats für Steuer- und Finanzpolitik der Autonomen Gemeinschaf-

---

Finanzierungsinstrument und 2) die vorübergehenden Ausgleichszahlungen (*compensación transitoria*) zur Finanzierung von Neuinvestitionen, an denen alle Autonomen Gemeinschaften teilhaben.

38 Zu den Angaben für 1982 und 1986 vgl. Antoni Castells: *Hacienda autonómica. Una perspectiva de federalismo fiscal*. Barcelona 1988, S. 40.

39 Die Angaben für 1995 nach Joan Subirats, vorgetragen während der *Jornadas sobre Rendimiento Institucional del Estado Autonómico*, die unter der Schirmherrschaft des andalusischen Parlaments und des Andalusischen Instituts für öffentliche Verwaltung (IAAP) am 25. und 26. Januar 1996 in Sevilla veranstaltet wurden.

40 Vgl. José Barea: »El gasto público en las Comunidades Autónomas«, in: S. Martín-Retortillo (Hg.): *Pasado, presente y futuro de las Comunidades Autónomas*. Madrid 1989, S. 476-584, insbes. S. 516ff.

ten (*Consejo de Política Fiscal y Financiera de las Comunidades Autónomas*) festgelegt wurden, beinhalteten wichtige Reformen, die zu einer größeren finanziellen Autonomie der Autonomen Gemeinschaften über den Verwendungszweck ihrer Ausgaben geführt haben.[41]

Betrachtet man aber die Einnahmenseite der Autonomen Gemeinschaften, so zeigt sich – und dies bildet die Hauptschwäche des Finanzierungssystems – eine außerordentlich hohe finanzielle Abhängigkeit der Autonomen Gemeinschaften von den Transferleistungen des Staates. Nur ein verschwindend geringer Teil der Einnahmen der Autonomen Gemeinschaften (1991: 7%) stammt aus eigenen Steuern (*tributos propios*) und anderen eigenen Mitteln, für deren Einführung bzw. Abschaffung sie allein verantwortlich sind. Dieser asymmetrische Charakter hinsichtlich der Ausgaben und Einnahmen unterscheidet das spanische Finanzierungssystem deutlich von der Finanzordnung föderaler Staaten, wo die Gliedstaaten über erheblich höhere eigene Mittel verfügen: Deutschland 21% (1991), Australien 23% (1991), Schweiz 22% (1989), Kanada 41% (1989) und USA 25% (1990).[42] Der niedrige Grad an finanzieller Autonomie der Autonomen Gemeinschaften bei ihren Einnahmen hat zum Teil rechtliche Ursachen, vor allem aber politische Gründe.[43] Denn die Autonomen Gemeinschaften bevorzugen es, gegenüber dem Bürger die »bequemere« und im Hinblick auf Wahlen vorteilhaftere Rolle einer geldausgebenden Verwaltung zu spielen und dem Staat die »undankbare« Aufgabe der Steuererhebung zu überlassen. Die Übernahme einer größeren

---

41 Das System für den Zeitraum 1987-1991 erhöhte die nicht zweckgebundenen Zuweisungen dadurch, daß ein Teil der zweckgebundenen Zuweisungen (25% der FCI-Mittel, einige Subventionen für die Finanzierung übertragener Dienstleistungen) in nicht zweckgebundene Zuweisungen umgewandelt wurden. Das System für den Zeitraum 1992-1996 bedeutete eine weitere Erhöhung der nicht zweckgebundenen Zuweisungen, indem es die bisher zweckgebundenen Zuweisungen für die Finanzierung der Unentgeltlichkeit des Erziehungswesens und die vorübergehenden Ausgleichszahlungen des FCI (siehe Anm. 38) für die Finanzierung von Neuinvestitionen in den Block der nicht zweckgebundenen Zuweisungen integrierte. Vor der Einführung des ersten Finanzierungssystems galt ein »vorübergehendes« System (*sistema transitorio*), das mit großen Schwächen behaftet war. Siehe hierzu Andreas Hildenbrand: *Die Finanzierung* (Anm. 35), insbes. S. 152-159

42 Vgl. Jesús Ruiz-Huerta: »Reforma de la financiación de las Comunidades Autónomas: La introducción de mecanismos de corresponsabilidad«, in: Instituto de Derecho Público: *Informe Comunidades Autónomas 1994*. Barcelona 1995, S. 525-546, insbes. S. 526f. Der für die Schweiz angegebene Prozentwert beruht auf Daten des Internationalen Währungsfonds (*Government Finance Statistics Yearbook, 1992*); siehe hierzu auch Nuria Bosch: »La hacienda pública autonómica en 1993. Un paso hacia la corresponsabilidad fiscal«, in: Fundació Carles Pi i Sunyer: *Informe Pi i Sunyer sobre Comunidades Autónomas 1993*. Barcelona 1994, S. 544-556.

43 Für die Autonomen Gemeinschaften ist es relativ schwierig, ihr Recht zur Erfindung eigener Steuern zu nutzen, da es nur wenige Steuertatbestände gibt, die noch nicht vom Staat selbst in Anspruch genommen werden. Dennoch ist dieses Recht keineswegs »fast vollständig eingeschränkt«, wie von den Autonomen Gemeinschaften und einem Teil der spanischen Rechtslehre behauptet wird. Juristisch gesehen bestehen, wie ein Urteil des Verfassungsgerichts (STC 37/1987) betont hat, durchaus Möglichkeiten für eine stärkere Ausschöpfung des Steuererfindungsrechts durch die Autonomen Gemeinschaften.

finanziellen Eigenverantwortung durch die Schaffung von eigenen Steuern oder die Erhebung von Zuschlägen (*recargos*) auf staatliche Steuern findet bei ihnen deshalb nur wenig Begeisterung.[44]

Ebenfalls gering war ihr Interesse an den Bemühungen der sozialistischen Zentralregierungen wie auch der seit 1996 vom PP geführten Regierung, eine größere steuerliche Mitverantwortung (*corresponsabilidad fiscal*) der Autonomen Gemeinschaften herbeizuführen. In diesem Zusammenhang kam es 1993 zu einem ersten konkreten Schritt. Am 7. Oktober jenes Jahres wurde vom Rat für Steuer- und Finanzpolitik ein Beschluß verabschiedet, der einen Mechanismus zur Erhöhung des Grades der steuerlichen Mitverantwortung der Autonomen Gemeinschaften einführte. Die Regierungen Kastilien-Leóns (PP), Galiciens (PP) und Extremaduras (PSOE) stimmten bei der betreffenden Sitzung des Rats – aus unterschiedlichen Gründen – gegen diese Abtretung. Bei rechtem Licht besehen war diese Neuerung aber nur eine äußerst bescheidene Maßnahme. Sie beschränkte sich darauf, an die Autonomen Gemeinschaften einen Anteil von 15 % der in ihrem jeweiligen Territorium eingezogenen Erträge der Einkommenssteuer abzutreten. Dieser Wert ist dem Anteil der österreichischen Länder (1991: 17,7 %) vergleichbar, liegt aber deutlich unter dem der deutschen Länder (1991: 43,6 %).[45] Keineswegs aber beinhaltete diese Maßnahme eine Mitverantwortung bei der Verwaltung oder gar Gesetzgebung für diese Steuer. Freilich ergab sich mit Blick auf die spanischen Bürger ein gewisser »optischer Effekt«, denn zum ersten Mal war für sie auf den Formularen für die Jahreserklärung über die Einkommenssteuer auch der Name ihrer Autonomen Gemeinschaft zu lesen.

Die Regelung der Finanzordnung zwischen staatlicher und regionaler Ebene ist in allen politisch dezentralisierten bzw. föderalen Staaten ein Problem ersten Ranges; politische Kontroversen hierüber sind normal. In Spanien aber deutet vieles darauf hin, daß die Konfliktivität bei dieser Frage ein höheres Niveau als anderswo erreicht. Die Finanzierung der Autonomen Gemeinschaften steht nicht nur außerordentlich häufig, wenn nicht gar ständig auf der politischen Tagesordnung, sondern die hierüber in den Parlamenten und den Medien ausgetragenen Auseinandersetzungen erreichen einen außerordentlichen Grad an Polemik. Beispielsweise beschuldigten sich bei der Debatte um das Pro und Contra der Abtretung von 15 % der Erträge der Einkommenssteuer die Präsidenten verschiedener Autonomer Gemeinschaften des »Parasitentums« oder des »unsolidarischen Verhaltens«.

44　Es gibt daher nur wenige Beispiele für eigene Steuern der Autonomen Gemeinschaften (u.a. Steuer auf das Bingospiel in Katalonien, Murcia und Valencia). Bei den ebenfalls seltenen Fällen von Zuschlägen kann der Fall der Autonomen Gemeinschaft Madrid hervorgehoben werden, wo der autonome Zuschlag auf die staatliche Einkommenssteuer aufgrund der darüber entstandenen Konflikte und nach Intervention des spanischen Regierungschefs Felipe González beim Präsidenten jener Autonomen Gemeinschaft wieder rückgängig gemacht wurde.

45　Vgl. FMI: *Government Finance Statistics Yearbook, 1992.* Wahington D.C. 1992.

Die Ursachen dieser Situation wurzeln zum Teil in den rechtlichen Rahmenbedingungen des Finanzierungssystems der Autonomen Gemeinschaften. Ganz im Gegensatz zu den ausführlichen und präzisen Bestimmungen über die Finanzordnung zwischen Bund und Ländern im Bonner Grundgesetz hat die Verfassung von 1978 der Finanzierung der Autonomen Gemeinschaften nur wenige und recht unbestimmte Regelungen gewidmet. Die Klärung vieler wichtiger Fragen überließ sie einem späteren und schließlich am 22.8.1980 verabschiedeten Organgesetz.[46] Dieses Organgesetz über die Finanzierung der Autonomen Gemeinschaften (*Ley Orgánica de Financiación de las Comunidades Autónomas* / LOFCA), das als die »eigentliche Finanzverfassung« der Autonomen Gemeinschaften angesehen werden kann, behandelte aber erneut einige wichtige Fragen nach dem Prinzip des »dilatorischen Kompromisses«, ganz abgesehen davon, daß bei der Implementierung des Finanzierungssystems in der Praxis einige seiner Vorschriften verletzt wurden. Deshalb waren und sind es bis heute politische Aushandlungsprozesse, welche über die wahre Gestalt des Finanzierungssystems entscheiden. Diese politischen Aushandlungsprozesse sind zum einen bilateraler Natur (Autonomie-Vereinbarungen zwischen der UCD-Regierung und dem PSOE, paritätische Ausschüsse Staat – Autonome Gemeinschaften, Pakt über die Regierbarkeit zwischen PP und CiU), zum anderen bedienen sie sich des Rats für Steuer- und Finanzpolitik der Autonomen Gemeinschaften, der als multilaterales Organ der Koordination und Kooperation zwischen dem Staat und den Autonomen Gemeinschaften agiert. Die Beschlüsse dieses Organs, das einen der nicht gerade zahlreichen Fälle institutionalisierter multilateraler Kooperation im Autonomiestaat darstellt, werden in der Regel in den staatlichen Haushaltsgesetzen sowie anderen Gesetzen juristisch umgesetzt.

Sowohl die bilateralen als auch die multilateralen Aushandlungen beschränken sich, dem Modell des Exekutivenföderalismus folgend, ausschließlich auf die Zentralregierung und die Regierungen der Autonomen Gemeinschaften. Dies bedeutet ein gewisses »demokratisches Defizit«. Denn anders als die Parlamente des Baskenlandes und Navarras bei Entscheidungen über das Foralregime oder die deutschen Länder, die mit der Waffe des absoluten Vetos ausgestattet über den Bundesrat auf die Steuergesetzgebung des Bundes einen entscheidenden Einfluß ausüben können, haben beim gewöhnlichen Finanzierungssystem die Parlamente der Autonomen Gemeinschaften keine Möglichkeit, über legislative Entscheidungen an der Ausgestaltung dieses Systems mitzuwirken.

Schließlich ist zu vermerken, daß bei den Entscheidungen über das Finanzierungssystem der Autonomen Gemeinschaften bislang drei grundlegende und kon-

---

46 Zur Finanzverfassung im Autonomiestaat siehe Andreas Hildenbrand: *Die Finanzierung* (Anm. 35), S. 125-176, insbes. S. 141-152.

stante Konfliktachsen sichtbar wurden, die sich von Fall zu Fall auch überlagern können. Die erste ist der Interessengegensatz zwischen den weniger entwickelten Regionen und den wohlhabenderen Regionen. Das Paradebeispiel hierfür liefern die Auseinandersetzungen zwischen dem Präsidenten der Autonomen Gemeinschaft Extremadura, Juan Carlos Rodríguez Ibarra, der stets auf das Verfassungsprinzip der interterritorialen Solidarität rekurriert, und dem Präsidenten der Autonomen Gemeinschaft Katalonien, Jordi Pujol, der das Verfassungsprinzip der finanziellen Autonomie und das Prinzip der ausreichenden Mittelausstattung (*suficiencia financiera*) ins Feld führt. Die zweite Konfliktachse ist der Gegensatz zwischen den Zentralregierungen (gleich welcher politischen Ausrichtung) und der nationalistischen Regierung Kataloniens, die eine höhere finanzielle Autonomie verlangt und dabei zuweilen auch mit dem Foralregime liebäugelt. Die dritte Achse ist die Einbindung der Konflikte über Finanzierungsfragen in die vertikalen Parteiauseinandersetzungen. Das hat sich klar in der Zeit der PSOE-Zentralregierungen gezeigt, beispielsweise daran, daß bei den Entscheidungen des Rats für Steuer- und Finanzpolitik die vom PP regierten Autonomen Gemeinschaften sich oft der Stimme enthielten oder dagegen stimmten. Aber auch die neue PP-Zentralregierung stößt innerhalb und außerhalb des Rats mit ihren Reformen beim Finanzierungssystem auf die heftige Kritik der PSOE-Opposition.

4.3 Der Senat auf dem Weg zu einer Kammer der Autonomen Gemeinschaften?

Die spanische Verfassung von 1978 weist dem Senat eine Doppelrolle als Kammer des Parlaments (Art. 66.1) und als »Kammer der territorialen Repräsentation« (Art. 69.1) zu. Aber dieser letztgenannten Funktion wurde der Senat trotz jüngster Reformbestrebungen bis heute nicht gerecht. Denn ganz im Gegensatz zum ersten Vorentwurf der Verfassung, gemäß dem die Mitglieder des Senats vollständig durch die Parlamente der Autonomen Gemeinschaften bestellt werden sollten, verankerte der endgültige Text Bestimmungen über die Zusammensetzung und Funktionen des Senats, die seine mögliche Rolle als Kammer der territorialen Repräsentation erheblich limitierten. Andererseits hat die Praxis gezeigt, daß der Senat auch als Kammer des Parlaments im Hinblick auf die Funktionen Gesetzgebung und Regierungskontrolle ein äußerst einflußloses und dem Abgeordnetenhaus (*Congreso de los Diputados*) völlig untergeordnetes Organ ist.[47]

Weder hinsichtlich seiner Zusammensetzung noch im Hinblick auf seine Funktionen ist der Senat eine Kammer der Autonomen Gemeinschaften, d.h. eine dem

---

47 In diesem Zusammenhang wurde der Senat als »überflüssiges« Organ kritisiert, das lediglich die Gesetzgebung unnötig verzögere, da in ihm infolge des Wahlsystems dieselben politischen Mehrheiten wie im Abgeordnetenhaus vorherrschten.

Senats- oder Bundesratsmodell föderaler Staaten vergleichbare zweite Kammer, über die die Autonomen Gemeinschaften eine Repräsentation auf der Zentralebene besitzen und an der Willensbildung des staatlichen Gesetzgebers beteiligt werden könnten.[48] Seine Funktionen im Hinblick auf die Autonomen Gemeinschaften sind laut Verfassung folgende: 1) Kammer der ersten Lesung (Art. 74.2) für die Mittelverteilung des Interterritorialen Ausgleichsfonds im Rahmen der Haushaltsgesetze, 2) Kammer der ersten Lesung (Art. 74.2) für die Genehmigung von Abkommen über die Kooperation zwischen Autonomen Gemeinschaften, 3) Gleichberechtigung des Senats mit dem Abgeordnetenhaus bei der Verabschiedung (mit der absoluten Mehrheit jeder Kammer) von sogenannten Harmonisierungsgesetzen (*Leyes de Armonización*, Art. 150.3 Verf.), sofern das »allgemeine Interesse« eine Angleichung der von den verschiedenen Autonomen Gemeinschaften erlassenen Normen fordert, und schließlich 4) kann der Senat mit absoluter Mehrheit die Staatsregierung dazu ermächtigen, im Extremfall mit Zwangsmaßnahmen gegen eine Autonome Gemeinschaft vorzugehen, die ihre verfassungsmäßigen und gesetzlichen Verpflichtungen nicht erfüllt oder in »schwerer Weise das allgemeine Interesse Spaniens verletzt« (Art. 155). Diese letztgenannte Funktion, die das spanische Äquivalent zum Bundeszwang des Art. 37 des Grundgesetzes bildet, ist das klarste Beispiel für den Einfluß des deutschen Föderalismus auf den spanischen Verfassungstext.[49] Bei den Entscheidungen über die in 1) und 2) genannten Angelegenheiten spielt der Senat letztlich aber eine gegenüber dem Abgeordnetenhaus untergeordnete Rolle, da er lediglich die Möglichkeit eines suspensiven Vetos besitzt.[50]

Früh schon wiesen Verfassungsrechtler und Politiker auf die Notwendigkeit hin, den Senat allmählich in eine zweite Kammer föderaler Art zu verwandeln, durch die die Autonomen Gemeinschaften an der Willensbildung des staatlichen

---

48 Nur eine kleine und variierende Anzahl von Senatoren (rund 20%; derzeit 49) wird von den Parlamenten der Autonomen Gemeinschaften ernannt, wobei jedes autonome Parlament grundsätzlich einen Senator entsendet sowie zusätzlich einen weiteren für jede Million Einwohner der betreffenden Autonomen Gemeinschaft. Die Mehrheit der Senatoren (208) hingegen wird auf der Ebene der 50 Provinzen direkt von der Bevölkerung gewählt. Auf jede Festland-Provinz entfallen vier Senatoren, während für die drei insularen Provinzen sowie die nicht in das System der Provinzen integrierten Städte Ceuta und Melilla in Nordafrika Sonderbestimmungen gelten. Somit erhalten Provinzen mit höchst unterschiedlicher Bevölkerung (z.B. Madrid: über 5 Millionen Einwohner; Soria: 94.130 Einwohner) die gleiche Repräsentation.
49 Vgl. Pedro Cruz Villalón: »Landesbericht Spanien«, in: Christian Starck: *Grundgesetz und deutsche Verfassungsrechtsprechung im Spiegel ausländischer Verfassungsentwicklung*. Baden-Baden 1990, S. 193-223, insbes. S. 214.
50 Laut Art. 74.2 der Verfassung werden die diesbezüglichen »Beschlüsse der *Cortes Generales* mit der Mehrheit jeder Kammer gefaßt«. »Sofern zwischen Senat und Kongreß keine Einigung zustande kommt, wird in allen Fällen versucht, diese durch einen gemischten Ausschuß, der aus der gleichen Anzahl von Abgeordneten und Senatoren besteht, herbeizuführen. Der Ausschuß legt eine Fassung vor, über die in beiden Kammern abgestimmt wird. Wird sie in der vorliegenden Form nicht angenommen, so entscheidet der Kongreß mit absoluter Mehrheit«.

Gesetzgebers in den sie direkt und vital betreffenden Angelegenheiten partizipieren können. Hierfür ist, vor allem was die grundlegende Frage der Wahl und Zusammensetzung des Senats anbelangt, früher oder später eine Verfassungsreform unumgänglich. Aus politischen Gründen aber hat in Spanien lange Zeit niemand an dem einst äußerst mühevoll erreichten Verfassungskonsens rühren wollen. Zum einen waren sich die beiden großen gesamtspanischen Parteien (PSOE, PP) über eine Verfassungsreform bei der Senatsfrage uneinig, zum anderen bestand seitens der katalanischen und baskischen Nationalisten eine ablehnende Haltung gegen die Aufwertung des Senats als multilaterales Begegnungs-, Repräsentations- und Partizipationsorgan der Autonomen Gemeinschaften. Sie betonen stets ihre »Eigenart« gegenüber den anderen Autonomien und geben besonderen, bilateralen Beziehungen mit der Zentralregierung den Vorzug. So verwundert es nicht, daß unter den PSOE-Regierungen erste konkrete Schritte zur Stärkung der Funktionen des Senats erst spät unternommen wurden und zudem zunächst auf die Reform der Geschäftsordnung beschränkt blieben.

Bereits am 12. Dezember 1989 hatten alle im Senat vertretenen parlamentarischen Gruppen einstimmig einen Antrag gebilligt, der die Stärkung der Funktion der territorialen Repräsentation des Senats auf dem Weg der Reform seiner Geschäftsordnung vorsah. Aber erst fast vier Jahre später, am 19. Oktober 1993, wurde, mit Ausnahme der von den baskischen Nationalisten gestellten Senatoren, von allen parlamentarischen Gruppen ein konkreter Reformvorschlag präsentiert. Die neue Geschäftsordnung wurde am 11. Januar 1994 verabschiedet;[51] ihr Kernstück bildet die Gründung eines Allgemeinen Ausschusses der Autonomen Gemeinschaften (*Comisión General de las Comunidades Autónomas*) als multilaterales, parlamentarisches Begegnungs- und Beratungsorgan.

Dieses Organ besteht aus drei Gruppen von Mitgliedern. Bei der ersten Gruppe handelt es sich um 62 Senatoren, die proportional zur jeweiligen Stärke ihrer Repräsentation von den verschiedenen parlamentarischen Gruppen entsandt werden und sowohl von den Parlamenten ernannte als auch von der Bevölkerung bei den nationalen Wahlen gewählte Senatoren sein können. Die zweite Gruppe besteht aus weiteren 15 von den Parlamenten der Autonomen Gemeinschaften ernannten Senatoren, und die dritte Gruppe wird von dem Repräsentanten der Staatsregierung und jeweils einem Repräsentanten einer jeden Autonomen Gemeinschaft (ihr Präsident oder via Delegation ein Fachminister) gebildet. Die zur zweiten und dritten Gruppe gehörenden Ausschußmitglieder haben Rede-, aber kein Stimmrecht. Die Funktionen des Ausschusses sind im außerordentlich umfangreichen Art. 56 der Geschäftsordnung des Senats definiert. Die wichtigsten sind –

---

51 *Reforma de 11 de enero de 1994 del Reglamento del Senado de 26 de mayo de 1982, en lo que atiende a la potenciación de su función territorial.*

vereinfacht – folgende: 1) das Recht zur Gesetzesinitiative in den die Autonomen Gemeinschaften betreffenden Angelegenheiten, 2) Stellungnahme über den »Autonomiegehalt« (*contenido autonómico*) von Regierungsentwürfen und Gesetzesvorlagen des Parlaments, 3) Stellungnahme zu Regierungsentwürfen und Gesetzesvorlagen des Parlaments, welche die Delegation oder Transferierung von Kompetenzen an die Autonomen Gemeinschaften betreffen, 4) Stellungnahme zur Dotierung, Verteilung und Regulierung des Interterritorialen Ausgleichsfonds sowie zu den auf das Finanzierungssystem der Autonomen Gemeinschaften bezogenen Kapiteln des Gesetzentwurfs über den Staatshaushalt, 5) eine Reihe von Befugnissen im Bereich der bi- und multilateralen Kooperation zwischen den Autonomen Gemeinschaften (u.a. Stellungnahme bezüglich der Genehmigung von Kooperationsabkommen, Recht auf Erhalt oder Einholung von Information über die Beschlüsse des Rats für Steuer- und Finanzpolitik), und 6) das Recht auf Information durch die Staatsregierung über die Prozesse der Normenanpassung und Rechtsakte der Europäischen Union, die für die Autonomen Gemeinschaften von Relevanz sind, sowie über die Höhe und Verteilung für die aus den Strukturfonds der Europäischen Union an die Regionen fließenden Gelder.

Der Allgemeine Ausschuß der Autonomen Gemeinschaften hat – von der Änderung einiger Details abgesehen – praktisch dieselben Funktionen wie bereits sein Vorgänger, der »Permanente Ausschuß für Autonomien und Territoriale Organisation und Verwaltung« (*Comisión Permanente de Autonomías y Organización y Administración Territorial*).[52] Die einzige grundlegende neue Funktion ist das Recht zur Gesetzesinitiative, das allerdings verfassungsrechtlich nur wenig konkretisiert wurde.[53] Hervorhebung verdienen auch andere, über den Bereich der Funktionen des Ausschusses hinausgehende Neuerungen der Geschäftsordnung: 1) das Recht der Regierungen der Autonomen Gemeinschaften, bei allen Debatten des Ausschusses zu intervenieren, 2) die Verpflichtung, jährlich im Ausschuß eine Debatte über die Lage des Autonomiestaates (*Debate sobre la situación del Estado de las Autonomías*) abzuhalten, und 3) die Möglichkeit, in dieser Debatte (wie auch generell im Senat) die offiziell anerkannten Regionalsprachen zu benutzen.

Sicherlich erbringt die Einrichtung eines Allgemeinen Ausschusses der Autonomen Gemeinschaften im Senat Fortschritte für die Fortentwicklung des Autonomiestaates. Sie fördert die bislang unterentwickelten multilateralen Beziehungen und stärkt die Entscheidungskapazität des Parlaments in einem bislang von der bilateralen Exekutivenkooperation beherrschten Feld. Ferner ist der Ausschuß

---

52 Siehe hierzu die vergleichende Untersuchung der Funktionen beider Ausschüsse bei Francisco J. Gutiérrez Rodríguez / José María Morales Arroyo: »Un intento de territorialización del Senado: La Comisión General de las Comunidades Autónomas«, in: *Administración de Andalucía/ Revista Andaluza de Administración Pública*, 20, 1994, S. 305-336, insbes. S. 320ff.
53 Vgl. ebd. S. 325 und S. 332.

als parlamentarisches Forum der Kontrolle der Öffentlichkeit unterworfen, was die Transparenz und Legitimation der Konsens- und Entscheidungsfindung über Fragen des Autonomiestaates erhöht.[54] Auch könnte der Ausschuß eine *Ex ante-*Clearingstelle bereitstellen, um die politischen Konflikte, die in der Vergangenheit allzu häufig im Gewand verfassungsrechtlicher Streitigkeiten zwischen Staat und Autonomen Gemeinschaften vor das Verfassungsgericht gebracht wurden, mit politischen Mitteln zu lösen.[55]

Alle diese Vorteile ändern allerdings nichts an der Tatsache, daß der »große Sprung nach vorn« zur Umwandlung des Senats in eine echte Kammer der territorialen Repräsentation nur im Rahmen einer Reform der Verfassung erfolgen kann, welche die grundlegenden Fragen der Bestellung und Kompetenzen des Senats berührt. Der erste Anstoß hierfür erfolgte in der Debatte über die Lage des Autonomiestaats vom 26.-28. September 1994, an welcher der Präsident (*lehendakari*) und Regierungschef des Baskenlandes, José Antonio Ardanza, nicht teilnahm (wie übrigens auch nicht bei der erst am 11.-13. März 1997 wieder stattfindenden Debatte). Mit Ausnahme der *Coalición Canaria (CC)* einigten sich alle parlamentarischen Gruppierungen darauf, den Weg einer Verfassungsreform zu beschreiten, um den Senat zu einer Kammer der Autonomen Gemeinschaften zu entwickeln. Zu diesem Zweck verabschiedete man in derselben Debatte eine Resolution, auf deren Grundlage sich ein berichterstattender Ausschuß (*ponencia*) zum Studium der Senatsreform konstituierte. Vor dieser *ponencia* sind führende Experten des Verfassungs- und Verwaltungsrechts, die Verfassungsväter und die Präsidenten aller Autonomen Gemeinschaften erschienen.

Die *ponencia* beendete im Oktober 1995 ihre Arbeiten und hat sich für die Senatsreform auf eine Reihe von Punkten geeinigt.[56] Erstens wird die Reform den Titel VIII der Verfassung unangetastet lassen und nur ihren Titel III betreffen. Zweitens soll der Senat weiterhin eine parlamentarische Kammer sein, also nicht ein dem deutschen Bundesratsmodell entsprechendes Organ. Drittens wird das derzeit bestehende Verhältnis zwischen den beiden Kammern des Parlaments im wesentlichen erhalten bleiben, denn bei Diskrepanzen zwischen beiden Kammern wird das Abgeordnetenhaus weiterhin das letzte Wort haben. Aber anstelle der gegenwärtig in Art. 90 der Verfassung fixierten Fristen sollen dem Senat für

---

54 Vgl. ebd. S. 334.
55 Vgl. in diesem Zusammenhang auch die Worte des Verfassungsrichters Pedro Cruz Villalón: »Die Neugliederung des Spanischen Staates durch die Autonomen Gemeinschaften«, in: *Jahrbuch des Öffentlichen Rechts der Gegenwart* 34, 1985, S. 195-243, der auf die mögliche Reduzierung der vor dem Verfassungsgericht ausgetragenen Konflikte durch einen im Sinne einer »Kammer der Autonomen Gemeinschaften« funktionierenden Senat hinweist, insbes. S. 238.
56 Vgl. hierzu die Ausführungen des Ex-Senatspräsidenten Juan José Laborda: »La reforma del Senado. La representación de los intereses generales comunes de los territorios«, in: *Temas para el debate*, 18, 1996, S. 58-61, insbes. S. 59.

seine Beratungen längere Fristen gewährt werden. Außerdem ist vorgesehen, daß die Diskrepanzen zwischen Senat und Abgeordnetenhaus künftig nicht mehr nur bei den in Art. 74.2 der Verfassung genannten Fällen, sondern bei sämtlichen die Angelegenheiten der Autonomen Gemeinschaften betreffenden Gesetzesvorhaben von einem gemischten Ausschuß bereinigt werden. Dabei kann im Falle einer Nichteinigung das aufschiebende Veto des Senats vom Abgeordnetenhaus nur mit absoluter Mehrheit zu Fall gebracht werden. Was die entscheidende Frage der Wahl der Senatoren betrifft, sollen in Zukunft alle Senatoren von den Parlamenten der Autonomen Gemeinschaften bestellt werden, was bedeutet, daß der Ministerpräsident den Senat nicht auflösen kann.

Trotz der soliden Arbeiten der *ponencia* kam im Verlauf des Jahres 1995 die Senatsreform ins Stocken. Die Gründe waren ein angesichts der bevorstehenden Parlamentswahlen nachlassendes Interesse an der Reform, Meinungsverschiedenheiten zwischen dem PP und PSOE über die Senatorenwahl, vor allem aber die Gegensätze zwischen diesen beiden Parteien und den baskischen und katalanischen Nationalisten. Den eigentlichen Zankapfel bildete ihre vom PP und PSOE abgelehnte Forderung, daß die von den drei historischen Nationalitäten bestellten Senatoren bei Angelegenheiten, welche die ausschließlichen Kompetenzen ihrer Autonomen Gemeinschaften in für sie besonders relevanten Angelegenheiten (z. B. Sprache) betreffen, ein Veto-Recht ausüben können.

5. Erste Schritte der Autonomiepolitik der PP-Regierung seit 1996

Mit den Wahlen zum nationalen Parlament vom 3. März 1996 hat sich zum zweiten Mal in der Geschichte der spanischen Demokratie ein Machtwechsel vollzogen. Der PP übernahm unter Führung von José María Aznar die Regierung, nachdem er bereits seit den Autonomiewahlen vom 28. Mai 1995 in zehn Autonomen Gemeinschaften regierte.[57]

Dennoch verfehlte er die absolute Mehrheit und konnte nur mit der parlamentarischen Unterstützung von drei nationalistischen (PNV, CiU) bzw. regionalistischen (*Coalición Canaria* / CC) Parteien die Regierung bilden. Angesichts des »Pyrrhus-Sieges« des PP trugen letztere massiv ihre Forderungen vor, was dem traditionell eher zentralistisch orientierten PP bei seinen autonomiepolitischen Positionen eine »Kehrtwendung um 180 Grad« abverlangte. Ganz deutlich zeigt dies der am 28. April 1996 zwischen PP und CiU für die Dauer der Legislatur geschlossene »Pakt über die Regierbarkeit und Investitur« (*Pacto de Gobernabili-*

---

57 Die vom PP regierten Autonomen Gemeinschaften sind: Kastilien-León, Balearen, Kantabrien, Galicien, La Rioja, Asturien, Murcia, Madrid, Aragonien und Valencia.

dad e Investidura), in dessen Text einige der zentralen Forderungen der CiU Aufnahme fanden.

Der Pakt etablierte für die Autonomiepolitik der PP-Regierung ein aus folgenden Themen bestehendes Programm: 1) Erweiterung der Kompetenzen der Autonomen Gemeinschaften, 2) Festlegung des neuen Finanzierungssystems der Autonomen Gemeinschaften für die Periode 1997-2001, 3) Vereinfachung der »peripheren Verwaltung« des Staates (u.a. Abschaffung der Zivilgouverneure) und 4) Verbesserung der Partizipation der Autonomen Gemeinschaften am Entscheidungsprozeß über Angelegenheiten der Europäischen Union. Außerhalb dieses Paktes zwischen PP und CiU verlangten der PNV und die CC die Übertragung weiterer Kompetenzen sowie Neuerungen in einigen anderen Bereichen (u.a. Autonome Gemeinschaft des Baskenlandes als Wahlkreis bei den Europa-Wahlen, Reform des speziellen Steuersystems der Kanarischen Inseln).

Von der im Pakt vereinbarten Kompetenzenerweiterung sind vor allem Küstenschutz, Bodenplanung, Seehäfen des allgemeinen Interesses und die aktiven, bislang dem INEM zugeordneten Beschäftigungspolitiken betroffen. Bereits verabschiedet wurden auf dem Dringlichkeitsweg (*Decreto-Ley 5/1996*) die Liberalisierungsmaßnahmen im Bereich des Bodengesetzes (*Ley del Suelo*), die freilich für das von der Regierung verfolgte Ziel der Baulandverbilligung zur Ankurbelung des Wohnungsmarktes erfahrungsgemäß letztlich nur wenig Wirkung zeigen, vielmehr der Spekulation den Weg bahnen, die Bauleitplanung schwächen und das öffentliche Bodeneigentum der Gemeinden beschneiden. Aus diesem Grund wurden aus PP-regierten Gemeinden bereits kritische Stimmen gegenüber diesen Maßnahmen laut. Die geplanten Veränderungen beim aus umweltpolitischer Sicht vorbildlichen Küstengesetz von 1988 (*Ley de Costas*) bergen die Gefahr, daß die derzeit bestehenden einheitlichen Schutzregelungen künftig von den Autonomen Gemeinschaften »aufgeweicht werden«, sofern dies touristische Bauvorhaben und andere wirtschaftliche Interessen erfordern. Der baskische PNV unterbreitete im März 1996 ein Dokument, das zur endgültigen Erfüllung des baskischen Autonomiestatuts von 1979 vom Staat die Übertragung von 43 Kompetenzen verlangt. Darüber kam es in der Folgezeit zu Verhandlungen, die sich vor allem auf folgende Materien bezogen: aktive Beschäftigungspolitik, Verwaltung des finanziellen Systems der Sozialen Sicherheit (*Seguridad Social*), Transportinfrastrukturen, Beteiligung an öffentlichen Unternehmen und Gründung einer Baskischen Bank. Die im Autonomiepakt von 1992 vorgesehene Übertragung von Kompetenzen im Bereich des Erziehungswesens (ohne Universitäten) an die Autonomen Gemeinschaften des Art. 143 schreitet voran und soll bis zum 1. Januar 1998 zum Abschluß gebracht werden.

Bei der aus der vorhergehenden Legislatur anhängigen Frage der Reform der Autonomiestatute Aragoniens und der Kanarischen Inseln wurde in den im Dezember 1996 verabschiedeten Organgesetzen zur Statutreform[58] den Forderungen des aragonesischen und kanarischen Parlaments letztlich nicht Rechnung getragen. Die einzige Ausnahme bildet die in das aragonesische Statut eingefügte Bezeichnung Aragoniens als »Nationalität«, was – sehr zum Unmut von CiU – mit Rücksichtnahme auf den PAR geschah, der in Aragonien als Koalitionspartner an der vom PP geführten autonomen Regierung beteiligt ist. Die Anwendung des Begriffs »Nationalität« auf andere Autonome Gemeinschaften als die drei historischen Nationalitäten[59] soll aber in Zukunft bei der Reform weiterer Autonomiestatute nicht mehr erfolgen. Darüber sind sich die PP-Regierung und der PSOE noch einig geworden, bevor im Januar 1997 beide Seiten ihre Verhandlungen über einen neuen Autonomiepakt als endgültig gescheitert erklärten.[60] Die gegenwärtig noch zur Entscheidung anstehenden Statutreformen betreffen neun der über Artikel 143 konstituierten Autonomen Gemeinschaften; die Balearen, Kastilien-La Mancha, Asturien und Kantabrien, deren Parlamente bereits 1995 die Initiative zur Statutreform ergriffen hatten, sowie nunmehr auch Kastilien-León (PP), La Rioja (PP), Madrid (PP), Extremadura (PSOE) und Murcia (PP). Bei der Reform dieser Autonomiestatute geht es aber weniger um die Erweiterung von Kompetenzen, sondern in erster Linie um Neuerungen, die das Funktionieren der autonomen Institutionen betreffen (u.a. das Recht des Präsidenten der Autonomen Gemeinschaft auf vorzeitige Auflösung des Parlaments, um Neuwahlen ausschreiben zu können).

Die Finanzierung der Autonomen Gemeinschaften bildete das zentrale Element der autonomiepolitischen Inhalte des Paktes zwischen PP und CiU. Maßgeblich hat der Pakt die endgültige Gestalt des neuen Finanzierungssystems beeinflußt, das in der Sitzung des Rats für Steuer- und Finanzpolitik vom 23. September 1996 verabschiedet wurde und für die Periode 1997-2001 Geltung besitzt. Der Ratsbeschluß fand seinerseits Niederschlag in drei Ende Dezember 1996 verabschiedeten Gesetzen.[61] Das neue System enthält drei grundlegende Neuerungen, deren Zusammenspiel zu einer Erhöhung der steuerlichen Mitverantwortung der Autonomen Gemeinschaften führen soll: 1) die Erweiterung des Anteils der Autonomen Gemeinschaften an den in ihrem jeweiligen Territorium eingezogenen

---

58   Organgesetze 4 (Kanarische Inseln) und 5 (Aragonien) vom 30. Dezember 1996.
59   In der Vergangenheit wurde bereits im Fall der Autonomiestatute von Andalusien und Valencia der Begriff »Nationalität« verankert, was bei den baskischen und katalanischen Nationalisten auf heftige Kritik stieß.
60   Vgl. *El País* v. 24.12.1996 und 21.1.1997.
61   Diese Gesetze sind: 1) das Organgesetz (*Ley Orgánica 3/1996*) vom 27. Dezember 1996 zur teilweisen Modifizierung des Organgesetzes über die Finanzierung der Autonomen Gemeinschaften (LOFCA), 2) das Gesetz über den Staatshaushalt von 1997 (*Ley 12/1996* vom 30. Dezember) und 3) das Gesetz über die Abtretung staatlicher Steuern an die Autonomen Gemeinschaften (*Ley 14/1996* vom 30. Dezember 1996).

Erträgen der Einkommensteuer von bislang 15% auf 30%; 2) die Abschaffung bzw. Neutralisierung der Höchstgrenzen bei den Einnahmen der Autonomen Gemeinschaften aus dieser Steuer, die im vorherigen Finanzierungssystem vorhanden waren, um zu verhindern, daß Autonome Gemeinschaften mit größerer Steueranstrengung (*esfuerzo fiscal*) eine unverhältnismäßig hohe Beteiligung an den Steuererträgen erhalten; und 3) die Möglichkeit für die Autonomen Gemeinschaften, per Gesetz die Einkommensteuer in ihrem Territorium zu erhöhen oder zu senken (in beiden Fällen innerhalb gewisser Grenzen).

Bereits nach Bekanntwerden der finanziellen Inhalte des Paktes zwischen PP und CiU wurde die Frage des Finanzierungssystems der Autonomen Gemeinschaften zum Spielball parteipolitischer Auseinandersetzungen. Wie nie zuvor in der Geschichte des Autonomiestaates steht heute dieses Thema im Mittelpunkt der politischen Auseinandersetzungen zwischen den beiden großen gesamtspanischen Parteien. So haben die vom PSOE geführten Autonomen Gemeinschaften Andalusien, Extremadura und Kastilien-León in der genannten Sitzung des Rats für Steuer- und Finanzpolitik gegen das neue Finanzierungssystem gestimmt. Außerdem wurde im Januar 1997 von der Regierung Extremaduras vor dem Verfassungsgericht Verfassungsklage gegen zwei das Finanzierungssystem implementierende staatliche Gesetze (vgl. Anm. 61) angestrengt. Die Regierung Andalusiens und das andalusische Parlament sind mit weiteren Verfassungsklagen diesem Beispiel gefolgt, abgesehen davon, daß in dieser für den PSOE so emblematischen Region die Finanzierung der Autonomie bei den Kundgebungen aller Parteien zum Autonomie-Feiertag (28. Februar) das beherrschende Thema bildete.

Auch wenn die dem neuen Finanzierungssystem inhärenten Probleme dem PSOE für seine politische Oppositionsstrategie gegenüber der PP-Regierung ein »gutes Geschütz« liefern, wäre die Reduzierung des Streites um die Finanzen auf einen Parteienkonflikt zwischen dem PP und dem PSOE eine unzutreffende Simplifizierung der Realität. Denn auch innerhalb des PSOE gibt es Befürworter (die katalanischen Sozialisten) des neuen Finanzierungssystems, und außerdem hatten vor der Entscheidung des Rats für Steuer- und Finanzpolitik auch einige der vom PP regierten Autonomen Gemeinschaften (Galicien, Kastilien-León) gegenüber diesem System ihre Bedenken erhoben. Worum es im Grunde genommen geht, ist der Interessengegensatz zwischen den wohlhabenden (v.a. Katalonien) und den relativ weniger entwickelten Autonomen Gemeinschaften. Letztere kommen aufgrund ihrer Berechnungen über die voraussichtlichen Wirkungen des neuen Finanzierungssystems zu dem Ergebnis, daß zwar alle Autonomen Gemeinschaften insgesamt gesehen mehr finanzielle Ressourcen erhalten werden, die reicheren unter ihnen aber von einer wesentlich umfangreicheren Erhöhung profitieren werden als die ärmeren.

Nach Ansicht zahlreicher Experten des Steuerrechts und Finanzwesens birgt das neue Finanzierungssytem zumindest drei große Probleme in sich. Erstens, und darauf zielen auch die Argumente der weniger entwickelten Regionen ab, kann das Zusammenspiel der drei wesentlichen Neuerungen des Systems (vor allem der Wegfall der genannten Höchstgrenzen) zu einer Entwicklung führen, die mit dem Prinzip der interterritorialen Solidarität nicht vereinbar ist, ein Prinzip, das die Verfassung dem Autonomieprinzip als »Gegenstück« zugeordnet hat und das auch gerade im Bereich der Finanzierung der Autonomen Gemeinschaften Gültigkeit besitzt. Zweitens kann die Möglichkeit der Autonomen Gemeinschaften, durch Gesetz die Höhe der Einkommensteuer in ihrem Territorium zu erhöhen bzw. zu reduzieren – die deutschen Länderparlamente können dies aus guten Gründen nicht –, zur Entstehung von »Steuerparadiesen« und einer steuerrechtlichen Ungleichbehandlung der Bürger führen, welche die steuerliche Einheit (*unidad fiscal*) des spanischen Territoriums und den Gleichheitsgrundsatz (Art. 139 der Verfassung) verletzen. Schließlich ist die globale Erhöhung der Einnahmen der Autonomen Gemeinschaften im neuen Finanzierungssystem mit einer Erhöhung der staatlichen Ausgaben verbunden, was die Erfüllung des Konvergenzkriteriums Kontrolle des Haushaltsdefizits und folglich den Eintritt Spaniens in die Endstufe der Europäischen Wirtschafts- und Währungsunion gefährden kann.

Rein »kosmetischer« Natur sind die bislang vollzogenen bzw. geplanten Reformen im Bereich der »peripheren Verwaltung« des Staates und bei der Beteiligung der Autonomen Gemeinschaften am Entscheidungsprozeß über Angelegenheiten der Europäischen Union.

Die unter dem Leitmotiv »Reduzierung des Staates« stehende Vereinfachung der »peripheren Staatsverwaltung« auf Provinzebene war im Wahlkampf 1996 ein Versprechen des PP.[62] Andererseits bildete die Abschaffung der in den spanischen Provinzen als Vertreter der Zentralregierung existierenden und für die Aufrechterhaltung der öffentlichen Ordnung zuständigen Zivilgouverneure (*Gobernadores Civiles*) stets eine klassische Forderung des Katalanismus. Das Gesetz vom 14. April 1997 (*Ley 6/1997*) über die Organisation und Funktionsweise der Allgemeinen Staatsverwaltung (*Ley de Organización y Funcionamiento de la Administración General del Estado*) ersetzte die Zivilgouverneure durch »Unterdelegierte der Regierung« (*Subdelegados del Gobierno*). Anders als die Zivilgouver-

---

62 Ebenso wurde vom PP auch die Idee der *administración única* verfochten, ein von Manuel Fraga Iribarne 1994 unterbreiteter Vorschlag, der zur Vermeidung von Doppelstrukturen zwischen staatlicher und autonomer Verwaltung und in Einklang mit dem Subsidiaritätsprinzip empfiehlt, durch Übertragung oder Delegation weiterer staatlicher Kompetenzen die Verwaltung im Regelfall zu einer Zuständigkeit der Autonomen Gemeinschaften werden zu lassen. Ohne Zweifel hatte Fraga Iribarne, der neuerdings für die Entwicklung des Autonomiestaates nach dem Modell des kooperativen Föderalismus eintritt, dabei die deutschen Länder im Kopf, die laut GG – von wenigen Fällen abgesehen – grundsätzlich für die Verwaltung zuständig sind.

neure haben sie keine politischen Funktionen mehr, sondern sind mit reinen Verwaltungsaufgaben betraute Karrierebeamte, die dem Repräsentanten der Staatsregierung (*Delegado del Gobierno*) in der betreffenden Autonomen Gemeinschaft unterstellt sind. Aber einem internen Bericht des Ministeriums für öffentliche Verwaltungen ist zu entnehmen, daß nach Inkrafttreten des Gesetzes auf dem Weg der Kompetenzendelegation die Unterdelegierten praktisch wieder die gleichen Zuständigkeiten besitzen sollen wie die Zivilgouverneure.[63] Demselben Bericht zufolge scheinen auch die Realisierungsmöglichkeiten der Verwaltungsvereinfachung hinter den ursprünglichen Erwartungen zurückzubleiben, denn bei einer großen Zahl von Fällen werden die peripheren Verwaltungseinheiten der Ministerien oder anderer Institutionen der Zentralregierung als nicht in die jeweilige Regierungsdelegation integrierbar angesehen.

Von den relativ umfangreichen Mitspracherechten der deutschen Länder bei der Willensbildung des Bundes in Europa-Angelegenheiten, wie sie in Artikel 23 des Grundgesetzes und der hierzu erlassenen Gesetzgebung festgelegt sind, bleibt die dementsprechende Partizipation der Autonomen Gemeinschaften auch nach den jüngsten Neuerungen unter der PP-Regierung noch weit entfernt.[64] Am 20. September 1996 wurde ein Dekret (*Real Decreto 2105/1996*) erlassen, das in der Ständigen Vertretung Spaniens vor der Europäischen Union einen Beauftragten der Autonomen Gemeinschaften vorsieht, der allerdings nur Befugnisse im Bereich der Informationsbeschaffung und -weiterleitung hat. Das Gesetz vom 13. März 1997 (*Ley 2/1997*) über die Konferenz für Angelegenheiten der Europäischen Gemeinschaften, die als multilaterales Kooperationsorgan zwischen Staat und Autonomen Gemeinschaften bereits seit Ende 1988 existiert, bringt lediglich eine formale Änderung (die Konferenz hat jetzt eine gesetzliche Grundlage), inhaltlich aber ist der Gesetzestext mit der bislang bestehenden Regelung weitgehend identisch.[65] Das einzige Novum ist eine auf Antrag der katalanischen Nationalisten eingefügte neue Zusatzbestimmung, welche erneut ihre Vorliebe für bilaterale anstelle multilateraler Beziehungen zwischen dem Staat und Katalonien verrät.[66]

---

63   Vgl. *El País* v. 3.2.1997.
64   Zu diesem Aspekt siehe Instituto Vasco de Administración Pública (Hg.): *La acción exterior y comunitaria de los Länder, Regiones, Cantones y Comunidades Autónomas*, 2 Bde., Bilbao 1996.
65   *Acuerdo de 29 de octubre de 1992 de institucionalización de la Conferencia para asuntos relacionados con las Comunidades Europeas (Resolución de 4 de octubre de 1993 de la Subsecretaría de la Presidencia del Gobierno).*
66   In der Zusatzbestimmung ist festgelegt, daß Instrumente der bilateralen Kooperation zum Einsatz kommen sollen, sofern Fragen auftauchen, »die ausschließlich eine Autonome Gemeinschaft betreffen oder angesichts des *speziellen Autonomiecharakters* der Autonomen Gemeinschaft für diese eine besondere Relevanz haben«.

Bei der Senatsreform bestehen vor allem zwei Schwierigkeiten. Zum einen verlangen die katalanischen und baskischen Nationalisten, daß den drei historischen Nationalitäten im künftigen Senat ausdrücklich ein Sonderstatus eingeräumt wird, was aber auf die Ablehnung der anderen Autonomen Gemeinschaften stößt. Zum anderen herrscht Uneinigkeit bei der Frage des künftigen Wahlverfahrens der Senatoren.[67] Die CiU plädiert für eine ausschließliche Wahl der Senatoren durch die autonomen Parlamente, wobei die Zahl der auf die jeweilige Autonome Gemeinschaft entfallenden Senatoren sich nach der Fläche und Bevölkerung richten soll. Der PP will das gegenwärtige Doppelsystem (vgl. Anm. 48) beibehalten, den Anteil der von den autonomen Parlamenten bestellten Senatoren allerdings erhöhen. Der PSOE nimmt eine vermittelnde Position ein.

Die Schaffung eines für alle Autonomen Gemeinschaften akzeptierbaren Konsenses beim Finanzierungssystem, der für den »inneren Frieden« bzw. die Stabilität des Autonomiestaates eine unabdingbare Voraussetzung bildet, und die Reform des Senates zu einer echten Kammer der Autonomen Gemeinschaften, die als entscheidender »Qualitätssprung« die Verankerung des Autonomiestaates in der Familie der föderal strukturierten und funktionierenden Systeme endgültig verfestigen wird, sind die beiden »großen Aufgaben«, die sich für den Rest der Legislaturperiode der PP-Regierung im Bereich der Autonomiepolitik stellen. Die Lösung beider Aufgaben ist für das spanische Staatswesen von vitaler Bedeutung und verlangt einen umfassenden Konsens zwischen allen politisch relevanten Kräften. In ganz besonderem Maße wird hierbei aber die Verständigung zwischen den beiden großen gesamtspanischen Parteien zu einem unumgänglichen Erfordernis. Die bisherige Geschichte des Autonomiestaates hat schon zweimal gezeigt, daß sich diese Strategie im großen und ganzen bewährt hat.

---

67 Vgl. *El País* vom 19. Januar 1997.

Walter Haubrich

Die politische Kultur

Was waren das einst, über 20 Jahre ist es schon her, doch so schöne Zeiten für Spaniens Politiker! Heute erinnern sich noch viele von ihnen mit Nostalgie an die letzten Jahre der Franco-Diktatur und den Beginn der *transición*, des Übergangs zur Demokratie, als sie, die Männer und Frauen der Politik, die Protagonisten der Zeitungsreportagen, der Kaffeehausgespräche und der Radiodebatten waren – die wahren Helden ihrer Zeit. Und das, obwohl es während der Diktatur Francos ja eigentlich gar keine Politik gab und in den ersten Jahren nach dem Tod des Diktators die Spanier sich zunächst einmal in das öffentliche politische Tun und Meinen einfügen mußten. Unter Franco gab es natürlich auch eine politische Administration des Staates, doch den mit dieser Administration Beauftragten waren ganz enge Grenzen gesetzt; eigene Initiativen und Vorschläge durften sich nur auf Details innerhalb eines von oben, von dem Diktator selbst festgelegten Rahmens beziehen. Die freie politische Debatte war verboten. Gegen Ende der Diktatur wurden politische Vereinigungen erlaubt, allerdings nur innerhalb der Nationalen Bewegung, der Nachfolgeorganisation der Einheitspartei Falange. Und doch sprach ganz Spanien damals von Politik, und viele Spanier betätigten sich politisch, allerdings illegal und von Polizei und Justiz ständig bedroht. Die Arbeiterschaft war stark politisiert und demonstrierte gegen die Diktatur auf den Straßen der großen Städte. Nicht wenige Arbeiter bezahlten ihren mutigen Protest mit dem Leben. In den vielen regen politischen Cafés saßen Intellektuelle und Künstler, vom aktiven Tun ausgeschlossene Politiker und in der gesamten Revolutionsliteratur bewanderte Studenten und spielten rhetorisch alle möglichen Umwälzungen in ihrem Staate durch. Spanien hatte damals erstaunlich interessante politisch-kulturelle Zeitschriften, die trotz Zensur in einer wenn auch nicht allen, so zumindest den Eingeweihten verständlichen Sprache die kühnsten Staatstheorien und Revolutionsmechanismen verbreiten konnten. Junge Spanier, die sich in den letzten fünf Jahren der Diktatur als »unpolitisch« bezeichneten, galten unter ihren Bekannten aus der gleichen Generation als wenig intelligent, feige oder extrem opportunistisch.

Gut 20 Jahre später gibt sich eine Mehrheit der Spanier als an der Politik überhaupt nicht oder wenig interessiert. Die Politiker erfreuen sich keines großen Ansehens mehr. Die Umfrageergebnisse, wie sie etwa der Band *La realidad social en España*[1] veröffentlicht, sprechen da eine deutliche Sprache: Die politischen Parteien erhalten die schlechtesten Werte unter den Institutionen und gesellschaft-

---

1 *La realidad social en España 1993-94*. Bilbao 1995, S. 959ff.

lichen Organisationen. Auch die Regierung der Nation, der Abgeordnetenkongreß, der Senat, die Gewerkschaften und der Arbeitgeberverband werden weniger geschätzt als etwa die Krone, das Verfassungsgericht, der Ombudsmann (*Defensor del pueblo*), ja sogar noch weniger als Kirche und Streitkräfte – zwei Institutionen, denen am Ende der Diktatur und zu Beginn des Übergangs besonders viel Mißtrauen entgegengebracht wurde.[2]

Spanier, die sich selbst als rechts einstufen, geben erwartungsgemäß der Kirche, den Streitkräften, dem Arbeitgeberverband und der Krone besonders gute Noten und bewerten Verfassungsgericht, Abgeordnetenkongreß, Gewerkschaften und Parteien, die wiederum von den Linken höher geschätzt werden, schlecht. Das mag die These bestätigen, daß Spaniens Rechte, die ja »die gleichmacherische Demokratie« jahrhundertelang bekämpft hatte, das heutige demokratische System zwar, wenn auch widerwillig, akzeptiert hat, doch keineswegs dieses System für das beste oder am wenigsten schlechte aller Regierungsformen hält. Etwa die Hälfte der traditionellen spanischen Bourgeoisie dürfte in ihren tiefsten Überzeugungen weiterhin antidemokratisch sein. Diese politische Rechte, die mehr als in anderen Ländern mit den wirtschaftlich bevorteilten Volksschichten identisch ist, zeigt sich fest entschlossen, ihre überkommenen Privilegien zu verteidigen. Viele Angehörige dieser Gesellschaftsschichten können es schwer verwinden, daß in der jetzigen Demokratie auch Spanier anderer sozialer Herkunft auf wichtige, ja bestimmende Posten im Staate gelangen können. Daß Spanien nur von Leuten aus ihren Schichten regiert werden dürfte – einzelne Emporkömmlinge lassen sich integrieren –, gilt ihnen als eine Art Naturrecht. Klassenkampf, von oben gegen unten geführt, existiert in manchen gesellschaftlichen Sektoren Spaniens immer noch. Die Redensart »esta gentuza, que nos gobierna« war in den Jahren einer gemäßigten linken Regierung, in der mehrere Arbeitersöhne und zeitweise sogar ein Arbeiter saßen, in den sogenannten feinen Kreisen, in der bürgerlichen Oberschicht und unter Aristokraten häufig zu hören, wobei sich das Wort *gentuza* (Gesindel) gezielt auf die angebliche oder tatsächliche Herkunft der Regierenden bezog.

Hat nun der erste, wenn auch knappe Wahlsieg einer Partei der Rechten, seit Spanien wieder demokratisch ist, mit dem Rückgang des politischen Interesses zu tun? Die 1977 und 1979 erfolgreiche *Unión del Centro Democrático* (UCD) war eine Partei der Mitte oder rechten Mitte, ein Zusammenschluß ideologisch unterschiedlicher Gruppen, stark verwurzelt auch in den sozial schwachen Schichten. Der *Partido Popular* (PP) hat sich zwar zuletzt als *partido del centro* definiert, ist aber ideologisch, in der Herkunft der Parteiführung und dem sozialen Verhalten

---

2 Die Organisationen der Sozialpartner, Gewerkschaften und Arbeitgeberverband, haben sich in den achtziger und neunziger Jahren immer wieder politisch geäußert und manchmal auch betätigt, so daß sie von vielen Spaniern vorwiegend als politische Organisationen verstanden werden.

Die politische Kultur 143

seiner Stammwähler eine klassische Partei der konservativen Rechten. So sehr auch die alte spanische Rechte und natürlich noch mehr die lange Rechtsdiktatur politisches Denken und Tun verachtete oder unterdrückte, wäre es doch falsch, im fehlenden politischen Interesse den wichtigsten Grund für den Wahlsieg der Rechten im März 1996 zu sehen. Die jüngste Wählergruppe in Spanien, die der unter 24jährigen, zeigt sich gewiß zugänglicher für konservative Optionen als die gleiche Generation vor zehn oder etwa vor zwanzig Jahren, doch bezeichnet sich immer noch eine Mehrheit der Bevölkerung als politisch zur linken Mitte und zur Linken gehörig.[3] Der Wahlsieg einer konservativen Partei, die bis zu Beginn der neunziger Jahre ihr scheinbar festes Dach von 25% nicht durchbrechen konnte, hat sicher etwas mit der verbreiteten Politikverdrossenheit zu tun, daneben aber auch andere, leichter faßbare, konkretere Gründe. Für den Verdruß an der Politik lassen sich ebenfalls eine ganze Reihe von Ursachen aufführen: die große Macht einer mit absoluter Mehrheit regierenden Partei, die lange Zeit – dreizehneinhalb Jahre – der gleichen Partei an der Regierung und vor allem die zahlreichen Korruptionsfälle in und im Umkreis einer linksgerichteten Partei, die, als sie 1982 die Regierung übernahm, versprochen hatte, der Korruption ein Ende zu setzen. Dieser Partei, der Spanischen Sozialistischen Arbeiterpartei (PSOE), nahmen die Spanier die Korruption besonders übel, weil die Partei bis dahin als ehrbar gegolten hatte, und weil man Korruption aus langer Erfahrung eigentlich nur von der Rechten erwartet hatte.[4] In den siebziger Jahren hatten viele Spanier geglaubt, sie könnten die Politik ihres Landes selbst beeinflussen; manche meinten damals sogar, ihre seit langem gehegten Ideale und Vorstellungen von einer besseren Zukunft nun im politischen Bereich verwirklichen zu können. Nach vier Jahrzehnten Diktatur hatte ihnen die Demokratie schließlich Mitspracherecht zugesagt. 20 Jahre später glauben nach den Umfragen des schon erwähnten Berichtes *La realidad social en España* über zwei Drittel der Spanier, keinerlei Einfluß auf das zu haben, was ihre Regierung tut, und denken, daß es die Regierung wenig kümmert, was das Volk von ihrer Arbeit hält.[5]

Joaquín Arango, der langjährige Leiter des staatlichen Umfrageinstituts *Centro de Investigaciones Sociológicas* (CIS) spricht von einer zunehmenden *desafección política*, von einer Abneigung, einem Unwillen gegenüber der Politik. Das sei eine Mischung aus Apathie, kritischer Grundhaltung, Distanz zu den Institutionen, Parteien und Politikern – eine Haltung, die auch in anderen europäischen Ländern heute anzutreffen ist, von den in vielen Dingen zur Übertreibung neigenden Spaniern allerdings besonders demonstrativ zur Schau gestellt wird. Arango hält die

---

3 Vgl. Umfragen und Wahlergebnisse, u.a. *La realidad social en España* (Anm. 1), S. 938.
4 Vgl. Walter Haubrich: »Hinter der Spanischen Wand. Der Sündenfall der PSOE«, in: *Kursbuch*, Heft 120: *Korruption*. Berlin, Juni 1995, S. 63-74.
5 S. 929.

Mehrzahl seiner Landsleute für schlecht informiert. Ihre Kenntnisse über politische Fragen seien oberflächlich, und das mache es ihnen schwer zu differenzieren, etwa in ihrem Urteil über verschiedene politische Führer, und fördere ein verallgemeinerndes Mißtrauen gegenüber Politik und Politikern.[6]

Ihr Mißtrauen gegenüber der Politik wissen manche Spanier mit einer Reihe von Argumenten zu rechtfertigen. Bei der intellektuellen Linken spielt Enttäuschung über die, um es unpolemisch auszudrücken, »pragmatische« Politik der PSOE-Regierung eine Rolle. Zum offenen Gegensatz kam es dann beim NATO-Referendum im März 1986, als die Sozialisten sich für den Verbleib im Atlantischen Bündnis einsetzten. Die NATO war jahrelang einer der festen Bestandteile des Feindbildes der spanischen Linken, die glauben konnte, die Sozialistische Partei werde Spanien aus dem Bündnis holen, wie es Wahlredner dieser Partei verkündet hatten, obwohl die Parteiführung nie versprochen hatte, bei dem von ihr angesetzten Referendum ein Nein zur NATO zu empfehlen. Das NATO-Referendum gehörte für Felipe González zu seiner Politik der *ambigüedad calculada*. Eine kalkulierte Ambiguität zwischen NATO-Verbleib und Beitritt zur Europäischen Gemeinschaft. Nur wenn der von allen Spaniern gewünschte Beitritt zur Gemeinschaft erreicht werde, sei eine Mehrheit für den Verbleib im Bündnis zu erreichen, ließ González die Regierung der EG-Staaten, die Spanien in der NATO halten wollten, wissen.[7] Deshalb konnte das Referendum, das dann – mit besonders großem Einsatz von González selbst – gewonnen wurde, erst stattfinden, nachdem der Beitritt zur EG vollzogen war. Schon fünf Jahre nach den aufregenden, von großen Emotionen getragenen Kundgebungen für und gegen die NATO-Mitgliedschaft interessierte sich in Spanien kaum noch jemand für das Bündnis. Nach dem Fall der Berliner Mauer gilt die NATO den Spaniern – abgesehen von einigen orthodoxen Kommunisten – als eine Organisation, die sich vorwiegend mit Friedensmissionen beschäftigt und eine Sicherheit für sehr theoretische eventuelle Angriffe von irgendwoher auf Westeuropa garantiert. Man ist stolz auf die spanische Mitarbeit an NATO-Missionen auf Kriegsschauplätzen in mehreren Ländern der Welt und freute sich 1995, als Spaniens sozialistischer Außenminister Solana – lange Zeit übrigens ein Gegner der NATO-Mitgliedschaft seines Landes – Generalsekretär des Atlantischen Bündnisses wurde, und im November 1996 stimmten Konservative, Sozialisten und Regionalisten geschlossen für die volle Eingliederung der spanischen Streitkräfte in die militärische Kommandostruktur des Bündnisses.

Für den Überdruß der Linken an der Politik kann heute also die Haltung der Sozialisten zur NATO-Mitgliedschaft nicht mehr verantwortlich gemacht werden.

---

6 Vgl. *La Vanguardia* v. 4.2.1993 und 26.7.1995.
7 Felipe González und Hans-Dietrich Genscher in Gesprächen mit dem Autor.

Verärgerung, vor allem bei der historischen Linken, erregte die »pragmatische« Behandlung der Vergangenheit durch die sozialistische Regierung González'. Nicht nur, daß auf Abrechnung mit den Verantwortlichen der Diktatur und ihren begeisterten Erfüllungsgehilfen sowie den großen Nutznießern des autoritären Regimes verzichtet wurde, man konnte sogar den Eindruck haben, daß die konvertierten Anhänger Francos manchmal – bei Ämtervergabe etwa – gegenüber den erprobten Kämpfern für die Freiheit bevorzugt wurden. Wie auch bei anderen großen historischen Umwälzungen war die spanische *transición* eine gute Zeit für politische Opportunisten.

Ausschlaggebend für die Ablehnung der regierenden Sozialisten und wichtig auch für die zunehmende Geringschätzung politischen Tuns überhaupt waren auf der Linken wie auf der Rechten und in der Mitte die zu Beginn der neunziger Jahre aufgedeckten Fälle von Korruption in der sozialistischen Administration. Wenn die spanischen Sozialisten von ihren hundert Jahren Ehrbarkeit – *cien años de honradez* – sprachen, dann war das mehr als ein Wahlkampfslogan, obwohl sie gerade mit diesem Satz ihren überwältigenden Wahlsieg im Herbst 1982 errangen. Die hundert Jahre Ehrbarkeit glaubte man der Spanischen Sozialistischen Arbeiterpartei (PSOE) auch noch bei den darauffolgenden Wahlen 1986 und 1989. Daß die Politiker der Linken ehrenwerte unbestechliche Leute seien, das war in Spanien schon fast ein Glaubenssatz. Selbst die traditionell undemokratische harte Rechte, die in der Franco-Diktatur das Sagen hatte, hielt die Linken zwar für fähig, die schlimmsten Dinge für ihre ja von Natur aus böse Ideologie zu tun und im Auftrage Moskaus oder der fast gleich gefährlichen europäischen Sozialdemokratie die traditionellen Werte Spaniens zu vernichten, doch ihren linken Gegnern vorzuwerfen, den Weg der Rechenschaft zu verlassen und sich persönlich zu bereichern, auf eine solche Idee wären auch die Propagandisten des Franco-Regimes und die kämpferischen Gegner der Demokratisierung nicht gekommen. Korruption galt den Spaniern lange Zeit hindurch als eine typische Begleiterscheinung rechtsgerichteter Regierungen. Wenn nun nach fast vierzehn Jahren sozialistischer Regierung die meisten Spanier glauben, es gebe in ihrem Land mehr Korruption als früher, und sich zudem unter den prominenten Korrupten Mitglieder der Sozialistischen Partei oder gar Vertrauenspersonen der sozialistischen Regierung befanden, dann müßte sich einiges in dieser Partei verändert haben. Es sei denn, man übernähme die auf der Gegenseite zu hörende Meinung, die hundert Jahre Rechtschaffenheit seien nur das Ergebnis fehlender Gelegenheit gewesen, was gewiß nicht richtig ist, denn es hat in den Kommunen auch vor der Franco-Diktatur linke und durchweg unbescholtene Bürgermeister gegeben. Den Volksfrontregierungen in Republik und Bürgerkrieg mag vieles vorzuwerfen sein, doch bestimmt kein unrechtmäßiger Umgang mit dem Geld des Staates. Hatte es also einen spektakulären Rückfall der Spanischen Sozialistischen Arbeiterpartei gegeben, wurde irgendwann einmal beschlossen, alle Werte abzuschaffen, sich einer, wie man hätte meinen können, neuen und korrupteren Zeit anzupassen? Es gab natürlich keine plötzliche Kehrtwendung. Die Wandlung in Denken und Verhalten vollzog sich langsam und in Etappen und betraf auch nur einen Teil der Partei. Die Bestechlichen und die, welche in die Kasse griffen, waren nur ganz wenige. Zunehmend größer wurde allerdings die Zahl derer, die dabei wegschauten. Die Toleranz gegenüber Gaunern in den eigenen Reihen nahm ständig zu. Ihre großen und kleinen Korruptionsskandale, das sei der Gerechtigkeit halber gesagt, hatten in Spanien während der Zeit der schnellen Geldvermehrung, des Wirtschaftsaufschwungs zwischen 1985 und 1992 fast alle Parteien. Die Sozialisten hatten über ein Jahrzehnt lang die Macht nicht nur im Staat, sondern auch in den weitaus meisten Regionen und in den wichtigsten Städten. Das vergangene Jahrzehnt war das Jahrzehnt von Felipe González, und auch die Korruption dieser Zeit wird Felipe González angekreidet, obwohl an seiner persönlichen Ehrbarkeit kaum jemand zweifelt. Unter der Regierung González hat Spanien seine größte wirtschaftliche Aufschwungsperiode erlebt, während derselben Regierung wurden auch die aufsehenerregenden Korruptionsfälle bekannt. In den wenig informierten und den durch manche Zeitungen und Rundfunksender bewußt desinformierten Kreisen der Bevölkerung verbreitete sich so schnell die simple, sicher falsche, doch leicht eingängige Ansicht, daß Politiker nun mal zu klauen pflegen, Sozialisten und Sozialdemokraten aber die größten Diebe seien. Der richtige Hinweis, zum ersten Mal würden jetzt, im demokratischen Spanien, die meisten großen Korruptionsfälle dank Pressefreiheit und unabhängiger Gerichte bekannt und verfolgt, hilft als Entschuldigung ebensowenig wie andere Rückgriffe auf die jüngere spanische Geschichte. Kontrolle war bei den regierenden Sozialisten ein höchst unbeliebtes Wort. Der frühere Minister und spätere Generalsekretär der NATO, Javier Solana, ein aufrechter Kämpfer gegen die Diktatur, sagte am Ende der sozialistischen Regierungszeit mit schöner Offenheit: »Wir hatten schließlich gegen ein alles kontrollierendes Regime gekämpft; sollten wir auch unsere eigenen Leute genauso kontrollieren?«[8] Gewiß nicht genauso und bestimmt nicht mit den gleichen Zielen; doch blindes Vertrauen war bei den vielen, nach dem großen Wahlsieg der Partei zugelaufenen Opportunisten höchst gefährlich und selbst gegenüber den in der eigenen Partei großgewordenen neuen Amtsträgern unangebracht. Gegen die Versuchung der Bestechlichkeit sind nicht einmal alle an den Werten der Solidarität und der sozialen Gerechtigkeit geschulten Parteigenossen gefeit. Die erprobten Werte der Sozialistischen Partei gerieten ab 1985, in den Jahren des großen wirtschaftlichen Aufschwungs Spaniens, in eine Krise: Schnell

---

8   Javier Solana im Gespräch mit ausländischen Journalisten im Palacio de Viana in Madrid im Mai 1995.

zu viel Geld zu kommen war in der Zeit der Spekulation ein neues lockendes Ziel für die Spanier geworden. Der damalige Wirtschafts- und Finanzminister Solchaga sprach vor in- und ausländischen Investoren einen aufmunternd gemeinten, doch gefährlichen Satz aus: Spanien sei, sagte er, das Land auf der Welt, in dem man zur Zeit am schnellsten und leichtesten sein Geld vermehren könne. Manche Leute aus der eigenen Partei verstanden dies als eine Empfehlung, ohne sich über die Mittel und die Formen der schnellen Geldvermehrung weitere Gedanken zu machen. Was ganz oben Selbstbewußtsein war, auch berechtigter Stolz auf die gelungene Reformpolitik, das führte weiter unten in der Administration zu einem Gefühl der Impunität, der Straffreiheit für alles, was man als Amtsträger der mächtigen und im Volk beliebten Regierung tat. So läßt sich vielleicht einiges vom kriminellen Tun des *Guardia Civil*-Chefs Roldán und der Korruption im Innenministerium, wo die Beamten sich doppelte Gehälter aus den Reptilienfonds zuschoben, erklären. Die *cultura del pelotazo*, die schnelle Geldvermehrung durch bedenkenlose Spekulation unter Ausnützung von Gesetzeslücken oder mit, wenn nicht verbotenen, so doch moralisch verwerflichen Methoden, wird gewöhnlich der sozialistischen Regierung angelastet. Gewiß, ihre Politik trug mit zu dem großen Wirtschaftsaufschwung in der zweiten Hälfte der achtziger Jahre bei, in denen sich Spanien mehr veränderte als je zuvor – grundsätzlich zum Positiven hin, denn die Hälfte der früher armen Bevölkerung stieg in diesen Jahren in den unteren Mittelstand auf. Allerdings: die Reichen wurden noch reicher. Wer schon viel hatte, konnte – wie bei schnellem Wachstum üblich – dieses besonders schnell vermehren. Von der *cultura del pelotazo* haben vor allem Leute profitiert, die nichts mit der sozialistischen Partei und Regierung zu tun hatten: etwa Finanziers und Broker, von denen einige vom konservativen Regierungschef Aznar später an die Spitze großer halbstaatlicher Firmen gesetzt wurden, und finanzielle Abenteurer, wie Javier de la Rosa und Mario Conde, die dann des Milliardenbetrugs angeklagt wurden. Daß ein geldgieriger und bedenkenloser Bankier wie Mario Conde jahrelang zum Idol der spanischen Gesellschaft werden konnte: am Königshof gern gesehen, von gekauften Journalisten hochgejubelt, von der Rechten zum Hoffnungsträger erkoren und von vielen jungen Spaniern als Vorbild gewählt, das deutet auf eine schwere Krise des Wertesystems in dieser spanischen Gesellschaft hin, für die auch die Regierung mitverantwortlich gemacht werden muß.

Die Enttäuschung über korrupte Politiker, die man lange für ehrenwerte Leute gehalten hat, führt verständlicherweise dazu, daß viele Bürger sich von der Politik entfremden. In der Volksempörung steckt allerdings auch viel Heuchelei. So mancher Spanier entschuldigt seine eigenen kleinen Betrügereien gegenüber dem Staat mit der Steuerhinterziehung des Notenbankpräsidenten Rubio und der Bestechlichkeit des *Guardia Civil*-Chefs Roldán. Die Sorge für das Gemeinwohl war unter den Spaniern nie sehr verbreitet. Die schweren Fälle von Korruption weit oben im Staat haben den allgemeinen Hang, den Staat wann immer möglich zu betrügen, noch verstärkt. Betrug und persönliche Bereicherung dürften in der Politik seltener sein als in der Wirtschaft. Natürlich sind Politiker viel mehr als Unternehmer und Finanziers zu rigoroser Ehrenhaftigkeit verpflichtet.

Die Korruption, der geringe Einfluß des Einzelnen auf die Politik, nicht erfüllte Wahlversprechen, selbstherrliche Politiker, das Verschwinden klar umrissener ideologischer Gegensätze, eine nicht objektiv informierende parteiische Kampfpresse – das alles hat sicher eine Rolle gespielt für den Rückgang des politischen Interesses; doch alle diese Argumente verdecken häufig auch persönliche Bequemlichkeit oder die gewiß nicht falsche Überzeugung, daß politisches Engagement zumindest einen Umweg bedeutet auf der schnellen Fahrt zum großen Geld.

Die spanische Rechte hatte, als ihr Weg zur Macht noch lang und steinig erschien, große Schwierigkeiten, begabte Leute aus ihren eigenen Reihen für die Arbeit in der Partei und im Parlament anzuheuern. Die Söhne aus reichen Familien und mit den nützlichen Beziehungen konnten fast überall viel mehr verdienen als in der Politik. Der frühere Abgeordnete Oscar Alzaga, ein vielverdienender Wirtschaftsanwalt, antwortete Ende der achtziger Jahre einmal auf die Frage, warum er so selten im Abgeordnetenkongreß zu sehen sei: »Jeden Nachmittag, den ich im Kongreß verbringe, verliere ich einige Millionen Peseten«.[9] Hinzu kommt, daß in den konservativen und frankistischen Kreisen die Politik der Demokratie mit großem Mißtrauen beobachtet wurde. Unter Franco beschränkte sich die politische Pflicht auf einige wenige Beteuerungen der Loyalität zum Regime, um seine Privilegien nicht zu verlieren. Nachdem 1977 bei den ersten Wahlen der Transition schon deutlich wurde, daß nur eine kleine Minderheit der Spanier den Erhalt des alten Regimes befürwortete – die gemäßigt frankistische Volksallianz (AP), früherer Name der Volkspartei (PP), erhielt nur acht Prozent der Stimmen, die offen antidemokratischen Parteien der extremen Rechten keinen einzigen Abgeordneten –, da warteten die meisten ängstlich distanziert ab, ob der demokratische Spuk nicht vielleicht doch bald vorbei sei. Andere unterstützten finanziell Putschvorbereitungen, wieder andere wählten die Volksallianz (AP), halfen dieser Partei auch wirtschaftlich in der geduldigen Hoffnung auf bessere Zeiten, in denen das Naturgesetz, nach dem die Regierenden aus der soziologischen Rechten zu kommen hätten, und die *gente bien*, die konservativen und wohlhabenden Familien, wieder das Sagen hätten, von neuem gültig sein würde.

An politischen und ideologischen Fragen war und ist man auf der spanischen Rechten wenig interessiert, es sei denn, solche Fragen wirkten sich auf die Bemühungen aus, den übernommenen Besitzstand zu bewahren oder auszuweiten.

---

9   Oscar Alzaga in mehreren Gesprächen mit Auslandskorrespondenten in den siebziger Jahren in Madrid.

Als es sich zeigte, daß die Sozialisten in ihrer langen Regierungszeit der traditionellen soziologischen Rechten nur wenige Privilegien nehmen wollten oder konnten, fand man sich auch mit dieser »antinatürlichen« Situation ab und versuchte, das vor allem finanziell Beste daraus zu machen. Als dann 1993 die Chancen auf eine Machtübernahme der Volkspartei (PP) auf dem normalen demokratischen Weg der Wahlen anstiegen, engagierte sich auch die alte Rechte wieder stärker politisch. Allein mit ihren Stimmen kann sie allerdings noch keine Wahlen gewinnen: Der knappe Sieg der Volkspartei im März 1996 mit weniger als 300.000 Stimmen Vorsprung vor der damals am untersten Punkt ihres Prestiges stehenden Spanischen Sozialistischen Arbeiterpartei war nur möglich dank der Stimmen eines beachtlichen Teils des progressiv-liberalen Mittelstandes in den Großstädten und auch dank gar nicht so weniger Arbeiter, etwa in den roten Industriegürteln um Madrid, Valladolid, Zaragoza und in Asturien. Wähler also, die in den achtziger Jahren ihre Stimmen den Sozialisten oder dem liberalen Demokratisch-Sozialen Zentrum (CDS) von Adolfo Suárez gaben. José María Aznar profitierte 1996 vom Verschwinden der Partei von Suárez, die schließlich eine bürgerliche Alternative zu seiner Volkspartei war.

In der ersten Hälfte der neunziger Jahre ging aus den Meinungsumfragen lange Zeit hindurch Julio Anguita, ein überzeugter und in den meisten Fragen orthodoxer Kommunist, als der angesehenste Politiker Spaniens hervor. Das kann nach der Bankrott-Erklärung der kommunistischen Staaten sicher als ein kurioses Phänomen betrachtet werden und könnte zu dem Schluß verführen, daß Spanien – wie es auch die Propaganda der Franco-Diktatur gepredigt hat – halt »anders« sei, nicht wie die übrigen westeuropäischen Länder denke und fühle, sich auch politisch anders definiere. Anguita pflegt in schulmeisterlicher Attitüde von oben herab Allgemeinplätze und Allerweltsweisheiten zu verkünden. Gewiß, er verzichtet im heftigen politischen Streit gewöhnlich auf die persönlichen Beleidigungen und Verunglimpfungen – dafür hat er andere in der von ihm geführten Kommunistischen Partei Spaniens (PCE) –, mit Ratschlägen und Ermahnungen an die konservativen und sozialistischen Streithähne spart er indes nicht. Doch es ist wohl nicht die verbale Zurückhaltung, die dem Kommunistenführer die Wertschätzung so vieler Landsleute einträgt; es dürfte sein pädagogischer Gestus sein. Zahlreiche Spanier lassen sich wohl gern belehren, besonders, wenn das in der paternalistischen Form eines Schulmeisters oder Pfarrers geschieht. Die Fanatiker der ideologischen Rechtgläubigkeit, die marxistischen Dogmatiker in der Kommunistischen Partei, werden geschätzt und finden noch Wähler, gerade weil sie ihre Meinung nicht geändert haben und weiter an ihren Zielen festhalten, so utopisch, ja absurd diese auch sein mögen. Es gilt ja auch vielen Spaniern immer noch als richtig und ehrenwert, in Diskussionen an ihrer Ausgangsposition festzuhalten, sich nicht überzeugen zu lassen, selbst, wenn man längst weiß, daß man unrecht hat. Die in weiter Ferne liegenden Ziele eines Anguita – Wahlsieg und Regierungsübernahme irgendwann einmal im nächsten Jahrhundert – imponieren offensichtlich immer noch zahlreichen Spaniern. Der Glaube an die Geschichte – »die uns einmal Recht geben wird«, so Anguita[10] – und die Hoffnung auf Utopie ist in der spanischen Bevölkerung stärker verwurzelt als in anderen Nationen. Selbst die These von »den beiden Ufern« findet noch Anklang. Der kommunistischen Parteiführung zufolge befinden sich Sozialisten, Volkspartei und Regionalisten auf dem einen Ufer des großen Flusses, die Vereinigte Linke (IU), also die Kommunistische Partei Spaniens und die kleinen mit ihr verbündeten Gruppen auf dem anderen, dem richtigen Ufer, da, wo die Geschichte vorbeikommt. Da die historische Wahrheit und korrekte Politik nur auf der einen Seite des Ufers, da, wo die Vereinigte Linke wohnt, zu Hause ist, muß es völlig gleich sein, wer auf der anderen Seite stärker ist: die Konservativen oder die Sozialisten. Erstes Ziel für die Kommunisten und andere »wirklich linke« Gruppen muß es sein, den Sozialisten Schaden zuzufügen, deren Wähler zu der Vereinigten Linken auf ihr Ufer herüberzuholen. Erst dann, wenn die Vereinigte Linke, geführt von der Avantgarde, also der Kommunistischen Partei Spaniens, eine große politische Formation der Linken sein wird, ist der Augenblick gekommen, gegen die Parteien rechts von den Sozialisten zu kämpfen. Nach dieser Theorie macht es Anguita keine großen Schwierigkeiten, seine parlamentarische und propagandistische Hilfe für die Volkspartei zu rechtfertigen, selbst bei so umstrittenen und von den linksgerichteten Spaniern eigentlich abgelehnten Maßnahmen der Regierung gegen eine als linksliberal geltende Mediengruppe. Die Vereinigte Linke hat mit diesen Thesen immerhin 10,58% der Stimmen bei den Parlamentswahlen im März 1996 erhalten, ein knappes Prozent mehr als drei Jahre zuvor.[11] Wenn der Aufschwung im gleichen Rhythmus bei allen Wahlen weitergeht, müssen Anguita und seine Partei allerdings noch viele Jahrzehnte bis zum Wahlsieg und zur Regierungsübernahme warten.

Die Demokratie wurde den Spaniern nicht geschenkt. Das spanische Volk hat sie sich unter vielen Opfern, auch Todesopfern, erkämpft. Der friedliche Übergang in Spanien hat mehr Tote gekostet als der ein Jahr zuvor mit einem Militärputsch eingeleitete revolutionäre Prozeß im Nachbarland Portugal. Kein König und nicht die Politiker haben den Spaniern die Demokratie gebracht. Das spanische Volk hat sie gewollt, ist, um diesen seinen Willen kundzutun, auf die Straße gegangen, hat gestreikt, hat sich unbewaffnet den bewaffneten Gegnern eines freiheitlichen Rechtsstaates entgegengestellt. Natürlich waren es nicht die 40 Millionen Spanier, die für die Demokratie auf die Straße gingen, es war, wie immer,

---

10 Julio Anguita im *Círculo de Corresponsales*, Madrid, Hotel Los Galgos, im Mai 1993.
11 Vgl. *El País* v. 5.3.1996, S. 25 und *El País, Anuario 1997*, S. 79.

eine Minderheit, die Mut zum Kampfe zeigte, ja manchmal ihr Leben riskierte. Sicher haben Politiker – der Gekrönte wie eine ganze Reihe ungekrönter – große Verdienste am geglückten Übergang. Der Weg Spaniens von der Diktatur zur Demokratie ist zu Recht im Ausland bewundert und dann nach 1989 in den Ländern Mittel- und Osteuropas als mögliches Vorbild studiert worden. Bei der mühsamen politischen Neuordnung mag wenig Zeit geblieben sein für den Aufbau eines neuen Wertesystems. Die Werte des Franco-Regimes hatten schon lange vor der Ablösung dieses Regimes ihre Glaubwürdigkeit verloren. Die Spanier spürten in der zweiten Hälfte der siebziger Jahre deutlich den Gegensatz zwischen der politischen Rhetorik und dem realen Geschehen in ihrem Land, sie erkannten die Verlogenheit und das Fehlen von Authentizität der offiziellen Moral. Sie versuchten hin und wieder, im Ausland akzeptierte Werte zu übernehmen und ausländische Bräuche nachzuahmen, ohne diese gut zu kennen. Das Gefühl, anders zu sein als die übrigen Europäer, war noch nicht ganz verschwunden. Anders sein bedeutete in der Zeit der beginnenden Demokratie vorwiegend, sich unterlegen zu fühlen. Dieser nationale Minderwertigkeitskomplex existiert heute nur noch bei wenigen Spaniern; die Mitgliedschaft in der Europäischen Union und die Kenntnis anderer europäischer Länder, der Menschen und der Lebensgewohnheiten in diesen Ländern hat vor allem bei der Jugend das nationale Selbstbewußtsein gestärkt. Die Krise der alten Werte trug sicher dazu bei, daß so viele Spanier sich in den achtziger Jahren hauptsächlich am schnellen Gelderwerb orientierten, der damals allerdings zum ersten Mal für einen großen Teil der Bevölkerung überhaupt möglich wurde. In Zeitschriften und Fernsehen wurden die Spekulanten, die bedenkenlosen Finanzabenteurer gefeiert; sicher galten sie manchen Spaniern als Vorbilder, solange zumindest, bis die bekanntesten von ihnen als Betrüger und Milliardendiebe entlarvt wurden. Von einer Sozialistischen Partei hätte man sicher erwarten können, daß sie einen vorwiegend materialistischen Wertekatalog relativiere; doch offensichtlich blieb den Regierenden in den achtziger Jahren dazu keine Zeit, so sehr waren sie mit der schließlich ja auch recht erfolgreichen Reform der spanischen Wirtschaft beschäftigt. Daß zu einer kapitalistischen Marktwirtschaft hohe Vermittlerprovisionen, ja auch Gaunereien gehörten, waren die Verantwortlichen der sozialistischen Jahre leicht geneigt zu glauben. Sie verinnerlichten das etwas zu sehr, wodurch sie nachsichtig gegenüber Bereicherung in den eigenen Reihen wurden. Doch wenn die schon immer Wohlhabenden den Angehörigen der sozial unteren Volksschichten materialistisches Denken und Handeln vorwerfen, weil diese die ihnen so selten gebotene Gelegenheit nutzten, ihren geringen Lebensstandard etwas zu verbessern, so ist das sicher eine besonders zynische Form von Heuchelei. Daß mit der wirtschaftlichen Entwicklung auch manch liebenswerte Verhaltensformen der Spanier seltener anzutreffen sind, wird man bedauern. Doch sollte man gegenüber den sogenannten Tugenden des »ewigen« Spaniers, denen in traditionalistischen Kreisen noch nachgeweint wird, mißtrauen. Dieser ewige oder echte Spanier, wie ihn die Propaganda der Diktatur dann auch zur Werbung für den Fremdenverkehr benutzte, hatte arm und stolz, mutig und leidenschaftlich, ehrlich und uneigennützig zu sein. Juan Goytisolo schreibt dazu: »Die vermeintlichen 'Tugenden' existieren oft nur in der Meinung derer, die sie uns zuschreiben, und wenn man sie vernünftig unter die Lupe nimmt, verwandeln sie sich häufig in Fehler. So kann die vielgepriesene 'asketische' Armut der Spanier keine Tugend sein aus dem einfachen Grund, weil sie nicht das Ergebnis einer freien, somit moralischen Wahl ist, sondern das einer anachronistischen Lebenswirklichkeit, die wir seit Jahrhunderten ertragen, und gegen die zu rebellieren uns der nötige Mut fehlt.«[12]

Nicht so sehr das Wählerverhalten als die politischen Stimmungen und die Wertvorstellungen wechseln in Spanien schneller als in anderen europäischen Ländern. Vor den Wahlen 1993 erschreckte die Zeitung *El País* ihre Leser mit der Veröffentlichung von Umfragen nach den wichtigsten Interessen und Lebenszielen spanischer Studenten. Die Studenten interessierten sich fast nur für privates Wohlergehen sowie beruflichen und materiellen Erfolg. Der Frieden in der Welt, größere soziale Gerechtigkeit, Ende des Hungers in den unterentwickelten Ländern schien nur wenigen Sorgen zu machen, erschien jedenfalls nur vereinzelt in den Antworten. Doch in der gleichen Zeit und auch in den Jahren danach demonstrierten immer wieder Tausende von jungen Spaniern in Zelten bei kaltem und nassem Wetter mitten in den Großstädten für eine Erhöhung der von ihrem Land gezahlten Entwicklungshilfe. Wenn auch die Hinwendung zum Privaten, zum Beruf und der Familie unter den Spaniern, welche Diktatur und Transition nicht mehr bewußt miterlebt haben, unbestritten ist –, so bedeutet das nun nicht, daß die Generation der heute 18-25jährigen nicht auch für große gemeinschaftliche Projekte zu gewinnen sei. Solidarität gilt ihnen noch nicht als ein eher belächelter Terminus aus dem Moralkatalog der Alten; Sammlungen gegen Hungersnöte und Flüchtlingsbewegungen in der Dritten Welt bringen in Spanien immer noch mehr ein als in anderen westeuropäischen Ländern.

Über den Verfall der guten Sitten im politischen Umgang miteinander beklagen sich zu Recht viele Spanier. Ihre Vorwürfe richten sich an die Gruppe von Menschen, die man hinter den Pyrenäen gerne *la clase política* nennt. Zu dieser »politischen Klasse« gehören außer den aktiven Politikern die Journalisten, viele Intellektuelle, Wirtschaftsführer, Gewerkschafter sowie Kirchenfürsten und in einem Land mit einer stark politisierten Justiz auch zahlreiche Richter und Staatsanwälte. Die Politisierung der Justiz und mit ihr auch die Justizialisierung der Politik

---

12   Juan Goytisolo: *Examen de Conciencia / Spanische Gewissensforschung*. Kempten im Allgäu 1966, S. 67.

bedeuten nach Meinung vieler Beobachter eine Gefahr für den Rechtsstaat in Spanien. Spaniens Justiz war natürlich nie wirklich unpolitisch, auch nicht in der Zeit Francos, als die allermeisten Richter und Staatsanwälte sich darauf beschränkten, brav die bestehenden Gesetze – selbst, wenn diese Gesetze des Unrechtsstaates waren – in ihren Urteilen anzuwenden. Kritik an der Diktatur kam von den Richtern sehr selten, hingegen viel häufiger von den Rechtsanwälten. Manche Richter, gewiß eine Minderheit, taten sich durch Übererfüllung ihres politischen Solls hervor; sie verurteilten die wegen politischer Delikte angeklagten Regimegegner zu härteren Strafen, als es die Gesetze vorsahen: etwa Gewerkschaftler zu 20 Jahren Gefängnis wegen Zugehörigkeit zu den damals illegalen freien Gewerkschaften. Diese »schrecklichen Juristen«[13] taten vor allem an den Sondergerichten, wie dem Gericht zur Unterdrückung der Freimaurerei und des Kommunismus (*Tribunal de Represión de la Masonería y del Comunismo*) und ab 1963 am Gericht für Öffentliche Ordnung (*Tribunal del Orden Público*) ihren Dienst. Gegen Ende der Francozeit bildeten einige demokratische Richter die Vereinigung *Justicia Democrática*. Die konservativen Kollegen schlossen sich dann später in einer weiteren Organisation zusammen, und schließlich bildete sich noch ein dritter Verein, der sich politisch in der rechten Mitte ansiedelte. Die Gruppenzugehörigkeit wurde in der Demokratie wie eine politische Etikette der einzelnen Richter gebraucht. Nach der langen Vorherrschaft der konservativen und rechtsextremen Richter holten die sozialistische Regierung und die politische Mehrheit dieser Partei im Parlament vorwiegend als fortschrittlich geltende Richter in wichtige Ämter, wie etwa in dem neugegründeten Obersten Rat der Richterlichen Gewalt (*Consejo Superior del Poder Judicial*). Die seit Mai 1996 regierende konservative Volkspartei wechselte diese dann durch konservative Richter und Staatsanwälte aus, von denen einige aktiv gegen die Demokratie gearbeitet hatten. Die berufsständischen politischen Organisationen der Richter und Staatsanwälte nehmen öffentlich Stellung zu zahlreichen politischen Entscheidungen, nicht nur der Rechtspolitik. Einige Richter zeigen einen großen politischen Ehrgeiz und einen auffallenden Hang zur Publizität. Sie informieren Zeitungen und Fernsehen im voraus über die von ihnen angeordneten, an sich geheimen Polizeiaktionen und stehen im Verdacht, Zeitungen geheime Unterlagen aus politisch brisanten Verfahren zukommen zu lassen. Einige Untersuchungsrichter wie Baltasar Garzón und Javier Gómez de Liaño sind von den Medien zu »jueces estrellas«, Starrichtern, ernannt worden, woran sie offensichtlich großen Gefallen finden. Die Zeitungen pflegen zum Beispiel zu schreiben: »Der Richter Garzón ließ 30 mutmaßliche Drogenhändler verhaften«, statt, wie es in anderen

---

13 Der Ausdruck von Hochhuth wurde von dem *El País*-Korrespondenten José Comas in die politische Umgangssprache Spaniens gebracht.

Ländern üblich wäre: »der nationale Gerichtshof ordnete die Verhaftung an«. Die Arbeitsergebnisse dieser Starrichter lassen dann allerdings viel zu wünschen übrig: Mehrere aufsehenerregende Prozesse, die Garzón als Untersuchungsrichter vorbereitete, endeten später mit Freispruch, weil für die Richter, die das Urteil zu fällen hatten, die von dem Untersuchungsrichter ermittelten Beweise nicht stichhaltig waren. Gómez de Liaño mußte in dem von ihm eingeleiteten Verfahren gegen den Fernsehsender *Canal+* innerhalb von zwei Wochen gleich dreimal von der ihm übergeordneten Gerichtskammer scharf gerügt werden. Diese Richter schicken besonders gern prominente Beschuldigte in Untersuchungshaft, auch wenn es keine triftigen Gründe, wie Flucht oder Verdunkelungsgefahr, dafür gibt. Sie drängen sich häufig nach Verfahren mit bekannten Beschuldigten und versuchen, diese den eigentlich zuständigen Richtern streitig zu machen. Die gleichen Richter sehen keinen Grund, sich für befangen zu erklären, wenn Beschuldigte oder Angeklagte, wie etwa in dem Fall eines Verfahrens gegen hohe Amtsträger des Innenministeriums, das der ehemalige Staatssekretär in diesem Ministerium, Garzón, führt, frühere Kollegen und Rivalen des Untersuchungsrichters sind. Die höheren Organe der Justizverwaltung drängen aber auch nicht auf Befangenheitserklärung und lassen so zu, daß Ex-Staatssekretär Garzón seinen Intimfeind Vera, der zur gleichen Zeit Staatssekretär im gleichen Ministerium war und dessen Amt Garzón haben wollte, untersucht. Korpsgeist und Standesbewußtsein sind in der spanischen Justizverwaltung besonders groß. Die enge Zusammenarbeit zwischen einem Untersuchungsrichter, zwei wegen sechs Mordversuchen verurteilten Polizisten, dem Chefredakteur einer großen Zeitung und dem Generalsekretär der damals größten Oppositionspartei mit Zusammentreffen der Beteiligten im Büro des Journalisten oder in Hotelbars, um dort über eventuell des Staatsterrors anzuklagende Politiker zu sprechen, wäre in anderen europäischen Ländern zu einem großen Skandal geworden, wird in Spanien aber einfach so hingenommen. Ebenso wie die Tatsache, daß die Aussagen der beiden Polizeiterroristen gleichzeitig mit dem richterlichen Verhör oder kurz danach in der auf die Enthüllung von tatsächlichen oder angeblichen Skandalen spezialisierten Zeitung *El Mundo* erscheinen. Daß die Untersuchung für streng geheim erklärt wird, die Ergebnisse in der gleichen Zeitung aber in Serienform veröffentlicht werden, scheint niemanden und am wenigsten den Richter zu stören.

Viele spanische Journalisten möchten lieber selbst Politik machen als über Politik zu schreiben. Manche Journalisten schreiben zunächst Politikern Parlamentsreden und dann über diese Politiker und ihre Reden in ihren Zeitungen. Die konservative Opposition in der Zeit der sozialistischen Regierung übernahm das Material ihrer parlamentarischen Kritik vorwiegend aus vorangegangenen Veröffentlichungen der Zeitungen *El Mundo* und *ABC*. *El Mundo* fordert heute auf seinen Zeitungsseiten politische Maßnahmen, die dann einige Tage später von der

Regierung beschlossen werden. Journalisten arbeiten auch manchmal Untersuchungsrichtern in die Hand; in der heftigen Auseinandersetzung um das Digitalfernsehen, die 1997 Spanien sehr beschäftigte, offenbar auch in enger Zusammenarbeit mit Regierungsämtern.

Wie so ein den Rechtsstaat in Frage stellendes enges Zusammenspiel der verschiedenen Gewalten aussehen kann, läßt sich an der Geschichte der gerichtlichen Untersuchung gegen den privaten Fernsehsender *Canal+* demonstrieren, der zu einem Viertel der Verlagsgruppe der regierungskritischen Zeitung *El País* gehört. Ein von einigen Betriebswirtschaftlern verfertigtes Gutachten über den Umgang mit der von Abonnenten bezahlten Decoder-Kaution durch *Canal+* wurde der weit rechts stehenden, regierungsnahen Wochenzeitung *Época* zugespielt.[14] Der Hauptautor des Gutachtens erklärte später, ein Staatssekretär der Regierung Aznar habe diesen Bericht bei ihm in Auftrag gegeben. Der Herausgeber der Zeitschrift, der alt-frankistische Journalist Campmany, erstattet aufgrund dieses in seiner Zeitschrift veröffentlichten Berichtes Anzeige gegen *Canal+*, so zeitgerecht, daß die Bearbeitung der Anzeige dem ihm befreundeten Untersuchungsrichter Gómez de Liaño zufällt. Gómez de Liaño leitet ein Verfahren gegen die Vorstandsmitglieder von *Canal+* ein, unter ihnen die führenden Leute der Zeitung *El País*, verbietet diesen zeitweise die Ausreise, droht mit Untersuchungsgefängnis, obwohl es in Spanien über den Umgang mit solchen Kautionen weder Gesetzgebung noch Rechtsprechung gibt und der sehr liquide Fernsehkanal immer, wenn das von Abonnenten verlangt wurde, die vorgelegten Kautionssummen sofort zurückzahlte. Die immer neuen Meldungen über das seltsame Untersuchungsverfahren brachten Unsicherheit unter die Abonnenten von *Canal+* und die der von der gleichen Gruppe mitbetriebenen Plattform für Digitalfernsehen, möglicherweise auch unter die Geschäftsfreunde des erfolgreichen Medienkonzerns, dem *El País*, eine große Rundfunkkette und 25% von *Canal Plus* gehören. Der Haupteigentümer dieser Mediengruppe wurde in wenigen Wochen immer wieder im staatlichen spanischen Fernsehen gezeigt, wie er die Treppe zum Untersuchungsgericht hochging. Da können auch die gutgläubigsten Spanier nicht mehr an Zufall denken.

In den Jahren der Demokratie haben sich in Spanien zwei verschiedene Konzeptionen von Journalismus herausgebildet. Die eine Auffassung betrachtet die Zeitung, die vielgehörten politischen Sendungen des Rundfunks und die Fernsehnachrichten als Instrumente des politischen Kampfes, der Auseinandersetzung zwischen Regierung und Opposition oder der einzelnen politischen Parteien. Die Zeitung etwa hat ein politisches Ziel, dem die Auswahl und Präsentation der Information streng untergeordnet wird. Auf der Gegenseite stehen Journalisten,

---

14 Vgl. *Época* v. 27.1.1997.

die auch ihre politischen Sympathien haben, diese im Meinungsteil nicht verschweigen, sich jedoch bemühen, Informationen ohne Ansehung der jeweiligen politischen Seite zu veröffentlichen. Beide Konzeptionen von der Aufgabe einer Tageszeitung mag man für berechtigt halten. Heikel wird es, wenn – wie im Spanien der vergangenen Jahre häufig geschehen – Zeitungen im politischen Kampf auch vor erfundenen Skandalen nicht zurückschrecken, falsche Informationen nicht korrigieren oder sogar, wie *ABC*, eine gefälschte Meinungsumfrage veröffentlichen.[15] Einen Skandal der ganz besonderen Art stellt die Radiokette der spanischen Bischofskonferenz dar. Sie praktiziert vulgärste Formen von Rundfunkjournalismus, scheut auch vor Obszönitäten nicht zurück, verbreitet einseitig eine ganz bestimmte Meinung und pflegt in ihren *Tertulias*, den politischen Debatten, vor allem die in Spanien verbreitete Kunst der ständigen Beschimpfung politisch Andersdenkender. Einige Bischöfe haben gegen den mehrheitlich der Bischofskonferenz gehörenden Sender öffentlich protestiert; andere rechtfertigen dessen sensationalistisches und politisch einseitiges Programm mit der Notwendigkeit, Geld zu verdienen.[16]

Gewiß wurden über Zeitungsveröffentlichungen manche Skandale und Skandalaffären in der von den Sozialisten geführten zentralen Administration und auch in einigen, von verschiedenen Parteien regierten Regionen aufgedeckt, manche davon in der Zeitung *El Mundo*. Doch hat das gleiche Blatt auch über einige Finanzskandale berichtet, die keine waren; so wurden Personen, wie etwa der Schwager des Ministerpräsidenten González, dem nichts vorzuwerfen war, eine Zeitlang an den Pranger gestellt. Wenn es sich dann erwies, daß die Angeprangerten zu Unrecht beschuldigt wurden, weigerten sich Zeitungen wie *El Mundo*, ihre falschen, häufig verleumderischen Anschuldigungen zu korrigieren. Politiker haben in Spanien kaum Chancen, gerichtliche Verfahren gegen Kommunikations- und Meinungsmedien zu gewinnen. Die Gerichte geben im Prinzip der freien Berichterstattung fast immer Vorrang gegenüber der persönlichen Ehre von Personen aus dem öffentlichen Leben. Für den sogenannten investigativen Journalismus braucht man in Spanien vor allem zwei Dinge: einen Briefkasten und ein Scheckbuch. Manche belastenden Dokumente werden Zeitungen einfach zugeschickt, für andere muß man bezahlen. Die belastenden Dossiers stammen, wenn sie nicht schlichtweg gefälscht sind, häufig aus Diebstählen, begangen von ungetreuen Beamten, die wiederum für das von ihnen entwendete Diebesgut von betrügerischen Finanziers und auch von manchen Medien hoch bezahlt werden. Der des Millionenbetruges angeklagte ehemalige Bankier Conde bekam offensichtlich

---

15 Vgl. *ABC* v. 14.2.1996, S. 22f., v. 16.2.1996, S. 8 und S. 24, und *El País* v. 17.2.1996, S. 25 und v. 21.2.1996, S. 18.
16 Bischöfe im Gespräch mit dem ehemaligen Justiz- und Außenminister Francisco Fernández Ordóñez, von diesem dann ohne Dementi der Bischöfe im größeren Kreis veröffentlicht.

viele der dann in der von ihm mitgegründeten Zeitung *El Mundo* veröffentlichten Dokumente von dem inzwischen auch angeklagten Obristen des militärischen Geheimdienstes Perote, der Mitschnitte der von seinem Dienst abgehörten Telefongespräche und Kopien der allergeheimsten Dokumente bei seinem Ausscheiden mit nach Hause genommen hatte. Als einziger der großen Skandale wurde der des diebischen *Guardia Civil*-Chefs Roldán durch wirkliche journalistische Recherchen aufgedeckt. Nach einem anonymen Hinweis aus der *Guardia Civil* überprüften zwei Redakteure der Tageszeitung *Diario 16* das Vermögen Roldáns und stellten bald fest, daß sich dessen Haus-, Grund- und Aktienbesitz in seinen Jahren an der Spitze der größten Polizeiformationen Spaniens auf geradezu wunderbare Weise vermehrt hat.

Die meisten spanischen Intellektuellen tragen wenig Positives zur politischen Kultur ihres Landes bei. Die Schriftsteller schreiben in den Zeitungen viele Kolumnen über Ereignisse und Hintergründe des politischen Lebens, über das sie gewöhnlich nur oberflächlich informiert sind. Auch die Artikel von literarisch geschätzten Autoren wie Muñoz Molina, Vázquez Montalbán, Millás oder des Philosophen und Essayisten Savater verraten häufig, daß sie schnell und ohne genaue Kenntnisse des Sachverhaltes heruntergeschrieben wurden. Für den einst so geschätzten *polígrafo*, den Schriftsteller, der über fast alles Lesenswerte in angenehmen und eingängigen Formulierungen mitteilen konnte, dürften die Zeiten und das Geschehen in Spanien wie auf der Welt zu kompliziert geworden sein. Die eitlen und leeren Selbstdarstellungen eines Francisco Umbral oder die von Ignoranz strotzenden politischen Kurzglossen eines Antonio Gala helfen eifrig mit, die politische Unkultur in Spanien zu verbreiten. Schriftsteller, die sich vorwiegend zu gesellschaftlichen und politischen Fragen äußern, in denen sie sich auskennen – also etwa Juan Goytisolo, Julio Llamazares oder Manuel Rivas – sind leuchtende Ausnahmen in dem recht düsteren Dickicht der Literatur-Kolumnisten.

Die Professoren spanischer Universitäten schreiben gern in Zeitungen und lassen sich oft zu Rundfunk- und Fernsehdiskussionen einladen. Die höchst unterschiedliche Qualität der einzelnen Beiträge läßt keine Schlüsse auf das intellektuelle Niveau der heutigen spanischen Universität zu; sicher ist, daß über manche ständigen Professorenkolumnen die um ihren guten Ruf besorgten Universitäten nicht glücklich sein können.

Die 28 Jahre Demokratie waren für viele Spanier eine neue Erfahrung: für die, welche aus den Katakomben des Widerstandes kamen, wie auch für die, die sich freiwillig in den Dienst der Diktatur begaben und daraus einen beachtlichen Nutzen für sich selbst gezogen hatten. Die von ihnen als Hauptaufgabe betrachtete Verteidigung des demokratischen Rechtsstaates hat es einigen früheren Widerständlern einfach gemacht, bei ihrer Verteidigung der Demokratie die Grenzen des Rechtsstaates manchmal zu überschreiten. Mit den Ideologien haben jetzt fast alle ihre Probleme. Auf der Linken herrscht noch Konfusion; die überzeugten Rechten benutzen die Instrumente der Demokratie, an die sie immer noch nicht so recht glauben können, um den staatlichen Machtapparat ganz in ihre Hand zu bekommen. Ihr neues Selbstbewußtsein gründet sich auf die nach den Wahlen 1996 wiedergewonnene Überzeugung, daß die Geschichte ihnen früher oder später immer wieder recht gibt, worüber mit rationalen Argumenten zu diskutieren sie aber nicht bereit sind. Der extreme Regionalismus, der sich in einigen spanischen Regionen Nationalismus nennt, scheint manchen einen Ausweg aus der ideologischen Konfusion oder anderen eine Zuflucht, um von der ideologischen Leere wegzukommen, zu bieten. Doch gerät das nationalistische Denken, will es mehr als pragmatisches Kirchtumsdenken sein, bald schon in eine Sackgasse. Der sogenannte gemäßigte Nationalismus, wie ihn *Convergència i Unió* in Katalonien oder der *Partido Nacionalista Vasco* im Baskenland verstehen, stößt, wenn einmal alle Autonomieforderungen erfüllt sind, an eine Mauer, auf deren anderer Seite nur Separatismus und Unabhängigkeit in Form von provinzieller Kleinstaaterei warten. Trotz allem: die großen ideologischen Einteilungen, etwa in rechts und links, spielen in Spanien noch eine wichtige Rolle, was dann manche extrem pragmatischen britischen oder nordamerikanischen Beobachter gar nicht verstehen wollen oder können.[17]

Gegenüber einer politischen Klasse, die sowohl intellektuell wie moralisch viel zu wünschen läßt, bei einer gereizten, es mit der Wahrheit nicht gerade genaunehmenden politischen Diskussion eines von persönlichen Verunglimpfungen und derben Beschimpfungen bestimmten Parteienstreits und bei zunehmendem Egoismus in der Ausübung der Macht hat sich die Mehrheit der Spanier beim wichtigsten Akt der politischen Mitbestimmung, bei den Wahlen, doch von den Argumenten der Vernunft und von der Abstimmung eigener Interessen mit denen ihrer sozialen Klasse und des gesamten Landes bestimmen lassen. Bei aller verständlichen Ernüchterung besteht doch wohl kein Grund, die Fortdauer der spanischen Demokratie, die, wie auch woanders, nie eine makellose Demokratie sein wird, als gefährdet zu betrachten. Dafür sind die Erinnerungen, oder bei den Jüngeren das von früheren Generationen Gehörte, noch zu frisch.

---

17 Vgl. etwa Henry Kamen: »La proyección de un país, que aún es diferente«, in: *La Vanguardia* v. 28.11.1995, S. 48.

II

Alte und neue Machtträger: Monarchie, Militär, Wirtschaft

Walther L. Bernecker

Monarchie und Demokratie
Zur politischen Rolle von König Juan Carlos

1. Thema und Fragestellung

Daß Spanien in den neunziger Jahren des 20. Jahrhunderts eine stabile, in die EG/EU und die NATO integrierte demokratisch-parlamentarische Monarchie sein würde, hätte vor 25 Jahren kaum ein Zeitgenosse zu prophezeien gewagt. Das Land hatte bis 1931 eine konstitutionelle Monarchie gekannt, auf die eine instabile Republik folgte; diese war nicht in der Lage, die Krise der dreißiger Jahre zu bewältigen. Die unüberbrückbaren Gegensätze stürzten das Land in einen grausamen Bürgerkrieg, dessen Dauer und Ausmaß wesentlich durch die Einmischung des Auslandes mitbedingt wurden. Das aus diesem Krieg siegreich hervorgegangene Franco-Regime war eine nahezu vierzig Jahre währende personalistische Diktatur, die es nicht verstand, die sozialen und ideologischen Gräben, die das Land spalteten, zuzuschütten. Als die franquistische Ära sich ihrem Ende näherte, war daher im In- und Ausland immer öfter die bange Frage nach der Zukunft Spaniens zu hören. Spekulationen und Befürchtungen gab es zuhauf.

Der nach 1975 sodann einsetzende friedliche Übergang vom autoritären Franco-Regime in eine liberal-parlamentarische Demokratie wurde jedoch derart geschickt bewerkstelligt, daß er nicht nur verstärktes Interesse von Historikern und Sozialwissenschaftlern hervorgerufen hat, sondern zugleich als »spanisches Modell« in vielen Ländern Lateinamerikas und des früheren kommunistischen Ostblocks als Muster für eine gewaltfreie *transición* gilt. Die theoretische[1] und deskriptive[2] Literatur zum geglückten Regime-Übergang Spaniens ist zwischenzeitlich schon fast nicht mehr zu überblicken.

---

1   Aus der Vielzahl der theoretischen Literatur sei genannt: Julián Santamaría (Hg.): *Transición a la democracia en el Sur de Europa y América Latina*. Madrid 1981; Guillermo O'Donnell / Philippe C. Schmitter / Lawrence Whitehead (Hgg.): *Transitions from Authoritarian Rule. Comparative Perspectives*. Baltimore 1986; Norbert Lechner (Hg.): *Cultura política y democratización*. Santiago de Chile 1987; Guillermo O'Donnell / Philippe C. Schmitter: *Tentative Conclusions about Uncertain Democracies*. Baltimore 1986; Geoffrey Pridham (Hg.): *The New Mediterranean Democracies*. London 1984.

2   Einige Beispiele: Víctor Alba: *Transition in Spain: From Franco to Democracy*. New Brunswick 1978; Raymond Carr / Juan Pablo Fusi: *España de la dictadura a la democracia*. Barcelona 1979; John Coverdale: *The Political Transformation of Spain after Franco*. New York 1979; José María Maravall: *La política de la transición (1975-1980)*. Madrid 1981; *Diario 16: Diez años que cambiaron España, 1973-1983. Historia de la transición*. Madrid 1985; Raúl Morodo: *La transición política*. Madrid 1985; Sondernummer 68/69 (November 1985) der Zeitschrift *Sis-*

Es geht im folgenden nicht um eine abermalige Darstellung dieses Übergangsprozesses. Der Beitrag beschränkt sich darauf, die Rolle des Königs, der als neues Staatsoberhaupt institutionell und politisch eine herausragende Position einnahm, zu untersuchen. Dabei ist eine Analyse der Funktion des Königs als *change agent* im politischen Übergangsprozeß von der Diktatur zur Demokratie deshalb von besonderem Interesse, weil die meisten Studien die strukturellen Variablen betonen und die langfristigen Tendenzen herausarbeiten. Demgegenüber hat die Führungsrolle einzelner Politiker relativ wenig Beachtung erfahren, obwohl sie zweifellos von größter Bedeutung ist.[3] In theoretischen Diskussionen über postautoritäre Demokratisierungsprozesse wird ebenfalls hervorgehoben, daß unabhängig von der funktionalen Bedeutung »demokratiefreundlicher« sozioökonomischer Entwicklungsfaktoren eine historisch-genetische und damit stärker auf den Einzelfall abzielende Analyse ihre Berechtigung behält.[4]

2. Von der Diktatur zur Demokratie: Spaniens *transición*

Die Weichen für den politischen Wandel des franquistischen Systems waren lange vor dem Tod des Diktators gestellt worden; spätestens seit der Ermordung des Ministerpräsidenten und Franco-Vertrauten Luis Carrero Blanco (Dezember 1973) war die Zukunft des Regimes ungewiß.[5] Die letzte Phase des Franquismus war politisch bereits von der Diskussion über den Nach-Franquismus beherrscht. Zur Diskussion standen die vom »Bunker« des Regimes verfochtene Fortsetzung (*continuismo*) des Franquismus (mit welchen Mitteln und in welcher Form auch immer), die von reformwilligen Kräften des Systems propagierte allmähliche

---

tema *(La transición democrática en España)*; David Gilmour: *La transformación de España*. Madrid 1986; Donald Share: *The Making of Spanish Democracy*. New York 1986; Paul Preston: *Spanien. Der Kampf um die Demokratie*. Rheda-Wiedenbrück 1987; vgl. auch den Artikel »Transición« (mit weiterführender Literatur) in Walther L. Bernecker (u.a.): *Spanien-Lexikon*. München 1990, S. 419-425 und die Beiträge in Walther L. Bernecker / Josef Oehrlein (Hgg.): *Spanien heute. Politik, Wirtschaft, Kultur*. Frankfurt a.M. 1991 sowie in Walther L. Bernecker / Carlos Collado Seidel (Hgg.): *Spanien nach Franco. Der Übergang von der Diktatur zur Demokratie 1975-1982*. München 1993.

3   Juan J. Linz: *Innovative leadership in the transition to democracy and a new democracy: the case of Spain*. MS (Jerusalem) 1987, S. 2. Des weiteren führt Linz aus: »The Spanish case is clearly one in which leadership emerges in response to a situation, a task, rather than through a slow process of selection before the events, and certainly not on the basis of broad popular appeal pushing the leaders into their positions.«

4   Peter A. Kraus: »Elemente einer Theorie postautoritärer Demokratisierungsprozesse im südeuropäischen Kontext«, in: *Politische Vierteljahresschrift* 31. Jg., H. 2, 1990, S. 191-213, Zit. S. 193.

5   Zu den verschiedenen Optionen politischen Wandels in der spätfranquistischen Phase vgl. den Beitrag von Dieter Nohlen / Carlos Huneeus: »Elitenwettbewerb in der Spätphase des Franco-Regimes. Der Kampf um die politische Reform«, in: Peter Waldmann / Walther L. Bernecker / Francisco López-Casero (Hgg.): *Sozialer Wandel und Herrschaft im Spanien Francos*. Paderborn 1984, S. 349-369.

Veränderung der Systemstrukturen und deren Anpassung an »europäische« Vorbilder (*evolucionismo*), schließlich der insbesondere von der demokratischen Opposition geforderte inhaltliche Bruch (*ruptura*) mit den Grundprinzipien des nichtdemokratischen autoritären Regimes. Die Jahre ab 1969 werden als »Vorphase des Übergangs« (*pretransición política*) bezeichnet. Zaghafte Reformversuche der Regierung Carlos Arias Navarro (1974) dürfen allerdings nicht darüber hinwegtäuschen, daß das Regime zu Lebzeiten des Diktators nur unwesentliche Formveränderungen vornahm, in seinen Grundstrukturen aber unverändert blieb.[6]

Der Tod Francos bedeutete noch nicht das Ende des Franquismus, war aber Katalysator der folgenden Reformentwicklungen. In seiner Thronrede (22. November 1975) kündigte König Juan Carlos I. eine Öffnung und Demokratisierung des politischen Systems an; dieses Programm wurde dann in der Regierungserklärung von Dezember 1975 konkretisiert, machte in der ersten Hälfte des Jahres 1976 jedoch unter der noch stark dem alten System verpflichteten Führung des altfranquistischen Ministerpräsidenten Arias Navarro nur wenig Fortschritte. Die Frage, die sich für den König und die politisch Verantwortlichen stellte, lautete: Bruch mit dem Franquismus (wie es die Opposition forderte) oder Kontinuität bei unwesentlichen Korrekturen am System (was die Rechte erstrebte)? Die schließlich eingeschlagene Lösung verzichtete auf die abrupte Demontage des Franco-Systems, setzte statt dessen auf den langsamen Wandel, auf das Aushandeln von Änderungen, auf den »paktierten« Übergang (*transición pactada* oder *ruptura pactada*). Die *transición* erfolgte als Reform; das Besondere des Regimewandels bestand darin, daß er unter Leitung und Kontrolle der franquistischen Institutionen und eines Teils der in ihnen vorherrschenden politischen Elite durchgeführt wurde, formal somit innerhalb der von Franco errichteten Legalität vor sich ging und mit dem autoritären Verfassungsrecht des Franquismus nicht brach – was wohl der wesentliche Grund dafür war, daß die Streitkräfte nicht eingriffen, sondern die Veränderungen akzeptierten –, inhaltlich jedoch nicht eine Reform oder Revision des franquistischen Systems, sondern – unter Bruch mit den Strukturprinzipien des franquistischen Staates – dessen Ersetzung durch eine neue, auf demokratischen Prinzipien basierende Regierungsform darstellte. Die Originalität der *transición* bestand somit darin, daß sie politisch als Verhandlung zwischen Regierung und Vertretern des alten Regimes einerseits, den Kräften der demokratischen Opposition andererseits erfolgte, daß sie verfassungsrechtlich mittels der in den franquistischen »Grundgesetzen« für deren Revision vorgesehenen Mecha-

---

6   Zur Typologie des Franquismus vgl. Walther L. Bernecker: »Modernisierung und Wandel eines autoritären Regimes: Spanien während des Franquismus«, in: Karl-Heinz Ruffmann / Helmut Altrichter (Hgg.): *'Modernisierung' versus 'Sozialismus'. Formen und Strategien sozialen Wandels im 20. Jahrhundert*. Erlangen 1983, S. 113-166.

nismen stattfand, so daß die franquistische Legalität für ihre eigene Ersetzung durch eine neue, demokratische Legalität instrumentalisiert wurde.

Die erste, entscheidende Maßnahme im Prozeß des Übergangs war die Ablösung von Arias Navarro durch Adolfo Suárez im Amt des Ministerpräsidenten (Juli 1976). Suárez' Strategie, die bereits im »Projekt für die politische Reform« (September 1976) zum Ausdruck kam, war dualer Art: Einerseits mußte er die erforderliche Unterstützung seitens der Franquisten für die geplanten, als »Reform« dargestellten Änderungen erwirken, andererseits zielte er auf Duldung des eingeschlagenen, inhaltlich als »Bruch« dargestellten Prozesses seitens der demokratischen Opposition ab. Die Dialektik Reform/Bruch begleitete denn auch die gesamte Übergangsphase, deren Erfolg darin bestand, einen breiten Konsens dieser sich eigentlich ausschließenden Positionen erreicht zu haben.[7]

Im November 1976 stimmten die *Cortes* dem »Gesetz über die politische Reform« zu, das die Ersetzung der Ständekammer durch ein allgemein gewähltes Zweikammerparlament (mit verfassunggebenden Vollmachten) vorsah; bei einem Referendum im Dezember über das Gesetz sprachen sich bei einer hohen Wahlbeteiligung (über 77%) mehr als 95% der Bevölkerung für das Reformprojekt aus. In der danach beginnenden zweiten Phase hing die Dynamik des Wandels weit mehr als zuvor vom (zuerst impliziten, später expliziten) Konsens zwischen Regierung und demokratischer Opposition ab. *Consenso* wurde fortan zum Schlüsselwort aller wichtigen, den Übergang bestimmenden Entscheidungen. Die Hauptstationen dieser zweiten Phase waren die Zulassung von Parteien und Gewerkschaften, die Parlamentswahlen von 1977, die soziopolitischen Pakte und die Verfassung von 1978.

Die demokratische Opposition hatte sich im Frühjahr 1976 zur »Demokratischen Koordination« zusammengeschlossen und ihre Absicht bekundet, Spanien auf friedlichem Weg in einen demokratischen Staat umzuwandeln. Auch die 1977 wieder legalisierten Gewerkschaften forcierten durch massenhaften Basisdruck den Demokratisierungsprozeß, dessen Geschwindigkeit nur aus der sich ergänzenden Dynamik von Reformwillen (von oben) und Veränderungsdruck (von unten) zu erklären ist. Aus den Wahlen von 1977 ging die erst kurz zuvor gegründete »Union des Demokratischen Zentrums« von Ministerpräsident Adolfo Suárez mit 34,7% der abgegebenen Stimmen als Siegerin hervor; die Sozialistische Partei kam (mit 28,8%) überraschend auf den zweiten Platz. Das neue Parlament hatte als wichtigste Aufgabe die Ausarbeitung einer Verfassung vor sich, nach deren Verabschiedung im Dezember 1978 Neuwahlen stattfanden, die im März 1979 der »Union des Demokratischen Zentrums« mit 35% erneut die Mehrheit brachten.

---

7 Hierzu ausführlich Walther L. Bernecker: *Spaniens Geschichte seit dem Bürgerkrieg*. München 1997, S. 206-288.

Während der ersten Jahre nach Francos Tod stand die schwierige Änderung der politischen Strukturen, die oft genug einer gefährlichen Gratwanderung glich und alle politischen Energien absorbierte, im Vordergrund; Sanierung und Modernisierung der Wirtschaft (vor allem im Hinblick auf den angestrebten EG-Beitritt) wurden 1976/77 vernachlässigt. Die Übergangsphase zur Demokratie bescherte Spanien auch zweistellige Inflationsraten (um 25 % pro Jahr), zahllose Konkursverfahren, wilde Streiks und einen rapiden Anstieg der Arbeitslosigkeit. Erst das Jahr 1978 zeigte im Anschluß an die »Moncloapakte« zaghafte Versuche der Regierung, im Schatten der die politische Szene beherrschenden Verfassungs- und Autonomiedebatten ein Stabilisierungsprogramm aufzulegen. Insgesamt blieben jedoch die ökonomische Entwicklung und vor allem ihre sozialen Auswirkungen äußerst kritisch: Arbeitslosigkeit und Drogenkonsum wurden zum Hauptproblem der Jugend; im Land mit der höchsten Arbeitslosenquote Westeuropas hat heute nicht einmal die Hälfte der unter 20jährigen Aussicht auf eine Lehrstelle oder einen Arbeitsplatz.[8]

Das zweite große Problem der *transición*, neben der Bewältigung der Wirtschaftskrise, war die Autonomiefrage, die sich besonders dringlich im Baskenland – mit der beängstigenden Zunahme an ETA-Attentaten und Mordanschlägen – und in Katalonien, bald aber auch in anderen Regionen des Landes stellte. Nach heftigen und jahrelangen Auseinandersetzungen erfolgte schließlich eine integrale Regionalisierung des Landes, das heißt eine regionalpolitische Neuordnung Gesamtspaniens. Inzwischen ist Spanien ein Staat von 17 Autonomen Regionen, deren Rechte und Pflichten in Autonomiestatuten festgeschrieben sind.[9]

Das Ende der *transición* wird unterschiedlich angesetzt: Für die meisten ist es mit der Verabschiedung der Verfassung Ende 1978 erreicht; andere geben 1981 an, nachdem die spanische Demokratie in der Abwehr des Tejero-Putsches (23. Februar 1981) ihre Bewährungsprobe bestanden hatte; wieder andere sprechen von 1982, da in jenem Jahr die Sozialisten die Regierungsgewalt übernahmen und damit ein in liberal-parlamentarischen Demokratien übliches Alternieren in der Regierung zwischen »linken« und »rechten« Parteien begann.

Daß die Kräfte des alten Regimes dem politischen Wandel schließlich zustimmten, dürfte im wesentlichen auf vier Faktoren zurückzuführen sein: Zum einen auf die entschiedene Haltung von König Juan Carlos, der den Demokratisierungsprozeß unterstützte und vorantrieb, was vor allem die Haltung der Streit-

---

[8] Zur ökonomischen und sozialen Entwicklung in der *transición* und in den 80er Jahren vgl. die Beiträge von Walther L. Bernecker, Werner Lang und Francisco López-Casero in Bernecker / Oehrlein: *Spanien heute* (Anm. 2).
[9] Hierzu (mit weiterführender Literatur) die Beiträge von Andreas Hildenbrand / Dieter Nohlen und Peter Waldmann in Bernecker / Oehrlein: *Spanien heute* (Anm. 2) sowie Juan Pablo Fusi (Hg.): *España. Autonomías*. Madrid 1989.

kräfte beeinflußte; zum anderen auf das auch und besonders in den Massenmedien zum Ausdruck kommende »politische Klima«, das eine demokratieorientierte Entwicklung als unausweichlich erscheinen ließ; sodann auf die Überzeugung der traditionellen Machtelite, daß nur durch Preisgabe gewisser Positionen eine Radikalisierung des Prozesses verhindert werden könne; schließlich auf den internationalen Rahmen, da die Interessen der westlichen Staaten mit der Einrichtung einer »gemäßigten« liberal-pluralistischen Demokratie übereinstimmten.

Als eigentliche Architekten des Übergangs zur Demokratie gelten vielen Beobachtern König Juan Carlos und Ministerpräsident Adolfo Suárez; hinzuzufügen sind noch die politische Mäßigung des spanischen Volkes und die Selbstverpflichtung der politischen Pole – der Rechten von *Alianza Popular* durch Manuel Fraga Iribarne und des *Partido Comunista* durch Santiago Carrillo – auf das demokratische Reformprogramm. Zwei wichtige Voraussetzungen waren für das Gelingen der Übergangsleistung entscheidend: Zum einen liegen die tieferen Gründe für den politischen Wandlungsprozeß in den strukturellen Veränderungen von Wirtschaft und Gesellschaft; von entscheidender Bedeutung war das Vorhandensein einer »modernen« und weitgehend säkularisierten Gesellschaft (demographische Muster entwickelter Industrienationen, hohe Urbanisierungsrate, Professionalisierung und Berufsmobilität, hohe Alphabetisierungsquote, modernes Wertesystem etc.). Zum anderen ließ die nachwirkende traumatische Erfahrung mit der Gewalt, insbesondere während des Bürgerkrieges und in den ersten, stark repressiven Nachkriegsjahren bei allen Beteiligten die Neigung zu Kompromissen deutlich steigen.

3. Die Re-Instauration der Monarchie

Der Tod Francos und die Proklamation von Juan Carlos zum spanischen König standen am Anfang jenes wechselvollen, soeben kursorisch skizzierten *transición*-Prozesses, zu dessen Hauptprotagonisten der neue Monarch gehören sollte. Die Ausrufung von Juan Carlos zum König hatte eine kompliziert-verschlungene Vorgeschichte, die es lange Zeit als eher unwahrscheinlich erscheinen ließ, daß der Prinz je den spanischen Thron besteigen würde. In seiner Inthronisationsrede vom 22. November 1975 sprach der Monarch selbst vom Zusammenwirken dreier Faktoren: der historischen Tradition, den Gesetzen des Staates und dem Willen des Volkes. Damit deutete er den bis auf den Bürgerkrieg (1936-1939) zurückreichenden Prozeß an, der mehrere deutlich voneinander abgrenzbare Phasen aufweist:

Die erste Phase reicht von 1939 bis 1947, als Spanien eine staatsrechtlich nicht klar definierbare Diktatur unter General Franco war. Der frühere Träger der Krone, Ex-König Alfons XIII., der auf seine Thronrechte nicht verzichtet hatte, weilte im römischen Exil; nach seinem Tod (1941) erbte sein Sohn, Don Juan de Borbón y Battenberg, sämtliche dynastischen Rechte und Ansprüche auf den Thron. Die zweite Etappe setzte 1947 ein, als das »Nachfolgegesetz« angenommen und Spanien damit wieder zum »Königreich« erklärt wurde. Der Träger der historischen Rechte auf die Krone, Don Juan, blieb zwar weiter im Exil, sandte aber seinen 1938 in Rom geborenen Sohn Juan Carlos nach Spanien, wo er seine Schul- und Ausbildung erhalten sollte. Die dritte Phase begann sodann 1969, als Juan Carlos zum königlichen Nachfolger Francos ernannt wurde. Die dynastischen Rechte hatte zwar weiterhin Don Juan inne; er akzeptierte aber de facto die neue Situation, ohne allerdings auf seine angestammten Rechte zu verzichten. Diese monarchische »Interimslösung« fand erst mit der Thronbesteigung von Juan Carlos und dem Thronverzicht durch den Vater des Königs im Mai 1977 ihr Ende.

Die Wiedereinführung der Monarchie im Jahr 1947 ist keineswegs auf monarchistische Grundüberzeugungen Francos zurückzuführen; eher das Gegenteil dürfte der Fall sein. Wie neuerdings überzeugend herausgearbeitet worden ist, war Franco alles andere als ein Monarchist; die Monarchisten stellten vielmehr eine bedeutende Oppositionskraft gegen seine personalistische Diktatur dar.[10] Als jedoch nach Ende des Zweiten Weltkriegs das franquistische Sieger-Regime außenpolitisch in arge Bedrängnis geriet und innenpolitisch der Guerrilla-Kampf stärker als vorher um sich griff, war Franco mit allen Mitteln bemüht, seine Position zu festigen und sich eine zumindest pseudodemokratische Legitimation zu verschaffen. Im Rahmen dieser Bemühungen ließ er 1947 das »Gesetz über die Nachfolge in der Staatsführung« durch Referendum billigen; mit diesem Gesetz gelangte die institutionelle Grundlegung des politischen Systems des Neuen Staates zum Abschluß. Spanien wurde zur Monarchie erklärt: »Spanien, als politische Einheit, ist ein katholischer, sozialer und repräsentativer Staat, der in Übereinstimmung mit seiner Tradition erklärt, als Königreich verfaßt zu sein.«[11] Die Staatsführung wurde Franco als persönliche, außerordentliche Magistratur mit Ausnahmecharakter übertragen; ihm allein stand das Recht zu, seinen königlichen Nachfolger zu bestimmen.

Zum damaligen Zeitpunkt war das Verhältnis zwischen Franco und Don Juan auf einem Tiefpunkt angelangt. Der Sohn des letzten Königs hatte sich zwar anfangs mit der Bewegung gegen die Republik identifiziert und im Bürgerkrieg General Franco zweimal (umsonst) seine Dienste als Soldat auf der Seite der Aufständischen angeboten; seine Parteinahme bedeutete aber keineswegs Verzicht auf seine dynastischen Rechte. Nach dem Krieg distanzierte sich der Thronprätendent

---

10 Vgl. José María Toquero: *Franco y Don Juan. La oposición monárquica al franquismo.* Barcelona 1989. Zu Recht ist in Rezensionen zu dieser Studie kritisiert worden, daß die Monarchisten allzu einseitig als die Haupt-Opposition gegen Franco dargestellt werden.
11 Zit. nach Peter Cornelius Mayer-Tasch: *Die Verfassungen Europas.* München 1975, S. 551.

immer deutlicher von der personalen Diktatur Francos; wie die meisten Monarchisten begrüßte er die Eliminierung der Republik, wandte sich aber gegen die franquistische Herrschaft. Er setzte sich für die Restauration der traditionellen Monarchie in seiner Person ein.[12]

Genauso deutlich wie die Diktatur Francos lehnte Don Juan 1947 das »Gesetz über die Nachfolge in der Staatsführung« ab, das zwar die Monarchie wiedereinführte, aber den Träger der Krone von allen Entscheidungen ausschloß.[13] Als das Nachfolgegesetz mit der überwältigenden Mehrheit von 93% in einer Volksabstimmung - die im Grunde genommen nichts anderes als ein Plebiszit zugunsten Francos darstellte - angenommen worden war und das Regime sich im Windschatten des Kalten Krieges zusehends konsolidierte, begann Don Juan seine Haltung zu ändern und auf eine Kompromißverständigung mit Franco zuzusteuern. Im Sommer 1948 einigten sich Franco und Don Juan darauf, daß dessen Sohn Juan Carlos in Spanien erzogen werden sollte.[14] Bei späteren Gesprächen (1954 und 1960) zwischen den beiden wurden zusätzliche Details des weiteren Ausbildungsweges des Prinzen festgelegt.[15]

Der franquistischen Vorstellung entsprechend ging Juan Carlos zuerst in Madrid und San Sebastián auf die Schule, dann besuchte er die verschiedenen Militärakademien, schließlich hörte er Vorlesungen an der Philosophischen und der Rechtswissenschaftlichen Fakultät der Universität Madrid. Dieser Werdegang entsprach zwar dem Programm Francos; die Lösung der Nachfolgefrage war aber damit keineswegs präjudiziert. 1968 verdichteten sich endlich die Gerüchte, daß eine Entscheidung in der Nachfolgefrage unmittelbar bevorstehe. Am 22. Juli

---

12   Vgl.: »Der spanische Thronprätendent gegen das Regime Francos«, in: *Neue Zürcher Zeitung* v. 23.3.1945. Zu Don Juan vgl. die Biographien von Víctor Salmador: *Don Juan de Borbón*. Madrid 1976 und Francisco González Doria: *Don Juan de Borbón. El padre del rey*. Madrid 1990.Von der in den letzten Jahren zahlreich erschienenen Literatur zu Don Juan und seiner wechselvollen Beziehung zu Juan Carlos vgl. auch Rafael Borràs Betriu: *El Rey de los Rojos. Don Juan de Borbón, una figura tergiversada*. Barcelona 1996, der Don Juan als opportunistisch und machtgierig darstellt; als einer von drei Königssöhnen, die nie die Krone erlangten, wird er porträtiert bei Juan Balansó: *Trío de Príncipes*. Barcelona 1995; die Rolle von Don Juans Berater Pedro Sainz Rodríguez wird stark herausgestellt bei Luis María Ansón: *Don Juan*. Barcelona 1994; Sainz Rodríguez selbst hat die politische Geschichte des Lebens von Don Juan zwischen 1941 (dem Thronverzicht Alfons' XIII.) und 1977 (dem Thronverzicht Don Juans) dargestellt in Pedro Sainz Rodríguez: *Un reinado en la sombra*. Barcelona 1993; eine um Don Juans Ehefrau María de Borbón y Orléans zentrierte Familiengeschichte hat Javier González de Vega: *Yo, María de Borbón*. Madrid 1996; eher apologetisch zugunsten von Don Juan ist José María Toquero: *Don Juan de Borbón, el Rey Padre*. Barcelona 1993; anekdotisch, allerdings im Detail gut informiert, ist Ismael Fuente: *Don Juan de Borbón. Hijo de Rey, Padre de Rey, nunca Rey*. Barcelona 1993.
13   Der Text der öffentlichen Zurückweisung des Gesetzes ist das »Manifiesto de Estoril«; vgl. Antonio María Calero: *Estudios de Historia*. Madrid 1988, S. 111f.
14   Zu den Kindheitsjahren von Juan Carlos vgl. Juan Antonio Pérez Mateos: *La infancia desconocida de un rey*. Barcelona 1980; ders.: *El rey que vino del exilio*. Barcelona 1981.
15   Vgl. Pilar Cernuda u.a.: *Todo un Rey*. Madrid 1981, S. 154f.

1969 schließlich verkündete Franco vor den *Cortes*, daß er Prinz Juan Carlos de Borbón y Borbón zu seinem königlichen Nachfolger ernennen wolle. Damit war jene *Operación Lucero* vorerst erfolgreich beendet worden, die der Stellvertretende Regierungschef, Admiral Luis Carrero Blanco, und der Minister für den Entwicklungsplan, das führende Opus Dei-Mitglied Laureano López Rodó, seit Jahren zugunsten des Prinzen betrieben hatten.[16]

Als Franco 1969 Juan Carlos von den *Cortes* als seinen Nachfolger bestätigen ließ, erklärte er vor der Ständekammer: »Ich halte es für notwendig, daran zu erinnern, daß das Königreich, das wir mit der Zustimmung der Nation errichtet haben, der Vergangenheit nichts schuldet; es entsteht aus jenem entscheidenden Akt des 18. Juli [1936], der eine grundlegende historische Tatsache darstellt, die weder Pakte noch Bedingungen zuläßt [...] Die Legitimität bei der Ausübung stellt die Grundlage der zukünftigen Monarchie dar, bei der das Wichtige nicht die Form, sondern der Inhalt ist.«[17] Für Juan Carlos als Thronfolger sprächen, so führte Franco weiter aus, daß er der bourbonischen Dynastie angehöre, den Prinzipien und Institutionen des Regimes gegenüber Treue bewiesen habe, eng mit der spanischen Armee verbunden und in den vorhergehenden zwanzig Jahren auf das hohe Amt vorbereitet worden sei. In der Person von Juan Carlos könnten die Prinzipien der »Nationalen Bewegung« fortgeführt werden; die Kontinuität bleibe gewahrt.

Die *Cortes*-Abgeordneten stimmten sodann (in der ersten öffentlichen und namentlichen Abstimmung seit 30 Jahren) über Francos Vorschlag ab; von den 519 anwesenden Deputierten stimmten 491 mit Ja, 19 mit Nein, 9 enthielten sich der Stimme. Juan Carlos erhielt den neu geschaffenen Titel eines »Prinzen von Spanien«; fortan sollte er als »Königliche Hoheit« behandelt werden, »mit allen Rechten und Pflichten, die seiner hohen Würde zukommen«. Am 23. Juli 1969 fand die feierliche Vereidigung des Prinzen statt. Die Eidesformel lautete: »Ich schwöre Loyalität gegenüber Seiner Exzellenz, dem Staatschef, und Treue gegenüber den grundlegenden Prinzipien der Nationalen Bewegung sowie gegenüber den anderen Grundgesetzen des Staates.«[18]

In seiner Annahme-Rede ließ auch Juan Carlos keinen Zweifel daran, wem er die Krone verdankte: »Im vollen Bewußtsein der von mir übernommenen Verantwortung habe ich soeben, als Nachfolger mit königlichem Titel, Seiner Exzellenz dem Staatschef, den Prinzipien der Nationalen Bewegung und den Grundge-

---

16   Zur *Operación Lucero* vgl. Cernuda u.a.: *Todo un Rey* (Anm. 15), S. 147-178; Charles T. Powell: *El piloto del cambio. El Rey, la monarquía y la transición a la democracia*. Barcelona 1991, S. 23-52; Carlos Seco Serrano: *Juan Carlos I., el Rey que reencontró América*. Madrid 1988, S. 58-87; zu Luis Carrero Blanco vgl. die ausführliche Biographie von Javier Tusell: *Carrero. La eminencia gris del régimen de Franco*. Madrid 1993.
17   Zit. nach Calero: *Estudios* (Anm. 13), S. 114.
18   Zit. nach Bernecker: *Spaniens Geschichte* (Anm. 7), S. 187.

setzen des Reiches Treue geschworen. An erster Stelle möchte ich betonen, daß ich von Seiner Exzellenz dem Staatschef und Generalissimus Franco die politische Legitimität übernehme, die am 18. Juli 1936 entstanden ist [...]«.[19]

Die Wiedereinführung der Krone war im Prinzip ein politischer Vorgang; historische Rechte wurden vom Gesetz allenfalls indirekt, etwa in der Form dynastischer Tradition, berücksichtigt. Durch die Wiedereinführung der Krone wurde die Kontinuität des franquistischen Regimes nicht betroffen; im Gegenteil: Die Krone sollte die Verfassungsstruktur vervollständigen und entwickeln, nicht jedoch verändern. Die politische Rechtsgrundlage dieser Kontinuität war die Vereidigung auf die »Grundgesetze« und die Treue gegenüber den grundlegenden Prinzipien der »Nationalen Bewegung«.[20]

Ob Juan Carlos, trotz seiner Designierung, je auf den spanischen Thron gelangen würde, war zum damaligen Zeitpunkt aus mehreren Gründen sehr umstritten. Der legitime Anwärter auf den Thron war ja Juan Carlos' Vater, der im (inzwischen portugiesischen) Exil lebende Chef der spanischen Bourbonendynastie, Don Juan, der seinen Anspruch auf den Thron aufrechterhielt. Er wollte eine parlamentarische und demokratische Monarchie einführen, seine liberalen Überzeugungen ließen ihn für den »Generalissimus« allerdings als ungeeignet erscheinen, eine Monarchie von Francos Gnaden zu begründen. Denn eine einfache Restaurierung der früheren Monarchie war von Anfang an für Franco undenkbar gewesen. Schied Don Juan somit als Kandidat Francos praktisch aus – auch wenn es zwischenzeitlich, etwa 1960, doch so aussah, als akzeptiere Franco den Grafen von Barcelona –, so gab es doch noch die zweite Linie des spanischen Königshauses, die Karlisten, die Franco im Bürgerkrieg ja unterstützt hatten. Zwar sprach sich Franco schon 1955 gegen die Ansprüche der Karlisten aus, die drei Jahre später übrigens Don Juan als Thronprätendenten anerkannten. 1960 jedoch proklamierte eine starke Karlistenfraktion auf ihrer traditionellen Jahresversammlung in Navarra ihre Loyalität zu ihrem eigenen Thronprätendenten, Don Jaime de Borbón. Eine andere Karlistengruppierung wiederum stand hinter Carlos Hugo de Borbón y Parma, der allerdings wegen seines Geburtsortes Paris als Franzose galt und die spanische Nationalität nicht erworben hatte. Schließlich galt auch noch Alfonso de Borbón y Dampierre, ein Enkel von Alfons XIII. und Cousin von Juan Carlos, als weiterer möglicher Thronprätendent. (Er heiratete später, nach erfolgter Designierung von Juan Carlos, eine Enkelin Francos, was die politische Gerüchteküche erneut anheizte.)

---

19 Zit. nach Calero: *Estudios* (Anm. 13), S. 115.
20 Vgl. hierzu Luis Sánchez Agesta: »Die Entwicklung der spanischen Verfassung in den Jahren 1960-1970«, in: *Jahrbuch des öffentlichen Rechts der Gegenwart*. N. F., Bd. 20, 1971, S. 135-168, bes. S. 148f.

An Bewerbern für den spanischen Thron fehlte es also nicht. Da Franco sorgfältig eine Entscheidung vermied, rankten sich vielfältige Spekulationen um jeden der Kandidaten. Im Januar 1969 gewährte Juan Carlos, noch bevor er offiziell zum Nachfolger Francos avancierte, der staatlichen Nachrichtenagentur ein vielbeachtetes Interview, in dem er u.a. ausführte: »Wir dürfen nicht vergessen, daß die Re-Instauration des monarchischen Prinzips in Spanien erfolgte, nachdem die Monarchie eine schwere Krise durchlaufen hatte, die ihr definitives Ende hätte bedeuten können. Die politische Situation, die die Re-Instauration des monarchischen Prinzips ermöglicht hat, wurde durch die Zusammenarbeit vieler Monarchisten und das Opfer Hunderttausender spanischer Familien erreicht. Es erscheint logisch, daß diese äußerst treuen Aufrechterhalter dynastischer Prinzipien irgendein Opfer bei ihren Bestrebungen akzeptieren [...] Blicken Sie in die Geschichte: Keine Monarchie ist in rigider Weise und ohne Opfer re-instauriert worden.«[21]

Juan Carlos deutete somit seine Bereitschaft an, unter Umgehung der regulären Erbfolge – das hieß: seines Vaters – sich selbst auf Spaniens Thron berufen zu lassen, während er sich bis dahin immer nur als einen »Verbindungsmann« zwischen seinem Vater und Spanien bezeichnet hatte. Die traditionellen Monarchisten hörten und verstanden die Botschaft: Zum Wohle Spaniens, sagte Juan Carlos, solle sein Vater Don Juan auf den Thron zu seinen Gunsten verzichten. Das war das geforderte »Opfer«. Der von Juan Carlos verwendete Terminus »Re-Instauration« stellte eine sprachliche Neuschöpfung dar, die einen Kompromiß zwischen den legitimistischen Monarchisten, für die nur eine Restauration der Monarchie in Frage kam, und den franquistischen Vorstellungen, die von einer Instauration, also der Einsetzung einer neuen Monarchie ausgingen, ermöglichen sollte.

Die Annahme der franquistischen Nachfolgeordnung durch Juan Carlos führte zu einem Konflikt im bourbonischen Königshaus. Der Prinz rechtfertigte seinem exilierten Vater gegenüber seine Haltung mit dem Argument, nur durch die Annahme der Nachfolge sei die Monarchie in Spanien wiederherzustellen. Erst viele Jahre später sollte Don Juan sich diese Überzeugung zu eigen machen.[22] In den Jahren bis zu Francos Tod war die Beziehung zwischen Don Juan und Juan Carlos öfters gespannt; die dynastische Frage blieb in der Schwebe, wenn auch andererseits vermutet werden darf, daß es zwischen Vater und Sohn im Hinblick auf die Wiederherstellung der Monarchie eine Art »Familienpakt« gab, der bei gleichlautender Zielsetzung eine duale Politik der Rollenverteilung erforderlich machte.[23]

---

21 Zit. nach Cernuda u.a.: *Todo un Rey* (Anm. 15), S. 166f.
22 Vgl. Pedro Sainz Rodríguez: *Un reinado en la sombra*. Barcelona 1981.
23 So die Interpretation von Javier Tusell im Vorwort zu Toquero: *Franco* (Anm. 10), S. 16f.

4. Die staatsrechtliche Stellung des Monarchen in der Übergangsphase (1975-1978)

Nach seiner Designierung zum zukünftigen König von Spanien übernahm Juan Carlos immer häufiger staatliche Funktionen. Im Juli 1971 wurde er zum Stellvertreter Francos im Fall von dessen Erkrankung bestimmt, ein Jahr später seine Nachfolge beim Ableben des Diktators geregelt. In der spanischen Öffentlichkeit wurde der Prinz zwar nicht sehr ernst genommen; kaum jemand glaubte daran, daß er sich längere Zeit auf dem Thron würde halten können. Allmählich aber gewöhnte man sich daran, zumindest für eine Übergangszeit in ihm den Nachfolger des greisen Diktators zu sehen. Im Sommer 1974 übergab der schwer erkrankte Franco zum ersten Mal die Amtsgeschäfte (vorübergehend) an Prinz Juan Carlos. Zum zweiten Mal wurde Juan Carlos am 30. Oktober 1975 von der Regierung Arias Navarro zum amtierenden Staatschef ernannt. In Pressekommentaren hieß es, Franco habe sich bis zuletzt geweigert, auf sein Amt als Staatschef zu verzichten, da er im Amt habe sterben wollen; andererseits habe sich Juan Carlos geweigert, das Amt des Staatschefs wie 1974 nur vorübergehend zu übernehmen und sich erst dazu bereit erklärt, als die Ärzte ihm versichert hatten, daß Franco nicht mehr genesen könne. Bei Francos Tod, am 20. November 1975, trat automatisch, wie vorgesehen, die Nachfolgeregelung in Kraft. Der Regentschaftsrat übernahm die Regierung. Am 22. November wurde Juan Carlos in einer Zeremonie in den *Cortes* vor den Abgeordneten, den Mitgliedern des Rates des Königreichs und zahlreichen Ehrengästen durch den Vorsitzenden des Regentschaftsrates, Alejandro Rodríguez de Valcárcel, vereidigt und als Juan Carlos I. zum König von Spanien proklamiert. Die Eidesformel lautete: »Ich schwöre bei Gott und über den Evangelien, die Grundgesetze des Königreichs zu erfüllen und für ihre Erfüllung zu sorgen sowie den Prinzipien Loyalität zu bewahren, die der Nationalen Bewegung innewohnen.«

Bei Francos Tod trat vorerst die seit langem vorgesehene »Machtaufteilung« zwischen den verschiedenen staatlichen Stellen in Kraft. Mitte 1973 hatte der Diktator den damaligen »Vizepräsidenten« Luis Carrero Blanco zum Regierungschef ernannt, womit erstmalig die Ämter des Staats- und des Regierungschefs getrennt wurden. Die Bestellung des Admirals zum Ministerpräsidenten war Teil eines sogenannten Demokratisierungsprozesses gewesen, der für die Zeit nach Franco eine Ausbalancierung der Macht vorsah: zwischen König Juan Carlos als Staatschef, dem Ministerpräsidenten und der Regierung, dem Rat des Königreiches als oberstem Beratungsgremium und dem Ständeparlament. Franco selbst hatte Carrero Blanco als seinen »Hausmeier« betrachtet, der die Kontinuität des Regimes und der Regierungsmacht in der Übergangszeit nach seinem Tod wahren sollte. Die Ermordung des Ministerpräsidenten im Dezember 1973 hatte sodann die Vorbereitungen Francos für seine eigene Nachfolge wieder zunichte gemacht; die Ernennung von Carlos Arias Navarro zum Ministerpräsidenten war nur eine Notlösung.

Juan Carlos übernahm im November 1975 zwar nicht alle von Franco ausgeübten Gewalten; er war aber weit mächtiger als jeder andere Monarch Europas. Die Rede war von einer »eingeschränkten« (im Gegensatz zur absoluten) Monarchie, deren Hauptunterschied zum franquistischen System darin bestand, daß alle Verfügungen der Krone der Gegenzeichnung durch eines der Staatsorgane (Regierung, *Cortes*, Rat des Königreiches) bedurften. Juan Ferrando Badía hat darauf verwiesen, daß die franquistischen Grundgesetze dem neuen Staatschef symbolische, exekutive, legislative und judikative Gewalten übertrugen.[24] Symbolische Gewalten hatte der Monarch insofern, als er die nationale Souveränität personifizierte und die höchste Vertretung der Nation darstellte. Außerdem hatte er über die Kontinuität des Staates und der 'Nationalen Bewegung' zu wachen. Des weiteren erhielt der König verfassunggebende Gewalten, da ohne seine Zustimmung keine Verfassungsreform möglich war, er aber über das Mittel des Referendums sich direkt an das Volk wenden konnte, um eine Reform der Grundgesetze zu initiieren.

Auch die exekutiven Gewalten des Königs waren weitreichend. Er hatte den politischen Apparat unter sich, war für das Funktionieren der wichtigsten Staatsinstitutionen verantwortlich, besorgte die Aufrechterhaltung der öffentlichen Ordnung, ernannte und entließ den Regierungschef und den *Cortes*-Präsidenten. Er durfte den Ministerrat leiten, stand dem 'Rat des Königreiches' vor, ratifizierte völkerrechtliche Verträge und verfügte über Notstandskompetenzen. Im legislativen Bereich sanktionierte der König die Gesetze und überwachte ihr Inkrafttreten; er verfügte über ein suspensives Vetorecht und konnte die Legislaturperiode verlängern. Mit Zustimmung der *Cortes* und der Regierung durfte er außerdem Gesetzesverordnungen erlassen. Schließlich hatte er den Oberbefehl über sämtliche Streitkräfte inne – nicht nur symbolisch, wie in parlamentarischen Monarchien, sondern real.

Staatsrechtlich nahm der neue Monarch somit eine zentrale Stellung ein, die ihm gewissermaßen *ex officio* die Funktion zusprach, den folgenden politischen Prozeß entscheidend zu beeinflussen. Vieles würde darauf ankommen, welche Absichten der König verfolgte und welche Schwerpunkte er setzen würde.

---

24 Vgl. die Systematisierung der königlichen Gewalten in der Übergangsphase bei Juan Ferrando Badía: *Teoría de la instauración monárquica en España*. Madrid 1975, S. 271ff. Vgl. auch Powell: *Piloto* (Anm. 16), S. 127f.

5. Die politische Rolle des Königs als »Motor des Wandels«

Beim Tod des Diktators läßt sich das politische System des Franquismus als ein konsolidierter institutioneller Apparat beschreiben, der sich selbst perpetuieren wollte, dessen Hauptglied allerdings – die Krone – weitgehend eine Unbekannte war. Immerhin hatte Juan Carlos wenige Wochen vor Francos Tod über ein Hintergrundinterview in *Newsweek* einige seiner politischen Grundüberzeugungen und Pläne für die nachfranquistische Zeit dargelegt: »Die Regierung wird regieren, und Juan Carlos vertraut darauf, sie beraten sowie ihre Initiativen und Schritte orientieren zu können. Er ist entschlossen, über der Parteipolitik stehend, König aller zu sein [...] Die Wiederherstellung der echten Demokratie ist eines der Ziele, aber Spanien darf keine Mühe scheuen, um Unordnung und Chaos zu vermeiden [...] Er glaubt mehr an die Reform als an die Repression, mehr an die demokratische Evolution als an Revolution. Er beabsichtigt, eine moderne Regierung zu bilden, die die Zukunft Spaniens sichern, nicht die Vergangenheit erhalten will.«[25]

Im Anschluß an seine Vereidigung vor den *Cortes* führte Juan Carlos am 22. November 1975 in der ersten »Botschaft der Krone« (*Mensaje de la Corona*) u.a. aus:[26]

> Heute beginnt eine neue Etappe in der Geschichte Spaniens. Diese Etappe, durch die wir zusammen fortschreiten werden, nimmt ihren Ausgangspunkt in Frieden, Arbeit und Wohlfahrt, der Frucht gemeinsamer Anstrengung sowie gemeinsamen und entschlossenen Willens. Die Monarchie wird der getreue Wächter dieser Erbschaft sein und jederzeit versuchen, engsten Kontakt mit dem Volke zu bewahren [...] Die Institution, die ich verkörpere, verbindet alle Spanier miteinander; und heute, in dieser bedeutsamen Stunde, wende ich mich an Euch, da es die Pflicht aller ist, Spanien zu dienen. Laßt uns alle im Geist des Großmuts und der Würde begreifen, daß unsere Zukunft auf der wirklichen nationalen Einigkeit gründen wird [...] Ich möchte ein Mittler sein, ein Wächter der Verfassung und Wortführer der Gerechtigkeit [...] Ich werde die Gesetze schützen und darauf achten, daß sie geschützt werden; ich werde Gerechtigkeit als meinen Leitstern ansehen und wissen, daß der Dienst am Volke jener Auftrag ist, der alle meine Funktionen rechtfertigt [...] Der König wünscht,

---

25 *Newsweek* v. 3.11.1975, zit. nach Vicente Palacio Atard: *Juan Carlos I y el advenimiento de la democracia*. Madrid 1989, S. 53.

26 *Mundo Hispánico* Nr. 333, 1975, S. 18. Die »Botschaft der Krone« – die in mancherlei Hinsicht dem genau hundert Jahre zuvor von dem ebenfalls restaurierten Bourbonenkönig Alfons XII. verlesenen Sandhurst-Manifest entsprach – dürfte in ihrer endgültigen Formulierung von General Alfonso Armada stammen, dem früheren Lehrer von Juan Carlos und Hauptverschwörer des fehlgeschlagenen Putsches vom 23.2.1981. Ein sprachlicher Vergleich der beiden Texte hat ergeben, daß ganze Sätze aus dem Manifest von 1875 übernommen worden sind. Vgl. Palacio Atard: *Juan Carlos* (Anm. 25), S. 59-61. Zur Redaktion vgl. auch Alfonso Armada: *Al servicio de la corona*. Barcelona 1984, S. 194.

König aller zu sein, und zugleich jedes einzelnen in seiner eigenen Kultur, Geschichte und Tradition [...] Die Krone sieht es als ihre grundsätzliche Verpflichtung an, soziale und wirtschaftliche Rechte anzuerkennen [...] Eine freie und moderne Gesellschaft bedarf der Teilhabe aller an den Entscheidungszentren, den Medien, den unterschiedlichen Ebenen des Erziehungswesens und der Kontrolle des nationalen Wohlstands.

Die Rede ließ allgemein aufhorchen, stellte sie doch – quasi als »Regierungsprogramm« – größere Partizipation der Bürger und eine Demokratisierung in Aussicht. Vorerst änderte sich jedoch gar nichts: Arias Navarro bildete im Dezember 1975 erneut die Regierung, in der allerdings bereits etliche reformwillige Technokraten saßen. Sehr schnell wurde sodann deutlich, daß es Arias Navarro vor allem um eine Verbesserung des bestehenden Systems ging, nicht jedoch um einen radikalen Neuanfang. Im Frühjahr 1976 zeigte sich immer deutlicher, daß eine konsequente Reformpolitik nicht mit diesen Vertretern des alten Regimes durchgeführt werden konnte.

Die Frage, die sich für den König und die politisch Verantwortlichen stellte, lautete: Bruch mit dem Franquismus (wie es die Opposition forderte) oder Kontinuität bei unwesentlichen Korrekturen am System (was die Rechte erstrebte)? Von seinen Beratern nachdrücklich gedrängt, verwarf Juan Carlos den »demokratischen Bruch«, die abrupte Demontage des Franco-Systems; er setzte statt dessen auf den langsamen Wandel, auf das Aushandeln der Reformen, auf den »paktierten Übergang«. Diese Methode – der Versuch, Kontinuität und Wandel zu vereinen – barg zweifellos Risiken, hat sich insgesamt aber bewährt. Der Opposition wurde bald klar, daß sie angesichts der realen politischen Kräfteverhältnisse im Land ihre Maximalforderungen nicht durchsetzen konnte; in realistischer Einschätzung der machtpolitischen Situation, aber auch angesichts der »von oben« eingeleiteten politischen Öffnung des Regimes gab die Opposition die Forderung nach *ruptura* allmählich stillschweigend auf und gab sich mit einem »paktierten« Übergang zufrieden.

Die erste und wichtigste Aufgabe bestand für den neuen König darin, die Krone zu stabilisieren. Nur eine parlamentarische Monarchie konnte die Defizite an Legitimität eliminieren, mit denen er ins Amt gekommen war. Andererseits durfte der Bruch mit der franquistischen Vergangenheit nicht zu abrupt erfolgen, da sonst sowohl die Monarchie als auch der Demokratisierungsprozeß akuter Gefährdung ausgesetzt worden wären. Die Rolle des Königs muß somit in einem Zwei-Phasen-Modell untersucht werden: Zuerst ging es um die Konsolidierung der Krone, danach um die Stabilisierung der Demokratie.[27] Bei der Durchsetzung dieser Strategie spielte der Monarch selbst eine entscheidende Rolle.

Die Schwierigkeiten einer Konsolidierung der monarchischen Ordnung bestanden nach 1975 vor allem in der politischen Identifizierung zwischen restaurierter Monarchie und franquistischem Regime sowie in der früher engen persönlichen Beziehung zwischen Franco und König Juan Carlos. Letztere ging auf das von Franco entworfene Erziehungs- und Ausbildungsprogramm des Prinzen zurück; in den letzten Jahren des Regimes hatte der Bourbonensprößling auch immer häufiger staatliche Repräsentationsaufgaben übernommen, so daß er nach außen hin als Werkzeug Francos und Vertreter der Diktatur erschien. Dieses Bild mußte korrigiert werden. Betrachtet man im nachhinein die Strategie des Königs, so lassen sich klar drei Schwerpunkte feststellen: Der eine war personalpolitischer Art, der andere hatte die Unterstützung der Eliten, der dritte die des Volkes zum Ziel. Diese drei Aspekte sollen kurz erörtert werden:

A) Vom ersten Augenblick an war der Monarch bestrebt, reformwillige Politiker zu ernennen, denen er die politische Implementierung des Demokratisierungsprozesses übertragen konnte. In einem ersten Fall kam ihm der zeitliche Zufall zu Hilfe. Am 26. November 1975 endete die Amtszeit des *Cortes*-Präsidenten Alejandro Rodríguez de Valcárcel. Gegen Widerstände und Verhinderungsversuche konnte Juan Carlos wenige Tage später die Ernennung seines früheren Lehrers und Vertrauten Torcuato Fernández Miranda zum *Cortes*-Präsidenten und Vorsitzenden des »Rates des Königreiches« durchsetzen. Diese Ernennung sollte für die weitere Entwicklung des Demokratisierungsprozesses von großer Bedeutung sein.

Schwieriger war der »Fall« Arias Navarro zu lösen, dessen Ablösung sich für eine konsequente Reformpolitik immer deutlicher als unausweichlich herausstellte. Als allen reformbereiten Beobachtern klar geworden war, daß Arias Navarro zu keinen substantiellen Reformen bereit war, ergriff im Frühjahr 1976 der Monarch die Initiative. Er nahm Kontakt mit der in der »Demokratischen Koordination« zusammengeschlossenen Opposition auf; auch der Vater des Königs sprach mit den oppositionellen Kräften über eine Fortentwicklung des Regimes. Im April kamen führende sozial- und christdemokratische Politiker zu einem Gespräch in den königlichen Zarzuela-Palast. Am meisten Aufsehen erregte allerdings in jenem Monat ein Artikel in der US-Zeitschrift *Newsweek*, dessen Inhalt unmittelbar auf Aussagen des Königs zurückging.[28] Darin wurde Arias Navarro als »unmitigated disaster« bezeichnet; der Regierungschef sei reformunfähig, trete nur als Vorkämpfer des extrem reaktionären »Bunkers« auf und polarisiere die spanische

---

27 Nach Carlos Huneeus: *Consolidación de la democracia y legitimación de partes del sistema político: El Rey*. MS 1982 (Bad Homburg).
28 Vgl. Cernuda u.a.: *Todo un Rey* (Anm. 15), S. 182f.; *Cambio 16* v. 26.11.1990, S. 95.

Gesellschaft. Juan Carlos war – auch auf dringendes Anraten seines Vaters hin – entschlossen, sich so schnell wie möglich Arias Navarros zu entledigen. In seiner bedeutenden Rede vor dem US-Kongreß bekannte sich der König erneut zu demokratischen Prinzipien, zu Rechtsstaatlichkeit und sozialem Frieden.

Nach der Rückkehr von seiner erfolgreichen US-Reise provozierte Juan Carlos eine Regierungskrise und nötigte Arias Navarro zum Rücktritt, nachdem seit Wochen die Kritik am zögernden Fortgang der notwendigen Reformen aus den unterschiedlichsten Kreisen der Öffentlichkeit zugenommen hatte. Aus der ihm vom Kronrat vorgelegten Liste von drei möglichen Nachfolgern berief der König den bisherigen Generalsekretär der »Nationalen Bewegung« im Kabinettsrang, den erst 43jährigen Adolfo Suárez, zum bis dahin jüngsten Premier in der spanischen Geschichte. Der König selbst hatte die Aufnahme von Suárez in den Dreiervorschlag durchgesetzt. Die Ernennung des neuen Premiers stieß bei der demokratischen Opposition auf erhebliche Skepsis, ging Suárez doch eindeutig aus dem franquistischen System hervor. Juan Carlos war jedoch von der Reformbereitschaft des jungen Politikers überzeugt; der Monarch wollte die entscheidenden Schritte in die Demokratie mit einem ungefähr Gleichaltrigen wagen, der durch sein Wirken im alten Regime noch nicht allzusehr belastet war.

Mit Fernández Miranda als *Cortes*-Präsidenten und Suárez als Regierungschef hatte der König zwei äußerst geschickte Politiker – die bereit waren, demokratieorientiert mit ihm zusammenzuarbeiten – in entscheidende Positionen gebracht. Bereits im August 1976 erfolgte, im Zusammenhang mit einer Regierungskrise, eine weitere wichtige personalpolitische Entscheidung. Verteidigungsminister Fernando Santiago y Díaz de Mendívil trat aus Protest gegen den eingeschlagenen Demokratisierungskurs zurück. Die im Militär einsetzende Unruhe konnte durch die Ernennung des liberalen Generals Manuel Gutiérrez Mellado zum Stellvertretenden Ministerpräsidenten beigelegt werden. Die von der gesamten demokratischen Opposition begrüßte Ernennung sollte dem Demokratisierungsprozeß der folgenden Jahre äußerst nützlich sein.[29]

B) Sollte der eingeschlagene Reformkurs erfolgreich fortgesetzt werden, so bedurfte er der Absicherung und Unterstützung durch die Eliten. Am 22. November 1975 hatte der König nicht nur eine Botschaft an das spanische Volk gerichtet, sondern zugleich auch an das Militär. In diesem Tagesbefehl betonte er die Dis-

---

29 Zu Fernández Miranda und Gutiérrez Mellado ist inzwischen viel Literatur erschienen. Was die Rolle des Parlamentspräsidenten (und Lehrers von Juan Carlos) betrifft, vgl. vor allem die auf seinem Nachlaß beruhende Darstellung seiner Tochter und seines Neffen Pilar Fernández-Miranda Lozana / Alfonso Fernández-Miranda Campoamor: *Lo que el Rey me ha pedido. Torcuato Fernández-Miranda y la reforma política*. Barcelona 1995. Zur Rolle Gutiérrez Mellados im Hinblick auf die Integration des Militärs in das entstehende demokratische System vgl. die lobenden Nachrufe vom 16.12.1995: »Murió Gutiérrez Mellado, el general de la transición.« In: *ABC* vom 16.12.1995.

ziplin, brachte seine Hoffnung auf Unterstützung durch die Streitkräfte zum Ausdruck und erinnerte sie an ihre verfassungsmäßig festgelegten Pflichten. Zum damaligen Zeitpunkt konnte der König der Loyalität der Streitkräfte sicher sein;[30] die Saharakrise der vorhergehenden Wochen hatte Juan Carlos und das Heer einander angenähert.

Die von Juan Carlos benötigte Hilfe und Unterstützung »von oben« mußte vor allem von den Militäreliten kommen, deren institutionelle Bedeutung im Franquismus und in der Phase der *transición* kaum überschätzt werden kann und deren vollständige Integration in das politische System für die Stabilisierung der Demokratie entscheidend war. Juan Carlos war sich dessen völlig bewußt; entsprechend intensiv und regelmäßig waren seine Kontakte mit den Streitkräften. Er selbst war und fühlte als Soldat; seine Beziehungen zu den Militärs, die ihn als einen der ihren akzeptierten, waren und sind enger als die Francos mit seinen Generalskollegen. Der König suchte vor allem über das Mittel der regelmäßig stattfindenden Militäraudienzen den Kontakt mit den Streitkräften. Der weitaus größte Teil seiner Gesprächspartner waren Generäle und höhere Offiziere des Landheeres – ein Faktor, der bei dem Putschversuch vom 23. Februar 1981 bedeutsam werden sollte.

C) Neben die Unterstützung des Reformkurses durch die Eliten trat das Erfordernis, für den eingeschlagenen Kurs die Billigung durch »das Volk« zu erhalten. Wollte Juan Carlos Glaubwürdigkeit in der breiten Masse der Bevölkerung erringen, so mußte er schnell Fortschritte auf dem Weg der Demokratisierung vorweisen. Ein erster Testfall für die Glaubwürdigkeit des Monarchen war 1976/77 die Gewährung einer Amnestie, die von der (noch illegalen) Opposition ungeduldig gefordert wurde.[31] Das erste Amnestiedekret war noch äußerst zaghaft angelegt und wurde von den reformfreudigen Kräften mit Enttäuschung aufgenommen. Im Juli 1976 wurde sodann eine umfassende Generalamnestie angekündigt; der Gnadenakt war gewissermaßen der Preis der herrschenden Elite für das proklamierte

---

30 Zum Tagesbefehl vom 22.11.1975 vgl. Mario Hernández Sánchez-Barba: »La Corona y las Fuerzas Armadas«, in: *Las Fuerzas Armadas Españolas. Historia social e institucional.* Bd. 8, Madrid 1986, S. 94f. Zur Rolle des Militärs in der *transición* vgl. die Sondernummer 36/1986 der *Revista Española de Investigaciones Sociológicas* »El papel de las Fuerzas Armadas en la transición española« (Koordination: Julio Busquets); sowie Joaquín Romero Maura: »After Franco, Franquismo?: The Armed Forces, The Crown and Democracy«, in: *Government and Opposition* 11, 1, 1976, S. 35-64. In der Studie von Fernando Rodrigo: *El camino hacia la democracia. Militares y política en la transición española.* Madrid (Universidad Complutense) 1989 wird darauf verwiesen, daß die Militärs 1975 zwar erheblichen Einfluß hatten, aber weder über eine klare Doktrin noch über eindeutige Führer verfügten. Ausgezeichnet ist die neuere Studie von Felipe Agüero: *Militares, civiles y democracia. La España postfranquista en perspectiva comparada.* Madrid 1995, aus der deutlich die ausgesprochen demokratieskeptische Haltung der spanischen Militärs in der zweiten Hälfte der siebziger Jahre hervorgeht.
31 Vgl. Volker Mauersberger: »Amnestie statt Abrechnung«, in: *Die Zeit* v. 4.5.1990, S. 5.

politische Ziel: die nationale Versöhnung Spaniens, die Herstellung des inneren Friedens. Begnadigt werden sollten alle Mitglieder der inhaftierten Opposition, die nicht das Leben von Personen gefährdet hatten. Wegen der Schwierigkeit der Einordnung der Inhaftierten erweiterte der dritte königliche Amnestie-Erlaß vom März 1977 den strafrechtlichen Gnadenakt auf alle Handlungen mit »politischer Absicht« – eine Art Generalpardon für die Vergangenheit.

Beim Versuch, Legitimierung »von unten« zu erhalten, läßt sich des weiteren auf die zahlreichen »Antrittsbesuche« verweisen, die der König seit Februar 1976 in die verschiedenen spanischen Regionen unternahm. Zu den mit diesen Reisen verfolgten Absichten dürfte der Wunsch gehört haben, die starre Regierung Arias Navarro / Fraga Iribarne zu einer intensiveren Reformpolitik zu bewegen. Das Königspaar (das zumeist zusammen[32] auftrat) suchte eine massive Mobilisierung der Bevölkerung zu erreichen und diese auf eine Unterstützung der Krone hinzuorientieren, während die Regierung derartige Reisen auf Kontakte mit Behörden und einen kleinen Kreis auserwählter Honoratioren beschränkt wissen wollte.[33] Juan Carlos durchbrach demgegenüber das vorgesehene Protokoll, mischte sich unter die Bevölkerung, wich vom vorgesehenen Redetext ab und beschloß seine ersten öffentlichen Auftritte in Katalonien (im Februar 1976) auf katalanisch, womit er indirekt die kulturellen und sprachlichen Autonomieforderungen der katalanistischen Opposition unterstützte. In Andalusien sprach er direkt die sozioökonomischen Probleme der von einer heftigen Wirtschaftskrise geschüttelten Region an, und im Baskenland überstand er (im Februar 1981) würdevoll eine spannungsgeladene Situation, als Mitglieder der extremistischen Partei *Herri Batasuna* den offiziellen Akt in Gernika störten.[34]

Der wohl wichtigste Aspekt, durch den der Monarch Glaubwürdigkeit »von unten« erringen konnte, lag aber nicht im juristischen Sektor – etwa durch Gnadenerlasse – oder im symbolischen Bereich – zum Beispiel in der Verwendung des Katalanischen –, sondern in seinem konkreten politischen Verhalten im Demokratisierungsprozeß. Sehr schnell wurde einer breiteren Öffentlichkeit klar, daß der König der eigentliche »Motor des Wandels« – wie ihn Außenminister José María de Areilza genannt hat – war und hinter vielen der weitreichenden Reformmaßnahmen stand. Er tolerierte demokratische, das heißt oppositionelle Organisationen in der ersten Phase nach 1975, als sie noch nicht legalisiert waren; er setzte sich, neben Adolfo Suárez, im Herbst 1976 nachdrücklich für die

---

32 Auf die Rolle von Königin Sophie wird im vorliegenden Beitrag nicht näher eingegangen. Sie wird ausführlich in den verschiedenen Biographien des Monarchen berücksichtigt. Vgl. auch José Luis Herrera: *Doña Sofía*. Madrid 1984; Françoise Laot: *Juan Carlos und Sofía*. München 1988.
33 Joaquín Bardavío: *Los silencios del Rey*. Madrid 1979, S. 168f.
34 José Oneto: *Los últimos días de un presidente*. Barcelona 1981, S. 55.

Verabschiedung des entscheidenden »Gesetzes über die politische Reform« ein, durch das der politische Weg zu einer Eliminierung der franquistischen Strukturen geebnet wurde; er sicherte den Reformprozeß gegen politische Interventionen des Militärs ab - beispielsweise nach der Legalisierung der Kommunistischen Partei in der Karwoche 1977, als er die Militärs beruhigte und ihre heftige Kritik an dieser Entscheidung dämpfte; er warb zwar vorsichtig, aber entschieden - wo immer er konnte - für den Reformkurs; er verstand es, auch im Ausland ein neues Bild Spaniens zu vermitteln, so daß auf internationaler Ebene der Glaube an die demokratischen Absichten der neuen spanischen Führung wuchs.

6. Zur Legitimationsproblematik

Die politischen Handlungen des Monarchen waren auf den Erwerb von Legitimität ausgerichtet. Dabei mußten die Legitimierungsversuche der Krone auf zwei Ebenen verlaufen: Zum einen waren sie auf die Basis hinorientiert, um der Monarchie Anhänger im Volk zu verschaffen, zum anderen auf die politischen und militärischen Eliten, die aus dem Franquismus stammten und die Schlüsselpositionen im Staat innehatten. Seine erste »Botschaft der Krone« begann Juan Carlos, unmittelbar nach seiner Vereidigung als König, mit den Worten: »Als König von Spanien - diesen Titel zu tragen berechtigen mich die historische Tradition, die Grundgesetze des Königreiches und der legitime Auftrag der Spanier - ist es für mich eine Ehre, die erste Botschaft der Krone, die aus dem Tiefsten meines Herzens kommt, an Euch zu richten.«[35] Von den drei angesprochenen Legitimierungstypen - nach den Kriterien Max Webers: der traditionalen, der legalen und der charismatischen[36] - verfügte Juan Carlos zum damaligen Zeitpunkt (entgegen eigener Aussage) eigentlich nur über die legale Legitimation. Er war in Übereinstimmung mit den »Grundgesetzen des Königreiches«, das heißt aufgrund der franquistischen Nachfolgeregelung, König geworden. Damit hatte er aber allenfalls für einige Sektoren des alten Regimes eine Legitimitätsgrundlage; in der Terminologie von Giuseppe Di Palma läßt sich für den Anfang seiner Regierungszeit nur von einer rückwärtsgerichteten (»backward«) Legitimität sprechen.[37]

In seiner Thronrede vom 22. November 1975 bezeichnete Juan Carlos die Annahme der Krone als eine Pflicht; die explizite Erwähnung seines Vaters in diesem Zusammenhang kann als Hinweis auf die problematische dynastische Legiti-

---

35 Text: *Mundo Hispánico* Nr. 333, 1975, S. 18.
36 Max Weber: *Wirtschaft und Gesellschaft*. Tübingen 1980 (Erstveröffentlichung 1922).
37 Giuseppe Di Palma: »Founding Coalitions in Southern Europe: Legitimacy and Hegemony«, in: *Government and Opposition* 15, 1980, S. 162-189; ders.: »Government Performance: An Issue and Three Cases in Search of Theory«, in: Geoffrey Pridham (Hg.): *The New Mediterranean Democracies*. London 1984, S. 172-187.

mierung verstanden werden: »Diese Norm [der Pflichterfüllung] lehrte mich mein Vater von Kind auf, und sie war eine Konstante meiner Familie, die Spanien mit all ihren Kräften dienen wollte.« Für überzeugte Monarchisten entbehrte der König der dynastischen, das heißt der traditionalen Legitimität, die nach wie vor bei seinem Vater lag.

Innerdynastisch gab es zum damaligen Zeitpunkt aber bereits keine Schwierigkeiten mehr, was die Frage der Nachfolge betraf. Offensichtlich hat sich nämlich Don Juan schon kurz nach Juan Carlos' Proklamation zum König in einer vertraulichen Botschaft (»Operation Dädalus«) an seinen Sohn gewandt und ihm die historischen Rechte der Dynastie übertragen; die öffentliche Bekanntmachung dieser Übertragung sollte einem geeigneten Zeitpunkt vorbehalten bleiben.[38] Durch dieses Verhalten verhinderte der König-Vater eine von vielen Monarchisten befürchtete dynastische Dualität. Einen Monat vor den ersten, für Juni 1977 angesetzten demokratischen Parlamentswahlen verzichtete sodann Don Juan am 14. Mai 1977, in Anwesenheit der königlichen Familie und des Notars des Reiches, auf seinen Thronanspruch:[39]

> Nachdem die Monarchie in der Person meines Sohnes und Erben Don Juan Carlos eingesetzt und konsolidiert ist, der in der ersten Phase seiner Regierungszeit die deutlich geäußerte Billigung des Volkes erfahren hat und der auf internationaler Ebene dem Vaterland neue Wege öffnet, halte ich den Augenblick für gekommen, ihm das historische Legat, das ich geerbt habe, zu übergeben; dementsprechend biete ich meinem Vaterland den Verzicht auf die historischen Rechte an der spanischen Monarchie an, auf seine Titel, Privilegien und auf den Vorstand in der königlichen Familie und im königlichen Haus Spaniens, die ich alle von meinem Vater, König Alfons XIII., erhalten habe; für mich möchte ich den Titel Graf von Barcelona behalten und, wie bisher, weiterführen. Aufgrund dieses meines Verzichtes folgt mit allen dynastischen Rechten als König von Spanien auf meinen Vater, König Alfons XIII., mein Sohn und Erbe König Juan Carlos I.

Die durch den Thronverzicht seines Vaters erlangte historisch-dynastische Legitimität ermöglichte es dem König, an die monarchische Tradition Spaniens anzuknüpfen und das Merkmal einer franquistisch »instaurierten« Monarchie zugunsten der Restauration der Monarchie abzuschütteln. In diesem Zusammenhang ist von Interesse, daß in der Verfassungskommission des Senats auf Initiative des baskischen Senators Satrústegui dem Satz: »Die Krone Spaniens ist erblich in der Linie der Nachfolger S. M. Don Juan Carlos I. von Borbón« der Zusatz hinzugefügt wurde: »des legitimen Erben der historischen Dynastie«. (Dies ist der end-

---

38 Antonio Fontán: *Las claves de la transición (1975-1985)*. Madrid 1985; José María Areilza: *Diario de un ministro de la monarquía*. Barcelona 1977.
39 Zit. nach Calero: *Estudios* (Anm. 13), S. 120.

gültige Wortlaut von Art. 57, 1 der Verfassung.) Durch diesen Zusatz wurde Juan Carlos als legitimer Erbe der historischen Dynastie anerkannt (der Verzicht seines Vaters war schon vorher ausgesprochen worden) und die franquistische Genese der Monarchie eliminiert. Der Verzicht auf die franquistische Legitimation bedeutet zugleich den Rückgriff auf die historisch-traditionale Legitimation. Dieser Rückgriff wiederum stellte insofern eine Einschränkung der Verfassunggebenden Versammlung dar, als die Monarchie ein eigenes Recht erhielt, von dem die Verfassungsväter als gegeben auszugehen hatten.[40]

Von entscheidender Bedeutung war aber letztlich weder die aus dem Franquismus stammende noch die dynastische, sondern die demokratisch-charismatische Legitimation der Monarchie durch die politische Rolle, die Juan Carlos im Demokratisierungsprozeß spielte. Von den verschiedenen Möglichkeiten, seine Herrschaft zu legitimieren, wählten Juan Carlos und seine Berater daher zu Recht die demokratisch-charismatische, da dieser Legitimierungstyp die schnellsten Erfolge versprach, nachdem ja die legal-rationale und die traditionale Legitimierung aus historischen Gründen – wegen der strukturellen Schwäche der spanischen Monarchie im 19. und 20. Jahrhundert, den dynastischen Auseinandersetzungen im Königshaus, der demokratischen Defizite in der Restaurationsära und während der Diktatur Primo de Riveras – nicht primär oder allenfalls im Hinblick auf einige Sektoren des alten Regimes in Frage kamen. Die Legitimierungsstrategie entspricht dem, was Max Weber das Amtscharisma nennt; von der Krone sollte das Charisma dann auf den Amtsinhaber zurückwirken.

Die politische Strategie von Juan Carlos ist ganz im Sinne dieser »vorwärtsgerichteten« Legitimation (Giuseppe Di Palma) zu verstehen. Die einzelnen Reformmaßnahmen bedeuteten den schrittweisen Erwerb demokratischer Legitimität. In den Jahren bis zur endgültigen Konsolidierung der Demokratie (1982) trat der König als Protektor – und häufig auch als Antriebskraft – des rapiden Transformationsprozesses auf. In diesem Bereich liegt sicher ein persönliches Verdienst des Monarchen. Unabhängig davon ist aber zugleich auf die Bedeutung der Krone im Institutionengefüge des Staates zu verweisen; ihr war durch die franquistischen Gesetze eine herausragende Rolle für die Zeit nach Francos Tod eingeräumt worden. (Den Verfassungsvätern blieb deswegen auch nicht viel anderes übrig als die Monarchie als Staatsform anzuerkennen; es ging im verfassunggebenden Prozeß nicht darum, die Monarchie zu etablieren.)

Zweifellos war die für die meisten Spanier wichtigste Form von Legitimität diejenige, die auf der Leistung Juan Carlos' als »Pilot des Wandels« (Charles T. Powell) und sichtbares Haupt der neuen Demokratie beruhte. Durch die Füh-

---

40 Vgl. Antonio Bar Cendón: »La Monarquía Parlamentaria como forma política del Estado Español según la Constitución de 1978«, in: Manuel Ramírez (Hg.): *Estudios sobre la Constitución Española*. Madrid 1979, S. 193-215, Zit. S. 202f.

rungsfunktion im Übergang zur Demokratie gewann der Monarch die Unterstützung vieler, die gegenüber Franco in Opposition gestanden hatten, auch der Republikaner[41] und selbst der Kommunistischen Partei. Die Zustimmung zur Verfassung im Jahr 1978 durch eine überwältigende Mehrheit bedeutete zugleich die Zustimmung zur parlamentarischen Monarchie, die damit demokratisch legitimiert war.

Auf der Grundlage von Meinungsumfragen aus dem Jahr 1978 hat Juan José Linz die damalige Akzeptanz des Königs untersucht.[42] Lediglich 9,3% der entschiedenen Antifranquisten lehnten auch die Leistungen des Königs ab, während 40,3% seine Leistungen als »gut« bzw. »sehr gut« bezeichneten. Von der Minderheit, die Franco (noch 1978) total akzeptierte, lehnten 6,8% Juan Carlos ab, während 70,3% ihre Zustimmung zum König gaben. Aus diesen Angaben läßt sich schließen, daß Juan Carlos die Annahme der neuen Demokratie durch jene ermöglichte (oder zumindest erleichterte), die ihr am mißtrauischsten gegenüberstanden.

1978 war der Monarch von der großen Mehrheit jener, die dem franquistischen Regime gegenüber eine gemäßigte Haltung eingenommen hatten, akzeptiert worden; das gleiche gilt für eine große Anzahl jener, die dem früheren Regime in größter Opposition gegenübergestanden hatten. Für jene erste, kritische Übergangsphase in die Demokratie lautet das Fazit von Linz: »Wenn man das Meinungsbild innerhalb der Bevölkerung betrachtet, so kann der König durch sein Eintreten für die Demokratie nicht viel Unterstützung verlieren, sondern nur seine Unterstützung durch das Volk verstärken und in diesem Prozeß die Monarchie festigen. Die formale Legitimation, die ihm aus der Instauration der Monarchie durch Franco zugeflossen ist, war ein Beitrag zum glatten Übergang zur Demokratie; die Legitimierung der Institution als solcher hängt aber letztlich von den Antifranquisten ab. Ihre Unterstützung ist es, die ihn zum König aller Spanier macht.«[43]

Im Jahrzehnt, das auf diese Umfrage folgte, wurde Juan Carlos zu eben diesem König aller Spanier. Die Akzeptanz des Königs hat über die Jahre hinweg zugenommen. Der Aussage: »Ohne die Anwesenheit und die Handlungen des Königs wäre der Übergang in die Demokratie nicht möglich gewesen« stimmten 1983 rund 64% und 1985 sogar 67% der Befragten zu; zwischen 80% und 89% stimmten mit der Meinung überein, daß der König die Zuneigung auch jener Spanier erhalten habe, die die Monarchie nicht befürworteten.[44]

---

41 Darauf ist der Titel des Buches von Nourry zurückzuführen. Philippe Nourry: *Juan Carlos, un roi pour les républicains*. Paris 1986; Vgl. auch Charles T. Powell: *Juan Carlos of Spain. Self-Made Monarch*. London 1996.

42 Zum folgenden vgl. Juan J. Linz: »Das Erbe Francos und die Demokratie«, in: Waldmann / Bernecker / López-Casero: *Sozialer Wandel* (Anm. 5), S. 371-391.

43 Ebd., S. 391.

44 Linz: *Innovative leadership* (Anm. 3).

Weitgehende Übereinstimmung besteht darüber, daß sich der König durch sein Verhalten beim Putschversuch vom 23. Februar 1981 den Respekt der Demokraten erworben hat: Ganze 86% der Befragten äußerten sich anerkennend zur Rolle des Königs in jener krisenhaften Situation. Der während des gesamten Abends – als Regierung und Parlament von den Putschisten als Geiseln gehalten wurden und große Teile des Militärs nur auf den Einsatzbefehl zum Losschlagen warteten – nicht in der Öffentlichkeit auftretende König arbeitete in jenen Stunden für die Rettung der parlamentarischen Demokratie in Spanien.[45] Er telefonierte mit den Generalkapitänen, den Oberkommandierenden der elf Militärregionen, um zu verhindern, daß sie sich dem Putsch anschlossen; er lehnte – beraten von seinem Generalsekretär, General Sabino Fernández Campo – die Forderung des Generalstabs der Gesamtstreitkräfte ab, die Regierung zu übernehmen; statt dessen ließ er eine Notregierung aus Staatssekretären unter der Führung des Polizeiexperten Francisco Laina bilden. Mit Hilfe des loyal gebliebenen Oberkommandierenden der Panzerdivision Brunete, General José Juste, gelang es dem König, das Vorrücken der schlagkräftigen Division auf Madrid zu verhindern.[46]

Im Winter 1989/90 vertraten, bei einer repräsentativen Umfrage, 74% der Spanier die Meinung, der Monarch habe eine Rolle von grundlegender Bedeutung für das Funktionieren der Demokratie in Spanien inne; genauso viele meinten, der Staatschef sei weiterhin als Schiedsrichter und Moderator des demokratischen Systems wichtig. 82% zeigten sich gar überzeugt davon, daß der König erheblich zur Stabilität der Demokratie beigetragen habe.[47] Insgesamt läßt das Umfrageergebnis erkennen, daß die Person des Monarchen in der spanischen Öffentlichkeit

---

45 Bis heute halten sich in der spanischen Öffentlichkeit Gerüchte und Verdächtigungen, denen zufolge der König zwischen 18.30 Uhr (23.2.1981) bis zu seinem kurzen Fernsehauftritt in den frühen Morgenstunden des 24.2.1981 angeblich unentschieden war und die Möglichkeit eines Zusammengehens mit den Putschisten sondierte. Insbesondere wird vermutet, General Armada – langjähriger Lehrer und Vertrauter von Juan Carlos – hätte einen derartigen Putschversuch nie ohne Kenntnis und Billigung des Königs unternommen. Vgl. hierzu auch John Hooper: *Los españoles de hoy.* Madrid 1987, S. 58.

46 Inzwischen liegen mehrere Untersuchungen über den mißlungenen Putsch vor. José Oneto: *Los últimos días de un presidente.* Barcelona 1982; ders.: *La noche de Tejero.* Barcelona 1981; ders.: *La verdad sobre el caso Tejero.* Barcelona 1982; Julio Busquets u.a.: *El golpe. Anatomía y claves del asalto al Congreso.* Barcelona 1981; Pilar Urbano: *Con la venia... Yo indagué el 23 F.* Madrid 1982; vgl. auch die Memoiren von Leopoldo Calvo Sotelo: *Memoria viva de la transición.* Madrid 1990. Neueste Untersuchungen haben deutlich gemacht, daß die Gefahr eines Erfolges der Putschisten weit größer war als damals angenommen. Die meisten Generalkapitäne verhielten sich »unentschieden« und warteten den Ausgang des Putschversuches ab, ohne sich klar für die Aufrechterhaltung der verfassungsmäßigen Legalität auszusprechen. Vgl. *El País* v. 17.2.1991 (Beilage), S. 1-4; v. 18.2.1991, S. 22; v. 19.2.1991, S. 20f.; v. 20.2.1991, S. 20f.; v. 21.2.1991, S. 20f. Zu Fernández Campo, dem Generalsekretär (1978-1990) und Chef (1990-1992) des königlichen Privatbüros, sowie zu seiner wichtigen Rolle beim Putschversuch von 1981 vgl. Manuel Soriano: *Sabino Fernández Campo. La sombra del Rey.* Madrid 1995.

47 Centro de Investigaciones Sociológicas: *Los españoles ante la Constitución y las instituciones democráticas: 11 años de Constitución (1978-1989).* Madrid 1990 (= Estudios y Encuestas Nr. 23); vgl. auch einige Ergebnisse der Umfrage in *El País* v. 22.9.1990, S. 14.

ein viel größeres Ansehen als die Institution der Monarchie genießt. Immerhin hielten 42% der Befragten die Monarchie für »etwas längst Überholtes«, während 77% die Meinung vertraten, der König habe bewiesen, daß die Monarchie sich ändern und den heutigen Erfordernissen der spanischen Gesellschaft anpassen könne. 84% zeigten sich davon überzeugt, daß sich der König durch sein Verhalten während des Staatsstreichversuchs von 1981 den Respekt der spanischen Demokraten erworben habe. Schon aus Anlaß seines 50. Geburtstags im Januar 1988 hatten alle Zeitungen des Landes überschwenglich die politische Rolle des Staatsoberhauptes gewürdigt, auf die gelungene Integration des politisch zuvor gespaltenen spanischen Volkes hingewiesen und seine große Popularität betont. Die führende Zeitung des Landes, *El País*, nannte ihn eine der wenigen Figuren des öffentlichen Lebens, die auf einmütige Anerkennung stoße.

Die »duale« Strategie von Juan Carlos ist damit aufgegangen: Ihm ist es gelungen, in einer Kombination von rückwärts- und vorwärtsgerichteter Legitimation die Monarchie sowohl bei den aus dem alten Regime stammenden Eliten als auch in breiten Schichten des Volkes zu verankern. Damit konnte zugleich die Demokratie durchgesetzt und schließlich stabilisiert werden. Im Verlauf dieses Prozesses wurde zwar die Akzeptanz des Königs unter den Spaniern ständig vergrößert; seine reale Machtposition wurde dabei allerdings beschnitten und schließlich in der (heute gültigen) Verfassung von 1978 festgeschrieben.

7. König und Monarchie in der Verfassung

Die Ausarbeitung der Verfassung begann nach der Konstituierung der ersten frei gewählten *Cortes* von 1977, die verfassunggebenden Charakter hatten. Dem Verfassungsrechtler Pedro Cruz Villalón zufolge kam im Prozeß des Übergangs von der verfassunggebenden Gewalt zu den verfaßten Gewalten dem König aus Gründen der personellen Identität die komplexeste Stellung zu,[48] da Juan Carlos diejenige Person war, die seit der Thronbesteigung – welche im Einklang mit der franquistischen Legalität erfolgt war – der eigentliche Impulsgeber für den Prozeß des politischen Wandels war, der schließlich zur Verfassung von 1978 führte. Als Staatsoberhaupt unterstützte er aktiv die Strategie der »politischen Reform«, setzte einen neuen Ministerpräsidenten ein und ernannte nach freiem Ermessen 20% der Mitglieder des Oberhauses. Bei der königlichen Verkündigung der neuen Verfassung wurde sodann bewußt jeder Ausdruck vermieden, der die Verfassung als »paktiert« hätte erscheinen lassen können; der König hatte sich auf ihre Ausfertigung zu beschränken.

---

48 Vgl. Pedro Cruz Villalón: »Zehn Jahre spanische Verfassung«, in: *Jahrbuch des öffentlichen Rechts der Gegenwart* 37, 1988, S. 90f.

In den parlamentarischen Debatten des Verfassungsentwurfs war es nicht so sehr um die klassischen Staatsform-Alternativen Monarchie oder Republik, sondern vielmehr um die Legitimation der neuen Verfassungs-Monarchie gegangen. Die Regierungspartei »Union des Demokratischen Zentrums« und die rechtskonservative »Volksallianz« erblickten die Berechtigung der Monarchie zum einen in der Geschichte; die Monarchie wurde als traditionelle Form des spanischen Staates bezeichnet. Zum anderen galt ihnen die Monarchie, ganz aktualitätsbezogen, als die geeignetste Form zur Organisation des Staates, wobei die politische Rolle des Monarchen in der vorhergehenden Phase (seit 1975) ein wichtiges Argument darstellte. Letzterer Aspekt bewog auch die Kommunisten, die Basken und die Katalanen im Parlament, für die Monarchie zu stimmen. Die soziopolitische Realität der Übergangsjahre hätte die Einführung einer Republik – so lautete ihre Überlegung – sehr erschwert. Dieser Einsicht verschloß sich schließlich auch die Sozialistische Partei PSOE nicht. Sie stellte ihre ideologischen Bedenken gegen die Monarchie hintan und bestand lediglich darauf, daß über die Staatsform genauso wie über alle anderen Aspekte der Verfassung zu debattieren sei und die Monarchie nicht kommentarlos als Staatsform akzeptiert werden dürfe.[49] Dieser Forderung entsprechend wurden alle die Krone betreffenden Fragen ausführlich in beiden Häusern des Parlaments diskutiert.

Art. 1 der Verfassung von 1978 legte schließlich fest: »Die politische Form des spanischen Staates ist die parlamentarische Monarchie.« In der spanischen Verfassungstradition gibt es eine derartige Formulierung nicht, die somit verfassungsrechtlich ein Novum darstellt.[50] Frühere monarchische Verfassungen waren nie über die »konstitutionelle« Monarchie hinausgegangen, in der die Souveränität und die Legislativfunktionen zwischen Krone und Parlament aufgeteilt waren;[51] demgegenüber liegt seit 1978 die Souveränität beim Volk und die gesetzgebende Funktion ausschließlich bei den *Cortes*.

Titel II der Verfassung (Art. 56) regelt die Stellung der Krone: »Der König ist Oberhaupt des Staates, Symbol seiner Einheit und Beständigkeit. Er wacht als Schiedsrichter und Lenker über den regelmäßigen Gang der Institutionen, vertritt als höchster Repräsentant den spanischen Staat auf dem Gebiet der internationalen Beziehungen, vor allem mit den historisch eng verbundenen Nationen, und übt die Funktionen aus, die ihm die Verfassung und die Gesetze ausdrücklich

---

49　Die Parlamentsdebatten faßt zusammen Bar Cendón: »Monarquía Parlamentaria« (Anm. 40), S. 200-202.
50　Vgl. Bar Cendón: »Monarquía Parlamentaria« (Anm. 40); vgl. auch Manuel Fernández-Fontecha Torres / Alfredo Pérez de Armiñán y de la Serna: *La Monarquía y la Constitución*. Madrid 1987.
51　Hierzu Walther L. Bernecker: *Sozialgeschichte Spaniens im 19. und 20. Jahrhundert*. Frankfurt a. M. 1990, S. 107-117, 169-181.

zuschreiben.«[52] Durch die Gegenzeichnungspflicht aller Handlungen der Krone bleiben dem König nahezu keinerlei Befugnisse, deren Ausübung nicht von einem Kabinettsmitglied politisch zu vertreten wäre. Art. 62 zählt die wichtigsten Aufgaben des Königs auf: Er bestätigt und verkündet die Gesetze, er löst das Parlament auf und schreibt Neuwahlen aus, er setzt Volksabstimmungen fest, er schlägt den Regierungschef vor und entläßt ihn, er ernennt die Regierungsmitglieder, er bestätigt die Regierungsverordnungen, er hat den Oberbefehl über die Streitkräfte und das Begnadigungsrecht inne.

Mit dem Inkrafttreten der Verfassung wurde der König zu einer weiteren Gewalt unter den »verfaßten Gewalten«. Seine Amtsübernahme und die Ausübung seiner Befugnisse erfolgen im Einklang mit den verfassungsmäßig vorgesehenen Bestimmungen. Die Verfassung enthält übrigens keine Erklärung, welcher Person anfangs die Besetzung des Thrones zustand; nur indirekt identifiziert sie – im Unterschied zu früheren monarchischen Verfassungen – den König mit einer konkreten Person. Der Grund hierfür dürfte darin gelegen haben, daß 1978 keinerlei dynastische Probleme mehr die Übernahme der Krone gefährdeten.

Die Verfassung schreibt dem Monarchen eine Position zu, die in etwa an die Befugnisse und Funktionen der britischen Krone erinnert; sie engt den Ermessensspielraum der Krone stark ein und regelt ihre Kompetenzen bis ins Detail. Zumeist kann der Monarch nur als »Notar« parlamentarischer Vorgänge fungieren. Obwohl die Stellung des Monarchen eigentlich ausführlich geregelt ist, herrscht keine letzte Klarheit über die königlichen Prärogativen im Einzelfall.[53] Entscheidend dürfte die Persönlichkeit des Monarchen im politischen Kräftespiel sein. Die Verfassung überträgt dem König die Rolle eines »Schiedsrichters« und »Vermittlers« im Funktionsgefüge der Institutionen – eine Funktion, die an die These der gemäßigten Liberalen des 19. Jahrhunderts erinnert, derzufolge der Krone die Schlichtungsfunktion einer vierten, moderierenden Gewalt (*poder moderador*) über Exekutive und Legislative zugesprochen wurde.[54] Der heutige Monarch verfügt zur Ausübung seiner politischen Funktionen weit mehr über *auctoritas* als über *potestas*; letztere hat er mit der Unterzeichnung der Verfassung Ende 1978 abgetreten. Die »personale« Legitimation von Juan Carlos ist durch die Annahme der Verfassung durch die Bevölkerung gewissermaßen vom König auf die Monarchie, das heißt von der Person auf die Institution übertragen worden.

---

52 Zit. nach der dt. Übs. der Verfassung in *Keesing's Archiv der Gegenwart* v. 11.2.1979, S. 22378.
53 Vgl. Luis Sánchez Agesta: »Significado y Poderes de la Corona en el Proyecto Constitucional«, in: *Estudios sobre el Anteproyecto de Constitución*. Madrid 1978, S. 95ff.
54 Hierzu Bernecker: *Sozialgeschichte* (Anm. 51), S. 69.

8. Schlußbetrachtung: Monarchie und Demokratie

Die Monarchie als Staatsform ist in Spanien seit längerem bei praktisch allen politischen Kräften unumstritten. Dies unterscheidet sie von ihren Vorgängerinnen, der Restaurationsmonarchie von Alfons XIII., der Zweiten Republik der dreißiger Jahre und dem Franquismus, die alle äußerst kontrovers eingeschätzt und schließlich erbittert bekämpft wurden. Zur positiven Einschätzung der heutigen Monarchie hat maßgeblich Juan Carlos als politische Persönlichkeit beigetragen. Die Frage der Staatsform spielt für die meisten Spanier längst eine untergeordnete Rolle; viel wichtiger ist die Frage, unter welchen Bedingungen sich die Demokratie im Lande stabilisieren kann. Im Laufe der Jahre hat unter den Spaniern die positive Einschätzung der Rolle des Königs für den Demokratisierungsprozeß weiter zugenommen. Waren 1985 »nur« 71% der Meinung, der König habe für die Erreichung der Demokratie eine große Rolle gespielt, so Ende 1995 bereits 80%. Und 89% der befragten Spanier äußerten ihre Überzeugung, daß es Juan Carlos gelungen sei, die Sympathie selbst jener Personen zu gewinnen, die der Monarchie skeptisch gegenüberstanden; für 79% schließlich ist die Monarchie auch heute noch ein Garant für Ordnung und Stabilität. Von allen sozialen Gruppen oder Institutionen erfährt die Krone das größte Vertrauen von seiten der spanischen Bürger.[55]

Eine Demokratisierung ist keineswegs die einzig denkbare »logische« Folge einer Krise autoritärer Herrschaft; erst die Entscheidung maßgeblicher politischer Akteure für bestimmte Strategien führt in einem konkreten Kontext zu einer Präferenz für demokratische Institutionen. Auch im spanischen Fall war das schließlich erzielte Ergebnis nicht vorhersehbar; es ist vielmehr auf ganz konkrete Entscheidungen bestimmter Akteure zurückzuführen. Die eingeschlagene Strategie und die Ergebnisse im Demokratisierungsprozeß legitimierten und stabilisierten schließlich das Gesamtsystem: »In Spain the King legitimated the monarchy rather than the institution legitimating the royal incumbent. However, we should not forget that initially the important role that the king would play in the transition was based on his office more or at least as much as on his personal qualities that were still unknown.«[56]

Die Stabilisierung der Krone (als Teil des politischen Systems) war nur möglich, falls die Konsolidierung des gesamten politischen Systems gelänge; es mußte daher im Interesse des Monarchen liegen, die neue (Verfassungs-)Ordnung so schnell wie möglich zu stabilisieren. In seiner Funktion als Staatsoberhaupt sah sich Juan Carlos dabei einer ambivalenten Situation ausgesetzt; Politikwissen-

---

55 Vgl. die Umfrage zur »Lage der Nation« 20 Jahre nach Francos Tod in *El País* v. 19.11.1995.
56 Linz: *Innovative leadership* (Anm. 3), S. 7f.

schaftler haben das Problem folgendermaßen umschrieben: »Das Staatsoberhaupt befindet sich in einem Konflikt zwischen der erwarteten Rolle politischer Neutralität und der beobachteten Rolle politischer Aktivität.«[57] Im Rückblick läßt sich für den König feststellen, daß er soviel Neutralität wie nötig und soviel Aktivität wie möglich praktizierte, was zu einer Form monarchischer Institutionalisierung führte, die zwar als relativ entfernt von Regierung und Parlament erscheint – im Gegensatz zu Großbritannien etwa gibt es weder die Einrichtung des »King's speach« noch »His Majesty's Government« –, in der politischen Praxis aber eine große Nähe zu den übrigen Verfassungsorganen aufweist. Die Gegenzeichnungspflicht ist eine Einrichtung, die es der Krone ermöglicht, am Rande der politischen Aktivität zu verbleiben und ihre Rolle als *pouvoir neutre* (Benjamin Constant) zu festigen. Die Funktionen der Krone sind heute symbolischer, moderierender und repräsentativer Art.

Im Rückblick auf die Jahre des Übergangs schrieb einer seiner Architekten, der frühere Regierungschef Adolfo Suárez: »In Spanien stellte die Krone den unverzichtbaren Stützpunkt zur Durchführung des politischen Wandels dar. Hierzu griffen wir auf die Gewalten zurück, die die Grundgesetze des [franquistischen] Regimes dem König zusprachen, um – unter Verzicht auf diese Gewalten – eine parlamentarische und moderne Monarchie zu errichten, die zum gemeinsamen Bezugspunkt aller Spanier wurde.«[58]

Betrachtet man die Rolle der Krone bei den beiden Demokratieversuchen Spaniens im 20. Jahrhundert, so wird ihre geradezu entgegengesetzte Funktion deutlich. In den zwanziger und dreißiger Jahren waren die Zeitgenossen davon überzeugt, daß die Etablierung einer Demokratie nur durch Eliminierung der Monarchie möglich sein würde; dementsprechend war auch der erste Versuch Spaniens, eine Demokratie zu errichten, republikanisch. Eine Generation später geschah genau das Entgegengesetzte: Es war die Monarchie, die bei der Durchsetzung der Demokratie und ihrer Konsolidierung einen entscheidenden Beitrag leistete. Sowohl in der Analyse von Sozialwissenschaftlern wie in der Überzeugung der großen Mehrheit der spanischen Bevölkerung besteht heute – ganz im Gegensatz zur vorherrschenden Meinung vor ungefähr 25 Jahren – nicht nur kein Gegensatz zwischen Monarchie und Demokratie; erstere wird vielmehr übereinstimmend als entscheidende Variable betrachtet, die den Übergang vom autoritären System des Franquismus in die Demokratie erst ermöglicht hat.

---

57 Werner Kaltefleiter: *Die Funktionen des Staatsoberhauptes in der parlamentarischen Demokratie.* Köln 1969, S. 10.
58 Adolfo Suárez: »Apuntes sobre la transición política«, in: *Cambio 16*, Sonderheft 1000 v. 16.1.1991, S. 14.

Martina Fischer

Zur Bedeutung der Armee im nachfranquistischen Spanien
Bruch und Kontinuität im Verhältnis
von Militär und Gesellschaft

1. Antidemokratische Traditionen des spanischen Militärs

Die Armee war in Spanien während des gesamten 19. und 20. Jahrhunderts ein Faktor politischer Instabilität. Das Wort *pronunciamiento* verweist auf eine für Spanien spezifische, außergewöhnlich ausgeprägte Tradition der Einmischung des Militärs in die Politik mittels Putsch oder Rebellion. Die politische Realität des Landes wurde bis in die demokratische Gegenwart hinein davon determiniert.

Schon 1978 wurden führende Befehlshaber, die mit dem Übergang Spaniens vom autoritären franquistischen System zur Demokratie nicht einverstanden waren, bei Umsturzplanungen festgenommen.[1] Die Wiederzulassung der Gewerkschaften, die Legalisierung der Kommunistischen Partei, die Verabschiedung von Autonomiestatuten für die Regionen Baskenland, Katalonien und Galicien, wachsendes Regionalbewußtsein in den Autonomen Gemeinschaften sowie die zahlreichen Anschläge der ETA auf Repräsentanten des Militärapparats gaben den Kommandeuren Anlaß, die Auflösung der Einheit des Nationalstaats zu befürchten.

Am 23. Februar 1981 versuchten schließlich Befehlshaber der Guardia Civil und des Heeres, durch Gefangennahme von Regierung und Parlamentariern im Abgeordnetenhaus der Hauptstadt eine Änderung der Staatsform zu erzwingen.[2] Erst eine Erklärung von König Juan Carlos für die Demokratie veranlaßte die Putschisten zur Aufgabe. Dokumente, die erst zehn Jahre später bekannt wurden, enthüllten, daß der König damals mit antidemokratischen Ressentiments fast aller obersten Befehlshaber konfrontiert war.[3] Offensichtlich war es nur Zufällen am

---

1 Führende Köpfe des als »Operation Galaxia« bezeichneten Komplotts waren Tejero, Oberstleutnant der Guardia Civil, und Sáenz de Ynestrillas, Major der Policía Armada. Vgl. dazu Sergio Vilar: *La década sorprendente 1976-1986.* Barcelona 1986, S. 60f.

2 Protagonisten waren Oberstleutnant Tejero, Generalleutnant Milans del Bosch, der als Kommandeur der Militärregion Valencia dort Panzer ausrücken ließ, sowie Generalleutnant Armada, der sich nachträglich einschaltete und Parlamentarier und König drängen wollte, ihn zum Regierungschef zu ernennen.

3 Die Mitglieder der Junta der Stabschefs und die Mehrheit der neun Wehrbereichsbefehlshaber verhielten sich abwartend. Nur drei verhielten sich gegenüber dem König und der Verfassung loyal. Alle übrigen waren für Telefonate des Königs nicht erreichbar und versetzten ihre Truppen in Bereitschaft. Die Panzerdivision im Süden von Madrid stand zum Sturm auf die Haupt-

Putschtag zu verdanken, daß das Unternehmen nicht in eine umfangreichere Mobilmachung mündete.

Die Furcht vor einem neuerlichen Putschversuch wirkte sich in der Folgezeit dämpfend auf den Demokratisierungsprozeß aus. Ministerpräsident Calvo Sotelo bremste den Autonomieprozeß und setzte das Militär bei der Terrorismusbekämpfung ein. Nur vier der Putschanführer wurden inhaftiert und von Militärgerichten zu symbolischen Strafen verurteilt. Hintermänner und Kollaborateure blieben unbehelligt. Auf Suspendierungen Franco-treuer Befehlshaber wurde verzichtet. Gleichzeitig beschleunigte die UCD-Regierung den Beitritt zur NATO.

Auch die im Oktober 1982 angetretene PSOE-Regierung bekam den Druck des Militärs zu spüren. Schon bald wurde bekannt, daß rechtsextreme Befehlshaber versucht hatten, dem sich abzeichnenden sozialistischen Wahlsieg durch einen Putsch zuvorzukommen.[4] Im Verlauf des Jahres 1983 erhielt die Regierung davon Kenntnis, daß Wehrbereichskommandeure mit Angehörigen der Stäbe und mit Befehlshabern von operativen Einheiten einen sogenannten *golpe blando* planten.[5] Ziel der Verschwörer war es zum einen, durch Abschaffung des 8. Verfassungsartikels die Regelungen zur politischen Selbstbestimmung der Regionen zu verhindern und die Kontrolle über das Baskenland zu behalten. Zum anderen beabsichtigten sie, die vom sozialistischen Verteidigungsminister Serra ausgearbeiteten militärischen Reform- und Umstrukturierungspläne zu stoppen. Die Protagonisten waren Anhänger der Idee der *Autonomía Militar*, als deren Urheber der ehemalige Leiter der *Academia General Militar*, Generalleutnant Manuel Cabeza Calahorra, galt. Demnach sollte für die Streitkräfte nur der Oberbefehl des Königs, nicht aber die Weisungsbefugnis von Parlament und Regierung bindend sein. Die externe Kontrolle des Militärs sollte sich nur auf die Festlegung des Verteidigungshaushalts und der grundlegenden militärischen Ziele beschränken.[6] Bei der Aufdeckung der Verschwörung wurden von der Polizei auch ehe-

---

stadt bereit, und Teile der Einheit besetzten die staatlichen Rundfunk- und Fernseheinrichtungen, um sie für die Erklärung des neuen Regierungschefs freizuhalten. Auch der militärische Geheimdienst CESID war in den Umsturzversuch verwickelt. Vgl. dazu Volker Mauersberger: »Die Nacht der Demütigung«, in: *Die Zeit*, Nr. 10 v. 1.3.1991, S. 49f.; vgl. auch *Diario 16* v. 20.2.1991, S. 2ff.; *El País* v. 17.2.1991 *Domingo*, S. 1ff. Details über den »23-F« liefern überdies Vilar: *Década* (Anm. 1), S. 65ff.; Julio Busquets: »Las Fuerzas Armadas en la transición española«, in: *Sistema* 93 v. November 1989, S. 22. Eine frühe Einschätzung der Ereignisse lieferte José Oneto: *La noche de Tejero*. Madrid 1981.

4 An den umfangreichen Mobilisierungsplänen (Operation »Cervantes«) waren Teile der Guardia Civil, des Heeres und im Hintergrund agierende zivile rechte Kreise beteiligt. Das Vorhaben wurde allerdings zwei Wochen zuvor vom inzwischen reorganisierten Geheimdienst CESID vereitelt.

5 Beteiligt waren unter anderem der Generalkapitän der Militärregion Zaragoza, Sáenz de Larrumbe, und der ehemalige Präsident der »Generalitat«, Tarradellas.

6 Die Putschwilligen wollten den Streitkräften eine autonome Machtstellung neben einer von allen politischen Kräften zu besetzenden Regierung verschaffen: Dem Militär sollte ein Sitz im Verfassungsgericht zustehen. Die Besetzung der Befehlshaberposten sowie die Militärgesetzgebung

malige Agenten des franquistischen Geheimdienstes festgenommen, die zusammen mit rechtsgerichteten politischen Kreisen Attentatsserien ausheckten, um die Demokratie zu destabilisieren.

Bis in die zweite Hälfte der achtziger Jahre hinein wurden von klandestinen Zirkeln des Militärs immer wieder Umsturzpläne geschmiedet. Wie 1991 bekannt wurde, plante eine Gruppe von Militärangehörigen, König Juan Carlos und seine Familie, den Ministerpräsidenten, den Verteidigungsminister und die Mitglieder der Junta der Stabschefs im Sommer 1985 zu ermorden. Anläßlich des Tags der Streitkräfte in La Coruña wollten sie die Ehrentribüne mit führenden Repräsentanten aus Politik und Militär in die Luft sprengen. Der Anschlag sollte der ETA angelastet werden und als Rechtfertigung für die Machtübernahme des Militärs dienen. Geplant waren weiterhin Attentatsserien gegen öffentliche Einrichtungen und gegen Politiker, vor allem Repräsentanten des Baskenlands.[7]

Neben offenen Rebellionen oder Putschabsichten, an denen nur eine kleine Minderheit von Angehörigen des Militärs aktiv beteiligt war, gab es einen zweiten Typ militärischer Einmischung in politische Belange: die indirekte oder »passive« Intervention, den »Druck der weißen Handschuhe«. So nennt der spanische Militärsoziologe Julio Busquets[8] die eher lautlose und für die Öffentlichkeit nicht ohne weiteres sichtbare Intervention von Generälen gegen demokratische Entscheidungsprozesse und Reformen, mit der sich die Militärspitze etwa 1976 der Einführung der Gewerkschaftsfreiheit und 1977 der Legalisierung der Kommunistischen Partei zu widersetzen versuchte. Zehn Jahre nach Francos Tod im Jahre 1986 versuchte die Militärspitze weiterhin, eine Rehabilitierung der Mitglieder der (1976 wegen ihres Bestrebens zur Demokratisierung des Militärs aus der Armee vertriebenen und verbotenen) Demokratischen Militärunion (UMD) durch Druck auf die politische Ebene zu verhindern.[9] Auch die Rehabilitierung

---

sollten weiterhin in der ausschließlichen Verantwortung der Streitkräfte selbst liegen. Darüber hinaus erklärten die Verschwörer es zu ihrem Ziel, den Institutionen und Symbolen des Vaterlandes wieder Respekt zu verschaffen. Zudem wollten sie einen nationalen Pakt zur Bekämpfung des Terrorismus gründen. In ihrem Programm, das sie in verschiedenen Befehlsstellen verbreiteten, erhoben sie schwere Vorwürfe gegen die Demokratie: Sie habe die traditionelle Verwaltungsstruktur Spaniens aufgelöst und sei im Begriff, die »Einheit des Vaterlandes« zu zerstören. Vgl. *Diario 16* v. 16.10.1983, S. 5.

7 Vgl. *El País* v. 17.2.1991 *Domingo*, S. 1ff. Gerüchte im Vorfeld und ein mit düsteren Prophezeiungen über die Region Galicien gespickter Artikel in der rechtsradikalen Zeitschrift »Alcázar« hatten die Geheimdienste alarmiert und den Staatsstreich verhindert.

8 Julio Busquets Bragulat: *El militar de carrera en España.* Barcelona 1984.

9 Von Vorstößen zur Rehabilitierung der UMD-Angehörigen hatten die politischen Entscheidungsträger angesichts des Widerstands der Militärspitzen bis dahin Abstand genommen. Als die Regierung 1986 einen Gesetzentwurf zur Rehabilitierung der »Umedos« vorlegte, mißbilligten Befehlshaber des Heeres und drei der vier Stabschefs der Streitkräfte dies als »gefährlichen Vorgang« und warnten vor der Durchführung. Ende des Jahres wurden die ehemaligen UMD-Mitglieder vom Verteidigungsministerium zwar in die ihnen altersmäßig entsprechenden Ränge eingestuft. Ihre Rückkehr in den aktiven Dienst wurde aber angesichts der Unruhe, die man

der Veteranen, die auf republikanischer Seite im Bürgerkrieg gekämpft hatten, stieß noch Ende der achtziger Jahre auf Widerstand.[10]

In den Jahren der *transición* waren überdies Disziplinverstöße und kollektive Mißfallensäußerungen mit antidemokratischer Stoßrichtung an der Tagesordnung: Militärangehörige nutzten Beerdigungen von Kameraden, die Opfer terroristischer Aktionen geworden waren, zur Diffamierung von Politikern, verabschiedeten Manifeste zur politischen Lage und versuchten mit Hilfe rechtsgerichteter Zeitschriften, gegen regionale Autonomiestatute zu hetzen. Öffentliche Angriffe auf Repräsentanten des demokratischen Systems waren noch bis in die zweite Hälfte der achtziger Jahre hinein zu beobachten.[11] Noch Ende der achtziger Jahre traten hin und wider militärische Befehlshaber mit Überzeugungen von ihrer innenpolitischen Ordnungshüterfunktion an die Öffentlichkeit.[12]

Zwar war das franquistisch geprägte Militär kein einheitlicher Block und durchaus von Widersprüchen, von antiquierten und modernen Segmenten durchzogen. Aber die zentrale Rolle der Armee bei der Unterdrückung der Opposition gegen das Franco-Regime hatte zur Überzeugung von einer autonomen Rolle der Armee geführt, die zahlreiche Militärs nicht aufzugeben bereit waren. Das galt vor allem für das unter den tonangebenden und zahlenmäßig dominierenden Offizieren des Heeres verbreitete Selbstverständnis.

Wenngleich nur eine Minderheit von Militärangehörigen mit demokratiefeindlichen Haltungen und Aktivitäten offen in Erscheinung trat, trug dies doch entscheidend mit dazu bei, das Image der Armee insgesamt zu verschlechtern. Das in der spanischen Gesellschaft angesichts der repressiven Rolle in Zeiten der Diktatur gewachsene Akzeptanzdefizit gegenüber der Armee wurde dadurch weiter verstärkt. Bevor die zivil-militärischen Beziehungen in Spanien näher analysiert werden, soll aber zunächst das Verhältnis von Politik und Militär, nämlich der Umgang der demokratisch gewählten Regierungen mit der Armee untersucht werden.

---

damit im Militär zu provozieren befürchtete, vom Verteidigungsministerium als nicht opportun erachtet. Vgl. die Kritik der Befehlshaber in: *El País* v. 23.10.1986. Zu den Problemen und Hintergründen der UMD-Rehabilitierung vgl. *Cambio 16* Nr. 780, 10.11.1986, S. 31; *El País* v. 6.1.1986, 16.9.1986, 18.9.1986, 20.10.1986 und 28.10.1986. Vgl. auch das Interview der Verfasserin mit dem Ex-UMD-Angehörigen Luis Otero in: *Die Tageszeitung* v. 9.1.1987, S. 9.

10 Auch nach der formalen Rehabilitierung 1989 sahen sich die Interessensvereinigungen der republiktreuen Kämpfer schließlich gezwungen, vor das Oberste Gericht zu ziehen, um sich gegen Diskriminierungen bezüglich ihrer Pensionsansprüche zur Wehr zu setzen.

11 Eine ausführliche Auflistung dazu in Martina Fischer: *Spaniens ungeliebtes Militär. Legitimitätsdefizite: Öffentliche Meinung, Protestbewegungen und die Reaktionen des Militärapparats (1982-1992)*. Frankfurt a.M. 1996, S. 392ff.

12 Anläßlich des landesweiten Generalstreiks vom 14. Dezember 1988 gab z.B. der Brigadegeneral José Cassinello in seiner Funktion als Militärgouverneur der Provinz Córdoba seiner unversöhnlichen Haltung gegenüber der Gewerkschaftsfreiheit Ausdruck. Er gab seinen Truppen Anweisung, falls sie von Streikposten am Passieren gehindert würden, von der Schußwaffe Gebrauch zu machen. Vgl. *El País* v. 25.6.1989 und 15.5.1990; *Interviú* v. 28.5.1990; *Ya* v. 11.5.1990.

2. Die Militärpolitik der achtziger Jahre: Der Reform- und »Modernisierungs«prozeß

Die spanische Militärpolitik der achtziger Jahre war mit dem Problem konfrontiert, aus haushaltstechnischen Gründen und aus Gründen der Legitimitätsbeschaffung für die Armee militärische Reformen durchführen zu müssen. Dabei wurde das Wort »Reform« im offiziellen Sprachgebrauch sorgfältig vermieden und durch den Terminus »Modernisierung« ersetzt, um der Angst vor Privilegienverlusten bei Militärangehörigen vorzubeugen.[13]

Nach dem Putschversuch vom 23. Februar 1981 hatte die Regierung der UCD Spanien völlig überstürzt in die NATO geführt. Obwohl der PSOE zunächst versprochen hatte, Spanien wieder aus der NATO herauszulösen, änderte er seine Haltung mehrheitlich unter den Bedingungen der Regierungsverantwortung. Mithilfe einer umfangreichen Werbekampagne gelang es der Regierung González schließlich im Jahre 1986, in einem Referendum die Zustimmung einer knappen Mehrheit der abgegebenen Stimmen für den Verbleib Spaniens in der NATO unter bestimmten Bedingungen (Verzicht auf »militärische Integration«, Verbot von Aufstellung, Lagerung und Transport von Nuklearwaffen und Reduzierung der US-amerikanischen Militärpräsenz auf spanischem Gebiet) zu erringen. Die Regierung legte ihre Gründe für das Beharren auf der NATO-Mitgliedschaft zwar nie im Detail offen. Es sprechen aber einige Indizien dafür, daß sie sich nicht nur aus internationalen Zwängen und Abhängigkeiten wie der von außen gesetzten Koppelung von EG- und NATO-Beitritt herleiteten; offensichtlich spielte auch die Überlegung eine Rolle, die Einbettung in die NATO-Integration könne Vorteile für die Modernisierung der Streitkräfte bieten. Man nahm an, die supranationale Kooperation könne diesen zu neuem Selbstverständnis verhelfen. Außerdem konnten militärische Reform- und Umstrukturierungsmaßnahmen fortan mit dem Erfordernis der Anpassung an internationale Standards begründet und von dem Verdacht befreit werden, die sozialistische Regierung plane die Zerschlagung der Armee.

Unter dem Stichwort der »Modernisierung« wurden im Verlauf der achtziger Jahre eine Reihe von Maßnahmen durchgeführt, welche auf eine Neuordnung der Kompetenzen zwischen dem Verteidigungsministerium und der Armee, auf die Veränderung der territorialen Verteilung und Kommandostruktur sowie auf die Verringerung des Personalbestands abzielten.

---

13 Verteidigungsminister Serra betonte 1983, er wolle »nicht von Reform sprechen« und ziehe es vor, von »Modernisierung« zu sprechen. Zitiert nach Busquets: »Fuerzas Armadas« (Anm. 3), S. 25.

2.1 Die Neuordnung der Kompetenzen zwischen militärischer und politischer Ebene und die Umstrukturierung der Armee

Zu den wichtigsten Maßnahmen der PSOE-Regierung gehörte zunächst die Neuordnung der Kompetenzen zwischen militärischer und politischer Ebene.[14] Die 1984 verabschiedete Änderung der *Ley Orgánica de Defensa Nacional* (Gesetz über die Nationale Verteidigung) vom 1.7.1980 unterstellte das Oberkommando über die Streitkräfte der zivilen Regierung. Wenngleich der Oberbefehl gemäß der Verfassung beim König verblieb, leitet seither der Ministerpräsident die Verteidigungspolitik, wobei ihm die Junta der Stabschefs (JUJEM) Empfehlungen gibt.

Gleichzeitig wurde die Bündelung der Entscheidungskompetenzen für alle drei Teilstreitkräfte in einem einheitlichen Ministerium durch eine umfassende Reorganisation desselben vollzogen.[15] Es wurde eine »zivile« Führungsriege – bestehend aus Verteidigungsminister, Staatssekretär, Unterstaatssekretär und verschiedenen Generaldirektoren – etabliert. Die Kommandos der Teilstreitkräfte wurden in die verschiedenen Generaldirektionen der Teilstreitkräfte integriert und somit in funktionale Abhängigkeit gebracht. Die seit 1977 bestehende, aus den Stabschefs der drei Teilstreitkräfte und einem Vorsitzenden zusammengesetzte Junta der Stabschefs (JUJEM) wurde vom höchsten militärischen Befehlsorgan zu einem Beratungsorgan herabgestuft. Der Vorsitzende *Jefe de Estado Mayor de la Defensa* (JEMAD) wurde zum wichtigsten Berater des Ministers mit Weisungsbefugnis gegenüber der JUJEM erhoben. Seine Kompetenz beschränkt sich auf ausführende Funktionen bei der Koordination der Teilstreitkräfte und auf Repräsentationspflichten auf NATO-Ebene. Ihm kann im Konfliktfall vom Minister das operative Oberkommando übertragen werden.

Diese Maßnahmen führten zur formalrechtlichen Unterordnung der Armee unter das zivil geführte Ministerium und beendeten deren autonome Entscheidungskompetenz über Haushalts- und Personalfragen, Strategie-, Ausrüstungs- und Beschaffungsplanung. Gleichzeitig wurde eine Fülle von Gremien der Zusammenarbeit zwischen Armeekommandos und ziviler Ministerialbürokratie eingerichtet, und es wurden zusätzliche Mechanismen zur Kontrolle der militärischen Nachrichtendienste etabliert.[16]

---

14 Zum komplizierten Prozeß der Unterordnung der militärischen unter die politische Führung vgl. ausführlich Bernard Labatut: *Renaissance d'une puissance? Politique de défense et réforme militaire dans l'Espagne démocratique.* Paris 1993.

15 Dieser Prozeß war bereits 1977 von Verteidigungsminister General Gutiérrez Mellado auf symbolischer Ebene eingeleitet worden.

16 Vgl. dazu Wolfgang Kophamel: *Der spanische NATO-Beitritt als innen- und außenpolitisches Problem,* Dissertation am FB 15 der Freien Universität Berlin 1987, S. 129ff.; vgl. Fernando Rodrigo: »Las reformas militares en España«, in: *Fuerzas y Desarme en América Latina y el Caribe.* Santiago de Chile 4, octubre-diciembre 1990, S. 4; vgl. Felipe Agüero: »La constitu-

Weiterhin richtete sich das »Modernisierungsprogramm« auf territoriale und organisatorische Umstrukturierungen: Mit der Umgruppierung der Heeresverbände wurde ab 1984 auch die Möglichkeit, durch Truppenmobilisierung Putsche herbeiführen zu können, eingeschränkt. Zahlreiche Einheiten wurden von Standorten um die großen Städte herum, wo sie der Aufstandsprävention gedient hatten, abgezogen und in die südlichen Landesteile verlagert. Die neun Militärregionen wurden auf sechs verringert, die insgesamt 25 Brigaden auf 14 reduziert, die neun Territorialbrigaden (DOT) abgeschafft sowie sechs Einheiten (GOES) für Spezialeinsätze geschaffen. Ferner wurde die paramilitärische Guardia Civil von ihrer Funktion als vierte Teilstreitkraft entbunden und (in Friedenszeiten) auf Polizeifunktionen zurückgestuft.[17] Veränderungen in der Kommandostruktur und die Beschränkung der Macht der Wehrbereichskommandeure erschweren zusätzlich die Möglichkeit der Mobilisierung für Umsturzversuche.

Der im Verteidigungsgesetz von 1984 enthaltene Plan zur Umstrukturierung des Heeres, »Plan META« (*Modernización del Ejército de Tierra*), legte eine Reduzierung des Heeres von 240.000 auf 150.000 Mann, das heißt sowohl eine Verringerung des Wehrpflichtigenanteils als auch eine Verringerung des Berufsmilitärs von 41.000 auf 35.000 Mann bis 1990 fest.[18] Eine Reduzierung der Mannschaftsstärke war die notwendige Voraussetzung, um Beförderungsstaus im Offizierskorps langfristig entgegenzuwirken und eine angemessene Bezahlung zu gewährleisten. Die durch den Personalabbau eingesparten Mittel sollten mittelfristig aber auch Ressourcen für eine Modernisierung im Ausrüstungsbereich freisetzen, nachdem in den vorausgegangenen Jahrzehnten ein Großteil des Budgets für Personalkosten eines ausufernden, verbürokratisierten Militärapparats aufgewandt worden war.[19]

Im Bereich der Personalpolitik war die PSOE-Regierung mit den widersprüchlichen Folgen verschiedener Gesetze zur Aufstiegs- und Pensionsregelung, welche ihr die Vorgängerregierung hinterlassen hatte, konfrontiert: Weil sie weiterhin einem System der automatischen Beförderung nach Alter gefolgt war, hatte sich der Offiziersstau verstärkt. Um ihn abzubauen, wurde 1985 die *Reserva Transitoria* eingeführt, die 6.933 Offizieren innerhalb von vier Jahren bis 1989 den Rückzug aus dem aktiven Dienst in eine Art vorgezogenen Ruhestand ermög-

---

ción y las Fuerzas Armadas en algunos países de América del Sur y España«, in: *Revista de Ciencia Política*, Bd. VIII, Nr. 1-2, 1986, S. 118ff.

17 Allerdings untersteht sie weiterhin dem Verteidigungsministerium, und im Konfliktfall können ihr »Aufgaben der operativen territorialen Verteidigung« übertragen werden.

18 Vgl. dazu Vicenç Fisas: »El plan estratégico conjunto«, in: CIP (Hg.): *Anuario*. Madrid 1986, S. 25ff.

19 Vgl. dazu ausführlich Jean-François Daguzan: *L'Espagne a la croisée des chemins. Économie de la défense et stratégie du développement technologique*. Dossier n° 13, Fondation pour les Études de Défense Nationale, Paris 1986, S. 16f.

lichte. Zusätzlich wurde der Zugang zu den Militärakademien beschränkt. Schließlich brachten verschiedene Gesetze und Dekrete Modifizierungen der Aufstiegsregelungen und höhere Leistungsanforderungen mit sich. Mit der *Ley de Plantillas* wurde eine Reduzierung der Personalstärke des Berufsmilitärs von 66.000 auf 58.200 festgelegt. Das Gesetz machte Beförderungen in den Generalsrang von einer Auswahl der Kandidaten durch eine Jury abhängig, um zu gewährleisten, daß »die am besten Geeigneten« aufsteigen (*promoción de los más aptos*). Eine erneute Überarbeitung führte zum Entwurf der *Ley de Función Militar*. Die brach schließlich endgültig mit dem Prinzip der Beförderung nach Dienstalter. Aufstiegsmöglichkeiten wurden von persönlichen Verdiensten, technischen Qualifikationen und Zusatzausbildungen abhängig gemacht. Jeder Akademieabgänger sollte in gewissen Abständen Filter durchlaufen und sich bewähren müssen. Am 19. Juli 1989 wurde das Gesetz von den *Cortes* unter dem Titel *Ley de Régimen Reguladora del Personal Militar Profesional* verabschiedet.[20]

Eine der wohl wichtigsten Veränderungen vollzog sich mit der Reform der militärischen Rechtsprechung. Schon 1980 war der Kompetenzbereich der Militärjustiz strikt auf streitkräfteinterne Delikte begrenzt worden. Im Laufe der achtziger Jahre wurde mittels verschiedener Gesetzesänderungen der *Código de Justicia Militar* reformiert und die Selbstgerichtsbarkeit des Militärs aufgehoben. Die Erneuerung des militärischen Strafrechts (*Ley* 13/85, 9.12.1985) brachte Änderungen in den Artikeln »Feigheit vor dem Feind« und »Desertion« mit sich. Weiterhin wurde das Disziplinarrecht reformiert (*Ley* 12/85, 27.11.1985), die Zusammensetzung und Zuständigkeit der Militärgerichte wurde modifiziert (*Ley* 4/87, 15.7.1987), und es wurde eine deutliche Trennung zwischen Befehlshaber- und Rechtsprechungsfunktionen vollzogen. Die militärischen Staatsanwälte wurden dem Generalstaatsanwalt unterstellt. 1989 wurde auch das Prozeßrecht geändert, so daß Soldaten bei einem zivilen Gerichtshof gegen Urteile der Militärjustiz Revision einlegen können.[21] Die Sichtweise, daß erst mit dem Jahr 1989 von einer Vollendung der *transición* des Militärs auf der formaljuristischen Ebene gesprochen werden kann, hat von daher einige Berechtigung.[22]

---

20 Vgl. die ausführliche Analyse der Widersprüche der personalpolitischen Reformen in *El País* v. 5.1.1984 und 7.1.1984. Zur »Ley Reguladora del Régimen del Personal Militar Profesional« vgl. José de Delàs: »Una nueva ley para un ejército diferente: la Ley Reguladora del Régimen del Personal Militar Profesional«, in: Mariano Aguirre / Carlos Taibo (Hgg.): *Anuario del CIP 1989/1990*. Madrid 1990, S. 107-119.

21 Vgl. dazu Busquets: »Fuerzas Armadas« (Anm. 3), S. 26, und Carlos Gil Muñoz: *La política de defensa y las relaciones político-militares*, Manuskript eines Vortrags am 22.-23.10.1990 in Lissabon, S. 16ff.

22 Vgl. z.B. Carlos Navajas Zubeldia: »¿El fin del problema militar? Las Fuerzas Armadas y la sociedad en la España actual (1975-1996)«, in: *Simposio histórico sobre la transición española*. Vitoria-Gasteiz, 8.-10. Juli 1996, S. 109.

2.2 Die Ausrüstungsmodernisierung

Die in Teilen des spanischen Militärs durchaus unpopulären Maßnahmen zur Umstrukturierung wurden von einer Erhöhung des Rüstungshaushalts und von umfangreichen Programmen zur Beschaffung modernerer Waffen und Ausrüstung flankiert. Die materielle Grundlage dafür schuf das noch unter der UCD-Regierung verabschiedete und von der PSOE-Regierung nicht angefochtene Gesetz *Ley de dotaciones presupuestarias de las Fuerzas Armadas* 44/82, das eine Erhöhung des Haushaltsanteils für Rüstung am Verteidigungshaushalt und eine Steigerung der Militärausgaben im Zeitraum 1982-1990 festgelegt hatte. Das Gesetz hatte ausdrücklich nur eine Untergrenze für eine nach oben hin offene Haushaltssteigerung bestimmt, die an das Wachstum des Bruttosozialprodukts geknüpft wurde: eine reale 4,432%-Steigerung des Haushalts für Rüstungsinvestitionen und eine reale durchschnittliche Steigerung des gesamten Verteidigungshaushalts um mindestens 2,5% pro Jahr im Zeitraum von 1982 bis 1990, unter der Maßgabe, daß das spanische Bruttosozialprodukt in diesen Jahren eine jährliche 2,5%ige Steigerung nicht unterschreite. Das führte zunächst zu einem Anstieg der Ausgaben des Verteidigungsministeriums von 409 Milliarden Peseten auf 618 Milliarden 1985. Die Militärausgaben insgesamt[23] erreichten 1985 956 Milliarden Peseten und damit einen Anteil von 3,36% am Bruttosozialprodukt.[24] Bis 1988 sank dieser Anteil allerdings auf 2,9% und bis 1992 auf 2,1%.[25]

Die angestrebte jährliche 2,5%ige reale Steigerung des Verteidigungshaushalts wurde zwar nicht eingelöst, denn insgesamt erhöhte sich dieser zwischen 1982 und 1990 nur um jährlich durchschnittlich 1,9% und stieg auch während der neunziger Jahre nicht mehr. Gleichwohl erfuhr die Rüstungsdynamik in Spanien zumindest während der achtziger Jahre durch die Umschichtung der Ausgaben im Vergleich mit den vorangegangenen Jahrzehnten einen beträchtlichen Schub. Vor allem in der zweiten Hälfte der achtziger Jahre wurden umfangreiche Großwaffen-Beschaffungen getätigt.[26] Darauf verwandte das Verteidigungsministerium in

---

23 Vgl. Vicenç Fisas: »La economía de la defensa en España en 1991«, in: CIP (Hg.): *Anuario 1991/92*, Madrid 1992, S. 41-60. Fisas zählt dazu außer den Ausgaben des Verteidigungsministeriums noch die für die Guardia Civil, Pensionen sowie ministerielle Verwaltung und Subventionen für die staatlichen Rüstungsunternehmen.

24 Vgl. Vicenç Fisas: »Los presupuestos de Defensa para 1986«, in: ders. u.a. (Hgg.): *Anuario sobre Armamentismo en España*. Madrid 1986, S. 31-52.

25 Vgl. Vicenç Fisas: »Política sin rumbo: gastos militares y exportaciones de armas«, in: CIP (Hg.): *Anuario 1992/93*. Madrid 1993, S. 69.

26 Die Anzahl der in Spanien hergestellten AMX-Panzer für das Heer wurde erhöht, Motoren und Bewaffnung der M-41, M-47 und M-48-Panzer wurden modernisiert, Luft- und Panzerabwehr erhielten modernere Milan- und Tow-Raketen, hinzu kamen Kampfhubschrauber und Panzerfahrzeuge, elektronische Ausrüstung und Kommunikationsmittel für das Heer. Für die Luftwaffe wurden 96 F-16- und 84 F-18-Flugzeuge beschafft, die Restbeschaffung von Mirage-1-Flugzeugen zu Ende geführt, T-33 und T-61-Flugzeuge durch C-101-Schulflugzeuge ersetzt, das

den Jahren 1986 und 1987 256 Milliarden Peseten, 1988 232 Milliarden und 1989 nochmals 270 Milliarden Peseten.[27]

Um die Nachfrage bei der einheimischen Rüstungsindustrie anzukurbeln, wurden die Streitkräfte verpflichtet, deren Produkte in ihren Planungen vorrangig zu berücksichtigen. Zudem unternahm die PSOE-Regierung Anstrengungen zur Koordinierung der Beschaffungsplanung der Streitkräfte und verknüpfte sie mit Vorgaben für die Industrie. Die Kompetenzenaufsplittung während der Franco-Ära hatte im Hinblick auf die Rüstungsbeschaffung zur Verselbständigung eines komplizierten bürokratischen Apparats mit rivalisierenden und ineffektiven Zentren, Kommissionen, Unterkommissionen und Rüstungsdirektionen geführt.[28] 1977 war die Streitkräfteplanung zwar in einem einheitlichen Verteidigungsministerium und einer zentralen Beschaffungseinrichtung *Dirección General de Armamento y Material* (DGAM) zusammengefaßt worden, aber die Entscheidungskompetenz über Beschaffungen war faktisch bei der Armee selbst verblieben. Bei den von der Regierung González durchgeführten Reformen wurde die Rüstungsplanung im Zuge der Reorganisation des Ministeriums der Zuständigkeit des Unterstaatssekretärs für Verteidigungsfragen überantwortet und so aus dem Entscheidungsbereich des Militärs gelöst. Seit 1985 erfolgt die Koordination der Rüstungspolitik durch eine auf Staatssekretärsebene angehobene DGAM-Führung und in Zusammenarbeit mit verschiedenen anderen Gremien der Ministerien für Industrie sowie für Erziehung und Wissenschaft. Mit dem Ziel, die spanische Industrie technologisch an das Niveau der NATO-Partner anzukoppeln, wurde seither eine umfangreiche Beteiligung spanischer Firmen an Gemeinschaftsprogrammen zur Rüstungsentwicklung im europäischen und transatlantischen Verbund etabliert.[29] Damit verbunden und politisch gewollt war eine massive Exportorientierung, die sich nicht nur auf die NATO-Partnerländer richtete: Spanische Rüstungswaren waren fortan in zahlreichen Krisenregionen der Welt präsenter als je zuvor.

Alarm- und Kontrollsystem vervollständigt und die elektronische Ausrüstung modernisiert. Das aufwendigste Beschaffungsprojekt der Marine war der Flugzeugträger »Príncipe de Asturias«. Darüber hinaus erhielt sie 4 U-Boote des Typs Galerna, 5 Fregatten FFG, 2 Zerstörer vom Typ Suance, 12 Harrier Senkrechtstarter, 12 Hubschrauber SH-60 Lamps II, 15 Harpoon-Schiffsraketen, 1 Logistikschiff, 12 Minensuch-, 3 Küstenwach-, 6 Erkundungs- und 4 LST-Landungsboote, 1 Amphibienfahrzeug, 2 Segelschulschiff und 1 leichtes Transportschiff. Zu den Beschaffungsprojekten im Detail vgl. Carlos Gil Muñoz: »Spanish Army Modernization – armament and equipment«, in: *NATO's Sixteen Nations*. Special Issue, No. 1, 1985, S. 81f.

27 Vgl. dazu Ministerio de Defensa: *Memoria de la Legislatura 1986-1989*. Madrid 1989, S. 309.

28 Zu den kuriosen Widersprüchen, die diese Struktur in der Franco-Ära hervorgebracht hatte, vgl. Jesús Ynfante: *El ejército de Franco y de Juan Carlos*. Paris 1976, S. 81ff.

29 Zur spanischen Rüstungs- und Industriepolitik vgl. ausführlich Martina Fischer: »Rüstungs- und Technologiepolitik in Spanien. Versuche technologischer Ankopplung an Westeuropa«, in: Wilfried Karl (Hg.): *Rüstungskooperation und Technologiepolitik als Problem der westeuropäischen Integration*. Opladen 1994, S. 49ff.

Die umfangreiche Modernisierung im Bereich der Ausrüstung und Bewaffnung war zum einen industriepolitisch im Sinne der Nachfrageankurbelung für die spanischen Rüstungshersteller motiviert. Die Beschaffungen dienten zum anderen aber auch als Kompensation für den relativen Verlust der Streitkräfte an Machtpositionen in Staat und Gesellschaft.[30]

2.3 Widersprüche des militärischen Reform- und Modernisierungsprozesses

Die Politik der Regierungen im demokratischen Spanien war von dem Prinzip getragen, zunächst diejenigen Institutionen zu reformieren, von denen man keine größeren Widerstände erwartete. Eine Armeereform hielt man erst nach einer Konsolidierung der Demokratie für ratsam. Keine der demokratisch gewählten Regierungen entschloß sich, die jeweiligen Momente größter Verunsicherung für eine möglichst rasche Umgestaltung der Armee zu nutzen. Günstige Augenblicke hätte es etwa nach den Wahlen 1977, nach dem gescheiterten Putschversuch 1981 oder nach dem überwältigenden sozialistischen Wahlsieg 1982 gegeben. Dennoch, so rückblickend der ehemalige Offizier und spätere Vizevorsitzende des Verteidigungsausschusses Julio Busquets, »wollte man es nicht tun, wußte man nicht, wie man es tun sollte, oder konnte man es nicht tun«, weil man eine Gefährdung des Demokratisierungsprozesses befürchtete.[31]

Die Zentrums-Politiker hatten im Laufe ihrer Amtszeit nicht einmal eine formale Unterordnung der Armee unter die Entscheidungsgewalt der politischen Führung erwirkt. Auf Disziplinverstöße und Interventionsversuche von Militärangehörigen hatten sie mit so schwachen Sanktionen reagiert, daß diese eine Verstärkung demokratiefeindlicher Angriffe bewirkten. Lediglich mit einer ersten Reform des *Código de Justicia Militar*[32] sowie gesetzlichen Regelungen zur Neuordnung der uniformierten Polizei waren zaghafte Versuche unternommen worden, den Streitkräften Macht zu entziehen. Die anvisierte »Professionalisierung« des Militärs wurde im Sinne eines beruflichen Status und nicht als Entwicklungsprozeß hin zu diskursiven Verhaltensmustern verstanden.[33] Die von den UCD-Regierungen eingeleiteten Reformmaßnahmen hatten folglich so gut wie keine Rückwirkungen auf die Verhältnisse in den Kasernen.

---

30 Zu den Problemen, welche die Einbindung des Militärs in den Demokratisierungsprozeß in Spanien bereitete, vgl. Labatut: *Renaissance* (Anm. 14).
31 Vgl. Busquets: »Fuerzas Armadas« (Anm. 3), S. 25.
32 Dadurch wurden Soldaten von der Verpflichtung entbunden, Befehle zu befolgen, die sich gegen den Geist der Verfassung richten.
33 Das belegt eine Analyse der 1978 überarbeiteten »Ordenanzas« von Jesús Martínez Paricio: *Para conocer a nuestros militares*. Madrid 1983, S. 128f.

Auch die 1982 angetretene PSOE-Regierung verzichtete auf die Durchführung einer schnellen und einschneidenden Militärreform. Sie bemühte sich zwar darum, die Stäbe der Teilstreitkräfte, die Führung der Geheimdienste und wichtige ministerielle Abteilungsleiter-Positionen mit Offizieren zu besetzen, die gegenüber den demokratischen Institutionen aufgeschlossen waren. Aber auf eine systematische Förderung demokratisch gesinnter Offiziere wurde mit Rücksicht auf die konservative Fraktion verzichtet.

Nahezu unkontrolliert agierte das Militär bis Ende der achtziger Jahre im Bereich der Traditionspflege und der Ausbildung. Zwar waren nach Antritt der PSOE-Regierung in der Traditionspflege einige Modifizierungen vorgenommen worden.[34] Auch hatte man Redaktionsräte militärischer Zeitschriften, deren Aktivitäten sich als zu offen demokratiefeindlich erwiesen, ausgetauscht. Aber gleichzeitig wurden demokratisch gesinnte Militärangehörige durch die Neutralitätsverpflichtung und das Verbot politischer Meinungsäußerung gehindert, für ihre Positionen ein öffentliches Forum zu finden. Die *Academia General Militar*, Hauptproduzentin tradierter, reaktionär-romantizistischer Sinnwelten, wurde nicht geschlossen, und die Ausbildungsinhalte wurden während der achtziger Jahre kaum angetastet. In ideologischer Hinsicht blieb die Armee also weitgehend sich selbst überlassen. Die Reformpolitik zielte nicht auf einen raschen Mentalitätswandel, sondern in erster Linie darauf, Ruhe im Militär zu bewahren. Die Militärreformen der demokratischen Regierungen bewegten sich in einem grundlegenden Dilemma: Man ging davon aus, daß Veränderungen im Selbstverständnis aus der Armee selbst heraus in Gang gesetzt werden müßten, anstatt von außen aufgesetzt zu werden;[35] man wurde dabei aber mit der relativen Wandlungsunfähigkeit der militärischen Institution konfrontiert.

Erst ab Mitte der achtziger Jahre begannen Mitarbeiter des Verteidigungsministeriums, angeregt durch militärsoziologische Diskussionen des *Comité Fuerzas Armadas y Sociedad*, im Rahmen des II. spanischen Soziologie-Kongresses konkretere Überlegungen für eine Ausbildungsreform anzustellen. Sie galt als »heißes Eisen«, wurde immer wieder verschoben und als letzte aller »Modernisierungsmaßnahmen« eingeleitet. Erst 1989 wurden gegen vehemente Widerstände konservativer Offiziere gesetzliche Rahmenbedingungen entworfen, die gewährleisten sollten, daß die Ausbildung von Offizieren nicht mehr unter Bedingungen sozia-

---

34 So wurde das franquistische Wappen auf der militärischen Flagge durch das neue Wappen Spaniens ersetzt. Die Gedenkfeiern zum Todestag Francos und des Falange-Führers José Antonio Primo de Rivera wurden durch einen Gedenktag zur Entdeckung Amerikas und zum Jahrestag der Verabschiedung der Verfassung ersetzt. Außerdem wurden die Namen der Bürgerkriegsidole, zumindest offiziell, aus den Kasernen verbannt.

35 Vgl. Carlos Bruquetas: *Perceptions, Roles and the Generation Gap within the Spanish Armed Forces during the Transition to Democracy*. Vortragsmanuskript für das schwedische Institut für Internationale Angelegenheiten, September 1989, S. 8.

len und ideologischen Selbstabschlusses vonstatten ging. Die *Ley Reguladora de Régimen del Personal Militar Profesional* (*Ley* 19/1989 *de 19 de julio*) ebnete schließlich den Weg für eine Modernisierung der Lehrpläne und ermöglichte die Einbeziehung ziviler Lehrkräfte in den militärischen Lehrbetrieb. Umgekehrt können Offiziersanwärter im Rahmen ihrer Ausbildung an militärischen Hochschulen auch Kurse an zivilen Universitäten besuchen. Die Federführung bei der Gestaltung der Inhalte wurde dem Erziehungsministerium übertragen. Das Gesetz wurde von demokratisch gesinnten Offizieren als nicht weitreichend genug kritisiert, weil es keine klaren Richtlinien zur Ausbildung des Lehrpersonals und zur Gestaltung der Curricula enthält.[36] Von konservativen Befehlshabern wiederum wurde es als Angriff auf die »Identität der Streitkräfte« empfunden und massiv angefeindet.

Im Verlauf des Jahres 1991 trat die vom Ministerium ausgearbeitete Reform schließlich in die Phase der Umsetzung. Auf die konkrete, alltägliche Ausbildungspraxis hatte sie sich, informellen Äußerungen von Mitarbeitern des CESEDEN zufolge, auch 1992 noch nicht ausgewirkt, und sie konnte allenfalls ab 1993 erste Wirkungen zeitigen. So entsprach mehr als fünfzehn Jahre nach den ersten demokratischen Parlamentswahlen und nachdem sich die spanische Gesellschaft in rasantem Tempo verändert hatte, die Sozialisation weiter Teile des Berufsmilitärs noch immer den Disziplinvorstellungen, Wertmaßstäben und Führungsstilen aus vordemokratischen Zeiten. Dies brachte besondere Antagonismen und Legitimationsschwierigkeiten mit sich.

3. Die Akzeptanzprobleme in der Gesellschaft und der Dissens über das Rekrutierungssystem: Auslöser für eine Selbstverständniskrise in der Armee

Aus Einstellungserhebungen, die in Form von Umfragen von den unterschiedlichsten Forschungseinrichtungen in Spanien in großer Zahl durchgeführt wurden, geht hervor, daß die spanische Bevölkerung während der achtziger und frühen neunziger Jahre dem Militärischen mehrheitlich außerordentlich reserviert gegenüberstand.[37] So genossen zum Beispiel zivildienstleistende Kriegsdienstverweigerer höhere gesellschaftliche Wertschätzung als Militärangehörige. Seit Ende der achtziger Jahre entzog die Mehrheit der Bevölkerung dem Rekrutierungssystem der allgemeinen Wehrpflicht die Zustimmung. Das Akzeptanzdefizit hatte im EU-Vergleich besondere Ausmaße angenommen: Zwischen zwei Dritteln und drei

---

36 Vgl. dazu den Kommentar eines demokratisch engagierten Oberstleutnants der Reserve, José de Delàs: »Nueva ley« (Anm. 20).
37 Vgl. dazu ausführlich Fischer: *Spaniens ungeliebtes Militär* (Anm. 11), S. 69ff.

Vierteln aller Spanier und Spanierinnen lehnten die Wehrpflicht ab und votierten für eine Berufsarmee. Die Ablehnung erklärte sich aus mehreren Faktoren:

Aus einem gesellschaftlichen Wertewandel, der – wie auch in anderen Teilen Westeuropas in den vergangenen Jahrzehnten zu beobachten – vor allem die jüngeren Generationen ergriff; aus der Hypothek als innenpolitischer Unterdrückungsapparat in Zeiten der Diktatur, womit die Armee weiterhin behaftet blieb; aus den eingangs geschilderten antidemokratischen Traditionen und Aktivitäten des Militärs während der *transición*; aus der Empörung über unzureichende hygienische und soziale Bedingungen sowie Menschenrechtsverletzungen (sogenannte *novatadas* durch Dienstältere und Machtmißbrauch durch Vorgesetzte), denen die Rekruten in den Kasernen ausgesetzt waren – diese Mißstände wurden während der achtziger und frühen neunziger Jahre verstärkt publik;[38] aus dem Legitimitätsdefizit des Nationalstaats in einigen Landesteilen.

Dem letztgenannten Faktor kam herausragende Bedeutung zu: Die Ablehnung der Wehrpflicht war – wie auch die Skepsis gegenüber der NATO-Mitgliedschaft, gegenüber erhöhten Militärausgaben oder gegenüber der Institution Militär insgesamt – in den autonomen Regionen Katalonien und Baskenland überdurchschnittlich ausgeprägt. In jenen Landesteilen wurde und wird die negative Haltung gegenüber der Armee noch durch regional-nationalistische Überzeugungen und Identifikationsmuster verstärkt. Der Dienst im Militär des Zentralstaates ist schon von daher verpönt, weil er als Verrat an der »eigenen Sache«, an der eigenen »Nation« gilt. Man kann davon ausgehen, daß die 12% der baskischen Wähler und Wählerinnen, welche bei den vergangenen Wahlen die ETA-nahe Partei Herri Batasuna wählten und für einen eigenständigen baskischen Staat eintreten, die spanische Armee in ungebrochener Kontinuität der Erfahrungen während der Franco-Zeit weiterhin als Disziplinierungsinstrument oder sogar als Besatzungsmacht empfinden. In Katalonien existiert keine so scharfe Unabhängigkeitsbewegung wie im Baskenland, und die Konfrontation mit der Armee fällt folglich weniger kraß aus. Aber das regionale Selbstbewußtsein geht dort ebenfalls mit einer langjährigen Repressionserfahrung und dementsprechend mit verbreiteter Unlust einher, sich für den Dienst im Gewaltapparat des Zentralstaats verpflichten zu lassen. Es ist kein Zufall, daß seit der Nationalstaatsgründung bzw. seit der Einführung eines stehenden Heeres in Spanien das Gros des Militärpersonals aus zentralspanischen Regionen, vor allem aus Kastilien und Madrid kam, während

---

38 Physische und psychische Mißhandlungen durch Dienstältere und Vorgesetzte, mangelnde Rechte für Rekruten, häufige Unfälle an Waffen und Gerät, besorgniserregende Bedingungen in den Militärgefängnissen und Ausbeutung von Rekruten als billige Arbeitskräfte für Offiziere waren die Spitzen der Mißstände, die der *Defensor del Pueblo*, der parlamentarische »Ombudsman«, in seinen Berichten zu Beginn der neunziger Jahre immer wieder anprangerte.

die Bereitschaft zum Militärberuf in Katalonien und dem Baskenland traditionell verschwindend gering ausgeprägt war.

Nur vor dem Hintergrund dieser Details wird verständlich, weshalb sich Spanien nach Einführung des Rechts auf Kriegsdienstverweigerung im Verlauf der achtziger Jahre im EG-Vergleich mit seiner Verweigerer-Quote vom Schlußlicht an die Spitze setzte und seit 1993 – zusammen mit der Bundesrepublik – in Führung liegt. Nach Einführung des Rechts auf Verweigerung war die Quote von zunächst 1,15% (gemessen an der Zahl der für tauglich befundenen Wehrpflichtigen) Jahr für Jahr rasant angestiegen, bis sie sich 1994 und 1995 auf knapp 32% einpendelte. Die enorme Steigerung ging mit einer regelrechten Kriegsdienstverweigerungsbewegung einher, in der Totalverweigerer (*insumisos*) und ersatzdienstbereite Verweigerer eng zusammenarbeiteten.[39] Die Bewegung erhielt breite Unterstützung aus der Bevölkerung sowie von meinungs- und wertebildenden Instanzen und war Ausdruck und zugleich Motor des gesellschaftlichen Akzeptanzdefizits gegenüber der Wehrpflicht.

Seit Ende der achtziger Jahre wurde in heftigen innenpolitischen Debatten um das Militär gestritten. Auch die parlamentarischen Oppositionsparteien nahmen sich des Themas an: Im Zuge der Diskussion um die Novelle des Militärdienstgesetzes entwickelte sich die Frage der Dauer der *mili* 1989 zum Wahlkampfthema. Trotz der Verlagerung des Streits auf diesen Nebenschauplatz zeichnete sich schon damals über eine zentrale militärpolitische Frage, nämlich über das Rekrutierungssystem, ein Dissens unter den verschiedenen im Parlament vertretenen politischen Gruppierungen ab. Das Linksbündnis *Izquierda Unida* (IU) und einige regionalistische Parteien forderten die Einrichtung einer Freiwilligen- bzw. Berufsarmee mit defensivem Charakter. Der *Centro Democrático y Social* (CDS) wünschte die Einrichtung einer Freiwilligen- und Berufsarmee in einem Zeitraum von vier Jahren und für die Übergangszeit eine drastische Reduzierung des Militärdienstes bis auf drei Monate. Teile des konservativen *Partido Popular* (PP) und auch die katalanische *Convergència y Unió* (CiU) standen ebenfalls im Grundsatz einer Veränderung des Rekrutierungssystems aufgeschlossen gegenüber. Unter den Kritikern der Wehrpflicht befanden sich zum einen Akteure, die mit der Abschaffung der Wehrpflicht eine Umorientierung hin auf Friedens- und Abrüstungspolitik verknüpften. Zum anderen zählten dazu aber auch Strategen und Entscheidungsträger, die damit in erster Linie eine Effektivierung, Rationalisierung und Modernisierung der Armee anstrebten. Der PSOE hielt unerbittlich an der Wehrpflicht fest, strebte aber deren Verkürzung an. Es gelang der PSOE-Fraktion nach monatelangen Debatten schließlich, sich die Unterstützung des PP

---

39 Zur zahlenmäßigen Entwicklung der Kriegsdienstverweigerung und zur Entstehung der Bewegung sowie ihrer Trägerorganisationen vgl. ausführlich Fischer: *Spaniens ungeliebtes Militär* (Anm. 11), S. 149ff., und dies.: »KDV in Spanien«, in: *4/3* Nr. 3/1995, S. 94ff.

zu sichern und damit die parlamentarische Mehrheit für die Beibehaltung der Wehrpflicht bei einer Verkürzung des Militärdienstes von zwölf auf neun Monate zu erringen. Gleichzeitig wurde eine Erhöhung des Freiwilligenanteils gegenüber dem Wehrpflichtigenanteil, d.h. ein sogenanntes »gemischtes« Rekrutierungsmodell von 50% Wehrpflichtigen und 50% Freiwilligen bzw. Berufssoldaten, beschlossen.

Unter dem Eindruck der Krise im Persischen Golf und der Entsendung spanischer Marineeinheiten zur Embargosicherung gegen den Irak intensivierte sich 1991 die öffentliche Debatte um das Rekrutierungssystem erneut. Experten aus Jugendverbänden und wissenschaftlichen Einrichtungen, Intellektuelle und Publizisten stellten die Anerkennungswürdigkeit der Wehrpflicht in Frage und begegneten Kriegsdienstverweigerern mit Sympathie. Außerdem zeigte sich, daß eine liberale Strömung in der Justiz, nämlich Angehörige von Juristenverbänden, Richter und Richterinnen sowie Staatsanwälte und Staatsanwältinnen, alle rechtlichen Spielräume ausnutzten, um in Verfahren gegen Totalverweigerer größtmögliche Milde walten zu lassen. Zwar fällten manche Gerichte – einer Direktive des Generalstaatsanwalts folgend – harte Urteile mit dem Ziel der Abschreckung. Andere wiederum verhängten ein Strafmaß unter einem Jahr und inhaftierten Verweigerer, wenn überhaupt, bei offenem Strafvollzug. Einige Gerichte erteilten Freisprüche. Vor allem im Baskenland und in Katalonien wahrten viele eine liberale Praxis. Der wechselvolle Umgang mit der Totalverweigerung fand seine Entsprechung in einer gegensätzlichen Haltung der zuständigen Ministerien. Während im Justizministerium lange Zeit eine liberale Strömung für ein moderates, auf Entkriminalisierung bedachtes Vorgehen eintrat, plädierte das Verteidigungsministerium für eine harte Linie. Es nahm damit Rücksicht auf die Sensibilitäten des Militärs, das sich durch jegliche gesellschaftliche Zurückweisung in seinem Selbstverständnis massiv in Frage gestellt sieht.

Die Verweigererorganisation MOC errechnete für das Jahr 1995 insgesamt etwa 12.000 junge Männer, die seit Beginn der Totalverweigererkampagne vor sieben Jahren verweigert haben. Etwa die Hälfte von ihnen stammt aus der baskischen Region.[40] Eine effektivere Abschreckung erhofften sich die Behörden schließlich von einer Reform des Strafrechts. Eine veränderte Fassung des *Código Penal*, die 1986 in Kraft trat, sieht unter anderem vor, Totalverweigerern in Zukunft für zehn Jahre den Zugang zu Stellen im öffentlichen Dienst, zu Stipendien etc. zu versperren. Als unmittelbare Folge davon war zunächst ein weiterer überdurchschnittlicher Anstieg der Verweigereranzahl im Jahre 1996 zu verzeichnen: Zahl-

---

40 Nicht alles, was dort unter dem Etikett des »Antimilitarismus« anzutreffen ist, vertritt pazifistische Ziele. Gleichwohl ist gerade in der baskischen Region eine pazifistische Strömung entstanden, die auf den Terror seitens der ETA wie auch die gewaltsame Repression von staatlicher Seite gleichermaßen mit Ablehnung reagiert.

reiche Jugendliche, die noch gar nicht zum Militärdienst einberufen wurden, bemühten sich, ihre Totalverweigerung möglichst noch vor dem Inkrafttreten des neuen Strafrechts zu verkünden, das von ihnen als wesentlich repressiver wahrgenommen wird als das bisherige. Kurzfristig führte die Ankündigung neuer Sanktionen also zunächst zu einer Überfüllung der Justizvollzugsanstalten, vor allem im Baskenland, und vermochte die Totalverweigererbewegung bislang nicht zu paralysieren.

Das gesellschaftliche Akzeptanzdefizit und die rasante Ausbreitung der Kriegsdienstverweigerung lösten bei den Streitkräften gravierende Selbstverständnisprobleme aus. Im Offizierskorps des Heeres nahmen diese regelrecht krisenhafte Züge an. Teile des Militärs reagierten mit der Ausbildung von Lagermentalität und konfrontativen Einstellungen gegenüber der sich verändernden Gesellschaft.[41] Für einen Großteil der Befehlshaber bildete der zentralstaatliche Nationalismus schließlich weiterhin das Fundament ihres Selbstverständnisses. Ein relevanter Teil, vor allem der Offiziere des Heeres, sah die wichtigste Aufgabe der Armee weiterhin in der Abwehr »innerer Bedrohungen« und fühlte sich außerdem dazu berufen, die Gesellschaft über die allgemeine Wehrpflicht gegen diese Bedrohungen zu immunisieren: Mit Hilfe des Militärdienstes der jungen Männer sollten die Spanier und Spanierinnen wieder auf den rechten Weg gebracht und der Veränderung des Wertegefüges entgegengewirkt werden. Gleichzeitig wurde die militärische »Schule für das Leben« aber als außerhalb der Gesellschaft angesiedeltes, eigenständiges Gebilde begriffen. Viele Militärangehörige erhoben die Armee weiterhin gewissermaßen zu einer Art »Staat im Staate« und reagierten mit einer Zementierung des Selbstabschlusses gegenüber der zivilen Gesellschaft.

In den zentralen Tugenden und Werthaltungen, denen sich viele Angehörige des Offizierskorps bis in die frühen neunziger Jahre hinein verpflichtet fühlten, trat die mentale Abschottung besonders drastisch zutage. Teile des Militärs fühlten sich »höheren Werten« verpflichtet, die über den politischen Satzungen und Institutionen der gegenwärtigen Gesellschaft angesiedelt waren, und für die sie ewige Geltung beanspruchten. Ihre Loyalität galt transzendentalen Größen wie Gott und religiösen Überzeugungen. Auf Infragestellungen dieser Orientierungen durch das veränderte gesellschaftliche Wertegefüge reagierten sie mit der Betonung vormoderner Legitimationsmuster in Gestalt mittelalterlicher Heldenideale oder Todesverklärung und verstärkten damit die Kluft zwischen Militär und Gesellschaft weiter.

---

41 Dies ergibt eine Analyse der relevanten Artikel, in denen sich Befehlshaber in den Zeitschriften der Stäbe der drei Teilstreitkräfte im Zeitraum 1982-1992 zu Fragen des Verhältnisses von Militär und Gesellschaft äußerten. Vgl. dazu ausführlich Fischer: *Spaniens ungeliebtes Militär* (Anm. 11), S. 214ff.

Das in Spanien traditionell schwierige Verhältnis zwischen Militär und Gesellschaft war also während der achtziger und frühen neunziger Jahre weiterhin von starken Spannungen geprägt. Einer an Militär, Rüstung und Sicherheitspolitik besonders desinteressierten Gesellschaft stand eine Armee gegenüber, deren Offizierskorps besonders konservative Züge aufwies und deren Weltbild außerordentlich stark von militärischen Ordnungsvorstellungen geprägt war. Die ideologischen Überzeugungen der Armee hatten sich nicht im Gleichschritt mit dem übergeordneten Wertegefüge der Gesellschaft verändert. Diese Ungleichzeitigkeit stellte das Verteidigungsministerium als ausführendes Organ von Militär- und Sicherheitspolitik vor große Herausforderungen.

4. Das Bemühen des Verteidigungsministeriums um eine Verbesserung der zivil-militärischen Beziehungen: Werbefeldzüge mit begrenzter Wirkung

Die politischen Entscheidungsträger betrachteten es als Herausforderung, einer wachsenden Distanz zwischen Militär und Gesellschaft entgegenzuwirken. Sie suchten nach Möglichkeiten, der Armee Akzeptanz zu verschaffen und bemühten sich gleichzeitig, vermittelt über die Zuweisung neuer Aufgaben, Sinnstiftung für das Militär zu leisten. Das Verteidigungsministerium war bestrebt, mit einer Fülle von PR-Aktivitäten das Image der Armee zu verbessern und das Offizierskorps aktiv in die Sympathiewerbung einzubinden. Dabei wurde vor allem auf häufige Begegnungen von Militärangehörigen und Zivilisten Wert gelegt. Gleichzeitig versuchte man die Armee unter dem Motto der »Professionalisierung« für die Umsetzung militärpolitischer Maßnahmen zu gewinnen, welche Mißstände beseitigen und die Strukturen der Institution von allzu offensichtlicher Verkrustung befreien sollten. Die Bereitschaft des Berufsmilitärs zur Effektivierung und Modernisierung von Organisationsstrukturen und Führungsstilen wurde zur Voraussetzung einer Prestigesteigerung der Institution erklärt.

Parallel dazu wurden intensive Anstrengungen zur Rekrutenwerbung unternommen: Das Verteidigungsministerium führte über Jahre hinweg intensive Werbekampagnen durch, mit denen die Akzeptanz des Wehrdienstes gesteigert und überdies Freiwillige geworben werden sollten. Der Militärdienst wurde zur Startposition für die Verbesserung der Chancen auf dem zivilen Arbeitsmarkt stilisiert, die Armee zum sicheren Arbeitsplatz oder zum Forum für individuelle Entfaltungsmöglichkeit, für Abenteuer, sportliche Grenzerfahrungen, Selbstverwirklichung und Kollegialität. Die Darstellungen suggerierten aber auch die Angleichung der militärischen an die zivile Lebenswelt und die Abkehr vom antiquierten Männerbund: Seit der Verabschiedung des *modelo mixto* und der Öffnung der Armee für Frauen richteten sich die Werbekampagnen auch an diese mit Versprechen von gleichberechtigten Karrierechancen. Außerdem wurden dem Militär Funktionen zugewiesen, die – so erklärte das Ministerium – der Gesellschaft zugute kämen: im Bereich der inneren Sicherheit und im Katastrophenschutz. Die Streitkräfte wurden zudem als Hüter von Biotopen und Naturreservaten und im Dienste der Forschung für ökologische Zwecke abgebildet. Auch das Bild der Armee als »Motor des Fortschritts« wurde zu einem wichtigen Legitimationsargument. Das Militär erhielt damit Betätigungsfelder zugewiesen, die eine hohe oder steigende gesellschaftliche Wertschätzung genießen.

Auch auf internationaler Ebene wurden der Armee seit Mitte der achtziger Jahre neue Aufgaben und Einsatzfelder, vor allem im Rahmen von friedensschaffenden und friedenserhaltenden Maßnahmen der UNO und bei der Überwachung von Abrüstungsabkommen, übertragen. Die Armee präsentierte sich als Organisation, die sich weltweit für Frieden, Abrüstung und Menschenrechte engagiert. Anfang der neunziger Jahre verlagerte sich der Schwerpunkt der Präsentation vollends auf Einsätze im Rahmen von humanitären und friedenserhaltenden Maßnahmen der Vereinten Nationen. Das Verteidigungsministerium bemühte sich um die medienwirksame Darstellung spanischer Offiziere bei der Überwachung des Abzugs kubanischer Truppen aus Angola (UNAVEM), bei der Beobachtung des Entkolonialisierungsprozesses in Namibia (UNTAG) und als Wahlbeobachter in Haiti. Der Überwachung des Friedensprozesses in Mittelamerika (ONUCA), die unter Führung spanischer Offiziere erfolgte, wurde besonders große Aufmerksamkeit gewidmet. Die »neuen Missionen« begründete Verteidigungsminister Narcis Serra mit einer »Bereicherung der beruflichen Inhalte und Verhaltensmuster« der Streitkräfte.[42]

Schiffe und Einheiten der *Armada* waren an der Überwachung des Embargos gegen den Irak nach der Besetzung Kuwaits beteiligt. Dieser öffentlich umstrittene Einsatz spanischer Verbände wurde von offizieller Seite mit der Notwendigkeit zur Überwindung der »Isolierung« Spaniens begründet. Ministerpräsident González griff darüber hinaus die in Spanien verbreitete Skepsis gegenüber den USA auf und gab an, man wolle verhindern, »daß ein einziger Weltpolizist im Alleingang alle Konflikte löst«.[43] Der sicherheitspolitische Diskurs wurde fortan wesentlich von dem Hinweis auf die Verpflichtung zur Übernahme internationaler »Verantwortung« beherrscht. Auch das Argument, internationale Militäreinsätze vergrößerten Spaniens Ansehen in der Welt, war häufig zu hören.

---

42 Ansprache anläßlich der »Pascua Militar« im Januar 1991, in: *Revista General de la Marina*, Februar 1991, S. 221.
43 Vgl. *El País* v. 20.11.1990. Die Äußerung erfolgte ursprünglich gegenüber *Le Monde* am 19.11.1990.

Heeresinfanterie und Fallschirmspringerbrigaden waren anschließend bei humanitären Einsätzen zur Versorgung der vom irakischen Diktator verfolgten kurdischen Flüchtlinge im Rahmen des alliierten Programms »Provide Comfort« 1991 dabei. Die Mitwirkung spanischer Verbände an den mit der WEU abgestimmten Einsätzen der UNPROFOR in den umkämpften Gebieten des ehemaligen Jugoslawien und die Entsendung spanischer Marineeinheiten zur Überwachung des Handelsembargos gegen Serbien und Montenegro in die Adria, die Beteiligung an der Luftbrücke für Zagreb und Sarajevo, die Entsendung von Angehörigen der »Legion« als Blauhelmsoldaten zur Versorgung der Zivilbevölkerung nach Bosnien-Herzegowina und schließlich die von der UNO legitimierten Einsätze von NATO-Verbänden im ehemaligen Jugoslawien wurden jeweils von namhaften Journalisten begleitet und von den spanischen Massenmedien außerordentlich positiv gewürdigt. Die beteiligten Soldaten galten fortan als »Helden von Bosnien« oder als »Friedensengel von Sarajevo«, die sich im Kampf für die Menschenrechte und gegen ethnische Säuberung aufopferten.[44]

Die intensiven Werbeanstrengungen des Verteidigungsministeriums trugen vermutlich dazu bei, Rekrutierungsprobleme zu mindern und das Ansehen der Armee bei Teilen der Bevölkerung auf einer abstrakten Ebene zu verbessern. Während die Militärbehörden in den achtziger Jahren erhebliche Probleme hatten, ihr schmales Freiwilligenkontingent zu füllen, verzeichneten sie Mitte der neunziger Jahre mehr Anwärter und Antwärterinnen, als freie Plätze vorhanden waren.[45] Dazu haben natürlich auch finanzielle Anreize für Freiwillige beigetragen. Vor dem Hintergrund defizitärer Ausbildungschancen sowie eines weiterhin unzureichenden Bildungssystems und angesichts zunehmender Engpässe auf dem zivilen Arbeitsmarkt ist zu erwarten, daß die Werbemaßnahmen des Ministeriums bei den »Modernisierungsverlierern«, das heißt bei Jugendlichen, die an den Rand der Gesellschaft gedrängt werden und über keine Alternativen verfügen, auch in Zukunft verstärkt auf Resonanz stoßen.

Gleichwohl vermochten die Werbemaßnahmen des Ministeriums den Trend zur Kriegsdienstverweigerung nicht zu bremsen. Zwar hat die Verweigerer-Quote in den vergangenen drei Jahren nicht mehr so rasant zugenommen wie in dem vorangegangenen Jahrzehnt, sie blieb aber mit über 30% auf hohem Niveau.[46] Die Abneigungen gegen das Rekrutierungssystem, die aus dem veränderten Wertegefüge und vor allem aus dem Legitimitätsdefizit des Nationalstaats entsprin-

---

44 Vgl. beispielhaft für das positive Presseecho den Bildbericht in *El País Semanal* 125 v. 11.7.1993, S. 20f.
45 Vgl. dazu ausführlich Ministerio de Defensa: *Memoria de la V Legislatura (1993-1996)*. Madrid 1996, S. 202ff.
46 Berechnungen von KEM-MOC, Bilbao, die in etwa den von den staatlichen Stellen ausgegebenen Zahlen entsprechen.

gen, sind weiterhin virulent. Negative Einstellungen gegenüber dem Gewaltapparat des Zentralstaats erhielten zusätzliche Nahrung im Zuge der Enthüllungen von kriminellen Machenschaften der »Antiterroristischen Befreigungsgruppen« (GAL), die Mitte der achtziger Jahre 28 echte und 28 vermeintliche Mitglieder der Untergrundorganisation ETA umbrachten. Höchstrichterliche Untersuchungen förderten immer mehr Indizien zutage, denen zufolge die Banden aus dem Madrider Innenministerium heraus geführt wurden. Ranghohe Offiziere der »Vierten Teilstreitkraft«, der *Guardia Civil*, waren in diese Aktivitäten verstrickt, und hohe Politiker der Madrider Zentrale haben sie augenscheinlich gebilligt. Dieser Skandal bestätigte für viele die Wahrnehmung, daß der spanische Staat mit gewaltsamer Repression gegen den »baskischen Befreiungskampf« zu Felde ziehe. Auch Beweise über andauernde Folter an ETA-Angehörigen in spanischen Gefängnissen passen in dieses Bild.

Die spanische Gesellschaft ist weiterhin, wie schon in den achtziger Jahren, in ihrer Einstellung gegenüber dem Militär gespalten. Einer Umfrage des CIS vom März 1994 zufolge hatten 37% eine gute oder sehr gute Meinung von der Armee, 31% eine indifferente und immerhin 20% weiterhin eine schlechte bis sehr schlechte Meinung. Im Baskenland fiel das Verhältnis krasser aus: Nur 18% hatten eine gute bis sehr gute Meinung, 24% eine indifferente Haltung und eine deutliche Mehrheit von 45% eine sehr schlechte oder schlechte Meinung von der Armee. In Katalonien lag das Verhältnis bei 25%:37%:28%.

In Meinungsumfragen der vergangenen Jahre bewertete eine knappe Mehrheit der Befragten die Einsätze der spanischen Soldaten im ehemaligen Jugoslawien zunehmend als positiv – mit der Einschränkung, es müsse gewährleistet werden, daß die Soldaten bei diesen Einsätzen kein Risiko für ihr Leben eingehen. Die Beteiligung spanischer Soldaten an der militärischen Sicherung des Dayton-Abkommens wurde von der Gesellschaft nicht in Frage gestellt. Allerdings bezieht sich die mehrheitliche Zustimmung immer auf die Entsendung von Freiwilligen und Berufssoldaten. Weiterhin tritt eine deutliche Mehrheit für eine Freiwilligenarmee und für die Abschaffung der Wehrpflicht ein. Die seit der Entsendung spanischer Marineverbände in den Persischen Golf 1991 durchgeführten Meinungsumfragen verdeutlichten immer wieder: Unter den Bedingungen einer außenpolitischen Orientierung, die es erfordert, Truppen in entfernte Krisengebiete zu entsenden, ist die allgemeine Wehrpflicht nicht mehr legitimierbar.

5. Die spanische Armee am Vorabend des 21. Jahrhunderts: Supranationale Einsätze und der Umbau des Rekrutierungssystems

5.1 Vollendung der Bündnis-Integration und Orientierung auf weltweite Einsatzfelder

Angehörigen der Luftwaffe und Marine fiel es von Anfang an leichter als den Heeresoffizieren, die Bündnisorientierung zu unterstützen. So machte der 1984 als militärischer Berater des Verteidigungsministers ins Amt des JEMAD berufene Admiral Angel Liberal Lucini aus seiner eindeutigen Haltung für den Verbleib im Bündnis keinen Hehl und trat Neutralitätsforderungen energisch entgegen.[47] Die Stäbe von Luftwaffe und Marine traten, nicht zuletzt in der Erwartung einer durchaus erwünschten Angleichung der waffentechnischen Ausrüstung an westeuropäisches Niveau, für eine NATO-Integration ein. Die Führung des Heeres hingegen war in der ersten Hälfte der achtziger Jahre in dieser Frage gespalten. Stabschef Munilla ging zwar ebenfalls davon aus, daß es keine Alternative zur NATO-Einbindung gebe.[48] Seine Ausführungen belegen aber gleichzeitig, daß Kränkungen angesichts der Isolierung und des Ausschlusses der spanischen Armee aus der NATO seitens der westeuropäischen Mitgliedstaaten während der Diktatur nachwirkten. Diese Kränkungen und die fortgesetzte Skepsis gegenüber den demokratischen Gesellschaftssystemen Westeuropas hatten zur Zurückhaltung eines Teils der Heeresoffiziere gegenüber der NATO-Einbindung beigetragen. Die Ablehnung resultierte auch aus der Befürchtung, daß dem Heer in der Bündniszusammenarbeit eine drittrangige Bedeutung hinter der Luftwaffe und Marine zukommen würde – eine Erwartung, die sich nicht nur angesichts der Prioritätensetzungen in der Ausrüstung, sondern auch bei der Besetzung der wichtigsten Position des JEMAD bestätigte.[49]

Die Befürworter der NATO-Mitgliedschaft unter den Offizieren hatten zur Erfüllung der von ihnen als zentral erachteten Aufgaben nichts gegen eine militärische Integration in die Kommandostruktur einzuwenden gehabt. Sie hatten sich

---

47 So bei einer Konferenz in der *Academia General Militar* in Zaragoza, vgl. *El País* v. 27.10.1985.

48 Er kam zur Überzeugung, daß eine bewaffnete Neutralität zu kostspielig sein würde und eigene Atomwaffen erfordere. Vgl. Heeres-Stabschef Eduardo Munilla: »El ejército español y la OTAN«, in: *Ideas para la Democracia* 1, 1984, S. 333-342. Eine Nicht-Pakt-Gebundenheit verleihe Spanien einen »Dritte Welt«-Status. Vgl. Eduardo Munilla: *Introducción a la estrategia militar española*. Madrid 1984, S. 221ff.

49 In dieses Amt, dem unter anderem auch die Verhandlung und Unterzeichnung der Übereinkünfte über den spanischen Beitrag im NATO-Bündnis oblagen, wurden im Laufe eines Jahrzehnts sozialistischer Regierungsverantwortung nur Kommandeure von Marine und Luftwaffe berufen. 1992 kam erstmals ein Heeresbefehlshaber zum Zuge.

Zur Bedeutung der Armee im nachfranquistischen Spanien

allerdings einen eigenen spanischen Oberbefehl über die Achse Kanarische Inseln – Meerenge von Gibraltar – Balearen erhofft, der ihnen verwehrt blieb.[50] Trotzdem verlief die Übernahme von Funktionen im Rahmen der westlichen Verteidigungsplanung für Marine und Luftwaffe im westlichen Mittelmeer und Atlantik relativ reibungslos. Spanische Luftwaffen- und Marineverbände erhielten fortan auf einem gesonderten Befehlsweg von den NATO-Kommandobehörden Aufgaben zugewiesen, die sie selbständig ausführen konnten: Zur Durchführung militärischer Operationen unter nationalem Oberbefehl wurde den spanischen Streitkräfteverbänden ein »operational command« übertragen, während sie gleichzeitig dem »operational control« des NATO-Oberbefehlshabers unterstellt blieben.[51]

Die Einbindung des Heeres stieß auf größere Hindernisse. Die Anbindung Spaniens an die Allianz sah zunächst keine Bereitstellung von Heereseinheiten für den Kriegsfall jenseits des spanischen Territoriums vor. Es ergaben sich somit für Heeresangehörige kaum Referenzpunkte für eine Legitimation durch Bündnisorientierung.

Noch während der achtziger Jahre war eine verbindliche, kollektiv sinnstiftende Selbstverständniskonzeption im spanischen Berufsmilitär nicht gegeben. Konzepte, die von Militärsoziologen mit dem Typus des »Managers« und »technischen Experten« bezeichnet wurden, waren in der Luftwaffe und Marine deutlich stärker ausgebildet als im Heer. Auch die Ausrichtung auf sogenannte äußere Bedrohungen hatte während der achtziger Jahre keine einheitliche Sichtweise über die Aufgaben und Einsatzfelder der Armee, sondern ganz heterogene Legitimationsmuster hervorgebracht.

Offiziere der Luftwaffe und der Marine reproduzierten weitgehend Begründungsmuster, wie sie auch für die Armeen anderer NATO-Mitgliedstaaten während der Ost-West-Konfrontation typisch waren: Weite Teile des Offizierskorps der Luftwaffe und Marine hatten sich dem in der NATO üblichen Sprachgebrauch der »Verteidigung«, »Abschreckung«, »Friedenssicherung« und »Kriegsverhütung« formal angepaßt. Auch eine Strömung unter den Heeresoffizieren hatte sich dieses Vokabular zu eigen gemacht. Eine relevante Gruppe von diesen betrachtete aber das Konzept der »Abschreckung« und »Friedenssicherung« mit großem Argwohn. Eine wichtige Strömung trat schon während der siebziger Jahre für ein

---

50 Dem Wunsch spanischer Admiräle nach einem eigenen Oberbefehl im Rahmen der Zonen IBERLANT, BISCLANT, GIBMED und MEDOC wurde angesichts der zu erwartenden Probleme mit Großbritannien und Portugal nicht entsprochen.

51 Weil eine Abhängigkeit von den NATO-Zentren Gibraltar und Portugal inakzeptabel erschien und man spanischen Befehlshabern nicht zumuten wollte, einem ausländischen Kommando unterstellt zu werden, verzichtete man auf eine Einbindung in die Kommandostruktur und wählte eine losere Anbindung. Vgl. dazu Wolfgang Kophamel: *Spanien – Nordafrika: Nationales Interesse und Sicherheitspolitik im Widerstreit*. Arbeitspapier Nr. 30 der Berghofstiftung für Konfliktforschung, Berlin 1988, S. 18.

offensiveres Vorgehen ein, als es die NATO in ihren Augen gewährleistete: Nicht Abhaltung und Verhütung eines Angriffs, sondern der militärische Sieg des Westens über den kommunistischen Block galt als erstrebenswert.[52]

Die Notwendigkeit der Eindämmung des sowjetischen Expansionsstrebens stand als Aufgabe der Streitkräfte für Offiziere aller Teilstreitkräfte außer Frage. Während eine relevante Strömung unter den Heeresbefehlshabern weiterhin Angriffe des kommunistischen Machtblocks durch subversive Aktivitäten erwartete und im Innern zu bekämpfen suchte, sahen Marine- und Luftwaffenangehörige ihre Bestimmung in der Eindämmung des Kommunismus auf internationaler Ebene. Führende Kommandeure von Luftwaffe und Marine definierten ihre Aufgabe als Ergänzung zur Abschreckung im Rahmen der Ost-West-Konfrontation: Spanische Militäreinrichtungen sollten unterstützende Funktionen als Nachschub- und Logistikbasis (*retaguardia*) übernehmen. Marineoffiziere charakterisierten aber darüber hinaus schon zu Beginn der achtziger Jahre die Weltlage als »Ressourcen-Krieg«, in dem »der Osten« versuche, dem »Westen« den Zugang zu lebensnotwendigen Rohstoffen zu verwehren. Das Konzept der Verteidigung sei zu modernisieren, um »allen möglichen zukünftigen Konflikten, die sich in strategisch wichtigen Zonen wie etwa Nordafrika oder Zentralamerika entwickeln können«, begegnen zu können, so forderten Befehlshaber der Luftwaffe. Spanischen Einheiten komme die Aufgabe zu, die Handelswege und strategischen Stützpunkte entlang der Achse Kanarische Inseln – Meerenge von Gibraltar – Balearen gegen den Zugriff des sowjetischen Machtblocks zu sichern. Die Abhängigkeit Westeuropas vom maritimen Verkehr bei der Versorgung mit Rohstoffen wurde immer wieder betont und die Straße von Gibraltar als Zone »größter Verwundbarkeit« im Hinblick auf die Versorgung mit Erdöl bezeichnet.

Neben der Eindämmung von Expansionsstreben und Infiltrationen des kommunistischen Blocks fixierte sich ein relevanter Teil der Offiziere in Anknüpfung an koloniale Traditionen in seiner Bedrohungsanalyse primär auf angebliche »Bedrohungen« aus Nordafrika. Sie warnten davor, in einem umfassenderen militärischen Konflikt könne die Sowjetunion Vorteile aus einer spanisch-marokkanischen Auseinandersetzung ziehen. Instabilitäten im Maghreb könnten eine Umorientierung dieser Region von der westlichen Einflußsphäre zum sowjetischen Machtbereich zur Folge haben.[53]

---

52 Vgl. dazu Carlos Losada Malvárez: *Ideología del Ejército Franquista: 1939-1959*. Madrid 1990, S. 209ff. und S. 290ff.
53 Wiederholt von der marokkanischen Regierung formulierte Ansprüche auf die spanischen Enklaven Ceuta und Melilla sowie ein zwischen Marokko und Libyen geschlossenes Verteidigungsabkommen lieferten weitere Nahrung für das Argument, Spanien müsse sich gegen Bedrohungen aus dem Süden wappnen. Als solche wurde weniger das marokkanische Regime unter König Hassan II. aufgefaßt – diesem wurden zur »Wahrung der Stabilität« in der Region

Heeresoffiziere drängten besonders nachdrücklich darauf, sich stärker auf die Abwehr von Bedrohungen seitens der Maghrebstaaten zu konzentrieren. Heeres-Stabschef Munilla hatte schon zu Anfang der achtziger Jahre kritisiert, daß sich die NATO zu sehr auf Mitteleuropa und zu wenig auf die Südflanke ausrichte.[54] Aber auch Befehlshaber der Luftwaffe hatten seit Beginn der achtziger Jahre gefordert, Spanien müsse ausreichende militärische Kapazitäten aufbauen, um nicht nur die Seewege verteidigen, sondern auch in Nordafrika intervenieren zu können.[55] Diese Sichtweise setzte sich ab 1984 auch im nationalen Strategieplan *Plan Estratégico Conjunto* (PEC) durch, in dem die Bedrohung durch die Maghreb-Staaten immer vor der Bedrohung durch die Warschauer Vertragsorganisation (WVO) rangierte.

Heeresoffiziere forderten im Zuge der Verhandlungen um die NATO-Anbindung immer wieder eine Verteidigungsgarantie des Bündnisses für Gebiete jenseits des spanischen Festlands, vor allem für die Enklaven Ceuta und Melilla, aber auch für die Kanarischen Inseln. Angesichts des nicht durchsetzbaren Oberbefehls im Bündnis wurde von spanischen Offizieren aller Teilstreitkräfte die Notwendigkeit weitgehender nationaler Eigenständigkeit Spaniens in der militärischen Zusammenarbeit betont. Ein Großteil der Offiziere übernahm in der Bedrohungsanalyse schließlich die Unterscheidung in *amenazas compartidas* (mit der NATO »geteilte Bedrohungen«) und *amenazas no-compartidas* (»nicht geteilte Bedrohungen«). Gleichwohl bewegten sich die zahlreichen Kooperationsabkommen, mit denen in der zweiten Hälfte der achtziger Jahre eine immer engere Anbindung von Marine und Luftwaffe an die NATO eingeleitet wurde, im Rahmen der NATO-Planungen und Einsatzdoktrinen zur Abschreckung der WVO. Außerdem nahmen diese Teilstreitkräfte regelmäßig an NATO-Manövern teil. Viele Heeresoffiziere hielten jedoch am Wunsch nach einer national eigenständigen, auf den Maghreb ausgerichteten Verteidigung fest.

Befehlshaber aller Teilstreitkräfte forderten – nicht zuletzt mit dem Ziel, der Reduzierung von Spaniens Rolle in der NATO auf eine Nachschubbasis etwas entgegenzusetzen – seit Mitte der achtziger Jahre die Einrichtung von Eingreifverbänden aus Fallschirmspringerbrigade, Legion und Marineinfanterie. Sie vertraten die Überzeugung, die Iberische Halbinsel habe sich nicht als Festung defensiv abzusichern, sondern als »Plattform« für dynamische, mobile und flexible Einsatzformen mit schnellen Eingreiftruppen zu wappnen. Seit Mitte der achtzi-

---

    ausdrücklich militärische Potentiale zugestanden. Bedrohungen für spanische »Interessen im westlichen Mittelmeer« wurden aber für den Fall eines Regimewechsels prognostiziert.

54 Vgl. Heeresstabschef Eduardo Munilla: *Introducción a la estrategia militar española*. Madrid 1984, S. 163.

55 Vgl. Domingo Galdón Domenech (Major der Luftwaffe): »Intereses estratégicos nacionales«, in: CESEDEN/UIMP (Hg.): *Intereses estratégicos nacionales – Percepciones y realidades*. Toledo 1982, S. 141.

ger Jahre rüstet sich die aus Berufssoldaten und Freiwilligen bestehende Legion für die Entsendung in internationale Konfliktregionen. Die Einrichtung der *Fuerzas de Intervención Rápida* (FIR) aus Einheiten aller drei Teilstreitkräfte erfolgte 1988 in Abstimmung mit den NATO-Partnern und wurde als Beitrag Spaniens zum Bündnis deklariert.

Seit Beginn der neunziger Jahre forderten spanische Offiziere immer nachdrücklicher, die NATO-Streitkräfte müßten sich mit Hilfe ihrer Eingreifverbände auf Einsätze außerhalb des Bündnisgebiets vorbereiten. Sie begründeten dies mit dem Auftauchen neuer militärischer und nichtmilitärischer Bedrohungen.[56] Man warnte vor der unsicheren Entwicklung sich auflösender Nationalstaaten in Osteuropa und dem Gebiet der ehemaligen UdSSR, zum Beispiel im ehemaligen Jugoslawien und den Kaukasus-Republiken. Das wahrscheinlichste zukünftige Konfliktszenario wurde jedoch in den Nord-Süd-Beziehungen ausgemacht und die Mittelmeerregion zum Brennpunkt erklärt: Man warnte vor der demographischen Entwicklung in der Maghrebregion, vor einer Ausbreitung des islamischen Fundamentalismus, vor der Raketenproliferation und vor einem im Mittelmeerraum konzentrierten »internationalen Terrorismus«.

Die Forderung nach militärischem Engagement außerhalb des NATO-Vertragsgebiets wird mit neuen Auslegungen des Konzepts der »nationalen Sicherheit« untermauert. Der Begriff »nationales Interesse« wird auf ökonomische Wohlstandssicherung ausgedehnt. Waren in den Darstellungen zu Beginn der achtziger Jahre die »nationalen Verteidigungsinteressen« noch weitgehend auf die Sicherung der Seewege im Mittelmeer und Atlantik beschränkt, so wird seit Beginn der neunziger Jahre von Offizieren aller Teilstreitkräfte ausdrücklich die weltweite Sicherung »spanischer Interessen« gefordert.[57]

Vor allem unter dem Eindruck der Krise und des Kriegs im Persischen Golf machte sich unter spanischen Offizieren Unzufriedenheit mit der »Uneinigkeit« und »Handlungsunfähigkeit« der NATO-Mitgliedstaaten breit. Dem Bündnis wurde vorgeworfen, es habe keine Handlungsstrategien zur Reaktion auf »ökonomische Bedrohungen« entwickelt, sondern sei nur im Hinblick auf direkte militärische Bedrohungen handlungsfähig.[58] Die NATO sei unbrauchbar für die Eindämmung

---

56 Die Darstellungen in den Militärzeitschriften spiegeln den modifizierten NATO-Sprachgebrauch von den angeblichen »neuen Risiken« und »Instabilitäten« wider.

57 Mit dem Argument, auf ungehindertes Passieren jener Gewässer seien auch spanische Öltanker angewiesen, begründeten Befehlshaber, die mit der randständigen Unterstützungsrolle der spanischen Armee im Golfkrieg 1991 unzufrieden waren, ihre Forderung nach einer direkten Beteiligung spanischer Einheiten am Kampfgeschehen. Vgl. Francisco López de Arenosa (Befehlshaber der Militärregion »Cantábrico«), der dafür vom Verteidigungsminister zur Ordnung gerufen wurde, in: El Mundo 18.7.1992, España, S. 7.

58 Vgl. Francisco Obrador Serra (Kapitän zur See): »Seguridad«, in: *Revista General de la Marina*, Dezember 1991, S. 659.

militärischer Konflikte »niedriger Intensität«, die man zukünftig in Mittelamerika, Südafrika, Südostasien sowie im Nahen und im Mittleren Osten erwartete.⁵⁹

Spanische Befehlshaber zeigten sich angesichts der im November 1991 in Rom verabschiedeten NATO-Konzeption zwar befriedigt darüber, daß Spanien damit von der *retaguardia* (Nachhut) zur *vanguardia* (Vorhut) an die »zentrale«, im Süden verortete »Front« vorrücke. Daß die in Abschnitt 12 des NATO-Dokuments auf die Südflanke bezogenen Bedrohungsanalysen Waffenproliferation, potentielle Behinderungen der Rohstoffversorgung, terroristische Gewaltakte und Sabotage aufführten und Strukturveränderungen hin zu flexibleren Eingreifverbänden festlegten, wurde von spanischen Offizieren als Beweis dafür gewertet, daß die Wahrnehmung der von Nordafrika ausgehenden Bedrohungen endlich von allen Bündnismitgliedstaaten geteilt würde und der Südflanke größere Aufmerksamkeit entgegengebracht werde. Aber an der Bereitschaft der Bündnis-Mitgliedstaaten zur Erweiterung des Aktionsradius wurde weiterhin gezweifelt. Spanische Befehlshaber plädierten daher für die Aufstellung einer gemeinsamen Streitkraft Italiens, Spaniens und Frankreichs für die Mittelmeerregion.

Spanische, französische, italienische und portugiesische Verbände schlossen sich schließlich in den multinationalen Interventionsverbänden »Eurofor« und »Euromarfor« zusammen. Auch im zentraleuropäischen Bereich wurde die Zusammenarbeit intensiviert: 1994 wurde eine spanische Brigade für das aus der deutsch-französischen Brigade hervorgegangene »Eurokorps« bereitgestellt. Für diese Militäreinheit, die im Rahmen der Westeuropäischen Union und der NATO operieren soll, steht seit 1998 eine spanische Division bereit.

»Humanitäre« Missionen wie der Hilfseinsatz für die vom irakischen Diktator verfolgten kurdischen Flüchtlinge im Rahmen des alliierten Programms »Provide Comfort« werden von leitenden Offizieren zwar als wirksames Mittel zur Steigerung der Akzeptanz und Überwindung des Mißtrauens der Spanier und Spanierinnen gegenüber dem Militär gewertet. Für das Selbstverständnis aber spielen diese Aufgaben so gut wie keine Rolle: Der Einsatz der Streitkräfte zur De-Eskalation von Konflikten und Versorgung der Opfer an den Krisenherden der Welt im Rahmen von UN-Operationen wird in den Ausführungen, die Offiziere in den einschlägigen Militärzeitschriften machten, nie als die eigentliche, zentrale Mission der Streitkräfte, sondern immer nur als ergänzende Funktion neben der Einrichtung von Interventionskapazitäten zur globalen Sicherung »spanischer«, »euro-

---

59 Vgl. dazu die Ansprache des JEMAD, Admiral Gonzalo Rodríguez Martín-Granizo, anläßlich eines internationalen Symposiums, in: *Revista General de la Marina*, November 1990, S. 648f. Vgl. auch Jesús Argumosa Pila (Major des Heeres): »Una arquitectura de seguridad europea«, in: *Ejército* 621, Oktober 1991, S. 6ff. und Francisco Obrador Serra: »Escenario de Seguridad en la futura Europa de economía de mercado«, in: *Revista General de la Marina*, Dezember 1990, S. 757ff.

päischer« oder eben »westlicher« Interessen beschrieben. Die Kriegführungsfunktionen der Armee nehmen im Selbstverständnis den zentralen Raum ein.

Unterstützt werden diese Sichtweisen von den sicherheitspolitischen Rahmenfestlegungen, die 1992 in der *Directiva de Defensa Nacional* neu konzipiert wurden. Sie schrieb die Verteidigung der »vitalen Interessen« der Nation fest und erhob den weltweiten Einsatz spanischer Streitkräfte zu deren Durchsetzung zum Programm. Während die vorhergehenden Direktiven von 1980, 1984 und 1986 auf die Verteidigung des spanischen Hoheitsgebietes gegen äußere Angriffe begrenzt gewesen waren, wurde 1992 ein Begriff der »Sicherheit« eingeführt, der die Erhaltung von »Stabilität« in der Welt einschließt.[60] Entsprechend legten die Ausführungsbestimmungen des Grundlagen-Dokuments eine Strukturierung der Armee in eine *fuerza permanente* und eine *reserva movilizable* fest.[61]

In den vergangenen Jahren wurde auch in Spanien die Umstrukturierung der Armee entsprechend den Veränderungen in anderen NATO-Mitgliedsländern vollzogen und eine Unterscheidung in sogenannte Hauptverteidigungskräfte (mit klassischen Funktionen der Landesverteidigung im Falle eines Angriffs auf das eigene Territorium) und in »Krisenreaktionskräfte«[62] (mit weltweitem Einsatzradius) vorgenommen. Auch ein 1994 begonnenes Programm zur Heeresumstrukturierung (*Plan Norte*, d.h. *Nueva Organización Territorial del Ejército*) erfolgte, wie es offiziell hieß, in Anpassung an die Herausforderungen einer »wachsenden spanischen Beteiligung« in der »neuentstehenden europäischen Sicherheits- und Verteidigungsidentität« und in Abstimmung »mit verschiedenen internationalen Organisationen«, ohne deshalb »traditionelle, mit der nationalen Souveränität verbundene Aufgaben zu vernachlässigen«.[63]

---

60 So heißt es in der Präambel: »Jenseits des europäischen Raums haben in jüngster Zeit internationale Krisen auf die Konzeption unserer Sicherheit eingewirkt. Sie haben gezeigt, daß diese nicht auf das eigene Territorium und angrenzende Gebiete begrenzt ist, sondern die Interessen unserer Nation auch außerhalb der Grenzen dieses Raumes verteidigt werden müssen.« *Directiva de Defensa Nacional del 27.3.1992*, I. Preámbulo. Abgedruckt in: *Revista Española de Defensa* 52, Juni 1992, S. 15.

61 Ebd., S. 16. Die ständigen Streitkräfte würden »in Krisensituationen in bewaffneten Konflikten niedriger Intensität, in welche die beschriebenen Krisen münden können«, sowie »in der Anfangsphase eines Konflikts größerer Intensität« eingesetzt; die Reservekräfte sollen diese Verbände über ein flexibles und schnelles Mobilmachungssystem im Falle einer Ausweitung des Konfliktes auffüllen.

62 Die an diese Truppenformationen gestellten Anforderungen sind: 1) Mobilität (schnell verlegbar und beweglich auf dem Gefechtsfeld), 2) Flexibilität (eine Vielzahl von Einsatzoptionen) und 3) Schlagkraft, das heißt Optimierung der Waffenwirkung. Benötigt werden präzise lenkbare konventionelle Waffen mit hoher Zerstörungskraft, Aufklärungs-, Informations- und Führungssysteme zur Entdeckung und Verfolgung der Ziele (Drohnen, Satelliten, C3I etc). Abstandswaffen sollen das Umgehen der gegnerischen Abwehr erleichtern.

63 Vgl. »Balance de Gestión 1993-96«, in: *Revista Española de Defensa* 96, Februar 1996, S. 14. (Übersetzung M.F.)

Eine der ersten sicherheitspolitischen Amtshandlungen der 1996 neu angetretenen Regierung des *Partido Popular* bestand – kaum überraschend – in der Herstellung eines Parlamentsbeschlusses über die vollständige Integration der spanischen Streitkräfte in die Kommandostruktur der NATO. Mit der Ausrichtung auf supranationale Militärzusammenarbeit und Einsatzkonzeptionen eng verbunden ist die Entscheidung zur Abschaffung der Wehrpflicht, die gleichzeitig in Aussicht gestellt wurde.

5.2 Die Abschaffung der Wehrpflicht

Als im März 1996 eine knappe Mehrheit der spanischen Wählerinnen und Wähler ihre Stimme dem konservativen *Partido Popular* gab, fehlten dem zur absoluten Mehrheit 20 Sitze. Seine 156 Mandate reichten nicht aus, um den Spitzenkandidaten Aznar zum Ministerpräsidenten zu küren. Der PP war somit auf Bündnispartner in den autonomen Regionen angewiesen. Erst ein Tolerierungs-Pakt mit den katalanischen Nationalisten und ein Abkommen mit dem baskischen PNV ermöglichten den Machtwechsel. Vor allem die katalanische *Convergència i Unió* unter Führung Jordi Pujols, die über sechzehn Mandate verfügt, handelte dem PP eine Reihe von Kompromissen ab. Diese beziehen sich hauptsächlich auf wirtschaftliche Fragen und erweiterte Gesetzgebungskompetenzen für die sogenannten historischen Regionen.[64] Außerdem kam man überein, dem Beispiel Frankreichs, Belgiens und Hollands zu folgen und die spanische Armee zur Berufs- bzw. Freiwilligenarmee umzugestalten.

Erneut bewegte eine Debatte über das Pro und Contra der Wehrpflicht das Land. Wie schon 1989 wurden Ängste vor einer Entkoppelung von Armee und Gesellschaft geäußert, Kostenkalkulationen abgewogen, Effektivierungsbestrebungen und pazifistische Überzeugungen in die Diskussion geworfen. Vor allem die parlamentarische Opposition des PSOE hielt weiterhin programmatisch an der Wehrpflicht fest. Führende Repräsentanten verteidigten sie mit dem Argument, sie bilde eine Errungenschaft und Gewähr für die Demokratie. Ministerpräsident González bekräftigte diese Überzeugung erneut, als er im Mai 1996 aus dem Amt schied. Nun stellt sich für die Regierung des PP, nachdem sie in ihrem Pakt mit der katalanischen CiU (*Acuerdo de Investidura y gobernabilidad*) die Entscheidung zur Abschaffung der Wehrpflicht festgeschrieben hat, das Problem: Wie schafft man es, über eine Entscheidung von so herausragender Bedeutung, die

---

64 Im Zentrum standen Fragen der Privatisierung spanischer Staatsbetriebe und Probleme der Geldverteilung im Rahmen der Steuerkompetenzen. Zudem wurde die Abschaffung des Amts des Zivilgouverneurs, eines symbolbehafteten Relikts der Zentralverwaltung aus der Zeit der Franco-Diktatur, besiegelt.

schließlich die laufende Legislaturperiode überdauern muß, einen tragfähigen politischen Konsens herzustellen?

Den angekündigten Umbau des Rekrutierungssystems betreffend wurden außerdem viele Fragen unbeantwortet gelassen: So ist in dem *Acuerdo* zwischen PP und CiU keine Übereinkunft darüber getroffen worden, welche Personalstärke die zukünftige Armee erhalten soll. CiU hatte in ihrem Wahlprogramm eine Stärke von 90.000 vorgeschlagen, der PP dagegen favorisiert eine Größenordnung von 150.000 Soldaten und Soldatinnen. Die Option der Regierung wäre – Expertenschätzungen zufolge[65] – nur bei einer gleichzeitigen Erhöhung des Verteidigungshaushalts realisierbar und mit der vom PP mit Blick auf die Erfüllung der Maastricht-Kriterien angekündigten Politik zur Reduzierung des Haushaltsdefizits kaum vereinbar.

Der Ankündigung der Regierung Aznar zufolge soll die Umwandlung des Rekrutierungssystems im Zeitraum von sechs Jahren vollzogen werden. Es wurde in Aussicht gestellt, daß die Männer der Geburtsjahrgänge 1984 bereits keinen Dienst mehr leisten müßten. Ob dieses Versprechen eingelöst werden kann, ist angesichts bestehender Haushaltsrestriktionen zweifelhaft. Sparzwänge veranlaßten den neuen Verteidigungsminister Eduardo Serra Reixach bereits im Frühjahr 1996, das Ministerium selbst einer weitreichenden Umstrukturierung zu unterziehen. Der Verteidigungshaushalt für das Jahr 1997 wurde dann auf knapp 870 Milliarden Peseten projektiert, was eine reale Senkung um 2,5 % gegenüber dem Vorjahr mit sich bringt. Folglich konnte nur ein Drittel der ursprünglich für 1997 geplanten 10.000 neuen Plätze für Berufssoldaten eingerichtet werden. Experten halten es für denkbar, daß die Regierung wegen finanzieller Engpässe noch weitaus länger als beabsichtigt am Übergangsmodell des bisherigen »gemischten« Systems von Wehrpflichtigen und Freiwilligen-/Berufssoldaten festhalten wird. Auch das Versprechen, den Sold der Rekruten von den symbolischen 1.500 Peseten auf 30.000 Peseten monatlich anzuheben, wird unter den geschilderten Bedingungen vermutlich nicht eingelöst.[66]

Betrachtet man die Entwicklung der »öffentlichen Meinung« in Spanien, so kann man den Beschluß zur Abkehr von der Wehrpflicht als eine längst überfällige Entscheidung bezeichnen. Der Beschluß ist sicherlich zu einem Gutteil auf das beharrliche Engagement der Kriegsdienstverweigerungs- und der Friedensbewegung zurückzuführen, die das Akzeptanzdefizit gegenüber dieser Rekrutierungsform maßgeblich vorangetrieben haben. Der Beschluß ist aber gleichzeitig – ähnlich wie in anderen westeuropäischen Staaten, etwa Holland, Belgien und Frankreich – auch darauf zurückzuführen, daß Wehrpflichtige für die im Hinblick

---

65 Vgl. dazu Carlos Navajas Zubeldia: »El fin« (Anm. 22), S. 106f.
66 Vgl. dazu Xavier Rius: »La compleja transición hacia un ejército profesional«, in: *Papeles* 59/60, 1996/97, S. 147ff.

auf weltweite Einsatzfelder neukonzipierten Armeen zunehmend verzichtbar werden. Mit der Abkehr von großen stehenden Heeren und dem Trend zur Bildung kleinerer, flexiblerer und mobilerer Verbände für weltweite Interventionsplanungen werden professionalisierte, spezialisierte und über längere Zeiträume hin ausgebildete Soldaten benötigt. Dem gesellschaftlichen Akzeptanzdefizit kommt bei der Abschaffung der Wehrpflicht gewissermaßen eine indirekte Rolle zu: In dem Maße, wie die Gesellschaft sich dem Militär verweigert, verliert dieses wiederum das Interesse an Wehrpflichtigen. Aber die Abschaffung der Wehrpflicht erfolgt nicht in erster Linie, weil dies die Bürger und Bürgerinnen verlangen, sondern weil und immer wenn das Militär aus Rationalisierungsgründen damit einverstanden ist. Auch der spanische Fall macht hier keine Ausnahme.

6. Ausblick

Am Vorabend des 21. Jahrhunderts ist die spanische Armee im Begriff, in Aufbau und Struktur weitgehend die Entwicklung der Armeen der übrigen OECD-Staaten nachzuvollziehen; das betrifft insbesondere den sukzessiven Abbau des Wehrpflichtigenanteils und den bevorstehenden Übergang zur Freiwilligenarmee bei gleichzeitiger Einbindung von weiblichen Soldaten.[67] Die spanische Armee ist überdies in vielfältige Bündnisstrukturen (NATO und WEU) und multinationale Streitkräfte-Verbände eingebunden. Damit wird die spanische Gesellschaft mit denselben Herausforderungen konfrontiert wie die Gesellschaften der Nachbar- und Partnerländer.

Das betrifft zum ersten das Problem der Kontrolle des Militärs, das sich angesichts der neuen »Missionen« und unter den Bedingungen des Übergangs zur professionalisierten Armee erneut und mit Nachdruck stellt. Mit der Vorbereitung auf militärische Interventionen im Dienste der weltweiten Sicherung »spanischer Interessen« und dem Aufbau schneller Eingreifverbände zeichnet sich langfristig möglicherweise eine einigende sinnstiftende Konzeption für das Berufsmilitär ab. Die militärischen Einsatzfelder des ausgehenden 20. Jahrhunderts bieten auch für Armeesegmente mit vormodernem Selbstverständnis Identifikationspotentiale, denn sie lassen sich – anders als die auf Abschreckung und potentielle Landesverteidigung im Falle eines Angriff reduzierten Streitkräftefunktionen – mit den Idealen des siegreichen Heldensoldaten wieder übereinbringen. Mit den neuen militärischen Einsatzfeldern und Aufgabendefinitionen erweist sich vormodernes Selbstverständnis als durchaus vereinbar: Der Figur des heldenhaften und todesverach-

---

67 Zur Entwicklung des Militärs im OECD-Vergleich vgl. Martina Fischer: *Demokratisierung durch Streitkräftereform? Zur Entwicklung der Wehrsysteme in Westeuropa.* AFB-Text, Arbeitsstelle Friedensforschung, Bonn 1997.

tenden »Siegers«, die von spanischen Infanterieeinheiten in zahlreichen Liedtexten weiterhin gepflegt wird, kommt für den inneren Zusammenhalt erneut wichtige Sinnstiftungsfunktion zu. Das verleiht dem Militär möglicherweise zusätzliche Stärke bei der Durchsetzung seiner Ressourcen-Interessen auf politisch-administrativer Ebene und erfordert eine um so wachsamere Kontrolle.

Daß das spanische Militär weiterhin versuchen könnte, die parlamentarische Demokratie durch Putsch aus den Angeln zu heben und die Zeit zurückzudrehen, kann ernsthaft niemand mehr erwarten. Am Vorabend des 21. Jahrhunderts wird die Demokratie in Spanien nicht mehr durch auffahrende Panzer bedroht, sondern sie wird allenfalls durch einen Mangel an Beteiligung und Einmischung der Bevölkerung in die Gestaltung der Außen- und Sicherheitspolitik in Frage gestellt.

Als die Regierung Aznar 1996 die vollständige militärische Integration Spaniens, das heißt die Einbindung der Streitkräfte in die Kommandostrukturen der NATO, ankündigte, erhielt sie die Zustimmung der im Parlament vertretenen Parteien mit Ausnahme der *Izquierda Unida*. Zwar kritisierten einige Friedensorganisationen und Intellektuelle diesen Schritt und verwiesen auf den Ausgang des Referendums von 1986. Aber die Proteste waren mit dem Ausmaß der Widerstände während der achtziger Jahre nicht zu vergleichen. Das mag zum einen auf eine gewachsene Akzeptanz des Bündnisses und schwindende Bedrohungsängste mit Auflösung des Ost-West-Konflikts zurückzuführen sein. Zum anderen aber wurde deutlich, daß das gesellschaftliche Interesse an sicherheitspolitischen Themen in Spanien deutlich gesunken ist und die öffentliche Aufmerksamkeit von schwerwiegenden wirtschaftlichen Problemen wie zunehmender Arbeitslosigkeit und Anpassung an Erfordernisse einer Europäischen Währungsunion weitgehend absorbiert wird.

Dabei ergeben sich aus der Entwicklung von Militär und Politik in Spanien verschiedene Militarisierungsgefahren, die eigentlich öffentliche Aufmerksamkeit erfordern. Sie drohen nicht mehr, wie noch während der *transición,* in Gestalt der normwidrigen Einmischung des Militärs in die Politik, sondern sie resultieren aus der Verschmelzung der militärischen mit der politischen Sphäre.

Wenn auch die Werbekampagnen des Verteidigungsministeriums vom Vokabular der Toleranz und internationalen Verständigung getragen sind und der offizielle sicherheitspolitische Diskurs durch den inflationären Gebrauch der Begriffe »Solidarität«, »humanitäre Hilfe«, »Verantwortung«, Sicherung von »Frieden«, »Freiheit« und »Menschenrechten« bestimmt wird, kann dies nicht darüber hinwegtäuschen, daß die sicherheitspolitischen Rahmenfestlegungen in Spanien – genauso wie in Staaten Westeuropas – weiterhin oder sogar zunehmend von Militärlogik geprägt werden: vom Denken in militärischen Gleichgewichten, Abschreckungsmaßnahmen und Stabilitätsbegriffen, die sich schon während des Ost-West-Konflikts als wenig vorwärtsweisend erwiesen haben. Dieses Denken mündet in die

Effektivierung von Militärpotentialen und die Vorbereitung offensiver Rüstungsmaßnahmen: den Aufbau von Krisenreaktionskräften und Eingreiftruppen für die weltweite Sicherung der Interessen westlicher Industriestaaten. Diese Festlegungen bilden den eigentlichen Kern der Sicherheitspolitik, von dem sich die »neuen« Aufgaben der Armee im Dienste der »Friedensschaffung« und »Friedenserhaltung« im Rahmen der UN-Aktivitäten nur als eine Art Nebenprodukt abspalten. Die beiden höchst unterschiedlichen Facetten sind für Außenstehende insofern kaum voneinander unterscheidbar, als Kriegseinsätze und sogenannte Friedensmissionen mit denselben Streitkräfteeinheiten ausgeführt werden sollen.

Mit dem Wegfall der Wehrpflicht kommt den friedenspolitischen Akteuren in Spanien zwangsläufig auch ein wichtiges argumentatives Instrument abhanden, mit dem sie in den vergangenen Jahren die Verbindung von der Außenpolitik zu der alltäglichen Lebensrealität der Bürger und Bürgerinnen herzustellen vermochten. Es besteht die Gefahr, daß Beteiligungen professionalisierter Armeen an weltweiten Militäreinsätzen unter immer größerer Gleichgültigkeit der Öffentlichkeit vonstatten gehen und von der politischen und militärischen Führung noch stärker als bisher im Alleingang entschieden werden. Es bedarf daher der verstärkten Suche nach neuen Hebeln zur Herstellung der Verbindung zwischen der »großen Politik« und den Interessen der Bürger, und es bedarf verstärkter Bemühungen um eine Demokratisierung von Außenpolitik, um zu verhindern, daß die mit der Forderung nach Abschaffung der allgemeinen Wehrpflicht verbundenen Demilitarisierungsabsichten von den Effektivierungsbestrebungen der Militärlogiker überrollt werden. Unter der konservativen PP-Regierung ergeben sich für diese Aufgabe möglicherweise erschwerte Bedingungen. Dennoch muß sie angegangen werden.

Angesichts der bevorstehenden Abschaffung der Wehrpflicht und dem Übergang zu professionalisierten Armeen ist in Spanien wie in den anderen westeuropäischen Gesellschaften dringender denn je eine Debatte zu folgenden Fragen geboten: Wozu noch Militär? Gegen wen soll es mit welcher Legitimation eingesetzt werden? Wie wird das »Privileg« des Soldaten gegenüber dem Zivilisten, Menschen notfalls töten zu dürfen, von der Gesellschaft ethisch begründet? Wer fühlt sich von wem bedroht? Wieviel Personal und welche Ausrüstung werden zu welchem Zweck benötigt? Welches sind die Kriterien – Verteidigung auf defensiver Basis oder westeuropäischer Großmachtstatus?

Die Forderung nach Abschaffung der Wehrpflicht muß von verstärkten Anstrengungen zur Werbung für eine defensive Sicherheits-, Rüstungs- und Militärpolitik, für eine Politik der Selbstbeschränkung und des Verzichts auf Rüstungsexporte begleitet werden, wenn dieser Schritt im Sinne einer Demilitarisierung der internationalen Beziehungen Wirkung entfalten soll. Der von den politischen Entscheidungsträgern (in Spanien und andernorts) formulierte Anspruch, einer gestiegenen Verantwortung in der Welt gerecht zu werden, kann glaubwürdig nur durch die Suche nach politischen Modellen der Streitbeilegung und durch die Förderung vorhandener Ansätze ziviler Konfliktbearbeitung eingelöst werden: durch Unterstützung von Aktivitäten der Vereinten Nationen und der »Organisation für Sicherheit und Zusammenarbeit in Europa« zur präventiven Diplomatie und zur Stärkung zivilgesellschaftlicher Strukturen in Konfliktregionen. Zur Bewältigung der Friedensgefährdungen im 21. Jahrhundert bedarf es der Stärkung von Dialogstrukturen in Systemen kollektiver Sicherheit, nicht aber der Vorhaltung oder des Einsatzes offensivfähiger Interventionspotentiale im Rahmen von Militärbündnissen.

Gabriel M. Pérez-Alcalá

Die spanische Wirtschaft auf dem Weg nach Maastricht*

Der vorliegende Aufsatz möchte die spanische Wirtschaft der neunziger Jahre in dem Kontext erläutern, der sie prägt, nämlich die Europäische Union. Er will Gemeinsamkeiten und Differenzen gegenüber ihren Nachbarn, er will Distanz und Nähe zu den westeuropäischen Volkswirtschaften analysieren, mit einigen Vorurteilen aufräumen und ein fundiertes Verständnis ermöglichen. Deshalb beginne ich mit einem Überblick über die spanische Wirtschaft während der Eingliederungsphase in die EG. Danach werde ich ihre zentralen Merkmale in den neunziger Jahren herausarbeiten. Schließlich sollen die Strategien der spanischen Wirtschaftspolitik auf dem Weg nach Maastricht skizziert werden.

1. Die Wirtschaft während der EG-Mitgliedschaft (1986-1992): Ein Aufholprozeß mit Schwierigkeiten

Am 12. Juni 1985 wurden die Beitrittsverträge Spaniens und Portugals zur Europäischen Gemeinschaft unterzeichnet. Am 1. Januar 1986 erfolgte der offizielle Beitritt zur EG. Bereits die Ankündigung der bevorstehenden Einigung, dann die Unterzeichnung des Vertrages und der offizielle Beitritt hatten unmittelbare Folgen für die wichtigsten makroökonomischen Größen der spanischen Wirtschaft. Sie begründeten eine Wachstumsphase, die zudem durch die internationale Konjunktur (nämlich ein gleichzeitiges nordamerikanisches Wachstum und niedrige Rohölpreise) begünstigt wurde und die seither von vielen mit dem treffenden Begriff *recuperación* bezeichnet wird. Es handelt sich um eine Periode intensiven Wachstums und eines tiefgreifenden Wandels der Produktionsstrukturen, die im 'magischen' Jahr 1992 endete.[1] Im Jahr 1993 begann für die spanische Wirtschaft eine neue Phase.

---

* Ich danke Carmen Barroso, Manuel Delgado, Marilú Ortega, Pedro Pablo Pérez-Hernández, Araceli de los Ríos, Adolfo Rodero, José Juan Romero und Teresa Romero vom Volkswirtschaftlichen Institut der Universität Córdoba (ETEA) für die hilfreichen Kommentare zu den ersten Fassungen dieses Aufsatzes. Inmaculada Millán nahm die sprachlichen Korrekturen vor. Klaus Dirscherl half mir mit einer kritischen Lektüre. Verbleibende Fehler habe ich natürlich allein zu verantworten.

1 1992 ist für Spanien in doppelter Hinsicht ein besonderes Datum: Mit diesem Jahr endete nicht nur die Übergangsperiode für die spanische Wirtschaft. Es ist auch das Jahr, in dem Spanien seine Einigung (nach der Eroberung Granadas) und die Entdeckung Amerikas vor 500 Jahren

Ein Aufholprozeß ...

Das Bruttoinlandsprodukt (BIP) wuchs seit 1986 bis weit in das Jahr 1992 fortlaufend. Mit einer durchschnittlichen realen Wachstumsrate von 4,03% pro Jahr erlebte das Land sechs Jahre lang ein intensives Wachstum. Eine so intensive Wachstumsphase hatte es seit 1974 nicht mehr gegeben, denn zwischen 1975 und 1978 war das BIP nur um 2,3% und zwischen 1979 und 1985 nur um 1,4% gestiegen.

Tab. 1: BIP (zu Marktpreisen). Wachstumsraten bei konstanten Preisen im Vergleich zum Vorjahr (1985-1993)

	1985	1986	1987	1988	1989	1990	1991	1992	1993
BIP	2,3	3,2	5,6	5,2	4,7	3,7	2,3	0,7	-1,2

Quelle: Instituto Nacional de Estadística (INE): *Anuario*. Mehrere Jahrgänge. Ministerio de Economía y Hacienda, Secretaría de Estado de Economía: *Síntesis de indicadores económicos* (versch. Nummern).

Das starke Wachstum betraf alle Bereiche der Inlandsnachfrage. So wuchsen der Privatverbrauch, die Bruttoinvestitionen der Unternehmen und die Ausgaben der öffentlichen Hand ganz erheblich und trugen damit zu ihrer weiteren Steigerung bei, indem sie sich gegenseitig anregten.

Tab. 2: Inlandsnachfrage (zu Marktpreisen). Prozentuale Wachstumsraten im Vergleich zum Vorjahr (bei gleichbleibenden Preisen)

	1985	1986	1987	1988	1989	1990	1991	1992	1993
Inlandsnachfrage	3,4	6,4	8,1	7,0	7,8	4,8	2,9	1,0	-4,2
Privater Verbrauch	3,5	3,3	5,8	4,9	5,7	3,6	2,9	2,1	-2,2
Bruttoinvestitionen	1,6	9,9	14,0	13,9	13,6	6,6	1,6	-4,2	-10,6
Öffentliche Ausgaben	5,5	5,4	8,9	4,0	8,3	6,6	5,6	4,0	2,3

Quelle: Instituto Nacional de Estadística (INE): *Anuario*. Mehrere Jahrgänge. Ministerio de Economía y Hacienda, Secretaría de Estado de Economía: *Síntesis de indicadores económicos* (versch. Nummern).

Der Verbrauch der privaten Haushalte – wichtigste Variable der Inlandsnachfrage – erlebte ab 1986 eine rasche Steigerung, die letztlich vor allem drei Ursachen hatte:

---

feierte. Gleichzeitig fanden die Olympischen Spiele in Barcelona und die Weltausstellung in Sevilla statt, Madrid war europäische Kulturhauptstadt.

den Realzuwachs der verfügbaren Familieneinkommen (durch die Einkommensentwicklung und die Erhöhung der Transferleistungen an die Familien), die wirtschaftliche Zuversicht bezüglich des Beitritts Spaniens zur EG und die Erneuerung der Infrastrukturen. Der private Verbrauch, etwas mehr als 63% des BIP, war der eigentliche Motor der *recuperación* in den achtziger Jahren. Auch die Unternehmensinvestitionen entwickelten sich, trotz des Zinsunterschieds gegenüber anderen Ländern, ausgesprochen dynamisch. Die Wachstumsaussichten, die das Entwicklungsgefälle zwischen Spanien und den Kernländern der EG versprach, sowie die niedrigeren Lohnstückkosten lockten zahlreiche europäische Firmen auf den spanischen Markt. Der Anteil der ausländischen Investitionen am BIP wuchs von 1,5% im Jahr 1984 auf 4% im Jahr 1989. Auch die spanischen Unternehmen, anfangs eher zurückhaltend, begannen angesichts wachsender Gewinne und zunehmender Nachfrage stärker zu investieren und zu expandieren. Schließlich leitete die öffentliche Hand mit Hilfe der EG ein umfangreiches Programm zur Modernisierung der Infrastrukturen ein. Eine starke Zunahme öffentlicher Bauvorhaben und die Ausweitung des Grundkapitals der öffentlichen Hand waren die Folge.

Auch die öffentlichen Ausgaben stiegen ganz erheblich. Der Aufbau des Wohlfahrtsstaates, der in der Phase der *transición* verstärkt vorangetrieben wurde, erreichte Ende der achtziger Jahre seinen Höhepunkt. Der Umfang der Sozialleistungen und der Krankenversicherung wurde gesetzlich erweitert, die Schulgeldfreiheit endgültig festgelegt sowie die Zahl der Universitäten erhöht. Gleichzeitig vollzog sich aufgrund des neuen Status der Autonomen Gemeinschaften eine tiefgreifende Umstrukturierung der gesamten staatlichen Verwaltung mit den entsprechenden Ausgaben, die eine solche Veränderung kostet. Die erhöhten öffentlichen Ausgaben ohne entsprechende Einnahmensteigerung (trotz Einführung der Mehrwertsteuer) produzierten ein gewaltiges Haushaltsdefizit, das zu einer Staatsverschuldung von etwas mehr als 50% des BIP zu Beginn der neunziger Jahre führte. Die spanische Wirtschaft wuchs in dieser Zeit stärker als die der europäischen Partner. Das Pro-Kopf-Einkommen der Spanier näherte sich mit nahezu 79% dem EU-Durchschnitt, war aber immer noch sehr weit vom Einkommen der Kernländer entfernt. Das spanische Pro-Kopf-Einkommen erreichte 1991 etwa 75% des Pro-Kopf-Einkommens im wiedervereinigten Deutschland, 70% des französischen und 57% des nordamerikanischen Pro-Kopf-Einkommens.

Tab. 3: Spanisches Pro-Kopf-Einkommen im europäischen Vergleich (EU = 100%)									
	1985	1986	1987	1988	1989	1990	1991	1992	1993
Spanien	70,4	72,5	74,2	75,0	75,1	76,8	79,3	77,6	78,1
Quelle: Servicio de Estudios del Banco Bilbao Vizcaya: *Informe económico de 1995*. Bilbao 1996.									

Dieser Einkommenszuwachs verteilte sich auf die Gesamtheit der Gesellschaft und trug so dazu bei, Ungleichheiten in der innerspanischen Einkommensverteilung abzuschwächen. Gemäß den Zahlen des *Servicio de Estudios del BBV* (1996)[2] läßt sich feststellen, daß zwischen 1986 und 1994 die Disparitäten bei der privaten Einkommensverteilung etwas abgebaut wurden. Diese Verschiebung wurde durch den Umverteilungseffekt der öffentlichen Ausgaben und die Schaffung von Arbeitsplätzen während der *recuperación* verursacht.

Gleichzeitig wuchs das Gesamtvolumen der spanischen Wirtschaft durch die Schubkraft der Inlandsnachfrage, wenn auch sehr ungleichmäßig verteilt.

Tab. 4: Wachstum des Bruttoinlandsprodukts (zu Herstellungskosten) in % gegenüber dem Vorjahr. (Konstante Preise)

	1985	1986	1987	1988	1989	1990	1991	1992	1993
Landwirtschaft	3,11	-9,10	11,59	3,27	-6,61	3,05	-0,35	-2,18	1,31
Industrie	2,09	4,80	4,74	4,54	3,65	2,05	1,39	-0,58	-3,35
Baugewerbe	2,24	5,93	8,33	10,14	13,53	10,21	2,98	-5,29	-5,57
Dienstleistungen	1,89	3,54	4,61	4,75	5,18	3,96	2,73	2,43	0,84

Quelle: Servicio de Estudios del Banco Bilbao Vizcaya: *Informe económico de 1995*. Bilbao 1996, S. 248.

So stagnierte seit dem EG-Beitritt die Agrarproduktion beinahe vollkommen. Wenn man die Produktion von 1985 als Basis heranzieht, erreichte die Produktion von 1992 nur 98,16 % dieses Vergleichsjahres. Diese Stagnation muß teilweise als Folge der starken Dürreperioden Ende der achtziger Jahre und des tiefgreifenden Strukturwandels in der Landwirtschaft als Folge des EG-Beitritts gesehen werden. In der Tat erlebte dieser Wirtschaftszweig in den sieben Jahren der Übergangsperiode massive Veränderungen. Die Zahl der Arbeitskräfte nahm um mehr als 700.000 Personen ab, was im Vergleich zu 1985 bei einem Produktivitätszuwachs von 54,45 % eine Abnahme um 36,55 % darstellt. Begleitet wurde dieser Wandel von beträchtlichen Veränderungen in der Produktpalette und in den Anbauweisen. Die Ursachen dieses Strukturwandels dürfen nach Lamo de Espinosa u.a. (1992) »nicht nur und nicht hauptsächlich im Beitrittsvertrag« gesehen wer-

---

2 Servicio de Estudios del Banco de Bilbao Vizcaya: *Informe Económico. 1995*. Bilbao 1996. Es gibt vielfältige Studien über die Einkommensverteilung in Spanien. Studien zur regionalen Einkommensverteilung stützen sich hauptsächlich auf die Veröffentlichungen von Julio Alcaide im Servicio de Estudios del Banco de Bilbao Vizcaya; vgl. u.a. *Renta Nacional de España y su distribución provincial* (erscheint im Zweijahresrhythmus). Die individuelle Einkommensverteilung ist hingegen in geringerem Maße Gegenstand der Forschung. Vgl. jedoch den Bericht FOESSA der Caritas, in dem eine umfassende Darstellung der Armut in den einzelnen Provinzen gegeben wird, und die Arbeiten, die bei den alljährlichen Symposien in Madrid zur Einkommensverteilung präsentiert und die von der Fundación Argentaria veröffentlicht werden.

den, »der gestiegene Kosten und ungleiche Fristen zur Integration unserer Landwirtschaft in die Gemeinschaft festsetzte; er hat vielmehr drei andere wichtige Gründe: a) die Beschleunigung der Anpassung, die in der Einheitsakte[3] festgelegt wurde und die die Ausrichtung auf den Gemeinsamen Markt forcierte, indem sie den 31. Dezember 1992 als Datum festlegte; b) unsere aktive Mitwirkung bei der Gestaltung der Wirtschafts- und Währungsunion; und c) die folgenreiche Wende in der Gemeinsamen Agrarpolitik, welche das Grundkonzept und den Schutz der Landwirtschaft so radikal veränderte, daß sich die neuen Rahmenbedingungen deutlich von jenen unterschieden, die beim EG-Beitritt Spaniens 1985 ausgehandelt wurden.«[4] Hinzu kommen als hausgemachte Ursachen die Verteuerung der Arbeitskräfte und die Stagnation der Inlandsnachfrage.

Die Industrie hingegen erhöhte ihre Produktivität beträchtlich (um 23,11% in den sieben Jahren des Betrachtungszeitraumes) und erreichte Steigerungsraten, wie es sie seit den siebziger Jahren nicht mehr gegeben hatte (3,3% im Jahresdurchschnitt). Der Strukturwandel galt Anfang der achtziger Jahre als abgeschlossen, auch wenn in einigen Bereichen (Schiffswerften, Mechanik, Kohlebergbau, Textilindustrie, etc.)[5] die Krise fortbestand; die spanische Industrie begann endlich wieder zu wachsen. Dabei stützte sich das Wachstum ebenso auf die Schaffung neuer Arbeitsplätze wie auf die Erhöhung der durchschnittlichen Produktivität. Diese stieg um 17,44% (etwas mehr als 2,49% jährlich), während die erwerbstätige Bevölkerung nur um 5,67% wuchs (0,81% jährlich; insgesamt 151.000 Arbeitsplätze, genauso viele, wie in den vergangenen Jahren abgebaut worden waren!). Dieser Anstieg der Produktivität – sehr viel höher als der der Arbeitsplätze – verweist auf zwei Grundprinzipien der Industrialisierung der achtziger Jahre, die sie klar von der der sechziger Jahre unterscheiden: Das Wachstum der spanischen Industrie der achtziger Jahre war kapitalintensiv und sparsam in bezug auf den Arbeitskräfteeinsatz.[6]

---

3 Die Einheitsakte ist der neue Gemeinschaftsvertrag, der die Römischen Verträge von 1957 ergänzt und am 1. Juli 1987 in Kraft trat. Er wurde beim Luxemburger Gipfel im Juni 1985 vereinbart und benennt Ziele und Daten für die europäische Einigung.

4 J. Lamo de Espinosa u.a.: »La agricultura y la alimentación«, in: *Papeles de Economía Española* 50, 1992, S. 80-122, hier S. 80. Vgl. dazu auch »Sector Agrario. Bajo el signo de la incertidumbre«, in: *Papeles de Economía Española* 60-61, 1994. Die verläßlichsten Daten über die spanische Landwirtschaft sind die des Ministeriums für Landwirtschaft, Fischfang und Ernährung (*Ministerio de Agricultura, Pesca y Alimentación*, MAPA).

5 Siehe dazu J.L. García Delgado / J.L. Pedreño / J. Velarde (Hgg.): *La industria española. Recuperación, estructura y mercado de trabajo.* Madrid 1990. Die renommierteste Zeitschrift zur Industrie ist *Economía Industrial*, herausgegeben vom Ministerium für Industrie und Energie (*Ministerio de Industria y Energía*, MINER). Das Ministerium publiziert jährlich seinen Bericht über die spanische Industrie, der die am meisten verwendete Datenquelle in diesem Zusammenhang ist.

6 Diese These wird von mehreren Autoren unterstützt. Bei F. Pérez / F.J. Gierlach / M. Mas: *Capitalización y crecimiento en España y sus regiones 1855-1995.* Bilbao 1996, kann man lesen: »Man kann jedoch nicht behaupten, daß das spanische Wachstum allgemein sparsam mit

Dieser Wandel des Industrialisierungsmodells wurde im Grunde durch die EG-bedingte Öffnung der Märkte und das rasche (und problematische) Ansteigen der Löhne angestoßen. In der Tat war die spanische Industrie zum Zeitpunkt des Beitritts von zwei Produktionssektoren geprägt, die zum Teil auch Mitte der achtziger Jahre noch fortbestanden. Die großen Industriezweige, wie Elektrizität, Schiffswerften, Metallurgie, Automobile etc., waren in der Zeit der Autarkie entstanden und hatten sich im Schutz der Wachstumsphase der sechziger Jahre entwickelt. Sie befanden sich zumeist in öffentlichem Eigentum oder waren, im Verbund mit großen Bankengruppen, durch eine halböffentliche Organisationsstruktur geprägt. Ihre Aktivitäten entfalteten sich im Kontext der Protektionsmaßnahmen des Inlandsmarktes. Die Konsumgüterbranche (Haushaltsgeräte, Reinigungsmittel, Kleidung, Schuhe, Möbel, Getränke, Ernährung etc.) expandierte in den sechziger und siebziger Jahren beträchtlich und in der Regel mit importierter Technologie. Es handelte sich dabei um Unternehmen kleiner und mittlerer Größe (bedeutend größer waren die Tochterunternehmen ausländischer Firmen), die vollständig auf einen wachsenden und vor ausländischer (sowie durch Gentlemen's Agreements auch vor inländischer) Konkurrenz geschützten Inlandsmarkt ausgerichtet waren.

Die Krise der Industrie zu Ende der siebziger und Anfang der achtziger Jahre erforderte eine tiefgreifende Neuordnung des Angebots und wirkte sich auf die verschiedenen Industriemärkte unterschiedlich stark aus. Die relative Verteuerung des Faktors Arbeit, die veränderte Produktnachfrage, die technologischen Entwicklungssprünge und die wachsende Liberalisierung des Wettbewerbs zwangen nicht wenige Unternehmen zur Aufgabe. Andere überlebten, weil sie ihre Kapazitäten veränderten. Viele aber erlebten ein kräftiges Wachstum. Allenthalben jedoch wurde der Faktor Arbeit vermehrt durch den Faktor Kapital ersetzt. Das Endergebnis war eine Industrie mit einem niedrigen Beschäftigungsstand, die in allen technologischen Belangen (sowohl was die Herstellungsverfahren wie die Produkte anlangt) vom Ausland abhängig war. Ihre Wettbewerbsfähigkeit erlangte sie auf ausländischen Märkten nur aufgrund einer wenig differenzierten und kostengünstigen Produktpalette, die gerade angesichts der Konkurrenz mit Billiglohnländern und der Abhängigkeit von den Wechselkursen sehr anfällig war. Allerdings konnte die spanische Industrie in diesen Jahren auf eine hohe reale Produktivität pro Beschäftigtem verweisen. Der Zufluß europäischen Kapitals (sowohl durch Direktinvestitionen als auch über Beteiligungen) und das Ansteigen der Exporte seit dem EG-Beitritt beflügelten Spaniens Industrie erneut, wobei sich allerdings ihre grundlegenden Merkmale verstärkten: ihre Schwäche, was die

---

Produktionsfaktoren umging. Tatsächlich ist eine nahezu fortwährende Einsparung an Arbeit zu beobachten. Gleichzeitig steigt der Output an. Im Gegenzug findet eine beträchtliche Kapitalanhäufung statt, sowohl was das tatsächliche (private und öffentliche) Kapital anlangt, als auch im Bereich des Humankapitals, denn hier wächst die Qualifikation der Mitarbeiter.« (S. 80)

Schaffung neuer Arbeitsplätze anbelangt, ihre technologische Abhängigkeit, ihre Einbindung in multinationale Produktionsprozesse mit hohem Arbeitskräftebedarf, die relativ hohe Produktivität des Faktors Arbeit und ihre Wettbewerbsschwäche angesichts der Öffnung der gesamteuropäischen Wirtschaft nach Osteuropa, dem Fernen Osten und Nordafrika.

Der Dienstleistungssektor wuchs sogar noch stärker als die Industrie. Allerdings veränderte sich auch hier die Struktur erheblich. Von 1986 bis 1992 wuchs er um 30,54%, bei einer durchschnittlichen Wachstumsrate von 4,36% mit nur geringen Abweichungen von Jahr zu Jahr. Das Besondere dieses Wachstums war die Schaffung zahlreicher Arbeitsplätze bei gleichzeitig geringem Produktivitätszuwachs. So stieg die erwerbstätige Bevölkerung des Sektors um 28,82% (4,11% jährlich, d.h. um mehr als 1,5 Millionen Arbeitsplätze), während die Produktivität des Sektors lediglich um knapp 1,72% (durchschnittlich 0,245% pro Jahr) wuchs. Trotzdem verlief dieses Wachstum nicht gleichmäßig: Gaststättengewerbe und Dienstleistungen für Unternehmen und den öffentlichen Sektor (hauptsächlich Gesundheit und Erziehung) wuchsen stark, während das Transportwesen, Kommunikation und Finanzdienstleistungen ein geringeres Stellenwachstum verzeichneten: Die am meisten der Konkurrenz ausgesetzten Teilbereiche litten am stärksten unter dem Strukturwandel; allerdings mit einer bemerkenswerten Ausnahme, dem Handel, denn hier wurde die tiefgreifende Umstrukturierung von einem beträchtlichen Stellenzuwachs begleitet.[7] Auslöser dieses Wachstums waren im wesentlichen der Anstieg der Einkommen und die Auswirkungen des Wohlfahrtsstaates. Die Dienstleistungen der Öffentlichen Hand (staatliche Verwaltung, Sozialversicherung, Gesundheits- und Erziehungswesen) produzierten wesentlich das Wachstum des Bruttomehrwerts um 28% und das Beschäftigungswachstum um 40%.

Das Baugewerbe war in diesen Jahren ohne Zweifel der dynamischste Bereich. In der zweiten Hälfte der achtziger Jahre ließ sich in der Mehrheit der spanischen Städte ein Boom dieses Sektors beobachten.[8] Die Branche wuchs um durchschnittlich 6,5% pro Jahr, bei einem Anstieg der Beschäftigtenzahl um 51,2% und einer Stagnation der Produktivität (lediglich 1,5% Zuwachs während des gesamten Zeitraumes). Die Ursachen des Baubooms waren vielfältig: Die Familieneinkommen erhöhten sich. Die für Investitionen entscheidenden Rahmenbedingungen wurden deutlich verbessert. Der Staat investierte massiv im Infrastrukturbereich, aber auch die relative Flaute der vorangehenden Jahre heizte den

---

[7] Für eine Vertiefung zum Dienstleistungssektor in Spanien sei vor allem verwiesen auf J. Cuadrado Roura / C. Del Río Gómez: *El sector servicios en España*. Madrid 1993. Siehe dazu auch J.A. Herce: »Los servicios en la economía española«, in: *Papeles de Economía Española 62*, 1995, S. 213-225.

[8] J.L. Carreras Yáñez: »Perspectivas del sector de la construcción en la década de los 90«, in: *Papeles de Economía Española 50*, 1992, S. 210-237.

Bauboom der späten achtziger Jahre an. Das *Decreto Boyer*[9] zur Freigabe der Mieten und die starke Nachfrage nach Zweitwohnungen (vor allem durch Ausländer, die sich jetzt in rechtlicher Hinsicht in Spanien besser geschützt fühlten) waren weitere Faktoren, die zu diesem Wachstum beitrugen.[10]

... mit Schwierigkeiten

Trotz unbestreitbarer Dynamik reagierte jedoch das Angebot an Gütern und Dienstleistungen nicht mit der nötigen Flexibilität auf das Ansteigen der Nachfrage. Die Unbeweglichkeit der Arbeits-, Finanz- und Dienstleistungsmärkte, die administrative Schwerfälligkeit, technologische Insuffizienzen und die relativ geringe Größe spanischer Unternehmen führten dazu, daß die Wirtschaft nicht im erforderlichen Maße auf die gestiegene interne Nachfrage reagierte. Die im Beitrittsvertrag festgesetzte Verringerung der Zölle drückte die Preise importierter Produkte, und die Pesete spiegelte aufgrund ihres hohen Wechselkurses das Inflationsgefälle der spanischen Wirtschaft im Verhältnis zu ihren wichtigsten Konkurrenten (Frankreich, Italien, Deutschland) nicht mehr wider. Dadurch wurden die zu Beginn der achtziger Jahre erreichten Erfolge im Kampf gegen die Inflation relativiert. 1988 verlagerte sich zudem ein Teil der Nachfrage ins Ausland. Die dringend erforderliche Schaffung neuer Stellen wurde so verhindert. Die spanische Wirtschaft wuchs – zum Teil aber nach außen und wurde so zum Wachstumsmotor für die benachbarten Volkswirtschaften in der Europäischen Union.

Die Inflation der achtziger Jahre wurde durch Spannungen auf den Märkten hervorgerufen. Eine Volkswirtschaft mit starkem Einkommenszuwachs im Bereich der Löhne und Sozialleistungen sowie hohen Wachstumserwartungen einerseits, mit einem unflexiblen Angebot sowie protegierten Sektoren andererseits führt gleichsam zwingend zur Inflation. Die spanische Wirtschaft erfüllte diese Bedingungen in den Jahren der Öffnung nur zu gut. Gleichzeitig trugen diese Öffnung und die Investitionen zum Teil aber auch zur Lösung des Problems bei, da wachsende Konkurrenz und eine anhaltende Zunahme der Investitionen dann weniger inflationstreibend wirken, wenn der öffentliche Sektor sein Wachstum mäßigt.[11] So geschah es in den beiden Jahren 1987 und 1988. Die Lohnmäßigung (von 11,4% für 1986 auf 6,6% für 1987), die Steigerung der Konkurrenz für die Industrie und eine orthodoxe Fiskalpolitik (Senkung des staatlichen Defizits auf ca. 3% des

---

9 Mit der Bezeichnung »Decreto Boyer de los alquileres« wird die königliche Verordnung 50 bezeichnet, mit der bestimmte Mieten freigegeben wurden. Die Regierung beabsichtigte damit, den bis dahin relativ starren Wohnungsmarkt zu beleben.

10 Siehe dazu C. Alcaide: »El sector de la construcción. Evolución y perspectivas«, in: *Papeles de Economía Española* 62, 1995, S. 206-212.

11 Für eine tiefergehende Beschäftigung mit der Inflation in Spanien (aus technischer und monetaristischer Sicht) vgl. Servicio de Estudios del Banco de España: *La política monetaria y la inflación en España*. Madrid 1997.

BIP in den Jahren 1987 und 1988) führten ab 1987 zu einer beträchtlichen Mäßigung des Preisanstiegs. Allerdings erzwangen dann politische Umstände eine Erhöhung der Staatsausgaben. Der Generalstreik vom 14. Dezember 1988 und die bevorstehende Wahl ließen es ratsam erscheinen, die Anpassung des Staatshaushalts zu verschieben. Die Möglichkeit, das Inflationsgefälle weiter zu verringern, wurde damit verspielt.

Tab. 5: Anstieg des Lebenshaltungskostenindex in %

	1985	1986	1987	1988	1989	1990	1991	1992	1993
Spanien	8,2	8,3	4,6	5,8	6,9	6,5	5,5	5,4	4,9
EU	6,1	3,5	3,2	3,6	5,1	5,7	5,0	4,3	3,3
Differenz Spanien – EU	2,1	4,8	1,4	2,2	1,8	0,8	0,5	1,1	1,4

Quelle: INE: *Anuario*. Mehrere Jahrgänge. Ministerio de Economía y Hacienda, Secretaría de Estado de Economía: *Síntesis de indicadores económicos*. Mehrere Hefte.

Dieses Inflationsgefälle, das im Verhältnis zu den dem Europäischen Währungssystem (EWS) angehörenden Volkswirtschaften noch ausgeprägter war, führte kurzfristig zu einem Defizit der Zahlungsbilanz und langfristig zu Arbeitslosigkeit. Der Eintritt der Pesete in die Mechanismen des EWS bei einer starken Parität erschwerte den Ausgleich der Außenhandelsbilanz noch mehr.[12] Die Exporte litten unter ihrer traditionellen Schwäche sowie ihrer Abhängigkeit vom Wechselkurs, während die Importe, aufgrund des gestiegenen Familieneinkommens und relativ niedriger Preise, stark anstiegen. Die Leistungsbilanz fiel 1987 von einer Überschußsituation zu einem Gleichgewicht ab und verschlechterte sich ab 1988 beträchtlich. Der negative Saldo (in Milliarden Dollar) glich dem italienischen und übertraf den französischen erheblich. Es bedurfte der einschneidenden Rezession der neunziger Jahre, um diese Tendenz umzukehren.

Tab. 6: Export- und Importwachstum. Saldo der Zahlungsbilanz in % des BIP

	1985	1986	1987	1988	1989	1990	1991	1992	1993
Exporte	2,65	1,85	6,33	5,07	3,00	3,22	7,87	7,28	8,54
Importe	7,89	14,43	20,11	14,43	17,8	7,79	9,01	6,86	-5,10
Saldo	1,40	1,60	0	-1,10	-3,00	-3,40	-3,10	-3,10	-0,50

Quelle: Ministerio de Economía y Hacienda. Secretaría de Estado de Economía: *Síntesis mensual de indicadores económicos* (versch. Nummern).

---

12 Die Pesete war seit dem 18. Juni 1989 ins EWS eingebunden und zwar mit einem zentralen Wechselkurs von 65 Ptas./DM und einer Schwankungsbreite von nur 6%. Die bewegte Geschichte der Pesete im EWS hat ihren Ursprung in diesem Wechselkurs.

Nichtsdestoweniger war das größte Problem, das sich aus den Ungleichgewichten im Wachstum ergab, nicht das Außenhandelsdefizit, sondern die Arbeitslosigkeit. Ein Problem, das während der *recuperación* zwar gemildert, aber nicht gelöst werden konnte. Die Arbeitslosenquote nahm lediglich um vier Punkte ab. Die Zahl an neuen Arbeitsplätzen reichte nicht aus, um das Wachstum der Bevölkerung im arbeitsfähigen Alter und den Anstieg der Erwerbsquote unter den Frauen zu kompensieren. Die Arbeitslosenquote überschritt nach dem EG-Beitritt um mehr als das Dreifache die deutsche (ca. 5%) und um das Zweifache die französische Quote (ca. 9%, Ende der achtziger Jahre).

Tab. 7: Arbeitslosigkeit laut EPA (*Encuesta de Población Activa*) in %									
	1985	1986	1987	1988	1989	1990	1991	1992	1993
Quote	21,9	21	20,5	19,5	17,3	16,3	16,3	18,4	22,7
Quelle: Ministerio de Economía y Hacienda. Secretaría de Estado de Economía: *Síntesis mensual de indicadores económicos* (versch. Nummern).									

Zusammenfassung des Aufholprozesses (1985-1993)

Die im Beitrittsvertrag angesprochene Übergangsperiode begann 1986 und endete mit dem Inkrafttreten des in der Einheitsakte ausgehandelten Gemeinsamen Marktes. Spanien sah sich somit einer völlig neuen Dynamik ausgesetzt, als die Ausnahmeregelungen des Anpassungsprozesses endeten. 1992 und 1993 sind in dieser Hinsicht als Schlüsseljahre zu bezeichnen. Mit ihnen schließt ein Abschnitt (der des Beitritts) und beginnt eine neue Phase (die des Gemeinsamen Marktes). Zudem entschied sich Spanien im Maastricht-Vertrag endgültig für die Vollintegration in die europäische Wirtschaft. All dies geschah in dem für das spanische Bewußtsein »magischen« Jahr. Am Ende dieses Prozesses hatte sich die Wirtschaft entscheidend verändert. Spanien hatte sich den umgebenden Volkswirtschaften angenähert und verlor so einen Teil vergangener Eigentümlichkeit. Das Niveau der Einkommen erreichte europäischen Standard. Gleichzeitig war der Reifeprozeß der Gesellschaft des Landes und seines politischen Systems vorangeschritten. Eine integrierte Volkswirtschaft, politische Institutionen, die aufeinander abgestimmt waren, und eine positiv eingestellte Bevölkerung erwarteten von der Mitwirkung Spaniens in Europa einen weiteren Modernisierungsschub.

2. Die konvergierende / divergierende Wirtschaft der neunziger Jahre

Die spanische Wirtschaft der neunziger Jahre ist nach der Anpassung an ihre neue Umgebung eine mit den Kernländern der Europäischen Union konvergierende Volkswirtschaft. Gleichzeitig divergiert sie weiterhin in mancherlei Hinsicht.[13]

Die konvergierende spanische Wirtschaft

Fünf grundlegende Aspekte erlauben uns, die These der Konvergenz,[14] die der Nähe oder Ähnlichkeit der spanischen Wirtschaft zur Europäischen Union, zu untermauern. Erstens handelt es sich um eine in die Europäische Union integrierte Volkswirtschaft, deren Entwicklung immer mehr im Rhythmus der anderen Migliedsstaaten verläuft: Sie wächst, wenn die westeuropäischen Wirtschaften (vor allem Deutschlands und Frankreichs) wachsen. Zweitens hängt sie deutlich von den führenden Volkswirtschaften der EU ab. Drittens ist sie eine offene Wirtschaft. Viertens ist sie homogen und weist makrosektoriale Wachstumszüge auf, die dem europäischen Durchschnitt ähnlich sind. Schließlich ist sie auch nominell konvergierend, da sie ihr Preis- und Zinssatzgefälle sowie ihr Haushaltsdefizit im Vergleich zu den Kernländern der EU wesentlich verringert hat.

Was bedeutet es, in die europäische Wirtschaft integriert zu sein? Es bedeutet zunächst Wachstum im europäischen Rhythmus: In der folgenden Übersicht kann man erkennen, daß die Wachstumstendenz des BIP für drei der vier großen Volkswirtschaften der EU (Deutschland, Frankreich, Italien) gleich ist und nur die britische Wirtschaft abweicht. Das durchschnittliche Wachstum in Deutschland, Frankreich und Italien differiert nur wenig von dem der spanischen Wirtschaft (in einer Größenordnung von weniger als 0,4% jährlich). Die britische Wirtschaft hingegen folgt einem Zyklus, der dem der Vereinigten Staaten näher ist.

---

13 R. Marimón (Hg.): *La economía española. Una visión diferente.* Barcelona 1996, S. 11.
14 Das Konvergenzkonzept war in den letzten Jahren Gegenstand besonderer Beschäftigung in der wissenschaftlichen Literatur. Die bedeutendsten Beiträge sind die von R. Barro / X. Xalas-i-Martin: »Convergence across States and Regions«, in: *Brookings Papers on Economic Activity* 1, 1992, S. 107-182; »Convergence«, in: *Journal of Political Economy* Bd. 100, 2, 1992, S. 223-251, und *Economic Growth*. New York 1995. Ich verwende, genau genommen, ihre Definitionen des Konvergenzbegriffs nicht, da sie für meine Zwecke zu technisch sind.

**Tab. 8: Bruttoinlandsprodukt.
Reale Wachstumsraten im Vergleich zum Vorjahr in %**

	1990	1991	1992	1993	1994	1995	1996	1997 (v) *
Deutschland	5,7	5,0	1,8	-1,2	3,0	2,1	1,1	2,2
Frankreich	2,5	0,8	1,2	-1,3	2,8	2,2	1,3	2,5
Italien	2,1	1,2	0,7	-1,2	2,2	3,3	0,8	1,2
Spanien	3,7	2,3	0,7	-1,2	2,1	3,0	2,1	2,7
Großbritannien	0,4	-2,0	-0,5	2,3	3,8	2,4	2,4	3,3

Quelle: Ministerio de Economía y Hacienda. Secretaría de Estado de Economía: *Síntesis mensual de indicadores económicos* (versch. Nummern).

∗ v = voraussichtlich

Die spanische Wirtschaft ist nicht nur eine integrierte Volkswirtschaft, sondern befindet sich in deutlicher, wenngleich unterschiedlich starker Abhängigkeit von den übrigen Volkswirtschaften der EU. So haben Ballabriga u.a. (1995) herausgefunden, daß »derzeit der spanische Output zu 30% für diese Abhängigkeit selbst verantwortlich ist, der amerikanische Output für 10% und der europäische für nahezu 50%.«[15] Ebenso wird bestätigt, daß die spanische Wirtschaft in hohem Maße von der deutschen und nordamerikanischen, in geringerem Maße von der französischen und britischen Wirtschaft abhängt. Jedoch ist diese Abhängigkeit in bezug auf das Wachstum der nominalen Variablen deutlich geringer, da die Preise und Zinssätze in Spanien sehr viel weniger anfällig für Störungen von außen als die realen Variablen sind.

Dabei sind drei Aspekte der Interdependenz der spanischen Wirtschaft mit ihrer Umgebung hervorzuheben. Zunächst weist diese Beziehung eindeutig asymmetrische Züge auf, da die spanische Wirtschaft zwar von den erwähnten Volkswirtschaften abhängt, dies umgekehrt jedoch nicht der Fall ist. Bei Schwankungen im Wachstum des BIP, die eindeutig auf äußere Einflüsse zurückzuführen sind, weist die spanische Wirtschaft, ebenso wie die französische, darüber hinaus eine starke Abhängigkeit von der deutschen auf. Großbritannien unterliegt dagegen weniger den Einflüssen der anderen europäischen Volkswirtschaften. Somit nehmen Deutschland und Frankreich eine Schlüsselrolle für Spanien ein, spielen aber eine unterschiedliche Rolle, da Deutschland der Motor Europas ist. Andererseits liegt die im Vergleich mit Frankreich größere Abhängigkeit der spanischen Wirtschaft von der nordamerikanischen in der spanischen Abhängigkeit vom Dollar bei vielen Auslandsgeschäften (vor allem den Energieimporten) begründet. Drittens findet die spanische Wirtschaft in den europäischen Volkswirtschaften zumindest in

---

15 F.C. Ballabriga / J.M. y Vallés: »España en Europa: asimetrías reales y normales«, in: *Papeles de Economía Española* 63, 1995, S. 47-61, S. 49.

den meisten Industriesektoren und vielen Dienstleistungsbereichen eine gute Ergänzung für ihre Schwächen.[16]

Die Integration und Abhängigkeit Spaniens in bezug auf die europäischen Partner ist Produkt des langwierigen Öffnungsprozesses, der vom Stabilisierungsplan 1959 bis zum EG-Beitritt 1986 reicht. Natürlich war dies kein homogener Prozeß; vielmehr lassen sich verschiedene Phasen unterscheiden: eine erste Phase zwischen 1961 und 1970, in der der Grad der Öffnung (definiert als die Summe der Im- und Exporte bezogen auf das BIP) sich auf 20% belief, eine zweite Phase, von 1970 bis 1980, in der dieser Grad um die 30%-Marke angesiedelt war; und schließlich eine letzte Phase, von 1980 bis heute, in der diese Quote über 40% erreicht. Heute ist die spanische Wirtschaft eine offene Wirtschaft.[17] Die zunehmende Öffnung der spanischen Wirtschaft zeigt sich im Anstieg von Import und Export, und zwar mit Steigerungsraten, die weit über denen des BIP liegen. Seit 1992 nehmen die Exporte stärker als die Importe zu. Der angemessenere Wechselkurs nach einer Reihe von Abwertungen der Pesete seit 1992, das geringere Wachstum der internen Nachfrage und die Früchte der früher getätigten Investitionen haben diesen Umschwung in den Außenhandelsbeziehungen ermöglicht.

Tab. 9: Steigerungsrate in % der Ex- und Importe von Gütern und Dienstleistungen bei konstanten Preisen im Vergleich zum Vorjahr

	1990	1991	1992	1993	1994	1995	1996	1997 (v)
Export	3,22	7,87	7,28	8,54	16,17	9,33	7,00	8,00
Import	7,79	9,01	6,86	-5,10	10,44	9,70	6,30	7,20

Quelle: *Dirección General de Aduanas* (versch. Jahrgänge).

Was exportiert und importiert die spanische Wirtschaft? Wer sind die Haupthandelspartner Spaniens? Die Aufschlüsselung des Außenhandels nach Produkten zeigt, daß die spanische Wirtschaft einen hohen Entwicklungsstand mit einer deutlichen Abhängigkeit im Technologiebereich aufweist: Kapitalgüter belaufen sich auf 13% der Exporte und 15% der Importe, während Hilfsgüter (Rohstoffe und halbfertige Produkte) das Gros der Importe (mit durchschnittlich 55% der Gesamtimporte) und Konsumgüter das Gros der Exporte mit etwas mehr als 45% ausmachen.

---

16 Siehe dazu J.C. Collado (Hg.): *Efectos del Mercado único sobre los sectores productivos españoles*. Madrid 1993.
17 Wenn auch, wie leicht einzusehen ist, mit unterschiedlichen Graden an Öffnung in den verschiedenen Sektoren: Die Landwirtschaft besitzt einen Öffnungsgrad von nahezu 40%, während der der Industrie nur 33% beträgt (mit erheblichen Unterschieden innerhalb des Sektors). Die Dienstleistungen sind im allgemeinen weniger offen.

Gemessen an den Zollgebühren sind die Hauptimportgüter Nuklearreaktoren, Heizkessel und Geräte aus Metall (13,46% der Importe 1996), Automobile, Traktoren und Mopeds (13,37%), Brennstoffe (9,16%) sowie elektrische Maschinen und Geräte (8,54%). Die wichtigsten Exporte sind sehr ähnlich: Automobile, Traktoren und Mopeds (23,66%; es sei hier angemerkt, daß Spanien in der EU nach Deutschland und Frankreich der drittgrößte und weltweit der sechstgrößte Automobilproduzent ist), Nuklearreaktoren, Heizkessel und Geräte aus Metall (10,02%) sowie elektrische Maschinen und Geräte (6,12%). Diese drei Sparten umfassen 40% der Exporte und 36,47% der Importe. Die Ausgewogenheit der drei Hauptgruppen bei Im- und Exporten zeigt an, daß die spanische Industrie spezialisiert und in den europäischen Kontext integriert ist: Spanien produziert zumeist eine innerhalb der EU spezifische Produktpalette oder ist an einzelnen Teilabschnitten des Produktionsprozesses beteiligt (normalerweise an jenen, die einen starken Arbeitskräfteeinsatz erfordern).

Die Hauptlieferanten Spaniens sind die vier großen Länder der EU: Frankreich (17,9%), Deutschland (14,78%), Italien (9,63%) und Großbritannien (7,92%). Im allgemeinen stammen etwas mehr als 65% der spanischen Importe aus der EU. Die übrigen Importe kommen, mit Ausnahme der USA (7,2%), aus weit verstreuten Handelsregionen. Spanien bezieht sein Rohöl sowohl von den arabischen Ländern als auch aus Afrika und Lateinamerika. Die Handelsbeziehungen mit den lateinamerikanischen Ländern sind seit dem EU-Beitritt zurückgegangen (von einem Anteil am Gesamthandel von 10% für 1985 auf 4% für 1996). Japan und die Länder des Fernen Ostens sind nur in sehr geringem Umfang an den Importen beteiligt. Im Gegenzug sind die Hauptabnehmer Spaniens ebenfalls die vier erwähnten Länder sowie Portugal, das mit einem Anteil von 8,7% an den Exporten noch vor Großbritannien der viertwichtigste Kunde Spaniens ist. In die EU fließen etwas mehr als 70% der spanischen Exporte. Die Exporte in andere große Regionen der Welt verteilen sich, abgesehen von den USA (4,5% der Gesamtexporte), sehr ungleichmäßig. Die natürlichen Märkte Spaniens, sowohl in bezug auf den Absatz als auch auf die Beschaffung, sind also die großen Volkswirtschaften der EU. Die Deckungsraten[18] des spanischen Außenhandels zeigen einerseits ein ausgeglichenes Verhältnis mit der EU an (eine 90%ige Deckung und sogar noch mehr, wenn man die Dienstleistungen miteinbezieht) und andererseits ungleichgewichtige Beziehungen zum Rest der Welt. So betragen die spanischen Exporte nur 33% der Importe aus Japan, 43% der Importe aus den OPEC-Ländern und 52% der Importe aus den Vereinigten Staaten. In sehr viel höherem

---

18 Deckungsrate = Exporte/Importe x 100. Sie mißt den Grad an Ausgeglichenheit in einer Handelsbeziehung. Wenn sie nahe bei 1 ist, gilt die Handelsbeziehung als ausgeglichen.

Maße werden jedoch die Importe aus den lateinamerikanischen Ländern durch entsprechende Exporte gedeckt.

Spaniens Handelsbilanz ist seit vielen Jahren defizitär, wobei die Höhe des Defizits jeweils vom Wirtschaftswachstum und der Notierung der Pesete abhing. Dieses Handelsdefizit wird jedoch ebenfalls seit vielen Jahren durch den positiven Saldo der Dienstleistungsbilanz ausgeglichen, da der Tourismus hier als Kompensationsmechanismus der sonst negativen Zahlungsbilanz fungiert.[19] Deshalb ist der Tourismus, gemessen am Beitrag zum BIP und an der Zahl der Beschäftigten, nicht nur die bedeutendste Branche der spanischen Wirtschaft, sondern auch zusammen mit dem Automobilsektor die Stütze der Waren- und Dienstleistungsbilanz.

Tab. 10: Handelssaldo in Milliarden Peseten und als Prozentsatz des BIP								
	1990	1991	1992	1993	1994	1995	1996	1997 (v)
Handelssaldo	-2963,8	-3159,3	-3088,5	-1896,7	-1966,7	-2200,6	-1560,3	-2000
Tourismus	1449,1	1517,8	1699,1	1911,5	2322,2	2605,9	2871,3	3000
Handelssaldo/BIP	-5,59	-5,61	-5,30	-3,06	-3,12	-3,19	-2,81	-3,30
Saldo der Waren und Dienstleistungen/BIP	-3,32	-3,38	-3,13	-0,83	-0,02	0,02	0,61	-0,50

Quelle: Eigene Ausarbeitung aufgrund von Daten des Ministerio de Economía y Hacienda. Secretaría de Estado de Economía: *Síntesis mensual de indicadores económicos* (versch. Nummern). Servicio de Estudios del Banco Central-Hispano (1997): *Pulso Económico*, und Dirección General de Aduanas.

Dagegen fällt die Einkommensbilanz weiterhin negativ aus, und zwar aufgrund der starken Investitionstätigkeit von Ausländern, die ihre Gewinne nicht im Land lassen, und aufgrund der spanischen Beiträge zum Haushalt der EU. Diese werden zwar durch EU-Transferleistungen ausgeglichen. Gleichwohl hat die Einkommensbilanz nur in den Jahren 1996 und 1997 Überschüsse erzielt.

Der gemeinsame Saldo der Leistungs- und Kapitalbilanz (das sind zusammengefaßt die Salden der Handels-, der Dienstleistungs-, der Einkommens- und der Kapitalbilanz) zeigt in den neunziger Jahren eine deutliche Entwicklung hin zur Ausgeglichenheit. Die spanische Wirtschaft beginnt die Beziehungen mit ihrer Umgebung, die charakteristisch für die Beitrittsphase waren, zu ändern. Dennoch ist für sie immer noch eine gewisse Schwäche im Handel kennzeichnend, die zwar durch den Tourismus kompensiert wird; gleichzeitig wird dessen Wachstum durch ausländische Investitionen geschwächt. Die spanische Wirtschaft wird also

---

19 In den sechziger Jahren, als die Öffnung der spanischen Wirtschaft eingeleitet wurde, gab es drei Kompensatoren für das Handelsdefizit: den Tourismus, die Geldsendungen von Emigranten und den Kapitaltransfer. Heute hat nur mehr der Tourismus Bedeutung.

reifer in ihren Beziehungen nach außen und initiiert allmählich ein neues Wachstumsmodell.[20] Wenn man sich die umfangreichen Finanzbeziehungen, die im letzten Jahrzehnt entstanden, vergegenwärtigt, wird die Öffnung der spanischen Wirtschaft noch deutlicher, als dies die Zahlen des Außenhandels anzeigen. Die Nettoübertragungen ausländischen Kapitals nach Spanien beliefen sich in den letzten Jahren auf 0,5% bis 1% des BIP. Eine entsprechende Erhöhung der Devisenreserven war die Folge. Man kann also mit Fug und Recht Spaniens Wirtschaft als eine integrierte Volkswirtschaft bezeichnen, die von den Kernländern der EU abhängig ist; integriert und abhängig deshalb, weil sie ihnen gegenüber offen ist. Somit hat der Beitrittsvertrag seinen Zweck erfüllt.

Die spanische Wirtschaft weist mittlerweile aber auch einen hohen Grad an Übereinstimmung mit den europäischen Volkswirtschaften auf, da sie sich durch ein den Kernländern der EU vergleichbares Wachstum auszeichnet. Besonders wenn man die sektorielle Verteilung der Produktion nach dem Bruttomehrwert und nach der Zahl der Beschäftigten betrachtet, läßt sich die Konvergenz der spanischen Wirtschaft mit dem europäischen Durchschnitt sehr schön erkennen. Spanien unterliegt dem gleichen Tertiarisierungsprozeß[21] wie die meisten europäischen Länder, allerdings mit einigen Spezifika, die auf seine relative Rückständigkeit zurückzuführen sind. Die Tertiarisierung des BIP beruht weniger auf einem Zurückdrängen der Industrie als vielmehr auf dem seit den sechziger Jahren fortschreitenden Rückgang der Landwirtschaft. Spanien nimmt deshalb eine Mittelstellung zwischen den entwickelten Volkswirtschaften des Nordens und den kleineren und rückständigeren des Südens ein.

---

20   Diese These wird in nuancierterer und fundierterer Form auch von J. Velarde: »El nuevo planteamiento del comercio exterior español«, in: *Papeles de Economía Española* 62, 1995, S. 363-377, unterstützt. Für eine Beschäftigung mit der spanischen Wirtschaft auf der Grundlage der Modelle zum wirtschaftlichen Wachstum empfiehlt sich: A. Martínez: *Manual de Economía Aplicada. Modelos interpretativos de la economía española.* Barcelona 1987. Natürlich ist darin das jüngste Modell einer offenen Volkswirtschaft mit festen Wechselkursen (was auf die spanische Wirtschaft zwischen 1989 und 1997 zutrifft) nicht enthalten.

21   Der Rückgang der Bedeutung des industriellen Sektors in bezug auf das BIP könnte als alarmierend bezeichnet werden. Auch wenn einige Teilbereiche schwere Krisen durchlaufen haben (Schiffsbau, Stahl, Energie, Bekleidung), kann man nicht von einer Desindustrialisierung sprechen, wie es einige Autoren tun. Der geringere Anteil des industriellen Sektors am BIP berücksichtigt nicht, daß die Preise für Dienstleistungen sehr viel schneller gewachsen sind als in den übrigen Sektoren. In Spanien waren die Preise des Dienstleistungssektors 1990 im Vergleich zu 1970 1,7mal höher als die der Industrie. Siehe dazu J.R. Cuadrado Roura: »El sector servicios«, in: *Papeles de Economía Española* 50, 1992, S. 258-294.

Tab. 11: Verteilung des Bruttomehrwerts in Prozent auf die Sektoren

	Deutschland			Spanien			EU der Zwölf		
	Land-wirt-schaft	Industrie	Dienst-lei-stungen	Land-wirt-schaft	Industrie	Dienst-lei-stungen	Land-wirt-schaft	Industrie	Dienst-lei-stungen
1975	2,9	49,8	47,3	9,8	40,7	49,5	8,3	41,1	50,5
1985	1,7	40,9	57,4	6,0	35,9	58,2	5,6	35,2	59,1
1992	1,4	34,5	64,1	4,2	36,2	59,6	4,9	35,8	59,3
1975-92	-1,5	-15,3	16,8	-5,6	-4,5	10,1	-3,4	-5,3	8,8

Quelle: Eurostat (1985 und 1992); Eurostat: *European Economy* 58, 1994.

Die sektorielle Verteilung der Arbeitskräfte zeigt im übrigen dieselben Tendenzen wie die Verteilung des BIP, allerdings noch deutlicher. Die Tertiarisierung und Konvergenz mit dem europäischen Durchschnitt verlaufen hier auf Kosten des Agrarsektors. Seit 1975 ist die in der Landwirtschaft beschäftigte Bevölkerung in einem nicht aufhaltbaren Prozeß der Landflucht um mehr als die Hälfte gesunken. 1996 ist die Zahl der in der Landwirtschaft Beschäftigten unter eine Million gefallen und betrug damit weniger als die Hälfte der Beschäftigtenzahl der Landwirtschaft im Jahr des EG-Beitritts (1986). Die Beschäftigtenquote in der Landwirtschaft, gemessen an der Gesamtquote, belief sich damit 1996 auf 6,9%. Die Zahl der Arbeiter in der Landwirtschaft beträgt heute etwas weniger als die Zahl der Beschäftigten in öffentlichen Verwaltungen.

Tab. 12: Verteilung der erwerbstätigen Bevölkerung in Prozent auf die Sektoren

	Deutschland			Spanien			EU der Zwölf		
	Land-wirt-schaft	Industrie	Dienst-lei-stungen	Land-wirt-schaft	Industrie	Dienst-lei-stungen	Land-wirt-schaft	Industrie	Dienst-lei-stungen
1975	7,3	46,0	46,7	21,5	37,1	41,4	14,3	37,7	48,0
1985	5,2	41,0	53,6	16,2	31,8	51,9	10,8	31,7	57,5
1992	3,5	39,4	57,1	10,1	32,7	57,2	7,6	32,7	59,6
1975-92	-3,8	-6,6	10,4	-11,4	-4,4	15,7	-6,7	-5,0	11,7

Quelle: Eurostat (1985 und 1992); Eurostat: *European Economy* 58, 1994.

Der Prozeß der sektoriellen Konvergenz wurde durch den Öffnungsprozeß zu den internationalen Märkten und durch die Errichtung des Wohlfahrtsstaates seit der Epoche der *transición* in Gang gesetzt. Eine besondere Rolle spielten dabei die öffentlichen Ausgaben. 1970 betrugen sie 23,03% des BIP, die Sozialleistungen 7,39%; 1982 waren es schon 38,25 bzw. 13,93%, und heute betragen diese Quoten 47% bzw. 19,3%. Von 1970 bis heute war das Wachstum der öffentlichen Ausgaben eine der großen Konvergenzvariablen im Verhältnis zu den europäischen Volkswirtschaften. Der Unterschied zum Anteil der öffentlichen Ausgaben am deutschen BIP betrug 1982 mehr als elf Prozentpunkte. In zehn Jahren wurde er praktisch abgebaut.

Tab. 13: Gesamtheit der öffentlichen Ausgaben als Prozentsatz des BIP

	1990	1991	1992	1993	1994	1995	1996	1997 (v)
Spanien	43,65	45,26	46,33	49,66	48,09	46,92	47,00	46,50
Deutschland	45,30	48,10	48,90	49,70	49,30	49,10	48,80	48,50
EU[a]	48,20	49,40	50,70	52,40	51,50	50,90	50,50	50,00

a. Bis 1992 ist Luxemburg bei den Daten nicht berücksichtigt.
Quelle: Eurostat und Servicio de Estudios del Banco Central-Hispano: *Pulso Económico*, 1997.

Das Wachstum der öffentlichen Ausgaben bewirkte einen tiefgreifenden Wandel in der Zusammensetzung der Nachfrage und war Ursache für einen Wandel in der Ressourcenverwendung. So hat die Erhöhung der Ausgaben für wesentliche öffentliche Güter (Gesundheit, Erziehung, Transport etc.) ein starkes Wachstum des öffentlichen Kapitals und eine finanzielle Besserstellung des Privatsektors hervorgerufen. Gleichzeitig änderte man die Verwaltungsstrukturen entscheidend: Der zentralistische Staat wurde zugunsten der Autonomen Regionen zurückgefahren. Folglich wuchsen die öffentlichen Ausgaben, wurden aber auch auf neue Art verwendet. Der Anstieg der öffentlichen Einnahmen fiel dagegen geringer aus, und dies trotz der neuen Steuern, die man mit der Einrichtung der Autonomen Gemeinschaften (Einkommensteuer) und der Mitgliedschaft in der EU (Mehrwertsteuer) einführte.

Tab. 14: Steuerlast (Steuern und Sozialabgaben) als Prozentsatz des BIP

	1990	1991	1992	1993	1994	1995	1996	1997 (v)
Spanien	35,10	35,30	37,10	36,00	35,80	36,01	36,14	37,08
Deutschland	39,50	41,20	41,90	42,30	42,60	42,45	42,70	42,50
EU[a]	40,50	41,19	41,61	41,92	41,73	41,85	41,93	41,50

a. Bis 1992 ist Luxemburg für die Daten der EU nicht berücksichtigt.
Quelle: Eurostat, Fondo Monetario Internacional, Ministerio de Economía y Hacienda.

Die Expansion des öffentlichen Sektors bewirkte eine Schwächung der öffentlichen Haushalte und ein strukturelles Haushaltsdefizit mit ähnlichen Merkmalen und vergleichbarer Größe wie der europäische Durchschnitt. Dieses Haushaltsdefizit hat eine in dieser Größenordnung seit dem Ende des Bürgerkrieges in Spanien nicht gekannte Staatsverschuldung hervorgerufen. Sie liegt unter dem europäischen Durchschnitt, ist in etwa so hoch wie die Großbritanniens und übertrifft nur die französische, deutsche und finnische. Dabei handelt es sich um eine Staatsverschuldung, die auf die gleichen politischen Entscheidungen zurückgeht wie die der europäischen Länder, da sie der Einrichtung des Wohlfahrtsstaates zuzuschreiben und auf eine stabilisierende Fiskalpolitik in Krisenzeiten zurückzuführen ist.

Tab. 15: Saldo des öffentlichen Sektors.
Defizit der öffentlichen Verwaltungen bezogen auf das BIP

	1990	1991	1992	1993	1994	1995	1996	1997 (v)
Spanien	-4,10	-4,89	-4,12	-7,45	-6,30	-5,91	-4,49	-3,40
Deutschland	-2,68	-3,31	-2,80	-3,52	-2,54	-3,56	-4,12	-3,40
EU der Zwölf[a]	-4,11	-4,61	-5,22	-6,23	-5,53	-5,00	-4,41	-3,40

a. EU der Zwölf ohne Luxemburg.
Quelle: Servicio de Estudios del Banco Bilbao Vizcaya: *Informe económico de 1995*. Bilbao 1996; Servicio de Estudios del Banco Central-Hispano: *Pulso Económico*, Januar 1997.

Die sozialen und politischen Folgen des Tertiarisierungsprozesses sind sehr weitreichend. So haben der Rückgang der Landwirtschaft und die Landflucht dazu beigetragen, daß die spanische Gesellschaft sich ihrer ländlichen Wurzeln entfremdete und zunehmend in einen Verstädterungsprozeß eintrat. Die Konzentrierung der Dienstleistungen auf die Städte hat diesen Prozeß noch gefördert. Dadurch wurden die Unterschiede bei den Einkommen und den sozialen und politischen Verhaltensweisen zwischen Stadt und Land verschärft, wobei das Land weiterhin als natürliche Bastion traditioneller Lebensformen gilt.[22] Heute leben die meisten Spanier in Städten mit mehr als 100.000 Einwohnern. Geographisch gesehen hat dieser Landfluchtprozeß zu einer umwälzenden Neuordnung des Raumes geführt, da sich Bevölkerung und Beschäftigung nun in den mediterranen Küstenbereichen, den Tälern des Guadalquivir und des Ebro sowie in Madrid konzentrieren. Durch die Entvölkerung und Überalterung der inneren ländlichen Regionen (in beiden Kastilien, Extremadura, in Teilen von Aragón und Andalu-

---

22 Wir streifen dieses Thema hier nur kurz, ohne näher darauf einzugehen, da es vom eigentlichen Gegenstand dieser Arbeit abweicht. Für weitere Informationen siehe L.A. Camarero: *Del éxodo rural y del éxodo urbano. Ocaso y renacimiento de los asentamientos rurales*. Madrid 1993.

sien)[23] verschlechtert sich ihre Situation in wirtschaftlicher und sozialer Hinsicht, während die städtische Welt des Mittelmeerraumes, Andalusiens und Madrids weiterhin boomt.

Ein weiterer Bereich, in dem die spanische mit der europäischen Wirtschaft konvergiert, sind die Preise, das Haushaltsdefizit, die Zinssätze und die Produktivität. Was bedeutet dies im einzelnen? Traditionell hatte Spanien unter einer starken Inflation zu leiden. Dabei lassen sich drei Phasen unterscheiden: die Inflation zwischen 1960 und 1975, die auf staatliche Interventionen und einen Nachfrageschub zurückzuführen war; eine von außen angeregte Inflation, die durch die politischen Umstände verschärft wurde und im Preisanstieg zwischen 1975 und 1985 zum Ausdruck kam; und schließlich eine sehr viel gemäßigtere Inflation mit komplexen wirtschaftlichen Ursachen, die sowohl in der Nachfrage als auch im Angebot begründet liegen.

Die Inflation der sechziger und siebziger Jahre kann nicht mit der der westeuropäischen Länder verglichen werden, weil sie sich in einem politisch und wirtschaftlich anderen Kontext entwickelte. Die interventionistische Wirtschaftspolitik der Franco-Diktatur (Entwicklungspläne, vertikale Syndikate, Regulierung von Preisen, Zinssätzen und Gehältern), die Tatsache, nicht zur EWG zu gehören (mit dem entsprechend fehlenden Konkurrenzdruck von außen), und das Wachstumsgefälle verursachten zwischen 1960 und 1975 eine Inflation, die weit über dem europäischen Durchschnitt lag. Der Prozeß der *transición* ab 1975 verschärfte diese Unterschiede. Um die bestehenden politischen Verhältnisse ohne größere Konflikte ins demokratische Lot zu bringen, war die Regierung gezwungen, Lohnerhöhungen hinzunehmen, die weit höher als die erwartete Inflation ausfielen, und die gestiegenen Energiepreise auszugleichen. Man wollte kurzfristig Inflation durch politische Stabilität ersetzen, langfristig trat aber die Arbeitslosigkeit an die Stelle der Inflation. Das Ende der *transición* und der Beitritt Spaniens zur EG verursachten eine Inflation, die in den neuen arbeitsrechtlichen Verpflichtungen, wie sie die Verfassung von 1978 vorsah, in der Liberalisierung der Märkte und einer orthodoxeren Geldpolitik ihren Grund hatte. In ihrer Höhe wie in ihren Ursachen kommt erneut die sich einstellende Homogenisierung mit den europäischen Volkswirtschaften zum Ausdruck. So wies die spanische Inflation zwischen 1975 und 1985 einen mittleren Abstand von 5,6% zur EG-Inflationsrate auf, während er sich in den Jahren des Beitritts (1986-1992) auf 1,8% verringerte und in den letzten vier Jahren nur noch 1,3% betrug.

---

23 Die Frage nach den regionalen Unterschieden in Spanien ist sehr interessant. Als weiterer Schwerpunkt würde sie aber diese Arbeit sprengen, deshalb verweisen wir auf in verschiedenen Nummern von *Papeles de Economía Española* enthaltene Arbeiten zum Thema. Vgl. etwa Nummer 67 von 1996 zum Thema *Disparidades económicas regionales*.

Alles scheint darauf hinzudeuten, daß Spanien in bezug auf die Inflation mit den Ländern in seiner Umgebung konvergiert. Die Verringerung sowohl der Inflationsrate als auch der Unterschiede zu den Hauptkonkurrenten hat dabei mehrere Ursachen: den Rückgang des privaten Konsums (zum Teil durch gebremsten Lohnanstieg bedingt), die Qualitätssteigerung des Angebots und die Verbesserung des Wettbewerbs durch die Deregulierung der Märkte. Die Inflation der neunziger Jahre gleicht denen der europäischen Länder (niedrig, andauernd, dual[24]) und wird durch ähnliche Faktoren bedingt: durch Nachfrageimpulse des öffentlichen Sektors (Fortbestehen der öffentlichen Defizite), durch Lohnerhöhungen, die über der Produktivität liegen (Kostensteigerung), und durch Protektionismus der Märkte (insbesondere der Dienstleistungsmärkte).

Tab. 16: Anstieg des Lebenshaltungsindex in %

	1990	1991	1992	1993	1994	1995	1996	1997	Durchschnitt
Spanien	6,7	5,9	5,9	4,6	4,7	4,7	3,2	2,5	5,10
EU der Zwölf	5,8	5,1	4,2	3,4	3,1	3,1	2,4	2,2	3,87
Differenz	0,9	0,8	1,7	1,2	1,6	1,6	0,8	0,3	1,3

Quelle: INE: *Anuarios* (versch. Jahrgänge).

Die Geldpolitik, die sich auf den Kampf gegen die Inflation konzentrierte, hat die nominalen Zinssätze am sinkenden Preisniveau (ermöglicht durch einen stabilen Pesetenkurs) ausgerichtet. Dies ermöglichte es, zusammen mit dem allmählichen Abbau der Preisunterschiede, die realen Zinssätze[25] denen der fortgeschritteneren Volkswirtschaften der EU anzupassen und die monetären Variablen zur Konvergenz zu bringen. Eine flüchtige Analyse der spanischen Kapitalbilanz für den betrachteten Zeitraum ist in dieser Hinsicht sehr aufschlußreich. Die ausländischen Investitionen in Spanien haben im privaten Sektor schrittweise abgenommen. Hingegen unterlagen aufgrund eindeutig spekulativer Motivationen in zwei Schlüsseljahren die Investitionen in Passiva der öffentlichen Hand bedeutenden Schwankungen. Die Abwertung der Pesete und die hohen realen Zinssätze im Jahr 1993 (festgelegt, um ein Aufleben der Inflation zu verhindern, die Notierung auf dem neuen Niveau zu halten und zu verhindern, daß die Pesete das Europäische Währungssystem verläßt, aber auch wegen der politischen Instabilität nach den Wahlen) machten spanische Anleihen für internationale Investoren sehr attraktiv. Nachdem die Ungewißheit über die Gesundheit der spanischen Wirtschaft ausgeräumt war

---

24 Als dual wird eine Inflation mit starken Unterschieden der Preisentwicklung in den Industrie- und Dienstleistungssektoren bezeichnet.
25 Realer Zinssatz = nominaler Zinssatz − Index der Lebenshaltungskosten.

und die Märkte sich stabilisiert hatten, erzielte man 1994 bei einem entsprechenden Rückgang der Investitionstätigkeit auf den Märkten deutliche Gewinne.[26] Die spanische Wirtschaft weist somit eine weitere Eigenart ihres wirtschaftlichen Vorbilds auf, nämlich den allmählichen Bedeutungsverlust ausländischer Investitionen innerhalb der Gesamtkalkulation der Produktivinvestitionen.

Zusammenfassend kann die spanische Wirtschaft der neunziger Jahre als in die benachbarten Volkswirtschaften integriert, aber auch von ihnen abhängig bezeichnet werden, und zwar deshalb, weil sie offen für den Wettbewerb und für Kapitalströme ist. Genau diese Öffnung (nicht nur wirtschaftlicher, sondern auch sozialer und politischer Art) hat die Produktionsstruktur geändert. Sie weist heute Züge auf, die dem Durchschnitt der Länder der Europäischen Union sehr ähnlich sind und im Lauf der Zeit immer stärker hervortreten werden.

Die divergierende spanische Wirtschaft

Trotzdem besitzt die spanische Wirtschaft weiterhin andere, ja sogar divergierende Züge. Unter allen makroökonomischen Variablen, die eine Volkswirtschaft charakterisieren, gibt es zwei eng miteinander verbundene, bei denen eine spürbare Annäherung bisher nicht gelang: Das Pro-Kopf-Einkommen und die Arbeitslosenquote markieren den Unterschied Spaniens zu den europäischen Volkswirtschaften weiterhin sehr deutlich. Das spanische Pro-Kopf-Einkommen nähert sich dem europäischen Durchschnitt nur sehr langsam an. So erreichte es 1970 72% des europäischen Durchschnitts und gelangte 1975 mit 80% zu seinem Höchststand. In dem schwierigen Jahrzehnt der *transición* fiel das Pro-Kopf-Einkommen auf etwa 70%, um dann erneut, aber langsam, zwischen 78 und 80% des europäischen Durchschnitts zu erreichen.

Wie erklärt sich dieses Einkommensgefälle? Warum nähert sich hier die spanische Wirtschaft nicht dem europäischen Durchschnitt an, obwohl sie doch überdurchschnittlich wächst und ihre sektorale Gliederung der des Durchschnitts der europäischen Länder sehr ähnlich ist? Der Unterschied liegt in der Arbeitslosigkeit begründet. Die spanische Wirtschaft divergiert bezüglich der Einkommen, weil sie in bezug auf die Arbeitslosenquote divergiert. Für die neunziger Jahre haben wir folgende Werte errechnet:

---

26 Jedenfalls war 1993 aus finanzpolitischer Sicht ein Ausnahmejahr, da die öffentlichen Verwaltungen Spaniens Obligationen und Anleihen im Wert von fast sechs Billionen Peseten ausgeben mußten, um die alten Eigenwechsel der Staatskasse, die Verschuldung des Banco de España (die durch das Gesetz zur Unabhängigkeit der Zentralbank unmöglich geworden war) und die übergroßen Defizite der vorangehenden Budgets auszugleichen. Die Bereitstellung einer solchen Geldmenge war nur bei hohen Zinssätzen möglich.

Tab. 17: **Produktivität und Beschäftigungsgrad im Verhältnis zum europäischen Durchschnitt. Geschätztes Pro-Kopf-Einkommen in % des europäischen Durchschnitts**

	1990	1991	1992	1993	1994	1995	1996	Durchschnitt
Produktivität[a]	0,935	1,000	0,983	0,981	0,962	0,984	0,970	0,973
Beschäftigungsgrad[b]	0,779	0,785	0,769	0,753	0,749	0,769	0,774	0,768
Geschätztes Einkommen[c]	72,87	78,49	75,62	73,91	72,05	75,67	75,11	74,72

a. Produktivität Spanien / Produktivität EU
b. Beschäftigungsgrad Spanien / Beschäftigungsgrad EU
c. Geschätztes Einkommen auf der Grundlage der beiden genannten Größen
Die Abweichungen zwischen den geschätzten und mit Hilfe der Komponenten berechneten Einkommen (etwa um 1%) sind auf Rundungsdifferenzen und die verschiedenen Währungen zurückzuführen.
Eigene Berechnungen auf der Grundlage von Daten des INE: *Anuarios* (verschiedene Jahrgänge).

Wie man sieht, ist die spanische Produktivität dem europäischen Durchschnitt sehr nahe, während die eigentliche Diskrepanz im Beschäftigungsgrad liegt. Die spanische divergiert von der europäischen Wirtschaft in den Einkommen, weil es sehr viel weniger beschäftigte Arbeiter gibt, konkret etwa 25% weniger.

Die Produktivität des Faktors Arbeit entspricht hingegen dem europäischen Niveau. In der Tat war gerade das Ansteigen der spanischen Produktivität einer der Faktoren, die zu einer Annäherung in der realen Konvergenz beigetragen haben. Natürlich ist die Produktivität auch innerhalb der spanischen Wirtschaft selbst nicht homogen und schwankt zwischen 40% des spanischen Durchschnitts für den Agrar- und 120% für den Industriesektor. Dies bedeutet, daß ein spanischer Industriearbeiter, gemessen am BIP, dreimal produktiver ist als ein in der Landwirtschaft Beschäftigter. Die Dienstleistungen und das Baugewerbe erreichen Werte, die sehr nahe am europäischen Durchschnitt liegen.[27] Natürlich gibt es sektorielle Unterschiede und je nach Größe der Unternehmen Abweichungen. Auch ist es möglich, daß die relativ geringere Qualifikation der spanischen Arbeiter durch einen längeren Arbeitstag kompensiert wird.[28] Insgesamt ist die Produktivität des Faktors Arbeit in Spanien der der EU-Länder sehr ähnlich und in einigen Sektoren sogar höher als der europäische Durchschnitt.

---

27 Siehe dazu *Informe del Banco de Bilbao*, S. 244.
28 Die Statistiken der OECD über den Arbeitstag sind diesbezüglich vielsagend: Das jährliche Mittel der tatsächlich geleisteten Arbeitsstunden pro Person ist in Spanien nach Japan das zweithöchste von mehreren OECD-Staaten. Zum Beispiel belief sich 1.990 die Stundenzahl für nichtselbständige Erwerbstätige auf 1.858, während sie in Frankreich bei 1.539 und in Deutschland bei 1.573 lag: Dies bedeutet eine Abweichung von 20,72% gegenüber Frankreich und von 18% gegenüber Deutschland. Siehe dazu zum Beispiel OECD (Hg.): *Perspectivas del empleo*. Paris 1993, S. 448.

Tab. 18: Wachstum der Produktivität des Faktors Arbeit (in %)

	1990	1991	1992	1993	1994	1995	1996	Durchschnitt
Spanien	0,63	1,27	2,08	2,91	2,56	4,84	3,85	2,59
EU	-1,88	-1,92	3,18	4,62	3,20	2,12	2,46	1,68
Differenz Spanien – EU	2,43	3,19	-1,10	-1,71	-0,64	2,72	1,39	0,91

Quelle: INE: *Anuarios*. Verschiedene Jahrgänge. Banco de Bilbao, und eigene Schätzung aufgrund von Daten des INE und Eurostat.

Wenn wir die Durchschnittszahlen der spanischen Wirtschaft durch die der EU teilen, erhalten wir die relative Stellung Spaniens im Verhältnis zur EU:

Tab. 19: Beschäftigungsgrad, Arbeitsquote und Erwerbsquote in Spanien jeweils in Relation zum europäischen Durchschnitt

	1990	1991	1992	1993	1994	1995	1996	Durchschnitt
Beschäftigungsgrad[a]	0,779	0,785	0,769	0,753	0,749	0,769	0,774	0,768
Arbeitsquote[b]	0,917	0,918	0,903	0,871	0,860	0,869	0,874	0,886
Erwerbsquote[c]	0,850	0,855	0,852	0,865	0,871	0,885	0,886	0,866

a. Beschäftigungsgrad Spanien / Beschäftigungsgrad EU
b. Arbeitsquote Spanien/Arbeitsquote EU
c. Erwerbsquote Spanien / Erwerbsquote EU; eigene Berechnung auf der Grundlage von Daten des INE.

Zu beachten ist, daß der Grund für die Divergenz sich mit der Zeit geändert hat: Gab es zu Beginn der neunziger Jahre eine größere Divergenz bei der Erwerbsquote als bei der Arbeitslosenquote, so war es in den letzten Jahren umgekehrt. Das heißt, daß in der spanischen Wirtschaft Nichtbeschäftigung durch Arbeitslosigkeit ersetzt wurde, oder anders gesagt: Die verbesserte Beschäftigungssituation wurde durch den relativen Anstieg der Arbeitslosigkeit im Vergleich zur EU nivelliert, was dann wiederum eine nennenswerte Annäherung bei den mittleren Einkommen verhinderte.

Die Erwerbsquote der spanischen Wirtschaft ist, mit Einschränkungen, die niedrigste der gesamten OECD und natürlich der EU. So beträgt die mittlere Erwerbsquote um die 60% (mit sehr geringen Abweichungen in den neunziger Jahren), während die der gesamten EU bei 69%, die der Kernländer (Deutschland, Frankreich, Niederlande, Belgien) bei über 67% und die der skandinavischen Länder bei nahezu 80% liegt. Nur Irland und die mediterranen Volkswirtschaften, mit der beachtenswerten Ausnahme Portugals (Erwerbsquote von über 70%), verzeichnen ähnliche Erwerbsquoten. Wo liegen die Ursachen für die niedrigere

Erwerbsquote der spanischen Bevölkerung? Wenn man mögliche Ungenauigkeiten in den Statistiken (verursacht durch Schattenwirtschaft) außer acht läßt, sind im wesentlichen drei Gründe für eine Erwerbsquote verantwortlich, die unter dem europäischen Durchschnitt liegt: Das geringere Durchschnittsalter der Bevölkerung, die geringere und spätere Einbindung der Frau in den Arbeitsmarkt und die anhaltend hohe Arbeitslosenquote, die zum Eintritt in den Arbeitsmarkt nicht ermutigt.

Tab. 20: (Gesamt-)Erwerbsquote nach Geschlechtern in Spanien

	1990	1991	1992	1993	1994	1995	1996	Δ 96-90
Männer	76,8	76,0	74,9	74,6	73,7	73,1	73,0	-3,8
Frauen	40,9	41,2	42,1	42,8	43,4	44,2	44,8	3,9
Differenz Männer – Frauen	35,9	34,8	32,8	31,8	30,3	28,9	28,2	7,7

Quelle: INE: *Anuarios* (versch. Jahrgänge).

Die Erwerbsquote der Frauen in Spanien ist eine der niedrigsten in der gesamten OECD und der EU. Die EU erreicht einen Anteil um die 63% (wobei der Durchschnitt in den letzten Jahren durch den Beitritt Finnlands, Schwedens und Österreichs noch gewachsen ist). Zwischen der Erwerbsquote der Frauen in Spanien und dem EU-Durchschnitt liegen also 18,2 Punkte. Nichtsdestoweniger war der Anstieg der Frauenerwerbsquote in Spanien während der achtziger Jahre ganz erheblich (um 3,9% jährlich zwischen 1983 und 1990). In den neunziger Jahren verlangsamte er sich allerdings wieder auf 0,6% jährlich. Die geringere Einbindung der Frau in den Arbeitsmarkt liegt in ihrer Rolle in der spanischen Gesellschaft begründet. Häufig wird ihre Tätigkeit auf Bereiche im mittleren und höheren Erziehungswesen beschränkt. Dazu kommt eine besonders hohe Arbeitslosenquote und das geringere durchschnittliche Einkommen im Vergleich zum Mann.[29] (Vgl. den Beitrag von Karl-Wilhelm Kreis in diesem Band.)

Die Arbeitslosigkeit ist heute der am stärksten divergierende Faktor der spanischen Wirtschaft. Zwar kennt auch die europäische Wirtschaft das Problem, aber in Spanien tritt es in verschärfter Form auf. So ist hier die Arbeitslosenquote zweimal so groß wie der europäische Durchschnitt (die durchschnittliche Arbeitslosenquote betrug in den neunziger Jahren für Spanien 20,07% und für die EU 10,15%).

---

[29] Der Arbeitsmarkt ist machistisch: Zahlreiche Berufe haben nur geringe weibliche Präsenz, und dort, wo Frauen beschäftigt werden, verdienen sie in der Regel weniger als Männer. Siehe dazu die Berichte des *Instituto de la Mujer, Ministerio de Trabajo y Seguridad Social*.

Tab. 21: Arbeitslosenquote (Erhebung zur erwerbstätigen Bevölkerung – EPA)								
	1990	1991	1992	1993	1994	1995	1996	(1990-96)
Spanien	15,9	16,0	18,1	22,4	23,8	22,6	21,7	20,07
EU	8,4	8,7	9,3	10,9	11,4	11,0	11,4	10,15
Differenz Spanien -EU	7,5	7,3	8,8	11,5	12,4	11,6	10,3	9,92
Quelle: INE: *Anuarios* (versch. Jahrgänge).								

Warum ist die Arbeitslosigkeit in Spanien doppelt so hoch wie in Europa? Welche Eigenheiten weist die spanische Arbeitslosigkeit auf, die die europäische nicht hat? Historisch gesehen hatte die spanische Wirtschaft schon immer große Schwierigkeiten, Arbeitsplätze zu schaffen. In der Boomphase der sechziger Jahre gab es keine Arbeitslosigkeit, weil man Arbeitskräfte exportierte. Während die mitteleuropäischen Volkswirtschaften damals nahezu Vollbeschäftigung aufwiesen (einige holten sogar Arbeitskräfte ins Land), verzeichnete die spanische Wirtschaft ein Arbeitsplatzdefizit von 6%[30] der erwerbstätigen Bevölkerung. Die Krise der sechziger Jahre wurde in Spanien aus drei Gründen mit einer Anpassung im Arbeitsbereich ausgeglichen: Spanien hatte keine Einwanderer, um die industrielle Anpassung aufzufangen, die Löhne stiegen in allen Sektoren verstärkt an (was Inflation und Arbeitslosigkeit hervorrief), und die Zahl der verfügbaren Arbeitskräfte wuchs wegen der Probleme in der Landwirtschaft (Erhöhung der Löhne ohne entsprechende Erhöhung der Produktivität). Die Arbeitslosigkeit der neunziger Jahre hat drei Ursachen: das Ansteigen der Lohnkosten, die nicht ausreichende Nachfrage der Unternehmen und das steigende Angebot an Arbeitskräften. All dies vor dem Hintergrund starrer Marktstrukturen, die durch normative Tarifverträge und fehlenden Wettbewerb bedingt sind.[31] Das bedeutet, daß bei einem demographisch bedingten Wachstum des Arbeitsangebots und teilweise immer noch korporatistisch geprägten Arbeitsmärkten neben einer klassischen auch eine keynesianische Arbeitslosigkeit existiert. Gehen wir im folgenden kurz auf die einzelnen Ursachen und ihre Verknüpfung ein.

Die Arbeitskosten in Spanien, eine erste Ursache der Arbeitslosigkeit, sind in den letzten Jahren stark angewachsen, und zwar sehr viel stärker als die des Durchschnitts der EU und vor allem seiner Kernländer.

---

30 Berechnet auf der Grundlage der Zahlen der jährlichen Nettoemigration, bezogen auf die gesamte erwerbstätige Bevölkerung: In den sechziger Jahren gab es durchschnittlich ungefähr 700.000 Spanier, die im Ausland arbeiteten – bei einer erwerbstätigen Bevölkerung von etwas mehr als 12 Millionen.

31 Je nach theoretischer Position und politischer Ausrichtung wird in der Wirtschaft dem einen oder anderen Faktor mehr Gewicht beigemessen. Zur Vertiefung des Themas Arbeitslosigkeit in Spanien siehe R. Marimón: *La economía española: una visión diferente.* Barcelona 1996.

Tab. 22:	Wachstumsrate der nominalen Lohnstückkosten in Spanien und der EU							
	1990	1991	1992	1993	1994	1995	1996	Durchschnitt
Spanien	8,8	6,6	6,9	3,3	1,6	3,1	3,7	4,85
EU	6,1	5,4	4,5	2,6	0,2	1,9	2,4	3,30
Differenz Spanien – EU	2,7	1,2	2,4	0,7	1,4	1,2	1,3	1,55
Quelle: Instituto Nacional de Estadística: *Anuarios* (versch. Jahrgänge).								

Die Ursachen für das Ansteigen der Lohnkosten liegen sowohl in den Lohnerhöhungen als auch im »Steuerkeil«, der die Differenz zwischen den Kosten des Arbeiters für das Unternehmen und den durch ihn erwirtschafteten Einnahmen bezeichnet. Mit anderen Worten: Das Ansteigen der Lohnkosten wurde in Spanien sowohl durch den Anstieg der Löhne als auch der Abgaben, die direkt oder indirekt den Einsatz des Faktors Arbeit belasten, hervorgerufen. Dieser Anstieg der Lohnstückkosten (Arbeitskosten pro Einheit des BIP) verursachte einen Teil der Arbeitslosigkeit zu einem Zeitpunkt, an dem Arbeit durch Kapital substituiert werden konnte, weil die Kapitalbeschaffung billiger wurde. Das heißt, daß die spanischen Unternehmer aufgrund von erleichterten Importbestimmungen und der Stärke der Pesete Arbeitskräfte mit steigenden Kosten (und wachsenden Risiken) durch Maschinen mit sinkenden Kosten, deren Technik einen geringeren Arbeitskräfteeinsatz ermöglicht, ersetzt haben. Dieser Prozeß hatte zur Folge, daß sowohl die Produktivität der spanischen Beschäftigten als auch der Kapitalbestand pro Beschäftigtem dem europäischen Durchschnitt entsprechen.[32]

Die zweite Ursache der Arbeitslosigkeit hängt mit den Unternehmensstrukturen zusammen. Viele spanische Unternehmen sind klein und verfolgen Wettbewerbsstrategien, die auf den Preis (und nicht auf Produkte oder die Technologie) abzielen, was sie sehr anfällig gegenüber ausländischer Konkurrenz und technologischem Wandel macht. Die dritte Ursache der Arbeitslosigkeit liegt in der Unfähigkeit des Arbeitsmarktes, die gestiegene Zahl der Arbeitskräfte aufzufangen, und in der Unflexibilität der Lohnstruktur in wirtschaftlichen Krisenzeiten. Diese Starrheit des Arbeitsmarktes wurde während des Franco-Regimes durch eine interventionistische Gesetzgebung und in der Demokratie durch das Verhalten der Sozialpartner in Tarifauseinandersetzungen festgeschrieben.

Seit der *transición* haben die damals (z.T. wieder-)gegründeten Gewerkschaften zwei Grundziele verfolgt: den Schutz der unbefristeten und stabilen Arbeit sowie die Verbesserung der Arbeitsbedingungen in allen Produktivsektoren. In der

---

32 Siehe dazu: F. Pérez / F.J. Gierlich / M. Mas: *Capitalización y crecimiento en España y sus regiones 1955-1995*. Bilbao 1996. Für Portugal gilt genau das Gegenteil.

Folge nutzten sie ihre Verhandlungsmacht, um Erschwernisse für den Austritt aus dem Arbeitsmarkt (und den Eintritt) zu vereinbaren, und erweiterten die Dauer und den Anwendungsbereich der Tarifverträge. So wurden die Regelungen bei Entlassungen (samt Abstandszahlungen) gesetzlich festgelegt und die Wirksamkeit der Vereinbarungen auf das gesamte Staatsgebiet ausgeweitet. Mit dem Ziel, die Arbeitnehmer in Arbeitsverhältnissen zu schützen (die die potentielle Anhängerschaft der Gewerkschaften bilden), wurden diese Zahlungen in Abhängigkeit von geleisteten Arbeitsjahren festgesetzt. Das Alter wurde somit nicht nur das Kriterium für Lohnerhöhungen, sondern auch zur Austritts- (und Eintritts-)Schranke. Diese Gewerkschaftspolitik führte dazu, daß ein dualer Markt entstand, der durch eine unkooperative Rivalität von beschäftigten Arbeitern und Arbeitslosen geprägt ist. So widersetzten sich die Arbeiter, repräsentiert durch ihre Gewerkschaften, jeglichen Änderungen der Arbeitsplatzschutzgesetze (Entlassungsbedingungen, Entschädigungen, Lohngefüge etc.). Gleichzeitig trieben sie die Löhne in die Höhe und glaubten, daß Lohnerhöhungen sie eher schützen als gefährden würden, da Unternehmer sich (wegen der geringeren Entlassungskosten) von Arbeitern mit Zeitverträgen leichter trennen.

Im Endergebnis sind die Löhne fast ungebremst gewachsen, und es hat sich ein zweifacher Dualismus herausgebildet: Die Unterscheidung zwischen Beschäftigten mit unbefristeten und befristeten Verträgen sowie zwischen Beschäftigten und Arbeitslosen. Das strategische Verhalten der Tarifpartner hat dafür gesorgt, daß die Arbeitslosenquote für die einzelnen Gruppen sehr unterschiedlich ist: Die Arbeitslosenquote der Jugendlichen (16-24 Jahre) ist doppelt so hoch wie die der Erwachsenen und viermal so hoch wie die der über 55jährigen; die Arbeitslosenquote der Frauen übertrifft die der Männer um 12 Punkte. Gleichzeitig sind die Zeitverträge und der gewerkschaftliche Organisationsgrad sehr gering (mit 15% der Arbeiter sogar niedriger als in den Vereinigten Staaten). Angesichts der gewerkschaftlichen Strategie halten die Unternehmer ihrerseits das Beschäftigungsniveau niedriger, als es die Nachfrage erfordert, und greifen, um Schwankungen in Stoßzeiten zu begegnen, mit befristeten Verträgen auf den Arbeitsmarkt zurück. Sie stellen keine Arbeiter mit festen Verträgen mehr ein, weil sie Nachfragesteigerungen als vorübergehend einschätzen. So beläuft sich 1995 bei einer Gesamtzahl von 7.339.800 die Zahl der unbefristeten Verträge auf 261.000, was einem Anteil von 3,555% an der Gesamtzahl der registrierten Verträge entspricht. Die von der PSOE-Regierung unterstützte arbeitsrechtliche Reform von 1994 und die im März 1997 mit Unterstützung der Gewerkschaften und der Unternehmerverbände erfolgte Reform tragen dem Rechnung und versuchen, durch neue Vertragsformen und drastisch gesenkte Entlassungskosten Korrekturen vorzunehmen. Die Auswirkungen dieser Reformen wird man jedoch erst in einigen Jahren beurteilen können.³³

Mit mehr als dreieinhalb Millionen Arbeitslosen bei einer erwerbstätigen Bevölkerung von etwas mehr als 15 Millionen könnte die Situation auf dem Arbeitsmarkt, politisch gesehen, explosiv werden, besonders wenn man die geringe Zahl gewerkschaftlich organisierter Arbeiter in Betracht zieht. Welche Faktoren tragen dazu bei, daß die spanische Arbeitslosigkeit auf gleichbleibendem Niveau andauert? Zwei Ursachen müssen hier erwähnt werden: der soziale und der familiäre Schutz. Der soziale Schutz vor Arbeitslosigkeit wurde zu Beginn der achtziger Jahre, als sich die Arbeitslosenquote noch nicht auf 10% der erwerbstätigen Bevölkerung belief, verallgemeinert. So hat in den letzten Jahren die Zahl der Empfänger verschiedener finanzieller Hilfsleistungen die Eineinhalb-Millionen-Marke erreicht. Außerdem wirken einige Schutzformen demotivierend bei der Arbeitssuche. Zum Beispiel binden die Agrarsubventionen des *Plan de Empleo Rural* (PER) die Landarbeiter in Andalusien und Extremadura an ihre Heimat, indem sie ihnen ein Minimaleinkommen sichern und sie nicht zwingen, auf Arbeitssuche zu gehen (dadurch werden die Probleme der Auswanderung der sechziger Jahre vermieden). Auch der familiäre Schutz spielt eine wichtige Rolle. So verlassen spanische Jugendliche, die eine erste Stelle suchen, in der Regel bis zum Alter von 26 Jahren das elterliche Heim nicht.

Ein Markt wie der spanische, mit steigenden Arbeitskosten, einer schwachen Arbeitskräftenachfrage und unflexiblen Tarifregelungen konnte also sowohl aus demographischen wie aus sozialen Gründen nicht genügend Arbeitsplätze für eine wachsende Erwerbsbevölkerung schaffen. Deshalb sank trotz des Wirtschaftswachstums seit dem EG-Beitritt die spanische Arbeitslosenquote nicht und ist heute immer noch doppelt so hoch wie der EU-Durchschnitt.

3. Die Wirtschaftspolitik im Rahmen der Europäischen Union: eine Zusammenfassung

Die Leitlinien der Wirtschaftspolitik zeigen seit der *transición* eine gewisse Einheitlichkeit. Der Kampf gegen die Inflation als Grundvoraussetzung für die Schaffung von Arbeitsplätzen, die Modernisierung der Wirtschaft, die Errichtung eines Wohlfahrtsstaates und das Wirtschaftswachstum waren für alle Regierungen elementare Zielsetzungen. Die zunehmende Öffnung der spanischen Wirtschaft nach außen, die Förderung des Wettbewerbs und die Nutzung neuer Technologien

---

33 Wenn der eingeschlagene Kurs weiterverfolgt wird. Bislang hat die bloße Tatsache des Abkommens bedeutende Erwartungen hervorgerufen, die Vertrauen in die Zukunft der Wirtschaft begründen und sich auf den Arbeitsmarkt auswirken können.

waren wichtige Strategien dieser Politik, unabhängig von den ideologischen Differenzen der jeweils in der Regierungsverantwortung Stehenden.

Was ihre Institutionen betrifft, so folgt die spanische Wirtschaft ihrer historischen Tradition und hat erst in den letzten Jahren andere Traditionen übernommen, die zur Weiterentwicklung ihrer Funktionsweise beigetragen haben.[34] Die Zugehörigkeit zur Europäischen Union hat diesen Prozeß beschleunigt,[35] auch wenn die Umsetzung mancher Normen aus innenpolitischen Gründen (Gruppeninteressen, Widerspruch zu bereits bestehenden Normen etc.) langsamer vonstatten ging als in anderen Ländern. Die Anpassung der Normen hat alle Bereiche der Wirtschaftspolitik erfaßt. So haben die Normen, die aus dem Beitrittsvertrag, der Einheitsakte und den Institutionen der Europäischen Union abgeleitet werden, Einfluß auf alle Bereiche des spanischen Wirtschaftslebens genommen.[36] Von der Novellierung des Gesetzes für Aktiengesellschaften über die Verpflichtungen zur Wirtschaftsprüfung bis zu den neuen Regelungen bezüglich der Finanzmärkte und der Autonomie der Bank von Spanien gibt es eine Vielzahl von Normen, die zumeist eine fast wortwörtliche Umsetzung von EU-Normen sind: Umweltschutznormen, Gesetze zur Unterstützung staatlicher Unternehmen, Regelungen zur Veräußerung öffentlicher Bauten, Verbraucherschutzbestimmungen, technische Normen zur Telekommunikation etc.

Ebenso weist die Fiskalpolitik in ihrer doppelten Eigenschaft als Ausgabenbestandteil und Einnahmequelle starke Parallelen mit den Ländern der Europäischen Union auf. Diese traten erstmals während der *transición* auf, verstärkten sich aber in den Jahren nach dem EG-Beitritt. So ähneln die spanischen Staatsausgaben dem EU-Durchschnitt, und auch die Einnahmen werden ähnlich erzielt, nämlich im wesentlichen durch die Mehrwertsteuer als wichtigste indirekte Steuer, die Einkommenssteuern von natürlichen sowie juristischen Personen, die Vermögenssteuern und die Sozialbeiträge. Außerdem entspricht die spanische Besteuerung den Normen der Gemeinschaft in bezug auf Veranlagung und progressive Staffelung. Dasselbe trifft auf die Geldpolitik zu. Insbesondere seit der Eingliederung der Pesete in das Europäische Währungssystem verfolgt die spanische Geldpolitik, trotz einiger Fehler und Schwierigkeiten, einen Weg der Koordination

---

34 Viele der wirtschaftsrechtlichen Institutionen Spaniens ähneln denen der westeuropäischen Staaten, weil sie in derselben juristischen Tradition entstanden sind, die auf dem Römischen Recht beruht.

35 »Ungefähr 54% der Normen, die in die spanischen Gesetzesregelungen eingehen, stammen von der Europäischen Union.« V. Zapatero Gómez: »Producción de normas«, in: E. Díaz / A. Ruiz Miguel (Hgg.): *Filosofía Política II. Teoría del Estado*. Madrid 1996.

36 Tatsächlich sind viele Maßnahmen, die zur Regulierung der Märkte und später zur Deregulierung ergriffen wurden, auf Weisungen aus Brüssel (was heute als Alibi dient) zurückzuführen. Wie sich die Liberalisierung einiger geschützter Sektoren auf Anweisung der Gemeinschaft vollzog, kann man bei J.A. Herce: »Los servicios en la economía española«, in: *Papeles de Economía Española* 62, 1995, S. 213-225, nachlesen.

und Konvergenz mit der Geldpolitik der EU-Volkswirtschaften (insbesondere der Bundesbank).

Die Phasen der spanischen Wirtschaftspolitik (1986-1996)

Seit dem EG-Beitritt kann man drei größere Phasen der Wirtschaftspolitik unterscheiden: eine erste Phase von 1986 bis Anfang 1989; eine zweite Phase von 1989 bis zur Rezession 1993 und schließlich eine letzte Phase, die im zweiten Halbjahr 1993 begann und heute noch andauert.

1986-1989: die Politik der Euphorie

Das Jahr des EG-Beitritts war ein Wahljahr. Felipe González löste die *Cortes* einige Monate früher auf und schrieb in der Hoffnung auf seinen Sieg Neuwahlen aus. Der europäische Erfolg, die Verbesserung der wirtschaftlichen Situation und eine sehr schwache Opposition ließen die Schwachpunkte der ersten Regierungsjahre, d.h. das NATO-Referendum und die allmähliche Entfremdung von der UGT und den übrigen Gewerkschaften, vergessen. Der PSOE gewann die Wahlen erneut mit absoluter Mehrheit, was ihm erlaubte, das 1982 formulierte Regierungsprogramm zu vervollständigen und auf politischer Ebene die Früchte der ersten Jahre nach dem Beitritt zu ernten. Im Wirtschafts- und Finanzministerium war eine gewisse Kontinuität gewährleistet, da auf Miguel Boyer, Minister in der ersten Regierung González und Architekt des Anpassungsplans zu Beginn der achtziger Jahre,[37] einer seiner engsten Mitarbeiter, Carlos Solchaga, Industrieminister im ersten Kabinett, folgte. Solchaga setzte Boyers politische Linie fort: monetäre Orthodoxie, keynesianische Politik in bezug auf die Staatsausgaben und Vertrauen in den Markt, also eine Sozialdemokratie mit liberalem Einschlag. Die Verbesserung der internationalen Situation, d.h. sinkende Rohstoff- und Rohölpreise, ein leicht fallender Dollarkurs und das Wachstum der Weltwirtschaft stellten einen idealen Rahmen dar, um die Früchte des Beitritts zu ernten. Als Operativziel formulierte die Wirtschaftspolitik das Ansteigen der Einkommen in Verbindung mit einer verbesserten Preisentwicklung, um ein Wachstum nach außen zu ermöglichen und so ein Klima des Vertrauens zu schaffen, das zu Investitionen verleiten sollte. Nur so konnte man hoffen, Arbeitsplätze zu schaffen. Dieses Vorhaben wurde in einer leicht ausgabesteigernden Fiskalpolitik und einer Verringerung des Haushaltsdefizits durch die einnahmesteigernde Wirkung der Mehrwertsteuer, die in diesem Jahr erstmals in Spanien erhoben wurde, umgesetzt. Die Geldpolitik ihrerseits zeigte sich orthodox und glaubwürdig. Das Er-

---

37 Dieser ist im *Plan Económico del Gobierno a medio y largo plazo* von 1983 verwirklicht worden.

gebnis waren hohe Wachstumserwartungen, die sich in den folgenden Jahren bestätigten. Der Aufholprozeß hatte begonnen.

Allerdings wirkten sich die Verbesserungen bei den Einkommen nicht in spürbaren Verbesserungen bei der Beschäftigung aus. Während die Gewinne der Unternehmen anstiegen, folgten die Arbeitseinkommen etwas langsamer: zwischen 1986 und 1989 um durchschnittlich 13,20% gegenüber 12,09%. Dazu kam noch das Wachstumsgefälle zwischen Unternehmereinkommen und Löhnen, das die Gewerkschaften für den Zeitraum von 1982 bis 1985 akzeptiert hatten (16,64% gegenüber 10,35%). Die Unternehmen verbesserten ihr Betriebsergebnis, während die Einkommen durch unselbständige Arbeit aufgrund einer neuen Steuergesetzgebung real sanken. Regierung und Unternehmer verlangten Lohnmäßigung, um die Inflation zu verringern; gleichzeitig erlaubte es die Fiskalpolitik aber nicht, die Preise zu senken. 1988 stand man mit einer von hohem und ungleichmäßigem Wachstum geprägten Wirtschaft, die nicht genug Arbeitsplätze schuf, im Widerspruch zum eingeschlagenen Weg. Hier mit Reformen anzusetzen, mußte zum Zusammenstoß der Gewerkschaften mit der Regierung führen.

Der Konflikt gipfelte im Generalstreik vom 14. Dezember 1988. Der Sparhaushalt von 1989, der bereits Monate vorher aufgestellt worden war, blieb wegen der Nachgiebigkeit der Regierung gegenüber den Streikenden nur Stückwerk. Die Ausgabensteigerung (von 7,3%) war eine Flucht nach vorne, da 1990 ein Wahljahr war. Sie führte, und die Regierung war sich dessen bewußt, zu einem Verlust der Kontrolle über die Fiskalpolitik und damit der Glaubwürdigkeit der Regierung. Der Verlust der Glaubwürdigkeit konnte sich aber auf die Investitionen und damit auf die Schaffung von Arbeitsplätzen auswirken. Um dem gegenzusteuern, beschloß die Regierung, die Geldpolitik zu intensivieren, indem sie die Pesete in das Europäische Währungssystem integrierte. Damit wollte sie das Vertrauen in die spanische Wirtschaft von außen und in die Wirtschaftspolitik im Innern erhöhen. Eine überbewertete Pesete (65 Ptas. / DM) hatte den Vorteil, ausländisches Kapital für Investitionen anzuziehen; gleichzeitig verbilligten sich die Importe, was wiederum beim Kampf gegen die Inflation half. Im Gegenzug stiegen jedoch die Zinssätze (um mehr als dreieinhalb Punkte), was zu einer bedeutenden Verschlechterung der Außenhandelsbilanz führte (das laufende Außenhandelsdefizit umfaßte 3% des BIP; die Importe wuchsen um 17,28%, die Exporte nur um 3%). Das Wachstum blieb zwar auf dem Niveau der Vorjahre, die Zinssätze aber waren höher, ausländische Märkte gingen verloren, und die öffentlichen Kassen wurden zusehends leerer. Die Reform des Arbeitsmarktes, die eine Umsetzung des Wachstums in eine Verringerung der Arbeitslosigkeit um mehr als zwei Punkte erlaubt hätte, wurde nicht angepackt. Die Wahlen von 1989 brachten dem PSOE zwar wieder die Mehrheit, dieses Mal aber nur mit einem knappen Vorsprung und eher, weil eine überzeugende politische Alternative immer noch fehlte.

1989-1993: eine einsame Geldpolitik

Die Wirtschaftspolitik während der dritten Amtszeit von Felipe González, der zweiten Phase der spanischen Wirtschaftspolitik innerhalb der Europäischen Union, setzte unverändert jene von 1989 fort: expansive Fiskalpolitik und strenge Geldpolitik mit dem Ziel, die Arbeitslosigkeit keynesianischen Ursprungs und eine monetär induzierte Inflation zu reduzieren. Die Auswirkungen auf die Grundgleichgewichte waren die gleichen: ein massives Haushaltsdefizit, ein leichter Rückgang der Inflation (mehr wegen der äußeren Preisentwicklung als aufgrund innerer Dynamik), der Fortbestand der Arbeitslosigkeit und ein umfangreiches Außenhandelsdefizit (trotz der Verringerung des Gefälles gegenüber der Europäischen Union). Dies alles geschah im Rahmen einer zunehmenden Öffnung nach außen, die die spanische Wirtschaft verletzlicher werden ließ. Zur Lösung dieser Probleme befand sich die Geldpolitik in einer »alarmierenden Einsamkeit«.[38] Für das wirtschaftspolitische Programm stellten die deutsche Wiedervereinigung und der Golfkrieg die ersten Erschütterungen dar. Die deutsche Wiedervereinigung wurde von der spanischen Wirtschaft als Wachstumschance begrüßt, da die Erhöhung der deutschen Staatsausgaben, die aus dem Osten bezogenen Einkünfte und die Orientierung der deutschen Produktion auf den Inlandsmarkt auch für die Auslandsnachfrage nach spanischen Gütern ein gutes Wachstum versprachen. Der Wechselkurs und das Inflationsgefälle der vorhergehenden Jahre führten jedoch dazu, daß Spanien die günstige Gelegenheit, seine Außenhandelsbilanz auszugleichen, nicht wahrnehmen konnte. Eher das Gegenteil war der Fall: Um die Abwanderung deutschen Kapitals und den Verlust der günstigen Gelegenheit zu kompensieren, mußten hohe Zinssätze aufrechterhalten werden, die sich negativ auf die Investitionen auswirkten. Der Golfkrieg erhöhte zudem die Unsicherheit der Energie- und Finanzmärkte. Gegen Ende 1990 waren die spanischen Schwächen auf den Finanzmärkten bereits offensichtlich. Auf lange Sicht konnte man die unterschiedlichen Zinssätze nicht aufrechterhalten. Im September 1991 war der Widerspruch zwischen expansiver Ausgabenpolitik und restriktiver Geldpolitik beinahe unübersehbar, und die Position der Pesete im Europäischen Währungssystem geriet deutlich unter Beschuß.

Mit seinen politischen und wirtschaftlichen Erfolgen sollte das Jubeljahr 1992 das Wahljahr 1993 vorbereiten. Das Problem bestand allerdings darin, daß der Devisenmarkt nicht auf die Politik der spanischen Regierung vertraute, der Maastricht-Vertrag Akzeptanzschwierigkeiten hatte,[39] die deutsche Wirtschaft wegen

---

38 Der Ausdruck wurde von Fuentes Quintana in der Einleitung zu J.L. García Delgado: *España. Economía*. Madrid 1993, S. 32, geprägt.
39 Das dänische Referendum fand am 2. Juni 1992 statt und fiel mit 50,7% negativ aus. Am 20. September ratifizierte Frankreich den Maastricht-Vertrag mit nur 51% Ja-Stimmen.

der Wiedervereinigung in eine Rezession eintrat (die Bundesbank erhöhte die Zinssätze in der Absicht, eine Inflation zu bremsen, die offensichtlich nachfrageinduziert war) und die spanische Wirtschaft durch die Überbewertung der Pesete die Quittung für die Arroganz der vorangegangenen Jahre erhielt. Mitte September 1992 kam es zu den Währungsturbulenzen, die zum Austritt des Pfunds und der Lira aus dem EWS und zu einer Abwertung der Pesete um 5% führten. Dennoch waren diese Maßnahmen nicht ausreichend. Das französische Referendum, Gerüchte über eine erneute Abwertung der Pesete und die Spannungen der skandinavischen Währungen führten zur Stärkung der DM und zur Schwächung der Pesete: Am 21. November erfolgte eine neue gemeinsame Abwertung der Pesete und des Escudo um 6% mit einem neuen Wechselkurs von 72,345 Ptas. / DM. 1992 hatte die Pesete so 10,7% gegenüber der Mark, 6,1% gegenüber der Gesamtheit der Währungen des EWS und 11,2% gegenüber dem Dollar verloren. Die Bank von Spanien hatte Teile ihrer Reserven veräußert, um an Glaubwürdigkeit zu gewinnen. Eben diese Glaubwürdigkeit hatte die Wirtschaftspolitik der Regierung jedoch nicht.

1993-1996: Importierte Rezession und Wahlen

Neue Bedingungen im europäischen Kontext, die von hohen Zinssätzen begleitete europäische Rezession von 1992 und 1993 sowie Zweifel an den realen Möglichkeiten der Wirtschafts- und Währungsunion führten zu einem Wechsel in der Wirtschaftspolitik der Regierung. Der Konvergenzplan, der im Sommer 1991 verabschiedet wurde, enthielt für die folgenden Jahre an Fiskalrestriktionen geknüpfte Bedingungen, die 1992 nicht eingehalten worden waren, die 1993 aber erfüllt werden mußten, wollte man nicht, daß die Glaubwürdigkeit der Wirtschaftspolitik weiteren Schaden erlitt. Der Austritt der Pesete aus dem EWS und der Ruf nach politischen Konsequenzen wären die unmittelbare Folge gewesen, und dies in einem Wahljahr, in dem zum ersten Mal eine vertrauenswürdigere politische Alternative sichtbar wurde und die Chancen der Regierungspartei auf einen Sieg deutlich sanken.

Man entwarf also eine restriktivere Fiskalpolitik (die Gehälter der Beamten und die Pensionen wurden eingefroren, ein Teil des Systems der Sozialleistungen reformiert und die Zahlungen für Infrastrukturinvestitionen aufgeschoben). Als Folge verschärfte sich die Rezession. Trotz dieser Anpassung verringerte sich das Haushaltsdefizit nicht, sondern wuchs sogar noch, da die sinkende Beschäftigung die Steuereinnahmen merklich abnehmen ließ. Nur die Besserung der Außenwirtschaftsbilanz durch die Abwertung der Pesete in den vorangegangenen Jahren ließ Hoffnung auf eine Besserung aufkommen. Die Wirtschaftspolitik erwarb neue Glaubwürdigkeit unter anderem dadurch, daß seit den Wahlen von 1993 der

PSOE eine Minderheitsregierung mit Unterstützung des konservativen Nationalisten Jordi Pujol stellte und Felipe González auf Solchaga verzichtet hatte.

Die Rezession von 1993 war, so gesehen, ein spätes Ergebnis der Wirtschaftspolitik vor dem EG-Beitritt. Aber auch die europäische Rezession von 1993 trug mit zur generellen Verschlechterung aller Makrogrößen in Spaniens Wirtschaft bei. Die Wirtschaftspolitik folgte in dieser dritten Phase den Vorgaben des Konvergenzplans von 1991, allerdings mit gewissen Vorbehalten. Es war eine orthodoxe Geldpolitik mit progressiver Liberalisierung der Finanzmärkte und der Herstellung der Unabhängigkeit der Bank von Spanien, eine eher durch die Reorganisation des staatlichen Unternehmenssektors als durch Einschnitte bei der Ausgabenstruktur restriktive Fiskalpolitik und schließlich eine Politik der allmählichen Deregulierung der Dienstleistungsmärkte. Dabei sollte der Umsetzungsgrad der Planung mehr von den politischen Bedingungen als von den Zielen in der Preis- und Arbeitsmarktpolitik abhängen. Letztere schienen nur Hilfsmittel zum Machterhalt zu sein.

Die Wahlen von 1996 brachten einen Wechsel der Mehrheit und die Machtübernahme durch José María Aznar mit sich. Dieser Mehrheitswechsel änderte die Wirtschaftspolitik nicht, sondern verstärkte vielmehr einige der auch früher praktizierten Prinzipien. Liberalisierung der Märkte, Privatisierungen und Stabilisierung der Staatsausgaben sind die Leitlinien des neuen Wirtschafts- und Finanzministers Rodrigo Rato, der damit die Politik von Pedro Solbes, dem letzten sozialistischen Wirtschaftsminister, fortsetzt. Die Besserung der internationalen Konjunktur und der Vertrauensvorschuß der neuen Regierung sollten es erlauben, die Ergebnisse der vorangegangenen Etappe zu verbessern.

4. Spanien und der Maastricht-Vertrag

Vom 9. bis 11. Dezember 1991 versammelten sich in der holländischen Stadt Maastricht die Staats- und Regierungschefs der zwölf Länder, die zu diesem Zeitpunkt die Europäische Gemeinschaft bildeten, und beschlossen die Reform und Erweiterung der bis dahin gültigen Verträge. Das Ergebnis war der Vertrag, der am 7. Februar 1992 unterzeichnet wurde und der eine Reihe von Schritten vorgibt, die zu einer europäischen Verfassung führen sollen. Einer dieser Schritte hatte die Vollendung des bereits bestehenden Gemeinsamen Marktes durch eine Homogenisierung der Marktregeln und die Einführung einer gemeinsamen Währung zum Ziel. Spanien, das zu diesem Zeitpunkt durch Felipe González und den wenig glücklichen Außenminister Francisco Fernández Ordóñez vertreten wurde, stimmte der Idee zu und wurde zu einem treuen Verfechter dieses Zusammenwachsens von Europa und Spanien und der Erreichung der im Vertrag festgeschriebenen Ziele. Die Ratifizierung des Vertrages erfolgte durch Abstimmung im Parlament, bei der eine überwältigende Mehrheit erreicht wurde.[40]

Die spanische Haltung zu Beginn des Prozesses (1991-1993)

Welche Position vertrat Spanien 1991? Warum wollte Spanien der Wirtschafts- und Währungsunion beitreten? Würde es die Bedingungen erfüllen? 1991 war das Hauptproblem der spanischen Wirtschaft die Reduzierung der Arbeitslosigkeit, und der Weg dorthin sollte über eine Verringerung des Inflationsunterschiedes zu den mit Spanien im Wettbewerb stehenden Ländern führen, das Vertrauen der Investoren erhalten und so eine intensive Kapitalbildung ermöglichen. Die spanische Wirtschaftspolitik mußte ihre Reputation durch umfangreiche Kosteneinsparungen in der Geldpolitik aufrechterhalten, und zwar nicht nur, weil dies gut für Spanien war, sondern weil man dadurch zur Teilnahme an der Konstruktion der größten Wirtschaftsstruktur der Welt berechtigt war und auf längere Sicht eine harte Währung ohne Inflationsunterschiede zu erreichen hoffte. Der Fall der Mauer von Berlin und das deutsche Interesse für seine östlichen Nachbarn steigerten von der ersten Stunde an die Notwendigkeit, an der Wirtschafts- und Währungsunion teilzunehmen. Denn nicht dabei zu sein, hätte dazu führen können, daß Investitionen aus Lohngründen in den Osten verlagert würden. Die Teilnahme an der gemeinsamen Währung hingegen würde der spanischen Wirtschaft den Vorteil bieten, Unsicherheiten und Transaktionskosten gegenüber den weniger entwickelten, aber näher liegenden oder den entfernteren, aber instabileren Volkswirtschaften zu vermeiden.

Andererseits, und ohne in die Details des Maastricht-Vertrages vorzudringen,[41] muß man sehen, daß die in ihm verankerten Bedingungen nicht die einzig notwendigen und ausreichenden für eine Währungsunion sind. Sie wurden ausgewählt, um den Zielkonsens aller Teilnehmerländer zu erreichen, wobei der kleinste gemeinsame Nenner dieser Interessen darin besteht, in der Union massive Bewegungen von Kapital, Waren und Arbeitskräften zu vermeiden.[42] Die Bedingungen des Vertrages sind so gestaltet, daß vor allem eine Währungsunion, mög-

---

40 Der Vertrag wurde nicht wie in anderen Ländern einem Referendum unterbreitet. Unter anderem wegen der verfassungsmäßigen Bestimmungen zum Referendum und weil die wichtigsten Parteien sich einig waren. Der Vertrag zwang aber zu einigen Änderungen der Verfassung, die mit breitem Konsens verabschiedet wurden. Einstimmigkeit wurde aber wegen der Opposition der von Julio Anguita geführten *Izquierda Unida* nicht erreicht.

41 Eine genauere Analyse würde den Rahmen dieser Arbeit sprengen. Siehe dazu P. De Grauwe: *Teoría de la Integración Monetaria. Hacia la Unión Monetaria Europea*. Madrid 1992.

42 Die Wirtschafts- und Währungsunion könnte als kompetitives Nullsummenspiel gesehen werden, bei dem das, was die einen verlieren, von den anderen gewonnen wird. Oder, und das wird mit dem Vertragswerk von Maastricht bezweckt, als Zusammenspiel mit einem positiven Ergebnis, bei dem alle viel gewinnen können, wenn sie nur bereit sind, etwas aufzugeben (die Geldhoheit für die Mehrheit der Länder, im Fall Deutschlands seine überzogen unabhängige Geldpolitik).

lichst ohne Erschütterungen, entsteht, aber keine Währungsunion im eigentlichen Sinne.[43] Die nominale Konvergenz (der Preise, der Zinssätze und der Wechselkurse) derjenigen Volkswirtschaften, die eine hohe reale Konvergenz aufweisen, ist eigentlich die einzige Bedingung für die Errichtung einer stabilen Währungsunion.[44] Zudem sind die verschiedenen Bedingungen durch die bereits bestehenden institutionellen Mechanismen und die hohe Interdependenz der Volkswirtschaften miteinander verknüpft und in hohem Maße redundant. Die Zinssätze weisen beispielsweise weiterhin eine hohe Korrelation mit den Inflationsraten auf, genauso wie die Verschuldung und das Defizit stark voneinander abhängen.

Die so definierten Kriterien stimmen mit einem zentralen Operativziel der spanischen Wirtschaftspolitik überein, der Verringerung des Inflationsgefälles. Wenn man die Konvergenzkriterien erfüllte, hätte man Zugang zu einem Währungsbereich, in dem es keine Inflationsunterschiede zu den wichtigsten Konkurrenzländern mehr gäbe. Angenommen, die spanische Wirtschaft würde mit gleicher Produktivität, aber niedrigeren Löhnen starten, so könnte das Verschwinden monetärer Unsicherheit sowie der Inflations- und Wechselkursunterschiede einen starken Anreiz für ausländische Investitionen in Spanien schaffen. Im Lauf der Zeit könnten so die Arbeitslosenquote und damit der Einkommensabstand zu weiter entwickelten europäischen Ländern verringert werden. Angesichts solcher Gewinnerwartungen ist klar, daß die spanische Regierung und mit ihr die Mehrzahl der Experten es für erstrebenswert erachten, die Konvergenzkriterien im vorgegebenen Zeitrahmen zu erfüllen. Mehr noch, die vorangegangene Beurteilung findet ihre Stützung durch die europaenthusiastischen Spanier und einen Großteil der öffentlichen Meinung. Deshalb wird der Weg nach Maastricht von der Mehrheit nicht nur als Weg zum Wohlstand, sondern auch als einzig möglicher Weg für die spanische Wirtschaft angesehen.

Die Wahrscheinlichkeit, die festgesetzten Bedingungen zu erfüllen, wurde und wird von der Regierung und den Finanzmärkten unterschiedlich beurteilt. Für die spanische Regierung stellte die Einhaltung der Kriterien keine Schwierigkeit dar, da sich, auch wenn 1991 nur das Verschuldungskriterium erfüllbar schien, deutlich Tendenzen zur rechtzeitigen Erfüllung auch der anderen Kriterien erkennen ließen. So hatte die spanische Wirtschaft in bezug auf die Inflation ihren Abstand zum europäischen Durchschnitt von 4,8% im Jahr 1986 auf 0,5% im Jahr 1991 verringert, und obwohl das Kriterium zum Zeitpunkt der Unterzeichnung um 1,7% verfehlt wurde, war eine Verringerung dieses Abstandes innerhalb von fünf

---

43 Zu anderen Alternativen siehe P. De Grauwe: »Towards EMU without EMS«, in: *Economic Policy*, 1994, S. 149-185; sowie A. Steinherr (Hg.): *30 Years of European Monetary Integration. From the Werner Plan to EMU*. London 1994.
44 Für die Bedingungen einer optimalen Währungszone siehe P. De Grauwe: *Teoría de la Integración Monetaria. Hacia la Unión Monetaria Europea*. Madrid 1992.

Jahren nicht illusorisch. Natürlich wurde von Spanien als Mitglied des EWS die Erreichung des Inflationsziels vorausgesetzt. Auch das Haushaltsdefizit war leicht auf 3% zu senken, da man für 1991 einen Wert von 4,9% erwartete und Großteile der öffentlichen Investitionen und Ausgaben sich bereits konsolidiert hatten. Durch Anpassung des Ausgabenwachstums an das Wirtschaftswachstum könnte das Problem des Defizits sogar noch vor der gesetzten Zeit gelöst werden. Die Aufstellung eines restriktiven Haushalts und die Einsparungen aus den (durch die glaubwürdigere Geldpolitik) geringeren Schuldzinszahlungen würden dazu beitragen. Die spanische Wirtschaft konnte also bereits aus der Sicht von 1991 hoffen, mit nicht sehr tiefgehenden Reformen auf den Gütermärkten und indem sie die Glaubwürdigkeit ihrer Fiskalpolitik wiedererlangte, die Maastricht-Ziele zu erfüllen. Das Wachstumsgefälle der spanischen Wirtschaft und eine Reform des Arbeitsmarktes könnten darüber hinaus diese Wirkungen verstärken und dazu beitragen, die Kriterien besser zu erfüllen.

Bekanntlich strebte man die Erreichung der Ziele durch den Konvergenzplan[45] von 1991 an, in dem die Ziele der Wirtschaftspolitik benannt und die zu ergreifenden Strukturmaßnahmen angekündigt wurden. Die Ausarbeitung des Planes, die Wiedererlangung der Glaubwürdigkeit der Fiskalpolitik durch einen restriktiven Haushalt und das für 1992 erwartete Wachstum sollten den nötigen Impuls schaffen, um 1996 alle Kriterien erfüllen zu können. Die Finanzmärkte beschäftigten sich jedoch schnell mit anders gearteten Wahrscheinlichkeiten. Sie strichen die Widersprüche einer Wirtschaftspolitik heraus, die nicht die Ursachen der Probleme anging, da sie weder die Arbeitsmarktbedingungen änderte, noch die Staatsausgaben neu ordnete, noch die Besteuerung der Ersparnisse klärte, da sie weder die Beschränkungen der Dienstleistungsmärkte noch die staatlichen Monopole modifizierte, aber bedeutende Lohnerhöhungen ermöglichte. Diese Sichtweise der Finanzmärkte führte zum Druck auf die Parität der Pesete 1992 und 1993. Die Bank von Spanien mußte die Zinssätze erhöhen, festigte damit zwar die neue Parität der Pesete, fror aber den Konsum sowie die Investitionen ein und erhöhte (durch die Zinszahlungen für die Staatsverschuldung) die Staatsausgaben. Dies führte zu einer höheren Arbeitslosenquote und erschwerte die Erfüllung des Defizitkriteriums. Die Glaubwürdigkeit der Geldpolitik bedingte die Glaubwürdigkeit der wirtschaftspolitischen Ziele im allgemeinen und der Fiskalpolitik im besonderen.

Die Rezession von 1992/93 entwertete also die wirtschaftspolitischen Voraussagen, was 1994 zu einer Revision des Plans zwang. Erste Zweifel über die Möglichkeiten der spanischen Wirtschaft hinsichtlich 1998 wurden laut. Der neue Konvergenzplan (der am 10. Oktober 1994 vorgestellt wurde) und die Minder-

---

45 Zum Wortlaut des Konvergenzplanes siehe Ministerio de Economía y Hacienda (Hg.): *Informe de Coyuntura Económica*. Oktober 1991.

heitsregierung des PSOE sahen vor, die Staatsausgaben zu kontrollieren und eine Reform des Arbeitsmarktes zu unternehmen, was zumindest die Kosten der Arbeitslosenhilfe verringern würde. Die strikte Einhaltung der Haushaltsvorgaben und die Arbeitsmarktreform von 1994 erlaubten, zusammen mit der schon geschilderten Situation der Pesete im EWS, die Erwartungen und damit auch das Vertrauen wieder zu bestärken, auf dessen Grundlage im zweiten Halbjahr 1993 ein langsamer, aber anhaltender Aufholprozeß eingeleitet wurde, der sich im Lauf des Jahres 1995 konsolidierte. Dieser Prozeß fußte mehr auf dem Ansteigen der Exporte und der Investitionen als auf dem Konsum der privaten Haushalte und den Staatsausgaben, die beide an Bedeutung verloren. Er schuf Vertrauen auf den Märkten, weil die Konvergenz wieder möglich schien.

Die Strategie von 1997

Bei Betrachtung der makroökonomischen Variablen waren die Jahre 1995 und 1996 dem Jahr 1994 sehr ähnlich. Bezüglich der Nachfrage wies die spanische Wirtschaft Zeichen einer Erholung auf, da das BIP trotz des Rückgangs des privaten Konsums und der Haushaltsbeschränkungen im stabilen Rhythmus von ungefähr 2% jährlich wuchs. Dieses Wachstum war jetzt von außen bedingt. Abgesehen von den durch die Jahrhunderttrockenheit herbeigeführten Schwankungen des Agrarsektors erreichte die spanische Wirtschaft auf der Angebotsseite wieder eine stabile Wachstumsrate. Das industrielle Wachstum war aufgrund der Flaute auf dem Inlandsmarkt noch schwächlich, während der Dienstleistungssektor in fast allen Subsektoren seinen Wachstumsrhythmus beibehielt.

Tab. 23: Makroökonomischer Ansatz. Nachfrage und Angebot bei konstanten Preisen (1994-1997)

	1993	1994	1995	1996	1997 (v)
Konsum der privaten Haushalte	-2,2	0,9	1,5	2,1	2,5
Investitionen	-10,6	1,8	8,2	3,5	5,0
Konsum der öffentlichen Haushalte	2,4	-0,3	1,3	1,0	0,3
Interne Nachfrage	-4,3	1,2	3,1	2,2	2,7
Exporte (Waren und Dienstleistungen)	8,5	16,7	8,2	7,0	8,0
Importe (Waren und Dienstleistungen	-5,2	11,4	8,8	6,3	7,2
BIP	-1,2	2,1	2,8	2,3	2,8
Landwirtschaft	-0.	-10,1	-13,2	15,6	13,2
Industrie	-3,7	3,9	5,2	1,2	2,3
Dienstleistungen	0,8	2,2	2,7	2,1	2,1

Quelle: INE: *Anuario* (versch. Jahrgänge). Ministerio de Economía y Hacienda, Secretaría de Estado de Economía: *Síntesis de indicadores económicos* (versch. Nummern).

Zusammen mit einer rigorosen Geldpolitik und einigen zaghaften Reformankündigungen erlaubte der relative Rückgang des Konsums eine signifikante Senkung der Preisindizes, von denen man hoffte, daß sie im Lauf des Jahres 1997 dem Maastrichtkriterium entsprechen würden (tatsächlich wird schon seit Februar 1997 das Kriterium erfüllt). Die Expansion der spanischen Wirtschaft ermöglichte ihrerseits das Gleichgewicht der laufenden Zahlungsbilanz. Auf dem Arbeitsmarkt erwartete man, trotz der wiederholten Erklärungen der Regierung und der laufenden Verhandlungen für die Arbeitsreform, eine leichte Besserung der Arbeitslosenquote und die Schaffung von etwas mehr als einer halben Million Arbeitsplätze für 1997. Trotzdem wird die Arbeitslosigkeit das Hauptproblem der spanischen Wirtschaft bleiben.

Die öffentliche Hand reagierte auf den Aufschwung, indem man das Budget von 1995 bis 1996 verlängerte und für 1997 einen restriktiven Haushalt verabschiedete. Auch das Einfrieren der Löhne, die Arbeitsreform und der Rückgang der Schuldzinsen trugen zur Konsolidierung der Staatsfinanzen und damit zur Erfüllung der Maastricht-Kriterien bei. Die öffentliche Verschuldung von 67,5% des BIP verringert sich leicht, was durch die laufenden Privatisierungen von *Repsol* (Petrochemie), *Telefónica* (Kommunikation), *Argentaria* (der viertgrößten Bankengruppe Spaniens) und *Endesa* (dem führenden spanischen Elektrounternehmen) ermöglicht wird. Angesichts dieser Perspektiven ist es sehr wahrscheinlich, daß die spanische Wirtschaft, vorbehaltlich starker Schwankungen auf den Märkten, zumindest vier der fünf Maastricht-Bedingungen erfüllen kann. Und man mag sich fragen, wie die spanische Strategie aussehen wird, um den Beitritt zur Währungs- und Wirtschaftsunion zu sichern, soweit diese selbst den vorgegebenen Zeitplan einhält. Die Antwort ist, trotz der wiederholten theoretisch-orthodoxen Erklärungen sowohl des Ministerpräsidenten José María Aznar als auch seines Wirtschaftsministers Rodrigo Rato, komplex, da sie über die bloße Erfüllung der Konvergenzkriterien hinausgeht und offensichtlich für die endgültige Entscheidung, welche Staaten an der Währungs- und Wirtschaftsunion teilnehmen, auch politische Erwägungen eine zentrale Rolle spielen werden.

5. Schluß: 1998 – Gedenkjahr und Aufbruch in ein neues Jahrhundert

1998 wird für das kollektive Bewußtsein der Spanier ebenso mit Symbolen beladen sein wie 1992. Symbole, die freilich an historisch näherliegende und schmerzlichere Ereignisse erinnern als die Entdeckung Amerikas. 1998 jährt sich zum hundertsten Mal der letzte Krieg Spaniens gegen die Vereinigten Staaten, durch den es die Reste seines überseeischen Imperiums verlor: Cuba, Puerto Rico und die Philippinen. Dieser Verlust bewirkte, daß sich Spanien in eine Isolierung zurückzog, aus der es erst siebzig Jahre später heraustrat. Heute schreibt man die andauernden wirtschaftlichen Probleme immer noch dieser Selbstisolierung zu, dieser historischen Abschottung, die letztlich auch zum Bürgerkrieg führte. Deswegen wird alles, was von außen, insbesondere aus Europa, kommt, positiv gesehen und der Rückkehr in die europäische Staatengemeinschaft eine nahezu magische Dimension beigemessen. Europa steht in Spanien für Modernität. Darum wollen die meisten Spanier aktiv am europäischen Einigungsprozeß teilnehmen, wollen hundert Jahre nach ihrer Abschottung nach Europa zurückkehren. Spanien möchte an der Seite derer gehen, mit denen es eine gemeinsame Geschichte teilt. Vielleicht ist der beste Beitrag, den es für ein zukünftiges Europa leisten kann, nicht ein Markt, eine erwerbstätige Bevölkerung oder mehrere Millionen Konsumenten. Vielleicht ist der beste Beitrag Spaniens zur Europäischen Union im 21. Jahrhundert das Bewußtsein seiner eigenen Geschichte, dieses Empfinden, daß die Zukunft nicht auf den Wortlaut eines Vertrages beschränkt ist, sondern daß sie jeden Tag neu entsteht. In den Worten des größten Dichters der Generation von 98, Antonio Machado:

Caminante, son tus huellas	Wanderer, deine Spuren
el camino, y nada más;	sind der Weg, sonst nichts;
caminante, no hay camino,	Wanderer, es gibt keinen Weg,
se hace camino al andar.	Weg entsteht im Gehen.
Al andar se hace camino,	Im Gehen entsteht der Weg,
y al volver la vista atrás	und schaust du zurück,
se ve la senda que nunca	siehst du den Pfad, den du
se ha de volver a pisar.	nie mehr betreten kannst.
Caminante, no hay camino,	Wanderer, es gibt keinen Weg,
sino estelas en la mar.	nur eine Kielspur im Meer.

(Übersetzung von Michael Hertlein, Constanze von Krosigk und Klaus Dirscherl. Das Gedicht von A. Machado übersetzte Erna Brandenberger.)

Holm-Detlev Köhler

Gewerkschaften und Arbeitsbeziehungen in der Demokratie

Für S.

Der folgende Beitrag gibt einen in historische Etappen und Themenbereiche gegliederten Überblick über die Entwicklung der Arbeitsbeziehungen und Gewerkschaften im demokratischen Spanien.[1] Er beginnt mit einem kurzen Rückblick auf die Tradition der Arbeiterbewegung in Spanien und die Ausgangsbedingungen zu Beginn der *transición sindical*, des Demokratisierungsprozesses der Gewerkschaften und der Arbeitsbeziehungen nach Francos Tod 1975. In einem zweiten Schritt werden die für die Ausgestaltung der Arbeitsbeziehungen wesentlichen Ergebnisse des Demokratisierungsprozesses bis zur Mitte der achtziger Jahre zusammengefaßt und dabei die Akteure, die institutionellen und rechtlichen Rahmenbedingungen sowie die politischen und wirtschaftlichen Konfliktfelder in ihren historischen Rahmen gestellt. Entwicklung und Struktur der Arbeitsbeziehungen bilden den Inhalt des dritten Unterkapitels. Der vierte Abschnitt beschäftigt sich mit der Entwicklung des letzten Jahrzehnts, in dem sich Gewerkschaften und Arbeitgeber den Folgen der europäischen Integration und einem fortgesetzten ökonomischen Strukturwandel stellen mußten. Zum Schluß werden einige resümierende Überlegungen zur aktuellen Situation und den Perspektiven der spanischen Gewerkschaften unter den sich ändernden Kontextbedingungen angestellt.

---

1   Nach Startschwierigkeiten in der *transición* gibt es inzwischen einen breiten Fundus an Literatur zu den Arbeitsbeziehungen im demokratischen Spanien. Eine kommentierte Einführung mit umfassenden bibliographischen Hinweisen findet sich in Holm-Detlev Köhler / Reiner Tosstorf (Hgg.): *Forschungen zur Arbeiterschaft und Arbeiterbewegung in Spanien*. Mitteilungsblatt des Instituts zur Erforschung der europäischen Arbeiterbewegung, Heft 17/96, Bochum 1996. Deutschsprachige Einführungen und Überblicksdarstellungen bieten Holm-Detlev Köhler: *Spaniens Gewerkschaftsbewegung. Demokratischer Übergang, Regionalismus, Ökonomische Modernisierung*. Münster 1993 und Ilse Marie Führer-Ries: *Gewerkschaften in Spanien*. Frankfurt a.M. 1991 (die beiden genannten Publikationen liegen auch in spanischer Übersetzung vor); Walther L. Bernecker: *Arbeiterbewegung und Sozialkonflikte im Spanien des 19. und 20. Jahrhunderts*. Frankfurt a.M. 1993. Unter den einführenden Aufsätzen sind hervorzuheben: Susanne Kramer: »Spanien«, in: Reinhard Bispinck / Wolfgang Lecher (Hgg.): *Tarifpolitik und Tarifsysteme in Europa*. Köln 1993, S. 370-400; Faustino Miguélez: »Spanien: Verteidigung der Minimalgarantien«. in: Ulrich Mückenberger / Eberhardt Schmidt / Rainer Zoll (Hgg.): *Die Modernisierung der Gewerkschaften in Europa*. Münster 1996, S. 198-219.

1. Einige Kernelemente der Gewerkschaftsbewegung

Drei Merkmale kennzeichnen die Geschichte der Gewerkschaftsbewegung in Spanien: konkurrierende politische Richtungsgewerkschaften, der Kampf gegen autoritäre Regime, die späte Industrialisierung.

Die Entstehungsphase der spanischen Gewerkschaftsbewegung in der zweiten Hälfte des 19. Jahrhunderts war zum einen durch den Konflikt zwischen Anarchisten (den Anhängern von Bakunin) und Sozialisten (den Anhängern von Marx), zum anderen durch die Bildung erster vereinzelter Industriezentren geprägt. In diesen nordspanischen Industriegebieten und bei den südspanischen Landarbeitern wurden die ersten Gewerkschaften gegründet. Diese Gewerkschaften mußten nicht nur gegen die Industrieunternehmer und Großgrundbesitzer kämpfen, sondern vor allem auch gegen die mit diesen verbündeten Diktaturen.

Bis zum Sieg der Militärdiktatur General Francos im Bürgerkrieg (1936-1939) gegen die Zweite Spanische Republik dominierte trotz brutaler staatlicher Repression die anarchistische über die sozialistische Arbeiterbewegung. Die Kommunisten/Leninisten spielten im Unterschied zu vielen anderen europäischen Ländern praktisch keine Rolle. Erst im Verlauf des Bürgerkrieges erhielten sie infolge der massiven sowjetischen Intervention bei fehlender Unterstützung der westlichen Demokratien Einfluß im republikanischen Lager, nutzten diesen aber vor allem zur Unterdrückung der Anarchisten, Trotzkisten und linken Sozialisten.

Zwei Organisationen beherrschten die spanische Gewerkschaftsszene bis 1939, die sozialistische UGT (*Unión General de Trabajadores* – Allgemeiner Bund der Arbeiter) und die anarchosyndikalistische CNT (*Confederación Nacional del Trabajo* – Nationaler Dachverband der Arbeit). Die UGT ist heute eine der beiden Mehrheitsgewerkschaften, die CNT dagegen wurde im Franquismus und später durch die wirtschaftliche und kulturelle Annäherung Spaniens an das übrige Westeuropa bis auf kleine Reste vernichtet.

Die UGT war seit ihrer Gründung eng mit der sozialistischen Partei, dem PSOE, verbunden. Die Sozialisten folgten damit der üblichen Trennung in wirtschaftliche und politische Interessenvertretung. Die CNT lehnte dagegen den Staat – und damit auch politische Parteien – prinzipiell als Herrschaftsapparat ab, beteiligte sich daher auch weder an parlamentarischen noch an betrieblichen Wahlen.[2] Sie folgte ihrer Utopie einer auf freiwilliger Selbstorganisation basie-

---

2 An der Auseinandersetzung um dieses Prinzip der Beteiligung an Betriebskomitee-Wahlen zerbrach die CNT in der Phase des Wiederaufbaus während der *transición*. Heute existiert neben der kleinen historischen CNT eine kaum größere Abspaltung in Form der CGT (*Confederación General de Trabajadores* – Allgemeiner Dachverband der Arbeiter), die sich an betrieblichen Wahlen und Vertretungsorganen beteiligt. Vgl. hierzu Walther L. Bernecker: »Der spanische Anarchosyndikalismus nach Franco«, in: *Graswurzelrevolution*, Nr. 106, 1986; Holm-Detlev Köhler: »Kein neuer Frühling in Sicht«, in: *Tranvía*, Nr. 9, 1988 und ders.: »Das Ende des spanischen Traums«, in: *Perspektiven* Nr. 24 / Mai 1995.

renden Gesellschaft, förderte selbstverwaltete Arbeiterkooperativen und Wohnviertel und trat für die Abschaffung jeglicher Macht, des Privateigentums und des Staates ein. In der organisationsinternen Struktur führte dies zu der Konsequenz, daß die in den dreißiger Jahren auf beinahe zwei Millionen angewachsene Mitgliedschaft von genau einem Hauptamtlichen verwaltet wurde, d.h. alle Arbeit freiwillig und unentgeltlich geleistet wurde. Auch gab es auf überregionaler Ebene weder Berufs- noch Industrieverbände, sondern nur eine territoriale Vertretungsstruktur.

Die für das heutige Spanien entscheidende historische Wende erfolgte in den sechziger Jahren mit der nachholenden Industrialisierung und vorsichtigen Öffnung des Franco-Regimes. Die Diktatur untergrub damit ihr eigenes Fundament und leitete einen Angleichungsprozeß an die westeuropäischen Nachbarländer auf allen Ebenen ein. In dieser Phase entstand eine neue Arbeiterbewegung mit den Arbeiterkommissionen CCOO (*Comisiones Obreras*) als zentraler organisatorischer Kraft. Sie bildete den Kern der antifranquistischen demokratischen Opposition und trug entscheidend zur Schwächung der Diktatur bei. Die USO (*Unión Sindical Obrera* – Gewerkschaftlicher Bund der Arbeit), hervorgegangen aus fortschrittlichen sozialkatholischen Gruppen, war die zweite einflußreiche Arbeiterorganisation der antifranquistischen Demokratiebewegung.[3]

Unter dem Franco-Regime waren freie Gewerkschaften verboten; alle Arbeiter und Arbeiterinnen sowie Unternehmer und Unternehmerinnen waren zwangsweise im vom Staat kontrollierten Vertikalen Syndikat organisiert. Den CCOO gelang es in den wichtigen Industriezentren, dieses Zwangssyndikat zu unterwandern und die Unternehmer zu inoffiziellen Tarifverhandlungen zu zwingen. Das Gesetz über Kollektivverhandlungen von 1958, ein Zeichen der wirtschaftlichen Liberalisierung, welches auf betrieblicher Ebene Verhandlungen ermöglichte, bot dafür einen formellen Rahmen. Da sowohl Sozialisten wie Anarchisten diese Unterwanderungsstrategie boykottierten,[4] gelang es den Kommunisten, sich einen dominanten Einfluß zu sichern.

Der Übergang zur Demokratie verlief relativ friedlich, weil sich führende Kräfte des alten Regimes mit gemäßigten Vertretern der Opposition auf eine

---

3   Zur Geschichte der USO bietet die von der Universidad Sindical in Martorell / Barcelona zwischen 1986 und 1993 herausgegebene Zeitschrift *Proyecto* (18 Nummern) die beste weiterführende Quelle.

4   Der offizielle Grund für den Boykott war die Ablehnung jeglicher Zusammenarbeit mit den franquistischen Institutionen, tatsächlich spielte jedoch auch der seit den Bürgerkriegserfahrungen tiefsitzende und durch den Kalten Krieg noch verschärfte Antikommunismus beider Organisationen eine entscheidende Rolle. Vgl. zu dieser Phase Rafael Valdeza: *Die spanische Gewerkschaftsbewegung unter Franco*. München 1982; Fernando Almendros Morcillo u.a.: *El sindicalismo de clase en España (1939-1977)*. Barcelona 1978; Manuel Ludevid Anglada: *Cuarenta años del Sindicato Vertical*. Barcelona 1976.

Kompromißstrategie[5] einigten. Die Reformkräfte des alten Regimes akzeptierten dabei den langsamen Übergang zur Demokratie, die moderate demokratische Opposition ließ dafür viele althergebrachte Institutionen wie Militär, Polizei, Monarchie, Kirche und Staatsverwaltung unangetastet.

Zu Beginn des demokratischen Übergangs mußten die Gewerkschaften die Auflösung des franquistischen Einheitssyndikats und die Legalisierung freier Gewerkschaften durchsetzen. Ersteres gelang nur in Form der Umwandlung des Syndikatsapparates mit seinen 30.000 Beamten in die staatliche Sozialversicherung im November 1976, genau ein Jahr nach Francos Tod. Die Zulassung freier Gewerkschaften verzögerte sich bis zum April 1977 unmittelbar vor den ersten freien Parlamentswahlen. In anderen Bereichen der Arbeitsbeziehungen wie den Betriebskomitee-Wahlen und Lohnverhandlungen konnte man an schon etablierte Strukturen aus den letzten Jahren der Diktatur anknüpfen.

Als kulturelles Erbe aus dieser Geschichte lassen sich folgende Tendenzen festhalten: eine große Distanz der Bevölkerung zu politischen und in geringerem Maße auch gewerkschaftlichen Führungen und Institutionen; eine geringe Bereitschaft, sich beitragspflichtig zu organisieren, aber eine hohe Folgebereitschaft bei Streiks und Mobilisierungen; wenig Erfahrungshintergrund mit freien, demokratischen Gewerkschaften nach der langen Diktatur; niedriger Grad der Formalisierung und Institutionalisierung sowohl der gewerkschaftlichen Binnenstruktur als auch der Arbeitsbeziehungen; Konkurrenzverhalten der Gewerkschaften untereinander.

2. Politische und wirtschaftliche Rahmenbedingungen für die Herausbildung demokratischer Arbeitsbeziehungen und Akteure

Zwischen 1973 und 1986 machte die spanische Gesellschaft einen ebenso rasanten wie tiefgreifenden Wandel durch, an dessen Ende die Gewerkschaften zwar frei und demokratisch, doch allenfalls schwach konsolidiert waren. Nicht von ungefähr wurden sie als »arme Verwandte« oder »Stiefkinder« der *transición* (*parientes pobres de la transición*[6]) bezeichnet. Die Gewerkschaftsbewegung hatte den Kern der demokratischen Opposition gegen die Franco-Diktatur gestellt, mußte sich aber nach dem Tod des *Generalísimo* dem politisch-institutionellen Umbau

---

5   Vgl. Salvador Aguilar / Jacint Jordana: *Interest associations in the Spanish political transition*. Fundació Jaume Bofill, Barcelona 1987; Andreu Lope / Jacint Jordana / Pilar Carrasquer: »El nou sindicalisme espanyol despres de la transició i la crisi: canvis estratègies i transformacions laborals«, in: *Papers*, Nr. 32, 1989, S. 89-114; Holm-Detlev Köhler: *Spaniens Gewerkschaftsbewegung* (Anm. 1), S. 90ff. Die Fundació Jaume Bofill hat in den Jahren 1989-90 eine sechsbändige, überwiegend in katalanisch verfaßte Studie zu den spanischen Gewerkschaften in der *transición* herausgegeben.

6   Mariano Guindal / Rodolfo Serrano: *La otra transición. Nicolás Redondo: El sindicalismo socialista*. Madrid 1986, S. 19.

und der krisenhaften ökonomischen Modernisierung zu Lasten der eigenen Stärke unterordnen. Die Hoffnungen auf eine nachholende Konsolidierung unter den Sozialisten – die von 1982 bis 1996 ununterbrochen an der Regierung waren – wurden bitter enttäuscht. Im folgenden werden die wesentlichen Gründe für die relative gewerkschaftliche Schwäche am Ende der *transición* aufgeführt.

Der Demokratisierungsprozeß wurde zwar wesentlich von einer starken Demokratiebewegung aus Untergrundgewerkschaften, Bürgerbewegungen, Studenten, oppositionellen Kirchenkreisen und regionalistischen Gruppen im Baskenland und Katalonien angetrieben, doch kam es nie zu dem geforderten demokratischen Bruch mit dem alten Regime. Sein wesentlicher Auslöser war die Agonie der Diktatur und das friedliche Entschlafen des Diktators im November 1975, woraufhin der Prozeß die Gestalt eines umkämpften Kompromisses zwischen reformwilligen Vertretern des alten Regimes und moderaten Oppositionellen annahm. Die führenden Gruppen und Organisationen der Demokratiebewegung wurden in diesem Prozeß ins »zweite Glied« zurückgedrängt. Ihre Aktionen dienten vor allem zur Stärkung der Verhandlungsmacht der reformfreudigsten Kräfte in der sich neu herausbildenden politischen Klasse. Diese setzte sich vorwiegend aus jungen Technokraten zusammen, die weder in der Diktatur noch in der Demokratiebewegung an führender Stelle zu finden gewesen waren.

Unter diesen Bedingungen bildete sich ein Politikmodell heraus, welches für Gewerkschaften ungünstige Handlungsbedingungen bot. Wesentliche Bereiche wurden aus dem Demokratisierungsprozeß ausgeschlossen. Dazu gehörten vor allem das Militär – bis zum gescheiterten Putschversuch von 1981 eine ständige Bedrohung und politisches Faustpfand in den Händen rechter Politiker –, die Sicherheitskräfte, Justiz und Verwaltung. Die ökonomische Macht- und Reichtumsverteilung durfte ebensowenig angetastet werden wie der ungerechte Latifundismus auf dem Land in Süd- und Zentralspanien, die monarchische Staatsverfassung, der Katholizismus als dominierende Religion oder die Verbrechen der Vergangenheit. Zudem wurden die Gewerkschaften Opfer einer Zeithierarchie, nach der zuerst die oberste Zentralstaatsebene demokratisiert wurde, während betriebliche und kommunale Entscheidungsprozesse erst Jahre später demokratischen Regeln unterworfen wurden.

Die politische Gesellschaft Spaniens, die Selbstorganisation politischer Interessen durch die Bevölkerung, blieb schwach. Die Parteien sind bis heute mitgliederarm, Ansätze von Stadtteil- und Bürgergruppen verebbten schnell, soziale Bewegungen blieben punktuell und spielen seit dem Niedergang der Friedensbewegung im Gefolge des Referendums für den Verbleib Spaniens in der NATO

1986 kaum noch eine Rolle.[7] Im Namen demokratischer Stabilisierung wurde eine gezielte Entpolitisierung unter Anknüpfen an franquistische Traditionen und Diskurse betrieben, die die klassische Trennung und Distanz von Staat und Gesellschaft im demokratischen Spanien wiederherstellte. Politische Entscheidungen waren Ergebnisse undurchsichtiger Hinterzimmerdiplomatie ohne öffentliche Debatte.[8] Die Bevölkerung sah sich in ihrer apolitischen Haltung durch eine inflationäre Welle von politischen Korruptionsskandalen, die teilweise bis heute andauert, bestärkt.[9]

Für die Gewerkschaften verlief der demokratische Übergang insofern nachteilig, als sie hinter die Parteien zurücktreten mußten. Obwohl die Parteien in der demokratischen Oppositionsbewegung kaum präsent waren, spielten sie nun die Hauptrolle. Viele qualifizierte Gewerkschafter wechselten in die Politik. In dieser Umbruchphase hatten politische Aufgaben (Parlamentswahlen, Verfassung, politische Reformgesetze) Vorrang gegenüber der Regelung demokratischer Arbeitsbeziehungen. Zudem drohten die Militärs bei einer zu schnellen und weitgehenden Gewerkschaftsreform mit einem Putsch.[10]

Das unter zwei bürgerlichen UCD- (*Unión de Centro Democrático* – Demokratische Zentrumsunion) und einer sozialistischen PSOE-Regierung von 1977 bis 1986 eingeführte Politikmodell wies damit strukturelle Demokratiedefizite auf. Die Gewerkschaften gerieten dadurch in eine Zwickmühle: Einerseits mußten sie sich in dieses politische System integrieren, um als Organisation rechtlich und öffentlich anerkannt und als Verhandlungspartner akzeptiert zu werden, andererseits mußten sie ihre Mobilisierungskraft als soziale Interessenorganisation erhalten, eine Zuspitzung der klassischen Dialektik von Ordnungsfaktor und Gegenmacht.

---

7   Vgl. Holm-Detlev Köhler: »Spaniens Demokratie unter Modernisierungszwang«, in: *Prokla* 68, 1987, S. 131-151.
8   Vgl. Paul Preston: *Spanien. Der Kampf um die Demokratie*. Rheda-Wiedenbrück 1987, S. 134ff.
9   Zu den politischen Krisen und Korruptionsskandalen in Spanien vgl. Ignacio Sotelo: *El desplome de la izquierda*. Madrid 1994; Holm-Detlev Köhler: »Regierungskrise in Spanien«, in: *Tranvía* 33/1994 und ders.: »Ein Richter bringt Felipe González ins Wanken«, in: *Tranvía* 36/1995.
10 Im Unterschied zum politischen Reformgesetz rief die Gewerkschaftsreform so entschiedenen Widerstand der Militärs hervor, daß der Entwurf Ende 1976 vorerst zurückgezogen wurde. Zugleich trat Vizepräsident General de Santiago y Díaz de Mendívil auf Drängen von Suárez zurück. Zum Abschied schrieb er an die hohen Offiziere: »Die Regierung bereitet eine Maßnahme vor, der ich mich vergeblich widersetzt habe, nämlich die Zulassung freier Gewerkschaften. Das bedeutet für mich die Legalisierung der CNT-, UGT- und FAI-Gewerkschaften, die für die Greuel in der roten Zone während des Bürgerkriegs verantwortlich waren, und der Arbeiterkommissionen, d.h. der Gewerkschaftsorganisation der Kommunistischen Partei [É]. Da es mir weder mein Gewissen noch meine Ehre erlauben, die Verantwortung für eine derartige Maßnahme zu übernehmen oder die Streitkräfte in sie miteinzubeziehen, habe ich mich zu meinem unwiderruflichen Rücktritt entschlossen.« (Zit. nach Preston, Anm. 7, S. 111).

Nicht nur die Form des Demokratisierungsprozesses, sondern auch die der ökonomischen Modernisierung brachte die spanischen Gewerkschaften in die Defensive. Der wirtschaftliche Strukturwandel hatte schon in den sechziger Jahren unter der Opus-Dei-Herrschaft im Franco-Staat begonnen und beschleunigte sich durch den Regimewandel und die internationalen Umbrüche. Spanien als verspätete Industrienation am Rande Westeuropas durchlief in den vergangenen drei Jahrzehnten ein typisches semiperipheres Entwicklungsmodell.[11] Aufbauend auf den Einnahmen aus dem Tourismus und der Arbeitskraftemigration wurden ausgewählte Regionen mit fordistischen Massenkonsumgüterindustrien (Fahrzeugbau, Textil, Chemie, Papier, Möbel) bestückt. So entstanden moderne Industriezentren mit hoher Präsenz von multinationalen Unternehmen, während daneben weite Landstriche in traditioneller Agrar- und kleinbetrieblicher Wirtschaft verharrten.

Die spanische Wirtschaft läßt sich somit in fünf Segmente unterteilen: den modernen ausländischen Sektor, d.h. die Filialen multinationaler Konzerne, während es starke spanische Multis nicht gibt; den schrumpfenden Staatssektor mit ineffizienten oder monopolbegünstigten öffentlichen Unternehmen und der staatlichen Industrieholding INI,[12] der die großen altindustriellen Verlustbetriebe angehörten; die rückständige einheimische Industrie mit einem stark angewachsenen Schattenwirtschaftssektor, der schätzungsweise ein Viertel des Bruttosozialprodukts erwirtschaftet und als soziales Auffangbecken fungiert; den sehr heterogenen und wachsenden Dienstleistungssektor; Landwirtschaft und Fischerei, die einem beschleunigten Transformationsprozeß unterliegen. Dem Zwang zur Agroindustrialisierung fallen die meisten kleinbäuerlichen Betriebe und die nordspanische Milchwirtschaft zum Opfer. Generell prägen Landflucht und Überalterung die weiten Agrarzonen. Auch der Fischereisektor schrumpft und befindet sich in einem ständigen Kampf um Fangquoten mit Nordafrika (v.a. Marokko) und Nordeuropa (v.a. Norwegen).

Diese selektive Einbindung in den Weltmarkt und innere Spaltung der spanischen Wirtschaft und Gesellschaft bilden die Ursachen für zahlreiche Probleme und Konflikte bis heute. Für die Gewerkschaften folgte daraus eine sektoral wie regional sehr beschränkte Verankerung in den industriellen Großbetrieben der modernen Wirtschaftszonen und in den Staatsbetrieben. Die allgemeine Wirt-

---

11 Vgl. Holm-Detlev Köhler: *Spaniens Gewerkschaftsbewegung* (Anm. 1), S. 45ff; Alain Lipietz: *Mirages and Miracles*. London 1987; Otto Holman: »Semiperipheral Fordism in Southern Europe«, in: *International Journal of Political Economy*, Nr. 4 / 1987-88, S. 11-55; Luis Toharia: »Un fordismo inacabado, entre la transición política y la crisis económica: España«, in: Robert Boyer (Hg.): *La flexibilidad del trabajo en Europa*. Madrid 1986, S. 161-184.

12 1995 wurde das Nationale Industrie-Institut INI (*Instituto Nacional de Industria*) in zwei neue staatliche holdings aufgeteilt, von denen die eine (SEPI=*Sociedad Estatal de Participaciones Industriales*, Staatliche Gesellschaft für Industriebeteiligungen) die gewinnträchtigeren und gut verkäuflichen, die andere (AIE=*Agencia Industrial del Estado*, Industrie-Agentur des Staates) eher die Verlustbetriebe in den altindustriellen Sektoren zusammenfaßt.

schaftskrise bis 1985 und der Modernisierungsdruck in der spanischen Wirtschaft engten den gewerkschaftlichen Handlungsspielraum zusätzlich ein.

Ende der siebziger Jahre – mitten im demokratischen Übergang und der Weltwirtschaftsflaute – geriet dieses Entwicklungsmodell in die Krise und benötigte einen neuen Wachstumsschub. Dazu war die schwache, in sich zerstrittene UCD-Regierung, die sich zu dieser Zeit mit den Problemen regionaler Autonomien und wachsender Bedrohungen durch Militärkonspiration und politischen Terrorismus beschäftigen mußte, nicht in der Lage. Erst die schwere politische Krise mit dem Putschversuch 1981 und der Regierungsübernahme durch den PSOE beendete die wirtschaftspolitische Handlungsunfähigkeit.

Der dritte – neben dem Charakter der *transición* und dem wirtschaftlichen Strukturwandel – die gewerkschaftliche Schwäche erklärende Faktor liegt im Charakter der spanischen Gewerkschaftsbewegung selbst begründet. Diese ging doppelt gespalten in die *transición* und hatte außerdem 40 Jahre Diktatur zu verkraften. Die erste Spaltung betrifft den Charakter der politischen Richtungsgewerkschaften. In den sechziger/siebziger Jahren bildete sich mit den CCOO[13] eine starke kommunistische Gewerkschaft als Konkurrent der Sozialisten nach dem Niedergang des Anarchismus heraus. Dieser Bisyndikalismus wird noch durch einflußreiche regionalistische Gewerkschaften im Baskenland und in Galicien sowie durch das Aufkommen berufsständischer Organisationen in allen Bereichen des öffentlichen Dienstes ergänzt. Selbst in der Privatwirtschaft bildeten sich vereinzelt starke korporativistische Betriebsgewerkschaften wie die Gewerkschaft der *Corte Inglés*-Beschäftigten im größten Handelsunternehmen Spaniens. Opfer dieses Selektionsprozesses wurden die anarchosyndikalistische CNT, die kleineren radikaleren Gewerkschaftsgruppen der *transición* und die USO, die innerhalb des sozialdemokratischen Lagers der Konkurrenz der UGT weichen mußte und heute nur noch vereinzelt lokalen und betrieblichen Einfluß hat.

Diese Spaltungen führten im Verlauf der *transición* zu einem heftigen Konkurrenzkampf zwischen den Gewerkschaften um den frei gewordenen Handlungs- und Organisationsraum. Durch die Dominanz politischer über soziale und betriebliche Prozesse verstärkte sich dieser Gegensatz, insofern sich die Gewerkschaften den jeweiligen Parteistrategien unterordneten. Berücksichtigt man, daß die Gewerkschaften auf keinerlei Tradition freiwilliger Mitgliedschaft zurückgreifen konnten und sich erst im Neuaufbau befanden, so wird der Negativeffekt besonders deutlich. Anstatt sich einen gesellschaftlichen und betrieblichen Aktionsraum zu erobern und diesen organisatorisch zu füllen, verstrickten sich die frisch legalisierten Gewerkschaftsbünde in heftige Graben- und Machtkämpfe, deren Sinn

---

13 Aus der umfangreichen Literatur zu den Arbeiterkommissionen sei hier nur der Band von David Ruiz (Hg.): *Historia de Comisiones Obreras (1958-1988)*. Madrid 1993, genannt, der im wesentlichen Kapitel zur Entwicklung in den einzelnen Regionen enthält.

von der Mehrheit der Arbeitnehmerschaft nicht nachvollzogen wurde. Sicherlich schadete dies den kommunistisch geführten Arbeiterkommissionen relativ mehr als der sozialistischen UGT, die bald zu einer ebenbürtigen Kraft aufsteigen konnte, doch insgesamt verpaßten die Gewerkschaften in dieser Phase ihre Chance einer erfolgreicheren Konsolidierung. Sie tragen somit ein gutes Stück Mitverantwortung für ihre relative Schwäche am Ausgang einer *transición*, welche sie in ein äußerst feindliches politisches wie wirtschaftliches Umfeld stellte.

Die Organisationsstrukturen der Dachverbände UGT und CCOO haben sich inzwischen weitgehend angeglichen. Der spürbarste Unterschied besteht heute noch in der stärkeren Basisorientierung der CCOO, wo Betriebsversammlungen und lokale/regionale Verbände eine bedeutende Rolle spielen. Außerdem gibt es innerhalb der CCOO offiziell anerkannte politische Strömungen. Diese innergewerkschaftlichen Oppositionsgruppen genießen einen Minderheitenschutz in Versammlungen und bei der Besetzung von Gremien. Gleichwohl kommt es bei Kongressen regelmäßig zu heftigen Flügelkämpfen und Auseinandersetzungen. Die UGT ist demgegenüber zentralistischer und hierarchischer aufgebaut, ohne damit interne Flügelkämpfe vermeiden zu können.

Die Gewerkschaften haben eine Doppelstruktur aus Industrie- und Regionalverbänden. Der Dachverband ist die Vereinigung aller Industrie- und aller Regionalverbände. Die UGT verfügt nach mehreren Fusionen noch über 12 Industrieverbände (CCOO: 18) und 17 Regionalverbände (plus die beiden nordafrikanischen Enklaven Ceuta und Melilla) entsprechend der Anzahl autonomer Regionen in Spanien. Der Dachverband vertritt die allgemeinen, die Industrieverbände vertreten die branchenspezifischen Interessen. Allerdings gehen die Kompetenzen des Dachverbandes weiter als in anderen Ländern mit unabhängigen Einzelgewerkschaften. So kann er allgemeine, branchenübergreifende Rahmentarifverträge abschließen und direkt die Politik der Industrieverbände beeinflussen. In Konfliktfällen kann der Dachverband auch, wie schon geschehen, ganze Regional- oder Industrieverbandsvorstände absetzen. Die Tendenz auf den letzten Gewerkschaftskongressen geht zu einer Konzentration auf weniger Industrieverbände und zu einer Kompetenzverlagerung von den Dachverbänden auf die Industrieverbände, so daß man in diesem Punkt von einer Annäherung an das nordeuropäische Gewerkschaftsmodell sprechen kann. Eine endgültige Kompetenzaufteilung und Verbandsstruktur ist allerdings noch nicht gefunden und bildet einen ständigen Zankapfel auf den Kongressen.

Tab. 1: Mitgliederentwicklung der wichtigsten Gewerkschaftsbünde:[14]

Jahr	CCOO	UGT	ELA-STV
1981	389.237	208.170	45.340
1982	377.576	315.092	44.773
1983	357.905	344.265	44.693
1984	357.959	317.731	44.634
1985	356.082	345.425	45.103
1986	332.019	368.523	45.723
1987	360.802	408.697	49.148
1988	405.032	442.644	51.805
1989	439.354	494.951	55.413
1990	508.428	544.784	65.745
1991	577.793	665.576	72.685
1992	634.793	728.283	79.571
1993	646.366	747.636	81.773
1994	656.167	684.040	87.866

Erläuterungen: Die Zahlen sind oft schwer zu erhalten und nicht immer zuverlässig. Immerhin sind sie seit der Dokumentationspflicht für Beitragszahlungen auf Kongressen zuverlässiger geworden, enthalten aber in jedem Fall Rentner und Arbeitslose. Der aktuelle Mitgliederstand der drittgrößten nationalen Gewerkschaft USO wird mit 76.000 angegeben. ELA-STV (siehe Erl. zu Tab. 2) ist die größte regionale Gewerkschaft Spaniens im Baskenland.
Quelle: Marc van der Meer: »Aspiring corporatism? Industrial Relations in Spain«, in: Joris van Ruysseveldt / Jelle Visser (Hgg.): *Industrial Relations in Europe*. London / Thousand Oaks / New Delhi 1996, S. 319.

In den Betrieben sind die spanischen Gewerkschaften schwach verankert. Hier obliegt die Interessenvertretung den Betriebskomitees, die von der gesamten Belegschaft unabhängig von der Gewerkschaftszugehörigkeit im Vierjahresrhythmus gewählt werden. Die Gewerkschaften besetzen zwar die Mehrheit (ca. 80%) der Betriebskomiteesitze, haben jedoch kaum Kontrollmöglichkeiten. Betriebsegoisti-

---

14 Bis 1980 sind keine verläßlichen Daten über die Mitgliederzahlen zu erhalten, da die Gewerkschaften über keine geordnete Mitgliederverwaltung verfügten, beliebig Mitgliedsausweise verteilten, ohne Beiträge einzutreiben, und die Öffentlichkeit mit illusorischen Ziffern verwirrten. So gaben kleine radikale Gewerkschaften wie der *Sindicato Unitario* und die CSUT ihren Mitgliederstand 1978 mit 512.850 bzw. 460.000 an, die CNT mit 300.000, die USO ließ mit 556.000 ihrer Phantasie freien Lauf, während die UGT und die CCOO um die 2 Mio.-Grenze fabulierten, vgl. die Zahlen in Walther L. Bernecker: *Gewerkschaftsbewegung und Staatssyndikalismus in Spanien*. Frankfurt a.M. / New York 1985, S. 392ff.; S. Milner / G. Nombela: *Trade Union strength, organisation and impact in Spain*. Discussion Paper No. 258, Centre for Economic Performance, London School of Economics and Political Science, London 1985 und Ilse Marie Führer-Ries: *Gewerkschaften* (Anm. 1), S. 109ff. Die publizierten Mitgliederzahlen in diesem Jahr zusammengenommen übersteigen nicht nur die Gesamtheit der Wählenden bei den Betriebskomitee-Wahlen dieses Jahres um deutlich mehr als das Doppelte, sondern wahrscheinlich auch die Zahl der Lohnabhängigen.

sche Gesichtspunkte dominieren unter dem Druck der Belegschaft oft über gewerkschaftspolitische Überlegungen. Betriebliche Gewerkschaftssektionen funktionieren nur in wenigen Großbetrieben. So bilden die Betriebskomitee-Mitglieder der großen und mittleren Unternehmen und Staatsbetriebe in der Praxis die eigentliche Basis der Gewerkschaft.

Die Finanzlage der spanischen Gewerkschaften ist chronisch prekär. Die Mitgliedsbeiträge liegen zur Zeit einheitlich bei ca. 14,-- DM/Monat für Beschäftigte. Der Organisationsgrad und die Zahlungsmoral sind niedrig. Unter diesen Umständen sind ein Hauptamtlichenapparat und ein entsprechendes Service-Angebot nicht aufrechtzuerhalten. Streikgelder werden nicht bezahlt, was die aus Deutschland bekannte Resistenz der Kassierer bei Streikaufrufen obsolet macht, andererseits jedoch die relativ hohe Streikbereitschaft der Spanier kaum schmälert. In dieser Situation kamen den Gewerkschaften zwei Entwicklungen zu Hilfe: die Freistundenregelung für Betriebskomitee-Mitglieder und öffentliche Zuschüsse.

Jedem Betriebskomitee-Mitglied steht entsprechend der Größe des Betriebes eine Anzahl von Stunden zur Erledigung der ihm übertragenen Aufgaben zu. Häufig werden die Stunden mehrerer Betriebskomitee-Mitglieder einer Gewerkschaft auf eine Person vereint, die damit quasi-hauptamtlich für die Gewerkschaft arbeitet. Die öffentlichen Zuschüsse an die Gewerkschaften flossen bisher hauptsächlich aus zwei Quellen: zum einen aus dem historischen Gewerkschaftsvermögen. Die historischen Gewerkschaften (UGT, CNT und die baskische ELA-STV) waren durch das Franco-Regime verboten und ihr gesamtes Vermögen enteignet worden. 1986 wurden diese Gewerkschaften vor allem in Form von Immobilien dafür entschädigt. Zum anderen aus dem akkumulierten Gewerkschaftsvermögen: Während des Franco-Regimes mußten alle Arbeitnehmer und Arbeitnehmerinnen eine Zwangsabgabe für das Vertikale Syndikat abführen. Das dadurch akkumulierte Vermögen ist in den Jahren in Form von Gebäuden und finanziellen Zuschüssen zum Teil an die Gewerkschaften transferiert worden.

Über diese beiden Kanäle gelang es den Gewerkschaften, trotz niedriger Einnahmen ein gewisses Vermögen aufzubauen. Weitere öffentliche Zuschüsse erhalten sie für die Durchführung von Bildungsveranstaltungen. Der Versuch, sich durch eigene Unternehmen ein zusätzliches ökonomisches Standbein und neue Mitglieder zu verschaffen, schlug fehl, ehe er richtig begonnen hatte. Die Wohnungsbaukooperative der UGT war wirtschaftlich und moralisch bankrott, ehe die ersten großen Wohnblocks bezogen werden konnten. Ihr Geschäftsführer sitzt wegen Betrugs und Unterschlagung eine mehrjährige Haftstrafe ab. Auch die Versicherungs- und Reisegesellschaften stehen schlecht da, und die Genossen, überwiegend Gewerkschaftsmitglieder, organisierten heftige Protestaktionen gegen ihre Gewerkschaft. Doch nicht nur die Unternehmen der UGT, sondern die Gewerkschaften insgesamt stehen vor einem riesigen Schuldenberg infolge nicht bezahlter Steuern und Sozialabgaben für ihre Angestellten. Eine Entschuldung durch den Staat wird unter den derzeitigen politischen Bedingungen nicht kostenlos zu haben sein.

Die Unternehmerverbände hatten ebenfalls erhebliche Schwierigkeiten, sich eine demokratische Organisationsstruktur zu geben. Die Unternehmer waren politisch schwach organisiert und öffentlich diskreditiert. Unter dem Franco-Regime waren sie vor ausländischer Konkurrenz und gewerkschaftlichem Druck über den autoritären Staat geschützt. Mit diesem waren sie über klientelistische oder korrupte Beziehungen verbunden. Eine demokratische Bourgeoisie mit eigener Interessenorganisation gab es außerhalb Kataloniens kaum. Die *Confederación Española de Organizaciones Empresariales* CEOE (Spanischer Dachverband der Unternehmerorganisationen) war ein auf den franquistischen Unternehmervertretungen innerhalb und außerhalb des Vertikalen Syndikats personell wie organisatorisch aufbauender Dachverband.[15] Angesichts der unausweichlich gewordenen Demokratisierung und der Bedrohung durch eine starke gewerkschaftlich geführte Demokratie- und Streikbewegung entschieden sich einige unternehmerische Führungsgruppen für einen einheitlichen, von oben nach unten zu gliedernden Interessenverband. In dieser Phase waren sie vor allem um gesellschaftliche und politische Anerkennung sowie das Vertretungsmonopol im Unternehmerlager bemüht. Letzteres wurde endgültig erst 1980 mit der Eingliederung der Mittelstandsvereinigung CEPYME erreicht.

Bis heute ist die CEOE eher ein schwacher Verband mit einigen starken Mitgliedern. Die Mitgliedschaft können nur Unternehmerverbände, keine einzelnen Unternehmen erwerben. Die Schwäche des Dachverbandes CEOE ist sicher eine Bedingung für seine Monopolstellung, beläßt er doch weitgehende Autonomie bei den Mitgliedsverbänden. Bei der Gründung gehörten ihm 47 sektorale und 48 territoriale Unternehmervereinigungen mit etwa 800.000 Mitgliedern an, 1987 wurden 134 sektorale und 51 territoriale Mitglieder mit 1,35 Mio. Unternehmen (=95% aller Beschäftigten) angegeben,[16] eine sicherlich überhöhte Zahl.

---

15 Laut Roberto Martínez / Rafael Pardo Avellaneda: »El asociacionismo empresarial español en la transición«, in: *Papeles de Economía Española* 22/1985, S. 84-114, gingen 79% der CEOE-Mitgliedsverbände aus franquistischen Organisationen hervor. Ähnliches gilt für die Verbandsfunktionäre. Zur Geschichte der CEOE vgl. auch Rafael Pardo Avellaneda / Joaquín Fernández Castro: »Las organizaciones empresariales y la configuración del sistema de relaciones industriales de la España democrática«, in: Faustino Miguélez / Carlos Prieto (Hgg.): *Las relaciones laborales en España*. Madrid 1986, S. 147-184, und Salvador Aguilar: »El asociacionismo empresarial en la transición postfranquista«, in: *Papers* 25 / 1985, S. 53-84.

16 Vgl. Pardo Avellaneda / Fernández Castro: »Las organizaciones empresariales« (Anm. 15), S. 161.

3. Die Herausbildung und Entwicklung der Arbeitsbeziehungen

Drei Daten markieren die Herausbildung demokratischer Arbeitsbeziehungen in Spanien: die Legalisierung von Gewerkschaften mit den anschließenden Betriebskomitee-Wahlen 1977/78, das Arbeiterstatut 1980 (*Estatuto de los Trabajadores*, mehrfach reformiert zwischen 1984 und 1994) und das Gesetz über Gewerkschaftsfreiheit 1985. Die ersten freien Betriebskomitee-Wahlen 1978 eineinhalb Jahre nach der Legalisierung der Gewerkschaften führten zu einer vorläufigen Klärung des innergewerkschaftlichen Kräfteverhältnisses.

Tab. 2: Ergebnisse der Betriebskomitee-Wahlen
(Anzahl der Delegierten, Prozent der Stimmen)

Jahr	Total *Stimmen*	UGT	CCOO	USO	ELA-STV	LAB	INTG/CXGT/CIG	Andere	Nicht-org.
1978	193.112	41.897	66.540	7.747	1.931	--	--	40.270	35.000
%	*3.821.839*	21,69	34,45	3,87	0,99			20,85	8,12
1980	164.617	48.194	50.817	14.296	4.024	796	1.672	19.654	25.960
%	*3.419.914*	29,27	30,86	8,68	2,44 (25,6)	(4,7)	1,01	11,94	15,77
1982	140.770	51.672	47.016	6.527	4.642	925	1.651	12.233	17.024
%	*2.987.933*	36,71	33,40	4,64	3,30 (30,2)	(5,9)	1,17	8,69	12,09
1986	177.484	71.327	60.816	6.791	5.190	1.855	1.120/1.104	17.670	13.466
%	*3.159.778*	40,19	34,27	3,83	2,92 (34,9)	(10,7)	0,63/0,62	9,95	7,60
1990	221.886	95.596	83.363	6.729	7.184	2.834	3.527	22.948	8.407
%	*3.237.776*	43,1	37,6	3,0	3,2 (37,84)	(13,15)	1,5	9,7	3,5
1994/95*	203.804	70.746	76.040	o.D.	7.377	o.D.	3.608	45.033	o.D.
%		34,71	37,80		3,62		1,76	22,10	

* Seit der Reform des Arbeiterstatuts und des Wahlmodus werden offizielle Daten nicht mehr veröffentlicht. Die Zahlen für 1994/95 wurden dem Verfasser von den CCOO zur Verfügung gestellt. Unter der Rubrik »Andere« sind alle übrigen Gewerkschaften und nichtorganisierte Delegierte zusammengefaßt.
Erläuterungen: ELA-STV (*Euzko Langilleen Alkartasuna-Solidaridad de Trabajadores Vascos* = Solidarität der Baskischen Arbeiter) und LAB (*Langile Abertzaleen Batzordeak* = Versammlung Patriotischer Arbeiter) sind zwei baskisch-nationalistische Gewerkschaften, die nur im spanischen Baskenland und Navarra kandidieren. Von 1980 bis 1990 sind in Klammern die Stimmenanteile für die baskischen Provinzen angegeben. Die Daten für »Andere« Gewerkschaften enthalten bis 1990 auch die Zahlen von LAB, da diese Gewerkschaft nicht die Repräsentativitätsgrenze von 15 % für regionale Gewerkschaften überschritt. Bei den letzten Wahlen 1994/95 soll sie dies angeblich geschafft haben.
INTG/CXTG (*Intersindical Nacional de Traballadores Galegos / Confederación Xeral de Traballadores Galegos* = Gewerkschaftsbund der Galicischen Arbeiter / Nationale Gewerkschaftszentrale der Galicischen Arbeiter) ist ein Zusammenschluß nationalistischer galicischer Gewerkschaften. Die beiden Bünde hatten sich vor den Wahlen 1986 vorübergehend gespalten und getrennt kandidiert. Bei den letzten Wahlen kandidierte die gemeinsame Liste unter dem Namen CIG (*Confederación Intersindical Galega*).
Quelle: Ministerium für Arbeit und Soziales.

Bis zur Verabschiedung des Arbeiterstatuts, einer Art Rahmengesetz individueller und kollektiver Arbeitsbeziehungen, kämpften die beiden Mehrheitsgewerkschaften um die Durchsetzung ihres jeweiligen Konzepts. Die Arbeiterkommissionen legten das Schwergewicht auf starke Betriebskomitees als einheitliche Interessenvertretungen der gesamten Belegschaft ähnlich den deutschen Betriebsräten. Sie waren aufgrund ihrer jahrelangen Untergrundarbeit in den Betrieben stärker verankert und wollten sich an die Spitze einer einheitlichen Interessenvertretung setzen. Dazu gehörte auch das personenzentrierte offene Listenwahlsystem. Die UGT wollte dagegen den Vorteil ihres renommierten Namens und des politischen Prestiges des Sozialismus nutzen und plädierte für geschlossene Listenwahlen und eine Kompetenzverlagerung von den Betriebskomitees zu den Gewerkschaftsbünden. Die UGT konnte einen Großteil ihrer Vorstellungen durchsetzen, indem sie mit dem Arbeitgeberverband das Arbeiterstatut aushandelte, welches dann von den Mehrheitsparteien im Parlament, UCD (von 1977 bis 1982 Regierungspartei) und PSOE, Gesetzeskraft erhielt. Proteste aller anderen Gewerkschaften, nicht nur der CCOO, konnten dagegen nichts mehr ausrichten. Der Arbeitgeberverband verfolgte dabei erstens das Interesse, die moderatere UGT gegenüber den radikaleren CCOO zu stärken, zweitens und vor allem, sich selbst politisch aufzuwerten. Immerhin war der Verband gerade erst gegründet worden, und dem spanischen Unternehmertum haftete noch viel franquistischer Stallgeruch an.

Auf diese Art setzte sich ein dualistisches Interessenvertretungssystem durch mit den Betriebskomitees als einheitlichen Belegschaftsorganen und den Gewerkschaften als betrieblichen wie überbetrieblichen Interessenvertretungsorganen. In Betrieben mit mehr als 50 Beschäftigten werden geschlossene Listen, in Kleinbetrieben – in Spanien gehören ca. 50% aller Beschäftigten und 98% aller Betriebe zur Kategorie der Kleinbetriebe unter 50 Beschäftigten, eine Rekordziffer innerhalb der EU[17] – offene Kandidatenlisten gewählt. Im Unterschied zu deutschen Betriebsräten haben spanische Betriebskomitees Tarifverhandlungs- und Streikrecht, allerdings wesentlich weniger Mitwirkungsmöglichkeiten. Diese beschränken sich auf Anhörungs- und Informationsrechte. Gleichzeitig haben auch die Gewerkschaften Tarif- und Streikrecht und die Möglichkeit, auf betrieblicher Ebene »Gewerkschaftssektionen« zu bilden. Diese wurden auf Initiative der UGT im Gesetz über Gewerkschaftsfreiheit festgeschrieben. Die CCOO sahen darin zuerst eine Schwächung der von ihnen protegierten Betriebskomitees, gingen dann aber zu einer positiveren Haltung über, da sie die Chance einer stärkeren gewerkschaftlichen Präsenz im Betrieb erlauben. Die Trennung zwischen gewerkschaftlicher und betrieblicher Interessenvertretung ist somit unscharf und bietet die

---

17 Vgl. Juan José Castillo: »Reestructuración productiva y organización del trabajo«, in: Miguélez / Prieto: *Relaciones* (Anm. 15), S. 23-42, hier S. 24.

Möglichkeit zu vielfältigen Kompetenzkonflikten. Auch innerhalb der Gewerkschaftsbünde ist die Aufgabenteilung häufig umstritten, zumal die Dachverbände Richtlinienkompetenz über die Branchenorganisationen haben und Tarifverhandlungsbefugnis besitzen.

Tab. 3: Tarifverträge und Streiks in Spanien

Jahr	Tarif-verträge	Unter-nehmen (1000)	Betroff. Arbeit-nehmer (1000)	Lohn-steige-rung (%)	Infla-tions-rate (%)	Streiks	Betroff. Arbeit-nehmer (1000)	Ausge-fallene Arbeits-tage (1000)
1978	1.838	637	4.629	20,59	19,8	1.128	3.864	11.551
1979	2.122	658	4.960	14,10	15,7	2.680	5.713	18.917
1980	2.564[1]	878	6.070	15,26	15,5	2.103	2.287	6.177
1981	2.694[2]	673	4.435	13,06	14,6	1.993	1.945	5.154
1982	3.385[2]	889	6.263	12,02	14,4	1.810	1.059	2.788
1983	3.655	870	6.226	11,44	12,2	1.451[2]	1.484	4.417
1984	3.796	837	6.182	7,81	11,3	1.498[2]	2.242	6.358
1985	3.834	847	6.131	7,88	8,8	1.092[2]	1.511	3.223
1986	3.790	892	6.275	8,23	8,8	914[3]	860	2.279
1987	4.112	997	6.868	6,51	5,3	1.497[3]	1.881	5.025
1988	4.096	958	6.864	6,38	4,8	1.193[3]	6.692	11.641
1989	4.302	983	6.994	7,77	6,6	1.047[3]	1.382	3.685
1990	4.595	1.038	7.624	8,33	6,7	1.231	864	2.243
1991	4.848	1.006	7.822	7,96	5,9	1.552	1.944	4.421
1992	5.010	1.055	7.922	7,27	5,9	1.296	5.170	6.246
1993	4.749	1.048	7.737	5,48	4,6	1.131	997	2.013
1994	4.429	925	7.262	3,39	4,7	890	5.428	6.255
1995	4.679	954	7.454	3,69	4,7	603	341	838

[1] Ohne Katalonien und Baskenland; [2] ohne Katalonien; [3] ohne Baskenland
Quelle: Ministerium für Arbeit und Soziales, Instituto Nacional de Estadística, Anuarios *El País*.

Das Tarifvertragswesen ist in Spanien sehr fragmentiert, da nicht nur die Gewerkschaften, sondern auch die Betriebskomitees Tarifverträge abschließen können. Oft werden Tarifverträge nur von einem Teil der verhandelnden Gewerkschaften unterschrieben, was Konflikte bei der Anwendung nach sich zieht. In der Zeit heftiger zwischengewerkschaftlicher Konkurrenz kam es mehrfach zu Streiks gegen Tarifabschlüsse von nichtunterzeichnenden Gewerkschaften. Allgemeinverbindlich ist ein Tarifvertrag automatisch dann, wenn die Unterzeichner mindestens 50% der Betroffenen vertreten. Den Mehrheitsgewerkschaften ist es inzwischen gelungen, Rahmentarifverträge für alle großen Bereiche abzuschließen, so daß die Mehrzahl der spanischen Arbeitnehmer und Arbeitnehmerinnen heute zumindest offiziell unter Tarifbedingungen arbeitet.[18] Dies ist insbesondere für die Masse der Kleinbetriebe ohne gewerkschaftliche Vertretung bedeutsam, während in den Großbetrieben meist Firmentarifverträge abgeschlossen werden. Unterlaufen wird dies allerdings in jüngster Zeit durch die voranschreitende Prekarisierung der Arbeitsverhältnisse, die Vielzahl ungeschützter, befristet Beschäftigter, die nicht in den Geltungsbereich der Tarifverträge fallen. Den Gewerkschaften ist es bislang nicht gelungen, diesen von Regierung und Unternehmern unter dem Stichwort »Flexibilisierung« vorangetriebenen Prozeß aufzuhalten. Auch der in den achtziger Jahren stark angewachsene informelle Sektor – Schätzungen gehen von über 20% des Sozialprodukts aus – entbindet einen Großteil der Wirtschaft von tarifvertraglicher Bindung.

Inhaltlich zeichnen sich die Verhandlungen durch Themenarmut aus, sind auf Lohn- und Arbeitszeitfragen konzentriert. In globalen Sozialpakten oder sektoralen Tarifverträgen auf nationaler Ebene ausgehandelte weitergehende Inhalte werden nur in wenigen Betrieben konkretisiert und umgesetzt. Vor allem aber blockierten sich die Gewerkschaften gegenseitig. Die UGT versuchte, den politischen Aufstieg des PSOE zu nutzen und sich als verantwortungsvolle Verhandlungsgewerkschaft gegenüber den radikaler und streikfreudiger auftretenden CCOO zu profilieren. Auch um die betriebliche Schwäche und geringe Mobilisierungskapazität zu überdecken, verfolgte sie eine Strategie globaler Sozialpakte mit dem Arbeitgeberverband unter partieller Beteiligung der Regierung. Die CCOO, häufig unterstützt von kleineren Gewerkschaften, mobilisierten und streikten überall dort gegen die Paktinhalte, wo sie sich stark genug fühlten. Unter diesen Bedingungen konnte sich lange Zeit kein stabiles Tarifverhandlungssystem herausbilden. Konjunktureller Druck (z.B. der Konsenszwang infolge der politischen Krise um den Putschversuch 1981) und das Scheitern vieler Gegenmobilisierungsversuche brachten die CCOO später zumindest vorübergehend wieder an den Verhandlungstisch.

---

18   Aktuelle Schätzungen gehen von 70-75% aus, was auch den Daten in Tab. 3 entspricht; vgl. Eduardo Gutiérrez / Rosario Morillo / Jorge Aragón: »Spain«, in: European Trade Union Institute: *Collective Bargaining in Western Europe 1985-1995*. Brüssel 1996, S. 221-237, hier S. 231; eine höhere Zahl gibt Josep González-Calvet: »Arbeitsmarkt, Wettbewerbsfähigkeit und Europäische Währungsunion: Das Beispiel Spanien«, in: Otto Jacoby / Philippe Pochet (Hgg.): *Gemeinsamer Währungsraum – Fragmentierter Lohnraum?* Düsseldorf 1996, S. 125-143, mit 85% an (S. 126); zur Fragmentierung der Tarifverhandlungen vgl. auch International Labour Organisation: *Situación sindical y relaciones laborales en España*. Genf 1985 (in mehreren Sprachen erhältlich).

Tab. 4: Inhalte und Daten zu den Sozialpakten der *transición*

Jahr	Abkommen Unterzeichn.	Lohn-band	Lohn-erhöhung	Inflat.-rate	Streik-tage (1000)	Vereinbarungen
1977	--		25%	24,5%	16.642	
1978	Moncloa Regierung parlament. Parteien	20-22%	20,6%	15,8%		– Konsolid. der Demokratie – Gewerkschaftsrechte – gewerk. Beteiligung in öff. Gremien – Arbeitsmarkt-, Beschäftigungs-, Steuerpolitik – Lockerung des Kündigungsschutzes
1979	--		14,1%	15,7%	18.917	
1980	AMI UGT CEOE	13-16%	15,3%	15,5%	6.178	– Gewerkschaftsrechte im Betrieb – Regulierung der Tarifpolitik – Arbeitszeitverk., Überstundenabbau – Schaffung von neuen Arbeitsplätzen
1981	--	11-15%	13,1%	14,6%	5.154*	
1982	ANE Regierung UGT CCOO CEOE	9-11%	12,9%	14,4%	2.787*	– Konsolidierung der Gewerkschaften: Beteiligung in öff. Gremien Gewerkschaftsvermögen (geheime Subvent.) Gewerkschaftsrechte im Betrieb – Arbeitsmarkt-, Beschäftigungspolitik – Arbeitszeitverk., Überstundenabbau – neue Formen von Arbeitsverträgen
1983	AI UGT CCOO CEOE	9,5-12,5%	11,4%	12,2%	4.417*	– Gewerkschaftsrechte im Betrieb – gewerk. Beteiligung in öff. Gremien – Arbeitszeitverk., Überstundenabbau – Arbeitsmarkt-, Beschäftigungspolitik – Leistungsverbesserung der Arbeitslosenvers.
1984	--		7,8%	11,3%	6.358*	
1985/86	AES Regierung UGT CEOE	5,5-7,5%	7,9%	8,8%	2.803*	– gewerk. Partizipation in INI-Unternehmen – historisches Gewerkschaftsvermögen – Arbeitsmarkt-, Beschäftigungs-, Steuerpolitik – Arbeitszeitverk., Überstundenabbau – weitere Formen von Arbeitsverträgen

* Ohne Katalonien
Erläuterungen:
AMI: *Acuerdo Marco Interconfederal* (Zwischenverbandliches Rahmenabkommen)
ANE: *Acuerdo Nacional sobre Empleo* (Nationales Abkommen über Beschäftigung)
AI: *Acuerdo Interconfederal* (Zwischenverbandliches Abkommen)
AES: *Acuerdo Económico y Social* (Wirtschafts- und Sozialabkommen)
Quelle: Führer-Ries 1991, S. 292f. (mit eigenen Korrekturen).

In der Literatur kam es infolge der dicht aufeinanderfolgenden zentralen Pakte zwischen 1977 und 1986 zu einer ausgiebigen Debatte um einen spanischen (Neo-)»Korporatismus«, d.h. eine stabile Form tripartistischer Interessenaushandlung zwischen dem Staat und den Spitzenverbänden der Arbeitnehmer und Arbeitgeber. Mit dem Ende der Pakte ist es auch um diese Debatte still geworden.[19] Die zentralen Pakte entsprachen in vieler Hinsicht nicht den stabilen Korporatismen anderer europäischer Länder (z.B. Österreich), erfüllten jedoch eine moderierende Funktion bei der Konsolidierung der Demokratie und der sozialen Bewältigung der Folgen der Wirtschaftskrise.

Eine wichtige Rolle spielten die Pakte auch bei der Ausgestaltung der industriellen Beziehungen im nachfranquistischen Spanien. Neben Lohnleitlinien wurden auch wirtschafts- und sozialpolitische Maßnahmen, gewerkschaftliche Vertretungsrechte im Betrieb und in öffentlichen Institutionen und viele individuelle Arbeitnehmerrechte vereinbart. Seit Mitte der achtziger Jahre, als die industriellen Beziehungen konsolidiert waren und die Beziehungen zwischen Regierung und Gewerkschaften sich verschlechterten, kam es zu keinen Sozialpakten mehr. Bezeichnenderweise sind die Sozialparteien ohne den Referenzpunkt Regierung kaum in der Lage, zu eigenständigen bilateralen Sozialpakten zu kommen. Der in der spanischen Verfassung vorgesehene Wirtschafts- und Sozialrat, ein tripartistisches Planungsgremium für die Wirtschafts- und Sozialpolitik, wurde zwar inzwischen 1992 offiziell eingerichtet, kann aber noch keine greifbaren Ergebnisse vorweisen. Da seine Vereinbarungen nur konsultativen und keinen bindenden Charakter haben und die beteiligten Parteien chronisch zerstritten sind, wird er zur Zeit von keiner Seite sonderlich ernstgenommen.

Die Praxis der Interessenvertretung wurde wesentlich durch den zwischengewerkschaftlichen Konkurrenzkampf, die relative Unerfahrenheit der Verhandlungsparteien, die schwache betriebliche Verankerung der Gewerkschaften und deren Form der »Politisierung« als Juniorpartner der Referenzparteien bestimmt. Untersuchungen zufolge sind Gewerkschaften nur in weniger als 20% aller Betriebe an den Entscheidungen beteiligt, und in der Mehrzahl der Unternehmen finden nicht einmal Betriebskomitee- oder Personaldelegiertenwahlen statt. Der Anteil der an Betriebskomiteewahlen teilnehmenden Beschäftigten an der Gesamtheit der abhängig Beschäftigten schwankte bislang zwischen 50% und 59%.[20] Die

---

19 Zur Korporatismusdebatte und zur Geschichte der Sozialpakte in Spanien vgl. Ángel Zaragoza (Hg.): *Pactos sociales, sindicatos y patronal en España*. Madrid 1988; Roland Schütz / Regina Konle-Seidl: *Arbeitsbeziehungen und Interessenrepräsentation in Spanien: vom alten zum neuen Korporatismus?* Baden-Baden 1990; Manuel Pérez Yruela / Salvador Giner (Hgg.): *El corporatismo en España*. Barcelona 1988; zusammenfassend Holm-Detlev Köhler: *Spaniens Gewerkschaftsbewegung* (Anm. 1), S. 25ff. u. 158ff.

20 Vgl. Rodolfo Gutiérrez: *La representación sindical: Resultados electorales y actitudes hacia los sindicatos*. Doc. 072/1994, Facultad de CC. Económicas y Empresariales, Universidad de Oviedo.

kleinen und mittleren Betriebe bilden häufig gewerkschafts- und vertretungsfreie Räume.

Das unter der PSOE-Regierung 1985 nach langem Verfassungsstreit[21] und gegen den Protest aller anderen Gewerkschaften in Kraft getretene Gesetz über Gewerkschaftsfreiheit zementierte das UGT-Modell gewerkschaftlicher Interessenvertretung. Mit dem Konzept der »repräsentativsten Gewerkschaften«[22] werden die beiden großen Gewerkschaften hinsichtlich der Tarifverhandlungsrechte, der Beteiligung an staatlichen Institutionen und der Subventionierung durch staatliche Gelder bevorzugt. Darüber hinaus werden die betrieblichen Gewerkschaftssektionen und gewerkschaftlichen Vertrauensleute neben den Betriebskomitees als offizielle Vertretungsorgane gesetzlich verankert. Die überragende Bedeutung der Betriebskomitee-Wahlen weit über die betriebliche Interessenvertretung hinaus (Tarifrechte, Mitbestimmung in öffentlichen Organen, staatliche Förderung) begründet die Bezeichnung des »repräsentativen« Gewerkschaftsmodells (*voters trade unionism*) in Spanien gegenüber einem »Mitgliederorganisations-Modell« (*members trade unionism*) in anderen Ländern.[23] Die Vertretungsrechte gründen sich auf Wählerstimmen und nicht auf eine reale Organisationsbasis. Auch die Wahlkämpfe erinnern von der Art und Qualität stark an politische Parteiwahlen, was dem Prestige der Gewerkschaften nicht förderlich ist.

Die Reform des Arbeiterstatuts 1994 verlängerte die Wahlperiode für Betriebskomitees und Vertrauensleute von zwei auf vier Jahre und gab den Mehrheitsgewerkschaften, die darüber erneut ihre Position gegenüber den kleineren Konkurrenten festigten, eine weitgehende Autonomie über Zeitpunkt und Durchführung der Wahlen. Der nationale Wahlkampfcharakter wurde dadurch deutlich abgeschwächt.

Damit lassen sich die wichtigsten Merkmale des spanischen Gewerkschaftsmodells, welches die meisten Gemeinsamkeiten mit dem auch in Italien und Frankreich vertretenen *political unionism* aufweist, zusammenfassen: konkurrierende, politische Richtungsgewerkschaften; ein vages, wenig geregeltes kollektives Arbeitsrecht; eine konkurrierende Doppelstruktur der Interessenvertretung mit den Betriebskomitees als einheitlichen Vertretungsorganen auf Betriebsebene und den

---

21 Das Verfassungsgericht untersagte einen von der UGT eingebrachten Passus im Gesetz, der eine Zwangsabgabe aller durch einen Tarifvertrag Begünstigten an die verhandelnden Gewerkschaften unabhängig von der Mitgliedschaft vorsah.
22 Die repräsentativsten Gewerkschaften sind diejenigen, die spanienweit bei Betriebskomitee-Wahlen mehr als 10% der Delegierten erreichen. Regionale Gewerkschaften müssen in ihrem Gebiet 15% der Delegierten erzielen. Für alle anderen sind die Vertretungsrechte auf den unmittelbaren Wirkungskreis (Betrieb, Sektor) begrenzt.
23 Vgl. Miguel Martínez Lucio: »Spain: Constructing institutions and actors in a context of change«, in: Anthony Ferner / Richard Hyman (Hgg.): *Industrial Relations in the new Europe*. Oxford / Cambridge MA 1992, S. 482-523.

Gewerkschaften auf betrieblicher wie überbetrieblicher Ebene; Fragmentierung und Inhaltsarmut der Tarifverhandlungen; hohe Streik- und Mobilisierungsbereitschaft bei schwach ausgeprägten Organisationsstrukturen.

4. Die Arbeitsbeziehungen im Zeitalter von EU-Mitgliedschaft und neoliberalen Reformen

Die lange sozialistische Regierungsphase in Spanien (1982-1996) wies wenige Elemente typisch sozialdemokratischer Herrschaft auf; sie paßte sich vor allem in wirtschafts- und sozialpolitischen Angelegenheiten eher in das Bild neoliberaler Restrukturierung vieler westeuropäischer Länder ein. Dies zeigt sich gerade auch in der Arbeitsmarktpolitik und dem Verhältnis zu den Gewerkschaften. Symbol für die wachsende Kluft zwischen Gewerkschaften und Regierung waren drei Generalstreiks (14.12.1988, 28.5.1992, 27.1.1994) gegen Reformgesetze, die vor allem die Deregulierung des Arbeitsmarktes, Sozialkürzungen und ein restriktives Streikgesetz vorsahen.

Tab. 5: Wirtschaftswachstum und Arbeitslosigkeit

	1976	1977	1978	1979	1980	1981	1982	1983	1984	1985
BIP (%)	3,0	3,3	1,5	0,1	1,3	-0,2	1,2	1,8	1,9	2,2
Arbeitsl.	4,7	5,3	7,1	8,7	11,5	14,4	16,2	17,7	20,6	21,9
Jug.arbl.	11,3	14,1	18,9	23,0	29,8	36,5	40,5	44,1	48,8	50,2

	1986	1987	1988	1989	1990	1991	1992	1993	1994	1995
BIP (%)	3,3	5,5	5,0	4,8	3,6	2,2	0,8	-1,2	2,1	2,8
Arbeitsl.	21,5	20,5	19,4	17,3	16,3	16,3	18,4	22,7	24,1	22,9
Jug.arbl.	48,2	45,4	41,5	35,5	33,0	32,8	35,7	47,1	45,3	42,4

Erläuterungen: Die Daten zur Arbeitslosigkeit entstammen der Umfrage zur Erwerbsbevölkerung EPA (Encuesta de Población Activa), die beim Arbeitsamt INEM registrierte Arbeitslosigkeit liegt um sechs bis acht Prozentpunkte niedriger, da sich viele nicht arbeitslos melden.
Quelle: Anuarios *El País*.

Die sozialistische Regierung, der man mit vielen Erwartungen begegnete, stand nach der Regierungsübernahme 1982 vor der Wahl, einen regional und sozial ausgewogenen Entwicklungspfad zu suchen – auch auf die Gefahr hin, daß die wenigen weltmarktfähigen Sektoren den Anschluß verlieren – oder diese Spitzensektoren zu fördern und dabei die konkurrenzschwachen Industrien einem vernichtenden Wettbewerb auszusetzen. Verbunden mit der forcierten EG-Integration bis hin zu den verbissen angestrebten Konvergenzkriterien von Maastricht zum Beitritt zur Europäischen Währungsunion wählte sie einen klassisch neoliberalen Weg aus Hochzins-, Deregulierungs- und arbeitsplatzvernichtender Sanierungspolitik.[24] Folgen dieser Politik waren eine rasante Krisenverschärfung, Rekordarbeitslosigkeit und eine Tendenz zum »Casino-Kapitalismus«, zur Ausnutzung kurzfristiger Zins- und Spekulationsgewinne.

Das ausländische Kapital nahm die staatlich geförderte Einladung zur Eroberung zukunftsträchtiger Konsummärkte, zu Immobilien- und Wertpapierspekulation in der zweiten Hälfte der achtziger Jahre an. Die traditionellen spanischen Altindustrien (Textil, Stahl, Werften, Bergbau), Zentren gewerkschaftlicher Macht, wurden dagegen einem brutalen, noch andauernden Schrumpfungsprozeß unterzogen. Entwicklungsschwache Agrargebiete West- und Zentralspaniens blieben vom Modernisierungsprozeß abgekoppelte Armuts- und Emigrationsregionen. Die traditionellen Spaltungen wurden im Verlauf der Krise und des Strukturwandels weiter verschärft. Dies änderte sich auch während der konjunkturellen Erholung in der zweiten Hälfte der achtziger Jahre nicht. Die Gewerkschaften sahen sich angesichts dieser Entwicklung einer schwindenden Organisationsbasis und Verhandlungsmacht gegenüber. Die gesellschaftlichen Spaltungstendenzen drohen sie zu Verteidigungsorganisationen eines schrumpfenden industriellen Kerns zu machen, für den sie kaum mehr als erträgliche Sozialpläne erkämpfen können.

Die Annäherungen zwischen UGT und CCOO – eine Konsequenz davon ist die Aufnahme der CCOO in den Europäischen Gewerkschaftsbund 1991 – sowie der Bruch im sozialistischen Lager vollzogen sich über mehrere Jahre unter harten Konflikten. Spätestens bei Betriebskomitee-Wahlen war das gewerkschaftliche Aktionsbündnis gefährdet, hagelte es Betrugsvorwürfe und Anfeindungen. Die Reform von 1994 sollte gerade auch diesen Konfliktherd eines auf Wahlrepräsentation zielenden Systems lindern. Aber auch bei Tarifverhandlungen kommt es immer wieder zu Abschlüssen einer Gewerkschaft gegen den Protest der anderen.

Der Bruch zwischen UGT und PSOE, zwei seit über 100 Jahren eng verwobenen Organisationen, hinterließ tiefe Wunden auf beiden Seiten. Gemeinsame Kommissionen wurden aufgelöst, Abgeordnetenmandate niedergelegt, kom-

---

24 Das britische Wirtschaftsmagazin *The Economist* vom 11.2.1989 kommentierte dazu treffend: »Thanks to Spain's peculiar circumstances, its efforts to rein in public spending and bring down inflation make the government look somewhat to the right of Mrs. Thatcher's. She and other European conservatives inherited several decades of commitment to a welfare state. Mr. González inherited the fruits of a right-wing dictatorship. Welfare provision in Socialist Spain was, and is, a long way short of what it is in Conservative Britain. The effect of a standstill in the extension of welfare is to sustain far greater inequality than in most other developed countries«.

plette Kreisvorstände abgesetzt, unzählige Kritiker stillgestellt. Der von allen Gewerkschaften und Hunderten oppositioneller Gruppen getragene Generalstreik vom 14. Dezember 1988 gegen die Wirtschafts- und Sozialpolitik der Regierung wirkte dabei wie ein disziplinierender Katalysator für beide Organisationen. Es dauerte bis zum Februar 1997 – der PSOE war inzwischen in der Opposition –, daß sich nach zehn Jahren Stille zum ersten Mal offiziell die Vorstände von UGT und PSOE in einer Atmosphäre versammelten, die jegliche Familiarität des gemeinsamen Jahrhunderts verloren hatte.

Generell offenbarte sich in diesen Auseinandersetzungen eine strukturelle Asymmetrie zwischen Partei und Gewerkschaft. Die Partei an der Regierung hat nicht nur das Normgebungsrecht, sondern kontrolliert den Staatsapparat, die öffentlichen Mittel und einen erheblichen Teil der Medien. Regierungsmitglieder verfügen in der Öffentlichkeit über einen Legitimitätsvorsprung als gewählte Gemeinwohlrepräsentanten. Als Gewaltapparat steht ihnen die Polizei zur Verfügung, während gewerkschaftliche Streikposten kriminalisiert werden. Umgekehrt braucht die Partei keine mobilisierungsbereite Basis, sondern nur willfährige Beamte, muß keine Interessen organisieren und zusammenfassen. Den Überläufern kann sie außer Parteiämtern hohe Verwaltungsposten anbieten, während bei den Gewerkschaften nur wenige, mäßig bezahlte Organisationssekretäre ohne großes Prestige winken. Angesichts dieser Ungleichgewichte ist der bescheidene Erfolg des »14-D« und der konsequente Strategiewandel der UGT unter schwierigen, an der Existenz nagenden Bedingungen hoch einzuschätzen.

Das UGT-Modell einer regierungsnahen, auf globale Sozialpakte orientierten Gewerkschaft scheiterte an der neoliberalen Realität sozialistischer Regierungspraxis. 1984 kam es zum letzten tripartistischen Sozialpakt, dessen Inhalte, wie so oft, weder von der Regierung noch von den Unternehmern eingehalten wurden. Gleichzeitig untergruben die Politik des Arbeitsplatzabbaus in der staatlichen Schwerindustrie und die Deregulierung des Arbeitsmarktes die gewerkschaftliche Organisationsbasis. Die UGT wurde zu einem Strategiewandel gezwungen. Umgekehrt mußten sich die CCOO, schwer angeschlagen durch interne Fraktionskämpfe und den Niedergang der Kommunistischen Partei, ebenfalls ihre Schwäche eingestehen. Der Organisationsgrad in der spanischen Arbeitnehmerschaft war mittlerweile auf ca. 10% gesunken. In dem Maße, wie sich die UGT vom PSOE löste, kam es zu einem Annäherungsprozeß zwischen den beiden Mehrheitsgewerkschaften. Diese Konstellation sollte die Arbeitsbeziehungen ab 1986 bestimmen. Die Gewerkschaften wurden zur einzig verbliebenen sozialen Protestpartei in einem entpolitisierten, sozialistisch-neoliberal regierten Staat.

Generell hängt der politische Einfluß der Gewerkschaften von zwei Faktoren ab: von der Beziehung zur Regierung/Regierungspartei und der eigenen Stärke. Bei zunehmender Gegnerschaft zur PSOE-Regierung sind die Gewerkschaften immer ausschließlicher auf die eigene Stärke angewiesen. Zu diesem Zweck organisierten sie 1988, 1992 und 1994 drei Generalstreiks, und auch in einigen Regionen Spaniens, insbesondere den nördlichen Industrieregionen Asturien und Baskenland, kam es in letzter Zeit zu Generalstreiks gegen die Wirtschafts- und Sanierungspolitik. Ausdruck der gestiegenen Distanz zwischen den Gewerkschaften und den politischen Institutionen ist auch die Tendenz zu Unvereinbarkeitsbeschlüssen, die Gewerkschaftsfunktionären die gleichzeitige Ausübung eines politischen Amtes untersagen.

Der Strategiewandel der Mehrheitsgewerkschaften konnte zwar die strukturellen Probleme und politischen Schwierigkeiten kaum beeinflussen, trug jedoch zu einer Konsolidierung der Verbände bei. Eine abgestimmte Tarifpolitik und die Bündelung der Unzufriedenheit mit den Folgen der neoliberalen Politik stoppte den Mitglieder- und Ansehensverlust der Gewerkschaften.[25] Diese positive Tendenz wurde allerdings durch die Skandale um die gewerkschaftseigenen Unternehmen der UGT zu Beginn der neunziger Jahre wieder abgeschwächt, womit auch die Wählerwanderung bei den letzten Betriebskomitee-Wahlen zu erklären ist (siehe Tab. 2).

Man muß den spanischen Gewerkschaften in dieser schwierigen Lage zugute halten, daß sie – wenn auch nach zu langem Zögern – erfolgreiche Reorganisationsversuche gestartet haben. Dabei sind vier Veränderungen gegenüber der *transición* hervorzuheben:

1) Die Gewerkschaften haben sich weitgehend von ihren Referenzparteien gelöst, ordnen sich nicht mehr parteipolitischen Strategien unter.
2) Die Gewerkschaften wurden zum organisatorischen Referenzpunkt für vielfältige, verstreute soziale Oppositionsbewegungen (Schüler, Studenten, Rentner, Frauen, Arbeitslose, Ausländer, Bürger-, Friedens-, Umweltschutzgruppen...). Das Fehlen oppositioneller politischer Organisationen mit integrativer Kraft und die antigewerkschaftliche Politik drängten die Gewerkschaften in diese Rolle einer sozialen Oppositionspartei, in der sie neue Impulse von anderen gesellschaftlichen Gruppen erhalten. Ihre punktuelle Mobilisierungskapazität wird dabei gestärkt, die organisatorischen Probleme werden darüber allerdings kaum gelöst.
3) Im Bewußtsein der Schwäche, Defensive und parteipolitischen Unabhängigkeit kam es zu zwischengewerkschaftlichen Annäherungen mit einer inzwischen relativ stabilen Aktionseinheit sowohl auf Tarifverhandlungs- wie auf politischer Ebene.
4) Die Gewerkschaften konnten den dramatischen Mitgliederverlust der achtziger Jahre stoppen und ihr gesellschaftliches Ansehen verbessern.

---

25 Vgl. Rodolfo Gutiérrez: *La representación* (Anm. 15).

5. Ausblick

Der Austeritätsdruck und der wirtschaftliche Strukturwandel werden die verbleibenden neunziger Jahre in Spanien ebenso weiter bestimmen wie der Trend zur Deregulierung des Arbeitsmarktes und zur Individualisierung der betrieblichen Beschäftigungsverhältnisse. Die internationalen Rahmenbedingungen haben sich zu Beginn der neunziger Jahre zuungunsten Spaniens verändert, was den von ausländischen und öffentlichen Investitionen getragenen Boom der späten achtziger Jahre in eine Rezession münden ließ. Asiatische und vor allem mitteleuropäische Investitionsstandorte erweisen sich vielfach als attraktiver. Von den zur Zeit abgeschlossenen Arbeitsverträgen sind ganze 3,69% (Daten vom Januar 1997) unbefristet und 70% haben eine Dauer von weniger als drei Monaten (vgl. *El País*, 15.2.1997 u. 24.1.1997). Die Spaltung des Arbeitsmarktes in privilegierte ältere männliche Beschäftigte mit festen Arbeitsverträgen aus früheren Zeiten und prekär Beschäftigte, oft junge qualifizierte Arbeitskräfte setzt sich fort, ohne daß dadurch das Arbeitslosenproblem gemindert würde. Die Relation zwischen Qualifikation, Arbeitsplatzsicherheit und Vergütung ist in Spanien auf ungerechte Weise ausgehebelt.[26] Umgekehrt wird den Betrieben keinerlei Anreiz für qualifizierende längerfristige Investitionen gegeben, sondern billiges Personal in unbegrenztem Ausmaß zur Verfügung gestellt.

Die neue konservative Regierung des *Partido Popular* PP (Volkspartei) unter José María Aznar setzt in dieser Hinsicht konsequent die Politik der Sozialisten fort. »Maastricht«, d.h. die Erfüllung der Konvergenzkriterien für den Beitritt zur Währungsunion, und der Wunsch, zum engen Kreis der führenden europäischen Wirtschaftsnationen zu gehören, ist in Spanien zum Zauberwort geworden, in dessen Namen noch viele Privatisierungen, Schließungen und Haushaltskürzungen erfolgen werden, die eher ein Gefühl von ohnmächtiger Enttäuschung als die Suche nach politischen Alternativen befördern. Die sich verschärfende Rezession in Verbindung mit dem Austeritätsdiktat der Wirtschafts- und Währungsunion läßt kaum Handlungsspielräume für eine sozialere, gewerkschaftsfreundlichere Politik.

---

26 Víctor Pérez-Díaz / Juan Carlos Rodríguez: »Inertial choices: An overview of Spanish Human Resources, practices and politics«, in: Richard Locke / Thomas Kochan / Michael Piore (Hgg.): *Employment relations in a changing world economy*. Cambridge / London 1995, S. 165-196, hier S. 176f., sprechen von einer ausgeprägten Dreispaltung des Arbeitsmarktes in einen Kern Festangestellter mit Tarifbedingungen, einen Sektor mit unsicheren Arbeitsplätzen, aber regulierten Bedingungen, und die Schattenwirtschaft, deren Anteil an der Gesamtbeschäftigung zwischen 22% und 30% oszilliert. Als vierter sozialer Sektor kommen die Dauerarbeitslosen und Frührentner hinzu, deren Anteil im vergangenen Jahrzehnt enorm angestiegen ist. Vgl. auch Rodolfo Gutiérrez / Holm-Detlev Köhler: *Nuevos sistemas de producción y estrategias empresariales de recursos humanos: un estudio de casos*. Área de Sociología de la Universidad de Oviedo, Doc. de Trabajo, 1997.

Hinsichtlich der Arbeitsbeziehungen müssen die Sozialparteien neben den immer dezentraler ausgehandelten Tarifverträgen weitere Arbeitsmarktreformen und die Ersetzung der vielen noch aus der Franco-Zeit stammenden *ordenanzas laborales*, detaillierte staatliche Vorgaben über Berufskategorien, Arbeitsplatzbewertungen und betriebliche Organisationsstrukturen verhandeln. Immerhin zeigen sich dabei wie auch bei dem Abkommen über außergerichtliche Schlichtung von Arbeitskonflikten, das von den Gewerkschaften UGT und CCOO sowie dem Arbeitgeberverband CEOE im Januar 1996 unterzeichnet wurde, Ansätze für ein autonomes, nicht regierungsgesteuertes Verhandlungswesen. Seine Tragweite muß sich in der Zukunft erweisen.

Tab. 6: Gewerkschaftlicher Organisationsgrad ausgewählter Länder der EU

	Spanien	Italien	Deutschl.	Schweden	Großbrit.	Frankreich
1965		28,5	30,0		43,2	
1970		38,5	30,0	71,5	48,5	22,3
1980	12,5	49,3	35,6	80,0	50,7	17,5
1985	13,2	42,0	35,3	84,8	45,5	14,5
1990	16,0	38,8	32,9	84,2	39,1	9,5
1992	20,5	38,8	31,8	90,5	37,2	8,8
1996*	20,0	35,0	30,5	90,0	33,0	9,0

* Schätzungen aufgrund der Angaben der Gewerkschaften
Quelle: Holm-Detlev Köhler: »Las relaciones laborales españolas en el marco europeo«, in: Faustino Miguélez / Carlos Prieto (Hgg.): *Las relaciones de empleo en España*. Madrid 1997.

Die Zukunft der spanischen Gewerkschaften gibt wenig Anlaß zu Hoffnung. Im internationalen Vergleich ähneln sie am meisten den französischen Gewerkschaften, in Richtungsgewerkschaften gespalten, auf den öffentlichen Sektor konzentriert bei insgesamt niedrigem Organisationsgrad, durch staatliche Garantien institutionell gestützt und mit erheblichen organisatorischen und finanziellen Defiziten belastet.[27] Frauen, Jugendliche, prekär Beschäftigte, Angestellte, Klein- und Mittelbetriebe sind kaum organisiert. Die Abhängigkeit von staatlichen Subventionen für den sehr bescheidenen Gewerkschaftsapparat bildet eine gefährliche Flanke für zukünftige Angriffe seitens der Regierung. In den modernen großindustriellen Sektoren macht sich das supranationale Organisationsdefizit der europäischen Gewerkschaftsbewegung bemerkbar, da diese Betriebe in Spanien allesamt Filialen

---

27 Vgl. Holm-Detlev Köhler: »Las relaciones laborales españolas en el marco europeo«, in: Faustino Miguélez / Carlos Prieto (Hgg.): *Las relaciones de empleo en España*. Madrid 1997; Miguel Martínez Lucio: »Spain« (Anm. 23), S. 502f.

multinationaler Konzerne sind. Hier stehen spanische Gewerkschaften und Betriebskomitees oft gegen ausländische Kollegen, müssen sich dem Standortpoker der Konzernleitungen beugen und beispielsweise den Dreischichtbetrieb in Automobilunternehmen hinnehmen. Die bislang nur vereinzelt eingeführten »postfordistischen« Produktionsmethoden wie *lean-production* und »Human Resource Management«[28] treffen die spanischen Gewerkschaften, Betriebskomitees und Belegschaften noch völlig unvorbereitet. Auf der Positivseite stehen dem weiterhin beachtliche Mobilisierungserfolge gegenüber, die eine große Kluft zwischen der Bereitschaft zur Mitgliedschaft und der zur Befolgung von Streik- und Protestaufrufen in der spanischen Arbeitnehmerschaft belegen.

Zunehmend problematisch wird die Konzentration gewerkschaftlicher Aktivitäten auf den öffentlichen Sektor, die großen staatlichen Industriebetriebe und den öffentlichen Dienst. Diese werden von den Gewerkschaften gegen drohende Schließungen, Privatisierungen und Sparmaßnahmen verteidigt, während in zukunftsträchtigeren Sektoren die gewerkschaftliche Präsenz eher flau ist. Zwei weitere Strukturprobleme der spanischen Gewerkschaftsbewegung zeigen sich in dem ungebrochenen Trend zur Bildung autonomer regionaler Gewerkschaften und unabhängiger Berufsverbände. Im Baskenland hat sich mit der radikal-patriotischen LAB eine zweite nationalistische Gewerkschaft etabliert, doch nicht nur hier und in Galicien, sondern auch auf den Kanaren und in einigen anderen peripheren Regionen gibt es inzwischen mehr oder weniger starke Embrione regionalistischer Gewerkschaftsbünde. Andere Regionalverbände wie die katalanische Gliederung der Arbeiterkommissionen CONC (*Comisión Obrera Nacional de Catalunya*) betonen zunehmend ihre Unabhängigkeit gegenüber dem Dachverband.

Doch nicht nur von außen, auch von internen Flügel- und Machtkämpfen droht den Gewerkschaften eine schwierige Zukunft. Beide Dachverbände haben den Führungswechsel von der Generation um die charismatischen Führungspersönlichkeiten Marcelino Camacho (CCOO) und Nicolás Redondo (UGT) noch nicht überwunden. Ihre Nachfolger Antonio Gutiérrez (CCOO) bzw. Cándido Méndez (UGT) kämpfen seit Beginn ihrer Amtszeit gegen starke interne Oppositionsgruppen und sind in zum Teil unsaubere Machtspiele verstrickt. Bei den Arbeiterkommissionen ist der 1987 zurückgetretene Camacho selbst zu einem Anführer gegen seinen von ihm ursprünglich geförderten Nachfolger geworden, dem er Verrat an den kämpferischen Traditionen und Prinzipien der Organisation vorwirft. Der

---

28 Unter diesen Labels findet seit Jahren eine Restrukturierung betrieblicher Organisation statt mit der Einführung von Teamwork, Qualitätszirkeln, flexiblen leistungsabhängigen Entlohnungssystemen, auftragsangepaßten Arbeitszeitregelungen, »just-in-time«-Lieferbeziehungen etc. Die Literatur zu diesem Thema ist ausufernd. Nützliche Einführungen in deutscher Sprache bieten Boy Lüthje / Christopf Scherrer (Hgg.): *Jenseits des Sozialpakts*. Münster 1993; Bruno Cattero u.a.: *Zwischen Schweden und Japan*. Münster 1995; für die Debatte in Spanien empfiehlt sich die Konsultation der Zeitschrift *Sociología del Trabajo*.

»kritische« radikale Sektor kontrolliert mehrere Regionalverbände und bedroht die fortschreitende Annäherung an die UGT. Dort wiederum gibt es einen kleinen Sektor, der sich um eine Wiederversöhnung mit dem PSOE bemüht und der Aktionseinheit mit den CCOO skeptisch gegenübersteht. Er wäre nicht sehr bedeutend, wäre es nicht bei der Nachfolge Redondos im Vorfeld des 36. UGT-Kongresses 1994 zum offenen Kampf zwischen dem designierten Nachfolger Méndez und dem mächtigen Herausforderer Manuel Fernández »Lito«, dem Vorsitzenden des Metallverbandes, gekommen. Seither sind auf UGT-Kongressen Streitigkeiten und knappe Kampfabstimmungen zur Regel geworden. Neben persönlichen Machtambitionen spielen hier organisatorische Fragen wie die Kompetenzverteilung zwischen Industrie- und Dachverbänden eine Rolle.

Die Mobilisierungen der vergangenen Jahre, insbesondere die wenig erfolgreichen Generalstreiks 1992 und 1994, zeigen, daß es auf Dauer unmöglich ist, eine Gewerkschaftsstrategie allein auf Mobilisierungen zu bauen. Generalstreiks für so schlichte Ziele zu führen wie die Regierung zu Verhandlungen mit den Gewerkschaften über sie betreffende Maßnahmen bei begrenzten Spielräumen zu veranlassen, überfordert die gewerkschaftliche Gefolgschaft. Die angestrebte »soziale Wende« in der Politik konnte jedenfalls nicht erreicht werden. Dauernde Mobilisierungen sind nur in altindustriellen Krisenregionen wie Asturien und dem Baskenland durchzuhalten, wo Wut und Alternativlosigkeit die dortige Bevölkerung seit Jahren zu einem heftigen Verteidigungskampf gegen die radikale Sanierungspolitik treiben. Generell müssen die spanischen Gewerkschaften dazu kommen, ihre noch vorhandene Mobilisierungskapazität in dauerhafte, institutionalisierte Verhandlungsmacht umzusetzen und diese auch für bisher unterbelichtete Bereiche und Sektoren zu nutzen. Wie die Defizite auf organisatorischer und supranationaler Ebene überwunden werden können, steht derzeit allerdings noch in den Sternen.

III

Zum Wandel in der Gesellschaft

Roland Ostermann

Transition und sozialer Umbruch

1. Vorbemerkung

Resümiert man in knappen Worten die vorläufigen Ergebnisse der neueren, soziologisch ausgerichteten Transitionsforschung vor allem im Hinblick auf Osteuropa und die ehemalige DDR, so läßt sich die These formulieren, daß Gesellschaften im Übergang von einer Diktatur zur Demokratie in verstärktem Maße den Folgen sozialer Desintegration und sozialer Anomie ausgesetzt sind.[1] In allen Ländern des ehedem kommunistischen Herrschaftsbereichs kommt es gegenwärtig unabhängig vom jeweiligen Verlauf und den konkreten Ausformungen politischer und wirtschaftlicher Transformationsprozesse zu einer rapiden Zunahme von Korruption, Kriminalität, Drogenmißbrauch und Rauschgifthandel, um nur die augenfälligsten sozialen Folgeerscheinungen zu nennen. Während sich der institutionelle Wandel in Politik und Wirtschaft erstaunlich rasch und weitgehend gewaltfrei vollzieht, nehmen soziale Konflikte und Spannungen zu. Mögen Ursachen, Ausmaß und Intensität dieser Entwicklungen auf dem Hintergrund kultureller, sozioökonomischer und politischer Besonderheiten der jeweils betroffenen Länder auch variieren, der gegenläufige Trend von politischer Stabilisierung und sozialer Entstabilisierung zeichnet sich als wesentliche Entwicklungskonstante ab. Konsequenterweise ist in diesem Zusammenhang auch nicht mehr von *Transition*, sondern von *Umbruch* die Rede.[2]

Vor dem Hintergrund dieser Befunde rückt auch die spanische *transición* wieder verstärkt in den Blickpunkt sozialwissenschaftlichen Interesses. Auch dort kam es im Zuge der Demokratisierung nach dem Tode Francos zu tiefgreifenden Veränderungen im Wirtschaftssystem und in der Sozialstruktur; auch dort ging die Transformation von Staat und Gesellschaft mit einem Wandel in den Einstellungen, Mentalitäten und Lebensformen und schließlich auch mit einer deutlichen Zunahme einzelner Formen abweichenden Verhaltens einher.[3] Wie sich inzwi-

---

1   D. Stark: »The Great Transformation? Social Change in Eastern Europe«, in: *Contemporary Sociology* 21, 1992, S. 299-304 sowie allgemein Bernhard Schäfers (Hg.): *Lebensverhältnisse und soziale Konflikte im neuen Europa. 26. Deutscher Soziologentag 1992.* Opladen 1993.
2   Klaus Boers u.a. (Hgg.): *Sozialer Umbruch und Kriminalität.* Schriftenreihe der Kriminologischen Forschungsstelle Berlin am Kriminalwissenschaftlichen Institut der Humboldt-Universität, 2 Bde. Bonn 1994.
3   Roland Ostermann: *Sozialer Wandel in Spanien 1975-1992. Die sozialen Kosten des Wandels: Marginalisierung – Armut – Devianz.* Mesa Redonda Nr. 14. Institut für Spanien- und Lateinamerikastudien (ISLA). Augsburg 1993.

schen herausgestellt hat, handelt es sich dabei aber nicht um »konjunkturelle« Begleiterscheinungen verschiedener Prozesse politischer, ökonomischer und gesellschaftlicher Modernisierung – der vielzitierte »destape« als funktionales Element sozialen Wandels. Im Gegenteil, obwohl der politische Übergang wie auch der wirtschaftliche Restrukturierungsprozeß längst ihren Abschluß gefunden haben,[4] konnten Drogenmißbrauch und Kriminalität sowie politisch motivierte Gewalt bis heute nicht eingedämmt werden. Im Verständnis der Bevölkerung zählen sie neben der hohen Arbeitslosigkeit und der allgemeinen wirtschaftlichen Lage zu den zentralen Konfliktfeldern der sozialen und gesellschaftlichen Entwicklung des Landes nach 1975.

Schaubild 1

Perzeption der wichtigsten gesellschaftlichen Probleme in der spanischen Bevölkerung

(Von je 100 Befragten gaben 1994 an, daß sie folgende Probleme »besonders« bzw. »ziemlich« beunruhigen würden)

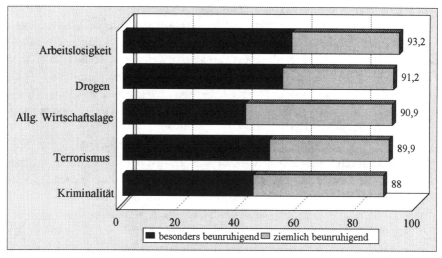

Quelle: CIS: *Representaciones de la sociedad española (1993-1994)*. Madrid 1994, S. 65.

---

4   Zur politischen Transition zusammenfassend Hans-Jürgen Puhle: »Transitions, Demokratisierung und Transformationsprozesse in Südeuropa«, in: Wolfgang Merkel (Hg.): *Systemwechsel*. Bd. I.: *Theorien, Ansätze, Konzeptionen*. Opladen 1994, S. 173-194 sowie Juan J. Linz: »La transición a la democracia en España en perspectiva comparada«, in: Ramón Cotarelo (Hg.): *Transición política y consolidación democrática. España (1975-1986)*. Madrid 1992, S. 431-460; vgl. zur wirtschaftlichen Transition den Sammelband von José Luis García Delgado (Hg.): *Economía española de la transición y la democracia*. Madrid 1990.

Die meisten Bürger Spaniens sind zudem der Überzeugung, daß sich in diesen Bereichen in den vergangenen 20 Jahren nur wenig zum Besseren entwickelt habe (Schaubild 2). Zumindest der Bekämpfung des Terrorismus sowie der Stabilisierung der gesamtwirtschaftlichen Lage werden zwar gewisse Erfolge zuerkannt. Die anhaltende Massenarbeitslosigkeit und die unter dem Schlagwort *inseguridad ciudadana* zusammengefaßten Erscheinungen der Bedrohung der öffentlichen Sicherheit stellen sich aber im Bewußtsein der breiten Öffentlichkeit als eigentliche Schattenseiten von Demokratisierung und sozialem Wandel nach dem Zusammenbruch der Diktatur dar. Kriminalität und Drogenmißbrauch, dies läßt sich im Unterschied zu den Transformationsgesellschaften der ehemaligen Ostblockstaaten bereits festhalten, haben sich im Wahrnehmungshorizont der spanischen Bevölkerung von der Folgelast zur Dauerlast entwickelt.

Schaubild 2

Perzeption der wichtigsten gesellschaftlichen Probleme in der *transición*

(Von je 100 Befragten gaben 1995 an, daß sich die Situation in den genannten Problemen »verbessert« bzw. »verschlechtert« habe)

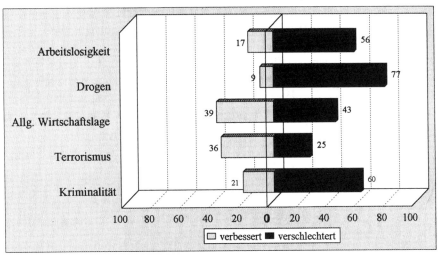

Quelle: *El País Internacional* vom 20.11.1995, Revista, S. 2.

Ziel des vorliegenden Beitrags ist es, mit Kriminalität und illegalisiertem Drogenkonsum zwei Hauptmerkmale der sozialen Umbruchsituation nach dem Tode Francos nachzuzeichnen und in den wesentlichen Zusammenhängen von gesellschaftlicher Modernisierung und politischem wie sozioökonomischem Wandel zu verorten. Der für die hier zugrundeliegende Fragestellung ebenfalls wichtige Problemkreis des ethnisch motivierten Radikalismus im Baskenland muß an dieser Stelle ausgeklammert bleiben. Er ist hinsichtlich seiner historischen Entstehungsursachen und seiner Entwicklungsmerkmale von den beiden im Kontext zu diskutierenden Erscheinungsformen der *inseguridad ciudadana* abzugrenzen. Gleiches gilt auch für andere Formen abweichenden Verhaltens wie Suizid[5] oder die gegenwärtig im Zentrum der öffentlichen Diskussion stehenden Affären von Machtmißbrauch und Korruption.[6]

2. Modernisierung und Modernisierungskrise

Vor allem im Zusammenhang mit der Untersuchung von sozialem Wandel und Wertewandel ist bereits wiederholt auf die eigentümliche Modernisierungsdynamik des spanischen Staates seit Beginn der sechziger Jahre hingewiesen worden.[7] In weniger als 30 Jahren vollzog das Land beinahe gleichzeitig den Sprung in die Moderne *und* die Postmoderne.[8] Auf die knapp 15 Jahre währenden *años del boom* mit im internationalen Vergleich überdurchschnittlichen Wachstumsraten und steigendem Wohlstand folgten Mitte der siebziger Jahre im Zuge der weltweiten Rezession auch in Spanien Wirtschaftskrise und Arbeitslosigkeit. Die wirtschaftlichen und sozialen Folgen trafen Spaniens Gesellschaft umso härter, als die einsetzende Rezession mit der Krise des franquistischen Systems zeitlich zusammenfiel. Mit dem Tode Francos galt es, nicht nur die politischen Überreste mehr als 35jähriger autoritärer Herrschaft zu beseitigen, auch der Umbau des ehedem weitgehend staatlich kontrollierten Wirtschaftssystems mußte vorangetrieben werden.[9] Zudem stand Spanien wie seine europäischen Nachbarn vor

---

5   Hierzu allgemein María Pilar Nieves Ureña / Miguel Martín Casillas: *El suicidio: perfil interno del suicida. Su prevención*. Madrid 1991.

6   Eine Bestandsaufnahme hierzu enthält der Beitrag »Corrupción y escándalos«, in: *El País Internacional* v. 13.11.1995, S. 12f.

7   Sozialer Wandel und allgemeiner Wertewandel sind vor allem in den seit Mitte der sechziger Jahre publizierten FOESSA-Berichten zur sozialen Lage in Spanien dokumentiert. Vgl. hierzu zusammenfassend auch José Félix Tezanos: »Cambio social y modernización en la España actual«, in: *Revista Española de Investigaciones Sociológicas (REIS)* 28, 1984, S. 19-61 sowie Lluís Flaquer u.a.: »La sociedad española en la encrucijada«, in: Salvador Giner (Hg.): *España. Sociedad y Política.* Bd. 2: *La sociedad.* S. 19-74.

8   Francisco López-Casero / Peter Waldmann: »Introducción: reflexiones comparativas sobre el proceso de modernización en España«, in: Francisco López Casero u.a. (Hgg.): *El precio de la modernización. Formas y retos del cambio de valores en la España de hoy*. Frankfurt a.M. 1994, S. 29.

9   Dies betraf allgemein den Abbau bestehender Modelle zentralistischer Wirtschaftsplanung sowie im besonderen die Privatisierung staatlicher Holdings und die unter dem Stichwort *reconversión* bekanntgewordene Strukturanpassung im Industriesektor. Hierzu zusammenfassend Enrique

einer neuen Phase intensiver Technisierung und Rationalisierung. Die soziale Umbruchsituation der ersten Übergangsjahre war daher in mehrfacher Hinsicht festgelegt: Erstens durch das enge zeitliche Aufeinandertreffen zweier gegenläufiger Phasen wirtschaftlicher Entwicklung; zweitens durch die Krise des politischen Systems und die bevorstehende bzw. angestrebte demokratische Neuordnung; und drittens durch die mit der politischen Transformation virulent gewordene Strukturkrise in der Wirtschaft, die sich im Zuge zunehmender internationaler Ausrichtung und Verflechtung und des damit verbundenen Anpassungsdrucks noch verschärfte. Die soziale Entwicklung Spaniens in den vergangenen 20 Jahren ist in besonderem Maße vom Aufeinandertreffen strukturell-historischer und konjunkturell-gegenwartsbezogener Schieflagen in der politisch-sozioökonomischen Entwicklung bestimmt.

Auf diesem Hintergrund läßt sich im Kern auch die Entstehung der bis heute das soziale und politische Klima des Landes bestimmenden Massenarbeitslosigkeit und deren spezifische Ausprägung in der europaweit höchsten Frauen- und Jugendarbeitslosigkeit erklären.

Schaubild 3

Arbeitslosigkeit in Spanien 1977-1995 (%)

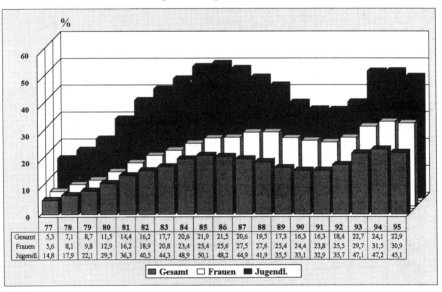

Quelle: Anuarios *El País* 1990-1996.

Fuentes Quintana: »Tres decenios de la economía española en perspectiva«, in: José Luis García Delgado (Hg.): *España. Economía*. Madrid 1989, S. 1-78.

Mochten zwar zunächst durchaus zyklische Schwankungen in der Wirtschaftsentwicklung sowie die inflationstreibende Wirkung der Lohnentwicklung und die verstärkte Rückkehr der in den westeuropäischen Industriezentren tätigen Arbeitsmigranten für den raschen Anstieg der Erwerbslosigkeit nach 1975 verantwortlich gewesen sein, so zeichnete sich in den darauffolgenden Jahren immer deutlicher ab, daß die aktive Beschäftigungspolitik nicht ausreichen würde, den demographischen Druck der sechziger Jahre und den generellen Anstieg der Erwerbsbevölkerung, insbesondere durch die Erwerbsaufnahme der während des Franquismus stark benachteiligten Frauen, aufzufangen. Hinzu kam, daß der Strukturwandel in der Landwirtschaft und im Industriesektor schneller vonstatten ging als der Prozeß der Tertiarisierung. Die im Dienstleistungssektor neu geschaffenen Arbeitsplätze konnten die vor allem in der Landwirtschaft freigesetzten Arbeitskräfte nicht absorbieren. So lag die Gesamtzahl aller Beschäftigten in Spanien 1974 um 500.000 höher als 1996. Die Erwerbsbevölkerung stieg jedoch im gleichen Zeitraum um 2,8 Millionen Personen. Davon wiederum waren vier Fünftel Frauen. Für die künftige Entwicklung ist zudem zu berücksichtigen, daß der Anteil der Erwerbsbevölkerung an der Gesamtbevölkerung in Spanien gegenwärtig nur 49,8% beträgt. Im EU-Mittel liegt dieser Anteil bei 55,4%. Nach wie vor sind in Spanien mehr Menschen im Agrar- und Industriesektor tätig als in den anderen EU-Ländern.[10] Nach einer Phase der relativen Entspannung stieg die Arbeitslosigkeit Ende der achtziger Jahre erneut an, und auch die gegenwärtige Entwicklung scheint den generellen Trend zu bestätigen. Im Zusammenwirken mit anderen, ebenfalls z.T. historisch begründeten Belastungsfaktoren – Entvölkerung der ländlichen Peripherien bei gleichzeitig unkontrolliertem Anwachsen urbaner Zentren, regionale Disparitäten in der Einkommensverteilung und Wohlstandsentwicklung, ungleicher Zugang zu Bildung und Ausbildung, geringe Verfügbarkeit sozialstaatlicher Standards, kulturelle Benachteiligung von Frauen und ethnischen Minderheiten – bildet die Massenarbeitslosigkeit in Spanien bis heute den eigentlichen Bezugspunkt für die bekannten Erscheinungen von sozialer Ungleichheit und Marginalisierung sowie für die jeweiligen Prozesse sozialer Desintegration insgesamt.[11]

Es läßt sich leicht nachvollziehen, daß das Zusammentreffen von konjunkturellen und strukturellen Problemlagen angesichts der auslaufenden Expansions- und Modernisierungswellen eine ernste Krisensituation für Staat und Gesellschaft darstellen mußte. Dies galt umso mehr, als durch den einsetzenden Demokratisierungsprozeß auch Erwartungen und Hoffnungen nicht nur im Hinblick auf die Etablierung demokratischer Freiheiten, sondern vor allem auch im Hinblick auf

---

10 *El País Internacional* v. 16.12.1996, *Revista*, S. 5.
11 Juan Córdoba Ordóñez / José María García Alvarado: *Geografía de la pobreza y la desigualdad*. Madrid 1991, S. 27ff. u. S. 37ff.

die Verbesserung der eigenen materiellen Lebenssitutation geweckt wurden. Diese aber ließen sich für einen Großteil der Bürger angesichts rückläufiger Beschäftigungsquote, sinkender Realeinkommen und stagnierender Wachstumsraten sowie der durch die überproportionalen Lohnzuwächse der siebziger Jahre mitverursachten Inflation kaum mehr erfüllen. Zwar wurde der politische Wandel nach Franco allgemein begrüßt, gleichzeitig aber stieg angesichts der sich verschlechternden materiellen Lebenslage auch das Gefühl der Verunsicherung. Mit dem Tode Francos hatten »Freiheit« und »Demokratie« zugenommen, »Sicherheit« und »Wohlstand«, so die Einschätzung der Spanier im November 1976, waren allerdings zurückgegangen.[12]

Derartige Deprivationserfahrungen bzw. -ängste, wie sie auch in der auffallend widersprüchlichen Einschätzung der *eigenen* und *allgemeinen* Wirtschaftslage zum Ausdruck kommen,[13] waren indes nicht allein auf unterprivilegierte Schichten mit niedrigem sozioökonomischen Status, geringem Einkommen und schlechten (Aus-)Bildungsvoraussetzungen beschränkt. So liefern die Ergebnisse anderer Einstellungsbefragungen vielfältige Hinweise darauf, daß Mißtrauen, Zukunftsangst und hohe Permissivität als Indizien für abnehmende soziale Stabilität und Bindung quer durch alle Schichten, Alters- und Statusgruppen auftraten.[14] Seitens der Kirchen und der ihr nahestehenden gesellschaftlichen Gruppen wurden der *desencanto* und die mit der Säkularisierung des sozialen und religiösen Lebens einhergehenden Veränderungen als »Verfall der öffentlichen Moral« gedeutet. Korruption, permissive Kultur und Machtmißbrauch seien Zeichen einer gesamtgesellschaftlichen Krise.[15] Im Hinblick auf die erhoffte Realisierung eigener Ziele und Lebensperspektiven war für die Generation der heute 35-50jährigen die mit der Transition verbundene »Verlusterfahrung« bedeutender als die »Veränderungserfahrung«.[16]

---

12   Rafael López Pintor: *La opinión pública española: Del franquismo a la democracia*. Madrid 1982, S. 98.
13   López Pintor: *Opinión* (Anm. 12), S. 32ff. hat diese zunächst kaum erklärliche Wahrnehmungsdistanz als »aspiration-achievement-gap« interpretiert, wonach die im Vergleich zur allgemeinen Wirtschaftslage deutlich positivere Einschätzung der eigenen materiellen Situation stärker die zukunftsbezogenen Erwartungen als die tatsächliche Lage ausdrückt.
14   Hierzu insbes. Rafael López Pintor und Ricardo Buceta: *Los españoles de los años 70. Una versión sociológica*. Madrid 1975, und Francisco Andrés Orizo: *España entre la apatía y el cambio social*. Madrid 1983; vgl. zum Einstellungswandel in der zweiten Hälfte der achtziger Jahre Francisco Andrés Orizo: *Los nuevos valores de los españoles*. Madrid 1991 sowie Salustiano del Campo: *Estado actual y perspectivas de la sociedad española*. Madrid 1993.
15   So z.B. Jesús María Vázquez / Antonio García Gómez: *La moralidad pública a debate*. Madrid 1991 und Juan González Anleo: »Anomía religiosa y euforia colectiva«, in: *Comentario Sociológico* 39-40, 1982, S. 1133-1155.
16   Rafael López Pintor: »Continuidades y discontinuidades en las actitudes de los españoles«, in: López-Casero u.a.: *El precio* (Anm. 8), S. 42.

Ebenso wichtig wie der Wandel in den individuellen und kollektiven Einstellungen und Wertorientierungen waren aber auch die rapiden Veränderungen in der täglichen Lebensführung und in der längerfristigen Lebensplanung. Am deutlichsten läßt sich dies am Wandel in den Geschlechterbeziehungen und am generativen Verhalten ablesen. Die Bereitschaft zur Familiengründung ist in Spanien seit 1975 kontinuierlich zurückgegangen. Sinkende Heirats- und Geburtenraten bei gleichzeitiger Zunahme der Zahl alleinerziehender Eltern und der Ein-Personen-Haushalte signalisieren auch dort den Trend zur Individualisierung und zur Vermeidung von längerfristigen Bindungen.[17] Abseits von Wahrnehmung und Meinung wirken politisch-ökonomische Transformation und gesellschaftlicher Umbruch auch auf individuelle Verhaltensdispositionen und die jeweiligen Bezugssysteme sozialer Organisation. Hatten schon die einzelnen Modernisierungsetappen des *desarrollismo* im Spannungsfeld von Industrialisierung, Migration und Urbanisierung eine Auflösung traditioneller Bindungen, vertrauter Lebensmuster und sozialer Milieus erzeugt,[18] so waren es nun, nach dem Ende der franquistischen Herrschaft, die erwähnten Bedingungen politisch-ökonomischen Wandels, die den Einzelnen im Hinblick auf seine soziale Verankerung und die Gestaltung der eigenen Lebensperspektiven zu vielfältigen Umstellungs- und Anpassungsprozessen zwangen. Daß diese nicht immer oder, mit anderen Worten, immer weniger im Rahmen legalisierter und institutionalisierter Rahmenbedingungen erfolgten bzw. erfolgen konnten, läßt sich schon allein am Ausmaß der Schattenwirtschaft, d.h. illegaler bzw. halblegaler Beschäftigung, ablesen. Nach offiziellen Angaben waren Mitte der achtziger Jahre etwa 2,26 Millionen Personen, d.h. knapp 22% der gesamten Erwerbsbevölkerung in der Schattenwirtschaft tätig.[19] Dabei stellten die traditionellen Sektoren informeller Erwerbsarbeit (Textilverarbeitung

---

17 Vgl. hierzu Centro de Investigaciones Sociológicas CIS (Hg.): *Relaciones interpersonales: actitudes y valores en la España de los ochenta*. Estudios y Encuestas Nr. 11. Madrid 1989, sowie zum Wandel in der Familienstruktur Salustiano del Campo: *La nueva familia española*. Madrid 1991.

18 Soziale Entwurzelung und die Tendenz zu abweichendem Verhalten als Folge von Migration und Urbanisierung wurden von den Zeitgenossen durchaus vielfältiger und kritischer rezipiert, als dies die Zensurbestimmungen und die beschränkten Forschungs- und Publikationsmöglichkeiten der Zeit vor Francos Tod zunächst vermuten lassen würden. So z.B. bei José Ramón Torregrosa Peris: »Identidad personal y alienación en el hombre de la gran ciudad«, in: »La concentración urbana en España. Problemas demográficos, sociales y culturales.« *Anales de Moral Social y Económica*, vol. 20. Madrid 1969, S. 67-86 sowie José A. Garmendía u.a.: »Comportamiento desviado en España«, in: Manuel Fraga Iribarne u.a. (Hgg.): *La España de los años 70*. Vol. I: *La sociedad*. Madrid 1972, S. 913-972. Ein gutes Beispiel für Entstehung und Wandel von sozialen Netzwerken seit den sechziger Jahren stellen die sogenannten Nachbarschaftsvereinigungen (*Asociaciones de Vecinos*) dar. Vgl. hierzu Luis Enrique Alonso: »Los nuevos movimientos sociales y el hecho diferencial español: una interpretación«, in: José Vidal-Beneyto (Hg.): *España a debate. Sociedad y política*. Bd. II.: *La sociedad*. Madrid 1991, S. 71-114.

19 Juan Muro u.a.: *Análisis de las condiciones de vida y de trabajo en España*. Madrid 1988, S. 95f.

und landwirtschaftliche Produktion) nurmehr den geringeren Anteil. Vor allem in den Großstädten lebende arbeitslose Jugendliche und Langzeitarbeitslose waren aufgrund der prekären Beschäftigungssituation gezwungen, in irreguläre oder illegale Erwerbstätigkeiten auszuweichen.[20] Angesichts der inzwischen wieder deutlich gestiegenen Arbeitslosigkeit dürfte sich diese Zahl kaum nennenswert reduziert haben. Bei anhaltender Massenarbeitslosigkeit ist vielmehr von einer »Institutionalisierung« des Phänomens auszugehen.[21]

Aus dieser Perspektive erscheinen auch die erwähnten Formen devianten Verhaltens primär als »Regulativ« oder »Ventil« zu den skizzierten Zusammenhängen gesellschaftlichen Umbruchs. Veränderte Chancen und Möglichkeiten sozioökonomischer und kultureller Partizipation bedingen immer auch eine Veränderung der vorherrschenden Muster sozialer Integration und Interaktion. Sie bilden damit im weiteren Sinne den Entstehungshintergrund für illegalen Drogenkonsum und kriminelles Verhalten.

3. Illegaler Drogenkonsum

Wenn hier im folgenden vom Drogenkonsum gesprochen wird, so bezieht sich dies ausschließlich auf den Konsum illegaler Drogen.[22] Zwar stellen Tabak- und Alkoholkonsum hinsichtlich ihres Ausmaßes und der damit verbundenen Folgeerscheinungen das eigentliche »Drogenproblem« Spaniens dar.[23] Allerdings wird

---

20 Juan Carlos Zubieta: »El fenómeno de la reventa de billetes en el metro de Madrid: una aproximación sociológica«, in: *Sociología del Trabajo* 9, 1983, S. 95-109.

21 So z.B. Amando de Miguel: *La economía oculta*. Madrid 1988, S. 106ff. sowie Josep Antoni Ybarra: »La informalidad en España: un viaje hacia la institucionalización de la economía sumergida«, in: *Boletín de Estudios Económicos* 155, 1995, S. 263-278.

22 Das Drogenverbot ist im Artikel 344 des spanischen Strafgesetzbuches geregelt. Gegenwärtig, d.h. seit 1983, sind Herstellung, Handel und Verbreitung von Drogen strafbar, wogegen Besitz und Konsum (zum Eigenbedarf) zwar nicht erlaubt sind, strafrechtlich aber »nur« im Rahmen der Störung der öffentlichen Ordnung verfolgt werden. Vor allem bei den »harten« Drogen (LSD, Kokain, Heroin) geht die stehende Rechtsprechung aber inzwischen schon bei geringen Besitzmengen von der »Bereitschaft« zum Handel und damit von einer strafbaren Handlung aus. 1988 wurde das Strafmaß für Drogendealer verschärft, und seit 1991 verfügt auch die Polizei über größere Befugnisse bei der Bekämpfung des Drogenhandels. Zu Genese und Inhalt des Art. 344 und zur Situation der Rechtsprechung vgl. insbes. Cándido Conde-Pumpido Ferreiro: »El tratamiento penal del tráfico de drogas: las nuevas cuestiones«, in: Institutos Universitarios de Criminología de las Universidades de Santiago de Compostela y Complutense de Madrid (Hgg.): *La problemática de la droga en España. (Análisis y propuestas político-criminales).* Madrid 1984, S. 117-140; zur Verschärfung des Strafrechts vgl. José Aparicio Calvo-Rubio: »Memoria correspondiente al año 1988 de la fiscalía especial para la prevención y represión del tráfico de drogas«, in: *Cuadernos de Política Criminal* 40, 1990, S. 347-398.

23 Der jährliche Pro-Kopf-Verbrauch reinen Alkohols wurde in Spanien Ende der achtziger Jahre auf 17 Liter geschätzt. Damit nimmt das Land weltweit einen der »Spitzenplätze« ein. Domingo Comas: »Las drogas en la sociedad española«, in: Giner: *España. Sociedad* (Anm. 7), S. 633-651 (hier S. 641).

dies von der breiten Öffentlichkeit kaum als solches wahrgenommen. Wie in fast allen anderen westeuropäischen Ländern, so verfügt auch in Spanien der Tabak- und Alkoholkonsum über eine lange kulturelle Tradition und eine entsprechend hohe soziale Akzeptanz.[24] Für den hier gewählten Zusammenhang der Umbruchproblematik sind diese beiden Drogen auch insofern weniger relevant, als mit dem sozialen Umbruch zunächst keine grundsätzliche Änderung des Konsumverhaltens einherging. Beim Alkohol lag die eigentliche Expansionsphase bereits in den sechziger Jahren; der Anstieg des Konsums illegaler Drogen fällt dagegen zeitlich fast genau in die Phase des politischen Übergangs.[25] Zudem ist es, wie erwähnt, vor allem der Konsum illegaler Drogen, der die gesellschaftliche Diskussion und das öffentliche Klima in Spanien nachhaltig bestimmt.[26]

Die eigentliche Entwicklung im illegalen Rauschgiftkonsum in Spanien begann in den letzten Jahren der franquistischen Diktatur. Bis 1973 war der Konsum von LSD, Kokain und Opiumderivaten wie Heroin in Spanien praktisch nicht von Bedeutung. Lediglich in den beiden Großstädten Madrid und Barcelona waren einige hundert Marihuana- und Haschischkonsumenten bekannt. Deren Zahl hatte sich mit der zunehmenden polizeilichen Verfolgung und dem Verbot von Herstellung, Handel und Besitz im Jahr 1971 zunächst reduziert. Sie stieg dann allerdings kontinuierlich an. Vor allem bei Jugendlichen und in besserverdienenden Schichten avancierten Cannabisderivate rasch zu Modedrogen. Gleichzeitig nahmen auch der Handel und der Konsum sogenannter harter Drogen zu.[27]

Erste Hinweise auf den ansteigenden Konsum in diesen Jahren lassen sich der polizeilichen Statistik[28] zur Menge sichergestellter Drogen und zur registrierten Zahl der Drogentoten entnehmen. Aus beiden Angaben wird übereinstimmend ersichtlich, in welchem Umfang sich Spanien seit Mitte der siebziger Jahre zu einem der wichtigsten Drogenumschlagplätze und Konsumentenländer Europas entwickelt hat. 1973 wurden im ganzen Land knapp drei Kilogramm Kokain und 75 Gramm Heroin beschlagnahmt. 1977 waren es bereits 22,6 Kilogramm Kokain und 9,7 Kilogramm Heroin. Auch die beschlagnahmte Menge von Cannabispro-

---

24 Ebd., S. 641ff. sowie José Navarro u.a.: *El consumo de drogas en España*. Madrid 1985, S. 9 u. S. 43f.; zum Konsumverhalten ausführlich Rita Enríquez de Salamanca / Francisco Alvira Martín: *Estudio de los hábitos de consumo de bebidas alcohólicas en la población adulta española*. Madrid 1984.
25 Domingo Comas: *El uso de drogas en la juventud*. Madrid 1985, S. 60ff.
26 Ders.: »Las drogas« (Anm. 23), S. 636f.
27 Enrique González Duro: *Consumo de drogas en España*. Madrid 1979, S. 103ff.
28 Die polizeiliche Überwachung und Erfassung illegalen Drogenhandels und -mißbrauchs liegt in Spanien seit 1967 in Händen einer Sondereinheit, der *Brigada Central de Estupefacientes*. Neben den ihr zugedachten Sicherheitsaufgaben widmet sie sich auch der epidemiologischen Forschung und Dokumentation. Hierzu Pedro Rodríguez Nicolás: »Aspectos policiales del tráfico ilícito y consumo abusivo de drogas«, in: Institutos Universitarios: *La problemática* (Anm. 22), S. 179-224.

dukten stieg in vergleichbaren Relationen.[29] Im Vergleich zu seinen süd- und westeuropäischen Nachbarländern war Spanien in diesen ersten Übergangsjahren noch kein Drogenland. Allerdings belegt die Vervielfachung sichergestellter Rauschmittel in nur wenigen Jahren, in welche Richtung sich der Trend entwickeln sollte.

Tab. 1: Sichergestellte Drogen in Spanien und Deutschland (1980-1991)					
	Cannabis (t)		Kokain (kg)		Heroin (kg)	
Jahr	Spanien	Deutschland	Spanien	Deutschland	Spanien	Deutschland
1980	11,4	32,0	58	22	6	267
1981	20,9	67,6	47	24	34	93
1982	27,6	31,5	114	33	68	202
1983	20,8	45,8	275	106	109	260
1984	37,2	56,3	277	171	203	264
1985	66,4	114,9	303	164	253	208
1986	50,3	26,7	669	186	407	157
1987	59,4	29,9	1.134	295	413	320
1988	91,3	113,5	3.461	496	480	537
1989	64,5	120,7	1.852	1.405	713	727
1990	71,9	136,4	5.823	2.473	886	847
1991	105,7	123,4	7.574	963	741	1.595
Quelle: *Plan Nacional sobre Drogas. Memoria* 1991, S. 15 u. *Drogen und Kriminalität*, S. 333.						

In Tabelle 1 sind die zwischen 1980 und 1991 von den Sicherheitsbehörden sichergestellten Mengen der drei häufigsten illegalen Drogen im Ländervergleich mit der Bundesrepublik Deutschland aufgelistet.[30] Ungeachtet der nur bedingt vergleichbaren Erhebungsverfahren zeigt die Gegenüberstellung der jeweiligen Trendverläufe in beiden Ländern deutlich, daß die Mengen sichergestellter Drogen in Spanien tendenziell sehr viel stärker zunahmen als in der Bundesrepublik. Unter Berücksichtigung der jährlichen Schwankungen der sichergestellten Mengen erreichte die durchschnittliche Steigerungsrate pro Jahr bei Kokain und Heroin in Spanien jeweils knapp 80%, wohingegen in der Bundesrepublik im Jahresdurchschnitt »nur« knapp 60% (Kokain) bzw. 31% (Heroin) mehr sichergestellt wurden. Bei der Sicherstellung von Cannabisprodukten war das Verhältnis zwischen beiden Ländern umgekehrt, was vermutlich auch darauf zurückzuführen

---

29 Comas: »Las drogas« (Anm. 23), S. 637.
30 Die Angaben für 1991 beziehen sich nur auf die in den alten Bundesländern beschlagnahmte Menge. Elmar Erhardt / Heinz Leinweber (Hgg.): *Drogen und Kriminalität*. Sonderband der BKA Forschungsreihe. Wiesbaden 1993, S. 333.

ist, daß Handel und Konsum von Cannabisderivaten in Spanien weniger strenger Kontrolle und Strafverfolgung unterliegen als in der Bundesrepublik. Zudem ist hier die Gegenüberstellung wenig sinnvoll, da die jährlich sichergestellten Mengen in der Bundesrepublik stark schwankten und damit die durchschnittliche Zuwachsrate erheblich verzerren. Auch wenn sich die jeweiligen Steigerungsraten vermutlich nicht in ähnlichen Dimensionen auf die Zunahme von Konsum und Mißbrauch übertragen lassen, so kann aus der beschlagnahmten und damit potentiell verfügbaren Rauschgiftmenge doch auf einen stark ansteigenden Konsum in diesen Jahren geschlossen werden. Bemerkenswert ist zudem, daß in Spanien im gesamten Zeitraum mehr Kokain beschlagnahmt wurde als in der Bundesrepublik. Und auch bei der Sicherstellung von Heroin deutet die Gegenüberstellung absoluter Zahlen darauf hin, daß sich Spanien beim Konsum harter Drogen der Situation klassischer Drogenländer wie der Bundesrepublik in etwas mehr als zehn Jahren angepaßt hat.

Seit 1991 ist die Menge sichergestellter Drogen z.T. deutlich rückläufig, was vermutlich auf einen bestimmten Sättigungsgrad zurückzuführen ist.[31] Zudem ist davon auszugehen, daß auch in Spanien synthetische Drogen zunehmend an Bedeutung gewinnen und damit das Spektrum der klassischen illegalen Drogen erweitern. Vor allem die »Modedroge« Ecstasy scheint in diesem Zusammenhang an Bedeutung zu gewinnen. 1990 wurden in Spanien 4.500 Ecstasy-Tabletten sichergestellt. 1992 waren es bereits 45.000 und 1994 schon 306.500.[32]

Die hier vorgenommene Interpretation der Zahl sichergestellter illegaler Drogen wird, wie oben bereits erwähnt, durch die Mortalitätsrate gestützt. Auch bei der Zahl der Drogentoten kann vom zunächst verzögerten, dann aber beschleunigten Anstieg seit 1980 darauf zurückgeschlossen werden, daß Drogenkonsum und -mißbrauch in den ersten Jahren der Transition drastisch zunahmen.

Aus der in Schaubild 4 gegenübergestellten Zahl der Drogentoten in der BRD und Spanien im Zeitraum 1980-1991 wird ersichtlich, daß auch hier die Steigerungsrate in Spanien höher lag als in der Bundesrepublik. Noch 1977 wurde in Spanien offiziell kein einziger Drogentoter registriert.[33] 1980 waren es bereits 27 und wiederum zehn Jahre später starben bereits knapp 700 Menschen an den Folgen von Konsum und Mißbrauch. Dies entspricht einer durchschnittlichen Zunahme von über 40% pro Jahr. In der Bundesrepublik dagegen lag die durchschnittliche Steigerung bei 17% jährlich, wobei hier die jährliche Steigerungsrate bis 1988 sogar leicht rückläufig war.

---

31 Nach *Anuario El País 1996*, S. 180 wurden 1994 in Spanien 552 kg Heroin, 2.120 kg Kokain und 87 t Cannabis sichergestellt.
32 *El País Internacional* v. 18.12.1995, S. 17.
33 Dies ist nicht etwa auf Mängel in der statistischen Erfassung zurückzuführen, sondern vielmehr darauf, daß psychische und physische Folgeschäden bis hin zum Drogentod logischerweise erst mit einiger zeitlicher Verzögerung auftreten.

Schaubild 4

Drogentodesfälle im Zeitverlauf (1980-1991)
Spanien und Deutschland

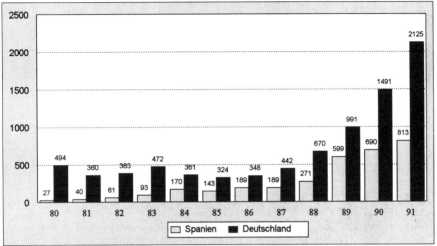

Quelle: *Drogen und Kriminalität* (Anm. 30), S. 347.

Obwohl sich die absoluten Zahlen, wie schon im Trendverlauf der sichergestellten Mengen ersichtlich, aufgrund der in beiden Ländern unterschiedlichen Zählund Erfassungsweise nur mit Einschränkungen vergleichen lassen, gibt die Gegenüberstellung der beiden Zeitreihen dennoch darüber Auskunft, in welch starkem Maße und in welch kurzer Zeit sich Spanien dem Drogenniveau anderer Länder angenähert hat. Bis 1991, also im Zeitraum von nicht einmal 15 Jahren, erreichte das Land mit 0,65 Drogentoten pro 100.000 Einwohner dieselbe Häufigkeitszahl wie die Bundesrepublik. Innerhalb der Europäischen Union wird diese Zahl nur von Italien übertroffen. Seit 1992 ist zwar die Zahl der registrierten Drogenopfer erstmals in größerem Umfang rückläufig.[34] Ob dies aber tatsächlich auf eine längerfristige Entspannung der Situation hindeuten kann, muß angesichts der gegenwärtig auch in Spanien stattfindenden Veränderungen in der Drogenkultur eher bezweifelt werden.

Zumindest im Hinblick auf »harte« Drogen ist der Konsum illegaler Rauschmittel in Spanien entgegen der öffentlichen Meinung keine Massenerscheinung. Nach verschiedenen Schätzungen lag die Zahl der Dauerkonsumenten von Cannabis Mitte der achtziger Jahre bei 1 bis 1,8 Millionen; bei Kokain schwanken die

---

34 Nach *Anuario El País 1996*, S. 180 wurden 1992 in Spanien 816 Drogenopfer registriert. 1993 waren es 647, und 1994 registrierten die Behörden 579 Opfer illegaler Drogen.

Angaben zwischen 60.000 und 380.000, und bei Heroin wurde die Zahl von 80.000-125.000 angenommen.[35] Dem stehen etwa 10-12 Millionen Dauerkonsumenten von Alkohol und eine noch höhere Zahl von Gewohnheitsrauchern gegenüber.[36] Schaubild 5 gibt einen Überblick über die Konsumverbreitung im Zeitraum 1984-1992. Den jeweiligen Angaben liegen landesweite bzw. regionale Umfragen zugrunde. Diese beziehen sich auf den Drogenkonsum in den letzten 30 Tagen, sie lassen also keine direkten Rückschlüsse auf die Zahl der Dauerkonsumenten zu.

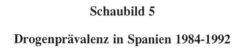

Schaubild 5

Drogenprävalenz in Spanien 1984-1992

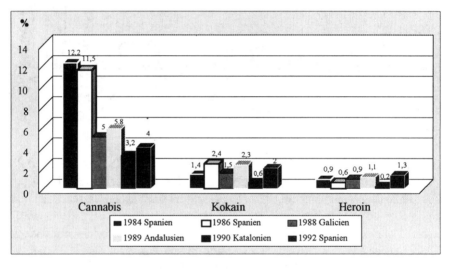

Quelle: *V. Informe FOESSA*, Bd. 2. Madrid 1994, S. 1797.

Stellt man die Entwicklungsverläufe der einzelnen Drogen gegenüber, so fällt vor allem der hohe Anteil von Cannabiskonsumenten auf, auch wenn hier die Zahl mit Blick auf die vergangenen Jahre stärker rückläufig zu sein scheint. José Navarro hat in der 1985 veröffentlichten EDIS-Studie darauf hingewiesen, daß Cannabis als »Regeldroge« in Spanien häufiger konsumiert wird als Schlaf- und Schmerzmittel. Zumindest nach der Zahl der Dauerkonsumenten waren bzw. sind

---

35 Mario Alfonso-Sanjuán / Pilar Ibáñez López: *Drogas y toxicomanías*. Madrid 1987, S. 39f.
36 Auch beim Tabak- und Alkoholkonsum sind die Angaben z.T. stark schwankend, in der Relation zu illegalen Suchtmitteln allerdings übereinstimmend eindeutig. Vgl. hierzu »Informes y Encuestas del CIS. Actitudes y comportamientos de los españoles ante el tabaco, el alcohol y las drogas«, in: *REIS* 34, 1986, S. 243-419 (hier S. 253ff.) sowie Navarro: *El consumo* (Anm. 24), S. 99ff.

Cannabisderivate nach Tabak und Alkohol damit das drittwichtigste Rauschmittel.[37] Bei der Betrachtung der Zahl der Kokain- bzw. Heroinkonsumenten fällt vor allem die im Vergleich zur oben genannten Zahl von Dauerkonsumenten ungleich höhere Prävalenz auf. Rechnet man die jeweiligen Durchschnittsangaben auf die Gesamtbevölkerung um, so kann man bei Kokain von etwa 400.000-600.000 Konsumenten ausgehen, bei Heroin sind es etwa 180.000-250.000. Die bei beiden Drogen auffallende Differenz zur oben genannten Schätzung der Zahl der Regelkonsumenten dürfte damit zu erklären sein, daß der Konsum harter Drogen häufiger sporadisch erfolgt, Cannabisderivate dagegen, ähnlich wie Tabak und Alkohol, regelmäßig konsumiert werden. Möglicherweise bietet sich gerade im weitverbreiteten Regelkonsum von Cannabisprodukten ein weiterer Erklärungsansatz für die starke gesellschaftliche Bedeutung der Drogenproblematik. Nach neueren Umfragen verfügen in Spanien knapp 30% der 15-29jährigen über Cannabis-Erfahrung. Bei Kokain sind es 7,8% und bei Heroin 1,6%. Für die künftige Entwicklung von Bedeutung ist der auffallend hohe Prozentsatz der mit Designerdrogen Vertrauten (4,3%).[38]

Eingangs wurde bereits darauf hingewiesen, daß der Konsum illegaler Drogen auch in Spanien weniger wegen seiner quantitativen Ausmaße, als vielmehr wegen seiner gesamtgesellschaftlichen Bedeutung und hier insbesondere wegen der mit Handel und Mißbrauch verbundenen sozialen Konfliktivität im Blickpunkt des öffentlichen Interesses steht. In fast allen größeren spanischen Städten gibt es inzwischen Selbsthilfegruppen, die sich nicht nur um die Beratung und Betreuung von Drogenabhängigen, sondern auch um die Verfolgung der »camellos«, also der Händler- und Händlerringe kümmern. Handel und Konsum illegaler Rauschmittel sind in Spanien überwiegend jugendtypische und urbane Erscheinungen und schon allein aufgrund ihres soziokulturellen Charakters in der Öffentlichkeit allgegenwärtig. In noch stärkerem Maße als bei dem auch für Jugendliche überall problemlos erhältlichen Alkohol ist der Erwerb und der Konsum illegaler Drogen an bestimmte Formen sozialer Transmission geknüpft. In allen einschlägigen Befragungen gibt eine überwiegende Mehrheit der Konsumenten an, illegale Drogen im Freundeskreis zu erhalten bzw. zu konsumieren. Auch die Tatsache, daß der Handel überwiegend in Bars oder auf Plätzen, also öffentlich, abgewickelt wird, läßt generell auf die weitreichende »soziale« Präsenz und Funktion von Konsum und Handel schließen, auch wenn dies nicht auf alle verbotenen Suchtmittel in gleichem Maße zutrifft. Domingo Comas hat in seiner ersten Studie zum Drogenkonsum Jugendlicher in Spanien darauf aufmerksam gemacht, daß zu den vorherrschenden Konsumentenschichten illegaler Drogen nicht nur soziale Rand-

---

37 Ebd., S. 256.
38 Domingo Comas: *Los jóvenes y el uso de drogas en los años noventa*. Madrid 1994, S. 37ff.

gruppen wie die *pasotas* (Aussteiger) gehören. Vor allem bei Jugendlichen, die sich im Übergang von der Schattenwirtschaft zur »regulären« Wirtschaft emporarbeiten, dient der Konsum von Cannabisprodukten als soziokulturelles Merkmal.[39] Er ist Ausdruck eines in aller Regel öffentlich zur Schau gestellten sub- oder gegenkulturellen Selbstverständnisses, das so die sozioökonomischen und gesellschaftlichen Bruchstellen des Demokratiewunders offenlegt und direkt auf die sozialen Verwerfungen und Defizite der postfranquistischen Ära hindeutet. Es ist vermutlich vor allem das Zusammenwirken der weiter oben beschriebenen dynamischen Zunahme von Handel und Konsum im Zeitraum von nur wenigen Jahren mit der im Unterschied zu anderen Drogenländern Europas starken öffentlich-sozialen Präsenz, was die Wahrnehmungssensibilität der Bevölkerung bestimmt und schließlich dazu führt, den Mißbrauch illegaler Rauschmittel als eines der zentralen Probleme von Staat und Gesellschaft herauszustellen.

4. Kriminalität

Im Unterschied zur inzwischen sehr guten Forschungslage bei der Untersuchung der Drogenproblematik steckt die moderne kriminologische Forschung in Spanien noch in den Anfängen. So gelang es beispielsweise erst 1994, erstmals eine gemeinsame Statistik der beiden zentralen Polizeibehörden – *Guardia Civil* und *Policía Nacional* – zu veröffentlichen.[40] Bis Mitte der achtziger Jahre hatten bis auf die entsprechenden Regierungs- und Justizbehörden praktisch nur ausgewählte Forscher Zugang zu den jeweiligen polizeilichen Erhebungen über bekanntgewordene Delikte und Verhaftungen. Und auch deren Ergebnisse konnten bis heute nicht überprüft werden, da die jeweils zugrundeliegenden Daten nicht oder nur unvollständig der Öffentlichkeit zugänglich gemacht wurden bzw. immer noch nicht zugänglich gemacht werden. Die der Presse seit Mitte der achtziger Jahre vorgestellten *Informes* kamen kaum über allgemeine Zahlendarstellungen und Einlassungen hinaus. Aussagen über die räumliche Verbreitung von Delinquenz sowie über die Deliktshäufigkeit und die Verteilung auf einzelne Deliktarten sind so für die ersten Jahre der *transición*, wenn überhaupt, nur mit starken Einschränkungen möglich. Ähnlich ist die Situation auch bei der Anwendung alternativer Ansätze zur Kriminalitätserfassung wie etwa den in anderen Ländern seit mehreren Jahrzehnten üblichen Kriminalitäts- und Opferbefragungen. Die erste landesweite Kriminalitätsbefragung – allerdings nur für Jugendliche – wurde in

---

39 Comas: *El uso* (Anm. 25), S. 227ff.
40 Ministerio de Justicia e Interior (Hg.): *Anuario Estadístico del Ministerio del Interior*. Madrid 1994.

Spanien erst 1993 durchgeführt,[41] wogegen Viktimisierungserhebungen, wenn auch mit nur eingeschränkt repräsentativer Datenbasis, seit 1978 vorgenommen werden.[42] So kommt es zu der paradoxen Situation, daß in der Öffentlichkeit und im politischen Tagesgeschäft Kriminalität und Kriminalitätsentwicklung zu einem der Negativpole des demokratischen Übergangs stilisiert werden, ohne daß man aber gleichzeitig über fundierte und umfassende Kenntnisse über Struktur sowie Verlaufs- und Entwicklungsmerkmale verfügen würde.[43] Die Ursachen für diese Situation sind sicher nicht allein darauf zurückzuführen, daß die kriminologische Forschung in Spanien einfach »vergessen« wurde.[44] Vielmehr ist hier auch zu berücksichtigen, daß franquistische Ideologie und Politik keinerlei Interesse an der Entfaltung einer kritischen Kriminologie haben konnten, und Polizei sowie Justiz innerhalb der gesetzten Grenzen des Machtapparates eine ausnehmend starke Stellung und für das politische System quasi-legitimatorische Funktion innehatten, die sich keinesfalls allein auf die Aufrechterhaltung der öffentlichen Ordnung und Sicherheit sowie die formale Durchsetzung der (Straf-)Gerichtsbarkeit beschränkte. Gerade die gegenwärtigen Gerichtsverfahren gegen hohe politische Funktionäre der PSOE-Ära wegen der Folterung und Ermordung baskischer Separatisten und der Finanzierung einer paramilitärischen Anti-Terror-Einheit machen deutlich, daß sich historische Traditionen auch im Selbstverständnis von Bürokratie und Staatsmacht nicht über Nacht wandeln.[45]

Trotz der vorgenannten methodischen Einschränkungen und Hindernisse ist man sich in der kriminologischen Forschung Spaniens weitgehend einig, daß kriminelles Verhalten seit 1975 in ganz Spanien allgemein stark zugenommen hat. Einen ersten Überblick über den Trendverlauf ergibt die graphische Aufbereitung der Zahl polizeilich registrierter Delikte (Schaubild 6) im Zeitraum von 1975 bis 1994. Danach stieg die Anzahl der insgesamt bekanntgewordenen Vergehen von

---

41 Luis Arroyo u.a.: *Estudio sobre delincuencia juvenil mediante autoinforme en España. Informe presentado al Ministerio de Justicia*. Madrid 1994.
42 »Informe sobre la encuesta de victimización. Julio 1978«, in: *REIS* 4, 1978, S. 223-282.
43 Selbst ausgewiesene Spezialisten wie Domingo Comas: »Delincuencia e inseguridad ciudadana«, in: Giner: *España* (Anm. 7), S. 613-632 stützen sich bei ihren Darstellungen zur Kriminalitätsentwicklung auf Justizstatistiken, weisen aber gleichzeitig darauf hin, daß diese zwar etwas über die Arbeit von Polizei und Strafjustiz, jedoch nur wenig über die tatsächliche Kriminalitätsentwicklung aussagen. Auch neuere Forschungsarbeiten wie etwa die Dissertation von Andrés Canteras Murillo: *Delincuencia femenina en España. Un análisis sociológico*. Madrid 1990 leiden unter demselben Dilemma.
44 »Lamentablemente, en España la criminología es algo prácticamente olvidado.« Alfonso Serrano Gómez: *El costo del delito y sus víctimas en España*. Madrid 1987, S. 23.
45 Der frühere sozialistische Innenminister José Barrionuevo und sein Staatssekretär müssen sich gegenwärtig wegen der vermutlich von seiner Behörde aus organisierten illegalen Terrorgruppe *Grupos Antiterroristas de Liberación* (GAL) vor Gericht verantworten; der ehemalige Zivilgouverneur der baskischen Provinz Guipúzcoa, Julen Elgorriaga, wird beschuldigt, 1983 die Folterung und Ermordung von mutmaßlichen ETA-Aktivisten in Polizeigewahrsam angeordnet zu haben.

1975 bis 1989 von zunächst 180.000 auf etwas mehr als eine Million, um sich dann in den Folgejahren beim derzeitigen Niveau von etwa 900.000 Delikten pro Jahr einzupendeln. Läßt man die jährlichen Schwankungen außer acht, so ergibt sich daraus eine Steigerung von 500% im Zeitraum von nicht einmal 15 Jahren. Schon allein aus der dargestellten Trenddimension läßt sich somit ablesen, weshalb das Thema Delinquenz in der gesellschaftlichen Diskussion Spaniens seit Jahren einen anhaltend hohen Stellenwert einnimmt. Auch für den Fall, daß die Zunahme der dargestellten Delikthäufigkeit nicht in diesem Ausmaß zutreffend sein sollte und Presse wie Fernsehen tatkräftig an der Aufbereitung einer »symbolischen und konstruierten« Kriminalitätsphobie mitwirken,[46] ist die Vermutung einer »Kriminalisierung« der spanischen Gesellschaft, wie sie vor allem von konservativen Kriminologen im Zusammenhang mit den Defiziten einer allzu liberalen Demokratisierung nach 1975 immer wieder behauptet wird,[47] kaum zu entkräften.

Schaubild 6

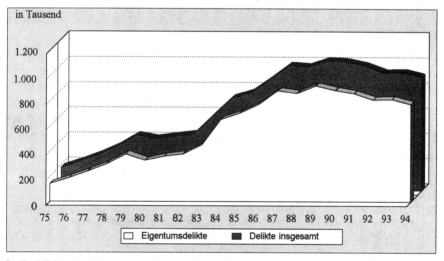

Quelle: Ministerio del Interior: *Análisis estadístico. Delincuencia*, u. *Anuario El País 1996*, S. 180.

Aus der obigen Grafik wird auch ersichtlich, daß der Anstieg der Gesamtdeliktzahl stark mit dem Anstieg der polizeilich registrierten Eigentumsdelikte korre-

---

46 Anna Alabart u.a.: »La seguridad ciudadana y las encuestas de victimización de Barcelona«, in: *Política y Sociedad* 10, 1992, S. 57-66 (hier S. 63ff.).
47 Serrano Gómez: *El costo* (Anm. 44), S. 6 u. S. 31ff.

liert, woraus man insgesamt folgern kann, daß die gestiegene Verbrechenshäufigkeit im Trend auf die Zunahme von Eigentumsdelikten zurückzuführen ist. Der Anteil der registrierten Eigentumsvergehen an der Gesamtdeliktzahl registrierter Verbrechen lag im genannten Zeitraum bei durchschnittlich 85%.

Diese Tendenz bestätigt auch der Vergleich der Inzidenzraten mit der Bundesrepublik Deutschland zwischen 1977 bzw. 1980 und 1988 (Schaubild 7).[48] Hier ist festzustellen, daß die Häufigkeitsziffer in Spanien bei allen Personendelikten erheblich unter der jeweiligen Häufigkeitsziffer der Bundesrepublik lag. Bei Körperverletzungsdelikten war zudem ein Rückgang der Zahl bekanntgewordener Delikte zu verzeichnen, wogegen sich die Zahl der bekanntgewordenen Vergewaltigungen zwischen 1980 und 1988 mehr als vervierfachte.

Schaubild 7

Polizeilich registrierte Personen- und Eigentumsdelikte in Spanien und Deutschland

Personendelikte
Mord/Totschlag, Vergewaltigung, Körperverletzung

Eigentumsdelikte
Raub, Einbruchsdiebstahl, Kfz.-Diebstahl

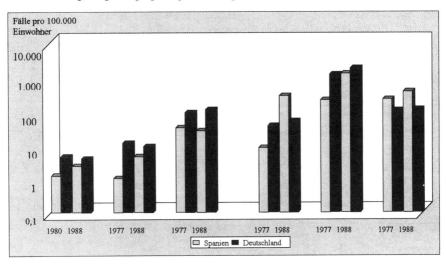

Quelle: *Die Polizei*, 6/1992, S. 139-142.

Bei den aufgeführten Eigentumsdelikten verzeichneten Raub und Einbruchsdiebstähle eine im Vergleich zu allen anderen Deliktarten überproportional hohe

---

48 »Ein internationaler Kriminalitätsvergleich mit aufschlußreichen Daten und Anmerkungen«, in: *Die Polizei* 6, 1992, S. 137-145. Bei Mord/Totschlag lagen für Spanien keine Zahlen für das Jahr 1977 vor, so daß hier für beide Länder die Zahlen von 1980 zugrunde gelegt wurden.

Zunahme. Zudem lag die Inzidenzrate bei Raub und Kraftfahrzeugdiebstahl über der der Bundesrepublik Deutschland.

Auch bei diesem Ländervergleich wird man berücksichtigen müssen, daß es innerhalb der Europäischen Union noch keine einheitlichen, für alle Polizeibehörden der einzelnen Mitgliedstaaten verbindlichen Erhebungsverfahren gibt und daher Verzerrungen in der statistischen Vergleichbarkeit der jeweiligen Daten sehr wahrscheinlich sind. Allerdings soll es hier, wie schon bei der Betrachtung des Drogenaspektes, weniger um die exakte Quantifizierung dieser oder jener Referenzindikatoren als vielmehr um die Darstellung allgemeiner Trendverläufe gehen. Aus Sicht der polizeilich registrierten Verbrechen besteht kein Zweifel, daß sich die Kriminalitätsbelastung, insbesondere im Bereich der Eigentumsdelikte, in Spanien nach 1975 stark erhöht hat.

Vergleicht man die offiziellen Polizeistatistiken mit den Ende der achtziger Jahre auf internationaler Ebene durchgeführten Viktimisierungserhebungen,[49] so ergibt sich ein etwas differenzierteres Bild. Knapp ein Viertel aller Befragten gab 1989 in Spanien an, im vorangegangenen Jahr Opfer eines Verbrechens geworden zu sein. Der Anteil der Opfer von Eigentumsdelikten war dabei mit 65% zwar fast doppelt so hoch wie der von Personendelikten. Allerdings wurden nach dieser Opferbefragung mehr Menschen Opfer von Personendelikten, als in den obigen Polizeistatistiken zum Ausdruck kommt.

In der Bundesrepublik lag die Viktimisierungsrate bei insgesamt 21,9%. Bei allen Eigentumsdelikten war die Opferrate in der Bundesrepublik niedriger als in Spanien. Bei Taschendiebstahl und Raub, also bei Delikten, die mit direktem Kontakt zwischen Täter und Opfer bzw. mit Gewaltandrohung oder Gewaltanwendung einhergehen, nahm Spanien von allen 14 untersuchten Ländern jeweils den Spitzenplatz ein. Die Opferrate betrug hier 8,4% (Bundesrepublik 6,0%).

Aus der Gegenüberstellung von offizieller Polizeistatistik und den Ergebnissen der Dunkelfeldforschung kann man klar ersehen, daß das innere Profil von Kriminalität durchaus nicht immer mit der äußeren, statistisch verifizierten Realität übereinstimmen muß. Vielmehr zeigt die oben zutage getretene Divergenz zwischen angezeigter und erlebter bzw. wahrgenommener Kriminalität, wie unterschiedlich sich verschiedene Einzelphänomene im Detail zueinander verhalten, obwohl der statistische Trend zunächst eindeutig scheint.

---

49 Patricia Mayhew: »International Comparative in Criminology: The 1989 Telephone Survey«, in: Günther Kaiser / Hans-Jörg Albrecht (Hgg.): *Crime and Criminal Policy in Europe: Proceedings of the II European Colloquium.* Freiburg 1990, S. 111-141. Zu niedrigeren Viktimisierungsraten kamen die vom *Centro de Investigaciones Sociológicas* seit 1978 periodisch durchgeführten Opferbefragungen. Danach wurden 1978 landesweit 11% aller Befragten Opfer einer Straftat, 1985 waren es 15% und 1991 18%. Vgl hierzu CIS: *Informe* (Anm. 42) sowie CIS: *Estudio 1453* und *Estudio 1974.*

Praktisch keine Aussagen lassen Polizeistatistik und Viktimisierungserhebung über Täterkreis und die »Sozialstruktur« der Delinquenten zu. Hierzu ist man auf Kriminalitätsbefragungen angewiesen, die aber für Spanien, von einigen räumlich und altersspezifisch eng begrenzten Lokalstudien abgesehen, völlig fehlen.[50] Studien, die sich der Täterfrage mit älteren Forschungsmethoden wie etwa der soziologischen Untersuchung von Inhaftierten und Verhafteten annähern, liegen auch für Spanien vor.[51] Allerdings haben sich derartige Ansätze aus Sicht der modernen Kriminologie als weitgehend unbrauchbar erwiesen, da in diesen Untersuchungen lediglich zum Ausdruck kommt, wer von den Straf- und Justizbehörden verfolgt und verurteilt wird. Umfassende Schlüsse über die tatsächliche Täterstruktur im Hinblick auf sozialräumliche Gegebenheiten und Milieus lassen sich aus derart begrenzten Täterprofilen nicht ableiten.

Hinsichtlich der qualitativen Merkmale der Kriminalitätsentwicklung in Spanien nach 1975 sei in stark verallgemeinerten Zügen folgendes ergänzt. Wie schon bei der Darstellung von illegalem Drogenkonsum und Drogenmißbrauch, so scheinen auch die dargestellten Formen delinquenten Verhaltens überwiegend in Städten aufzutreten. Der Anteil der von der *Guardia Civil* in ländlichen Gegenden und Gemeinden registrierten Delikte lag in den vergangenen Jahren regelmäßig bei zwischen 20 und 30% der Gesamtdelikte. Da beide nationalen Polizeieinheiten – *Guardia Civil* und *Policía Nacional* – etwa je die Hälfte der spanischen Bevölkerung kontrollieren, kann man davon ausgehen, daß durchschnittlich etwa drei Viertel aller Delikte in Städten begangen bzw. angezeigt werden.[52] Aus Sicht der Viktimisierungserhebungen läßt sich dieses Verhältnis nur mit Einschränkungen bestätigen. So lag die Viktimisierungsrate in Barcelona Mitte der achtziger Jahre deutlich über dem Landesdurchschnitt. Sie fiel jedoch bis 1990 auf das nationale Durchschnittsniveau zurück.[53]

Den Justiz- und Verhaftungsstatistiken ist zu entnehmen, daß der Anteil männlicher Delinquenten in allen Altersgruppen deutlich überwiegt.[54] Dies wird im allgemeinen auch durch die lokalen Kriminalitätsbefragungen bestätigt. Ferner scheint auch in Spanien die Kriminalitätshäufigkeit mit zunehmendem Alter zu-

---

50 So z.B. G. Hualde: *II Encuesta sobre la Juventud de Navarra: Jóvenes, droga y delincuencia.* Pamplona 1986 und A. Calafat: *Estudio de las conductas desviadas de la población escolarizada de Mallorca.* Unveröffentl. Manuskript.

51 Alfonso Serrano Gómez / José Luis Dopico: *El delincuente español. Factores concurrentes (influyentes).* Madrid 1978 sowie Canteras Murillo: *Delincuencia femenina* (Anm. 43).

52 Vgl. hierzu Serrano Gómez: *El costo* (Anm. 44), S. 29ff. sowie ders.: »Evolución social, criminalidad y cambio político en España«, in: *Anuario de Derecho Penal y Ciencias Penales 1983*, S. 273-309.

53 Anna Alabart u.a.: »La seguridad« (Anm. 46), S. 60f.

54 Nach Canteras Murillo: *Delincuencia femenina* (Anm. 43), S. 461ff. lag der Frauenanteil bei den Verhaftungen zwischen 1975 und 1985 je nach Deliktart zwischen 5 und 22%. Bei Diebstahl, Betrug und Mord war der Frauenanteil höher als bei anderen Delikten.

rückzugehen, woraus nicht notwendigerweise geschlossen werden kann, daß Jugendliche generell stärker zu Straftaten neigen als Erwachsene. Außer den genannten Polizei- und Justizstatistiken liegen für Spanien keinerlei Vergleichsergebnisse vor. Neuere Kriminalitätsbefragungen lassen aber erkennen, daß in Spanien acht von zehn Jugendlichen in irgendeiner Form strafbare Handlungen begehen.[55]

Hinsichtlich der Bedeutung der sozialen Schichtung bzw. Schichtzugehörigkeit und des sozioökonomischen Status der Delinquenten sind die vorliegenden Ergebnisse noch weniger übereinstimmend. War man bislang davon ausgegangen, daß delinquentes Verhalten überwiegend mit Deprivationssituationen, also Arbeitslosigkeit und sozialer Marginalisierung, einhergeht,[56] so ergaben die erwähnten Kriminalitätsbefragungen keine besonderen Auffälligkeiten im Hinblick auf unterschiedliche sozioökonomische Voraussetzungen einzelner Bezugsgruppen.[57] Die in der bisherigen Forschung vorwiegend vertretene Auffassung, daß vor allem untere soziale Schichten mit geringem Einkommensniveau straffällig würden, scheint zumindest in dieser verallgemeinerten Form nicht zutreffend. Vielmehr ist auch hier anzunehmen, daß delinquentes Verhalten quer durch alle sozialen Schichten auftritt, womit Spanien den Trends in anderen Ländern folgen würde.[58]

5. Zusammenfassung

Im Hinblick auf den Problemkreis der *inseguridad ciudadana* lassen die dargelegten Entwicklungen es durchaus gerechtfertigt erscheinen, von einer spanischen »Sonderentwicklung« zu sprechen. Dies bezieht sich gleichermaßen auf den Komplex der illegalen Drogen wie auf den Bereich kriminellen Verhaltens.

Ausschlaggebend für diese Einschätzung ist weniger die in absoluten Zahlen ausgedrückte Zunahme. Hier nähert sich Spanien erst den Niveaus seiner Nachbarländer an. Ausschlaggebend ist hier vielmehr der beschleunigte Anstieg aller dargestellten Devianzformen im Zeitraum von nur wenigen Jahren. Dieser Anstieg läßt sich ungeachtet aller methodischen Schwierigkeiten und Widersprüche bei der Erfassung derartiger Entwicklungen nicht mehr mit statistischen Mängeln oder einzelnen, jeweils ideologisch begründeten Prämissen und Absichten in der Darstellung erklären. Es ist anzunehmen, daß Drogenmißbrauch und Kriminalität die eigentlichen Schattenseiten des umfassenden Modernisierungsprojektes von

---

55 Cristina Rechea u.a.: *Adolescencia, ¿un sarampión?: delincuencia juvenil en Castilla La Mancha mediante autoinforme.* Toledo 1995, S. 90.
56 Canteras Murillo: *Delincuencia femenina* (Anm. 43), S. 419ff.
57 Cristina Rechea u.a.: *Adolescencia* (Anm. 55), S. 43ff.
58 Susanne Karstedt: »Soziale Ungleichheit und Kriminalität – Zurück in die Zukunft?«, in: Kai-D. Bussman / Reinhard Kreissl (Hgg.): *Kritische Kriminologie in der Diskussion: Theorien, Positionen, Analysen.* Opladen 1996, S. 45-72 (hier S. 48f.).

Staat und Gesellschaft in Spanien nach 1975 darstellen. Dabei darf jedoch nicht übersehen werden, daß die strukturellen »Anlässe« für diese Entwicklungen weiter zurückreichen. So kann man davon ausgehen, daß sich die sozialen Spätfolgen unkontrollierter Urbanisierung in beiden Formen abweichenden Verhaltens stärker niedergeschlagen haben als bisher allgemein angenommen. Umgekehrt scheinen die Faktoren Arbeitslosigkeit oder soziale Marginalisierung nicht zwangsläufig gehäufte Devianzraten nach sich zu ziehen. Dies konnte im vorliegenden Beitrag zwar nur angedeutet werden, sollte sich aber bei künftigen Forschungen bestätigen lassen. In jedem Fall wird man berücksichtigen müssen, daß Drogenmißbrauch und Kriminalität multifaktorielle Erscheinungen darstellen, die sich einer einseitig monokausalen Ursache-Wirkung-Relation entziehen.

Prognosen für die Zukunft lassen sich im Rahmen obiger Ausführungen nicht anstellen. In den neunziger Jahren hat sich die Situation bei beiden Devianzformen »stabilisiert«, was zunächst einmal nur bedeutet, daß der enorme zahlenmäßige Anstieg der achtziger Jahre gebremst ist. Eine Trendwende läßt sich daraus nicht ablesen. Und noch weniger kann man darüber sagen, ob auch Spanien mit dauerhaft hohen Delinquenz- und Drogenraten gewissermaßen als »Hermesbürgschaft entwickelter Industriestaaten«[59] wird leben müssen.

Der soziale Umbruch, der sich in Spanien im Zuge der verschiedenen Modernisierungswellen seit Beginn der sechziger Jahre vollzog und der sich zweifellos in der Kriminalitätsentwicklung und im Konsum illegaler Drogen niedergeschlagen hat, bietet gerade auch im Hinblick auf die politischen und sozialen Transitionen in Osteuropa und Lateinamerika ein interessantes und ergiebiges Feld für künftige Forschungen.

---

59 Baldo Blinkert: »Kriminalität als Modernisierungsrisiko? Das 'Hermes-Syndrom' der entwickelten Industriegesellschaften«, in: *Soziale Welt* 4, 1988, S. 397-412.

Carlos Collado Seidel

Kirche und Religiosität

»Jeder Versuch einer Deutung der spanischen Kirche in der heutigen Zeit muß ihren Anfang bei der Berücksichtigung der entscheidenden Bedeutung haben, die das Vatikanische Konzil für uns hatte und auch heute noch besitzt«.[1] Dieser Satz, den der damalige Vorsitzende der spanischen Bischofskonferenz Ende Juni 1978 während eines Vortrags sagte, ist zwar rund 20 Jahre alt, doch im Grundsatz nach wie vor gültig. Das Zweite Vatikanum hatte in der spanischen Kirche seit Anfang der sechziger Jahre einen Umdenkprozeß ausgelöst, durch den sich die seit den Bürgerkriegstagen bestehende Identifikation der kirchlichen Hierachie mit dem franquistischen Regime aufzulösen begann. Die Ergebnisse des Konzils brachten für die gesamte katholische Kirche grundlegende Veränderungen mit sich. Für die Kirche in Spanien bedeuteten die neuen Richtlinien allerdings eine radikale Abkehr von bis dahin gültigen Maßstäben. Von höchster kirchlicher Instanz wurden nun die engen Beziehungen zwischen Kirche und Staat in Frage gestellt. Im Vatikan wurden Dokumente verabschiedet, die Meinungs- und Versammlungsfreiheit, Menschenrechte, freie Äußerung politischer Überzeugungen und sogar ausdrücklich eine Trennung von Staat und Kirche forderten. Die Pastoralkonstitution *Gaudium et spes* stellte fest, daß die Kirche weder an eine bestimmte Gesellschaftsordnung noch an ein konkretes politisches System gebunden sei. Die politische Gemeinschaft und die Kirche seien vielmehr in ihren jeweiligen Sphären voneinander unabhängig und selbstbestimmend.[2] Die Hierarchie mußte sich die neuen Leitlinien zu eigen machen, ob sie nun wollte oder nicht. Daher läßt die Erklärung des spanischen Episkopats nach Abschluß des Konzils vor allem die Verpflichtung zur Obedienz erkennen: »Wir haben alle mit der Kirche zu fühlen. Und mit der Kirche zu fühlen heißt in diesem Fall, all das zu akzeptieren, was das Konzil aufgezeigt und bestimmt hat, und es als Zeichen der wahren Liebe zu dieser Kirche mit vollkommener Folgsamkeit und im Gehorsam auszuführen.«[3]

Die kritische Distanzierung wurde hingegen in den Reihen des jungen Klerus mit deutlich größerer Begeisterung aufgenommen. Im Rahmen der spanischen Industrialisierung sahen diese Kleriker ihre Aufgabe vor allem in der pastoralen

---

1 Vicente Enrique y Tarancón: »La iglesia en España hoy«, in: Vicente Enrique y Tarancón / Narciso Jubany / Marcelo González (Hgg.): *Iglesia y política en la España de hoy*. Salamanca 1980, S. 65.
2 »Gaudium et spes«, S. 76.
3 »Declaración colectiva del Episcopado español para la etapa postconciliar« (8.12.1965), in: *Documentos del Concilio Vaticano II*, hg. von dem »Servicio de Publicaciones de Acción Social Patronal« Madrid 1966, S. 241.

Betreuung der rapide wachsenden Arbeitervorstädte und nahmen sich der Belange dieser Menschen und ihrer sozialen Situation an. Schnell gerieten sie in ein politisches Fahrwasser und damit in Opposition zum Regime. Das Engagement von Teilen des Klerus für die Belange der Arbeiterschaft sowie deren aktive Teilnahme beim Aufbau von Arbeitnehmerorganisationen wie USO oder CCOO brachten der Kirche andererseits auf der Seite der Arbeiterschaft Sympathien und Respekt ein. Das Eintreten von Priestern in den historischen Regionen für die freie kulturelle Entfaltungsmöglichkeit (bis hin zu einer passiven und aktiven Unterstützung des bewaffneten Widerstandes gegen den Franquismus) machte die Kirche immer stärker zu einem glaubwürdigen Partner im Kampf für Demokratie sowie nationale und kulturelle Eigenständigkeit dieser Regionen. Aránzazu und Montserrat stehen stellvertretend für diesen Widerstand.

Die Kirche befand sich somit nicht mehr (wie in der Geschichte so oft geschehen) allein auf der »einen Seite«. Deutlicher Ausdruck dieser neuen Entwicklung war die 1971 durchgeführte *Asamblea Conjunta de Obispos y Sacerdotes*, auf der die Mehrheit der Teilnehmer eine Resolution verabschiedete, durch die sich die Kirche für ihre bedingungslose Allianz mit Franco während des Bürgerkriegs entschuldigte und bedauerte, damals nicht als Anwältin der Versöhnung gewirkt zu haben.[4] Das Verhältnis zwischen der Hierarchie und dem Regime war in den letzten Jahren der Franco-Diktatur von starken Spannungen geprägt. Diese gipfelten im bekannten *Affair Añoveros*. Der Bischof von Bilbao hatte in einer Predigt im Februar 1974 die kulturelle Unabhängigkeit des Baskenlandes gefordert.[5] Die spanische Regierung fühlte sich brüskiert, und im Rahmen des sich in den darauffolgenden Wochen zuspitzenden Konflikts stand sogar der Abbruch der Beziehungen zum Vatikan im Gespräch. Das solide Gerüst der Beziehungen zwischen katholischer Kirche und dem franquistischen Regime war schwer beschädigt, denn die Kirche hatte sich vor aller Augen vom Regime distanziert. Sie hatte eine Position eingenommen, durch die sie in den Jahren der *transición* nicht mehr bedingungslos mit der franquistischen Diktatur identifiziert werden konnte. Obgleich sich eine Reihe reaktionärer Prälaten gegen die neuen Richtlinien aus dem Vatikan sträubte und ihre Mandate in den *Cortes* behielt, war es nicht möglich, neben Rufen nach Freiheit und Demokratie automatisch auch antiklerikale Töne anzuschlagen. Die umsichtige Kirchenführung unter dem Vorsitzenden der Bischofskonferenz, Kardinal Vicente Enrique y Tarancón, ließ keinen Zweifel aufkom-

---

4   Die Erklärung konnte allerdings nicht offiziell verabschiedet werden, da die notwendige Zwei-Drittel-Mehrheit nicht erreicht wurde. Vgl. Secretariado Nacional del Clero (Hg.): *Asamblea conjunta Obispos-Sacerdotes. Historia de la Asamblea. Discursos. Texto íntegro de todas las ponencias. Proposiciones. Conclusiones. Apéndices.* Madrid 1971, S. 170f.

5   Text der Homilie, die am 24. 2. 1974 im Bistum Bilbao verlesen wurde, in: Vicente Enrique y Tarancón: *Confesiones*. Madrid 1996, S. 631-634.

men, daß die Kirche keine politische Macht anstrebte und sich auf soziale und pastorale Aufgaben beschränken wollte.

Die Kirche hatte somit noch vor Beginn der *transición* ihren eigenen, für viele Mitglieder des Klerus schmerzhaften Übergangsprozeß hinter sich gebracht. Die Aussagen des Konzils verhinderten (wie in der Vergangenheit nur allzuoft geschehen) eine aktive politische Parteinahme der kirchlichen Führung. Die Kirche hielt sich betont im Hintergrund. Sie ließ sich auch nicht mehr für politische Zwecke instrumentalisieren. Wenngleich sie in der Vergangenheit immer wieder die Ursache für politische Spannungen und gewalttätige Auseinandersetzungen gewesen war, konnte die Kirche während der *transición* aufgrund ihrer ausdrücklichen Zurückhaltung eine stabilisierende Rolle spielen.[6]

1. Kirche und Gesellschaft

Franco-Spanien war ein konfessioneller Staat. Der römisch-katholische Glaube war ausdrücklich das Religionsbekenntnis des spanischen Staates.[7] Über den tatsächlichen Gläubigkeitsgrad der Bevölkerung lassen sich für diese Zeit allerdings kaum solide Aussagen treffen. Verläßliche Meinungsumfragen zur Religiosität liegen für die Zeit des Franquismus nicht vor. Für den Soziologen Víctor Pérez Díaz war diese Zeit von einer bürgerlichen oder folkloristischen Religiosität im Hinblick auf feierliche Zeremonien, Routine-Kirchgang, regelmäßiges Empfangen von Sakramenten ohne aufrichtige religiöse Überzeugungen oder tiefe Glaubensempfindung geprägt.[8] Der soziale Druck aufgrund der zentralen Rolle, die die kirchliche Institution in Spanien spielte, führte zur Aufrechterhaltung dieser Scheinreligiosität.[9]

So nimmt es nicht wunder, daß nach Francos Tod die religiöse Praxis stark nachließ. Die Zahl der Personen, die sich als praktizierende Katholiken bezeichneten, hatte in den ersten Jahren der *transición* rapide abgenommen, um sich allerdings im Laufe der achtziger Jahre wieder zu stabilisieren. So betrug nach Angaben von José Ramón Montero der Anteil der praktizierenden Katholiken im

---

6 Über die Rolle der Kirche während der *transición* siehe die Überblicksdarstellung von Carlos Collado Seidel: »Kirche im Wandel«, in: Walther L. Bernecker / Carlos Collado Seidel (Hgg.): *Spanien nach Franco. Der Übergang von der Diktatur zur Demokratie 1975-1982*. München 1993, S. 86-103. Zur Kirche in Spaniens Geschichte vgl. Walther L. Bernecker: *Religion in Spanien. Darstellung und Daten zu Geschichte und Gegenwart*. Gütersloh 1995.

7 Artikel VI des »Fuero de los Españoles«.

8 Víctor Pérez Díaz: *El retorno de la sociedad civil. Respuestas sociales a la transición política, la crisis económica y los cambios culturales en España, 1975-1985*. Madrid 1987, S. 447ff.

9 Antonio Blanch: *Crónicas de la increencia en España*. Santander 1988, S. 28.

Jahr 1983 lediglich 31%. Im Gegensatz dazu waren es 1976 noch 56%.[10] Diese Daten widersprechen zwar teilweise anderen Erhebungen, doch kann übereinstimmend festgestellt werden, daß in den Jahren zwischen Francos Tod und den ersten demokratischen Wahlen sowie im Anschluß an den Sieg der Sozialisten bei den Parlamentswahlen von 1982 die zahlenmäßig stärkste Abkehr von der katholischen Kirche stattgefunden hat. Damals sank vor allem der Anteil der praktizierenden Katholiken und stieg die Zahl der nicht-praktizierenden oder religiös indifferenten Personen.[11]

Unter Zugrundelegung der Teilnahme am Kirchenleben als Indikator kann von einer vierteiligen Gesellschaft gesprochen werden. Für das Jahr 1990 werden dabei folgende Anteile angegeben: 10% aktive Kirchenmitglieder; 33% unregelmäßig teilnehmende; 28% passive, die am Kirchenleben lediglich im Zusammenhang mit bestimmten Ereignissen wie Trauung oder Taufe teilnehmen; sowie 29%, die sich selbst ausgeschlossen hatten. Für die Zeit zwischen 1981 und 1990 zeigt sich ein weiterer leichter Rückgang derjenigen, die unregelmäßig am Kirchenleben teilnahmen, und eine Zunahme derjenigen, die sich passiv verhielten oder selbst ausschlossen.[12] Die religiös-katholische Praxis hat dabei vor allem bei der Jugend abgenommen. Fast 50% der bis zu 25jährigen gaben an, nie in die Kirche zu gehen. Heute ist dieser Anteil sogar auf 57% gestiegen.[13] Als Begründung für die Abkehr von der Amtskirche wird sehr häufig der Dissens mit der Lehrmeinung und den Vorgaben aus dem Vatikan, vor allem im Hinblick auf die Moraldoktrin, angegeben.

Dabei kann allerdings nicht von einer allgemeinen starken Abnahme der Religiosität gesprochen werden. Das zeigt sich daran, daß die Zahl der Indifferenten oder der überzeugten Atheisten seit Mitte der siebziger Jahre im Grunde konstant geblieben ist. Der Bevölkerungsanteil, der sich demgegenüber als religiös bezeichnet, liegt seit Anfang der achtziger Jahre bei etwa zwei Dritteln.[14] Eine 1979 durchgeführte Umfrage ergab sogar, daß 83% der Befragten an die Existenz Gottes glaubten. Werden diese Angaben nach Altersgruppen und Geschlecht der Befragten aufgeschlüsselt, so ergeben sich Verschiebungen, doch bekräftigten noch über drei Viertel der Jugendlichen, an Gott zu glauben.[15] Auch diese Zah-

---

10 Juan-Luis Recio / Octavio Uña / Rafael Díaz-Salazar: *Para comprender la transición española. Religión y política.* Estella 1990, S. 53ff.
11 José Ramón Montero: »Las dimensiones de la secularización: religiosidad y preferencias políticas en España«, in: Díaz-Salazar / Giner (Hgg.): *Religión y sociedad* (Anm.11), S. 179ff.
12 Zahlenangaben bei: Rafael Díaz-Salazar: »La institución eclesial en la sociedad civil española«, in: Díaz-Salazar / Giner (Hgg.): *Religión y sociedad* (Anm.11), S. 286.
13 *El País* v. 31.3.1997.
14 Montero: »Las dimensiones« (Anm. 11), S. 183.
15 Zahlenangaben bei Stanley G. Payne: *Spanish Catholicism. An Historical Overview.* Madison 1985, S. 218f.

len sind weitgehend konstant geblieben. Im internationalen Vergleich westlicher Staaten nahm Spanien dabei Mitte der achtziger Jahre den fünften Platz hinter den Vereinigten Staaten, Irland, Kanada und Italien im Hinblick auf die Bedeutung Gottes für das Leben der einzelnen Bürger ein.[16] Es besteht zwar zweifellos eine Korrelation zwischen Religiosität und Kirchgang, doch zeigen Befragungen, daß nahezu 40% der Personen, die sich selbst als religiös bezeichnen, sehr selten oder nie in die Kirche gehen.[17] Etwa ein Viertel der Personen, die sich in irgendeiner Weise als Katholiken bezeichnen, betreten im Grunde nie eine Kirche, weitere 15% lediglich an hohen Festtagen.[18] Auch hierbei zeigt sich, daß die Jugend besonders große Distanz zur Kirche hält: 70% der Jugendlichen unter 28 Jahren bezeichnen sich als nicht-praktizierende Katholiken.[19]

Verschiedene kirchennahe Autoren sehen keine Möglichkeit der Existenz von Religiosität ohne institutionelle Anbindung und gehen davon aus, daß die nicht-praktizierenden Katholiken über kurz oder lang zu Agnostikern werden.[20] Bemerkenswert ist allerdings, daß demgegenüber die Zahl der Spanier zunimmt, die davon überzeugt sind, daß es nicht eine einzige wahre Religion gibt, vielmehr Wahrheiten existieren, die sich in verschiedenen Religionen manifestieren können. 1989 gaben lediglich 24% der Befragten an, die katholische Religion sei die einzig wahre. Der Anteil im Hinblick auf die christlichen Religionen im allgemeinen betrug 41%. Díaz-Salazar wagt die Prognose, daß sich in den folgenden Jahrzehnten der Anteil »nicht-praktizierender« Katholiken noch weiter erhöhen wird und diesbezüglich vor allem die Unterschiede zwischen den Generationen verschwinden werden. Die Entfremdung zwischen Amtskirche und Gläubigen werde zunehmen.[21]

Die allgemeine Distanzierung von der Amtskirche manifestiert sich auch in Umfragen zu spezifisch katholischen Lehrmeinungen. An den untersten Plätzen rangiert dabei der Glaube an die Jungfräulichkeit Mariä (46%), die Auferstehung der Toten (41%), die Existenz der Hölle (40%) und die Unfehlbarkeit des Papstes (37%).[22] Kirchliche Riten und bestimmte religiöse Zeremonien genießen allerdings unverändert eine sehr hohe Akzeptanz. So wird von über 80% der Bevölkerung die Taufe gewünscht; die kirchliche Trauung ist noch beliebter. Daß die

---

16   *El País* v. 16.6.1985.
17   Francisco Andrés Orizo: *Los nuevos valores de los españoles. España en la Encuesta Europea de Valores*. Madrid 1991, S. 125.
18   Pedro González Blasco / Juan González-Anleo: *Religión y sociedad en la España de los 90*. Madrid 1992, S. 67.
19   *El País* v. 31.3.1997.
20   Andrés Tornos / Rosa Aparicio: *¿Quién es creyente en España hoy?* Madrid 1995, S. 53f.
21   Rafael Díaz-Salazar: »La transición religiosa de los españoles«, in: Díaz-Salazar / Giner (Hgg.): *Religión y sociedad* (Anm.11), S. 96 u. 103.
22   Zahlenangaben für 1984 in: *Revista de Investigaciones Sociológicas*, Nr. 27 (1984), S. 309ff.

Taufe eine moralische Pflicht sei, empfinden hingegen weniger als 50% der Bevölkerung.[23] Der Soziologe Juan J. Linz beschreibt die Situation von Kirche und Religiosität folgendermaßen: »Es gibt keinen Zweifel darüber, daß Spanien heutzutage ein Land ist, das überwiegend katholisch ist, mit einer mehr oder minder praktizierenden Mehrheit und einer bedeutenden Minderheit, die der Kirche treu ist, auch wenn sie sich in ihrer Bereitschaft, den Weisungen der Kirche Folge zu leisten, selektiv verhält.«[24] Das hat wiederum dazu geführt, daß sich die Kirche selbst teilweise als Supermarkt vorkommt, in dem nach Bedarf jeder einzelne Angebote wahrnimmt. Kirchenkreise sprechen heute auch von der weitverbreiteten soziologischen Erscheinung des *católico light*.[25] Trotz allem ist die Kirche unangefochten die Institution mit dem größten gesellschaftlichen Einfluß. Die Kirche ist nach wie vor in der Lage, Woche für Woche etwa ein Drittel aller Erwachsenen in die Kirchen zu locken. Der Klerus hat nach wie vor eine wichtige soziokulturelle Bedeutung und stellt mit Sicherheit auch weiter einen wichtigen Punkt für die Orientierung von Überzeugungen und Meinungen dar.[26] Demgegenüber kann die Zahl derjenigen, die sich aktiv an der Arbeit von politischen Parteien der Linken oder Gewerkschaften beteiligen, mit höchstens fünf Prozent angegeben werden.[27]

Soziologische Untersuchungen stellen eine Korrelation zwischen dem Religiositätsgrad und dem politischen Wahlverhalten fest. Wie in anderen Ländern definieren sich Katholiken in Spanien vor allem über konservative Parteien. Sowohl 1982 als auch 1993 bezeichneten sich zwei Drittel der Personen, die angaben, die politische Rechte zu wählen, als praktizierende Katholiken, und über die Hälfte der Personen, die sich als Linke bezeichneten, ordneten sich selbst als nicht-praktizierend, indifferent oder atheistisch ein.[28] Wenngleich also praktizierende Katholiken tendenziell die konservative Volkspartei wählen, ist die Zahl jener, die den PSOE wählen, nicht wesentlich kleiner. Eine anläßlich der Parlamentswahlen von 1993 gemachte Umfrage ergab, daß 46% der »sehr guten Katholiken« den PP und 31% den PSOE gewählt hatten. Im Fall der »praktizierenden Katholiken« lagen PP und PSOE mit 34% sogar gleichauf.[29] Der große Unterschied zu früheren Zeiten ist aber, daß heute Zugehörigkeit zu Parteien der Linken und Be-

---

23 Salvador Giner / Sebastián Sarasa: »Religión y modernidad en España«, in: Díaz-Salazar / Giner (Hgg.): *Religión y sociedad* (Anm.11), S. 75.
24 Juan J. Linz: »Reflexiones sobre la sociedad española«, in: Salvador Giner (Hg.): *España, Sociedad y Política*. Madrid 1991, S. 672.
25 Pedro M. Lamet: »Sociedad indiferente, iglesia dormida«, in: *Iglesia Viva*, (158) März-April 1992, S. 220.
26 Blasco / González-Anleo: *Religión y sociedad* (Anm. 18), S. 70.
27 Pérez Díaz: *El retorno* (Anm. 8), S. 460f.
28 Montero: »Las dimensiones« (Anm. 11), S. 213ff.
29 Montero: »Las dimensiones« (Anm. 11), S. 235.

kenntnis zur Kirche vereinbar sind und dies auch gesellschaftlich akzeptiert wird.[30] 1979 gaben 40% der befragten Spanier an, daß es kompatibel sei, guter Katholik und guter Kommunist zu sein. Von den Sozialisten sagten dies sogar 57%. Fünf Jahre später waren diese Anteile noch einmal angestiegen und lagen im Falle von Kommunisten bei etwa 60%, unter Sozialisten sogar bei 70%. Damit ist die Religiosität zwar nach wie vor relevant, aber für die politische Auseinandersetzung nicht mehr entscheidend (wie es etwa in Zeiten der Zweiten Republik noch gewesen war). Auch ist die zu anderen Zeiten keinesfalls selbstverständliche Akzeptanz der Demokratie durch praktizierende Katholiken heute selbstverständlich geworden.

Eine weitere Veränderung ist augenscheinlich. Während des Franquismus fand in erster Linie eine Identifikation der Oberschichten und des Bürgertums mit der Kirche statt. Innerhalb der Arbeiterschaft war die Distanz zur Amtskirche deutlich größer. Heutzutage ist die religiöse Indifferenz in den unteren Gesellschaftsschichten zwar nach wie vor stärker verbreitet als in anderen Bevölkerungsgruppen, die Unterschiede haben allerdings deutlich abgenommen.[31] Diese Nivellierung sowohl hinsichtlich der politischen Präferenzen als auch der sozialen Schichtung wird immer wieder als Stabilitätsfaktor für die Demokratie bezeichnet. Damit kann die Religion nicht mehr uneingeschränkt für die politische Auseinandersetzung zwischen links und rechts instrumentalisiert werden. Sowohl PSOE als auch der *Partido Popular* vertreten in Religionsfragen im Grunde moderate Positionen. Damit unterliegt freilich die Amtskirche einer Fehlperzeption, wenn sie (eine Tendenz, die Anfang der neunziger Jahre immer wieder festgestellt werden konnte) versucht, ein Junktim zwischen den Anliegen der Kirche und der konservativen Volkspartei herzustellen.

Seit dem Ende der Franco-Diktatur hat sich zweifellos eine Privatisierung von Glauben und Religion vollzogen. Die Bevölkerung lehnt mehrheitlich eine offensiv evangelisierende Kirche ab. So wird es in Spanien heute positiv angesehen, wenn sich etwa ein Fußballspieler bekreuzigt, bevor er aufs Spielfeld läuft. Negativ wird hingegen bewertet, wenn die Kirche moralisierende Verhaltenskodices verkündet. Die Sensibilisierung gegenüber Äußerungen von seiten der Kirche ist groß: Die Mehrheit der Spanier lehnt es ab, daß sich die Kirche in irgendeiner Weise an der Politik beteiligt oder moralisierend wirkt. Dies ist sicherlich eine Reaktion auf die verordnete Konfessionalität des Staates unter Franco und die bevormundende Wirkungsweise der Kirche in vergangenen Zeiten. Hieraus erklärt sich auch die heutige Kirchenskepsis: So erklärte Victoria Abril, eine der

---

30 Vgl. vor allem Juan J. Linz: »Religión y Política«, in: Juan J. Linz / José Ramón Montero (Hgg.): *Crisis y cambio: electores y partidos en la España de los años ochenta*. Madrid 1986, S. 72-98.
31 Blasco / González-Anleo: *Religión y sociedad* (Anm. 18), S. 30.

bekanntesten spanischen Schauspielerinnen: »Die Klosterschule hat aus mir, wie aus fast allen Frauen meiner Generation, die ich kenne, einen völlig atheistischen Menschen gemacht.«[32] Diese Aussage kann verallgemeinert werden.

Die weitverbreitete Abkehr von der Doktrin der Kirche hat allerdings, und das attestieren auch kirchennahe Autoren, keine antiklerikale Spitze, obwohl die Meinung weit verbreitet ist, daß der Einfluß der Kirche auf die Gesellschaft nicht unbedingt positiv ist.[33] Ganz im Gegenteil stößt die Kirche als Institution durchaus auf große Akzeptanz innerhalb der Gesellschaft. In Meinungsumfragen rangiert die Kirche immer an einer der ersten Stellen und meist vor den Parteien, den Gewerkschaften, der Regierung, den Streitkräften, dem Bankenwesen... Die Monarchie ist eine der wenigen Institutionen, die regelmäßig vor der Kirche rangieren.[34] Diese Tatsache läßt sich nicht durch die Lehrmeinung erklären. Sie hängt vielmehr damit zusammen, daß die Kirche als Institution glaubwürdig und integer wirkt. So ist zwar Meinungsumfragen zufolge die Mehrheit der Bevölkerung für eine strikte Trennung von Staat und Kirche, ihre gesellschaftliche Bedeutung wird aber noch überwiegend positiv bewertet (52%). Nur eine Minderheit (24%) trat 1988 dafür ein, den Einfluß der Kirche weiter zurückzudrängen. Auch aus anderen Studien geht deutlich hervor, daß der Kirche und dem Klerus großes Vertrauen entgegengebracht wird.

Im Hinblick auf die Themen, die von der Kirche belegt und positiv beurteilt werden, ist vor allem die Sozialdoktrin (Fragen der Dritten Welt, Rassendiskriminierung, Arbeitslosigkeit...) hervorzuheben. Die Moraldoktrin der Kirche wird indes mehrheitlich abgelehnt. In dieses Bild paßt die weitverbreitete Meinung über Papst Johannes Paul II.: Er sei progressiv in Hinblick auf soziale Fragen, aber reaktionär in moralischen Aspekten. Dabei wird zwar der Stellenwert, der von kirchlicher Seite Ehe und Familie gegeben wird, mehrheitlich geteilt, nicht aber andere von der Kirche mindestens so vehement verteidigte Ansichten. So findet es beispielsweise lediglich ein Viertel der Bevölkerung verwerflich, ohne Trauschein zusammenzuleben; bei den Jugendlichen bis 25 Jahren beträgt der Anteil sogar lediglich drei Prozent. Heutzutage stehen auch alleinerziehende Mütter nicht mehr vor sozialer Ablehnung. Nur 40% der Spanier vertreten heute die Ansicht, daß eine Ehe unauflöslich sein sollte. Vorehelicher Geschlechtsverkehr wird von 45% der Bevölkerung und sogar von 81% der Jugendlichen unter 25 Jahren akzeptiert; nur 21% vertreten die Ansicht, daß sexuelle Kontakte allein in die Ehe gehören. Das Verbot von Empfängnisverhütungsmitteln wird trotz der Kampagnen

---

32 Zit. nach Díaz-Salazar: »La transición religiosa« (Anm. 21), S. 123.
33 Vgl. etwa Blanch: *Crónicas* (Anm. 9), S. 3f.
34 Díaz-Salazar: »La institución« (Anm. 12), S. 295.

der Kirche lediglich von 21% der Bevölkerung befürwortet.[35] Auch im Hinblick auf ethische Fragen steht die Mehrheit der Bevölkerung der Position der Kirche ablehnend gegenüber. Künstliche Befruchtung und Sterbehilfe werden jeweils von lediglich etwa einem Viertel der Bevölkerung abgelehnt. Nur im Fall von Abtreibungen ist die Akzeptanz der Kirchenmeinung durch die Bevölkerung größer.

Die Tatsache aber, daß das Eintreten der Kirche für bestimmte gesellschaftsrelevante Fragen durchaus begrüßt wird, sie gleichzeitig aber nicht in der Lage ist, die Bevölkerung an sich zu binden und eigene moralische und ethische Maßstäbe durchzusetzen, zeigt das Dilemma, in dem sich die Kirche heute befindet. Selbst praktizierende Katholiken übernehmen, bis auf eine kleine Minderheit, nicht ohne Einschränkung die moralischen Vorgaben der Amtskirche. Nach Ansicht von Díaz-Salazar bestehen keinerlei Indizien dafür, daß die Kirche in näherer Zukunft in der Lage sein wird, die Orientierung der spanischen Gesellschaft in Hinblick auf moralisches und soziales Verhalten zu verändern oder zu bestimmen.[36]

Spanien war bis zum Tode Francos ein konfessioneller Staat. Nicht-katholische Glaubensgemeinschaften wurden diskriminiert. Seit Verabschiedung der Verfassung im Jahr 1978 können diese Glaubensgemeinschaften uneingeschränkt in der Öffentlichkeit auftreten und für ihren Glauben und ihre Anschauungen werben. Die Zahl nicht-katholischer Glaubensgemeinschaften und deren Mitglieder hat damit zwar zugenommen, doch dürfte deren prozentualer Anteil an der Bevölkerung bei höchstens einem Prozent liegen. In Spanien lebten in der Spätphase des Franquismus an die 2.000 Moslems, 6.000-8.000 Juden sowie 31.000 Lutheraner und Reformierte. Anfang der 1990er Jahre ist die Zahl der Protestanten auf 300.000, die der Juden auf 15.000 sowie die der Moslems auf 350.000 angestiegen.[37] Die anglikanische Kirche hat neben den etwa 30.000 Mitgliedern britischer Nationalität heute an die 7.000 spanische Gläubige.

Angaben über die Zahl der Sektenmitglieder schwanken beträchtlich. Manche Autoren geben für das Jahr 1990 rund 5.000, andere 300.000 Mitglieder an. Eine parlamentarische Kommission legte Ende 1988 folgende Zahlen vor: 70.000 Sektenmitglieder im Alter unter 30 Jahren sowie etwa 80.000 Mitglieder über 30 Jahre. Auch die Angaben über die Zahl der Gemeinschaften, die als Sekten bezeichnet werden, schwanken gewaltig; sie sollen zwischen 50 und 300 liegen.[38] Zu den aktivsten religiösen Minderheiten zählen die Zeugen Jehovas mit etwa

---

35 Orizo: *Los nuevos valores* (Anm. 17); Zahlenangaben für 1984 in: *Revista de Investigaciones Sociológicas*, Nr. 27 (1984), S. 325ff.
36 Díaz-Salazar: »La institución« (Anm. 12), S. 305.
37 Bernecker: *Religion* (Anm. 6), S. 122 und 134.
38 José Moraleda: *Las sectas hoy. Nuevos movimientos religiosos*. Santander 1992, S. 13.

65.000 Gemeindemitgliedern und über 700 Gemeindezentren sowie die Mormonen, die bei 15.000 Mitgliedern über 500 aktive Missionare verfügen.[39]

Abschließend noch kurz ein Wort über die Bedeutung der katholischen Basisgemeinden in Spanien: Sie entstanden im Zusammenhang mit den Ergebnissen des Zweiten Vatikanums und verstehen sich als autonome Gruppierungen, die einen gelebten Glauben suchen und daher im Gegensatz zu den Ritualen der Amtskirche und nicht selten in Opposition zu den Vorgaben aus dem Vatikan sowie im Widerspruch zur offiziellen Lehrmeinung stehen.[40] Sie bestehen aus zahlreichen Gruppierungen und Einzelinitiativen; allein in Madrid existieren 80 dieser Gruppen. Die wohl größte dieser Bewegungen ist der *Camino Neocatecumenal*, gegründet von Kiko Argüello in einem Madrider Vorort im Jahr 1964. Die Zahl der Mitglieder wird mit circa 500.000 in zahllosen Einzelgruppen und einer Vielzahl an Ländern angegeben. Das enge Zusammengehörigkeitsgefühl der Mitglieder führt dazu, daß diese Basisgemeinde zu einer bedeutenden Bewegung geworden ist. Der Vatikan scheint daher zu versuchen, diese Bewegung unter Kontrolle zu bekommen: Die »Kikos« sollen ein vom Vatikan gebilligtes Statut erhalten und von der katholischen Kirche juristisch anerkannt werden. Damit würden sie automatisch einer unmittelbaren Kontrolle durch die Amtskirche unterliegen.[41]
Auch der *Camino Neocatecumenal* wird oft als progressiv bezeichnet, wenngleich er aufgrund einer streng an der Heiligen Schrift ausgerichteten und puritanistischen Lebensweise sowie der eigenen Auslegung von Liturgie und Riten durchaus als fundamentalistisch bezeichnet werden müßte.

2. Volksreligiosität und religiöses Empfinden

Die Analysen über Glauben und Religiosität in der heutigen spanischen Gesellschaft befassen sich vor allem mit der Kirche als Institution oder mit dem Grad an Akzeptanz oder Ablehnung der Amtskirche, mit deren Glaubensgrundsätzen und Lehrmeinung sowie mit den von ihr vertretenen Dogmen und ihrer Moraldoktrin. Vor allem kirchennahe Autoren kommen dabei zu einem negativen oder pessimistischen Ergebnis und sprechen von einem wachsenden und sich generalisierenden Unglauben, der mit Entchristianisierung gleichgesetzt wird. Nicht-praktizierende Katholiken würden zwangsläufig zu Atheisten.[42]

Eine Ausdrucksform der Religiosität wird dabei allerdings kaum oder nur unzureichend berücksichtigt, obwohl sie weit verbreitet ist und in den letzten Jahren

---
39 Zahlenangaben nach Díaz-Salazar: »La transición religiosa« (Anm. 21), S. 111ff.
40 José María Díaz Mozaz: »El clero diocesano en España: ¿cuántos y quiénes son?«, in: *Sal Terrae* (991), Juni 1996, S. 442.
41 *El País* v. 9.2.1997.
42 Tornos / Aparicio: *Quién* (Anm. 20), S. 53f.

förmlich einen »Boom« erfahren hat: die »Volksreligiosität«. Einige Autoren sprechen in diesem Zusammenhang von Folklore oder heidnischen Bräuchen.[43] Und in der Tat vermengen sich hier christliche Tradition und katholische Praktiken mit Mythen und volkstümlichen Überlieferungen. Hinzu kommt freilich ein künstlerischer und folkloristischer Rahmen. Die Bezugsobjekte dieser Volksreligiosität sind die großen Gestalten der christlichen Religion: Christus, Maria, die Apostel und Heiligen. Hinzu kommen die Hauptsymbole des Christentums: die heilige Hostie, das Kreuz sowie die Reliquien. Die Verehrung dieser Gestalten und Symbole bildet ein ausgefülltes Kalendarium von Feierlichkeiten und Festen, an denen ohne Rücksicht auf Gesellschaftsschichten oder Klassen (dabei wird nicht einmal eine Unterscheidung zwischen gläubigen und nicht-gläubigen Christen gemacht) die Volksmassen teilnehmen. Die Religiosität erscheint hier als Äußerung eines tiefreichenden Volksempfindens, das der Fixierung geistiger Inhalte, religiöser Wahrheiten oder Dogmen sowie der Scheidung zwischen Glauben und vagem religiösen Gefühl vorausgeht. Kann dabei behauptet werden, daß die Volksmassen, die auf diese Weise ihr religiöses Empfinden äußern, gläubig im strikten christlichen Sinne sind?[44]

Wir sprechen von »Objekten« religiöser Verehrung und meinen damit die großen historischen Gestalten des Christentums. Es geht also nicht um Objekte des Glaubens im Sinne von Wahrheiten oder Dogmen, um geistige Inhalte, sondern um sichtbare und faßbare Gegenstände. Die Verehrung dieser Objekte findet unabhängig von den Dogmen und Mysterien des Glaubens statt, auch wenn sie letztlich mit solchen verbunden sind oder sie gar darstellen. Dieser Umstand ist ein wesentlicher Bestandteil der Volksreligiosität in Spanien.

Die angesprochenen Objekte, die Gegenstand der Volksreligiosität sind, werden zwangsläufig durch Bilder repräsentiert und gerade durch diese als Objekte der Verehrung erlebt. Auf diese Weise erhält die Volksreligiosität einen sicheren Bezugspunkt: Die religiöse Inbrunst richtet sich instinktiv nach den Bildern und nach den Symbolen, die auch bildlichen Charakter tragen. Die bildliche Darstellung der Verehrungsobjekte und dementsprechend die Wahrnehmung der Gestalt durch die Sinne spielt hierbei eine wesentliche Rolle.

Die Mannigfaltigkeit der religiösen figürlichen Darstellungen, die meist aus der Barockzeit stammen, ist in Spanien schier endlos. Interessant ist dabei allerdings, daß trotz dieser Vielfalt nur ganz bestimmte Darstellungen eine herausragende Devotion erfahren, während andere teilweise ähnlichen Charakters unbeachtet bleiben. Nicht jede Christusdarstellung und nicht jedes Bildnis Mariä werden landläufig verehrt. Dieses »Privileg« erfahren nur jene Darstellungen, die

---

43 Díaz-Salazar: »La transición religiosa« (Anm. 21), S. 102.
44 Die folgende Analyse der Volksreligiosität war nur dank der Hilfe von Dr. Jesús A. Collado Millán möglich.

aufgrund eines arkanischen Selektionswillens oder aufgrund besonderer Umstände die Aufmerksamkeit des Volkes auf sich gelenkt haben.

Der Bilderkult existiert im Christentum seit jeher. Gut möglich aber, daß er in Spanien aus der Notwendigkeit der sichtbaren Distanzierung vom Islam heraus am stärksten entwickelt wurde. Im auf Äußerlichkeit ohnehin sehr stark ausgerichteten Barock wurden nicht nur die Gotteshäuser, sondern auch öffentliche Plätze und sogar die Fassaden der Häuser mit Abbildern von Heiligen gefüllt. Diese Tatsache ist zunächst freilich nur ein epochenbedingtes kulturelles Phänomen, das über den Geschmack einer bestimmten Zeit Auskunft gibt. Die Heiligendarstellungen sind dabei, obwohl sie auf das Religiöse Bezug nehmen, zunächst im Grunde nicht mehr als dekorative Objekte. Dieser Umstand ändert sich allerdings in dem Moment, in dem diese Bilder zu Kultobjekten werden und eine allgemeine und sich immer stärker verbreitende Verehrung bestimmter Darstellungen von seiten der Bevölkerung einsetzt. Gerade in Spanien entstand ein besonderes religiöses Darstellungsbedürfnis. Diese religiösen Darstellungen in Bildern strahlen zudem, vor allem im Süden Spaniens, außerordentliche Dramatik und Leid aus. Gefördert durch diesen Drang nach bildlicher Darstellung sind die prächtigsten und aufwendigsten Verehrungsrituale der katholischen Welt entstanden. Es existieren bis heute Abbildungen, die eine ungeheuer intensive und inbrünstige Verehrung erfahren. Und dieses Phänomen nimmt in einer vermeintlich spiritualitätslosen Zeit nicht ab, gewinnt vielmehr an Bedeutung.

Die verehrten Bildnisse stellen die großen Gestalten und Symbole des Christentums dar. Die Christusdarstellungen zeigen dabei meistens Christus in der Passionswoche: den gegeißelten, den mit Dornen gekrönten, den mit dem Kreuz beladenen, den gekreuzigten Christus. Diese Darstellungen sind außerordentlich pathetisch. Es wird dementgegen schwer sein, eine Darstellung des Auferstandenen zu finden, die allgemein verehrt wird. Auch Darstellungen von Christus als König und Weltherrscher (Pantokrator) werden kaum beachtet. Als die Herzjesu-Verehrung propagiert wurde, verbreitete sich hingegen schnell die Verehrung von Bildern, die einen Christus darstellen, der sein Herz zeigt. Diese Art der Verehrung ist inzwischen allerdings weitgehend in Vergessenheit geraten, da sie von der Kirche nicht weiter gefördert wurde.

Die von der Bevölkerung verehrten Darstellungen Mariä sind sehr mannigfaltig. Besondere Pietät lösen vor allem Bilder der Schmerzensmutter, Kontrapunkt der Nazaräer-Darstellungen, aus. Sie werden insbesondere im Süden Spaniens angebetet und lösen dort oft Beifallsrufe aus, sind aber darüber hinaus in nahezu allen Gotteshäusern Spaniens zu finden. Die Schmerzensmutter-Darstellungen sind fast immer Anlaß von Verehrung durch die Gläubigen. Eine besondere Gruppe bilden jene Mariendarstellungen (im allgemeinen alte, oft sehr wertvolle polychrome Holzplastiken), die Maria als Muttergottes, mit dem Jesuskind oder als

Königin darstellen. Unter solchen befinden sich die Marienbilder mit der reichsten Tradition und diejenigen, die eine typisch regionale oder lokale Verehrung erfahren. Diese zum Teil romanischen, zum Teil gotischen, oder andere in späteren Zeiten entstandenen Darstellungen sind heutzutage mit Kronen und aufwendigen goldbestickten Samt- oder Brokat-Gewändern, manche auch mit Geschmeide geschmückt. Marienbezeichnungen wie Covadonga, Guadalupe, Macarena, Pilar oder Montserrat, mit ihren berühmten Weihestätten und Pilgerfahrten, sind seit jeher die herausragendsten Bezugspunkte der Marienanbetung in Spanien.

Der Heiligenkult ist ebenfalls weit verbreitet. Üblicherweise handelt es sich dabei um Patrone der jeweiligen Orte sowie um bestimmte Heilige, die traditionell populär sind. Darüber hinaus gibt es aber auch Heilige, die besondere Verehrung erfahren, weil sie im Zusammenhang mit nationalen historischen Ereignissen stehen oder in Spanien identitätsstiftend wirken. Ein Beispiel hierfür ist die Verehrung des heiligen Jakobus seit dem frühen Mittelalter. Der Reliquienschrein des Apostels, der in der Krypta der großen romanischen Kathedrale von Santiago de Compostela aufbewahrt wird, wird jährlich von Abertausenden von Pilgern besucht und verehrt. Diese kommen aus allen Ecken Spaniens und dem Ausland nach Galicien. Gerade die Pilgerfahrten zu dieser Stätte haben in letzter Zeit enorm zugenommen. Das liegt nicht nur an der touristischen Attraktivität der Stadt und der Kathedrale. Unter den vielen lokalen Patronen, die besondere Verehrung erfahren, müssen der heilige Firmian in Pamplona, der heilige Isidro in Madrid oder der heilige Sebastian in der gleichnamigen baskischen Küstenstadt hervorgehoben werden. Heilige, die darüber hinaus traditionell verehrt werden, sind beispielsweise Johannes der Täufer, der heilige Antonius und der heilige Blasius. An den Namenstagen dieser Heiligen werden üblicherweise große religiöse und weltliche Festakte veranstaltet.

Im Hinblick auf die Verehrung der christlichen Symbole muß die Anbetung der heiligen Hostie hervorgehoben werden. Dieser Kult geht auf das katholische Dogma zurück, wonach Christus in den Sakramentszeichen von Brot und Wein leibhaftig gegenwärtig ist. Für die Zurschautragung und Erhöhung des Glaubens an dieses Geheimnis wurden großartige Monstranzen in getriebenem Silber und Gold geschaffen, wahre Meisterwerke der spanischen Goldschmiedekunst des 16. und 17. Jahrhunderts. Sie werden in Prozessionen an Fronleichnam durch blumenbedeckte Straßen und Plätze getragen. Städte und Orte wie Sitges sind berühmt für ihre Teppiche aus Blumen anläßlich dieser Feierlichkeit. Diese Tradition ist heute weitgehend ausgestorben, da die Festivität nicht mehr ein offizieller Feiertag ist. Die Verehrung des Kreuzes erhält vor allem in den Prozessionen während der Karwoche besondere Bedeutung: Hier wird das Kreuz ohne den Gekreuzigten dargestellt und gefeiert als Zeichen der Erlösung. Das Kreuz wird auch besonders in ländlichen Regionen verehrt, als Zeichen des Schutzes für die Felder und Ländereien. So wird im Frühjahr die *cruz de mayo* geschmückt, mit der Prozessionen zu den Gemeindeweiden veranstaltet werden, um die Äcker zu segnen.

Um die Religiosität zu erklären, die hinter der eigentümlichen Verehrung dieser insgesamt sehr mannigfaltigen und unterschiedlichen bildlichen Darstellungen steht, muß in erster Linie die Ausstrahlung der Kultobjekte näher betrachtet werden. Denn in den Abbildern, in deren Benennungen und in deren Ausdruck manifestiert sich die Art und Weise, wie die Bevölkerung die Religiosität lebt. Die Bilder sind aus einem inneren Bedürfnis des Volkes heraus entstanden, und dieses hat sie auch mit Leben erfüllt. Die Figuren und deren Ausdruckskraft rufen religiöse Empfindungen in den Menschen hervor und versetzen die Verehrer in eine spirituelle Welt. Die dabei entstehende tiefe Wechselwirkung zwischen den Betrachtern und dem »Objekt« zeigt, daß dieses letztlich einen Spiegel der eigenen Religiosität bildet. Aus dieser Perspektive entdecken wir eine nach außen gekehrte Religiosität, von Bewegungen, Farben und Formen bestimmt, die aber gleichzeitig tiefe Empfindungen der Innerlichkeit zeigt. Es eröffnet sich die menschliche Dimension der Religiosität. Sie hat konkrete Inhalte, die sichtbar und greifbar sind, wie die Figuren und Abbildungen, die verehrt werden. Sie baut aber nicht auf der Undurchdringbarkeit der Dogmen auf. Die religiöse Kunst stellt den Schlüssel dar, um das Wesen der Volksreligiosität in Spanien zu erfassen. Der Ausdruck (dieser ist sogar um so expressiver, je populärer die Darstellungen sind) ist im Grunde das Wesentliche an den Darstellungen. Vergleichsweise nachrangig ist die biblische Person (Christus, Maria, etc.), die dabei abgebildet ist. Ausschlaggebend ist vielmehr die Art und Weise, wie die Abbilder von den Gläubigen jeweils gefühlt und erlebt werden. Dieses Erleben bildet den tieferen Sinn der Darstellungen. Dadurch scheint freilich der Zweck der Darstellung verkehrt oder gar umgewertet worden zu sein, werden doch damit nicht Christus oder die Jungfrau Maria als solche verehrt, sondern der im jeweiligen Abbild gezeigte Ausdruck. Die Dargestellten haben ihre ursprüngliche Bedeutung verloren und dafür eine für den Betrachter neue subjektive und psychologische gewonnen. Auf diese Weise werden die verehrten Bilder zum reinen Ausdruck der religiösen Empfindung.

Diese Schlußfolgerung läßt sich anhand folgender Anekdote veranschaulichen: In Sevilla gibt es ein Christusabbild, das *el cachorro* (der Welpe) genannt wird. Woher kommt es, daß einem Christusabbild ein derartiger Namen verpaßt wird? Der Bildhauer, der die Plastik schuf, verarbeitete für den ergreifenden Ausdruck des Heilands ein persönliches Erlebnis. Er bildete den Ausdruck eines nach einer Messerstecherei mit dem Tod ringenden Zigeuners nach. Dieser Zigeuner hatte den Beinamen »*el cachorro*«. Das Wesentliche an der Darstellung dieses Christus' ist somit ein bewegendes subjektives Erlebnis, das ins Religiöse übertragen wird. Dieser Umstand manifestiert sich auch darin, daß die allseits verehrten Abbilder meist einen Namen tragen, der dem profanen Empfinden entspricht: »*el Gran*

Poder« (große Macht), »*la Macarena*« (Hübsche), »*la Pilarica*« (Pfeiler), »*la Moreneta*« (Brünette), »*la Santina*« (kleine Heilige). Gerade die permanente Wechselwirkung zwischen dem Volksempfinden und dem Abbild sowie zwischen diesem und dem religiösen Empfinden macht die große Faszination und Anziehungskraft aus, die von diesen Darstellungen ausgeht.

Die Darstellungen von Christus in der Passionswoche beeindrucken durch ihren pathetischen Ausdruck: eine Mischung aus Seelenstärke, Zaghaftigkeit und Güte mitten in dem Spott und der Schmach.[45] Diese Plastiken stellen in der Regel einen schönen, gutgebauten männlichen Körper, nicht selten mit apollinischen Zügen, dar. Seine Schwäche stammt von der physischen Tortur her, doch zeigt der Gemarterte eine große innere Stärke. Besonders beeindruckend sind in diesem Zusammenhang der in Sevilla befindliche *Cristo del Gran Poder* sowie der *Cristo de Medinaceli* in Madrid. Am ersten Freitag im März strömen Jahr für Jahr an die 200.000 Menschen in die Kirche des *Cristo de Medinaceli*, um dieser Holzplastik aus dem 17. Jahrhundert den großen Zeh des rechten Fußes zu küssen. Um das Ritual als erste durchführen zu können, warten manche Gläubige zwei Tage und zwei Nächte vor dem Portal; andere erlegen sich stundenlange Fußmärsche als Bußübung auf, bevor sie vor das Jesusabbild treten.[46]

Die Darstellungen der Schmerzensmutter sind ihrerseits ein lebendiges Abbild der Sanftheit und des mütterlichen Leidens. In ihnen kontrastieren Schönheit und Anmut mit dem resignierenden Ausdruck der Trauer und des Leids. Über ihr Antlitz rinnen Tränen, ihr nach außen sichtbares Herz wird von sieben Schwertern durchbohrt. Manche mögen solche Darstellungsformen als »Kitsch« bezeichnen, aber angesichts derart phantasiedurchdrungener Spektakel entsteht Ergriffenheit unter den Gläubigen. Manche Betrachter lösen ihre innere Spannung durch den Ausruf eines Stoßgebetes. Eine begeisterte Menschenmenge versucht sich dem Gnadenbild zu nähern, es zu berühren, sein Gewand oder seinen Mantel zu küssen, ihm Beifall zuzurufen. Ohnegleichen ist der Enthusiasmus der Bewohner von Sevilla für ihre Macarena, ein Bild, in dem sie das ins Mythologische und Göttliche erhobene Ideal der Frau erkennen.

Eine weitere sehr typische Äußerung der Volksreligiosität ist die *romería del Rocío*. Diese Pilgerfahrt findet während der Pfingstwoche statt. Der Wallfahrtsort befindet sich im Marschland am Ufer des Guadalquivir in Andalusien. An dieser Wallfahrt nehmen Jahr für Jahr bis zu einer Million Menschen teil. Auch in diesem Fall findet ein enthusiastischer Marienkult statt, der im Grunde genommen eine eindeutige Huldigung der Weiblichkeit ist. Die heidnischen, dionysischen

---

45 Ein kastilischer Dichter beschreibt eine dieser Christusdarstellungen folgendermaßen: »Cuando pasa el Nazareno / de la túnica morada, / con la frente ensangrentada, / la mirada de Dios bueno / y la soga al cuello echada...« (Gabriel y Galán: *La Pedrada*).
46 *El País* v. 11. und 18.1. sowie 8.3.1997.

Elemente dieses Kirchweihfestes sind augenscheinlich. Die religiösen Feierlichkeiten finden ihren Höhepunkt darin, daß eine Horde junger Männer die Kapelle stürmt und sich des Marienbildnisses bemächtigt – in diesem Fall wird sie »*blanca paloma*« (weiße Taube) genannt –, um sie auf den Schultern über die menschenübersäte Wiese zu tragen.

Die Verehrung der Schutzpatrone ist in Spanien tief verwurzelt. Jede Region, jede Stadt, jedes Dorf hat einen eigenen Schutzheiligen. Anläßlich des Namenstages des Patrons werden mannigfaltige Festivitäten wie etwa Feuerwerke, Stierkämpfe, Volksfeste oder große Familienfeiern veranstaltet. In der Hauptstadt Madrid sind beispielsweise die Feste anläßlich der Namenstage von Isidro, Antonius und der *Virgen de la Paloma* berühmt. Besonders pompös sind die Feiern, wenn die Schutzpatronin eine Madonna ist. So wundert es letztlich nicht, daß die *Virgen de la Paloma* vom Bürgermeister eine Auszeichnung verliehen bekam.[47]

Im Rahmen der hier beschriebenen Riten ist zweifellos jener der spirituellste, der der heiligen Hostie geweiht ist. Diese Feier wird hauptsächlich an Fronleichnam begangen. Auch in diesem Fall nimmt das mit den Sinnen wahrgenommene Erlebnis einen wichtigen Raum ein. Während der Prozessionen im Frühling mischen sich die Düfte der Orangenblüte, des Ginsters und der Rosenblätter mit dem Duft des Weihrauchs.

Die inbrünstigsten Verehrer der Bildnisse finden sich in den *cofradías* (Bruderschaften). Um jeden Heiligen oder Patron und um jedes Bildnis, das von der Bevölkerung verehrt wird, sind Bruderschaften entstanden. Dabei handelt es sich um Laienvereinigungen, die zum Ziel haben, die Verehrung »ihres« Heiligen oder ihres Bildnisses zu fördern und am Rande der Liturgie religiöse Zeremonien, etwa Prozessionen, zu veranstalten. Den Bruderschaften obliegt es darüber hinaus, den Schutz und die Pflege der Bildnisse sowie des dazugehörigen Hausschatzes sicherzustellen. Die Bruderschaft führt auch dazu, daß unter den Laienbrüdern die Spiritualität und die Umsetzung der kirchlichen Vorschriften gefördert werden. Die Bruderschaften haben eigene Statuten, unterstehen aber der Kontrolle der kirchlichen Autorität in Gestalt eines Priesters, der gleichzeitig der spirituelle Führer ist. Sie tragen eigene Farben und Gewänder, die den Prozessionen einen besonderen Glanz verleihen. Heutzutage, zumal die Teilnahme von Frauen erlaubt worden ist, ist die Mitgliederzahl der Bruderschaften stark angestiegen. Die 1710 gegründete Bruderschaft des *Cristo de Medinaceli* in Madrid hat gegenwärtig etwa 4.000 Mitglieder. Für die Mehrzahl der frommen Laienbrüder, wie nach Ansicht der Allgemeinheit, dienen die Heiligen und Patrone in erster Linie nicht als Beispiele für Tugend, Sittsamkeit und einen vorbildlichen christlichen Lebens-

---

47 *El País* v. 10.9.1995.

wandel. Sie sind vielmehr Anwälte und Beschützer, von denen man Hilfe erbittet und von denen man in extremen Situationen wundersame Abhilfe erhofft.

Zusammenfassend kann behauptet werden, daß die Volksreligiosität im Grunde eine Gegenwelt zur offiziell vertretenen katholischen Religiosität darstellt, deren Ziel es ja ist, unter der strikten Aufsicht der Kirchenführung einen bestimmten Korpus an konkreten Dogmen zu vermitteln und die Erfüllung einer festgelegten Zahl von liturgischen Riten und Moralnormen, die ihrerseits auf unterschiedliche Weise mit den Dogmen in Zusammenhang stehen, zu gewährleisten. Bei der Volksreligiosität spielen hingegen die Dogmen eine nur untergeordnete Rolle; sie schlummern vielmehr in einem unterentwickelten religiösen Bewußtsein. Dieser Umstand wird vor allem dadurch hervorgerufen, daß das Volk im allgemeinen kein genaues Wissen um die katholische Lehre hat. Was dieses Volk aber vor allem bewegt und was sein religiöses Empfinden bestimmt, ist das Abbild. Der Ausdruck des Abbildes ist die tiefere Ursache für das religiöse Erlebnis. Die liturgischen Feiern, etwa die Heilige Messe, sind zweifellos Teil der religiösen Kulthandlungen, denen von der gläubigen Bevölkerung mit einer mehr oder minder großen Regelmäßigkeit beigewohnt wird. Die Tiefe der dabei aufkommenden Empfindung hat allerdings kaum etwas gemeinsam mit der Inbrunst, die beim Anblick des Altars der »Sieben Worte«, des »Heiligen Begräbnisses« oder der Prozession der *Soledad* (Einsamkeit) gelebt wird.

Im Grunde ist das Motiv der Religiosität immer das gleiche. Die Mittel und Wege, um das religiöse Erlebnis zu erreichen, sind allerdings unterschiedlich, wenn nicht sogar in Form und Absicht teilweise entgegengesetzt: Was das Volk zu leben und empfinden versucht, ist nicht die schwer zu greifende, verborgene Wahrheit der Dogmen, an die zweifellos geglaubt wird, ohne sie allerdings zu verstehen. Es geht auch nicht um den Sinn der religiösen Riten, des Kultus, den die Menschen sehen, aber meist ebenfalls kaum verstehen. Das für das Volk Wesentliche ist die eigene Art und Weise, das Religiöse zu erleben, und das sind Form, Struktur und Farbe in den Bildnissen und Abbildern, die Mittelpunkt der Volksreligiosität sind.

3. Kirche und Staat

Die Bestimmungen der Verfassung stellen die Grundlage für die Beziehungen zwischen der Amtskirche und der spanischen Regierung dar. Artikel 16.3 schreibt die konfessionelle Neutralität des Staates fest. Im Grundsatz werden sämtliche Glaubensbekenntnisse gleichbehandelt. Lediglich in einem Nebensatz wird dabei die katholische Kirche namentlich erwähnt: »Es gibt keine Staatsreligion. Die öffentliche Gewalt berücksichtigt die religiösen Anschauungen der spanischen Gesellschaft und unterhält die entsprechenden kooperativen Beziehungen zur katholischen Kirche und den sonstigen Konfessionen.«[48] Im Jahr 1979 hatten der Vatikan und die spanische Regierung darüber hinaus eine Reihe von Abkommen geschlossen, die das Konkordat aus dem Jahr 1953 ablösten. In diesen Abkommen wurden die Rahmenbedingungen geschaffen, die die Interferenzbereiche zwischen Staat und Kirche regelten: juristischer Status der Kirche in Spanien; kulturelle Fragen; finanzielle Angelegenheiten; Klerus und Streitkräfte. Damit war der Handlungsrahmen in den Beziehungen zwischen Staat und Kirche abgesteckt.

Mehr oder minder zeitgleich mit dem Abschluß der ersten Phase des Demokratisierungsprozesses, die von der Zurückhaltung der Kirche in öffentlichen Belangen geprägt war, erfolgte aus Rom nach der Wahl von Kardinal Wojtyla zum neuen Pontifex Maximus eine neue Kursbestimmung. Die Etappe, in der die Hierarchie immer wieder um »Vergebung« gebeten hatte, klang nun aus. Nun machte das Schlagwort der Re-Evangelisierung immer häufiger die Runde. Ausgehend von einem Weltbild, in dem der Laizismus die katholische Identität Spaniens bedrohte, wurde nun die Rückeroberung des verlorengegangenen Terrains anvisiert. Mittels einer aktiven Präsenz und einer offensiven Evangelisierungsarbeit sollten der »Kampf« aufgenommen und die Kräfte der Säkularisation bekämpft werden. Die Kirchenführung begann, sich gegen die Privatisierung des Glaubens der vorangegangenen Jahre zu wenden und sich wieder aktiv an der Meinungsbildung in moralischen Fragen zu beteiligen. Konflikte mit der Politik sollten nicht mehr um jeden Preis vermieden werden. Moralische Vorstellungen weiter Teile einer säkularisierten Gesellschaft und die Doktrin der katholischen Kirche gerieten nun wieder aneinander. In Worten von Tarancón liest sich die neue Marschrichtung aus Rom folgendermaßen: »Der Papst ist davon überzeugt, daß er die Aufgabe hat, dort Klarheit zu schaffen, wo Verwirrung besteht, und Disziplin einzuführen, wo Anarchie herrscht.«[49] Dieser Gesinnungswandel wird mit der Hilflosigkeit der Kirchenführung inmitten einer säkularisierten Gesellschaft erklärt. Sie habe sich in den vorangegangenen Jahren mit politischen Äußerungen zurückgehalten, gleichzeitig aber nicht daran gewöhnen können, die zuvor genossene staatliche Protektion und die Privilegien verloren zu haben. Die Kirche habe Schwierigkeiten, sich den Spielregeln der Demokratie unterzuordnen und die neue Situation zu akzeptieren, inmitten eines ideologischen Pluralismus lediglich ein Anbieter moralischer Wertvorstellungen zu sein. Dementgegen fühle sich die Kirchenführung nach wie vor als jene Institution, die in moralischen Fragen die Verhaltensrichtlinien vorgeben müsse. Angesichts der sich daraus ergebenden Irritation der Kirchenführung und der tatsächlichen wachsenden sozialen Probleme wurde die Regierung (und natürlich auch die Medien) als Urheber der

---

48 Verfassung des Königreichs Spanien v. 29.12.1978, Art. 16 (3).
49 José Luis Martín Descalzo: *Tarancón el cardenal del cambio*. Barcelona 1982, S. 245.

Mißstände und Gegner ausgemacht.[50] Díaz-Salazar erblickt darin eine neue Missionierungsoffensive der Kirche: »In dem Maße, wie die Säkularisierung voranschreitet, entwirft die Institution Kirche diverse ideologische, ethisch-kulturelle sowie symbolische Schlachtpläne und entfaltet einen Kampf um die Hegemonie. Das will heißen, daß die Kirche Anstrengungen unternimmt, um die Führung der moralischen und kulturellen Ordnung in der Gesellschaft zu übernehmen oder um zumindest daran mitzuwirken.«[51]

Im Laufe der achtziger Jahre gerieten Staat und Kirche in konkreten Problembereichen immer öfter aneinander. Unter der Leitung von Ángel Suquía, einem konservativen und vatikantreuen Kardinal, erreichte die Schärfe der Angriffe von seiten des Episkopats auf die sozialistische Regierung ihren Höhepunkt: Im November 1990 machte die Bischofskonferenz ein Dokument (*La Verdad os hará libres*) publik, in dem die sozialistische Regierung ausdrücklich für den lamentablen Zustand der Moral in Spanien verantwortlich gemacht wurde. Die Regierung sei ein bedrohlicher »Agent der Säkularisierung«. Die Regierungspolitik wurde in der Folgezeit systematisch und ausdrücklich mit der Korruption und sozialen Problemen wie Drogen und Kriminalität in Verbindung gebracht. Aber auch die Verbreitung von Hedonismus, Narzismus, die Vergnügungssucht, der Konsumwahn sowie sexuelle Permissivität, Akzeptanz von Ehescheidungen, Abtreibung und Genforschung seien Symptome von Wertverlusten innerhalb der Gesellschaft; die Regierung würde dieser Entwicklung Vorschub leisten, einen aggressiven Laizismus vertreten und alles Religiöse ins Lächerliche ziehen. Im Grunde ging das Dokument von der These aus, daß Moralität in einer säkularen und pluralen Gesellschaft keinen Bestand haben könne.

Suquía ging im November 1991 sogar soweit, die Demokratie, aufgrund des ihr immanenten Agnostizismus und der Relativierung von Werten, als das Grundübel der bestehenden Probleme zu brandmarken. Die Wohlstandsgesellschaft sei erfolgreicher bei der Zerstörung der Menschen, als es der Kommunismus gewesen sei. Gleich einer Hydra würde die »laizistische Moral« sich der Gesellschaft bemächtigen und zu einem Totalitarismus der Wertelosigkeit führen.[52] Das waren Töne, die von seiten der Kirchenführung seit der Zeit des »Nationalkatholizismus« unter Franco in Spanien nicht mehr zu hören gewesen waren. Weiteren Aufwind erhielt diese Kritik durch Äußerungen von höchster kirchlicher Stelle. Papst Johannes Paul II. bestärkte diese Kritik im September 1991, indem er von der tiefen Sorge sprach, die ihm der moralische Zustand der spanischen Gesell-

---

50 »¿Qué temen los Obispos?«, in: *El Ciervo*, November 1990; »Intelectuales católicos contra la conducta autoritaria de la jerarquía«, in: *El País* v. 16.2.1991.
51 Recio / Uña / Díaz-Salazar: *Para comprender* (Anm. 10), S. 19.
52 Pedro M. Lamet: »Neopaganismo y nueva evangelización«, in: *Iglesia Viva*, (156) Nov.-Dez. 1991, S. 626.

schaft bereitete und vor allem den Neopaganismus und die Entchristianisierung anprangerte, die weite Teile der Bevölkerung aufgrund eines irrigen Fortschrittsglaubens erfaßt hätten. Dieser Fehlleitung der Menschen müsse, so der Pontifex, durch verstärkte Evangelisierung von seiten der Kirche entgegengetreten werden. Diese These vertrat der Vatikan zwar bereits seit Jahren, doch riefen Form und Wortwahl in der spanischen Öffentlichkeit Irritationen hervor. Die Kritik an den Äußerungen von seiten der Regierung und vor allem der Presse ließ nicht auf sich warten. Sie war zudem (bis auf die Tageszeitung *ABC*) einhellig: Die Kirche würde versuchen, ihren früheren Einfluß wiederzuerlangen und in Spanien einen Neo-Konfessionalismus durchzusetzen. Die Kritik beschränkte sich allerdings nicht allein auf die weltlichen Medien sowie auf einzelne Theologen und religiöse Basisgemeinden. Auch innerhalb des Bischofskollegiums war Unzufriedenheit festzustellen. Im Spätsommer des Jahres 1991 war dieser Dissens sogar offenkundig, als zwei mit der Kirchenpolitik unzufriedene Bischöfe von ihren Ämtern zurücktraten, um als »gewöhnliche« Priester seelsorgerische Aufgaben in Armenvierteln zu übernehmen.

Es kann allerdings nicht von einem ausgesprochenen Antiklerikalismus des PSOE gesprochen werden. Angesichts der Prädominanz der Amtskirche in vielen gesellschaftlichen Sektoren im Franquismus nimmt es nicht wunder, wenn diese traditionell laizistische Partei Versuche unternahm, den kirchlichen Einfluß in einigen Bereichen zurückzudrängen. Dennoch beklagte sich die Amtskirche wiederholt über ebensolchen Antiklerikalismus und witterte ein gezieltes Programm des PSOE, um die Kirche aus dem öffentlichen Leben zu verdrängen und die Bevölkerung zu Agnostikern zu »bekehren«. Dahinter stünde der innigste Wunsch der Sozialisten, daß die Kirche möglichst vollständig verschwinde.[53] Dabei scheint die Amtskirche davon auszugehen, daß die große Zahl an Menschen, die etwa angeben, an die Existenz Gottes zu glauben, automatisch Katholiken sind, die ohne eifrige Evangelisierungsarbeit dem Neopaganismus des PSOE zum Opfer fallen würden. Die Amtskirche scheint zu übersehen, daß heutzutage nur eine Minderheit bereit ist, die katholische Lehrmeinung zu vertreten. Soziologische Untersuchungen kommen zudem zu dem Ergebnis, daß die entfachte Polemik zwischen der Amtskirche und dem PSOE oder den laizistischen Medien keine nennenswerte Auswirkung auf den Grad der Religiosität in Spanien hat. Der Prozeß der Säkularisierung läuft unabhängig hiervon ab und hat seine Wurzeln vielmehr in makrosoziologischen Veränderungen wie Urbanisierung oder Industrialisierung.

Die Kritik der Kirche bezieht sich auch auf die Medien. Mit der alleinigen und ausdrücklichen Ausnahme der konservativen Tageszeitung *ABC* würden in der

---

53 Fernando Sebastián: »Las ambigüedades del progresismo«, in: *Ecclesia*, 9.-16.4.1988, S. 6f. Vgl. Díaz-Salazar: »La transición religiosa« (Anm. 21), S. 119ff.

Presse politisch-soziale Bilder und moralische Werte vermittelt, die im Widerspruch zur katholischen Lehre stünden. Damit ist zum einen Pornographie gemeint, zum anderen aber auch die Beschreibung des Lebens der Personen des öffentlichen Interesses, bei denen Scheidung, Ehebruch, Promiskuität an der Tagesordnung stünden. Ein derart amoralisches Verhalten würde als normale Lebensform vermittelt werden.

Die Kirche versucht ihrerseits, auch in den Medien präsent zu sein. Seit jeher gibt es zwar eine Vielzahl kirchlicher Publikationen und an die tausend Zeitschriften, doch erreichen diese in der heutigen Informationsgesellschaft nicht die erwünschte Breitenwirkung. Das einstige publizistische Flaggschiff, die Tageszeitung *Ya*, mußte sogar im Mai 1996 ihr Erscheinen einstellen. Das Blatt hatte sich während des Franquismus aufgrund einer zumindest partiellen Eigenständigkeit innerhalb der gelenkten Presse einer relativ großen Beliebtheit erfreut. Nach dem Erscheinen von *El País* verlor *Ya* jedoch rapide an Lesern. Die starke Präsenz von Opus Dei-Mitgliedern in deren Leitung sowie ein ausgeprägter vatikantreuer Kurs taten ein übriges.[54] Deutlich erfolgreicher ist die Kirche hingegen im Rundfunkbereich. Sie ist Mehrheitseigner am Radiosender COPE (*Cadena de Ondas Populares*), einem der beliebtesten Sender in Spanien. Die Beliebtheit liegt jedoch offenbar gerade daran, daß (zum Leidwesen von Teilen der Kirchenführung) kein ausgesprochen klerikales, sondern ein populäres Programm angeboten wird. Der Medienbereich ist aber nach wie vor ein Sektor, in dem die Kirche nicht heimisch ist. Das äußert sich beispielsweise auch darin, daß der Episkopat und der Klerus im allgemeinen sehr zurückhaltend mit Äußerungen in den Medien sind und Medienpräsenz (im Gegensatz zu den Politikern) scheuen.

In diese Zeit der Spannungen zwischen Staat und Kirchenführung fiel auch die Seligsprechung von José María Escrivá de Balaguer, dem Gründer des Opus Dei. Trotz ernstzunehmender Kritik aus Kirchenkreisen, die eine Seligsprechung von Escrivá für unvertretbar hielten, wurde Escrivá Mitte Mai 1992 in Rom seliggesprochen. Die Kritik bezog sich auf die Persönlichkeit und den Charakter von Escrivá, auf die Prozeßführung und auf das »Werk Gottes« als solches. Vor allem wurde bedauert, daß das fundamentalistische und sektiererische Leben von Escrivá durch dessen Kanonisierung zum Leitbild für Christen erhoben wurde. Selbst in Kirchenkreisen wird dieser Seligsprechung eine politische Speerspitze attestiert.[55] Johannes Paul II. ließ nie Zweifel an seiner Sympathie für die »Gesellschaft des Heiligen Kreuzes«, die an die 80.000 Mitglieder zählt, erkennen. Er hatte das Opus Dei zehn Jahre zuvor sogar zu einer Personalprälatur erhoben und damit die

---

54 Vgl. *Süddeutsche Zeitung* v. 18.7.1996; Pedro Miguel Lamet: »Dinero y comunicación en la iglesia española«, in: *Iglesia Viva*, (142) Juli-August 1989, S. 432f.
55 Die Kritik ist prägnant zusammengefaßt bei Pedro M. Lamet: »A la sombra del beato Escrivá«, in: *Iglesia Viva*, (160) Juli-August 1992, S. 407-419.

Priester des Opus Dei von der Obedienz gegenüber dem örtlichen Bischof entpflichtet.

Die Kirche hatte es während der gesamten *transición* vermieden, ausdrückliche Wahlempfehlungen abzugeben. Diese Situation änderte sich jedoch unter dem Mandat Suquías. Einer der Höhepunkte war die Äußerung des Bischofs von Mondoñedo, der im August 1992 in einem Hirtenbrief unter Hinweis auf Korruption in der Politik und den Zustand der öffentlichen Moral explizit von der Wahl des PSOE abriet. Weitere von den Medien als Entgleisung empfundene Äußerungen von seiten der Kirche folgten: Im Herbst 1992 lancierte die Kirche heftige Angriffe gegen das neue geplante Abtreibungsgesetz und stellte die Wählbarkeit der Regierungspartei PSOE in Frage.

Angesichts der angespannten Situation entstand sogar die Sorge, daß bei einer weiteren Radikalisierung der überwunden geglaubte Antagonismus zwischen Kirche und Sozialismus wieder aufbrechen könne.[56] Es entstand zudem die Befürchtung, daß die Kirche ihre nach wie vor im wesentlichen eingehaltene politische Abstinenz aufgeben und sich uneingeschränkt auf die Seite des *Partido Popular* schlagen könnte. Auch die Mehrzahl der spanischen Bischöfe schien diese Entwicklung mit Sorge beobachtet zu haben, denn als Mitte Februar 1993 Neuwahlen an der Spitze der Bischofskonferenz bevorstanden, wurde der von Suquía und dem Nuntius favorisierte Kandidat nicht gewählt, statt dessen der als progressiv geltende Erzbischof von Zaragoza, Elías Yanes. Das Wort Dialog, das eine zentrale Bedeutung während des Zweiten Vatikanums erlangt hatte, rückte nun wieder in den Vordergrund. Kein Wunder, daß die Wahl von Yanes in den Medien als Protestwahl gegen den Papst, die Vorgaben aus dem Vatikan und vor allem gegen die von Suquía vertretene Linie gewertet wurde. Die Politik der Konfrontation und der Blockade schien abgewählt worden zu sein. Unter Yanes begannen sich die Wogen tatsächlich zu glätten. Der rücksichtslose Konfrontationskurs wurde nicht mehr fortgeführt; der Tonfall der Erklärungen war nicht mehr derart aggressiv. So wurden auch die Töne in Wahlkampfzeiten etwa anläßlich der Parlamentswahlen im Juni 1993 moderater. Eine Konfessionalisierung oder »Italianisierung« der Wahlkämpfe fand nicht statt. Die Standpunkte der Amtskirche haben sich allerdings nicht verändert: Im Februar 1996 veröffentlichte die Bischofskonferenz das Dokument *Moral y sociedad democrática*. Darin wurde unverändert der moralische Zustand der Gesellschaft kritisiert und nach wie vor die Permissivität innerhalb der demokratischen Gesellschaft, die kein aktives Bekenntnis zu bestimmten (christlichen) Werten vertritt, angegriffen.

Nach der Regierungsübernahme durch den *Partido Popular* im März 1996 entspannten sich erwartungsgemäß die Beziehungen zwischen Kirche und Regierung

---

56 Giner / Sarasa: »Religión y modernidad« (Anm. 23), S. 83.

weiter. Der Einfluß kirchenfreundlicher Politiker im *Partido Popular* ist auffällig. So ist sogar der Generaldirektor für religiöse Angelegenheiten, Alberto de la Hera Pérez, (neben anderen Regierungsmitgliedern) allem Anschein nach ein aktives Mitglied des Opus Dei. Aber obwohl die Kirche den Schulterschluß mit den Konservativen suchte, ist der *Partido Popular* keine klerikale Partei. Das Profil der Wähler dieser Partei ist vielschichtig, eine vollständige Identifikation des PP mit den Zielen der Kirche daher nicht möglich. So versprachen die Konservativen beispielsweise im Wahlkampf zu den Parlamentswahlen im Juni 1993, daß sie die Abtreibungsgesetzgebung nicht verändern würden.

Die Kirche hat aber auch mit internen Problemen zu kämpfen. Das Zweite Vatikanum und die gesellschaftlichen Umwälzungen in den 1960er Jahren wirkten sich nachhaltig auf die demographische Entwicklung des Klerus aus. In einer Situation starker Verunsicherung nimmt es nicht wunder, daß die Säkularisierungen von Priestern an der Tagesordnung waren. Zwischen 1966 und 1971 gaben im Schnitt jährlich an die 450 Priester ihr Amt auf. 1966 gab es noch 26.308 Priester; vier Jahre später war ihre Zahl auf 23.203 gefallen.[57] Berücksichtigt man zudem, daß eine Entscheidung gegen das Priesteramt aufgrund der seit Beginn der Industrialisierung rapide gestiegenen Attraktivität eines weltlichen Lebens und die Entfaltungsmöglichkeit in einer immer stärker säkularisierten Welt interessante Möglichkeiten für die Lebensgestaltung boten, erklärt sich der dramatische Rückgang an Ordinationen. Gab es in den fünfziger Jahren durchschnittlich an die 8.000 Seminaristen, so fiel diese Zahl bis 1970 auf 3.361. Diese Abwärtstendenz setzte sich fort und erreichte Ende 1979 mit 1.505 den niedrigsten Stand.[58] Eine ähnliche Entwicklung kann auch für die geistlichen Orden festgestellt werden. Besonders stark war hiervon die Gesellschaft Jesu betroffen. Zwischen 1966 und 1975 verließ ungefähr ein Drittel der spanischen Jesuiten ihren Orden.[59]

Anfang der achtziger Jahre war der Höhepunkt der Säkularisierungen überwunden. Die Zahl der Kirchenaustritte nahm wieder ab. Anlaß zur Beruhigung hatte die Kirchenführung aber nicht. Auch bei sich stabilisierenden Zahlen war die Situation noch lange nicht entschärft: 1981 etwa überstieg die Zahl der neuen Ordinationen zwar die der Säkularisierungen mit 163 zu 135, doch reichte sie bei weitem nicht aus, um die 324 Todesfälle auszugleichen. Mitte der neunziger Jahre liegen die Zahlen bei etwa 200 Ordinationen im Jahr, bei an die 400 Todesfällen und 50 Säkularisierungen.[60] Damit gehen die Zahlen aktiver Priester weiter

---

57 Zahlenangaben bei Díaz Mozaz: »El clero diocesano« (Anm. 40), S. 433. Vgl. zudem *El País* v. 23.3.1997.
58 Zahlenangaben in *El País* v. 23.3.1997. Siehe außerdem: Díaz-Salazar: »La institución« (Anm. 12), S. 288.
59 *Informe sociológico sobre el cambio social de España 1975/1983* (IV Informe FOESSA), Bd. 2. Madrid 1983, S. 561f.
60 Zahlenangaben in *El País* v. 23.3.1997.

zurück. 1986 waren es nur noch 20.933, und für die Jahrtausendwende schätzt man deren Zahl auf lediglich 17.000, obwohl die Ordinationen wieder zugenommen haben. 1988 betrug die Zahl der höheren Semester 2.164, fiel allerdings in den neunziger Jahren wieder auf unter 2.000.[61] Die Folge dieser demographischen Entwicklung ist, daß viele Pfarreien inzwischen verwaist sind. 1993 hatten von den insgesamt etwa 22.000 Pfarreien über die Hälfte keinen eigenen Pfarrer mehr; etwa 1.000 wurden von Ordensbrüdern betreut.[62] Das Durchschnittsalter im Klerus betrug 1982 bereits 49 Jahre, und ein weiterer Altersanstieg war unvermeidbar. 1997 beträgt der Anteil der Priester, die über 50 Jahre alt sind, 60%, während lediglich 14% unter 40 Jahre alt sind. Zur Jahrtausendwende werden über 50% des Klerus über 65 Jahre alt sein.[63] Eine schwere demographische Krise ist unausweichlich.

4. Konkrete Problemfelder in den Beziehungen zwischen Kirche und Staat

Reibungspunkte zwischen Staat und Kirche ergeben sich nicht allein aus Problemen, die im Zusammenhang mit der Säkularisierung der Gesellschaft stehen. Mit zunehmender Konsolidierung der Demokratie mußten viele konkrete Fragen im Verhältnis zwischen Amtskirche und Staat geregelt werden, die im Konstituierungsprozeß lediglich aufgeworfen worden waren. Eines dieser Probleme ist die Finanzierung der Kirche. In einem der Abkommen zwischen Spanien und dem Vatikan aus dem Jahr 1979 hatten sich beide Seiten darauf geeinigt, daß das Postulat der Unabhängigkeit von Staat und Kirche auch für den finanziellen Sektor gelten sollte. Die Kirche erklärte sich damit bereit, in diesem Bereich Selbständigkeit zu erreichen. In der Praxis sollte das bedeuten, daß sie ihre Einnahmen aus direkten Beiträgen ihrer Gemeindemitglieder zu erzielen hatte. Der Staat verpflichtete sich aber in der Übergangszeit, weiter für die Ausgaben der Kirche aufzukommen. Diese Übergangszeit zog sich in die Länge: Erst 1987 wurde das System erstmals modifiziert. Nun wurde eine Art Kirchensteuer eingeführt. Jeder Steuerzahler erhielt die Möglichkeit, zu entscheiden, ob 0,52% seines Lohnsteueraufkommens der katholischen Kirche oder anderen sozialen Zwecken zugeführt werden sollten. Da der Steuerzahler die Möglichkeit erhält, über die Zweckbestimmung eines bestimmten Anteils der Steuerschuld zu entscheiden, handelt es sich strenggenommen nicht um eine Kirchensteuer.

---

61 Zahlenangaben bei Díaz Mozaz: »El clero diocesano« (Anm. 40), S. 433.
62 Díaz Mozaz: »El clero diocesano« (Anm. 40), S. 435.
63 Zahlenangaben bei Díaz Mozaz: »El clero diocesano« (Anm. 40), S. 433. Vgl. ferner *El País* v. 23.3.1997.

Die Kirchenführung hatte diesem Prozentsatz in der Erwartung zugestimmt, daß der überwiegende Teil der Bevölkerung die *crucecita* zu ihren Gunsten machen würde. Die Ergebnisse waren für die Kirche allerdings enttäuschend. Die Einnahmen blieben deutlich hinter den Erwartungen zurück. Die Kirche stand trotzdem nicht vor der Zahlungsunfähigkeit. Der Staat hatte sich bereits im Vorfeld der neuen Regelung dazu verpflichtet, den Differenzbetrag zu dem ausgehandelten Kirchenbudget aus anderen Mitteln zuzuschießen. Im Jahr 1988 erzielte die Kirche etwa 6,2 Milliarden Peseten aus dem Steueraufkommen. Das ausgehandelte Budget belief sich allerdings auf etwa 13,8 Milliarden Peseten. Der Staat zahlte also zusätzlich den Differenzbetrag von etwa 7,6 Milliarden Peseten.[64] Darüber hinaus zahlt der Staat der Kirche einen (allerdings sehr bescheidenen) Betrag zur Erhaltung von Gotteshäusern. Damit finanziert freilich der Staat weiterhin nahezu das gesamte Budget der Kirche (die Diözesen erzielten ihrerseits 1988 eigene Einnahmen in Höhe von etwa 1,14 Milliarden Peseten). Das Gesamtvolumen des Kirchenbudgets wirkt zwar gewaltig, die Kirche hat allerdings, was die Ausgaben anbelangt, kaum Handlungsspielraum. Über 80% der vom Staat überwiesenen Gelder werden zur Bezahlung des Klerus verwendet.[65] Im Jahr 1995 erhielt die Kirche vom Staat an die 19 Milliarden Peseten. Davon verwandte die Kirche 14 Milliarden zur Bezahlung von Löhnen und Gehältern, weitere 2,7 Milliarden für Sozialabgaben der Kleriker und weitere zwei Milliarden für Fahrtkosten und pastorale Aufgaben. Alle anderen Ausgabenposten liegen deutlich unter einer Milliarde Peseten.[66] Natürlich kann auch nicht davon gesprochen werden, daß die Kirche arm sei. Die Kirche ist Eigentümerin einer immensen Zahl von Bauwerken, Kunstschätzen, etc.

Die Kirche veranstaltet nun Jahr für Jahr einen regelrechten Wahlkampf für das Kreuz an der »richtigen« Stelle. Sie konnte damit ihre Ergebnisse zunächst von Jahr zu Jahr verbessern. 1987 entschieden sich 35% für die Kirche, 1988 stieg dieser Anteil auf 39 und 1990 sogar auf 45%.[67] Zusätzlich bedingt durch ein höheres Steueraufkommen, erreichte die Kirche damit sogar bis zu 80% ihres Budgets. In den Jahren darauf fiel die Quote allerdings erneut unter 40%. Die regionalen Unterschiede sind dabei beachtlich. Im Jahr 1994 lag der Landesdurchschnitt bei 38,3%. Der Anteil in Navarra war mit 66,6% am höchsten. Am niedrigsten lag die Quote mit 26,6% in Katalonien.[68] Die Zahl der Steuerpflichti-

---

64 Zahlenangaben bei Díaz-Salazar: »La institución« (Anm. 12), S. 309.
65 Zahlenangaben auf der Grundlage von Angaben der spanischen Bischofskonferenz in: Díaz-Salazar: »La institución« (Anm. 12), S. 310.
66 Joaquim Gomis: »La asignación tributaria, ¿transitoria o definitiva?«, in: *Iglesia Viva*, (183) Mai-Juni 1996, S. 298.
67 Zahlenangaben bei Díaz-Salazar: »La institución« (Anm. 12), S. 284f.
68 Gomis: »La asignación tributaria« (Anm. 66), S. 298f.

gen, die sich auf diese Weise für eine Unterstützung der katholischen Kirche aussprechen, entspricht in etwa dem Anteil der Bevölkerung, die sich als mehr oder minder praktizierende Katholiken bezeichnen. Da aber die Einnahmen aus der »Kirchensteuer« nie zur Finanzierung des Budgets reichten, versucht die Kirchenführung eine deutliche Anhebung des Prozentsatzes auf 0,8 oder gar 1,0 % des Steueraufkommens zu erreichen. Damit zeigt sich allerdings, daß die Kirche Abstand von ihrer ursprünglichen Absichtserklärung genommen hat, sich selbst zu finanzieren. Auch unter der Regierung von José María Aznar ist an diesem System bislang nichts geändert worden. Weder drängt die Regierung die Kirche, Wege zu suchen, um sich selbst zu finanzieren, noch scheint sie bereit zu sein, den Prozentsatz der »Kirchensteuer« anzuheben.

Andere Glaubensgemeinschaften finanzieren sich in erster Linie durch Beiträge ihrer Mitglieder. Ein Großteil der lokalen Kirchen gibt sogar an, sich ausschließlich aus den Opfergaben ihrer Mitglieder zu finanzieren. Die evangelischen, reformierten, jüdischen und auch die muslimischen Gemeinden scheinen dabei in finanzieller Hinsicht sogar auf einer verhältnismäßig soliden Grundlage zu stehen. Wie der monumentale Bau einer Moschee in Madrid zeigt, fließen teilweise erhebliche Geldbeträge aus dem Ausland nach Spanien.[69]

Auch im Zusammenhang mit dem Erziehungswesen entstanden wiederholt Differenzen zwischen Staat und Kirche. Im Franquismus waren Erziehung und Bildung weitgehend der Kirche überlassen worden. So besuchten Ende der siebziger Jahre je nach Schulsystem zwischen 20 und 25 % aller Schüler kirchliche Lehranstalten.[70] Artikel 27 der neuen Verfassung hatte lediglich mit vagen Formulierungen die Rahmenbedingungen für das künftige Erziehungswesen geschaffen. Darin stand der Kirche nach wie vor die Möglichkeit offen, eigene Lehranstalten zu unterhalten (Art. 27.6). Die Kontroverse entspann sich jedoch um Art. 27.9, der zwar staatliche Subventionen auch für private Schulen in Aussicht stellte, eine genauere Regelung jedoch der künftigen Gesetzgebung übertrug. Als die Ausarbeitung dieser Gesetze in Angriff genommen wurde, trat die Kirche vehement für ihre Lehranstalten ein. Ihre Argumentation bezog sich vor allem auf das in der Verfassung garantierte Recht der Eltern auf »eine religiöse und moralische Erziehung der Kinder«.[71] Teile der Linken protestierten gegen eine Fortführung des kirchlichen Einflusses auf das Erziehungswesen, doch stieß die Kirche mit ihren

---

69 Lamet: »Dinero« (Anm. 54), S. 428ff.
70 Vgl. Zahlenangaben bei José Luis Santos Díez: »Educación y asuntos culturales«, in: José de Carvajal / Carlos Corral (Hgg.): *Iglesia y Estado en España. Régimen jurídico de sus relaciones*. Madrid 1980, S. 237.
71 Art. 27.3. Siehe ferner Dokumente der spanischen Bischofskonferenz: »Posiciones del Episcopado sobre educación y enseñanza« (18.5.1978) und »Dificultades graves en el campo de la enseñanza« (November 1979); vgl. dazu: Recio / Uña / Díaz-Salazar: *Para comprender* (Anm. 10), S. 15ff.

Vorstellungen bei einer breiten Bevölkerungsmehrheit auf Zustimmung. Nach Angaben von Linz unterstützten Anfang der achtziger Jahre lediglich an die 40% der Bevölkerung und nicht einmal die Hälfte der PSOE-Wähler das von der Sozialistischen Partei vertretene Konzept der Einheitsschule, das öffentliche kirchliche Lehranstalten ablehnte. Schließlich verabschiedete die Regierung ein Gesetz, das kirchlichen Schulen, allerdings unter bestimmten Bedingungen, staatliche Unterstützung sicherte.

Heutzutage unterhält die katholische Kirche über 6.500 Bildungs- und Lehranstalten mit insgesamt etwa zwei Millionen Schülern. Die Schülerzahlen sind dabei nach einem Rückgang in den ersten Jahren der *transición* weitgehend konstant geblieben.[72] Die Akzeptanz katholischer Lehranstalten ist nach wie vor hoch.

Im Rahmen der Hochschulreform und der Abkommen zwischen Spanien und dem Vatikan aus dem Jahr 1979 erhielt die Kirche auch die Möglichkeit, die Zahl der eigenen universitären Lehranstalten zu erweitern. Bis Ende der Diktatur bestanden die im Jahr 1218 gegründete katholische Universität Salamanca sowie die 1952 entstandene Universität des Opus Dei in Navarra. Auch die Gesellschaft Jesu gründete während der Diktatur eine Reihe höherer Lehranstalten, unter ihnen die Universidad de Comillas und die Universidad de Deusto. Vor allem in Barcelona und Madrid sind nun weitere Universitäten und höhere Lehranstalten entstanden.[73]

Ein besonderes Problem bildet heute der katholische Religionsunterricht. Unter der Regierung von Ministerpräsident Suárez entstand 1980 ein Modell, wonach jene Schüler, die keinen konfessionellen Unterricht besuchen wollten, das alternative Fach Ethik zu belegen hatten. Mit dem Regierungsantritt des PSOE wurde im Rahmen der breit angelegten Schulreform auch eine Änderung dieses Systems in Angriff genommen. Die Sozialisten gingen von der Überlegung aus, daß eine Entscheidung gegen den Besuch konfessionellen Unterrichts nicht andere Pflichten mit sich bringen dürfe. Ethik-Unterricht sollte zudem kein Sonderfach für akonfessionelle Schüler sein, sondern allen Schülern im Rahmen der Schulbildung vermittelt werden. Das Ziel der Sozialisten war es nun, den Pflichtcharakter des Ethik-Unterrichts wieder abzuschaffen. Mit Verabschiedung der *Ley de Ordenación General del Sistema Educativo* (LOGSE) im Jahr 1990 wurde der Religionsunterricht zum optionalen Lehrfach: Jede Lehranstalt wurde verpflichtet, katholischen Religionsunterricht anzubieten, den Schülern stand es aber frei, sich für oder gegen den Unterricht auszusprechen. Ein alternatives Unterrichtsfach war nicht mehr vorgesehen. Die Amtskirche lief gegen dieses Vorhaben Sturm. Einer der Gründe für die ablehnende Haltung der Kirche ist die praktische Auswirkung

---

72 Zahlenangaben bei Díaz-Salazar: »La institución« (Anm. 12), S. 316.
73 Giner / Sarasa: »Religión y modernidad« (Anm. 23), S. 68f.

der Regelung, da die Attraktivität des Religionsunterrichts angesichts der Alternative, im Grunde unterrichtsbefreit zu sein, gering ist. Die spanischen Bischöfe befürchten, daß der Religionsunterricht ein Schattendasein führen und nur von einer kleinen Minderheit angenommen werden wird.[74] Zahlen über den Besuch des Religionsunterrichts an akonfessionellen Schulen bestätigten die vorgebrachten Sorgen. Das erklärte Ziel der Kirche ist, daß zum konfessionellen Unterricht ein kultur-, ein religionshistorisches oder ethisches Fach als alternatives Pflichtlehrfach eingeführt wird. Beide Unterrichtsfächer sollen zudem zu einem zentralen Bestandteil des Lehrplanes und somit zum Vorrückungsfach werden.

Eine abschließende Regelung könnte, nachdem inzwischen auch Urteile des spanischen Verfassungsgerichts vorliegen, unter der konservativen Regierung Aznar gefunden werden. Die Angelegenheit wurde jedenfalls von der Kirche zum Hauptthema der Gespräche mit der konservativen Regierung gemacht. Diese zeigt sich zudem konzessionsbereiter als die Sozialisten. Ob freilich eine politische Entscheidung des *Partido Popular* innerhalb der Gesellschaft konsensfähig ist, wird sich erst noch erweisen müssen.

Ein weiterer Konflikt zwischen Regierung und Kirchenführung entbrannte, als die Regelung des Ehescheidungsrechts auf der Tagesordnung stand. 1981 zog die Kirche öffentlich gegen den Entwurf zu Felde. Dabei war sie sich freilich durchaus bewußt, daß sie auf den legislativen Prozeß keinen Einfluß haben würde und zivile Ehescheidungen künftig möglich werden würden. Mit dem Argument, daß die Auflösung der Ehe für Katholiken nicht denkbar sei, wandte sich die Kirche trotzdem gegen den Gesetzentwurf. Schließlich wurde das Gesetz nach monatelangen hitzigen Debatten, in denen sich die Kirche immer wieder dem Vorwurf ausgesetzt sah, sich in staatliche Angelegenheiten einzumischen, verabschiedet. Mit dem Scheidungsrecht hat sich die Kirche auch Mitte der neunziger Jahre noch nicht abgefunden. So verurteilten hohe Kirchenkreise die (zivile) Trauung von Francisco Álvarez Cascos, dem stellvertretenden spanischen Ministerpräsidenten, da dieser geschieden war. Der Erzbischof von Toledo ging sogar soweit, diese Eheschließung als »Attentat gegen die Unauflösbarkeit der Ehe« zu verurteilen und Álvarez Cascos des »dauerhaften Ehebruchs« zu bezichtigen.[75]

Noch weitaus aggressiver als beim Scheidungsrecht war die Reaktion der Kirchenführung, als nach der Übernahme der Regierungsgewalt durch die Sozialisten Pläne zu einem Abtreibungsgesetz bekannt wurden. Mit uneingeschränkter Unterstützung durch den Vatikan lehnte die spanische Kirchenführung jede wie auch immer geartete gesetzliche Regelung für Abtreibungen entschieden ab und unter-

---

74 Erklärungen der spanischen Bischofskonferenz v. 23.2.1990 und 17.5.1990. Vgl. Josep María Margenat Peralta: »La enseñanza de la religión en la escuela pública«, in: *Iglesia Viva*, (149/150) Sept.-Dez. 1990, S. 556f.
75 *El País* v. 26.10.1996.

strich, daß Abtreibungen vom moralischen Standpunkt aus eines der abscheulichsten Verbrechen seien. In ihrem Kampf gegen das Vorhaben versuchte sie einen breitangelegten Widerstand in der Bevölkerung zu mobilisieren. Diesmal fand der Klerus die Unterstützung, die ihm beim Scheidungsrecht verwehrt geblieben war, und erstmals seit dem Ende der Diktatur konnten Kirche und kirchennahe Organisationen große Menschenmassen ansprechen, die gegen das Regierungsvorhaben auf die Straße gingen. Die Diskussion um den Schwangerschaftsabbruch kann allerdings nicht allein als ein Konflikt zwischen Regierung und Kirchenführung angesehen werden. Weite Teile der Gesellschaft beteiligten sich an dieser Debatte. Zwischen den politischen Parteien und selbst innerhalb der Parteien entbrannte ein heftiger und langandauernder Streit. Die parlamentarische Opposition rief das Verfassungsgericht an und erzwang im April 1985 eine Änderung des verabschiedeten Gesetzes. Schließlich sah der revidierte Gesetzestext nur für konkrete Ausnahmefälle (wie gravierende physische oder geistige Schäden des Fötus, Schwangerschaft als Folge einer Vergewaltigung oder ernste Gefahr für das Leben der Mutter) Straffreiheit bei einer Abtreibung vor. 1992 machte die sozialistische Regierung erneut einen Versuch, das Abtreibungsrecht weiter zu liberalisieren. Dieses Vorhaben sah vor, die Indikation einer Notlage der Schwangeren für einen straffreien Schwangerschaftsabbruch in die bestehende Regelung einzubinden. Massive Proteste von seiten der Kirche ließen nicht auf sich warten. Die Kritik ging damals sogar so weit, daß implizit die Wählbarkeit des PSOE in Frage gestellt wurde.[76] Versuche, das Abtreibungsrecht über die Regelung von 1985 hinaus weiter zu liberalisieren, sind immer wieder gescheitert (zuletzt im Juni 1996). Aufgrund der hohen Akzeptanz der bestehenden Regelung (auch innerhalb der eigenen Wählerschaft) hat der regierende *Partido Popular* wiederum wiederholt betont, das Abtreibungsgesetz nicht beschränken zu wollen. Meinungsumfragen aus dem Jahr 1982 zufolge sprach sich eine sehr breite Mehrheit zunächst gegen gesetzliche Regelungen für Abtreibungen aus oder wollte der Legalisierung von Abtreibungen nur bei Gefahr für das Leben der Mutter oder bei Mißbildungen des Fötus zustimmen.[77] Die Akzeptanz für Schwangerschaftsabbrüche unter bestimmten Voraussetzungen ist in den letzten zehn Jahren jedoch gestiegen. 1988 sprachen sich sogar über 50% der Wähler des *Partido Popular* für eine entsprechende Regelung aus. Dennoch ist die Ablehnung gegen eine Fristenregelung in der Bevölkerung geblieben. 1982 sprachen sich lediglich 17% und 1988 an die 36% der Befragten für eine entsprechende Regelung aus.[78] 1992 befürworteten

---

76 Vgl. Äußerungen des Vorsitzenden der spanischen Bischofskonferenz, Elías Yanes. Pedro M. Lamet: »La iglesia, en el corazón de la crisis«, in: *Iglesia Viva*, (168) Nov.-Dez. 1993, S. 562.
77 Zahlenangaben bei Recio / Uña / Díaz-Salazar: *Para comprender* (Anm. 10), S. 61.
78 María Luz Morán / Josefa Cruz Cantero: *Problemas sociales: actitudes y opiniones de los españoles ante la natalidad, el aborto y la eutanasia.* Madrid 1989, S. 82ff.

andererseits bereits 40% der Befragten eine Erweiterung der bestehenden Abtreibungsregelung. Es besteht freilich eine ausgeprägte Korrelation zwischen der Religiosität der Befragten und dem Akzeptanzgrad für eine entsprechende gesetzliche Regelung.[79]

Ein weiteres Konfliktfeld ist die Sterbehilfe (in Spanien mit dem Begriff Euthanasie belegt). Unter der Federführung von Kardinal Narcís Jubany als Vorsitzendem des *Comité Episcopal para la Defensa de la Vida* (das zuvor bereits wiederholt gegen die Abtreibung mobil gemacht hatte) legte die Kirche 1993 einen »Kathechismus der Euthanasie« vor, der die Kirchendoktrin zu diesem Thema widerspiegelt und die Gesetzesvorhaben der Regierung massiv angreift: Der Staat sei nicht legitimiert, die Legalisierung der Euthanasie zu beschließen.

Andere Probleme zwischen dem Staat und der Kirche gehen auf regionalistische Tendenzen im Klerus zurück. In den Medien ist wiederholt von den Versuchen katalanischer Prälaten die Rede gewesen, eine eigene katalanische Bischofskonferenz (analog zu der, die es in Schottland gibt) zu schaffen. Zur Zeit bestehen allerdings kaum Aussichten, dieses Vorhaben in die Tat umzusetzen. Der Vatikan verfolgt vielmehr eine entgegengesetzte Politik. Das zeigte sich beispielsweise bei den Neubesetzungen vakanter Bistümer. So löste etwa die Ernennung von Ricardo Blázquez zum neuen Bischof von Bilbao heftige Protestreaktionen im Baskenland aus, vor allem von seiten der Regierungspartei PNV. Blázquez stammt aus Kastilien.

5. Schlußbemerkung

»Spanien«, schreibt Díaz-Salazar, »ist heutzutage weder ein katholisches Land im Sinne der Amtskirche (die Mehrzahl der Bürger sind weder praktizierende Katholiken, noch vertreten sie die Lehrmeinung) noch ein Land, das von Agnostikern oder religiös indifferenten Personen bevölkert wird (die religiösen Spanier sind doppelt so zahlreich wie die nicht-religiösen). Die Religion war in der Geschichte und ist heute eine öffentlichkeitsrelevante Tatsache. Dabei kann allerdings in soziologischer Hinsicht Katholizismus – als diffuses Religiositätskonzept der Bevölkerung – nicht mit Kirche gleichgesetzt werden. Etwas anderes ist allerdings, daß diese Institution eine der größten Spaniens ist, denn nur wenige umfassen so viele Mitglieder wie die Kirche.«[80]

Nach dem Zweiten Vatikanum und der *transición* befindet sich die spanische Gesellschaft im Hinblick auf Religiosität und das Verhältnis zur Amtskirche nach wie vor in einem Umwandlungsprozeß. Die Kirche hat immer noch Schwierigkei-

---

79 Montero: »Las dimensiones« (Anm. 11), S. 205f.
80 Díaz-Salazar: »La transición religiosa« (Anm. 21), S. 122.

ten, in einer säkularisierten und pluralen Gesellschaft zurechtzukommen. Die Bevölkerung reagiert ihrerseits nach wie vor mit unnötiger Sensibilität auf bestimmte Äußerungen von seiten der Kirche. In dieses Bild paßt die Analyse der gegenwärtigen Situation der Kirche durch den ehemaligen Sekretär der spanischen Bischofskonferenz, Fernando Sebastián: »Vor uns haben wir eine Großzahl an Getauften, die allerdings wenig Bezug zum Evangelium haben, mit den Riten wenig vertraut sind und am Kirchenleben kaum teilnehmen, denen wir aber mit Zuneigung und Offenheit entgegentreten müssen. Die Priesterschaft ist überaltert, etwas ermattet und ein wenig orientierungslos, oftmals überarbeitet und von einer auf Re-Evangelisierungsaufgaben ausgerichteten Pastoralaufgabe überfordert. Die Bischöfe ihrerseits haben es nach wie vor nicht geschafft, in den Dialog mit der Bevölkerung zu treten und hierzu Hindernisse aus dem Weg zu räumen. Mißtrauen und Ablehnung bestehen fort. Eine Koordinierung und Leitung der religiösen Institutionen und Organisationen, die zudem unterschiedlich aktiv sind, ist aufgrund der großen Anzahl zudem nur sehr schwer zu erreichen. Wir verfügen über stabile Strukturen, schaffen es aber nicht, uns auf die Verfolgung gemeinsamer Ziele zu einigen.«[81] Der von Johannes Paul II. betriebene Missionsgedanke trägt keine Früchte und sät in erster Linie Verunsicherung. Das Zweite Vatikanum ist auch über 30 Jahre nach dessen Abschluß noch nicht vollendet.

---

81 Zitiert nach Lamet: »Sociedad indiferente« (Anm. 25), S. 222.

Claudia Hölzle

Das Schulsystem und die europäische Herausforderung

Am 28.7.1977 beantragte Spanien die Vollmitgliedschaft in der Europäischen Gemeinschaft. Mit diesem Schritt setzte eine lange Verhandlungszeit ein, die mit dem definitiven Beitritt zur Gemeinschaft am 1.1.86 ihren endgültigen Abschluß fand. Hinsichtlich der Gesellschaftsstruktur sowie der Lebensführung unterscheiden sich Spanien und die mittlerweile 14 übrigen Mitgliedstaaten der Europäischen Union (EU) in einer Reihe von Faktoren. Alle Mitgliedsländer sind jedoch mit einer großen Anzahl gleicher Probleme konfrontiert, die sich zudem nicht nur auf den europäischen Kontinent beschränken, sondern weltweit gegeben sind. Hervortretende soziale Probleme unter Jugendlichen wie Rauschgift, Alkoholismus, Kriminalität, Prostitution, Arbeitslosigkeit, die allenthalben ein übergroßes Ausmaß angenommen haben, verlangen akute Abhilfe und müssen auf internationaler Ebene gelöst werden.

Unter der Vielzahl der Strategien zur Bekämpfung der Jugendarbeitslosigkeit haben Bildungs- und Qualifizierungsmaßnahmen einen besonderen Stellenwert, da sie bei den betroffenen Jugendlichen selbst ansetzen, um so bessere Voraussetzungen für eine Integration ins Beschäftigungssystem zu schaffen. Diese Maßnahmen, die sowohl im allgemeinbildenden als auch berufsbildenden Schulbereich angesiedelt sind, zeitigen mittlerweile im Rahmen der Europäischen Gemeinschaft eine Art Konvergenz: Alle Mitgliedsländer haben nunmehr ihre Pflichtschulzeit innerhalb des allgemeinbildenden Schulsystems aufgestockt; im berufsbildenden Schulwesen betrachtet man heute sowohl das rein betriebliche als auch das vollzeitschulische Ausbildungssystem als mangelhaft und als Folge kristallisieren sich in den meisten Ländern schrittweise sogenannte Mischsysteme heraus. Allerdings müssen alle genannten Maßnahmen im Bildungs- und Ausbildungsbereich der Tatsache Rechnung tragen, daß die Arbeitsmarktsituation weiterhin besonders problematisch ist.

Mangelnde Arbeitsplätze und eine extrem hohe Arbeitslosenrate sind Gegebenheiten, die in Spanien insbesondere die Jugendlichen betreffen und verheerende Folgen zeitigen, denn diese jungen Menschen fühlen sich in ihrem Entwicklungsprozeß behindert. Im Vergleich zur Jugendarbeitslosigkeit in anderen Mitgliedstaaten liegt Spanien mit über 40% an erster Stelle in der EU. Obwohl die sog. »regulierte« Berufsausbildung in Spanien in den letzten Jahren zahlenmäßig einen bedeutenden Stellenwert eingenommen hat, war ihre Rangstellung in der Gesellschaft immer minderwertig. Akademischen Absolventen werden weiterhin größere Chancen eingeräumt.

Mit der Süderweiterung, die 1981 mit der Aufnahme Griechenlands begann und 1986 mit dem Beitritt Spaniens und Portugals ihren vorläufigen Abschluß fand, ergab sich für die Gemeinschaft ein neue Situation, da erste Erfahrungen mit den in allen drei Ländern rückständigen Bildungs- und Ausbildungssystemen gesammelt werden mußten. Aufgabe war es u.a., in diesen Staaten Anpassungshilfen zu leisten. So hat beispielsweise das Europäische Zentrum für die Förderung der Berufsbildung (CEDEFOP) alle drei Mitgliedstaaten bei der Entwicklung ihrer Berufsbildungssysteme unterstützt und breite Diskussions- und Kontaktmöglichkeiten geboten. Die interne bildungspolitische Veränderungsdynamik Spaniens wurde so durch externe EU-Vorgaben indirekt mitbestimmt. In den Römischen Verträgen von 1957 spielte eine gemeinsame Bildungspolitik noch keine Rolle; der bildungs- und berufsbildungspolitische Bereich blieb der nationalstaatlichen Ebene vorbehalten. Allein der zu verwirklichende Grundsatz geographischer Freizügigkeit europäischer Bürger läßt jedoch aus heutiger Sicht diese Kompetenzverteilung als rückständig erscheinen.

Die berufliche Bildung ist insbesondere für die Jugendlichen von entscheidender Bedeutung, allerdings fand sie nur unter sozioökonomischen Aspekten Einzug in die Römischen Verträge. Aufgrund der Artikel 118 und 128 des EWG-Vertrages konnte aber eine Legitimierung europäischer Bildungspolitik betrieben werden. Beide Vertragsartikel nehmen unmittelbaren Bezug auf die Berufsausbildung.[1] Als ein Ziel der »Allgemeinen Grundsätze für die Durchführung der Berufsausbildung« wird die Förderung der Freizügigkeit der Arbeitnehmer proklamiert. Voraussetzung hierzu ist die gegenseitige Anerkennung der Berufsausbildung und deren Abschlüsse innerhalb der EU. Dies kann nur bei einer gewissen Harmonisierung der Ausbildungssysteme realisiert werden. Zwar sind der Gemeinschaft vertragliche Grenzen gesetzt; um aber den wirtschaftlichen und sozialen Krisenerscheinungen auf dem europäischen Kontinent erfolgreich begegnen zu können, ist es notwendig, daß sich die Bildungs- und Ausbildungsangebote der Mitgliedsländer darauf einstellen. Denn im Sinne der Freizügigkeit darf die akademische oder berufliche Anerkennung eines Zertifikates – ob in Spanien oder der Bundesrepublik Deutschland erworben – keinen Hinderungsgrund mehr darstellen.

Von der Reform des Bildungswesens in Spanien wird erwartet, daß sie das Land der Situation in den übrigen Mitgliedstaaten näherbringt. In diesem Zusammenhang waren bereits erzielte Entwicklungsergebnisse in anderen Mitgliedstaa-

---

1   Mit der Ratifizierung des Vertrags über die Europäische Union in Maastricht am 7.2.1992 erhält die Europäische Gemeinschaft im Bildungsbereich neue Handlungsvollmachten. Durch die neu eingeführten Artikel 126 (Bildung) und 127 (berufliche Bildung) wird die künftige Entwicklung der Bildungspolitik der Gemeinschaft beeinflußt werden.

ten von immenser Bedeutung. Eine wesentliche Rolle spielten Erfahrungen mit der beruflichen Bildung, da dieser Bildungsgang insbesondere in den Mittelmeerstaaten, was Ausstattung, Abschlußqualifikation sowie Laufbahnmöglichkeiten betrifft, wesentlich niedriger rangiert als die gymnasiale Bildung. Nur mit gleichen Bildungschancen für alle ist jedoch der einheitliche Binnenmarkt realisierbar; denn er setzt einen großen Bedarf an beruflich qualifizierten Arbeitskräften voraus, dem es auf Gemeinschaftsebene Sorge zu tragen gilt. Der inneren Logik der Entwicklung folgend, ergeben sich somit auch Erfordernisse an die Struktur eines jeden nationalen Bildungssystems. Für einige Mitgliedländer bedeutet das, ihr rückständiges Ausbildungssystem zu reformieren und gemeinschaftliche Prinzipien, wie im Falle der spanischen Bildungsreform, zu berücksichtigen.

Für Spanien erwies sich die Situation als besonders problematisch, da, gemessen an den bildungspolitischen Vorgaben der EG, sein allgemeinbildendes sowie berufsbildendes Schulsystem erheblich verbessert werden mußte. Die Probleme betrafen u.a. die Aufstockung der allgemeinen Schulpflicht, die Gliederung des Schulsystems, die Regelung der Qualifikationsanforderungen im Rahmen der allgemeinen Schulpflicht, den Aufbau eines differenzierten, nicht nur auf vereinzelte Sparten bezogenen Berufsbildungssystems nach der schulischen und betrieblichen, theoretischen und praktischen Seite und damit einhergehend die Entwicklung von Berufsordnungsmitteln, insbesondere von juristisch kodifizierten Abschlüssen sowie die Schaffung einer berufs- und wirtschaftspädagogischen Infrastruktur in Angleichung an die regional unterschiedlich verbreiteten gewerblichen Zentren. Als Richtschnur spielten in diesem Bereich insbesondere die Entscheidung über die Entsprechung der beruflichen Befähigungsnachweise zwischen den Mitgliedstaaten der Gemeinschaft sowie die Richtlinie über eine allgemeine Regelung zur Anerkennung der Hochschuldiplome eine bedeutende Rolle. Beide zielen zwar zunächst nur auf die Freizügigkeit innerhalb der Gemeinschaft und ihre volle Verwirklichung, wirken sich aber auch im bildungspolitischen Bereich aus. Gegenwärtig finden nationale Reformen der Bildungssysteme nicht nur in Spanien, sondern auch in anderen Mitgliedstaaten, so in Portugal und Griechenland, statt. Für die EU bietet sich hier die Möglichkeit der bildungspolitischen Hilfestellung, ohne dadurch dem Verdacht ausgesetzt zu sein, in das nationalstaatliche Bildungsgeschehen einzugreifen.

Am Beispiel Spaniens läßt sich gut beobachten, daß die gegenwärtigen bildungspolitischen Maßnahmen im wesentlichen auf eine Angleichung an EU-Niveau hinauslaufen. In den nachfolgenden Ausführungen soll deshalb zunächst Spaniens auslaufendes nicht-akademisches Bildungssystem erläutert werden, dessen bildungspolitisches Profil mit dem Erziehungsgesetz von 1970, LGE (*Ley General de Educación y Financiamiento de la Reforma Educativa*; Allgemeines Gesetz zur Bildung und Finanzierung der Bildungsreform), festgeschrieben wurde.

Danach soll das auf der LOGSE von 1990 (*Ley Orgánica de Ordenación General del Sistema Educativo*; Organgesetz zur allgemeinen Regelung des Bildungswesens) basierende »neue« spanische nicht-akademische Bildungssystem dargestellt werden, um letztendlich aufzuzeigen, wie sich die Bildungssysteme in Europa angleichen werden, um jenen »Fortschritt der Beziehungen im Bildungsbereich« zu erreichen, an dem »die Entwicklung Europas gemessen werden«[2] muß.

1. Die bildungspolitische Entwicklung seit 1969

Bereits gegen Ende der sechziger Jahre verbreitete sich in bildungspolitischen Kreisen und in der Öffentlichkeit die Auffassung, daß die seit Jahrzehnten verfestigten Strukturen des spanischen Schulwesens dem Anstieg der Bildungs- und Ausbildungsnachfrage sowie den sozialen und ökonomischen Gegebenheiten des Landes nicht mehr entsprechen würden. Ein letztes auslösendes Moment der Reformbemühungen bildeten die Studentenunruhen an den spanischen Universitäten. Man dachte zunächst daran, nur den Hochschulsektor zu reformieren. Die Erkenntnis jedoch, daß das gesamte spanische Bildungssystem in die Reform einbezogen werden müsse, wolle man den Hochschulbereich effizient umstrukturieren, veranlaßte das Ministerium für Bildung und Wissenschaft, eine Reform anzustreben, die das gesamte institutionalisierte Bildungssystem erfassen sollte. Diese Bildungsreform wurde mit der Veröffentlichung eines Weißbuches 1969 eingeleitet, in dem eine kritische Bestandsaufnahme des gesamten spanischen Schulwesens erfolgte sowie Richtlinien zur Umgestaltung dargelegt wurden. Die Erarbeitung dieses liberalen Projekts erfolgte zu einer Zeit, in der Spanien noch vom autoritär-konservativen Regime Francos geprägt war, und leitete einen langsam einsetzenden Bewußtseinswandel nicht nur auf bildungspolitischer Ebene ein. Am 4. August 1970 trat das Reformgesetz in Kraft, für dessen Durchführung eine zehnjährige Laufzeit vorgesehen war und das bis Ende der siebziger Jahre ein Bildungssystem schaffen sollte, das sowohl der sozialen und wirtschaftlichen Entwicklung des Landes Rechnung trägt als auch die maximale Förderung des Individuums ermöglicht. Die Reform umfaßte das gesamte Bildungssystem, d.h. vom Kindergarten bis zur Universitätsbildung, und sah eine achtjährige Grundschule vor, auf der das weiterführende Bildungswesen aufbauen sollte. Durch später erlassene Gesetze wurde das Bildungsgesetz von 1970 erweitert und geändert.

Mit dem Reformgesetz von 1970, das am Prinzip einer *educación permanente* orientiert ist, startete man den Versuch, ein vereinheitlichtes, aber flexibles Bil-

---

2   Rüdiger Stephan: »Akademische Mobilität in Europa«, in: Hermann Schmitz-Wenzel (Hg.): *Bildungspolitik in der Europäischen Gemeinschaft* (Schriftenreihe des Arbeitskreises Europäische Integration e.V., Bd.7). Baden-Baden 1980, S. 39-52, hier S. 40.

dungssystem mit vielen Übergangsmöglichkeiten einzuführen. In den Jahren des Franco-Regimes war die einzige zugelassene Unterrichtssprache das Kastilische. Der Unterricht in den Regionalsprachen, der in den Jahren 1940 bis 1950 nur im verborgenen stattfinden konnte, wurde seit den fünfziger Jahren von offizieller Seite geduldet. Das Gesetz von 1970 fordert die Aufnahme regionaler Besonderheiten und begreift andererseits das spanische Bildungssystem weiterhin als eindeutig zentralistisch. Die Bildungsreform und die nach des Diktators Tod eingeführte demokratische Verfassung führten zu einem vollkommenen Richtungswechsel. Artikel 2 der Verfassung von 1978 garantiert den Autonomen Regionen Spaniens das Recht auf relative Eigenständigkeit, und in Artikel 27 werden die allgemeinen Grundrechte im Hinblick auf Bildungs- und Erziehungsfragen festgelegt. Bemerkenswert ist, daß Teile des Bildungsgesetzes von 1970 somit in die Verfassung integriert wurden und dadurch ein entsprechendes Gewicht erhielten. Um die zahlreichen Grundsätze sowie Rechte, die Artikel 27 festlegt, zu verwirklichen, wurden drei *Leyes Orgánicas* (Organgesetze) verkündet, die *Ley Orgánica* Nr. 5 vom 19. Juni 1980, die *Ley Orgánica* Nr. 11 vom 25. August 1983 und die *Ley Orgánica* Nr. 8 vom 3. Juli 1985.

Die *Ley Orgánica 5/1980 del Estatuto de Centros Escolares* (LOECE), die den Status der Lehranstalten – d.h. die Arbeit von Schulen und anderen Lehreinrichtungen – regelte, hatte die Ausführung des Artikels 27 Abs. 3-9 zum Ziel. Die spätere *Ley Orgánica 8/1985 del Derecho a la Educación* (LODE), Organgesetz über das Recht auf Bildung, das u.a. die Kompetenzen und Aufgaben des öffentlichen und privaten Schulwesens regelt, setzte die *Ley Orgánica 5/1980* außer Kraft. Die LODE ist gleichzeitig ein Gesetz zur Bildungsplanung, ein Gesetz zur Regulierung bestimmter Grundrechte – wie der Teilnahme von Eltern, Lehrkräften und Schülern am bildungspolitischen Aufgabenbereich – und letztendlich ein Gesetz zur Finanzierung des Privatschulwesens. Letztgenannter Aspekt ist von besonderer Bedeutung, da auch gegenwärtig noch ca. ein Drittel der Schüler des nicht-universitären Bildungswesens in Privatschulen unterrichtet wird. Allerdings ist die Finanzierung der Privatschulen mit öffentlichen Mitteln mittlerweile an konkrete Auflagen gebunden, was dazu geführt hat, daß neben öffentlichen Schulen subventionierte private Schulen sowie nicht subventionierte private Schulen existieren. In Spanien gilt seit der *Ley Orgánica* von 1980 der Grundsatz, daß die allgemeine Schulpflicht kostenfrei für die Familie sein und jegliche Diskriminierung aufgrund der Schulwahl unterbleiben muß. Private Schulen, die in ihrer Mehrzahl in der Trägerschaft von religiös-katholischen Gruppierungen liegen, nahmen lange Zeit in Spanien eine absolute Vormachtstellung ein. Sie wurden durch die zentralistische Bildungs- und Kulturpolitik Francos gefördert und geschützt und größtenteils von seiten der Oberschicht bevorzugt, die in der Lage war, das beträchtliche Schulgeld zu zahlen. Die *Ley Orgánica 5/1980* sowie die

LODE – beide beziehen sich auf den nichtuniversitären Bereich – sind Ausdruck eines neuen politischen Willens. Mit der am 25. August 1983 verabschiedeten *Ley de Reforma Universitaria* (LRU), dem Gesetz über die Hochschulreform, wurde die gegenwärtige gesetzliche Grundlage des Hochschulstudiums geschaffen, und zwar auf der Basis von Artikel 27 Absatz 10 der Verfassung.

Artikel 2 der spanischen Verfassung von 1978 lautet: »Die Verfassung basiert auf der unauflöslichen Einheit der spanischen Nation, gemeinsames und unteilbares Vaterland aller Spanier, und sie anerkennt und gewährleistet den Nationalitäten und Regionen, die sie bilden, das Recht auf Autonomie und die gegenseitige Solidarität«.[3] Weiter werden in Artikel 148 Abs. 1 der Verfassung die Kompetenzen der Autonomen Gemeinschaften festgelegt, die sich auf 22 Zuständigkeitsbereiche erstrecken. Hierzu zählen etwa Städtebau, Umweltschutz, Gesundheitswesen oder aber auch, wie unter Absatz 1, Abschnitt 17 des Artikels 148 bestätigt wird, Kultur, Forschung und gegebenenfalls die Aufgabe, den Unterricht der Regionalsprache zu fördern. Zu den verfassungsmäßig festgelegten Kompetenzen der Zentralregierung, die 32 Zuständigkeitsbereiche beinhalten, zählen laut Artikel 149 Abs. 1: Verteidigung, Justizverwaltung, auswärtige Beziehungen, Außenhandel etc. Im Hinblick auf die Zuständigkeiten im Bildungsbereich läßt sich festhalten, daß das Bildungssystem weder unter die 32 ausschließlichen Zuständigkeitsbereiche des Zentralstaates noch unter die 22 in Artikel 148 der Verfassung genannten »autonomen« Zuständigkeitsbereiche fällt. Gegenwärtig besitzen von siebzehn Autonomen Gemeinschaften in Spanien lediglich sieben, nämlich Andalusien, das Baskenland, Galicien, die Autonome Gemeinschaft Valencia, die Kanarischen Inseln, Katalonien und Navarra, die Erziehungshoheit. Einer Politik der Dezentralisierung im Bildungsbereich, langsam eingeleitet durch die Demokratische Zentrumspartei (UCD),[4] stand die Sozialistische Arbeiterpartei (PSOE) nicht ablehnend gegenüber. Während ihrer über 15jährigen Regierungszeit (1982 bis 1996) setzte sie eine Dezentralisierung der Bildungspolitik vielmehr fort. Nach den spanischen Parlamentswahlen vom März 1996 kam die konservative Volkspartei (*Partido Popular*) an die Regierung. Laut der derzeit amtierenden Ministerin für Bildung und Kultur, Esperanza Aguirre, ist geplant, den restlichen zehn Autonomen Gemeinschaften, die gegenwärtig noch vom Ministerium für Bildung und Kultur[5] (*Ministerio de Educación y Cultura*; MEC) verwaltet werden, zum 1. Januar 1998 vollständige Kompetenz im Bildungsbereich zu übertragen.

---

3 Eigene Übersetzung; vgl. *Constitución Española 1978*, Art. 2.
4 Regierungspartei von 1977 bis 1982.
5 Entstanden durch die Fusion des Ministeriums für Bildung und Wissenschaft und des Ministeriums für Kultur.

2. Das Schulsystem nach dem Bildungsgesetz von 1970 (LGE)

Zunächst soll das Schulsystem knapp präsentiert werden, wie es sich gemäß dem Bildungsgesetz von 1970 und den später erfolgten Modifikationen in der Phase der *transición* gestaltet hat.

Vorschulerziehung

Hierunter werden die Erziehungseinrichtungen verstanden, in denen Kinder vor dem sechsten Lebensjahr Aufnahme finden. Die Vorschuleinrichtungen gliedern sich in *Escuela maternal* für zwei- bis vierjährige und *Escuela de Párvulos* für vier- bis sechsjährige und sind nicht obligatorisch. Diese Erziehungsstätten haben zum Ziel, bei den Kindern im Alter von vier und fünf Jahren Spontaneität, Kreativität sowie Verantwortungsgefühl zu entwickeln.

Wie in allen Schulformen wird auch im Vorschulbereich der Gebrauch der Regionalsprachen Spaniens gefördert. Demzufolge werden neben dem Kastilischen, das laut Artikel 3 der Verfassung von 1978 die offizielle Sprache Spaniens ist, in den jeweiligen Provinzen Katalanisch, Baskisch oder etwa Galicisch als Pflichtsprache unterrichtet. Dadurch wachsen viele Schüler zweisprachig auf.

Allgemeine Grundbildung (*Educación General Básica*; EGB)

Diese einheitliche Schulform erfaßt in der Regel Kinder und Jugendliche im Alter von sechs bis vierzehn Jahren und ist laut Gesetz obligatorisch. Die Pflichtschule wurde 1981/82 von zwei Stufen in drei Abschnitte (*ciclos*) umstrukturiert.[6] Der erste Abschnitt (*Ciclo Inicial*) umfaßt die Klassen 1-2, der zweite (*Ciclo Medio*) die Klassen 3-5 und der dritte (*Ciclo Superior*) die Klassen 6-8. Am Ende des ersten und zweiten Abschnitts (*ciclos*) findet eine Leistungsbewertung statt, im dritten Abschnitt hingegen am Ende eines jeden Schuljahres. Diejenigen Schüler, die alle drei Abschnitte der Allgemeinen Grundbildung erfolgreich absolviert haben, erhalten den *Título de Graduado Escolar* (qualifizierter Abschluß). Dieser Abschluß gestattet ihnen, entweder eine allgemeinbildende Schule zu besuchen (BUP) oder aber den Weg der beruflichen Bildung (FP I) einzuschlagen. Die Schüler, die den qualifizierten Abschluß nicht erreichen, verlassen die EGB mit dem *Certificado de Escolaridad* (Abgangszeugnis), das nur zum Besuch der beruflichen Bildung (FP I) berechtigt. Diesen Schülern steht jedoch die Möglichkeit offen, den qualifizierten Abschluß nachzuholen. Alle Schüler im Alter von sechs

---

6   Im Gegensatz zum ersten und zweiten Abschnitt wurde die Einführung des dritten Abschnittes zurückgestellt und somit blieben für diesen Abschnitt die Ausführungsbestimmungen der LGE von 1970 weiterhin gültig.

bis vierzehn Jahren müssen die acht Jahre dauernde Allgemeine Grundbildung durchlaufen.

Bei der Allgemeinen Grundbildung handelt es sich um eine »nichtauslesende« Gesamtschule, in der die Beurteilung des Schülers kontinuierlich erfolgt und die Versetzung vom Erreichen der Lernziele abhängt. Trotzdem verlassen zahlreiche Schüler die EGB ohne qualifizierten Abschluß. Die Gründe für die hohe Quote von Schülern, die die Allgemeine Grundbildung nur mit dem Abgangszeugnis verlassen, sind vielfältiger Art und lassen sich nicht mit Exaktheit bestimmen. Was jedoch mit Bestimmtheit festgehalten werden kann, ist die Tatsache, daß die meisten Schwierigkeiten von der 6. bis zur 8. Klasse – also dem letzten Abschnitt der Allgemeinen Grundbildung – zu Tage treten. Obwohl sich eine leichte Verbesserung des Leistungsstandes innerhalb der letzten Schuljahre bemerkbar machte, sind die Resultate der Schüler trotzdem nicht zufriedenstellend. Zu diesen mangelhaften Schulleistungen tragen neben dem sozio-kulturellen Umfeld des Schülers u.a. auch die ungenügende Ausbildung der Lehrkräfte, die schulorganisatorischen Probleme und die schlechte schulische Infrastruktur bei.

Denjenigen Schülern, die die Allgemeine Grundbildung nur mit einem Abgangszeugnis verlassen, ist der direkte Weg zur gymnasialen Oberstufe versagt; ihnen bleibt als einzige Möglichkeit die berufliche Bildung ersten Grades. Diese Entwicklungskonstellation hat in spanischen Bevölkerungskreisen zum Vorurteil geführt, daß die berufliche Bildung (FP) den »dummen« Schülern und das *Bachillerato* (gymnasiale Oberstufe) den »intelligenten« Schülern zukommt. Obwohl es in Spanien die allgemeine Schulpflicht von sechs bis 16 Jahren sowie das Verbot der Arbeitsaufnahme vor dem 16. Lebensjahr gibt, gehen zahlreiche Jugendliche im Alter zwischen 14 und 16 Jahren nicht zur Schule. Diese Altersgruppe zieht es vor, unter illegalen Bedingungen in der Schattenwirtschaft beschäftigt zu sein oder aber sich auf der Straße herumzutreiben, anstatt weiterhin zur Schule zu gehen. Es überrascht nicht, daß diese Probleme u.a. Schwerpunkte der bildungspolitischen Diskussion in Spanien sind.

Einheitliche, polyvalente höhere Schulbildung
(*Bachillerato Unificado y Polivalente*; BUP)

Jugendliche, die die Allgemeine Grundbildung erfolgreich durchlaufen haben, d.h. im Besitz des *Título de Graduado Escolar* sind oder die berufliche Bildung ersten Grades erfolgreich abgeschlossen haben, finden in der weiterführenden allgemeinen Sekundarstufe II Aufnahme. Diese dreijährige Oberstufe – für das 14. bis einschließlich 16. Lebensjahr – ist mit den deutschen Gymnasialklassen 9 bis 11 zu vergleichen. Mit den Beifügungen »*unificado*« (einheitlich) und »*polyvalent*« soll zum Ausdruck gebracht werden, daß diese Schulform – im Gegensatz zu früher – zu einem einzigen Abschluß führt, der polyvalent ist, da er Pflichtfächer, Wahlfächer und »technisch-berufliche Bildung und Aktivitäten« anbietet. Das *Bachillerato* hat zum Ziel, das Allgemeinwissen der übergangsberechtigten Schüler zu vervollständigen, um sie auf das Universitätsstudium oder die berufliche Bildung zweiten Grades und die Arbeitswelt vorzubereiten. Das *Bachillerato* ist in drei Kurse eingeteilt. Die Versetzung des Schülers erfolgt von Klasse zu Klasse. Die erste Klasse umfaßt nur Pflichtfächer im Gegensatz zur dritten, in der Wahlfächer angeboten werden. Technisch-beruflich ausgerichtete Unterrichtsveranstaltungen werden in der zweiten und dritten Klasse angeboten, jedoch ohne damit eine wirkliche Alternative zum Studium zu bieten. Der geringe Anteil der Schüler, der sich im Anschluß an die dreijährige Oberstufe nicht für eine universitäre Ausbildung, sondern für die berufliche Bildung zweiten Grades entschließt, macht dies nur allzu deutlich. Diese Tatsache hat dazu geführt, daß praktisch die gesamte Schülerschaft des *Bachillerato*, die alle drei Klassen bestanden hat und im Besitz des *Título de Bachiller* ist, ein Universitätsstudium anstrebt. Am Ende dieses Bildungsganges findet keine Abschlußprüfung statt. Studierwillige Schüler müssen allerdings vor Beginn eines Studiums erst noch einen einjährigen Vorbereitungskurs auf das Universitätsstudium (*Curso de Orientación Universitaria*; COU) erfolgreich absolvieren.

Vorbereitungskurs für die Universität
(*Curso de Orientación Universitaria*; COU)

Der COU stellt eine einjährige Vorbereitungszeit auf das Universitätsstudium dar. Eingangsvoraussetzung dafür ist der qualifizierte Abschluß des *Bachillerato* oder der beruflichen Bildung zweiten Grades (FP II). Der COU zielt darauf ab, die allgemeinbildenden Kenntnisse zu vertiefen, dem Schüler Orientierungshilfen bei der Studien- oder Berufswahl anzubieten sowie ihn auf die universitätstypischen Techniken geistigen Arbeitens hinzuführen. Allen Schülern des COU werden neben den gemeinsamen Pflichtfächern vier zur Wahl stehende Unterrichtszweige angeboten: der wissenschaftlich-technologische, der biomedizinische, der sozialwissenschaftliche und der humanistisch-linguistische. Nach erfolgreichem Abschluß erhält der Schüler die Berechtigung zum Studium. Der endgültige Zugang zur Universität hängt allerdings noch einmal vom Bestehen einer Auswahlprüfung (*selectividad*) an der Hochschule ab.

Berufliche Bildung (*Formación Profesional*; FP)

Die *Formación Profesional Reglada* (regulierte berufliche Bildung) besteht aus drei Stufen, wird vom Ministerium für Bildung und Kultur (MEC) geregelt und von Lehranstalten durchgeführt, die entweder dem MEC selbst oder anderen staatlichen bzw. entsprechend bevollmächtigten privaten Einrichtungen unterstellt sind. Sie unterscheidet sich von der *Formación Profesional Ocupacional*, der beruflichen Weiterbildung, für die weitgehend das *Instituto Nacional de Empleo* (INEM, Nationales Arbeitsamt) – eine dem Ministerium für Arbeit und soziale Sicherheit zugeordnete Behörde – zuständig ist und auf die hier nicht weiter eingegangen wird. Die staatlich geregelte berufliche Bildung ist in das allgemeine Schulsystem eingebettet, stellt einen Parallelzweig zum BUP dar und hat zum Ziel, den Schüler zur Ausübung eines Berufs zu befähigen. Das Allgemeine Gesetz zur Bildung und Finanzierung der Bildungsreform von 1970 sieht drei Stufen der beruflichen Bildung vor, d.h. die berufliche Bildung ersten Grades (FP I), die berufliche Bildung zweiten Grades (FP II) und die berufliche Bildung dritten Grades (FP III). Die berufliche Bildung dritten Grades wurde jedoch nicht in die Praxis umgesetzt.

Die berufliche Bildung ersten Grades (*Formación Profesional de Primer Grado*; FP I) ist obligatorisch und kostenlos für alle Jugendlichen, die nach Beendigung der Allgemeinen Grundbildung (EGB) nicht das *Bachillerato* besuchen. Zugangsvoraussetzung für diesen Schulzweig ist der *Título de Graduado Escolar* oder der *Certificado de Escolaridad*. Der Schulbesuch dauert zwei Jahre und soll dem Schüler – aufbauend auf seinen in der EGB erworbenen Kenntnissen – Basiswissen in einem Berufszweig vermitteln; allerdings nicht spezialisiert. In 21 Berufsfeldern mit insgesamt 70 Berufen kann eine berufliche Ausbildung ersten Grades absolviert werden. Der Unterricht in den Lehranstalten erstreckt sich zu ca. 30% auf Allgemeinbildung, zu ca. 20% auf berufsfeldbezogene angewandte Naturwissenschaften und zu ca. 50% auf berufsspezifische Fachkenntnisse und praktische Fertigkeiten. Während des zweiten Jahres der beruflichen Bildung ersten Grades kann die schulische Ausbildung mit praktischer Berufserfahrung (z.B. Praktika) kombiniert werden. Allerdings handelt es sich hier um kein duales Ausbildungssystem, da die berufliche Bildung in Spanien vorwiegend in Zentren durchgeführt wird, die vollzeitschulisch ausbilden, und da auch die praktischen Fertigkeiten schulintern vermittelt werden. Nach erfolgreichem zweijährigen Schulbesuch erhält der Absolvent den Titel *Técnico Auxiliar* (technische Hilfskraft) des betreffenden Ausbildungsberufs, der ihn zum Übergang ins Berufsleben oder aber zur nächsthöheren Berufsausbildung (FP II) bzw. zur 2. Klasse der gymnasialen Oberstufe (BUP) berechtigt.

Da die 14jährigen Schulabgänger, d.h. diejenigen, die lediglich das Abgangszeugnis der Allgemeinen Grundbildung (EGB) besitzen, verpflichtet sind, nach Beendigung des achtjährigen EGB eine zweijährige berufliche Bildung ersten Grades zu absolvieren, setzt diese Ausbildungsstufe auf sehr niedrigem Niveau an. Trotzdem weist dieser Bildungsgang eine äußerst geringe Erfolgsquote auf. Die Ursachen hierfür sind nicht nur in der Struktur der Schülerschaft zu sehen, sondern liegen auch in der geringen Motivation der Schüler – bedingt durch die Lerninhalte – sowie in der mangelnden Zusammenarbeit zwischen Bildungssektor und Beschäftigungsbereich begründet. Dies führt letzlich dazu, daß die spanischen Jugendlichen häufig für Berufe ausgebildet werden, für die auf dem Arbeitsmarkt kaum mehr Nachfrage besteht.

Die berufliche Bildung zweiten Grades (*Formación Profesional de Segundo Grado*; FP II), die auf dem Wissensstand des *Bachillerato* aufbaut, möchte dem Schüler eine angemessene berufliche Fachausbildung zukommen lassen und ist in zwei unterschiedliche Ausbildungsgänge aufgeteilt. Die *Formación Profesional de Régimen General*, bei der es sich um eine zweijährige allgemeinere Ausrichtung der beruflichen Bildung handelt, steht im Gegensatz zur *Formación Profesional de Régimen de Enseñanzas Especializadas*, einer Spezialausbildung, die drei Jahre umfaßt. Der Lehrstoff erstreckt sich auf betriebswirtschaftliche, technisch-praktische und allgemeinbildende Fächer. Eine berufliche Bildung zweiten Grades kann in 21 Berufsfeldern mit insgesamt 168 Berufen erfolgen. Am Ende der beruflichen Bildung zweiten Grades steht der berufsqualifizierende Abschluß *Técnico Especialista* (gleichzusetzen mit dem deutschen Facharbeiter oder Gesellen), der zum Besuch der Fachhochschule des jeweiligen Berufszweiges berechtigt oder aber zum COU als Vorbereitung auf ein Studium an jeder Hochschuleinrichtung. Im Gegensatz zur niedrigen Erfolgsrate der FP I ist diese in der FP II wesentlich höher.

3. Reformvorhaben in den 70er und 80er Jahren

Wie bereits dargelegt, löste die tatsächliche Gestaltung des Schulsystems in den siebziger Jahren die gesetzgeberischen Reformvorstellungen keinesfalls ein. Seit 1976 begann man, die Reform der mittleren Bildung (*Reforma de la Enseñanza Media*), also BUP und COU sowie FP I und FP II (gymnasiale und berufliche Bildung) zu diskutieren und erachtete sie nicht nur aus externen Gründen, dem anstehenden EG-Beitritt und der schnellen technologischen Entwicklung für notwendig. Dafür sprechen auch interne Gründe, die mangelnde Übereinstimmung zwischen der spanischen Gesetzgebung bezüglich der Arbeitsaufnahme ab dem 16. Lebensjahr und der allgemeinen Grundbildung bis zum 14. Lebensjahr, die geringe gesellschaftliche Wertschätzung der *Formación Profesional* (berufliche Bildung), das Nichtvorhandensein von Berufslaufbahnen mittleren Grades, bedingt durch das Fehlen der beruflichen Bildung dritten Grades, der starke Anstieg der Akademikerarbeitslosigkeit und die mangelnde Anpassung des Bildungssystems an die sozioökonomischen Gegebenheiten.

Ausgangspunkt für die geplante Reform der mittleren Bildung war die Heraufsetzung der Schulpflichtzeit bis zum 16. Lebensjahr. Das Reformprojekt wurde

1983 eingeleitet. Ziel war, zu einem Bildungsweg zu gelangen, der flexibler und besser an die sozioökonomischen Gegebenheiten angepaßt ist. Um dieses Ziel zu erreichen, sollten sowohl Allgemeinbildung, Bildungsvielfalt als auch Spezialisierung in der Reform der mittleren Bildung besser miteinander verbunden werden. Um die Reform der mittleren Bildung sinnvoll durchzuführen, entschied man sich für ein Verfahren der allmählichen und kontrollierbaren Erprobung und Einführung. Das heißt, durch Ministerialverordnung vom 30. September 1983 wurde der Erprobung neuer Unterrichtspläne sowie -programme an verschiedenen regulären Sekundarschuleinrichtungen zugestimmt. Aufbauend auf den positiven Erfahrungen u.a. mit dem Reformprojekt der mittleren Bildung sowie angesichts der bestehenden Mängel des spanischen Bildungssystems insgesamt wurde deutlich, daß eine umfassende strukturelle und curriculare Reform des nicht-universitären Bildungswesens in Spanien unumgänglich sein würde.

Im Juni 1987 legte der damalige Minister für Bildung und Wissenschaft, José María Maravall, einen Entwurf zur Reform des nicht-akademischen Bildungswesens vor, der auf den Erfahrungen und Resultaten der seit einiger Zeit erprobten Reformprogramme aufbaut. Die zwei wesentlichen Ziele, die dem Reformprojekt zugrunde liegen, sind einerseits in der Verlängerung des kostenfreien Schulpflichtbesuchs bis zum 16. Lebensjahr zu sehen, andererseits in dem Bestreben, die Qualität der Ausbildung zu erhöhen. Maravalls Reformprojekt versucht, das spanische Bildungswesen an die in den meisten EG-Ländern bestehende Organisationsstruktur anzupassen, und ist als Antwort auf den Ausbildungsbedarf gedacht, der ab dem Jahre 2000 zu erwarten ist. Im Hinblick auf die Berufsbildung ließ der Entwurf allerdings viele Fragen offen.

Im Februar 1988 stellte Maravall deshalb einen neuen Entwurf zur Reform des technisch-berufsorientierten Unterrichts vor, der den Bemühungen der EU um die gegenseitige Anerkennung der beruflichen Befähigungsnachweise der Arbeitnehmer in der Gemeinschaft Rechnung trägt. Als konsequente Erweiterung des neuen Organgesetzes über das Recht auf Bildung (LODE) und angesichts der gewachsenen gesellschaftlichen Ansprüche an das Bildungswesen erschien die Reform des nicht-akademischen Bildungssystems in Spanien dringend erforderlich. Der Entwurf zur Reform wurde während des Schuljahres 1987/88 in den von Bildungsfragen betroffenen politischen, sozialen und wirtschaftlichen Kreisen diskutiert, im Anschluß daran im April 1989 in endgültiger Fassung im »Weißbuch zur Reform des spanischen Schulsystems« vorgelegt und dann als Grundlage für das neue Bildungsgesetz (LOGSE) von 1990 verwendet. Die LOGSE zieht einen Schlußstrich unter jahrelange Debatten um die Neugestaltung des spanischen nicht-universitären Bildungssystems, die bereits im Oktober 1983 einsetzten. Für die Durchführung der Reform wurde ein Zeitraum von zehn Jahren festgelegt. Die

Bildungsreform wurde im Schuljahr 1991/92 im Vorschulbereich bzw. 1992/93 im Primarbereich allgemein eingeführt und wird seither stufenweise umgesetzt.

4. Das Reformgesetz von 1990 (LOGSE)

Mit dem Inkrafttreten des Organgesetzes zur allgemeinen Regelung des Bildungswesens (LOGSE) vom 3. Oktober 1990 ist die spanische Bildungsreform keinesfalls abgeschlossen. Vielmehr markiert es den Beginn eines neuen und immensen Veränderungsprozesses. Das im folgenden Abschnitt dargelegte »neue spanische Bildungssystem« steht somit erst am Anfang seiner künftigen Funktionsfähigkeit. Immerhin sind für die Durchführung der Reform zehn Jahre vorgesehen. Ihre Beurteilung als Ganzes kann folglich erst erfolgen, wenn sie in allen Schulstufen abgeschlossen ist. Die Hauptziele der Reform sind die Verlängerung der Schulpflicht bis zum 16. Lebensjahr, die Neuordnung der verschiedenen Stufen im Bildungssystem, die Reform der beruflichen Bildung sowie die Verbesserung der Bildungsqualität des Schulwesens insgesamt.[7]

Das spanische Schulsystem ist demnach folgendermaßen aufgebaut:

0. VORSCHULERZIEHUNG:
bis zum Alter von 6 Jahren

1. OBLIGATORISCHE PRIMAR- und SEKUNDARSTUFE I:
6. bis 16. Lebensjahr
- Primarbereich: 6.-12. Lebensjahr
- Sekundarbereich: 12.-16. Lebensjahr

2. SEKUNDARSTUFE II:
16. bis 18. Lebensjahr
- Abitur (*Bachillerato*)
- Spezifische Berufsausbildung mittleren Grades
(*Formación Profesional Específica de Grado Medio*)

3. HOCHSCHULAUSBILDUNG

Daneben werden in dem neuen Bildungsgesetz (LOGSE) auch Schulstufen der sogenannten speziellen Ausrichtung (*Enseñanzas de Régimen Especial*) festgelegt. Hier handelt es sich um vorwiegend künstlerische Fachrichtungen, wie z.B.

---

7 Titel IV der LOGSE bezieht sich auf die Bildungsqualität. In diesem Zusammenhang ist das Ende 1995 verabschiedete »Organgesetz zur Mitwirkung, Bewertung und Leitung an Lehreinrichtungen« (*Ley Orgánica de la Participación, la Evaluación y el Gobierno de los centros docentes*, LOPEG) zu sehen, das den gesetzgebenden Rahmen von LODE und LOGSE vervollständigt.

Tanz, Musik, dramatische Kunst. Im nachfolgenden wird auf diese »spezielle Ausrichtung« nicht eingegangen, sondern nur auf die »allgemeine Ausrichtung« (*Enseñanzas de Régimen General*).

Die vorschulische Erziehung wurde lange Zeit vom Gesetzgeber kaum beachtet; die neue gesetzliche Regelung des nicht-universitären Bildungswesens schließt dagegen den Vorschulbereich ein. Der Besuch einer Vorschuleinrichtung ist auch weiterhin freiwillig. Das neue Bildungsgesetz gliedert den Bereich der Vorschule in zwei Abschnitte: Der erste Abschnitt erfaßt Kinder bis zum Alter von drei Jahren und der zweite Kinder zwischen drei und sechs Jahren. Speziell ausgebildete Lehrkräfte sollen in diesem Bereich eingesetzt werden. Im Schuljahr 1995/96 waren 1.108.087 Kinder in der Vorschule.

Obligatorische Primar- und Sekundarstufe I

Die allgemeine Schulpflicht (6.-16. Lebensjahr) ist in den Primarbereich für Kinder von 6 bis 12 Jahren und den Sekundarbereich I für Schüler von 12 bis 16 Jahren gegliedert. Der Primarbereich, der in drei Abschnitte zu je zwei Jahren unterteilt ist, hat zum Ziel, allen Schülern eine Allgemeinbildung zu vermitteln. Sie soll dazu beitragen, kulturelle Grundelemente zu lehren, die Fähigkeiten zur Kommunikation und zum logischen Denken zu entwickeln sowie die Handlungsautonomie in der sozialen und natürlichen Umwelt zu fördern (Art. 12 LOGSE). Während eines Abschnittes wird die Klasse von einem Lehrer in sämtlichen Fächern – mit Ausnahme von Musik, Sport und Fremdsprachen – unterrichtet. Das Aufrücken von einem Abschnitt in den nächsthöheren ist vom Erreichen der vorgegebenen Lernziele abhängig. Hat ein Schüler die Ziele am Ende eines Abschnittes nicht erreicht, muß er ein weiteres Jahr in besagtem Abschnitt bleiben. Allerdings soll das die Ausnahme sein und auch nur einmal während der gesamten Primarstufe geschehen. Im Schuljahr 1995/96 befanden sich ca. 3,9 Millionen Schüler im Primarbereich.[8] Folgende herausragende Modifikationen gehen u.a. im Primarbereich mit dem neuen Bildungsgesetz einher:

- Fremdsprachenunterricht bereits im Alter von 8 Jahren, also ab der 3. Klasse und somit drei Schuljahre früher als bisher;
- Einstellung von Fachlehrern für Sport, Musik und Fremdsprachen, Fächer, in denen bislang Mangel an Fachkräften herrschte;

---

8 Zusammen mit den noch bestehenden Jahrgängen der EGB von 1 Million Schülern.

- Reduzierung der Klassenstärke auf maximal 25 Schüler.
  Im Vergleich hierzu liegt die durchschnittliche Klassenfrequenz
  im EGB (Allgemeine Grundbildung) bei rund 30 Schülern.

Im Primarbereich arbeiten die Lehrkräfte mit einer psychopädagogischen Beratungsgruppe zusammen, um gezielter auf die individuellen Bedürfnisse der einzelnen Schüler eingehen zu können.[9] Im Schuljahr 1992/93 wurde hier mit der Durchführung der Reform begonnen. Seit dem Schuljahr 1995/96 ist der gesamte Primarbereich umgestellt.

Der obligatorische Sekundarbereich I (12.-16. Lebensjahr) besteht aus zwei Abschnitten: Der erste umfaßt Schüler im Alter von 12 bis 14 Jahren und der zweite Schüler im Alter von 14 bis 16 Jahren. Im ersten Abschnitt wird allen Schülern eine Grundbildung vermittelt. Das heißt, hier nehmen die schulzweigübergreifenden gemeinsamen Fächer einen großen Stellenwert ein. Erst im zweiten Abschnitt des obligatorischen Sekundarbereichs I (14.-16. Lebensjahr) werden zunehmend Wahlfächer angeboten. Damit soll einerseits der ganzheitliche Bildungscharakter dieser Stufe weiterhin bestehen bleiben, andererseits aber eine bestimmte Diversifikation erreicht werden. Gemäß Art. 20.2 der LOGSE sind die Pflichtfächer in folgende Wissensbereiche (*áreas*) gegliedert: Naturwissenschaften; Sozialwissenschaften; Geographie und Geschichte; Sport; Kunsterziehung; kastilische Sprache und Literatur; Sprache und Literatur der jeweiligen Autonomen Gemeinschaft; Fremdsprachen; Mathematik; Musik; Technologie. Vom Erreichen der vorgegebenen Lernziele im ersten Abschnitt ist das Aufrücken in das nächstfolgende Schuljahr des zweiten Abschnittes abhängig. Schüler, die die Ziele am Ende des ersten Abschnittes bzw. am Ende eines Schuljahres des zweiten Abschnittes nicht erreicht haben, müssen ein Schuljahr wiederholen, was allerdings höchstens zweimal während der obligatorischen Sekundarstufe I erfolgen darf. In diesem Fall erhält der Schüler zusätzliche pädagogische Unterstützungsmaßnahmen, um die festgelegten Zielsetzungen zu erreichen.

Am Ende der Sekundarstufe I erhalten die Schüler, die alle vorgegebenen Lernziele dieser Schulstufe erreicht haben, den *Título de Graduado en Educación Secundaria* (qualifizierter Abschluß), der sowohl zum Übergang in das *Bachillerato* (gymnasiale Oberstufe = Abitur) als auch in die *Formación Profesional Específica de Grado Medio* (spezifische Berufsausbildung mittleren Grades = Fachausbildung) berechtigt. Die Klassenstärke soll sich im obligatorischen Sekundarbereich I auf maximal 30 Schüler belaufen. Alle Schüler haben das Recht auf eine schulische, berufliche sowie psychopädagogische Beratung, die ihnen ihre

---

9   Seit dem Schuljahr 1985/86 werden Sonderschüler in das allgemeinbildende Schulsystem integriert. Voraussetzung ist, daß ihre Beeinträchtigungen und/oder Behinderungen nicht zu gravierend sind.

zukünftige Berufsentscheidung erleichtern soll. Im obligatorischen Sekundarbereich ist hierfür die Beratungsabteilung (*departamento de orientación*) der Schule u.a. zuständig.[10] Mit der Durchführung der Bildungsreform wird offiziell im Schuljahr 1996/97 begonnen. Seit dem Schuljahr 1992/93 wird der obligatorische Sekundarbereich in einigen Schulen vorzeitig eingeführt. Im Schuljahr 1994/95 waren es 1.213 Schulen, von denen 600 Schulen im Einzugsbereich des MEC und 613 Schulen in den sieben Autonomen Gemeinschaften mit Erziehungshoheit angesiedelt sind. Die Schülerzahl belief sich in diesem Zeitraum auf 282.837.

Die bisherige Existenz von zwei unterschiedlichen Abschlüssen am Ende der »Allgemeinen Grundbildung« (EGB) wurde zu Recht als Hauptquelle vorzeitiger Diskriminierung angesehen. Mit der Vergabe nur eines einzigen Zertifikates (*Título de Graduado en Educación Secundaria*) nach erfolgreichem Bestehen der Sekundarstufe I versucht man, dieses Übel abzustellen. Für Schüler, die infolge schulischen Mißerfolges den qualifizierten Abschluß jedoch nicht erlangen, sind spezifische Programme im Rahmen des Konzepts einer »sozialen Garantie« vorgesehen. Ziel dieser Programme ist, Schülern unter 21 Jahren eine Grundbildung zu vermitteln, die ihnen gestattet, entweder ins Berufsleben einzutreten oder aber ihre schulische Ausbildung – insbesondere eine spezifische Berufsausbildung mittleren Grades, nachdem zuvor eine Eignungsprüfung hierfür stattgefunden hat – fortzusetzen. Diese Programme stellen den ersten Maßnahmebereich der sogenannten »sozialen Garantie« dar, den die EU von jedem Mitgliedsland erwartet, um allen Jugendlichen die Eingliederung in das spätere Berufsleben zu erleichtern.

Sekundarstufe II

In Hinblick auf den postobligatorischen Unterricht (16.-18. Lebensjahr) bietet das neue Reformgesetz zwei Wahlmöglichkeiten an: Abitur (*Bachillerato*) oder spezifische Berufsausbildung mittleren Grades (*Formación Profesional Específica de Grado Medio*). Das künftige *Bachillerato*,[11] durch dessen Neukonzipierung der bisherige Vorbereitungskurs für die Universität (COU) wegfällt, dauert zwei Jahre und sieht mindestens vier verschiedene Richtungen[12] vor:
- Kunst
- Naturwissenschaften und Gesundheitswesen
- Geistes- und Sozialwissenschaften
- Technologie

---

10 Gemäß der LOGSE sollen berufsberatende Dienste in allen Sekundareinrichtungen angeboten werden.
11 Eingangsvoraussetzung ist der *Título de Graduado en Educación Secundaria* (qualifizierter Abschluß).
12 In Katalonien wurden beispielsweise sechs verschiedene Abiturzweige angeboten.

Der Unterricht jeder dieser Zweige setzt sich im ersten Jahr aus vier gemeinsamen Fächern (Spanische Sprache und Literatur,[13] Fremdsprache, Philosophie und Sport), drei spezifischen Fächern sowie einem Wahlfach zusammen. Im zweiten Jahr ändert sich die Verteilung zugunsten der Wahlfächer, d.h. drei gemeinsame Fächer (Spanische Sprache und Literatur,[14] Fremdsprache und Geschichte), drei spezifische Fächer und zwei Wahlfächer. Im Hinblick auf die spezifischen Fächer besteht für den Schüler im zweiten Jahr die Möglichkeit, unter einer Anzahl verschiedener spezifischer Fächer nach eigenem Belieben drei spezifische Fächer auszuwählen. Mit diesem »flexiblen« Konzept, das den Schülern die Möglichkeit offen läßt, einerseits zwischen mindestens vier verschiedenen Abiturzweigen zu wählen und andererseits innerhalb dieser ihre »eigenen« Wege zu gehen, versucht man, der einseitigen Orientierung des früheren *Bachillerato* auf das Universitätsstudium zu begegnen.

Der Aufbau des künftigen *Bachillerato* ähnelt erheblich dem neugestalteten obligatorischen Sekundarbereich I (12.-16. Lebensjahr). Das heißt, auch hier nehmen im ersten Jahr die schulzweigübergreifenden gemeinsamen Fächer einen großen Stellenwert ein. Damit will man dem Schüler den Übergang vom obligatorischen Sekundarbereich I zur postobligatorischen Sekundarstufe II erleichtern. Erst im zweiten Jahr setzt eine fortschreitende Spezialisierung ein. Schüler, die am Ende des ersten Jahres in mehr als zwei Fächern ungenügende Leistungen erzielt haben, werden nicht versetzt und müssen das gesamte Schuljahr wiederholen. Das gleiche gilt für Schüler am Ende des zweiten Jahres, wenn sie in mehr als drei Fächern keine ausreichenden Leistungen vorweisen können. Allerdings sollte der Schüler höchstens vier Jahre in dieser Bildungsstufe verbringen. In 625 Schulen innerhalb Spaniens war im Schuljahr 1994/95 das reformierte *Bachillerato* vorzeitig eingeführt. Davon waren 304 Schulen im Bereich des MEC und 321 Schulen in den sieben Autonomen Gemeinschaften mit Erziehungshoheit angesiedelt. Die Schülerzahl belief sich auf insgesamt 69.599 in diesem Zeitraum. Schüler, die in sämtlichen Fächern positive Leistungen erzielt haben, erhalten am Ende dieses Bildungsweges den *Título de Bachiller* (Abitur), der zum Studium an einer Universität – nach vorheriger Eingangsprüfung – oder aber zur spezifischen Berufsausbildung höheren Grades (*Formación Profesional Específica de Grado Superior*) berechtigt. Im Schuljahr 1998/99 soll das neue *Bachillerato* allgemein eingeführt werden.

Der Bildungsweg, der im Hinblick auf das neue Reformgesetz am stärksten eine Umgestaltung erfahren hat, ist die berufliche Bildung (*Formación Profesional*), die zweite Möglichkeit der postobligatorischen Sekundarstufe II. Die Neu-

---

13 Sowie gegebenenfalls die jeweilige Regionalsprache.
14 Sowie gegebenenfalls die jeweilige Regionalsprache.

bewertung der beruflichen Bildung läuft mit den Bemühungen der Europäischen Union um die gegenseitige Anerkennung der beruflichen Befähigungsnachweise der Arbeitnehmer in der Gemeinschaft konform. Ziel ist es, einen polyvalenten, flexiblen beruflichen Bildungsweg zu kreieren, der dazu befähigt, sich den technologischen, ökonomischen und sozialen Gegebenheiten anzupassen. So gibt es einerseits im allgemeinbildenden Sekundarbereich für alle Schüler eine berufliche Grundbildung (*Formación Profesional de Base*). Diese konkretisiert sich in der obligatorischen Sekundarstufe I (12.-16. Lebensjahr) durch die Einführung des Pflichtfaches Technologie, bzw. im postobligatorischen *Bachillerato* (16.-18. Lebensjahr) durch das Angebot von verschiedenen spezifischen Abiturzweigen.[15] Andererseits sieht die LOGSE eine spezifische Berufsausbildung (*Formación Profesional Específica*) vor. Unter spezifischer Berufsausbildung wird die auf einen Beruf bezogene Ansammlung von Kenntnissen, Fertigkeiten und Fähigkeiten verstanden, die dazu berechtigt, eine mehr oder weniger weitgefächerte Skala analoger Arbeitstätigkeiten innerhalb einer Berufsfamilie auszuüben.

Diese spezifische Berufsausbildung besteht aus zwei Ausbildungszyklen, die in Form von »Modulen« strukturiert sind. Die sogenannten *módulos profesionales*, die theoretisch-praktische Unterrichtseinheiten umfassen, sind von unterschiedlicher Dauer im Hinblick auf die zu erwerbenden beruflichen Kompetenzen.[16] Für den Schüler besteht die Möglichkeit, zwischen einer spezifischen Berufsausbildung mittleren Grades (*Formación Profesional Específica de Grado Medio*) und einer spezifischen Berufsausbildung höheren Grades (*Formación Profesional Específica de Grado Superior*) zu wählen. Eingangsvoraussetzung für die spezifische Berufsausbildung mittleren Grades ist der *Título de Graduado en Educación Secundaria* (qualifizierter Abschluß) und für die spezifische Berufsausbildung höheren Grades der *Título de Bachiller* (Abitur).

Eine Besonderheit des Reformgesetzes besteht darin, daß man auch über die Arbeitswelt in die spezifische Berufsausbildung Zutritt erhält, wobei hierzu bestimmte Eingangsvoraussetzungen erfüllt sein müssen. Demzufolge können Bewerber im Alter von 18 Jahren Zugang zur spezifischen Berufsausbildung mittleren Grades erhalten, wenn sie zuvor die von den Bildungsbehörden angesetzte Prüfung bestanden haben. Das gleiche gilt für die spezifische Berufsausbildung höheren Grades, nur mit der Ausnahme, daß die Bewerber hier 20 Jahre alt sein müssen. Weiterhin sieht das neue Bildungsgesetz vor, der bislang praktizierten Regulierung der beruflichen Erstausbildung unter staatlicher Regie den Rücken zu kehren und die berufliche Bildung als einen partizipatorischen Prozeß aller betrof-

---

15 Die beispielsweise Eingangsvoraussetzung für die spezifische Berufsausbildung höheren Grades sind.
16 Jedes Berufsprofil enthält eine Gesamtheit beruflicher Leistungen, die in Kompetenzeinheiten strukturiert wird.

Das Schulsystem und die europäische Herausforderung 371

fenen Interessengruppen zu verstehen.[17] Folglich werden bei der Neugestaltung der spezifischen Berufsausbildung auch die Arbeitgeber und die Gewerkschaften beteiligt, und für jeden Ausbildungszyklus ist eine praktische Ausbildungsphase im Betrieb obligatorisch. Dieses »Modul der Ausbildung im Betrieb« (*Módulo de Formación en Centros de Trabajo*) umfaßt in der Regel 300 bis 400 Stunden und erfolgt jeweils am Ende eines Ausbildungszyklus.[18] Allerdings erhält der Schüler dadurch weder Anspruch auf einen Arbeitsplatz noch Entlohnung, und die Betriebe dürfen keinesfalls einen Arbeitsplatz mit einem Praktikanten besetzen – auch nicht zeitweise. Nur durch ein spezifisches Kooperationsabkommen zwischen den Unternehmen und den berufsbildenden Einrichtungen ist die Umsetzung dieser Initiative möglich. Zur Zeit beläuft sich die Zahl der kooperierenden Betriebe auf ca. 34.000, was eine kontinuierliche Steigerung seit ihrer erstmaligen Umsetzung im Jahre 1983 bedeutet.

Die spezifische Berufsausbildung umfaßt 22 Berufsbereiche, deren Einteilung sich an den vier Wirtschaftssektoren Primärsektor, Bauwesen, Industrie und Dienstleistung orientiert, und ist gegenwärtig in 135 Berufsbezeichnungen[19] aufgeteilt. Die 135 Berufsbezeichnungen wurden im Rahmen des Plans zur Neufassung der Inhalte der Berufsbildung ausgearbeitet und spiegeln sich im neuen Berufsbezeichnungskatalog mit nationaler Geltung wider. Die neuen Ausbildungsberufe tragen den Erfordernissen des Arbeitsmarktes Rechnung und wurden mit den Sozialpartnern ausgearbeitet. Die Ausbildungsinhalte sollen alle fünf Jahre überprüft werden, um eine ständige Anpassung an die Entwicklung der beruflichen Qualifikationen zu gewährleisten. In diesem Zusammenhang ist das Nationale Berufsbildungsprogramm (*Programa Nacional de Formación Profesional*) zu sehen, dessen Ziel es ist, die regulierte berufliche Bildung, für die das MEC zuständig ist, und die berufliche Weiterbildung, die dem Ministerium für Arbeit untersteht, einheitlich zu koordinieren. Das Nationale Berufsbildungsprogramm wurde im Februar 1993 vom Bildungsministerium, dem Arbeitsministerium, den Arbeitgebern sowie den Gewerkschaften gebilligt, und 800 Mrd. Peseten wurden für einen Vierjahreszeitraum[20] veranschlagt.

In Verbindung mit den vorherigen Darlegungen ist Tabelle 1 zu sehen, welche die Entwicklung der Schülerzahlen in den Schuljahren 1992 bis 1996 darstellt.

---

17 Siehe hierzu Art. 34 (1) sowie die nachträgliche Verfügung 4 (6) der LOGSE.
18 Schüler mit einschlägiger Berufserfahrung sind hiervon ausgenommen.
19 Es fehlen noch einige Berufe aus dem Bereich Sport.
20 Kürzlich wurde ein »zweites« Nationales Berufsbildungsprogramm – gültig bis zum Jahre 2000 – abgeschlossen.

Tab. 1: Entwicklung der Schülerzahlen nach Bildungsebenen in den Schuljahren 1992/93 bis 1995/96[1]

Bildungsebenen	1992/93	davon öffentl.	1993/94	davon öffentl.	1994/95	davon öffentl.	1995/96	davon öffentl.
Vorschulbereich	1.052.488	63,7	1.083.330	64,9	1.093.256	66,5	1.108.087	67,1
Primarstufe/EGB	4.468.759	65,0	4.280.938	65,5	4.060.833	66,0	3.858.050	66,4
1. Abschnitt obl. Sek.	4.600	66,0	9.640	67,9	48.658	35,7	92.463	48,1
2. Abschnitt obl. Sek.	100.805	92,9	170.712	94,6	234.179	95,1	362.695	91,4
BUP und COU	1.487.772	71,9	1.467.805	72,8	1.400.668	72,8	1.258.249	71,6
Bachillerato LOGSE	13.705	83,8	33.108	91,3	69.599	93,2	110.116	92,7
Experim. Bachillerato	68.967	77,4	46.174	69,0	39.870	65,2	31.671	59,7
FP I	440.236	66,8	407.734	65,6	360.253	63,3	306.986	59,1
FP II	423.322	75,0	440.049	76,4	432.178	76,4	412.739	75,6
C.F. Gr. *medio/nivel* II	9.392	91,7	14.213	93,6	21.181	93,5	30.037	94,3
C.F. Gr. *superior/nivel* III	12.960	89,3	16.187	87,2	22.627	88,3	33.108	86,6
Insgesamt	8.083.006		7.969.890		7.783.302		7.604.201	

1 Bei den Jahrgängen 1994/95 und 1995/96 handelt es sich um vorläufige bzw. geschätzte Daten; vgl. Ministerio de Educación y Cultura, Secretaría General Técnica: *Estadística de la Enseñanza en España. 1995/96, Datos avance y evolución del alumnado,* Madrid 1996, S. 73 u. S.77.

Die Klassenstärke in der spezifischen Berufsausbildung beträgt zwischen 20 und 30 Schüler. Die Beurteilung der Leistungen der Schüler sollte kontinuierlich und für jedes Ausbildungsmodul getrennt erfolgen. Allerdings sollten die Lehrer bei der Bewertung immer die Gesamtheit der Module des entsprechenden Ausbildungsganges berücksichtigen. Die Leistungsbeurteilung für das »Modul der Ausbildung im Betrieb« erfolgt in Zusammenarbeit mit dem vom Betrieb bestimmten Ausbilder. Nach erfolgreichem Abschluß der spezifischen Berufsausbildung mittleren Grades erhält der Schüler den *Título de Técnico* (berufsqualifizierender Abschluß), der ihm gestattet, entweder ins Berufsleben einzutreten oder aber das Abitur nachzumachen. Mit dem *Título de Técnico Superior* (technisches Zwischenzeugnis) wird die spezifische Berufsausbildung höheren Grades abgeschlossen. Dieses technische Zwischenzeugnis bietet dem Schüler die Wahlmöglichkeit zwischen Beruf und Fachhochschule. Im Schuljahr 1999/2000 soll die spezifische Berufsausbildung mittleren Grades und im Schuljahr 2000/01 die spezifische Berufsausbildung höheren Grades allgemein eingeführt werden. Die neuen Ausbildungsberufe ersetzen die in der experimentellen Phase befindlichen beruflichen Module II und III.

Lehrkräfte

Das neue Bildungsgesetz sieht folgende drei Gruppen[21] für beamtete Lehrer vor: *Maestros, Profesores de Enseñanza Secundaria, Profesores Técnicos de Formación Profesional.*

Die *Maestros* werden im Vorschul- und Primarschulbereich eingesetzt. Ihre Erstausbildung erfolgt an den Pädagogischen Fachhochschulen, dauert drei Jahre und schließt eine schulpraktische Ausbildung ein. Die *Profesores de Enseñanza Secundaria* werden in Zukunft sowohl im obligatorischen Sekundarbereich als auch im postobligatorischen Sekundarbereich, d.h. in der gymnasialen Oberstufe (*Bachillerato*) und in der beruflichen Bildung (*Formación Profesional*) unterrichten. Die Sekundarstufenlehrer verfügen über ein absolviertes Hochschulstudium mit einer vier- bis fünfjährigen Studiumsdauer, das mit dem Titel *Licenciado, Arquitecto, Ingeniero, Doctor* oder gleichwertigem abschließt.[22] Im Unterschied dazu unterrichtete vor der Bildungsreform im letzten Abschnitt der »Allgemeinen Grundbildung« (EGB; 12.-14. Lebensjahr) ein EGB-Lehrer[23] und erst ab der gymnasialen Oberstufe bzw. der beruflichen Bildung (14.-16. Lebensjahr) wurden

---

21 Lehrkräfte, die bislang anderen Kriterien unterworfen waren, werden in diese Gruppierung integriert.
22 Zur Erlangung des Doktorgrades müssen mindestens zwei weitere Jahre hinzugerechnet werden.
23 Gleichzusetzen mit »Maestro«.

in der Regel *Licenciados*[24] eingesetzt. Durch das neue Reformgesetz jedoch sollen bereits im gesamten Sekundarbereich I nur *Licenciados* beschäftigt werden. Die Beamtengruppe der *Profesores Técnicos de Formación Profesional* wird vorwiegend in der spezifischen Berufsausbildung unterrichten; aber auch in dem neukonzipierten obligatorischen Sekundarbereich sowie in der gymnasialen Oberstufe ist ihr Einsatz geplant. Für die Lehrbefähigung im Bereich der spezifischen Berufsausbildung gelten die gleichen Voraussetzungen wie für die Lehrbefähigung im Sekundarbereich, wobei für bestimmte Fächer die Möglichkeit besteht, Fachleute aus der Arbeitswelt heranzuziehen, die im Rahmen einer Teilzeitverpflichtung eingestellt werden.

Weiterhin sieht das neue Bildungsgesetz in Art. 24 (2) vor, daß alle künftigen Sekundarstufenlehrer zusätzlich zu ihrem Fachstudium eine fachdidaktische und praktische Ausbildung absolviert haben müssen. Von dieser Regelung sind gemäß dem neuen Bildungsgesetz die *Maestros* sowie die *Licenciados en Pedagogía* ausgenommen. Diese pädagogische Zusatzausbildung erfolgt mittels eines Kurses (*Curso de Cualificación Pedagógica*) und dauert mindestens ein Jahr. Um diesen Kurs anzubieten, haben die verantwortlichen Bildungsadministrationen mit den Universitäten Anfang 1995 entsprechende Abkommen abgeschlossen. Diese Kooperationsabkommen, die darauf abzielen, die Aus- und Weiterbildung der Primar- und Sekundarschullehrer zu verbessern, sehen Programme zur beruflichen Weiterbildung, Unterrichtspraktika für künftige Primarschullehrer, Praktika für Schüler des *Curso de Cualificación Pedagógica*, Kooperationsprogramme zwischen Sekundarschuleinrichtungen und Universitätsfachbereichen u.a. vor. Die Laufzeit des Abkommens beträgt drei Jahre, und ab dem Schuljahr 1995/96 sollen in ausgewählten Sekundareinrichtungen künftige Sekundarschullehrer Unterrichtspraktika im Rahmen ihrer pädagogischen Zusatzausbildung absolvieren. Die pädagogische Zusatzausbildung endet mit dem *Título Profesional de Especialización Didáctica*, der allgemein im Schuljahr 1999/2000 eingeführt wird.[25]

Vor der Bildungsreform war die Hauptschwäche der Erstausbildung der Lehramtskandidaten, daß im Gegensatz zur intensiven fachlichen Ausbildung an den Hochschulen die pädagogische Ausbildung in Theorie und Praxis äußerst minimal war. Dazu kam, daß die fachliche Spezialisierung im späteren Berufsleben wenig vorbereitet wurde und folglich vom zukünftigen Lehrer eine ungemein große Flexibilität verlangt wurde. Die sich daraus ergebende Schwierigkeit, feste und kooperationsfähige Fachgruppen innerhalb der Schulen aufzubauen, ist offensichtlich. Mit der gegenwärtigen Bildungsreform versucht man, auch diese Mängel zu

---

24 Akademiker mit abgeschlossenem Staatsexamen. Voraussetzung ist ein mindestens fünfjähriges Fachstudium an einer Universität.
25 Er ersetzt das *Certificado de Aptitud Pedagógica* (pädagogisches Befähigungszeugnis) gemäß dem Erziehungsgesetz von 1970.

beheben. So wurde die Zahl der beschäftigten Lehrkräfte erhöht. Für den Unterricht im obligatorischen Sekundarbereich I (Schüler im Alter von 12-16 Jahren) werden künftig nur noch *Licenciados* eingesetzt. Weiterhin wird im Hinblick auf die Erstausbildung an der Universität die fachdidaktische und praktische Ausbildung mindestens ein Jahr betragen und die ständige berufliche Weiterbildung sowohl Recht als auch Pflicht eines jeden Lehrers sein. In regelmäßigen Abständen sollen deshalb für die im Amt befindlichen Lehrkräfte verschiedene Programme zur Fortbildung und Aktualisierung des Kenntnisstandes in ihren jeweiligen Fachgebieten durchgeführt werden. Diese finden in Lehrerzentren,[26] in speziellen Ausbildungseinrichtungen, in Universitäten oder im Falle von Lehrern der beruflichen Bildung auch in Betrieben statt.

5. Chancen und Risiken der LOGSE

Die bildungspolitische Situation in Spanien innerhalb der letzten drei Jahrzehnte ist in enger Verbindung mit der ökonomischen und politischen Entwicklung des Landes zu sehen. Das Bildungsgesetz LGE von 1970 war für die damalige Zeit enorm fortschrittlich. Begriffe wie Chancengleichheit, Vereinheitlichung, Flexibilität tauchten hier bereits auf, die unter einer Diktatur sicher eher Fremdkörper darstellten und einem liberalen Projekt dieser Art von vornherein jegliche Chance auf Erfolg nahmen. Mit der Institutionalisierung der Demokratie nach Francos Tod setzte sich die bildungspolitische Debatte fort. Ein weiterer wichtiger Wendepunkt in der bildungspolitischen Debatte war der 1986 vollzogene Beitritt zur EG. Die Mitgliedschaft war für Spanien in dieser Hinsicht äußerst problematisch, da, gemessen am Bildungsniveau westlicher Industrienationen, das spanische Bildungs- und Berufsbildungssystem vielfältige Mängel aufwies: so z.B. die Nichtverwirklichung der gesetzlich vorgesehenen allgemeinen Pflichtschulzeit bis 16 Jahren, überholte Lernmethoden, geringe gesellschaftliche Wertschätzung der beruflichen Bildung, die vorwiegend allgemeinbildende bzw. akademische Ausrichtung der Bildung und ihre mangelnde pädagogische Effizienz. Mit der Verabschiedung der LOGSE wurde die gesetzliche Grundlage geschaffen, die problematische bildungspolitische Situation in Spanien in den Griff zu bekommen. Zahlreiche Neuerungen gehen mit der LOGSE einher.

In bezug auf das Curriculum und die damit verbundene Bewertung von Leistung wird der sozialen Forderung nach mehr Chancengleichheit entsprochen. Die neue Curriculumkonzeption ist offen und flexibel, und ihre konkrete Ausarbeitung vollzieht sich auf drei aufeinander aufbauenden Ebenen. Das Basiscurri-

---

26 Diese Lehrerzentren (*Centros de Profesores*) wurden 1995 mit den *Centros de Recursos* (Zentren der didaktischen Unterstützung) zu einem Netzwerk *Centros de Profesores y Recursos* zusammengelegt.

culum (*Diseño Curricular Base*) wird vom MEC vorgegeben. Es ist landesweit verbindlich. Um allen Schülern während ihrer Schulzeit eine einheitliche Ausbildung zu gewährleisten und damit die Gültigkeit der entsprechenden schulischen und beruflichen Abschlüsse innerhalb Spaniens sicherzustellen, legt die Regierung den »Mindestlehrplan« (*enseñanzas mínimas*) fest. Für Autonome Gemeinschaften mit eigener Amtssprache dürfen diese »Mindestanforderungen« in keinem Falle mehr als 55% der Stundentafel betragen und für Autonome Gemeinschaften mit Kastilisch als offizieller Sprache sind sie auf 65% festgelegt (Art. 4.2 LOGSE). Damit wird ersichtlich, daß 10% des gesamten Stundenvolumens dem Unterricht in der Regionalsprache gewidmet werden können.

Dem sogenannten »Mindestlehrplan« werden alle Beteiligten im Bildungswesen seine spätere endgültige Form geben. Dies geschieht auf der ersten Ebene durch die Bildungsverwaltungen (Formulierung des offiziellen Curriculums), auf der zweiten Ebene durch die Schulen (Ausarbeitung der Schulcurricula) und auf der dritten Ebene durch die Lehrkräfte (Erstellung der Klassenlehrpläne). Die Dezentralisierung sowie die Aufteilung von Kompetenzen und Verantwortung auf die verschiedenen Instanzen lassen den Schulen und den Lehrkräften einen ungewohnten Entscheidungsfreiraum, um auf die unterschiedlichen Fähigkeiten, Interessen und Motivationen jedes einzelnen Schülers eingehen zu können. Damit die neue Curriculumkonzeption erfolgreich angewendet werden kann, müssen auch bei den Lehrkräften die notwendigen Kenntnisse und Mittel für diese Aufgabenstellung vorhanden sein. In diesem Zusammenhang spielen Flexibilität, Zusammenarbeit, Konsensbildung, pädagogische Innovation und Kreativität eine wichtige Rolle, die durch verbesserte Maßnahmen der Erst- und Weiterbildung der Lehrkräfte sowie entsprechende Unterstützung und Information der Lehrkräfte durch das MEC gefördert werden. In engem Verhältnis zum reformierten Curriculum steht die Bewertung von Leistungen. Im Bildungsgesetz LGE von 1970 waren die kognitiven Fähigkeiten des Schülers ausschlaggebend für die Leistungsbewertung. Die LOGSE hingegen bricht mit dieser Tradition, u.a. auch wegen der hohen Schulabbrecher- und Wiederholerquoten. Im Mittelpunkt der Bewertung stehen die individuellen Fähigkeiten des Schülers, die kontinuierlich und global bewertet werden.[27] Für die Lehrer wiederum bedeutet die Reform der Evaluation ein ungewohntes Bewertungsverfahren, das sie lernen müssen zu akzeptieren und umzusetzen, um dem sozialen Recht auf Bildung und Gewährleistung individueller Entwicklung zu entsprechen.

---

27 Gemäß Art. 62 LOGSE werden neben dem Lernprozeß des Schülers die Schulzentren, die Unterrichtspraxis sowie die Erziehungsverwaltungen bewertet. Das Nationale Institut für Qualität und Evaluation (*Instituto Nacional de Calidad y Evaluación*) liefert einen wichtigen Beitrag im Hinblick auf die Auswertung und Analyse der Reformpläne.

Das ausgeprägte Nord-Süd-Gefälle wirkt sich auf die politische, soziale und wirtschaftliche Situation des Landes problematisch aus und bestimmt zugleich auch die Umsetzungsgeschwindigkeit der Reform. Für die LOGSE war ein Zeitraum von 10 Jahren vorgesehen. Der festgelegte Terminplan konnte jedoch aus wirtschaftlichen Gründen nicht eingehalten werden. Der ursprüngliche Terminplan wurde modifiziert,[28] woraus eine zweijährige Verzögerung der vollständigen Umsetzung der LOGSE resultieren wird. Es ist allerdings abzusehen, daß weitere Modifizierungen stattfinden werden und zwar wegen des zwischenzeitlich erfolgten Regierungswechsels zugunsten der konservativen Volkspartei (*Partido Popular*).

So ist nämlich fraglich, ob die Sekundarstufe tatsächlich so umgesetzt wird, wie es in den vorhergehenden Ausführungen dargelegt wurde. Die Volkspartei, die während ihrer Oppositionszeit keinen Hehl daraus machte, die LOGSE zu boykottieren, ist gegenwärtig dabei, Umgestaltungen der Sekundarstufe zu planen. Gemäß der derzeitigen spanischen Ministerin für Bildung und Kultur, Esperanza Aguirre, wird die LOGSE nicht gestoppt, da die Hälfte der Reform schon durchgeführt ist. Vielmehr soll das neue Bildungsgesetz eine flexible Anwendung erfahren, wobei die zehnjährige Schulpflicht als positiver Faktor gewertet wird. Ziel ist es, einerseits den zweiten Abschnitt der obligatorischen Sekundarstufe I (14.-16. Lebensjahr) zu modifizieren, indem die Zahl der Wahlfächer reduziert wird zugunsten einer humanistischen Bildung. Andererseits soll das *Bachillerato* wieder auf drei Schuljahre erhöht und wie früher mehr humanistisch und literarisch ausgerichtet werden. Weiterhin kündigte Ministerin Aguirre an, daß neben Curriculumänderungen auch Änderungen des Bewertungssystems erfolgen werden. Wichtig ist dies insofern, als Chancengleichheit für die Volkspartei auch eine stärkere Wertung der persönlichen Anstrengung des Schülers bedeutet, zumal die heutige Wettbewerbsgesellschaft dies erfordere. Die LOGSE sieht bisher keine speziellen Selektionsmechanismen vor und gestattet den Übergang von einer Schulstufe zur anderen ohne Aufnahme- oder Abschlußprüfung. Nur zur Aufnahme eines Hochschulstudiums muß eine Aufnahmeprüfung erfolgen.

Welche Konsequenzen diese Änderungen für die berufliche Bildung haben, kann man nur mutmaßen, da bisher keine konkreten Äußerungen der Volkspartei dazu gemacht wurden. Vorstellbar ist, daß sie ihre zu einem früheren Zeitpunkt – nämlich in der parlamentarischen Debatte sowie in ihrem letzten Wahlprogramm – dargelegten Argumente zur LOGSE in die Realität umzusetzen versucht. D.h. das dreijährige *Bachillerato* würde dann mit einer Abschlußprüfung enden, und im Bereich der beruflichen Bildung wäre nur mehr ein Überwechseln von der

---

28 Es besteht für die Autonomen Gemeinschaften auch die Möglichkeit, dem Reformkalender vorzugreifen.

spezifischen Berufsausbildung mittleren Grades zur spezifischen Berufsausbildung höheren Grades möglich.[29] Die Verlängerung des kostenfreien Schulpflichtbesuchs bis zum 16. Lebensjahr gemäß der LOGSE zielt u.a. darauf ab, einer relativ frühen Entscheidung für einen weiterführenden Bildungszweig oder einer beruflichen Ausbildung entgegenzuwirken. Somit gibt sie dem Schüler Gelegenheit, eine umfassende grundlegende Bildung zu erhalten und gleichzeitig seine persönliche Entwicklung zu festigen. Eine Verlängerung des *Bachillerato* auf drei Schuljahre wiederum steht hierzu im Gegensatz.

Die LOGSE zielt auf ein integriertes allgemeines und berufliches Bildungswesen ab. Kritische Stimmen allerdings bezweifeln die Integration der beruflichen Grundbildung in das allgemeinbildende Schulwesen, und zwar wegen des »Programms der Sozialgarantie«, das die EU von jedem Mitgliedsland erwartet. Man befürchtet, daß dadurch die berufliche Grundbildung auf eine Sonderform von Bildung reduziert wird, die gleichzeitig auch das negative Image der »alten« FP I fortführt.

Die dargelegte Situation macht deutlich, in welchem Zwiespalt sich die LOGSE gegenwärtig befindet. Gleichzeitig stellt man sich die Frage, ob ihr ein ähnliches Schicksal widerfährt wie dem Bildungsgesetz von 1970. Allerdings sollte man im gegenwärtigen Prozeß die Triebkräfte Demokratie, Dezentralisierung sowie europäische Integration nicht unterschätzen, wenn es darum gehen wird, gewisse europaäquivalente Elemente der LOGSE zu bewahren oder durchzusetzen.

6. Die Reform der beruflichen Bildung im Kontext Europas

Man weiß mittlerweile, daß die neuen technologischen und wirtschaftlichen Anforderungen ein intensives Nachdenken über Fragen zur allgemeinen und beruflichen Bildung erforderlich machen. In Spanien ist diesbezüglich eine bedeutende Veränderungsdynamik wirksam geworden, die unter den verschiedenen sozialistischen Regierungen die langwierige Reform des Bildungssystems in Gang gesetzt hat. Tiefgreifende Änderungen mußte insbesondere die berufliche Bildung erfahren, sollte die Ausbildung spanischer Jugendlicher den heutigen Berufserfordernissen entsprechen. Gleichzeitig war eine Angleichung an europäische Regelungen vorzunehmen. So stimmen mittlerweile die beiden Grade der spezifischen Berufsausbildung mit der Stufe 2 bzw. 3 der Struktur der Ausbildungsstufen der im Rahmen der EU geforderten Entsprechung der beruflichen Befähigungsnachweise überein.

---

29 Vgl. »El pleno del Congreso apruda la LOGSE«, in: *Comunidad Escolar*, Año VIII, No. 284 vom 4.7.90, S. 5; »El MEC presenta su programa de gestión«, in: *Comunidad Escolar*, Año XIV, No. 547 vom 26.6.96, S. 5-6; »Aguirre apuesta por reducir las optativas«, in: *Comunidad Escolar*, Año XIV, No. 566 vom 18.12.96, S. 5-6.

Dem Europäischen Zentrum für die Förderung der Berufsbildung (CEDEFOP) kommt im Hinblick auf die Angleichung der Ausbildungsstufen von Arbeitnehmern eine bedeutende Funktion zu. Auch die Programme der sozialen Garantie, die von der EU gefordert werden, um allen Jugendlichen den Übergang ins Arbeitsleben zu erleichtern, sind in der LOGSE vorgesehen (Art. 23.2 und 23.3). Weiterhin wurde die Einbeziehung der Sozialpartner in den Dialog für notwendig erachtet. Maßnahmen zur engen Kooperation zwischen Schulen und Betrieben wurden getroffen und seit dem 1986 vollzogenen Beitritt Spaniens zur EG durch den Europäischen Sozialfonds finanziell unterstützt. Die gravierenden Mängel der spanischen Berufsbildung müssen allerdings vor dem Hintergrund der verkrusteten Ausbildungsstrukturen im Berufschulwesen sowie dem traditionellen Desinteresse der Betriebe an Ausbildung gesehen werden. Neue Modelle im Sinne des deutschen dualen Systems werden sich in diesem Kontext nur schwer durchsetzen lassen. Erst durch die LOGSE wurde die Einführung betrieblicher Praktika obligatorisch. Allerdings kann die LOGSE lediglich die Schulzentren – nicht aber die Betriebe – zur Durchführung verpflichten.

Was die in Spanien in Gang gesetzten berufsbildenden Maßnahmen anlangt, so dürfte es noch zu früh sein, die bisherigen Ergebnisse zu beurteilen. Zum jetzigen Zeitpunkt kann zumindest festgehalten werden, daß das rein schulische Berufsbildungssystem als defizitär angesehen wird und eine neue Strategie schulischer Berufsbildung sowie betrieblicher Ausbildung entwickelt wurde. Beides leitet sich direkt aus der wechselvollen Geschichte der Berufsbildungspolitik und ihrem zyklischen Hin- und Herschwanken zwischen einer stärkeren Integration ins Bildungs- bzw. Beschäftigungssystem und den daraus entstandenen Erfahrungen her. Die äußerst problematische Ausbildungs- und Beschäftigungssituation spanischer Jugendlicher stellt für das Bildungssystem, im besonderen die berufliche Bildung, eine große Herausforderung dar. Gleichzeitig ergibt sich daraus eine große Chance zur Erneuerung, vorausgesetzt allerdings, die Bildungsreform unterwirft sich nicht kurzfristigen beschäftigungspolitischen Zielen, sondern befaßt sich vorrangig mit qualitativen Aspekten des Humankapitals. Aus dieser Sicht betrachtet, könnten auch andere Mitgliedsländer bei der Lösung ihrer berufsbildungspolitischen Probleme von Spaniens Reformprojekten und ihren Problemen lernen.

Im Hinblick auf die europäische Integration ist die gemeinschaftliche Koordinierung von beruflicher und allgemeiner Bildung unverzichtbar, wenn in einem vereinten Europa Chancengleichheit für alle Jugendlichen voll verwirklicht werden soll. Am Beispiel der bildungspolitischen Situation in Spanien wird deutlich, daß diese gesellschaftspolitische Herausforderung letztlich dazu führen wird, die europäischen Bildungssysteme aneinander anzugleichen. Allerdings wird die Akzeptanz dieser Angleichung auch davon abhängen, inwieweit es gelingt, die nationalen und regionalen Kulturtraditionen zu wahren.

Karl-Wilhelm Kreis

Zwanzig Jahre demokratisches Spanien
Zur Entwicklung der Situation der Frau nach dem Ende der Franco-Ära

Spanien wurde in der Zeit von 1936/39 bis 1975 von einem nach dem Sprachgebrauch Wippermanns[1] »halbfaschistischen« Regime unter der Diktatur von General Franco regiert, das schon in seiner Frühphase die in den Jahren 1931-1933 zur Zeit der Zweiten Republik errungenen Rechte der Frau (weibliches Stimmrecht, Ehescheidung u.a.) wieder abschaffte und die Stellung der »modernen« spanischen Frau praktisch auf den Stand der Erziehungsvorschriften des 16. Jahrhunderts festzuschreiben versuchte. Noch 1971 pries Manuel Fraga Iribarne, Franco-Minister und späterer Anführer der konservativen Opposition gegen die sozialistische Regierung von Felipe González, das in einem Buch von 1583 gegebene Verhaltensmodell für die ideale christliche (Ehe-)Frau als Vorbild eines Spanien auch noch der siebziger Jahre.[2]

Die hier vorgelegte Nachzeichnung der Situation der Frau in Spanien umfaßt den Zeitraum der 20 Jahre seit dem Ende des Franco-Regimes und der Einführung der Demokratie bis heute (1975/77-1996/97). Unter Berücksichtigung historisch-soziologischer Parameter erscheint es legitim, die Periode der Franco-Diktatur trotz einiger Veränderungen gegen Ende der Franco-Ära (Abnehmen des Wirkungsgrads einzelner Normen, Gesetzesänderungen) pauschal gegen die neue Epoche eines demokratischen Spanien abzuheben.[3]

Da das die spanische Rechtsprechung bestimmende, von einem rigorosen Katholizismus getragene Frauenbild des Franquismus mit all seinen restriktiven Konsequenzen für die Frau bis hin zur Negierung ihrer Selbstentfaltung (in Familie, Erziehung, Arbeit und Politik), ihres Selbstwertes (ihr als »wesenhaft« zugeschriebene umfassende Inferiorität, gesetzlich auf einer Stufe mit Kindern, Taubstummen und Irren, Ausgeliefertsein an die Willkür des Ehemanns, Rechtlosigkeit im Erb- und Besitzrecht usw.), ihres Anspruchs auf Glück (Leidensideologie) und gar auf ihr Leben (geforderte Selbstaufgabe für den Mann bis hin zum Suizid) in den beiden vorangegangenen Auflagen dieses Buches bereits eingehender skizziert worden ist, soll hier aus Raumgründen von einer nochmaligen Darstellung abgesehen werden, um – abgesehen von themenspezifischen Bezügen – den Ak-

---

1 Wolfgang Wippermann: *Europäischer Faschismus im Vergleich (1922-1982)*. Frankfurt a.M. 1983, S. 123.
2 Manuel Fraga Iribarne: *Legitimidad y representación*. Barcelona 1973, S. 102ff.
3 Amando de Miguel: *40 millones de españoles 40 años después*. Barcelona 1976, S. 38.

zent im folgenden mehr auf die Weiterführung der Situation der Frau über die erste Dekade nach Francos Tod hinaus bis heute setzen zu können.

1. Frau und Recht

Mit Francos Tod im November 1975 und der Proklamation von Juan Carlos zum spanischen König, der dem Volk schon in seiner Thronrede einen allmählichen Übergang zur Demokratie versprach, war der Weg frei für politische Reformen auch im Hinblick auf die bisherige weitgehende Entrechtung der spanischen Frau.

Grundlegend für eine umfassende Änderung war nach dem Referendum von 1976, in dem sich das spanische Volk zu 94,2% für eine demokratische Regierungsform aussprach, und nach den ersten Wahlen seit über 40 Jahren (1977) die mit der Verkündung der neuen Verfassung von 1978 festgeschriebene rechtliche Gleichstellung von Mann und Frau, die vom gesamten Spektrum der neuen demokratischen Parteien von rechts bis links mitgetragen wurde.[4]

Wichtige Veränderungen im Strafrecht wurden in der ersten Phase (1977/78 zur Zeit einer konservativen Regierung), noch vor der Verkündung der Verfassung, und in einer zweiten (zwischen 1979 und 1985 zur Zeit einer konservativen Regierung bis 1982, dann unter einer sozialistisch geführten Regierung) vorgenommen. Zu den ersten Gesetzesreformen zählten drei wesentliche Änderungen des franquistischen Sexualstrafrechts: 1. die Aufhebung der Strafwürdigkeit außerehelichen Geschlechtsverkehrs von Frau (vorher: straffreie Tötung bzw. Gefängnis) und Mann, 2. die Aufhebung der strafrechtlichen Verfolgung des Verkaufs von Verhütungsmitteln (bis 1978 noch mit Geldstrafen bis zu 400.000 Peseten belegt) und 3. die Abschaffung der Strafbarkeit des mit beiderseitigem Einverständnis erfolgenden Geschlechtsverkehrs mit Frauen, die das 23. Lebensjahr noch nicht vollendet und bis dahin als »Kinder« gegolten hatten. Die zur Repression weiblicher Sexualität im Dienste franquistischer Gerichtsbarkeit operationalisierten Wertbegriffe der Moraltheologie wie »Jungfräulichkeit«, »Reinheit« usw. wurden dabei zum ersten Mal in der Geschichte des spanischen Strafrechts zugunsten des Begriffsgebrauchs einer »sexuellen Freiheit« von Mann und Frau eliminiert.[5]

In der zweiten, nachkonstitutionellen Phase kamen weitere Konkretisierungen des 1978 verfügten Grundrechts auf Gleichheit und Freiheit aller Spanier unabhängig von ihrer Geschlechtszugehörigkeit hinzu. In einem Bündel von Gesetzesbestimmungen aus dem Jahre 1983 wurde verfügt, daß Mann und Frau gleichermaßen (statt wie bisher der Mann allein) die Verantwortung in der Familie trü-

---

4 »Familia española. Un mundo de locos«, in: *Cambio 16*, Nr. 360 v. 29.10.1978, S. 67 und 69.
5 *Report presented by Spain at the World Conference on the United Nations Women's Decade. Nairobi-Kenya. 16. bis 26. Juli 1985*, S. 9. (Vgl. auch für das Folgende.)

gen, daß neben gesetzlich geregelten und bis dahin ausschließlich als rechtsfähig erachteten Familienbindungen jetzt auch nichteheliche, aber aufgrund ihres vorauszusetzenden Affektivcharakters eheähnliche Bindungen Berücksichtigung zu finden hätten, oder daß professionell ausgeführte Sterilisationen bei explizitem Einverständnis der Frau nicht mehr strafrechtlich verfolgt werden könnten (das franquistische Gesetz, das dafür eine Haftstrafe von 12 bis 20 Jahren für den Operateur vorsah, war noch bis 1983 gültig). Eine der umstrittensten und letzten wichtigen gesetzlichen Änderungen dieser Periode war die Neuregelung der Strafbestimmungen für Schwangerschaftsabbruch. Gegen den starken Widerstand des konservativen Lagers, das eine Verabschiedung des Gesetzes noch 1983 verhindert hatte, wurde im Januar 1984 eine Indikationslösung verabschiedet, die die Abtreibung unter bestimmten Voraussetzungen (Straffreiheit bei Vergewaltigung, bei voraussichtlichen Schäden für die Frau oder bei Mißbildungen des Fötus) legalisierte. Ein Urteil des spanischen Verfassungsgerichts erklärte 1985 dieses Gesetz unter dem Beifall der Kirche für verfassungswidrig, da die Verfassung das Recht auf Leben als eines der Grundrechte definiere, ließ jedoch Spielraum für eine Neuauflage der Indikationslösung, für die sich (gegenüber 54% 1983) noch im gleichen Jahr einer Meinungsumfrage zufolge 81% der spanischen Bevölkerung aussprachen.[6] In der Folgezeit versuchte die sozialistische Regierung bis 1994 in vier Anläufen, in Angleichung an die gesetzliche Regelung anderer europäischer Länder (Frankreich, England, Italien, Deutschland), als Erweiterung der rechtlichen Regelung von 1985 den »freien« Schwangerschaftsabbruch (innerhalb der ersten zwölf Wochen der Schwangerschaft) in Spanien zu legalisieren. Sie mußte jedoch angesichts des massiven Widerstands der Gegner, besonders der Kirche, die deshalb aus Anlaß der Wahlen von 1996 den Spaniern öffentlich vom Votum für den PSOE abriet,[7] ihre Initiativen aufgeben und eine Entscheidung auf die Zeit nach den Wahlen vertagen, die der PSOE bekanntermaßen verlor.

Auf dem Sektor des Familienrechts wurde in der Gesetzesreform vom Mai 1975 noch an der traditionellen männlichen Führungsrolle festgehalten, bis sich mit der Verfassung von 1978 auch hier ein Wandel in der Rechtsauffassung

---

6 Luis Peiro: »Sentencia del Tribunal Constitucional: El abortito«, in: *Cambio 16*, Nr. 699 v. 22.4.1985, S. 22-24; José Manuel Arija: »Encuesta: Aborto y Tribunal Constitucional. Los españoles, a favor de la ley«, in: *Cambio 16*, Nr. 700 v. 29.4.1985, S. 26-28; Carmen Pujol Algans: *Código de la Mujer*. Madrid: Instituto de la Mujer 1992, S. 1017-1026.

7 Carmen Rico-Godoy: »La Iglesia no va a misa«, in: *Cambio 16*, Nr. 1201 v. 28.11.1994, S. 12f. Charakteristisch für den Beginn der Demokratie war die sprunghafte Entwicklung der Zahl von Schwangerschaftsabbrüchen aus der letzten Zeit der Franco-Ära (700 für 1972) bis 1983 (22.000). Inzwischen gibt es in Spanien zehn Privatkliniken, die Schwangerschaftsabbrüche sogar bis zur 16. bzw. 22. Woche vornehmen, so daß - wie z.Z. des Franquismus England für die Spanierinnen - nunmehr zunehmend Spanien für Französinnen, die abtreiben wollen, attraktiv wird, da in Frankreich nur eine Frist bis zur 10. Woche gilt (vgl. Francesca Castillo: »La Meca del Aborto«, in: *Cambio 16*, Nr. 1328 v. 12.5.1997, S. 82).

durchsetzte. Alle Diskriminierungen der Frau, selbst in noch existierenden Teilbestimmungen, wurden pauschal für ungültig erklärt. Von zentraler Bedeutung war, daß die alte, dem Mann die Herrschaft garantierende *patria potestas* zugunsten einer beiden Elternteilen gleichermaßen zugestandenen *potestas* aufgehoben wurde. Das neue Ehegesetz basiert so in seinen Einzelbestimmungen auf der Gleichheit der Rechte und Pflichten von Mann und Frau. Eine für die Frau und den ihr vordem bestrittenen Glücksanspruch wichtige Änderung wurde in diesem Zusammenhang relevant: Nach fast einem halben Jahrhundert wurde, wenn auch unter großen Spannungen im seinerzeit noch regierenden konservativen Lager, 1981 in das spanische Gesetzbuch die Möglichkeit der Ehescheidung als eine der ersten Errungenschaften der Demokratie eingeführt, für die sich in Umfragen 1974-1977 eine überwältigende Mehrheit der Befragten ausgesprochen hatte.[8] Da das Scheidungsgesetz von 1981, darin hinter das progressive Scheidungsrecht der Zweiten Republik zurückfallend, vom Schuldprinzip ausging und bei Fehlen juristisch relevanter Schuldbeweise Ehefrauen zwingt, mit ihren Aggressoren weiter zusammenleben zu müssen (mit den entsprechenden Folgen: noch 1987 wurden 86 Morde an durch ihre eigenen Ehemänner getöteten Frauen registriert, deren mehrmaligen Trennungsersuchen amtlich nicht stattgegeben worden war), wurde der Ruf nach einer Reform dieses dem Schutz der Frau nicht voll gerecht werdenden Gesetzes ab 1988 immer lauter.[9] Es dauerte bis zum Jahre 1994, ehe eine Gesetzesvorlage der Sozialisten im Parlament eingebracht wurde, nach der vom Schuldprinzip abgerückt und der konstatierbare Vollzug des Bruchs des ehelichen Zusammenlebens als hinreichender Grund für eine Scheidung anerkannt werden sollte. Wenn auch in den 15 Jahren der Gültigkeit des Ehescheidungsgesetzes der Gesetzgeber es trotzdem nicht für nötig hielt, Modifikationen daran vorzunehmen, so wird den gegenwärtigen spanischen Richtern Mitte 1996 jedoch bilanzierend ein Wandel in ihrer Mentalität bei Anwendung des Gesetzes gegenüber ihren noch weitgehend franquistisch orientierten Kollegen aus den achtziger Jahren attestiert, ein Wandel, der parallel zu den Veränderungen in der spanischen Gesellschaft gesehen wird, in der viel weniger junge Frauen noch ökonomisch von ihren Ehemännern abhängig sind als ehedem. Gegenüber »früher« reicht nach Darstellung eines Rechtsanwalts unter Einhaltung der gesetzten Frist die Einreichung von Rechnungen über getrennte Wohnungen, Strom und Telefon heute meist als Nachweis der Aufkündigung einer ehelichen Gemeinschaft aus.[10]

Die von der sozialistischen Regierung kurz vor ihrer Ablösung 1995 durchgeführte Reform des *Código Penal*, dessen Bestimmungen mit Wirkung vom Mai

---

8 Vgl. näher »Familia española. Un mundo de locos«, in: *Cambio 16*, Nr. 360 v. 29.10.1978, S. 69.
9 Cristina Almeida: »Divorcio, una asignatura pendiente«, in: *Cambio 16 extra*, Nr. 855 v. 18.4.1988, S. 12.
10 Fátima Ramírez: »15 años tiene mi desamor«, in: *Cambio 16*, Nr. 1287 v. 22.7.1996, S. 58.

1996 rechtskräftig wurden, brachte noch einige nicht unwesentliche Änderungen zugunsten der Frau im Sexualstrafrecht. Die Bestrafung für männliche Gewalt in der Ehe (*maltrato*), die allgemein mit sechs Monaten Arrest geahndet wird, hob der Gesetzgeber bei Nachweis der Gewohnheitsmäßigkeit auf drei Jahre Gefängnis an. Männliche sexuelle Aggression, die bisher nur auf Anzeige des Opfers hin strafrechtlich verfolgt werden konnte, wurde ihres halbprivaten Charakters entkleidet, um fürderhin auch gegen die gesellschaftlich »unsichtbare Gewalt« vorgehen zu können. Der Begriff des *acoso sexual* wurde modifiziert und auf die sexuelle Ausnützung einer übergeordneten maskulinen Position im Arbeits- und Erziehungsbereich ausgedehnt, womit dieser strafrechtlich bisher nur als »Delikt gegen die weibliche Ehre« gewertete Tatbestand nunmehr der Kategorie »sexuelle Gewalt« mit einer entsprechend schärferen Ahndung zugeordnet ist. Wichtig ist dabei eine nochmals explizit vorgenommene Korrektur zum Mißverhältnis zwischen der verfassungsrechtlich festgeschriebenen Gleichheit von Mann und Frau und ihrer gemäß dem franquistischen Verständnis in einzelnen Gesetzesformulierungen weiterexistierenden Definierung über den sexuellen »Ehrbegriff«. Im Wortlaut der Regulierung von Sexualdelikten gilt nun endgültig nicht mehr die sexuelle »Ehre« oder »Ehrbarkeit« (*honor, honestidad*) der Frau als rechtliches Gut, sondern die »sexuelle Freiheit aller«.[11]

Um den im Hinblick auf die franquistische Gesetzgebung grundlegend geänderten neuen demokratischen Rechten der Frau nicht nur offizielle Anerkennung, sondern auch gesellschaftliche Durchschlagskraft zu verschaffen, wurden zum einen alle staatlichen Institutionen (Polizei, Gerichte usw.) angewiesen, die in der Verfassung von 1978 verbrieften Rechte der Frau auch in der Praxis zu garantieren und zu verwirklichen. Zum anderen rief das spanische Parlament in Verfolgung eines weit darüber hinausgehenden Zweckes 1983 das »Institut der Frau« (*Instituto de la Mujer*) ins Leben, ein zunächst dem Kultusministerium, dann dem Sozialministerium angegliedertes Organ, dessen Aufgabe speziell die Verwirklichung der Rechte der Frau in der spanischen Gesellschaft ist – Erfüllung eines Wahlversprechens der zu jenem Zeitpunkt in Spanien regierenden Sozialistischen Partei. Die Aufgaben und bisherigen Aktivitäten dieses Instituts umfassen:

- die Errichtung einer Datenbank und eines Informationszentrums zum Thema »Frau in Spanien« (bis 1996: 13.858 Katalogeintragungen);
- die stete Kooperation mit der Regierung und den autonomen Verwaltungen, Mitarbeit in Regierungsausschüssen, Ausarbeitung von Gesetzesvorlagen und einer Anzahl poli-

---

11 Caridad Plaza: »El Código de la Democracia«, in: *Cambio 16*, Nr. 1253 v. 27.11.1995, S. 52-53; »El Código del Siglo XXI«, in: *Cambio 16*, Nr. 1267 v. 4.3.1996, S. 48-49; Esperanza Bautista Parejo: »Mujer y democracia en España: Evolución jurídica y realidad social«, in: *Mujer. Documentación social. Revista de Estudios Sociales de Sociología Aplicada*, Nr. 105 (1996), S. 61f.

tisch durchzusetzender Reformpläne ab 1985, darunter die drei sich jeweils über einen größeren Zeitraum erstreckenden Vorhaben des *Primer Plan para la Igualdad de Oportunidades de las Mujeres* (*I PIOM*, 1988-1990), den zweiten gleichbetitelten Reformplan (*II PIOM*, 1993-1995) und den aktuell anlaufenden dritten Reformplan (*III PIOM*, 1997-2000);[12]

- Aufklärungskampagnen unter der Bevölkerung (auch auf dem Lande), Verlautbarungen über Presse, Funk und Fernsehen;

- Herausgabe einer Frauenzeitschrift und einer Anzahl von Broschüren und Prospekten in z.T. millionenfacher Auflage über die neuen Rechte der Frau (1996 allein über eine halbe Million kostenlos verteilter Exemplare);

- telefonische Betreuung (1996 wurden rund 100.000 Anrufe registriert);

- Veranstaltungen von Kongressen und Seminaren, Förderung von Frauenprojekten seit Beginn der achtziger Jahre (1996: 131 Programme), Unterstützung von Frauenorganisationen [1996 waren in Spanien 2.722 Frauenorganisationen registriert, von denen knapp die Hälfte (44%) feministisch ausgerichtet war, die andere Hälfte sich auf weibliche Interessenverbände (Hausfrauen, Witwen, Geschiedene, Ledige, Juristinnen, Künstlerinnen, Unternehmerinnen, Landfrauen usw.) verteilte];

- Schaffung eines Netzes von eigenen Informationszentren [das erste Zentrum 1976; staatliche Initiative ab 1979, Anwachsen von 193 (1983) über 256 (1985) auf aktuell 321 (Februar 1997)]; Einrichtung von Frauenhäusern zur Aufnahme von mißhandelten Ehefrauen, von Prostituierten, ledigen Müttern und drogenabhängigen Mädchen (129 in ganz Spanien bis Februar 1997);

- Einsatz für die Förderung der Integration von Frauen in den Arbeitsprozeß (z.B. Ebnung der Bedingungen für die Öffnung des Polizeiberufs auch für Frauen, oder ab 1994 Erwirkung gesetzlich abgesicherter Subventionen für Unternehmer, die Frauen einstellen);

- Zusammenarbeit mit internationalen Gremien (Vereinte Nationen seit 1984, Europäische Gemeinschaft seit 1985 u.v.a.);

- und letztlich fungiert dieses Institut als Initiator und Träger einer erst seit 1983 in Spanien intensiv betriebenen, staatlich geförderten wissenschaftlichen Frauenforschung, die während der Franco-Zeit noch stark behindert worden war.[13]

---

12 Vgl. *Instituto de la Mujer (1983-1986)*. Madrid 1986, S. 43ff.; Instituto de la Mujer (Hg.): *Las españolas en el umbral del siglo XXI. Informe presentado por España a la IV Conferencia Mundial sobre las Mujeres*, Beijing 1995. Madrid 1994, S. 44-49; Instituto de la Mujer (Hg.): *III Plan para la Igualdad de Oportunidades de las Mujeres (1997-2000)*. Madrid 1997 (Probedruck).

13 Dazu näher María Angeles Durán: »La mujer en la Universidad. Una ausencia de mil años«, in: *Mujer y Educación. Primeras Jornadas*. Hg. vom Ministerio de Cultura, Instituto de la Mujer. Madrid 1985, S. 43ff.; die Frauenforschung hatte trotz der Bemühungen der sozialistischen Regierung nach Auskunft der zu jener Zeit führenden spanischen Frauenforscherin Durán auch 1987 noch keine akademische Anerkennung in Spanien gefunden (vgl. Ricardo García Cárcel: »Invisibilidad y marginación. La mujer en la Historia«, in: *El País* v. 7.5.1987, S. 7). Sie konnte sich aber in den Jahren 1992-1995 gegen die anfänglichen Widerstände durchsetzen und ist inzwischen an den Universitäten von Madrid, Barcelona, Girona, Granada, Lleida, Málaga, Valencia, País Vasco, Tarragona, Almería, Cádiz, Córdoba, La Laguna, Oviedo, Santiago de

Ist auf der Ebene der Legislative so ein grundlegender Wandel gegenüber der Franco-Zeit zugunsten der Gleichberechtigung der Frau erreicht worden, so erhebt sich die Frage, wieweit diese gesetzlichen Änderungen im Verlauf der vergangenen 20 Jahre auch ein Korrelat in der gesellschaftlichen Praxis gefunden haben. Hiermit ist das Problem der möglichen Divergenz zwischen Geltungs- und Wirkungsgrad von Normen angesprochen. Als grundlegend für die Vermittlung der rechtlich vorgegebenen neuen demokratischen Normen auf der Ebene der gesellschaftlichen Praxis ist dabei zunächst der Bereich der Erziehung zu untersuchen.

2. Frau und Erziehung (Bildung und Ausbildung)

Erziehung wird hier betrachtet hinsichtlich der entwicklungsspezifisch »späteren« Phase der sekundären sozialen Fixierung, die sich vor allem auf die organisierten Formen der Sozialisation in Gestalt von Schulbildung und Berufsausbildung stützt. Unter diesem Aspekt ist zunächst festzuhalten, daß das neue demokratische Schulsystem sich formal weiter an einem Erziehungsgesetz aus dem Jahre 1970 (mit greifenden Änderungen erst ab 1973) orientiert, das gegenüber einer vorher klassenspezifischen Differenzierung (Diskriminierung) eine gründliche Revision zugunsten einer gleichen Ausgangsbasis für alle gebracht hatte.[14] Ab 1973 war aufgrund dessen die Volksschule für alle einheitlich bei achtjähriger Schulpflicht (*Educación General Básica*, EGB) und Schulgeldfreiheit, womit einer der bisher grundlegenden Faktoren der Diskriminierung, gerade auch für die mangelnde Bildung von Mädchen, weggefallen war. Da mit dieser Gesetzesbestimmung die Koedukation legalisiert worden war, konnte das demokratische Schulsystem hier nichts Neues initiieren. Die Einführung des neuen Bildungsgesetzes von 1983, das neben dem staatlichen und privaten einen integrierten Schulbereich vorsah und von konservativer Seite massive Eingriffe in die konfessionelle (katholische) Ausrichtung vieler Privatschulen befürchten ließ, stieß auf den erbitterten Widerstand der Konservativen (Demonstrationen von einer halben Million Menschen in

---

    Compostela, Sevilla, Valladolid, Zaragoza, Castellón, Las Palmas de Gran Canaria, Islas Baleares und an der Universidad Pontificia de Comillas mit Forschungsgruppen vertreten, von denen die der Universidad Autónoma de Madrid, der Universidad Complutense de Madrid, die Barcelonas, Granadas und Valencias sich als offizielle *Institutos Universitarios de Investigación* konstituieren konnten. Die letztgenannten nebst der Universität Málaga geben zudem separat entsprechende Buchreihen heraus. Inzwischen sind Forschungsthemen der spanischen Frauenforschung auch in die neuen Lehrpläne einzelner Universitäten aufgenommen worden. Vgl. Pilar Ballarín Domingo / Mª Teresa Gallego Méndez / Isabel Martínez Benlloch: *Los estudios de las Mujeres en las Universidades españolas 1975-1991. Libro Blanco*. Madrid 1995, S. 374-381.

14 Annemarie Schick-Wagner: »Das spanische Bildungswesen«, in: Günther Haensch / Paul Hartig: *Spanien* (=Handbücher der Auslandskunde, Bd. 3). Frankfurt a.M. 1975, S. 23f.

Madrid und Sevilla). Hier prallten die Widersprüche zwischen traditionellem und demokratischem Erziehungssystem aufeinander. Wenn der Gesetzgeber davon ausgeht, daß sich die in der Verfassung von 1978 garantierte Gleichheit von Mann und Frau sowohl quantitativ wie qualitativ manifestieren und auch in den konkreten Erziehungsprogrammen inhaltlich ihren Niederschlag finden soll, muß er zwangsläufig mit den pädagogischen Zielen des traditionellen Frauenbildes (auch bei dessen leichten Konzessionen an die »moderne« Zeit) in Konflikt geraten. Das zeigt sowohl die Entwicklung des Sektors Erziehung unter der Ägide der sozialistischen Regierung von 1982 bis 1996, die im folgenden in ihren Hauptzügen hier nachgezeichnet werden soll, als auch der mit dem Regierungsantritt der Konservativen 1996 erfolgende Umschwung.

Was die Entwicklung vom Ende des Franco-Regimes bis 1996 betrifft, ist zunächst unter dem quantitativen Aspekt eindeutig eine Änderung zugunsten der Frau in Form eines stetigen Anstiegs des weiblichen Anteils an der öffentlichen Bildung (Schule, Universität) zu konstatieren. Blieben die Zahlen der Grundschulbildung (*Primaria* / EGB) in diesem Zeitraum in bezug auf den 1991 ermittelten demographischen Basiswert[15] von 49% (maskulin) zu 51% (feminin) in etwa gleich stark (für 1994/95 ist ein leichtes Übergewicht des männlichen Anteils zu konstatieren), so überflügelten die Mädchen, deren Anteil bis dahin immer unter der männlichen Rate gelegen hatte, die Jungen im Bereich Sekundarstufe II [*Bachillerato unificado y polivalente* (=BUP) und *Curso de Orientación Universitaria* (=COU)] mit einem Prozentsatz, der bereits für das Schuljahr 1982/83 bei 53,1% lag und sich in dieser Tendenz bis zum Schuljahr 1994/1995 (53,9%, mit Anteilen an den Optionen Literatur, Linguistik, Gesundheitswesen und Sozialwissenschaft zwischen 61,3% und 64,6%) fortsetzte.[16]

Ebenso hat der weibliche Anteil im universitären Bereich mit dem Beginn der Demokratie in Spanien eine immer stärkere Zuwachsrate zu verzeichnen, bis mit Anbruch der neunziger Jahre die spanischen Studentinnen ihre männlichen Kommilitonen zahlenmäßig überflügelten. Im Vergleich zu ihrer geringen Vertretung noch 1967 (22%) und einem seit Einführung der Demokratie steten Anstieg (1977 auf 39,8%, 1980/81 auf 43%, 1983/84 auf 47,4%) verzeichnen die Statistiken für 1990/91 einen weiblichen Anteil von 54,4% (in der Madrider *Universidad Complutense* sogar von 62%), ein Wert, der sich im folgenden leicht nach unten korrigierte und bei dem Verhältnis von rund 52%:48% zu stabilisieren scheint (51,9%:48,1% für 1992/93 wie auch für 1993/94, was im letzten Falle in absolu-

---

15 19,836 Millionen Frauen gegenüber 19,036 Millionen Männern, noch als Basis für 1996. Vgl. Instituto de la Mujer (Hg): *La mujer en cifras*. Madrid 1997 (Probedruck), S. 9.
16 *Report presented by Spain* (Anm. 5), Kap. »Education«, S. 31-47 (auch für das Folgende). Instituto de la Mujer (Hg.): *La mujer en cifras* (Anm. 15), S. 34.

ten Zahlen einer Immatrikulation von 700.733 Studentinnen gegenüber 655.004 Studenten an öffentlichen und privaten Universitäten zusammen entspricht.[17]

Zu dem seit der Einführung der Demokratie in Spanien z.T. überwältigenden Einstieg der Frauen in die ihnen jahrhundertelang vorenthaltene Bildung und Ausbildung kommt noch das Phänomen, daß die Mädchen im Durchschnitt – die Diffamierung weiblicher Intelligenz im Franquismus Lügen strafend – gegenüber ihren männlichen Kollegen sowohl auf dem Gymnasium als auch auf der Universität in ihren Studienergebnissen besser abschneiden. Die Statistik zeigt, daß diese Tendenz sich schon seit Beginn der achtziger Jahre in bezug auf den Abschluß im EGB sowie im Abitur (BUP und COU) zu erkennen gibt und die Differenz im Zeitraum zwischen 1985 und 1991 noch zunahm, bestätigt auch durch die zuletzt verfügbaren Daten, nach denen im Sekundarbereich II, gültig für das Schuljahr 1994/1995, von den 165.737 Jungen 62,5% die Abschlußprüfung (COU) bestanden, während von den 199.385 Mädchen 66,1% das Abitur schafften.[18]

Im Universitätsbereich weisen die letzten offiziellen Daten für das Studienjahr 1992/1993 aus, daß insgesamt gegenüber 57.567 Studenten 72.980 Studentinnen ihr Studium mit einem Examen abschlossen, was einem Verhältnis von 55,9% (feminin) zu 44,1% (maskulin) entspricht. Auf dem höchsten akademischen Niveau (Promotion) indizieren die Zahlen für den gleichen Zeitraum allerdings ein maskulines Übergewicht von 61%:39% (bzw. 3.169 gegenüber 2.022 angenommenen Dissertationen), ein Proporz, der sich für das folgende Studienjahr 1993/1994 zugunsten der Frauen leicht verschiebt (53% maskulin gegenüber 47% feminin, was in Arbeit befindliche Dissertationen anbetrifft).[19]

Einen Schwachpunkt weiblicher Repräsentanz auf dem Erziehungssektor stellten bisher die Berufsausbildung (*Formación Profesional*) und eine darin und im Rahmen des Hochschulstudiums erfolgende Spezialisierung auf den Bereich Technik dar, der traditionell eine Männerdomäne war und es bis heute blieb. Trotzdem sind auch hier z.T. beträchtliche Veränderungen zugunsten der spanischen Frauen zu konstatieren. Berufsschulen, für die in den sechziger Jahren noch ein Anteil von 0% (!) ausgewiesen war, haben inzwischen, wie auch die Technischen Hochschulen, weiblichen Zulauf mit steigender Tendenz (in unterschiedlicher Akzentuierung). Der weibliche Anteil an der *Formación Profesional*, der 1980/81 lediglich bei 13,1% gelegen hatte, stieg bis 1991/92 schon auf das Doppelte (26,5%) und betrug 1994/95 gar 47,3% (in absoluten Zahlen: 374.860

---

17 Vgl. Carlos Santos: »Las nuevas españolas son más listas, más libres y más guapas«, in: *Cambio 16*, Nr. 1027 v. 29.7.1991, S. 12; Instituto de la Mujer (Hg.): *Las españolas en el umbral* (Anm. 12), S. 82; Instituto de la Mujer (Hg.): *La mujer en cifras* (Anm. 15), S. 45f. – Das Studium an Privatuniversitäten in Spanien macht nur 3,5% aus.

18 Instituto de la Mujer (Hg.): *Las españolas en el umbral* (Anm. 12), S. 81f.; Instituto de la Mujer (Hg.): *La mujer en cifras* (Anm. 15), S. 41.

19 Instituto de la Mujer (Hg.): *La mujer en cifras* (Anm. 15), S. 48.

gegenüber 417.571).[20] An den *Escuelas Técnicas Universitarias* waren die Frauen 1980/81 lediglich mit 7,4% (*ciclo corto*) bzw. 8% (*ciclo largo*) eines abgeschlossenen Studiums vertreten. Sie konnten ihren Anteil jedoch im Lauf eines Jahrzehnts immerhin auf 17% bzw. 19% (1989/90) steigern. Auch 1992/1993 ist das Fach *Técnicas* im universitären Bereich nurmehr mit einem weiblichen Anteil von 22,7% (60.083 Mädchen gegenüber 205.069 Jungen) ausgewiesen, dem in etwa auch die Zahl der Studienabschlüsse (20,3%) entspricht.

Insgesamt läßt sich sagen, daß schon mit dem Ende der ersten Dekade nach Francos Tod die Frauen, was ihre numerische Beteiligung am Sektor »Erziehung« betrifft, mit den Männern in etwa gleichgezogen haben. Dieser Zustand scheint sich in der Folgezeit zu stabilisieren. Für 1993/94 signalisieren die ermittelten Daten auf allen Bildungsniveaus von der Vorschulerziehung bis zur Promotion zwar ein leichtes männliches Übergewicht im Verhältnis von maskulin 50,5% zu feminin 49,5%, entsprechend 4,6 Millionen Jungen gegenüber 4,5 Millionen Mädchen, das aber angesichts der geringen Schwankungsbreite qualitativ zu vernachlässigen ist. Relevant für die Bewertung der allgemeinen femininen Aufwärtstendenz ist die für die vergangenen zehn Jahre konstatierbare allmähliche Verbesserung der weiblichen Position auch in einigen für Frauen bis dahin defizitären Einzelbereichen. Eine differenzierende qualitative Analyse macht noch einige für eine Bilanz wichtige Unterschiede im Detail deutlich.

Nimmt man noch einmal die positive Entwicklung zugunsten der bis dahin benachteiligten Frau im Hochschulbereich zur Ausgangsbasis der Betrachtung, so weisen die statistischen Erhebungen aus, daß der Prozentsatz von Studentinnen in einzelnen Fächern im Lauf der vergangenen 20 Jahre derart anstieg, daß die Frauen in mehreren Fakultäten die Mehrheit der Studierenden stellen. Als Zentren femininen Erkenntnisinteresses mit beruflicher Zielsetzung haben sich neben der traditionell als »typisch weiblich« besetzten Philologie die Rechtswissenschaft, die Politik- und Sozialwissenschaften, die Medizin und sogar die Naturwissenschaften herauskristallisiert. Die philologischen Fächer hatten entsprechend der althergebrachten geschlechtsspezifischen Zuordnung auch in der ersten Zeit von 1975 bis 1984 den meisten femininen Zulauf. Der weibliche Anteil an den *Humanidades* lag beim Abschluß des Studienjahres 1983/84 bei fast 70% (69,5%) und blieb auch bis Anfang der neunziger Jahre (Daten von 1992/93) in etwa konstant, er sank nur leicht auf immer noch 66,9%. Frappierend aber ist die »Eroberung« der anderen Fachbereiche durch die spanischen Frauen. Stieg die Zahl der Rechtswissenschaft sowie Politik- und Sozialwissenschaften studierenden Frauen

---

20 Mireia Bofill: »La mujer en la sociedad«, in: dies.: *La mujer en España*. Barcelona 1967, 2. Aufl. 1968, S. 56; *Situación de la mujer en España 1984*. Hg. vom Ministerio de Cultura / Instituto de la Mujer, Madrid 1985, S. 35ff.; Instituto de la Mujer (Hg.): *Las españolas en el umbral* (Anm. 12), S. 74; Instituto de la Mujer (Hg.): *La mujer en cifras* (Anm. 15), S. 42.

bereits im Zeitraum zwischen 1975 und 1984 von 34% auf 43,3% bzw. von 43,4% auf 50,9%, so erhöhte sich der weibliche Anteil an beiden Fachgebieten bis zum Studienjahr 1992/93 noch weiter bis auf 57,5%. Eine gleichermaßen rasante Aufwärtsbewegung skizzieren die Daten für die zunehmende weibliche Besetzung des Fachbereichs Medizin, der bereits im Zeitraum von 1975 bis 1984 eine Steigerung des weiblichen Anteils von 34,3% auf 47,3% zu verzeichnen hatte und bis 1992/93 mit fast 70% (67,3%) einen ebenso hohen Prozentsatz femininer Besetzung auswies wie die »traditionell« weiblichen philologischen Fächer. Das Studium der Naturwissenschaften war sogar schon in den ersten Jahren nach dem Ende des Franco-Regimes ein zentraler Anziehungspunkt femininen Interesses, dokumentiert in einem weiblichen Anteil von 44% an den *Ciencias experimentales*, gültig bereits für das Studienjahr 1980/81. Bis 1989/90 stellten die spanischen Studentinnen sogar mit über 50% vorübergehend die Mehrheit der in diesem Fachbereich Immatrikulierten. Bis 1992/93 gewannen die Männer zwar ihr früheres zahlenmäßiges Übergewicht mit einem Anteil von 51,4% zurück, aber der anhaltend große weibliche Zulauf zu den Naturwissenschaften (48,6%) läßt das Verhältnis maskulin:feminin hier in etwa ausgeglichen erscheinen.

An den *Escuelas Técnicas Universitarias* mit einem sehr geringen Grad an weiblichen Immatrikulationszahlen ist der relativ größte Anteil an von Mädchen abgeschlossenen Technik-Studien, gültig für Anfang 1990, in den Fächern Ingenieurwesen (15%), Informatik (13%) und Architektur (12%) zu verzeichnen, was angesichts des registrierten Fehlbestandes noch zehn Jahre zuvor bereits als signifikanter Fortschritt gedeutet werden kann.

Die weibliche Scheu vor technischen Berufen läßt sich auch in der Entwicklung der Ausbildung in den spanischen Berufsschulen ablesen. Ein Vergleich der Zahlen aus den Studienjahren 1981/82 und 1994/1995 zeigt hinsichtlich der geschlechtsspezifischen Auffächerung, daß die traditionellen weiblichen Fächer Hauswirtschaft, Gesundheitswesen/Krankenpflege, Mode/Textil und Friseur/Kosmetik, die 1981/82 mit einem Prozentsatz von 98% bis 93% die höchsten Raten weiblicher Absolventen in der *Formación Profesional* Spaniens aufwiesen, auch noch 1994/95 (der Reihenfolge entsprechend mit 98,7%, 83,5%, 95,8% und 95,4%) die Fächer waren, in denen die Frauen weiterhin dominierten. Auch das Anfang der achtziger Jahre durch einen hohen weiblichen Anteil von 74% charakterisierte Fach Verwaltung (*Administrativa y Comercial*) gehört trotz eines bis 1994/95 zu verzeichnenden leichten Rückgangs auf 66,7% (gegenüber 33,3% männlichem Anteil) immer noch zu den von den Frauen dominierten Fächern.[21]

In Hinsicht auf ihre Berufsausbildung neigen die spanischen Frauen immer noch dazu, sich Studienfächern bzw. Berufen zuzuwenden, die unter dem Fran-

---

21 Instituto de la Mujer (Hg.): *Las españolas en el umbral* (Anm. 12), S. 131.

quismus und seinem streng katholisch ausgerichteten Menschenbild als »typisch weiblich« galten (wie Philologie, Kunst, Erziehungswissenschaften bzw. Hauswirtschaft, Mode oder Gesundheitswesen mit den entsprechenden Tätigkeiten als Lehrerin, Krankenschwester u.ä.), während ihre Präsenz besonders in technischen Fachausrichtungen und Berufen eher gering ist. Zum anderen sind mit der weiblichen Okkupierung dereinst exklusiv oder dominant männlicher Domänen wie Jurisprudenz und Medizin oder mit dem zunehmenden oder z.T. sogar massiven Eindringen in bisher als maskulin geltende Studien- und Berufsfelder wie Naturwissenschaften die Anzeichen eines Wandels gegeben, der von der sozialistischen Erziehungspolitik angestrebt worden war.

Als Gründe für die offenbare Tradierung weiblicher Berufsrollenmuster in einem Großteil der gesellschaftlichen Praxis bei doch nunmehr freier Wahlmöglichkeit wurden in den achtziger Jahren die Steuerungsmechanismen vielfach internalisierter kultureller Klischees franquistischer Prägung (ideologischer Faktor), die bis dahin noch immer weitverbreiteten sexistischen Verhaltensmuster vieler Vorgesetzter (machtpolitischer Faktor) und die allgemeineuropäisch negative Entwicklung der Arbeitsmarktlage mit einer höheren Rate an Frauenarbeitslosigkeit und einem größeren Angebot an minderqualifizierten Jobs für Frauen (ökonomischer Faktor) verantwortlich gemacht. Inzwischen liegen Untersuchungen zur Präsentation spanischer Schulbücher und zur zeitgenössischen Vermittlung des Frauenbildes im spanischen Fernsehen vor, die den Zeitraum vom Beginn der Demokratie an bis in die neunziger Jahre abdecken und dem ideologischen Faktor eine besondere Aufmerksamkeit angedeihen lassen.

Schulbuchanalysen

Eine 1984 abgeschlossene Analyse erwies, daß es eklatante Widersprüche zwischen dem emanzipatorischen Anspruch der demokratischen Regierung und der Praxis des von ihr kontrollierten Bildungswesens gab, insofern eine weiterhin immer noch ungehinderte Reproduktion von unter dem Franco-Regime geförderten Vorstellungen von weiblicher Ungleichheit in den inhaltlichen Aspekten der laufenden Erziehungsprogramme stattfand, die dem Verfassungsauftrag von 1978 eindeutig zuwiderliefen. Die von einem Team von sechs Autorinnen durchgeführte Untersuchung von 36 Schulbüchern (Sprache, Sozialwissenschaften), die im Schuljahr 1982/83 auf allen Ebenen der acht Jahre EGB benutzt wurden und mit 14 beteiligten Verlagen mehr als die Hälfte aller für diesen Bereich publizierenden Verlagshäuser darstellten, ergab folgende Resultate:[22] Nach einer quanti-

---

22 Nuria Garreta / Emma Lorenzo / Pilar Careaga / Yolanda Rebollo / Carmen Jiménez / Vicky Frías: »Los modelos masculino y femenino en los textos escolares de EGB«, in: *Estudios sobre la situación social de la mujer en España (1984-85)*. Madrid 1985, S. 9f.; Nuria Garreta / Pilar Careaga: »El sexismo en el material escolar: Los libros de texto actuales«, in: *Mujer y*

tativen Evaluation von 8.228 Text- und Bildfiguren waren insgesamt 25,6% weiblich und 74,4% männlich. Das entspricht einem Verhältnis von 3:1 zugunsten des maskulinen Elements. Signifikant sind jedoch die Differenzierungen auf den verschiedenen Schulniveaus. Trat von den drei Stufen des EGB auf der ersten Stufe (*primer ciclo*) die Frau im Bildteil der Sprachbücher noch relativ häufig in Erscheinung (32% gegenüber 67,2% männlicher Figuren), so verschwand sie allmählich immer mehr, je höher die Altersstufe der Schüler angesetzt war. Im Textteil lag die Präsenz der Frau noch unter jener der auftretenden Kinderfiguren. Auf der zweiten Stufe (*ciclo medio*) erschienen doppelt soviele Jungen- wie Mädchenfiguren (20,4%:11,1%) bei einem Rückgang des Anteils des Typus »erwachsene Frau« auf 10,3% gegenüber 49,9% des Typus »erwachsener Mann«, dessen Anteil auf der dritten Stufe (*tercer ciclo*) mit 58,8% auf Kosten aller anderen kodifizierten Modelle (Mädchen, Frau; alter Mann, alte Frau) ein absolutes Übergewicht gewann. In den Texten der Sozialwissenschaften (*Ciencias Sociales*) kam die Frau noch schlechter als in den Sprachbüchern weg. War das Verhältnis im Bildteil noch 70,7%:29,3% zugunsten des maskulinen Figurenrepertoires, so verringerte sich die weibliche Präsenz im Textteil auf das Verhältnis von 82,8%:17,2%. Der eindeutigen Vorherrschaft des Typus »Junge« im *primer ciclo* entsprach die überdimensionale Dominanz des Typus »erwachsener Mann« im *tercer ciclo*. Eine Analyse des inhaltlichen Aspekts der Schulbuchfiguren ließ das Angebot an Identifikationsmöglichkeiten sozialer Rollen für Jungen und Mädchen nahezu ohne Ausnahme als Reproduktion der Klischeevorstellungen des vom Franquismus propagierten Frauenbildes erkennen.

In bezug auf die Vorprogrammierung von Berufsmöglichkeiten bzw. -wünschen erschienen die männlichen Figuren in den Texten auf dem unteren Schulniveau zunächst als Handwerker, Kaufleute, Hirten, Seefahrer, Lehrer, Ärzte, Polizisten u.a., später dann auch als hohe Repräsentanten des intellektuellen und politischen Lebens, das insgesamt als maskulin dargestellt war. Frauenfiguren traten, abgesehen von drei Ausnahmen bei 4.562 Figuren des Bereichs Sprachbücher (eine Schulrektorin, eine Äbtissin und eine Bürgermeisterin), am häufigsten in Erscheinung als Verkäuferin, Krankenschwester, Friseuse, Sekretärin u.ä., d.h. die Frau wurde in Berufen mit typischer »Hilfsfunktion« gezeigt, wie sie das franquistische Frauenbild als einzige Möglichkeit »wesensangemessener« Frauenarbeit außer Haus propagiert hatte. So blieb charakteristischerweise die Krankenschwester in den untersuchten Schulbüchern weiterhin die modellhafte weibliche Entsprechung dessen, was auf der maskulinen Seite »der Arzt« war, Reproduktion der Stereotype eines z.Z. des Franquismus noch ausschließlich als maskulin angesehenen

---

Educación. Primeras Jornadas. Hg. vom Ministerio de Cultura / Instituto de la Mujer. Madrid 1985, S. 37ff.

Berufs. Die Figur einer Ärztin fand sich in den Texten nicht, obwohl zur Zeit der Edition nahezu die Hälfte aller Medizinstudenten weiblichen Geschlechts war und der Beruf der Ärztin sich inzwischen gesellschaftlich durchgesetzt hatte. Auch die Reduzierung der Primärrollen von Mann und Frau in der Ehe (Vater/ Mutter) auf das Bild des seine Bewegungsfreiheit außer Haus zu Arbeit (Geld) und deshalb auch Amüsement nutzenden Mannes und des davon ausgeschlossenen Hausmutterdaseins der Frau stand weiter als Identifikationsangebot auf dem Programm.[23]

Untersuchungen von Textmaterial mit Universitätsniveau im gleichen Zeitraum bestätigten die Existenz einer Fortdauer franquistisch geprägter Sichtweisen und Inhalte bis in die achtziger Jahre der neuen spanischen Demokratie. Eine Analyse von 30 der an den beiden Universitäten von Madrid bis dahin am häufigsten benutzten Texte zur spanischen Geschichte erbrachte, daß die Frauen darin praktisch nicht vorkamen. Ihre durch Dokumente belegte führende Rolle etwa bei den großen sozialen Massenbewegungen der letzten zwei Jahrhunderte wurde mit Stillschweigen übergangen; und selbst in Beschreibungen des »täglichen Lebens« fanden sich nur wenige Bezüge.[24]

Von den im Jahre 1993 veröffentlichten Ergebnissen einer 1991/1992 durchgeführten Untersuchung an Schulbüchern von 15 Verlagen aus dem Fach Sozialwissenschaften, benutzt im 5. und 7. Jahr EGB sowie im 1. Jahr BUP,[25] erwartet man nun die Konstatierung eines entscheidenden Wandels im Vergleich mit dem Resultat der Analyse zehn Jahre zuvor. Dem ist allerdings nicht so. Im Hinblick auf die darin zum Ausdruck kommende Darstellung der Frau im Text-, begleitenden Lektüre- und Bildteil der Bücher (Themenselektion: Verfassung, Bevölkerung Spaniens, Mittelalter, Renaissance, Aufklärung, Industrielle Revolution, Entdeckkung Amerikas, Christentum) ist das Ergebnis, daß die Präsenz der spanischen

---

23 »El papa era Micho. Tenía una moto para ir al trabajo unas veces, y otras, para divertirse. La mamá, que se llamaba Gata, era una excelente ama de casa. Limpiaba (...)« usw. Aus dem Schulbuch: *Micho. Método de lectura castellana.* Ed. Bruno 1983 (vgl. Mercedes Toro Garzón / María Ángeles Cantero / Isabel Mª de Haro: »La coeducación en la escuela«, in: *Mujer y Educación. Primeras Jornadas.* Hg. vom Instituto de la Mujer. Madrid 1985, S. 63-65. Ähnlich niederschmetternde Ergebnisse zeigten Untersuchungen zur spanischen Kinderliteratur und zur Spielzeugindustrie im Zeitraum 1982-1987 (Felicidad Orquín: »Literatura infantil e ideología patriarcal o supremacía del reino del padre«, in: *Nuevas perspectivas sobre la mujer.* Bd. 1, Madrid: Universidad Autónoma 1982. S. 209-214; Víctor Steinberg: »Jugar a machos y hembras«, en: *Cambio 16,* Nr. 838 v. 21.12.1987, S. 164-166).

24 Als Objekt wissenschaftlicher Studien ist die spanische Frau, die bis zum 19. Jahrhundert nicht einmal als demoskopische Größe voll zählte (sie wurde im Begriff »halber Einwohner« oder im Sammelbegriff »Seelen« erfaßt), nur in Gestalt von Königinnen, Heiligen, Müttern von großen Männern oder Dirnen / Mätressen historisch behandelt worden. Vgl. Pilar Folguera: »Notas para el estudio de la historia social de la mujer en España«, in: *Nuevas perspectivas sobre la mujer.* Bd. 1 (Anm. 23), S. 47-60.

25 Maribel García Gracia / Helena Troiano i Gomá / Miquel Zalvidar Sancho / Marina Subirats (Hgg.): *El sexismo en los libros de texto: análisis y propuesta de un sistema de indicadores.* Madrid: Instituto de la Mujer 1993 (=Serie Estudios, 37).

Frau im sozio-historischen Diskurs dieser Schulbücher »praktisch gleich null« ist. Ihre Präsenz nimmt mit dem Anstieg des Bildungsniveaus rapide ab. So sind in den BUP-Texten von 5.689 Nennungen nur 72 Referenzen auf Frauen oder Frauenkollektive zu verzeichnen, was einem Prozentsatz von 1,26 entspricht (im Lektüre-Teil der analysierten Schulbücher des 5. Jahres EGB tauchen überhaupt keine Frauen oder Frauenkollektive auf). Lediglich im Bildteil der Bücher ist das weibliche Element (inklusive Kollektivnennungen) mit einem etwas höheren Prozentsatz (zwischen 4,1% und 8,9%) vertreten, dies allerdings auch nur in dekorativer Funktion (»wie ein Möbelstück oder ein Baum«).

Dem quantitativen Defizit entspricht dabei ein qualitatives. In der Attribution von Qualifikativen an die analysierten Figuren können die an der Untersuchung beteiligten Autorinnen lediglich eine Fortschreibung des männlichen Diskurses erkennen. Gemäß einer Zusammenstellung der Berufsbezeichnungen, unter denen die Repräsentanten des männlichen und weiblichen Geschlechts in den Schulbüchern erscheinen, sind abgesehen von dem Index für Kaiser/König/Monarch (914 Nennungen) u.ä. männliche Tätigkeiten als Arzt (28), Wissenschaftler (34), Erfinder (186), Physiker (26), Chemiker (15), Ingenieur (7), Schriftsteller (134), Dichter (25), Seefahrer (124), Mönch (64), Hirte (10), Weber (2) usw. unter den 251 Varianten männlicher Repräsentanz angesprochen. Unter den dagegen nur 17 Varianten weiblicher Repräsentanz finden sich neben den Maximalnennungen von Kaiserin/Königin/Monarchin (zusammen 51) und wenigen weiteren Adelstiteln nur noch die Frau als Hausfrau (3) und als Model (2); nur je einmal ist eine weibliche Tätigkeit als Wissenschaftlerin, Schriftstellerin, Dichterin, Weberin, Arbeiterin und Hexe indiziert. Wirkt die Darstellung des maskulinen Elements in seiner quantitativen und qualitativen Glorifizierung als Skizzierung einer Geschichte der männlich bestimmten Macht und Größe in ihren verschiedenen Aspekten (politisch, ökonomisch, wissenschaftlich), so erscheinen die wenigen Nennungen von Frauen hauptsächlich hinsichtlich ihrer verwandtschaftlichen Beziehung zum Mann, hinsichtlich ihres narzißtischen Dingcharakters als Besitztum des Mannes, hinsichtlich der historischen Trägerschaft von Charakteristika eines männlichen Modells (Königinnen) oder spezifischer Werte/Unwerte einer sozialen Schicht sowie hinsichtlich explizit oder implizit negativ konnotierter Verhaltensweisen (verachtenswert, aggressiv, schwach, moralisch leichtfertig u.ä.). Das Fazit der Autorinnen und Autoren: Der anhand der analysierten drei Komponenten vermittelte Schulstoff im Fach Sozialwissenschaften entspricht »nicht im entferntesten einer [demokratisch-emanzipatorischen] Bildungspolitik, die darauf abzielt, die [z.Z. des Franquismus herrschende und noch nachwirkende] sexuelle Diskriminierung abzubauen« (S. 264).

Selbst eine im Auftrag des *Instituto de la Mujer* erarbeitete aktuelle Studie, die den Zeitraum von 1993 bis 1995 umfaßt und deren Ergebnisse demnächst veröffentlicht werden sollen,[26] erbringt nach einer Analyse von 350 spanischen Schulbüchern aus zehn Verlagen nur die Bestätigung der Resultate der Untersuchung aus den Vorjahren, sowohl was den quantitativen als auch was den qualitativen Indikator betrifft. Nach einem Vorabdruck der Hauptergebnisse (Untersuchungsgegenstand sind diesmal Schultexte für die Niveaus Vorschulerziehung und Grundstufe EGB) rangiert weibliche Präsenz bei den Illustrationen zwischen 12% und 48% und zeigt ebenso im Textteil das bekannte maskuline Übergewicht (durchschnittlich liegt der weibliche Anteil bei 20%, im Bereich außerhäusliche Arbeit liegt er zwischen 7% und 41%, bei Arbeit im Haus zwischen 40% und 100%). Für alle 350 Schulbücher gilt gemäß der kritischen Bilanz die umfassende Dominanz des männlichen Elements auf allen Gebieten, wobei der Beitrag der Frauen zu den einzelnen gesellschaftlichen Bereichen in einem nur geringen Maße miterfaßt ist oder ganz fehlt. Angesichts der Behauptung des zu diesen katastrophalen Analyse-Resultaten befragten Präsidenten der »Vereinigung der spanischen Schulbuchverleger« (*Asociación Nacional de Editores de Libros de Texto y Material de Enseñanza*), daß die Editoren »schon seit langem« darauf hinzuwirken versuchten, jeden Sexismus in den Schulbüchern zu vermeiden, ist das Ergebnis höchst erstaunlich.

Untersuchungen zum Frauenbild im spanischen Fernsehen

Auf diesem für die Breitenwirkung der Durchsetzung erwünschter Normen immens wichtigen Mediensektor zeichnet sich im Vergleich zu den Bewertungen der stagnierenden Entwicklung im Schulbuchbereich zumindest die Tendenz eines Wandels zum allmählichen (teilweisen) Verschwinden historisch überholter Stereotypen des Verständnisses geschlechtsspezifischer Rollenmuster ab. In Verbindung damit registrieren die Beobachter, daß das spanische Fernsehen in letzter Zeit zunehmend die wenn auch langsame Durchsetzung neu herausgebildeter demokratisch-emanzipatorischer Verhaltensformen in der aktuellen spanischen Gesellschaft spiegelt.

Analysen von Anfang der achtziger Jahre ließen noch den Schluß zu, daß das Medium Fernsehen tendenziell nicht gerade dazu beitrug, das Bewußtsein einer grundsätzlichen Gleichheit von Mann und Frau gemäß der Verfassung von 1978 in der Bevölkerung zu verfestigen. So ergab eine von drei Soziologinnen durchgeführte Analyse des spanischen Fernsehprogramms im Jahre 1984,[27] daß von 46 Sendungen und 153 Werbespots, die innerhalb von sieben Wochen auf die

---

26 *Mujeres*. Madrid: Instituto de la Mujer. Nr. 23 (1996), S. 6-8.
27 Beatriz Navarro / María José Barral / Mercedes Blázquez: »La imagen de la mujer en Televisión«, in: *Estudios sobre la situación social de la mujer en España (1984-85)*. Madrid 1985, S. 18-20.

Propagierung bestimmter Frauenstereotypen hin getestet wurden, nur vier Sendungen den (an der Verfassung gemessen) demokratischen Ansprüchen eines »neuen« Spanien genügten. Danach erschien die spanische Frau zumeist als asexuelle Hüterin von Haus und Familie; nur 20% der in den Sendungen vorkommenden Frauen waren als Berufstätige kenntlich gemacht. In der Werbung war die Arbeitswelt der Frau gemäß der Einschätzung der Autorinnen nur von einer scheinbaren Modernität gekennzeichnet, die die Fortschreibung ihrer alten weiblichen Rolle als konsumierbares (und selbst Nutzloses konsumierendes) Objekt verdeckte; das Bild einer Kategorie von Frau, deren Verhaltensmuster sonst für eine mögliche Konfrontation mit der Gesellschaft steht, vermittelte – etwa in der Darstellung von Studentinnen und Arbeiterinnen – nur den Eindruck traditioneller Weiblichkeit: Passivität und Dekorativcharakter. Lediglich die Kinderwelt, in der kleine Mädchen als Protagonisten auftraten, zeigte z.T. aktive Formen von Verhalten, die traditionell als maskulin gelten.

In einigen Serien wurden die alten Klischees der »wesenhaften« Inferiorität der Frau weiterhin ungebrochen reproduziert. So zitierten die Autorinnen Beispiele des eingeschränkten positiven Urteils eines Jungen über ein Mädchen, das gar nicht so übel wäre, obgleich es ein weibliches Wesen sei, oder des Ausdrucks weiblicher Wertschätzung gegenüber einem geliebten Mann, der von einer Frau immer noch als ihr »Herr«, als »Gebieter« über die Liebe und das Reich des Geistigen, als ihr »Beherrscher« angebetet wird. In den spanischen Nachrichtensendungen kam die Frau zu dieser Zeit praktisch gar nicht vor. Im Sport war sie nur in dekorativen Hilfsfunktionen (etwa als Fahnenträgerin) zu sehen. In den Magazinen erschienen Frauen vorwiegend als Sängerinnen, Schauspielerinnen u.ä. in einer betont einseitigen erotischen Attraktivität, deren reduktiver Charakter für den Franquismus und seine Ideologie typisch war.

Nach dem Urteil der Autorinnen erschien das nationale spanische Fernsehprogramm tendenziell besonders negativ abgehoben gegen die im spanischen Fernsehen laufenden ausländischen Produktionen, die der Frau einen Protagonistenanteil von 50% einräumten, die traditionelle Rollenverteilung zwar auch abbildeten, aber mit den der modernen Entwicklung entsprechenden nichttraditionellen Verhaltensmustern, und die in der Darstellung der berufstätigen Frau von heute den Typus propagierten, der dem neuen Bild der mit dem Manne in jeder Beziehung gleichberechtigten Frau entsprach. So hielten nach einer Umfrage des Meinungsforschungsinstituts *Tecop* von 1985 auch 73% der befragten Spanierinnen das vom nationalen spanischen Fernsehen verbreitete Bild der spanischen Frau für nicht mit der neuen Wirklichkeit übereinstimmend, und 65% fühlten sich darin als moderne, mit dem Mann gleichberechtigte Frauen diskriminiert.[28] Zu dem gleichen Ergebnis kam noch Jahre später eine einwöchige Untersuchung von 1.087 im spanischen Fernsehen gesendeten Werbespots im Mai 1990.[29]

Eine 1995 publizierte Studie über das vom spanischen Fernsehen vermittelte Bild der Frau, der Untersuchungen von Sommer 1992 bis Sommer 1993 zugrundelagen, kam dagegen fast zehn Jahre später zu insgesamt ermutigenderen Ergebnissen.[30] Auf der Basis einer Auswahl von 80 aus 2.976 Fernsehprogrammen, deren Typologie allerdings von der Typologie der Sujets der vorhergehenden Analysen z.T. abweicht (zumeist Gewinnspiele mit Publikumsbeteiligung, ferner Variétéshows, Revuen, Reality-Shows, Talkrunden, Gespräche am runden Tisch) sowie einer Selektion von 225 aus 2.215 Werbespots erstellt, konnten die Autoren/Autorinnen nachweisen, daß sich die Darbietung maskuliner und femininer Verhaltensmodelle in der medialen Öffentlichkeit gegenüber »früher« inzwischen erheblich zugunsten der bisher benachteiligten Frau gewandelt hat. Dabei ist jedoch eine Diskrepanz zwischen immer noch fortwirkenden männlichen Vorurteilen und weiblicher Selbsteinschätzung mit zu berücksichtigen.

Die quantitative Analyse ergab, daß von den zusammen 2.662 in die Bewertung einbezogenen Geschlechtsprofilen der Anteil von Männern und Frauen bei einem leichten Übergewicht des maskulinen Elements in den Programmen (53%:47%) und des femininen Elements in der Werbung (52%:48%) etwa gleich groß ist. Unter dem qualitativen Aspekt konnte hinsichtlich des Weiterlebens traditioneller geschlechtsspezifischer Merkmalszuschreibungen eine mehrheitliche Zuweisung geistiger Beurteilungskapazität,[31] einer Neigung zur Aggressivität, zu Jähzorn, zu Übellaunigkeit und einer gegenüber der Frau höheren politischen Kompetenz an den Mann sowie die Zuordnung von Körperbezogenheit und überlieferter erotischer Rollenverteilung (als Verführte), Qualifizierung in Bildern des Magischen und dominanter Rollenerfüllungsvorstellungen im Rahmen der gesellschaftlichen Instanzen »Familie« und »Soziales« an die Frau konstatiert werden.

Diese großenteils von beiden Seiten bestätigten, eher konservativen Befunde werden jedoch hinsichtlich ihres gesellschaftspolitischen Gewichts neutralisiert durch die sich mehrheitlich abzeichnenden Veränderungen hinsichtlich einer

---

28   Koro Castellano: »La deformada imagen de la mujer en TVE. Fregonas o tontas.« In: *Cambio 16*, Nr. 690 v. 18.2.1985, S. 101.

29   Vgl. Ramiro Cristóbal; »Mujer y Publicidad. Crónica de una Violación. Amas de casa felices de limpiar platos y suelos, hermosas descerebradas y carne en venta«, in: *Cambio 16*, Nr. 1193 v. 3.10.1994, S. 28-31.

30   Manuel Martín Serrano, con Esperanza Martín Serrano y Vicente Baca Lagos: *Las mujeres y la publicidad. Nosotras y Vosotros según nos ve la Televisión*. Madrid: Instituto de la Mujer 1995 (=Serie Estudios, 42).

31   Sich äußernd in der TV-gesteuerten maskulinen Definition der Eigenschaften von Frauen (73%) und Männern (93%) wie auch in weiblicher Berufung auf männliche Autoritäten (60%) oder der mehrheitlichen Einladung von Männern zu geistigen Streitgesprächen am runden Tisch u.ä.

neuen Selbstdarstellung der im Fernsehen auftretenden Frauen. Im eklatanten Gegensatz zu ihrem im spanischen Klerikalfaschismus normativ fixierten Erscheinungsbild vermitteln sie den Eindruck eines bewußten Strebens nach Autonomie in der Verfolgung ihrer Ziele ohne die Notwendigkeit einer paternalistischen Direktive, eines Strebens nach Selbstentfaltung gemäß ihren persönlichen Fähigkeiten. Sie interessieren sich mehr als die Männer für geistige Qualitäten an anderen Personen, sehen eigene Verhaltensweisen in rationaler Überlegung begründet (statt in einer ihnen fremdperspektivisch von den Männern zugeschriebenen emotionalen oder gar vom Sexualtrieb gesteuerten Motivation) und möchten auch lieber als reflexive denn als nur auf Erotik ausgerichtete Wesen wahrgenommen werden. Entgegen der den Frauen vom Klerikalfaschismus als wesensgemäß zuerkannten Leidensbereitschaft (besonders im Dienste der Absicherung männlich-narzißtischen Glücks) und der von ihnen erwarteten *autorrepresión* konstatieren die Autorinnen und Autoren nunmehr eine Umkehrung des »traditionellen« Schemas: Im Rahmen ihrer Suche nach Selbstverwirklichung bejahen sie (das im spanischen Fernsehen häufig als legitim proklamierte) Recht auf Lust und Lebensgenuß auch für sich als Frauen, das alle Sinne und Fähigkeiten umfaßt und – entgegen wiederum den männlichen Vorurteilen – nicht nur oder sogar weniger die sexuelle Befriedigung. Im Gegenzug ist bei den Männern eine erhöhte Bereitschaft zum »Leiden« festgestellt worden. Auch das bisherige Differenzkriterium einer bis dahin maskulin monopolisierten Fähigkeit zum Ergreifen der Initiative hat seine Gültigkeit verloren. Situationen, Räume und Funktionen, die früher exklusiv für eines der beiden Geschlechter »reserviert« waren (so die maskulin besetzte Situation des »Wettbewerbs« oder alle auf »Heim und Herd« bezogenen und damit als »weiblich« ausgewiesenen Situationszusammenhänge, Räume und Funktionen) stellen in zunehmendem Maße kein geschlechtliches Unterscheidungsmerkmal mehr dar. So werden Frauen und Männer als Träger von Rollen des Bereichs »Familie/Heim und Herd« im Verhältnis 34:16 (Programme) bzw. 30:28 (Werbespots) dargestellt. Die Stereotype der exklusiven Benutzung von Haushaltsgeräten durch Frauen existiert nicht mehr. Das Autorenkollektiv der Studie stellt hinsichtlich der gezeigten Funktionen im Gegenteil eine wachsende Feminisierung der männlichen Akteure hinsichtlich der Übernahme von Rollen (besonders in den Werbespots) und auch des demonstrierten männlichen Verhaltens fest (z.B. zeigt eine größere Zahl von Männern impulsive, d.h. nicht durch Nachdenken gesteuerte Reaktionsmuster als Frauen). Insgesamt ist bei den Bewertungen von Eigenschaftszuschreibungen das Bild der Frau sowohl hinsichtlich der Selbsteinschätzung (80:24) wie der Fremdeinschätzung durch den Mann (92:19) überwiegend positiv in den Programmen (gegenüber einem relativ höheren Anteil negativer Bewertung der Männer durch die Frauen im Verhältnis von 83:32).

Bilanzierend kann gesagt werden, daß die Ergebnisse der Analysen immer noch eine gewisse Zwiespältigkeit in der Vermittlung des gesetzlichen Auftrags der gesellschaftlichen Etablierung der Gleichheit von Mann und Frau zeigen und die Initiativen der sozialistischen Regierung zu grundlegenden Reformen im Erziehungsbereich mit der Vorlage der vergangenen ersten beiden Dreijahrespläne (1988-1990, 1993-1995) nicht die durchgängigen Erfolge gezeitigt haben, die man sich davon versprochen hatte.[32]

3. Frau und Arbeit

Angesichts des hohen Gültigkeits- und Wirkungsgrades der Normierung des Typus »Hausfrau und Mutter« unter dem Franco-Regime in der Funktion einer vom Mann ökonomisch abhängigen und schon deshalb sexuell unfreien »Dienerin« kommt einer Evaluation statistischer Angaben zum Bereich »Frau und Arbeit« eine zentrale Bedeutung für die vorliegende Analyse zu. Um das dabei relevant werdende Verhältnis Hausfrau und Mutter/Arbeit annähernd bestimmen zu können, sei vorweg auf die Entwicklung der Zahl der Eheschließungen und Geburten verwiesen.[33]

Aus den vorliegenden Daten ist zu entnehmen, daß seit 1975 die Rate der Eheschließungen konstant abnahm (von 271.347 für 1975 auf 188.836 für 1982), bis sie sich in den neunziger Jahren stabilisierte. Im gleichen Zeitraum stieg allerdings die Rate der Ehescheidungen und Trennungen stetig an. Die (relativ zu den Scheidungen immer etwas höhere) Rate der Trennungen betrug 1982 10%, 1989 16%, und der Trend setzte sich nach Angaben der Justizbehörden in den neunziger Jahren hinsichtlich beider Formen der Eheaufkündigung weiter fort (Anstieg von zusammen 66.610 für 1992 auf 82.475 für 1994).[34] Ergänzend dazu ist die spanische Geburtenrate ständig bis zu einem ungeahnten Tiefpunkt gesunken (von 685.219 für 1974 über 473.281 für 1984 auf 365.124 für 1994). Das bedeutet einen Rückgang von 2,9 Kindern pro Mutter im Jahre 1974 über noch 1,9 für 1982 auf 1,5 für 1987 und nurmehr 1,2 für 1994. Damit ist Spanien nach einer Bilanz vom August 1996 zum »Land mit der niedrigsten Geburtenrate der Welt«

---

32 *Mujer y Educación* (Anm. 22), S. 89f.; »Igualdad de oportunidades para las mujeres. Programa comunitario a medio plazo 1986-1990. Educación y formación«, in: *Mujeres*, Jg. III, Nr. 13, September/Oktober 1986; Instituto de la Mujer (Hg.): *Las españolas en el umbral* (Anm. 12), S. 44-49.

33 *Report presented by Spain* (Anm. 5), Kap. »Demography and Health«, S. 19-30 (gültig auch für das Folgende). Instituto de la Mujer (Hg.): *Las españolas en el umbral* (Anm. 12), S. 15; Instituto de la Mujer (Hg.): *La mujer en cifras* (Anm. 15), S. 14-17.

34 Vgl. Amando de Miguel: *La sociedad española 1994-1995*. Madrid 1994, S. 276; Instituto de la Mujer (Hg.): *La mujer en cifras* (Anm. 15), S. 18.

geworden.³⁵ Die Tendenz der den franquistischen Appellen zuwiderlaufenden fallenden Geburtenziffern ist allerdings schon seit 1965 nachweisbar, wurde jedoch bis 1973 offiziell verschwiegen.³⁶

Diese Werte spiegeln deutlich die gesellschaftlichen Veränderungen innerhalb des hier untersuchten Zeitraums wider und lassen den Schluß zu, daß die Ehe, während des Franco-Regimes höchstes irdisches Lebensziel der Frau, und die Mutterschaft, insofern sie von den franquistischen Ideologen als rein biologische Reproduktion ohne freie Entscheidung und Verantwortlichkeit der Frau aufgefaßt und propagiert worden war, ihren ehemals hohen Stellenwert zunehmend verloren haben. Im einzelnen wären hierbei natürlich noch schichten- und gruppenspezifische Differenzierungen vorzunehmen, wobei sich herausstellen würde, daß die Bereitschaft zur Geburtenkontrolle von den Variablen Bildungsniveau, Berufsqualität, Stadt/Land-Zugehörigkeit u.a. abhängt und je verschieden stark ist.

Eine Evaluation der ermittelten Daten zum Verhältnis der beiden Faktoren Ehe/Arbeit zueinander und zur Bestimmung des Faktors Frauenarbeit insgesamt ergibt für den Zeitraum der ersten beiden Dekaden nach der Einführung der Demokratie in Spanien folgendes Bild:³⁷ Zunächst ist festzuhalten, daß sich die demoskopischen Basiswerte im zu untersuchenden Zeitraum leicht verändert haben. Die Zahl der Einwohnerschaft Spaniens stieg trotz des Geburtenrückgangs von 1984 (37,7 Millionen) bis 1991 auf 38,872 Millionen an. Bei einem Anteil von 19,836 Millionen Frauen und 19,036 Millionen Männern ist dabei ein leichtes Übergewicht der Frauen von 51,03% zu konstatieren.

Grundlegend für die weitere Analyse ist die Bestimmung der Relationen zwischen den geschlechtsspezifischen Anteilen der aktiven Bevölkerung, der real arbeitenden Bevölkerung und dem Anteil der Arbeitsuchenden bzw. der anteiligen Arbeitslosenquote. Zur Entwicklung vom Franquismus der sechziger Jahre bis hin zum Ende der ersten Dekade des demokratischen Spanien ist anzumerken, daß zwar etwa im Vergleich zu 1967 (2,1 Millionen arbeitender Frauen) bis 1985 ein Anstieg der Zahl arbeitswilliger Frauen um fast das Doppelte zu verzeichnen ist, daß aber ein gemäß den veränderten Ausgangsbedingungen nach 1975 zu erwartender Anstieg des Anteils der aktiven weiblichen Arbeitskraft zwischen

---

35 »La natalidad española ya es europea«, in: *Cambio 16*, Nr. 718, 2.9.1985, S. 24-26; Carlota Bustelo: »La discriminación de la mujer en el mercado laboral. La otra mitad del futuro«, in: *El País* v. 21.12.1987, S. 32; Gema Delgado: »La España sin Niños.« In: *Cambio 16*, Nr. 1291 v. 19.8.1996, S. 45. Instituto de la Mujer (Hg.): *La mujer en cifras* (Anm. 15), S. 14.

36 A. de Miguel: *40 millones de españoles* (Anm. 3), S. 32ff. – Das trotzdem zu konstatierende stetige Ansteigen der spanischen Bevölkerung wird auf die zurückgehende Sterberate bei Säuglingen und die immer höhere Alterserwartung zurückgeführt [ermittelter Durchschnittswert bei Frauen 80,9 Jahre für 1993; vgl. näher *La mujer en cifras* (Anm. 15), S. 83].

37 *Report presented by Spain* (Anm. 5), Kap. »Labour«, S. 49-66; *Situación de la mujer en España 1984* (Anm. 20), S. 9ff.; Instituto de la Mujer (Hg.): *Las españolas en el umbral* (Anm. 12), S. 96-102; Instituto de la Mujer (Hg.): *La mujer en cifras* (Anm. 15), S. 53-81.

1975 und 1985 ausgeblieben ist. Weisen die Angaben für 1976 noch eine Zahl von 3,385 Millionen arbeitender Frauen aus, so ging ihre Zahl bis 1984 sogar auf 2,978 Millionen zurück. Andererseits signalisiert der im gleichen Zeitraum nachweisbare Anstieg der Arbeitslosenziffern für Frauen von 183.400 (1976) auf rund eine Million für das Jahr 1984 (gültig bis 1987), daß sich insgesamt die Nachfrage von Frauen nach Arbeit doch vergrößert hat.

Für den Zeitraum der zweiten Dekade (1984 bis heute) zeichnet sich folgende Entwicklung ab: Betrug der Anteil der aktiven Bevölkerung 1984 rund 13 Millionen mit einem männlichen Anteil von 9,24 Millionen und einem weiblichen von 3,98 Millionen, so ist nach einer Erhebung des INE von Ende 1996 inzwischen von etwas mehr als 16 Millionen des aktiven Teils der Bevölkerung auszugehen, sich nunmehr aufteilend in 9,859 Millionen Männer und 6,181 Millionen Frauen. Das bedeutet, daß sich von den 16,606 Millionen Frauen in einem arbeitsfähigen Alter 37,2% als zum aktiven Teil der weiblichen Bevölkerung gehörend klassifizieren, während es bei den Männern 63,4% sind. Gemessen am Gesamtvolumen der aktiven Bevölkerung betrug der weibliche Anteil 1996 38,5%. In der Entwicklung der letzten zwölf Jahre hat sich damit das Verhältnis maskulin:feminin von 1984 noch 70:30 auf die Relation 61,5:38,5 für Ende 1996 zugunsten eines leichten Anstiegs der weiblichen Komponente verändert.

Ausschlaggebend aber ist der Faktor der real Beschäftigten. Und hier verschiebt sich das Verhältnis im Laufe der Zeit wiederum zuungunsten der Frauen. Arbeiteten 1984 von den 9,24 Millionen real nur 7,37 Millionen Männer und von den 3,98 Millionen nur 2,98 Millionen Frauen, wobei die für die Aktivitätsanteile gültige Relation von rund 70:30 in etwa auch für den Beschäftigungsproporz konstant blieb, so stellt sich für 1996 das Verhältnis gemäß der aufgezeigten Steigerungsrate so dar, daß von den 9,86 Millionen der aktiven männlichen Bevölkerung 8,17 Millionen Arbeit haben, während von den 6,18 Millionen der aktiven weiblichen Bevölkerung 4,35 Millionen beschäftigt sind. Trotz des Anstiegs der absoluten Zahlen fällt danach die weibliche Rate real arbeitender Frauen im Vergleich mit den für die aktive Bevölkerung ermittelten Zahlen gegenüber dem Anteil der in Arbeit stehenden Männer wieder um mehrere Punkte zurück, was dann einem Verhältnis von maskulin:feminin von 65,24:34,76 entspricht. Gemessen an der Zahl der weiblichen Bevölkerung Spaniens sinkt der zu bestimmende weibliche Anteil noch mehr ab. Machte der Anteil der in Arbeit stehenden Männer, gemessen an der männlichen Bevölkerung Spaniens 1993 52,1% aus und erreichte nach einem Tiefpunkt 1994 (50,8%) 1996 wieder 52,6%, so wiesen die Frauen hinsichtlich des arbeitenden Teils der weiblichen Bevölkerung nach 1980 (28,5%) und 1985 (29,1%) im Jahre 1993 nur noch einen Anteil von 24,6% aus, der 1994 noch weiter auf 24,4% sank, womit Spanien im europäischen Vergleich auf den letzten Platz in der Skala der Länder der EG zurückfiel.[38] Er stieg dann in den letzten zwei Jahren (1995: 25,2%, 1996: 26,2%) parallel zur männlichen Quote wieder leicht an, macht aber im Vergleich zu den Männern weiterhin nur die Hälfte aus.

Abgesehen von der niedrigeren Aktivitätsrate bei den Frauen ist ein wichtiger Grund für eine nicht optimale weibliche Beschäftigungsquote die auch in Spanien konstatierbare steigende Arbeitslosigkeit als größte Bedrohung arbeitswilliger Frauen angesichts des bekannten Phänomens der Revitalisierung restaurativer (d.h. gegen die Frauen gerichteter) Tendenzen in wirtschaftlichen Krisenzeiten. Ein Blick auf die Entwicklung zeigt einen steten Anstieg und gegenüber der männlichen Rate die Frauen stärker treffende Arbeitslosigkeit bis in die neunziger Jahre. Erhöhten sich die Arbeitslosenziffern für Frauen von 183.400 im Jahre 1976 auf rund eine Million, gültig für die Jahre 1984-1987, verbunden mit schon Ende der achtziger Jahre abgegebenen pessimistischen Zukunftsprognosen,[39] so hat sich bis 1996 diese Zahl fast noch einmal verdoppelt (1,8 Millionen arbeitsloser Frauen gegenüber 1,687 Millionen Männern). Aufgrund arbeitspolitischer Maßnahmen seitens der sozialistischen Regierung konnte der negative Trend jedoch letztlich gestoppt werden: Sowohl die männliche wie die weibliche Arbeitslosenrate sind seit 1994 in Spanien sogar leicht zurückgegangen (die männliche von 19,8% für 1994 auf 17,1% für 1996; die weibliche von 31,4% für 1994 – die Spanien wiederum im europäischen Vergleich als Schlußlicht auswies – auf 29,6% für 1996). Darunter sind die Arbeitslosenraten bei den Jugendlichen beider Geschlechter, mit höherem Anteil der Mädchen, am höchsten und sinken mit zunehmendem Alter: In der Altersgruppe der 16-19jährigen beträgt die männliche Rate 43,0%, die weibliche sogar 59,5%. Insgesamt gesehen trifft die Arbeitslosigkeit prozentual dabei mehr ledige als verheiratete Frauen (36,0% gegenüber 23,9%), eine Relation, die auch für die Männer gilt. Hinzuweisen ist noch auf das ebenso für die Frauen nachteilige Verhältnis von Voll- und Teilzeitarbeit. Von der Zahl der Vollbeschäftigten (11,58 Millionen, gültig für 1996) stellen die Frauen einen Anteil von 31,5%, sind aber bei den rund eine Million Teilzeitbeschäftigten (938.900) mit 75,16% vertreten.

Unter dem Aspekt der Bewertung der Relation Ehe/Arbeit ist eine Tendenz aufzuzeigen, die sich über die vergangenen 20 Jahre nach der Einführung der Demokratie verfolgen läßt. Für den Zeitraum bis 1984 galt der Nachweis, daß die Quote der jüngeren arbeitenden Bevölkerung zwischen 16 und 24 Jahren bei den Frauen sogar höher lag als der männliche Anteil, die Zahl der in einem Arbeitsverhältnis stehenden Frauen dann aber deutlich mit der Heirat oder dem ersten

---

38 Instituto de la Mujer (Hg.): *La mujer en cifras* (Anm. 15), S. 62.
39 Vgl. Antonio Caballero: »Las nuevas españolas«, in: *Cambio 16 extra,* Nr. 855, v. 18.4.1988, S. 13.

Kind abnahm: Nach Eintritt in die Ehe kündigten rund 70% ihr Arbeitsverhältnis und schieden aus dem Arbeitsprozeß aus, nur etwa 30% der verheirateten Frauen arbeiteten weiter. Diese Tatsache wurde von den Kommentatoren dahingehend interpretiert, daß die Ehe und die Mutterschaft (wiewohl selbst in abfallender Tendenz) sich in Hinsicht auf weibliche Berufstätigkeit immer noch ungünstig auswirkten, obwohl – nach den Ergebnissen von Umfragen zu urteilen – ein Umdenken stattgefunden hatte. Hatten sich 1974 noch 82% für die alleinige Zuweisung der Haushaltung an die Frau und 68% gegen die Berufstätigkeit von verheirateten Frauen ausgesprochen, so waren 1985 nach den Resultaten des Meinungsforschungsinstituts ECO nur noch 9% der Frauen (18% der Männer) für den Ausschluß verheirateter Frauen aus dem Berufsleben; 88% der Frauen (77% der Männer) waren für die Berufstätigkeit von verheirateten Frauen, davon 28% (resp. 26%) unter der Bedingung, daß – falls Kinder da sind – die Kinder nicht mehr allzu klein seien: ein gegenüber der Zeit des Franquismus offensichtlicher Wandel in der Einstellung der spanischen Bevölkerung zu diesem alten, von der Kirche immer wieder angeheizten Problem.[40] Trotzdem hinkte die Realität diesem Bewußtseinswandel in der Folgezeit hinterher. Die verfügbaren Daten weisen aus, daß auch 1996 nur 35,3% der verheirateten Frauen (im Gegensatz zu fast der doppelten Anzahl von Männern) zum aktiven Teil der Bevölkerung zählen und die höchsten weiblichen Aktivitätsraten bei den Ledigen und den Geschiedenen (51,5% bzw. 71,2%) zu verzeichnen sind. An der Variable Alterszugehörigkeit gemessen, ist parallel zu diesem Befund zu ersehen, daß die weibliche Beschäftigungsrate aufgrund der Jugendarbeitslosigkeit nicht mehr den höchsten Wert in der oben genannten Altersgruppe erreicht, sondern langsam bis zum Alter zwischen 25 und 29 Jahren ansteigt, dort mit 48,3% ihren höchsten Wert erreicht (im Vergleich zur männlichen Rate mit 67,7%) und von da an stetig sinkt, während die männliche Rate mit 85,3% ihren Höhepunkt bei den 34 bis 39jährigen hat und sich dann auch weiter auf einem hohen Niveau bis zum 55. Lebensjahr hält.

Was die Einbringung weiblicher Arbeitskraft in die vier großen Sektoren Landwirtschaft, Industrie, Bau und Dienstleistungsgewerbe betrifft, so läßt sich die Entwicklung seit dem Beginn der Demokratie bis heute in ihren Hauptzügen wie folgt skizzieren: Schon seit 1980 arbeitet die Mehrzahl aller spanischen

---

40 José Manuel Arija: »Encuesta: Discriminación y machismo«, in: *Cambio 16*, Nr. 704 v. 27.5.1985, S. 90. 1988 sind 85% der befragten Frauen für die gemeinsame Erledigung der Hausarbeit von Mann und Frau (Tabelle aus »Españolas 88«. In: *Cambio 16 extra*, Nr. 855 v. 18.4.1988, S. 19). Aber real helfen nur 14% der Männer nach der Geburt eines Kindes im Haushalt mit (Carlota Bustelo: »La discriminación de la mujer en el mercado laboral. La otra mitad del futuro«, in: *El País* v. 21.12.1987, S. 32). Um diese Zustände zu ändern, startete die sozialistische Ministerin Alberdi 1994 eine 100 Millionen Peseten teure Kampagne zur Aufklärung der spanischen Bevölkerung (Carlos Santos: »Que refrieguen ellos. « In: *Cambio 16*, Nr. 1196 v. 24.10.1994, S. 32-38).

Frauen im Dienstleistungsgewerbe (*servicios*). Gemessen am Gesamtvolumen der in den Arbeitsprozeß integrierten weiblichen Arbeitskraft stieg der Anteil im Lauf der Zeit von 60,5% (1980) auf 77,6% (1993) an, wobei die Wachstumsraten in einzelnen Untergruppen besonders der »typisch weiblichen Berufe« Dienstmädchen, Krankenschwester (Berufsfeld Gesundheitswesen), Lehrerin (Erziehungswesen), Sekretärin (Öffentliche Verwaltung) z.T. erstaunlich sind. Im Vergleich zum männlichen Anteil an diesem Sektor stellten die Frauen 1980 einen Anteil von 38,4%, der bis 1993 auf 44% und bis 1996 noch einmal auf 44,9% anstieg. Heute arbeiten von den 4,354 Millionen Spanierinnen allein 3,475 Millionen im Dienstleistungsgewerbe (gegenüber 4,260 Millionen Männern), d.h. fast 80% aller weiblichen Beschäftigten arbeiten in diesem Sektor.

Für den Sektor Industrie zeigt die Zahl der weiblichen Beteiligung dagegen eine sinkende Tendenz. Verzeichnete dieser Sektor bereits für den Zeitraum zwischen 1975 und 1984 einen Rückgang von (in absoluten Zahlen) 829.200 auf 500.900, so pendelte sich die weibliche Beteiligung zwar in der Folgezeit auf eine Zahl um die 550.000 ein – gleichbedeutend mit etwa 20%–, ein Wert, der im Hinblick auf die Zunahme der Beteiligung von Frauen am Arbeitsprozeß bis 1993 einen Rückgang bedeutet (von 1980 noch 20% auf 1993 13,5%), sich aber bis 1996 bei 22% wieder stabilisierte. 1996 registrierten die Datenerheber für den Sektor Industrie in absoluten Zahlen 557.200 weibliche Beschäftigte (gegenüber 1,975 Millionen Männern).

Einen noch stärkeren Rückgang der weiblichen Arbeitskraft signalisieren die Datenquellen für den Landwirtschaftssektor. Gemessen am Gesamtvolumen tätiger Frauen betrug deren Anteil im Agrarbereich 1980 noch 18,7% und sank bis 1993 auf 8%. 1996 arbeiteten im Vergleich zum Industriesektor nur etwa die Hälfte der Frauen (267.500) in der Landwirtschaft, ihr Anteil gegenüber den Männern betrug hier 25,4%, etwa das gleiche Verhältnis wie in der Industrie. Das heißt: In Landwirtschaft und Industrie zusammen arbeitet nicht einmal ein Viertel aller weiblichen Beschäftigten in Spanien.

Der Sektor Bauwesen weist traditionell den niedrigsten Anteil weiblicher Beschäftigung auf, und daran hat sich auch bis heute nichts geändert. Für den Zeitraum von 1980 bis 1996 ist zwar ein leichter Anstieg von 1,9% über 3,6% (1993) auf 4,5% zu verzeichnen; die Zahl der in diesem Produktionszweig arbeitenden Frauen (1996: 54.100 gegenüber 1,15 Millionen Männern) macht jedoch während des gesamten Zeitraums nur ungefähr 1% der arbeitenden weiblichen Bevölkerung aus.

Was die Aufteilung der Frauenarbeit insgesamt nach selbständiger Arbeit und Lohnarbeit betrifft, so weisen die Statistiken für 1996 auf der Grundlage der Beschäftigungsrelation maskulin:feminin 8.171.000:4.353.500 (=65,2%:34,8%) einen geringeren Anteil an Frauenarbeit in der Gruppe der selbständig Arbeitenden aus – rund 1 Million gegenüber 2 Millionen Männern –, während die meisten Frauen – 3,4 Millionen gegenüber 6 Millionen Männern – als Lohnempfängerinnen registriert sind. Von letzteren arbeitet die Mehrzahl (2,4 Millionen) im Privatbereich. Im Bereich der Selbständigen sind die Frauen als neue Unternehmerinnen zwar im Aufwind,[41] aber sie stellen z.Z. nur 17,8% der spanischen Unternehmerschaft dar (114.500 gegenüber 527.500 Männern).

Eine starke Diskriminierung im Bereich »Frau und Arbeit« auf der Ebene der Lohnabhängigen ist weiterhin gegeben angesichts der Tatsache, daß ein Großteil der weiblichen Arbeitskraft zu minderqualifizierter Arbeit und besonders zu Teilzeitarbeit herangezogen wird und z.T. ohne Sozialversicherung ist. Auch das Recht der Frau auf gleichen Lohn bei gleicher Arbeit wird (wie schon zur Zeit des Franquismus nach Einführung des Gesetzes von 1960/62) weiterhin gerade auf dieser unteren Ebene des Arbeitsmarktes häufig unterlaufen. Statistische Erhebungen wurden zu diesem Problem lange Zeit nicht erstellt.[42] Erst 1988 erschien eine Studie, in der im Auftrag des Wirtschaftsministeriums das Lohnproblem für 1987 in Teilanalysen kritisch angegangen wurde und in der die vermutete Ungleichheit in der Bezahlung von Mann und Frau für die gleiche Arbeit offen zutage trat: Es zeigte sich, daß die spanischen Frauen durchschnittlich 22,6% weniger verdienten als die Männer, in Teilbereichen der Arbeitswelt sogar bis zu 40%![43] 1993 abgeschlossene Untersuchungen für den Bereich Industrie, Dienstleistungsgewerbe und Bauwesen sowie die für 1994 veröffentlichten Daten des Instituts für Finanzstudien bestätigen die früheren Befunde. Auch noch für die neunziger Jahre ist die vom *Instituto de la Mujer* 1997 gezogene Bilanz gültig. Danach ist – entsprechend der letzten Erhebung von 1994 – der Durchschnittslohn für Frauen mit 71,5%, gemessen am Durchschnittslohn des Mannes, trotz aller Bemühungen seitens des Fraueninstituts um fast 30% niedriger als der der Männer. Dies gilt für alle *Comunidades Autónomas* gleichermaßen, wobei der Durchschnittslohn für Frauen in einigen Regionen wie Murcia sogar auf 65,6% des männlichen Lohns absinkt. Eine Ausnahme bildet Extremadura, wo der weibliche Durchschnittslohn immerhin 83% erreicht.

So ist auch die tendenziell positive Einstellung der spanischen Frau zum Faktor »Arbeit« in Hinsicht auf die Variable »soziale Schichten« insofern zu nuancieren, als die Frauen der Unterschicht Umfragen zufolge ein viel negativeres Verhältnis zur Arbeit der Frau haben als Angehörige der verschiedenen Schichten der Mittelklasse. Nach mehreren 1994 in der Zeitschrift *Cambio 16* publizierten Umfra-

---

41 Inmaculada Álvarez: »Cuando tengamos el poder económico, nadie nos podrá negar el político«, in: *Cambio 16*, Nr. 1280 v. 3.6.1996, S. 27.
42 Vgl. *Mujeres*, Jg. III, Nr. 13, September/Oktober 1986, S. 25.
43 »Las trabajadoras españolas ganan por término medio un 22,6% menos que los hombres«, in: *El País* v. 4.4.1988, S. 27.

geergebnissen sind zwischen 33% und 40,1% aller befragten Spanierinnen mit ihrer Arbeit, ihrer Arbeitssituation bzw. ihrer Entlohnung unzufrieden.[44] Die jüngsten als »trostlos« bezeichneten Berichte der Gewerkschaften über die Entwicklung in der Kategorie »weibliche Teilzeitbeschäftigung« mit einem 56% niedrigeren Lohn für Frauen bei gleicher Arbeitsleistung geben dem genannten Umstand eine neue Aktualität.[45]

Relevant für eine Gesamtbeurteilung ist neben der Betrachtung der horizontalen Achse, der Auffächerung weiblicher Arbeitskraft nach Sektoren, auch die Betrachtung der vertikalen Achse, der hierarchischen Gliederung innerhalb der einzelnen Arbeitsfelder. Hier ist von den Regierungsbeauftragten hervorgehoben worden, daß trotz der Schaffung gleicher Voraussetzungen auch unter der Bedingung gleicher Qualifikationen der Anteil von Frauen in Spitzenpositionen immer noch denkbar gering ist. Die Entwicklung des weiblichen Anteils an Stellenbesetzungen im Bereich der Führungsetagen der Verwaltung und der Wirtschaftsunternehmen zeigt zwar von 1980 (3,1%) über 1985 (3,4%) bis 1993 (12,7%) einen beträchtlichen Anstieg, Frauen bleiben dennoch deutlich unterrepräsentiert, was nach der Bewertung des *Instituto de la Mujer* eine klare Diskriminierung der Frau darstellt.[46] Dieses Phänomen ist besonders auffällig in Bereichen, in denen inzwischen eine zunehmende »Feminisierung« eingetreten ist, wie Öffentliche Verwaltung oder in Berufen, die traditionell von Frauen dominiert werden, wie der Lehrerberuf. So gibt es, obwohl die Mehrheit der spanischen Grundschullehrer schon seit 1980 und mit steigender Tendenz bis in die neunziger Jahre weiblichen Geschlechts ist, doppelt soviele männliche Schulleiter wie weibliche. Für den Berufsbereich Erziehung gilt zudem insgesamt auch 1994 noch, daß die Präsenz der Frau mit der Höhe des Bildungsniveaus proportional schwindet.[47]

Im universitären Bereich nimmt der weibliche Anteil von den unteren Positionen über die nächsthöheren Stufen bis hin zur Gruppe der Ordinarien ständig ab. Zwar hat die Zahl der zum Lehrkörper der Universitäten Gehörigen von 1980/81 (21,2%) über 27,2% für 1985/86 und 30,6% für 1991/92 bis 1993/94 (30,94%) stetig zugenommen, aber die Relationen haben sich seitdem nicht grundlegend verschoben. Lag der weibliche Anteil bei der Gruppe der unteren Chargen 1980 bei circa 30% und sank dann bis hin zur Gruppe der Ordinarien auf 4,5%, so weisen die Zahlen für 1993/94 einen weiblichen Prozentsatz bei den Assistenturen von 45,3%, bei den Lehrbeauftragten (*asociados/as*) von 28,8% sowie bei Universitätsdozenten mit Promotion (*profesores/as titulares*) von 34,5% aus. Der Anteil der Frauen bei der Besetzung von ordentlichen Professuren (*catedráti-

---

44 Susana Tello: »Con faldas y sin blanca«, in: *Cambio 16*, Nr. 1182 v. 18.7.1994, S. 38.
45 Pilar Casanova: »Cenicientas de Europa«, in: *Cambio 16*, Nr. 1326 v. 28.4.1997, S. 30.
46 Instituto de la Mujer (Hg.): *Las españolas en el umbral* (Anm. 12), S. 62, 129.
47 Ebd., S. 85.

cos/as) ist zwar um das Dreifache gestiegen, gestaltet sich mit 13,3% jedoch immer noch recht mager.

Beide Phänomene, das zumeist langsame, aber stetige Ansteigen des weiblichen Anteils am sozialen Faktor »Arbeit« und die Schwierigkeit, den erreichten Proporzwert auf der horizontalen Ebene auch anteilig auf die vertikale Struktur der sozialen Hierarchie auszudehnen, bestimmen den Tenor der Einschätzung der Entwicklung in den Verlautbarungen zum Weltfrauentag der Vereinten Nationen von 1985 wie noch der Weltfrauenkonferenz von Peking 1995. Es hat sich gezeigt, daß die politisch verfügte *igualdad* auch in diesem Bereich nicht auf Knopfdruck im ganzen Umfang realisiert werden kann. Und wenn Frauen allmählich in alte Männerdomänen des Berufslebens eindringen konnten (etwa der für Frauen bis Ende der sechziger Jahre noch verbotene Beruf der Richterin), so nur in steter Bewährungsprobe gegen die männlichen »Statthalter«. Umfrageergebnissen zufolge stand dagegen schon Mitte der achtziger Jahre die Mehrheit der spanischen Bevölkerung hinter einer umfassenden Integration der Frau in den Berufsalltag: Weit mehr als drei Viertel der Befragten befürworteten die Übertragung von Ministerposten, Arztpraxen, Rechtsanwaltskanzleien u.ä. an Frauen.[48] Charakteristisch für diese Entwicklung ist, daß die erste Spanierin, die ein Richteramt bekleiden durfte, auch in diesem »Männerberuf« auf ihren weiblichen »Wesens«-Anteil zurückgestutzt und nur als Jugendrichterin zugelassen wurde.[49] Inzwischen sind die in der rechtswissenschaftlichen Fakultät Eingeschriebenen (seit 1989/90) mehrheitlich Frauen, und bis 1995 wuchs der Anteil der Richterinnen auf ein Drittel des Gesamtvolumens dieser Berufssparte an (1.000 gegenüber rund 2.039 Richtern). Das Amt einer Staatsanwältin bekleiden inzwischen 41,3% dieser Berufsgruppe (die sieben ersten Plätze bei den Auswahlprüfungen für die Besetzung von Staatsanwaltsstellen belegten 1996 Frauen), und bei den zugelassenen Anwälten in Spanien (über 7.000) haben die Frauen sogar die Mehrheit (51,7%).[50] Bis 1996 wurde allerdings noch kein weibliches Wesen in eine führende Position der Judikative berufen und auch unter den 80 Mitgliedern des *Tribunal Supremo*, des obersten spanischen Gerichtshofs, befindet sich keine Frau. Deshalb schien die 1996 erstmalige Berufung einer Frau in das Amt der Justizministerin als mögliches Zeichen eines Bewußtseinswandels.

Erst gegen Ende der achtziger Jahre ist auf dem Sektor »Arbeit« hinsichtlich ihres bisherigen Ausschlusses aus bestimmten Berufsfeldern ein Durchbruch zu

---

48 José Manuel Arija: »Encuesta. Discriminación y machismo«, in: *Cambio 16*, Nr. 704 v. 27.5.1985, S. 90.
49 Geraldine M. Scanlon: *La polémica feminista en la España contemporánea (1868-1974)*. Madrid 1976, S. 347.
50 Fátima Uribarri: »El juez era ella«, in: *Cambio 16*, Nr. 1212 v. 13.2.1995, S. 34; Instituto de la Mujer (Hg.): *La mujer en cifras* (Anm. 15), S. 105.

verzeichnen. Die letzten Bastionen männlichen Herrschaftsmonopols fielen in diesem Zeitraum. Nach dem ersten Schritt einer (wenn auch zögerlichen) Zulassung von Frauen zum Dienst im spanischen Polizeiapparat schon 1971 – in den *Cuerpo Nacional de Policía* waren bis Ende 1988 387 Frauen aufgenommen worden, das entsprach einem Anteil von 10% – gestattete die spanische Regierung ab 1987 auch die Aufnahme von Frauen in die *Guardia Civil* (bis Ende 1988 konnten bereits 202 Einstellungen registriert werden), und 1988 wurde dem weiblichen Geschlecht auch erstmals in der Geschichte der Zugang zu den spanischen Streitkräften eröffnet, wenn auch zunächst nur für bestimmte Teilbereiche (Sanitätswesen, Veterinärwesen, Intendantur, Rechtswesen), verbunden mit dem Verbot des Zutritts von Frauen zu den spanischen Militärakademien und den sogar gerichtlich abschlägig beschiedenen Klagen etwa auf Zulassung zur Ausbildung als Kampffliegerin. Erst 1990 wurde die erste Pilotin in der spanischen Luftwaffe eingestellt.[51] Der weibliche Anteil am Personal der *Fuerzas Armadas* blieb jedoch auch noch bis 1996 mit 0,7% (400 von 57.600 Beschäftigten) äußerst gering, und bis Juni 1996 bekleidete nach den vorliegenden Angaben nur eine Frau in der *Guardia Civil* einen Offiziersrang.[52]

Ende 1994 zog die sozialistische Ministerin für Soziales, Cristina Alberdi, für den Bereich »Frau und Arbeit« eine positive Bilanz hinsichtlich der von den Frauen in vielen Sektoren bereits erreichten Zahlengleichheit oder gar Erlangung eines leichten Übergewichts und begrüßte den in der Demokratie den Frauen eröffneten Zugang zu Berufen des Rechtswesens, der Medizin oder des Journalismus. Sie mahnte aber an, daß den Frauen immer noch nicht in dem ihrer Qualifikation gebührenden Maße die Aufnahme in Führungspositionen gewährt worden ist, wie etwa in den spanischen Fernsehrat, in das Direktorium von Zeitungen oder an die Spitze von Universitäten. Eine vom *Instituto de la Mujer* in Auftrag gegebene soziologische Studie enthüllte, daß noch 1994 77% der weiblichen Bevölkerung der Meinung waren, eine Frau müsse nicht nur gleich viel, sondern jeweils mehr können als ihre männlichen Kollegen, wenn sie in ihrem Beruf etwas werden wolle. 55% glauben, daß Frauen auch weiterhin geringere Aufstiegschancen im Beruf haben als Männer.[53] Und wenn Spanien auch noch 1995 im Frauenentwicklungsbericht der Vereinten Nationen nur den 34. Platz

---

51 Juan Gómez: »Guardia Civil. Con faldas y a lo serio«, in: *Cambio 16*, Nr. 822 v. 31.8.1987, S. 25-27; Cristina García Santamaría: »Las chicas serán guerreras«, in: *Cambio 16*, Nr. 842 v. 18.1.1988, S. 36f.; »Las mujeres podrán acceder a todas las unidades y grados de las Fuerzas Armadas españolas«, in: *El País* v. 22.2.1988; Ministerio del Interior (Hg.): *Violencia contra la mujer*. Madrid 1991, S. 116.

52 Cristina Moreno: »Algunos hombres no ven bien que mande«, in: *Cambio 16*, Nr. 1280 v. 3.6.1996, S. 26.

53 Vgl. Encarnación Valenzuela: »Mujeres. Asalto al poder«, in: *Cambio 16*, Nr. 1204 v. 19.12.1994, S. 23.

einnahm, so führte das die Ministerin besonders auf das trotz aller politischen Bemühungen immer noch geltende hohe Lohngefälle zwischen der Bezahlung von Frauen und Männern für gleiche Arbeit zurück.[54]

4. Frau und Politik

Gegenüber einer Zeit, in der es gesellschaftlich verpönt war, daß sich Frauen in die Politik »einmischten«, die aufgrund des darin explizit werdenden männlichen Machtmonopols a priori als »reine Männersache« angesehen wurde, schuf die Demokratie ab 1975/77 erst die Voraussetzungen für eine offizielle Beteiligung der Frauen an der Politik. Die spanische Delegation beim Weltfrauentag der Vereinten Nationen hatte schon 1985 auf inzwischen zu verzeichnende beträchtliche Fortschritte in der Mitarbeit von Frauen in der Politik hingewiesen.[55]

Eine wichtige Indikatorfunktion für ein eventuell existentes oder inzwischen gewecktes weibliches Interesse an der Politik hat die aktive Mitgliedschaft von Frauen in politischen Parteien. Hierbei ist anzumerken, daß eine Anzahl von Frauen bereits vor 1975 in den noch illegal operierenden Parteien mitgearbeitet hat, abgesehen von den parteiunabhängig arbeitenden feministischen Gruppen. Nach den Wahlen von 1977 konstatierten die politischen Parteien allgemein einen Zuwachs der weiblichen Mitgliedschaft. Den niedrigsten Anteil weiblicher Mitglieder hatten die Sozialisten (*Partido Socialista Obrero Español,* PSOE) mit 10 bis 15% zwischen 1977 und 1979, die konservative Demokratische Zentrumsunion (*Unión de Centro Democrático,* UCD) lag in der Mitte (25%), und den höchsten Anteil an Frauen hatten die Kommunisten (*Partido Comunista de España,* PCE) mit 30% sowie die außerparlamentarischen Parteigruppierungen (zwischen 25 und 45%), die sich nach ihrem Mißerfolg bei den Wahlen wieder auflösten. Die Entwicklung bis zu den Wahlen der Regierungsperiode 1982-1986 zeigt einen Anstieg der Frauen in den Parteien des rechten politischen Spektrums: Die ab 1982 von der politischen Bühne verschwindende UCD wies 30% weibliche Mitglieder auf, die seit 1976 agierende konservative Volksallianz (*Alianza Popular,* AP) unter dem ehemaligen Franco-Minister Fraga Iribarne sogar 35%, während der weibliche Anteil in den linksgerichteten Parteien noch weiter zurückging (PCE auf 11%, PSOE auf 9%), wie der spanische Bericht für die Vereinten Nationen ausweist. Auch 1987 lag der Anteil der weiblichen Mitglieder der regie-

---

54 Cristina Alberdi: »Las reglas del juego de la política son masculinas«, in: *Cambio 16,* Nr. 1204 v. 19.12.1994, S. 24; Yolanda Aguilar: »Entrevista. Cristina Alberdi«, in: *Cambio 16,* Nr. 1241 v. 4.9.1995, S. 21.

55 *Report presented by Spain* (Anm. 5), S. 67-81; *Situación de la mujer en España 1984.* Madrid 1985, Kap. III »Mujer y política«, S. 19ff.; Ana Martín Arahuetes: »La mujer y la política«, in: *Estudios sobre la situación social de la mujer en España (1984-85).* Madrid 1985, S. 43-45.

renden Sozialistischen Partei bei leichtem Anstieg nach dem Gewinn der Wahlen von 1986 bei nur 13%. Bis zu den letzten Wahlen 1996 erhöhte sich die Zahl der weiblichen Mitglieder des PSOE zwar auf fast das Doppelte (24,7%, entsprechend 90.227 weiblichen gegenüber 356.445 männlichen Parteimitgliedern), aber die 1989 von »Volksallianz« in »Volkspartei« (*Partido Popular*) umbenannte Mitte-Rechts-Partei des Franquisten Fraga Iribarne, seit 1990 von Kastilien-Leóns Regierungschef José María Aznar geführt, konnte ihre hohe weibliche Quote mit rund 30% der Mitglieder halten und lag 1996 in absoluten Zahlen mit 149.798 Parteifrauen bei weitem über dem weiblichen Zulauf zur Sozialistischen Partei des zum damaligen Zeitpunkt noch regierenden Felipe González.

Relevanter als die Parteimitgliedschaft ist die den Frauen real gewährte Teilhabe an der politischen Macht. Für den Zeitraum der drei ersten demokratischen Wahlen in Spanien von 1977, 1979 und 1982 ist dabei das Phänomen der »magischen 6%« als charakteristisch herausgestellt worden. Dieser im europäischen Vergleich[56] eher geringe Anteil weiblicher Mitwirkung an der Politik stellt nicht nur den Mittelwert der Kandidatenlisten der Parteien aller drei Wahlperioden von 1977 bis 1986 dar (6,3%, 6%, 6,3%), sondern auch den Durchschnittswert des weiblichen Anteils der Mitglieder des Kongresses (6% bei 22 von 350 bzw. 348 Sitzen), der autonomen spanischen Parlamente (6,2% bzw. 6,6%), aller Führungspositionen in der Zentralverwaltung (6%) und aller höheren Ämter der autonomen Verwaltungen (5,8% bzw. 6,5%).[57] Ein entsprechend kleiner Spielraum wurde den Frauen auch auf den anderen politischen Entscheidungsebenen von Gremien, Ausschüssen usw. eingeräumt. Der weibliche Anteil an Senatsmitgliedern stieg zwar von 1977 (2,4%, gleichbedeutend mit 6 von 248 Sitzen) in der Regierungsperiode 1982-1986 auf 4,3% (11 von 253 Sitzen), blieb aber auch damit immer noch denkbar gering. Bei der weiblichen Beteiligung an der Arbeit in Kommissionen verzeichnete man bis 1982 immerhin eine steigende Rate der Vertretung des weiblichen Elements in einigen Ausschüssen wie im Petitionsausschuß (33,3%), im Kontrollausschuß für Funk und Fernsehen (21,6%) und einigen nicht-legislativen Kommissionen. Indiz für das Nachwirken alter Klischees ist jedoch die bis zu diesem Zeitpunkt weiterhin fehlende Hinzuziehung von Frauen zu den Kommissionen für Wirtschaft, Finanzen, Justiz und Innenpolitik. Selbst in den für die Frauenproblematik wichtigen Kommissionen für Erziehung, Gesundheit, Arbeit und Sozialversicherung sowie Kultur ist die weibliche Präsenz z.Z. der dritten Regierungsperiode gegenüber 1977 noch zurückgegangen statt anzu-

---

56 Vgl. näher diesen Aufsatz in der Fassung der 1. Auflage, S. 338.
57 Voneinander leicht differierende Angaben für 1985/Anfang 1986 bei den Quellen von *Report presented by Spain* (Anm. 5), S. 76ff., und *Mujeres*, Jg. III, Nr. 12, Juni 1986, S. 22f.; vgl. auch »El reparto del poder«, in: *Cambio 16*, Nr. 704 v. 27.5.1985, S. 79, und »Las autonomías«, ebd., S. 81.

steigen. Zur Funktion jener 6% Frauen im Parlament wird – als Kritik aus den eigenen Reihen – zusätzlich bemängelt, daß sie nie gruppenführend, sondern immer die von Mitläufern war.[58] Als Grund für den bis dahin niedrigen Prozentsatz an weiblicher politischer Mitbestimmung ist das nachweisliche Fortwirken des alten männlichen Monopolanspruchs auch in der politischen Linken genannt worden: Auf fast allen Kandidatenlisten für die Wahlen 1982 z.B. waren jeweils die aussichtsreichsten ersten sieben Plätze mit männlichen Kandidaten besetzt, nur eine von 16 Listen für Madrid durfte eine Frau anführen, eine Erfahrung, auf die der für diesen Zeitraum konstatierbare Mitgliederschwund von Frauen bei den linken Parteien zurückgeführt worden ist. Ein durchgreifender Wandel auf der ganzen Linie wurde erst gegen Ende der achtziger Jahre, konkret in der Legislaturperiode von 1989-1993 spürbar.

Aufschlußreich für den Grad der Verwirklichung einer auf *igualdad* ausgerichteten Demokratie im Zugang zu politischen Führungspositionen ist die Analyse der hierarchischen Struktur der Vergabe von politischen Ämtern auf kommunaler und nationaler Ebene bis hinauf zu den Ministerposten. Verfolgt man hier die Entwicklung von der ersten von der UCD gestellten konservativen Regierung (1977-79, 1979-82) über die folgenden 13½ Jahre mehrerer von der sozialistischen Regierung bestimmten Legislaturperioden (1982-1996) bis zum Beginn einer wiederum konservativen Regierung unter Federführung des *Partido Popular* ab 1996, dann ergibt sich in von unten nach oben aufsteigender Richtung folgendes Bild:

Auf der kommunalen Ebene zeichnet sich von der Besetzung von Bürgermeisterposten und weiteren höheren politischen Verwaltungsposten bis hinauf zur Besetzung von Abgeordnetensitzen in den Autonomen Parlamenten eine Tendenz zur immer stärkeren Präsenz des weiblichen Elementes ab. Hier lag die Zahl von Frauen, die zu Bürgermeisterinnen gewählt wurden, in allen *Comunidades Autónomas* 1983-1987 lediglich zwischen 0,4 und 3,9% bei einem Durchschnittswert von nur 2%, der sich 1987 leicht auf 3,2% erhöhte, 1994 auf 4,9% und 1995 noch einmal auf 6,1% anstieg; das waren 529 von Frauen übernommene Bürgermeisterämter von insgesamt 8.096 solcher Stellen in ganz Spanien. Dabei war die Entwicklung in den einzelnen Regionen uneinheitlich, d.h. neben kontinuierlichen Zuwachsraten waren auch rückläufige Tendenzen zu verzeichnen. Die meisten von Frauen geführten Bürgermeisterämter wiesen 1995 die *Comunidad* von Madrid mit 9,6% (=19 von 179), die Balearischen Inseln mit 9,5% (=7 von 67), das Baskenland mit 8,1% (=22 von 250), La Rioja mit 7,5% (=10 von 174) sowie die beiden Kastilien [Kastilien-La Mancha mit 7,95% (=79 von 915) und Kasti-

---

58 Carmen Llorca, Präsidentin der Parlamentarischen Kontrollkommission für Funk und Fernsehen. In: *La Comunidad Europea y las Mujeres Españolas*. Seminario Europeo (1983). Madrid 1984, S. 114. – Vgl. für das Folgende: Instituto de la Mujer (Hg.): *Las españolas en el umbral* (Anm. 12), S. 49-65; *La mujer en cifras* (Anm. 15), S. 95-107.

lien-León mit 7% (=170 von 2.248)] auf. Die wenigsten Bürgermeisterinnen findet man aktuell auf den Kanarischen Inseln (2,3% =2 von 87), in Kantabrien, Asturien (je 3 *alcaldesas* entsprechend 2,9% bzw. 3,7%), Andalusien (30 *alcaldesas* von 770=3,8%) sowie in Galicien (14 *alcaldesas* von 314=4,3%). Aber das »fortschrittliche« Katalonien hat auch prozentual kaum mehr Frauen zu Bürgermeisterinnen gemacht (4,5% =44 von 944) als das als erzkonservativ geltende Galicien.

Für den weiblichen Anteil der auf kommunaler Ebene von Frauen besetzten politischen Verwaltungspositionen, die neben den ersten Bürgermeisterinnen auch stellvertretende Bürgermeisterinnen und die Zahl der Ratsmitglieder umfassen, wird für 1994 der Durchschnittswert von 11,2% angegeben. Hier liegt aufgrund eines relativ hohen Anteils an Ratsmitgliedern das wegen seiner geringen Quote an *alcaldesas* am Ende rangierende Asturien (16,6%) an der Spitze, gefolgt vom Baskenland (16,2%) und Madrid (15,3%), die schon bei der Berufung von Bürgermeisterinnen vorne lagen. Über dem errechneten Mittelwert liegen auch noch Murcia, die *Comunidad Valenciana*, die Balearen, die Kanarischen Inseln, Andalusien und La Rioja. Schlußlichter sind auch hier wieder Kantabrien und Galicien, diesmal erstaunlicherweise in Gesellschaft von Kastilien-León, einer Region, die hinsichtlich ihres Anteils an Bürgermeisterinnen auch 1994 schon über dem Mittelwert lag und ihre weibliche Zuwachsrate an *alcaldesas* bis 1996 noch steigern konnte.

Ein geschlechtsanteilig noch stärkerer Aufschwung auf der Ebene weiblicher Mitwirkung in der Politik ist hinsichtlich der Wahl von Frauen zu Abgeordneten der 17 Autonomen Parlamente zu konstatieren. Da 1980 nur das Baskenland und Katalonien über ein Autonomes Parlament verfügten und die anderen Autonomen Parlamente sich erst zwischen 1981 und 1983 konstituierten, gehen die neuen Statistiken vom Jahre 1986 aus, in dem sich die vorher variierende Abfolge der Legislaturperioden vereinheitlicht hatte. Überblickt man von da aus die Entwicklung bis heute, so zeigen die Tabellen eine stetige, z.T. sprunghafte Zunahme der weiblichen Präsenz in den Autonomen Parlamenten. Weisen die Angaben für 1986 noch einen Prozentsatz von insgesamt 6,4% weiblicher Parlamentsmitglieder aus, so stieg der Anteil der Frauen in diesen Parlamenten bis 1993 auf 14,4% und lag 1995 bei dem Durchschnittswert von 19,6%. Dabei sind nach politisch-geographischen und strukturellen Gesichtspunkten z.T. beträchtliche Unterschiede zwischen den einzelnen *Comunidades Autónomas* zu konstatieren:

Es zeigt sich, daß die traditionell aufgrund ihrer wirtschaftlichen bzw. politischen Charakteristik »modern« ausgerichteten Regionen schon zu Beginn einen überdurchschnittlichen Anteil an weiblicher Mitgestaltung der Politik in ihren Parlamenten aufweisen, den sie in der Folgezeit auch noch ausbauen konnten, aber mit uneinheitlicher Tendenz hinsichtlich der sich zunächst weiblicher politischer

Mitbestimmung gegenüber »reserviert« gebenden Regionen. So stieg der weibliche Anteil in den Jahren von 1986 über 1993 bis 1995 für die vier anfänglichen Vorreiter Madrid (von 12,8% über 23,8% auf 28,2%), das Baskenland (von 12% über 17,3% auf 18,7%), Katalonien (von 8,9% über 13,3% auf 15,6%) und La Rioja (von 11,4% über 18,2% auf 21,2%) stetig an, aber nur Madrid konnte seine Spitzenposition bis 1995 halten. La Rioja konnte sich 1995 mit seinen über 20% immerhin unter den ersten sieben behaupten. Das Baskenland und Katalonien blieben jedoch – zusammen mit Asturien, Kantabrien, Navarra und Extremadura – auf einem mittleren Wert (zwischen 15% und 19%) stehen. Die aufgrund ihrer Struktur traditionell konservativen Regionen wie Kastilien-La Mancha, Kastilien-León, das rückständige Galicien und Murcia lagen auch 1986 noch hinsichtlich der weiblichen Beteiligung im Parlament auf den letzten Plätzen. Galicien mit der 1986 geringsten Rate weiblicher Parlamentsmitglieder aller 17 *Comunidades* von nur 1,4% verzeichnete für 1993 und 1995 immerhin einen Anstieg über 11,8% auf 13,3%. Murcia verblieb auch 1995 noch (nach 4,7% 1986) bei den schon 1993 erreichten 11,1%. Diese beiden Regionen bildeten (neben Aragonien – von 5% auf 11,9% – und den Kanarischen Inseln – von 1,7% auf 13,3%) auch 1995 immer noch die Schlußlichter. Frappierend dagegen ist die Aufwärtsentwicklung der weiblichen Sache in den 1986 zu den letzten vier gehörenden *Comunidades* der beiden Kastilien: Kastilien-La Mancha katapultierte die Frauen von anfangs 2,3% (1986) über 19,2% (1993) auf 1995 23,4%. In Kastilien-León starteten die Frauen bei 3,6% Anteil an den Parlamentssitzen, erreichten 1993 zwar auch nur 9,5%, aber eroberten 1995 19,1% der Sitze. Die beiden Kastilien gehören damit – zusammen mit dem ebenfalls anfangs langsam startenden Andalusien (von 4,6% über 12,8% auf 28,4%), den ehedem ebenso zurückhaltenden Balearen (von 5,6% über 18,6% auf 28,8%), dem konstanten Spitzenreiter Madrid und zwei weiteren *Comunidades* mit über 20% (die bereits genannte Region La Rioja und die *Comunidad Valenciana* mit einem Anstieg von 6,7% auf 24,2%) – zu den spanischen Regionen mit der aktuell höchsten Prozentzahl von Frauen in ihren jeweiligen Parlamenten.

Entsprechend der eingangs aufgezeigten Tendenz eines erst Ende der achtziger Jahre konstatierbaren durchgreifenden Wandels ist auf der nationalen Ebene auch die Entwicklung der weiblichen Mitwirkung an der politischen Arbeit im spanischen Parlament und in den höchsten Organen der öffentlichen Verwaltung des Regierungsapparats zu sehen.

Die Zahl der weiblichen Kongreßabgeordneten stieg in der Legislaturperiode 1989-1993 von den bis dahin sich immer noch um die »magischen« 6% bewegenden Anteilen auf 14%, in der Legislaturperiode 1993-1996 auf 15,7% (56 weibliche Parlamentsabgeordnete von 350 Sitzen, davon PSOE 28 und PP 21) und aktuell (1996) auf 22% an. Von den 350 Parlamentssitzen gehören dabei nunmehr

77 den Frauen, davon entfallen 39 auf den PSOE und 22 auf den PP, 7 auf die Vereinigte Linke (IU), 4 auf die konservative katalanische Regionalpartei *Convergència i Unió* (CiU) und 1 auf die baskische Nationalpartei (*Partido Nacionalista Vasco*, PNV). D.h. trotz der sehr viel höheren Quote weiblicher Parteimitgliedschaft beim PP haben die Sozialisten und die politische Linke insgesamt, was die reale Beteiligung an der Politik betrifft, doch erheblich mehr Frauen ins Parlament gebracht. Auch die Aufnahme von Frauen unter die Senatsmitglieder ist, obwohl hinter der weiblichen Präsenz im Kongreß zurückbleibend, gegenüber der Vorzeit (1977 nur 6 von 248 Sitzen, gleichbedeutend mit 2,4%) über einen gleichfalls quantitativen (=qualitativen) Sprung 1989 auf 12,5% (1993-1996) und zuletzt auf 14,9% (Wahlen von 1996: 31 von 208 Sitzen) gestiegen, wobei der PSOE mit 19 gegenüber 11 Frauen des PP die Mehrheit stellt.[59]

Bei den politischen Führungspositionen im Bereich der öffentlichen Verwaltung waren auf der Ebene der 188 Generaldirektoren zwischen 1982 und 1986 15 Frauen (=8% bzw. 7,4% nach einer anderen Quelle) auf diese Führungsposten berufen worden und saßen dort an verantwortlicher Stelle in den Sektionen Energie, Umwelt, Tourismus, Film, Kultur, Soziales, Transportwesen, Innenpolitik sowie Außenpolitik/Abteilung Lateinamerika. Im Laufe des indizierten Wandels Ende der achtziger Jahre ist die Zahl der *Directoras Generales* bis 1990 bereits auf 27 (=9,2%) gestiegen; 1994 arbeiteten – bisher die höchste Anzahl – 40 Frauen in diesen Spitzenpositionen (=13,9%), bevor ihre »Teilmenge« schon ein Jahr später leicht von 40 auf 37 reduziert wurde. Nach den vom *Partido Popular* gewonnenen Wahlen 1996 wurden nur noch 27 *Directoras Generales* eingesetzt, womit ihre Quote auf 11,5% fiel.

Auf der Ebene höherer Ämter in den einzelnen Ministerien lag der weibliche Anteil bis 1986 in den Abteilungen für Arbeit, Kultur, Soziales und Landesverwaltung bei etwa 10%, sank jedoch bei den übrigen Ministerien unter diesen Maximalwert bei Konstanz des eingangs erwähnten Mittelwertes jener »magischen 6%«. Unter Einschluß einer weitergehenden Hierarchisierung nach unten galten als vergleichsweise stark »feminisierte« Abteilungen die Bereiche Kultur, Erziehung und Inneres (zwischen 28% und 52%), wobei auch hier wieder das Phänomen der Fortschreibung männlicher Dominanz in Führungspositionen selbst bei femininer Majorisierung der jeweiligen Bereiche beobachtet worden ist. Bis 1991 ist auch auf dieser Ebene der Verwaltung ein erheblicher Anstieg der weiblichen Präsenz zu verzeichnen: bei Grundlegung eines von 10% auf 15,9% (1991) und nochmal auf 16,8% (1993) gestiegenen Mittelwertes verzeichnet die Statistik Maximalwerte des weiblichen Anteils am *personal funcionario de alto nivel* in den Ministe-

---

59 Im Europaparlament stieg der Anteil der spanischen Frauen von 1989 noch 15% auf 32,8% für 1995, womit Spanien sogar über dem europäischen Durchschnitt (27,6%) lag. Vgl. Instituto de la Mujer (Hg.): *La mujer en cifras* (Anm. 15), S. 99.

riumsbereichen Kultur (46% bzw. 39%), Soziales (37% bzw. 44%) und Öffentliche Verwaltung (21% bzw. 22%); der Anteil an den Bereichen Wirtschaft, Erziehung, Industrie/Handel/Tourismus, Arbeit, Hofbeziehungen und Regierungssprecher folgt in der Größenordnung zwischen 13% und 18% bis 1991 bei leichten Verschiebungen bis 1993. Der geringste Grad einer sonst tendenziell zunehmenden »Feminisierung« ist für Justiz (5%, Anstieg auf 9%), Außenpolitik und Innenpolitik (zwischen 6% und 8% für beide Indici) und Verteidigung (9%, Anstieg auf 11%) ausgewiesen. Insgesamt gesehen, ist in allen Ministerien bis 1996 jedoch eine derart zunehmende »Feminisierung« festzustellen, daß vom Gesamtpersonal dieser Behörden (328.605 Stellen) die Frauen inzwischen mit 165.140 von ihnen besetzten Stellen (gegenüber 163.465 Männern) und einem Anteil von 50,3% die Zahl ihrer männlichen Kollegen sogar leicht überflügelt haben. Sie stellen in den (inzwischen von 16 auf 14 geschrumpften) Ministerien im Sektor Öffentliche Verwaltung (66,4%), selbst im Justizministerium (62%), ferner im Bereich Gesundheitswesen (59,8%), im Ministerium für Erziehung und Kultur (59,5%), im Präsidialamt (57,1%), im Arbeitsministerium (55,3%), im Ministerium für Wirtschaft und Finanzen (53,7%), im Außenministerium (53,9%), im Bereich Industrie/Energie (51,4%) und sogar im Verteidigungsministerium (52,1%) die Mehrheit. Eine geringere Rate weiblicher Präsenz ist lediglich für das Landwirtschaftsministerium (45,7%), das Innenministerium (36,9%), das Umweltministerium (32,1%) und das Ministerium für Entwicklung (23,9%) ausgewiesen.

Auch auf der Ebene von Spitzenpositionen in der Regierung im Funktionsbereich von Staatssekretären und Ministern ist eine zunehmende Betrauung von Frauen mit solchen Ämtern festzustellen. Gab es zwischen 1977 und 1986 nur eine Staatssekretärin (von zehn derartigen Ämtern), zwei Regierungssprecherinnen und kurzzeitig eine Frau in einem Ministeramt noch unter der konservativen Regierung der UCD (1981/82), so mußte die spanische Bevölkerung bis zum Jahre 1988 warten, ehe ein sozialistischer spanischer Regierungschef endlich Frauen als Ministerinnen in sein Kabinett berief. Bis zu diesem Zeitpunkt war die neue spanische Demokratie damit über die Zeit der Zweiten Republik (auch eine Ministerin) nicht hinausgekommen, obwohl nach Umfragen aus dem Jahre 1985 sich 69% bzw. 71% der Spanier und Spanierinnen eine Frau in einem Ministeramt gut vorstellen konnten. Als der sozialistische Ministerpräsident trotz anderslautender Versprechen auch mit dem Beginn der neuen Legislaturperiode 1986 wiederum keine Frau in seine Kabinettsliste aufnahm, ging ein Schrei der Empörung durch die spanische Presse. »Früher war eine Ministerin kaum denkbar. Jetzt wird ihr Fehlen als schockierend und als Skandal betrachtet«, resümierte *El*

País den Prozeß einer allmählichen Bewußtseinsänderung.⁶⁰ Die ersten zwei 1988 vom sozialistischen Kabinett in Ministerämter berufenen Frauen waren Matilde Fernández, Generalsekretärin des Bereichs Chemie der Gewerkschaft, als die »Thatcher der UGT« bekannt, Vizepräsidentin der sozialistischen Fraueninternationale und langjähriges Mitglied des Führungskaders des PSOE, die von Felipe González entgegen den Bestrebungen der von ihr selbst zuvor als »machistisch« angegriffenen »Männerlobby« um den Regierungschef zur Ministerin für Soziales (*Ministra de Asuntos Sociales*) ernannt wurde, und die Soziologin Rosa Conde, die das Amt einer Regierungssprecherin im Ministerrang (*Ministra Portavoz del Gobierno*) erhielt. Im gleichen Jahr wurde innerhalb der Linken (PSOE und PC) parteiintern auch eine Quotenregelung (garantierter Frauenanteil von 25% in allen Gremien der Partei) eingeführt, was einem realen Zuwachs von mehr als 6.000 Ämtern für die in dieser politischen Arbeit engagierten Frauen des PSOE entsprach, eine Maßnahme, die bei danach befragten spanischen Frauen ein geteiltes Echo hervorrief.⁶¹ Der mit der Berufung von zwei Frauen zu Ministerinnen erreichte Prozentsatz von 11,3% des weiblichen Anteils an den höchsten Regierungsämtern steigerte sich 1993 auf 18,8%, als Felipe González diesmal – neben erstmals fünf Staatssekretärinnen (Anstieg von 0 auf 21,7%) – drei Frauen in seine Regierung als Ministerinnen aufnahm: Ángeles Amador (*Ministra de Sanidad*), die Professorin für Wirtschaftsrecht und Dekanin der Juristischen Fakultät der Universität Valencia, Carmen Alborch (*Ministra de Cultura*) und Cristina Alberdi (*Ministra de Asuntos Sociales*), Sprecherin der Europäischen Union auf der Weltfrauenkonferenz der UNO in Peking 1995 und parteiintern schon als Nachfolgerin von Felipe González gehandelt; die beiden letzteren zudem engagierte Feministinnen.⁶²

Cristina Alberdi, kurz vor Ende der Ära Felipe González als eine der Persönlichkeiten »mit dem meisten Gewicht in der spanischen Politik« gerühmt, beurteilte 1996 die Entwicklung der Situation der spanischen Frau auf dem Problemsektor »Politik« abschließend positiv: In den Parteien und in der ganzen Gesellschaft habe ein »eindrucksvoller Wandel« stattgefunden. »Es gibt eine weibliche Präsenz in der Politik wie nie zuvor. Dafür haben wir gekämpft.«⁶³

---

60 Interview mit Rosa Montero in *El País*, in deutscher Fassung abgedruckt im *Stern*, Nr. 41 v. 2.10.1986, S. 197.
61 »Españolas 88«, in: *Cambio 16 extra*, Nr. 855 v. 18.4.1988, S. 3 und S. 25. Selbst für die im Auftrag des *Partido Popular* arbeitende Bürgermeisterin von Fuengirola sind die 25% noch 1996 eine »Demütigung« für die Frauen, wo sie doch 51% der Bevölkerung stellen (Esperanza Oña: »La mujer cuota es una humillación«, in: *Cambio 16*, Nr. 1280 v. 3.6.1996, S. 25).
62 Encarnación Valenzuela: »Asalto al poder«, in: *Cambio 16*, Nr. 1204 v. 19.12.1994, S. 21-23; Yolanda Aguilar: »Cristina Alberdi«, in: *Cambio 16*, Nr. 1241 v. 4.9.1995, S. 20f.
63 Román Orozco / Ander Landaburu: »Entrevista. Cristina Alberdi«, in: *Cambio 16*, Nr. 1267 v. 19.2.1996, S. 50f.

5. Fazit und Ausblick

5.1 Fazit bis zum Ende der sozialistischen Regierungszeit 1996

Zur fundamentalen Umwandlung der spanischen Gesellschaft von einer klerikalfaschistischen Diktatur, wie es die Francos war, in eine auf der Gleichheit von Mann und Frau gegründete Demokratie braucht es nach Einschätzung des ehemaligen spanischen Ministerpräsidenten Felipe González wohl 25 Jahre.[64] Davon sind inzwischen immerhin rund 20 Jahre vergangen. Nach diesen 20 Jahren zieht das *Instituto de la Mujer* in dem von Spanien auf der Weltfrauenkonferenz von 1995 in Peking vorgelegten Bericht eine positive Bilanz sowohl hinsichtlich der festen gesetzlichen Verankerung demokratischer Normen wie der daraus entspringenden gesellschaftlichen Praxis. Die Ministerin für Soziales, Cristina Alberdi, wies als Sprecherin der Europäischen Union auf dieser Konferenz darauf hin, daß erst 1993 auf der Weltkonferenz für Menschenrechte in Wien erstmals die Rechte der Frau als fundamentale Menschenrechte anerkannt wurden, und resümiert zur aktuellen Situation der Frau in ihrem Heimatland: »Wir können heute mit Befriedigung feststellen, daß Spanien in bezug auf die in der Rechtsordnung festgeschriebene Gleichheit von Mann und Frau mit an der Spitze der entwickelten Industrieländer steht.« Und: »Der Fortschritt in dem für die Frauen in Spanien Erreichten war in den letzten Jahren, dank der engagierten Mitarbeit vieler Frauen und feministischer Gruppen und besonders der entschlossenen Tatkraft der staatlichen Behörden, außerordentlich.«[65] Daneben werden von ihr auch die noch bestehenden Defizite aufgezeigt, deren Verursachung die Ministerin in der Existenz von »traditionellen« Vorstellungen bezüglich des »Wesens« und der »Bestimmung« von Mann und Frau aus vordemokratischer Zeit sieht.[66] Im Zusammenhang mit diesem wohl nicht zu leugnenden Phänomen hat die bekannte Feministin und Autorin Lidia Falcón von einer noch nötigen durchgehenden Änderung der Bewußtseinsstruktur der spanischen Gesellschaft gesprochen.[67]

Als verwendbare soziologische Parameter für eine Sondierung dieses Bewußtseins könnten sich hierbei die ermittelten Werte von Untersuchungen zum Verhältnis der Spanier und Spanierinnen zu ihrer historischen Vergangenheit, dem Franquismus, und zum Katholizismus als seiner stärksten Stütze und der traditionellen Legitimationsquelle jeder frauenemanzipationsfeindlichen Argumentation anbieten. Lag die Zahl der Befürworter einer positiven Bewertung des Franco-Regimes nach 1984 erfolgten Umfragen immerhin noch bei 23 %, von denen die

---

64 Matilde Fernández: »En busca de la nueva frontera«, in: *El País* v. 14.1.1988, S. 6.
65 Instituto de la Mujer (Hg.): *Las españolas en el umbral* (Anm. 12), S. 5f.
66 »Mujeres: Un paso más«, in: *Cambio 16*, Nr. 1236 v. 31.7.1995, S. 46f.
67 Lidia Falcón: »Sin el Feminismo las Ministras estarían todavía en su camilla haciendo punto«, in: *Cambio 16*, Nr. 1280 v. 3.6.1996, S. 28.

Hälfte auch für eine Rückkehr zur Diktatur plädierten, so definierten Kommentatoren aus den Jahren 1990 und 1995 die Anhänger des Franquismus in Spanien als eine »aussterbende Art«, und Wahlstatistiken, die den Verlauf von 1977 bis 1993 nachzeichnen, bestätigen diese Einschätzung.[68] Auch von dem einst als charakteristischer »Wesenszug« des spanischen Volkes angesehenen katholischen Glauben ist nicht mehr viel übriggeblieben. Hatten sich nach Umfrageergebnissen von 1979 und 1982 noch rund 80% aller Spanier und Spanierinnen als gläubige Katholiken bezeichnet, so nahm die Zahl der sich zum Glauben an Christus und an die Wahrheit der katholischen Dogmen Bekennenden in Spanien bis 1985 auf Werte zwischen 56 und 40% ab und fiel bis 1992 nach den Analyseresultaten der Madrider *Universidad Complutense* auf 13% ab. Für 1996 wird aufgrund neuester Befragungen nur noch von 9,6% aller Spanier und Spanierinnen gesprochen, die der katholische Glaube »stark beschäftigt«, während er 60% überhaupt nicht mehr interessiert. Die ehemals religiösen Bindungen sind nach den Auswertungen von einem mehr humanistischen Wertmaßstab ersetzt worden. Dafür spricht, daß entgegen überholten Moralvorstellungen aus dem Franquismus 78% der Befragten sich für die gesetzliche Anerkennung der Rechte unverheiratet miteinander lebender Paare ausgesprochen haben. Konnte Spanien bereits 1985 in der damals führenden politischen Wochenzeitschrift *Cambio 16* als »das ungläubigste Land der Industriestaaten der westlichen Welt« bezeichnet werden, so hat sich der hier aufgezeigte Trend auch für die Folgezeit weiter konsolidieren können.[69] Als relevanten soziologischen Indikator wertet Amando de Miguel jene 17% Spanier und Spanierinnen, die noch die Festlegung des Papstes unterstützen, weiter an der Nichtöffnung des Priesteramtes für Frauen festzuhalten, vornehmlich bestimmt durch die Variablen der Zugehörigkeit zur politischen Rechten und zur unteren sozialen Schicht.[70]

Aus diesen Befunden wäre zu schließen, daß einer steten Reproduktion des »traditionellen« Frauenbildes des Franquismus/Katholizismus in Spanien mehr und mehr die ideologische Grundlage entzogen zu sein scheint. Trotzdem gibt es

---

68 José Manuel Erija: »Encuesta: Franco fue un dictador y sólo doce de cada cien españoles desearían que el franquismo continuara«, in: *Cambio 16*, Nr. 735 v. 30.12.1985, S. 158-161. Carlos Santos / Cristina Lladó: »Los franquistas son hoy tan sólo una especie en extinción«, in: *Cambio 16*, Nr. 992 v. 26.11.1990, S. 24-30; Joaquín Leguina: »Veinte años después«, in: *Cambio 16*, Nr. 1253 v. 27.11.1995, S. 12; »Entrevista. Fernando Savater«, in: *Cambio 16*, Nr. 1254 v. 4.12.1995, S. 13; »Elecciones«, in: *Cambio 16*, Nr. 1263 v. 5.2.1996, S. 22.

69 Ricardo Herren: »Según una reciente encuesta nacional. Los españoles menos religiosos que nadie«, in: *Cambio 16*, Nr. 686 v. 21.1.1985, S. 74-78. Daniel Semper Pizano: »Lamentamos informar que los españoles son felices«, in: *Cambio 16*, Nr. 1106 v. 1.2.1993, S. 20; Enrique Miret Magdalena: »Volvemos a los valores del Siglo de Oro«, in: *Cambio 16*, Nr. 1274 v. 22.4.1996, S. 22. Zum religiösen Gesamtzusammenhang vgl. in diesem Band den Beitrag von Carlos Collado Seidel.

70 Amando de Miguel: *La sociedad española 1994-1995*. Madrid: Universidad Complutense 1994, S. 645-657.

zur Frage des bis in die Gegenwart reichenden Fortwirkens des *machismo* einige soziologisch faßbare Indikatoren bei unterschiedlichen Bewertungen des Gesamtphänomens. Einer der Indikatoren ist die physische und psychische Ausspielung männlicher Herrschaft gegen die Selbstbestimmung der Frau und besonders gegen die ihr gesetzlich zugesicherte sexuelle Freiheit unter dem Begriff der Aggression. Die Entwicklung zeigt, daß sich die Zahlen von angezeigten Fällen einer männlichen (physischen und psychischen) Aggression gegen Frauen seit 1984 (mehr als 16.000) bis 1996 auf einem konstanten Niveau zwischen 15.908 (1993) und 16.378 (1996) halten. Die Zahl der Vergewaltigungen (1986: 1.279 registrierte Fälle) ist sogar bis 1995 stetig weiter angestiegen (von 1.560 Fällen für 1993 auf 1.728 für 1995) und erst 1996 (1.140 Fälle) zurückgegangen.[71]

Bei der unterschiedlichen Bewertung des Gesamtphänomens *machismo* für die Aktualität spielen z.T. wohl voneinander differierende Referenzbezüge eine Rolle, wobei der letztlich genannte Indikator als zu vernachlässigende Größe (systemunabhängige Konstante, nach Einschätzung des Innenministeriums sogar unter dem europäischen Durchschnitt liegend) behandelt zu werden scheint. Streitet so zum einen die dem Feminismus verbundene sozialistische Ministerin Cristina Alberdi das Weiterbestehen des *machismo* für die heutige Zeit in Spanien angesichts eines durchgehenden Wandels der spanischen Gesellschaft ab,[72] so konstatieren Frauen wie die Publizistin und Buchautorin Carmen Rico-Godoy einen in letzter Zeit zunehmenden geistigen *machismo*, der sich eine gezielte Diffamierung des historischen wie aktuellen Feminismus zum Ziel gesetzt hat, wie auch eine Art »dummen *neo-machismo*«, der sich z.B. in der Werbung breitmacht.[73] Eine bedrohlichere Art von wieder auflebendem *machismo* aber spiegelt sich in konkreten Phänomenen der gegenwärtigen gesellschaftlichen Praxis wie in der neuerlich eskalierenden Benachteiligung der spanischen Frau am Arbeitsplatz, was in der Presse inzwischen schon als Legalisierung einer *apartheid sexista* gebrandmarkt wird. Und die im folgenden skizzierten neuesten Entwicklungen in der Politik werden dieser Diskussion wohl noch weitere Nahrung bieten.

---

71 Vgl. Instituto de la Mujer (Hg.): *La mujer en cifras* (Anm. 15), S. 113f.; Ministerio del Inteior (Hg.): *Violencia contra la mujer*. Madrid 1991, S. 34, 114.

72 Cristina Alberdi: »Todas las mujeres hemos sufrido discriminación«, in: *Cambio 16*, Nr. 1241 v. 4.9.1995, S. 21. Zur Angabe des Innenministeriums: Ministerio del Interior (Hg.): *Violencia contra la mujer*. Madrid 1991. S. 116.

73 Carmen Rico-Godoy: »El machismo quiere enterrar al Feminismo«, in: *Cambio 16*, Nr. 1153 v. 27.12.1993, S. 24; Carmen Rico-Godoy: »Hay que combatir el neomachismo estúpido y pseudoerótico«, in: *Cambio 16*, Nr. 1280 v. 3.6.1996, S. 30f.

5.2 Ausblick

Die bis zum Ende der Regierungszeit des PSOE 1996 aufgezeigte Tendenz zur stetigen Steigerung des weiblichen Anteils in fast allen relevanten gesellschaftlichen Bereichen bis hin zu höchsten Regierungsämtern setzte sich in der Hinsicht fort, daß der neue Regierungschef und Vorsitzende des konservativen *Partido Popular*, José María Aznar, 1996 zur Überraschung vieler die Sozialisten übertraf und vier Frauen in sein 14 Ministerposten umfassendes Kabinett berief. Der ehemaligen Senatorin und stellvertretenden Bürgermeisterin von Madrid, Esperanza Aguirre, wurde das Ministerium für Erziehung und Kultur unterstellt (*Ministra de Educación y Cultura*). Die Abgeordnete Dr. Isabel Tocino wurde mit dem Umweltministerium betraut (*Ministra de Medio Ambiente*). Das Landwirtschaftsministerium bekam die ehemalige Senatorin und Abgeordnete Loyola de Palacio (*Ministra de Agricultura, Pesca y Alimentación*). Und das Justizministerium – man erinnere sich an den Stellenwert der Justiz bei der politischen Rechten – übernahm als *Ministra de Justicia* ebenfalls eine Frau, die – dazu noch getrennt lebende – Juristin Margarita Mariscal de Gante, vordem bereits Mitglied des *Consejo General del Poder Judicial*. Während gleichzeitig die weibliche Quote an Staatssekretärsposten von zuletzt 21,7% wieder auf 0 sank, erhöhte sich damit der weibliche Anteil an Ministerämtern von zuletzt 18,8% auf den in der Geschichte Spaniens höchsten Wert von 28,6%.

Diese Entwicklung erscheint auf den ersten Blick für die Sache der Frauen sehr erfreulich. Aber die ersten Reaktionen in der liberalen Presse waren angesichts der Installierung von konservativen Frauen an den Hebeln der Macht äußerst skeptisch.[74] Feministinnen wie die vorherige sozialistische Ministerin Cristina Alberdi hatten schon vor dem Regierungsantritt des Kabinetts Aznar pessimistische Prognosen über eine mögliche Herrschaft des sich als liberale Mitte-Rechts-Partei ausgebenden *Partido Popular* abgegeben. Unter den schon vor dem Machtwechsel sichtbaren negativen Signalen rangieren neben der öffentlichen Distanzierung führender PP-Frauen wie Celia Villalobos oder Isabel Tocino von den Zielen feministischer Politik die Diskriminierung der Arbeit des *Instituto de la Mujer*, die bereits praktizierte Umfunktionierung von Fraueninstituten im Herrschaftsbereich des PP in konservative *Direcciones Generales de la Familia* und die durch die spanische Presse gehende Verhöhnung einer Abgeordneten des PSOE durch Männer des *Partido Popular*, Carmen Romero (Gattin des sozialistischen Regierungschefs), die sich als Frau erdreistet hatte, im Parlament die schon im

---

74 Gema Delgado: »Mujeres con Mando en Plaza«, in: *Cambio 16*, Nr. 1280 v. 3.6.1996, S. 23, 30, 31; Gonzalo Aragonés: »Entrevista. Cristina Almeida«, in: *Cambio 16*, Nr. 1306 v. 9.12.1996, S. 40. Cristina Almeida ist die Präsidentin der Neuen Linken (*Partido Democrático de Nueva Izquierda*, PDNI).

17. Jahrhundert von den Männern lächerlich gemachte Rolle einer *latiniparla* zu spielen, als sie in einem öffentlich vorgetragenen Kommentar zu einer Gesetzesvorlage einen im Juristenjargon gängigen Latinismus gebrauchte. Und ein letztes Unbehagen bei den Frauen der politischen Linken verursachte noch Anfang 1996 das demonstrative Auftreten des neuen spanischen Ministerpräsidenten als Verfechter des alten traditionellen Frauenbildes im Begriff »*mujer mujer*«, das man inzwischen zumindest als Leitbild überholt glaubte.[75]

Die ersten beiden durch die neuen Frauen an der Macht ergriffenen praktischen politischen Maßnahmen scheinen die düsteren Prognosen bereits im Ansatz zu bestätigen. Die Ministerin für Erziehung und Kultur ordnete in erneuter Aufnahme eines schon 1983 höchst umstrittenen Erziehungsproblems eine Kürzung der für den Bereich der öffentlichen Schulen bestimmten Gelder um 5,2% bzw. 6% und die Erhöhung der staatlichen Förderungsmittel für den Privatschulbereich an, der durch seine Konfessionsgebundenheit charakterisiert ist, um genau den der staatlichen (konfessionell nicht gebundenen) Erziehung entzogenen Prozentsatz, was bereits zu Massendemonstrationen und massiven Protesten verschiedener Organisationen – jetzt nur mit umgekehrtem Vorzeichen – geführt hat.[76] Die Ankündigung, daß mit dem Antritt der Regierung Aznar in Absprache mit der Kirche der katholische Religionsunterricht wieder an allen Schulen als Pflichtfach eingeführt werden sollte, rief die gleichen heftigen Reaktionen seitens der spanischen Elternverbände, der Gewerkschaften und der Parteien des linken politischen Spektrums auf den Plan mit der Drohung, die demokratische Schulfreiheit bis zum Gang vor das Verfassungsgericht verteidigen zu wollen, was zunächst eine Beschwichtigung der Gegner durch die konservative Erziehungsministerin zur Folge hatte.[77]

Als bisher folgenreichste politische Maßnahme der neuen Ministerinnen könnte die kürzlich erfolgte Berufung des ultrakonservativen Jesús Cardenal Fernández, bisher Leiter der Staatsanwaltschaft des Obersten Gerichtshofes im Baskenland, durch die Justizministerin Mariscal de Gante zum obersten Ankläger Spaniens sein. Cardenal Fernández, wie die Ministerin Tocino Mitglied des Opus Dei, von

---

75 Vgl. Juan Altable: »Entrevista. Isabel Tocino«, in: *Cambio 16*, Nr. 954 v. 5.3.1990, S. 30-32; Carmen Rico-Godoy: »Romero para los machistas del PP«, in: *Cambio 16*, Nr. 1154 v. 3.1.1994, S. 15; Román Orozco / Ander Landaburu: »Entrevista. Cristina Alberdi«, in: *Cambio 16*, Nr. 1265 v. 19.2.1996, S. 50-53; Joaquín Leguina: »La mujer mujer«, in: *Cambio 16*, Nr. 1266 v. 26.2.1996, S. 12; Einschätzung der kommenden Politik der vier *ministras* des PP als nicht den Zielen des Feminismus entsprechend durch Cristina Almeida, in: Gonzalo Aragonés: »Entrevista. Cristina Almeida«, in: *Cambio 16*, Nr. 1306 v. 9.12.1996, S. 40.

76 Gonzalo San Segundo: »Aguirre y la cólera de los estudiantes«, in: *Cambio 16*, Nr. 1300 v. 28.10.1996, S. 24-27; Marisa Casado: »Estudiantes contra el Gobierno«, in: *Cambio 16*, Nr. 1307 v. 16.12.1996, S. 24f.

77 Fátima Ramírez: »José María nos quiere catequizar«, in: *Cambio 16*, Nr. 1284 v. 1.7.1996, S. 44-45.

dem nach Presseberichten inzwischen etwa 100 Leute in die führenden Positionen der ministerialen Verwaltung eingeschleust sein sollen, hatte sich noch 1994 schriftlich gegen den gesellschaftlichen Pluralismus und gegen mehrere nach Francos Tod von der neuen spanischen Demokratie beschlossenen Gesetze ausgesprochen, weil sie angeblich dem »Naturgesetz« widersprächen. Dazu gehören das Gesetz zur Einführung der unter Franco verbotenen Ehescheidung, die Legalisierung der z.Z. des Franquismus unter Strafe gestellten Abtreibung, die Aufhebung des franquistischen Verbots des Verkaufs von empfängnisverhütenden Mitteln, die Freigabe der unter Franco strafrechtlich verfolgten Pornographie und die im Gegensatz zum Franquismus stehende Liberalisierung des Umgangs mit der Homosexualität. In der demokratischen Zuerkennung solcher »verwerflicher« neuer Freiheiten erkennt Cardenal die Ursache für den »moralischen Niedergang der [spanischen] Gesellschaft«.[78] Solche Überzeugungen sind aus dem Ideenreservoir des Klerikalfaschismus der Franco-Zeit zur Genüge bekannt. Sie lassen – zusammen mit der Tatsache, daß mit dem PP nunmehr der Opus Dei wieder an die Macht gekommen ist[79] – auch für die Fortführung einer bisher emanzipatorisch ausgerichteten Frauenpolitik in Spanien nichts Gutes erwarten. Die zukünftige Handlungsdevise der um die Realisierung der demokratischen Ziele der Gleichheit von Mann und Frau bemühten Spanierinnen ist bereits ausgegeben: »Der Kampf geht weiter.«[80]

---

78 *Der Spiegel*, Nr. 21 v. 19.5.1997, S. 143; Emiliano González: »Las amistades peligrosas«, in: *Cambio 16*, Nr. 1330 v. 26.5.1997, S. 29.
79 Vgl. die letzten Horrormeldungen in der politischen Wochenzeitschrift *Cambio 16*, Nr. 1331 v. 2.7.1997: Gonzalo San Segundo: »Opus Dei, una secta en el poder«, S. 12-15; María del Carmen Tapia: »El Opus viola los derechos humanos«, S. 16f.; Jesús Ynfante: »El aparato del Opus es totalitario«, S. 20.
80 »La lucha continúa« (Gema Delgado: »Mujeres con Mando en Plaza«, in: *Cambio 16*, Nr. 1280 v. 3.6.1996, S. 24).

IV

Spanien und das Fremde

Ana Barro / Klaus Dirscherl

Spanien und das Fremde

*Fremde sind um so fremder,
je ärmer sie sind.*[1]

1. Gedanken und Begriffe zu einem verdrängten Gegenstand

»Spanien und das Fremde«, ist das ein Problem? wird sich mancher fragen, der den Titel dieses Beitrags liest. Man weiß, daß sich Spaniens Wirtschaft in ganz erheblichem Maße auf den Ertrag stützt, den fremde Touristen ins Land bringen (vgl. Rafael Domínguez in diesem Band). Es bemüht sich seit der *transición* und noch mehr seit 1992 um ein entspanntes und für beide Seiten nützliches Auskommen mit seinen lateinamerikanischen Brüdernationen, wenngleich gerade dieser interkulturelle Austausch nicht frei von Spannungen und noch lange nicht abgetragenen Erblasten ist (vgl. Norbert Rehrmann in diesem Band). Spanien blickt fasziniert und weitaus weniger skeptisch als andere Länder auf Europa als zukünftiges Politik- und Wirtschaftsfeld des neuen Jahrtausends, in dem es eine wichtigere Rolle zu spielen gedenkt als in der Vergangenheit. Und auch der große Bruder (und NATO-Partner) USA wird mehr bewundert als abgelehnt, trotz mancher Abgrenzungsdebatten, die die öffentliche Meinung manchmal beschäftigen.

Gleichwohl gestaltet sich das Fremde für Spanien sehr viel problematischer als beispielsweise für Frankreich oder Großbritannien, die allein aufgrund ihrer unterschiedlichen Kolonialvergangenheit differenziertere Erfahrungen im Umgang mit dem Fremden zu Hause und im Ausland gesammelt haben. Verantwortlich für die zwiespältige, oft aber auch von naiver Faszination geprägte Haltung ist zweifelsohne Spaniens Geschichte und seine von der Geschichte geprägte peninsulare Mentalität. Der in den letzten Jahren vieldiskutierte Zustrom nordafrikanischer Immigranten ist nur ein Beispiel für die Schwierigkeiten, die seine Bürger mit ihrer Positionierung in einer Welt haben, die in zunehmendem Maße von interkultureller Aktion, von komplexen Globalisierungs- und Abgrenzungsgeschehen geprägt ist. Aber auch der Umgang der Spanier mit ihren eigenen Landsleuten, denken wir nur an Katalonien und das Baskenland, ist in erheblichem Maße von Strategien der Ausgrenzung, Differenzierung und Identitätsbehauptung geprägt.

---

1   Hans Magnus Enzensberger: *Die Große Wanderung. 33 Markierungen.* Frankfurt a.M. 1992, S. 37.

Die Reaktion auf die Entführung und den Tod des baskischen Lokalpolitikers Miguel Ángel Blanco vom *Partido Popular*, der im Sommer und Herbst 1997 das Land aufwühlte, ist diesbezüglich symptomatisch. Als Miguel Ángel Blanco von der ETA entführt und mit dem Tod bedroht wurde, schien Spanien als ganzes in einer beispiellosen Solidaritätsaktion gegen den ETA-Terrorismus aufzustehen und beeindruckte damit nicht nur das Ausland, sondern war wohl selbst erstaunt angesichts solcher Einhelligkeit in einer so heiklen Frage. Der Tod durch Terroristenhand, der auch Miguel Ángel Blanco nicht erspart blieb, besiegelte dieses Solidaritätsband über politische und regionale Differenzen hinweg und schien einen Neubeginn in der innenpolitischen Debatte zum Thema ETA zu markieren. Doch als José María Aznar den ihm genehmen Direktor von *Radio y Televisión Española* beauftragte, in der Stierkampfarena von Madrid eine Gedenkveranstaltung für den toten Lokalpolitiker zu gestalten, geriet diese auf mehrfache Weise außer Kontrolle. Zum einen bewies die parteiliche Regie wenig Feingefühl, als sie zu dieser als *homenaje* deklarierten Show viele Stars einlud, die landesweit als Sympathisanten der »guten alten« Francozeit bekannt waren. Zum anderen reagierte das vom allzu rechtslastigen Programm angezogene Publikum von Madrid mit beschämenden Buhrufen, als der katalanische Protestsänger Raimon im Rahmen dieser Gedenkfeier für einen von der ETA erschossenen Basken Lieder auf Katalanisch vortragen wollte. Was als Krönung einer beeindruckenden Welle von Solidaritätskundgebungen gedacht war, verwandelte sich unter der Hand und zur Überraschung der Organisatoren zu einem Konflikt um kulturelle Identität. Das zentralistische Madrid reagierte gegenüber dem Fremden im eigenen Land mit einer verstörten Geste binnennationalistischer Ausgrenzung.

Ziel dieses Aufsatzes ist es also, zu beschreiben und zu beurteilen, wie sich der Umgang des offiziellen und des alltäglichen Spanien mit dem Fremden heute gestaltet. Wir fragen nach der Wertschätzung, die fremde Kulturen, aber auch fremde Besucher, Einwanderer, Arbeitssuchende, Exilierte, Touristen in diesem Land genießen. In diesem Zusammenhang werden wir auch auf die Ab- und Ausgrenzungsbemühungen eingehen, die sich immer dann besonders stark manifestieren, wenn ein Kulturraum sich von außen bedrängt fühlt. Den Umgang mit dem Fremden werden wir dabei als einen dynamischen Prozeß interkultureller Kommunikation verstehen, in dem die Selbstdefinition, das Selbstverständnis ebenso wichtig sind wie der mehr oder weniger offene, mehr oder weniger erfolgreiche Umgang mit dem Anderen, seine Interpretation und Beurteilung.[2] Dies bedeutet,

---

2 Die theoretische Diskussion über interkulturelle Kommunikation wird mittlerweile in unterschiedlichsten Disziplinen geführt und kann hier auch nicht ansatzweise zusammengefaßt werden. Gleichwohl sei auf einige Studien verwiesen, die uns wichtige Anregungen gegeben haben: Benedict Anderson: *Die Erfahrung der Nation. Zur Karriere eines folgenreichen Konzepts.* Frankfurt a.M. 1988; Mary Douglas: *Reinheit und Gefährdung. Eine Studie zu Vorstellungen von Verunreinigung und Tabu.* Berlin 1985 [1966]; Julia Kristeva: *Étrangers à nous-même.* Paris

daß wir *Spanien* und das *Fremde* als »Teilnehmer« an einem interkulturellen Kommunikations- und Handlungsgeschehen im weitesten Sinn betrachten.[3] Wir werden deshalb nach Repräsentanten spanischer Identität fragen und sie daraufhin untersuchen, inwieweit sie ihre kulturraumspezifischen Merkmale kommunikativ erfolgreich und kulturell relevant artikulieren. Analog werden wir auch das »kommunikative« Gegenüber von Spanien, die Repräsentanten des Fremden, aus dieser Perspektive betrachten. Das Fremde konstituiert sich in dieser Interaktion als das prinzipiell *Andere*, als Figur spaniendifferenter Identität. Insofern werden wir auch hier auf Manifestationen der Selbstdefinition, der Abgrenzung gegenüber dem Spanischen besonders achten. Daneben aber ist auch das Auftreten bisher nicht wahrgenommener oder früher nicht existenter Interaktionspartner ins Auge zu fassen. Interkulturelle Kommunikation kann nämlich durchaus das Entstehen neuer kultureller Identitäten zumeist hybriden Charakters fördern. Auch davon gibt es in Spanien genügend Beispiele, und zwar nicht bloß in seiner Geschichte, sondern heute.

2. Kurzer Blick zurück
oder
Der geheime Zusammenhang von 1492 und 1898

Spanien als staatliche Einheit mit einer überzeugenden Identität ist spätestens seit 1492 ein Thema und ein Problem. Die Vertreibung der Juden und Araber begründete eine lange Tradition der nationalen Selbstfindung auf der Basis von großangelegten Ausgrenzungsstrategien wie beispielsweise der Inquisition. Das einstige Ideal rassischer, religiöser und kultureller Reinheit mag man heute für überwunden halten. Die Fernwirkungen dieses Phantasmas lassen sich allenthalben noch beobachten. Wenn man sich im Jahr 1998 der Spanienkritik der sogenannten *98er Generation* erinnert, so sollte man nicht vergessen, daß auch vor hundert Jahren (1898) wie bereits 1492 das Fremde als Bedrohung Spaniens empfunden wurde. Auch in anderer Hinsicht ist die Spaniendebatte der *98er Generation* für unser Thema lehrreich. Mit der Abschottung gegenüber dem Fremden

---

1988; Tzvetan Todorov: *Die Eroberung Amerikas. Das Problem des Anderen*. Frankfurt a.M. 1985; Alois Wierlacher (Hg.): *Kulturthema Fremdheit. Zeitbegriffe und Problemfelder kulturwissenschaftlicher Fremdheitsforschung*. München 1993.

3   Wir sind uns bewußt, daß wir damit den Begriff Kommunikation sehr weit fassen und deutlich in metaphorische Dimensionen ausdehnen, insbesondere wenn wir darunter – neben dem kommunikativen Handeln – auch andere Formen der sozialen und kulturellen Integration / Assimilation / Ausschließung fassen. Es liegt auf der Hand, daß dieser Prozeß nicht nur semiotisch, sondern auch psychisch, sozial, kulturell und wirtschaftlich geprägt ist und interdisziplinär beschrieben werden muß. Die Verwendung von *Kommunikation* als zentralem Konzept soll uns dabei die Anwendung von semiotischen Kategorien als verläßlichem Beschreibungsinstrumentarium ermöglichen.

verband man damals bekanntlich das Plädoyer für eine Rückbesinnung auf urspanische Qualitäten, wie sie in den Augen der 98er nur Kastilien verkörperte. Diese Idealisierung spanischer Identität erscheint aus heutiger Sicht wie eine durch und durch poetische Projektion einiger Intellektueller, die merkwürdigerweise nicht aus Kastilien, sondern aus peripheren Regionen Spaniens stammten, und die in ihrer Kastilienbegeisterung die Unterschiedlichkeit der verschiedenen spanischen Kulturen und Sprachen bewußt hintanstellten. Zu Recht stellte Pedro Laín Entralgo deshalb kürzlich fest, daß auch einhundert Jahre später »dieses plurale Spanien mit seiner an die Peripherie gerückten Realität immer noch nicht zu einer überzeugenden Existenz gelangt ist, die die Vielheit der Autonomien in ihrer Differenz akzeptiert und gleichwohl zu einem pluralistischen Spanien zusammenführt, wie es die Verfassung von 1978 anstrebt«.[4]

So wie Differenzqualitäten innerhalb Spaniens von der *98er Generation* weitgehend ignoriert wurden, so situierte Franco seinen nationalkatholischen Staat in der Differenz zum Rest der Welt und versuchte, mit dem Slogan *España es diferente* das Land touristisch zu vermarkten und gleichzeitig seinen Bürgern mit dem Prädikat »Andersartigkeit« das beschädigte Selbstbewußtsein aufzurichten. Auf welch unsicherem Grund franquistische Reinheitsideologie und Strategien der Ausgrenzung des Fremden fußten, wird erkennbar, wenn man sich erinnert, daß gerade in den sechziger Jahren die ideologische Grenzziehung zwischen Spanien und dem Ausland durch den beginnenden Tourismus und die starken Emigrationswellen in Richtung Frankreich und Deutschland, gleichsam staatlich gefördert, unterlaufen wurde. Während in Schule und Hochschule der Jugend die Exzellenz Spaniens aus der Reinheit seiner christlichen Vergangenheit nahegebracht wurde,[5] schickte man gleichzeitig Abertausende von Arbeitern zum Broterwerb nach Frankreich, Deutschland und in die Schweiz und erlaubte *nolens volens*, daß fremde Touristenströme mit ihrer schieren Präsenz die Normen der nationalkatholischen Gesellschaft Spaniens langsam und gleichsam unschuldig in Frage stellten.

Die Verfassung von 1978 markierte einen wichtigen Schritt auf dem Weg zur Akzeptanz der pluralistischen Kultur Spaniens, indem sie den Status der Autonomen Gemeinschaften festigte und so das Land auch in seinem Blick über die nationalen Grenzen hinaus offener für kulturelle und soziale Andersartigkeit machte. Gerade die Feierlichkeiten im Jubeljahr 1992,[6] mit dem man des Beginns einer fünfhundertjährigen Auseinandersetzung mit Lateinamerika gedachte, verdeutlichten aber den sogenannten Bruderländern wie auch dem Rest der Welt, daß

---

4   Pedro Laín Entralgo: »Este 98«, in: *El País* v. 27.3.1996, S. 11.
5   Vgl. Andrés Sopeña Monsalve: *El florido pensil. Memoria de la escuela nacional-católica.* Barcelona 1994.
6   Besonders kritisch hierzu Eduardo Subirats: »El centenario vacío«, in: ders.: *España. Miradas fin de siglo.* Madrid 1995, S. 107-121.

sich Spanien immer noch schwertut mit diesem Teil seiner Vergangenheit. Der politische und kulturelle, der wirtschaftliche und soziale Austausch mit den Ländern Lateinamerikas ist für Spanien mehr denn je nicht der Umgang mit vertrauten Brüdern, sondern eher mit merkwürdig fremd gebliebenen Verwandten, die man immer noch für sich zu vereinnahmen sucht.[7]

3. Ein Land auf der Suche nach seiner Identität
Der alltägliche Nationalismus

Der Umgang mit dem Fremden, so stellten wir bereits fest, fördert in aller Regel die verstärkte Betonung des Eigenen. Lautstarke Identitätsmanifestationen häufen sich gerade in Zeiten des im wörtlichen Sinne starken »Fremdenverkehrs«. Dies gilt für Individuen ebenso wie auf kollektiver, regionaler oder nationaler Ebene. Infragestellungen durch das Fremde, Bedrohungen von außen oder innere Krisen versucht man durch Betonung der eigenen Identität zu konterkarieren oder zu widerlegen. Francos Pflege des spanischen Nationalbewußtseins war, das weiß man, neben vielem anderen eine Kompensation für und Reaktion auf den Verlust der eigenen Stärke und der soziokulturellen Einheit des Landes. Heute, wo dieser monokulturelle *Nuevo Estado* durch das Spanien der Autonomen Gemeinschaften ersetzt wurde, mangelt es aber weiterhin nicht an deutlichen Indizien für einen je nach Standort unterschiedlichen Nationalismus, der sich mitunter durchaus in deutliche Xenophobie verwandeln kann.

Dies beginnt in dem eher harmlos scheinenden Bereich der Medienberichterstattung über Sportereignisse von nationalem oder internationalem Charakter, wo Journalisten nicht zögern, vermeintliche Nationaltugenden, wie »la furia«, zu beschwören, wenn es gilt, die Stärke (oder auch Schwäche) des eigenen Fußballteams hervorzuheben.[8] Eine andere Form des – diesmal frustrierten – Nationalstolzes konnte man 1996 studieren, als das schwächelnde Radfahreridol Miguel Induráin auf der *Tour de France* nicht hielt, was sich die Spanier von ihm versprachen. Zum einen gab man damals die Schuld der sprichwörtlichen deutschen Perfektion im Telekom-Team (»*Todo muy ordenado. Todo perfecto. Todo muy alemán*«[9]), zum anderen erleichterte man sich sein Leiden, indem man mit viel

---

7 Vgl. hierzu auch den Beitrag von Norbert Rehrmann in diesem Band.
8 Fernando León Solís: »El Juego de las Nacionalidades. Discursos de identidad nacional española en los Mundiales de Fútbol (1994)«, in: *International Journal of Iberian Studies*. 9, 1 (1996), S. 28-45, Zitat S. 35; die Übersetzungen spanischer Zitate stammen von uns.
9 »El Telekom toma el mando del Tour«, in: *El País* v. 10.7.1996, S. 45.

Schadenfreude den »Niedergang des (ebenfalls nationalistisch ehrgeizigen) französischen Radsports« ironisch kommentierte.[10]

Problematischer werden Manifestationen des Nationalismus, wenn sie in Xenophobie oder gar Rassismus umschlagen. Graffiti wie »*Extranjeros, ladrones de puestos de trabajo*« zieren immer wieder die Wände der Metro von Madrid (was nicht heißen soll, daß wir in Deutschland nicht mit einem ähnlichen Phänomen zu kämpfen hätten). Fremdenfeindliche Flugblätter, wie sie Tomás Calvo gesammelt hat,[11] lassen einen erschaudern. Doch es ist offensichtlich, daß sich hier Fremdenhaß und Angst um den eigenen Arbeitsplatz paaren, um sich in geifernden Aufrufen zur »Verteidigung der spanischen Identität«[12] Luft zu verschaffen. In einer Untersuchung, die nach dem Stellenwert der Rassismusthematik im spanischen Schulunterricht fragte, stellte Tomás Calvo fest, daß dieses Thema zwar ausreichend behandelt und als soziale Einstellung auch klar verurteilt werde. Allerdings vermittelten die Schulbücher den jungen Spanierinnen und Spaniern immer noch den Eindruck, daß Rassismus nicht ein Problem im eigenen Land, sondern vor allem in den Vereinigten Staaten (und in der Vergangenheit in Nazi-Deutschland) sei. Diese schulisch propagierte Verdrängungsstrategie verhindert auch nicht, daß 43,2% der Lehrer einräumen, selbst Vorurteile gegenüber Zigeunern, Arabern, Juden und Lateinamerikanern zu haben.[13]

Gegenreaktionen, vor allem 1997, im »Jahr gegen den Rassismus«, gibt es. Sie sollen hier nicht verschwiegen werden. Doch sie beruhigen nicht, da sie sich eher als Einzelphänomene denn als Gruppenreaktionen ausnehmen. So sorgte im Oktober 1997 der Protest von einhundert Professoren der *Universidad Autónoma* von Madrid gegen einen ihrer Kollegen für Aufmerksamkeit, der in einem Buch über die *Ursprünge der Unterschiede im Menschen* (*Orígenes de la diversidad humana*) schrieb. Man zieh ihn, wohl zu Recht, eines darwinistisch begründeten Rassismus, ließ es dann aber – im Namen der Freiheit der Forschung – beim Protest bewenden. Und wenn *El País* in einem vierspaltigen Artikel samt Photo mit dem Titel »*Bote solidario*«[14] über die Patenschaft für ein afrikanisches Kind berichtete, die die Kellner eines andalusischen Restaurants übernahmen, so zielte die Geschichte sicherlich darauf ab, ein gutes Gegenbeispiel zum unübersehbaren Rassismus in der Bevölkerung ins Rampenlicht der Medien zu rücken.

---

10 »El ciclismo francés se topa con sus límites«, in: *El País* v. 10.7.1996, S. 45.
11 Tomás Calvo Buezas: »Actitudes de los españoles ante otros pueblos y culturas«, in: *La nueva Europa y la cuenca sur del Mediterráneo*. Madrid 1992, S. 77-104.
12 Ebd.
13 Ebd., S. 97.
14 *El País*, Ausgabe Andalusien, v. 14.3.1997, S. 32.

Binnennationalismus als Quelle der Selbstentfremdung

Bevor man die Haltung der Spanier gegenüber Fremden genauer betrachtet, ist ein kurzer Blick auf ihren Umgang mit den eigenen regionalen Unterschieden zu werfen. Für den deutschen Betrachter zunächst verwirrend ist die Tatsache, daß Katalanen, Basken und Galicier von ihrem 'kleinen Vaterland' (*patria chica*) als *nación* oder *nacionalidad* sprechen. Für die sogenannten »historischen Nationalitäten« (Katalonien, Galicien und das Baskenland) ist unbestritten, daß sie sich in ihrer kulturellen, sozialen und teilweise rechtlich-wirtschaftlichen Eigenständigkeit als nationale Gemeinschaft innerhalb der gesamtspanischen Nation mit Sitz in Madrid verstehen. Wir wissen heute, wie sehr die Unterdrückung der historisch gewachsenen und kulturell wohl begründeten Eigenart dieser Regionen während des Franquismus eine ebenso große Sehnsucht nach kultureller und manchmal auch staatlicher Eigenständigkeit und Abgrenzung gegenüber dem Zentralstaat verständlich macht.

Die Verfassung von 1978 und der darauf folgende Prozeß der demokratischen Ausdifferenzierung Spaniens in siebzehn Autonome Gemeinschaften haben aber mitnichten die Probleme völlig beseitigt, die beispielsweise ein Andalusier mit einem Katalanen oder ein Baske mit einem *madrileño* haben. Denn mit dem Zugeständnis der regionalen Eigenständigkeit gehen eine Vielzahl von Abgrenzungsstrategien und Identitätsmanifestationen kultureller und sozialer Art einher, die aus dem einstigen Einheitsstaat (der *unidad sagrada* des Franquismus) ein Gegeneinander konkurrierender Kulturen und regionaler Kollektive machen, die allein um der Selbstbehauptung willen mehr auf ihren Unterschieden als auf ihren Gemeinsamkeiten bestehen. Während unter Franco das Andersartige, das Regionalspezifische unterdrückt wurde, um so eine Einheitskultur auf diffus kastilischer Basis (mit verkitschten andalusischen Elementen) zu erzwingen, lädt die Verfassung von 1978 die Spanier zur Entfaltung ihrer Differenzqualitäten ein. Nach der langjährigen Verschleierung regionaler Eigenheit und der geringen Erfahrung im Umgang mit dem Andersartigen sind viele Spanier nur zögerlich bereit, dieses Fremde zu akzeptieren oder gar in seiner Andersartigkeit zu fördern. Abstoßreaktionen speziell gegenüber Basken und Katalanen sind die Folge.

Fernando Savater, der streitbare Intellektuelle aus dem baskischen San Sebastián (seine Eltern kamen aus Granada und Madrid), bringt das Problem auf den Punkt, wenn er in seiner Streitschrift *Contra las patrias* schreibt: »Um es ein für allemal zu sagen: wenigstens zwei wichtige Bestandteile des hispanischen Cocktails, nämlich das Baskenland und Katalonien, haben sich nie als authentische Teile Spaniens, sondern stets als seine Gefangenen, seine Kolonien oder seine

Opfer gefühlt«.[15] Das Bewußtsein, Baske oder Katalane zu sein, habe sich in diesem Jahrhundert vor allem damit verbunden, *nicht* spanisch zu sein, und sei es nur auf resignative Weise. Zu Recht weist Savater darauf hin, daß es längst nicht so viele extremistische Nationalisten gäbe, wenn nicht gleichzeitig der zentralistische Druck von Madrid immer noch stark zu spüren wäre. Umgekehrt gilt sicher auch, daß die Abwehrreaktionen gegenüber baskischer oder katalanischer Eigenständigkeit bei weitem nicht so ausgeprägt wären, wenn diese weniger aggressiv gegenüber den »Restspaniern« ausgelebt würde.

Gleichwohl ist einzuräumen, und dies zeigt der Beitrag von Andreas Hildenbrand zu »Regionalismus und Autonomiestaat« in diesem Band sehr gut, daß die autonomiepolitischen Maßnahmen seit 1983, als man alle siebzehn Autonomen Gemeinschaften etabliert hatte, Fortschritte in der Akzeptanz des Regionalismus zeitigen und daß sich im soziopolitischen Leben Strukturen herausbilden, die der Ausprägung eines regionalen Bewußtseins förderlich sind, ohne die Zugehörigkeit zum Zentralstaat völlig in Frage zu stellen. Die »Gesellschaft der multiplen Identitäten«, von der S. Giner spricht,[16] sehen viele Spanier sicher noch nicht als gelebte Wirklichkeit. Aber von der Mehrheit wird eine solche Gesellschaft wohl als gemeinsame Zukunftsvision angestrebt. Noch lassen sich keine eindeutigen Trends bezüglich der subjektiven Identifikation mit der eigenen Autonomen Gemeinschaft oder dem Zentralstaat Spanien oder mit beidem feststellen. Bemerkenswert ist jedenfalls, daß die Doppelidentifikation (d.h. zum Beispiel »ich fühle mich genauso als Katalane wie als Spanier«) in vielen Regionen eher zunimmt. Gleichzeitig steigt auch, regional unterschiedlich zwar, die Identifikation mit der eigenen Region, während die Zahl jener nicht durchgängig abnimmt, die sich vor allem als Spanier fühlen.[17] Zu wünschen wäre, daß diese nützlichen Umfragen bezüglich der einfachen oder doppelten Identifikationshaltung der Spanier ergänzt würden um Fragen, die sich nach der Wahrnehmung des anderen, d.h. des regional differenten und gleichwohl spanischen Mitbürgers erkundigen. Denn für das Zusammenleben in einem gemeinsamen Staat der Autonomen Gemeinschaften ist die Fremdwahrnehmung ebenso wichtig wie die Eigenwahrnehmung.

Betrachtet man aus dieser Perspektive das Ergebnis der letzten gesamtspanischen Wahlen von 1996, das den *Partido Popular* zur Zusammenarbeit mit den Regionalparteien nicht nur in den Autonomen Gemeinschaften, sondern auch in Madrid zwang, so könnte man versucht sein, darin einen Segen für die Förderung gegenseitiger Akzeptanz zu sehen. José María Aznar und seine eigentlich zentralistisch orientierte Partei lernen nun, und sicher mit ihnen viele Spanier, sich mit

---

15 Fernando Savater: *Contra las patrias*. Barcelona 1984, S. 87.
16 Salvador Giner: *España. Sociedad y política*. Madrid 1990, S. 672.
17 Vgl. Andreas Hildenbrand: »Regionalismus und Autonomiestaat (1977-1997)« in diesem Band.

den Eigenheiten der Katalanen, der Basken und sogar jener der Kanarischen Inseln auseinanderzusetzen, sie ernstzunehmen und in eine gemeinsame Politik einzubringen. Man kann in diesen labilen politischen Machtverhältnissen aber auch eine schädliche Überbewertung regionaler Eigenständigkeit sehen, die insbesondere von den Katalanen besonders geschickt genutzt wird. Mit Ja antworteten jedenfalls 50% aller Spanier ein halbes Jahr nach der Wahl auf die Frage, ob sie den regionalistischen Einfluß auf die Regierung für zu stark halten.[18]

So erfreulich der von Hildenbrand in diesem Band festgestellte Prozeß der Normalisierung im Umgang mit regionalpolitischen Phänomenen ist, so wenig kann man zwei nicht zu unterschätzende Gegenreaktionen übersehen: zum einen vermehrt sich die Gruppe jener, die Fernando Savater die »*parvenus* des Nationalismus«[19] nennt, zum anderen werden neue Klagen über Diskriminierung und kulturelle Unterdrückung laut, nun aber nicht mehr durch zentralspanische Institutionen, sondern durch die neue Macht regionaler Autonomie, die manchmal recht harsch mit jenen umspringt, die nicht willens oder fähig sind, in der neu ausgerufenen Dominanzkultur und -gesellschaft, der autonomen nämlich, eine positive Rolle zu spielen. Fernando Savater nennt *parvenus* des Nationalismus jene Autonomen Gemeinschaften, die sich verspätet in den Prozeß der regionalen Verselbständigung einreihen und im nachhinein genauso lautstark ihre eigenen Rechte verlangen wie die historisch geschundenen und von langer Tradition gewachsenen »Kulturnationen« Katalonien, Baskenland und Galicien. Daß hierbei die kulturelle Parzellierung auch merkwürdige Blüten treiben kann, verdeutlichen im übrigen die Identitätsmanifestationen, die sich mit der einmal erreichten Autonomie nicht zufrieden geben und eine weitere, sozusagen »subautonome« Differenzierung fordern. So wollen seit einiger Zeit die Bewohner des *País valencià* mit ihrer eigenen *llengua valenciana* nicht in einen Topf mit den Katalanen aus Barcelona geworfen werden. Und auch die Bewohner der Balearen, ebenfalls Katalanen mit eigener Tradition, sorgen sich um den Bestand ihrer Sprache, des *mallorquí*, angesichts der massiven Einwanderung auf ihre Inseln. Gefahr wittert man kurioserweise aber nicht bei den Ausländern, die sich auf Mallorca oder anderswo niederlassen, sondern bei den zahlreichen spanischsprachigen Zuwanderern (unter den 40.000 Zuzügen nach Mallorca zwischen 1991 und 1996 fanden sich 92% spanischsprachige Immigranten).[20]

Daß die sprachliche Katalanisierung allenthalben fortschreitet, ist unbestritten. Schon 1991 konnte der Historiker Albert Balcells erfreut feststellen, daß 85% der Studenten an der *Universidad Autónoma de Barcelona* in Katalonien geboren und

---

18 Vgl. *El País* v. 19.1.1997, S. 17.
19 Savater: *Contra las patrias*, S. 88.
20 Miquel Payeras: »L'Estatut provincial espanyol«, in: *El Temps* v. 22.9.1997, S. 16.

zu diesem Zeitpunkt 60,8% der Lehrveranstaltungen auf Katalanisch abgehalten wurden. Heute dürften es weitaus mehr sein.[21] Die Zweisprachigkeit wäre bei Studenten, so meinte er, die Regel, vergaß aber zu erwähnen, daß immer noch beachtliche Migrantenströme aus Andalusien und Extremadura nach Katalonien kommen und daß diese Nichtkatalanen an ihrem Arbeitsplatz und im Alltag in der Regel sprachlich und kulturell überfordert werden. Eduard Voltas veröffentlichte deshalb zur Stellung des Kastilischen unter dem Titel *La guerra de la llengua* (Barcelona 1996) eine Untersuchung, deren Ergebnisse sogar manche katalanistischen Politiker nachdenklich stimmten. Die *Esquerra Republicana de Catalunya* wagte sich so weit vor, explizit die sprachlichen Rechte der Kastilisch sprechenden Bevölkerung in Katalonien einzufordern.[22]

Neben das Gefühl der sprachlichen Über- oder Unterprivilegierung tritt in zunehmendem Maße auch das Gefühl der wirtschaftlichen Ungleichheit, die es zweifelsohne zwischen den verschiedenen Regionen gibt. Besonders das Wohlergehen Kataloniens erweckt Neidgefühle bei wirtschaftlich weniger erfolgreichen Autonomen Gemeinschaften, wie Andalusien oder Extremadura. Auf der anderen Seite behaupten katalanische Politiker trotz großer Zugeständnisse durch die Zentralregierung in Madrid, daß Katalonien weiterhin Zahlmeister Gesamtspaniens sei und daß man sich insbesondere im neuen Wettbewerbsrahmen, den die Europäische Union auch den Regionen vorgibt, gegenüber anderen europäischen Regionen benachteiligt sieht, mit denen man eigentlich rivalisieren möchte.[23] Wohltuend gegenüber diesem kleinstaatlerischen Egoismus nehmen sich Äußerungen einiger katalanischer Meinungsführer, Forscher und Politiker aus, die kürzlich zur Auswirkung der verstärkten Einwanderung nach Katalonien aus anderen Landesteilen und aus dem Ausland befragt wurden. Die meisten sehen darin mitnichten eine Gefährdung der katalanischen Identität. Vielmehr betrachten sie die Migration als eine Bereicherung des gerade in Katalonien vorhandenen Potentials zur Multikulturalität und als eine Chance, das Land sowohl wirtschaftlich wie kulturell auf die Herausforderungen des 21. Jahrhunderts vorzubereiten.[24] So gesehen, läßt sich als Zielvorstellung des spanischen Autonomiestaates sicherlich eine Gesellschaft multipler Identitäten ausmachen. Das gute Zureden, mit dem Intellektuelle wie Pedro Laín Entralgo die gegenseitige Akzeptanz von regional kultureller Eigenständigkeit und gesamtspanischer Kultur beschwören,[25] läßt aber

---

21 Albert Balcells: *El nacionalismo catalán*. Madrid 1991, S. 204-205.
22 *El País* v. 21.9.1996, S. 3.
23 Josep Huguet Biosca: »¿A dónde vamos?«, in: *El País* v. 19.9.1997, S. 6, Ausgabe Barcelona.
24 *El Temps* v. 30.6.1997, S. 64f.
25 Vgl. Pedro Laín Entralgo: »España y Barcelona«, in: *El País* v. 15.3.1997, ein Artikel, in dem Laín ein großes Lob auf Barcelona singt und seine gesamtspanische Berufung in Geschichte und Gegenwart beschwört.

vermuten, daß es eines solchen Zuredens eben doch noch bedarf. Auch die medienwirksame Inszenierung der Hochzeit der Infantin Cristina mit dem baskischen Handballer Iñaki Urdangarín, die man bewußt in der katalanischen Hauptstadt Barcelona feierte, ist als eine jener wohlgewählten Gesten der Affirmation multipler Identität zu werten, die neben den Manifestationen regionaler Identitäten, neuerdings verstärkt zur Förderung der gegenseitigen Akzeptanz und des multikulturellen Verständnisses als notwendig erachtet werden.

Fremde Spanier seit jeher: die Zigeuner

Die Schwierigkeiten, die Spanier mit ihren Landsleuten aus unterschiedlichen Regionen haben, lassen sich – trotz extremistischem Aktionismus – nicht mit ihrer tiefsitzenden Abneigung gegenüber den Zigeunern vergleichen. Zwar lebt diese ethnische Minderheit, die heute in Andalusien immerhin 5% der Gesamtbevölkerung ausmacht, seit dem 15. Jahrhundert auf spanischem Boden und stabilisierte sich seit dem 18. Jahrhundert zunehmend als ethnisch differente und kleine Gemeinschaft, die Kenner als wohlabgrenzbaren, wenn auch schwer faßbaren »Staat innerhalb des Staates«[26] bezeichnen. Seine vielverzweigten Familien siedeln sich, trotz inhärenter Neigung zum Nomadismus, bevorzugt in einigen Regionen Spaniens wie Madrid, Barcelona und Andalusien an. Die lange Geschichte der Zigeuner samt ihrer spezifischen Kultur sorgt noch heute dafür, daß sie auch in Spanien, wo sie zahlreicher sind als in anderen Ländern, von der Bevölkerung zwar als Spanier, aber doch als Kompatrioten zweiter Klasse angesehen werden.[27] Verschiedene staatliche Pläne bemühen sich seit der *transición* um eine bessere Integration in das soziokulturelle Netz der Städte, an deren Elendsrändern sie sich häufig ansiedeln.[28] Die kulturellen Traditionen, die die Zigeuner seit Jahrhunderten pflegen und die letztlich auch ihr Überleben als ethnisch eigenständige Gruppe sicherten, sind zweifelsohne mitverantwortlich für die Schwierigkeiten bei ihrer Integration. Aber der Mangel an kultureller Sensibilität auf seiten der Behörden oder auch der Bevölkerung im allgemeinen drängt die Zigeuner oft noch mehr in eine Marginalität, zu der sie teilweise sicherlich selbst beitragen. Zu Recht hat man deshalb ihre Geschichte in einer »konstanten und nicht aufgelösten Spannung

---

26 María Helena Sánchez Ortega: »Evolución y contexto histórico de los gitanos españoles«, in: Teresa San Román (Hg.): *Entre la marginación y el racismo. Reflexiones sobre la vida de los gitanos.* Madrid 1986, S. 13-60, Zitat S. 52.
27 Tomás Calvo Buezas: *¿España racista? Voces payas sobre los gitanos.* Barcelona 1990, S. 166.
28 Juan Montes Mieza: »Sobre el realojamiento de los gitanos«, in: Teresa San Román (Hg.): *Entre la marginación y el racismo. Reflexiones sobre la vida de los gitanos.* Madrid 1986, S. 155-170, Zitat S. 158. Vgl. auch José Luis Anta Félez: *Donde la pobreza es marginación. Un análisis entre gitanos.* Barcelona 1994.

zwischen der Assimilierung in die Gesellschaft und der Aufrechterhaltung der ethnischen Identität und der eigenen Kultur«[29] gesehen.

In einer Zeit, in der auch andere (sicher mächtigere) Bevölkerungsgruppen erfolgreich auf ihre kulturelle Eigenständigkeit pochen, wollen sich die Zigeuner nicht mehr bloß mit – identitätsgefährdender – Integration in die spanische Volksgemeinschaft begnügen. Vielmehr verlangen sie immer lauter die »Insertion«, d.h. eine Form des Zusammenlebens und des gegenseitigen Respekts, die die kulturellen Differenzqualitäten voll akzeptiert. Dies forderte beispielsweise vor kurzem die einflußreiche *Unión Romaní de Andalucía* (URA).[30] Dem neuen Selbstbewußtsein der Zigeuner[31] steht freilich weiterhin eine deutliche Ablehnung durch die übrigen Spanier gegenüber, die sich nicht ohne weiteres aus dem kollektiven Bewußtsein tilgen läßt.[32] Zu Recht lobt deshalb Tomás Calvo den *Plan Nacional de Desarrollo Gitano*, den das Madrider Sozialministerium 1989 vorlegte, und zählt ermutigend die anderen Initiativen öffentlicher und privater Institutionen zur Unterstützung der Zigeuner in Spanien auf. Der Ermutigung und Mobilisierung der öffentlichen Meinung bedarf es angesichts desillusionierender Umfragen in der Tat. Der sanfte Gesinnungswandel der politisch Verantwortlichen sollte eigentlich nur der Beginn eines entspannteren und vorurteilsfreieren Umgangs mit dieser ethnischen Minderheit spanischer Nationalität sein, die die Zigeuner nun einmal sind.

Dabei darf man rasche Fortschritte, wie sie der Mentalitätsgeschichte – einer *histoire de longue durée* – ohnehin fremd sind, nicht erwarten. Vielleicht sollte man anläßlich des 100. Geburtstags von Federico García Lorca in diesem Jahr daran erinnern, daß dieser große Dichter Spaniens mit dem *Romancero gitano* vor gut 70 Jahren einen vielgelobten, wenn auch in dieser Wirkung sicher nicht beabsichtigten Beitrag zur Mythisierung zigeunerischer Fremdheit leistete. Die Fremdheit der spanischen Zigeuner im eigenen Land ist Teil einer langen Kulturgeschichte und kann nicht von heute auf morgen durch noch so gute staatliche Sozialpläne ausgeräumt werden.[33] Allerdings, und auch das gilt es zu berücksichtigen, ist gerade im Spanien der neunziger Jahre die historisch erworbene und in diesem Fall sogar ethnisch begründete Eigenständigkeit zu einem neuen soziokulturellen Wert geworden, den man immer mehr bereit ist zu akzeptieren und auf dessen Einlösung auch die selbstbewußter werdenden Zigeuner mit ihrer Forderung nach »Insertion« pochen.

---

29 Teresa San Román: *Entre la marginación y el racismo*, S. 188.
30 Vgl. *El Mundo* v. 19.10.1997, S. 16.
31 Berta González de Vega: »Se acabó el victimismo gitano«, in: *Sur* v. 15.10.1997, S. 16.
32 Centro de Investigaciones sobre la Realidad Social (CIRES): *La realidad social en España. 1992-93*. Barcelona 1994, S. 542 ff.
33 Vgl. hierzu die gegenüber staatlichen Sozialplänen sehr kritische Studie von José Luis Anta Félez: *Donde la marginación es pobreza*, S. 51 ff.

4. Ungerufene und umworbene Besucher aus der Fremde

Beinahe 62 Millionen ausländische Besucher zählte 1996 die spanische Grenzpolizei. Gut 41 Millionen davon waren Touristen im engeren Wortsinn, die übrigen in der Mehrzahl durchreisende Marokkaner, sonstige Afrikaner oder Portugiesen auf dem Weg in andere europäische Länder. Über den Tourismus als Einnahmequelle schreibt Rafael Domínguez in diesem Band. Die soziokulturellen Probleme, die das Land mit dieser Riesenzahl von Touristen hat, die beinahe so hoch ist wie die Gesamteinwohnerzahl Spaniens, werden dabei zu wenig beachtet, weil man lange Zeit meinte, sie ignorieren zu können. Noch viel problematischer aber sind für Spanien die fremden Besucher, die illegal oder legal ins Land drängen auf der Suche nach einem Arbeitsplatz und vermeintlichen Freiheiten, die ein demokratisches Europa bietet und die auf dem afrikanischen Kontinent für die meisten nur ein Mythos sind.

Spanien – ein Einwanderungsland?

Angesichts der wiederkehrenden Schreckensmeldungen über schlecht ausgerüstete Fischkutter, die, überladen mit illegalen Immigranten, bei Gibraltar oder vor Almería abgefangen werden oder, schlimmer noch, Schiffbruch erleiden, angesichts toter Marokkaner oder Schwarzafrikaner, die man aus dem Wasser fischt, angesichts dramatischer Reportagen aus den Wartelagern in Melilla und Ceuta, in denen Tausende von Nord- und Zentralafrikanern aufgefangen werden, um irgendwann einmal den illegalen Sprung über das Mittelmeer in das verheißungsvolle Land Spanien zu wagen, ist es sehr erstaunlich, wenn noch 1992 ein hoher Beamter des Innenministeriums behaupten kann:

> Solche Situationen gibt es offensichtlich, aber ich halte sie, quantitativ gesehen, für relative Einzelphänomene; die Gesamtheit der Fremden ist in ihrer Mehrzahl ziemlich gut in unserem Land integriert. Ich beziehe mich dabei nicht nur auf die Fremden aus der Europäischen Gemeinschaft, sondern auch auf die Gruppe der Bürger aus Drittländern und insbesondere auf die Iberoamerikaner.[34]

Und in der Tat, wenn man die Einwanderungsquoten, mit denen Spanien fertig werden muß, im europäischen Kontext betrachtet, so mögen die Schwierigkeiten, mit denen das Land an seiner Südgrenze zu kämpfen hat, als Bagatellfälle erscheinen. Nach einer Statistik der OECD von 1995 weist Spanien mit 500.000 Ausländern einen Ausländeranteil von 1,2% an der Gesamtbevölkerung auf,

---

34 Fernando Puig de la Bellacasa: »Situación actual de la inmigración en España y políticas de actuación«, in: *La nueva Europa y la cuenca sur del Mediterráneo*. Madrid 1992, S. 37.

während es in Großbritannien 3,4%, in Frankreich 6,3% und in Deutschland 8,8% sind.[35] Noch 1992 kommen nach Puig de la Bellacasa knapp die Hälfte der Ausländer aus der Europäischen Gemeinschaft, während 53% der Ausländer aus Drittländern stammen. Gleichwohl kann man angesichts des langsamen Anstiegs des Drittländeranteils feststellen, daß sich Spanien von einem Auswanderungs- in ein Einwanderungsland verwandelt hat. Der politische, aber besonders der wirtschaftliche Fortschritt der letzten Jahrzehnte und insbesondere der Eintritt in die Europäische Gemeinschaft sind hierfür im wesentlichen verantwortlich.

Dabei darf man nicht übersehen, daß zumindest für einen Teil dieser Einwanderungsbegehrenden, nämlich für Nordafrikaner und speziell für Marokkaner, Spanien wie ein Land erscheinen muß, in dem zumindest manches sie an ihre eigene Heimat erinnert. Speziell der Süden Spaniens ähnelt klimatisch durchaus den nordafrikanischen Ländern. Und auch die jahrhundertelange arabische Kultur hat dort, wie wir wissen, ihre Spuren hinterlassen. Immerhin war noch in diesem Jahrhundert ein Teil von Marokko spanisches Protektorat. Das Spanische ist immer noch eine wichtige Verkehrssprache in Teilen Nordafrikas. Während der Francozeit betrieb Spanien eine relativ araberfreundliche Außenpolitik. Erst seit es Mitglied der Europäischen Gemeinschaft und attraktiv für die verarmte Bevölkerung des afrikanischen Kontinents wurde, verschloß sich das Land auf massive Weise gegenüber nordafrikanischen Arbeitswilligen. 1985 wurde die sogenannte *Ley de extranjería* verabschiedet, heute die gesetzliche Grundlage für den Umgang mit Fremden, die ins Land wollen.

Melilla und Ceuta, die beiden spanischen Enklaven auf der afrikanischen Seite des Mittelmeers, aber auch die Meerenge von Gibraltar und Almería sind seither Zielpunkte einer breiten Flüchtlingsbewegung, die neben Marokkanern und Algeriern vor allem Schwarzafrikaner aus den Elendskriegsgebieten des Kontinents anzieht. Im Sommer 1996 erreichte diese Bewegung einen Höhepunkt, als Spanien dem Schengener Abkommen beitrat, welches freien Personenverkehr zwischen den europäischen Unterzeichnerstaaten bei verschärften Grenzkontrollen nach außen vorsieht. Bis zum 23.8.1996 ermöglichte damals die Regierung den in Spanien lebenden Ausländern, ihre Situation zu legalisieren, und machte dann mittels Visumzwangs und verschärften Kontrollen die Grenzen dicht. Tausende von überwiegend afrikanischen Menschen wollten diese letzte Chance nicht verstreichen lassen und vor dem Stichtag einen Antrag auf Aufenthaltsgenehmigung stellen.[36]

Die Mehrheit der illegal einwandernden oder auch der bereits mit Arbeitserlaubnis ausgestatteten Afrikaner wollen nach Einschätzung der Experten ohnehin

---

35 Vgl. *Süddeutsche Zeitung* v. 1.8.1997, S. 33.
36 Vgl. hierzu auch Holm-Detlev Köhler: »Spanien: Südwall der Festung Europa«, in: *Tranvía* Nr. 44 (März 1997), S. 34.

nicht in Spanien bleiben, sondern weiterziehen nach Italien, Deutschland, England und Frankreich.[37] Gleichzeitig ist darauf hinzuweisen, daß gerade durch den wirtschaftlichen Aufschwung, den Spanien in den letzten Jahren erlebt hat, die Arbeitslosigkeit im Lande zwar nicht wesentlich gesenkt werden konnte, gleichwohl aber bestimmte Tätigkeiten, wie beispielsweise die Erdbeerernte im Frühjahr in Huelva oder die Tomatenernte bei 50° Hitze unter Plastikfolien in der Gegend von Almería nur deshalb durchgeführt werden können, weil Tausende von legalisierten und illegalen nordafrikanischen Arbeitern als stille Reserve bereitstehen. Es darf deshalb nicht überraschen, wenn 92% aller Anträge auf Legalisierung mit Rückendeckung spanischer Firmen gestellt werden, die Arbeitskräfte brauchen.[38] Von Seiten der spanischen Behörden sieht man sich also nicht bloß in der Rolle des Polizisten, der das südliche Einfallstor Europas gegen unerwünschte Eindringlinge zu verteidigen hat. Die polizeiliche Aufgabe gestaltet sich vielmehr wegen wirtschaftlicher und auch außenpolitischer Zielsetzungen Spaniens als eine relativ heikle Angelegenheit. So will man den illegalen Menschenschmuggel und das unkontrollierte Eindringen von ausländischen Arbeitsuchenden zwar unter Kontrolle bringen, den Zufluß billiger Arbeitskräfte aber nicht völlig stoppen. Die Grenzposten der *Guardia Civil* sind mit dieser diffizilen Aufgabe überfordert. In Politikerkreisen wird man sich zunehmend bewußt, daß die polizeilichen Aktionen von einer Integrationspolitik in Spanien selbst und einer spanischen, oder besser europäischen Entwicklungspolitik auf dem afrikanischen Kontinent flankiert werden müssen. Überzeugende Schritte zur Lösung der Probleme lassen aber immer noch auf sich warten.[39]

Wie dringend politisches Handeln geboten ist, verdeutlichen die ausländerfeindlichen Reaktionen insbesondere gegenüber afrikanischen Immigranten, die sich immer lauter in der Bevölkerung manifestieren. Nach Umfragen nimmt zwar die Bereitschaft langsam zu, Immigranten bei der Integration in Spanien behilflich zu sein. 1991 wollten dies 33% tun, 1993 immerhin schon 39% der befragten Spanier. Allerdings wollten 19% diese Unterstützung *nur* für Südamerikaner leisten, während die Unterstützungsbereitschaft für Nordafrikaner, die ohnehin nur verschwindend gering war, noch einmal von 2 auf 1% und für Schwarzafrikaner von 6 auf 2% absank.[40] Noch gibt es in Spanien keine rechtsextreme Partei, die in nennenswertem Maße politische Zustimmung für fremdenfeindliche Positionen erhielte. Doch die Situation kann sich jederzeit ändern. Eine Studie, die 1997 von den Universitäten Sevilla und Almería über *La integración social de los inmi-*

---

37 *El País Semanal* v. 26.10.1997, S. 14.
38 Puig: »Situación actual«, S. 41.
39 Zu einer politischen Bewertung der Situation vgl. Richard Gillespie u.a. (Hgg.): *Democratic Spain*. London 1995.
40 CIRES: *La realidad social en España 1992-93*. Barcelona 1994, S. 5, 6, 8.

grantes africanos en Andalucía veröffentlicht wurde, offenbarte zum Teil erschreckende Vorurteile und ausländerfeindliche Haltungen, insbesondere bei Jugendlichen und speziell Oberschülern im Alter von 16 bis 18 Jahren. Danach halten 83,3% die afrikanischen Immigranten zwar für »arbeitsam«, aber 61,6% schätzen sie als »dreckig« (»sucios«) ein, 44,1% bezeichnen sie als »delincuentes«, 45,8% meinen, daß sie anderen die Arbeit wegnehmen. Die Studie schließt mit dem teilweise hoffnungsvollen Ausblick, daß »die Schüler in ihrer Gesamtwahrnehmung weniger extremistisch als ihre Eltern seien, gleichwohl aber in ihren Urteilen sich wenig von ihnen unterschieden«.[41]

Touristen und »Investoren«

Die 41 Millionen ausländischer Touristen, die 1996 Spanien besuchten, brachten viel Geld ins Land und konnten schon deshalb mit einem wohlwollenden Empfang rechnen. Daß sich darunter eine relativ hohe Zahl von Urlaubern befindet, die zum wiederholten Mal nach Spanien kommen, läßt darauf schließen, daß sie sich wohl in diesem Land fühlen. Gleichwohl gestaltet sich der Umgang mit den ausländischen Gästen nicht in allen Bereichen und nicht an allen Orten als gelungenes Beispiel interkultureller Kommunikation. Besonders in Andalusien, Katalonien und auf den Balearen, wohin sich die großen Touristenströme ergießen, kommt es durchaus zu Reibereien und fremdenfeindlichen Reaktionen, für die man angesichts der massiven Überflutung durch fremde Ansprüche und Sitten durchaus Verständnis haben kann. Die Neigung der Touristen, nicht nur saisonal, sondern auch geographisch bestimmte Bereiche intensiv zu nutzen und damit auch zu verbrauchen, sorgt für die bekannten wirtschaftlichen und planerischen Probleme und Verwerfungen. In manchen Siedlungen an den spanischen Küsten kommt es so zu einer soziokulturellen Überfremdung, die letztlich das zerstört, das der mitteleuropäische Tourist eigentlich ausgezogen ist, in Spanien zu finden.

Auf relativ kleinem Raum entstanden im Laufe der Jahre kleinere oder größere Enklaven mittel- und nordeuropäischer Gesellschaften und ließen so Formen der Ghettoisierung entstehen, die wir in dieser Arbeit auch in anderem Kontext bereits kommentierten. Die Gemeinde Torrox an der Costa del Sol wird beispielsweise als beinahe deutsche Kleinstadt – mit deutscher Infrastruktur, Schule etc. – auch von Spaniern akzeptiert und behandelt, während Nerja, gesprochen »Nerdscha«, etwas weiter östlich auf dem Weg nach Almería gelegen, fast völlig in britischer Hand ist. Touristen, die das spezifisch Andalusische suchen, kommen hier kaum mehr auf ihre Kosten, denn die örtliche Freizeitindustrie, die die Touristen zuallererst auf den Plan gerufen haben, sorgt im Gegenzug für die schrittweise

---

41 Vgl. den Bericht über diese Studie in: *El Mundo* v. 28.3.1997, S. 4.

Zerstörung und Verdrängung jener heimischen Spezifika, die – in Form von Sevillanas-Kleidern und Sherry-Flaschen – nur noch in Bars und in Reiseprospekten ein kümmerliches Dasein fristen. Die soziokulturellen Folgen dieser temporären, aber alle Jahre wiederkehrenden Invasion bestimmter Landesteile mit fremden Besuchern können hier nur angedeutet, nicht im einzelnen untersucht werden.

Wirtschaftlich ebenso interessant und soziokulturell vielleicht irritierender sind neben den im Durchschnitt zwölf Tage bleibenden Touristen freilich jene Fremden, die Spaniens Küsten und Inseln so schön finden, daß sie sie zu ihrem zweiten oder gar ersten Wohnsitz machen. In der Regel handelt es sich hier um ältere und wohlhabende Ausländer, die Grund und Boden, Appartements und Landhäuser ebenso erwerben wie Jachten oder Diskotheken. Am Beispiel von Katalonien und mehr noch von Mallorca kann man gut beobachten, welchen Grad der Verflechtung Heimisches und Fremdes hier mitunter bereits erreicht haben, aber auch, wie trotz dieser im Prinzip wohlwollenden Annäherung und Verschränkung fremder und eigener Kultur, Gesellschaft und Wirtschaft spanische Ausgrenzungs- und Ablehnungsstrategien heute keine Seltenheit mehr sind.

Katalonien ist mit seiner wirtschaftlichen Kraft und aufgrund seiner seit der *transición* intensiv betonten regionalen Identität ein besonders interessanter Treffpunkt fremder und heimischer Kulturen. So ist auffallend, daß beispielsweise 1996 in den drei katalanischsprachigen Regionen (*Principat*, *País Valencià* und Balearen) etwas mehr Marokkaner (54.105) als Briten (53.441) wohnhaft waren.[42] Bei genauem Hinschauen wird schnell klar, daß es sich in einem Fall um Ausländer im Ruhestand, im anderen Fall um »Gastarbeiter« handelt. Denn nur 23% aller in diesen Regionen wohnenden EU-Europäer gehen einer Arbeit nach, während die Afrikaner, die sich legal dort aufhalten, zu 80% als Arbeiter tätig sind. Interessant ist auch, daß nicht die Deutschen (30.493), sondern die Briten (53.441) die stärkste Gruppe von EU-Ausländern mit Wohnsitz in diesen Regionen bilden. Allerdings verteilen sich Deutsche und Briten unterschiedlich auf die verschiedenen Autonomen Gemeinschaften. Auf den Balearen finden sich 12,1% aller in Spanien wohnenden Deutschen, während von den in Spanien ansässigen Briten dort nur 10,6% einen Wohnsitz haben. Die Briten wiederum wohnen bevorzugt im *País Valencià*. 33% aller in Spanien wohnenden Briten leben dort, während die deutsche Kolonie hier nur 12,7% ausmacht.

Obwohl also deutlich mehr Briten als Deutsche in diesen Regionen insgesamt wohnen, sorgen gerade die – allerdings auf Mallorca konzentrierten – Deutschen in letzter Zeit für Unruhe unter der einheimischen Bevölkerung. Als 1993 die *Bild-Zeitung* den Aufkauf der Insel durch Deutschland ankündigte, konnte man das noch

---

42 Diese und die folgenden Zahlen finden sich im Sonderheft von *El Temps* v. 5.4.1996 zum Thema »Els colors de la immigració«.

als schlechten journalistischen Witz abtun, über den freilich die *mallorquins* kaum lachen konnten. Mittlerweile gibt es allerdings deutliche Gegenreaktionen von seiten heimischer Politiker, die – aus welchen Gründen auch immer – Stimmung gegen deutsche Mallorca-Bewohner und besonders ihren Wunsch nach Grundbesitz machen. In der Tat ist die Zahl der Immobilienbesitzer, die man hier »Investoren« nennt, auf den Inseln in den letzten Jahren stark angestiegen und wird derzeit auf 40.000-50.000 mit einem Anlagevolumen von ca. 42 Millionen DM geschätzt. Steigende Bodenpreise verwandeln insbesondere im landschaftlich schönen Norden der Insel immer mehr Ackerland in Baugebiete, die für die Einheimischen allerdings nicht mehr erschwinglich sind. In einigen Gemeinden fordert man deshalb ein (nach EU-Recht nicht mehr mögliches) Verkaufsverbot für deutsche Interessenten, und die Wochenzeitung *El Temps* spricht von »*una vertadera psicosi d'invasió alemanya*«.[43]

Der deutsche Konsul auf Mallorca, Michael Göllner, weist zu Recht darauf hin, daß für Immobiliengeschäfte mit Ausländern immer auch einheimische Verkäufer erforderlich sind, an denen es offensichtlich nicht fehlt.[44] Gleichzeitig ist er zuversichtlich, daß die Deutschen, die sich auf den Balearen ansiedeln, ernsthafte Integrationsanstrengungen unternehmen. Dies bestätigt auch der Direktor der *Obra Social i Cultural* der einheimischen *Caixa de Balears*, der Wirtschaftswissenschaftler Miquel Alenyà. Auch er verweist einerseits auf den immensen Anstieg der Bodenpreise, den vor allem deutsche Kaufinteressenten auslösten. Er mag darin aber keine »Kolonialisierungsgefahr« sehen, da sich seiner Ansicht nach die Deutschen gut auf die heimische Kultur einzustellen trachten.[45] Dies geschehe zwar weniger in der berühmt-berüchtigten »Bierstraße« am Strand von Palma de Mallorca, wohl aber gäbe es deutliche Versuche deutscher Geschäftsleute mit Gespür für die Möglichkeiten und Notwendigkeiten ihrer Zweitheimat, sinnvoll in der Öffentlichkeit als Investoren oder gar als Mäzene aufzutreten. So brachte sich 1990 Reinhard Mohn von der Bertelsmann-Stiftung, der seit 30 Jahren in Alcudia Besitztum hat, als Stifter einer ganzen Bibliothek bei der heimischen Bevölkerung und ihren Politikern ins rechte Licht. Die geschäftstüchtigen *mallorquins* wissen sehr wohl die Tatsache zu schätzen, daß ein großer Anteil der wirtschaftlichen Aktivitäten auf der Insel durch Ausländer und insbesondere Deutsche veranlaßt werden. Stolz berichtet *El País*, daß die Bosse wichtiger deutscher Großkonzerne, wie »Wolswagen, Lutlhansa o Tui« (*sic!*) von Mallorca per Modem einen Teil ihrer großen Geschäfte abwickeln. Gleichzeitig aber spricht man von den »*bárbaros del Norte que invaden el Mediterráneo*«,[46] die mit ihrem Geld und ihren

---

43 *El Temps* v. 29.9.1997, S. 54.
44 *La Voz de Mallorca* v. 14.9.1997, S. 14f.
45 *El Temps* v. 29.9.1997, S. 57.
46 *El País* v. 18.8.1996, S. 2.

nordeuropäischen Gewohnheiten und Leistungsansprüchen Enklaven fremder Kultur im Kontext einer ursprünglich ländlichen Inselwelt implantieren.

5. Freunde – Rivalen – Vorbilder

Der Stolz aufs eigene Land manifestiert sich in Spanien, wie in anderen Ländern auch, besonders deutlich mit Blick auf Nachbarn, Rivalen und Vorbilder aus der Fremde. Lange bevor das Land beantragte, in die Europäische Gemeinschaft aufgenommen zu werden, und lange bevor sichtbar wurde, zu welch einem europäischen Musterschüler sich Spanien entwickeln sollte, positionierten sich das Land, seine Intellektuellen, aber auch seine einfachen Bewohner im positiven und negativen Sinne gegenüber anderen Ländern, die man als Freunde, Rivalen oder Vorbilder sah. Zwei europäische Staaten, zu denen Spanien stets ein besonderes Verhältnis hatte, nämlich Frankreich und Deutschland, sollen hier stellvertretend für diese Beziehungen und Haltungen gegenüber anderen europäischen Ländern genauer betrachtet werden. Danach werden wir auf Spaniens Haltung gegenüber Europa eingehen und zuletzt die politisch-wirtschaftlichen Beziehungen sowie soziokulturellen Haltungen gegenüber den sogenannten lateinamerikanischen »Brudernationen« kurz kommentieren.

Spanien und Frankreich

Spaniens Verhältnis zu Frankreich ist auch heute noch, trotz Partnerschaft in der EU und der NATO, nicht frei von Spannungen und Irritationen, die den Beobachter um so mehr überraschen mögen, wenn er damit die *entente cordiale* vergleicht, die seit langen Jahren bereits das Verhältnis Spaniens zu Deutschland charakterisiert. Mehr als in den Beziehungen zu anderen Ländern spielt in Spaniens Haltung gegenüber Frankreich die gemeinsame Geschichte der beiden Nachbarn eine entscheidende Rolle. Man braucht nicht bis zur Besetzung Spaniens durch Napoleon zu Beginn des vergangenen Jahrhunderts zurückzugehen, um die heute noch spürbare Abneigung gegenüber der kulturellen Dominanz Frankreichs im eigenen Land zu verspüren und zu verstehen. Als Lluis Racionero 1987, gleichsam zum Eintritt Spaniens in die EG, seinen später preisgekrönten Essay *España en Europa* vorlegte, erinnerte er seine Landsleute zwar zu Recht daran, welch wichtige Rolle der nördliche Nachbar in der Vergangenheit bei der Modernisierung des eigenen Landes gespielt hatte. Aber bei allem Respekt vor dem Modellcharakter, den Frankreich als Heimat demokratischer Tugenden und liberaler Denkweise im 18. und 19. Jahrhundert für Spanien spielte, kommt selbst bei Racionero immer wieder eine tiefliegende Abneigung zum Ausdruck, die sich beispielsweise im Vergleich des heutigen Frankreich mit Spanien Luft macht.

»Welchen Unterschied gibt es heute noch zwischen dem spanischen und dem französischen Leben?« fragt er seinen Leser rhetorisch und stellt fest, daß beide Länder sich nur mehr durch einige hundert Dollar Differenz im Pro-Kopf-Einkommen unterscheiden, daß es Frankreich daneben aber »notorisch an Kreativität mangele«.[47]

Ähnlich rivalisierende Vergleiche haben bekanntlich bereits die Autoren der *98er Generation* gezogen. Antonio Machado, der wie viele andere seiner Landsleute zwar im Bürgerkrieg seine Exilheimat in Frankreich finden sollte und dort auch starb, vermochte trotzdem nicht viel Positives im nördlichen Nachbarn zu sehen; denn von dort seien vor allem »der Sensualismus, die Anarchie, die Pornographie, die Dekadenz und die aristokratische Pedanterie« ins Land gekommen.[48] Daß das franquistische Spanien sich gegenüber dem demokratischen Frankreich abschottete, ist nicht verwunderlich. Der ETA-Terrorismus war von Anbeginn zwar weitgehend ein innerspanisches Problem, doch Frankreich und insbesondere seine Linke sympathisierte lange mit den baskischen Unruhestiftern. Entsprechend konnten sich die verschiedenen französischen Regierungen bis weit nach Francos Tod nicht zu einer gemeinsamen Haltung in der Bekämpfung der baskischen Terroristen durchringen. Auch Spaniens Begehr, in den Club der EG-Europäer aufgenommen zu werden, wurde noch 1981 von Frankreich deutlich gebremst. Erst der Wahlsieg des Genossen Felipe González vermochte Mitterrand zu erweichen, dem Beitrittsantrag seines südlichen Nachbarn nachzugeben. Frankreich erkannte nur zu gut, daß hier ein wirtschaftlicher Rivale insbesondere im Agrarbereich heranwuchs, den man so lange vor der Tür des Gemeinsamen Marktes halten wollte, solange man die Spanier in Sachen Demokratie noch schulmeistern konnte.[49]

Auch heute, nach beinahe zwölfjähriger Mitgliedschaft Spaniens in der EU, sieht man im nördlichen Nachbarn immer noch mehr einen Rivalen als einen Partner. Zwar klappt mittlerweile die Zusammenarbeit bei der Bekämpfung des ETA-Terrorismus, und auch die französischen Zweifel an der Stabilität der spanischen Demokratie sind ausgeräumt. Nun aber, wo sich Spanien auf dem Wege wähnt, eine der führenden Nationen Europas zu werden, sieht man erneut in Frankreich und hier insbesondere in seiner Außenpolitik immer wieder Grund zur

---

47 Lluis Racionero: *España y Europa*. Barcelona 1987, S. 52.
48 Demgegenüber nimmt Azorín, ein anderer 98er, beinahe eine Sonderstellung ein, wenn er in einer ganzen Reihe von Schriften, gleichsam gegen die generelle Antifrankreichhaltung, den nördlichen Nachbarn in intellektueller und künstlerischer Hinsicht als Modell für Spanien anpreist. Man lese diesbezüglich *Entre España y Francia (Páginas de un francófilo)*, einen Text, in dem er manchmal auf rührende Weise bei den Intellektuellen im Nachbarland ein Modell für die eigene Heimatbegeisterung entdecken wollte, die die 98er bekanntlich ihren Landsleuten nahebringen wollten.
49 Gillespie: *Democratic Spain*. (Anm. 39), S. 37.

Irritation gegenüber einem Nachbarn, dem man eigentlich partnerschaftlich verbunden ist. Zuletzt erregte sich Spaniens öffentliche Meinung, als im Frühjahr 1997 der französische Präsident Chirac durch Südamerika reiste und sich als Botschafter Europas gerierte. Denn eigentlich will diese Rolle bekanntlich Spanien selbst spielen und sieht es ungern, wenn es dabei von Frankreich übertrumpft oder gar verdrängt wird. Immerhin war es Aznar, der im November 1996 auf dem iberoamerikanischen Gipfeltreffen in Chile die Idee hatte, im Erinnerungsjahr 1998 einen »euro-iberoamerikanischen Gipfel« zu veranstalten. Doch nun war der Franzose schneller und spielte sich in den Augen der Spanier zu Unrecht als Vorreiter einer Kooperation zwischen Lateinamerika und der EU auf.

Spanien und Deutschland

Der spanische Blick nach Deutschland ist viel weniger von Neid und Abneigung geprägt als jener nach Frankreich. Die Bewunderung für Deutschland als einem Land der Technik und der erfolgreichen Wirtschaft schlägt sich nicht nur in zahlreichen Werbespots (»*La técnica alemana al gusto español*«) nieder und stützt sich nicht nur auf die Erfolgsberichte heimkehrender Gastarbeiter in den sechziger und siebziger Jahren. Sie gründet auch auf der Tatsache, daß sich Spanien und Deutschland in den Konflikten des letzten und dieses Jahrhunderts nicht feindlich gegenüberstanden, sondern im Gegenteil im II. Weltkrieg zeitweise sogar Seite an Seite kämpften. Die durchaus problematische deutsch-spanische Kooperation vor und während des II. Weltkriegs erfuhr später ihre sozusagen »demokratische Korrektur«, als es darum ging, Spaniens Demokratie nach Francos Tod auf den Weg zu bringen. Es waren vor allem deutsche Politiker und Parteien, die der *Alianza Popular* auf der Rechten und dem PSOE auf der Linken mit Rat und Tat beim Aufbau eines modernen Parteiensystems zur Seite standen.[50] Dazu kommt, daß spätestens seit den Jahren des *krausismo* im letzten Drittel des 19. Jahrhunderts deutsche Denker für viele spanische Intellektuelle Vorbild sind. Die Orientierung Unamunos und Ortega y Gassets an der deutschen Philosophie ist bekannt. Auch heute noch liefern deutsche Intellektuelle aus verschiedenen Lagern wichtige Referenzpunkte in der Diskussion aktueller spanischer Probleme.[51]

Vor diesem Hintergrund ist es nicht überraschend, daß die spanische Öffentlichkeit im Gegensatz zur französischen, britischen oder italienischen einhellig

---

50 Jonathan Story: »Spain's external relations redefined: 1975-89«, in: Gillespie: *Democratic Spain* (Anm. 39), S. 30-49.
51 Vgl. beispielsweise den Artikel von Andrés Ortega: »El alemán de la Moncloa«, in: *El País* v. 9.6.1997, S. 24, zu den konkurrierenden Vorbildern Carl Schmitt und Niklas Luhmann, die die theoretische Reflexion in der spanischen Politik beeinflussen.

zustimmend und teilweise begeistert reagierte, als 1989/90 die Nachrichten von der Wiedervereinigung Deutschlands durch die Medien gingen. In den meisten anderen europäischen Ländern mischte sich damals in die Neugierde eine mehr oder weniger deutliche Skepsis gegenüber einem vielleicht zu groß werdenden Deutschland. Eine Skepsis, die von vielen Politikern dieser Länder im übrigen mitgetragen und auch geschürt wurde. Von dieser zwiespältigen Haltung der übrigen Partner Deutschlands unterschied sich die fast einhellige Zustimmung zur Wiedervereinigung, die man damals in den spanischen Medien beobachten konnte. Das neue und vereinte Deutschland wurde (und wird immer noch) in zahlreichen Sondernummern gefeiert und mit oft erstaunlich genauer Sachkenntnis auch mit seinen Problemen geschildert. Diese Anteilnahme am politischen Schicksal Deutschlands hat in den letzten Jahren nicht abgenommen. Im Gegenteil, immer dann, wenn Deutschland mit Schwierigkeiten zu kämpfen hat, berichten die spanischen Medien besonders sorgfältig, meist auch mitfühlend, selten ironisch über die Probleme ihres bevorzugten europäischen Partners. Deshalb überraschte es auch nicht, als im Herbst 1996 Bundeskanzler Kohl den angesehenen »Preis des Prinzen von Asturien für internationale Kooperation« erhielt und dabei von Prinz Felipe in den höchsten Tönen für seine Arbeit für ein gemeinsames Europa, aber auch für seine Unterstützung Spaniens gepriesen wurde.[52] Die Sondernummern, die Spaniens Tages- und Wochenzeitungen dem wiedervereinten Deutschland und seiner neuen und alten Hauptstadt bisher gewidmet haben (»Berlin – das Herz Europas schlägt wieder«[53]), lassen sich mittlerweile nicht mehr zählen, schlagen sich aber beispielsweise in einem beeindruckenden Anstieg der Berlintouristen aus Spanien nieder, die Jahr für Jahr in eine Stadt pilgern, die aus ihrer Sicht auf faszinierende Weise Vergangenheit und Gegenwart, Kunst und proletarisches Leben, Ost und West vereint und so zur »modernsten Stadt der Welt« wurde.[54]

Spanien und Europa

Als man sich im Frühjahr 1997 daran erinnerte, daß seit den Römischen Verträgen vierzig Jahre vergangen sind, wies *El País* seine Leser stolz darauf hin, daß Spanien mehr als ein Viertel dieser Zeit bereits ein wichtiges Mitglied der Europäischen Gemeinschaft ist.[55] In der Tat bedeutete der EG-Beitritt Spaniens für das Land ein Versprechen auf Modernisierung und Stabilisierung der heimischen

---

52 *ABC* v. 9.11.1996, S. 60.
53 So überschrieb die Wochenendbeilage der andalusischen Tageszeitung *El Ideal* am 3. Oktober 1994 ihren Deutschland-Sonderteil, S. 53.
54 Ebd., S. 54.
55 *El País* v. 25.3.1997, S. 14.

Demokratie, das im wesentlichen, so sieht es jedenfalls die Mehrheit der Spanier, eingelöst wurde. Die *transición* fand damit eine konsequente Fortsetzung auf politischem, wirtschaftlichem und kulturellem Gebiet. Deshalb unterstreicht man auch weiterhin die europäische Standfestigkeit Spaniens, wenngleich manche Zweifel und Schwierigkeiten, insbesondere durch die möglichen Ausweitungen nach Osten und nach Süden, das gemeinsame Europaprojekt manchmal zu gefährden scheinen. Im Jahr 1997 jedenfalls sieht sich Spanien zu Recht als wichtiges Mitglied Europas, das mit eigenen Ideen zur Lösung der Schwierigkeiten beitragen kann, mit denen sich die heutige Gemeinschaft der Fünfzehn konfrontiert sieht.»Mehr Europa« lautet deshalb die Parole des Meinungsführers *El País*,[56] mehr Vereinigung und nicht zögerliches Zurückschrauben des einmal in Gang gesetzten Einigungsprozesses. Offensichtlich sieht man sich gedrängt, die proeuropäische Haltung der Spanier zu stützen, da in den letzten Jahren insbesondere in Intellektuellenkreisen sich zunehmend Euroskepsis breitmachte.[57] Bevor wir aber diese europakritischen Stimmen beurteilen, soll kurz geschildert werden, mit welcher Begeisterung Wirtschaft und Politik, aber auch die Intellektuellen in den achtziger Jahren den EG-Beitritt Spaniens herbeisehnten, und als er einmal vollzogen war, ihm begeistert zustimmten.

Von Anfang an war klar, daß dieses Ereignis, als Konsekration des erfolgreichen *transición*-Prozesses, für Spanien mehr als nur wirtschaftliche Bedeutung hatte. Mit ihm wurde auch die Einbindung des zu Francos Zeiten übermächtigen Militärs in die internationale Organisation der NATO vollzogen. Das NATO-Referendum im März 1986, mit dem Felipe González seine politische Zukunft aufs Spiel setzte, wurde nach Ansicht vieler Beobachter vor allem deshalb positiv beschieden, weil Spaniens NATO-Eintritt als Teil des europäischen Integrationsprozesses dargestellt werden konnte. In der Folge verstand es die spanische Politik sehr rasch, die neuen internationalen Aufgaben eigenständig und doch kooperativ zu übernehmen. Spanische Spitzenbeamte und Spitzenpolitiker sind mittlerweile in allen wichtigen europäischen Institutionen erfolgreich vertreten. Zwei der dreizehn Mitglieder der Ständigen Kommission in Brüssel sind Spanier. Sechzig von 518 Abgeordneten im Europäischen Parlament und einer von dreizehn Richtern am Europäischen Gerichtshof kommen ebenfalls aus Spanien. Das Gewicht des Landes in den europäischen Institutionen macht etwa 11% aus. Doch mehr als vielleicht in Deutschland werden die spanischen »Europäer« in der Öffentlichkeit stets als Repräsentanten ihres Landes und einer integren europäischen Gesinnung hervorgehoben. José María Gil Robles als Präsident des Europarats in Straßburg, Manuel Marín als einer der Vizepräsidenten der Europäischen Kom-

---

56 Ebd.
57 Eduardo Subirats: *Después de la lluvia. Sobre la ambigua modernidad española*. Madrid 1993.

mission und natürlich Javier Solana als Generalsekretär der NATO sind nur einige der öffentlich immer wieder gerühmten und bewunderten Europa- und NATO-Politiker Spaniens. Bei aller politischen Aufwertung ist man sich aber sehr wohl bewußt, daß die Mitgliedschaft in der EU insbesondere in der Zeit von 1986 bis 1992 auch den wirtschaftlichen Aufschwung Spaniens wesentlich förderte, wie wohl sich eine direkte Relation im einzelnen nur schwer in Zahlen begründen läßt.[58]

Angesichts der wirtschaftlichen Früchte, die Spanien in Europa erntet, darf nicht vergessen werden, daß der Wunsch nach mehr Europa zumindest in den achtziger Jahren auch auf eine kulturelle Annäherung setzte. Brüssel und Bonn, Paris und London mögen Spanien zunächst nur als neuen Wirtschaftsraum (mit Chancen und Problemen) gesehen haben. Zumindest für die spanischen Intellektuellen verband sich mit Europa die Hoffnung auf Öffnung und Überwindung jahrzehnte- und jahrhundertealter Barrieren im kulturellen Leben. Deshalb war man damals fest davon überzeugt, daß Spanien das »jüngste, lebendigste und aktivste Land Europas« werden könnte.[59] Zwei Monate vor dem Beitritt am 1. Januar 1986 veranstaltete man in Madrid einen Kongreß zum Thema »Der europäische Kulturraum«, und *El País* berichtete frohgemut, daß die internationalen Teilnehmer Spaniens Europabeitritt als ein »Fest des Denkens« begrüßten.«[60] Die anwesenden Intellektuellen aus verschiedenen Ländern formulierten ein »Manifest von Madrid«, das Spaniens und Portugals Mitgliedschaft in der Europäischen Gemeinschaft in höchsten Tönen pries und darin die Chance für eine neue europäische Kulturpolitik erkennen wollte. Die Zuversicht, die aus diesem Manifest sprach,[61] wurde schon damals nicht von allen Intellektuellen geteilt. Juan Goytisolo, der als Vorzeigespanier in Brüssel den Preis der *Europalia* erhielt und der bezeichnenderweise nicht in Spanien lebt, sondern zwischen Paris und Marrakesch pendelt, äußerte sich angesichts der Europaeuphorie seiner Landsleute nur mit gedämpftem Optimismus »voll von Ungewißheiten und lächerlichen Hintergedanken«.[62]

Verfolgt man die Europadebatte im Jahr 1998, die sich vor allem um die Konvergenzkriterien von Maastricht dreht, die Spanien offensichtlich besser erfüllen wird als Deutschland, so scheint auch die spanische Öffentlichkeit den Ruf ihrer Intellektuellen aus den achtziger Jahren nicht mehr für so dringlich zu halten.

---

58 Alfred Tovias: »Spain in the European Community«, in: Gillespie: *Democratic Spain* (Anm. 39), S. 88-105, hier S. 98.
59 So der damalige Kulturminister Javier Solana in der amerikanischen Zeitschrift *Newsweek* v. 5.8.1985.
60 *El País* v. 17.10.1985, zitiert nach Peter Frey: *Spanien und Europa*. Bonn 1988, S. 203.
61 Ebd.
62 Ebd.

Damals forderten Intellektuelle wie Politiker lautstark, neben der Lösung wirtschaftlicher Fragen kulturelle und soziale Bereiche stärker ins Zentrum der europäischen Politik zu rücken.[63] Zumindest die Politiker erinnern sich heute kaum mehr daran. Euroskepsis und deutliche Enttäuschung kennzeichnen deshalb die Reaktion vieler spanischer Intellektueller auf diesen Gedächtnisschwund. Man beklagt allenthalben die kulturelle Blindheit gegenüber Spanien. Am deutlichsten artikuliert diese Skepsis Eduardo Subirats, wenn er gegen den »*culto europeísta*«[64] wettert, den die spanische Politik der letzten zehn Jahre betrieb, ohne sich um die Konkretisierung des Heilsangebots »europäische Kultur« zu kümmern. Zu Recht weist er auf die Schwierigkeiten bei der Durchsetzung der europäischen Sozialcharta hin, beobachtet voller Unruhe das Aufflammen des Rassismus in verschiedenen europäischen Ländern und sieht deshalb die kulturelle Praxis, die das »Projekt Europa«[65] den Spaniern beschert hat, eher als einen Mißerfolg, wenn nicht gar als eine Rückkehr zu überwunden geglaubten nationalistischen Phantasmen.

Lateinamerika – ein fremd gebliebener Bruder

Die Kritik von Subirats am »*culto europeísta*«, den Spaniens Verantwortliche in der Bevölkerung veranstalteten, weist auf eine Kluft zwischen öffentlicher Schönwetterpolitik und alltäglicher Praxis hin, die sich in verschärftem Maße auch in Spaniens Beziehungen zu seinen angeblichen Brudernationen in Lateinamerika und zu seinen südlichen Mittelmeernachbarn, insbesondere Marokko, immer wieder auftut.[66] Die Sonntagsreden spanischer Politiker haben auch nach den problematischen 500-Jahr-Feiern des Jahres 1992 nicht aufgehört, die Beziehungen zu Lateinamerika bevorzugt im Zeichen der *hispanidad* zu preisen. Zu Recht weist Norbert Rehrmann in diesem Band auf die »Phantasiedominanz« bei der Wahrnehmung Lateinamerikas durch Spanien hin. Selbst kritische Intellektuelle könnten auf den »panhispanistischen Diskurs« nicht verzichten, der Spanien immer noch als große Mutterkultur gegenüber den lateinamerikanischen Ländern anpreist. Dabei sprechen die Fakten eine deutliche Sprache: Die lateinamerikanischen Länder rangieren als wirtschaftliche Partner Spaniens unübersehbar hinter der Europäischen Union, wenngleich in den letzten Jahren einige Sektoren große Anstrengungen unternehmen, sich als Brückenkopf Europas auf dem amerikani-

---

63 Ebd., S. 200ff.
64 Eduardo Subirats: *Después de la lluvia*, S. 83.
65 Ebd., S. 46.
66 Ebd., S. 83.

schen Subkontinent zu etablieren.⁶⁷ Was aber bedenklicher stimmt, ist der deutliche Kontrast zwischen dem offiziellen Wohlwollen gegenüber den lateinamerikanischen Brüdern und der immer noch relativ stark ausgeprägten Abneigung der spanischen Bevölkerung gegenüber allem Ausländischen, eine Abneigung, die sich gegenüber den sogenannten »*sudacas*« zwar weniger aggressiv manifestiert als gegenüber maghrebinischen und zentralafrikanischen Einwanderern, die aber nichtsdestotrotz die lateinamerikanischen Botschafter in Spanien zu einer konzertierten Warnung vor dem allenthalben spürbaren Fremdenhaß in Spanien veranlaßte.⁶⁸

Vor diesem Hintergrund gewinnt die Polemik Eduardo Subirats gegen die Lateinamerikapolitik der verschiedenen spanischen Regierungen ihr besonderes Gewicht. In *Después de la lluvia* bestreitet er nämlich mit guten Argumenten nicht nur die historische und kulturelle Zugehörigkeit Spaniens zu Europa, sondern auch die Brückenfunktion, die Spanien angeblich gegenüber Lateinamerika spielten könnte, wenn es darum geht, die Länder dieses Subkontinents politisch und kulturell an Europa anzubinden. In der Geschichte war Spanien, so argumentiert er, für Lateinamerika eher eine kulturelle Barriere als ein Brückenschlag. Denn Spanien sei schuld, daß weder die Reformation noch die Aufklärung, noch die Avantgarden des 20. Jahrhunderts auf den amerikanischen Subkontinent gelangten. Vielmehr, so behauptet er provozierend, sei viel von Europa und seiner Kultur erst über den Umweg von Amerika nach Spanien gelangt.⁶⁹ Deshalb warnt er auch die Öffentlichkeit davor, die spanische Lateinamerikapolitik zu überschätzen, die in seinen Augen eher ein Alibi sei, das zur Vergrößerung des politischen Gewichts Spaniens im Konzert der europäischen Partner diente.⁷⁰

Viel spricht in der Tat dafür, daß die Annäherung Spaniens an Lateinamerika, die in der Vergangenheit häufig mit einem verträumt kolonialistischen Diskurs beschworen wurde, sich nicht auf dem Gebiet der Kultur und schon gar nicht durch eine offene Einwanderungspolitik im innerspanischen Rahmen abspielen wird. Wirtschaftliche Interessen, die in zunehmendem Maße Globalisierungsstrategien folgen, werden viel eher dafür sorgen, daß sich Spanien zu einem wichtigen Partner Lateinamerikas wandelt, daß seine europäischen Partner über den Weg spanischer Außenstellen erfolgreiche Geschäfte mit dem amerikanischen Subkontinent machen und daß umgekehrt lateinamerikanische Großunternehmen mit wirtschaftlicher Geschicklichkeit den Brückenkopf Spanien als Eingangstor zu

---

67 Der lateinamerikanische Anteil am Gesamthandelsvolumen Spaniens ist von 10% für 1985 auf 4% für 1996 zurückgegangen. Vgl. hierzu Pérez-Alcalá in diesem Band. Die Geschäftserfolge spanischer Banken (*El Sur* v. 17.3.1997, S. 27) und des Bausektors (*Negocios El País* v. 12.11.1995, S. 1) setzen im wesentlichen erst ab 1993 mit dem Boom in den lateinamerikanischen Ländern ein.
68 *El País* v. 27.11.1992, S. 21.
69 Eduardo Subirats: *Después de la lluvia*, S. 92.
70 Ebd., S. 93.

Europa nutzen werden. Die Expansionsversuche des mexikanischen Medienkonzerns *Televisa* sind dafür ein ebenso gutes Beispiel wie die sprunghafte Expandierung der Geschäftszahlen spanischer Banken in Lateinamerika in den letzten beiden Jahren.[71] Damit stellt sich erneut die Frage, die auch in anderen Kapiteln dieser Arbeit auftauchte, inwieweit kulturelle und soziale Argumente von wirtschaftlichen Interessen geprägt und gesteuert werden, inwieweit sie u.U. selbst einen ökonomischen Stellenwert haben und ob man sich als Kulturkritiker, wie dies Subirats zu tun scheint, desillusioniert von einer soziokulturellen Debatte um die Auseinandersetzung Spaniens mit fremden Ländern abwenden oder sich statt dessen intensiver dem Studium der noch undurchschaubaren Gesetze weltweiter Globalisierungstendenzen widmen sollte.

6. Ins zweite Jahrtausend – ein Weg in die Fremde (mit Fremden)

Spanien erlebte die Modernisierungsschübe der letzten Jahrzehnte zweifelsohne auf besonders intensive Weise, weil knapp vierzig Jahre Franquismus das Land in seiner Entwicklung gebremst haben. Speziell der Umgang mit dem Fremden in all seinen Formen wurde in dieser Zeit beinahe wie ein Tabu behandelt. Die politische Öffnung nach innen (mit der Durchsetzung der Autonomen Gemeinschaften) und nach außen (mit dem EG- und NATO-Beitritt, aber auch der Internationalisierung der Wirtschaft) und die Globalisierung der Informationsgesellschaft konfrontieren das Land heute mehr denn je und intensiver als andere westeuropäische Staaten mit dem Fremden in allen Erscheinungsformen. Das Selbstverständnis der Spanier wird dabei immer wieder auf die Probe gestellt, so daß neu gewonnene Freiheiten und neu erworbene (politische und wirtschaftliche) Macht einerseits das nationale Bewußtsein zwar stärken, andererseits aber gleichzeitig neue und ungewohnte Herausforderungen an den Staat und seine Bürger entstehen lassen.

Beinahe über Nacht hat sich Spanien von einem Auswanderungs- in ein Einwanderungsland entwickelt, das sich schwer tut, das Interesse fremder Menschen für seine Arbeitsplätze, seinen Grund und Boden und seine Kultur richtig einzuschätzen und zu kanalisieren. Neue Anstrengungen gerade im kulturellen Bereich sind vonnöten, um das Land in seiner regionalen Vielfalt und mit seiner das Fremde weitgehend ignorierenden Vergangenheit auf die neue Situation einzustellen und es kompetent zu machen für eine Zeit, in der die physische Mobilität der Menschen sich noch steigern wird, in der aber auch die kulturelle Disponiertheit so gestaltet werden muß, daß der Umgang mit dem Fremden für beide Seiten erfolgreich und befriedigend verlaufen kann. Im Bildungswesen (Fremdsprachenunter-

---

71 *El Sur* v. 17.3.1997, S. 27.

richt usw.) wird man größere Anstrengungen unternehmen müssen, um die jungen Spanierinnen und Spanier besser für neue Arbeitsmärkte und eine veränderte Position des Landes an der Schnittstelle zwischen Nord und Süd vorzubereiten.

Die kulturelle Präsenz außerhalb seiner Grenzen wird durch das vor einigen Jahren gegründete *Instituto Cervantes* markiert. Aber man tut sich gerade hier offensichtlich noch schwer, das kulturelle Erbe so zu repräsentieren, daß die Verwandtschaft zu Lateinamerika sichtbar wird, ohne die spanischen Interessen zu überlagern. Spaniens positive Rolle in Europa gehört zweifelsohne zu den Erfolgen der Außenpolitik, auf die man zu Recht stolz ist und die im Parteienstreit auch weniger umstritten sind. Gleichwohl kommen auch hier neue Herausforderungen auf die Spanier zu, und zwar in Gestalt der Nachbarn im Osten Europas, die Einlaß in den Euro-Club von Brüssel begehren, die heute zwar als Konkurrenten um Subventionszahlungen erscheinen, die aber in vielem dem Spanien der späten siebziger Jahre gleichen, als man die junge Demokratie zu stärken versuchte und dazu die Hilfe fremder Freunde ebenso benötigte wie den toleranten Umgang mit der eigenen Heterogenität. Viel spricht dafür, daß (auch) für Spanien der Weg ins zweite Jahrtausend wesentlich vom Umgang mit dem Fremden in all seinen Erscheinungsformen geprägt sein wird und daß dieser Weg nur dann erfolgreich ans Ziel führt, wenn ihn Spanien nicht allein, sondern mit fremden Freunden, Rivalen und Vorbildern geht.

Norbert Rehrmann

Mehr Kontinuität als Bruch
Lateinamerikabilder spanischer Schriftsteller, Wissenschaftler und Politiker

> Daß man bestehen muß, *obwohl* andere bestehen, die ganz anders sind, daß man es wissen muß und nicht sein darf wie die, die ganz anders sind, daß man ihnen gerecht werden muß, obwohl sie anders bleiben werden – wie schwer, wie unsäglich schwer!
>
> Elias Canetti[1]

> ¿Que quizá soñando estoy,
> aunque despierto me veo?
>
> Pedro Calderón de la Barca[2]

1. Das »Imperium-Syndrom« oder Die Last der Geschichte

»... zahlreich waren die hispanoamerikanischen Festlichkeiten, an deren Ende kaum etwas anderes blieb, als ein süßer Geschmack auf den Lippen und etwas Rhetorik im Raum; danach verharrten Spanier und Amerikaner in ihrer argwöhnischen Einsamkeit, in Haltung und Blick von Mißtrauen geprägt, jeder auf einer Seite des großen Abgrunds der Geschichte.« Diese nüchterne Bilanz bezieht sich auf die spanischen Entdeckungsfeierlichkeiten des Jahres 1892, also auf den *IV Centenario* dessen, was nach 1492 ein Grundpfeiler der kulturellen Identität des Landes werden sollte: das spanische Weltreich. Die Sätze stammen aus der Feder des nicaraguanischen Schriftstellers Rubén Darío,[3] eines im Grunde genommen hispanophilen Autors, der dem Ereignis persönlich beigewohnt hatte. Der fast elegische Ton seiner Sätze war damals – acht Jahre vor dem »Desaster« von 1898, als auch der koloniale Restbesitz in der Neuen Welt, Kuba und Puerto Rico, dem einstigen Mutterland definitiv verlorenging – der Tatsache geschuldet, daß Spanien seine kulturelle, in Teilen auch seine politische und militärische Hegemonie über die Exkolonien stur zu behaupten versuchte. Nach dem

---

1 *Die Fliegenpein*. Aufzeichnungen. München 1992, S. 135.
2 *La vida es sueño*. Madrid 1977, S. 108f.
3 Vgl. Donald F. Fogelquist: *Españoles de América y Americanos de España*. Madrid 1967, S. 21f.

»Desaster« avancierte die kulturelle Karte gewissermaßen zum Joker: Lateinamerika, in Spanien zumeist »Hispanoamerika« genannt, wurde auch fortan fast ausschließlich an der spanischen Elle gemessen. Daß man sich seit knapp einem Jahrhundert nicht nur politisch von den Vormundschaftsansprüchen der einstigen *madre patria* emanzipiert hatte, sondern, wenngleich nur *in statu nascendi*, auch kulturell – das anzuerkennen, fiel den allermeisten Spaniern geradezu schmerzhaft schwer. Und heute? Wäre Daríos Bilanz hundert Jahre später, nach dem »*V Centenario* der Entdeckung Amerikas / Begegnung zweier Welten«, so die offizielle Sprachregelung für die Megaschau des Jahres 1992, anders ausgefallen?

Glaubte man dem ersten Eindruck, der sich bei der Lektüre der zahllosen Publikationen – unter Einschluß der meisten wissenschaftlichen – einstellt, die vor und während des »magischen Jahres« erschienen sind, dann hätte sich das Bild seit 1892 grundlegend gewandelt. So kommt etwa die Spanierin Silvia Enrich[4] in einer Untersuchung über die diplomatischen Beziehungen zwischen Spanien und Lateinamerika am Beispiel des Königs zu dem Schluß, daß sich dessen Amerikabild von der historischen Nostalgie früherer Zeiten definitiv verabschiedet habe: An die Stelle der alten Vormundschaftsattitüden sei längst »una profunda solidaridad« mit den Völkern des lateinamerikanischen Kontinents getreten. Spanien, im Falange-Jargon der vierziger Jahre noch die »Plaza Mayor de la Hispanidad«, sei inzwischen zum *primus inter pares* geworden. Mehr noch: Die *madre patria* früherer Zeiten sei mittlerweile, obwohl »radikal europäisch«, so der König,[5] »genauso iberoamerikanisch wie europäisch«. Demgegenüber ist Eduardo Subirats,[6] einer der scharfsinnigsten und polemischsten Kulturkritiker der letzten Jahre, der Ansicht, daß Amerika, gerade auch nach dem *V Centenario*, weiterhin »un gran dilema« in Spanien darstelle. Vor allem mit Blick auf die Geschichte: Eine »Revision des historischen Gedächtnisses« sei auch 1992 unterblieben. Unter dem dünnen Firniß einer modernisierten Terminologie, so der Tenor von Subirats, dominierten noch immer panhispanistische Prämissen – letztlich imperiale Nostalgien, für die die »glorreiche« Geschichte Balsam und Mittel zum Zweck darstellten. Einen ähnlichen Befund attestiert Subirats übrigens auch mit Blick auf zwei andere Geschichtshypotheken, die mit dem »Entdeckungs«-Jahr 1492 in enger Beziehung stehen: die maurisch-jüdische Vergangenheit der Halbinsel, die im Jubeljahr 1992 allerdings erheblich weniger Beachtung fand.

Mit einigen, allerdings gewichtigen Einschränkungen, gehe ich, wie die folgenden Ausführungen illustrieren, mit Subirats konform. Neben sehr konkreten Interessen – Spanien als »Brückenkopf« zwischen Europa und Amerika –, scheinen

---

4 *Historia diplomática entre España e Iberoamérica en el contexto de las relaciones internacionales (1955-1985)*. Madrid 1989, S. 146.
5 Ebd., S. 165.
6 *Después de la lluvia. Sobre la ambigua modernidad española*. Madrid 1993, S. 153.

die zahlreichen Kontinuitäten in den spanischen Amerikavisionen dabei, so eine meiner Thesen, auf einer besonders ausgeprägten »Phantasiedominanz« zu beruhen, wie Norbert Elias dieses Phänomen bezeichnete: »Man spürt«, schrieb Elias[7] über das Imperium-Syndrom einstiger politischer Großformationen, »wie ungeheuer schwer es einer seit Jahrhunderten führenden Großmacht fällt, sich mit einem niedrigeren Status im Ensemble der Nationen abzufinden.« Genau das meinte auch Rafael Sánchez Ferlosio,[8] einer der radikalsten Kritiker des *V Centenario* innerhalb Spaniens: Seine Organisatoren würden von dem »heimlichen Kummer« geplagt, anders als Rom oder Großbritannien, nie die 'gebührende' internationale Anerkennung als Imperium erfahren zu haben.

Bevor ich auf die Auseinandersetzungen um den *V Centenario* zurückkomme, skizziere ich knapp deren historische Vorläufer. Ein kurzer Blick auf die Geschichte des Panhispanismus[9] verdeutlicht die Kontinuitäten, aber auch die Brüche, die den hiesigen Gegnern des *V Centenario* zumeist entgangen sind.[10] Dabei wird sichtbar, daß selbst die luzidesten Kritiker der panhispanistischen Geschichtslegenden zum Opfer derselben werden können. So ist die Behauptung von Subirats,[11] das spanische Exil in Mexiko stünde für einen »profundo diálogo« mit der komplexen Realität des Exillandes, pure Fiktion. Ihre Hauptursache liegt, wie es scheint, in den panhispanistischen Prämissen, die das Gros der spanischen Forschungsliteratur zum Exil enthält - Prämissen, die auch kritische Autoren wie Subirats augenscheinlich übersehen haben. In Punkt 3 gebe ich deshalb einen Überblick über die einschlägige Forschungsliteratur.

2. *Hispanidad* und *hispanismo*: Historische Vorläufer heutiger Lateinamerika-Bilder

Weshalb hatten die spanischen Intellektuellen seit der Unabhängigkeit 'ihrer' Kolonien[12] so große Schwierigkeiten, den neuen Status quo - vor allem dessen kulturelle Dimension - anzuerkennen? Weshalb gab es zwar einen Las Casas,

---

7 *Studien über die Deutschen. Machtkämpfe und Habitusentwicklung im 19. und 20. Jahrhundert.* Frankfurt a.M. 1990, S. 445.
8 Vgl. Norbert Rehrmann: »Spanien, Europa und Lateinamerika: Zur Geschichte legendärer Kulturbeziehungen«, in: *PROKLA*, Juni 1989, Nr. 2, S. 126f.
9 Mit dem Begriff sind sowohl die eher liberalen Spielarten des »hispanismo« als auch die konservative »hispanidad« gemeint.
10 Vgl. Norbert Rehrmann: »Hernán Hitler und Adolf Cortés? Legendäre Spanienbilder bundesdeutscher Publikationen zum *V Centenario*«, in: *Hispanorama* 59, 1991, S. 6f.
11 Subirats: *Después de la lluvia* (Anm. 6), S. 194.
12 Der Terminus »Kolonie« ist in Spanien noch immer heftig umstritten.

aber keinen 'spanischen Humboldt'?[13] Die Hauptursache dürfte darin liegen, daß die lateinamerikanische *emancipación* zu Beginn des 19. Jahrhunderts ein kollektives Trauma bewirkte, von dem sich noch heute zahlreiche Spanier nicht erholt zu haben scheinen: Mit Ausnahme von Kuba und Puerto Rico war von dem einstigen Superimperium nur ein Torso übriggeblieben, der für die neuen Republiken zunächst auch kulturell jede Attraktion verloren hatte. Der mexikanische Schriftsteller Octavio Paz[14] bringt das Schisma zwischen der einstigen *madre patria* und ihren Kolonien, wie es durch die Schlacht von Ayacucho (1824) irreversibel geworden war, prägnant auf den Begriff: Die nordamerikanische Bewegung sei Folge der englischen Ideen, Institutionen und Prinzipien gewesen, die zu dem neuen Kontinent gelangten. Die Trennung von England sei keine Negation Englands, sie sei vielmehr eine Affirmation der Prinzipien und Glaubensvorstellungen gewesen, in deren Geist die ersten Kolonien gegründet worden waren. Davon, so Paz, unterschieden sich die Beziehungen der hispanoamerikanischen Kolonien mit der Metropole grundlegend: »Die Gründungsprinzipien unserer Länder waren diejenigen der Gegenreform, der absoluten Monarchie ... und ab Mitte des XVIII. Jahrhunderts des 'aufgeklärten Despotismus' Karls III. Die hispanoamerikanische Unabhängigkeit war nicht nur eine Bewegung der *Separation*, sondern der *Negation* Spaniens.«

Diese Negation implizierte daher die kategorische Ablehnung des kulturellen Vermächtnisses Spaniens und kam dem Versuch einer Dekulturation gleich. Das eigentliche (böse) Erwachen des Landes aus dem amerikanischen Alptraum erfolgte gleichwohl erst viel später, 1898, mit dem Verlust Kubas und Puerto Ricos, gewissermaßen als zeitverschobenes Echo, als die *Generación del 98* spanischer Schriftsteller und Intellektueller – 74 Jahre nach Ayacucho! – das nationale Desaster und eine Regeneration des Landes – auch mit Hilfe der Exkolonien – beschwor. Die Aktivitäten des *coloso del norte*, der USA, waren dabei stets, vor und nach 1898, ein wirksamer Antrieb des Panhispanismus; ohne diesen Anreiz, so Fogelquist,[15] »wäre er wohl in der Kategorie einer literarischen Tendenz verblieben.«

Sprache, Literatur und Geschichte wurden nun zum letzten Unterpfand der verlorenen Einheit, die weder durch die Illusion ökonomischer Kooperation noch durch militärische Rückeroberungsversuche wiederherzustellen war. Statt dessen

---

13 Alexander von Humboldt gehört zu den wenigen Europäern von Rang, die sich der kulturellen Realität Lateinamerikas im 19. Jahrhundert relativ unvoreingenommen näherten. Vgl. Norbert Rehrmann: »Zur Rezeption des Entdeckers. Christoph Kolumbus in der deutschsprachigen Literatur und Geschichtsschreibung«, in: Wolfgang Greive (Hg.): *Alexander von Humboldt. Die andere Entdeckung Amerikas*. Loccum: Loccumer Protokolle 1993, S. 213ff.

14 Vgl. Carlos M. Rama: *Historia de las relaciones culturales entre España y la América Latina. Siglo XIX*. México / Madrid / Buenos Aires 1982, S. 25.

15 Fogelquist: *Españoles* (Anm. 3), S. 15.

übte man sich in sentimental-rhetorischer Trauer. Das Lamento der Madrider Zeitung *La América* von 1857[16] ist diesbezüglich repräsentativ: »Wehe den hispanoamerikanischen Republiken, sollte Kuba dereinst nicht mehr zu Spanien gehören! (...) Wehe der lateinischen Rasse in der Neuen Welt, wenn unsere vordere Schildwache des *Atlántico* durch Verrat geschlagen dereinst daniederliegen sollte.«

Insgesamt läßt sich die spanische Haltung gegenüber den früheren Kolonien so zusammenfassen: Amerika sei im Vergleich zum »Mutterland« von naturgegebener Inferiorität; Amerika sei »undankbar«, da Spanien seinen überseeischen Reichen Blut und Reichtum geschenkt habe, weshalb die Exkolonien gegenüber der *madre patria* in moralischer Schuld stünden; der wohlwollend-väterlichen, katholisch-monarchischen Regierung Spaniens beraubt, lebten die Republiken nun in Chaos und Unordnung, weit unterhalb jenes Niveaus, das für die koloniale Epoche bestimmend gewesen sei; die spanische Präsenz und Herrschaft in Kuba und Puerto Rico stelle demgegenüber einen Pluspunkt für die Hispanoamerikaner dar, da sie so gegen den bedrohlichen nordamerikanischen Vormarsch verteidigt würden.

Für den Panhispanismus des 19. und frühen 20. Jahrhunderts ist zudem ein weiterer Aspekt charakteristisch, der für die kulturellen Beziehungen zwischen Spanien und Lateinamerika auch für spätere Zeiten bestimmend sein sollte: ein panhispanistischer »Grundkonsens« (Pike), der von eher liberalen *und* konservativ-reaktionären Strömungen getragen wurde und – wie sich an den Reaktionen auf das Desaster von 1898 ablesen läßt – teilweise selbst von sozialistisch-anarchistischen Gruppierungen.

Ein wichtiges Datum der panhispanistischen Bewegung, die mit der 1885 gegründeten Iberoamerikanischen Union mittlerweile auch über eine einflußreiche, eher liberal orientierte Organisation verfügte, war naturgemäß der *IV Centenario* des Jahres 1892: Das spanische Interesse an Lateinamerika stieg zu neuen Höhen empor – zumindest, wie Pike[17] bemerkt, »zu neuen rhetorischen Höhen«. Auch Rama[18] betont, daß sich das Jahr 1892 in eine »inmensa demostración oratoria« verwandelt habe, allerdings nicht nur in Spanien, sondern auch in zahlreichen Ländern Lateinamerikas, den USA sowie in Italien und Frankreich – eine »oratorische« Geschäftigkeit, die von unzähligen festlichen Akten, Zusammenkünften, Einweihung von Gebäuden und Denkmälern (u.a. der *Biblioteca Nacional* und der *Plaza de Colón* in Madrid), themenorientierten Buchausgaben etc., umrahmt wurde.

---

16 Rama: *Historia* (Anm. 14), S. 10.
17 Frederick Pike: *Hispanismo 1898-1936. Spanish Conservatives and Liberals and their Relations with Spanish America*. London 1971, S. 35.
18 Rama: *Historia* (Anm. 14), S. 184.

Weitaus folgenreicher für den zukünftigen Charakter der panhispanistischen Bewegung war naturgemäß das Desaster im Krieg mit den USA. Verschiedene Autoren datieren den eigentlichen Beginn des Panhispanismus denn auch auf das Jahr 1898, als das Reich, in dem »die Sonne niemals unterging«, auf seine heutigen Grenzen reduziert wurde. Spanien, so Ventós,[19] entdeckte seine »Entdeckung« in Amerika im selben Moment, als es im Begriffe war, seine letzten Kolonien zu verlieren. Nach dem Verlust der verbliebenen Teile des weiland riesigen Kolonialreiches trat an die Stelle physischer Präsenz um so nachhaltiger die kulturelle.

Gleichwohl war Kuba nicht mehr allein eine Auseinandersetzung zwischen Spanien und den überseeischen Rebellen: Wenn auch der weitaus größte Teil der öffentlichen Meinung in Spanien der Überzeugung war, das »Kuba-Problem« mit Gewalt lösen zu können, selbst als die Vereinigten Staaten bereits direkt intervenierten, führte der Krieg auch zu innerspanischen Konflikten. Zu den Personen und Gruppen, die für eine friedliche Lösung optierten, gehörten einige liberale Intellektuelle und drei politische Strömungen: republikanische Föderalisten, Sozialisten und Anarchisten. Wie Serrano[20] nachgewiesen hat, war jedoch auch die Linke von »imperialen Nostalgien« nicht frei: Denn sie attackierte weniger das koloniale Prinzip als solches, sondern lediglich seine ausgesprochen archaische Anwendung im vorliegenden Fall. Tiefsitzende Ressentiments gegen die Vereinigten Staaten schienen dabei – über sonstige politische Differenzen hinaus – die meisten Spanier zu einen. Die Position der Zeitschrift *Gente Vieja* um 1900 dürfte dafür exemplarisch sein. Der Groll, den diese Zeitschrift[21] den USA entgegenbrachte, war violent und unerbittlich: Sie verabscheute die »schäbige Rasse«, welche »die Meere verpestet« und im Begriff war, »die erlösenden Prinzipien von Zivilisation, Freiheit und Recht zum Kentern zu bringen.«

Das »Entdecken der 'Entdeckung'« (Ventós) wurde nach dem Desaster durch ein weiteres Faktum erleichtert, das auf den ersten Blick paradox erscheint: Die antispanische Attitüde zahlreicher Lateinamerikaner verwandelte sich in eine Art kulturellen *approach*. Waren die Lateinamerikaner im 19. Jahrhundert mehr über den spanischen als den nordamerikanischen Imperialismus besorgt – mit Ausnahme der späten vierziger Jahre, als aufgrund der Annektierung mexikanischen Territoriums eine weitverbreitete Furcht vor dem »Koloß« grassierte –, bewirkte der Kuba-Krieg eine abrupte Änderung. Die einstigen Ressentiments verwandelten sich in Sympathien und Solidarität, zumindest in jenem »schmerzhaften Mo-

---

19 Xavier Rubert de Ventós: *El laberinto de la hispanidad*. Barcelona 1987, S. 102.
20 Carlos Serrano: »El PSOE y la guerra de Cuba«, in: *Estudios de Historia Social* (Madrid), Nr. 8/9, 1979, S. 396f.
21 Vgl. Fogelquist: *Españoles* (Anm. 3), S. 28.

ment seiner Geschichte« (Fogelquist). Rubén Darío[22] kehrte aus diesem Grunde 1899 nach Spanien zurück, um für die argentinische Zeitung *La Nación* über das schmerzhafte *feedback* des kolonialen Desasters zu berichten.

Mit Beginn der Zweiten Republik (1931) fühlten sich die Panhispanisten verschiedenster politischer Strömungen mehr denn je von ihrer Mission überzeugt. Besonders im Falange-Programm nahm Lateinamerika einen herausragenden Platz ein. So zeigten sich die Falangegründer José Antonio Primo de Rivera und seine Epigonen[23] davon überzeugt, daß der Tag kommen werde, an dem die Welt »von drei oder vier rassischen Ethnien« dominiert werde; und Spanien, so ihr Credo, könnte eine von ihnen sein – allerdings nur dann, wenn es sich an die Spitze eines »geistigen spanischamerikanischen Empire« setze.

Der Bürgerkrieg bzw. sein Ausgang markierte in mehrfacher Hinsicht eine Zäsur des Panhispanismus, wenngleich auch weniger tief, als einige – besonders spanische – Autoren zu sehen vermeinen. Sie manifestierte sich zum einen, was das »offizielle« Spanien betrifft, in einer dezidiert katholischen, antiliberalen und antidemokratischen Stoßrichtung, wie sie u.a. von Ramiro de Maeztu in dessen 1934 erschiener *Defensa de la hispanidad* und von García Morente in dessen *Idea de la hispanidad* von 1938 formuliert wurde – den beiden Bibeln konservativ-reaktionärer *hispanidad*-Vertreter. Die offizielle Präferenz des Begriffs »hispanidad« gegenüber dem mit eher liberalen Konnotationen behafteten Terminus »hispanismo« deutet in die gleiche Richtung. Den Falange-Ideologen war vor allem an einer umfassenden Neuinterpretation der Geschichte gelegen, die sich schematisch in drei Punkten zusammenfassen läßt: Das Mittelalter war eine große Epoche geistiger und intellektueller Entwicklung, denn damals war die gesamte Christenheit vereint. Ihren Höhepunkt erreichte diese Entwicklung unter Karl V., der die physische Stärke Deutschlands mit der geistigen Kraft Spaniens unter dem Zepter des Heiligen Römischen Reiches vereinte. Diese Einheit wurde durch die Renaissance mit ihrem »paganisierenden« Einfluß sowie durch die protestantische Reformation – mit ebenfalls paganem Charakter – gesprengt. Das gesamte 18. Jahrhundert und die spanische Variante der Aufklärung waren ihnen dagegen ebenso verhaßt wie das 19. Jahrhundert, das sie durch Namen wie Comte, Darwin, Marx und Spencer symbolisiert sahen.[24] Der Unterschied zur eher liberalen Geschichtsinterpretation läßt sich am Beispiel von Juderías' *Leyenda Negra*[25] illustrieren: Wollte dieser zeigen, daß das Spanien der Inquisition vorüber und die

---

22 *España contemporánea*. Barcelona 1989. Die Artikelserie ist sicher eine der hellsichtigsten »Zeitgeist«-Diagnosen, die in jenen Jahren über Spanien geschrieben wurden.
23 Vgl. Norbert Rehrmann: *Lateinamerika aus spanischer Sicht. Exilliteratur und Panhispanismus zwischen Realität und Fiktion (1936-1975)*. Frankfurt a.M. 1996, S. 101ff.
24 Vgl. Baily W. Diffie: »The ideology of Hispanidad«, in: *Hispanic American Historical Review* (New York), Bd. 23, 1943, S. 456.
25 Julián Juderías: *La Leyenda Negra*. Madrid 1986.

antispanische Kritik ungerecht waren, da ähnliches auch in anderen Ländern geschehen sei, lobten die Falangisten die Inquisition »als echte spanische Tradition«.

Die hochtönende Vergangenheitsrhetorik der Falange, die in den Jahren der außenpolitischen Isolation vor allem als propagandistischer »Mutmacher« nach innen fungierte, machte jedoch schon bald realpolitischen Sprachregelungen Platz. Bereits in den fünfziger und sechziger Jahren zeigte sich die *hispanidad* als ziemlich getreuer Spiegel und als Instrument (letztere Funktion mit deutlich abnehmender Tendenz) der außen- und innenpolitischen Interessen des franquistischen Regimes. Nach den turbulenten Jahren des Bürgerkriegs, den nazi-falangistischen *imperio*-Ambitionen und der ohne nennenswerte Blessuren überstandenen Isolationsphase schien das wandlungsreiche Chamäleon nunmehr seine definitive Farbe gefunden zu haben. Der paternalistische Duktus und die kulturhistorischen Prätentionen, die den spanischen Habitus gegenüber den Exkolonien seit dem frühen 19. Jahrhundert in unterschiedlichen Schärfegraden bestimmt hatten, feierten zwar des öfteren fröhliche Urständ, traten allerdings hinter den Versuch zurück, die diplomatischen Beziehungen – wie vor allem das kubanische Beispiel zeigte: auch unter einer gewissen realpolitischen Anerkennung unliebsamer politischer Verhältnisse – weiter zu »normalisieren« und ihnen erstmals eine substantielle ökonomische Komponente beizumischen.

In einer Rede, die Außenminister Fernando María Castiella 1964 anläßlich des *Día de la hispanidad* in Guernica hielt, nimmt die widersprüchliche Ideenpalette mit Blick auf Lateinamerika exemplarisch Gestalt an. Der »liberale Geist«, der in dem Text aufscheint, kann freilich nicht vergessen machen, daß sein Autor die »guten Absichten« (stabile ökonomische Beziehungen mit Lateinamerika) mit der – trotz der relativen Hausse jener Jahre – recht tristen Realität verwechselte: In Iberoamerika, »Reflex Europas«, so der Redner,[26] »befindet sich eine der größten Möglichkeiten des Okzidents«. Spanien, »einem Brückenland zwischen Orient und Okzident«, falle eine Schlüsselrolle zu, diese Möglichkeiten zu nutzen. Der Überschätzung der ökonomischen Potenzen seines Landes entsprachen die kläglichen Ergebnisse, die Castiella auf der politischen Ebene vorzuweisen hatte: lediglich ein Abkommen über doppelte Staatsbürgerschaft mit Ecuador und Costa Rica und entsprechende Verhandlungen mit einigen anderen Ländern. Der Rest bestand aus *wishful thinking* und Rhetorik: »Wir fühlen den warmen Strom des Blutes zwischen den Menschen auf beiden Seiten des Atlantiks.« Selbst die pazifischen Exkolonien hatte der Redner augenscheinlich noch nicht abgeschrieben: »Der Himmel ist unser Stadium von den Pyrenäen bis zu den Philippinen«, zitierte er einen der zahllosen *hispanidad*-Poeten. Positiv bleibt immerhin anzumerken, daß der Minister der pluralen Realität auf dem Subkontinent eine gewisse Reverenz

---

26 Vgl. Rehrmann: *Lateinamerika* (Anm. 23), S. 155f.

erwies, wenn er bemerkte, daß »die historische Stunde dieses Monopols ... seit langem und für immer vorbei ist« und die kubanische Revolution »trotz ideologischer Abgründe« als *fait accompli* akzeptiert wurde.

Abgesehen von einigen Einsichten in die Irreversibilität historischer Entwicklungen und der partiellen Suspendierung kulturhistorischer Maximalpositionen, wie sie in der Rede Castiellas Gestalt annahmen, blieb die proklamierte Absicht der franquistischen Diplomatie, die Beziehungen zu Lateinamerika vom hohen Olymp der Kultur in die Niederungen stabiler *terms of trade* zu verlagern – sie damit gewissermaßen zu säkularisieren –, jedoch ein frommer Wunsch. Das Resümee Mujals,[27] immerhin eines Mitarbeiters des *Instituto de Cooperación Iberoamericana*, in welches das *Instituto de Cultura Hispánica* Ende der siebziger Jahre umgewandelt wurde, läßt daher, was diesen Bereich der Beziehungen betrifft, an Deutlichkeit nichts zu wünschen übrig: »Das Franco-Regime widmete Lateinamerika viel rhetorische Aufmerksamkeit, aber nur sehr wenig reale.«

Der kulturhistorische Leitstern des Regimes war damit zwar noch lange nicht erloschen, seine Leuchtkraft hatte freilich drastisch nachgelassen. Insofern darf man die folgende Notiz[28] durchaus symbolisch verstehen: »Das letzte Mal, daß Franco außerhalb der Mauern von El Pardo an einem politischen Ereignis teilnahm, war am 12. Oktober, am Festtag der *hispanidad*, im *Instituto de Cultura Hispánica*.«

Wurden damit auch die legendären Lateinamerikabilder *ad acta* gelegt? Auf den Seiten der *Cuadernos Hispanoamericanos*, dem publizistischen Flaggschiff des *Instituto de Cultura Hispánica*, kommen Kontinuität und Wandel des spanischen Lateinamerikabildes deutlich zum Ausdruck. Die Kontinuitäten sind zwar unübersehbar – aber auch der Wandel, der in einigen Fällen, hier am Beispiel »neuralgischer« Themen aus der Literatur, geradezu spektakulär ausfällt. Insofern stimme ich María A. Escudero,[29] die von einer ungebrochenen Kontinuität des »hispanistic discourse« der Zeitschrift bis in die Gegenwart spricht, nur eingeschränkt zu.

Besonders augenfällig nimmt sich beispielsweise der Wandel aus, der in der Beurteilung indigenistischer Themen in der mexikanischen Literatur ablesbar ist. Im Unterschied zur Vorbürgerkriegszeit, als die Attacken auf den mexikanischen Indigenismus, der durch die Revolution eine – wenn auch ideologisch ambivalente – Hausse erlebt hatte, sich stets auch auf diese selbst bezogen, finden sich

---

27 Eusebio Mujal: »Iberoamérica en la nueva política exterior de España«, in: Instituto de Cooperación Iberoamericana (Hg.): *Realidades y posibilidades de las relaciones entre España y América en los ochenta*. Madrid 1986, S. 137.
28 Vgl. José Mario Armero: *La política exterior de Franco*. Barcelona 1978, S. 228.
29 »Hispanist Democratic Thought versus Hispanist Thought of the Franco Era: A Comparative Analysis«, in: Marina Pérez de Mendiola (Hg.): *Bridging the Atlantic. Toward a Reassessment of Iberian and Latin American Cultural Ties*. New York 1996, S. 170ff.

seit den sechziger Jahren in der Zeitschrift kaum noch direkte Hinweise, die mit den Aversionen von früher vergleichbar wären.[30] Das Lob, das ein Autor des Jahres 1965 der Revolution und ihrer literarischen Verarbeitung ausspricht, fällt geradezu überschwenglich aus: »Der leidenschaftliche Wunsch nach Souveränität, der saubere Nationalismus«, so heißt es, »bildet einen der größten Schätze Hispanoamerikas.« Pancho Villa avanciert zum »Napoleón mexicano« und Präsident Lázaro Cárdenas zum »fruchtbarsten ... aller mexikanischen Regenten, der den ländlichen Massen im Prozeß der Agrarrevolution Ländereien übergeben hat.« Dabei weiß der Autor zwischen Ideologie und Wirklichkeit wohl zu unterscheiden und kritisiert u.a. unter Berufung auf Juan Rulfo oder Carlos Fuentes zahlreiche »Lügen« und »leere Versprechungen«. Aus diesen und anderen Gründen sei die Gruppe mexikanischer Autoren, die sich mit der Revolution beschäftigt – und hier vor allem mit indigenistischen Aspekten – »eine der stärksten und interessantesten.« In einer Rezension von Carlos Fuentes' *La muerte de Artemio Cruz* findet das uneingeschränkte Lob der mexikanischen Literatur seine direkte Fortsetzung. Zugleich fällt auf, daß die traditionellen Diskussionen über das spanische Kultur- bzw. Literaturerbe verstummt sind. So findet dieses etwa in einer gründlichen Darstellung über *La moderna novela mejicana* mit keinem Wort Erwähnung; lediglich die Schreibweise von *Méjico* weist auf kulturhistorische »Altlasten« hin. Ausgesprochen sachlich und informativ nimmt sich schließlich der letzte Beitrag im Rahmen des Untersuchungszeitraumes (bis 1975) über indigenistische Themen in der mexikanischen Literatur aus. Wenngleich die Autorin den »geringen literarischen Wert« zahlreicher Romane indigenistischer Couleur kritisiert, hegt sie an der kulturell-politischen Bedeutung dieser literarischen Gattung indessen keinen Zweifel mehr. Die Kontroversen der Vergangenheit sind damit offenkundig beigelegt: *Méjico* ist zu *México* konvertiert,[31] die Revolution akzeptiert (mit Ausnahme der uneingelösten Versprechen), und die literarischen Versionen des mexikanischen Indigenismus werden begrüßt.

Obwohl sich auf den Seiten der Zeitschrift auch zahlreiche Gegenbeispiele finden, die historische Kontinuitäten signalisieren, fällt der Wandel ihres Lateinamerikabildes doch insgesamt deutlicher aus als bei den Exilschriftstellern, von denen viele durch den Exodus von 1939 zum ersten Mal persönlich die komplexe Reali-

---

30 Vgl. Rehrmann: *Lateinamerika* (Anm. 23), S. 198f.
31 Die Kontroversen um terminologische Fragen waren stets mehr als semantische Spitzfindigkeiten. Ins Fadenkreuz der panhispanistischen Kritik geriet vor allem (und das häufig noch immer) die Bezeichnung »Lateinamerika«. Im Wörterbuch der *Real Academia de la Lengua* wird dieser Begriff erstmals in der Ausgabe von 1984 akzeptiert – allerdings nur für jene wenigen Gebiete, in denen sich neben dem spanischen und portugiesischen auch ein französischer Einfluß nachweisen läßt. Vgl. Juan Carlos Pereira / Ángel Cervantes: *Las relaciones diplomáticas entre España y América*. Madrid 1992, S. 76. Vgl. zur Namensproblematik Miguel Rojas Mix: *Los cien nombres de América*. Barcelona 1991.

tät der überseeischen Länder kennenlernten – und erlitten. Deshalb geht die bereits zitierte Ansicht von Eduardo Subirats,[32] »nur das Exil errichtete eine schwache Brücke über dem tiefen Abgrund« zwischen Spanien und der Neuen Welt, an der Wirklichkeit vorbei. Denn nur wenige Autoren können mit den Worten von Subirats als *paradigmas* eines *profundo diálogo* gelten. Weder die rassistischen Indianerporträts Ramón Senders noch die Aversionen Francisco Ayalas gegen den Indigenismus von Gabriela Mistral oder Pablo Neruda können dafür als Zeugen benannt werden. Selbst so kritische Schriftsteller wie Max Aub, Manuel Andújar oder Rafael Alberti hatten mit der kulturellen Heterogenität ihrer Exilländer große Probleme. Eine der Ursachen – neben vielen anderen, die ich hier unerwähnt lasse – liegt in ihrem kulturhistorischen »Gepäck«, das sie aus Spanien mitgenommen hatten und von dessen Last sie sich – im Unterschied zu anderen europäischen Exilgruppen – kaum befreien konnten: Die angenommene kulturelle Nähe des hispanoamerikanischen Exils (die berühmte Prolongationsthese) verwandelte sich schnell und für viele sehr schmerzhaft in eine ferne Nähe, die sie gerade deshalb aus einer panhispanistischen Optik interpretierten. Nur wenige Exilschriftsteller, etwa der in Spanien kaum bekannte Luis Amado Blanco (in Kuba) oder Clemente Airó (in Venezuela), lassen in ihrem Œuvre erkennen, daß ihr Exil eine echte *Entdeckung* war.[33]

Es überrascht deshalb, wenn ein Kritiker vom Schlage Subirats dem Exil *in toto* eine panhispanistische Unbedenklichkeitsbescheinigung ausstellt. Die *ultima ratio* für diese eklatante Fehldiagnose dürfte vor allem in der einschlägigen Forschungsliteratur zu suchen sein: Trotz ihres wissenschaftlichen Anspruchs und einiger Unterschiede in Sprache und Inhalt erweist sich gerade der Korpus einschlägiger Studien als schier unerschöpfliches Reservoir nationaler Mythen und Legenden. Der folgende, unvollständige Überblick,[34] der lediglich Globaluntersuchungen enthält, erhärtet diese These.

3. Interpretationskartelle: Spanische Studien zu Lateinamerika. Panhispanismus und Exil seit 1975

Die Forschungsarbeiten, die in den letzten Jahrzehnten aus der Feder spanischer Autoren erschienen sind, betonen zunächst ein – peninsularerseits – nur relativ geringes wissenschaftliches Interesse an der gesamten Exilthematik. So schreibt Díaz,[35] die wissenschaftliche Beschäftigung mit der Diaspora von 1939 sei »ein

---

32 Subirats: *Después de la lluvia* (Anm. 6), S. 154.
33 Vgl. Rehrmann: *Lateinamerika* (Anm. 23).
34 Allein in der Reihe »MAPFRE 1492« sollen in Zusammenhang mit dem *V Centenario* etwa 250 (!) Bücher erschienen sein. Vgl. Pereira / Cervantes: *Relaciones* (Anm. 31), S. 15.
35 Elías Díaz: *Pensamiento Español*. Madrid 1974, S. 203.

nur selten von uns behandeltes Thema«. Wenige Jahre später beklagt Rubio[36] eine *gran ignorancia* (bzw. *desinterés*), die noch immer andauere. Und noch ein gutes Jahrzehnt später kommt Lorenzo Gómez-Escalonilla in seiner – für spanische Verhältnisse ungewöhnlich kritischen – Analyse der *Diplomacia franquista y política cultural hacia Iberoamérica 1939-1953* zu dem Resultat, eine entsprechende Arbeitsperspektive sei bislang praktisch nicht vorhanden.[37] Angesichts der gewaltigen politischen und kulturellen Dimensionen, die der Exodus von 1939 besaß, überrascht dieser Befund. Immerhin war bereits 1976 unter der Leitung von José Luis Abellán eine sechsbändige Studie über *El exilio español de 1939* publiziert worden,[38] in der – zumindest unter quantitativen Gesichtspunkten – die wichtigsten Daten über das gesamte, nicht nur lateinamerikanische Exil zusammengetragen wurden. Von etlichen Aufsätzen und Monographien zum Thema abgesehen, beschränken sich die meisten Untersuchungen allerdings auf quantitative Aspekte (was aufgrund der Desiderate zunächst erforderlich war) und beschäftigen sich, wenn überhaupt, nur am Rande mit dem hier im Mittelpunkt stehenden Untersuchungsthema. Dennoch – und hierin besteht ein weiterer »Grundkonsens« – enthalten sie zumeist eindeutige Aussagen über kulturelle Dimensionen. So bewertet Rubio[39] den Exodus als »wichtigsten kulturellen Beitrag« der ehemaligen Metropole für Lateinamerika; oder:[40] »Die historischen Arbeiten gehören sicher zu den brillantesten intellektuellen Beiträgen des Exils.« Der zutiefst problematische, in zahlreichen Fällen unhaltbare Charakter solcher Aussagen resultiert nicht zuletzt aus der Tatsache, daß sie entweder nicht belegt werden oder von Prämissen ausgehen, die selbst höchst fragwürdig sind. So halten etwa die Autoren[41] der sechsbändigen Studie *El exilio español de 1939* einerseits den von José Gaos geprägten *transterrado*-Begriff, der eine sehr weitgehende kulturelle Einheit suggeriert, für völlig unproblematisch. Andererseits[42] leiten sie aus der Tatsache einer »Zurückweisung der *hispanidad*« als *política de imperialismo cultural* des offiziellen Spanien umstandslos eine allgemeine panhispanistische Unbedenklichkeit ab.[43] Mit anderen Worten: Da die Autoren bereits *ipso facto* von einer spanisch dominierten (der indigene Anteil findet keine oder kaum Erwähnung) Einheit ausgehen, reicht zumeist der Hinweis, die Exilintellektuellen

---

36 Javier Rubio: *La emigración de la guerra civil 1936-1939: historia del éxodo que se produce con el fin de la II República española*. 3. Bd., Madrid 1977, S. 793.
37 Madrid 1988, S. 10.
38 Madrid 1976. Auch dort heißt es (Bd. 3, S. 14), daß es sich hier um einen Teil der spanischen Kulturgeschichte handele, der bislang kaum untersucht worden sei.
39 Rubio: *Emigración* (Anm. 36), S. 239.
40 Ebd., S. 795.
41 Abellán: *Exilio* (Anm. 38), Bd. 2, S. 196
42 Ebd., Bd. 3, S. 185ff.
43 Genauso argumentieren Pereira / Cervantes: *Relaciones* (Anm. 31), S. 16.

lehnten die franquistische *hispanidad*-Rhetorik ab, um sie von etwaigen panhispanistischen Anwandlungen freizusprechen. Daher nimmt es nicht wunder, wenn – wie in obigem Fall – selbst Exilautoren wie Salvador de Madariaga oder Américo Castro, deren Affinitäten zu einigen panhispanistischen Grundüberzeugungen geradezu notorisch sind, zu Kronzeugen eines geläuterten Lateinamerikabildes avancieren.

Aus den zitierten Aussagen geht somit hervor, daß die wissenschaftliche Beschäftigung mit dem Thema zumeist auf impliziten oder expliziten Prämissen beruht, die im höchsten Maße problematisch sind und eher die Fortexistenz des traditionellen, u.a. von Pike diagnostizierten panhispanistischen »Grundkonsenses« suggerieren, als dessen Überwindung. Dabei enthalten die zitierten Untersuchungen noch vergleichsweise fortschrittliche Denkmuster. Denn in einigen Publikationen finden sich auch solche Positionen, die kaum eine Entwicklung zum Besseren, d.h. zur Anerkennung einer spezifischen lateinamerikanischen Realität, erkennen lassen und von den meisten Lateinamerikanern als offene Provokation empfunden werden dürften.[44] In einer Schrift von Juan Saiz Barbera mit dem bezeichnenden Titel *España y la idea de la hispanidad. La lucha de las tres Españas* [45] – Untertitel: »Im 21. Jahrhundert wird sich die hispanoamerikanische Welt triumphierend erheben«–, die u.a. vom *Consejo Superior de Investigaciones Científicas* (!) herausgegeben wurde, steht gleich zu Beginn[46] die Exklamation: »¡España, madre de América!« Im weiteren Verlauf der »Untersuchung« lobt der Autor[47] u.a. die »unvergleichbaren Werke Spaniens bei der Entdeckung Amerikas (etwas, das keine andere Nation übertroffen hat)«; empört sich[48] über »die Exzesse der liberalen Demokratie« und schreibt u.a.:[49] »México es España.«

Zwei ähnlich krasse Beispiele panhispanistischer *historia-ficción* präsentierten darüber hinaus der Ortega-Schüler Julián Marías und das *Instituto Español de Estudios Estratégicos*, das dem Verteidigungsministerium untersteht. Ersterer attackiert u.a. den Kolonialismus-Begriff, da es in *Spanischamerika* »keine fremde Administration« gegeben habe – sehr im Unterschied zu englischen und französischen Beispielen. Es stimme zwar, daß die einflußreichsten Posten »lange Zeit« von Spaniern bekleidet worden seien, »aber das«, so die denkwürdige Begründung, »war allein ihrer kulturellen und technischen Überlegenheit geschuldet;

---

44 Vgl. zur Diskussion über kulturelle Identität (en) in Lateinamerika: Birgit Scharlau / Mark Münzel / Karsten Garscha: *'Kulturelle Heterogenität' in Lateinamerika. Bibliographie mit Kommentaren.* Tübingen 1991.
45 Madrid 1982.
46 Ebd., S. IX.
47 Ebd., S. X.
48 Ebd., S. 65.
49 Ebd., S. 120.

überdies übten sie diese Autorität im Namen des gemeinsamen Königs aus ...«[50] In die gleiche ideologische Kerbe schlägt die Studie des Verteidigungsministeriums: Die spanischen Territorien in Übersee »waren sehr weit davon entfernt, Kolonien zu sein.«[51] Ebensowenig könne man von »Eroberung« sprechen, schließlich seien die meisten »Expeditionen« nur von jeweils zwei- bis dreihundert Männern durchgeführt worden, die weder über eine militärische Ausbildung noch über die nötigen Waffen verfügt hätten, »um die Millionen von Toten zu verursachen, die ihnen zugeschrieben werden.« Deshalb seien die »Anschuldigungen« von Las Casas, so die Neuauflage der historischen Dauerkontroverse, »anachronistische Allgemeinplätze, die unter Fachleuten längst überholt sind.«[52] Auch die anderen Autoren dieses Sammelbandes sind vor allem an der »semantischen Front« aktiv. Offensichtlich in Anlehnung an den *transterrado*-Begriff (in Abwandlung von *destierro*, Vertreibung) des Exilphilosophen José Gaos offeriert Manuel Lizcano Pellón in seinem gleichnamigen Beitrag *La Transespaña (sic) como refundación: un nuevo espacio mundial*.[53] Da die meisten Präsidenten der *países hispánicos* statt »Lateinamerika« inzwischen auch den Begriff »Iberoamerika« verwendeten (was mit peniblen Statistiken und mit großer Genugtuung dargestellt wird), könne man, so die *Conclusiones Finales*, mit Optimismus in die Zukunft schauen: »Die Überwindung vieler alter Vorurteile erlaubt es uns – den 'hispanos' von mehr als zwanzig Nationen – heute, zu den gemeinsamen und unterbrochenen (sic) Aufgaben zurückzufinden – dem Vermächtnis beispielhafter, aber entstellter Figuren unserer Geschichte, die nur für unsere Zukunft lebten, die heute unsere Gegenwart ist.«[54] Pikes »lyrischer Hispanismo« des 19. Jahrhunderts, das illustrieren diese Zeilen, hat bis heute überlebt!

Eine besondere Rolle in der postfranquistischen Forschung zu Panhispanismus (ein Terminus, der freilich fast nie verwendet wird) und Exil spielt José Luis Abellán, unter dessen Federführung die zitierte sechsbändige Studie erarbeitet wurde. Abellán hatte bereits 1972 eine Untersuchung mit dem Titel *La idea de América: Origen y evolución* veröffentlicht.[55] Dort argumentierte er zwar nicht so plump wie die oben zitierten Autoren; seine hegelianischen Geschichtsprämis-

---

50 Julián Marías: *La Corona y la Comunidad Hispánica de Naciones*. Madrid 1992, S. 33f.
51 Pedro Borges Morán: »Aspectos históricos de la primera y segunda cumbre iberoamericana«, in: Instituto Español de Estudios Estratégicos (Hg.): *Aportación de España en las cumbres iberoamericanas: Guadalajara 1991 – Madrid 1992*. Madrid 1993, S. 78.
52 Ebd., S. 79f.
53 Ebd., S. 19ff.
54 Ebd., S. 250.
55 Zur Exilthematik hat Abellán überdies die Studie *Filosofía española en América 1936-1966* (Madrid 1967) publiziert. Von demselben Autor wurde das Buch *Visión de España en la generación del 98. Antología de textos* (Madrid 1968) herausgegeben. Beide Bücher sind von ähnlichen Ambivalenzen geprägt.

sen münden aber in offenen Eurozentrismus: »Beachten wir, daß Europa im Vergleich zu Amerika ein fortgeschrittenes Stadium der Geschichte darstellt.«[56] Und so wenig, wie die Hegelschen Amerikavisionen hinterfragt werden, so wenig stellt Abellán die traditionelle *Conquista*-Apologetik in Frage, wenn er völlig undifferenziert behauptet: »Das primäre Ziel der gesamten iberischen Unternehmung war der Mensch, besonders seine Seele.«[57] Daher verwundert es nicht, wenn es dem Autor vor allem um eine, wenn auch verhaltene, historische Ehrenrettung der *colonización ibérica* gegenüber dem angelsächsischen Pendant geht – eine zwar nicht völlig falsche, in ihrer Einseitigkeit jedoch deutlich apologetische Sicht, der auch andere, vermeintlich kritischere Autoren gefolgt sind. So heißt es sehr ähnlich in *El laberinto de la hispanidad*, das zu durchleuchten der sozialistische Europaabgeordnete und Ästhetikprofessor Xavier Rubert de Ventós sich anschickte: »Der 'Rohstoff' der Evangelisierung sind nicht die Sklaven, sondern die Seelen.«[58] In diesem Lichte betrachtet, so seine Argumentation, sei der Genozidvorwurf, wie ihn etwa Todorov[59] formulierte, völlig unhaltbar. Obgleich der Autor in Teilen durchaus erwägenswerte Gründe anführt, die trotz aller Greueltaten ein spezifisch spanisches Kolonialisierungsmuster plausibel erscheinen lassen, liegt die apologetische Absicht des Buches doch offen zutage, wenn er etwa den USA Lektionen in »weicher Kolonisierung« (er meint das spanische »Vorbild«) erteilt[60] oder den Lateinamerikanern gar die spanische Monarchie als probates politisches Exportmodell offeriert.[61]

Die vor allem von Abellán ausgegebene und mit scheinwissenschaftlichen Argumenten drapierte Losung einer angeblich unverbrüchlichen kulturellen Einheit von Spanien und Lateinamerika, die, wie die Zitate illustrieren, nicht nur nicht als *primus inter pares*-Beziehung begriffen wird, sondern zudem die Bedeutung der indigenen Elemente zumeist heruntergespielt oder vollends leugnet, findet auch – bereits im Titel – in dem 1984 von Luis Marañón publizierten Buch *Cultura española y América hispana* ein getreues Echo.

In der zweibändigen Untersuchung, die Abellán (zusammen mit Andrés Monclús) über *El pensamiento español contemporáneo y la idea de América* 1989 in Barcelona herausgegeben hat, nehmen die zitierten Ambivalenzen besonders deutlich Gestalt an – nicht zuletzt deshalb, weil die beiden Bände (*El pensamiento en España desde 1939* und *El pensamiento en el exilio*) zwar erstmals zahlreiche Einzelstudien präsentieren, in ihren Ergebnissen jedoch mehr über die panhispa-

---

56 José Luis Abellán: *La idea de América: Origen y evolución*. Madrid 1972, S. 38.
57 Ebd., S. 45.
58 Ventós: *Laberinto* (Anm. 19), S. 24.
59 Tzvetan Todorov: *Die Eroberung Amerikas. Das Problem des Anderen*. Frankfurt a.M. 1982.
60 Ventós: *Laberinto* (Anm. 19), S. 171.
61 Ebd., S. 164.

nistische Optik der Autoren verraten, als daß sie ein auch nur annähernd objektives Panorama der jeweiligen Lateinamerikabilder böten. In ihrer doppelten Untersuchungsperspektive – das peninsulare Lateinamerikabild sowie das des Exils – kommen die Herausgeber zu dem bereits bekannten Schluß, daß das Exil von 1939 das spanische Lateinamerika-Bild und damit auch das lateinamerikanische Spanienbild »entscheidend« verändert habe.[62] Es verwundert folglich nicht, wenn einer der exponiertesten »liberalen« *hispanidad*-Interpreten des Franquismus, Pedro Laín Entralgo, als eine Art spanischer 'Levi Strauss' beschrieben wird.[63] Laíns kultureller »Scharfsinn« und seine »generöse Anstrengung«, Lateinamerika zu »verstehen«, stellen zwar die waghalsigsten Interpretationen der gesamten Untersuchung dar; die (Partial-)Analysen der Lateinamerikabilder von Antonio Tovar, Ruiz Giménez oder Julián Marías sind jedoch *mutatis mutandis* von ähnlichem Kaliber.[64]

Ein eher lobrednerischer, in Teilen hagiographischer Charakter ist darüber hinaus den Globaluntersuchungen eigen, die in Lateinamerika, z.T. von Exilautoren selbst, publiziert wurden. Sofern das Lateinamerikabild darin überhaupt explizit zur Sprache kommt, geschieht es entweder auf der Basis nicht definierter bzw. mehr oder weniger camouflierter spanienzentristischer Kriterien oder mittels einer sibyllinisch-diplomatischen Verbalkasuistik, die es zumeist vermeidet, bestimmte Sensibilitäten und Interessen zu verletzen.[65]

Die obige Bilanz gilt auch für den literarischen Bereich. In den von Abellán edierten Bänden über *El exilio español de 1939* werden zwar Poesie, Prosa, Theater und Essay der Exilautoren nahezu erschöpfend behandelt, allerdings primär unter quantitativen Aspekten (wer, wo, was). Demgegenüber fußen die Aussagen, die sich auf die kulturellen Meriten der Exilliteratur beziehen, durchweg auf den oben zitierten Prämissen. Ähnliche Denkmuster enthält die von Ricardo Velilla Barquero vorgelegte Studie[66] über *La literatura del exilio a partir de 1936*. Sie bietet zwar einen nützlichen Überblick über die meisten Exilautoren und ihre wichtigsten Werke, hält sich aber in inhaltlichen Wertungen auffallend zurück. Auf völlig inakzeptablen panhispanistischen Prämissen fußt auch die

---

62 José Luis Abellán / Andrés Mouclús (Hgg.): *El pensamiento español contemporáneo y la idea de América*. Barcelona 1989, Bd. 2, S. 16.
63 Ebd., Bd. 1, S. 251f.
64 Mit einer bemerkenswerten Ausnahme, die allerdings die Behauptung eines generell »entscheidenden« Wandels in den gegenseitigen Apperzeptionen besonders drastisch ad absurdum führt: Bei dem nach Chile emigrierten Kunst- und Kulturhistoriker Leopoldo Castedo kommt die Untersuchung zu dem – vollauf berechtigten – Ergebnis, daß »Leopoldo Castedo der einzige (sic) der spanischen Exilintellektuellen ist, bei dem Iberoamerika nicht als pure 'creación hispánica' auftaucht, sondern als kultureller Komplex, der durch den Zusammenprall und das Zusammentreffen der peninsularen Kultur und der autochthonen Kulturen entstanden ist« (ebd.: S. 561).
65 Vgl. Rehrmann: *Lateinamerika* (Anm. 23), S. 24ff.
66 Madrid 1981.

Studie *Novela Española e Hispanoamericana*[67] von Antonio Tovar, die den besonderen Charakter der lateinamerikanischen Literatur und Kultur hier und da zwar – positiv – registriert, den spanischen Einfluß dagegen maßlos überschätzt. Das Lateinamerikabild in der Exilliteratur wird darüber hinaus nur am Rande und recht hagiographisch erwähnt. Die bislang einzige,[68] halbwegs systematische Gesamtuntersuchung zur Lateinamerikathematik im Werk der spanischen Exilautoren wurde von der Mexikanerin Mariela Zelaya Kolker unter dem Titel *Testimonios americanos de los escritores españoles transterrados de 1939* veröffentlicht.[69] Darin unternimmt Zelaya Kolker den Versuch, das Lateinamerikabild im Œuvre (Roman, Poesie, Theater, Essay) der unter diesem Aspekt wichtigsten Exilautoren herauszuarbeiten. Die in den *Ediciones Cultura Hispánica* des Madrider *Instituto de Cooperación Iberoamericana* erschienene Studie gelangt zwar an einigen Stellen zu vergleichsweise kritischen Ergebnissen, krankt jedoch an einer Reihe schwerwiegender Defekte, die bereits in den obigen Untersuchungen zutage traten. Dabei besteht das gravierendste Problem in der Absenz inhaltlicher Untersuchungskriterien. So ist der Autorin die historische Dimension der Panhispanismusthematik (d.h. vor 1939) offensichtlich nicht bekannt. Hätte sie die kritischen Ergebnisse dieser Forschungsarbeiten in ihre Untersuchung einbezogen, wäre ihr wohl nicht entgangen, daß sich die Lateinamerikavisionen zahlreicher Exilautoren zwar wohltuend von der franquistischen *hispanidad*-Rhetorik unterscheiden, in einigen, durchaus gewichtigen Punkten aber bereits vor 1939 ein panhispanistischer »Grundkonsens« zwischen eher konservativ-reaktionären und eher liberal-fortschrittlich gesonnenen Intellektuellen bestanden hatte. Die offenkundige Unkenntnis der historischen Genese des Panhispanismus dürfte dazu beigetragen haben, daß Zelaya Kolker[70] die unhaltbare These eines »grundlegenden« Gesinnungswandels der Exilschriftsteller teilt. Geradezu absurd ist die Behauptung,[71] sämtliche (!) Autoren »schrieben und publizierten mit einer *conciencia de presente*«.[72] Da es Zelaya Kolker, wie den meisten untersuchten Exilautoren, in erster Linie darum geht, »die Wege zu erforschen, die Spanien mit Hispanoamerika«[73] verbinden, die *unidad*-These mithin nahezu vorbehaltlos geteilt wird, scheint sie kaum daran interessiert zu sein, Lateinamerika über den

---

67 Madrid / Barcelona 1972.
68 Auf die Darstellung weiterer, vor allem vor 1975 erschienener Studien zur Exilliteratur verzichte ich.
69 Madrid 1985.
70 Ebd., S. 17.
71 Ebd., S. 20.
72 Übrigens auch unter politischen Gesichtspunkten. Mit den in Teilen elitären, demokratiefeindlichen, kulturpessimistischen und krud antisozialistischen Positionen einiger Autoren, etwa von José Antonio Rial oder Francisco Ayala, setzt sich Zelaya Kolker nicht auseinander.
73 Ebd., S. 38.

spanischen Anteil hinaus kulturell zu definieren. Hierin besteht ein weiterer gravierender Defekt der Untersuchung, der sich zu den vagen Panhispanismusvorstellungen komplementär verhält: An keiner Stelle wird deutlich, was die Autorin unter der häufig zitierten *comunidad hispánica* oder dem *valiosísimo mosaico de aspectos importantes del vivir hispanoamericano*[74] versteht. Welchen Stellenwert besitzt in diesem Mosaik, etwa in Mexiko, das indigene Element? Lediglich an einigen Stellen, vor allem bei den rassistischen Ausfällen Senders, bezieht Zelaya Kolker eine verhalten kritische Position und gibt damit implizit zu erkennen, daß zwischen der lateinamerikanischen Wirklichkeit und ihren literarischen Abbildern offensichtlich doch kulturelle Welten klaffen.

Die wissenschaftliche Beschäftigung mit dem Thema, hier vor allem mit dem Exil von 1939, trägt somit zum besseren Verständnis *des Anderen* (Todorov) und damit auch zu einem kritischen Verhältnis zu einem wichtigen »Baustein« der kulturellen Identität nicht sonderlich viel bei. Statt Probleme zu lösen, sind die meisten Publikationen selber ein Teil des Problems.[75] Habermas' Forderung nach einem »historisch aufgeklärten Traditionalismus«[76] – in den zitierten Studien ist er eher Ausnahme als Regel. Die Behauptung, selbst aus kritischem Munde, das Exil hätte einen »grundlegenden Wandel« des heutigen spanischen Lateinamerikabildes bewirkt, dürfte hier seine primäre Ursache haben.

4. Kontinuität, »paktierter Bruch« und kritische Revision des historischen Gedächtnisses: Die Debatte um den *V Centenario* von 1975 bis 1992

Fällt das Urteil des zitierten Panhispanismus-Kritikers Eduardo Subirats über die Autoren des Exils viel zu positiv aus, so muß man zahlreiche seiner intellektuellen Zeitgenossen gegen sein viel zu negatives Urteil in Schutz nehmen: Obwohl Subirats recht hat, wenn er der »intellektuell dominanten« Gruppe der *transición* und auch dem »progressiven Spanien« ab 1982 attestiert, die kulturelle Kluft zwischen der Halbinsel und Lateinamerika kaum verringert zu haben,[77] so übersieht er indessen, daß sich nach 1975 erstmals in der Geschichte des Panhispanismus überhaupt von relevanten Strömungen sprechen läßt – Strömungen, von

---

74 Ebd., S. 260.
75 Leider war es mir nicht mehr möglich, bis zum Redaktionsschluß das folgende Buch einer Prüfung zu unterziehen: Joaquín Roy / Juan Antonio March: *El espacio iberoamericano: dimensiones y percepciones de la relación especial entre España y América Latina*. Barcelona 1996.
76 Jürgen Habermas: *Die neue Unübersichtlichkeit. Kleine politische Schriften*. Frankfurt a.M. 1985, S. 41.
77 Subirats: *Después de la lluvia* (Anm. 6), S. 154.

denen zumindest eine den alten panhispanistischen Grundkonsens, wie ihn Pike bis zum Bürgerkrieg ermittelte, definitiv aufgekündigt hat.

Das »offizielle« Spanien gehört dazu jedoch nicht. Zweifel über den wirklich neuen Charakter der offiziellen spanischen Beziehungen mit den Ländern Lateinamerikas nach Francos Tod haben z.B. v. Gleich u.a. angemeldet – Zweifel, die sie auch auf die Lateinamerikapolitik der seit 1982 regierenden Sozialisten übertragen. Sie äußern zwar die Vermutung, die sozialistische Regierung werde diese Beziehungen im Vergleich zu ihren Vorgängern intensivieren, fragen aber zugleich: »Besteht wirklich die Möglichkeit, daß die lateinamerikanische Option – stimuliert durch den sozialistischen Wahlsieg – zu praktischen Schritten führt, die jenseits der Vergangenheitsrhetorik angesiedelt sind?«[78]

Skeptisch beurteilen v. Gleich u.a. die zukünftigen Beziehungen auch deshalb, weil die Sozialisten keine neue Institution gegründet haben, sondern sich ebenfalls auf das aus dem alten *Instituto de Cultura Hispánica* Ende der siebziger Jahre hervorgegangene *Instituto de Cooperación Iberoamericana* stützen, »ein Zentrum, das eng mit dem Außenministerium verbunden ist und über eine lange 'hispanistische' Tradition verfügt.« Da außer diesem Institut keine anderen Organismen und finanziellen Ressourcen existierten, seien die politisch-kulturellen Beziehungen »außerordentlich pessimistisch« einzuschätzen. Auch das Konzept einer spanischen »Brückenkopffunktion« zwischen Europa und Lateinamerika schätzen die Autoren skeptisch ein, da Spanien seiner Europa-Orientierung eindeutig Priorität beimesse und der Demokratisierungsprozeß eine Neuauflage der falangistischen *hispanidad*-Idee verhindere. Immerhin seien die Sozialisten die einzigen gewesen, die während des Wahlkampfes (1982) eine »klare Lateinamerikaoption« formuliert und die Regierungspartei UCD beschuldigt hätten, die »historische und politische Verantwortung Spaniens« gegenüber Lateinamerika zu unterschätzen.[79]

Dennoch läßt sich, wie erwähnt, seit Beginn der Demokratisierung zum ersten Mal in der spanischen Geschichte von wirklichen Strömungen sprechen. Diese Strömungen, über deren gesellschaftliches Gewicht allerdings nur spekuliert werden kann, lassen sich in drei Gruppen einteilen.

Erstens die mehr oder weniger traditionalistisch gesonnenen *hispanidad*-Epigonen, die gegenüber den reaktionären Vordenkern, wie Maeztu und García Morente, zwar zumeist auf verbale Distanz gehen, aber an der These »unserer glorreichen Vergangenheit« eisern festhalten und nahezu jegliche Kritik am Panhispanismus als bösartige Neuauflage der *leyenda negra* zurückweisen. Ein Beispiel ist die *hispanidad*-Definition der *Gran Enciclopedia RIALP*, in der ein Autor nach bekannter historischer Manier in gleicher Weise vor der indigenisti-

---

78 Albrecht von Gleich u.a.: »La política de España en América Latina frente a las relaciones europeo-latinoamericanas«, in: *Cuadernos Hispanoamericanos* (Madrid), Nr. 414, 1984, S. 18.
79 Ebd., S. 18ff.

schen Bewegung Lateinamerikas, den dortigen »Marxisten«, dem Panamerikanismus und dem sogenannten Konzept der (französischen) *Latinität* warnt, um am Ende emphatisch seiner Hoffnung Ausdruck zu geben: »Auf jeden Fall ist die *hispanidad* in Bewegung, und niemand kann sie aufhalten. Alles hängt vom Verhalten jener ab, die sie nicht als wehmütige Erinnerung, sondern als große Unternehmung einer gerechteren und christlichen Zukunft begreifen.«[80]

Zu dieser Gruppe sind auch jene Vertreter eines »lyrischen« (Pike) Panhispanismus zu rechnen, die in der Vergangenheit so charakteristisch waren. Ein beredtes Zeugnis der noch immer vorhandenen Fähigkeit zu rhetorischen Höhenflügen lieferte Manuel de Prado y Colón de Carvajal, ehemaliger Präsident des *Instituto de Cooperación Iberoamericana*. Er sprach sich in *El País*, in deren Spalten die interessantesten Diskussionen zum Thema geführt wurden,[81] dafür aus, 1992 zu feiern, und zwar »mit größter Festlichkeit«. Neben altbekannten kulturhistorischen Topoi führte er einen weiteren Grund an, dem er besondere Bedeutung beimaß: Während der kolonialen Epoche, so seine These, seien Sevilla und ganz Andalusien »reich und opulent« gewesen; erst mit dem Verlust Amerikas habe die Dekadenz begonnen. Daher seine Forderung, alle Energien auf Weltausstellung und *V Centenario* zu richten, die verlorene Universalität zurückzugewinnen und die Strukturen Andalusiens zu modernisieren.[82]

Neben dieser nahezu ungebrochen an historischen Mythen orientierten Strömung existiert ein bunter Fächer eher 'liberaler' Positionen, die sich mehr oder weniger kritisch der Geschichte stellen, ein größeres Interesse gerade auch an materiellen Beziehungen mit Lateinamerika bekunden (»Brückenkopffunktion«) und eine gewisse begriffliche Sensibilität beweisen. Zu diesen »moderaten« Panhispanismusverfechtern gehört ein Großteil der gegenwärtigen *clase política*, und zwar nicht nur konservativer Couleur.

So spricht auch der unlängst abgewählte sozialistische Ministerpräsident Felipe González von einer »Iberoamerikanischen Gemeinschaft der Nationen«, die, so seine kühnen Zukunftsvisionen, in der »Multipolarität« der künftigen Welt ein gewichtiges Wort mitsprechen werde.[83] Sein ehemaliger Außenminister, Fernando Morán, meint zu wissen, daß »der Bezug auf Spanien« das »einzige gemeinsame Identitätszeichen« der »Bruderländer auf der anderen Seite des Ozeans« sei.[84] Bei soviel Fraternitätsrhetorik der PSOE-Führungskader nimmt es nicht wunder, wenn

---

80 *Gran Enciclopedia RIALP*. Madrid 1984, S. 843.
81 Kritische Artikel erschienen auch in *Cambio 16*. Vgl. z.B. Antonio Caballero: »Dos mundos se encuentran«, No. 1066, April 1992, S. 18-23.
82 Vgl. Norbert Rehrmann: »Heldenepos oder Begegnung zweier Welten? Lateinamerikanische und spanische Stimmen zur 500-Jahr-Feier«, in: *Universitas. Zeitschrift für interdisziplinäre Wissenschaft*, Nr. 10, Oktober 1991, S. 968.
83 Escudero: *Hispanist* (Anm. 29), S. 176.
84 Enrich: *Historia* (Anm. 4), S. 19.

auch der Präsident der *Comisión del V Centenario*, der Sozialist Luis Yáñez Barnuevo, das hispanistische Credo seiner Parteifreunde teilt: Die Entdeckung, ein Begriff, den er vollauf für berechtigt hält, sei eine der »beeindruckendsten Transformationen in der Menschheitsgeschichte« gewesen.[85]

Zu der Gruppe moderater Panhispanisten zählt auch König Juan Carlos I. Ein spanischer Autor resümiert das Lateinamerikabild des Monarchen wie folgt: Der König lehne den Begriff »Imperium« ab und spreche statt dessen von »Gemeinschaft«; die Idee der *madre patria* verwandle sich in »Bruderschaft«; die »Supra«- und »Subordinations«-Beziehung werde zu einer »gemeinsamen Geschichte«; die Beziehung »Metropole – Kolonie« gründe sich heute auf die Identität einer »gemeinsamen politischen Ordnung«; die seitens der Halbinsel erfolgte »Oktroyierung« einer politisch-administrativen Organisation mache »Kooperation und Austausch« Platz; die »Distanz der Territorien und Völker« sei nun »strukturelle Ähnlichkeit«; die »Übertragung von Kultur« äußere sich in einem »gleichartigen Modernisierungsprozeß mit ähnlichen Idealen«; schließlich nehme Juan Carlos I. weder eine paternalistische noch eine oktroyierende Haltung ein.[86]

Wie unschwer zu erkennen ist, handelt es sich bei den Positionen des Königs zwar um ein modernisiertes Lateinamerikabild, keineswegs jedoch um ein »wissenschaftlich außergewöhnlich modernes«, wie die Bilanz seines Hagiographen lautet. Als eine Art »ideeller Gesamthispanist« hat der König seit über 20 Jahren ganz ohne Zweifel eine Protagonistenrolle im Rahmen der »historischen Gemeinschaft« gespielt, deren Grundprämissen er gleichwohl nie in Frage stellte. Seine exponierte Rolle in den spanisch-lateinamerikanischen Beziehungen wird sogar in der Verfassung erwähnt: Er ist der oberste Repräsentant des Staates im Rahmen der internationalen Beziehungen, »insbesondere mit den Nationen seiner historischen Gemeinschaft«, wie es dort heißt.[87] Während seiner ersten Reise nach Lateinamerika sprach er am 12. Oktober 1976 in Cartagena de Indias sogar von »gemeinsamen biologischen Merkmalen« (*rasgos biológicos unitarios*), die die »intelligente Gemeinschaft« miteinander verbinde.[88] Auch von der »Glorie der Geschichte« war damals noch die Rede,[89] die allerdings durch »die Vitalität der Gegenwart« flankiert werde. Später forderte der Monarch zwar dazu auf, »sich der Geschichte mit ihren Irrtümern und Erfolgen zu stellen«, spricht sogar von *la americanidad de España*, aber zugleich von »unseren Völkern«, die durch

---

85 Rehrmann: »Heldenepos« (Anm. 82), S. 968.
86 Mario Hernández Sánchez-Barba: »El concepto de Comunidad Hispanoamericana en los discursos del Rey D. Juan Carlos I de España. Análisis valorativo y de síntesis«, in: *Revista de Indias*, Nr. 165/166, 1981, S. 338ff.
87 Vgl. Pereira / Cervantes: *Relaciones* (Anm. 31), S. 59f.
88 Enrich: *Historia* (Anm. 4), S. 150.
89 Ebd., S. 150.

»Blut« und »Sprache« miteinander »verbrüdert« seien.[90] Bei dieser Sicht der Dinge, die häufig einer Quadratur des Kreises ähnelt, sollte es bleiben: »Unsere Zukunft«, lautete fortan die Devise, »gründet sich weder auf Nostalgie noch auf die Zurückweisung der Vergangenheit.«[91] Letztere, vor allem die Greuel- und Gewalttaten, stellt noch immer einen besonders neuralgischen Punkt dar: Es führe zu nichts, so Juan Carlos Anfang der neunziger Jahre, »die damaligen Geschehnisse nach heutigen Kriterien zu bewerten.«[92] Der folgende Befund gilt somit auch für den König: Der Panhispanismus, schreibt Dietrich Briesemeister,[93] sei eine schillernde ideologische Größe geblieben, deren programmatische Bestimmung je nach den politischen Verhältnissen ausfalle.

Weiter als der König geht der bereits zitierte Xavier Rubert de Ventós, der den Anspruch, *primus inter pares* zu sein, innerhalb dieser Gruppe am überzeugendsten einlöst. Ventós steht in einer bestimmten Tradition spanischer Geschichtsschreibung, wenn er den »antiinstrumentellen« Charakter der spanischen Kolonisierung Amerikas gegenüber anderen Formen, speziell angelsächsischer Provenienz, betont – eine Kolonisierungsform, die er besonders deutlich in der Missionstätigkeit der Jesuiten zutage treten sieht: »Darin besteht die beeindruckende Herausforderung der Jesuiten gegenüber dem spanischen Kolonialismus: dem ursprünglich christlichen Impuls der Renaissance treu zu bleiben – was bedeutet, definitiv aufzuhören, *noch* mittelalterlich zu sein, ohne *bereits* protestantisch-aufklärerisch zu sein; die Ideologie des Mönchs oder des *hidalgo* zu überwinden, ohne sie durch die des Kaufmanns oder des Bourgeois zu ersetzen.«[94] Diese Sicht der Dinge, wiewohl in Teilen akzeptabel, ist indes nicht neu. Neu sind dagegen einige historische Prämissen des Autors, die vermutlich nicht nur von konservativen *hispanidad*-Anhängern als Sakrileg empfunden werden: Die spanische Eroberung Amerikas weiterhin als »Entdeckung« zu bezeichnen, bedeute die Beibehaltung idealistischer Kriterien, wie sie Hegel eigen gewesen seien, und gründe auf der Annahme, daß vor oder außerhalb Europas nur solche Völker existierten, die weder über eine Geschichte noch über ein Bewußtsein ihrer selbst verfügten und daher von »den Fackelträgern des Geistes« entdeckt und gerettet werden mußten. Diese Haltung mache auch vergessen, so Ventós, daß aufgrund der dortigen Lebensbedingungen der bloße äußere Kontakt dieser »verletzlichen Völker« zum Genozid geführt habe.[95]

---

90 Ebd., S. 153.
91 Ebd., S. 161.
92 Vgl. Borges Morán: *Aspectos* (Anm. 51), S. 77.
93 »Die Iberische Halbinsel und Europa. Ein kulturhistorischer Rückblick«, in: *Aus Politik und Zeitgeschichte. Beilage zur Wochenzeitung 'Das Parlament'*, B 8, 1986, S. 23.
94 Ventós: *Laberinto* (Anm. 19), S. 38.
95 Ebd., S. 22.

Leider zeigt auch Ventós Probleme, den formulierten Kriterien eines »aufgeklärten Traditionalismus« (Habermas) zu entsprechen, wenn er, wie zitiert, am Ende seines interessanten Buches der Versuchung nicht widerstehen kann, den Lateinamerikanern ein (spanisches) politisch-kulturelles Modell zur Lösung ihrer Probleme zu empfehlen. Die Neigung der Sozialisten, die spanische Demokratisierung »wie eine Art 'politisches Exportprodukt' zu präsentieren«,[96] teilen sie folglich mit der spanischen Rechten.

Eine dritte Strömung läßt sich schließlich unter jenen linken Intellektuellen und Schriftstellern lokalisieren, die vor allem mit der nationalen Geschichte und Geschichtsschreibung zwar hart ins Gericht gehen, dabei aber keinem abstrakten Antiimperialismus frönen.[97] So warnte die Schriftstellerin Montserrat Roig davor, den »alten Mythos der *hispanidad*« neu zu beleben und zu vergessen, daß »Amerika ... mit Schwert- und Kreuzhieben entdeckt wurde.«[98] Noch schärfer formulierte Rafael Sánchez Ferlosio. Er lehnte die »Begegnung zweier Welten« als »unwürdiges Festival« bzw. als »Disneylandia sevillana« entschieden ab, da jede Art von Gedenkveranstaltung *per definitionem* apologetisch, keineswegs neutral und noch weniger kritisch sei. Das Hauptmotiv des *V Centenario* sah er dementsprechend in dem Bemühen, einen Teil der *grandeza* vergangener Zeiten wiederzugewinnen bzw. entsprechende Anerkennung zu erfahren. Denn bis heute sei die Mehrheit der Spanier darüber verbittert, daß ihrem Land niemals mit »aufrichtiger Überzeugung« zuerkannt worden sei, ebenfalls Herrscher über ein Imperium gewesen zu sein – sehr im Unterschied zu Rom oder Großbritannien. In diesem Zusammenhang stellt Sánchez Ferlosio zudem zwei Hauptrechtfertigungen des spanischen Kolonialismus in Frage: erstens dessen im Gegensatz zu anderen Kolonialismen, insbesondere angelsächsischer Couleur, »humanere« Beweggründe und Verlauf. Weder Gier nach Gold noch missionarischer Eifer seien – *grosso modo* betrachtet – die zentralen Motive gewesen, sondern Abenteuerlust um ihrer selbst willen, vor allem eine Art »geistiger Unruhe«, welche die Spanier zur Bluthundjagd auf Indianer getrieben habe. Nicht weniger radikal zieht er – zweitens – die These in Zweifel, in Amerika habe eine freiwillige Verschmelzung von Rassen und Kulturen stattgefunden. Denn der sogenannte *mestizaje americano* sei ausgesprochen asymmetrisch verlaufen, da sich bekanntlich nur weiße Männer mit nichtweißen Frauen liiert hätten; und das sei, nicht nur ethnisch gesehen, nichts weiter als Vergewaltigung gewesen; die weißen Frauen seien demgegenüber auch weiterhin »ethnische Jungfrauen« geblieben.[99]

---

96 V. Gleich: *Política* (Anm. 78), S. 20.
97 Eine Haltung, die für den PSOE noch bis Ende der siebziger Jahre charakteristisch war. Vgl. z.B. das Buch des ICI (Anm. 27).
98 Vgl. Rehrmann: »Heldenepos« (Anm. 82), S. 970.
99 Ebd.

Obgleich Sánchez Ferlosios Attacken einige seit Jahrhunderten kultivierte Mythen und Legenden – und nicht zuletzt den *V Centenario* – in ihrem Kern treffen, bleiben andere Aspekte unerwähnt, die zur komplexen Realität der spanisch-lateinamerikanischen Kulturbeziehungen allerdings dazugehören. Zunächst – und das wird anhand der gesamteuropäischen Debatte über Amerika mehr als deutlich[100] – trägt Spanien mitnichten die Alleinschuld an den historischen Ereignissen, insbesondere am Genozid der indigenen Bevölkerung. Mehr noch: Hätten andere Europäer Amerika entdeckt, wäre das »Abenteuer« kaum weniger blutig verlaufen, wohl eher im Gegenteil. Immerhin, argumentiert z.B. Escohotado, der ansonsten Sánchez Ferlosios Positionen teilt, mit einigem Recht, habe Las Casas seine *Brevísima Relación* bereits 1515 geschrieben, während ein vergleichbares Werk über andere Kolonialismen (noch) nicht geschrieben worden sei.[101] Auch der von Jorge Semprún, dem ehemaligen Kultusminister, in die Debatte gebrachte »Kompromiß«, nämlich zwischen »Entdeckung« und »Eroberung« zu differenzieren, wird von dieser Strömung, etwa von Juan Goytisolo, als historischer Taschenspielertrick zurückgewiesen.[102] Auch der Schriftsteller Vázquez Montalbán hegte im Hinblick auf den *V Centenario* die »schlimmsten Befürchtungen«: So favorisiere zwar die Führungshierarchie des PSOE ein »kritisches Epos«, auf jeden Fall aber ein Epos. Er kritisiert jedoch zugleich lateinamerikanische Positionen, die von der spanischen Regierung eine Art Entschuldigung verlangten, als maximalistisch und kindisch. Denn diese »indigenistischen Sektoren« vergäßen bei aller berechtigten Kritik, daß die Situation der indigenen Bevölkerung auch mit postspanischen Ausbeutungsvarianten in Zusammenhang stehe, nämlich mit denen der Kreolen, von denen die Mehrheit dieser Kritiker bekanntlich selbst abstamme. Und so sarkastisch es klinge, argumentiert Vázquez Montalbán, habe sich die antiimperialistische und proindigenistische kreolische Linke ihren »ideologischen Apparat« nur durch die exzellente Bildung schaffen können, die sie aufgrund der Ausbeutung der indigenen Bevölkerung durch ihre Väter und Großväter erworben habe. Schließlich macht der Schriftsteller darauf aufmerksam, daß eine exzessive Konzentration auf den (historischen) Imperialismus Spaniens von einer viel nötigeren Abrechnung mit heutigen Spielarten ablenken könne.[103]

---

100 Was etwa die französische Version betrifft, vgl. Tzvetan Todorov: *Nous et les autres. La réflexion française sur la diversité humaine*. Paris 1989 und Rehrmann: *Spanien* (Anm. 8).
101 Vgl. Rehrmann: »Heldenepos« (Anm. 82), S. 971.
102 Ebd.
103 Vgl. Rehrmann: *Spanien* (Anm. 8), S. 127.

5. Der *V Centenario* oder Nach Europa über Amerika?

Die Prognose Vázquez Montalbáns erwies sich als zutreffend. Der *V Centenario* wurde zu einem Forum nationaler Selbstdarstellung, auf dem sich zwar auch einige moderat-kritische Stimmen artikulieren konnten, der Tenor war gleichwohl affirmativ: Statt einer auch nur halbwegs kritischen Auseinandersetzung mit der Geschichte, vor allem mit ihrer Gewalt- und Unterdrückungsdimension, die den Erwartungen der lateinamerikanischen *indios* und Intellektuellen gerecht geworden wäre, bestimmten »Phantasiedominanz« (Elias) und eine Traum-Kulisse das Bild, die an Calderón erinnerte. Als »Imageoperation«, wie der Chef des spanischen Pavillons auf dem Sevillaner Expo-Gelände selber formulierte, zielte der Veranstaltungsmarathon u.a. darauf ab, der Welt, vor allem Europa, die *grandeza* vergangener Zeiten vor Augen zu führen – unter Einschluß eines »neuen« Spanienbildes: »Spanien ist nicht mehr anders. Es ist vielmehr ein Land«, so der Pavillon-Chef, »das sich an großen internationalen Projekten beteiligt. Wir wollen, daß unsere Bürger stolz sind auf ihr Land und daß die Mythen, die über Spanien im Ausland existieren, einer zeitgemäßen Sichtweise Platz machen.«[104] Die kritische Forschung zum Thema, die, wie in der Vergangenheit, vor allem außerhalb der spanischen Grenzen stattfindet, hat diese Ambitionen bestätigt. Der »Hispanist discourse«, schreibt María A. Escudero, sei nützlich für die spanische Regierung (hier die von Felipe González), weil sie das spanische Prestige in Europa und den USA verbessere. Spanien als »Brücke« zwischen Lateinamerika und Europa bzw. als Vermittler in dem Dreieck Lateinamerika – Europa – Vereinigte Staaten erfordere jedoch eine internationale Bedeutung, die das Land eigentlich nicht besitze.[105]

Der intendierte Prestigegewinn als »Umwegrentabilität« für politische und ökonomische Ambitionen, wie sich die These von Escudero deuten läßt, ist sicher nicht falsch. Die aufwendigen Großinszenierungen des Jahres 1992 lassen sich aber nicht allein, vielleicht nicht einmal überwiegend, mit materiellen Interessen erklären: Die »Wiederbelebung des Konquistadorengeistes durch die Eroberung Europas«, schreibt Marina Pérez de Mediola deshalb wohl zu Recht, war zugleich der Versuch, die kulturelle Identität des Landes aufzuwerten, »die seit dem 'Siglo de Oro' ein eher trauriges Bild abgegeben hat.«[106] Der eingangs zitierte »Imperium-Komplex«, die seit knapp 200 Jahren virulenten Schwierigkeiten, den Abstieg vom historischen Olymp in die Niederungen einer europäischen Randexistenz zu verarbeiten, gehört deshalb genauso zu den Triebkräften des *V Centena-*

---

104 Vgl. Marina Pérez de Mendiola: »The Universal Exposition Seville 1992: Presence and Absence, Remembrance and Forgetting«, in: dies.: *Bridging* (Anm. 29), S. 197.
105 Escudero: *Hispanist* (Anm. 29), S. 182.
106 Pérez de Mendiola: *Bridging* (Anm. 29), S. 193.

rio wie die politisch-ökonomischen Ambitionen. Die folgende Äußerung des Pavillon-Chefs ist zwar übertrieben, aber nicht *völlig* aus der Luft gegriffen: »Wichtiger als die ökonomischen Ziele ist das Image Spaniens ...«[107]

Gerade deshalb war absehbar, daß die Organisatoren der medienträchtigen »Imageoperation« auf dissonante Stimmen äußerst sensibel reagieren würden. An entsprechenden Beispielen hat es denn auch nicht gefehlt. Einen ersten Eklat gab es 1987 in der Bundesrepublik, als der spanische Botschafter damit drohte, die Münchner Ausstellung »Spanien in der Neuen Welt« zu suspendieren, wenn einige kritische Passagen der Begleitbroschüre, »die Spaniens Werk in Amerika beanstanden«, so der Diplomat, nicht gestrichen würden.[108] Ein weiterer Eklat datiert von 1989: In Caracas bewirkte die Uraufführung eines Theaterstücks über Kolumbus gereizte Reaktionen des dortigen Botschafters, der das Stück als »beleidigendes Werk« empfand. Es stammt ironischerweise aus der Feder des in Cádiz geborenen Exilschriftstellers José Antonio Rial, der den Entdecker in seinem Stück zwar im Bordell auftreten läßt, aber trotzdem, hier wie in seinem sonstigen Œuvre, ein panhispanistischer Hardliner ist, der die These eines »grundlegenden Wandels« des Lateinamerika-Bildes der Exilschriftsteller besonders drastisch *ad absurdum* führt.[109] Das letzte Beispiel, das die extreme Sensibilität der Expo- und *Centenario*-Organisatoren illustriert, datiert von 1992: Eine Gruppe junger Demonstranten aus dem In- und Ausland, die vor dem Sevillaner Ausstellungsgebäude friedlich ihren Dissens artikulierte, wurde von der Polizei arretiert. Die Ausländer unter ihnen wurden ausgewiesen, die Spanier, so Subirats, auf dem Revier geschlagen; selbst von der Schußwaffe sei Gebrauch gemacht worden.[110]

Das fragile Selbstbewußtsein, das in solchen Überreaktionen Gestalt annimmt, fand eine gewisse Entsprechung im szenischen Arrangement der Sevillaner Ereignisse. Etwa in Anordnung und Größe der einzelnen Pavillons: In der spanischen »Extrapräsenz«, so Pérez de Mendiola, hätten zahlreiche Reminiszenzen der alten *madre patria*-Attitüden ihre visuellen Urständ gefeiert und damit die stets wiederholte *primus inter pares*-These auch architektonisch falsifiziert. Am deutlichsten habe sich der panhispanistische Geist der Ausstellung jedoch in den Texten manifestiert, die Bilder und Exponate erklären sollten. Nirgendwo, so die Autorin, sei von »Eroberung« oder »Invasion« die Rede gewesen, kontroverse Figuren wie Cortés oder Pizarro hätten durch Abwesenheit geglänzt, einen Genozid an der indianischen Urbevölkerung habe es nie gegeben: »Ohne Erwähnung von Gold und Silber, Religion oder Blut«, zitiert Pérez de Mendiola einen weite-

---

107 »Ángel Luis Gonzalo:'El objetivo principal es la imagen del país'«, Interview in: *Cambio 16* v. 27.4.1992, S. 4.
108 Vgl. Rehrmann: »Heldenepos« (Anm. 82), S. 962.
109 Vgl. Rehrmann: *Lateinamerika* (Anm. 23), S. 338ff.
110 Subirats: *Después de la lluvia* (Anm. 6), S. 131.

ren Kritiker, »nimmt der Betrachter den verwirrenden Eindruck mit nach Hause, daß die Spanier eine rein akademische Mission in die Neue Welt führte, nämlich nach nützlichen Pflanzen zu suchen und den Einheimischen neue Landwirtschaftstechniken und Haustiere zu offerieren.«[111]

Die episch-heroische Perspektive, wie sie die spanischen Kritiker von Expo und *V Centenario* prophezeit hatten, war folglich dominant – unter Einschluß der meisten offiziellen Teilnehmer aus Lateinamerika. Die übliche *unidad*-Rhetorik, wie sie vor allem in lateinamerikanischen Politikerkreisen noch immer gepflegt wird,[112] gab offensichtlich auch in Sevilla den Ton an. Die zumindest verbale Anerkennung panhispanistischer Prämissen fällt diesen Kreisen um so leichter, als bereits in der Spätphase des Franquismus einige Dauerkontroversen durch »historische Kompromisse« entschärft worden waren. So hatte Franco höchst persönlich den Befreier Lateinamerikas, Simón Bolívar, als »geniale Synthese dieser unserer Rasse« bezeichnet und damit seinen späten Frieden mit der lateinamerikanischen Unabhängigkeitsbewegung des frühen 19. Jahrhunderts geschlossen.[113] Das demokratische Regime, vor allem die Organisatoren des *V Centenario*, übernahmen diesen »historischen Kompromiß« zur argumentativen Absicherung einer *Hispanischen Gemeinschaft der Nationen*, so Escudero, »ohne sich über die Herkunft dieser Neuinterpretation der Geschichte und ihrer ideologischen Implikationen Gedanken zu machen.«[114]

Dissonante Stimmen kamen laut Pérez de Mendiola lediglich aus Mexiko, das seinen Pavillon u.a. mit einem 18 Meter hohen »X« drapierte (!), um damit an den alten Streit um das »autochthone X« und die spanische »jota« zu erinnern. Insgesamt, so die Autorin, sei Mexiko das einzige Land im Ensemble der Exkolonien gewesen, das den festlichen Charakter der Sevillaner Megashow wenigstens partiell[115] in Frage gestellt und einen kritischen Blick auf die Geschichte geworfen habe.[116]

---

111 Pérez de Mendiola: »The Universal« (Anm. 104), S.197 f. Ein ähnlich bukolisches Bild der spanischen Geschichte in Amerika bietet sich übrigens dem Betrachter des Madrider *Museo de América*, das nach langen Umbauarbeiten 1993 seine Pforten wieder geöffnet hat.
112 Vgl. Emerich: *Historia* (Anm. 4), S. 152f.
113 Ebd., S. 156.
114 Escudero: *Hispanist* (Anm. 29), S. 174.
115 Der offizielle Umgang mit der Geschichte ist freilich auch in Mexiko von zahlreichen Ambivalenzen gekennzeichnet. Vgl. Norbert Rehrmann: »Eintracht in Zwietracht. Die präkolumbine, nordamerikanische und spanisch-europäische Kultur bei Carlos Fuentes und Octavio Paz«, in: *Tranvía. Revue der Iberischen Halbinsel*, Nr. 29, Juni 1993, S. 5-8.
116 Pérez de Mendiola: *Bridging* (Anm. 29), S. 199.

6. »Historische Anthropologie« oder Die Zukunft der Vergangenheit

Die historisch-kulturelle Bilanz des *V Centenario* fällt somit ziemlich negativ aus: Die Veranstalter waren augenscheinlich nicht willens oder imstande, die von kritischen Intellektuellen geforderte »Revision des historischen Gedächtnisses« durchzuführen. Trotz einiger Neuinterpretationen und moderner Sprachregelungen fällt es dem »offiziellen« Spanien folglich auch heute noch schwer, die kulturelle Heterogenität Lateinamerikas in Geschichte und Gegenwart anzuerkennen. Gleiches gilt für die postkoloniale Rolle des Landes. Der *V Centenario* war ein Paradebeispiel für die These von Norbert Elias: Die *clase política* des Landes, weitgehend unabhängig von ihrer politischen Couleur, lebt noch immer »im Schatten ihrer großen Vergangenheit.«[117] Daß sich diese Schwierigkeiten nicht allein auf die politischen Kreise beschränken, illustrieren die zitierten Studien spanischer Autoren. Im Schulterschluß mit den Politikern tradieren und schaffen sie damit, wie Joachim Ehlers schreibt, eine »historische Anthropologie«, deren »intentionale Daten« handlungsbestimmend wirkten. Der mit ihrer Hilfe konstruierte »Abstammungsglaube«, so Ehlers, sei zwar fiktiv, also objektiv falsch, könne aber gravierende gesellschaftliche Folgen haben: »Intentionale Daten können Tatsachen schaffen und gleichsam in funktionale Daten umschlagen.«[118] Daran ändern auch die »harten Daten« wohl nur wenig. Denn enttäuschend, selbst aus der Sicht der *Centenario*-Organisatoren, ist offensichtlich auch die materielle Bilanz des Jahres 1992: Die hochgesteckten Ziele, so Pérez de Mendiola,[119] seien mitnichten erreicht worden. Spaniens Gewicht in Europa habe weder ökonomisch noch politisch zugenommen. Bereits im Frühjahr 1993, ergänzt Subirats,[120] sei auch die politische Klasse aus den kühnen Träumen erwacht; seitdem mangele es an einem »authentischen intellektuellen und sozialen Zukunftsprojekt.«

In dieses Bild paßt auch, daß ein namhafter Intellektueller dieses Jahrhunderts, der als »großer Europäer« Spaniens gilt, in den vergangenen Jahren, so Subirats,[121] eine »Renaissance« erlebt habe: Ortega y Gasset. Denn die politischen Ambivalenzen des obsessiven Warners vor einer »Rebellion der Massen« korrespondieren aufs engste mit seinen Amerikavisionen: In *Meditación del pueblo joven*, einer Sammlung von Essays über Lateinamerika, unterscheidet sich Ortega

---

117 Elias: *Studien* (Anm. 7), S. 10.
118 »Mittelalterliche Voraussetzungen für nationale Identität in der Neuzeit«, in: Bernhard Giesen (Hg.): *Nationale und kulturelle Identität. Studien zur Entwicklung des kollektiven Bewußtseins in der Neuzeit*. Frankfurt a.M. 1991, S. 80.
119 Pérez de Mendiola: *Bridging* (Anm. 29), S. 200.
120 Subirats: *Después de la lluvia* (Anm. 6), S. 223.
121 Ebd., S. 61ff.

zwar wohltuend von der verstaubten Vergangenheitsrhetorik vieler Zeitgenossen. Wie bereits der Titel suggeriert, bleibt er den euro- und spanienzentristischen Denktraditionen, vor allem Hegelscher Provenienz, dennoch treu.[122]

In dieses Bild paßt ferner, daß eine Aussage des spanischen Exilschriftstellers Luis Cernuda, die literarische Beschäftigung mit Lateinamerika betreffend, noch immer gilt: »Kein Schriftsteller«, schrieb Cernuda in Mexiko über das »große Schweigen« der spanischen Literatur nach der Unabhängigkeit der Kolonien, habe dieses Datum gebührend gewürdigt. Da sich auch in der Literatur des *Siglo de Oro* nur ein schwaches Echo auf die historischen Ereignisse fänden, sei es »logisch«, so Cernuda, daß die Trennung von Spanien ein noch geringeres Echo in der modernen Literatur gefunden habe.[123] Dabei ist es, *mutatis mutandis*, bis heute geblieben. Selbst *der* Porträtist seiner Zeit, Benito Pérez Galdós, der kaum ein historisches Reizthema, etwa die jüdisch-maurische Thematik,[124] unbehandelt ließ, hat keinen Roman über Amerika geschrieben. Die wenigen Passagen über das Desaster von 1898, die sich in seinen Artikeln finden, tragen zudem eine ziemlich orthodoxe Handschrift.[125] Hätte nicht wenigstens der *esperpento*-Autor Valle-Inclán seinen satirischen Roman *Tirano Banderas* geschrieben, in dem er u.a. die »españolistische« Gesinnung seiner Landsleute in Lateinamerika karikiert, dann wäre der Ostrazismus des Themas nahezu total gewesen. Die Exilautoren, etwa Ramón Sender, haben sich zwar in Romanen, Erzählungen und Theaterstükken auch mit der historischen Dimension des Themas beschäftigt, ihre panhispanistische Optik hat den Blick auf *den Anderen* jedoch meistens stark getrübt. Eine kritische Gesamtuntersuchung des Lateinamerikabildes in der neueren spanischen Literatur (ab 1975) liegt zwar nicht vor. Fraglich ist zudem, ob es für eine solche Untersuchung überhaupt einen geeigneten Textkorpus gäbe, der über die zitierten Essays und Artikel im Vorfeld des *V Centenario* hinausginge. Vereinzelte Beispiele lassen zumindest die Vermutung zu, daß die literarische Thematisierung Lateinamerikas noch immer größere Schwierigkeiten bereitet als die Bearbeitung anderer historischer Hypotheken, namentlich die jüdisch-maurische, die nach Subirats[126] zusammen mit Amerika die zentrale »Problemtriade« des heutigen Identitätsdiskurses bilde. Im Œuvre des bekannten Romanciers Antonio Gala, der sich, was die zeitgenössischen Schriftsteller betrifft, neben Juan Goytisolo am

---

122 Vgl. Rehrmann: *Lateinamerika* (Anm. 23), S. 99ff.
123 Vgl. Santiago Daydí-Tolson: »Reality and Desire of America in Luis Cernuda«, in: Pérez de Mendiola: *Bridging* (Anm. 29), S. 154.
124 Vgl. Norbert Rehrmann: »Die *convivencia*- und Sefardenthematik bei Benito Pérez Galdós im Kontext der neueren kultur- und literarhistorischen Forschung«, in *Iberoamericana* Nr. 63/64, S. 34-54.
125 Vgl. Norbert Rehrmann: »Spanien und die Barbaren. Der koloniale Blick des frühen Benito Pérez Galdós«, in: *Tranvía. Revue der Iberischen Halbinsel*, H. 44, März 1997, S. 10-13.
126 Subirats: *Después de la lluvia* (Anm. 6), S. 148.

intensivsten mit kulturhistorischen Themen beschäftigt, lassen sich Kontinuitäten und Brüche dieser Problemtriade jedenfalls deutlich voneinander unterscheiden: Dem Bruch mit den Mauren- und Judenklischees, wie er zum Beispiel in *Las cítaras colgadas de los árboles*[127] und *El manuscrito carmesí*[128] ablesbar ist, steht ein fiktives Kolumbus-Portrait gegenüber, dessen »españolistische« Verve ungebrochen ist.[129]

Die eingangs zitierte Bilanz von Rubén Darío, die sich auf den *IV Centenario* bezog, ist folglich noch längst nicht überholt. Zur Hoffnung gibt immerhin Anlaß, daß sich »über den großen Abgrund der Geschichte«, wie Darío schrieb, inzwischen eine fragile, aber doch passierbare Brücke spannt. Errichtet wurde sie weniger vom Exil, sondern vor allem von jenen Schriftstellern und Intellektuellen der vergangenen zwei Jahrzehnte, die den Umweg über die Geschichte nicht scheuen und die den »*imperio*-Komplex« früherer Generationen überwunden haben. Für sie ist die spanische Kultur in Lateinamerika zwar nicht passé. Sie spielt aber nicht mehr »die Rolle des Maßstäblichen, des Maß*geblichen*.«[130]

---

127 Madrid 1983.
128 Madrid 1990.
129 *Cristóbal Colón*. Madrid 1989.
130 Leo Kreutzer: *Literatur und Entwicklung. Studien zu einer Literatur der Ungleichzeitigkeit.* Frankfurt a.M. 1989, S. 21.

Rafael Domínguez Rodríguez

Der Tourismusboom und seine Folgen

1. Boom ohne Ende?

Der Tourismusstrom nach Spanien erreichte in den letzten beiden Jahren einen Höchststand, der selbst Optimisten in diesem Geschäft beeindruckt. Die Gründe dafür sind sicher nicht nur in der Qualität der touristischen »Destination Spanien« zu suchen. Auch die neuerliche Erholung der internationalen Wirtschaft stützte diesen Boom. Beinahe 62 Millionen ausländische Besucher, von denen 41 Millionen, statistisch gesehen, als Touristen betrachtet werden (weil sie wenigstens einmal übernachteten), reisten 1996 nach Spanien. Im ganzen beliefen sich die Bruttoeinkünfte im Tourismus auf 41,65 Milliarden DM und machten das Reise- und Urlaubsgeschäft so zu einem der wichtigsten Wirtschaftszweige Spaniens, der 10 % vom Bruttoinlandsprodukt erzielte und einen Beschäftigungsanteil von mehr als 9 % aller Erwerbstätigen erreichte. In absoluten Zahlen touristischer Einreisen gerechnet, rangiert Spanien damit, weltweit gesehen, an zweiter Stelle.

Für das Jahr 1997 wird erneut ein Wachstum von ca. 3 % erwartet, was einmal mehr die exzellente Gesundheit des Sektors bestätigt. In Spanien selbst beurteilt man deshalb die Lage derzeit ausgesprochen zuversichtlich. Sowohl von unternehmerischer wie politischer Seite weiß man diese Einnahmequelle wohl zu schätzen und denkt deshalb sorgfältig darüber nach, wie der Tourismusmarkt auch in Zukunft durch geschickte Modifikationen ertragreich gehalten werden kann. Man ist sich einerseits bewußt, daß die Anziehungskraft Spaniens weiterhin sehr groß bleiben wird, so groß, daß sie in den letzten Jahren sogar von den allmächtigen europäischen Reiseveranstaltern manchmal unterschätzt wurde, als diese vergeblich versuchten, einen Teil der Urlauberströme auf andere Mittelmeerziele, wie Tunesien, Jugoslawien, die Türkei oder Griechenland, umzuleiten. 94 % der Touristen kamen letztes Jahr aus Europa, und ihre Jahr für Jahr bestätigte Spanientreue hat ein sehr großes Hotelnetz entstehen lassen, das die Landschaft vielerorts veränderte und die wirtschaftliche Struktur ganzer Provinzen und Regionen nachhaltig prägte. Einige Hoteliers behaupten in der Öffentlichkeit manchmal selbstgefällig, daß es allein auf Mallorca mehr Hotels gebe als in ganz Griechenland.

Andererseits muß man stets zwei Unsicherheitsfaktoren bei diesem wichtigen Wirtschaftszweig Spaniens berücksichtigen: seine Saisonabhängigkeit und die von Jahr zu Jahr schwankende Konjunktur. Der Zustrom von Touristen erfolgt fast ausschließlich im Sommer, obwohl zahlreiche Projekte darauf abzielen, touristische Aktivitäten über das ganze Jahr hinweg anzuregen. Der größte Andrang erfolgt in den Monaten Juli und August und bereitet im Beschäftigungssektor regelmäßig Probleme. Die jährlichen Schwankungen hängen darüber hinaus ganz erheblich von den internationalen wirtschaftlichen Gegebenheiten ab. Freilich ist festzuhalten, daß trotz einiger Krisen in den letzten Jahren, die sich auch auf den Spanientourismus auswirkten, nur zweimal die Besucherzahlen in stärkerem Maße zurückgingen: während der sogenannten Ölkrise Anfang der siebziger Jahre und während des Golfkriegs Anfang der neunziger Jahre. In anderen Krisenperioden kam es lediglich zu einer zeitweiligen Stagnation des Wachstums.

Das Wachstum, an das sich die spanische Wirtschaft in den Tourismusregionen beinahe wie selbstverständlich gewöhnt hat, schlug sich zuallererst in einer hohen und jährlich steigenden Besucherzahl nieder. Der Dienstleistungssektor sowie die private und öffentliche Bautätigkeit entwickelten sich so in einigen Gegenden Spaniens zu den fast ausschließlichen Grundpfeilern der Wirtschaft. Aber sie stehen in einer so prekären Abhängigkeit vom labilen Tourismusgeschäft, daß das Ausbleiben der Besucher nicht selten Bauvorhaben gänzlich stoppte und schwere Beschäftigungsprobleme in der betroffenen Region nach sich zog. Auch andere Auswirkungen des Tourismus lassen das 'gute Geschäft' durchaus in einem problematischen Licht erscheinen. So wurde in manchen Fällen die Landschaft auf irreversible Weise verändert, landwirtschaftliche Aktivitäten verschwanden aus einigen Gegenden gänzlich, das Verhältnis zwischen den drei Wirtschaftssektoren geriet aus dem Lot. Hinzu kam in den sechziger und siebziger Jahren ein kultureller und gesellschaftlicher Wandel, der als Modernisierungsprozeß parallel zur gleichzeitigen politischen Liberalisierung verlief und mit seinem Veränderungsdruck oft bis in die Familien selbst hineinreichte. So verändert sich beispielsweise die wirtschaftliche Struktur einer Familie im Süden Spaniens entscheidend, wenn mit einem Mal das Familieneinkommen vor allem durch Arbeitsplätze im Baugewerbe und im Tourismus erwirtschaftet wird und diese Aktivität nur zu einer bestimmten Jahreszeit möglich ist.

2. Ein kurzer Blick zurück

1950 lag die Zahl der nach Spanien eingereisten Personen bei 750.000, 1960 erreichte sie 6,1 Millionen. Ab diesem Zeitpunkt wuchsen die Besucherzahlen beständig und machten die sechziger Jahre zum Jahrzehnt, in dem die Europäer Spanien massiv für sich entdeckten. 1969 waren es bereits 21,7 Millionen Reisende, die Spanien besuchten. Insgesamt erfolgten in dieser Zeit also die relativ gesehen höchsten Zuwächse. In den siebziger Jahren steigerte sich der große Zulauf noch einmal erheblich: 24,1 Millionen waren es zu Beginn und 38,9 Millionen am Ende des Jahrzehnts. Aber diese Periode lehrte die Spanier auch etwas

Neues: die konjunkturellen Fluktuationen. In den Jahren 1974, 1975 und 1976 sanken die Zahlen um 4 Millionen gegenüber 1973 und stagnierten bei 30 Millionen Besuchern pro Jahr. Im Laufe der achtziger Jahre – mit einem leichten Rückgang um eine Million Besucher im Jahr 1983 – erreichten sie 54 Millionen und in den neunziger Jahren belaufen sie sich bislang auf 62 Millionen Besucher in einem einzigen Jahr.

Tab. 1: Ausländische Besucher und Einnahmen aus dem Tourismus			
Jahr	Anzahl der Besucher	Einkünfte (in Millionen US$)	US$ pro Besucher
1950	749.554	20,61	27,49
1955	2.522.002	96,72	38,35
1960	6.113.256	296,50	48,50
1965	14.251.748	1.104,90	77,53
1970	24.105.312	1.680,78	69,73
1975	30.122.478	3.404,23	113,01
1980	38.026.816	6.967,70	183,23
1985	43.235.363	8.150,80	188,52
1990	52.044.056	18.593,00	357,25
1995	58.350.000	26.350,00	451,58
Quelle: *Anuario de Estadísticas de Turismo de España* (A.E.T.E.), 1996.			

Genauso wichtig wie die Zahl der Besucher ist die Höhe der Einnahmen. Auch hier hat sich das Wachstum kontinuierlich fortgesetzt, aber der große Sprung fand ab 1985 statt, und zwar mit einer Einnahmesteigerung von mehr als 10 Millionen US$ pro Jahr. Dieser Sprung spiegelte sich auch in den Einnahmen pro Tourist wieder, die von 188 auf 357 US$ stiegen. All dies hatte bedeutende Auswirkungen auf Spanien selbst als touristisches Zielland.

**Graphik 1: Anzahl der Besucher von 1950-1995
und Einkünfte in Millionen US$**

——— Anzahl der Besucher
- - - - Einkünfte in Mio. US$

Quelle: A.E.T.E. 1996.

Das nunmehr schon jahrzehntelange touristische Interesse an Spanien hat sowohl externe wie spanienspezifische Gründe. Da sind zum einen der wirtschaftliche Aufschwung Europas nach dem Krieg und der vergrößerte Wohlstand seiner Bürger zu erwähnen. Zur gleichen Zeit wurde der bezahlte Sommerurlaub allgemein eingeführt. Auch die Verbilligung der Flugtickets sowie die Ausweitung des Flugverkehrs kamen dem Spanientourismus zugute. Als spanienspezifische und konstante Vorzüge sind die hohen Temperaturen des Mittelmeers zu nennen, und zwar das ganze Jahr hindurch, das Fehlen von Regenfällen im Sommer und vor allem die Beständigkeit des guten Wetters in der Urlaubszeit. Die niedrigen Preise, die Fremdheit der Landschaften und der spanischen Kultur wie auch die relative Nähe zu Ländern wie Frankreich, Deutschland oder Großbritannien taten ein übriges, um Spanien touristisch attraktiv zu machen. In den sechziger Jahren kam das Eigeninteresse eines politischen Regimes hinzu, welches bis dahin marginalisiert war und das nun seine relativen Fortschritte herzuzeigen wagte. Der entscheidende Grund für den weltweiten Erfolg des Spanientourismus, zumindest in den ersten Jahrzehnten, ist aber zweifelsohne in den niedrigen Urlaubskosten zu suchen, was, wie wir wissen, von den internationalen Reiseveranstaltern immer noch sehr geschickt auch zu ihren Gunsten genutzt wird.

3. Der/die typische Spanientourist/in: ein Durchschnittsprofil

Von den 61,8 Millionen Personen, die Spanien im Jahr 1996 besuchten, gehörten 33% zur Gruppe der sogenannten Exkursionisten, einer Besuchergruppe also, die nicht im Land übernachtet. Es handelte sich dabei im wesentlichen um Nordafrikaner und Portugiesen, die das Land durchqueren, um ihre Heimat- oder Wohnorte zu erreichen. Die Anzahl der Touristen beziffert man daher auf 41,4 Millionen.

Graphik 2: Einreise der Touristen 1996 nach Monaten

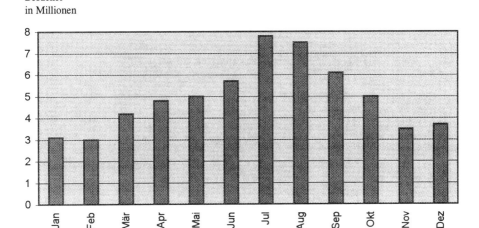

Quelle: Frontur 1996.

Wie bereits betont, ist der Tourismus nach Spanien besonders saisongebunden (Graphik 2). In den Sommermonaten des Jahres 1996 reisten 37,9% der Touristen ins Land ein, im Herbst 24,4%, im Frühjahr 23% und im Winter bloß 14,7%. Die Monate Juli und August mit jeweils 5,5 und 5,9 Millionen verzeichneten den höchsten Andrang. Die wichtigsten Transportmittel der Reisenden waren dabei das Flugzeug (70%) und das Auto (25%). Nur wenige kamen per Bahn oder Schiff. Das Auto ist vor allem in den Sommermonaten beliebt, wo bis zu 35% dieses Verkehrsmittel wählen. Die Haupteinfallsstraße war die von La Jonquera in der Provinz Girona mit mehr als 50% aller Einreisen. Sie wurde hauptsächlich von Franzosen (41%) und Deutschen (17%) gewählt. Die Flughäfen mit dem höchsten Verkehrsaufkommen pro Jahr waren Palma de Mallorca (20%), Madrid (18%) und Tenerife Sur (10%). Je nach Jahreszeit schwankten die Zahlen ein wenig. Der Flughafen von Palma erreichte manchmal bis zu 26% aller Ankünfte im Sommer. Auch die Einreise via Málaga und Alicante stieg in dieser Zeit an. Die Flughäfen auf den Kanarischen Inseln verzeichneten dann nur noch 7% (Tenerife Sur) und 6% (Gran Canaria), während die Zahlen von Barcelona und Madrid nicht wesentlich vom Jahresdurchschnittswert abwichen. In den letzten Jahren hat sich die Zahl der Einreisen per Auto und Bahn erhöht, während – immer relativ gesehen – die Ankünfte per Schiff und Flugzeug abnahmen.

Im Jahr 1993, worauf sich viele unserer Daten hier beziehen, kamen die Spanientouristen fast ausschließlich aus europäischen Ländern (mehr als 86%). Die zweite Gruppe bildeten die Amerikaner, wobei 50% aus den USA kamen. Die Mehrheit der Europäer waren Franzosen, Deutsche und Briten. Sie machten zusammen 74,3% aller Europäer und 72,7% der Gesamtzahl der Touristen in diesem Jahr aus.

Tab. 2: Herkunft der Touristen im Jahr 1993	
Herkunftsland	**% der Touristen**
Belgien	3,9
Dänemark	1,1
Deutschland	22,9
Frankreich	31,1
Großbritannien	19,7
Italien	5,3
Niederlande	5,4
Schweden	1,7
Schweiz	3,1
Quelle: A.E.T.E. 1993.	

Die Quote der Touristen aus Europa wächst Jahr für Jahr beständig. Der Zuwachsindex betrug in den letzten Jahren 1,41, der der Amerikaner lediglich 1,02. Den stärksten Zuwachs verzeichneten die Asiaten mit einem Index von 1,64, wobei 50% aus Japan kamen. Zwischen 1983 und 1993 hat sich die Zahl der japanischen Touristen von 95.000 auf 240.000 erhöht. Die Spanienreisen der Europäer verzeichneten im letzten Jahrzehnt allesamt ein bedeutendes, wenn auch variables Wachstum. In absoluten Zahlen waren es die Deutschen, die den stärksten Zuwachs, nämlich von 5 auf 8,7 Millionen zwischen 1983 und 1993, zu verzeichnen hatten. Aus Großbritannien und Frankreich sind im gleichen Zeitraum um jeweils 2,4 beziehungsweise 2 Millionen mehr gekommen. Auch die Schweizer haben öfter in Spanien Urlaub gemacht (eine Million mehr im angegebenen Zeitraum). Der italienische Tourismus, 1983 noch wenig bedeutend, erlebte mit einer Steigerung von ehemals 0,6 auf 2 Millionen Spanienurlauber im Jahre 1993 ein ganz erhebliches Wachstum. Relativ gerechnet, wuchs er sogar – mit einem Zuwachsindex von 3,01 – am stärksten, gefolgt vom deutschen (1,75), niederländischen (1,57) und schweizerischen (1,52) Tourismus. Der aus den Vereinigten Staaten und Kanada kommende Touristenstrom stagnierte bei 0,9 und 1,1 Millionen Besuchern in den letzten Jahren, obwohl man in diesen Ländern große Werbekampagnen veranstaltete.

Interessant ist auch, daß sich in den Sommermonaten (Juni, Juli, August, September) die Zusammensetzung der Spanienbesucher signifikant ändert. 1996 tätigten Engländer und Deutsche jeweils 26,4% bzw. 25,5% aller Einreisen im Sommer, während die Zahl der Franzosen auf 9,9% sank.

Tab. 3: Sommertouristen 1996	
Herkunftsland	%
Deutschland	25,5
Frankreich	9,9
Großbritannien	26,4
Italien	8,2
Portugal	2,9
Resteuropa	21,6
Andere Länder	5,5
Quelle: Frontur 1996.	

Die Präferenzen gehen eindeutig zum Urlaub im Sommer, allerdings mit länderspezifischen Unterschieden. Italiener, Niederländer und Schweizer reisen in diesen Monaten massiv, wohingegen Deutsche, Briten und Schweden ihren Urlaub regelmäßiger über das ganze Jahr verteilten, freilich auch mit einem Maximum im Sommer. Auch US-Amerikaner und Japaner reisen, wohl verteilt, das ganze Jahr hindurch. 60% der Spanientouristen waren zwischen 25 und 64 Jahre alt, 18% gehörten der Gruppe zwischen 15 und 24 an, und 12,5% waren 14 Jahre und jünger. Zum einen sind es also Touristen im Erwerbsalter, die stark von Werksferienzeiten u.ä. abhängig sind, zum anderen handelt es sich um Familien, die aufgrund schulpflichtiger Kinder ähnlich abhängig in der Wahl ihrer Urlaubszeit sind. Die von Ferienzeiten unabhängigen älteren Touristen über 64 stellten 1996 lediglich 3,9% der Besucher. Diese Gruppe ist zwar besonders interessant, weil sie die saisonalen Schwankungen etwas abmildern kann. Ihr Anteil am Gesamtvolumen war jedoch, wie man sieht, relativ gering.

Das häufigste Motiv für eine Fahrt nach Spanien ist deutlich das des Urlaubs. Immerhin gaben 86,8% aller befragten Reisenden diesen Grund an, wohingegen Kuren, Bekanntenbesuche etc. ein viel selteneres Reisemotiv darstellten.

Tab. 4: Einreisende je nach Reisemotiv	
Motiv	%
Freizeit/Urlaub	86,8
Besuche von Verwandten und Freunden	7,0
Arbeit/Geschäfte	3,3
Studium	0,9
Religiöse Motive	0,5
Kur	0,1
Sonstige	1,4
Quelle: Frontur 1996.	

Auf die Frage nach den Urlaubsaktivitäten nannten die meisten, nämlich mehr als 70%, das Einkaufen als wichtige Tätigkeit. Sport und kulturelle Aktivitäten folgten mit 60% auf dem zweiten Rang. Als Zuschauer zu Show- und Kulturveranstaltungen gingen 25%, nur 5% entschieden sich für Sportveranstaltungen oder Glücksspiele. 40% erklärten, »sonstige Aktivitäten« während des Ferienaufenthaltes ausgeübt zu haben. Touristen, die das Landesinnere besuchen, interessierten sich, wie nicht anders zu erwarten, vor allem für historische und kulturelle Monumente. Urlauber an der kantabrischen Küste, vor allem Deutsche, bevorzugten sportliche Aktivitäten, während Touristen, die auf die Inseln reisten, am häufigsten einkaufen gingen.

Eine für Spanien sehr wichtige Qualität seiner Touristen ist der Grad ihrer Treue zum Urlaubsland. 60% der Befragten erklärte, schon früher einmal in Spanien gewesen zu sein, 58% davon schon zweimal und 54% vier oder mehr Male. Das Vertrauen in einen Spanienurlaub war also relativ hoch, insbesondere bei Touristen, die das Bekannte dem Unbekannten vorziehen. Die Spanientreue war am größten unter Autoreisenden. 72% erklärten, schon einmal in Spanien gewesen zu sein. Hier beeinflußt die Nähe zum Urlaubsland zweifelsohne wesentlich diese Entscheidung. 60% der Autoreisenden und 43% der Flugreisenden hatten die Absicht, in den nächsten 12 Monaten wieder nach Spanien zu fahren. Im übrigen hatten Franzosen am häufigsten einen Urlaub in Spanien wiederholt, waren also, wenn man so will, die treuesten Spanienliebhaber, während Italiener dies am wenigsten tun.

Die durchschnittliche Aufenthaltszeit in Spanien betrug 12,6 Tage, d.h. fast zwei Wochen Ferien. 52% der Touristen haben im vergangenen Jahr zwischen 8 und 15mal übernachtet, wobei die Zahl je nach Zielort, Nationalität der Touristen und Reiseart variierte. Die Balearen und die Kanarischen Inseln wurden von der Mehrheit der Touristen für längere Aufenthalte (zwei Drittel blieben mehr als eine Woche) und die Regionen des Landesinneren für die kürzesten Aufenthalte (zwischen einem und zwei Tagen) besucht. Aber das Landesinnere zog auch eine kleine Anzahl von Touristen mit sehr langen Aufenthaltszeiten auf sich. Im wesentlichen lassen sich also zwei Typen von Touristen unterscheiden: diejenigen, die am Meer Erholung suchen und dann ein bis zwei Tage im Landesinneren der 'Kultur' widmen, und jene, die Reisen im Landesinneren bevorzugen und dort den größten Teil ihres Urlaubs verbringen. So zogen z.B. die zwei kastilischen Regionen und Extremadura einen hohen Anteil von Touristen auf sich, die mehr als 21 Tage blieben. Die folgende Tabelle ist diesbezüglich sehr aussagekräftig.

Tab. 5: Übernachtungsfrequenz in den Autonomen Gemeinschaften in %					
Autonome Gemeinschaft	bis 2 Nächte	3-7 Nächte	8-15 Nächte	16-21 Nächte	mehr als 21 Nächte
Andalusien	8,2	36	39,3	7,6	9
Aragón	33,8	27,2	36,2	0,9	2
Asturien	13,9	24,2	29	17,4	15,4
Balearen	0,3	33,1	61,5	3,6	1,4
Baskenland	30,4	43,7	14,5	6,9	4,5
Extremadura	52,3	17,2	13,8	4,2	12,6
Galicien	14	30,3	24,3	11,2	20,2
Kanarische Inseln	0,3	29,8	64,5	4,1	1,4
Kantabrien	16,8	40,2	25,1	9,9	8
Kastilien-La Mancha	65,7	10,9	4	3	16,4
Kastilien und León	47,7	18,5	10,1	4,8	18,8
Katalonien	16,2	35,7	32,8	6,3	9
Madrid	41,8	48,6	6,1	0,6	2,9
Murcia	28,3	18,2	22,7	13,6	17,1
Navarra	66,2	22,5	6,8	2	2,5
Rioja	38,2	50	0	5,9	5,9
Valencia	5,4	22,4	48	11,5	12,7
Gesamtspanien	4,4	30,5	52	6,9	6,6
Quelle: Frontur 1996.					

Auch die Wahl des Transportmittels schlägt sich auf die Aufenthaltsdauer nieder. Deutsche und Engländer zum Beispiel blieben 7 bzw. 2 Tage länger, wenn sie mit dem Auto statt mit dem Flugzeug kamen. Diese Tendenz ließ sich bei allen europäischen Touristen beobachten, außer bei Franzosen und Italienern. Nichteuropäische Touristen blieben hingegen länger, wenn sie mit dem Flugzeug einreisten.

Aufschlußreich ist, wie sehr die Ausgaben pro Urlaub je nach Herkunftsland differieren. Der geschätzte durchschnittliche Preis des »touristischen Pakets« für eine Person (Reise und Übernachtung) lag 1996 bei ca. 1.142 DM. Touristen aus Großbritannien gaben an, etwas weniger zu bezahlen. In Spanien selbst gab der Durchschnittstourist noch einmal 857 DM für zusätzliche Bedürfnisse aus. Auch hier waren es die Briten und Deutschen, die am wenigsten ausgaben (87% und 82% der Durchschnittsausgaben), während die Franzosen und Italiener am konsumfreudigsten waren (130% und 108% der Durchschnittsausgaben). Interessant ist hier auch der tägliche Verbrauch nichteuropäischer Touristen: er belief sich auf stolze 178% des Durchschnittswertes.

Tab. 6: Tägliche Ausgaben pro Tourist je nach Herkunftsland	
Land	Ausgaben in DM
Deutschland	62
Frankreich	98
Italien	82
Großbritannien	65
Resteuropa	78
Andere Länder	135
Durchschnittswert pro Tourist	75
Quelle: Frontur 1996.	

Autoreisende gaben mehr aus als Flugreisende, nämlich 88 DM gegenüber 73 DM pro Tag. Allerdings gaben Kurzflieger (bis zu 2 Übernachtungen) wiederum mehr als Autoreisende aus. Der tägliche Durchschnittsverbrauch von 75 DM nahm mit zunehmender Aufenthaltsdauer deutlich ab. Bei Aufenthalten mit bis zu zwei Übernachtungen betrug der Durchschnittswert 199 DM pro Tag und sank bei Aufenthalten mit mehr als 21 Übernachtungen auf 52 DM. Dies gilt allerdings nur für europäische Touristen. Nichteuropäische Besucher verbrauchten auch bei längeren Aufenthalten meist mehr als 119 DM pro Tag.

Tab. 7: Kosten des Spanienaufenthalts in DM		
Aufenthaltsdauer	Kosten des Ferienpaketes	Zusätzliche Ausgaben
Bis 2 Übernachtungen	625	322
3-7 Übernachtungen	912	598
8-15 Übernachtungen	1.248	815
16-21 Übernachtungen	1.896	1.425
Mehr als 21 Übernachtungen	1.796	2.228
Quelle: Frontur 1996.		

Ein bisher noch kaum untersuchter, aber sehr wohl wichtiger Aspekt bei der Charakterisierung des Spanientouristen ist die Art der Reisebuchung, d.h. die Wahl einer bestimmten Reiseagentur und des dort offerierten Angebotspakets, in dem Ziel, Aufenthaltsdauer, Art der Unterbringung, Reisezeit etc. festgelegt sind. Auf die Art und Qualität des zu buchenden Urlaub haben nämlich die Vermarktungsstrategien der jeweils gewählten Agentur großen Einfluß. 80% der Spanienurlauber buchten Tickets und Unterkunft über ein Reisebüro. 56% aller Touristen kamen mit einem kompletten Urlaubspaket (Tickets und Unterkunft) nach Spanien. Hierbei waren es wiederum Briten, Deutsche und Italiener, die am häufigsten ein Paket buchten, wobei die Urlauber von jenseits des Ärmelkanals die übrigen Touristen bei der Buchung eines Komplettpaketes noch einmal um 10% überflügelten. Am anderen Ende der Skala situieren sich die Franzosen. Sie reisten mehrheitlich ohne irgendeine Art von Reservierung.

4. Touristische Einrichtungen: der hastige Ausbau

Das Phänomen Tourismus tauchte in den fünfziger Jahren zunächst als etwas vollkommen Neues in Spanien auf, breitete sich schnell aus, und plötzlich benötigte das Land in kürzester Zeit eine Infrastruktur, die es nicht hatte. Deshalb entstanden über Nacht Hotels, Appartements, Straßen, Flughäfen etc. oft ohne Kontrolle und vorherige Planung und nicht selten von eher fraglicher Qualität. Dort, wo Touristen massenweise auftraten, wurde bei der Unterbringung und den Dienstleistungen improvisiert. Im Wettlauf um den schnellen Profit wurden die schönsten Gegenden Spaniens nicht selten schlicht und einfach verscherbelt.

Defizite in der Infrastruktur, die sich unter dem Druck des anwachsenden Touristenstroms Jahr für Jahr bemerkbar machten, kurbelten die Bautätigkeit ungemein an und sorgten für erhebliches Wirtschaftswachstum in den touristischen Regionen. Wenn aber die Touristenzahlen auch nur ein wenig stagnierten, kam es sofort zu Beschäftigungskrisen vor allem im Bausektor, wie beispielsweise während des bereits erwähnten Golfkrieges oder auch in der Wirtschaftskrise der neunziger Jahre, aus der wir uns zur Zeit allmählich herausbewegen. Probleme entstanden aber nicht nur durch die hastige Errichtung touristischer Bauten, sondern auch durch neu entstehende Arbeiterviertel. Schließlich mußte man für die Arbeitskräfte, die aus allen Teilen Spaniens kamen, rasch billigen und manchmal sehr einfachen Wohnraum schaffen. In der Regel sorgten zwar die Bodenpreise dafür, daß sich touristische und einheimische Wohngebiete nicht vermischten. Manchmal kam es auch dazu, daß beide Bereiche allmählich zusammenwuchsen, aber es wird auch von Fällen berichtet, in denen geschickte Makler touristischen Immobilieninteressenten Arbeiterwohnungen verkauften. Die Behörden ihrerseits sahen sich oft nicht im Stande, die Mindestausstattung an Infrastruktur für die neuen Stadtviertel bereitzustellen, so daß es immer wieder an den elementarsten Erschließungsmaßnahmen mangelte. Dies alles führte nicht selten zu einer chaotischen Bebauung, in der sich moderne Hotel- und Appartementgebäude mit bescheidensten Siedlungen vermischten und in der neu errichtete Verkehrswege gewachsene ländliche Wegenetze überwucherten.

In den neunziger Jahren ließen das höhere Lebenshaltungsniveau in Spanien, die generellen Preissteigerungen und der Ruf nach besser ausgebildeten Arbeitskräften auch im Tourismus die Preise und die Bedürfnisse steigen. Heute, wo Spanien nicht mehr billig ist, verlangen auch die auswärtigen Besucher mehr Qualität, begnügen sich nicht mehr nur mit »Sonne und Meer« und fragen vermehrt nach differenzierten touristischen Angeboten, in denen landschaftliche und kulturelle Vorzüge weit höher bewertet werden als früher. Hierin besteht die eigentliche Herausforderung, der sich der spanische Tourismussektor heute stellen muß.

Der Ausbau von Hotels und Verkehrswegen

Zu Beginn der fünfziger Jahre betrug das Hotelangebot in ganz Spanien insgesamt 80.000 Betten, wobei der Löwenanteil auf die großen Städte entfiel. Erst in den sechziger Jahren wurden, angesichts wachsender Touristenzahlen, fast 1.400 neue Hotels gebaut, die das Angebot um 126.000 Betten erhöhten. Danach verlangsamte sich die Bautätigkeit und nahm erst in den Jahren vor 1990 wieder zu, diesmal mit Blick auf die kulturellen und sportlichen Ereignisse des Jahres 1992. Der heutige Bestand beträgt ca. 1.000.000 Hotelbetten, die ungleich über ganz Spanien verteilt sind und im wesentlichen innerhalb von ungefähr zwanzig Jahren bereitgestellt wurden.

Tab. 8: Hotels in Spanien			
Jahr	Hotels	Zimmer	Betten
1951	1.318	48.226	78.771
1955	1.836	65.766	109.687
1960	2.551	87.223	150.821
1965	6.249	188.662	328.067
1970	8.244	309.096	545.798
1975	9.517	430.353	785.339
1980	9.576	441.573	814.394
1985	9.668	457.902	843.337
1990	9.436	497.788	929.533
1993	9.734	533.880	1.009.241
Quelle: A.E.T.E. 1993.			

In diesem Zusammenhang muß insbesondere an die Bautätigkeit bestimmter Hotelketten wie Meliá in den frühen Jahren des Tourismus erinnert werden und an die

Errichtung eines Netzes von *Paradores* und *Albergues Nacionales* durch den spanischen Staat, beides Pionierarbeiten beim Aufbau eines modernen Hotelangebots.

Tab. 9: Zu- und Abnahme der Hotel-, Zimmer- und Bettenzahl			
Zeitraum	Hotels	Zimmer	Betten
1951-1955	130	4.385	7.729
1956-1960	143	4.291	8.227
1961-1965	740	20.288	35.449
1966-1970	399	24.087	43.546
1971-1975	255	24.251	47.908
1976-1980	12	2.244	5.811
1981-1985	30	3.266	5.789
1986-1990	46	7.977	17.239
1991-1993	99	12.031	26.569
Quelle: A.E.T.E. 1993.			

Der zweite wichtige Bereich beim Ausbau der Infrastruktur war die Modernisierung, die Erweiterung und der Neubau von Flughäfen und Straßen. 1967 wurde der REDIA-Plan zur Verbesserung des Straßennetzes beschlossen, 1980 der *Plan Nacional de Autopistas Españolas* (Plan zur Errichtung von Staatsautobahnen, PANE), der den Bau von 3.160 km vierspurigen Straßen vorsah und der später auf 6.500 km erweitert wurde. Vorher gab es nur die Autobahnen, die Spanien auf der westlichen und der östlichen Seite der Pyrenäen mit Frankreich verbinden, und die Autobahn von Barcelona nach Bilbao. Diese minimale Verkehrsanbindung machte zuerst die Mittelmeerküste zunächst bis Valencia, danach bis Alicante zugänglich und verwandelte so die katalanische Küste zum frühen Attraktionspunkt des Massentourismus.

Der Mangel an Straßen zwang den spanischen Staat zum Ausbau der Flughäfen, da Zugangsmöglichkeiten zu den Inseln und den weiter von der französischen Grenze entfernten Orten nur über sie vorhanden waren. Der Flughafen von Palma de Mallorca wurde Anfang der fünfziger Jahre für den großen Flugverkehr geöffnet, der von Málaga zu Beginn der sechziger Jahre und die kanarischen Flughäfen wenig später. Um sie herum wuchsen touristische Gebiete heran, die bezüglich ihrer Besucherzahl fast ausschließlich von den Landefrequenzen der Flughäfen abhingen. Auch die Costa Brava, die zwar bevorzugt per Auto angefahren wird, profitierte vom Bau des Flughafens in Girona und später in Reus. Die weite Entfernung von der französischen Grenze und die Notwendigkeit des Flugzeugs als Reisemittel brachten den Süden und die Inseln von Anfang an in eine starke Abhängigkeit von den internationalen Reiseveranstaltern. Palma, die Kanarischen Inseln und in geringerem Maß die Costa del Sol waren und sind stärker von ihnen abhängig als die Costa Brava und Alicante, die mehr Individualtouristen auf sich ziehen.

Der aktuelle Straßenbauplan (»*Plan Director de Infraestructuras 1993-2007*«) sieht den Bau von Autobahnen bis in die südlichen Regionen vor und öffnet damit auch schwerer zugängliche Gebiete dem Tourismus. Gleichzeitig lädt der Ausbau der Nebenstrecken nunmehr dazu ein, daß sich die Touristen während ihres Urlaubs zeitweise aus den eigentlichen Wohnbereichen entfernen und ein stärker diversifiziertes touristisches Angebot (Besichtigungen, Wanderungen etc.) wahrnehmen. Diese Verbesserungen dehnen sich seit einiger Zeit wellenartig von Norden nach Süden aus.

Angesichts der Veränderung der Touristenströme und ihrer Qualität wird das langsam veraltende Hotelnetz allmählich zu einem Problem. In touristischen Pioniergebieten, wie der Costa Brava und den Balearen, machte sich dies zuerst bemerkbar. Schätzungsweise 70% der Hotelanlagen sind älter als 20 Jahre, und an der Costa Brava und auf den Balearen liegt der Prozentsatz noch höher. Hier muß unbedingt in die Modernisierung oder in den Bau neuer Hotels investiert werden. Der Moment dazu scheint günstig angesichts einer zunehmenden Sensibilisierung für dieses Problem bei Unternehmern und Politikern, die erkannt haben, daß Spaniens Tourismus mehr auf Qualität und weniger auf Masse setzen muß. Zwar ist unbestritten, daß das Land auch weiterhin viele Millionen Touristen alljährlich wird beherbergen müssen (und können). Aber tiefgehender Strukturwandel kündigt sich seit längerem bereits an, und es wird Zeit innezuhalten, um über die Richtung der weiteren Entwicklung nachzudenken.

Neue Angebote und Strategien

Der Jagdtourismus, der Sporttourismus, insbesondere im Bereich Wassersport, der sogenannte ökologische und der kulturelle Tourismus sind heute zwar noch Optionen für Minderheiten. Aber sie finden ständig mehr Zuspruch und geben neue Richtungen vor, die freilich nie die bisher fast alleingültige Formel des Erholungsurlaubs völlig verdrängen werden. Gerade bei der Entwicklung neuer Tourismusformen darf der Ausbau der Infrastruktur und die verbesserte Ausbildung von qualifizierten Arbeitskräften nicht vernachlässigt werden, wenn man das Ziel des lautstark geforderten 'Qualitätstourismus' erreichen will. Im Bereich der Infrastruktur geht es nicht mehr nur um die bloße Steigerung der Bettenkapazität. Vielmehr müssen qualitativ reizvolle Zusatzaktivitäten neben den bloßen Erholungsmöglichkeiten angeboten werden, und man muß endlich Strukturen schaffen, die eine bessere Verteilung der touristischen Aktivitäten auf alle spanischen Regionen erlauben.

Hervorragende Handlungsmöglichkeiten schuf das neue Küstengesetz (*Ley de Costas*) von 1988. Im wesentlichen wurde dabei gesetzlich die Freihaltung einer 500-Meter-Zone ab der Küstenlinie für sogenannte »besondere Aktivitäten« festgelegt. Diese Aktivitäten können sich in der sogenannten Zone des »*dominio público marítimo-terrestre*« (der »öffentlichen Meeres- und Geländenutzung«), der »*zona de servidumbre y protección*« (der »Dienstleistungs- und Schutzzone«) und der »*zona de influencia*« entfalten und unterliegen strenger Reglementierung und Kontrolle durch die öffentliche Hand. Das Küstengesetz eröffnete zwei interessante planerische Möglichkeiten: einerseits erlaubt es, raumordnerisch direkt in den vom Gesetz definierten Gebieten tätig zu werden; das kann bis zum Abbruch von bestehenden Gebäuden führen. Andererseits gibt es einen legalen Rahmen vor, den jede Gemeinde bei der Planung und Verteilung ihrer Gebiete beachten muß. Für Mallorca beschloß man 1994 beispielsweise den sogenannten »*Plan de Esponjamiento*« (»Auflockerungsplan«). Das Problem veralteter Hotelanlagen und eines zu großen Bettenangebots (man spricht von 50.000 überflüssigen Betten) will man dort auf folgende Weise lösen: Die alten Hotels werden nicht modernisiert, sondern abgerissen. Statt dessen will man neue Wohnmöglichkeiten (Hotels, Appartements) in offener Bauweise und in kleinerer Zahl schaffen. Für die erste Phase wurde der Abriß von sechs alten Hotels (einige davon wurden 1950 gebaut) vorgesehen. Das Projekt wird durch EU-Mittel zur Erneuerung der Umwelt (50%) und mit Zuschüssen der beteiligten Gemeinden unterstützt.

Der »*Plan Futures*« in Torremolinos, an dem die Zentralregierung, die Regierung Andalusiens und die Stadt selbst beteiligt sind, wurde im Mai 1993 ins Leben gerufen und trat unter dem Namen »*Plan Marco de Competitividad del Turismo Español*« 1994 in Kraft. Der gesamte städtische Raum soll dabei unter drei Aspekten neu gestaltet werden: 1. mangelhaft erschlossene Bereiche sollen verbessert und die stark genutzten Straßen und Plätze umgestaltet werden, 2. die Durchgangsstraßen der Stadt sollen ein attraktiveres Aussehen bekommen, und ebenso will man 3. im öffentlichen Raum ein höheres Niveau an Sauberkeit erreichen. Eine Werbekampagne wird den Einheimischen die Bedeutung des Tourismus für das Wohlergehen der Stadt und die Notwendigkeit einer Qualitätssteigerung im touristischen Angebot nahebringen. Allerdings lieferte Torremolinos gleichzeitig eines der besten Beispiele einer problematischen Anwendung des Küstengesetzes, da sich ausgerechnet im Küstenbereich, den man neu gestalten möchte, die meisten traditionellen Restaurants dieses an Tradition so armen Ortes befinden.

Bei der Diversifizierung des touristischen Angebots kommt dem Ausbau von Sporthäfen, Golfplätzen u.ä. eine große Rolle zu. Seit den siebziger und achtziger Jahren wurden verstärkt Segelhäfen angelegt. Die spanischen Küsten erhielten so ein neues Profil.

Tab. 10: Freizeitsporthäfen an der Küste		
Lage	Anzahl	feste Liegeplätze
Andalusien – Atlantikküste	20	1.663
Andalusien – Mittelmeerküste	26	8.267
Asturien	19	660
Balearen	60	16.544
Baskenland	18	348
Galicien	55	1.609
Kanarische Inseln	23	3.778
Kantabrien	10	1.577
Katalonien	40	18.270
Melilla	1	35
Murcia	14	3.296
Valencia	35	12.420
Gesamt	321	68.467
Quelle: Turespaña 1995.		

Tab. 11: Freizeitsporthäfen im Landesinneren	
Region	Anzahl
Andalusien	4
Aragón	4
Extremadura	3
Kastilien-La Mancha	2
Kastilien und León	4
Katalonien	8
Madrid	5
Quelle: Turespaña 1995.	

Die Vermehrung der neu- oder umgebauten Freizeitsporthäfen führte zu einem Gesamtangebot von 4,1 Häfen oder 872 Liegeplätzen pro 100 Küstenkilometer. Die meisten Sporthäfen finden sich an der Mittelmeerküste zwischen Katalonien und Andalusien, 116 insgesamt, d.h. 5,6 pro 100 Küstenkilometer. Im Vergleich der Autonomen Gemeinschaften kann jedoch das Baskenland für sich beanspruchen, die größte Dichte mit 7,3 Häfen pro 100 Küstenkilometer aufzuweisen. Den Vogel schießt freilich die *Comunidad Valenciana* mit 2.398 Liegeplätzen pro 100 Küstenkilometer ab, d.h. eine Anlegestelle alle 42 Meter. Insgesamt gibt es an der atlantischen Küste 122, an der Mittelmeerküste 116, auf den Balearen 60 und auf den Kanarischen Inseln 23 Segelhäfen. Ursprünglich war die Ausweitung des Sporthafennetzes als ein Schritt auf dem Weg zum Qualitätstourismus gedacht. Daher das reichhaltige Dienstleistungsangebot in vielen dieser Häfen, die erstklassige Ausstattung der nahegelegenen Hotels und Restaurants sowie die verstärkte Werbung in diesem Bereich. Mittlerweile wird dieses Angebot aber nicht nur von finanzkräftigen Konsumenten genutzt, sondern sehr viel mehr von Touristen mit geringerer Kaufkraft.

Auch der Golfsport wird zu Recht als eine weitere Differenzierung touristischer Aktivitäten angesehen und trifft auf großen Zuspruch. Man führt dies teilweise auf das angenehme Wetter während der Wintermonate zurück und sieht deshalb hier eine gute Möglichkeit, den jahreszeitlich gebundenen Sommertourismus auf den Rest des Jahres auszuweiten. In der Tat erwies sich der Golfsport in den letzten Jahren als jene Form des Tourismus, die außerhalb der Sommermonate die größte Zahl von Besuchern anlockte. Auch die überproportionale Nutzung von Vier- und Mehr-Sterne-Hotels macht ihn für Spanien besonders attraktiv. In den achtziger Jahren wurden deshalb verstärkt Golfplätze eingerichtet, die meisten in Andalusien. Dort befinden sich allein ein Drittel aller spanischen Golfplätze. An der Mittelmeerküste gibt es insgesamt 74 Golfplätze (51%), an der Atlantikküste, wo man aufgrund der klimatischen Bedingungen eigentlich weniger Probleme mit der Pflege hätte, nur 18%.

Tab. 12: Golfplätze pro Autonome Gemeinschaft und Jahr der Inbetriebnahme						
Autonome Gemeinschaft	vor 1950	1951 bis 1960	1961 bis 1970	1971 bis 1980	1981 bis 1990	nach 1991
Andalusien	2	1	5	13	14	13
Aragón	-	-	1	1	1	1
Asturien	-	1	-	-	2	-
Balearen	-	-	2	4	6	1
Baskenland	3	-	-	1	2	-
Galicien	-	1	2	1	-	1
Kanarische Inseln	2	-	1	1	2	-
Kantabrien	1	-	-	-	1	-
Kastilien	-	-	-	-	3	3
Katalonien	4	1	3	-	11	1
Madrid	2	-	4	4	1	1
Murcia	-	-	-	1	1	-
Navarra	-	-	1	-	-	-
Valencia	-	1	2	6	3	1
Spanien	14	5	21	32	47	22
Quelle: Turespaña 1993.						

Im Umfeld dieser Golfanlagen werben bis zu 45 spanische Hotels für sich und ihre Einrichtungen. 76% davon gehören in die Spitzengruppe (vier oder mehr Sterne), einige davon sind Luxushotels und haben das ganze Jahr über geöffnet. Insgesamt macht dies ein Übernachtungsangebot von 9.883 Zimmern, 83% davon in der Spitzenkategorie. Das größte Angebot findet sich in Andalusien (31% der Hotels und 36% der Zimmer), gefolgt von Valencia (18% der Zimmer) und den Kanarischen Inseln mit 1.527 Zimmern der Spitzenkategorie (15% der Gesamtmenge) in nur fünf Hotels. Die Balearen und Katalonien belegen Rang vier und fünf. Interessant ist, daß seit 1992 keine neuen Golfplätze mehr gebaut wurden. Als man damals die beiden modernsten einweihte, entzündete sich an ihrem immens hohen Wasserverbrauch ein heftiger Streit, der die staatlichen Stellen veranlaßte, den weiteren Ausbau von Golfplätzen insgesamt zu überprüfen.

Einen anderen Weg zur Qualitätssteigerung verfolgt man in Spanien seit langem: die Restaurierung historischer Gebäude und/oder alter Badeorte. Hier ist zunächst erneut an die staatliche Initiative zu erinnern, die relativ früh für den Ausbau eines großen Netzes von *Paradores del Estado* (staatlichen Nobelhotels in historischen Gebäuden) gesorgt hat. Auslöser für diese Restaurierung historischer Gebäude war die mangelhafte Versorgung mit Hotels in den fünfziger und sechziger Jahren. Im Jahr 1957 gehörten zu diesem spezifischen Hotelnetz insgesamt 86 Häuser mit insgesamt 4.988 Zimmern, die sich auf alle Autonomen Gemeinschaften verteilten. Die meisten befinden sich heute in Andalusien (17) und in Kastilien-León (13). Viele (34) sind in historischen Gebäuden untergebracht (1.932 Zimmer, d.h. 39% des Gesamtangebots zählen zu diesem Typus). Weitere 48 Hotels mit 3.366 Zimmern haben sich dem Netz der *Paradores* aufgrund privater Initiative angeschlossen. Dabei handelt es sich meist um Gebäude aus der Zeit der Jahrhundertwende, Paläste, Kurhäuser, Jagdschlösser, alte Mühlen usw. 52% davon sind historisch wertvolle Gebäude, 72% der Zimmer gehören in die Spitzenkategorie (vier oder mehr Sterne).

Es ist schade, daß man die Grundstruktur der alten Kurorte nicht stärker für die neueren Tourismusentwicklungen genutzt hat. Ein Netz von insgesamt 80 Kurorten mit den verschiedensten Charakteristika verteilt sich nämlich auf ganz Spanien. Der Großteil liegt im Landesinneren. Das Bettenangebot (13.169 Übernachtungsmöglichkeiten) ist zumeist direkt mit den Kureinrichtungen verbunden. In einigen wenigen Fällen hat man das Kurhaus in ein Hotel in 'historischem Stil' umgewandelt. Aber der Großteil des Bettenangebots entfällt auf kleine Pensionen und private Anbieter, die ihre Häuser nicht modernisiert haben. Immerhin bemühen sich mittlerweile einige Gemeindeverwaltungen, die Urlaubsbuchungen zentral zu koordinieren und die Anbieter anzuhalten, die Qualität ihrer Häuser zu steigern.

Ein neues Projekt der andalusischen Regierung, das darauf abzielt, Landschaft und kulturelle Sehenswürdigkeiten besser zu nutzen und den Tourismus im Landesinneren zu fördern, ist die Einrichtung sogenannter »Villas Turísticas de Andalucía« (»Touristische Dörfer Andalusiens«). Hierbei handelt es sich um moderne und komplett ausgestattete Wohnkomplexe, die vom *Turismo Andaluz S.A.* (einer öffentlichen Einrichtung) gefördert und so konzipiert werden, daß sie zur traditionellen Architektur der jeweiligen Ortschaft passen und harmonisch in die Landschaft integriert sind. In der ersten Phase wurden fünf »Dörfer« dieser Art in wohl ausgewählten Gegenden gebaut. Insgesamt acht, eines in jeder andalusischen Provinz, will man im Laufe der Jahre errichten. Neben den üblichen Dienstleistungen werden hier Ausflüge unter lokaler Führung (zu Fuß, mit dem Fahrrad, zu Pferd), sportliche Aktivitäten (Klettern, Paragleiten, Jagen, Angeln), Foto-Safaris und spezielle Töpfer- und Webkurse angeboten. Die fünf bereits errichteten »Touristendörfer« liegen in:

Tab. 13: »Touristendörfer« in Andalusien			
Ortschaft	Provinz	Landschaft	Bettenkapazität
Bubión	Granada	Alpujarra	158
Cazalla de la Sierra	Sevilla	Sierra Morena	130
Cazorla	Jaén	Sierra de Cazorla	144
Grazalema	Cádiz	Sierra de Grazalema	252
Priego	Córdoba	Subbético	221
geplant:			
Fuenteheridos	Huelva	Sierra Morena	190
Laujar de Andarax	Almería	Alpujarra	92
Periana	Málaga	Axarquía	208
Quelle: Turismo Andaluz S.A., Junta de Andalucía 1996.			

5. Das touristische Basisangebot heute

Zum jetzigen Zeitpunkt scheint Spaniens Tourismusindustrie mit einer gut ausgebauten und vielfältigen Infrastruktur ausgestattet. In den 47 Jahren fast beständigen Wachstums haben private Unternehmer und die öffentliche Hand die Gelegenheit genutzt, ein zahlenmäßig großes und in den letzten Jahren auch variationsreiches Angebot bereitzustellen. Der wichtigste Schritt der letzten Jahre war aber konzeptueller Art. In den sechziger Jahren herrschte die Auffassung, der Tourismus sei eine vorübergehende und unbeständige Einnahmequelle, die sich zwar nicht mit der Industrie, der Landwirtschaft und dem Dienstleistungssektor vergleichen ließe, die wirtschaftlich aber doch interessant sei, weil die Investitionen, die sich ausschließlich auf das gute Wetter, die Bademöglichkeiten am Meer und die gastronomischen Vorzüge des Landes stützten, sich in sehr kurzer Zeit amortisierten. Diese Auffassung wurde in den letzten Jahren endgültig ad acta gelegt. Keiner zweifelt mehr daran, daß es sich beim Tourismus um einen konstanten Erwerbszweig der spanischen Wirtschaft handelt, den es zu fördern gilt. Ein deutlicher Beweis für diesen Konzeptionswandel ist beispielsweise die Erklärung einiger Gemeinden auf den Balearen, und zwar in Gestalt von Absichtserklärungen mit Gesetzescharakter, daß der Tourismus die wichtigste Einnahmequelle der Gemeinde sei und daß man ihn deshalb fördern und pflegen müsse. Unternehmer und Politiker handeln bereits seit geraumer Zeit in diesem Sinne, wenn sie die alten Infrastrukturen erhalten und verbessern und damit der Überzeugung Ausdruck geben, daß auch in der Zukunft die Zahl der Touristen, aber auch ihre Ansprüche zunehmen werden und daß der Tourismus deshalb als dauerhafter Erwerbszweig weiterentwickelt werden muß. Das Basisangebot ist heute jedenfalls so gestaltet, daß es bei guter Pflege durchaus auch stärkeren Belastungen gewachsen ist.

So bewältigt das derzeitige Flughafennetz selbst die Maximalbelastung durch den Sommertourismus relativ gut. Nur an einigen Tagen wird die Gesamtkapazität auf einigen Flughäfen, nämlich Palma de Mallorca und Málaga, überschritten. Aber noch nie haben diese Engpässe die Reisefrequenz der Urlauber ernsthaft eingeschränkt. Im Rekordjahr 1997 hatten die Reiseveranstalter Schwierigkeiten, genügend Flugzeuge zu reservieren, um alle Touristen nach Spanien zu bringen, die eine Pauschalreise gebucht hatten. Die Reservierungen für die sogenannten »slots« (Landungen und Starts) sind um 11% gestiegen, am stärksten für den Flughafen von Palma, wo die Übernachfrage zeitweise die Flugorganisation zu überfordern drohte. Aber zu keinem Zeitpunkt wurden die Reisebehinderungen unerträglich. Umgekehrt muß man einräumen, daß das immer noch nicht genügend ausgebaute Autobahnnetz die Anreise mit dem Auto zu manchen Orten der kantabrischen und katalanischen Küste, aber vor allem ins Landesinnere durchaus noch zu einem mühsamen Weg machen kann. Nur die Mittelmeerküste ist mittlerweile straßenbaumäßig gut erschlossen.

Das Hotelnetz ist breit gefächert und befindet sich derzeit in einer Umbauphase, die zusätzliche Urlaubsarten jenseits vom bloßen Stranduraub zunehmend ermöglichen soll. Das Hotelangebot an den Küsten unterscheidet sich zahlenmäßig jedoch weiterhin erheblich von dem im Landesinneren. Alle Provinzen, die mehr als 10.000 Übernachtungsmöglichkeiten anbieten, liegen, mit Ausnahme von Huesca, Lleida, Madrid und Sevilla, an der Küste. Ebenso gilt, daß alle Küstenprovinzen, außer Lugo, Vizcaya, Guipúzcoa und Huelva, über mehr als 10.000 Unterkünfte verfügen. Vergleicht man die Bettenkapazität in den einzelnen Regionen, so finden wir auf den Balearen mit mehr als 250.000 Übernachtungsmöglichkeiten das größte Angebot. Aber nur 9,5% davon werden in Hotels mit vier oder mehr Sternen bereitgestellt (diesen Prozentsatz werden wir von nun an »Qualitätsindex« nennen). Die größte Hoteldichte weist die katalanische Küste mit 270

Betten pro Küstenkilometer auf, wobei allerdings zu beachten ist, daß man hier auch die Stadt Barcelona mitgezählt hat. Hohe Bettenkapazitäten finden sich auch auf den Balearen (181 pro Küstenkilometer), an der Mittelmeerküste Andalusiens (170,4) und an der Küste im Bereich Valencia und Murcia (116,4). Die niedrigsten Werte weisen die galicische und die kantabrische Küste, die der Kanarischen Inseln und der andalusischen Atlantikküste auf, und zwar 25 bis 62 Übernachtungsmöglichkeiten pro Küstenkilometer. Die Qualitätsindizes nehmen nach Süden hin zu und stehen meist im Zusammenhang mit dem Alter der Hotelanlagen. Die katalanische und die valencianische Küste weisen Indizes von 14 und 13% auf, die andalusische Mittelmeerküste 27%, die andalusische Atlantikküste 30%, die Kanarischen Inseln 57,8%. Beeindruckend ist der Qualitätsindex von Tenerife, der höchste in Spanien, denn dort befinden sich fast 65% der Unterkünfte in Hotels mit vier oder mehr Sternen (vgl. Anhang).

Tab. 14: Anzahl der Hotels, Zimmer und Betten pro spanische Provinz im Jahr 1993 (erfaßt werden nur die Provinzen mit mehr als 10.000 Betten)

Provinz	Hotels	Zimmer	Betten
Alicante	344	26.105	49.843
Almería	87	8.670	16.548
Balearen	1.271	133.212	258.357
Barcelona	648	41.278	75.923
Cádiz	188	8.597	16.637
Castellón	179	7.318	14.548
La Coruña	279	7.444	13.068
Gerona	695	39.650	75.494
Granada	211	8.661	16.152
Huesca	208	6.059	11.435
Kantabrien	290	7.794	14.599
Lleida	201	6.329	12.003
Madrid	634	9.031	51.335
Málaga	275	27.078	52.994
Murcia	144	6.945	12.811
Oviedo	318	7.269	13.205
Las Palmas	125	18.840	36.826
Pontevedra	386	10.844	19.191
S.C. Tenerife	162	24.468	47.900
Sevilla	160	10.120	19.391
Tarragona	236	18.882	37.641
Valencia	193	8.270	14.982
Spanien	9.734	533.880	1.009.241

Quelle: A.E.T.E. 1993.

Die großen Städte (Madrid, Sevilla und Zaragoza) verfügen über 51.000, 19.000 und 9.500 Übernachtungsmöglichkeiten. Sevilla hat einen Qualitätsindex von 52,6% und Madrid einen von fast 48%. León, Salamanca, Córdoba, Burgos, Badajoz, Toledo und Cáceres, allesamt Provinzen mit beachtlichen historischen Sehenswürdigkeiten, verfügen über 5 bis 7.000 Übernachtungsmöglichkeiten mit einem maximalen Index von 31% in Córdoba (der Rest schwankt zwischen 15 und 22%).

6. Der Stellenwert des Tourismus in der Wirtschaft

Es ist nicht leicht, das wirtschaftliche Gewicht des spanischen Tourismus genau anzugeben, weil es einerseits in diesem Sektor eine große Anzahl von offiziell nicht gemeldeten Betrieben gibt, andererseits, weil die Aktivitäten rund um den Tourismus sehr vielfältig sind und offiziell häufig auch in anderen Sektoren, wie der Industrie, dem Nahrungsmittelbereich, dem Transportwesen etc. zu Buche schlagen. Auf die große Bedeutung des Bausektors haben wir bereits hingewiesen. Ebenso zu erwähnen ist der beträchtliche Ausbau des Einzelhandels speziell in den Tourismusgebieten.

Zwei Indikatoren helfen, die Bedeutung des Tourismus für Spanien insgesamt und für die meistbesuchten Gegenden zu beurteilen: die »Einnahmen aus dem Tourismus«, die wir bereits in Kapitel 2 und 3 anführten und die vom Ministerium für Handel und Tourismus veröffentlicht werden, und die Produktion sowie die Beschäftigtenzahl im Bereich des Hotel- und Gaststättengewerbes, die im gesamtwirtschaftlichen Ertrag Spaniens enthalten sind und regelmäßig von der Bilbao-Vizcaya-Bank veröffentlich werden. Die erste Quelle nennt für 1992 »Einnahmen aus dem Tourismus« von 22.181 Millionen US-Dollar. Auffallend an dieser Einnahmenentwicklung sind ihre Schwankungen. Denn obwohl die Einnahmen pro Jahrzehnt kontinuierlich gestiegen sind, gab es sehr wohl Zeiträume, in denen ihre Stagnation und Verringerung beträchtliche Störungen im spanischen Wirtschaftsleben hervorgerufen haben (vgl. Graphik 1).

Die Krise von 1973 bis 1977 erreichte ihren Tiefpunkt 1976, als die Einnahmen um 9,4% zurückgingen. Noch gravierender war die Krise der Jahre 1980 bis 1984, als die Einnahmen bei 6,9 Milliarden US-Dollar stagnierten, oder die 1989er Krise, als die Einnahmen aus dem Tourismus um 2,2% gegenüber dem Vorjahr sanken. Dabei ist zu beachten, daß sich die Schwankungen noch sehr viel negativer auf den Bausektor und auf den Handel in den Tourismusgebieten auswirkten. So schwankten zum Beispiel seit 1972 die Besucherzahlen erheblich, und in der Folge kam es zwangsläufig zu einem zeitweiligen Stillstand in den wirtschaftlichen Aktivitäten, die sich parallel zum Tourismus seit dem Jahr 1975 entwickelt hatten.

Tab. 15: Ausländische Besucher in Millionen von 1973-1993					
1973	34,6	1974	30,3	1975	30,1
1976	30,0	1977	34,3	1978	40,0
1979	38,9	1980	38,0	1981	40,01
1982	42,0	1983	41,3	1984	42,9
1985	43,2	1986	47,4	1987	50,5
1988	54,2	1989	54,1	1990	52,0
1991	53,5	1992	55,3	1993	57,3
Quelle: A.E.T.E. 1993.					

Dazu kommt, daß die wirtschaftliche Bedeutung des Tourismus, wie wir gesehen haben, erheblich von Provinz zu Provinz variiert. Auf den Balearen entfielen 34,8% des gesamten Produktionswertes und 31,5% der Arbeitsplätze auf den Subsektor Hotel- und Gaststättengewerbe. Málaga, Las Palmas, Tenerife und Girona waren zu 12-18% von diesem Sektor abhängig. Auch in Alicante mit 9%, Granada, Tarragona, Huesca, Lleida, Kantabrien, La Coruña, Cádiz, Asturien und Madrid hatte der Tourismus mit Werten von 5-6% erhebliche Bedeutung innerhalb des gesamtwirtschaftlichen Geschehens der Provinz. In Bruttogrößen betrachtet, erwirtschafteten Madrid, die Balearen und Barcelona den höchsten Bruttomehrwert mit über 4,72 Millionen DM im Jahr 1993. Málaga, Alicante, Las Palmas, Sevilla, La Coruña, Tenerife, Valencia und Girona pendelten zum gleichen Zeitpunkt im Bereich von 1 Million DM. Biskaya, Asturien, Tarragona, Zaragoza, Pontevedra, Cádiz, Murcia, Kantabrien und Granada erwirtschafteten einen Bruttomehrwert zwischen 600.000 und 1,2 Millionen DM. Die übrigen 30 Provinzen, die außer Almería, Castellón, Guipúzcoa, Huelva und Lugo allesamt im Binnenland liegen, blieben unter der 600.000 DM-Marke. Die starke Abhängigkeit der spanischen Wirtschaft von dieser Einnahmequelle ist unübersehbar, besonders in Gegenden, wie etwa auf den Balearen, den Kanarischen Inseln, an der andalusischen Mittelmeerküste, und in Provinzen wie Girona, wo man sich mit Vorrang auf den Tourismus stützt.

7. Eingriffe in die Landschaft

Spaniens Landschaften sind durch die Aktivitäten im Tourismusbereich seit den fünfziger Jahren grundlegend verändert worden. Mittlerweile wurde man sich bewußt, wie wenig man lange Zeit die Mechanismen dieses gewaltigen Eindringens in die Provinzen der Mittelmeerküste gerade in den frühen Jahren des Tourismus verstanden hat. Zahlreiche Arbeiten haben seither detailliert dargestellt, wie sehr die Ankunft der Touristen Veränderungen aller Art bewirkte. Wir wollen hier nur drei, allerdings wichtige, Aspekte herausgreifen: den Wettlauf und das Ringen um Raum, um Arbeitskräfte und um Wasser.

Der Raum, von dem der Tourismus massiv Besitz ergriff, war vorher in der Regel landwirtschaftlich genutzt. Die Dörfer an der Küste zählten meist nur wenige Einwohner, die sich ausschließlich der Landwirtschaft und der Fischerei widmeten. Das Straßennetz genügte den ländlichen Ansprüchen. Die vom Tourismus angeregte Bautätigkeit trieb als erstes die Bodenpreise auf spektakuläre Weise in die Höhe. Fehlende Raumordnungspläne führten zu einem Wildwuchs an Neubauten, für die meist nur zwei Gesichtspunkte wichtig waren: eine Verbindung zur Hauptdurchgangsstraße, die normalerweise nicht mehr als ein schmales Landsträßchen war, und der Zugriff aufs Trinkwasser. Auf diese Weise entstanden kleine oder größere Urbanisationen, die weitab von den Dörfern lagen und, getrennt von ihnen, einen eigenen Anschluß an die Hauptstraße erhielten. Die ersten Urbanisationen entstanden fast ausschließlich auf dem Boden von Großgrundbesitzern. Hier wechselte das Land zuerst seine Eigentümer. Kleinerer Grundbesitz wurde später von jenen erworben, die geruhsame Erholung und Abgeschiedenheit suchten. Hotels und kleinere Touristensiedlungen wurden bevorzugt auf solchen Terrains errichtet. Landwirtschaftliche Anbaugebiete mit guten Bewässerungsmöglichkeiten, meist in der Nähe von Flüssen, wurden als letztes vom Tourismus erfaßt und in Golfplätze verwandelt. Über die alte Landkarte bäuerlicher Parzellen und ländlicher Wege legte sich nun die Karte der touristischen Urbanisationen.

Die Landwirtschaft, die in manchen Gegenden nur zur Selbstversorgung diente oder sich ausschließlich dem Trockenfeldbau widmete, wurde entweder aus dem Gebiet verdrängt, das der Tourismus eroberte, oder sie verschwand ganz. Der Fischfang wurde in weniger attraktive Gebiete, fern der Küste, abgedrängt. In einigen Gegenden, wie etwa an der Südküste Spaniens, wo die Landwirtschaft aufgrund guter Erträge eine stärkere Position einnimmt, widersetzte man sich dem Sog des Tourismus länger und behielt weiterhin einige der Ländereien, die man seit jeher besaß. Gelegentlich kam es wohl zur Verlagerung landwirtschaftlicher Betriebe aus den Küstengebieten ins Hinterland, nachdem man die alten Ländereien zu einem guten Preis verkauft hatte und landeinwärts neu investieren konnte.

Das Mosaik an Siedlungen, das man auf den ehemals landwirtschaftlich genutzten Parzellen errichtete, bestand im wesentlichen aus voneinander isolierten Urbanisationen, die meist nur zur Hauptstraße, einem alten, heute asphaltierten Überlandweg, Verbindung hatten. Natürlich war diese Straße immer überlastet, da sie der einzige Verkehrsweg im Innenbereich der Urbanisation, aber auch nach außen war. Verkehrsprobleme waren und sind also vorprogrammiert. Die derzeitige Planungspolitik bemüht sich um die Lösung solcher Verkehrsprobleme im Landesinneren, um so wenigstens ein bißchen wieder zurechtzubiegen, was im ersten Wildwuchs krumm gewachsen ist.

Im zweiten Problembereich, dem des Arbeitskräftemarktes, fand die Anpassung an die neue Situation unmittelbar und ohne Verzug statt. Die ersten Touristenhotels versorgten sich mit professionellen Kräften aus Madrid und Barcelona, die von der Hotelkette, bei der sie unter Vertrag standen, versetzt oder mit einem höheren Lohn in die neuen Gebiete gelockt wurden. Allerdings mangelte es angesichts des enormen Wachstums sehr bald an allen Ecken und Enden an qualifiziertem Personal. Man begann zu improvisieren, stellte Kräfte oft schon nach kurzer Einarbeitungszeit oder schlicht für weniger qualifizierte Tätigkeiten ein. Zunächst kamen die neuen Arbeitskräfte aus den umliegenden Dörfern, danach von weiter entfernten Ortschaften und schließlich aus ganz Spanien. Die Wanderungsbewegung hin zur Küste nahm zeitweise spektakuläre Ausmaße an. Angestellte aus dem Hotel- und Gaststättengewerbe waren dabei nicht die einzigen. Beschäftigte in der Bauwirtschaft, aber auch Techniker aller Art zog es aus ganz Spanien in die neuen Wohlstandsgebiete. Die küstennahen Gemeinden mußten mit einem bis dahin nicht erlebten Bevölkerungswachstum fertig werden. Insbesondere die Bevölkerungsballung im unmittelbaren Küstenstreifen schuf erhebliche Probleme. Heute leben zum Beispiel 80% der Bevölkerung der Provinz Málaga (fast eine Million Einwohner) auf einem zehn Kilometer breiten Streifen parallel zur Küste. Viele Berufe verschwanden teilweise ganz aus den Küstengebieten. Bauern, besonders geschädigt durch den Verlust ihres Arbeitsbereichs, wurden manchmal zu Gärtnern. Anderen Berufen erging es ähnlich. Manche allerdings, wie jene im Bausektor und im Handel, erlebten einen immensen Zuwachs und Aufschwung.

Die größten Probleme und Kämpfe gab es und gibt es immer noch wegen des Wassers. Die Mittelmeerländer kennen seit früher Zeit Konflikte, in denen es um das Recht auf Nutzung von Quellen oder Brunnen ging, vor allem, wenn die Nutzer das Gelände mit der Wasserquelle gar nicht besaßen. Der Verkauf oder die Verpachtung des einen oder anderen konnten schon damals durchaus unabhängig voneinander geregelt werden. Das Problem liegt auf der Hand: Der Tourismus benötigt viel Wasser in einem Gebiet, in dem es knapp ist, und zu einer Zeit, in der die Niederschläge gering oder gleich null sind. Die beträchtlichen wirtschaftlichen Interessen, die dabei auf dem Spiel stehen, haben in einigen Gebieten diesen alten Streit ums Wasser verständlicherweise neu belebt. Zuerst wurde der Bewässerungsfeldbau dezimiert, bis er in vielen Gebieten langsam verschwand. In anderen Gegenden änderte man die Anbauverfahren und stellte in den Sommermonaten die Arbeiten teilweise ganz ein. In wieder anderen überlebt die Landwirtschaft dank neuer Techniken wassersparenden Anbaus. Nur dort, wo der Tourismus sich aufgrund des Wassermangels überhaupt nicht entfalten konnte, blieben die alten Landschaften intakt. In allen Fällen mußten und müssen die regionalen und kommunalen Verwaltungen große Anstrengungen unternehmen, um die neuen Siedlungen, die man für Touristen und für zugewanderte Spanier gebaut hat, mit Wasser zu versorgen. Angesichts der Vermehrung der Golfplätze hat die Diskussion in den letzten Jahren und bis heute neue polemische Qualitäten erreicht.

8. Zusammenfassung

Der Tourismus, der sich in Spanien nach dem Zweiten Weltkrieg massiv entwikkelt hat, hängt eng mit der ökonomischen Entwicklung Europas zusammen und ist heute ein besonders wichtiger Teil der Wirtschaft des Landes. In- und ausländische Investitionen haben für eine gewaltige Infrastruktur gesorgt, die zur Gesamtentwicklung Spaniens entscheidend beitrug. Im wesentlichen handelt es sich dabei um Wohn- und Übernachtungseinrichtungen sowie Freizeitanlagen, die größenmäßig einmalig in Europa sind und im Weltgesamtvergleich den zweiten Platz einnehmen. Festzuhalten ist aber auch, daß die Bräuche und die Denkweisen der Spanier durch diesen Tourismus erheblich verändert wurden. In seinen Anfängen sah man darin lediglich eine zeitlich begrenzte und stark schwankende Einnahmequelle. Heute weiß man, daß es sich dabei um eine Quelle permanenten wirtschaftlichen Ertrags handelt, die man fördern und pflegen muß.

Folgende Charakteristika zeichnen den spanischen Tourismus aus:
- Der touristische Kunde stammt überwiegend aus der Mittelschicht.
- Übernachtungen werden zu einem großen Anteil in Hotels und Appartements mittlerer Kategorien getätigt.
- Der Tourismus hat fast ausschließlich die Küstenregionen zum Ziel.
- Die Abhängigkeit von großen internationalen Reiseveranstaltern ist erheblich.
- Der Löwenanteil der Besucher ist europäisch und kommt im wesentlichen aus vier oder fünf Ländern.
- Der im Tourismus erzielte Umsatz wächst ständig und zeitweilig intensiv.
- Mit dem Anwachsen des Tourismus wachsen die Bettenkapazitäten.
- Die jahreszeitlichen Schwankungen sind unvermeidlich.

Insbesondere die Abhängigkeit des Tourismus von einigen der oben genannten Faktoren spornt die Tourismusunternehmer, die Hoteliers und die spanischen Politiker seit Beginn der neunziger Jahre verstärkt dazu an, die Zuverlässigkeit und Regelmäßigkeit dieser bedeutenden Einnahmequelle zu sichern. Man ist sich bewußt, daß das Angebot auch der anderen Länder des Mittelmeerraums beträchtlich zunimmt und daß letztlich die politische Unsicherheit der nordafrikanischen und östlichen Mittelmeerländer wesentlich dazu beigetragen hat, daß die Besucherzahlen in Spanien in den letzten zwei bis drei Jahren weiter anstiegen.

Ebenso gilt, daß Spanien für die großen Tourismusgewinne sehr wohl einen hohen Tribut zahlen mußte. Die Eingriffe in die Umwelt waren und sind erheblich. Der saisonabhängige Massentourismus mit seinen sprunghaften und zeitlich gebundenen Bevölkerungssteigerungen zieht einen beträchtlichen und ganz genau determinierten Raumbedarf für die Errichtung von Wohn- und Freizeitstrukturen nach sich, der in der Mehrheit der Fälle die Anfälligkeit der betroffenen Regionen für ökologische Destabilisierungen beträchtlich steigerte. Das starke Anwachsen der Touristenströme sowie die Migration spanischer Arbeitskräfte vom Binnenland an die Küsten, aber auch das Fehlen einer gezielten Raumplanung haben zu Schäden geführt, die nur mit hohen Kosten wieder zu reparieren sind und deshalb durchaus die gewünschten Touristen fernhalten oder die Förderung des sogenannten Qualitätstourismus erheblich behindern können.

Heute steht der spanische Tourismussektor vor der Entscheidung, ob er sich tatsächlich auf Kosten der Menge für die Qualität entscheiden soll. Die Ausweitung des touristischen Angebots auf das Binnenland und die Entwicklung neuer Tourismusformen, die im Grunde auf eine stärkere Nutzung historischer, aber auch landschaftlicher Qualitäten fern der Küste hinauslaufen, birgt durchaus die Gefahr in sich, daß auch im Binnenland die Umwelt aus dem Gleichgewicht gerät, wenn man diesen neuen Tourismus mit den gleichen Rezepten der Erschließung für die Massen verfolgt. Auf der anderen Seite erfordern die Umwandlungspläne touristischer Infrastrukturen, die veraltete Einrichtungen für anspruchsvollere Kunden erneuern sollen, aufwendige Investitionen, für die die erforderlichen Geldgeber nicht immer vorhanden sind. Auch gibt es mitunter Zweifel, ob man die Vermarktungsstrategien des Massentourismus überhaupt entscheidend verändern soll. Als in den vergangenen Jahren die Besucherzahlen stagnierten, vermutete man zwar, daß »Sonne, Sand und Strandleben« ein touristisches Auslaufmodell sei. Als jedoch die Zahlen erneut anstiegen, begann man, den Sinn der Strategieänderung schon wieder zu bezweifeln. Pläne zur Qualitätsverbesserung beschränken sich neuerdings allzu oft auf eine Erhöhung der Sauberkeit und der kosmetischen Verschönerung jener Gegenden, die touristisch besonders intensiv genutzt werden.

Anhang: Touristisches Angebot nach Küstengebieten

Galicische Küste (Pontevedra, La Coruña und Lugo)
    Hotels: 801
    Betten: 37.573
    Betten pro Küstenkilometer: 25
    Provinz mit höchster Bettenkapazität: Pontevedra (48,2)
    Bettenkapazität 4- und Mehr-Sterne-Hotels: 4.747
    Qualitätsindex: 12,6%
    Provinz mit höchstem Qualitätsindex: La Coruña (33,4%)

Kantabrische Küste (Oviedo, Cantabria, Vizcaya und Guipúzcoa)
  Hotels: 777
  Betten: 39.570
  Betten pro Küstenkilometer: 42,5
  Provinz mit höchster Bettenkapazität: Guipúzcoa (73)
  Bettenkapazität 4- und Mehr-Sterne-Hotels: 6.574
  Qualitätsindex: 16,6%
  Provinz mit höchstem Qualitätsindex: Vizcaya (35,8%)

Katalanische Küste (Girona, Barcelona und Tarragona)
  Hotels: 1.579
  Betten: 189.058
  Betten pro Küstenkilometer: 270,5
  Provinz mit höchster Bettenkapazität: Barcelona (471)
  Bettenkapazität 4- und Mehr-Sterne-Hotels: 26.046
  Qualitätsindex: 13,8%
  Provinz mit höchstem Qualitätsindex: Barcelona (25,6%)

Küste bei Valencia und Murcia (Castellón, Valencia, Alicante und Murcia)
  Hotels: 860
  Betten: 92.184
  Betten pro Küstenkilometer: 116,4
  Provinz mit höchster Bettenkapazität: Alicante (204)
  Bettenkapazität 4- und Mehr-Sterne-Hotels: 11.755
  Qualitätsindex: 12,8%
  Provinz mit höchstem Qualitätsindex: Murcia (29,1%)

Andalusische Mittelmeerküste (Almería, Granada und Málaga)
  Hotels: 573
  Betten: 85.694
  Betten pro Küstenkilometer: 170,4
  Provinz mit höchster Bettenkapazität: Málaga (302,8)
  Bettenkapazität 4- und Mehr-Sterne-Hotels: 23.158
  Qualitätsindex: 27%
  Provinz mit höchstem Qualitätsindex: Málaga (30,9%)

Andalusische Atlantikküste (Cádiz und Huelva)
  Hotels: 253
  Betten: 25.256
  Betten pro Küstenkilometer: 62
  Provinz mit höchster Bettenkapazität: Huelva (70,6)
  Bettenkapazität 4- und Mehr-Sterne-Hotels: 7.712
  Qualitätsindex: 30,5%
  Provinz mit höchstem Qualitätsindex: Cádiz (35,6%)

Balearen
  Hotels: 1.271
  Betten: 258.357
  Betten pro Küstenkilometer: 181
  Bettenkapazität 4- und Mehr-Sterne-Hotels: 24.422
  Qualitätsindex: 9,5%

Der Tourismusboom und seine Folgen 513

Kanarische Inseln (Las Palmas de Gran Canaria und Santa Cruz de Tenerife)
    Hotels: 287
    Betten: 84.726
    Betten pro Küstenkilometer: 53,5
    Provinz mit höchster Bettenkapazität: Tenerife (62,4)
    Bettenkapazität 4- und Mehr-Sterne-Hotels: 48.884
    Qualitätsindex: 57,7%
    Provinz mit höchstem Qualitätsindex: Tenerife (64,9%)

Gesamtspanien
    Hotels: 9.734
    Betten: 1.009.241
    Betten pro Küstenkilometer: 125,3
    Provinz mit höchster Bettenkapazität: Barcelona (471)
    Bettenkapazität 4- und Mehr-Sterne-Hotels: 204.996
    Qualitätsindex: 20,3%
    Provinz mit höchstem Qualitätsindex: Tenerife (64,9%)

(Übersetzung von Klaus Dirscherl, Daniela Fischer und Dorothea Meier)

V

Medienkultur

Ulrich Winter

Spanische Intellektuelle heute

1. Intellektuelle im Spannungsfeld von Autonomie, Engagement und Macht: historische, politische und kulturelle Bedingungen des intellektuellen Feldes heute

Unter »Intellektuellen« werden im folgenden Beitrag Repräsentanten von Wissenschaft und Philosophie, Literatur und Kunst verstanden, insofern sie von ihrem jeweiligen angestammten »autonomen Feld« aus ihre Autorität und Kompetenz in eine im weiteren Sinne politische Aktion einbringen und dazu über den Zugang zu den wichtigsten Medien verfügen.[1] Thema sind die Diskurse und Aktionen der Intellektuellen und die gesellschaftlichen und historischen Bedingungen, unter denen sie stattfinden. »Spanien heute«: das sind aus leicht ersichtlichen Gründen vor allem die vergangenen zwei Jahrzehnte nach Francos Tod 1975, in denen sich Intellektuelle im Spannungsfeld von Autonomie, Engagement und Macht bewegen.

Wer sich einen Überblick über das intellektuelle Leben im Spanien der Gegenwart verschaffen will, ist heute auf Fernseh- und Radiosendungen, vor allem aber auf das Studium der großen Tageszeitungen und Zeitschriften angewiesen. Nicht mehr der Essay und der philosophische Traktat sind Orte des intellektuellen Agierens. Abgesehen von Demonstrationen und einigen Großveranstaltungen sind es vor allem die breitenwirksamen Medien, die Wissenschaftlern und Philosophen, Künstlern und Literaten heute die Gelegenheit geben, als Intellektuelle aufzutreten. Die Presse spielte schon zu Zeiten Miguel de Unamunos und José Ortega y Gassets im ersten Drittel dieses Jahrhunderts eine maßgebliche Rolle für die geistige Auseinandersetzung mit der sozialen und politischen Wirklichkeit des Landes. Die Tradition reicht bis Mariano José Larra (1809-1837) zurück, auf den sich beispielsweise Juan Goytisolo als Vorbild beruft.[2] Auch das Thema der spanischen Intelligenz *par excellence*, das seit dem Beginn des modernen spanischen Staates im Goldenen Zeitalter, dann im 19. Jahrhundert und aus gegebenem Anlaß seit der 98er Generation die wichtigsten Dichter, Politiker, Historiker und Denker beschäftigte, nämlich Spanien,[3] ist bis heute noch nicht vom Tisch

---

1   Vgl. Pierre Bourdieu: »Der Korporativismus des Universellen. Die Rolle des Intellektuellen in der modernen Welt«, in: Irene Dölling (Hg.): *Die Intellektuellen und die Macht*. Hamburg 1991, S. 41-65, hier S. 42, sowie Régis Debray: *Le pouvoir intellectuel en France*. Paris 1979, S. 43.
2   Juan Goytisolo: *El furgón de cola*. Barcelona 1976, S. 8.
3   Von Quevedo, Larra, Cadalso, Jovellanos, Unamuno, Azorín, Maeztu, Ortega y Gasset, Marañón bis zu Maravall, Salvador de Madariaga, Julián Marías u.a. wurde das Thema diskutiert. Grundsätzliche Positionen ab der Mitte des 20. Jahrhunderts wurden in den Debatten vertreten, die zwischen Américo Castro (*España en la historia*, 1948) und Claudio Sánchez Albornoz

(»Dios mío, ¿qué es España?« – »Mein Gott, was ist Spanien?« rief Ortega y Gasset aus). Während der rasanten politischen, gesellschaftlichen, wirtschaftlichen und kulturellen Entwicklung des Landes seit Francos Tod blieb es so aktuell wie je.[4] Doch das »Problem Spanien« wird in anderen Kontexten diskutiert, und es haben sich ihm Alltag und Ökologie, Geschlechterrollen, Liebe und Krieg sowie tagespolitische Ereignisse an die Seite gestellt, die nicht nur in seriösen Blättern wie *El País*, *ABC*, *La Vanguardia* oder *El Mundo* kommentiert werden, sondern, in der postmodernen Einebnung von Elite- und Massenkultur, auch in der Boulevardpresse wie z.B. in *Interviú*. Der größte Unterschied der zeitgenössischen Intellektuellen zu ihren geistigen Ahnen und Urahnen aber besteht darin, daß es nicht mehr unbedingt die Autorität des Philosophen und Universitätsrektors ist, die die Meinungsmacht legitimiert und Zugang zu den Kommunikationsmedien erlaubt, sondern oft der berufliche Erfolg.

Nach 20 Jahren Demokratie in Spanien scheint nicht nur im sozialen und politischen Alltag, sondern auch auf intellektuellem Feld längst die sogenannte »Normalisierung« eingekehrt zu sein und sich eine intellektuelle Klasse etabliert zu haben. Zwar stellt der ausländische Beobachter der Szene mangelnde internationale Aufmerksamkeit für spanische Intellektuelle *als solche* fest (wohlgemerkt: nicht für sie als Schriftsteller, Wissenschaftler und Philosophen, als die sie durchaus im Ausland Anerkennung gefunden haben, und von Ausnahmen wie Juan Goytisolo, Manuel Vázquez Montalbán oder Fernando Savater einmal abgesehen). Man mag auch anführen, daß andere äußerliche Indizien für die Etabliertheit einer intellektuellen Klasse, wie sie in Frankreich etwa durch die Rolle eines Bernard Pivot im Fernsehen oder die Publikation eines *Dictionnaire des intellectuels* gegeben sind, in Spanien fehlen. Doch ebenso selbstverständlich wie in anderen europäischen Ländern wurde in der Folge der 1991 von Bourdieu angeregten 'Internationale der Intellektuellen' und dem 1993 in Straßburg gegründeten »Schriftstellerparlament« ein Büro in Barcelona mit dem Namen *writer's watch* eingerichtet. Und wenn etwa Wolf Lepenies bei einer Rede im Madrider *Instituto Alemán* einen intellektuellen »spanischen Sonderweg« mit keinem Wort erwähnt, als er den Intellektuellen vor der Jahrtausendwende den Aufklärer Diderot in Erinnerung ruft,[5] so läßt auch dies auf »Normalisierung« schließen.

(*España, un enigma histórico*, 1956), Pedro Laín Entralgo (*España como problema*, 1948; *A qué llamamos España*, 1971) und Rafael Calvo Serer (*España sin problema*, 1949) stattfanden.

4 Vgl. jüngst Juan Luis Cebrián: »El problema de España«, in: *Claves de razón práctica* 71, April 1997, S. 2-11. Zum Spaniendiskurs der Intellektuellen bis 1975 vgl. Jochen Mecke: »Spanische Intellektuelle im 20. Jahrhundert. Von der 'Generation von 1898' zu den 'Neuen Philosophen'«, in: *Universitas* 10, 1991, S. 935-945.

5 Wolf Lepenies: »Regreso a la Ilustración. Los intelectuales a finales del siglo XX«, in: *Revista de Occidente* 164, 1995, S. 27-50.

Freilich sind die geistigen Traditionen des 20. Jahrhunderts in Spanien zu präsent und waren die politischen, gesellschaftlichen und kulturellen Bedingungen während des Franquismus zu prägend, als daß sich trotz der Modernisierung in den vergangenen beiden Jahrzehnten und der internationalen Ereignisse und Veränderungen in Spanien nicht doch ein besonderer Habitus der Intellektuellen ausgeprägt hätte. In den letzten Jahren hat es wenige soziologische Untersuchungen,[6] dafür aber zahlreiche Stellungnahmen von Intellektuellen selbst gegeben, die teils aus aktuellem, teils aus historischem Anlaß, indirekt vom geführten Diskurs her oder direkt in Auseinandersetzung mit der Rolle der Intellektuellen in Spanien, dies bestätigen. Eines der wohl repräsentativsten Zeugnisse über das Verhältnis der zeitgenössischen spanischen Intellektuellen zur Macht und ihr gegenwärtiges soziales und politisches Gewicht ist eine Umfrage, die die renommierte sozialwissenschaftliche Zeitschrift *Sistema* 1991 unter 32 anerkannten Wissenschaftlern, Literaten und Philosophen zum Thema »politische Macht und gesellschaftlicher Einfluß der Intellektuellen« durchführte.[7]

Die Selbsteinschätzungen der Intellektuellen waren, wie zu erwarten, von berufsbedingtem Pessimismus geprägt. Nicht immer fielen die Urteile so negativ aus wie das von Manuel Ramírez: Das intellektuelle Panorama Spaniens, so Ramírez, werde jeden Tag armseliger, der Intellektuelle sei durch den Publizisten ersetzt worden, der sich in allem auszukennen glaube, ja »in diesem Land trägt fast niemand einen Gedanken bei, der auch nur eine Minute der Aufmerksamkeit lohnte« etc.[8] Diese Selbstkritik mag in ihrer Härte schockieren, der Sache nach neu ist sie nicht. Die alte Malaise spanischen Denkens, nämlich mangelnde Originalität, oft nur geringe Freude an der philosophischen Debatte und die faktische kulturelle Abhängigkeit von ausländischen Innovationen des Denkens (man denke hier an die Bedeutung des importierten *krausismo* für die *Institución Libre de Enseñanza* Ende des 19. Jahrhunderts) hatten schon Philosophen und Schriftsteller wie Miguel de Unamuno zu Jahrhundertbeginn festgestellt.[9] Amando de Miguel beschrieb in ähnlichen Begriffen die intellektuelle Szene 1980, und in weniger scharfem Ton stimmten auch einige der 1991 Mitbefragten zu.[10]

Klärender für die Frage nach dem Verhältnis von Intellektuellen, Macht und sozialer Präsenz als diese traditionsreiche Klage ist die in der Umfrage abgegebene Stellungnahme des einstigen Präsidenten des Verfassungsgerichts Francisco

---

6 Amando de Miguel: *Los intelectuales bonitos*. Barcelona 1980; Enrique Sainz: »Hipótesis para el estudio del intelectual en España«, in: *Revista internacional de sociología* 40/43, 1982, S. 413-422; Edurne Uriarte: »Los intelectuales y la política en la España actual«, in: *Sistema* 117, 1993, S. 117-128.
7 In: *Sistema* 100, Januar 1991, S. 189-298.
8 Manuel Ramírez (Anm. 7), S. 265; die Übersetzungen spanischer Zitate stammen von mir, U.W.
9 De Miguel: *Los intelectuales* (Anm. 6), S. 57, 67 u. pass.
10 In: *Sistema* 100, Januar 1991, S. 241, 260, 268, 277, 280.

Tomás y Valiente, der 1996 einem Mordanschlag der baskischen Terrororganisation ETA zum Opfer fiel. Für ihn ist es eine Verflechtung von innerspanischen und europäischen Ereignissen – Kampf um die Demokratie in Spanien und ihre Durchsetzung, die Krise des marxistischen Denkens, der Fall der Berliner Mauer – die sich in den 70er und 80er Jahren auf das »theoretische oder praktische Verhältnis des Intellektuellen zur Macht« ausgewirkt haben. »Das gemeinsame Ergebnis dieser drei Vorgänge«, so schließt indessen auch er resigniert, »läßt sich mit einem einzigen Wort bezeichnen: Ratlosigkeit«.[11] Viele der Mitbefragten stimmten auch diesem Befund prinzipiell zu. Bei zugleich starker sozialer Präsenz sei der Intellektuelle heute im traditionell politischen Sinne eher ein Leichtgewicht. Der gesamtgesellschaftliche Wandel seit 1975 ist dafür verantwortlich.

Die Demokratisierung im politischen Bereich wie in der Bildung, das Aufblühen der Medienlandschaft, die Pluralisierung der Kultur, die Professionalisierung von Politik, Wissenschaft und Medienarbeit, die politische und kulturelle Internationalisierung, schließlich das Ende der »großen Entwürfe« und ihres Weltdeutungspotentials, das Scheitern des realen Sozialismus, die daraus hervorgehende Krise des Intellektuellen Sartrescher Prägung – all dies sind Faktoren, die das intellektuelle Feld gegenwärtig bestimmen. Entsprechend neu situieren müssen sich die Intellektuellen selbst und die gesellschaftliche Legitimation ihrer Meinungsmacht gegenüber den Kommunikationsmedien und dem Publikum. Auch die Inhalte, die Selbstdefinitionen, die Paradigmen und ideologischen Standorte, von denen aus sie über sich selbst und die Welt sprechen, und ebenso ihre Position zwischen Autonomie, Politik und Macht sind neu zu klären. Konkreter gesagt: Es macht das Spezifische des intellektuellen Lebens in Spanien heute aus, daß die generelle medien-kulturelle Entwicklung der letzten beiden Jahrzehnte auf die besonderen spanischen Bedingungen unter und nach dem Ende des Franquismus und allem, was er an Traditionsbruch, Isolation und Unterdrückung mit sich gebracht hat, traf. Das Bild der Intellektuellen im heutigen Spanien wäre indessen unvollständig, wenn nicht auch prägende geistige Traditionen des 20. Jahrhunderts, vor allem die der Intellektuellen zwischen der 98er Generation und dem Beginn des Bürgerkriegs, kurz miteingeblendet würden.

2. Paradigmen der intellektuellen Tradition Spaniens

Die Verhaltensweisen spanischer Intellektueller in den letzten 20 Jahren sowie auch immer wieder aus gegebenem Anlaß unternommene Reflexionen über die Rolle der Intellektuellen heute zeigen, wie beispielhaft in dem von ihnen geführ-

---

11 *Sistema* (Anm. 7), S. 295.

ten Diskurs die Tradition des »Silbernen Zeitalters« ist.[12] Dieser Rückbezug liegt auch nahe, weil Diktatur, Zweite Republik und das Revolutionsjahr 1868 einen unmittelbaren Vergleichspunkt für die politische Situation nach Franco bieten.[13] Will man den Horizont nicht noch weiter spannen und die geistigen Klimabedingungen eines spanischen »tausendjährigen Obskurantismus«[14] in der Allianz von katholischer Kirche und Staat und das Ausbleiben einer protestantischen Reform auf die Gegenwart beziehen, so haben – neben Antonio Gramsci, der besonders starke Präsenz in der spanischen Intellektuellengeschichte hatte, vor allem in der marxistisch orientierten Franco-Opposition und danach – mindestens drei Figuren des »Silbernen Zeitalters« in der jüngeren Geschichte der Intellektualität paradigmatisch ihre Spuren hinterlassen. Zu nennen ist Miguel de Unamuno, der als sozialistischer Aktivist begann, sich dann in religiöse Abstinenz zurückgezogen hatte, in der er das Ideal eines von Bescheidenheit gekennzeichneten Intellektuellen propagierte,[15] bis er nach Dissidenz und Exil während der Diktatur Primo de Riveras als entschiedener Gegner des Militärputsches endete, mit dem später Francos Aufstieg im Bürgerkrieg begann. Des weiteren ist Manuel Azaña zu erwähnen. Er gehörte neben Ramón Pérez de Ayala, Gómez de la Serna oder Ortega y Gasset dem Umkreis des Madrider Bildungsinstituts *Ateneo* an, war später Herausgeber der von Ortega y Gasset gegründeten Zeitung *España* und schließlich Präsident der Zweiten Republik. Exemplarisch und prägend bis heute ging er in dem Verzicht auf intellektuelle Autonomie zugunsten der vom historischen Moment geforderten politischen Tat als Verkörperung der Synthese von Geist und Macht in die Intellektuellen-Chronik ein.

Die für die verschiedensten Ideologien (bis hin zur Falange) und zum Teil bis heute einflußreichste Gestalt der spanischen Geistesgeschichte ist der liberale

---

12 Vgl. über Ortega y Gasset als Orientierungsfolie für die Gegenwart: Ignacio Sánchez Cámara: »El intelectual y la política en la obra de Ortega y Gasset«, in: *Revista de Occidente* 72, 1987, S. 98-112, und über Azaña: Joaquín Estefanía: »Reivindicación del intelectual práctico«, in: *El País* v. 12.7.92. Über die Intellektuellen des »Silbernen Zeitalters« liegen zahlreiche spezialisierte Studien vor. Hier sei nur auf die Schriften José Luis Abelláns verwiesen, von dem jüngst überblickartig *Historia del pensamiento español: De Séneca a nuestros días*. Madrid 1996, erschien. Über Unamuno, Azaña und Ortega als Intellektuellentypen vgl. Juan Marichal: *El intelectual y la política en España (1898-1936)*. Madrid 1990. – Zur Aktualität Gramscis heute: Joaquín Estefanía: »Gramsci y las guerras«, in: *El País* v. 24.1.91, und speziell zu den neuen Intellektuellen in Spanien: Félix Ortega: »Los nuevos intelectuales orgánicos«, in: *Claves de Razón Práctica* 24, Juli / August 1992, S. 42-45. Gramsci, der aufgrund der historisch-gesellschaftlichen Situation in Spanien seit Francisco Fernández Buey eine starke Rezeption erfahren hat, wird von der marxistischen Richtung vereinnahmt, vgl. die Aufsätze in José Luis López Aranguren et al.: *La función social del intelectual*, ed. a cargo de Daniel Lacalle. Madrid 1983.
13 Vgl. Juan Goytisolo: *España y los españoles*. Barcelona 1979; José Carlos Mainer: »1985-1990. Cinco años más«, in: Ders.: *De postguerra*. Barcelona 1994, S. 143-181, bes. S. 145.
14 De Miguel: *Los intelectuales* (Anm. 6), pass.
15 Vgl. Carlos París: »El compromiso social del intelectual en España«, in: López Aranguren et al.: *La función social* (Anm. 12), S. 159-180.

Philosoph und Essayist José Ortega y Gasset. Seinen Ruhm verdankt er den epochalen politischen und philosophischen Essays und Schriften (z.B. *España invertebrada*, *La rebelión de las masas*) und der Opposition gegen die Diktatur Miguel Primo de Riveras. Sein geistiges Vermächtnis ist von Schülern und Nachfahren bis heute fortgetragen worden, und drei der einflußreichsten und angesehensten Presseprodukte Spaniens, *El País*, die Zeitschrift *Revista de Occidente* und der Verlag Alianza gehen auf Ortega bzw. seine Nachfahren zurück. Vorbildhaft bis in die jüngste Zeit ist auch der von ihm in Wort und Tat vertretene Intellektuellentypus. Der Intellektuelle, so forderte der herausragende Vertreter der 1914er Generation, solle die – in Spanien von Aristokratie und Bürgertum vakant gelassene – Stelle eines Protagonisten der Gesellschaft einnehmen und im Dienste der geistigen und politischen Selbstfindung Spaniens als führende, mehr sozialpädagogisch als politisch gedachte Elite der Willensbildung auftreten. Nach 1916 verschärfte sich in Ortegas Haltung die Opposition von politischem und intellektuellem Feld zum Gebot einer strikten Trennung beider Bereiche: Gefordert, beim Aufbau eines neuen Staates mitzuwirken, dürfe der kontemplative Intellektuelle sich auf der Suche nach Wahrheit nicht vom korruptionsanfälligen und den Imperativen von Nützlichkeit und Handlung gehorchenden Feld der Politik vereinnahmen lassen, sondern habe vielmehr nach unbedingter Autonomie zu streben.[16]

Die von Unamuno, Azaña und Ortega verkörperten Einstellungen Dissidenz und Exil, realpolitisches Engagement und strikte Bewahrung von intellektueller Autonomie sollten sich als grundsätzliche Verhaltensformen erweisen, die von den spanischen Intellektuellen – im Rahmen des Möglichen – während des Franquismus, vor allem aber danach, in freilich ganz unterschiedlichen Zusammenhängen, angenommen wurden. Erst dann nämlich waren wesentliche Bedingungen des intellektuellen Diskurses – demokratische Freiheitsrechte, Verfügbarkeit der Medien – erneut gegeben. Eine rasante politische, gesellschaftliche und kulturelle Modernisierung führte zu zahlreichen Affären zwischen Geist und Macht, die von den Intellektuellen nicht selten mit der Aufgabe ihrer Autonomie bezahlt wurde oder im Rückzug aus der professionell gewordenen Politik endete.[17]

---

16 Vgl. v.a. Ortegas versammelte Aufsätze in *Discursos políticos*. Madrid 1974.
17 Ab Mitte der achtziger Jahre erschienen im Buchformat oder in Zeitschriften zahllose Rückblicke – vom reißerischen journalistischen Gesellschaftskrimi über die Politsatire bis zur soziologischen Analyse des Wertewandels – auf das gesellschaftliche Leben Spaniens in den Jahren nach Francos Tod. Eine Auswahl mit für das intellektuelle Klima wichtigen Beiträgen (neben den unentbehrlichen Chroniken Vázquez Montalbáns [Anm. 23]) liefert: José Luis Abellán: »Diez años de cultura española (1973-83)«, in: *Sistema* 50/51, Nov. 1982, S. 129-144; »Veinte años de filosofía y pensamiento«, in: *Sistema* 100, Januar 1991, S. 89-101 sowie *Historia* (Anm. 12); vgl. daneben Bartolomé Bennassar/ Bernard Bessière: *Le défi espagnol*. Paris 1993; Equipo Reseña: *Doce años de cultura española (1976-87)*. Madrid 1989; Gérard Imbert: *Los discursos del cambio. Imágenes e imaginarios sociales en la España de la transición (1976-82)*. Madrid 1990; Eliane Lavaud (ed.): *Nos Années 80. Culture hispanique*. Dijon 1990; José Carlos Mainer: »1975-1985: Los poderes del pasado«, in: *La cultura española en el posfranquismo. Diez*

3. Vom Franco-Widerstand
in die politische Verantwortung (1976-1982)

Die Wiederbelebung des intellektuellen Feldes

Der Bürgerkrieg, die Diktatur und die Tatsache, daß sie im November 1975 nicht mit dem politischen Tod Francos, sondern mit seinem biologischen Ableben beendet wurde, der Übergang in die Demokratie als »paktierter Bruch« mittels Konsenses rechter und linker Kräfte – all diese Gegebenheiten müssen als unmittelbar wirkende historische Bedingungen gesehen werden, die das intellektuelle Feld der jüngsten Vergangenheit in Spanien entscheidend geprägt haben. Durch den Bürgerkrieg wurden die nachfolgenden Generationen von ihren Traditionsbezügen jäh abgeschnitten, ein Großteil der geistigen Elite starb oder wurde ins Exil getrieben. Die Machtmaschinerie des Franquismus hatte die gescholtenen Intellektuellen in eine – keineswegs unproduktive – Opposition gedrängt, die im Laufe der Jahre vom Lager der Falangisten und der Katholiken bis ins marxistische Milieu reichte. Aufgrund der staatlichen bzw. kirchlichen Kontrolle von Bildung und Kultur war bald jede geistige Äußerung und Aktivität, im universitären Bereich der Humanwissenschaften ebenso wie in Kunst und Literatur, die nicht der offiziellen Linie entsprach (etwa der verordneten dogmatischen neoscholastischen Philosophie), eine verdeckt engagiert-intellektuelle, nämlich politische und potentiell regimekritische »Tat«.

Zu dem aufgestauten Drang des geistigen Widerstands nach sozialer Präsenz und politischer Einflußnahme kam nach 1975 bald die Enttäuschung hinzu, daß die linke (d.h. in den siebziger Jahren weithin marxistische) Opposition faktisch nichts gegen Franco hatte ausrichten können und sein langes Hinscheiden im Krankenbett hatte abgewartet werden müssen: »a Franco lo matamos en su cama« (»Franco töteten wir im Bett«) hieß es später zynisch. Um so stärker traf in der Phase der *transición* die aktuelle Nachfrage nach einer neuen politischen Klasse auf die große Bereitschaft der Intellektuellen, endlich politischen Einfluß, Verantwortung und Macht auszuüben. Um so größer war aber auch die Erwartungshaltung der Intellektuellen, die historische Chance eines faktischen Handlungsbedarfs im Sinne ihrer in der Opposition gebildeten marxistischen Utopie nützen zu können. Der folgende, bis zum Regierungsantritt des sozialistischen PSOE 1982 sich

---

años de cine, cultura y literatura en España (1975-1985), ed. de Samuel Amell y Salvador García Castañeda. Madrid 1988, S. 11-26 sowie *De postguerra* (Anm. 13); Sergio Vilar: *La década sorprendente. 1976-1986. La construcción de la democracia entre la euforia, el desencanto, la modorra y los sobresaltos*. Barcelona 1986; Julio Rodríguez Puértolas: *Literatura fascista española*. Madrid 1986, Bd. I, S. 803-806; Samuel Amell (ed.): *España frente al siglo XXI. Cultura y literatura*. Madrid 1992.

breitmachende und zum Schlagwort für diese Zeit gewordene *desencanto* (»Ernüchterung«) hat auch hierin seine Ursachen.

Die Grundlagen für die Wiederbelebung des intellektuellen Feldes im Nachfranquismus wurden freilich schon von den vorangegangenen Generationen unter der Diktatur vorbereitet. Vor allem der Madrider Rechtsphilosoph Elías Díaz argumentiert heute gegen das verbreitete Vorurteil, daß ein kritisch-intellektueller Diskurs damals völlig fehlte und man in franquistisch-rechtsintellektuellen und unreflektiert linksintellektuellen Kreisen mitunter so weit ging, den Diktator selbst als eigentlichen Schöpfer der Demokratie hinzustellen. Spätestens seit der Generation von 1956 hätten Intellektuelle wie Pedro Laín Entralgo, der Ortega-Schüler Julián Marías, José Luis López Aranguren und Enrique Tierno Galván Wesentliches zur Wiedererlangung intellektueller Möglichkeiten beigetragen, und ihre Arbeit sei, so Elías Díaz, in den folgenden Jahren bis zur demokratischen Konsolidierung von jüngeren Denkern in »kontinuierlicher Linie« fortgesetzt worden.[18] Abgesehen von den direkten politischen Aufgaben der Durchsetzung und Etablierung der Demokratie (Verfassung, Zentral- und Regionalverwaltung, Wirtschaft, Europaintegration, Verankerung neuer sozialer Bewegungen und ihrer Partikularinteressen wie Gleichberechtigung der Frau, Autonomiestatus, Umweltschutz etc. in demokratischen Institutionen) und der ideologischen Neuorientierung im sozialistischen und rechten Spektrum, ging es dabei zunächst um eine vor allem von Philosophie und Sozialwissenschaften in Angriff genommene Rekonstruktion der (kritischen und praktischen) Vernunft gegen den offiziellen Obskurantismus und Irrationalismus des Regimes und die technokratische Instrumentalisierung der Vernunft in den sechziger Jahren. Bürgerkrieg und Diktatur hatten Spaniens Gegenwart von der liberal-demokratischen Kultur und den politischen Ideen der Vorkriegszeit abgeschnitten, die es in kritischer Auseinandersetzung wiederanzueignen galt.

Im Zuge dieser Rückbesinnung auf und Rückgewinnung von Vergangenheit war auch ein weiterer durch den Bürgerkrieg verursachter und durch das Franco-Regime verlängerter Riß zu kitten, nämlich die zerbrochene geistige Gemeinschaft mit dem Exil. Die allmähliche Rückkehr der Emigranten aus Mexiko, den USA und anderen Staaten förderte zugleich die geistigen Kontakte der spanischen Intellektuellen zu Europa und Lateinamerika und wies einen Weg aus der kulturellen Isolierung. Ein weiterer Bereich intellektueller Aktivität war der Einsatz für die

---

18 Speziell hierzu und zu den im folgenden aufgezählten Punkten Elías Díaz: *Ética contra política. Los intelectuales y el poder*. Madrid 1990, S. 190-213; vgl. auch Manuel Vázquez Montalbán, »Memoria de la oposición antifranquista«, in: *El País* v. 26.10.88. Eine ausführliche und mit umfangreicher Bibliographie angereicherte Darstellung des intellektuellen Lebens unter Franco findet sich in Elías Díaz: *Pensamiento español en la era de Franco*. Madrid [1]1974, [3]1983 (mit erweiterter Bibliographie); die deutsche Übersetzung trägt den Titel: *Intellektuelle unter Franco. Eine Geschichte des spanischen Denkens 1939-1975*. Frankfurt a.M. 1991.

Anerkennung der sprachlichen, kulturellen und politischen Vielfalt der Regionen bzw. Nationalitäten.[19] Entscheidende Bedeutung als Meinungs- und Diskussionsforum für die geistige Neuorientierung in den Jahren bis 1982 und auch darüber hinaus haben einige Zeitschriften und Zeitungen erreicht, wie beispielsweise *Cuadernos para el diálogo, Sistema, Triunfo, Diario 16, El Viejo Topo*. Viele davon waren auch in den folgenden Jahren relativ eng an politische Parteien gebunden. 1976 begann neben *ABC* und *La Vanguardia* der Aufstieg von *El País*. In der Folgezeit erlangte diese Zeitung eine nur von Radio und Fernsehen noch bedrohte Monopolstellung, und José Luis López Aranguren bezeichnete sie deshalb gelegentlich als »kollektiven Intellektuellen«.

Generationen und Positionen in den siebziger Jahren

Die Verpflichtung der Intellektuellen, mangels Professionalität der Politik am Aufbau des Staates mitzuwirken,[20] führte zu einem für das Land und die Zeit charakteristischen Intellektuellentypus mit konkret parteipolitischem Engagement, der sich häufig in einer besonderen Form des *pluriempleo* (Mehrfachbeschäftigung) wiederfand. Diesen Typus verkörpert etwa der Schriftsteller Jorge Semprún, der eine symbolträchtige Biographie aufzuweisen hatte, als er 1988 Kulturminister wurde: Résistance-Mitglied, Häftling im KZ Buchenwald und bis zum Ausschluß 1964 tätig im Zentralkomitee der Kommunistischen Partei. Neben Ramón Tamames, Miguel Boyer, Guillermo Díaz-Plaja ist hier auch an den 1986 verstorbenen Enrique Tierno Galván zu denken, der zeitweise zugleich Oberbürgermeister von Madrid, Abgeordneter, Parteipräsident des PSOE, Universitätsprofessor und Publizist war.

Andere, wie José Luis López Aranguren, haben sich zeitlebens parteipolitisch abstinent verhalten. Aranguren gilt neben Pedro Laín Entralgo und Tierno Galván bis in die jüngste Vergangenheit als herausragender Vertreter der 56er Generation und hat wie kaum ein anderer ein ethisch begründetes Ideal des autonom bleibenden Intellektuellen theoretisch und praktisch vertreten, wobei er zugleich größten politischen Einfluß auf die jüngeren Generationen ausübte.[21] Der Intellektuelle solle im Kampf um Freiheit und Wahrheit seine Vernunft entwickeln und anwenden. Kennzeichnend für Aranguren ist die grundlegend heterodoxe, antidogmatische Haltung gegenüber Katholizismus und Marxismus. Seit seinem Ausschluß

---

19 Vgl. dazu Francesc Mercade: *Cataluña: Intelectuales políticos y cuestión nacional. Análisis sociológico de las ideologías políticas en la Cataluña democrática*. Madrid 1982.
20 Vgl. Uriarte: »Los intelectuales« (Anm. 6), S. 118.
21 Aranguren setzt sich mit der Intellektuellenrolle in *Talante, juventud y moral* (1975) und *El oficio del intelectual y la crítica de la crítica* (1979) auseinander. Vgl. auch ders.: »Función social y moral del intelectual«, in: Ders. et al.: *La función social* (Anm. 12), S. 39-56.

aus der Universität im Jahre 1965 lebte er bis 1976 im Exil und entwickelte sich zur zentralen Figur der philosophischen Ethik.

Ende der sechziger und Anfang der siebziger Jahre traten einige der wichtigsten international anerkannten und eigenständigsten Intellektuellen in Erscheinung, die auch heute aus dem intellektuellen Panorama nicht wegzudenken sind, nicht zuletzt deshalb, weil sie mit Aranguren die Kritik auch an der später etablierten Linken teilen und Prototypen des progressiven Intellektuellen verkörpern. Zu den konstantesten Mahnern und Meinungsbildnern gehören neben Rafael Sánchez Ferlosio vor allem die Essayisten und Schriftsteller Juan Goytisolo und Manuel Vázquez Montalbán. Von seinem seit 1956 begonnenen und bis heute mit wenigen Unterbrechungen andauernden Exil in Marokko oder Paris aus hat Goytisolo in kritischer Distanz als Ankläger und Anwalt von gesellschaftlichen Mißständen, Diskriminierung und Unterdrückung das spanische und weltpolitische Geschehen begleitet.[22] Goytisolo verbindet mit Vázquez Montalbán der beständig engagierte Ton nicht nur der essayistischen oder journalistischen Stellungnahmen, sondern auch der literarischen Werke. Vázquez Montalbán, der als Aktivist des katalanischen *Partit Socialista Unificat de Catalunya* (PSUC) begonnen hat, kommentiert seit dem Spätfranquismus bis heute scharfsinnig die gesellschaftlich-politische Entwicklung[23] in zahllosen Zeitungsartikeln, Chroniken, Essays, Fernsehdokumentationen, Talkshows und, wie gesagt, auch in literarischen Werken. Selbst die Kochrezepte des Serienhelden seiner Detektivromanreihe Pepe Carvalho sind noch implizit politisch.[24]

Um das *Col·legi de Filosofia de Barcelona*, den Verlag Anagrama und die Zeitschrift *El Viejo Topo* trat in den siebziger Jahren eine nicht unumstrittene Gruppe junger Philosophen hervor, die mit ausgeprägtem Sinn für das Irrationale, Spielerische, Ästhetische und Sprachzersetzende eine provokative Philosophie der Desystematisierung, des Bruchs und der Krise betrieb. Mit ihrer Kritik an der schon regimekritischen 56er Generation gab sie einem neuen intellektuellen Diskurs wichtige Anstöße,[25] der sich zugleich gegen die offizielle neoscholastische Philosophie im Franquismus und gegen den in Erstarrung geratenen oppositionellen Diskurs richtete. Aus dieser Gruppe um Jordi Llovet, Xavier Rubert de Ven-

---

22 Vgl. z.B. seine Texte *El furgón de cola* (1976), *Libertad, libertad, libertad* (1978) sowie Goytisolo: *España* (Anm. 13) und vor kürzerem *Cuadernos de Sarajevo* (1993).
23 Vgl. neben zahlreichen weiteren Schriften die in *Escritos subnormales* (1984) versammelten Manifeste und Essays sowie *Crónica sentimental de España* (1971), *Crónica sentimental de la transición* (1985) und in jüngster Zeit *Panfleto desde el planeta de los simios* (1995), *Un polaco en la corte del rey Juan Carlos* (1996) sowie die Kolumnensammlung *Felípicas. Sobre las miserias de la razón práctica* (1994).
24 Vgl. zu Vázquez Montalbán und seiner öffentlich-kritischen Rolle auch den Beitrag von H.-J. Neuschäfer in diesem Band.
25 Vgl. De Miguel: *Los intelectuales* (Anm. 6), S. 64ff. sowie Mecke: »Spanische Intellektuelle« (Anm. 4), bes. S. 943ff.

tós, Eugenio Trías, Antoni Vicens, Eduardo Subirats und – in Madrid – dem Schriftsteller und Philosophen Fernando Savater sind einige der heute wichtigsten Philosophen-Intellektuellen hervorgegangen. Wie Aranguren und Goytisolo hat auch Savater das parteipolitische Engagement gemieden und in seinen Zeitkommentaren kritische Distanz zu orthodoxen bzw. etablierten marxistischen, kommunistischen und später sozialistischen Positionen bezogen. In vermittelterer Form ist das intellektuelle Engagement auch Gegenstand der theoretisch-philosophischen Reflexion geworden. Im Zuge der nach dem Franquismus einsetzenden geistigen Neuorientierung, Vergangenheitsaufarbeitung und Modernisierung von Gesellschaftswissenschaften, Philosophie, Kunst- und Literaturgeschichte haben sich vor allem die Ethik (Savater, Rubert de Ventós, Victoria Camps, Adela Cortina u.a.) und die Ästhetik (Rubert de Ventós, Trías, Rafael Argullol) als wichtigste philosophische Arbeitsfelder herausgebildet bzw. konnten im Anschluß an Aranguren konsolidiert werden.[26]

Bestandsaufnahmen zu Beginn der achtziger Jahre

Im Nachfranquismus debattierten die Intellektuellen nicht nur über Kultur, Politik, die Spanienfrage oder ihr eigenes Selbstverständnis und das politisch-soziale Engagement in den oben erwähnten Zeitschriften und Zeitungen. Schon wenige Jahre nach dem Ende der Diktatur rückte das intellektuelle Feld auch in den Blickpunkt der sich allmählich neu konstituierenden zeitgenössischen Sozialwissenschaften, die von den im Ausland (v.a. in den USA) lehrenden spanischen Wissenschaftlern bereichert wurden. Dadurch erweiterten sich die traditionellen Ressourcen der Intellektuellen, die bislang vorwiegend auf die klassischen Humanwissenschaften Philosophie, Recht, Medizin und die Literatur beschränkt waren. Hier ist vor allem als Bestandsaufnahme Amando de Miguels 1980 erschienenes Buch *Los intelectuales bonitos*[27] hervorzuheben, zugleich eine der sehr raren umfassenderen Untersuchungen, die bisher überhaupt zum Thema der spanischen Intellektuellen vorliegen. Inmitten der Phase des *desencanto* verfaßt, sind die Befunde zum einen, wie der Untertitel schon warnt, »ironisch und provokativ«, das Urteil ist polemisch zugespitzt und nicht selten vernichtend. Im gegenwärtigen Moment der *transición*, da sich die historische Chance der Intel-

---

26 Zu den wichtigsten moralphilosophischen Werken Arangurens gehören *España. Una meditación política* (1983), *Propuestas morales* (1983), *Moral de la vida cotidiana, personal y religiosa* (1987) und *Ética de la felicidad* (1988). Fernando Savater trat hervor mit *Panfleto contra el todo* (1978), *Invitación a la ética* und *La tarea del héroe* (beide 1982) sowie den an die jüngere Generation gerichteten Gesprächen *Ética para amador* (1991) und *Política para amador* (1992). Einen knappen Überblick über das philosophische Schaffen dieser Zeit gibt der Beitrag von Justo Pérez del Corral in: Equipo Reseña: *Doce años* (Anm. 17), S. 147-165 sowie Abellán: »Diez años« (Anm. 17).

27 Vgl. Anm. 6.

lektuellen für die Übernahme einer neuen Rolle ergebe, hätten die »hübschen (etablierten) Intellektuellen« aufgrund ihres angeborenen Hanges zur Macht ihren angestammten Ort in den Vorzimmern der Macht, wo sie nur darauf warteten, endlich »dort publizieren zu können, wo sie es immer schon wollten, im *Boletín Oficial del Estado*«.[28]

Zum anderen finden sich in De Miguels Untersuchung aber ernstzunehmende Beobachtungen, die die intellektuelle Landschaft Spaniens teilweise bis heute zutreffend charakterisieren. Dabei rekurrieren die häufig geistreichen und zum Aperçu verdichteten Bemerkungen des Soziologen zu verschiedenen Intellektuellentypen, Generationen, Ideologien und Schreibweisen nicht selten auf alteingesessene (deshalb aber nicht schon unzutreffende) Stereotypen über das heimische Geistesleben. So unterscheide sich die spanische Topographie von der französischen oder US-amerikanischen durch die Dualität zweier konkurrierender Zentren, Madrid und Barcelona. Das für De Miguel spezifisch provinzielle, wenig originelle und zutiefst eklektizistische Wesen des chronisch vom geistigen Auslandsimport abhängigen und kaum international bedeutsame Leistungen hervorbringenden spanischen Geisteslebens, in dem in der Regel die landsmännischen Produkte mißachtet und dafür die ausländischen über Gebühr bevorzugt würden, sei tief in der Geschichte verwurzelt und korrespondiere mit dem (um 1980 noch) geringen internationalen Gewicht Spaniens. Auch das Fehlen einer überregional wichtigen und kosmopolitischen Zeitung – im Fall von *El País* sollte sich das bald ändern – sei mit daran schuld, gesteigert noch durch das »institutionalisierte Exil«, vierzig Jahre Franquismus und einen »tausendjährigen Obskurantismus von Kirche und Staat«, der seinerseits, die besten urspanischen Traditionen des Konzeptismus und Kulteranismus fortsetzend, auf den intellektuellen Diskurs abgefärbt und ihm opake Rhetorik bis in die frühe Demokratie als Stilideal vorgeschrieben habe.

Der von De Miguel monierte Mangel an Interesse am Ausland zugunsten der Beschäftigung mit der Situation und Identität Spaniens wurde in den folgenden Jahren abgebaut. Unverändert stark ist die Präsenz des Katholizismus unter spanischen Intellektuellen, die sich seiner generationenunabhängig, und im ideologischen Spektrum von rechts bis hin zum Marxismus, gleichermaßen als Thema und Diskursmodell mit Hingabe widmen. Von marxistischer Seite wird zudem beklagt, daß in Spanien ein tatkräftiges intellektuelles Engagement für die Arbeiterbewegung fehle, da das Land nun einmal keine Gramscis, Labriolas, Luxemburgs und Liebknechts hervorgebracht habe;[29] für die Linksintellektuellen, so

---

28 De Miguel: *Los intelectuales* (Anm. 6) sowie ders.: »El poder de la palabra en España«, in: López Aranguren et al.: *La función* (Anm. 12), S. 123.

29 Carlos París: »El compromiso social del intelectual en España«, in: López Aranguren et al.: *La función* (Anm. 12), S. 160f.

stellte 1983 Daniel Lacalle fest,[30] gelte als höchster Wert das ethische Engagement für die Gesellschaft als Ganzes, in weitaus geringerem Ansehen stehe das parteipolitische, während das gewerkschaftliche praktisch Nullwert habe.

4. Der Wandel des intellektuellen Feldes ab Mitte der achtziger Jahre

Ab Mitte der achtziger Jahre führen Pragmatisierung und Professionalisierung von Politik und Wissenschaft, das Aufkommen neuer Medien, die Auflösung des Ost-West-Konflikts, die Krise des Marxismus und der sich anbahnende Generationenwechsel im intellektuellen Feld zu Entpolitisierung bzw. zu einer neuen Form und Funktion des politisch-gesellschaftlichen Engagements, das nicht mehr oder nur noch äußerlich die traditionellen ideologischen Positionen bezieht.

Daß ab 1982 und zuvor im Zuge der Demokratisierung überhaupt ehemalige Oppositionnelle Parteiämter und Verwaltungsposten übernehmen und damit auch langgehegte Gesellschaftsideale politischem Pragmatismus weichen mußten, führte für viele direkt in der Partei engagierte Intellektuelle in einen *double-bind*, da nunmehr eine der grundlegenden Bedingungen intellektuellen Seins, nämlich sporadisches Engagement unter prinzipieller Beibehaltung von Autonomie, nicht mehr garantiert sein konnte. Der spätere Rückzug der Intellektuellen aus der Politik und das tendenzielle Wiederaufkommen des Ortegaschen Verdikts einer strikten Entgegensetzung von Ethik und Politik – Etappen sind hier die Wende des PSOE hinsichtlich der NATO-Mitgliedschaft 1986 und der von den Gewerkschaften ausgerufene Generalstreik von 1988 – sowie die Notwendigkeit eines neuen Begriffs von Engagement[31] ging einher mit einer zunehmenden Professionalisierung der Politik und insbesondere der allmählichen Wendung des PSOE von sozialistischen zu neoliberalen Konzeptionen. Eine weitere Ursache für die in den achtziger Jahren zunehmende Entpolitisierung, Zersplitterung des Engagements, ideologische Aufweichung und Orientierungslosigkeit – so sehen es viele Intellektuelle – war der als plötzlich empfundene Ausfall des bisherigen Feindbildes »Franco«. Mit einem Male fehlte ein Bezugspunkt für Legitimation und Selbstdefinition der kritischen Intelligenz, nachdem zuerst der Franquismus überlebt, die Phase des *desencanto* überwunden, der Militärputsch vom 23. Februar 1981 abgewendet und schließlich der PSOE an die Macht gekommen war.

Die gesamte politische Gegen-Kultur von den Marxisten und Libertären bis hin zum Katholizismus war im Prinzip über die Negation des Systems definiert.[32]

---

30 Daniel Lacalle: »Introducción«, in: López Aranguren et al.: *La función social* (Anm. 12), S. 27.
31 Vgl. Uriarte: »Los intelectuales« (Anm. 6), S. 124.
32 Tomás y Valiente (Anm. 7), S. 297.

Der zynische Satz »Contra Franco vivíamos mejor« (»Gegen Franco ging es uns besser«) bringt dies auf den Punkt. Zugleich wurde beklagt, daß über die Francozeit keine Rechenschaft abgelegt wurde, eine »nachfranquistische Katharsis« (Vázquez Montalbán) nicht stattgefunden habe und nach der Etablierung der Linken in der Regierung sich die engagierten Intellektuellen entweder zu politischen Pragmatikern gewandelt oder durch die Flucht vor dem kompromittierenden politischen Alltag die historische Chance der *transición* für eine »reife Beziehung von Intelligenz und Macht«[33] vertan hätten. Die Befindlichkeit einer ganzen Generation, die den Franquismus miterlebt hat, drückt Francisco Umbral mit seiner Einschätzung des politischen Klimas dieser Zeit aus: »Als der Tote [Franco] tot war, hatte Juan Carlos neben politischen Ideen eine geschichtsträchtige: eine Demokratie aufbauen mit den Leuten seiner Generation: Suárez, Felipe [González], Tamames (später Sartorius). Die Kriegsgeneration an den Rand drängen: Carrillo / Areilza. Ein Spanien errichten, das nicht nach Bürgerkrieg riecht. Der Generationenfaktor hat beim Wechsel mehr gezählt, als die Analytiker glauben. Spanien für die jungen 40er und die reifen 50er. Darüber sollte nicht hinausgegangen werden. Die anderen – Alberti links, Rosales rechts – sind unsere Klassiker. Und zwischen soviel *movida* hat man selbst keinen Platz mehr gefunden«.[34] Gerade die Madrider *movida*, auf die Umbral doppelsinnig anspielt, wird von kritischen Stimmen als Ausdruck einer sich politisch und historisch unschuldig wähnenden Generation gesehen,[35] an die man – wie Umbral implizit – die Forderung stellt, wie es Elías Díaz u.a. bereits unternommen haben, die »heterodoxe Vergangenheit«, d.h. die Geschichte des intellektuellen Feldes in Spanien, aufzuarbeiten: denn »Spanien«, so Juan Goytisolo mit dem scharfen Blick aus seinem immerwährenden Exil, habe zwar »das Wort wiedererlangt, aber das Gedächtnis verloren«.[36]

Ein Fallbeispiel: Spanische Intellektuelle und der Golfkrieg (I)

Die Konstanz, mit der in den achtziger und neunziger Jahren verbal oder auch aktiv Einmischungen in politische Bereiche stattgefunden haben, zeigt, daß die heutigen Intellektuellen in ihrer klassischen Funktion keineswegs verschwunden sind, ja sie übernehmen bisweilen – beinahe anachronistisch – traditionelle Rollen.

---

33 Reyes Mate (Anm. 7), S. 268.
34 Francisco Umbral: »Plaza de Oriente«, in: *El País* v. 31.3.86, wiederabgedruckt in: Ders.: *Memorias de un hijo del siglo*. Madrid 1987, S. 214.
35 José-Carlos Mainer: »Los poderes« (Anm. 17), S. 21f. Ähnlich äußert sich auch Manuel Vázquez Montalbán 1986 in: Norbert Rehrmann: *Spanien. Kulturgeschichtliches Lesebuch*. Frankfurt a.M. 1991, S. 197ff.
36 Danubio Torres Fierro: »Pasado y presente de España«, Gespräch mit Juan Goytisolo, in: *Claves de razón práctica* 50, März 1995, S. 56-58.

Das politische Tagesgeschehen der jüngsten Vergangenheit: das NATO-Referendum 1986, der Generalstreik 1988, der Golfkrieg 1990/91, das Gesetz zur inneren Sicherheit 1991 (nach dem damaligen Innenminister als *Ley Corcuera* benannt), der Regierungswechsel 1996 haben politische Meinungsbildung seitens der Intellektuellen und Meinungsbildungsbedarf seitens ihres Publikums hervorgebracht und Schriftstellern wie Antonio Gala, Francisco Umbral oder Manuel Vázquez Montalbán Gelegenheit gegeben, als authentische Protagonisten der Gesellschaft aufzutreten, indem sie Demonstrationszüge anführten, sich zu Präsidenten von Plattformen ausrufen ließen oder sich mit Gleichgesinnten an zahlreichen Manifesten beteiligten und hier, wie in der historischen Geburtsstunde der Intellektuellen gelegentlich der »Affaire Dreyfus«, noch als Kollektiv auftraten. Welche Positionen zu Beginn der neunziger Jahre eingenommen wurden und welche Fragen diskutiert wurden, zeigt ein Blick auf die Stellungnahmen, die spanische Intellektuelle während des Golfkriegs auf den Meinungsseiten von *El País* abgaben.

Dieser Krieg hatte in der langen Zeit zwischen den Sommern 1990 und 1991 eine außerordentlich große Resonanz unter den Intellektuellen jeglicher Couleur hervorgerufen. Aus verschiedenen Gründen sind die Positionierungen und die gegenseitigen Kritiken paradigmatisch für den intellektuellen Diskurs zu Beginn der neunziger Jahre, jenem Diskurs also, der auf der Meinungsseite von *El País* veröffentlicht wurde – immerhin dem vielleicht privilegiertesten und einflußreichsten Platz der kultivierten Meinungsbildung in Spanien. Einer der Gründe war die spezifische Struktur des von diesem Krieg aufgeworfenen Konflikts (ethischer Universalismus des Nicht-Eingriffs bzw. »Isolationismus« Spaniens vs. realpolitisches Kalkül), weil er sowohl an traditionelle Intellektuellenfunktionen appellierte als auch Fragestellungen aufwarf, die im Kontext von Antifranquismus und Demokratisierung standen. Der Golfkrieg gab die Möglichkeit, klassisch-intellektuell auf der Basis von Überzeugungen zu argumentieren und so im Clinch mit der Realpolitik und ihren Verfechtern zugleich auch alte marxistische Forderungen zu recyceln, mit denen die Weltordnung, die sich nach dem Ende des Kalten Krieges etabliert hatte, in Frage gestellt werden konnte. Der internationale Konflikt gab auch Gelegenheit, noch einmal einen tief verwurzelten Antiamerikanismus zur Schau zu stellen und eines der letzten Nachhutgefechte zwischen orthodoxer Linker und dem längst realpolitisch gewordenen *socialismo light* des PSOE auszutragen.

Gerade die Diskussion im Lager der linken Intellektuellen zeigte hier, daß die ideologische Linke keine konsolidierte oder kohärente Linie mehr bildete; »der Krieg gegen den Irak«, so schrieb Ignacio Sotelo, sei »die erste kriegerische

Auseinandersetzung, die die Linke gespalten hat«.[37] Trotz oder wegen der Internationalität des bewaffneten Konflikts wurde der Golfkrieg auch Katalysator für die Diskussion um die weltpolitische Rolle Spaniens in seiner damals noch unvollständigen NATO-Eingliederung (Spanien war nicht in die Kommandostruktur integriert). Schließlich sollte sich auch am Widerstreit zwischen öffentlicher bzw. veröffentlichter Meinung und politischem Handeln der Regierung die Frage nach der Funktionsfähigkeit und Repräsentativität der jungen spanischen Demokratie entzünden, wobei je nach Position die mit zunehmender Nähe des ausbrechenden Krieges heraufbeschworene Krise der Demokratie entweder den politikverdrossenen Bürgern oder den verantwortlich Handelnden in die Schuhe geschoben wurde.

Es ist bei dieser Debatte für die ideologische Aufweichung der Positionen bezeichnend, daß denjenigen, die auf der Seite der Gegner eines Kriegs bzw. einer spanischen Beteiligung vor allem mit moralischen Argumenten kämpften, den »Erben der ökologischen und pazifistischen Bewegung und der antifranquistischen Dissidenz«[38] wie etwa Antonio Muñoz Molina,[39] von den Parteigängern einer realpolitischen Sicht »ehrenhafter Opportunismus«, Sozialromantik oder auch Antiamerikanismus vorgeworfen werden konnte.[40] Das Lager der politischen Realisten hingegen, wie es beispielsweise – von einem allerdings ethischen Standpunkt aus – von Fernando Savater vertreten wurde, der für die notwendige Durchsetzung des internationalen Rechts eintrat,[41] ließ sich keineswegs mit dem traditionellen rechten Spektrum identifizieren.[42]

5. Die neuen Intellektuellen:
Kolumnisten, Chronisten und »Simultan-Analytiker« des Alltags

Der Rückzug vieler Intellektueller vom parteipolitischen Einsatz in den politisch und ideologisch weniger verpflichtenden Bereich der Tageszeitungen und ähnlicher Foren fiel zusammen mit einer allgemeinen thematischen Umorientierung von den großen Machtkonflikten zu Sonderinteressen wie Ökologie und Feminismus, zur Suche nach regionaler Identität (die in der Aufarbeitung dessen, was zur Francozeit auf Folklore reduziert war, nicht selten in Lokalpatriotismus um-

---

37 Ignacio Sotelo: »La ambigüedad de la verdad«, in: *El País* v. 7.6.1991.
38 Eduardo Subirats: »El discurso de una guerra anunciada«, in: *El País* v. 30.1.1991.
39 Vgl. Antonio Muñoz Molina: »El sendero de la abyección«, in: *El País* v. 28.8.1990.
40 Vgl. Estefanía: »Gramsci« (Anm. 12) oder Enrique Gil Calvo: »La insensatez«, in: *El País* v. 29.1.1991.
41 Fernando Savater: »Oficio de tinieblas«, in: *El País* v. 18.1.1991.
42 Zur Haltung der Schriftsteller gegenüber dem Golfkrieg siehe auch Javier Rodríguez de Fonseca: »Los intelectuales españoles y la Guerra del Golfo. La polémica en las páginas de opinión del diario 'El País'«, in: *Claves de Razón Práctica* 30, März 1993, S. 73-80.

schlug), zum Interesse an Mikromachtgefügen (Job, Partnerschaft), zu Alltagsthemen einer von ihrer Interessenslage her komplex gewordenen Gesellschaft. Eine zunehmende Spezialisierung, Professionalisierung und Technokratisierung der Wissenschaft führten dazu, daß der Wirtschaftswissenschaftler, Soziologe etc. den Intellektuellen als *maître à penser* mit moralisch begründeter universeller Autorität allmählich überflüssig machten. Die Demokratisierung von Bildung und Wissen, die Fachspezialisierung und der Bedarf an Professionellen sollten den klassischen Intellektuellen von seiner Funktion, einzige Autorität von Ratio und moralischen Normen zu sein, entbinden, ja, so hieß es in der rechten Presse, das »autoritäre und neototalitäre PSOE-Regime« bestelle sich gar Intellektuelle als Legitimationsbeschaffer.[43] In jüngster Zeit ist ein solches Aushängeschild moralischer Integrität der Partei etwa der Richter bei der *Audiencia Nacional* (etwa Bundesgerichtshof) Baltasar Garzón gewesen, der 1993 von Felipe González wohl auch aus wahltaktischen Gründen auf die Liste gesetzt, dann mit einem subalternen Amt betraut wurde und im März 1994 aus Protest gegen die schwachen Eindämmungsversuche der parteiinternen Korruption sein Mandat niederlegte.

Eine neue Generation der Meinungsmacher hat heute die Deutungsmacht der politisch-gesellschaftlichen Realität übernommen, bei der nicht mehr, wie früher, die entscheidende Frage ist, ob sie den Bürgerkrieg miterlebt hat, sondern wie sehr sie vom Franquismus geprägt ist. Der neue Intellektuellentypus vornehmlich der jüngeren Generation der zwischen 1940 und 1960 Geborenen profitiert von dem rapiden Zuwachs an massenmedialen Meinungsbühnen und nimmt in der Regel eine weniger dezidiert politische oder isoliert-ethische Rolle ein, übt dafür aber durch die wöchentliche und häufig sogar tägliche Präsenz in den Massenmedien eine in Spanien besonders stark ausgeprägte soziale Funktion aus, die auf einen entsprechenden Bedarf an Orientierungshilfe trifft. Umgekehrt bestimmt aber das Medium selbst dadurch in entscheidendem Maße den Diskurs der Intellektuellen.

Denn was den heute bestimmenden Intellektuellentypus und die Formen und Bedingungen seiner Aktivitäten ausmacht, wird zwar auch vom ideologischen und gesellschaftlichen Wandel der vergangenen zwei Jahrzehnte her verständlich, vor allem aber von der damit einhergehenden Verlagerung auf andere, in der Regel massenmediale Kommunikationsformen, die – direkt oder indirekt – das intellektuelle Feld, je nach Sichtweise, konditionieren bzw. dessen Symptome sind. Die Zeitschriften, die weiterhin Forum intellektueller Auseinandersetzung sind – unter den nicht fachspezifischen (philosophischen, sozialwissenschaftlichen oder literarischen) lassen sich anführen: *Claves de Razón Práctica, Los Cuadernos del Norte, Arbor, El Ciervo, Revista de Occidente, Zona Abierta, Anthropos, La Página*

---

43 Federico Jiménez Losantos: »Perihelo. Los intelectuales del felipismo«, in: *ABC* v. 1.5.1993, wiederabgedr. in: *Contra el felipismo. Crónicas de una década*. Madrid 1993, S. 579-580.

u.a. –, haben den Tageszeitungen gegenüber eine verschwindend geringe Einflußsphäre. Der heute sozial anerkannte Intellektuellentyp ist – wie gesagt – vor allem der *periodista* (Journalist, aber auch Publizist, eher Kolumnist als Feuilletonist) mit seinen bisweilen täglich erscheinenden Beiträgen. Seine Schreibweise und sein Selbstverständnis, die Thematik und der Stil werden vom Medium Zeitung und der von ihm vorgegebenen Kommunikationsstruktur radikal konditioniert. Darüber hinaus wird nicht selten aufgrund der Dominanz und Reichweite des Mediums erst der dort Publizierende zum Intellektuellen.

Die nicht immer klaren (letztlich auch politischen) Auswahlkriterien der Zeitungsschreiber und die Legitimationsgründe ihrer Autorität haben sich verlagert: es ist nicht mehr nachvollziehbar, ob die Meinungsmacher aufgrund ihrer wissenschaftlichen Arbeit oder der Anerkennung durch die Universität solche sind oder aufgrund der Tatsache, daß sie außerdem Zugang zu den Massenmedien haben.[44] Eine Durchsicht der neuen Namen, die regelmäßig etwa in *El País* publizieren, zeigt schnell, daß als Kriterium für den Zugang zu den Massenmedien – gerade bei Schriftstellern wie Juan José Millás, Antonio Muñoz Molina, Julio Llamazares – auch zunehmend ökonomischer oder beruflicher Erfolg ausschlaggebend geworden ist und weniger, wie in den Vorgängergenerationen, wissenschaftliche Leistung oder das ethische Argument. Die Kehrseite der einflußreichen und Realität konstituierenden Massenmedien liegt freilich darin, daß, wie Ignacio Sánchez-Cámara in der Absicht einer Rückbesinnung auf die Gedanken Ortega y Gassets schrieb, heutzutage »die einflußreichsten Intellektuellen nicht immer die besten sind«.[45]

Der Intellektuelle ist präsent und einflußreich, jedoch nicht »qua Intellektueller, sondern als Zeitungsschreiber«.[46] Diese Klasse der neuen Intellektuellen befindet sich damit auch schon allein deshalb nicht jenseits des politischen Feldes, weil sie durch ihr Selbstverständnis, ihre Arbeitsform und ihre Kommunikationssituation gerade in Konkurrenz zur politischen Klasse steht: Sie ist selbst eine latent politische Klasse, insofern sie in direkter, kontinuierlicher, jedoch nicht wie die Volksvertreter in delegierter Weise Meinung bildet und repräsentiert und dabei die gleiche Klientel im Auge hat. Die pseudo-interaktiven Eigenschaften der Massenmedien (Leserbriefe z.B.) erzeugen die Illusion einer direkteren Kopplung von öffentlicher und veröffentlichter Meinung, die z.B. dann enttarnt wird, wenn die nächsten Wahlergebnisse, die einmal mehr den PSOE bestätigen,

---

44 Vgl. hierzu und zum folgenden Fernando Vallespín: »Universidad/Sociedad. Una pareja malavenida«, in: *Claves de Razón Práctica* 6, Oktober 1990, S. 18-23 sowie Ortega: »Los nuevos« (Anm. 12).
45 Vgl. Sánchez Cámara: »El intelectual« (Anm. 12), S. 99.
46 Gabriel Tortella (Anm. 7), S. 280.

den Meinungsseiten widersprechen.⁴⁷ Von den politischen Vertretern nicht berücksichtigte Bedürfnisse können um so besser artikuliert werden, als die neuen Intellektuellen sich auf die Positionen der alten beziehen, nämlich nicht in eigenem Interesse handelnde Vermittler von gesellschaftlichen Belangen und Wissen zu sein und dabei die Vorherrschaft über die symbolische Darstellung und Deutung von Wirklichkeit zu behalten.

Der Madrider Soziologe Félix Ortega sieht aufgrund dieser Konstellation in den Zeitungsschreibern die neuen »organischen Intellektuellen« Gramscis.⁴⁸ Das Medium bestimmt natürlich nicht nur die soziale Rolle des hier in Frage stehenden Intellektuellentyps, der gegenwärtig in Spanien (etwa im Vergleich zur Zeit von der 98er Generation bis zum Ausbruch des Bürgerkriegs 1936 und im Vergleich mit anderen europäischen Ländern) eine vielleicht besonders starke soziale Präsenz hat. Auch die Produktionsbedingungen (bisweilen jeden Tag eine Kolumne, häufig in jeder Woche eine), der Diskurs und die Schreibweise selbst passen sich dem Medium an. Besonders deutlich wird diese mediale Verlagerung mit all ihren Konsequenzen hinsichtlich Legitimation und Funktion der Produzenten, Inhalt und Form der Botschaften, wenn man die Beiträge, die während bzw. kurz vor Ausbruch des Golfkriegs auf der Meinungsseite von *El País* publiziert wurden (s.o.), mit den einspaltigen Kolumnen vergleicht, die auf der letzten Seite dieser Zeitung erschienen. Im Diskurs der neuen Intellektuellengeneration, der dort geführt wird, hebt sich der Gegensatz von Politischem, Sozialem und Individuellem, von Geschichte und Gegenwart, Alltag und Weltpolitik unter dem Einfluß der Medien in einer allgemeinen Ästhetisierung sozialer und politischer Praktiken auf.

Ein Fallbeispiel: Spanische Intellektuelle und der Golfkrieg (II)

Es kennzeichnet einen Vázquez Montalbán, daß er auch in den Kurzkolumnen in der Regel noch zusammenhängende Artikel in bester Tradition der Glosse schreibt, wie es etwa zwei medienkritische Einlassungen vom November 1990 zeigen, in denen eine subtil durch die Fernsehberichterstattung vorbereitete Notwendigkeit des Kriegs entlarvt wird.⁴⁹ Montalbán greift dabei gezielt Interessen der beteiligten Parteien auf und gibt damit ein politisches Statement ab. Typisch für die neue Intellektuellengeneration ist jedoch ein anderer Diskurs, dessen unverbindlich-

---

47 Zu der Parallele Intellektuelle / Politiker vgl. Javier Pradera: »Intelectuales y periodistas«, in: *Claves de Razón Práctica* 15, 1990, S. 20-30 sowie Enrique Gil Calvo: »Lectores y electores«, in: *El País* v. 3.6.91.
48 Ortega: »Los nuevos« (Anm. 12).
49 Vgl. Manuel Vázquez Montalbán: »Kuwait«, in: *El País* v. 19.11.90; »Subliminal«, in: *El País* v. 26.11.90.

ästhetisierendes Sprachspiel gerade angesichts des Golfkriegs besonders augenfällig wird. Es sind beispielsweise Artikel wie die des erfolgreichen Schriftstellers Juan José Millás (geb. 1946). In der Kolumne »Autopsías«[50] z.B. werden beziehungslos hintereinander verschiedene Personen aufgelistet, denen alles, was sie unternehmen, zur Autopsie gerät: einem befreundeten Literaturkritiker das Verfassen einer Kritik, einem Literaturprofessor das Seminar, der Tante das Essen, dem argentinischen Präsidenten Carlos Menem der Umgang mit der Opposition und George Bush der Golfkrieg, weil seine Kriegsmaschinerie die Feinde in zerstückelte Leichen verwandelt. Folgerung: »Es kommt also heraus, daß der Westen inwendig eine Schweinerei ist, eine Masse von Blut, Abschaum, Dollars und Hamburgern.«

Die Spuren, die das Massenmedium bei der Gestaltung der Botschaft hinterlassen hat, sind hier deutlich zu sehen: Fragmentarität, Kontingenz und – in provokativer Absicht – unreflektiert ideologischer, spektakulärer und verbalradikaler Reduktionismus in einer Mischung von Privatem, Anekdotischem und Politischem, von tremendistischer Obszönität und Caféhaus-Geplauder. In anderen Artikeln wird diese Komponente einer neuen Irrationalität noch deutlicher. Panik bricht in die Alltagsnormalität des Ich-Erzählers ein, als dieser von einer Blinden solange durch die Straßen geführt wird, bis er nicht mehr weiß, an welchem apokalyptischen Ende er sich befindet: in den Kriegsgebieten im Nahen Osten oder in Madrid am Jahresende: »...und dort bin ich seitdem, mit geschlossenen Augen, um nichts zu sehen.«[51] Nachdem der Intellektuelle Millás in der einen Woche seine Funktion der Wissensvermittlung und moralischen Anklage dadurch wahrgenommen hat, daß er nach einer populärwissenschaftlich-simplifizierenden Darstellung der Ansichten Freuds über den Krieg die vulgärhumanistisch-optimistische Folgerung zieht: »Einer der wirksamsten Wege zur Verhinderung des Krieges ist die Kultur. In der Tat ist es sehr gut möglich, daß es nicht zum Krieg gekommen wäre, wenn man zuvor moralische Überlegungen angestellt hätte«,[52] wird in der anderen Woche vermutet: »Vielleicht gibt es einen geheimen Ort [...], an dem die Entscheidungen getroffen werden, die den Planeten betreffen. Wenn irgendwer Zugang zu diesem Ort hat [...], soll er ruhig bleiben, keinen Knopf drücken und nicht ans Telephon gehen. Ich wünsche ihm viel Glück.«[53]

Als letztes Beispiel für diesen im Grunde die bestehende Ordnung legitimierenden Diskurs kann die »Vida« (Leben) betitelte Kolumne der erfolgreichen Journalistin Maruja Torres angeführt werden.[54] Gleich eingangs stellt Torres den

---

50 *El País* v. 11.1.1991.
51 Juan José Millás, »Final«, in: *El País* v. 4.1.91.
52 Ders., »El porqué de la guerra«, in: *Faro de Vigo* v. 27.1.1991.
53 Ders., »Lugares secretos«, in: *Faro de Vigo* v. 20.1.91.
54 *El País* v. 16.1.91.

Bezug zur Alltagssituation und zur Lesezeit der Leser dadurch her, daß sie angibt, welcher Tag, welche Tageszeit, wie das Wetter ist, als sie schreibt (diese Hinweise haben auch bei den Beiträgen von Millás nicht gefehlt), und daß sie einräumt, man wisse ja nicht, was noch geschehen würde, bis der Artikel erscheine. Die folgende Feststellung: »Ich weiß auch gar nicht, was ich schreiben soll« ruft nicht nur den Unsagbarkeitstopos angesichts des drohenden Krieges auf, sie zeigt auch, daß bei dieser Kolumne, wie häufig, mindestens ebenso wichtig wie der Inhalt die Tatsache ist, *daß* etwas (die Kolumne) gesagt wird. Torres (die Erzählerin) sitzt schließlich schweigsam vor dem Radio und wartet. »Ich denke daran, wie schön die Sonne und die Kälte ist«. Nun kommt die schon bei Millás erfolgte Absage an rationale Auseinandersetzung mit Politik und Krieg: »Ich denke daran, weil ich keine Lust mehr habe, das Verhalten der Konfliktparteien, die vergeblichen und zu spät unternommenen Schritte und die Frage nach Schuld und Verantwortung zu analysieren«. »Was ich in Wahrheit sagen will«, so heißt es etwas später, »ist etwas anderes: Ich hasse die Militärs. Alle Militärs. Die von hier und die von dort. Und ich hasse die Politiker, die ihre Komplizen sind, ebenso wie die, die sie als Instrumente benutzen. Es ist seltsam: In dem Maße, in dem ich das Wort Haß schreibe, beruhige ich mich. Ich hasse, hasse, hasse. Und ich liebe, liebe, liebe. Ich liebe das Leben. Leben und mehr Leben, immerzu, über alles und gegen alles, das Leben« etc.

Wie sehr die Beiträge auf die Tageszeitung, den einmaligen schnellen Konsum zugeschnitten sind, zeigt, daß in der Reihe der gesammelten Zeitungskolumnen, wie sie beispielsweise der Hausverlag von *El País* herausgibt, die jeweiligen Artikel, die dann ein, zwei, fünf oder zehn Jahre zurückliegen, noch einmal mit handschriftlichen Bemerkungen der Verfasser versehen werden, um dem Medium Buch künstliche Aktualität und auch Authentizität zu verleihen; bisweilen werden auch Leserzuschriften integriert. Typisch für die hier dargestellte Form des intellektuellen Engagements ist der Bezug zu Alltagsthemen, der allgegenwärtige tägliche Beistand, die Meinungsversorgung für alle Lebensbereiche. Die wichtigsten Vertreter dieser Gruppe sind fast durchweg erfolgreiche Schriftsteller: Antonio Gala, Alejandro Gándara, Luis Landero, Julio Llamazares, Juan José Millás, Terenci Moix, Rosa Montero, Antonio Muñoz Molina, Maruja Torres, Francisco Umbral, Manuel Vicent, Elena Ochoa u.a. Sie publizieren in *El País* (auf der Meinungsseite, im Feuilleton oder auf der letzten Seite), in der Wochenendbeilage *El País Semanal*, in *El Mundo*, *ABC*, *Interviú*, und je nachdem variieren die Themen. Ein und derselbe Autor tut bisweilen seine Ansichten über die NATO auf der Meinungsseite kund, erzählt eine Glosse aus dem häuslichen Leben mit liberal-moralischer Essenz und gibt zum Wochenende zwischen den mondänmoderaten Lifestyle-Seiten der Sonntagsbeilage Ratschläge für die moderne Partnerschaft.

Einen Eindruck von der Sujetvielfalt geben z.B. die Kolumnen, die die wohl bekannteste zeitgenössische spanische Schriftstellerin und Journalistin, Rosa Montero, in den Jahren 1983-93 geschrieben und in *La vida desnuda*[55] wiederabgedruckt hat. Hier geht es z.B. um: Abtreibung, Todesstrafe, Lektüreerlebnisse und Lieblingsbücher, AIDS, Fastfood, den Sexappeal von Felipe González, Urlauber, die ihre Haustiere aussetzen, Liebe, Ehe, Partnerschaftsprobleme, Vergewaltigung, den ETA-Terror – kurz gesagt: Es geht um alles. Die Unbegrenztheit der Themen schließt die unhinterfragte Unbegrenztheit der (angemaßten oder zugestandenen) Kompetenz der Schreiber ein. Jeder, der schreiben darf, darf alles über alles schreiben.[56] Dieser neue Typ des intellektuellen Journalismus umfaßt neben Meinungsartikeln auch »Interview-Porträts«[57] oder häufig in bewußt literarischem Erzählduktus gehaltene Aktualisierungen von Geschichten, die dem historischen, politischen, gesellschaftlichen und privaten Geschehen entnommen sind. Auf der anderen Seite vermischen sich auch bei Autorinnen wie Rosa Montero oder Maruja Torres die Grenzen zur (engagierten) Literatur.[58] Die über Jahre hinaus vertrauten Zeitungsstimmen werden Begleiter in einem Alltag, der in dem Maße, wie er denen, die ihn leben, erzählt wird,[59] sich selbst in Spektakel und Literatur verwandelt und den Leser zum Betrachter seines eigenen Lebens macht.

Einer der brillantesten und produktivsten Vertreter solcher 'Simultan-Analytiker' des Alltags ist der Madrider Schriftsteller Francisco Umbral, der es als die wichtigste Aufgabe seiner zwischen Reportage und ästhetischem Produkt changierenden Chroniken sieht, »die Welt in ihrem unmittelbarsten alltäglichen Schrei auszudrücken.«[60] Die Ästhetisierung des Alltags und die unaufhörliche Verwandlung von Leben in Text, die Unscheidbarkeit von Leben und Text in den Zeitungsbeiträgen (nicht nur für den Autor, sondern auch für den Leser) ist das Thema von Umbrals Essay *La escritura perpetua*: »Man weiß nicht mehr, ob man lebt oder Material zum Schreiben anhäuft [...]. Das permanente Schreiben ist [...] wie eine Ehe mit dem Leser. Eine Ehe, die keine Untreue duldet. Der Leser gewöhnt sich an diese tägliche Auseinandersetzung mit dem Kolumnisten und

---

55 Rosa Montero: *La vida desnuda. Una mirada apasionada sobre nuestro mundo*. Madrid 1994.
56 Vgl. Ortega, »Los nuevos« (Anm. 12) sowie Juan Goytisolo: »Escritor sin mandato«, in: *El País* v. 3.5.1997.
57 Vgl. dazu Dorothee Nolte: *Umbruchs-Fragen. Das Genre des Interview-Porträts während der spanischen Transición*. Berlin 1994.
58 Vgl. z.B. Rosa Montero: *Historias de mujeres*. Madrid 1995.
59 Der Untertitel einer Artikelsammlung von Antonio Gala: *A quién conmigo va*. Barcelona 1994, lautet bezeichnenderweise übersetzt: »Das tägliche Leben, seine Täuschungen und Widersprüche, meisterhaft erzählt von der Feder eines großen Schriftstellers«; zu Form, Geschichte und Funktion des in Spanien so beliebten Genres der Kolumne vgl. Fernando López Pan: »La columna como género periodístico«, in: *70 columnistas de la prensa española. Estudio introductorio de Fernando López Pan*. Pamplona 1994, S. 11-32, bes. 28-30.
60 Francisco Umbral: *La escritura perpetua*. Barcelona 1989, S. 14.

erträgt nicht einfach die Unterbrechung. [...]. Aber das unendliche Schreiben wäre nicht möglich, wenn die Welt nicht unendlich literarisch wäre.«[61]

6. Schlußbemerkung

Anläßlich der Beiträge, die *El País* 1987 über die Gedenkveranstaltungen zum 50. Jahrestag des Antifaschistischen Schriftstellerkongresses in Barcelona veröffentlichte, beklagte der rechtsliberale Journalist und Schriftsteller Federico Jiménez Losantos, den gern geäußerten Spruch variierend »Was nicht in *El País* steht, existiert nicht«: seit dem Regierungsantritt des PSOE seien wohl »alle Intellektuellen Linke, weil sie sonst nicht 'auf's Photo' kommen«, d.h. in *El País* oder dem staatlichen Fernsehsender TVE erscheinen.[62] Daß unter der PSOE-Regierung eine Kontrolle dieser Medien stattgefunden hat, ist bekannt,[63] und daß die seit März 1996 installierte Mitte-Rechts-Regierung des *Partido Popular* (PP) unter José María Aznar nicht anders verfährt, kann man bereits beobachten. Man darf gespannt sein, welche Intellektuellen – und mit welcher Breitenwirkung – 1998 über das urspanische Thema »Was ist Spanien?« anläßlich der 100-Jahrfeier der *98er Generation* schreiben (dürfen), und wie die neue rechte Intelligenz sich zum Opus Dei verhält, jener Organisation, zu der Teile der neuen politischen Führungsriege des PP, höchste Funktionäre, Sozial- und Wirtschaftswissenschaftler, darunter Aznar selbst, enge Beziehungen unterhalten[64] und die zwischen 1960 und 1975 den Anspruch gestellt hatte, die katholisch-intellektuelle Elite zu repräsentieren.

---

61 Francisco Umbral: *La escritura* (Anm. 59), S. 9-13; vgl. zu Umbral auch: Jean-Pierre Castellani: »Culture traditionelle et post-modernité chez Francisco Umbral«, in: Lavaud (Hg.): *Nos années* (Anm. 17), S. 77-85.
62 Federico Jiménez Losantos: »Intelectuales en la luna de Valencia (II)«, in: *Cambio 16* v. 6.7.1987, wiederabgedr. in *Contra* (Anm. 42), S. 233-235, Zitat S. 234.
63 Vgl. Justino Sinova: *El poder y la prensa. El control político de la información en la España felipista*. Pamplona 1995.
64 Vgl. Jesús Ynfante: »Résurrection de l'Opus Dei en Espagne«, in: *Le monde diplomatique*, Juli 1996.

Hans-Jörg Neuschäfer

Von der *movida* zum Kulturbusiness
Ein Blick in den Literaturbetrieb der 90er Jahre[*]

Kein europäisches Land hat sich in den letzten zwei Jahrzehnten so verändert wie Spanien. Geändert hat sich auch die Literatur, und gewandelt haben sich insbesondere die institutionellen Voraussetzungen, die den Literaturbetrieb regeln, d.h. jene Steuerungsmechanismen, welche die Produzenten mit den Rezipienten vermitteln und die letztlich auch für den Status, für das Ansehen, für das *Image* zuständig sind, das Literatur in der öffentlichen Meinung genießt.

Im Francoregime und noch ein Stück darüber hinaus (bis 1978) wurde der Literaturbetrieb weitgehend von der staatlichen Zensurbehörde gelenkt, die selbst herausragenden oder oppositionellen Texten und Filmen ihren Stempel aufdrückte, indem sie ihnen eine Verschleierungstaktik aufzwang. – In den achtziger Jahren, frühestens seit dem Beginn der *transición* am Ende der siebziger, waren die aufgestaute Freiheitssehnsucht, der Trend zur Tabudurchbrechung, auch der kulturelle Nachholbedarf vorübergehend so stark, daß der nunmehr deregulierte Literaturbetrieb, in Form der *movida*, gleichsam von selbst lief. – In den Neunzigern ist die Literatur aber auch in Spanien zu einem Teil der Freizeitindustrie und zu einem Marktsegment geworden, das sich gegen konkurrierende Angebote durchsetzen und das auch Profit abwerfen muß. In diesem Kulturbusiness versteht sich Literatur nicht mehr von selbst, sondern muß, wie andere Produkte auch, durch Werbung und Vermarktung überhaupt erst angedient werden. Das ist nun zwar keine rein spanische Angelegenheit mehr, sondern eine »globale«; aber in Spanien hat der Literaturbetrieb durchaus seine Eigenheiten, die ihn zumindest vom deutschen markant unterscheiden.

---

[*] Das Folgende gibt meine Einschätzung vom aktuellen spanischen Literaturbetrieb wieder. Sie ist geprägt von der Lektüre der spanischen Gegenwartsliteratur, von der Beobachtung der spanischen Medien und vom freundschaftlichen Umgang mit spanischen Journalisten, Schriftstellern und Filmemachern beiderlei Geschlechts und quer durch die Generationen. Ich protokolliere, was mir als Außenstehendem, als Nicht-Spanier, aufgefallen ist, wobei der Vergleich mit den deutschen Verhältnissen die Auswahl der Beispiele stets mitbestimmt, auch wenn das nicht immer explizit angesagt wird. Ich enthalte mich nicht der Skepsis, wohl aber der fundamentalistischen Besserwisserei. Vgl. auch Hans-Jörg Neuschäfer: *Spanische Literaturgeschichte*. Stuttgart 1997, S. 389ff.

Die Zusammenarbeit von Literatur und Journalismus und der *boom* der Erzählliteratur

Gleichsam auf Touren gebracht wurde der spanische Literaturbetrieb in den letzten Jahren durch die enge Zusammenarbeit zwischen Literaten und Journalisten, die es durch häufigen Rollentausch, vor allem aber durch gegenseitige propagandistische Unterstützung erreicht haben, daß es inzwischen einen *boom* zumindest der Erzählliteratur gibt, der gewiß zuerst nur herbeigeredet wurde, dann aber tatsächlich sich einstellte. Ein schönes Beispiel für die journalistische Propagierung der spanischen Erzählliteratur bietet ein neunzehn Seiten langer Bericht in der Wochenendbeilage der Tageszeitung *El País* (vom 6. Juni 1997), der nicht weniger als sechsunddreißig Autorinnen und Autoren vorstellt, die derzeit *en vogue* sind; und dies nicht nur im Text, sondern auch durch eine Reihe von äußerst werbewirksam fotografierten, ganzseitigen Porträt- und Gruppenaufnahmen. Gewiß hatte diese »Reportage« einen einschlägigen Anlaß: die Buchmesse in Madrid, die alljährlich im Freien, im Retiro nämlich, stattfindet, wobei die Besucher (allein am Wochenende eine halbe Million) die Autoren, die in den Ständen ihrer Verlage eigenhändig ihre Bücher verkaufen und signieren, wirklich so hautnah sehen und erleben können, wie ihnen das die Großaufnahmen im *País* appetitanregend vorgegaukelt haben. Gewiß gibt es auch anläßlich der Frankfurter Buchmesse in deutschen Tageszeitungen seitenlange Literaturberichte. Aber das steht meist separiert in speziellen Beilagen und beschränkt sich weitgehend auf langatmige Besprechungen, wobei ein »seriöses« Layout mit viel Druckerschwärze und wenig visuellen Verlockungen dafür sorgt, daß bloß Neugierige von vornherein abgeschreckt werden und nur diejenigen Leser Einlaß finden, die sowieso schon auf der Suche nach einer bestimmten Information sind. Ganz entsprechend erinnern die Kojen der Frankfurter Messe an Tabuzonen, zu denen nur die Eingeweihten Zutritt haben, die sich dann mit sich selbst beschäftigen, während der Besucherstrom in den Zwischengängen scheu vorbeizieht. Ganz anders in Madrid, wo die Autoren sich unverschämt zur Schau und zur Kommunikation stellen und dazu auch noch ihre Ware feilbieten, was in Deutschland ganz und gar undenkbar ist.

Ich bin nun freilich etwas vom Wege abgekommen und habe unversehens schon eine zweite Eigenheit des spanischen Literaturbetriebs – den Hang zur direkten Schaustellerei, ja zur Anmache – zur Sprache gebracht, bevor ich auf die erste und wichtigste, mit ihr allerdings eng verbundene, richtig eingegangen bin: die Symbiose von Literatur und Publizistik – Publizistik zugleich im Sinn von »Tagesjournalismus« und von »Aufmerksamkeit-Erregen« verstanden. Damit komme ich zurück zur *País*-Reportage, nicht ohne anzumerken, daß die *nueva narrativa española* nicht nur zur Buchmessezeit, sondern das ganze Jahr über in dieser und anderen Zeitungen massiv präsent ist, und zwar auch deshalb, weil herausragende Journalisten – der Fernsehkommentator Arturo Pérez Reverte, die Reporterinnen Rosa Montero und Maruja Torres oder der Nachrichtensprecher Fernando Delgado, um nur einige Beispiele zu nennen – ihrerseits zu den Bestsellerautoren des *boom* und zu den sechsunddreißig Porträtierten gehören.

© *El País* 1997, Javier Salas

Der Artikel im *País* beginnt mit Großlettern, die sonst nur in Werbeplakaten üblich sind. Sie verkünden erstens die wesentliche Botschaft des Artikels (die einheimische Literatur habe die ausländische, auch die lateinamerikanische, längst abgehängt); zweitens das Erfolgsrezept des Literaturjournalismus (»Fakten, Fakten, Fakten und immer an die Leser denken«); und drittens den Mythos, der die Bedingung der Möglichkeit des *boom* erklären soll (die Demokratisierung des Landes und die Protagonistenrolle der Frauen).

Auf den redaktionellen Teil des Artikels, der im wesentlichen eine Selbstpräsentation der Autoren enthält, braucht hier nicht näher eingegangen zu werden; aus dem Bildteil aber und aus dessen Anordnung ist einiges zu entnehmen, das bezeichnend ist. Bemerkenswert ist ja bereits, daß das Bild der spanischen Literatur, wie es sich hier darbietet, mehr aus den Fotografien als aus den Texten hervorgeht. – Eingeleitet und gleichsam präsidiert wird die Autorengalerie durch das grimmige Porträt des Nobelpreisträgers Cela; den Beschluß bildet der nicht weniger streng blickende Altmeister Delibes; die beiden umrahmen mit ihrem internationalen (Cela) und ihrem nationalen und moralischen Prestige (Delibes) die Galerie der Jüngeren, die z. T. freilich nicht mehr *so* jung sind, sich aber in jedem Fall jung und entspannt gebärden.

Ich greife heraus: Gleich das zweite Bild zeigt, auf einer Bank im Garten des Reina-Sofía-Museums sitzend, Antonio Muñoz Molina und Javier Marías, die internationalen Aushängeschilder der jungen Generation (Muñoz Molina *1956, Marías *1951). Sie lesen; aber sie lesen nicht irgendetwas, sondern werbewirksam jeder das letzte Buch des anderen: Marías ist in Muñoz Molinas *Plenilunio* (1997) vertieft, während Muñoz Molina in Marías' *Mano de sombra* (1997) versunken ist. Nichts könnte besser die Strategie der *boom*-Generation unterstreichen als diese Attitüde der gegenseitigen Hochschätzung und Unterstützung. Denn auch wenn die Gegenwartsautoren sich persönlich keineswegs immer wohlgesinnt sind, so haben sie doch eines begriffen: Das *Image* der Gruppensolidarität ist heute mehr gefragt als das des Einzelkämpfers (Delibes) oder gar des Egomanen (Cela). So setzt sich denn das Bild der *coincidentia oppositorum* durch die ganze Serie fort.

Gleich auf der gegenüberliegenden Seite haben wir dazu das weibliche Pendant. Auch hier eine Altmeisterin, Ana María Matute, die von der viel jüngeren Almudena Grandes, einem der Hauptphänomene des Bestsellerbusiness, geradezu angehimmelt wird. Tatsächlich hat Ana María Matute, der, im Gegensatz zu Grandes, Cleverness nie zu Gebote stand, durch die geschickte Werbestrategie ihres Verlags Espasa Calpe (der inzwischen zur Planeta-Gruppe gehört) noch einen späten Breitenerfolg errungen (mit *Olvidado Rey Gudú*). Untertitelt ist das Bild der beiden Männer mit »La literatura que rompe fronteras«, womit auf die Übersetzung der Texte Muñoz Molinas in siebzehn Sprachen und auf den Sensationserfolg von Marías in Deutschland (dank der Propaganda im »Literarischen Quartett«) angespielt wird. Bei den Frauen (aber nicht nur bei ihnen) wird die *convivencia de generaciones* hervorgehoben, womit der spanischen Gegenwartsliteratur (wie auch durch die Inszenierung von Cela und Delibes) zugleich Traditionsbewußtsein und historische Kontinuität attestiert wird.

© *El País* 1997, Javier Salas

Von den weiteren Porträtaufnahmen soll nur noch das »Ein Herz und eine Seele«-Photo von Josefina Aldecoa, Rosa Montero und Rosa Regás hervorgehoben werden, wobei das Motiv des »getrennt marschieren und vereint schlagen« abermals betont wird: »Drei Formen, das gleiche Ziel zu erreichen«, heißt es in der Bildunterschrift, wobei auf den höchst unterschiedlichen Werdegang erfolgreicher Schriftstellerinnen, aber auch auf die sich nur in der Demokratie bietenden Chancen hingewiesen wird: Aldecoa war Volksschullehrerin, Regás Verlegerin (eine der wichtigsten in der *transición*) und Montero war und ist Journalistin.

Im übrigen präsentiert die Reportage, auch wenn sie im Textteil die sechsunddreißig gefragtesten Autoren zu Wort kommen läßt, im Bildteil noch einmal die »Spitze« von ihnen, sozusagen die *nomenclatura* des gegenwärtigen Literaturbetriebs, diejenigen also, bei denen sich gemäß den neuen Normen des Kulturbusiness der *rigor literario* mit dem ökonomischen Erfolg paart, wie es in einer Bildunterschrift heißt. Es sind dies außer den schon Genannten: Augusto Vázquez Figueroa, Terenci Moix, Antonio Gala, Maruja Torres, Eduardo Mendoza, Manuel Vázquez Montalbán, Juan Marsé, Bernardo Atxaga, Manuel Rivas und Quim Monzó, insgesamt also neunzehn, wobei nur Cela und Delibes, gleichsam *honoris causa*, ein Einzelporträt zugestanden wird, während alle anderen in Dreier- und Vierergruppen zusammengefaßt werden, außer Marías und Muñoz Molina, Matute und Grandes, die, jeweils nur zu zweit, noch einmal besonders hervorgehoben werden – auch das ein Fingerzeig auf ihren gegenwärtigen Marktwert.

Agenten und Verleger

Mit der Bebilderung der Spitzenwerte an der Autorenbörse ist freilich die Porträtgalerie noch nicht zu Ende. Es folgen noch zwei Seiten mit dem Konterfei jener, die dafür sorgen, daß Literatur auch *verkauft* werden kann. Unmittelbar nach Delibes, auf der gegenüberliegenden Seite, ist die *grande dame* des spanischen Agenturwesens zu sehen, Carmen Balcells. Ihr wird im Begleittext zu Recht nachgesagt, sie sei die Pionierin dieses wichtigen Geschäftszweiges gewesen. Sie ist inzwischen aber auch fast so etwas wie seine Herrscherin. Auf dem Bild gibt sie sich zwar ganz privat, als besorgte Großmutter, die hinter der zukunftsverheißenden Enkelin sitzt. Sie ist aber nach wie vor auch das, was ihr Manuel Vázquez Montalbán in seinem Roman *El premio* (1996) nachsagt: »El superagente literario 009 con licencia para matar«. *El premio*, worauf noch zurückzukommen sein wird, macht übrigens den Literaturbetrieb realsatirisch zu seinem Hauptthema. Der Roman, der formal in die Krimiserie um den Detektiv Pepe Carvalho gehört und also das Kulturbusiness zum Gegenstand kriminalistischer Nachforschungen macht, ist Carmen Balcells auch gewidmet. Nicht von ungefähr, denn das war fast eine Dankespflicht, hat Carmen Balcells einen doch nicht unerheblichen Anteil daran, daß Vázquez Montalbán vom gewiß respektierten, aber doch auch etwas randständigen Regimekritiker zu einem der Großverdiener im Literatur- und Zeitungsmarkt werden konnte, ohne daß er seine noch immer gehörige Skepsis gegenüber den herrschenden Verhältnissen (jetzt in der Demokratie) verraten mußte.

© *El País* 1997, Javier Salas

Aber auch viele andere Autoren haben Carmen Balcells entscheidende Förderung bei der Positionierung im *ranking* der Erfolgsautoren zu danken. Allein acht der im *País*-Bericht Porträtierten gehören zu ihrem »Stall«. Und von den berühmten Lateinamerikanern haben zumindest García Márquez (der erst mit ihrer Hilfe überhaupt einen Verlag fand) und Isabel Allende Carmen Balcells mehr als viel, vielleicht sogar alles zu verdanken. Inzwischen sind noch andere Namen – Raquel de la Concha, Mercedes Casanovas und Antonia Kerrigan z.B. – in diesem in Zukunft womöglich noch wichtiger werdenden Vermittlerstand bekannt geworden. Vorderhand aber kann noch niemand sich mit Carmen Balcells messen, deren dreihundertneunundvierzig Seiten umfassender Autorenkatalog sich zugleich als *who is who* und als Bibliografie der spanischen und lateinamerikanischen Gegenwartsliteratur benutzen läßt. Auf jeden Fall ist eine Dokumentation wie die von *El País* ganz im Sinne der Agentin und ihrer Schützlinge, vielleicht ist sie sogar von ihr mitinspiriert.

Und schließlich das letzte Bild. Es zeigt die Chefin und die Chefs von vier der bedeutendsten spanischen Verlagshäuser: Juan Cruz von Alfaguara, Beatriz de Moura von Tusquets, Jorge Herralde von Anagrama und Manfred Grebe von Plaza y Janés. Die Bildunterschrift versucht gar nicht erst zu verschleiern, um was es diesen Verlagsleitern in erste Linie geht: mit ihren Entscheidungen aufs richtige Pferd bzw. den richtigen Autor zu setzen, um damit möglichst viel Geld zu verdienen: »Los negocios del que apuesta bien« – auch dies ein sympathischer Unterschied zu *unserem* Literaturbetrieb, dessen geschäftliche Seiten immer noch gern mit kulturreligiösen Phrasen verbrämt werden. Und dies, obwohl hierzulande doch das Gleiche passiert wie in Spanien: der realexistierende Kapitalismus macht natürlich auch vor der Verlagslandschaft nicht halt. Kleinere Verlage können sich, auch wenn sie noch so renommiert sind, nicht mehr halten. Wollen sie – wie in Spanien etwa der Verlag Lumen – nicht ganz zugrunde gehen, müssen sie sich mehr oder weniger freundlich »übernehmen« lassen, in diesem Fall durch Plaza y Janés bzw. durch Bertelsmann, der wiederum Plaza y Janés geschluckt hat. Größere Verlage wiederum versuchen sich zu Imperien zusammenzuschließen, mit denen sie am Ende den *ganzen* Medienmarkt und nicht nur die Literaturproduktion beherrschen: Alfaguara ist mit noch vielen anderen Verlagen im Santillana-Verbund zusammengefaßt, und dieser wiederum kooperiert mit der PRISA-Gruppe von Jesús Polanco, der u.a. *El País* und die populärste spanische Radiokette – *Cadena SER* –, dazu Teile der TV-Sender *Canal+* und *Antena 3* angehören.[1] Und wie in anderen kommerziellen Unternehmen, so sind auch im Verlagswesen Rationalisierung, Sanierung, Kostensenkung, Reduzierung des Personals (besonders im Lektorat; Entscheidungen werden heute nur noch aus wirtschaft-

---

1 Vgl. den Beitrag von Peter M. Spangenberg in diesem Band.

lichen Erwägungen getroffen) und eine aggressive Geschäftspolitik angesagt, in deren Gefolge nicht nur die Zahl der Verlage radikal vermindert wird; auch die Autoren sehen sich einem ganz neuen und doch nur zu sehr »im System« begründeten Trend ausgesetzt: Man baut jetzt immer stärker auf schon bewährte oder aus den Medien bekannte Schreiber – *firmas* nennt man sie in Spanien sinnigerweise – und sperrt sich immer mehr dagegen, mit noch Unbekannten ein vermeidbares Risiko einzugehen.

Das wiederum führt dazu, daß auf der einen Seite ein Kreis von arrivierten Schriftstellern steht, die hohe »Renditen« (auch für sich selbst) erzielen, die den Kuchen also unter sich aufteilen, während es auf der anderen Seite für *newcomer* immer schwieriger wird, in den Markt überhaupt hineinzukommen. Was aber die Stars betrifft, so ist unschwer zu erkennen, daß sie auch Star*gagen* verdienen. In erster Linie dank der Verlagshonorare: Bei Auflagen von über einhunderttausend Exemplaren, die von nicht wenigen erreicht und manchmal auch weit überschritten werden (man bedenke, daß die spanische Literatur dank Lateinamerika einen Riesenmarkt hat) und einem Buchpreis von ca. dreißig Mark (der jetzt auch in Spanien normal ist), kommt selbst mit einem Autorenhonorar von nur zehn Prozent (das von den Besten überschritten wird) einiges zusammen. Darüber hinaus winken vielfältige Verdienstmöglichkeiten durch Mitarbeit in den Medien (die permanent genutzt werden) und durch Vortragsreisen, bei denen lukrative Honorare gezahlt werden.

Dies wiederum führt zu einem verstärkten Medienecho, und das Medienecho stützt und fördert dann wieder den Markenartikelcharakter der betreffenden Autoren. Es ist dies ein Phänomen, das in Deutschland überhaupt keine Entsprechung hat und das nur aus dem Zusammenspiel unterschiedlicher Faktoren zu erklären ist. Dazu gehört gewiß die Leserfreundlichkeit der Schreiber und die Aufnahmebereitschaft der Leser, die in Spanien, trotz aller kulturpessimistischen Unkenrufe, gewiß nicht geringer ist als bei uns. Vor allem gehört dazu aber das positive *Image* der Gegenwartsliteratur und ihrer Autoren, und dieses ist dank dem geschickten Zusammenspiel aller Beteiligten weitgehend *gemacht*.

Zu diesem positiven Image gehört übrigens auch, daß es in Spanien keine Trennungslinie zwischen »Hoch-« und »Trivialliteratur« gibt, ja daß nicht einmal die entsprechenden Begriffe geläufig sind – jene Trennungslinie also, die bei uns noch immer so gezogen wird, daß auf der einen Seite die 'seriösen' Autoren stehen, die mit der Literatur wenig oder spät etwas verdienen, und auf der anderen Seite die Trivialautoren (Konsalik, Danella, Simmel), die gerade *wegen* ihres ökonomischen Erfolgs geringgeschätzt werden.

Do ut des. Oder: ein Beispiel für den *Joint-venture* unter Autoren

Ein schönes Beispiel für das imagesteigernde Zusammenspiel, das manchmal sogar ehrlich gemeint sein mag und deshalb dem spanischen Literaturbetrieb bisweilen einen Hauch von Spontaneität und menschlicher Sympathie gibt, war der – wieder im *País* stattfindende – *Joint-venture* zwischen Muñoz Molina, Marías und Juan Cruz. Marías war lange Zeit in Spanien selbst, zumindest bei den maßgebenden Kritikern, nicht sonderlich beliebt. Das hat sich erst in der Zeit nach seinem überraschenden Deutschland-Erfolg und nach dem Erhalt eines bedeutenden irischen Kulturpreises geändert. Seitdem widmet ihm *El País* auf den Kulturseiten fast so viel Aufmerksamkeit wie Muñoz Molina, der freilich öfters selbst als Leitartikler zu Wort kommt. In den letzten zwölf Monaten wurden Marías nicht weniger als achtzehn z.T. umfangreiche Artikel gewidmet, einer davon, im *País Semanal*, sogar mehrseitig, *fast* alle bebildert. Der Höhepunkt wird im Juni 1997 erreicht, wo allein drei Artikel ganz oder teilweise das Zusammenspiel zwischen Marías und Muñoz Molina zum Gegenstand haben.

Am 5. Juni berichtet *El País* (mit Bild der Teilnehmer) vom gemeinsamen Auftritt der beiden im Rahmen einer von der Zeitung organisierten Debatte über Literatur und Journalismus. Die Überschrift des Artikels nennt die Teilnehmer und faßt deren übereinstimmendes Diktum zusammen, eben jenes, das für das Funktionieren des spanisches Literaturbetriebs so ausschlaggebend geworden ist: »Haro [ein altgedienter *País*-Redakteur; eigentlich Haro-Tecglen], Muñoz Molina, Marías, Millás [Juan José Millás ist ebenfalls ein bekannter Autor und *País*-Kolumnist] y Rivas [von dem schon die Rede war] rechazan la frontera entre periodismo y literatura. La dicotomía entre informar y escribir con estilo es falsa según los autores.« (»Haro, Muñoz Molina, Marías [etc.] weisen die Grenze zwischen Journalismus und Literatur zurück. Die Dichotomie zwischen gut gemachter Information und gut gemachter Fiktion ist falsch, sagen die Autoren.«) Am 11. Juni folgt dann eine brillant geschriebene Würdigung Marías' aus der Feder von Muñoz Molina, und zwar aus Anlaß der irischen Preisverleihung. Das Sahnehäubchen bei diesem *mano a mano* aber wird am 21. Juni in einem Leitartikel von Juan Cruz aufgesetzt. Der Beitrag heißt ebenso schlicht wie pathetisch: *El artículo*. Gemeint ist damit Muñoz Molinas Marías-Würdigung, die als edle Geste, ja als Großtat gefeiert wird, und die um so höher zu bewerten sei, als im allgemeinen doch Neid und Mißgunst den spanischen Nationalcharakter kennzeichneten, besonders unter Intellektuellen. Hier aber werde nun ein Exempel für ein neues kulturelles Identitätsgefühl statuiert, ja man fühle angesichts dieser Generosität, *en el fondo del alma*, wieder so etwas wie Nationalstolz.

Ganz abgesehen davon, daß der wendige Juan Cruz solches Tremolo gewiß nicht vor dem PSOE-PP-Wechsel an den Tag gelegt hätte, bekommt das Ganze auch dadurch einen gewissen Hautgout (der von vielen Menschen durchaus geschätzt wird), daß Cruz, wie wir wissen, der Chef des Alfaguara-Verlages und eine wichtige Person im PRISA-Imperium ist, in dem Alfaguara und *El País* zusammenarbeiten. Was als schöne Geste begonnen hat, endet also in einem Lob auf den Lobenden, an dessen Ruhmmehrung der Meta-Laudator sowohl als Verlagsleiter als auch als PRISA-Mitbestimmer ein ganz persönliches Interesse hat, denn Muñoz Molina ist zugleich Autor bei Alfaguara (herübergewechselt von Seix Barral und Starkolumnist bei *El País*.

Vollends aufgeklärt hat sich das wundersame Zusammenspiel der Altruisten (denn warum feiert Cruz ausgerechnet den lobenden Artikel über einen Autor des Konkurrenzverlages?), als im Spätsommer '97 offenbar wurde, daß Marías nun auch seinerseits die Fronten gewechselt hat und von Anagrama zu Alfaguara gegangen ist. Die Vermutung, das Ganze sei ein Teil des Übernahmemanövers, sozusagen die Begleitmusik wie beim Vereinswechsel eines Fußballstars, ist sicher nicht ganz abwegig.

Drei Beispiele für das prekäre Gleichgewicht zwischen Kultur und Business

1. Das *ranking* und die Propagierung des Mittelmaßes

Während im soeben geschilderten Fall die Qualität der Autoren und das Ingenium, mit dem ihrem Erfolg nachgeholfen wird, sich noch einigermaßen die Waage halten, wird in anderen Fällen das prekäre Gleichgewicht zwischen Literatur und Business bald sanft, bald brutal zugunsten des Letzteren verschoben. Ein Beispiel für die eher sanfte Gewaltanwendung ist das Phänomen Almudena Grandes. Natürlich ist sie nicht das einzige Beispiel für »hochgeworbene« Mittelmäßigkeit – als männliches Gegenstück biete ich Arturo Pérez Reverte an –, aber sie ist das bei weitem schillerndste. Ihr erster Roman, *Las edades de Lulú*, so hölzern geschrieben wie nur irgendein Erstling, ist inzwischen angeblich über eine Million Mal verkauft worden. Die nachfolgenden Texte, *Malena es un nombre de tango* (1995; wurde auch verfilmt) und die 1996 erschienene Erzählsammlung *Modelos de mujer*, sind zwar routinierter geschrieben, weisen Grandes aber immer noch nicht als bemerkenswerte Autorin aus. Trotzdem gehört sie zu den Großverdienern im Literaturbetrieb, und niemand ist so präsent in den Medien wie sie. Die Pressemappe über Almudena Grandes, die man sich unschwer zusammenstellen kann, wiegt mehrere Kilo; und während die meisten anderen Spitzenautoren vor allem in *El País* gefördert werden, erfreut sich Almudena Grandes der Aufmerksamkeit *aller* Medien. Woran liegt das? Zum einen am Selbstdarstellungstalent der Autorin, die keine Hemmungen hat (*tiene cara dura*, heißt das auf spanisch) und äußert kommunikativ ist. Es liegt zum zweiten an den Themen, die sie im wahrsten Sinne des Wortes »besetzt« hält: vom Heimchen am Herd bis zur Emanzipierten, von der Kameradin bis zur *femme fatale* hat Almudena Grandes alle Frauenrollen »im Programm«, die von den Durchschnittsspanierinnen und -spaniern je nachdem geliebt oder gehaßt werden. Und es liegt drittens an den hervorragenden Fotografinnen und Fotografen, die sie besonders in der letzten Rolle immer wieder effektvoll ins Bild setzen. Neben dem ausdrucksvollen Gesicht mit den großen Augen werden immer wieder die tadellosen und attraktiv bestrumpften Beine fotografiert, so daß man die Bücher Almudenas unwillkürlich mit der Notion *sex appeal* verbindet. Ich weiß nicht, welche Agentur sie betreut (es ist *nicht* Carmen Balcells; vielleicht ist es auch ihr eigener Verlag, Tusquets). Jedenfalls läßt man keine Gelegenheit aus, sie ins rechte Licht zu setzen und schreckt dabei auch vor zweifelhaften Tricks nicht zurück.

Dazu ein Beleg: Äußerst beliebt sind in Spanien die problematischen *rankings* der *Meistverkauften*, die tagtäglich in den seriösen und weniger seriösen Presseprodukten erscheinen, parallel zu den Charts der meistverkauften Pop-Schallplatten. Diese *rankings* sind deshalb so zweifelhaft, weil sie erstens voneinander abweichen (obwohl sie sich auf weitgehend identische Quellen berufen) und weil sie zweitens, indem sie immer nur die ersten fünf oder zehn aufnehmen, tendenziell den schnellen und oft auch nur vorübergehenden Erfolg dokumentieren und propagieren, nie aber den Langzeiterfolg. Zurück zu Almudena Grandes: Ihr *Modelos de mujer* war in den Wochen nach seinem Erscheinen (April 1996) relativ hoch plaziert, kam aber nie über Platz drei oder vier hinaus. Die Verlagswerbung wollte das nicht auf sich beruhen lassen und versuchte das Buch dadurch zu puschen, daß sie (z.B. in der Frauenzeitschrift *Elle* Nr. 622, Mai 1996) unmittelbar neben das aktuelle *ranking* eine Annonce plazieren ließ, die mit dem beschwörenden Titel *Será número 1* sofort die Aufmerksamkeit auf sich zog, weil dieser Satz mit Großbuchstaben neben der Überschrift *Los más vendidos* steht.

2. Das System der Literaturpreise

Nicht weniger zweifelhaft, weil immer stärker durch reine Wirtschaftsinteressen manipuliert, ist das schier unübersehbar gewordene, jährlich durch (manchmal auch kurzlebige) Angebote neubelebte System der spanischen Literaturpreise, von denen einige hoch bis sehr hoch dotiert und entsprechend stark begehrt sind. Ursprünglich waren die Preise dafür gedacht, jungen Autoren als Anreiz zu dienen. Inzwischen werden die Bekanntesten unter ihnen – der Premio Nadal und der Premio Planeta – aber immer häufiger an schon bekannte Autoren oder doch wenigstens an solche Personen vergeben, die – wie etwa der Nachrichtensprecher Fernando Delgado – dem Publikum anderweitig wohlbekannt sind. Der Nadal hat sich mit einem Preisgeld von »nur« drei Millionen Peseten (etwa DM 35.000) noch einen Rest von Unschuld bewahrt. Beim Planeta aber kann, angesichts der Preissumme von fünfzig Millionen (knapp 600.000 Mark), davon nicht mehr die Rede sein. Selbst der zweite Preis, ein »Trostpreis« von zwölf Millionen, also 140.000 Mark, ist für deutsche Verhältnisse noch immer gewaltig. Der Planeta-Preis ist längst für beide Seiten ein Geschäft geworden. Für den Preisträger wegen der Preissumme und des damit verbundenen Prestiges; für den Verlag wegen des Ausgezeichneten, dessen Bekanntheitsgrad für einen hohen Absatz des Produktes garantiert und also die Preissumme allemal zu einer gewinnbringenden Investition macht. Noch unbekannte Autoren sind hier und in zunehmendem Maß auch bei anderen gut dotierten Literaturpreisen chancenlos. Es ist auch bekannt, daß der Planeta besonders gewinnträchtigen Autoren bisweilen regelrecht angeboten wird, bevor er überhaupt ausgeschrieben wurde.

3. Das Geschäft mit der Kinderliteratur

Sein häßlichstes Gesicht zeigt das Kulturbusiness aber auf einem Gebiet, das abseits der meisten wissenschaftlichen oder journalistischen Recherchen liegt, auf dem der Kinder- und Jugendliteratur, in der die Marktgesetze natürlich ebenso gelten wie bei der Erwachsenenliteratur. Das Stichwort heißt hier *La batalla de los colegios*, der Kampf um die Schulen. Der Anstoß dazu war im Prinzip erfreulich und vernünftig: In allen Schulen muß, bevor die Kinder in der Lage sind, »große« Autoren zu verstehen, eine gewisse Zahl von Jugendbüchern gelesen und besprochen werden. Das ist ganz gewiß besser, als sie durch eine verfrühte Konfrontation mit den Klassikern am Ende der Literatur zu entfremden. Solange die Auswahl der freien Entscheidung der Lehrer und Eltern überlassen blieb, gab das den Jugendbuchverlagen oder den Jugendbuchabteilungen der größeren Verlage einen relativ breit gestreuten Auftrieb. So wurden in den achtziger Jahren viele gute Jugendbuchautoren aus aller Welt ins Spanische übersetzt, und es entstand nach und nach auch eine eigene spanische Jugendbuchliteratur – ein großer Fortschritt in einem Land, in dem diese Sparte lange Zeit allein den Heftchen- und Comic-Produzenten überlassen worden war, und in dem nur eine einzige Autorin, die allerdings schon in den dreißiger Jahren publizierte, als Jugendbuchautorin wirklich anerkannt war: Elena Fortún.

So weit so gut. Dann aber geschah, was geschehen mußte, weil es dem System der freien Wirtschaft (dessen Unfreiheit gerade auf diesem Sektor besonders sinnfällig wird) inhärent ist. Man merkte, daß auf diesem Gebiet nicht nur gut, sondern sehr gut zu verdienen war, wenn man es nur geschickt genug anstellte und wenn man es verstand, lästige Konkurrenz so weit wie möglich auszuschalten. Damit begann die *Schlacht*, ein gewaltiger Verdrängungswettbewerb, bei dem inzwischen die meisten Mitbewerber auf der Strecke geblieben sind.

Den Hebel dazu bot das spanische Schulsystem, das noch immer in staatliche Schulen und in »colegios de pago«, Privatschulen mit z.T. sehr hohem Schulgeld, unterteilt ist. Die meisten, die es sich leisten können, auch viele, die es sich eigentlich nicht leisten können, schicken ihre Kinder, des gesellschaftlichen Prestiges wegen, noch immer auf Privatschulen, besonders auf die der religiösen Orden. – Was wenig bekannt ist: Spanien mag sich in den letzten Jahren noch so sehr emanzipiert und laizisiert haben; auf dem hochsensiblen Schulsektor haben die religiösen Orden nach wie vor einen gewaltigen Einfluß. Und sie haben ihn dadurch auch auf den Literaturbetrieb, wenigstens auf den der Jugendliteratur. Jedenfalls übernahmen schon in der Mitte der achtziger Jahre religiöse Orden die Initiative und gründeten bzw. modernisierten eigene Verlage, allen voran *El Corazón de María* mit dem Verlag S.M. und die Marianisten mit dem Verlag Edelvives (der mächtige Jesuitenorden – und das gereicht ihm zur Ehre – war an diesem *Deal* nicht beteiligt). Die genannten Verlage brachten es inzwischen durch strenge »Markenbindung« einerseits (die eigenen *colegios* dürfen *nur* Haus-Autoren lesen lassen!), durch *incentives* (von Treueprämien für die ganze Schule bis zu Urlaubsreisen für ausgesuchte Schulleiter) und durch eine aggressive Stellplatzverteilung bei den führenden Buchhandlungen wenn nicht zu einer Monopolstellung, so doch zur Marktführerschaft. Jedesmal wenn man nach ein paar Monaten wieder in große Buchhandlungen, wie die FNAC, die Casa del Libro oder zu Crisol geht, ist die von S.M. und Edelvives (inzwischen auch von Bruño und EDB) eingenommene Stellfläche größer, die der »weltlichen« Verlage unerheblicher geworden. Man ist unwillkürlich an Zolas großartigen Kaufhausroman *Au bonheur des dames* aus dem Ende des neunzehnten Jahrhunderts erinnert, wo ein solcher Verdrängungskampf erstmals paradigmatisch dargestellt wurde und wo das immer größer werdende »Au bonheur des dames« nach und nach ein ganzes Stadtviertel einnimmt, in dem früher zahlreiche kleinere Geschäfte existiert hatten, die eines nach dem anderen von ihm erdrückt und zur Aufgabe gezwungen werden.

Auch die *Real Academia* geht auf den Markt

Sogar eine Instituition wie die *Real Academia Española* ist aus ihrer Altehrwürdigkeit herausgetreten und Teil des Literaturbetriebs geworden. Die 1713 durch Philipp V. nach dem Vorbild der *Académie française* gegründete Vereinigung hat die Hauptaufgabe, »darüber zu wachen, daß der Wandel der spanischen Sprache ständig den Bedürfnissen ihrer Sprecher angepaßt wird, und daß die Einheit der spanischen Sprache im wesentlichen weltweit gewahrt bleibt« (so die letzte Fassung des Artikels 1 der Akademie-Statuten aus dem Jahr 1993). Um dies zu gewährleisten, erneuert die Akademie ständig ihr großes Wörterbuch, das 1726-1739 erstmals als sechsbändiger *Diccionario de autoridades* erschienen ist, und ediert in regelmäßigen Abständen auch eine Grammatik der spanischen Sprache. Dabei arbeitet sie eng mit den Akademien der lateinamerikanischen Länder, der USA und der Philippinen zusammen. Nach Ausweis ihres Jahrbuchs gehörten der Akademie am 1.1.1997 sechsundvierzig auf Lebenszeit gewählte Mitglieder an. Nur wenn jemand durch Tod oder durch Rücktritt ausscheidet, kann eine *vacante* durch Neuwahl wiederbesetzt werden. Zur Wahl stellen kann sich, wer mindestens drei Fürsprecher unter den Mitgliedern hat, und gewählt ist, wer die absolute Mehrheit der Stimmen aller Mitglieder erreicht. Dieser Wahlmodus ist gewiß ganz auf Traditionssicherung und auf die Wahrung eines guten Einvernehmens angelegt. Aber obgleich er durchaus eine gewisse Behäbigkeit verursachen könnte, ist in die Akademie in den letzten Jahren Bewegung gekommen.

Das hat drei Gründe. Erstens eine energische Verjüngung bei den letzten Neuwahlen: die beiden Philologie-Professoren Francisco Rico und Ignacio Bosque waren Anfang vierzig, der Schriftsteller Antonio Muñoz Molina gar erst neununddreißig, als sie zu den Unsterblichen berufen wurden. Freilich ist die Akademie nach wie vor (fast) ein reiner Herrenclub. Ana María Matute, 1996 mit siebzig Jahren gewählt, ist die *eine* Ausnahme, die erst nach dem Tod der vorhergehenden Ausnahme, Carmen Conde, gewählt wurde. Andere Kandidatinnen sind bisher am zähen Widerstand der Männerfront gescheitert. – Die zweite Neuerung betrifft die Finanzierung der Akademie. Seit 1993 ist es nicht mehr der Staat allein, der sie unterhält; es gibt jetzt auch eine Stiftung, deren Mitglieder ein in der Höhe nicht genanntes Kapital zusammenbrachten, dessen Zinsen den zweiten ökonomischen Sockel der Akademie bilden. Dem Stiftungsrat gehören außer dem König und Repräsentanten der spanischen Regionalregierungen die Präsidenten der bedeutendsten spanischen Großbanken und Industrieunternehmen an (von *Argentaria* bis zu *Repsol*; vom *Banco de Santander* bis zur *Telefónica*). Hier ist also der Schulterschluß von Kultur und Business besonders auffällig. – Die dritte Veränderung betrifft die Zusammensetzung der Mitglieder: Bisher waren die Schriftsteller (von Cela bis Claudio Rodríguez, von Buero Vallejo bis Muñoz Molina, von Delibes bis Vargas Llosa) und die Universitätsprofessoren aus dem Bereich der Philologie, der Philosophie und der Geschichtswissenschaft fast unter sich. Das zeigt nebenbei auch, daß in Spanien das Verhältnis zwischen Literatur und Wissenschaft wesentlich entspannter ist als bei uns. Das trifft übrigens auch auf das Verhältnis zwischen Wissenschaft und Journalismus zu. Es ist deshalb auch Usus, daß literarische oder filmische Neuerscheinungen in Zeitungen (und sogar in Illustrierten wie *Blanco y Negro*) von Professoren allgemeinverständlich vorgestellt und besprochen werden; es gibt sogar mehrere (Julián Marías etwa, der selbst *académico* ist), die das Kulturgeschehen seit Jahrzehnten in einer festen Kolumne kommentieren.

Bei den letzten Neuwahlen Ende 1996 öffnete sich nun auch die Akademie selbst dem Journalismus. Zuerst wurde Juan Luis Cebrián, der legendäre Mitbegründer und langjährige Herausgeber des *País* gewählt, der jetzt der mächtigen PRISA-Gruppe vorsteht. Das war ein Sieg der »Linken« in der Akademie. Aber dieser Sieg war nur durch ein *agreement* mit den »Rechten« zu erringen, die noch am gleichen Tag *ihren* Kandidaten, Luis María Ansón, den Herausgeber des *ABC*, ebenfalls durch die Akademiewahl brachten. Durch die aufsehenerregende Berichterstattung in beiden Zeitungen, die eine regelrechte Wahlkampfschlacht führten (in *ABC* auch noch durch seitenlange Photosequenzen unterstützt), ist die Akademie endgültig von der medialen Realität eingeholt worden; sie hat dadurch, gewollt oder ungewollt, aber auch einen enormen Zuwachs an Bekanntheit erzielt. Im übrigen gilt: Wer in der Akademie ist, gehört zum Establishment des Kulturbetriebs und kann sich die lukrativen Angebote (Vorträge mit hoher Honorierung, Pressemitarbeit, Jurymitgliedschaft bei der Vergabe der großen Literaturpreise, Einladungen zu den Festen der Reichen und Schönen etc.) nach Belieben aussuchen. Eben deshalb werden die Nachwahlen von Mal zu Mal umkämpfter.

Das *infotainment* im Roman, im Film und wo man es nicht erwartet. Fünf Beispiele

Immer wieder sind wir im Verlauf dieser Darlegungen auf die Kooperation, ja die Verschmelzung von Literatur und Journalismus zurückgekommen. Sie steht in der Tat im Mittelpunkt des spanischen Literaturbetriebs der neunziger Jahre und ist zugleich sein emblematischer Ausdruck. Das zeigt sich nicht zuletzt an der Machart der Texte selbst. So wie die Literatur der Francozeit den Einfluß der Zensur bis in die Form ihrer Diskurse erkennen ließ, so ist jetzt vielen, ja den meisten Romanen und Filmen ein journalistischer Zug zu eigen, sei es in der Wahl von tagesaktuellen Themen, sei es im reportageartigen Zuschnitt oder in der leserfreundlichen Darbietung der Narration. Es ist ja auch bezeichnend, daß gerade der Roman, die zeitungsnächste aller Gattungen, einen so großen Erfolg hat, und es ist ebenfalls bemerkenswert, daß die weniger marktgängigen Genres, vor allem die Lyrik, eher ein Schattendasein führen. Ich will deshalb zum Abschluß noch einige der erfolgreichsten Neuerscheinungen auf ihre Affinität zum Journalismus durchleuchten.

Beispiel 1: Rosa Montero

Ich beginne mit Rosa Monteros *La hija del caníbal* (1997; ausgezeichnet mit dem neugestifteten *Premio Primavera* [15 Mio. Ptas. = 175.000 DM]). Der flott geschriebene und mit sarkastischem Humor gewürzte Roman besteht aus zwei Erzählsträngen, die journalistischer nicht sein könnten. Der Hauptstrang ist eine Enthüllungsgeschichte. Ahnungslose Durchschnittsfiguren, Menschen wie du und ich, Nachbarn, *vecinos*, versuchen einen rätselhaften Entführungsfall aufzuklären, dessen scheinbares Opfer der Ehemann der Erzählerin ist. Am Ende stehen alle entsetzt vor einem Abgrund von Korruption, die bereits den halben Staat befallen hat. Wir haben es hier also mit dem »Thema Nr.1« des spanischen Journalismus in den letzten zwei Jahren zu tun. Im Nebenstrang wird, nach und nach, die Lebensgeschichte des hochbetagten Anarchisten Felix, alias Fortuna, eines der Helfer bei der Suche nach dem Entführten, erzählt, wobei die Leser nebenbei aufs Anregendste mit der – tatsächlich viel zu wenig bekannten – Geschichte des spanischen Anarchismus vertraut gemacht werden. Hier haben wir es mit jenem aufklärerischen Journalismus zu tun, um den sich Rosa Montero große Verdienste erworben hat und durch den sie berühmt geworden ist. Noch ihr letzter Bucherfolg, *Historias de mujeres* (1995), in dem sie den Schicksalen von Frauen an der Seite berühmter Männer nachging, war ein solches, in diesem Fall bewußt unromaneskes Beispiel von Aufklärungsjournalismus, der es sich angelegen sein läßt, Verdrängtes vor dem Vergessen zu bewahren. Und während die journalistisch recherchierten Fälle in *Historias de mujeres* sich spannend wie Kurzgeschichten lesen, trifft sich die Fiktion in *La hija del caníbal* am Ende mit der spanischen Realität, oder mit dem Bild, das die Medien derzeit von ihr herstellen.

Beispiel 2: Antonio Muñoz Molina

Das zweite Beispiel ist Antonio Muñoz Molinas neuer Roman *Plenilunio* (1997). Auch hier handelt es sich um die Aufklärung eines Verbrechens, und zwar eines Typs von Verbrechen, das in den letzten Monaten die journalistische Hauptaufmerksamkeit in ganz Europa auf sich gezogen hat: die Kinderschändung. Dieses Thema wird von einem so vorzüglichen Autor wie Muñoz Molina natürlich nicht in sensationalistischer Manier verarbeitet; vielmehr werden in einer Serie von immer weiter ausholenden und immer tiefer greifenden Sondierungen Opfer und Täter und deren familiäres und berufliches Umfeld, sowie die Genese der beiden Verbrechen durchleuchtet. Neben den Opfern und dem Täter ist der die Untersuchung leitende Kriminalkommisar die wichtigste Person des Romans. Auch er wird nicht nur in seiner unmittelbaren Handlungsfunktion als Ermittler, sondern im Kontext seiner beruflichen und privaten Beziehungen und vor dem Hintergrund seiner Persönlichkeitsentwicklung von der Kindheit und Jugend im Franquismus bis zur Gegenwart vorgestellt (letzteres eine von Muñoz Molina in mehreren Texten immer wieder und in immer neuen Abwandlungen erzählte Geschichte).

Und auch hier kommt sogleich wieder ein tagesaktueller Bezug ins Spiel, der *alle* spanischen Leser betrifft: der ETA-Terrorismus. Der Kommisar stammt (wie der Autor) aus einer andalusischen Provinzstadt (Úbeda? Jaén?). Dorthin kehrt er am Ende seiner Laufbahn auch wieder zurück, nachdem er durch lange Jahre im Baskenland, durch ständige Morddrohungen und Extremsituationen entnervt, vor allem aber seiner depressiv gewordenen Frau zuliebe, die Versetzung nach Andalusien durchgesetzt hat. Dort wird er dann mit den Verbrechen konfrontiert, deren Aufklärung und Erklärung den eigentlichen Inhalt des Buches ausmacht. Aber auch in Andalusien kann er sich nie sicher fühlen, und am Ende, nachdem der Kindermörder überführt ist, fällt er doch noch dem langen Arm der ETA zum Opfer. Auch hier wird also sehr geschickt unter Beweis gestellt, was im bereits erwähnten *País*-Artikel vom 5. Juni programmatisch gefordert wurde: Es gibt keine Grenze mehr zwischen *periodismo* und *literatura*.

Beispiel 3: Alejandro Amenábar

Auch im Kino, das ohnehin eine Affinität zur Widerspiegelung des Sichtbaren hat, gibt es diese Trennung nicht. Aber während in der Generation Almodóvars Geschichten erzählt wurden, die gerade nicht »journalistisch« im Sinne von *news*-Vermittlung aus dem Alltag waren, sondern exzentrisch und eher unglaublich, hat jetzt eine neue Sachlichkeit um sich gegriffen, die das Unerhörte in die Form der Reportage kleidet. Bestes Beispiel dafür ist *Tesis*, der Erstlingsfilm des damals dreiundzwanzigjährigen Alejandro Amenábar, der Anfang 1997 als der erfolgreichste Film des Jahres 1996 gleich mehrere Goyas (die spanischen Oskars), nämlich sieben, auf sich vereinigen konnte.

Die Vermittlerfigur in Amenábars Film ist Ángela, eine Studentin der Kommunikationswissenschaft, die eine Abschlußarbeit über Gewaltvideos vorbereitet. Das geht zunächst den gewohnten Gang akademischer Routine: Bibliographieren, theoretische Skizzen, Sprechstundenbesuche u.s.f. Auf der Suche nach praktischen Beispielen gerät sie aber unversehens und plötzlich in einen Teufelskreis, in den Interessendschungel des *infotainment* nämlich, in dem hemmungsloser Voyeurismus, skrupelloser Geschäftssinn und der angebliche »Auftrag« der Medien die Preise in die Höhe treiben und die Hemmschwellen immer tiefer senken. Zum Schluß entgeht Ángela nur knapp dem Schicksal, vor laufender Kamera, also *live*, für ein *snuff*-Video zerstückelt zu werden.

Das ist einerseits Hollywood, nämlich ein Thriller; andererseits aber selbst *infotainment*. Und zwar auf raffinierte Weise. Der Film bringt uns zwar bei, was wir schon immer über Gewaltvideos wissen wollten, uns aber nie zu fragen wagten. Aber er weigert sich gleichzeitig, unsere eigenen voyeuristischen Gelüste zu befriedigen. Nur indirekt erfahren wir, welche Scheußlichkeiten auf dem Markt sind; d.h. wir müssen es uns erschließen: aus Kommentaren, aus Geräuschen, aus den vor Schrecken geweiteten Pupillen Ángelas, wenn sie ihr Material sichtet. Am überzeugendsten – und am weitesten entfernt vom *schlechten infotainment* – ist Amenábar immer dann, wenn er uns klar macht, daß Lust auf Gewalt neben den bösen *anderen* auch *wir* selbst haben. Das wird nicht nur daran ersichtlich, daß die junge Forscherin von ihrem Gegenstand zugleich abgestoßen und fasziniert ist, sondern durch die Umrahmung des Films ebenso witzig wie plakativ thematisiert.

Die erste Sequenz spielt in der U-Bahn. Ein Zug, in dem auch Ángela sitzt, bremst beim Einfahren in die Station abrupt ab, weil sich ein Selbstmörder auf die Schienen geworfen hat und dabei getötet wurde. Auch das sieht man nicht, sondern erfährt es nur durch die Information des Begleitpersonals, das die Fahrgäste bis zum Bahnsteig geleitet und sie gleichzeitig dazu anhält, *nicht* auf die Gleise zu schauen. Die Kamera nimmt die vorbeigehende Menge ins Visier, wobei deutlich wird, daß die Mehrzahl, zu der auch Ángela gehört, eben *doch* hinschaut. – Die letzte Sequenz spielt im Krankenhaus. Dort liegt Chema, Ángelas Freund, der bei ihrer Befreiung einige Blessuren davongetragen hat, in einem Mehrbettzimmer, unter dessen Bewohnern sich auch ein Todkranker zu befinden scheint. Die Zimmergenossen sind, unübersehbar, lauter brave Durchschnittsbürger. Der Fernseher läuft, offensichtlich läuft er immer, und keiner schaut hin. Bis die Ansagerin ein neues Programm ankündigt, das u.a. über jenen Fall informieren soll, der Chema in die Klinik brachte. Jetzt kommt Leben ins Krankenzimmer, und sogar die Miene des Todgeweihten hellt sich auf, um so mehr, als die Sprecherin mit öffentlich-rechtlicher Wichtigtuerei ansagt, man habe sich, weil man doch der Informationspflicht genügen müsse, *durchgerungen*, auch schockierende Details nicht zurückzuhalten. Als aber Chema, der die Sache schließlich selbst erlebt hat und sie jetzt möglichst schnell vergessen will, das Gerät ausschaltet, kommt es zu tumultartigen Protesten, an denen sich auch der Scheintote vital beteiligt.

Im übrigen ist das Beispiel Amenábar auch deshalb von Interesse, weil sich *Tesis* zwar *hinterher* am Markt durchgesetzt hat, aber nur, weil es *vorher* – noch unter der PSOE-Regierung – durch staatliche Subventionen finanziert worden war. Es ist fraglich, ob ein solcher Film noch gemacht werden kann, wenn sich die Filmförderungspläne des PP erst einmal durchgesetzt haben, die nur noch Prämien vorsehen, und zwar erst dann, wenn ein Film schon Erfolg gehabt *hat*.

Ich denke, daß an diesem Beispiel die Problematik einer ganz dem Markt ausgelieferten Kulturproduktion besonders deutlich wird; oder umgekehrt: Will man nicht riskieren, daß *nur* noch *literatura* oder *cine light* und nur noch die ewig gleichen Erfolgsgaranten in Frage kommen, wird man eine maßvolle Subventionierung der Künste beibehalten müssen.

Beispiel 4: Francisco Umbral

Das *infotainment* als eine der beliebtesten Zusammenspielarten von Literatur und Journalismus hat in Spanien sogar solche Sparten erfaßt, die davon ausgeschlossen schienen. Indessen wirft der Verlag Planeta, derselbe, der den hochdotierten Literaturpreis vergibt, schon seit einigen Jahren mit großem Erfolg eine Serie schlanker Lexika auf den Markt, die sich *Diccionario de autor* nennen. Diese verzichten von vornherein auf jenen Objektivitätsanspruch, der von der Gattung »Lexikon« im allgemeinen in Anspruch genommen wird, und spekulieren statt dessen mit dem *reclamo* berühmter Namen: Es gibt einen *Diccionario político* von Eduardo Haro-Tecglen, den jeder *País*-Leser und jeder Fernsehzuschauer kennt; einen *Diccionario filosófico* von Fernando Savater, für den das gleiche gilt; einen *Diccionario de historia* des kürzlich verstorbenen José María Valverde, der, wie Savater, nebenbei noch Universitätsprofessor war; und jetzt auch einen *Diccionario de literatura* (Untertitel: *España 1941-1995. De la posguerra a la posmodernidad*) von Francisco Umbral, in dessen Spalten die Verfasser der anderen Lexika ausnahmslos hervorragend wegkommen. *Sociedad de alabanzas mutuas* – Gesellschaft zur gegenseitigen Verkaufsförderung könnte man das nennen.

Tatsächlich funktioniert nach diesem Prinzip der ganze Literaturboom in jenem Land, in dem die Schriftsteller, listiger und beweglicher als hier, längst begriffen haben, was der Markt von ihnen verlangt. Trotzdem muß man immer wieder sagen, daß es zu einfach wäre, eine derartige Anpassung als Prostitution zu bezeichnen. Der *Diccionario* von Umbral z.B. ist zwar, wenn man so will, eine Sumpfblüte im Teich der *literatura light* (der treffende Begriff ist in Spanien selbst geprägt worden); ich halte aber trotzdem dafür, daß, wie in jedem Sumpf, so auch in diesem ansehnliche Blüten treiben und daß Umbrals *Diccionario* eine solche Blüte ist: unterhaltsam, informativ und erstaunlich differenziert trotz der unkaschierten Subjektivität, die von ehrlicher Bewunderung (etwa bei José Hierro oder Montserrat Roig) bis zum bösartigen Verriß reicht (z.B. bei Juan Madrid oder Julio Llamazares). Warum sollte dergleichen weniger respektabel sein als die notwendig kalte und keineswegs fraglose Objektivität eines wissenschaftsgläubigen Spezialistenteams, das, wenn die Gegenwart in Frage steht (und nur sie kommt in Umbrals Lexikon in Betracht), ohnehin nicht unvoreingenommen sein kann.

Im übrigen könnten sich (was sie nicht tun) die Planeta-Bände durchaus auch *Diccionarios críticos* nennen und auf ehrwürdige Vorläuferschaft in der Aufklärung berufen, allen voran auf den *Dictionnaire philosophique* von Voltaire, bei dem sich schon vor über 200 Jahren kritische Information mit bissiger Formulierungskunst im Namen eines einzigen Autors vereinten. Es wäre gewiß zu hoch gegriffen, wollte man Umbral mit Voltaire vergleichen; aber am polemischen Temperament mangelt es dem Spanier ebensowenig wie an der Fähigkeit zur treffsicheren Pointe, und wie Voltaire schreibt er am Ende einer Epoche, an der zwar noch nicht abzusehen ist, wie es weitergehen wird, wohl aber schon, daß es *so* nicht weitergehen kann.

Beispiel 5: Manuel Vázquez Montalbán, *El Premio*

Im übrigen ist es keineswegs so, daß in Spanien die Gefahren eines völlig dem Markt ausgelieferten Literaturbetriebs nicht gesehen oder daß sie gar unterschätzt würden. Man braucht nur einen der erfolgreichsten Romane der letzten Jahre, *El Premio* (1996), von Vázquez Montalbán zu lesen, um sich vom Gegenteil zu überzeugen. *El Premio* ist auch deshalb gut für den Schluß meiner Darstellung geeignet, weil in ihm der spanische Literaturbetrieb das alles beherrschende Thema ist. *El Premio* ist der zweiundzwanzigste Roman der Pepe Carvalho-Serie, mittels derer Vázquez Montalbán schon seit 25 Jahren spanische Zeitgeschichte kritisch erzählt und sarkastisch kommentiert. In *El Premio* ist der Sarkasmus besonders bitter; die Stimmung, die in ihm beschrieben wird, vergleichbar mit der, die im Festsaal der *Titanic* kurz vor dem Untergang geherrscht haben mag. Man hat den Eindruck, daß der Autor selbst, der zu den schärfsten Kritikern des »Systems« gehört, zugleich aber auch zu jenen, die am meisten von ihm profitieren, sich hier sein eigenes Unwohlsein, um nicht zu sagen: seinen Brechreiz vom Leib schreibt.

Der Plot: Álvaro Conesal, einer der reichsten, mächtigsten und korruptesten Männer im Staat, Mario Conde in vielem nicht unähnlich, hat beschlossen, nun auch im Kulturbereich zu spekulieren. Dazu stiftet er einen Literaturpreis, der mit 100 Millionen Peseten, also noch doppelt so hoch wie der Planeta-Preis, dotiert ist. Aber bevor *er* (nicht die hochrangig besetzte und für ihr Stillhalten auch hochbezahlte Jury) den Preisträger bestimmen konnte, wird Álvaro am Abend der Preisverleihung, als im großen Festsaal seines Luxushotels schon die Party mit allen, die dazugehören, stattfindet, in seiner Privatsuite ermordet. Carvalho klärt den Fall auf und liefert gleichzeitig ein grelles Bild vom Jahrmarkt der Eitelkeiten und von der Verflechtung der Kultur- und Finanzwelt, die im *locked room* des Festsaals versammelt ist, die aber zugleich, wenigstens die Auserwählten, Zutritt zur Suite Conesals haben, so daß im Prinzip jeder der Teilnehmer verdächtig ist;

zuzutrauen ist ihnen ein Mord allemal, wenn es um einen so hohen Preis oder um die Wahrung anderer mächtiger Geldinteressen geht.

Im Festsaal anwesend ist gleichsam die gesamte spanische Kulturschickeria: Repräsentanten der Hochfinanz, Verleger, Autoren, Übersetzer, Journalisten (Wort und Bild), Politiker, Akademiemitglieder, Großkritiker, dazu die neue, äußerst großspurig auftretende Spezies des *Terminator* (der Begriff stammt von Vázquez Montalbán), des Spezialisten für die Rationalisierung, das heißt den radikalen Personalabbau im Verlagswesen, das so für einen Spekulanten wie Conesal überhaupt erst interessant wird. Nicht alle, die da versammelt sind, tragen fiktive Namen; eine ganze Reihe von ihnen ist entweder mit dem richtigen Namen vertreten oder wird doch so weit konkretisiert, daß kein Zweifel mehr daran sein kann, wer gemeint ist: Zu letzteren gehört u.a. »der Nobelpreisträger« (von denen es in Spanien zur Zeit nur *einen* lebenden gibt), der sich seine Teilnahme am Abendessen vergolden läßt; aber auch die »schreibende Hausfrau«, mit der nur Almudena Grandes gemeint sein kann. Carmen Alborch, »die einzige Kultusministerin in Technicolor, die Spanien je besaß« (der Roman spielt in der Endzeit des Felipismus, als sich der Wahlsieg der Konservativen bereits abzeichnete), *Javierito* Marías, Juan José Millás, Paco Umbral, Jesús Aguirre alias Duque de Alba u.v.a.m. werden mit ihren 'wahren' Namen erwähnt, was den Realismus der Realsatire noch erhöht.

Natürlich sind die namentlich erwähnten nicht ganz so ekelhaft wie die mit Pseudonymen versehenen. Unter diesen gibt es kaum jemanden, der nicht bereit wäre, seine Seele zu verkaufen, wenn dadurch nur ein entsprechend geldwerter Vorteil zu erringen ist. Zwischen den Finanzhaien und den Autoren besteht da kaum ein Unterschied, und unter den letzteren herrscht mindestens so viel Neid und Mißgunst wie unter den ersteren: Das ist das genaue Gegenteil des »Ein Herz und eine Seele«-Bildes, das in der eingangs erwähnten *País*-Reportage zwecks Ankurbelung und Unterstützung des *boom* von der Autorenschaft gezeichnet worden ist. Schon der lange Eingangssatz gibt das Thema an, um den der ganze Roman kreist: das äußerst zwiespältige Verhältnis zwischen dem vielen Geld und der Literatur (»entre el mucho dinero y la literatura«).

Andererseits gibt Vázquez Montalbán aber auch zu bedenken, daß die Mehrzahl der besten Schriftsteller in der Geschichte der Menschheit Familien entstammten, die zum jeweiligen Establishment, wenn nicht sogar zur Oligarchie gehörten. Und nicht nur das, möchte man hinzufügen: Wenn Muñoz Molina oder Almudena Grandes bei der Themenwahl nach dem *vulgo* schielen, der schon von Lope de Vega hofiert wurde, weil er, summa summarum, das meiste Eintrittsgeld bezahlt, so ist das allein noch nicht verdammenswert. Auch nicht die Tatsache, daß Themen gewählt werden, die den Leuten auf den Nägeln brennen. Jedenfalls ist das nicht verwerflicher als etwa die Bereitschaft eines Molière, den *Tartuffe* so lange umzuschreiben, bis er seinem König, den er in der letzten Fassung über die Maßen lobt, so gut gefiel, daß der die vorher ins Feld geführten religiösen Bedenken fallen ließ. Es ist wohl einfach so, daß jede Zeit unweigerlich jenen Literaturbetrieb bekommt, den sie durch ihr gesellschaftliches Wertesystem und durch ihre Machtverhältnisse herausfordert. Und wo alles auf das schnelle Geld und auf den Augenblickserfolg ankommt, darf man sich nicht wundern, wenn die Autoren sich danach richten und wenn sie Mittel und Wege suchen, die es ermöglichen, daß die Einschaltquoten ihrer Sendungen und die Absatzzahlen ihrer Verlage »stimmen«. In diesem Sinne ist der spanische Literaturbetrieb ohne Zweifel »auf der Höhe der Zeit«.

Was davon *bleiben* wird, ist allerdings eine andere Frage, auf deren Beantwortung man etliche Jahre wird warten müssen. Das eine oder andere Meisterwerk ist jedenfalls auch durch die neuen Bedingungen nicht zu verhindern.

Jean-Pierre Castellani

Die Tagespresse im Medienwettbewerb – (teilweise) eine Erfolgsgeschichte

1. Kurzer Blick zurück

Um die heutige Situation der spanischen Tagespresse in ihrer Komplexität, Vielfalt und Ambiguität zu verstehen, ist es gut, einige Gegebenheiten ins Gedächtnis zu rufen, die aus ihrer Historie erwachsen. Viele ihrer heutigen Charakteristika lassen sich nämlich direkt aus dem einmaligen historischen Prozeß herleiten, den Spanien in den letzten 60 Jahren durchlaufen hat.

1938, mitten im spanischen Bürgerkrieg, erläßt General Franco ein Pressegesetz, das die freie Veröffentlichung von Informationen und Meinungen stark behindert. Der damals eingerichtete Zensurapparat mit staatlichem Zugriff auf die Medien (Presse, Radio und Fernsehen) bleibt bis März 1966 in Kraft und wird dann von einem neuen Pressegesetz abgelöst, der sogenannten *Ley Fraga Iribarne*, benannt nach dem damaligen Minister für Information und Tourismus. Um die spezifische Qualität dieser Situation etwas zu verdeutlichen, sei daran erinnert, daß damals die Zensur beispielsweise jede Art von Publikation kontrollierte und die Direktoren von Zeitungen und Zeitschriften nur auf staatlichen Erlaß hin ernannt wurden. 1960 waren 41 der insgesamt 110 Tageszeitungen Mitglied der berühmt-berüchtigten Zeitungskette der Einheitsgewerkschaft, genannt *El Movimiento*. Die übrigen Publikationsorgane wurden zwar als Privatunternehmen oder gar als Familienbetriebe geleitet, waren aber genauso dem autoritären Rechtssystem unterworfen, das in Spanien bis zum Tod Francos im November 1975 gültig war. Trotz einer gewissen Liberalisierung, die das Pressegesetz von Fraga Iribarne zweifelsohne brachte, schließt die Regierung in der Zeit von 1966-1974 ca. 48 Zeitungen pro Jahr. Gleichzeitig entsteht auf gleichsam unheimliche Weise eine Form der Selbstzensur, die letztlich noch abartiger sein sollte als das Zensursystem vor der *Ley Fraga Iribarne*.

Gleichwohl ist festzuhalten, daß in dieser Zeit eine gewisse Öffnung des Zeitungsmarktes erfolgte. So wurde beispielsweise 1971 die Wochenzeitung *Cambio 16* auf den Markt gebracht, und es entstand damit eines der einflußreichsten Presseorgane der franquistischen und postfranquistischen Zeit. 1978 bekennt sich die Verfassung in ihrem Artikel 20 zu der in westlichen Demokratien üblichen Pressefreiheit. Aber schon seit Mai 1976 wird die große Tageszeitung der *transición*, *El País*, an den spanischen Kiosken verkauft. Seither hat Spanien ein Zeitungswesen, wie es in den übrigen westlichen Demokratien üblich ist.

Die Einschränkungen, die eine autoritäre Gesetzgebung in der Francozeit der Presse auferlegte, konnten freilich nicht verhindern, daß bereits in der Zeit vor 1975 eine Reihe von Tageszeitungen die Presselandschaft bevölkerten, die durchaus unsere Aufmerksamkeit verdienen. Hier ist hinzuweisen auf *Pueblo*, *Informaciones*, *Madrid*, *El Imparcial*, auch auf die großen Zeitungsunternehmen in Privathand, die seit Beginn des Jahrhunderts alle politischen Systeme durch- und überlebt haben, nämlich die royalistische *ABC* und die katholisch geprägte *La Vanguardia* aus Barcelona. Die Mehrzahl der Zeitungsmacher und Journalisten, die während der *transición* neue Presseprodukte herausbrachten, erfuhren ihre berufliche Bildung bei Tageszeitungen der Francozeit. Erst in den letzten Jahren wächst eine neue Generation von Journalisten heran, die weder professionelle noch private Erfahrungen in der Zeit des Franquismus gemacht hat.

Es überrascht nicht, daß eine der ersten Reformen der jungen spanischen Demokratie darauf abzielte, den Gesetzes- und Kontrollapparat zu demontieren, den das Franco-Regime zur Steuerung seiner Informationspolitik errichtete, und alle Presseeinrichtungen zu liquidieren, die vom *Movimiento* abhingen. Unabhängige Beobachter überraschte allerdings sehr wohl, daß eine Reihe von Zeitungen aus finanziellen oder anderen Gründen vom Markt verschwanden, die sich während der *transición* eigentlich als die zukünftigen großen Tageszeitungen im Zeichen der wiedergefundenen Freiheit profiliert hatten. Dies führte dazu, daß sich auf dem Markt der überregionalen Tageszeitungen ein Gleichgewicht zwischen jenen einstellte, die bereits vor der Wiedereinführung der Demokratie erschienen, und jenen, die erst mit der Verfassung von 1978 entstanden. Nur die Zeitungen für Sonderbereiche sind ein völliges Novum auf dem Markt, aber dies ist eine medienspezifische Entwicklung, die sich in allen westlichen Ländern beobachten läßt.

Der Prozeß der Umstrukturierung des Zeitungsmarktes wird erst dann ganz verständlich, wenn man sich bewußt macht, daß der Neubeginn der Demokratie in Spanien mit einer Reihe von internationalen Veränderungen zusammenfiel, die die Zeitungslandschaft zutiefst erschütterten und teilweise neu strukturierten. Die wichtigsten seien kurz genannt: Da war zunächst die Erdölkrise der Jahre 1973/74 und ihre gravierenden Folgen für die Werbebudgets der Medien, sodann die große Ausweitung der audiovisuellen Medien in den 80er Jahren mit einem veränderten Stellenwert des Rundfunks und des Fernsehens auf dem Informationsmarkt, die verstärkte Verbreitung von Ultrakurzwellensendern, der Einbruch des Privatfernsehens in die Domäne des öffentlichen Fernsehens, die Konkurrenz für die terrestrische Nachrichtenübermittlung durch die Kabel- und Satellitentechnik und nicht zuletzt die Explosion der Informationslandschaft durch ihre Ausweitung über das Internet und die Digitalisierung des Fernsehens.[1] Man versteht die

---

1 Vgl. hierzu den Beitrag von Peter M. Spangenberg in diesem Band.

heutige Situation der Medien in Spanien nicht hinreichend, wenn man sie nur unter dem Aspekt der Redemokratisierung der spanischen Gesellschaft seit der *transición* betrachtet. Man muß auch die großen Veränderungen der Kommunikationstechniken und des Kommunikationsmarktes miteinbeziehen, die beispielsweise die Rolle der Schriftlichkeit im Kommunikationsgeschehen grundlegend veränderten, sowohl in ihrem Wert für das Publikum wie auch in ihrer Bedeutung auf dem Medienmarkt.

Es war vielleicht eine besonders günstige Konstellation für die spanische Presse, daß sie sich in Zeiten der generellen Veränderungen der Medienlandschaft neu konstituieren mußte, und es ist sicher eine der Erklärungen für ihre heutige Dynamik. Sie hat sich bestens in die neuen sozialen und kulturellen Praktiken des Landes eingefügt und spielt dort eine wichtige – nicht nur politische – Rolle. Mit der Gesellschaft, in der sie gelesen und geschrieben wird, teilt sie, wie ein Spiegel, ihre Qualitäten und Mängel. Sie ist das Resultat spanienspezifischer Geschichte, aber gleichzeitig auch das Ergebnis internationaler Entwicklungen, die die Kommunikationsbedingungen an diesem Jahrhundertende neu bestimmen.

2. Die Tagespresse heute

Wo steht im Jahre 1997 die spanische Tagespresse und wie setzt sie sich zusammen? Man zählt derzeit 115 Tageszeitungen, von denen 10 überregionalen beziehungsweise gesamtspanischen Charakter beanspruchen. Zum Vergleich sei darauf verwiesen, daß Frankreich 77 Tageszeitungen, darunter 11 mit überregionalem Anspruch, Großbritannien 114 Tageszeitungen mit ebenfalls 11 Journalen auf gesamtbritischer Ebene aufweist, während in Deutschland 384 Zeitungen täglich erscheinen und nur 5 Zeitungen den Anspruch erheben, überregionalen Charakter zu besitzen beziehungsweise im ganzen Land gelesen zu werden.

Die spanischen Zeitungen mit gesamtspanischer Verbreitung sind folgende: *El País*, *ABC*, *El Mundo*, *Diario 16* und *Ya* operieren auf dem Gebiet der generellen Information; im Sonderbereich Sport sind *Marca* und *As*, im Wirtschaftssektor *Cinco Días*, *Expansión* und *La Gaceta de los negocios* zu erwähnen. Hinzuzufügen sind hier noch die in Barcelona herausgegebenen Zeitungen mit nationaler Verbreitung: *La Vanguardia*, *Sport*, *El Mundo Deportivo*.

Die Rangfolge der auflagenstärksten allgemeinen und spezialisierten Tageszeitungen stellte sich 1995 folgendermaßen dar:

Graphik 1: Rangfolge der Tageszeitungen nach Auflagenstärke

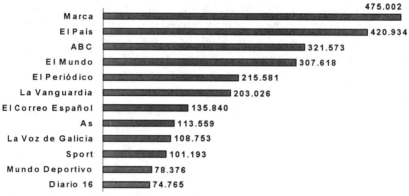

Quelle: OJD 1995.

Die zehn ersten Zeitungen überschritten eine Auflagenhöhe von 100.000 Stück. Darunter sind drei auf Sportberichterstattung spezialisierte Blätter (*Marca* als die führende, sowie *As* und *Sport*), vier fallen in die Kategorie der Regionalzeitungen (*La Vanguardia*, *El Periódico de Cataluña*, *El Correo*, *La Voz de Galicia*). Ohnehin ist, mit Blick auf den dezentralisierten spanischen Staatsaufbau und die Aufgliederung in *Comunidades Autónomas*, eine Unterteilung in »nationale« und »regionale« Tageszeitungen problematisch. Eine etwas aktuellere und klarere Darstellung liefert die folgende Tabelle von 1996, von der *Oficina de Justificación de la Difusión* erstellt (OJD), der vertrauenswürdigsten der spanischen Kontrollinstanzen: hier werden alle Tageszeitungen unabhängig von ihrem nationalen oder regionalen Verbreitungsgebiet betrachtet und die fünf wichtigsten generell informierenden Tageszeitungen aufgelistet:

Graphik 2:

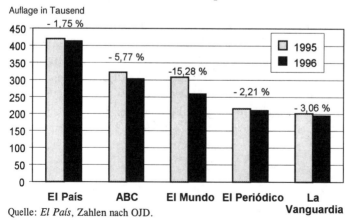

Quelle: *El País*, Zahlen nach OJD.

Aus diesen statistischen Daten lassen sich einige Schlüsse ziehen. Zunächst fällt auf, daß von den fünf meistverbreiteten Generalisten unter den Tageszeitungen zwei schon vor der Demokratie und sogar vor der Francozeit existierten, nämlich *ABC* seit 1905 und *La Vanguardia* seit 1881, wohingegen die übrigen während der ersten Jahre der Demokratie entstanden sind: *El País* 1976, *El Periódico de Cataluña* 1978 und *El Mundo* 1989. Immerhin wurden zwei von drei Zeitungen mit gesamtspanischem Anspruch in der *transición* gegründet.

Was die Verbreitungszahlen, das heißt den tatsächlichen Verkauf angeht, so steht mit *Marca* eine Sportzeitung an der Spitze. Unter den ersten zehn Tageszeitungen befinden sich drei Sportzeitungen. *Marca*, 1938 inmitten der Bürgerkriegszeit gegründet und 1984 von einer finanzkräftigen privaten Gruppe wiederbelebt, erlebt seit 1992 immense Zuwachsraten. Die verkaufte Auflage stieg von 287.646 Exemplaren 1992 innerhalb von drei Jahren auf 475.002 (1995). Die Sporttageszeitungen machen zur Zeit 19% aller verkauften Zeitungen aus und erreichen 768.130 Exemplare von insgesamt etwa 4 Millionen (vgl. Graphik 3).

Graphik 3: Auflagenentwicklung der Sportpresse

Auflage in Tausend

[Diagramm: Flächendiagramm mit Werten von 0 bis 500 für die Jahre 1992 bis 1995, Legende: El Mundo Depor., Sport, As, Marca]

Quelle: *ABC*, Zahlen nach OJD.

Dieser Erfolg, tagtäglich aufs neue bestätigt, erklärt sich nicht ausschließlich mit dem Hinweis auf eine besondere und, wie manche meinen, etwas simple Vorliebe der Spanier für Sportreportagen, auch nicht dadurch, daß Spanien etwa besonders viele sportliche Helden hervorbrächte. Vielmehr trägt auch die technische und editorische Modernisierung dieser Sportzeitungen entscheidend zu ihrem Erfolg bei. Vor allem die in diesem Segment führende *Marca* besticht ästhetisch durch den gelungenen Einsatz von Infographie und eine überzeugende Farbverwendung sowie inhaltlich durch Sorgfalt in der regionalen Berichterstattung und logistisch mit einem effizienten Vertriebssystem.

Qualitäts- und Boulevardpresse

Bekanntlich sind wichtige Indikatoren für die Beurteilung der Stärken und Schwächen des Tageszeitungsmarktes eines Landes unter anderem die Präsenz und Stärke der sogenannten Qualitätspresse und ihr Verhältnis zur Boulevardpresse, die Verkaufs- und Verbreitungszahlen, die Zusammensetzung der Leserschaft und der Werbeeinnahmen, die Rentabilität der Verlage etc. Im Unterschied zu Großbritannien und Deutschland hat Spanien, wie auch Frankreich und Italien, keine nennenswerte Boulevardpresse. Statt dessen ist die sog.»Qualitätspresse« in diesen Ländern stärker verbreitet. Allerdings ist festzustellen, daß in Ländern, in denen beide Pressetypen koexistieren, auch die Qualitätspresse hohe Verkaufsziffern erreicht. Die folgende Aufstellung macht diesen interessanten Zusammenhang klar:

Verkaufte Auflage der wichtigsten Qualitätszeitungen (1993)			
Land	Einwohner in Millionen	Gesamt-auflagenzahl	Wichtige Qualitätszeitungen
Frankreich	57	911.455	*Le Monde, Le Figaro, Libération*
Großbritannien	58	2.531.134	*The Daily Telegraph, The Times, The Guardian, The Independent, Financial Times*
Deutschland	81	1.489.000	*Frankfurter Allgemeine Zeitung, Süddeutsche Zeitung, Die Welt*
Italien	58	1.811.000	*Corriere della Sera, La Repubblica, La Stampa*
USA	260	7.106.345	*The Wall Street Journal, USA Today, The New York Times, The Los Angeles Times, The Washington Post, Newsday*
Spanien	39	1.514.261	*El País, ABC, El Mundo, La Vanguardia*
Quelle: *Libération*.			

1995 liegen die entsprechenden Zahlen für Spanien, wie auch in den anderen Ländern, niedriger. Die vier genannten spanischen Tageszeitungen erreichten zusammen nur noch 1.139.856 Exemplare; somit liegt Spanien hinter den USA, Großbritannien, Italien und Deutschland, aber noch vor Frankreich auf dem fünften Platz.

Alle Versuche, in Spanien Tageszeitungen im Stil der britischen oder deutschen Boulevardpresse einzuführen, sind bisher kläglich gescheitert. Zu erwähnen sind hier unter anderem die schwachen Bemühungen des *Diario Libre* im Jahr 1978, manche Erneuerungsversuche bei *Diario 16* im Laufe seiner turbulenten Entwicklung und das bittere Scheitern von *Claro* im Jahr 1991, als immerhin die mächtigen und erfahrenen Pressekonzerne Springer in Deutschland und Prensa Española-ABC in Spanien Pate gestanden hatten, um eine Art spanische 'Bild-Zeitung' aus der Taufe zu heben. Nachdem im April 1991 nach einer spektakulären Werbekampagne das neue Produkt mit dem Ehrgeiz auf den Markt kam, als erste spanische Tageszeitung die Auflagenhöhe von 1 Million zu überschreiten, sollte *Claro* schon im August 1991, einige Monate später, vom Markt verschwinden. Die Übertragung des deutschen Modells *Bild-Zeitung* auf die iberische Halbinsel war ein Flop. Erneut wurde hier deutlich, wie sehr Tageszeitungen oft das Produkt einer durchaus lokalen Geschichte und Entwicklung sind und meist in enger Verbindung mit heimischen Vorbildern stehen. Das hochmoderne und durchgestylte Marketing von *Claro* hatte die Besonderheiten des spanischen Zeitungsmarktes, seine kulturellen Merkmale und Erwartungen schlicht verkannt.

Die jüngste Geschichte des Zeitungswesens kennt im übrigen zahlreiche gescheiterte Versuche, einen bestimmten Pressetyp von einem Land auf ein anderes zu übertragen. Meist ist es eine kulturelle Diskrepanz zwischen der Lesererwartung und dem Diskurstyp des neueingeführten Presseerzeugnisses, die das Scheitern bedingt. Anstatt *Claro*, die spanische Schwester der *Bild-Zeitung*, zu lesen, zogen und ziehen es die Spanier weiterhin vor, ihren Bedarf an Sex- und Skandalgeschichten in sensationslüsternen Wochenzeitschriften wie der *Interviú* und vor allem in zahlreichen sexuell freizügigen, sensationslüsternen und gewaltgierigen Fernsehsendungen zu befriedigen.

Die Verbreitung der Tagespresse

Die Gesamtauflage der spanischen Tagespresse erreichte 1996 vier Millionen verkaufte Exemplare und erfuhr damit in fünf Jahren eine Steigerung von 36,6% (1990 waren es noch drei Millionen Exemplare). Im Jahr 1995 erhöhten die spanischen Tageszeitungen ihre Auflage um 3,59% gegenüber dem Vorjahr, während die Verbreitungszahlen in Deutschland um 0,51% und in Frankreich um 1,55% zurückgingen. 1996 dagegen mußten auch die spanischen Zeitungen einen mehr oder weniger starken Rückgang hinnehmen: -1,75% für *El País*, -5,75% für *ABC*, -15,27% für *El Mundo*, -3,06% für *La Vanguardia*. Offensichtlich handelt es sich hier um einen Leserschwund, den alle westlichen Länder erleben und der eine sich schon länger abzeichnende Tendenz bestätigt.

Spanien ist jedoch insofern ein Sonderfall, als unter Franco noch deutlich weniger Zeitung gelesen wurde; 1950 zum Beispiel lasen 1,5 Millionen eine Tageszeitung, 1960 waren es 2 Millionen und 1996 4 Millionen. Zum Vergleich: In Japan lesen jeden Tag im Schnitt 71,9 Millionen eine Tageszeitung, in Deutschland 25,7 Millionen, in Großbritannien 18,7 Millionen und in Frankreich 9 Millionen. Diese Zahlen sollten mitbedacht werden, wenn man manchmal etwas euphorisch vom Aufschwung der spanischen Presse im Zusammenhang mit der Wiederherstellung der Demokratie redet. Sicherlich ist ein – vor allem qualitativer – Fortschritt festzustellen, jedoch immer noch auf einem relativ niedrigen Niveau, wenn man es mit anderen Ländern vergleicht. Gegenüberstellungen solcher Art sind bekanntlich immer mit Vorsicht zu genießen, da zu viele lokale Faktoren beachtet werden müssen. So erreichen beispielsweise manche englischen und deutschen Tageszeitungen eine Auflage, die praktisch der Gesamtauflage der spanischen Tagespresse entspricht. Es handelt sich dabei jedoch zumeist um Boulevard- und Skandalblätter.

Ebenfalls interessant für die Beurteilung der Presseverbreitung in Spanien ist die Tatsache, daß die meisten Tageszeitungen in und um Madrid, in Katalonien, auf den Balearen, in Navarra und in den kantabrischen Provinzen gelesen werden. Der Index der Zeitungsleser pro 1.000 Einwohner überschritt im übrigen 1995 endlich die Schwelle von 100. Im Jahr 1960 lag die Zahl bei 71, 1986 bei 78 und 1989 bei 80. In Deutschland sind es 326 Leser pro 1.000 Einwohner. In Spanien gibt es heute zwar nicht mehr Zeitungen als zu Francos Zeiten, aber sie sind freier und werden mehr gelesen als früher. Wenn es wahr ist, daß Demokratie ohne einen dynamischen Journalismus stagniert, dann muß man festhalten, daß Spanien trotz jüngster Fortschritte zum Teil spektakulärer Art, verglichen mit anderen entwickelten Ländern, noch immer Nachholbedarf hat.

Der Boom der Wochenendbeilagen

Eines der hervorstechenden Merkmale der spanischen Tageszeitungen ist die Lebendigkeit, die Beliebtheit und die Qualität ihrer Sonntagsausgaben. Die erste Anregung, sie einzuführen, kam vor allem von britischen Zeitungen. Inzwischen geben alle spanischen Tageszeitungen am Wochenende zusätzlich zu ihrer Samstags- oder Sonntagsausgabe verschiedene Beilagen heraus, die vielfältig und reichhaltig zusammengestellt sind: stets ein Nachrichtenteil in sehr modernem Gewand, enzyklopädische Beiträge, Beilagen zum Sammeln, agressive Werbung. Dieses gegenüber den Wochentagausgaben so unterschiedliche Produkt findet große Zustimmung, wie die folgende Graphik zeigt:

Graphik 4: Auflagenentwicklung der Wochenendbeilagen

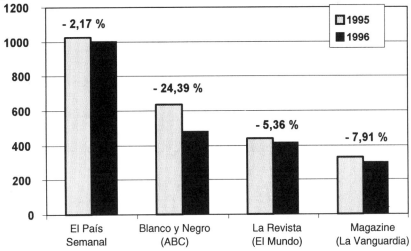

Quelle *El País*, Zahlen OJD

Trotz des leichten Einbruchs von 1996 ist bemerkenswert, wie erfolgreich diese Wochenendbeilagen sind. Die Sonntagsausgabe von *El País* wird beispielsweise um 70% mehr verkauft als eine Ausgabe während der Woche. *El País* ergriff 1976 die Initiative mit dem bemerkenswerten *El País Semanal*. Eigentlich aber wird damit ein journalistisches Subgenre verbessert wiederaufgenommen, das *ABC* schon sehr lange vorher mit seiner Beilage *Blanco y Negro* praktizierte. Erst seit die Sonntagsbeilagen so erfolgreich sind, entdeckt man wieder, daß sich *ABC* eigentlich seit seiner Gründung des Formats und der Struktur eines Magazins bedient hat, wie überhaupt diese politisch konservative Zeitung oft journalistische Innovationen formaler Art eingeführt hat.

Dank dieser Beilagen, die zu kaufen und zu lesen inzwischen ein fester Bestandteil des spanischen Wochenendes geworden ist, erreichen die Tageszeitungen in Spanien am Samstag und Sonntag anderen europäischen Ländern vergleichbare Auflagen- und Leserzahlen. Mittlerweile kann man die allerneuesten Tendenzen journalistischer Ästhetik zuerst in diesen Wochenendbeilagen entdecken. Auch inhaltlich sind sie zu einem interessanten Reflektor sozialer Einstellungen und ihres Wandels geworden. So thematisierte in den achtziger Jahren *El País Semanal* beispielsweise bevorzugt ideologische Fragestellungen, während sich heute diese 'soziopolitische' Sorge in den allermeisten Beilagen in ein journalistisches

Fest von visuellen Reizen und frivoler Verspieltheit verwandelt hat. Die Entpolitisierung des Landes spiegelt sich in seinen Wochenendbeilagen wieder, ja sie sind gleichsam ihr kongenialer journalistischer Ausdruck.

3. Die moderne Zeitung als Kommunikationsfirma
Die Erfolgsstory von *El País*

Mit berechtigtem Stolz feierte *El País* 1996 sein zwanzigjähriges Bestehen. Tatsächlich ist *El País* heute die wichtigste allgemein informierende Tageszeitung in Spanien, ein Blatt mit fast unbestrittener Autorität, das Organ der *transición* der siebziger Jahre und gleichzeitig Modell für ein wirtschaftlich gesundes Unternehmen. Die Zeitung gehört zur PRISA-Gruppe, die im Presse-, Radio-, Fernseh- und Verlagswesen tätig ist, mit einem Umsatz von ca. 760 Millionen DM und einen Gewinn von 66 Millionen DM, der seit 1994 um 77% gestiegen ist. Neben dem Aushängeschild *El País* besitzt der Konzern die Wirtschaftstageszeitung *Cinco Días* und hält einen bedeutenden Anteil an der Sportzeitung *As*. PRISA ist zudem Aktionärin der britischen Zeitung *The Independent* in Großbritannien sowie von *O Público* in Portugal und *La Prensa* in Mexiko. Seit 1984 besitzt PRISA die *Sociedad Española de Radiodifusión* (SER) mit mehr als vier Millionen Hörern und großem Einfluß dank ihrer vielbeachteten politischen Sendungen und Debatten. PRISA ist schließlich zu 25% am spanischen Pay-TV-Sender *Canal+* beteiligt, der 1987 etwa 1,3 Millionen Abonnenten hatte. Außerdem ist der Konzern im Kabel- und Satellitengeschäft tätig und ist einer der Hauptakteure im Streit um den Einstieg ins digitale Fernsehen. Mit 413.543 verkauften Exemplaren im Jahr 1996 und einer geschätzten Reichweite von 1.543.000 tatsächlichen Lesern gehört *El País* zu den zwanzig größten Tageszeitungen der Welt und rangiert beispielsweise vor *Le Monde* mit 325.009 Exemplaren im Jahr 1996 (allerdings mit einer Reichweite von 2,2 Millionen Lesern) und vor der *Welt* (ca. 250.000 Exemplare), jedoch hinter anderen großen europäischen Tageszeitungen wie *La Repubblica* in Italien, der *Süddeutschen Zeitung* oder den britischen Blättern *Times*, *The Independent* oder *The Guardian*.

Wenige Monate nach Francos Tod am 4. Mai 1976 gegründet, verkörperte *El País* lange Zeit für viele die sozialistische Linke und wurde zum Zeugen, der die Machtübernahme des PSOE unter Felipe González im Jahr 1982 nicht nur journalistisch begleitete, sondern auf seine Weise auch vorbereitete. Die Zeitung fand gerade dadurch sehr schnell ihre eigene Identität und entwickelte sich seit ihrer Gründung geradlinig ohne größere Brüche. Seine Leserschaft eroberte *El País* dank einer Art Qualitätsgarantie, die auf der Seriosität der Information und seiner guten Lesbarkeit beruht. Eine moderne Typographie und ein verständnisförderndes Layout unterstützen dies noch. So ist *El País* im Laufe der Jahre ein Diskussionsforum für soziale, kulturelle und politische Fragen geworden, das stark von der internationalen, nationalen und regionalen Aktualität geprägt ist.

Um die Gründe für diesen enormen Aufstieg zu begreifen, seien einige Voraussetzungen dieses Erfolges genannt:

Die Gruppe PRISA wurde 1972 gegründet, also vor dem Ende des Franquismus. Der Grundstein für das erste Gebäude der zukünftigen Tageszeitung wurde im Dezember 1974 gelegt. Als Franco im November 1975 stirbt, sitzen die Teams der Redaktion, der technischen, kaufmännischen und finanziellen Leitung bereits in den Startlöchern und erobern als erste den von der Zensur befreiten Pressemarkt. *Diario 16*, die als zweite der großen Tageszeitungen erst im Oktober 1976 auf den Markt kam, gelang es nie, diesen anfänglichen Rückstand aufzuholen.

Der erste Chefredakteur ist der junge Journalist Juan Luis Cebrián, der bei *Informaciones*, einer Tageszeitung, die unter Franco eine relativ liberale Position vertrat, seine Ausbildung erhielt. Die Redaktion von *El País* stützte sich in ihren Anfängen auf eine Mischung aus erfahrenen Journalisten, die durch die harte Schule des Kampfes gegen die Zensur gegangen waren, und aus jungen Leuten, die durch Studienaufenthalte in angelsächsischen Redaktionen unverzichtbare Erfahrungen für das journalistische Geschäft gesammelt hatten. Die spanische Presse der *transición* inspirierte sich weitgehend am angelsächsischen Modell, während die Verfassung von 1978 eine eher deutsche Färbung erhielt.

Von Anfang an statteten die Eigentümer von *El País* ihr Unternehmen mit der besten Technik aus. Jede Modernisierungsphase im Zeitungswesen wurde frühzeitig erkannt und mitgestaltet: Zu erwähnen sind besonders die Einführung der informatisierten Texterstellung und -erfassung 1981, die Ausgabe auf Mikrofilm 1984, die Dezentralisierung des Drucks in den verschiedenen Autonomen Regionen mit Druckzentren – neben Madrid – in Barcelona, Sevilla, Vigo, Valencia und Las Palmas, die Einführung einer *El País*-Ausgabe durch Satellitenübertragung nach Roubaix und Frankfurt, sogar nach Mexiko, die eine deutliche Steigerung der Verbreitung im Ausland mit sich brachte, seit 1996 die CD-Rom-Ausgabe und schließlich *El País Digital*, der über Internet täglich 50.000 Leser erreicht, die täglich auf 3,2 Millionen Seiten Zugriff haben. *El País* verfügt über sehr dynamische Regionalausgaben in der Comunidad Valenciana, in Andalusien, Galicien und, seit 1997, im Baskenland. Die wöchentliche Auslandsausgabe, die seit 1983 existiert, erreicht viele Länder der Erde, so daß man heute fast überall in der Welt entweder die nationale oder die internationale Ausgabe von *El País* lesen kann.

Seit 1980 hat sich *El País* Redaktionsstatuten gegeben, die unter anderem auch gewisse ethische Prinzipien bei der Weitergabe und Formulierung von Informationen festlegen, eine Art moralische Abmachung, die für alle Mitarbeiter verbindlich ist. Ähnlich normative Bedeutung erlangte das seit 1977 geltende Stilbuch, das jedes Jahr neu aufgelegt wird und der sprachlichen Gestaltung der Artikel ihre Homogenität verleiht. Auch die Ernennung eines Ombudsmanns im Jahr 1993, der sich der Klagen und Wünsche der Leser annimmt, ist Ausdruck der kontinuierlichen Sorgfalt des Teams von *El País* im Umgang mit seiner Leserschaft. Gestaltung und Struktur von *El País* waren von Anfang an modern. Ein handliches Tabloidformat zusammen mit unterschiedlichen und eigenständigen Beilagen bilden die Grundstruktur der Zeitung. Zusätzlich zu den traditionellen Beilagen zum Sport sowie Beilagen, die der Erziehung, den Büchern und der Wissenschaft gewidmet sind, schuf *El País* 1985 die hervorragende Wirtschaftsbeilage *El País Negocios*, die mit der Sonntagsausgabe geliefert wird. Seit 1991 erscheint die ebenfalls bemerkenswerte Kultur- und Buchbeilage *Babelia*, und seit 1993 jeden Freitag *El País de las Tentaciones*. Gerade mit seiner fortschrittlichen Typographie, die mehrmals internationale Preise gewann, und seiner modischen Thematik gelang es, 80.000 neue und überwiegend junge Leser zu gewinnen. *El País* vermochte so, sein klassisches und etwas zu konventionell gewordenes Image zu korrigieren, und zwar gerade zu einem Zeitpunkt, als der Konkurrent *El Mundo* ebenfalls dieses neue Publikum für sich einzunehmen verstand. Beide Zeitungen bestätigten damit gleichzeitig eine wachsende Tendenz zur Entpolitisierung, die mit einem verstärkten Interesse an Kultur- und Freizeitthemen einhergeht.

Zusammenfassend läßt sich sagen, daß *El País* in der Tat – im Laufe seiner Geschichte – ein wichtiger Wegbegleiter Spaniens bei seiner Rückkehr zur Demokratie war und daß er sich auf diesem Weg u.a. zum Verteidiger der freiheitlichen Werte, der Minderheiten und der Umwelt machte. Heute wird die Zeitung von den Eliten der Gewerkschaften, der Hochschulen und der Wirtschaft, von den leitendenden Angestellten und von der Unternehmerschaft gelesen. Seit dem Sieg der Rechtskoalition von José María Aznar 1996 hat *El País* seine ursprüngliche Rolle als Oppositionszeitung wiedergewonnen und bestätigt Tag für Tag, daß er weiterhin eine der lebendigsten Kräfte in der zeitgenössischen spanischen Gesellschaft repräsentiert.

Das Abenteuer *El Mundo*

Gegründet am 23. Oktober 1989, präsentiert sich *El Mundo* als unabhängig, fortschrittlich und modern, obwohl er von seinen zahlreichen und agressiven Gegnern als konservative Zeitung eingestuft wird, die sich politisch und wirtschaftlich eher rechts situiert. Gerade deshalb, aber nicht nur deshalb wirft *El Mundo* ein interessantes Licht auf die jüngste Mediengeschichte Spaniens und den Kampf um die Monopolstellung, die *El País* seit langem innehält.

El Mundo ist zuallererst das Werk einer starken Persönlichkeit, das seines Chefredakteurs und Herausgebers Pedro J. Ramírez, der die Zeitung in der Gruppe *Unidad Editorial* betreibt. Dieser auffällige Zeitungsmacher war bei Francos Tod 23 Jahre alt, ist ein schneller und genauer Journalist, der in den USA seine Lehrjahre durchlief und von Ben Bradlees Enthüllungen bei der *Washington Post*, (die 1974 zur Watergateaffaire und später zum Sturz von Präsident Nixon führten) tief beeindruckt wurde. In den Jahren 1980-82 war Pedro J. Ramírez der Hauptverantwortliche für die vielbeachtete Regenerierung des linken *Diario 16*. 1989 beschloß er, sich in das Abenteuer der Neugründung von *El Mundo* zu stürzen, zusammen mit einigen Abtrünnigen des schwer angeschlagenen *Diario 16*, zu denen sich noch einige enttäuschte Mitarbeiter von *El País* gesellten, die ihre Zeitung für zu freundlich gegenüber der sozialistischen Regierung Felipe González' hielten.

Der Hauptgrund für den Erfolg (die Auflage lag 1996 bei 260.616 verkauften Exemplaren, mit einem Spitzenwert von 303.019 Exemplaren im Jahr 1995; die Verbreitung wird auf 1.234.000 Leser geschätzt) ist darin zu sehen, daß sich *El Mundo* deutlich von allen anderen spanischen Tageszeitungen unterscheidet. Allein dieses Differenzpotential kann erklären, warum die Zeitung als einzige der Neugründungen aus den fetten Jahren 1989-90 bis heute überlebt und sich einen relativ bedeutenden Marktanteil gesichert hat. (Die anderen, wie *El Sol*, *El Independiente* oder *Claro* verschwanden kläglich in der Versenkung.)

Seit seinem Eintritt in den von *El País* dominierten Markt charakterisierte sich *El Mundo* durch einige deutlich ausgeprägte Strategien: Die Zeitung lieferte agressive Informationen im politischen Bereich, verfolgte breit angelegte Feldzüge gegen die Korruption in Politik, Finanz oder Justiz und situierte sich stets in klarer Gegnerschaft zu den bis 1996 regierenden Sozialisten. Wie es im Pressewesen häufig vorkommt, profitierte *El Mundo* lange Zeit von seinem Status als kritische Stimme gegenüber der amtierenden Regierung. Der Sieg der Rechtsparteien von 1996 versetzte die Zeitung deshalb in eine prekäre Situation, die sicher zum Teil den Auflagenrückgang von 1996/7 erklärt. Allerdings handelt es sich dabei auch um einen Trend, der der gesamten spanischen und westeuropäischen Presse gemeinsam ist. Es wäre jedoch zu einfach, den Erfolg von *El Mundo* allein mit seinem manchmal spektakulären Profil eines Skandalblatts zu erklären und die Zeitung so auf ein demagogisch geiferndes Medium zu reduzieren. Immerhin stürzte sich *Diario 16* zur gleichen Zeit auch in eine Enthüllungsserie, die die geheimen Finanzquellen der politischen Parteien (unter anderem des PSOE) untersuchte, die Verantwortung der sozialistischen Regierung bei den Aktivitäten der GAL, der *Grupos Antiterroristas de Liberación* enthüllte, durch akribische Recherchen den Chef der *Guardia Civil* Luis Roldán bloßstellte, die betrügerische Verwendung von Geheimfonds offenlegte und illegale telefonische Abhöraktionen publik machte. Gleichwohl konnte dieser Enthüllungsjournalismus bei *Diario 16* nicht verhindern, daß das Blatt die schwerste Krise seit seiner Gründung durchmachte, mehrfach den Besitzer wechselte, enorme Auflagenverluste hinnehmen mußte und kurz vor dem Ruin stand.

Ein weiterer Grund für die positive Aufnahme von *El Mundo*, vor allem bei den jungen Lesern, den höheren Angestellten und den in der Wirtschaft Tätigen, ist die besondere Sorgfalt in der formalen Gestaltung. *El Mundo* war die erste Tageszeitung, die intensiv und systematisch die neue und durch den Amerikaner Jeff Goerzten eingeführte Technik der Infographie in Spanien einsetzte. So wie in den 70er und 80er Jahren die Leser vom hervorragenden typographischen Layout von *El País* beeindruckt waren (entworfen hat es der deutsche Spezialist Reinhard Gade), gefielen die neuen Infographien, die spanische Spezialisten unter amerikanischer Anleitung für *El Mundo* entwarfen, dem jungen Publikum besonders gut. Diese innovative Technik revolutionierte die visuelle Darstellung in der Presse entscheidend und wurde bald von sämtlichen Medien nachgeahmt. Heute gehört die spanische Presse – kommunikationsästhetisch gesehen – u.a. auch deshalb zu den Vorreitern auf dem Weltmarkt. Dank komplexer visueller Darstellungen, die mit Hilfe der Bildschirminformatik wie geschaffen scheinen für alle Bereiche der Information, sei es die Politik, vermischte Nachrichten, Wirtschaft, Kultur, Sport, entstand eine neue journalistische Ausdrucksweise mit der ihr eigenen Ästhetik. Die Computertechnik schuf so nicht nur neue Diskursformen für die Redaktion und die Gesamtkomposition der Zeitung, sondern sie verwandelte auch ihr äußeres Erscheinungsbild beträchtlich. Gerade der Golfkrieg mit seinen komplexen und teilweise undurchschaubaren Vorgängen, der just im ersten Erscheinungsjahr von *El Mundo* ausbrach, lieferte ein hervorragendes Anwendungsgebiet für die neue Technik. Einmal mehr verdeutlicht das Beispiel von *El Mundo* die engen Beziehungen, die seit jeher zwischen ästhetischer Praxis, technischen Erfindungen und der Geschichte des Pressewesens bestehen.

Im Medienwettbewerb mit *El País* bedeutete dies jedenfalls, daß *El Mundo* seinem Konkurrenten mindestens zeitweise den Ruhm ablaufen konnte, Symbol für ein neues und modernes Spanien zu sein. Zeitungsexperten weisen freilich zurecht darauf hin, daß *El Mundo* in vielem ähnliche Qualitätsmerkmale aufweist wie *El País*, die Erfolgsrezepte des älteren Rivalen also keinesfalls ausgedient haben. Ähnlich wie *El País* präsentiert sich *El Mundo* im Tabloidformat. Täglich variierende Beilagen von hoher Qualität widmen sich u.a. der Erziehung und Bildung (»Campus«), der Gesundheit (»Salud«), der Kultur (»La Esfera«), der Wirtschaft (»Su Dinero«). Die Wochenendbeilage heißt *La Revista* und ist mit ihrer experimentierfreudigen Graphik ein Musterbeispiel moderner journalistischer Ästhetik. Mit einer Auflage von 416.697 Exemplaren im Jahr 1996 hält *La Revista* einen bedeutenden Marktanteil bei den Sonntagsausgaben. Wie *El Mundo* insgesamt wird *La Revista* regelmäßig mit internationalen Preisen für das journalistische Design ausgezeichnet. Darüber hinaus bietet die Zeitung Regionalausgaben für das Baskenland, Galicien, Katalonien, Kastilien, Andalusien und die Balearen. Außerdem verfügt sie über ein Druckzentrum für den europäischen Markt in Charleroi in Belgien. Ein Stilbuch, wie wir es schon von *El País* kennen, ein Jahrbuch von bemerkenswerter Klarheit, das es auch als CD-ROM gibt, und ein elektronischer Zugriff auf die Zeitung vervollständigen das Bild einer technisch und journalistisch auf höchstem Niveau operierenden Tageszeitung. *El Mundo* gehört zur Mediengruppe *Unidad Editorial*, 45% der Aktien wurden jedoch von der italienischen Gruppe *Rizzolo-Corriere della Sera* aufgekauft. Die Zeitung hat für Spanien die Exklusivrechte für die Kooperation mit der der Mailänder Tageszeitung, außerdem mit dem britischen *Guardian* und der französischen *Libération*.

Wenn *El Mundo* auch nicht die Leser von *El País* abwerben konnte, so hat die Zeitung doch neue Leser hinzugewonnen, die von ihrem manchmal unverschämten Enthüllungsjournalismus angezogen wurden, aber auch von ihrem Streben, alle journalistischen Bereiche – Politik, Gesellschaft, Wirtschaft, Kultur, Sport – gleichermaßen mit einem frischen Ton und einer neuen Form zu bearbeiten.

4. Überlebt die Tageszeitung im Medienwettbewerb?

Der Krieg um das digitale Fernsehen, in dem sich derzeit *El País* und *El Mundo* gegenüberstehen, lehrt uns im Grunde, welchen Stellenwert die Tageszeitungen in der Zukunft im Mediengeschäft haben werden. Sie werden letztlich – auch weltweit – nur mehr ein Rädchen von vielen im Getriebe der mächtigen Kommunikationskonzerne sein, die die Presse, aber auch das Fernsehen, den Film und andere Medien in sich vereinen. Was man in Spanien derzeit gern den 'Krieg der Fußballübertragungen' nennt, ist in Wirklichkeit eine Schlacht zwischen der Plattform *Canal Satélite Digital*, die von *El País* und der PRISA-Gruppe betrieben wird, und ihrem Konkurrenten *Vía Digital*, die *El Mundo* und auch die Regierung unter José María Aznar unterstützt.[2] Dabei geht es vordergründig für die Pay-TV-Sender um die Exklusivrechte an den Übertragungen der Meisterschaftsspiele des in Spanien heißgeliebten Fußballsports. Die Übernahme des Privatfernsehsenders *Antena 3* durch *Telefónica* im Juli 1997 zeigt, daß hier ein harter Kampf ausgefochten wird, bei dem sich die Allianzen täglich ändern. Hinter wohlklingenden Argumenten, die die Freiheit des Zuschauers ins Feld führen, verbirgt sich ein heißer Kampf um die Vorherrschaft auf einem voraussichtlich äußerst einträglichen Markt. Man kann bedauern, daß die beiden größten spanischen Tageszeitungen in diesen Wirtschaftskrieg verwickelt sind. Vielleicht zeichnet sich

---

2 Vgl. hierzu Peter M. Spangenbergs Beitrag in diesem Band.

hier das Ende der Freiheit der Presse ab, die jetzt zwischen die Mühlsteine der großen Multimediakonzerne gerät.

In diesem Zusammenhang ist zu erwähnen, daß das Fernsehen in Spanien, wie überall, einen stetig wachsenden Anteil am Werbekuchen verschlingt, etwa 30%, während die Werbeeinnahmen der Presse kontinuierlich abnehmen. Es scheint, als sei auch dies ein Indiz für den Niedergang eines bestimmten Typus von Informationsprodukten. Jedenfalls erweist sich die handwerkliche oder gar im Familienunternehmen betriebene Zeitungsproduktion als gänzlich veraltet und überholt. Die großen Pressekonzerne in Spanien, wie PRISA mit *El País*, *Prensa Española* mit *ABC*, *Godó* mit *La Vanguardia*, *El Correo* mit einer ganzen Reihe von regionalen Tageszeitungen, *Zeta* mit Wochenblättern wie *Interviú* oder *Tiempo*, *Unidad Editorial* mit *El Mundo* sind allesamt geradezu dazu verurteilt, Multimediakonzerne zu werden, um zu überleben – bei allen Risiken der Pressekonzentration, die diese Entwicklung impliziert.

Ungeachtet dieses bedrohlichen Szenarios läßt sich zusammenfassend sagen, daß die spanische Tagespresse, bei allen Limitationen, die sie charakterisieren, gleichwohl immer noch eine 'Gegenmacht' repräsentiert, die in der öffentlichen Meinung hohes Ansehen genießt und in der politischen Auseinandersetzung durchaus ihr Gewicht hat. Wenn es richtig ist, daß die Nachrichtenblätter stets die Mentalität einer Epoche reflektieren und teilweise mitproduzieren, so lassen uns die spanischen Tageszeitungen zur Genüge an den Fortschritten dieser Gesellschaft, aber auch an ihren Exzessen teilhaben, und zwar mit eben dieser Agressivität und manchmal Arroganz, die dem auswärtigen Beobachter am heutigen spanischen Alltagsleben auffällt. Im übrigen verstärkt auch ihre kommerzielle und finanzielle Entwicklung (der Papierverbrauch in den Druckereien stieg von 232.900 Tonnen pro Jahr 1983 auf 436.400 Tonnen pro Jahr 1993 an) diesen Eindruck. Der beträchtliche Anstieg der Verkaufszahlen, eine erstaunlich zügige Anpassung an die neuesten technologischen Standards, stilsichere Modernität im Diskurs und in der Form sind weitere wichtige Merkmale, die die letztlich beeindruckende Erfolgsgeschichte der spanischen Tagespresse miterklären.

Im Zeitalter des *infotainment*, wo die Information zum Fernsehspektakel wird und manipulierte und virtuelle Bilder uns verführen, ist das Bedürfnis nach einer freien Presse in der so jungen spanischen Demokratie (noch) ungebrochen. In einer politischen Landschaft, in der nach zahlreichen Korruptionsskandalen die Entscheidungsträger beschädigt und diskreditiert zurückbleiben, stellt die Presse für viele Spanier einen immer noch zuverlässigen Ort der Klarheit dar. Vor allem ist es ihr gelungen, enge und von Vertrauen geprägte Bindungen mit einer wichtigen Gruppe von Spaniern einzugehen: mit den jungen Lesern.

(Übersetzung von Elisabeth Ries und Klaus Dirscherl)

Klaus-Peter Walter

Pedro Almodóvar und das Kino der Gegenwart

Der folgende Versuch, die Spielfilmproduktion Spaniens der letzten Jahre unter besonderer Berücksichtigung ihres »Kult-Regisseurs« Pedro Almodóvar auf ihre wichtigsten Konstanten und Entwicklungstendenzen hin zu sondieren, versteht sich, um im optischen Bildfeld des Gegenstands zu bleiben, als Momentaufnahme, und als solche setzt sie sich zwei präsentatorischen Gefahren aus, die ins Bewußtsein gerückt werden sollen. Die erste läßt sich nur eingeschränkt umgehen, da sie die im Rahmen einer Überblicksdarstellung zwangsläufig erforderliche Auflistung von Regisseur-Namen und Filmtiteln betrifft; immerhin mögen die notwendigen Aufstellungen dann nebenbei die Funktion erfüllen, den Lesern gewisse Orientierungsmarken und Anregungen für ihre eigenen Erkundungen an die Hand zu geben. Die andere – unausweichliche – Gefahr einer gewissen verzerrenden Optik liegt in der automatisch gegebenen subjektiven Befangenheit des Betrachters begründet, der das umfangreiche Anschauungsmaterial (potentiell immerhin 10 bis 15 Jahresproduktionen) gemäß seinem kinematographischen Vorverständnis zu sichten und dann, geleitet von seinen Relevanzkriterien, eine Auswahl für die Präsentation und Erforschung der Autoren, Werke und Sachverhalte zu treffen hat. In Grenzen gehalten wird diese Voreingenommenheit durch die Berücksichtigung quantitativ-empirischer Faktoren zur Produktion und zur öffentlichen Einstufung des Filmschaffens durch die Instanzen von Publikum, Kritik sowie Gesetz- und Geldgeber, weshalb der inhaltlichen Auseinandersetzung mit den Erscheinungsformen des spanischen Gegenwartsfilms und seiner Autoren einige Bemerkungen zur Faktenlage vorgeschaltet werden sollen.

1. Das spanische Kino der achtziger und neunziger Jahre in Zahlen und Tendenzen

Nimmt man eine quantitative Bestandsaufnahme des spanischen Kinomarkts der letzten zwanzig Jahre vor, so bestätigt bereits der Blick auf die Eckdaten des Betrachtungszeitraums die Vermutung, daß ungeachtet aller nach dem Ende des Franco-Regimes gewonnenen Freiräume und kulturellen Aufbruchserwartungen auch das spanische Kino nicht von der internationalen Krise im Filmgeschäft verschont geblieben ist. Die zu verzeichnenden Globalrückgänge sprechen in ihrer numerischen Übereinstimmung eine so verheerende Sprache, daß sich jeder weitere Kommentar zu erübrigen scheint: So ist die jährliche Gesamtzahl der Kinobesucher von 1975 bis 1994 um nicht weniger als zwei Drittel von rund 255 Millionen auf 89 Millionen (-65%) geschrumpft. In Entsprechung hierzu hat das

Kinosterben im selben Zeitraum 3.146 von insgesamt 5.076 Sälen im ganzen Land erfaßt (-62%). Auch fabrikationsseitig stellt sich das Erscheinungsbild keineswegs erträglicher dar, mußte die spanische Kinoproduktion doch einschließlich der Koproduktionen in den vergangenen zwanzig Jahren einen Rückgang von 60% verzeichnen: Der Fertigstellung von 110 Filmen jährlich (1975) stehen 1994 noch ganze 44 Werke gegenüber.

Hier zunächst die Angaben zur Zuschauerentwicklung und zur Anzahl der Lichtspielhäuser im Zweijahresrhythmus:

Tab. 1: Zuschauerentwicklung 1975-1994		
Jahr	Zuschauer	Veränderung in %
1975	255.785.631	
1980	175.995.962	- 31.2
1982	155.935.909	- 11.4
1984	118.592.695	- 24.0
1986	87.336.841	- 26.4
1988	69.633.890	- 20.3
1990	78.510.807	+ 12.8
1992	83.301.640	+ 6.1
1994	89.096.732	+ 7.0
Quelle: Pascual Cebollada / Luis Rubio Gil: *Enciclopedia del cine español*. Tomo 1. Barcelona 1996, S. 286.		

Tab. 2: Kinosäle 1975-1994		
Jahr	Kinosäle	Veränderung absolut
1975	5.076	
1980	4.096	- 980
1982	3.939	- 157
1984	3.510	- 429
1986	2.840	- 670
1988	1.882	- 958
1990	1.773	- 109
1992	1.807	+ 34
1994	1.930	+ 123
Quelle: Ebd. (Tab.1).		

Der Blick auf die etwas differenzierter aufgeschlüsselten statistischen Werte ermöglicht nicht nur eine genauere Rekonstruktion der Krisenentwicklung, sondern er erlaubt es dem Betrachter letztlich sogar, einen Silberstreif am Horizont ausfindig zu machen.

Die Erklärung der beiden Übersichten ist in einem wesentlichen Punkt ergänzungsbedürftig, da die Globalzahlen noch keinen Aufschluß darüber geben, inwieweit das spezifisch *spanische* Spielfilmangebot im Vergleich zu den Aufführungen und zum Besuch der sonstigen europäischen und vor allem der amerikanischen Produktion von den Einbußen betroffen ist. Eine dementsprechend differenzierende Optik ist allerdings dazu angetan, den Befund vom Niedergang des spanischen Kinos noch weiter zu dramatisieren: Nach dem von Gómez Bermúdez de Castro vorgelegten Zahlenmaterial für die Jahre 1976-1987 (neuere Daten standen diesbezüglich nicht zur Verfügung, dürften sich aber auch nicht prinzipiell von den Angaben für das Jahrzehnt 1976-1987 unterscheiden) sank der Anteil der vorgeführten spanischen Filme innerhalb des Gesamtprogramms im genannten Zeitraum von 36% auf 27%. Gegenläufig hierzu schwangen sich die amerikanischen Filmimporte von 22% zu einem Marktanteil von 37% auf.[1] Noch gravierender macht sich der Zuschauerschwund zum Schaden der nationalen Produktion bemerkbar: Während sich der Anteil der Kinobesucher spanischer Filme am Gesamtzulauf zwischen 1976 und 1987 von 31% auf 15% halbierte, zog die Projektion US-amerikanischer Produktionen nahezu eine Verdopplung des Anteils von 30% (1976) auf 59% (1987) nach sich.[2]

Angaben, die die marktbeherrschende Stellung des amerikanischen Kinos in Spanien in den neunziger Jahre bestätigen, liefert das vom *Equipo Reseña* herausgegebene Jahrbuch *Cine para leer* für 1992 und 1993: Es beziffert in beiden Jahren den Marktanteil der *transnacionales norteamericanos* auf 87% bzw. 85%[3] und greift angesichts der eklatanten Marginalisierung der nationalen Produktion – 1992 spielen spanische Filme gerade einmal 9% der Gesamtsumme an Eintrittsgeldern ein![4] – zu starken Worten: Die Überflutung des Markts mit amerikanischen Streifen wird als »colonialismo extranjero«[5] und als »oligopolio patente y escandaloso«[6] attackiert[7] und 1992 als »annus horribilis« tituliert, das in die Filmchronik als Jahr eingehen wird, in dem das spanische Kino »einen seiner

---

1 Vgl. Ramiro Gómez Bermúdez de Castro: *La producción cinematográfica española. De la Transición a la Democracia (1976-1986)*. Bilbao o.J. [1989], S. 224ff. In absoluten Zahlen:
1976: 1.457 aufgeführte spanische Filme gegenüber 910 US-amerikanischen;
1987: 1.001 aufgeführte spanische Filme gegenüber 1.365 US-amerikanischen.
2 Vgl. ebd., S. 224ff. Die absoluten Zahlen verdeutlichen ebenfalls, wie weit sich die Schere zugunsten des amerikanischen Marktanteils geöffnet hat:
1976: 76.563.816 Zuschauer spanischer Filme gegenüber 74.583.785 Zuschauern amerikanischer Importe;
1987: 12.637.109 Zuschauer spanischer Filme gegenüber 49.707.255 Zuschauern amerikanischer Importe.
3 Equipo Reseña: *Cine para leer* [Jahrbuch 1992]. Bilbao o.J. [1993], S. 9 und ebd., [Jahrbuch 1993], S. 18.
4 3.329 Mio. Ptas. von 36.331 Mio. Ptas. (vgl. ebd., Jahrbuch 1992, S. 18). Noch eine weitere aussagekräftige Zahleninformation hinzu: Von den 287 spanischen Filmen, die zwischen 1984 und 1991 in den Genuß einer offiziellen Vorschuß-Finanzierung kamen, spielte die Hälfte nicht einmal die Vorschüsse ein, 53 werden überhaupt nicht aufgeführt (vgl. ebd., S. 20).
5 Ebd., S. 11.
6 Jahrbuch 1993, S. 19.
7 Als besonders »heimtückisch«, um eine moralische Kategorie in den ökonomischen Diskurs einzubringen, erweist sich die Beteiligung nordamerikanischer Konzerne an europäischen Gesellschaften, wodurch die Schutzmaßnahmen des europäischen Binnenmarkts mühelos umgangen werden können: Auf diese Weise ist beispielsweise *Basic Instinct* als holländische (!) Koproduktion praktisch ohne Vermarktungsrestriktionen in den spanischen Verleih gelangt!

schlimmsten Augenblicke durchleben mußte«.[8] Wesentlich verstärkt wurde die Krisensituation zu Beginn der neunziger Jahre durch die Einrichtung privater Fernsehkanäle (*Antena 3*, *Telecinco*, *Canal+*), die seither nachhaltig dafür sorgen, das Interesse an Spielfilmen von der großen Leinwand auf die kleine abzuziehen.[9] Auch der kinoschädigende Einfluß des Video-Markts sollte nicht unterschätzt werden.[10]

Dennoch geben die beiden abgedruckten Tabellen auch zu erkennen, daß zu dem Zeitpunkt, für den *Cine para leer* von einem Zustand des »desánimo generalizado« (der allgemeinen Mutlosigkeit)[11] spricht, das Schlimmste bereits überstanden ist und sich ein wenn auch bescheidener Aufschwung, der einer generellen Trendwende zuzuschreiben sein könnte, zumindest in der Gesamtentwicklung ablesen läßt. Bereits seit 1989 schreibt die Zuschauerentwicklung wieder schwarze Zahlen (mittlerweile +28%, bezogen auf den Tiefstand im Jahr 1988), und auch dem Kinosterben scheint in den neunziger Jahren Einhalt geboten worden zu sein. Vor allem gibt es einen wichtigen Indikator, der es erlaubt, diese Globaltrends, die *prima facie* noch nichts mit der spezifisch spanischen Situation zu tun zu haben brauchen, doch mit der Diagnose einer merklichen Erholung des nationalen Filmschaffens und seiner Rezeption in Zusammenhang zu bringen: Wie Tabelle 3 verdeutlicht, hat bei aller Dominanz der amerikanischen Konkurrenz die spanische Kinoproduktion in letzter Zeit wieder erheblich zugelegt, was insbesondere für das Rekordjahr 1996 gilt.

Es wäre zu wünschen, daß diese Aufwärtsentwicklung, wie sie sich sowohl in allgemeiner wie auch in nationaler Hinsicht – und hier vor allem im gegenwärtigen *boom* der Jungfilmerinnen und -filmer – abzeichnet, ihre Erklärung nicht nur im Einsatz kommerzieller Vermarktungskalkulationen findet, sondern auch und vor allem in dem qualitativen Umstand, daß durch die internationale Anerkennung des spanischen Gegenwartsfilms – die Wertschätzung für Pedro Almodóvar, 1993 der Oscar für *Belle époque* (Fernando Trueba), um nur diese herausragenden Beispiele anzuführen – eine Sogwirkung entstanden ist, von der auch die weniger spektakulären, aber durchaus hochwertigen Produktionen anderer Filmemacher vor allem aus der jüngeren Generation profitieren könnten. Der Ansatz zu dieser hoffnungsvollen Perspektive scheint jedenfalls angesichts der Präsenz des spani-

---

8 *Cine para leer*, Jahrbuch 1992, S. 11.
9 Die Bedeutung der Ausstrahlung von Spielfilmen im Fernsehen verdiente sowohl in allgemeiner als auch in spezifisch spanischer Hinsicht eine gesonderte Darstellung. So erzielte das Fernsehen in Spanien im Jahr 1991 einen europäischen Rekord mit insgesamt 9.113 gesendeten Spielfilmen, was einem Tagesmittel von 25 Filmen entspricht! (Nach *Cine para leer* [1992], S. 18.)
10 Für 1993 belaufen sich die Gesamteinnahmen des Videogeschäfts auf 48.000 Ptas., wovon 18 Mio. auf den Verleih, ebenfalls 18 Mio. auf den Direktverkauf und 12 Mio. auf den kombinierten Kiosk-Verkauf von Faszikeln + Kassette entfallen (nach *Cine para leer* [1993], S. 15).
11 Ebd., S. 11.

schen Films auf den internationalen Festspielen und in Gestalt spanischer Filmwochen im Ausland unverkennbar.

Tab. 3: Spanische Spielfilmproduktion 1975-1996			
Jahr	Produktionen inkl. Koproduktionen	Produktionen spanischer Regisseure	Erstlingswerke
1975	110	89	
1980	118	82	
1984	75	63	
1985	77	65	
1986	60	51	
1987	69	62	
1988			
1989	47	42	12
1990	42	37	12
1991	64	59	16
1992	52	47	15
1993	56	53	15
1994	44	43	13
1995	47	53	13
1996	91	77	22

Quellen: Gómez Bermúdez de Castro: A.a.O., S. 216 für den Zeitraum 1975-1986; Ministerio de Educación y Cultura: *Cine Español 1989*ff. [jährlich erscheinend] für die Zeit 1989-1996 (aus den Angaben dieses Jahrbuchs wurden von mir in der dritten und vierten Spalte nach dem Prinzip des »Autorenkinos« unabhängig von den Finanzierungskonstellationen alle Filme *spanischer Regisseure* ermittelt).

Bevor wir die inhaltliche Beschaffenheit der neueren spanischen Filmproduktion zu erhellen versuchen, soll noch ein kurzer Blick auf die Entwicklung der Filmförderung durch die Öffentliche Hand geworfen werden, die in signifikanter Weise Parallelen zu den Veränderungen des Marktes (Aufbruchseuphorie am Anfang der achtziger Jahre – Weg in die Krise – Anzeichen einer Verbesserung der Situation) aufweist.

Einen Neuanfang innerhalb der spanischen Kinopolitik stellt diesbezüglich die vielzitierte *Ley Miró* dar, so benannt nach der Filmregisseurin Pilar Miró, die nach dem Wahlsieg des PSOE 1982 als Frau mit praktischen cineastischen Erfahrungen, ein doppeltes Novum hinsichtlich der Besetzungsgepflogenheiten, an die Spitze der *Dirección General de Cinematografía* berufen wurde. Es ist bezeichnend, insbesondere für die Fixiertheit des Kinobetriebs auf die amerikanischen Verhältnisse, daß ihr umfassender Maßnahmenkatalog zur Verbesserung der Produktionsbedingungen für spanische Filme (Erhöhung der staatlichen Subventionen als Vorab-Subventionen, Kategorisierung von *películas de interés especial*, Zusammenarbeit mit dem öffentlich-rechtlichen Fernsehen (RTVE), Kooperation mit Lateinamerika, Festsetzung von Abspielquoten bezüglich inländischer und ausländischer Filmvorführungen) letztlich von den Verantwortlichen des Verleih- und Vertriebssystems untergraben wurde, so daß Miró Anfang 1986 zurücktrat. Auch ihre beiden Nachfolger (Fernando Méndez-Leite und Miguel Marías) konnten weitere Beschneidungen der *Ley Miró* nicht verhindern.

Ein Tiefpunkt ist 1990 erreicht, als ein (weisungsabhängiger) Berufsbeamter, Enrique Balmaseda, zum Direktor des *Instituto de Cinematografía y de Artes Audiovisuales* (ICAA) ernannt wird und der Einfluß der *Dirección General* erheblich zurückgeht. Der direkte Zugriff des Staates zeigt sich auch in der Tatsache, daß neue Maßnahmen, die, obwohl zum Besten der nationalen Kinoförderung gedacht, auf eine stärkere ministerielle bzw. interministerielle Kontrolle der Produktion und Diffusion hinauslaufen und als *Ley Semprún* den Namen des Kulturministers tragen, was Ángel Pérez Gómez zu der sarkastischen Bemerkungen veranlaßt: »Wir befinden uns in einer paradoxen Situation: Es geht uns schlechter als zur Zeit des Franquismus«.[12] Aus dieser Optik ist es nur konsequent, wenn die neue Kinogesetzgebung von 1994, die *Ley del Cine Carmen Alborch*, bei allen Vorbehalten gegenüber ihrem unverhohlen liberalistischen Grundton allgemein Anlaß zu einem vorsichtigen Optimismus gegeben hat. Die neuen Regelungen besagen im wesentlichen, daß die öffentlichen Subventionsmittel *nach* der Fertigstellung des jeweiligen Films greifen sollen, mithin seinem kommerziellem Erfolg zugeordnet sind, also eher dem Produzenten als dem Regisseur zugute kommen. So erhalten alle tatsächlich aufgeführten spanischen Filme 15 % der von ihnen eingespielten Bruttoeinnahmen zurück, darüber hinaus ein Drittel der Produktionskosten, wenn der Film a) 30 Millionen Ptas. (was einer Anziehungskraft von 50.000 Zuschauern entspricht) eingebracht hat oder b) von einem Regiedebütanten kommt und mehr als 20 Millionen Ptas. eingespielt hat oder c) in einer der Autonomie-Sprachen vertont ist und 10 Millionen Ptas. einspielt.[13] Als flankierende Maßnahme tritt zu dieser Gesetzgebung ein Abkommen mit RTVE, in dem sich die staatliche Fernsehanstalt »zugunsten des Aufblühens des einheimischen Kinos« (»para el fomento del cine propio«) verpflichtet, jährlich für 2.000 Millionen Ptas. Senderechte an spanischen Spielfilmen einzukaufen.

---

12 *Cine para leer* [1991], S. 19.
13 Die Gesamtförderungssumme für einen Film darf allerdings 100 Mio. Ptas. nicht überschreiten (Angaben nach *Cine para leer* [1994], S. 19).

2. Zwischen *hardcore* und Familienglück
Das Werk des spanischen »Kult-Regisseurs« Pedro Almodóvar

Die Präsentation des statistischen Materials zur Kino-Produktion gibt uns die Veranlassung, zur gesonderten Betrachtung desjenigen Regisseurs überzugehen, der dem spanischen Film erstmals nach Carlos Saura wieder Weltgeltung verschafft hat, obwohl oder gerade weil einzelne seiner bislang 11 Spielfilme anläßlich ihrer Premiere Gegenstand heftiger Kontroversen waren – Pedro Almodóvar (*1949).[14] Gerade die Ranglisten der nationalen Jahresproduktion verdeutlichen indes, daß auch einem Almodóvar der Erfolg nicht in Gestalt von Geniestreichen in den Schoß gefallen ist, sondern daß er sich vielmehr recht mühsam hocharbeiten mußte: Während frühe Filme wie *Entre tinieblas* und selbst der mittlerweile stärker beachtete *¿Qué he hecho yo para merecer esto?* gegenüber der Konkurrenz publikumswirksamer Komödien nicht über eine Placierung auf den Rängen 30 bzw. 36 hinauskamen, erzielt der Regisseur erst mit den Produktionen von 1986 (*Matador*) und 1987 (*La ley del deseo*) einen dritten bzw. vierten Platz. Dann aber stellt sich der durchschlagende und späterhin auch weltweite Erfolg der Komödie *Mujeres al borde de un ataque de nervios* ein, mit der Almodóvar sogar einen seltenen Doppelschlag erzielt, da *Mujeres* nicht nur im Jahr der Uraufführung (1988) mit 1,78 Millionen Zuschauern den absoluten Kassenschlager des spanischen Kinos einfährt, sondern noch im Folgejahr mit rund 910.000 Zuschauern die Konkurrenz auf die Plätze verweist. Danach zieht *¡Átame!* erneut über 1 Million Interessenten ins Kino, was einen 2. Rang innerhalb der Jahresproduktion von 1990 bedeutet. Zu diesem Zeitpunkt ist der Erfolg des pummeligen und lockenköpfigen Filmemachers konsolidiert, jede seiner nachfolgenden Kreationen wird als »der neue Almodóvar« zum unwiderstehlichen Argument für den Kinobesuch.[15]

Die nüchternen Absatzdaten machen neugierig auf eine inhaltliche Erklärung, die aufzuzeigen vermag, aufgrund welcher spezifischen Machart und Themenbe-

---

14 Almodóvars Filmographie umfaßt die folgenden Titel: *Pepi, Luci, Bom y otras chicas del montón*, 1980; *Laberinto de pasiones*, 1982 (*Labyrinth der Leidenschaften*); *Entre tinieblas*, 1983 (*Das Kloster zum heiligen Wahnsinn*); *¿Qué he hecho yo para merecer esto?*, 1984 (*Womit hab' ich das verdient?*); *Matador*, 1986 (*Der Matador*); *La ley del deseo*, 1987 (*Das Gesetz der Begierde*); *Mujeres al borde de un ataque de nervios*, 1988 (*Frauen am Rande des Nervenzusammenbruchs*); *¡Átame!*, 1989 (*Fessle mich!*); *Tacones lejanos*, 1991 (*High Heels*); *Kika*, 1993 und *La flor de mi secreto*, 1995 (*Mein blühendes Geheimnis*).

15 Zum Vergleich einige Zahlen aus Deutschland: *Mujeres* lockt zwischen 1989 und 1992 277.000 Zuschauer in die Kinosäle, *¡Átame!* im Zeitraum 1990-92 immerhin 240.000. Die dann erst im Anschluß an die Kassenschlager vermarkteten früheren Erfolge *Matador*, *Laberinto* und *¿Qué he hecho yo?* fallen dagegen mit 31.000, 30.000 und 17.000 Eintritten wesentlich ab (Zahlen nach Stefanie Karg: «Trabajar y formar una familia, como una persona normal». *Zeichen der Identität im filmischen Werk Pedro Almodóvars.* Saarbrücken (unveröffentl. Dissertation) 1996, S. 25ff.).

handlung Almodóvar derartige Erfolgsbilanzen, darüber hinaus aber auch die dauerhafte Anerkennung der Kinospezialisten im In- und Ausland zustande bringen konnte.[16] Die schlüssige Antwort kann nur vermittels einer genaueren Auseinandersetzung mit dem Œuvre Sinn machen, da die herkömmlichen Etikettierungen des Regisseurs als »enfant terrible« oder »Paradiesvogel« und seiner Filme als »schrille« Provokationen wenig hilfreich zur Erhellung des Phänomens sind.

In der Tat wird der erste Eindruck des arglosen Zuschauers, auch wenn er nicht der moralinsauren Tradition der »España eterna« verhaftet ist, gegenüber einer Almodóvar-Aufführung zwangsläufig der eines handfesten Schocks sein, legen es die Filme doch geradezu darauf an, vornehmlich in den Einstiegssequenzen mit harten, ans Pornographische grenzenden Einstellungen ihr Publikum heftig zu verstören. Einige Beispiele: In *Laberinto de pasiones* forscht die Handkamera im Gedränge auf dem Madrider Rastro nach den prallen männlichen Genitalkonturen unter den hautengen Jeans der Flanierenden, in *¿Qué he hecho yo para merecer esto?* wird Gloria, die Putzfrau eines Kendo-Clubs von einem (wie sich rasch herausstellen wird, impotenten) Club-Mitglied unter der Dusche besprungen, *Matador* beginnt damit, daß der im Titel gemeinte Stierkampf-Lehrer Diego sich vor dem Fernseher, auf dem Videobilder mit Gewaltdarstellungen gegen Frauen ablaufen, selbst befriedigt, und in *La ley del deseo* masturbiert ein junger Mann zu den detaillierten Anweisungen einer männlichen *off*-Stimme; aus einem ganz anderen, kaum weniger schockierenden Wirklichkeitsausschnitt stammt der Einstieg in *La flor de mi secreto*: Eine Mutter, die gerade mühsam begreifen muß, daß ihr einziger Sohn die Folgen eines Unfalls nicht überlebt hat, wird von zwei Ärzten bedrängt, den Körper des Sohnes zur Organspende freizugeben (in diesem letzten Beispiel wie auch in *La ley del deseo* verstärkt der Regisseur den Schock des Filmeinstiegs noch durch einen Desillusionierungseffekt: Der Zuschauer stellt plötzlich fest, daß er es mit einer gespielten Inszenierung – Drehaufnahmen zu einem Pornofilm, Rollenspiel anläßlich einer Weiterbildungstagung – zu tun hatte). Aber auch im Filminnern scheut sich Almodóvar nicht, seinen Provokationsstil mit weiteren derartigen Szenen zur ungeschnittenen Wiedergabe sexueller Praktiken, aber auch mit regelrecht grotesken Einlagen, von denen einige noch zu zitieren sein werden, fortzuspinnen.

Versucht man, jenseits solcher Impressionen zu Almodóvars filmischer Handschrift die thematische und inszenatorische Vielfalt dieses Schaffens nach signifi-

---

16 Als wichtigste Sekundärliteratur-Beiträge zu Almodóvar seien die Monographien von Nuria Vidal (*El cine de Pedro Almodóvar*. Barcelona 1988), María Antonia García de León / Teresa Maldonado (*Pedro Almodóvar, la otra España cañí (sociología y crítica cinematográficas)*. Ciudad Real ²1989) und Antonio Holguín (*Pedro Almodóvar*. Madrid 1994), vor allem aber die oberhalb zitierte, gerade im Druck befindliche Saarbrücker Dissertation von Stefanie Karg genannt, der die vorliegende Überblicksdarstellung wichtige Anregungen und Bestätigungen verdankt.

kanten Merkmalen zu ordnen und für einen erklärenden Zugriff zu systematisieren, so ergibt sich ein Rasterungsvorschlag, der vier übergeordnete Perspektiven umfaßt, die im Folgenden erläutert werden sollen.

(1) Eine herausragende Bedeutung für die Ausgestaltung der Erzählwelten Almodóvars kommt der Wahl des Ambiente zu, das jedesmal dasselbe ist – *Madrid als Lebens- und Ereignisraum*. Vor allem im Erstlingswerk des Regisseurs, *Pepi, Luci, Bom y otras chicas del montón* zieht die Thematisierung des Lebens in der Großstadt einen quasi-dokumentarischen Realismus nach sich, wird hier doch eine authentisch pulsierende Leinwandnachbildung der legendären *movida*, des exuberanten Lebensgefühls der jungen spanischen Generation unternommen, die begreiflicherweise völlig enthemmt auf die Befreiung von der verlogenen moralischen Repressivität des Franco-Systems reagiert.[17] Personalisiert wird dieser Ausbruch in der Figur der biederen Luci, die aus ihrer Ehe mit einem offenkundig den überlebten Lebensverhältnissen der Diktatur noch verhafteten Polizisten ausbricht, um ihre sado-masochistische Veranlagung mit Pepi auszuleben, bevor sie am Filmende zum Ehemann zurückkehrt, da sich herausstellt, daß sie auch mit ihm ihren Neigungen freien Lauf lassen kann.

Eine durch satirische Übertreibung gebrochene Fortsetzung findet die Artikulation des neuen Lebensgefühls in dem Film *Laberinto de pasiones* mit seiner Thematisierung von Drogenkonsum, Homosexualität, praktizierter Erotomanie, Inzest, künstlicher Befruchtung, aber auch der Marotte, sich seine Neurosen vom Psychiater kurieren zu lassen.

Danach wendet sich Almodóvar den »normaleren« Lebensformen der Großstadt zu, wie sie sich in den anonymen Hochhaus-Siedlungen abspielen, deren Anblick man immer wieder in den einzelnen Filmen teilhaftig wird. Der bereits erwähnte Film *¿Qué he hecho yo para merecer esto?* schildert die in jeder Hinsicht primitiven Lebensbedingungen innerhalb der am Rande des Existenzminimums vegetierenden Familie von Gloria und Antonio samt ihrer Nachbarn. Ihr materiell und sexuell frustrierendes Dasein läßt Gloria in der erstbesten ehelichen Auseinandersetzung die Nerven verlieren; mit einem handlichen Schinkenknochen schlägt sie den mit *macho*-Allüren behafteten Ehemann tot.

Aus der Optik des gehobenen Mittelstandes greift *Mujeres al borde de un ataque de nervios* die Problematik des großstädtischen Lebensraums erneut auf. Hier wird Pepas Penthouse-Wohnung zu einer regelrechten Anlaufstelle für Leute mit

---

17 Ein besonders aussagekräftiges Veranschaulichungsbeispiel: Eine spektakuläre Anwendung des neuen demokratischen Prinzips der öffentlichen Wahlentscheidung findet anläßlich einer Festivität für einen homosexuellen Voyeur statt: Man veranstaltet »erecciones generales«, um den Besitzer des größten Penis ausfindig zu machen; Spielleiter dieses Wettbewerbs im Film ist bezeichnenderweise kein anderer als Almodóvar selbst!

allen möglichen Frustrationen und sonstigen gefühlsdeformierenden Großstadtneurosen. *Kika* ergänzt die filmübergreifende Bestandsaufnahme durch eine zusätzliche Facette, nämlich das Ausgeliefertsein an den anonymen Voyeurismus innerhalb der Hochhausquartiere. Als Symbol für die ebenso entfremdete wie entfremdende Wahrnehmung des Anderen dient der Sachverhalt, daß der Voyeur, der Kikas Körper von einem der zahllosen gegenüberliegenden Fenster aus beäugt, ihr eigener Ehemann Ramón ist.

Angesichts einer derartigen Aufarbeitungsweise verwundert es nicht, daß Almodóvars Großstadtfilme zugleich auch Reaktionsformen auf diese Lebenserfahrung zur Darstellung bringen. So hat sich Pepa in *Mujeres al borde de un ataque de nervios* eine aufwendige Dachgartenidylle mit üppiger Vegetation und Haustieren geschaffen, vor allem aber wird fast in jedem Film ein Landhaus bzw. der heimatliche *pueblo* als buchstäblicher »Flucht«-Punkt angesteuert. Dieses Motiv hat seinen Ursprung zweifellos nicht ausschließlich in dem autobiographischen Detail von Almodóvars Herkunft aus der Mancha, sondern ist in erster Linie als Ausdrucksform einer Nostalgie nach mehr Lebensqualität in Gestalt intakter Wertordnungen und überschaubarer Interaktionsverhältnisse zu begreifen. Nicht zufällig läßt Kika, wehrloses Opfer eines heillosen moralischen und gefühlsmäßigen Desasters, die Großstadt hinter sich und begleitet einen Zufallsbekannten von der Landstraße zu einer Dorfhochzeit, weil, wie sie selber sagt, »Orientierung« das ist, was sie nach dem Erlebten nötig hat. Klar ist aber auch, daß für Almodóvar das Dorf als Ort der seelischen Regenerierung immer nur eine temporäre Alternative bietet und wie in *¡Átame!*, *Tacones lejanos* und *La flor de mi secreto* wieder in Richtung Madrid als dem eigentlichen, grundsätzlich nicht hinterfragbaren Lebensraum verlassen werden muß.

(2) Zur gezielten topographischen Konstituierung von Almodóvars filmischen Wirklichkeitsausschnitten tritt in allen Filmen als Grundthema ein weiterer prägender Bestandteil der modernen Lebenswelt hinzu, nämlich die Bedeutung der modernen Massenmedien und ihrer Inhalte. Es würde den Rahmen dieser Ausführungen sprengen, die *Omnipräsenz der technischen Kommunikations- und Unterhaltungsmedien* im Detail nachzuweisen und in ihrer subtilen Aussagekraft erschöpfend zu erklären, so daß nur einige Entschlüsselungshilfen an die Hand gegeben werden können.

Nahezu alle Hauptdarstellerinnen und -darsteller üben bei Almodóvar einen »medialen« Beruf aus, angefangen bei Pepi (Werbeagentur) und Bom (Bandleaderin) über den Theaterregisseur Pablo (*La ley del deseo*), Pepa (Schauspielerin und Synchronsprecherin in *Mujeres al borde de un ataque de nervios*), Marina (Pornodarstellerin in *¡Átame!*), die Nachrichtensprecherin Rebeca (*Tacones lejanos*) bis zu Sor Rata del Callejón (*Entre tinieblas*) und Leo (*La flor de mi secreto*), die beide Erfolgsromane, erstere Kloster-Krimis, letztere Sentimentalromane, schreiben. Diese berufliche Prägung hat natürlich auch zur Folge, daß die einzelnen Filmhandlungen im Milieu der Unterhaltungsindustrie angesiedelt sind und nebenher die einzelnen Erscheinungsformen einer kritischen Betrachtung unterziehen.[18]

Bereits erwähnt wurde in diesem Zusammenhang die Vorliebe des Regisseurs für den Einsatz der Fiktionsironie, durch die sich die zunächst für »erlebte Wirklichkeit« gehaltenen Begebenheiten als mediale Inszenierungen entpuppen, damit gleichzeitig aber auch die Grenze zwischen Realität und Fiktion immer undurchsichtiger werden lassen.

Vor allem das Fernsehen wird immer wieder aufs Korn genommen, indem die diversen Programmangebote durch groteske Überzeichnungen persifliert werden. So gibt Almodóvar die Spots zur Produktwerbung auf dem kleinen Bildschirm mehrfach der Lächerlichkeit preis, am spektakulärsten in der Werbung für ein Waschmittel namens *Ecce Omo*, dessen Weißmacher so effizient ist, daß er die Blutflecken an der Kleidung des Massenmörders von Cuatro Caminos dauerhaft beseitigt – zum Schaden der Polizei, die bei der Hausdurchsuchung enttäuscht abziehen muß, zum Stolz der Hausfrau und Mutter des Mörders (*Mujeres al borde de un ataque de nervios*).[19]

Eher ernsthaft stellt sich die filmische Auseinandersetzung mit dem Phänomen der blutrünstigen *reality shows* in *Kika* dar, wo Victoria Abril Andrea, die Reporterin und Moderatorin der Show *El peor del día*, spielt. Mit ihrem gleichsam körpereigen ausgestülpten Kamera-Auge auf dem Kopf und guten Kontakten zur Polizei ist Andrea ständig auf der Suche nach Bildmaterial und persönlichen Kontakten zu der Schwerverbrecher- und Triebtäterszene der Stadt, fällt jedoch am Schluß in ihrer Sensationsgier der Attacke eines von ihr bereits zur Strecke gebrachten Frauenmörders zum Opfer.

Des öfteren baut Almodóvar in die aktuelle Handlung seiner Filme Spielfilmzitate in Form unvermittelt hineingeschnittener Schwarz-Weiß-Einstellungen und Sequenzen vornehmlich aus einschlägigen Hollywood-Produktionen ein, mit denen einmal die Verwischung der Grenzen von tatsächlicher und fiktional mediatisierter Wirklichkeitswahrnehmung unterstrichen wird, zum anderen sich aber auch eine Ausdrucksverstärkung und Kommentierung des original Verhandelten einstellt.

---

18 Die bereits erwähnte Tatsache, daß Almodóvar in seinen ersten Filmen persönlich in Nebenrollen auftritt (u.a. als Showmaster bei den »erecciones generales« oder als kostümierter Schlagersänger in *¿Qué he hecho yo para merecer esto?*), soll im vorliegenden Darstellungszusammenhang nicht näher ausgedeutet werden.

19 Belustigend ist auch die Persiflage einer literarischen »Quasselrunde« in *Kika*: Moderatorin des betreffenden »literarischen Duetts« ist Doña Paquita, eine Oma, die aufgrund ihrer Zuckerkrankheit gar nicht mehr richtig lesen kann, wie sie in der Sendung treuherzig bekennt, und den Fernsehjob nur deshalb angenommen hat, weil sie dann die düsteren Momente ihres Witwendaseins vergißt und ihren Sohn, den Programmdirektor des Fernsehens, der normalerweise keine Zeit für sie hat, öfter zu Gesicht bekommt.

Dieselbe kommentierende Funktion kommt in noch stärkerem Maße den häufigen Schlagerdarbietungen zu, die, anders als man vermuten könnte, weit davon entfernt sind, in ihrer Sentimentalität der Lächerlichkeit anheimzufallen. Im Kontext der zugrundeliegenden Handlung werden sie vielmehr aufgewertet, indem sie zeigen, was an ernstgemeintem Ausdruckspotential eigentlich in ihnen steckt. So wirkt es ergreifend, wenn die verzweifelte Rebeca im Gefängnis den Gesangsauftritt ihrer Mutter Becky del Páramo mit Luz Casals Bolero »Piensa en mí, si tienes ganas de llorar« im Radio hört (*Tacones lejanos*) oder die am Rande des Zusammenbruchs befindliche Leo im Fernsehen einen Auftritt von Chavela Vargas mit »El último trago«, einem Trennungslied, das genau zu ihrer Situation paßt, mit tränenumflortem Blick verfolgt.[20]

Vor allem aber gibt die Allgegenwart der Medienwirklichkeit über die verschiedenen Einzelausprägungen hinaus zu erkennen, daß die zwischenmenschlichen Beziehungen durch die Formen der Mediatisierung der Entfremdung anheimfallen. Fast läßt sich sagen, daß die heimliche Hauptperson in *Mujeres al borde de un ataque de nervios* Pepas Anrufbeantworter ist, der der Vermeidung des persönlichen Gesprächs und damit dem Erklärungsnotstand seiner Benutzer erheblichen Vorschub leistet. In herausragender Weise unterstreicht im selben Film die Wiedergabe einer Synchronisations-Sitzung das Phänomen der Entfremdung. Indem Pepa eine Sequenz aus *Johnny Guitar* ins Mikrofon spricht, wird ihr klar, daß es ihre eigenen Gefühle zu dem untreuen Yván sind, die sie hier in die Leere des Studios hinein artikuliert, und sie fällt in Ohnmacht.

Die grundsätzliche Problematik mediatisierter Wirklichkeitsaussagen wird in einer Einlage aus *Tacones lejanos* in einer Weise auf den Punkt gebracht, für die der Begriff der Groteske besonders angemessen erscheint: In einer Nachrichtensendung, die zugleich auch für Taubstumme konzipiert ist, hat Rebeca als Nachrichtensprecherin die Beerdigung ihres eigenen Mannes, der zugleich Direktor der Fernsehanstalt war, mitzuteilen und wird von der neben ihr sitzenden Kollegin synchron in der Gebärdensprache begleitet. Als Rebeca aus der Sprecherinnen-Rolle fällt und sich vor laufender Kamera als Gattenmörderin offenbart, vollzieht die Kollegin in ihrem Gebärdecode das Geständnis professionell bis zu dem Punkt mit, an dem sie merkt, daß sie sich damit selbst der Tat zu bezichtigen droht, woraufhin sie heftig jede Schuld dementiert, indem sie, immer noch codegetreu, heftig auf ihre Nachbarin zeigt.

(3) Ohne Zweifel den wichtigsten thematischen Schwerpunkt in Almodóvars Werk stellt die *Modellierung eines ganz spezifischen Frauenbildes* dar. Tatsächlich präsentiert der Regisseur in der überwiegenden Anzahl seiner Werke die Handlung

---

20 Eine minutiöse Auflistung der musikalischen Einlagen und ihrer Bedeutung in Almodóvars Filmen bis zu *Tacones lejanos* bietet Karg, a.a.O., S. 116ff.

aus einer weiblichen Wahrnehmungs- und Erlebnisperspektive, ein Sachverhalt, der durch die Titelformulierungen unterstrichen wird, die in nicht weniger als 7 von 11 Fällen von vornherein eine feminine Betroffenheit signalisieren.[21]

Die Markierung der Filmgeschichten als weibliche Ángelegenheiten verbindet sich auf der Ebene der Diegese mit der Darstellung emanzipatorischer Entwicklungsschritte dieser Frauen, ohne daß den betreffenden Verhaltensweisen ein dezidiert feministisches Konzept unterlegt wäre. Wir verfolgen immerhin in mehreren Filmen, am eindringlichsten in *Mujeres al borde de un ataque de nervios*, die Selbstbefreiung der Protagonistinnen aus der ursprünglichen emotionalen Abhängigkeit vom männlichen Partner und ihr Bemühen um autonome Selbstverwirklichung. Vor allem die Schauspielerin und Synchronsprecherin Pepa (Carmen Maura) beschreitet diesen Weg mit letzter Konsequenz. Wie die anderen Frauen des so betitelten Films bedient sie gerade nicht das feminine Rollenklischee von Hysterie und Kollapsneigung, sondern überwindet dank ihrer Willensstärke und der nötigen Anpassungsfähigkeit gegenüber neuen Herausforderungen situativer und existentieller Art die Bindung an einen verlogenen Mann, der sich beziehungsmäßig längst anderweitig orientiert hat. Auch als werdende Mutter wird sie ihre neue Daseinsqualität allein in Angriff nehmen. Pepas moralischer Triumph über den am im *show down* äußerst kläglich wirkenden Ex-Liebhaber wird verstärkt durch die Tatsache, daß sie zwei anderen Leidensgefährtinnen, die Zuflucht in ihrer Wohnung gefunden haben, zu ihrer Eigenständigkeit verhilft. Candela entsagt ihrer Leidenschaft für einen schiitischen Terroristen, und Marisa erlebt dank Pepas mit einem *gazpacho*, versetzt mit einer Überdosis Schlaftabletten, im Traum einen Orgasmus.

Das eher larmoyant-sentimentale Pendant zu dieser turbulenten Komödie um Frauen, die bezeichnenderweise eben immer nur am *Rand* des Nervenzusammenbruchs bleiben und sich vom Abgrund zur Meisterung ihrer prekären Situationen aufschwingen, stellt Almodóvars bis dato letzter Film, *La flor de mi secreto*, vor. Leo, die Autorin von *novelas rosas* (Marisa Paredes), wird von ihrem rücksichtslosen Mann, der sie ausgerechnet mit ihrer Psychotherapeutin betrügt, ebenfalls ein hohes Maß an Leidensfähigkeit abverlangt, bevor sie ihre Existenzkrise bewältigt und ihr Selbstvertrauen zurückerlangt, was freilich dieses Mal nur mit tatkräftiger Unterstützung durch den weniger attraktiven, dafür aber weiblich-

---

21 Offenkundig ist dies bei den drei Namensnennungen bzw. Geschlechtskennzeichnungen der Fall (*Pepi, Luci, Bom y otras chicas del montón, Kika, Mujeres al borde de un ataque de nervios*); indirekt auch durch die Assoziationen, die *Tacones lejanos* hervorruft; des weiteren beziehen sich die virtuellen Zitate und Ausrufe, die als Filmtitel fungieren (*La flor de mi secreto, ¿Qué he hecho yo para merecer esto?, ¡Átame!*), eindeutig auf die weiblichen Protagonistinnen als Sprecherinnen.

einfühlsamen *País*-Chefredakteur Ángel bewerkstelligt wird, mit dem Leo zum Filmende eine neue Beziehung eingeht.[22]

Formen weiblicher Handlungsautonomie finden sich noch in anderen Spielarten innerhalb der einzelnen Werke. Solidarität bestimmt die klösterliche Selbstorganisation der Ordensschwestern der *Redentoras Humilladas*, die ihre religiöse Mission zur Rettung drogensüchtiger und krimineller Mädchen auf höchst unkonventionelle Weise betreiben. Ein einzelner Schlußakt weiblicher Solidarität führt auch zum *happy end* von *Tacones lejanos* (auf dem Sterbebett nimmt die Mutter den Mord, den ihre Tochter Rebeca begangen hat, auf sich, damit für die Tochter der Weg in ein neues Glück mit dem Untersuchungsrichter Domínguez frei wird). Auch wenn der finale Befreiungsakt der Frau in *¿Qué he hecho yo para merecer esto?* eher unterhalb der Schwelle zum reflektierten Handeln zustande kommt, ist er filmisch sicherlich am eindrucksvollsten gestaltet, wenn Gloria in einem Verzweiflungsausbruch, in dem sich Eifersucht, das Gefühl des Ausgebeutetseins und ihre sexuellen Frustrationen entladen,[23] den Ehemann mit dem besagten Schinkenknochen niederstreckt und er sich im Fallen das Genick bricht.

In Ergänzung zur eindeutigen Fokussierung des filmischen Dispositivs auf die weiblichen Problemlagen läßt sich zu den einzelnen »Manns-Bildern« bei Almodóvar festhalten, daß hier entweder ein Typus in Erscheinung tritt, der sich von den herkömmlichen Rollenerwartungen an das »starke Geschlecht« durch Schwachpunkte bzw. ein schwächliches Auftreten abhebt (oft handelt es sich um Männer, die von einer dominanten Mutter abhängig sind),[24] oder daß sie aber, wenn sie tatsächlich den *macho*-Vorgaben entsprechen, widerwärtig gezeichnet werden (so der sich unwiderstehlich wähnende Yván in *Mujeres al borde de un ataque de nervios*[25] und der NATO-Offizier Paco in *La flor de mi secreto*).[26]

---

22 Von den neuesten Filmen zum Thema der gedemütigten, emotional ausgebeuteten Frau, die in einer von männlichen Verhaltensmaßgaben bestimmten Welt schließlich doch ein positives Selbstkonzept entwickelt und ihr Leben meistert, scheint mir Gerardo Herreros *Malena es un nombre de Tango* (1996) hervorhebenswert zu sein.

23 Ihr vorherrschendes Lebensgefühl bringt Gloria mit der lapidaren Äußerung »Con lo tranquila que estaría yo soltera« (»wie ruhig wäre ich doch, wenn ich allein wäre«) auf den Punkt.

24 Der mit der Gabe des zweiten Gesichts versehene Ángel in *Matador* ist therapiebedürftig, Ricki wiederum verläßt am Anfang von *¡Átame!* gerade die Heilanstalt, Carlos aus *Mujeres* stottert, Ramón, der voyeuristische Fotograf in *Kika*, bedarf zur Durchführung des Geschlechtsakts des eigenhändigen Kameraeinsatzes.

25 Vgl. Pepas (Alp-)Traumsequenz, in der sie wahrnimmt, wie eine ganze Parade schmachtender Frauen an Yván vorbeipromeniert und er sie alle herablassend mit amourösen Versprechungen und *piropos* bedient.

26 Die heftigste Form der Absage an die Fortdauer der Tradition des *machismo* und seines beherrschenden gesellschaftlichen Einflusses hat José Juan Bigas Luna in seiner *Trilogía alimenticia* (*Huevos de oro, Jamón, Jamón, La teta y la luna*) in filmische Bildsequenzen umgesetzt, die freilich in ihrer überdeutlichen Symbolhaltigkeit penetrant und grobschlächtig wirken (so schlägt in *Jamón, Jamón* ein junger Mann mit Potenzproblemen mit dem Hammer dem überdimensionalen Osborne-Stier die Hoden ab). Bigas Luna scheint unter dem Zwang zu filmen,

Zwischen beiden Extremen ist ein Typ von »Männern« anzusiedeln, der bezeichnenderweise wohl deshalb noch am ehesten sympathische Züge aufweist, weil es sich »eigentlich« um Frauen handelt: Tina (*La ley del deseo*) ist erst durch eine Geschlechtsumwandlung vom Mann zur Frau geworden; Rebecas Geliebter, der Untersuchungsrichter Domínguez (*Tacones lejanos*), tritt im Zuge seiner beruflichen Erkundungstätigkeit als Transvestit »Femme Letal« in einem Nachtlokal auf, wo er in dieser Identität nach einem Auftritt Rebeca in seiner Künstlergarderobe schwängert.

(4) Erweitert man abschließend die bisherigen Einsichten zum Frauenbild bei Almodóvar um die Dimension der *Beziehungsproblematik und ihrer narrativen Behandlung* in den Filmen – denn es ist klar geworden, daß die Frauen gerade durch die Auseinandersetzung mit ihren Partnern zu ihrer Identität finden – so gelangt man bei der Durchsicht und Auswertung der einzelnen Beziehungskonstellationen, ihrer Determinanten und Entwicklungen zu einem erstaunlich *idealistischen Befund*, der als Quintessenz der filmischen Wirklichkeitsbildung unseres Regisseurs angesichts der krassen Darstellungen rein körperlicher Begegnungsweisen im Sinne sexueller »Verrichtungen« vordergründig ohne weiteres nicht zu vermuten war.

Die idealistische Tiefenstruktur von Almodóvars Beziehungsfilmen läßt sich in drei Komponenten ausdifferenzieren. Zum ersten gibt es in diesem Œuvre jenseits der Darstellung von spontaner Promiskuität und unpersönlicher Triebbefriedigung einen Film, in dem der Regisseur das Ideal einer leidenschaftlichen Liebe entworfen hat, auch wenn diese Liebe ihre Erfüllung nur im Tod zu finden vermag. *Matador* modelliert den tödlich endenden Liebesakt der beiden Stierkampf-Apologeten Diego und María, die sich am Höhepunkt ihrer erotischen Ekstase getreu den tauromachischen Vollstreckungsregeln gegenseitig den finalen Stich versetzen, als einen rituellen Akt, dessen kultischer Charakter durch eine genau zeitgleich eintretende Sonnenfinsternis verstärkt wird.

Zweitens gibt es unterhalb dieses spektakulären Beziehungshöhepunkts[27] weitere Filme, in denen Almodóvar den Ausblick auf ein »normales« Partnerglück als Schlußbild auf die Leinwand bringt. Eines haben diese Realisationen mit *Ma-*

---

hinsichtlich der Exzessivität der Darstellungsweisen das Vorbild Almodóvar noch zu überbieten, weshalb er die Idee mit Glorias Tötungsakt per Schinken (*¿Qué he hecho yo para merecer esto?*) am Ende von *Jamón, Jamón* zu einem groß angelegten Freiluftduell in Western-Manier ausweitet. Almodóvar hat in *La flor de mi secreto* auf das offensichtliche Plagiat filmimmanent reagiert: Man entwendet Leo einen im übrigen von ihr für unbrauchbar erachteten Romanentwurf und verkauft ihn an Bigas Luna, der daraus ein Drehbuch schustert...

27 Karg hat darauf hingewiesen, daß die ursprüngliche Drehbuchfassung des Films die Markierung des Finales als Glückshöhepunkt noch stärker hervorheben wollte: Der Kommissar gibt hier bei der Auffindung des toten Liebespaares den Kommentar ab: »Niemals habe ich zwei Gesichter so voll von Glück gesehen« (a.a.O., S. 233).

tador gemeinsam: Der Weg zum Glück erstreckt sich über ein mehr oder weniger gewaltsames Ringen zwischen den potentiellen Partnern um die definitive Lebensform. In besonderer Weise verbildlicht *¡Átame!* diesen Geschlechterkampf: Ricki muß Marina zunächst überfallen und ans Bett fesseln, sie also regelrecht zu ihrem Glück zwingen, bevor sie aus freien Stücken in ihrem Peiniger den Mann fürs Leben erkennt. Signifikant ist in diesem Zusammenhang auch der Ausruf der Titelformulierung, der zu erkennen gibt, daß Marina die Fesselung für eine »Bindung« an den Mann braucht und deshalb freiwillig auf diese Beziehungsweise zurückgreift, um nicht aus eigener Schwäche die Chance zu verpassen. Bezieht man in diesen Erklärungszusammenhang noch Filme wie die satirischen *Laberinto de pasiones* oder *Tacones lejanos* ein, wo Rebeca von dem als Transvestit in Erscheinung tretenden Untersuchungsrichter zunächst halbwegs vergewaltigt wird, festigt sich der Eindruck, daß die dauerhafte Partnerbeziehung zwar vom Filmende grundsätzlich als realisierbar ausgegeben wird, jedoch nur über eine Phase abweichender und buchstäblich zwanghafter sexueller Deviationen zu bewerkstelligen ist. So gewinnt dieses Stadium der Turbulenzen und Verstörungen eine geradezu kathartische Qualität, indem die Protagonistinnen und Protagonisten gereinigt und gefestigt aus ihren sexuellen Abenteuern, die sie freiwillig oder gezwungenermaßen bestehen mußten, hervorgehen.[28]

Drittens geht in Almodóvars Filmen die Erfüllung in der Partnerbeziehung mit dem Ausblick auf ein zukünftiges Familienglück einher, das durch die freudige Erwartung eines Kindes besiegelt wird (*Tacones lejanos* und *Laberinto de pasiones*, außerdem in *Mujeres al borde de un ataque de nervios*, auch ohne daß Pepa

---

28 Eine Entsprechung zur idealisierenden Behandlung der Beziehungsthematik findet sich innerhalb der filmischen Auseinandersetzung des Regiseurs mit einer weiteren Grundfeste des spanischen Traditionalismus, mit der Rolle von Religion und Kirche, in *Entre tinieblas*. Bei vordergründiger Betrachtung der Art und Weise, wie Almodóvar hier Details der Glaubenspraktiken innerhalb des Klosterlebens der »erniedrigten Erlöserinnen« verfremdet, kann durchaus der Eindruck einer provokatorisch-verhöhnenden, sogar blasphemischen Darstellungsweise entstehen (die Oberin unterhält lesbische Liebesverhältnisse und konsumiert harte Drogen, Sor Rata del Callejón bestätigt sich als Autorin von Kriminalromanen, die im Klosterambiente spielen, Sor Víbora wird den Kaplan des Klosters ehelichen usf.; gemeinsam besuchen die Nonnen eine Veranstaltung des Nachtclubs Molino Rojo, verkaufen auf dem Madrider Rastro ihr sakrales Inventar und geben Kabinettstückchen zum Besten, die man aus der Heiligengeschichte kennt – der Gang über glühende Kohlen, der Gesichtsabdruck im Schweißtuch).

Auch hier kann aber die wahrhaft respektlose Außendarstellung der Klosterinsassinnen nicht das karitative Engagement verleugnen, das die Nonnen mit ihren unkonventionellen Praktiken an den Tag legen, um junge Mädchen, die an den aktuellen Zivilisationskrankheiten wie Drogen, Gewalt und Werteverlust zu zerbrechen drohen, eine gesellschaftliche Überlebenschance zu geben (so formuliert die Madre Superiora die Philosophie ihres Ordens: »En las criaturas imperfectas es donde Dios encuentra toda su grandeza. Jesús no murió en la cruz para salvar a los santos, sino para redimir a los pecadores« (»In den unvollkommenen Geschöpfen erfüllt sich Gottes ganze Größe. Jesus starb nicht am Kreuz, um die Heiligen, sondern um die Sünder zu erlösen«). Somit praktizieren die schrägen Nonnen eine an die modernen Existenzbedingungen höchst angepaßte und ernstgemeinte Form der Religiosität.

hier nach ihrer schmerzhaften Eigentherapie noch eines männlichen Partners bedürfte). Mit einer derartigen Bedeutungskonfiguration erscheint Pedro Almodóvar keineswegs mehr als normenzertrümmerndes *enfant terrible* des postfranquistischen Kinos, sondern stellt sich als erstaunlich traditionsverbundener Autor (fast ist man geneigt, im heutigen Polit-Jargon von einem »Wertekonservativen« zu sprechen) dar, der die filmimmanente Nostalgie des Familienglücks immer nur durch seine extremen Darstellungsweisen kaschiert.[29]

Vor diesem Hintergrund läßt sich auch die bisherige Entwicklung besser verstehen, die der Filmemacher, ausgehend von dem schrillen *Punk*-Film *Pepi, Luci, Bom*, zu *La flor de mi secreto* durchschritten hat und der viele Liebhaber der Werke Almodóvars aus den achtziger Jahren mit Unverständnis begegnen. *La flor de mi secreto*, das im besten Sinn so zu bezeichnende »Rührstück« um den Selbstbehauptungsanspruch der emotional mißbrauchten Leo, einer Erfolgsautorin von Sentimentalromanen, der die rosaroten Stoffe angesichts ihrer persönlichen Existenzkrise immer schwärzer geraten, bevor sie mit männlicher Hilfe erlöst wird,[30] kommt erstmals fast gänzlich ohne die üblichen grotesken Einlagen und »harten« Sequenzen aus, mit denen man gerade in den Jahren zuvor noch in *¡Átame!* (der Film wurde offiziell sogar unter Pornographie-Verdacht gestellt), *Tacones lejanos* und verstärkt in *Kika* konfrontiert war. Almodóvar scheint an einem Scheidepunkt in seiner kinematographischen Entwicklung angekommen zu sein, und man darf gespannt darauf sein zu verfolgen, welchen Weg der Superstar des spanischen Gegenwartskinos in seinem zukünftigen Schaffen einschlagen wird.

3. Spanisches Kinoschaffen im Umkreis von Pedro Almodóvar. Ein Überblick

Über das bisher Gesagte hinaus könnte nicht nur das Phänomen »Almodóvar« samt seines bilderstürmerisch-provokativen Stils, sondern auch die Herausbildung der neueren Spielarten des spanischen Gegenwartskinos, um die es hier autorenübergreifend gehen soll, durch den Verweis auf eine auffällige Parallele des spanischen Kinoschaffens um 1980 mit der Umbruchssituation des französischen Kinos der späten fünfziger Jahre an der Schwelle zur Erneuerungsbewegung der

---

29 Von hier aus ist auch Karg zuzustimmen, wenn sie zur Kennzeichnung der Identitätssuche im Werk Almodóvars ihren Ausführungen ein Zitat des gerade aus der Heilanstalt entlassenen Ricki (*Tacones lejanos*) als Titel voranstellt: Ricki nimmt sich für seine Lebensplanung vor: »Trabajar y formar una familia, como una persona normal« (»Arbeiten und eine Familie gründen, wie jeder normale Mensch«).

30 In diesem Kontext ist auch Almodóvars erklärte Vorliebe für die Schlager-Romanzen der »llorona« Chavela Vargas zu sehen (*La Llorona* ist der Titel einer ihrer CDs, zu der Almodóvar eine Widmung verfaßt hat, in der er die Bedeutung dieser Musik für seine Persönlichkeitsentwicklung betont).

Nouvelle Vague erhellt werden. Wie der damalige französische Film ist auch das neuere spanische Erscheinungsbild von der Dominanz einer *tradition de la qualité* geprägt, die sich mit der spezifischen Machart ihrer Realisationen marktbeherrschend und modellbildend darstellt, auf diese Weise aber auch innovatorische Reaktionen und Alternativen geradezu herausfordert. Die Rede ist von einem etablierten hochwertigen *Autorenkino*, dessen Vertreter den Geburtsjahrgängen der zwanziger und dreißiger Jahre angehören und deren Gemeinsamkeit jenseits aller Persönlichkeitsstile in der Tatsache besteht, daß sie sich während der Franco-Diktatur, teilweise bereits seit den fünfziger Jahren, in der ständigen Auseinandersetzung mit der staatlichen Filmzensur ihre nationale und internationale Anerkennung erkämpfen mußten.[31] Dieser Gruppe älterer Autoren, die dem spanischen Film neben bzw. nach dem Einzelkämpfer Luis Buñuel erstmals zur Weltgeltung verhalfen, sind vor allem Cineasten wie Vicente Aranda (*1926), Juan Antonio Bardem (*1922), Luis García Berlanga (*1921), Mario Camus (*1935), Fernando Fernán-Gómez (*1921) und in herausragender Weise Carlos Saura (*1932) zuzurechnen.[32] Ihnen kommt einesteils das Verdienst zu, über den Zeitraum von *transición* und *movida* hinweg dem Qualitätsfilm in Spanien eine wichtige Kontinuität im Überlebenskampf gegenüber dem kommerziellen *mainstream*-Kino bis auf den heutigen Tag gesichert zu haben.[33] Andererseits ist es jedoch in der Natur der künstlerischen Betätigung begründet, daß von diesen Regisseuren keine neuen ästhetischen und/oder thematischen Impulse mehr ausgehen.

Als Symptom hierfür ist vor allem der Stellenwert anzuführen, den die filmische Auseinandersetzung mit dem spanischen Bürgerkrieg im Gegenwartskino einnimmt: Tatsächlich ist seine Thematisierung auch weiterhin den persönlich noch eher betroffenen Autoren wie Saura (*¡Ay Carmela!*, 1990), Berlanga (*La vaquilla*, 1985) oder Aranda (*Libertarias*, 1995) vorbehalten, wohingegen bei der jüngeren Generation dieser Bereich der filmischen Vergangenheitsbewältigung keine Priorität mehr innerhalb ihres Schaffens besitzt. Unterstrichen wird der Sachverhalt dadurch, daß der wichtigste Bürgerkriegsfilm der letzten Jahre, *Land and Freedom*

---

31 Vgl. dazu Hans-Jörg Neuschäfer: *Macht und Ohnmacht der Zensur. Literatur, Theater und Film in Spanien (1933-1976)*. Stuttgart 1991, 6. Kapitel: »Auf dem Weg zu einer anderen Mentalität. Ansichten des Wandels im spanischen Film«, S. 182-274.

32 Als brauchbares und recht aktuelles Nachschlagewerk für Regisseure und Filme des spanischen Kinos kann empfohlen werden: Augusto M. Torres: *Diccionario del cine español*. Madrid 1994.

33 Ist von filmischen Kontinuitäten zwischen Franco-Regime und postfranquistischer Ära die Rede, darf die ungebrochene Nachfrage nach Filmkomödien innerhalb der spanischen Kinoproduktion nicht unerwähnt bleiben, auch wenn dieser populären Gattung im Rahmen der vorliegenden Ausführungen nicht weiter nachgegangen werden kann. Ich beschränke mich auf die Nennung von Namen wie Oscar Ladoire (*A contratiempo*, 1982; *Esa cosa con plumas*, 1987), Manuel Gómez Pereira (*Todos los hombres sois iguales*, 1993; *Boca a boca*, 1995), Mónica Laguna (*Tengo una casa*, 1996), aber auch Mario Camus mit *Amor propio* (1994) und selbstredend Fernando Trueba, der 1993 für *Belle époque* einen Oscar erhielt (neueste Komödie: *Two much*, 1995).

(*Tierra y libertad*), 1994 von einem Engländer, Kenneth Loach (Jahrgang 1936), ohne Einbeziehung bekannterer spanischer Filmschauspieler gedreht wurde.[34]

Eine weitere Affinität zu der erwähnten französischen *tradition de la qualité* stellt die besondere Gewichtung dar, die der *Literaturverfilmung* im spanischen Kino vor Almodóvar zukommt. Auch dieser Sachverhalt ist ambivalent zu beurteilen. Einerseits deutet die Häufigkeit von Literaturadaptationen oft auf eine Erstarrung der filmischen Kreativität hin. Andererseits war eine derartige filmische Aufarbeitungsoffensive, wie sie vor allem von der linken Kulturpolitik nach dem Wahlsieg von 1982 gefördert wurde (eine entsprechende Zielsetzung findet sich etwa in der genannten *Ley Miró*), deshalb notwendig, weil sie einen wichtigen Beitrag zur Aufwertung der in der Diktatur diskriminierten spanischen Schriftsteller leistete. Hier ist, ausgehend von Ricardo Francos *Pascual Duarte*-Verfilmung (Cela) von 1976, neben *Tiempo de silencio* (1985) von Vicente Aranda (Martín-Santos) und in gewisser Weise auch neben Carlos Sauras Ballettfilmen *Bodas de sangre*, 1981 (García Lorca) und *Carmen*, 1983 (Mérimée) vor allem der Regisseur Mario Camus mit mehreren wichtigen Adaptationen wie *La colmena*, 1982 (Cela), *Los santos inocentes*, 1984 (Delibes), *Luces de Bohemia*, 1984 (Valle-Inclán) oder *La casa de Bernarda Alba*, 1987 (García Lorca) zu nennen.

Erweitert man diese Reihe noch um den Namen Pilar Miró, dieses Mal in ihrer Eigenschaft als Regisseurin, so fällt ähnlich wie bei Camus nicht nur die Spannbreite der Adaptierkunst auf, die von einer modernisierenden Aneignung des Werther-Stoffs (1986) bis neuerdings zu Lope de Vegas Bühnenstück *El perro del hortelano* (1996) reicht. Mit *Beltenebros* (1991) legt sie darüber hinaus einen Film vor, der eine neue wichtige Tendenz innerhalb der Praxis der spanischen Literaturverfilmungen markiert: Mit der Verarbeitung von Gegenwartsromanen (Mirós Streifen liegt das gleichnamige Werk von Antonio Muñoz Molina aus dem Jahre 1989 zugrunde) übernimmt der Film weniger eine »kulturbewahrende« Funktion im Dienst der kanonisierten Literatur. Vielmehr beeinflußt ein sozial oder individuell relevanter Stoff die Adaptationsentscheidung und trägt dazu bei, eine autonome Darstellungsarbeit zu pointieren. Einer solchen Neuorientierung der Literaturverfilmungspraxis lassen sich u.a. zwei neuere Werke Vicente Arandas, *El amante bilingüe*, sein Beitrag zur Catalunya-Problematik (1993, nach dem Roman von Juan Marsé) und das Leidenschaftsdrama *La pasión turca* (1995, nach Antonio Gala),[35] aber auch *El rey pasmado* (1992, nach Torrente Ballester) von Imanol Uribe, zuordnen.

---

34 Vgl. zu *Land and Freedom* die sehr hilfreiche Dokumentation *Land and Freedom. Ken Loachs Geschichte aus der Spanischen Revolution. Film, Diskussion, Geschichte, Regisseur*, Walter Frey (Hg.), Berlin 1996.

35 Beide Filme, die das Problem erotischer Abhängigkeitsverhältnisse zur Darstellung bringen, können im übrigen als Versuche des Regisseurs verstanden werden, die Problematik seines

Das langjährige Übergewicht des bewährten Autorenkinos, aber auch die Dominanz qualitätssichernder Literaturverfilmungen rufen etwa seit der Mitte der achtziger Jahre, in den meisten Fällen sicherlich unbewußt und im Gegensatz zur *Nouvelle Vague* auch ohne deren anmaßenden Absolutheitsanspruch gegenüber Traditionellem und Bewährtem, eine filmische Gegenreaktion hervor, die nach Alternativen sucht und eine Art »Paradigmenwechsel« im spanischen Filmschaffen herbeiführt. Regisseure, die aufgrund ihres Lebensalters »unbefangen«, d.h. ohne die Last der teilweise traumatischen, in jedem Fall restriktiven Erfahrungen ihre cineastischen Vorstellungen umzusetzen beginnen, thematisieren ein neues Lebensgefühl, das vor allem im Diskurs der erwähnten *movida* (teilweise überkompensatorisch) der Euphorie Ausdruck verleiht, die Freiheitsbeschneidungen durch die klerikalfaschistische Diktatur endlich abgeschüttelt zu haben. Diese Filmemacher illustrieren in ihren Werken aber auch die sich rasch vollziehende Übernahme aller erdenklichen »Segnungen« der Industriegesellschaft und die Einbindung in die modernen bzw. postmodernen Lebensstile der westlichen Zivilisation, ein *sujet*, das etwa auch die internationale Dimension des Erfolgs von Pedro Almodóvar und anderer erklären dürfte.

Im Rahmen dieses allgemeinen Herleitungszusammenhangs soll die gegenwärtige spanische Kinoproduktion in ihrer Vielfalt durch drei Annäherungsperspektiven, eine ästhetische, eine topographische und eine thematische, gesichtet werden.

(1) In ästhetischer Hinsicht läßt sich zunächst in direkter Anknüpfung an die Überlegungen zum Werk Pedro Almodóvars die Konsolidierung des spanischen *Autorenkinos* mit weiteren neueren Namen unterstreichen. Stellvertretend für die Vielzahl von originell arbeitenden Regisseuren (weibliche Regisseure haben, anders als in Deutschland und in Frankreich, hier immer noch einen schwereren Stand; Ausnahmen sind Cineastinnen wie Pilar Miró, Chus Gutiérrez, Josefina Molina, Rosa Vergés und zuletzt Arantxa Lazkano), die mittlerweile auch zu großem internationalen Ansehen gekommen sind, seien die Namen von Manuel Gutiérrez Aragón (*1942) mit seinen gesellschaftspolitisch relevanten Ausschnittvergrößerungen der spanischen Realität aus einer persönlichen, oft kindlich geprägten Wahrnehmungsdimension (*El corazón del bosque*, 1978; *Demonios en el jardín*, 1982; *La mitad del cielo*, 1986),[36] Jaime Chávarri (*1943), der mit seiner bemerkenswert sensiblen Behandlung des Themas männlicher Homosexualität und ihrer gesellschaftlichen Problematik (*A un dios desconocido*, 1977; *Las cosas del*

1991 nach einem Originaldrehbuch entstandenen Leidenschaftsdramas *Amantes* fortzusetzen, womit der Autorenbezug dieses Typs der Literaturverfilmung noch einmal ersichtlich wird.

36 Mit seiner fünfstündigen Fernseh-Version des *Don Quijote* (*El Quijote*, 1991) hat auch Gutiérrez Aragón seinen Beitrag zur Tradition der Literaturverfilmung im spanischen Filmschaffen geleistet.

querer I, 1989; und *Las cosas del querer II*, 1994) gerade auch in Deutschland Beachtung gefunden hat, sowie Víctor Erice (*1940) herausgegriffen.

El sol del membrillo (1991), das mehrfach prämierte Werk des Basken Víctor Erice, kann als Paradebeispiel für dieses unprätentiöse, auf authentische Darstellungsformen und Inhalte bedachte Autorenkino jenseits aller Zugeständnisse an einen auf Spektakularität bedachten Publikumsgeschmack und die Konventionen des filmischen Erzählens gelten. Über eine Dauer von mehr als zwei Stunden »zeichnet« im wahrsten Wortsinn der Film minutiös das Scheitern eines künstlerischen Aktes nach: Der (authentische) Maler Antonio López muß sein engagiert und sorgfältig in Angriff genommenes Projekt, einen herbstlichen Quittenbaum mit reifen Früchten im Garten seines Madrider Hauses abzuzeichnen, letztendlich abbrechen, da er trotz geradezu verzweifelt anmutender Bemühungen um ständige Neuanpassung des pikturalen Arrangements an das Tempo des jahreszeitlich bedingten Absterbens in der Natur und damit seines Gegenstandes nicht Schritt zu halten vermag. Die Kameraapparatur kann schließlich nur noch die am Boden liegenden verfaulenden und gärenden Quitten, im anschließenden Frühling dann die völlig vertrockneten Früchte als *nature morte* in Nahaufnahme einfangen. Warum *El sol del membrillo* ungeachtet der dokumentarischer Inszenierungsweise[37] als Spielfilm betrachtet werden kann (und deshalb 1992 auf dem Festival in Chicago den Preis für den besten »Fiktionsfilm« erhielt), verdeutlicht das letzte Drittel des Films, wo sich der »Handlungsschauplatz« ändert: Nachdem er das Freiluftprojekt hat aufgeben müssen, stellt sich López seiner Frau, der Malerin María Moreno, für ein liegendes Porträt zur Verfügung. Auch diese Séance scheitert, da López einschläft, vor allem aber vermittelt der Anblick des schlafenden und träumenden Malers den Eindruck des Hinscheidens und der Totenaufbahrung. So hebt der Film die aufwendig abgefilmte Episode der gescheiterten *membrillo*-Ablichtung auf eine allgemeine Reflexionsebene und verleiht dem Film ausdrücklich einen gleichnishaften Charakter. In der Art und Weise, wie sich Kunst mit der Konservierung des Endgültigen auseinandersetzt, ist sie dazu verdammt, immer nur Momentaufnahmen des Scheiterns vorlegen zu können, und verliert den existentiellen Kampf gegen die Vergänglichkeit des Seins. Dennoch schließt *El sol del membrillo* mit einer durchaus hoffnungsvollen Perspektive auf die Fortsetzung des Ringens um die künstlerische Realisation, symbolisiert in dem Anblick junger Quittenfrüchte im Sonnenlicht.

(2) Besondere Beachtung im Rahmen einer Gesamtdarstellung des spanischen Gegenwartskinos verdient das *cine de las autonomías* (das Kino in den Autonomen

---

37 *El sol del membrillo* weist trotz der ganz unterschiedlichen Beschaffenheit des porträtierten Objekts und der »Unverfänglichkeit« des künstlerischen Aktes starke Parallelen zu Jacques Rivettes *La belle noiseuse* (1991) auf.

Gemeinschaften) mit einer ganzen Reihe teilweise hochwertiger Produktionen. Stellvertretend für das katalanische Filmschaffen sei eine satirische Aufbereitung der Autonomie-Problematik, *El amante bilingüe* (1993) von Vicente Aranda, nach dem gleichnamigen Roman von Juan Marsé erwähnt, die die Schwierigkeiten, aber auch die geheime Lust der *xarnegos* [38] im Umgang mit den Katalanen und ihrem patriotischen Überlegenheitswahn thematisiert. Juan Marés ist immer noch seiner Ex-Frau, der sprachmilitanten katalanischen *asesora lingüística* namens Norma (!) aus reicher Familie verfallen, die ihn im Zuge ihrer häufig wechselnden Liebesbeziehungen geehelicht hatte, um ihn nach einer kurzen, für ihn demütigenden Zeit zu verlassen. Zu dem seelischen Leiden am katalanischen Wesen kommt die körperliche Verwundung hinzu: Der zum Straßenmusikanten abgestiegene Juan wird Opfer einer Bande von nationalspanischen Neo-Falangisten, die ihm mit einem Molotow-Cocktail das Gesicht entstellen, als er die katalanische Nationalhymne »El cant dels segadors« auf dem Akkordeon anstimmt. Der Filmausgang ist auf ironische Weise versöhnlich: Nachdem sich Juan in Gestalt seines *alter ego* Fanseca, eines *xarnego* mit murcianischem Akzent, die geliebte Norma doch noch einmal zu einer Liebesbegegnung gefügig machen kann (die recht drastische Bettszene hebt sich von den einschlägigen Darbietungen auf ironische Weise durch die mit spanischen Untertiteln synchronisierten katalanischen Liebesschreie Normas ab), wird er sich in seiner zukünftigen Existenz mit der biederen Griselda bescheiden. Griselda, ebenfalls eine *xarnega*, hat es mittlerweile dank eines erfolgreichen Lehrgangs in gesprochenem *catalán* (das auch sie unüberhörbar in ihre erotischen Begegnungen mit Juan einbringt), zur Verkäuferin in einem *Corte Inglés* Barcelonas gebracht und damit ihre katalanische Assimilation vollzogen (signifikant ist hier eine Einstellung mit Griselda und ihrem Schmusekissen in den blauroten Vereinsfarben des F.C. Barcelona).

Insbesondere das baskische Gegenwartskino nimmt hinsichtlich der Fülle seiner Vertreterinnen und Vertreter, aber auch der Qualität seiner Beiträge eine Ausnahmestellung innerhalb des iberischen Filmschaffens ein. Bei allem berechtigten Stolz der Basken auf ihre originäre kinematographische Fekundität, die sich bereits auf die Anfänge des Kinos und die Stummfilmzeit zurückführen läßt, ist für unser Erkenntnisinteresse zu differenzieren zwischen dem thematisch überregional orientierten Filmschaffen von Regisseuren baskischer Herkunft einerseits – hier wäre auf den bereits genannten Víctor Erice ebenso wie auf mittlerweile anerkannte Cineasten wie Juanma Bajo Ulloa (*Las alas de mariposa*, 1991; *La madre muerta*, 1994), Julio Médem (*Vacas*, 1992; *La ardilla roja*, 1993) oder den noch zu erwähnenden Jungstar Alex de la Iglesia (*El día de la bestia*, 1996)

---

38 Ein *xarnego* ist ein nach Katalonien »eingewanderter« Spanier, häufig aus Murcia oder Andalusien, der des Katalanischen nicht ganz mächtig ist.

zu verweisen – und der ausdrücklichen filmischen Behandlung der baskischen Autonomie-Problematik andererseits, die am Beispiel dreier der wichtigsten Regisseure/Regisseurinnen dokumentiert werden soll.

Nur auf den ersten Blick hat der in den Bergen Navarras spielende *Tasio* (1984), der bis dato eindrucksvollste Film von Montxo Armendáriz,[39] nichts mit der genannten Baskenproblematik im eigentlichen Sinn zu tun. Bei genauerem Hinsehen wird jedoch ersichtlich, daß Armendáriz in der Figur und der entbehrungsreichen Lebensgeschichte des Köhlers und Wilderers Tasio eine Art Phänotyp des unbeugsamen Streiters für die regionale Integrität seiner Lebenswelt entworfen hat. Als unspektakulärer Einzelkämpfer hält Tasio zäh an den dörflichen Traditionen fest und trachtet danach, wo immer dies möglich ist, den Selbstbehauptungsanspruch seines einfachen Standes gegen alle Fremdbestimmungstendenzen von oben zu verteidigen. Besonders aussagekräftig sind in diesem Zusammenhang die Sequenzen, in denen Tasio zum einen die ausbeuterischen Praktiken der ihn bedrohenden Händlerschicht bekämpft und sich den Versuchungen des aufkommenden Industriekapitalismus verweigert (er wird eben nicht zum Lohnarbeiter in der Stadt), darüber hinaus aber auch als Wilderer Polizei und Staatsautorität Widerstand entgegenbringt.[40]

Als Hauptvertreter eines politischen baskischen Kinos im eigentlichen Sinn kann Imanol Uribe (*1950) bezeichnet werden. Ihm kommt das Verdienst zu, in seinen bislang vier Filmen zum Thema ETA Ambivalenz und Komplexität der baskischen Autonomieproblematik einem größeren Publikumskreis veranschaulicht zu haben. Nach dem Dokumentarfilm *El proceso de Burgos* (1979) über den Schauprozeß von Burgos mit seinen sieben Todesurteilen gegen ETA-Mitglieder (1970) und der zwischen Dokumentar- und Spielfilm konzipierten *Fuga de Segovia* (1981) über den Gefängnisausbruch von 30 *etarras* aus dem Gefängnis von Segovia im Jahre 1976 wendet sich Uribe ganz der fiktionalen Behandlung der politischen Thematik zu, eine Maßnahme, die mit der massiven filmischen Infragestellung jeglicher Idealisierungsversuche gegenüber der ETA einhergeht. *La muerte de Mikel*, 1983 als letzter Teil dieser ETA-Trilogie konzipiert, könnte zunächst als herausragendes Beispiel für die nach dem Ende des Franco-Regimes einsetzende, einer regelrechten Befreiung gleichkommenden Welle von literarischen und filmischen Behandlungen des Tabu-Themas männlicher Homosexualität

---

39 Neuere Produktionen sind *Historias del Kronen* (1995) und der auf der Berlinale 1997 preisgekrönte Film *Secretos del corazón*.
40 Eine sowohl baskenlandspezifische als auch überregional gültige Form der Gesellschaftskritik hat Armendáriz in *Veintisiete horas* (1986) geübt. Die Geschichte erzählt Alltag und Tod eines drogensüchtigen Jugendlichen der *no future*-Generation im Arbeitslosenmilieu von San Sebastián.

eingeordnet werden.[41] Der Film inkriminiert auf dieser Diskursebene die feindseligen Reaktionen von Familie, Freunden und gesellschaftlichen Instanzen auf das, wie man heute sagen würde, *outing* des Kleinstadt-Apothekers Mikel und seine Beziehung mit dem Transvestiten Fama. Gleichzeitig führt Uribe die Homosexuellen-Thematik aber mit dem politischen Diskurs in Gestalt einer Anklage gegen die fragwürdigen Praktiken der ETA-nahen *Herri Batasuna*-Partei zusammen. Deren Mitglieder im Ortsverband von Lekeitio reagieren auf den »Fall« Mikel nicht weniger verlogen, als dies die Repräsentanten des von ihr bekämpften »Systems« tun: Mikel wird kommentarlos von seiner bisherigen politischen Betätigung ausgeschlossen und geächtet. Nach dem (wahrscheinlichen) Selbstmord, in den sich der zum *outlaw* Gewordene offenkundig getrieben fühlt, ist es dann die militante Unabhängigkeitsbewegung, die sich kurzerhand Mikels Tod öffentlichkeitswirksam als Resultat der politischen Verfolgung im wahrsten Wortsinn auf ihre Fahnen schreibt und die Bestattungszeremonie zu einer lautstarken Demonstration für ihre Ziele mißbraucht.

1994 hat Uribe in dem Politthriller *Días contados* dieselbe Thematik, wiederum in der Verschränkung von Liebesthematik und politischem Kampf, erneut aufgegriffen. Der Film schildert aus der Perspektive des Terroristen Antonio die Vorbereitungen, die ein dreiköpfiges ETA-Kommando zur Ausführung eines Autobombenanschlags auf ein Polizeikommissariat in Madrid trifft. Auch mit *Días contados* geht der Regisseur auf Distanz zu den Vertretern der gewaltsamen Lösung des baskischen Autonomie-Problems. Die filmische Innenansicht der ETA am Beispiel der betreffenden Terroristen-Zelle fördert ein fragwürdiges, wahrscheinlich aber auch in ihrer Zusammensetzung für die heutigen Verhältnisse repräsentatives Erscheinungsbild zu Tage: Carlos, der Sprengstoffspezialist, erfüllt seine Aufgabe in blindem Gehorsam gegenüber den Chefs, deren Inkompetenz und hierarchische Anmaßung er nicht zu hinterfragen bereit ist; Lu hat längst die Sinnlosigkeit ihres Tuns erkannt und blickt auf die Trümmer eines verpfuschten Lebens zurück; nur die verzweifelte Liebe, die sie Antonio entgegenbringt, bindet sie noch an die Bewegung; Antonio, der Killer, betreibt schließlich seine terroristischen Aktivitäten desillusioniert, ohne eine Motivation für sein Tun aus irgendwelchen politischen Freiheits- oder Widerstandsidealen zu gewinnen; er liebt und tötet mechanisch. Erst seine Begegnung mit der drogenabhängigen Charo vermag, in ihm persönliche Gefühle freizusetzen. Diesbezüglich muß jedoch die Schlußeinstellung des Films als symbolhaltige Illustration des Widersinns eines solchen (selbst-)zerstörerischen Lebensentwurfs im Namen der ETA entschlüsselt werden:

---

41 Vgl. u.a. Jaime Chávarri: *A un dios desconocido*, 1977; Eloy de la Iglesia: *El diputado*, 1978, *El pico*, 1983; Almodóvar: *La ley del deseo*, 1986. Karg ist der nochmalige Hinweis auf die skandalöse Tatsache zu verdanken, daß in Spanien Homosexualität bis 1973 amtlicherseits als Form der »Geisteskrankheit« eingestuft wurde (vgl. *Trabajar y formar una familia*, S. 79).

In dem Augenblick, als Antonio den Wagen mit der extrem hoch dosierten Sprengladung in Richtung auf das Polizeigebäude in Bewegung gesetzt hat, bemerkt er, daß Charo dort gerade eingeliefert wird; in Zeitlupe erleben wir mit, wie der Terrorist den persönlichen Konsequenzen seines Verbrechens buchstäblich hinterher läuft, ohne sie noch einholen zu können; der Film endet mit dem Feuerball der Explosion, die zweifellos auch Antonio das Leben kosten wird.

Wesentlich unspektakulärer stellt sich die Behandlung der Baskenland-Problematik im Debütfilm von Arantxa Lazkano, *Los años oscuros*, aus dem Jahr 1993 dar. Aus der bemerkenswert sensibel, in der besten Tradition der »Kinderfilme« eines Carlos Saura oder François Truffaut abgefilmten Perspektive des Mädchens Itziar erleben wir die Widersprüchlichkeiten des baskischen Alltags in den fünfziger Jahren, der die Einheimischen einerseits die repressive Dominanz durch die francospanischen Sieger und die Notwendigkeit zur hispanischen Akkulturation verspüren läßt und der sie andererseits zu Formen des latenten bis offenen Widerstands drängt. Auch Lazkano versagt es sich freilich, den Vertretern des baskischen Unabhängigkeitsdenkens in ihrem Film einen Heiligenschein aufzusetzen; insbesondere Itziars Vater, ein Vertreter der nationalbaskischen Untergrundbewegung, wird in geradezu abstoßender Weise hinsichtlich seiner mangelnden Sensibilität und seines gewalttätigen Unverständnisses gegenüber den Wünschen und Nöten der Tochter in Szene gesetzt. So endet *Los años oscuros* mit dem Bild der mittlerweile fast erwachsenen Itziar unter freiem Himmel; sie gedenkt offensichtlich, die Eigenständigkeit ihrer Persönlichkeit jenseits aller Rollenzwänge zwischen Autonomiebewußtsein und Bildungskonformismus zu behaupten.

(3) Schließlich soll noch ein besonders auffälliges Thema des spanischen Gegenwartskinos zur Sprache gebracht werden, das in dieser Ausprägung zweifellos nicht spezifisch für die iberische Halbinsel ist, im Vergleich zu den entsprechenden Ausprägungen etwa im französischen oder amerikanischen Kino jedoch eine signifikante Häufung und Darstellungsintensität aufweist. Es handelt sich um die teilweise exzessiv anmutende *Thematisierung von Gewalt und sexuellen Extremsituationen*, von denen bereits im Rahmen der Ausführungen zu Pedro Almodóvar die Rede war.[42] Insbesondere in der filmischen Auseinandersetzung mit der jungen Generation, die in zunehmendem Maße ideell vom Verlust eines verbindlichen Wertesystems und materiell von beruflicher Chancenlosigkeit geprägt ist, reflektiert das spanische Kino mit Vorliebe und in drastischer, teilweise schwer erträglicher Inszenierung auf der Leinwand Problemfelder wie (Banden-)Kriminalität und Zerstörungswut um ihrer selbst willen, Drogenabhängigkeit, Prostitution und

---

42 Insbesondere der erwähnte Bigas Luna hat sich mit einschlägigen, freilich nicht immer geschmackssicheren Inszenierweisen hervorgetan.

sexuelle Promiskuität und das eruptive Lebensgefühl von Jugendlichen, die heftige Erlebnishöhepunkte suchen, weil jeder davon ihr letzter sein könnte. Stellvertretend seien aus der Fülle der neuesten Produktion die in ihrem Realismus beklemmenden Erstlingswerke *Nadie hablará de nosotras cuando hayamos muerto* (Agustín Díaz Yanes, 1995), *Besos y abrazos* (Antonio María Gárate, 1996), *A tiro limpio* (Jesús Mora Gama, 1996), der Schwarz-Weiß-Film *Esperanza & sardinas* von Roberto Romeo (1996), *Cuernos de espuma* (Manuel Toledano, 1996) aber auch *Historias del Kronen* (1995) des eben erwähnten Montxo Armendáriz herausgegriffen.

Die zunehmend komplexere Gestaltung dieser Thematik hat in jüngster Zeit dazu geführt, daß einige herausragende Filme dieser Art sich als metafilmische Reflexionen auf den Zeitgeist bzw. die mediale Erwartungshaltung begreifen ließen. Uribes Publikumserfolg *El rey pasmado* aus dem Jahr 1991 ist deshalb nicht nur eine äußerst amüsante Stilübung in der literarischen Manier der Vorlage Torrente Ballesters; die Geschichte um König Felipe IV, der seine Gemahlin einmal nackt sehen will und in diesem unschuldigen Ansinnen an der Verklemmtheit und geheuchelten Moral der weltlichen und geistlichen Würdenträger des Hofs zu scheitern droht, fungiert darüber hinaus wie eine Parodie auf die bisweilen obsessiven Sexeinlagen im zeitgenössischen – nicht nur spanischen – Spielfilm.

Weitaus spektakulärer und zugleich weniger harmlos als im *Rey pasmado* inszenieren die beiden aufsehenerregendsten Kinoproduktionen der letzten Jahre das Ineinander von Gewaltdarstellung und medialer Reflexion. *El día de la bestia* (1995) und sein Regisseur Alex de la Iglesia verweisen uns ein weiteres Mal auf die Domäne des baskischen Filmschaffens, wenngleich die publikumswirksame Handlung – der Film wurde zum drittgrößten Kassenerfolg im spanischen Kino – ohne Bezüge auf die Baskenproblematik in Madrid spielt. Abstrahiert man zunächst von den Besonderheiten der stofflichen Aufbereitung, so reiht sich *El día de la bestia* in die Reihe der Gegenwartsfilme mit gesellschaftskritischer Widerspiegelungsfunktion ein: Eine Bande brutaler *fachas* sät im vorweihnachtlichen Madrid Terror und Schrecken mit einer Serie von Mordanschlägen auf obdachlose Penner, die gemäß der Kampfansage ¡Limpia Madrid! zusammengeschlagen und grausam »abgefackelt« werden.

Dieses Kurzresümee vermag bereits anzudeuten, daß Iglesias Film mit Szenen spektakulärer Brutalität durchsetzt ist. Ihre Bedeutung gewinnt die Gewaltorgie jedoch durch die ihr innewohnenden inszenatorischen Brechungsverfahren, die die Thematik auf eine teils parodistische, teils mythisch befrachtete Ebene heben. Da ist einmal die Hauptperson des Films, Ángel Berriartúa, der als Priester aus der Rolle fällt und, hierin meilenweit vom kitschigen Erscheinungsbild eines Don Camillo entfernt, nicht davor zurückschreckt, den Kampf gegen die Machenschaften des Bösen mit allen Mitteln hemmungsloser Gewaltanwendung zu führen. Vor allem aber wird der Kampf gegen die Madrider »Saubermänner« auf einem mythischen Terrain geführt: Ángel hat nach jahrzehntelangem Studium der *Apokalypse* des Johannes entdeckt, daß zu Weihnachten 1995 der Antichrist geboren wird, und sucht nun zusammen mit dem Medienastrologen Cavan und dem korpulenten *Heavy Metal-freak* José-María in der Millionenstadt nach Zeichen, die ihn zur Geburtsstätte des Satans hinführen könnten (was dem Film Gelegenheit gibt, alle Formen des modernen Satanskults und Okkultismus-Rummels, wie er in trivialer Form von den kommerziellen Massenmedien betrieben wird, der Lächerlichkeit preiszugeben). An der Puerta de Europa kann Ángel, in dessen subjektiver Wahrnehmung die sadistischen Obdachlosenmörder die überdimensionale Bocksgestalt des leibhaftigen Teufels annehmen, das Böse dann tatsächlich liquidieren und damit die Welt noch einmal retten, auch wenn José-María die Rettung der Welt mit dem Leben, Calvan mit schweren Brandnarben und er selbst mit dem Abstieg ins Obdachlosen-Milieu bezahlen müssen.

Ein weiterer Film zum Thema »Gewalt« kann für sich in Anspruch nehmen, innerhalb der Jahresproduktion von 1996 mit der Zuteilung von 7 Goyas alle Prämierungssuperlative erfüllt zu haben. Der Regisseur Alejandro Amenábar ist sofort zum kinematographischen Hoffnungsträger Spaniens nach Almodóvar ernannt worden. Amenábars Thriller *Tesis* ist ein Film über die Gefahren medialer Gewaltdarstellungen, und zwar in ihrer extremen Form, den *snuff-movies*, dem Video-Mitschnitt tatsächlicher Folterungen, Verstümmelungen und der anschließenden Tötung der Opfer. Ángela, die an ihrer Diplomarbeit über Gewalt in den Massenmedien schreibt, kommt zusammen mit ihrem Kommilitonen Chema ausgerechnet an der Kommunikationswissenschaftlichen Fakultät einer kriminellen Bande von Herstellern und Vertreibern der *snuff-movies* auf die Spur, ja droht sogar vor ihrer Rettung *in extremis* »Hauptdarstellerin« des neuesten Drehs zu werden. (Wenn ihr Professor einer der Hauptdrahtzieher der perversen Produktionsunternehmung ist, hat sich Amenábar eingestandenermaßen mit dieser Konstellation für seine kurzen, dafür aber um so frustrierenderen Universitätserfahrungen zu revanchieren versucht.) Eine ebenso anklagende wie makabre Schlußpointe über den morbiden Zustand unserer gewaltlüsternen Gesellschaft bietet der Epilog von *Tesis* nach der Bereinigung des Falls. Nun ist es das Fernsehen, das sich in der *reality-TV*-Show »Justicia y ley« der Vorkommnisse annimmt: Nach der scheinheilig entrüsteten Frage der Moderatorin, wer wohl so pervers sei, sich an derartig monströsen Aufnahmen zu delektieren, und dem routinemäßigen Hinweis, daß die folgenden Bilder die Empfindlichkeit bestimmter Zuschauergruppen beeinträchtigen könnten, strahlt nun der Sender unter dem Vorwand der Aufklärungspflicht *öffentlich*, keineswegs im Kreis abartig veranlagten Geheimkunden, eines der sichergestellten Videos mit originalen Folterungs- und Tötungssequenzen aus. Mehr noch: Im Krankenhaus, wo der Epilog spielt (Ángela besucht den verletzten Chema), gibt uns die Kamera den Blick frei auf eine Reihe von zum Teil bereits todgeweihten Patienten, die in ihren Betten die Horrorbilder auf dem Bildschirm mit gierigen Augen erwarten...

Der sicherlich für ein Debütwerk bemerkenswert sorgfältige und stilsichere, in bildästhetischer oder narrativer Hinsicht jedoch nicht unbedingt innovatorische Thriller gewinnt übrigens sehr durch die schauspielerische Leistung der Hauptdarstellerin Ana Torrent, die, hierin fast schon ein Symbol für die lebendige Kontinuität im spanischen Kino, bereits vor mehr als zwanzig Jahren in der Rolle des Mädchens Ana in Sauras *Cría cuervos* (1975) auf sich aufmerksam machte. Alles in allem geben die neueren Regisseure wie Uribe, Armendáriz, de la Iglesia und Amenábar, die zeitgleich mit den etablierten Vertretern des Autorenkinos wie Saura, Erice, Gutiérrez Aragón und allen voran Pedro Almodóvar die Verwirklichung ihrer individuellen Leinwandkonzepte verfolgen, zu der Prognose Anlaß, daß der spanische Gegenwartsfilm hinsichtlich Kreativität und authentischer Problemdurchdringung in den nächsten Jahren durchaus eine Führungsrolle innerhalb des europäischen Kinoschaffens einnehmen könnte.

Peter M. Spangenberg

Die Liberalisierung des Fernsehens
Iberische Variationen über kulturelle, politische und wirtschaftliche Interessenlagen

Was auf dem Spiel steht: der Telekommunikationsmarkt der Zukunft

Auf dem spanischen Fernsehmarkt findet derzeit eine äußerst hart geführte Auseinandersetzung um die Vorherrschaft auf dem Sektor der privaten *Pay-TV*-Anbieter statt. Die technische Basis für diese Angebote ist die kodierte und komprimierte digitale Signalübertragung, die in Zukunft ein breit gefächertes Informationsangebot ermöglichen wird. Digitale Hörfunkprogramme, Telefon und Datenübertragungen zu privaten wie kommerziellen Zwecken sind per Satellit möglich, doch den wirtschaftlich attraktivsten Sektor bilden für absehbare Zeit immer noch TV-Angebote, seien es traditionelle Vollprogramme oder spezialisierte Spartenkanäle. Schon mit der analogen Signalübertragung per Satellit wurden nationale Rundfunk- und Einspeisungsmonopole von Kabelgesellschaften außer Kraft gesetzt, doch die digitale Verschlüsselung bietet den TV-Anbietern weitere Vorteile. Während die Datenkomprimierung die Übertragungskapazitäten erhöht – mehrere digitale Programme können pro gemietetem Satellitentransponder gesendet werden – erleichtert die Verschlüsselung die einfache Abrechnung von elektronischen Dienstleistungen.

Wer als Anbieter jedoch auf diesem technisch-globalisierten Markt – die *footprints* (Sendereichweiten) der Astra-Satelliten überdecken z.B. alle wirtschaftlich interessanten westeuropäischen Staaten[1] – dauerhafte Erfolge durch Werbeeinnahmen und Direktvermarktung durch *Pay-TV* erzielen will, muß attraktive Angebote für ein genau definiertes, nationales oder regionales Publikum anbieten können. Analysen des Zuschauerverhaltens haben nun in den letzten Jahren wiederholt nachgewiesen, daß sowohl für die Markteinführung und -durchsetzung neuer Sender als auch für den Wiedererkennungswert und die Kanaltreue des Publikums aktuelle Filme und attraktive Sportsendungen die nachhaltigste Wirkung und den schnellsten Erfolg versprechen. In einer Phase des Umbruchs der generellen Angebotspalette und der Einführung neuer *Pay-TV*-Sender spielen deshalb die Übertragungen des spanischen Fußballs – der Meisterschafts-, der Pokal- und der Europapokalspiele – eine so wichtige Rolle.

---

1 Vgl. Henning Kriebel (Hg.): *Satelliten-Empfang. Jahrbuch 97/98. Radio / TV-Technik – Programme – Systeme*. Finning 1997, S. 200-223.

Allerdings ist schon jetzt absehbar, daß die bereits überhöhten und in den letzten Jahren durch immer neue Angebote weiter gestiegenen Kosten der Sportrechte sich kurzfristig weder durch Werbeeinnahmen noch durch Direktvermarktung – Abonnenten-*Pay-TV* oder Einzelabrechnung von Medienereignissen in der Form von *Pay-Per-View* – wieder refinanzieren lassen werden.[2] Berücksichtigt man diese verschiedenen Faktoren, so wird deutlich, daß es den Beteiligten im gegenwärtigen Konflikt nicht um unmittelbare wirtschaftliche Erfolge, sondern nur um längerfristige Marktbereinigungen gehen kann.

Darüber hinaus wird schon aufgrund der Hartnäckigkeit, mit der der Konflikt unter Einsatz von beträchtlichen ökonomischen, juristischen und sogar legislativen Mitteln geführt wird, erkennbar, daß hier nicht nur wirtschaftliche, sondern auch allgemeine politische Ziele verfolgt werden. Berücksichtigt man an dieser Stelle Erfahrungen aus der neueren spanischen Mediengeschichte, so ist erklärlich, daß die Wettbewerber davon ausgehen, daß die Kontrolle über den Zukunftsmarkt der kommerziellen – analogen wie digitalen – Informations- und Programmangebote entscheidenden Einfluß auf die politische Meinungsbildung in Spanien haben wird. Mediengeschichtliche Konstellationen und Ereignisse, wie etwa die Gründung der Tageszeitung *El País* kurz vor dem Ende der Franco-Diktatur oder die Einführung autonomer regionaler Fernsehstationen gegen den Willen der Zentralregierung haben wichtigen Einfluß auf die politische Entwicklung Spaniens genommen. Allerdings ist fraglich, ob in einem medialen Umfeld, das »Liberalität« als Wahlfreiheit eines Konsumenten unter attraktiven audiovisuellen Unterhaltungsangeboten definiert, die klassische, politisch-informative Funktion von Massenmedien noch vorausgesetzt werden kann.

Zumindest die veröffentlichte Meinung Spaniens geht weiterhin davon aus, daß die Verbindung zwischen ökonomischer Medienkontrolle und politischem Einfluß kontinuierlich fortbesteht. Denn nur so ist die Aufmerksamkeit verständlich, mit der über die taktischen Übernahmen von Firmenanteilen, die Gesetzesinitiativen, die Klagen und Gerichtsurteile des »Fernsehkriegs« berichtet wird. Am ausführlichsten leistet dies derzeit die renommierte und auflagenstärkste spanische Tageszeitung *El País*, die zugleich das wichtigste Öffentlichkeitsorgan des Medienkonzerns *Promotora de Medios S.A.* (PRISA) ist und aufgrund der Fernsehaktivitäten dieser Firmengruppe mit im Zentrum der Auseinandersetzungen steht.[3] Die Position der Gegenseite wird fast ausschließlich durch die konservativen Presseorgane

---

2 Vgl. Daniel Salamanca: »Sport als Erfolgsgarant im digitalen Fernsehen?«, in: *Media Perspektiven* 2 (1997), S. 73-79, hier: S. 77.
3 *El País digital* (http://www.elpais.es) stellt eine spezielle Datenbank mit allen Artikeln, die seit Beginn 1997 zu diesem Thema in der Zeitung veröffentlicht wurden, zur Verfügung. Die Position der Gegenseite kann – weniger ausführlich – im Internet über die Tageszeitung *ABC* (http://www.ABC.es) verfolgt werden.

ABC und *El Mundo* vertreten. Beide Zeitungen sind über ihre Mutterunternehmen und durch personelle Interessenverflechtungen direkt im Konflikt engagiert.[4]

Die größten spanischen Mediengruppierungen und ihre Geschäftsbereiche

Correo: Markanteil 12%
Aktivitäten: Zeitschriften (*El Correo Español, Diario Vasco, La Verdad, Sur, El Diario Montañés, Hoy, El Comercio* etc.), Hörfunk, Fernsehen (terrestrisch), Kabelfernsehen, Nachrichtenagentur, Gratispresse (Werbung), Filmproduktion, Vertrieb, Zeitungsbeilagen

Recoletos: Marktanteil 11%
Aktivitäten: Zeitungen (*Marca, Expansión*), Marketing, Vertrieb, Gratispresse (Werbung)

PRISA: Marktanteil 10,2%
Aktivitäten: Zeitungen (*El País, Cinco Días, El País de México*), Hörfunk, Fernsehen (*Pay-TV*), Satellitenfernsehen, Kabelfernsehen, Filmproduktion, Druckereiindustrie, Vertrieb, Buchverlag, Zeitschriftenverlag, Internationale Beteiligungen an: IEP Verlag 25% (Mexiko), Newspaper Publication 12,6%, Newspaper Associates 25% (Großbritannien), Público Com. 16,7% (Portugal)

Zeta: Markanteil 8,7%
Aktivitäten: Zeitungen (*El Periódico de Catalunya, Sport, El Per. / La Voz de Asturias, El Per. de Aragón, Mediterránea, El Per. de Extremadura*), Fernsehen (terrestrisch), Kabelfernsehen, Satellitenfernsehen, Zeitschriften, Vertrieb, Druckereiindustrie

Prensa Española: Marktanteil 7,7%
Aktivitäten: Zeitung (*ABC*), Druckereiindustrie, Vertrieb

Unidad Editorial: Marktanteil 6,8%
Aktivitäten: Zeitungen (*El Mundo, El Día del Mundo*), Zeitschriftenverlag

Prensa Ibérica: Marktanteil 6,8%
Aktivitäten: Zeitungen (*Levante/EMV, La Nueva España, Información, La Provincia, Faro de Vigo, Diario de las Palmas* etc.), Druckereiindustrie, Vertrieb, Fernsehen (terrestrisch), Kabelfernsehen

Godo: Marktanteil 6,7%
Aktivitäten: Zeitungen (*La Vanguardia, El Mundo Deportivo*), Nachrichtenagentur, Vertrieb

Quelle: Fundesco 1995.

---

4 Die Gründung von *El Mundo* verfolgte eindeutige politische Ziele. Die Zeitung hatte schon sehr früh Zugang zu den GAL-Papieren, deren kontinuierliche Publikation die Wahlniederlage von Felipe González beschleunigte. Die Ermittlungen über seine politische Verantwortung für den Staatsterrorismus der vom spanischen Geheimdienst organisierten *Grupos Antiterroristas de Liberación* (GAL) sind noch nicht beendet.

Im Gegensatz zu Deutschland, wo Fusionen und Kooperationen von Medienunternehmen ein wesentlich geringeres öffentliches Echo finden, hat in Spanien der zunächst um das Kabelfernsehen einsetzende und um die beiden Digitalplattformen andauernde Konflikt zu einer Polarisierung und Mobilisierung der Öffentlichkeit geführt.[5] Die verästelten und für einen externen Betrachter oft schwer durchschaubaren Unternehmens- und Interessensverflechtungen der Wettbewerber reduzieren sich aus dieser Perspektive auf die Opposition von zwei Gruppierungen. Da ist zum einen der liberale Medienkonzern PRISA, dessen politische Orientierung von Seiten der konservativen Medien und der Koalitionsregierung um José María Aznar mit der der sozialistischen Arbeiterpartei Spaniens – PSOE – identifiziert wird. PRISA ist an dem *Pay-TV*-Sender *Canal+* beteiligt und ging 1997 mit dem digitalen *Pay-TV*-Anbieter *Canal Satélite Digital* (CSD) auf Sendung, der sein Angebot kontinuierlich ausweitete. Auf der anderen Seite steht die von der Regierung unterstützte, mehrheitlich vom größten Elektro- und Kommunikationskonzern Spaniens, *Telefónica*, beherrschte und noch im Aufbaustadium befindliche Digitalplattform *Vía Digital*. Beide *Pay-TV*-Firmen sind darauf angewiesen, durch interessante Angebote und günstige Konditionen Abonnenten zu werben, und müssen deshalb mit anderen Programmanbietern zusammenarbeiten. Während nun CSD versucht, seinen Startvorsprung auszubauen, setzen seine Konkurrenten alles daran, diese Entwicklung zu bremsen und vielleicht sogar noch umzukehren. Im Spätsommer 1997 sprechen viele Anzeichen dafür, daß sie damit Erfolg haben werden, auch wenn es ihnen wohl nicht gelingen wird, CSD gänzlich von Markt zu verdrängen.

Demokratisierung mit Hindernissen: Das Ende des Monopols der RTVE

Um die Tragweite des Konflikts und seine emotionalen wie politisch-historischen Konnotationen nachvollziehen zu können, ist ein umfassender Blick auf die Entwicklung der spanischen Medien notwendig. Der Hörfunk und das Fernsehen[6] waren nach dem Tod des Diktators Franco 1975 fortdauernde und sichtbare Insti-

---

5 Im März 1997 unterzeichnete eine große Gruppe Intellektueller – unter ihnen Gabriel García Márquez, Norman Mailer, Susan Sontag, Carlos Fuentes und Umberto Eco – sowie Journalisten zahlreicher europäischer Zeitschriften – *Le Monde, La Repubblica, The Independent* – eine Solidaritätsadresse, in der sie die Verdienste der Zeitschrift *El País* und der Gruppe PRISA bei der Demokratisierung der spanischen Gesellschaft hervorhoben. Vgl. *El País* v. 21.3.1997.

6 Seit den sechziger Jahren war das Fernsehen zu einem wesentlichen Verbreitungsmedium der Staatsideologie aufgebaut worden. Die RTVE gehörte zu den Institutionen, die in der Übergangsphase aufgrund ihrer franquistischen Vergangenheit, ihrer ideologischen Unbeweglichkeit und des Widerstands, den sie demokratischen Veränderungen entgegensetzten, im Volksmund »el búnker« genannt wurden. Vgl. Enrique Bustamante: »Riesgos nacionales, retos internacionales«, in: Ders. / J. Villafañe (Hg.): *La televisión en España mañana*. Madrid 1986, S. 251-281.

tutionen eines zentralistischen Nationalstaates, der während und nach dem spanischen Bürgerkrieg die ideologische Kontrolle über die Massenkommunikationsmittel übernommen hatte. Vor allem das Fernsehen blieb im kollektiven Bewußtsein zumindest bis 1980 und für viele demokratisch orientierte Spanier auch noch darüber hinaus – personell und von seiner Organisationsstruktur – ein unzeitgemäßer Restbestand des franquistischen Regimes.[7] Dieser Eindruck wurde dadurch bestätigt, daß der erste konservative Regierungschef nach dem Tode Francos, Adolfo Suárez, ein ehemaliger Direktor der RTVE war, auch wenn dies allenfalls als ein historisch wenig signifikanter Zufall anzumerken ist.

Die alten Machtstrukturen innerhalb der zentralistischen, national-konservativen RTVE bewegten sich langsam und leisteten hinhaltenden Widerstand gegen eine grundlegende Veränderung der spanischen Gesellschaft. Dies gilt sicherlich auch für viele andere gesellschaftliche Bereiche während der Übergangsphase[8] von 1975-1982. Doch die Auseinandersetzungen um Programminhalte und Sendeverbote des Fernsehens oder die Maßregelungen politisch mißliebiger Mitarbeiter ebenso wie das nun öffentliche Auftreten der Gewerkschaften und ihre Kämpfe um bessere Arbeitsbedingungen und Löhne erhielten durch die Aufmerksamkeit, die das Medium auf sich zog, eine vergrößerte Sichtbarkeit und konnten als Indikatoren für den Fortschritt oder die Stagnation der gesamtgesellschaftlichen Demokratisierung angesehen werden.

Die öffentlichen Medien erschienen also der Politik und der Öffentlichkeit – wie in dieser Zeit allgemein üblich und verstärkt durch die Erfahrungen seit dem Bürgerkrieg[9] – dominant als politische Machtfaktoren. Die fortdauernde Kritik an der RTVE traf vor allem die Regierung der *Unión del Centro Democrático* (UCD), die dem Mißmanagement, den Finanz- und Personalskandalen mit dem RTVE-Statut von 1980 ein Ende setzten wollte. Eine Strukturreform der RTVE stand aufgrund einer andauernden Mißwirtschaft und nicht endender Skandale schon lange auf der politischen Agenda. Das RTVE-Statut von 1980 muß sogar als ein lange verschlepptes Reformprojekt im Anschluß an den Moncloa-Pakt von 1977 bezeichnet werden. In diesem Abkommen wurden die Rahmenrichtlinien für

---

7   In der Phase von 1975 bis 1980 wurde deutlich, daß die RTVE weder in der Lage noch willens war, sich von innen heraus zu demokratisieren. Sie erzeugte in der Öffentlichkeit das Image einer konservativ-zentralistischen Anstalt, »...die weder informiert, noch orientiert, noch unterhält«. Vgl. David Díaz (= J. Benito Fernández): »Los once hombres de Televisión Española«, in: *Tiempo de Historia* 68 (1980), Reprint in: Lorenzo Díaz: *La Televisión Española 1949-1995.* Madrid 1994, S. 713-722.

8   Vgl. Manuel Vázquez Montalbán: *Crónica sentimental de la transición.* Barcelona 1985.

9   Dies gilt besonders für den Hörfunk, der während des Bürgerkriegs eine wesentliche Rolle gespielt hat. Allgemein bekannt sind die Haßtiraden, die der franquistische General Queipo de Llano von 1936-38 aus Sevilla über *Unión Radio S.A.* verbreitete. Zur sozialhistorischen Bedeutung des Hörfunks in der spanischen Gesellschaft vgl. Lorenzo Díaz: *La radio en España. 1923-1993.* Madrid 1993, hier: S. 133-136.

den langsamen Übergang Spaniens zur Demokratie – die sog. *ruptura pactada* – festgelegt.[10] Dem Einverständnis der linken Parteien mit einer konservativen Lohn- und Wirtschaftspolitik standen Zugeständnisse der rechten Gruppierungen in den Bereichen der Regionalisierung, der Demonstrationsfreiheit, des Scheidungs- und Abtreibungsrechts sowie strukturelle Änderungen staatlicher Institutionen – u.a. auch der Polizei – gegenüber. Auch an der weiteren Entwicklung der Organisationsstruktur des Fernsehens wird ersichtlich, daß die Regionalisierung einen der brisantesten Bereiche der Demokratisierung in jenen Jahren darstellte.

Das Ziel, das Mißmanagement der RTVE zu beenden, wurde durch das Statut von 1980 nicht erreicht. Der eher deklamatorischen Festlegung des Fernsehens auf demokratische Normen – z.B. auf den Grundsatz der politischen Meinungspluralität – war zwar ein gewisser parlamentarischer Aktionismus gefolgt, aber keine wirksame Strukturreform.[11] Den dominierenden Gruppen im Parlament ging es weiterhin vornehmlich mehr um die politische Kontrolle der öffentlichen Medien als um eine Untersuchung und Behebung ihrer internen Unzulänglichkeiten. Trotzdem hatte das Statut wesentliche Auswirkungen auf die weitere Entwicklung der Medienlandschaft in Spanien. Es enthielt nämlich ein politisch motiviertes Angebot an die autonomen Regionen, auf deren Unterstützung die Regierung bei ihrer Politik einer möglichst ausbalancierten Veränderung der Gesellschaft angewiesen war.[12]

Vor dem Hintergrund der Tatsache, daß in Spanien die Dezentralisierung des Staates von jenen autonomen Regionen, deren Sprachen und kulturelle Identität die franquistische Diktatur massiv unterdrückt hatte, als eines der wichtigsten Ziele der Demokratisierung verstanden wurde, eröffnet das RTVE-Statut den autonomen Regionen die Möglichkeit, eigene öffentliche Programme anbieten zu können. Die Regionen sahen jedoch die Tatsache, daß die RTVE sowohl die technische wie die organisatorische Kontrolle der dritten Programme behalten sollte,[13] als unannehmbar und unvereinbar mit ihren Interessen an. Da zudem die RTVE keinerlei Maßnahmen ergriff, um die im Statut von 1980 erwähnten dritten Programme in die Praxis zu übersetzen, begann man in den Regionen – zunächst im Baskenland und in Katalonien – über eigene Fernsehanstalten nachzudenken. Auch nach dem Scheitern der letzten UCD-Regierung und dem überwäl-

---

10 Vgl. Walther L. Bernecker: *Spaniens Geschichte seit dem Bürgerkrieg*. München 1984, S. 225-246.
11 Vgl. Juan Felipe Vila-San-Juan: *La »trastienda« de tve*. Barcelona 1981.
12 Vgl. Richard Maxwell: *The Spectacle of Democracy. Spanish Television, Nationalism, and Political Transition*. Minneapolis / London 1995, S. 33-39.
13 Die dritten Programme waren gewissermaßen als Ausweitungen der regionalen Produktionszentren gedacht. Die TVE stand unter dem Verdacht, mehr eine folkloristische Bereicherung ihres Angebots durch Lokalberichte als vollwertige Programme schaffen zu wollen. Vgl. ebd. S. 106-112.

tigenden Wahlsieg der Sozialisten von 1982 änderte sich nichts Grundlegendes am Organisationschaos innerhalb der RTVE und an ihrem Desinteresse an den dritten Programmen.

Die Regionen setzten nun der Untätigkeit der neuen Regierung und der RTVE eigene medienpolitische Initiativen entgegen. Man schuf zunächst die rechtlichen Grundlagen und gründete dann technisch und organisatorisch von der RTVE autonome Fernsehgesellschaften. Schon um den Zentralstaat vor vollendete Tatsachen zu stellen, wurden die entsprechenden Gesetze sehr schnell verabschiedet. 1983 begannen dann bereits Versuchssendungen, und 1984 wurde der regelmäßige Programmbetrieb von ETB (Baskenland) und TV-3 (Katalonien) aufgenommen. Die rechtlichen Begründungen für diesen Schritt fielen im Baskenland radikaler aus als in Katalonien. Beide Regionen beanspruchten jedoch für sich, zum Ausdruck ihrer kulturellen und sprachlichen Autonomie eigene Programme produzieren und eigene Sender betreiben zu dürfen. Sie untermauerten diesen Rechtsstandpunkt durch Hinweise auf ihre in der Verfassung von 1978 verankerten Autonomierechte und auf das RTVE-Statut von 1980. Es folgten intensive politisch-juristische Auseinandersetzungen, und gleichzeitig forcierten die Regionen die Gründung autonomer öffentlich-rechtlicher Medien, die sich 1988 in Konkurrenz zur nationalen RTVE zur Föderation Autonomer Radio- und TV-Gesellschaften (FORTA) zusammenschlossen. Bereits 1990 gab es elf autonome regionale Anbieter – im Baskenland, in Katalonien, Valencia, Madrid, Murcia, Galicien und Andalusien – von denen sechs täglich sendeten.

Wichtiger als die folgenden verfassungsrechtlichen Dispute war für die weitere medienpolitische Entwicklung allerdings, daß die Regionen das nationale Sende- und Programmonopol der RTVE *de facto* gebrochen hatten. Die sozialistische Regierung hatte zuvor noch einmal versucht, das Sendemonopol im nachhinein durch das Gesetz über die dritten Programme (1984) zurückzugewinnen. Der Erfolg war jedoch ausgeblieben, und das Gesetz hatte sogar in den ab 1982 vom PSOE dominierten Regionalparlamenten nur aufschiebende Wirkung. Mittlerweile gehören die Sender der autonomen Regionen zum festen Bestandteil der öffentlichen Anstalten, und ihre Existenz ist nicht mehr juristisch, wohl aber durch die permanenten und hohen Kosten, die ihr Betrieb verursacht, gefährdet. Es bleibt also zu fragen, wie lange die Regionen die ständigen Defizite, die im Wettbewerb mit den privaten Anbietern entstehen, noch tragen können und wollen.[14]

---

14 Vgl. Daniel Salamanca: »Spaniens Medien auf dem Weg zu Konzentration und Konsolidierung«, in: *Media Perspektiven* 4 (1996), S. 209-223, hier: S. 218f.

Zuschaueranteile der quantitativ wichtigsten Regionen. Nationale und regionale Anbieter (Feb.-Nov. 1996)								
Angaben in %	Andalusien	Katalonien	Madrid	Valencia	Kastilien und León	Galicien	Baskenland	Alle Reg.[1]
TVE 1	18,3	16,2	12,8	10,1	7,7	6,7	5,3	*16.883*
Ant 3 TV	20,0	14,2	12,5	8,9	6,7	4,5	5,7	*15.863*
Tele Cinco	19,1	13,5	16,2	9,4	5,6	5,8	4,2	*13.050*
La 2	16,7	12,4	11,7	9,1	7,1	6,8	5,1	*6.189*
TV-3	-	93,0	-	3,7	-	-	-	*2.848*
Can. Sur	97,3	-	-	-	-	-	-	*2.332*
T.madrid	-	-	87,8	-	4,7	-	-	*1.892*
Canal 9	-	1,6	-	93,5	-	-	-	*1.423*
Canal 33	-	94,0	-	1,3	-	-	-	*933*
TV Gal.	-	-	-	-	0,8	98,2	-	*862*
ETB-2	-	-	-	-	3,8	-	83,1	*770*
lokale TV	35,8	28,4	15,6	13,0	4,7	8,0	7,5	*426*
ETB-1	-	-	-	-	0,4	-	88,7	*280*
Rest[2]	29,9	9,5	6.7	9.2	6,4	3,5	3,2	*345*

[1] Zuschauerzahlen für ganz Spanien in Tsd.
[2] Übrige Anbieter
Quelle: *Anuario El País 1997*, S. 215.

Das ursprüngliche Ziel der autonomen Fernsehsender, vor allem ein Forum zum Ausdruck einer eigenständigen kulturellen Identität zu sein, hat sich im Laufe ihrer Entwicklung ausdifferenziert. So ist z.B. eine Tendenz zur Öffnung und Überschreitung der Sendegrenzen der »elektronischen« Regionen, die nicht mit den politisch-administrativen übereinstimmen, festzustellen. Die katalanischen Sender profitieren hiervon am meisten, da sie in einer dynamischen und ökonomisch leistungsfähigen Region angesiedelt sind.[15] In der nationalen und interna-

---

15 Vgl. Eduardo Giordano: *Polítiques de televisió a Espanya: model televisiu i mercat audiovisual*. Barcelona 1996; Josep Maria Martí: *La ràdio a Catalunya: estructura del sistema radiodifusor català*. Barcelona 1996.

tionalen Medienkonkurrenz kann sich zudem kein Programm mehr behaupten, das dominant regionale Inhalte verbreitet. Kulturelle Identität vollzieht sich im Fernsehen deshalb heute nicht anhand nostalgisch-folkloristischer Inhalte, sondern auf der Ebene der Normalisierung der Regionalsprache – *normalización de la lengua* –, in der internationale Informations-, Unterhaltungs- oder Sportsendungen präsentiert werden. So erwarb TV-3 die Ausstrahlungsrechte an der Erfolgsserie *Dallas* von Fininvest (Berlusconi) und präsentierte sie 1988 in katalanischer Sprache zur besten Sendezeit und mit großem Erfolg.

Kehren wir noch einmal zum nationalen spanischen Fernsehen zurück. An der institutionellen Ausrichtung von RTVE als teilweise kommerziell finanziertem und staatlich kontrolliertem Anbieter mit zwei nationalen TV-Kanälen und zwei Hörfunkketten änderte sich auch nach der Übergangsphase – 1975 bis 1984 – nichts.[16] Bis zum Ende der achtziger Jahre bestand damit eine Konkurrenzsituation zwischen zwei öffentlich-rechtlichen und nicht gewinnorientierten Medienanbietern. Beide konnten sich noch relativ problemlos durch die im Vergleich zu 1975 sprunghaft ansteigenden Werbeeinnahmen finanzieren, und zugleich wurde deutlich, daß die wirtschaftlichen Potentiale des Fernsehmarktes noch lange nicht ausgeschöpft waren. Die weitere Deregulierung dieses Marktes durch die Zulassung privater Anbieter konnte zwar verzögert, aber letztlich nicht aufgehalten werden, wodurch – wie in allen anderen europäischen Ländern – private wie öffentlich-rechtliche Medienanbieter gezwungen wurden, ihre Tätigkeit immer mehr durch wirtschaftliche Erfolge in der Form von Einschaltquoten zu bewerten.

Einschaltquoten und nicht die gesellschaftlichen Informations- oder Orientierungsfunktionen sind spätestens seit Beginn der 90er Jahre primäres Erfolgskriterium der Sender, und die Aufmerksamkeit ihrer Zuschauer ist das »Produkt«, das sie an die Werbeindustrie verkaufen. Die Konkurrenz um die Einschaltquoten ist in Spanien besonders ausgeprägt, da alle Fernsehanbieter sich entweder gänzlich oder zum überwiegenden Teil durch Werbeeinnahmen finanzieren müssen. Ob *Pay-TV*-Anbieter langfristig, und zwar gemessen an ihren Zuschauerquoten, eine gewichtige Alternative zu öffentlich-rechtlichen Anstalten und zum kommerziellen werbefinanzierten »Free-TV« sein werden, bleibt abzuwarten.

Die zögerliche Einführung des Privatfernsehens

Betrachtet man die Einführung des Privatfernsehens aus der Rückschau, so ergibt sich das Bild einer wenig konsistenten Entwicklung. Dieser Eindruck entsteht aufgrund der häufigen Positionswechsel der politischen Akteure, denen Phasen euphorischer Aufbruchsstimmung und darauffolgender Ernüchterung bei poten-

---

16 Anderer Meinung ist, wie der Titel verrät, Mauro Muñiz: *La madre de todas las corrupciones. El felipismo en televisión*. Madrid 1995.

tiellen Anbietern folgten, sowie durch die Beobachtung, daß dieses Thema häufig als Anlaß oder sogar nur als Vorwand für andere politische Auseinandersetzungen und Kampagnen[17] diente. Versucht man die verwickelten Episoden und Interessenlagen dieser Geschichte auf wesentliche Kernpunkte zu reduzieren, so werden über einen längeren Zeitraum sehr wohl einige Grundpositionen deutlich.

So befürworten seit den achtziger Jahren viele Presse- und Medienunternehmen sowohl aufgrund wirtschaftlicher Erwartungen wie auch mit dem Argument einer breiteren Meinungsvielfalt kommerziell organisierte audiovisuelle Medien. Besonders engagiert und dauerhaft vertraten diesen Standpunkt Presseorgane wie *El País, La Vanguardia* und *Cambio 16*, obwohl alle drei unterschiedlichen Unternehmen und Interessengruppierungen angehören. Die politischen Erwartungen, die liberale Politiker und Medienunternehmer mit privaten Medien verknüpften, beruhen, wie schon ausgeführt, weitgehend auf der negativen Erfahrung mit dem technologisch-ideologischen Staatsmonopol der RTVE. Private Fernsehstationen, die in den 80er Jahren noch nicht mit international verflochtenen Medienkonzernen, die heute marktführend sind, gleichzusetzen waren, versprachen demgegenüber den Zugang zu profitablen regionalen und lokalen Werbemärkten, verbunden mit kultureller Eigenständigkeit und politischer Meinungsvielfalt. Anhand dieser ökonomisch-politischen Idealvorstellung, die auch später noch eine Vielzahl von kleinen und kleinsten Sendern motivierte,[18] wird die Doppelperspektive deutlich, unter der private Fernsehinitiativen wahrgenommen wurden. Während bis zum Anfang der achtziger Jahre in Spanien – und auch sonst in Europa – ganz selbstverständlich eine Sichtweise vorherrschte, die das Fernsehen als ein gesellschaftspolitisch legitimiertes und demokratisch zu kontrollierendes Medium betrachtete, setzte sich in den folgenden Jahren eine ökonomische Sichtweise durch, die es als einen gewinnorientierten Wirtschaftszweig ansah. Anhand der Geschichte des spanischen Privatfernsehens ist diese Entwicklung exemplarisch nachvollziehbar.

Im Frühjahr 1981 verbreiteten Mitglieder der Regierung von Calvo Sotelo Pläne zur Einführung des privaten Fernsehens und trugen damit nachhaltig zur Zerstörung der Funktionsbasis der UCD-Politik bei. Dabei ging es in erster Linie gar nicht um die Inhalte dieses Gesetzentwurfs, sondern um das politische Ärgernis, daß er nicht im voraus mit allen UCD-Gruppierungen abgesprochen worden war. Als der rechte Flügel der UCD, der in dem Entwurf eine letzte Chance sah,

---

17 Vgl. Maxwell: *The Spectacle of Democracy* (Anm. 13), S. 85f.
18 Mehr als 500 kleine Stadtviertelsender – *TV de barrios* – sendeten 1995 am Rande oder außerhalb der Legalität. Sie verbreiten lokale Informationen, sind jedoch kaum rentabel und verfügen nur über minimale technische Ausstattungen. Vgl. Enrique Sánchez: »La legislación sobre TV por cable y local«, in: *Telos. Cuadernos de Comunicación, Tecnología y Sociedad.* 28 (1994), S. 155ff.

Die Liberalisierung des Fernsehens

die anstehende Wahl zu gewinnen, nun auch noch versuchte, ihn mit einfacher Mehrheit – als *decreto ley* – zu verabschieden, waren die impliziten Arbeitsgrundlagen der UCD-Politik vollends außer Kraft gesetzt.

Der Inhalt der medienpolitischen Initiative war also zweitrangig, während die genannten Verfahrensfragen den internen Groll über das Gesetz anheizten. Nachdem es dann doch noch eine Zeitlang so aussah, als könnte die Medienreform trotz aller Widerstände als einfaches Gesetz verabschiedet werden, verhinderte ausgerechnet ein Urteil über die Klage der privaten Radiogesellschaft *Antena 3* gegen RTVE in letzter Minute diese Lösung. Die Anwälte von *Antena 3* hatten argumentiert, daß durch das Fernsehmonopol der RTVE eine Einschränkung des Rechtes auf freie Meinungsäußerung nach Artikel 20 der spanischen Verfassung vorliege. Das Gericht verwarf diese Auslegung nicht nur, sondern verschärfte die Rechtslage sogar noch dadurch, daß es für die Zulassung des Privatfernsehens ein Organgesetz vorschrieb. Die dafür notwendige absolute Mehrheit war zwischen den zerstrittenen Flügeln der UCD nicht auszuhandeln.

Angesichts dieser Lage argumentierten die an der Liberalisierung interessierten Kreise nun in eine ganz andere Richtung. Das Privatfernsehen sei nicht *nur* als Medium der öffentlichen Meinungsbildung zu betrachten, sondern vor allem als eine Wirtschaftsunternehmung, deren Gewerbefreiheit durch das staatliche Rundfunkmonopol verfassungswidrig eingeschränkt sei. Somit sei Artikel 38 der Verfassung zum Schutz der Marktwirtschaft für die technische und wirtschaftliche Organisation des Privatfernsehens anzuwenden. Dafür reiche ein einfaches Gesetz nicht nur aus, sondern es sei sogar – aus Sicht der Regierung – notwendig. Auch diese Konstruktion konnte von der rechten Fraktion der UCD-Regierung nicht mehr vor den Wahlen von 1982 durchgesetzt werden. Nach dem Wahlsieg regierte der PSOE mit absoluter Mehrheit, und sein Regierungschef Felipe González blieb zunächst bei der Position, daß ein Privatfernsehen deshalb nicht notwendig sei, weil die Bürger nicht daran interessiert wären. Im Kontext der politischen Zusammenarbeit zwischen Medienkonzernen, der Werbewirtschaft und der Regierung änderte sich diese Haltung jedoch.

Nach der Aufdeckung weiterer Finanz- und Organisationsskandale bei TVE, im Frühjahr 1984, änderte der PSOE mit Hinweis auf neue Umfrageergebnisse seine zuvor ablehnende Einstellung gegenüber dem Privatfernsehen. Die interessierten Presseorgane verschafften dieser Nachricht sofort eine breite Publizität, und eine euphorische Aufbruchsstimmung verbreitete sich allenthalben. Die rechte Opposition vermutete hinter dieser Kehrtwendung sofort Geheimabsprachen zwischen Medienunternehmen und der Regierung, deren Absichtserklärungen erst gegen Ende des Jahres eine konkretere Gestalt anzunehmen begannen. Unmittelbares Ergebnis der internen Überlegungen war die Einsetzung einer Kommission, die die verschiedenen Organisationsformen des Fernsehens in Großbritannien, den USA, Japan und Italien untersuchen sollte. Von vornherein ersichtlich war, daß Felipe González das britische Modell, das unter anderem auf einer einheitlichen nationalen Angebotsstruktur aufbaute, bevorzugte.[19]

Bekannte Besitzverhältnisse der wichtigsten privaten Fernsehanbieter			
Antena 3 TV (nach Übernahme der Telefónica)		**Tele Cinco** (Tochterunternehmen der Gestevisión Tele Cinco)	
Telefónica	50%		
Banco Central Hispano	21,3%	Fininvest (Italien)	25%
Banco de Santander	21,5%	Kirch-Gruppe (Deutschl.)	25%
Geschätzte Einnahmen: 883 Mio. DM (1996, vor Übernahme durch Telefónica)		Correo/ABC	25%
		Víacom-Paramount	12,5%
		Invesmedia	10%
Geschätzter Gewinn: 82,3 Mio. DM (1996)		Geschätzter Gewinn: 28 Mio. DM (1996)	
Canal+ (Pay-TV (analog) mit 1,3 Mio. Abonnenten)		**Canal Satélite Digital** (Pay-TV Anbieter (digital) mit 100.000 Abonnenten)	
PRISA	25%	Sogecable	85%
Havas Canal Plus (Frankreich)	25%	Antena 3 TV	7,5%
Banco Bilbao Vizcaya	15%	GMA	7,5%
March	15%		
Bankinter	5%	**Vía Digital** (Pay-TV Anbieter (digital))	
Cajamadrid	5%		
Medios S.A.	5%	Telefónica	25%
Eventos S.A.	5%	RTVE	17%
Geschätzter Gewinn: 123 Mio. DM (1995)		Televisa (Mexiko)	17%
		TV-3	5%
		Itochu (Japan)	5%

Es muß besonders hervorgehoben werden, daß zu diesen Voruntersuchungen keine Organisationen, Gruppierungen und Institutionen der spanischen Gesellschaft – Verbraucherverbände, Gewerkschaften, Bürgervertretungen etc. – hinzugezogen wurden. Diese Tatsache und die Entscheidung, die neuen Lizenzen nur für Programme mit nationaler Reichweite zu vergeben, schloß jegliche Fernsehinitiativen von »unten«, wie etwa städtische Fernsehwerkstätten, Jugend- oder kulturelle Experimentalstudios etc., sowohl aus rechtlichen, aber vor allem aus fi-

---

[19] Vgl. Ángel Faus Belau: *La era audiovisual. Historia de los primeros cien años de la radio y la televisión*. Barcelona 1995, S. 93-134.

nanziellen Gründen von vornherein aus.[20] Die enormen Investitionen, die ein nationales Fernsehprogramm erforderte, schränkten den Kreis der potentiellen Anbieter somit auf einige wenige große Medienkonzerne ein.

Ebenfalls aus ökonomischen Gründen war auch nicht daran zu denken – selbst wenn dies rechtlich zulässig gewesen wäre –, für das Privatfernsehen eine parallele technische Infrastruktur aufzubauen. Deshalb erschien zumindest eine technische Kooperation mit der RTVE zur Nutzung bestehender Übertragungswege notwendig. Den potentiellen Anbietern gefielen diese technischen Rahmenbedingungen gar nicht, denn sie liefen ganz klar auf die Anmietung und Nutzung des Sendernetzes der RTVE und damit auf eine technisch-staatliche Kontrolle ihrer Programme hinaus. Eine Alternative bot allenfalls die Nutzung der Infrastruktur der großen nationalen Telefongesellschaft *Telefónica*. Da diese Firma nur mehr zu einem Drittel dem spanischen Staat gehörte – Hauptaktionär ITT, die restlichen Anteile waren unter amerikanischen und europäischen Elektronikfirmen gestreut – war *Telefónica* ein interessanterer Kooperationspartner für potentielle Fernsehanbieter als die RTVE.

Die endgültigen gesetzlichen Regelungen all dieser Organisationsfragen ließen jedoch noch bis nach der Wahl von 1986 auf sich warten. Diese erneuten Verzögerungen bezeichnete die Opposition nicht ohne Grund als wahltaktisches Manöver. Viele Beobachter der Entwicklung sahen zudem in diesen medienpolitischen Versprechungen und ihrer späteren Einlösung ein Lockmittel bzw. eine Gegenleistung des PSOE für die Unterstützung einflußreicher Presseorgane bei seiner NATO-Kampagne und dem anschließenden Wahlkampf. In dieser Ansicht fühlte sich besonders die Opposition durch die Übernahme der Radiokette *Sociedad Española de Radiodifusión*[21] (SER) durch den Medienkonzern PRISA bestätigt, die 1985 mit Unterstützung der sozialistischen Regierung erfolgte. Allgemein wurde davon ausgegangen, daß die Medienfirma SOGETEL, an der SER, PRISA und die March-Gruppe Anteile hielten, der aussichtsreichste Partner der Sozialisten für die Vergabe von Lizenzen für ein Privatfernsehen war.

Um die Infrastruktur für die neu lizenzierten Sender bereitzustellen, wurde die Gesellschaft *Red Técnica Española de Televisión* (*Retevisión*) gegründet, in die die technischen Übertragungsnetze der RTVE eingegliedert wurden. Alle neuen Anbieter wurden automatisch zu Kunden von *Retevisión* und mußten für die Nut-

---

20 Daß diese kleinen und kleinsten Fernsehsender trotzdem entstanden sind, belegt, daß es durchaus Alternativen und kommerzielle Interessen auf lokaler Ebene gibt und gegeben hat.
21 SER ist die wichtigste private Radiokette Spaniens. 1995 betrug ihr Anteil an der Gesamthörerschaft 47%. PRISA kaufte 1994 auch die Radiokette *Antena 3* auf und vereinigte beide unter der Holding *Unión Radio*, der insgesamt 400 Einzelsender zugerechnet wurden. Diese Konzentration wurde von der spanischen Kartellaufsicht gerügt, die der Holding die Auflage machte, einige Sender zu verkaufen. Vgl. Salamanca: *Spaniens Medien* (Anm. 15), S. 212.

zung der Übertragungstechnik eine staatlich festgelegte Gebühr bezahlen.[22] Diese Einnahmen deckten jedoch nur einen Teil der Kosten für den Betrieb und die Erweiterung der Übertragungskapazitäten, so daß der Staat den Hauptanteil des Budgets von *Retevisión* bestritt. Wie geplant schloß *Retevisión* bis 1993 alle wichtigen demographischen Zentren Spaniens an das Privatfernsehen an, so daß es über 80% der Bevölkerung durch terrestrische Sender erreichen konnte. Ob die Erwartungen, die in den Verlautbarungen der Sozialisten über das Privatfernsehen zum Ausdruck kamen, nur der Wahlkampftaktik entsprangen, kann kaum nachgewiesen werden. Jedenfalls waren die Erwartungen der Regierung weitgespannt, denn es wurden eine Revitalisierung der Elektro- und Kommunikationsindustrie, neue Arbeitsplätze und eine allgemeine Verbesserung der Wettbewerbsfähigkeit der spanischen Wirtschaft vorausgesagt.[23]

Um eine Wiederholung der Entwicklungen des italienischen Fernsehmarktes in Spanien zu vermeiden – die vielen kleinen und lokalen Anbieter wurden in Italien nach und nach durch sehr wenige große Unternehmen aufgekauft, was schließlich zu einer Auseinandersetzung zwischen Berlusconis Medientrust *Fininvest* und der staatlichen RAI sowie letztlich zu einem Medienwahlkampf um die italienische Präsidentschaft führte[24] – sollte die wirtschaftliche Beteiligung ausländischer Medienunternehmen und einzelner Anteilseigner oder juristischer Personen an privaten spanischen Fernsehfirmen auf 25% – direkte wie indirekte Beteiligungen – begrenzt werden. Diese Quotenbeschränkung und die Vorschriften, daß die Firmen ihren Hauptsitz in Spanien haben und der spanischen Rechtshoheit unterliegen mußten, sollte die Kontrolle der Firmen durch multinationale Medienkonzerne ausschließen.

Verabschiedet wurden diese Regelungen im Gesetz zur Einführung des Privatfernsehens erst im Frühjahr 1988. Die technischen Ausführungsbestimmungen folgten im Herbst desselben Jahres. Die Lizenzen wurden den Veranstaltern *Antena 3* TV, *Canal+* und *Tele Cinco* zugeteilt, die bis heute den privaten Fernsehmarkt beherrschen. Die Zulassung privater Anbieter, die 1990 nach einer kurzen Versuchsphase ihre regelmäßigen Sendungen aufnahmen, brach endgültig das audiovisuelle Medienmonopol der nationalen Sender TVE und ihres zweiten Programms, *La 2*. Schon nach kurzer Zeit konnten sich die neuen Sender etablie-

---

22 Die Privatisierung und Internationalisierung von *Retevisión* kann hier nicht nachgezeichnet werden. Vgl. *El País* v. 22.4.97.
23 Keine dieser Erwartungen hat sich langfristig erfüllt. Die wenig eigenständige spanische Elektro- und Kommunikationsindustrie ist weiterhin von ihren Mutterkonzernen abhängig, und die internationale Beteiligung an privaten spanischen Fernsehanbietern überschreitet auch bei wohlwollender Auslegung die derzeit zulässigen gesetzlichen Grenzen. Vgl. Maxwell: *The Spectacle of Democracy* (Anm. 13), S. 131-143.
24 Vgl. Giovanni Ruggeri / Mario Guarino: *Berlusconi. Showmaster der Macht.* Berlin 1994, S. 99-156.

ren, und 1991 betrug der Anteil beider RTVE-Programme nur noch 55,4% – im Vergleich zu fast 90% im Jahr 1989 – und die FORTA-Programme erzielten 15,4%, während die beiden privaten Kanäle es auf 17% (*Tele Cinco*) und 10,8% (*Antena 3 TV*) Zuschaueranteile brachten. *Canal+*, ein analoger *Pay-TV*-Anbieter, erzielte mit nur 1% einen noch vernachlässigbar geringen Anteil.

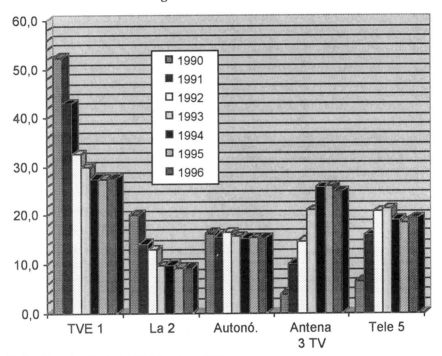

Entwicklung der Zuschaueranteile 1990-1996

Quelle: *Comunicación Social 1996*, Fundesco 1996

An die Regelung des Gesetzes über die direkten Beteiligungen an den neuen Sendern hielten sich die Investoren zunächst – zumindest wenn man sich auf eine formalrechtliche Sichtweise beschränkt. Weitet man die Analyse jedoch auf die verschachtelten und oft kaum übersehbaren wechselseitigen Besitzverhältnisse und Interessenverknüpfungen aus, so ergibt sich ein anderes Bild. Bankbeteiligungen am Privatfernsehen, die wiederum untereinander und an den verschiedenen Sendern Anteile halten, überschreiten die 25%-Grenze bei weitem. Spanische Pressekonzerne, Medienanbieter und Werbefirmen, die sich ihrerseits wiederum ganz oder teilweise im Besitz internationaler Medienfirmen befinden, halten ebenfalls überproportionale Anteile. Einige bedeutende europäische und amerikanische Medienunternehmen wie *Fininvest* und die Kirch-Gruppe sind sowohl direkt wie indirekt an spanischen Sendern und spanischen Werbeunternehmen beteiligt, so daß entgegen der ursprünglichen Intention des Gesetzgebers die Kontrolle des Privatfernsehens von relativ wenigen finanzstarken Unternehmen ausgeübt wird und alle Spielarten der Medienkonzentration[25] vorzufinden sind.

Wie in anderen Ländern veränderten sich mit der Einführung des Privatfernsehens die Marktbedingungen grundlegend. Mit dem Sende- war auch das Werbemonopol der RTVE durchbrochen, und aufgrund der steigenden Gesamtsendezeiten des Fernsehens sowie aus taktischen Wettbewerbsmotiven der Anbieter sanken die Preise der Spots. Die horrenden Anfangskosten der privaten Anbieter wurden also nur teilweise durch die sprunghaft ansteigenden Quotenanteile in der ersten Phase des Wettbewerbs, 1991-1994, in der es zu der erwartbaren Umverteilung der Einschaltquoten kam, kompensiert. Nachdem sie sich stabilisiert hatten bzw. sich nur noch geringe Zuwächse – etwa durch aufwendigen Einkauf von attraktiven Programmen – erzielen ließen, verschärfte sich der Wettbewerb, was die turbulenten Streitigkeiten um die Fußballrechte belegen und von dem besonders die öffentlichen Anbieter betroffen sind.

Ein aussagekräftiges Beispiel hierfür bieten die Programme der autonomen Regionen. Da der Ausweitung ihrer Zuschauerschaft geographische Grenzen gesetzt sind, können sie nur durch massenattraktivere Inhalte oder durch die Einrichtung weiterer Programmangebote – im Baskenland und in Katalonien – ihre Zuschaueranteile erweitern. Beide Strategien werden von den Anstalten der autonomen Regionen verfolgt, was darauf hinausläuft, daß sie sich in ihren massenattraktiven Programmen immer weniger von ihren Konkurrenten unterscheiden. Doch selbst die kommerziell erfolgreichsten autonomen Sender können ihre Kosten durch Werbeeinnahmen nicht decken und sind dauerhaft auf hohe Subventionen angewiesen. Der alle öffentlichen Anbieter belastende Kostendruck führte sogar zur technischen Zusammenarbeit zwischen »verfeindeten« Anbietern wie der TVE und dem baskischen Fernsehen. Aufgrund der schwierigen Finanzlage[26] kam es bei der TVE zu einer drastischen Abnahme von Eigenproduktionen – sie sind immer aufwendiger als der Einkauf von »fertigen« Programmen, z.B. aus den USA – und zum Anstieg von Wiederholungen.

---

25 Als *horizontale* Konzentration bezeichnet man die Beteiligung von Unternehmen an mehreren Sendern, als *vertikale* Konzentration die gleichzeitige Kontrolle über Produktionsfirmen und Vertriebsnetze und als *diagonale* Konzentration die Beteiligung einer Gruppe an unterschiedlichen elektronischen und Printmedien. Während staatliche Kontrollgremien bis in die 80er Jahre versuchten, diese Konzentrationsformen zu unterbinden, geht die Entwicklung mittlerweile in Richtung einer europäischen Liberalisierung des Kommunikationsmarktes.

26 Vgl. Maxwell: *The Spectacle of Democracy* (Anm. 13), S. 143ff.

Die Liberalisierung des Fernsehens

	Soziale Verteilung der Reichweite von Printmedien und audiovisuellen Medien (Spanien 1996[1])							
		Altersstruktur				Formale Bildungsstruktur		
Datenbasis: *Feb.-Nov. 1996*		14-24	25-44	45-64	65+	ohne Ausb.	Grund- schule	Weiterf. Schule	Univ.
Medienn.[2] insgesamt:	33.794	7.075	11.848	8.758	6.113	4.197	4.909	21.078	3.610
TAGESZT.[3]	38,2	39,3	46,8	35,7	23,7	9,3	23,6	42,6	65,9
ZEITSCHR.	55,6	77,4	65,9	41,4	30,8	19,3	38,9	63,9	72,6
Wochenzeit.	37,3	48,2	41,0	30,9	27,0	16,3	30,0	43,1	38,0
Monatszeit.	37,1	59,6	49,6	21,9	8,5	5,8	16,8	43,8	61,8
HÖRFUNK	56,6	65,5	61,3	52,0	43,8	32,5	47,5	61,1	70,9
TV-GESAMT	91,3	90,3	89,8	92,2	93,9	91,9	92,9	91,7	86,3
TVE-1	50,0	35,8	44,4	57,0	67,1	64,7	59,3	46,3	41,6
Antena 3	46,9	55,3	44,8	45,7	43,1	44,2	49,1	48,4	38,5
Tele 5	38,6	40,7	37,2	39,0	38,3	40,3	41,4	38,8	31,6
La 2	18,3	15,8	19,5	18,9	18,2	14,9	17,1	18,7	21,1
TV-3	8,4	6,7	8,2	8,9	10,2	2,9	5,9	9,6	11,3
Canal+	7,4	13,1	8,3	4,9	2,7	2,4	4,3	8,7	10,5
Canal Sur	6,9	5,9	6,8	7,4	4,6	12,6	10,1	5,5	4,2
Telemadrid	5,6	4,8	5,8	6,3	5,1	4,4	4,9	5,8	6,4
Canal 9	4,2	3,6	4,1	4,9	4,1	2,8	5,6	4,3	3,5
Canal 33	2,8	4,2	2,9	2,0	2,1	0,8	1,7	3,3	3,2
TV Galicia	2,5	1,8	2,2	3,1	3,4	3,9	3,5	2,2	1,9
ETB-2	2,3	2,0	2,2	2,5	2,3	0,5	0,9	2,8	2,6
lokales TV	1,3	1,1	1,2	1,5	1,3	1,3	1,3	1,3	1,4
ETB-1	0,8	0,7	0,8	1,0	0,8	0,3	0,5	1,0	1,1
restl. TV	1,0	1,3	1,1	0,9	0,7	0,5	0,9	1,0	1,7
KINO[4]	9,3	21,3	11,7	2,4	0,9	0,4	1,9	10,8	21,2
LEIH-VIDEO	4,8	7,6	6,4	2,7	1,5	1,1	2,9	5,9	5,9

1 Zitiert nach: *Anuario El País 1997*, S. 214.
2 In Tsd.
3 Angaben in %. Sie repräsentieren die Mediennutzung bezogen auf die Nutzeranzahl pro Spalte. Z.B. 38,2% aller Nutzer lesen eine Tageszeitung.
4 Datenbasis: letzte Novemberwoche.

Der Streit um das Digitalfernsehen und die Fußballübertragungsrechte

Eine weitere Möglichkeit, im Konkurrenzkampf zu bestehen, ist die Verbesserung der Infrastruktur durch Kabelanschlüsse oder Satellitenangebote. Während es im Moment wenig Auseinandersetzungen um das Kabelfernsehen gibt – die Betriebsrechte und die Einspeisungsrechte sind hier wesentlich – ist der Zukunftsmarkt des Satelliten- und vor allem des Digitalfernsehens heftig umkämpft. Vordergründig geht es zunächst um die technischen Standards der neuen Technologie, also um die in der EU bzw. in Spanien zugelassenen Verschlüsselungsverfahren und Dekoder. Die Definition der technischen Normen durch das Dekret über das Digitalfernsehen[27] vom 2. Februar 1997 hat jedoch weitreichende Auswirkungen auf die Marktchancen der aktuellen und zukünftigen *Pay-TV*-Anbieter.

Derzeit sind nur Programme von *Canal Satélite Digital* (CSD) auf digitalem Wege zu empfangen, und zur Verschlüsselung der Signale wird das Simulcrypt-Verfahren angewandt. CSD ist ein Tochterunternehmen von Sogecable und damit der PRISA-Gruppe zugehörig, die auch den analogen *Pay-TV*-Anbieter *Canal+* mitbetreibt. Sowohl die analogen wie die digitalen *Pay-TV*-Programme werden über die Astra-Satelliten ausgestrahlt. Innerhalb von nur sechs Monaten ist es nun CSD gelungen, an die 100.000 Abonnenten zu werben,[28] die für den Empfang zusätzlich zu ihrer Satellitenempfangsanlage einen speziellen Dekoder mieten müssen, mit dem die abonnierten Programme dekodiert – also sichtbar gemacht – werden. Außerdem ermöglicht der Dekoder die Einzelabrechnung von Sendungen, *Pay-Per-View* (PPV), was im Moment quantitativ noch keine wesentliche Rolle spielt, sich jedoch bald als zugkräftiges Dienstleistungsangebot erweisen könnte.

Das in der EU zugelassene Verschlüsselungsverfahren Simulcrypt ist also ein zentrales Element sowohl für die Übertragung wie den Zugang und die Abrechnung des Abonnenten und des PPV-Fernsehens. In Zukunft werden weitere digitale Informationsangebote – Internetzugang ist bereits möglich – und Serviceleistungen von kommerziellen Anbietern über Satellit verbreitet werden, so daß die Auswahl des Satelliten, des digitalen Verschlüsselungsverfahrens und des Dekoders – auch Set-Top-Box genannt – eine Schlüsselposition bei fast allen digitalen Kommunikationsangeboten einnehmen wird. Diejenige Firma, der es mit juristischen oder ökonomischen Mitteln gelänge, »ihren« Satelliten, »ihre« Codierung und »ihren« Dekoder am Markt durchzusetzen, würde kaum kompensierbare Wettbewerbsvorteile für sich verbuchen können.

---

27 Es ergänzt das Gesetz vom 12.12.1995 über den Satellitendirektempfang. Der Text ist nachzulesen in: »Decreto-ley sobre normas para la emisión de señales de televisión«, *El País* v. 2.2.1997.

28 Im Juli 1997 zählte CSD 77.000 Abonnenten und 23.000 Anmeldungen, die sich in Bearbeitung befinden. Für Ende 97 werden 200.000 Abonnenten angestrebt. Vgl. *El País* v. 30.7.97.

Die Liberalisierung des Fernsehens 627

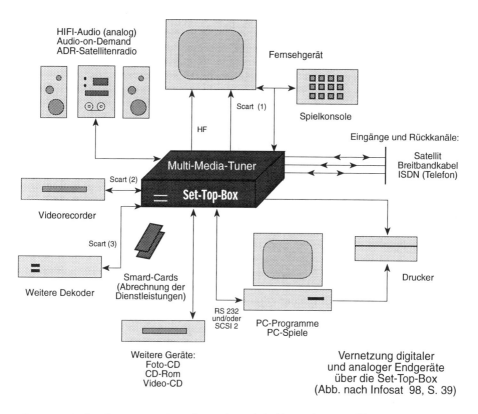

Vernetzung digitaler und analoger Endgeräte über die Set-Top-Box
(Abb. nach Infosat 98, S. 39)

Das spanische Gesetz zur Regelung des Digitalfernsehens greift nun mit seinen technischen und wettbewerbsrechtlichen Bestimmungen genau an dieser Stelle zugunsten von *Vía Digital* – geschäftsführend ist *Telefónica* – und zum Nachteil von *Canal Satélite Digital* ein. Als erste technische Auflage bestimmt das Gesetz die Verwendung eines »offenen« Verschlüsselungsverfahrens, um – wie es heißt – ein technisches Monopol zu verhindern. Obwohl CSD nachweisen konnte, daß man mit seinem Dekoder und dem Simulcrypt-Verfahren neben den eigenen Programmpaketen auch Programme anderer Anbieter, und zwar auf den Satelliten Astra und Hispasat, empfangen kann, blieb die spanische Regierung bei der Rechtsauffassung, daß Simulcrypt ein »geschlossenes« und nur Multicrypt ein »offenes« Verschlüsselungsverfahren darstellt. Das digitale *Pay-TV* Vía Digital, dessen Sendebeginn im September '97 über den Satelliten Hispasat[29] angekündigt

---

29 Seine Programme sollen die spanischsprechenden Zuschauer in Lateinamerika, den USA und Europa erreichen. In Deutschland benötigt man bereits große Satellitenantennen, um ihn empfangen zu können. Sollte es der Regierung gelingen, *Vía Digital* als einzigen »legalen« Digitalanbieter in Spanien durchzusetzen, wären davon indirekt auch die Astra-Programme betroffen. Die Astra-Satelliten sind auf der Orbitalposition 19,2° Ost, Hispasat ist auf 31° West positioniert. Beide Satelliten sind also nicht problemlos gleichzeitig zu empfangen. *Vía Digital* wirbt

wird, beruht auf diesem bisher noch nicht kommerziell eingesetzten Verfahren. Dies ist jedoch nicht die einzige Regelung des Gesetzes, von der CSD betroffen ist. Neben der Begrenzung der Preise für digitale Kommunikationsangebote behält sich die Regierung – unter Verletzung von EU-Richtlinien – eine nationale Zulassung der Digitaldekoder und eine Registrierung der Abonnenten des digitalen *Pay-TV* vor.

Die konzertierte Aktion gegen CSD und den Medienkonzern PRISA beschränkt sich jedoch nicht auf diese gesetzgeberischen Maßnahmen.[30] Eine neue digitale Plattform, darin sind sich alle Medienanalytiker einig, kann ohne massenattraktive Programmangebote keinen wirtschaftlichen Erfolg haben. Derzeit sind dies vor allem Direktübertragungen von Fußballspielen und ein breites Angebot interessanter Filme – beides möglichst in reichlicher Auswahl. An diesem Punkt konvergiert die Auseinandersetzung um das Digitalfernsehen mit dem Streit um die Fernsehrechte von Fußballspielen. Um dies nachvollziehen zu können, ist ein kurzer Rückblick notwendig.

Noch zu Beginn der Ära des Privatfernsehens wurden die Rechte[31] zentral von der spanischen Profiliga, der *Liga de Fútbol Profesional* (LFP), vermarktet, die auch die Verteilung der Einnahmen an die einzelnen Erst- und Zweitligaclubs vornahm. Für die Spielzeiten von 1990 bis 1997/98 hatte die Gemeinschaft der autonomen Fernsehsender FORTA die Rechte für umgerechnet 636 Mio. DM gekauft, was 79,5 Mio. DM pro Saison entspricht. FORTA wiederum hatte mit *Canal+* die Zahlung von jährlich 22,35 Mio. DM für die verschlüsselte Übertragung eines Spiels pro Woche vereinbart. Die Fernsehrechte an den Spielen der Nationalmannschaft lagen bei der RTVE, während *Antena 3 TV* die Rechte an den Europacupspielen mit spanischer Beteiligung gekauft hatte. *Tele Cinco* erwarb Rechte an einigen Freundschaftsspielen. Sowohl *Antena 3 TV* als auch *Canal+* erzielten hohe Einschaltquoten bzw. Abonnentenzahlen aufgrund der Fußballübertragungen, die sich in den letzten Jahren – in allen Sendern – inflationär vermehrten.[32]

---

    derzeit damit, daß es seinen Abonnenten eine Satellitenantenne kostenlos zur Verfügung stellen wird. Vgl. *El País* v. 11.6. und v. 23.7.97.

30 Auf den gegen Jesús de Polanco, den Präsidenten der PRISA-Gruppe, angestrengten Prozeß wegen des Verdachts der unrechtmäßigen Verwendung von Kundengeldern der Firmen *Canal+* und Sogecable braucht hier nur am Rande eingegangen zu werden. Mit publizistischer Hilfe von *El Mundo* und *ABC* eröffnete Richter Javier Gómez de Liaño ein Untersuchungsverfahren. Die Anordnungen dieses Richters wurden immer wieder von höheren Instanzen verworfen und ihm selbst schließlich wegen Befangenheit die Untersuchung entzogen. Die Ermittlungen wurden eingestellt. Vgl. die Berichterstattung in *El Mundo, ABC* und *El País* im Juni 1997.

31 Aus Gründen der Vereinfachung werden nur Erstverwertungsrechte für Direktübertragungen berücksichtigt.

32 In der Saison 1995/96 wurden 944 Spiele der spanischen Ligen und internationaler Wettbewerbe direkt übertragen. »Insgesamt finanziert sich die spanische Liga zu 52 Prozent durch den Ver-

Eine erste Veränderung der Vertragsgrundlagen beim Poker um die Fußballrechte bewirkten einige spanische Fußballvereine, die 1996 direkt mit den Fernsehstationen, vermehrt um den mexikanischen Sender *Televisa*, über die Vermarktung ihrer Spiele verhandelten. Über Monate hinweg folgten immer neue Absprachen zwischen den Vereinen, konkurrierenden Sendern und Fernsehanbietern, die sich zum Sportrechtekauf zusammenschließen wollten. Im Laufe der Verhandlungen stiegen die Angebote in immer höhere Dimensionen. Hierbei überboten sich vor allem *Canal+* und *Antena 3 TV*, aber auch *Televisa* unterbreitete der LFP für die Übertragungsrechte an 10 Spielzeiten der spanischen Meisterschaft, des Pokals und bezogen auf die Verbreitung in Spanien, Portugal, Nord- und Lateinamerika ein Angebot von 4,1 Mrd. DM. Bei *Televisa* dürfte die Markteinführung von rund 20 Digitalkanälen in Lateinamerika Grund für dieses Angebot gewesen sein.[33]

Die Höhe der Beträge, die nun im Umlauf waren, führten zum Rückzug der RTVE,[34] die aufgrund des Defizits von 2,9 Mrd. DM, das sich von 1989-95 angesammelt hatte, sogar ihre Rechte an den Olympischen Spielen von Atlanta (1996) an *Canal+* und *Sportmania* (CSD) veräußerte. Die Regierung Aznar befürwortete jedoch offenbar nicht, daß die RTVE gerade bei den quotensensiblen Sportrechten den Rotstift ansetzte, und sorgte für den Rücktritt der Intendantin Mónica Ridruejo, die erst nach dem Wahlsieg der Konservativen in dieses Amt gewählt worden war.

Kurz vor dem Jahresende 1996 kam es jedoch zu einer überraschenden Wende, *da Sogecable*, *Antena 3 TV* und *TV-3* (Katalonien) die Verwertungsgesellschaft *Audiovisual Sport* gründeten, in die die Fußballrechte der Gesellschafter eingebracht wurden. Damit schien eine Entscheidung über dieses zentrale Programmsegment bis zum Jahr 2003 gefallen zu sein. Geschäftsziel dieser Gesellschaft ist die Vermarktung der unverschlüsselten – z.B. über die Fernsehgesellschaften der FORTA – wie der verschlüsselten Direktübertragungen. Die Rechte für letztere wurden an CSD weiterverkauft.

Als Ergebnis dieser Transaktionen lagen nun alle Sportrechte der Liga in der Hand von zwei Gesellschaften, die ihrerseits von der PRISA-Gruppe – durch die

---

    kauf von Fernsehrechten; für die Saison 1996/97 bedeutet das einen Betrag von ca. 375 Mio. DM.« Salamanca: *Sport als Erfolgsgarant* (Anm. 3), S. 77.

33 »Trotz der immensen Wirtschaftsmacht, die hinter Televisa steht, wird das Angebot in Spanien aufgrund der astronomisch hohen Summe nicht für sehr seriös gehalten; außerdem erfolgte das Angebot zu einem Zeitpunkt, als die Vereine bereits ihre Vereinbarungen mit den spanischen Sendern getroffen hatten.« Ebd. S. 75.

34 Auch ARD und ZDF konnten bekanntlich mit den Angeboten der Privatsender nicht mithalten. Mittlerweile hat sich in Deutschland die Situation verändert, da einigen Sportverbänden eine kontinuierliche und qualifizierte Berichterstattung durch öffentlich-rechtliche Programme wichtiger ist als die lukrative Vermarktung weniger Spitzenereignisse. Vgl. Michael Amsinck: »Der Sportrechtemarkt in Deutschland«, in: *Media Perspektiven* 2 (1997), S. 62-72, hier: S. 69ff.

Gesellschaft *Sogecable* – kontrolliert wurden. Sicherlich ist die Argumentation nicht ganz von der Hand zu weisen, daß mit dieser Konstruktion *Audiovisual Sport* und *Canal Satélite Digital* eine monopolähnliche Marktposition in einem wichtigen Programmsegment erzielt hatten. Ebensowenig ist von der Hand zu weisen, daß sich die Gesetzgebung zum Digitalfernsehen und die als »Fußballgesetz« bekanntgewordenen Bestimmungen (beide 1997) sich nicht nur direkt gegen die technische Basis und die kommerziellen Interessen von CSD richten, sondern auch eindeutig das der Regierung nahestehende Konkurrenzprojekt, *Vía Digital*, begünstigen. Berücksichtigt man diese letzte Tatsache, so bricht die Argumentation der Regierung, man wolle mit den besagten Regelungen lediglich ein Marktmonopol im Bereich des Digitalfernsehens verhindern und unkodierte Fußballübertragungen ermöglichen, in sich zusammen.

Sieht man statt dessen die Initiativen der Regierung als einen Beitrag zur Unterstützung von *Vía Digital*, so ergibt sich ein kohärentes und auf die Interessenlage dieses Anbieters ausgerichtetes Bild. Selbst wenn es nämlich letztlich gelänge, eine eigenständige technische Norm für spanische Digitaldekoder per Gesetz festzuschreiben, was gegen den Widerstand der EU ziemlich aussichtslos erscheint, so wäre ohne ein entsprechendes Programmangebot der Erfolg von *Vía Digital* noch immer gefährdet. Da sich die wichtigsten Filmrechte – z.B. Warner Brothers, Disney – in der Hand von CSD befinden, bleibt wiederum nur der Sport als Zugpferd, um sich am Markt einzuführen und durchzusetzen.

Nur wenige Monate nach dem überraschenden Erwerb der Fußballrechte durch *Audiovisual Sport* und CSD brachte also die spanische Regierung ein Gesetz ein, das – in formaler Anlehnung an eine Richtlinie der EU – die Übertragung von wichtigen Fußballspielen zu einem generellen gesellschaftlichen Interesse erklärte. Der Erwerb von Exklusivrechten und die ausschließliche Vermarktung durch *Pay-TV* sei deshalb nicht zulässig. Vielmehr müsse allen interessierten Anbietern der Zugang möglich gemacht und eine unverschlüsselte Übertragung bei Partien von nationaler und internationaler sportlicher Bedeutung gewährleistet werden. Diese Rechtsauffassung wurde von der EU nicht bestätigt, die erklärte, daß die Exklusivrechte von Sportübertragungen nicht unvereinbar mit dem generellen Interesse an solchen Veranstaltungen seien.

Der Versuch, *Audiovisual Sport* oder CSD durch diese neuen gesetzlichen Bestimmungen zum Verkauf von Übertragungsrechten an die Konkurrenz zu »ermuntern«, war bis kurz vor dem geplanten Sendebeginn von *Vía Digital* nicht erfolgreich. CSD beharrte vielmehr auf seiner Rechtsposition und warf den Repräsentanten von *Vía Digital* und ihrer Mutterfirma *Telefónica* vor, in ihren Äußerungen und in der Werbung den falschen Eindruck zu erwecken, daß man über die Übertragungsrechte verhandele und sogar sicher sei, sie auch erwerben zu können. Da die Zeit drängte und die legislativen Mittel offenbar keine schnelle

Wirkung, sondern eher langwierige – nationale wie internationale – Rechtsstreitigkeiten absehbar werden ließen,[35] griff *Telefónica* nun zu ökonomischen Mitteln, und zwar in einer Größenordnung,[36] die zeigte, daß *Telefónica* immer noch der dominierende Faktor der spanischen Telekommunikationsindustrie ist.

Durch den Kauf einer Mehrheitsbeteiligung an *Antena 3 TV* und *Gestora de Medios Audiovisuales* (GMA)[37] übte *Telefónica* direkten Druck auf die Konkurrenten von *Audiovisual Sport* und CSD aus und erzeugte damit gleichzeitig eine gänzlich neue Situation auf dem spanischen Fernsehmarkt. *Telefónica* ist nun nicht nur an allen wesentlichen Medienaktivitäten in Spanien beteiligt, sondern kann aufgrund der wirtschaftlichen Bedeutung ihrer Beteiligungen auch wesentlichen Einfluß auf die Wettbewerbsbedingungen des Marktes nehmen. Nach wie vor ist *Telefónica* der größte spanische Kommunikationskonzern, u.a. auch Betreiber von Telefon- und TV-Kabelnetzen, Gesellschafter der *Retevisión* und nun auch Mehrheitsaktionär eines der marktführenden TV-Sender, *Antena 3 TV*. Schließlich hält *Telefónica* auch 25% der Anteile des mehrheitlich französischen (75%) Marktforschungsunternehmens Sofres, das die Zuschauerquoten der spanischen Sender ermittelt.

Für die weitere Entwicklung im Streit um das Digitalfernsehen ist wesentlich, daß *Telefónica* über *Antena 3 TV* und GMA auch einen Minderheitsanteil an CSD erworben hat, dem direkten Konkurrenten von *Vía Digital*. Durch die 40%-Beteiligung von *Antena 3 TV* an *Audiovisual Sport* hält *Telefónica* nun Anteile an beiden Konkurrenzfirmen, die über die Fernsehrechte der Profi-Ligen verfügen. Wichtig wird nun die Geschäftspolitik von TV-3 innerhalb von Audiovisual Sport sein,[38] die mit ihrem Anteil von 20% dort Zünglein an der Waage spielen kann. Nach dieser Entwicklung überrascht es nicht, daß wenige Tage nach der Transaktion von *Telefónica* beide Digitalplattformen mit neuen Angeboten um die Unterstützung von *TV-3* – dem wichtigsten FORTA-Anbieter – warben. *Vía Digital* bietet ein Programmpaket in katalanischer Sprache an, während CSD dem Sender *TV-3* – als Gegenleistung für dessen Ausübung einer bestehenden Kaufoption (5%) auf Gesellschaftskapital von CSD – die Möglichkeit eröffnen will, die besten Programminhalte von CSD, die Fußballspiele und die Filme, in Katala-

---

35 Sowohl das Gesetz zum Digitalfernsehen wie das Gesetz zur Regelung von Fußballübertragungen in den Medien stießen auf heftige Kritik der Wettbewerbskommission der EU. Vgl. *El País* v. 25.6.97 und v. 15.8.97.
36 Zu den Einzelheiten der Transaktion vgl. »Telefónica y los bancos Santander y BCH compran a Asensio el 56% de Antena 3«, in: *El País* v. 25.7.97.
37 Diese Firma hatte eine Vielzahl von Übertragungsrechten, die direkt mit einzelnen Vereinen abgeschlossen worden waren, in die Gesellschaft *Audiovisual Sport* eingebracht. Vgl. *El País* v. 25.7.1997.
38 Die Partei der katalanischen Nationalisten, *Convergencia i Unió* (CiU), gehört zur Koalitionsregierung Aznars.

nisch zu senden.[39] Wie kaum anders zu erwarten, möchte *TV-3* jedoch in beiden Digitalplattformen präsent sein, oder anders gesagt, die Entwicklung noch ein wenig abwarten.

Verteilung der Fußballübertragungsrechte und der Besitzverhältnisse der beteiligten Gesellschaften vor der Übernahme von *Antena 3 TV* durch *Telefónica*

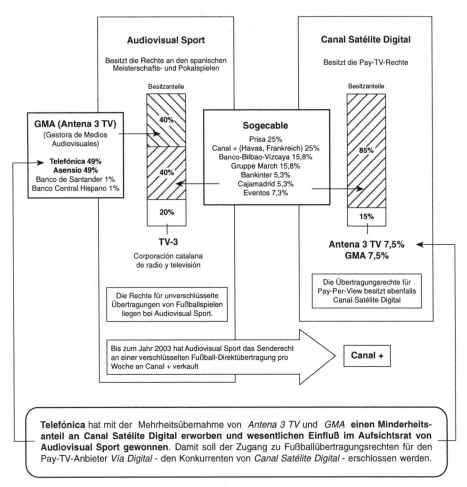

Auf der ersten Aufsichtsratssitzung von *Audiovisual Sport* nach den feindlichen Firmenübernahmen durch *Telefónica* wurde die Machtverschiebung sofort deutlich. Der – alte und neue – Vorstandsvorsitzende, Campo Vidal, berichtete, daß CSD bereit zu Verhandlungen mit *Vía Digital* über die *Pay-TV*-Rechte sei, wenn

---

39 Vgl. »Vía Digital 'versus' Canal Satélite Digital«, in: *El País* v. 31.7.97.

letztere dies wünsche. Erst nach diesen Verhandlungen solle mit Audiovisual Sport über die finanziellen Modalitäten der Nutzung der Fußballrechte verhandelt werden. *Vía Digital* möchte jedoch direkt mit *Audiovisual Sport* in Kontakt treten. Aus diesen und anderen Äußerungen läßt sich implizit ablesen, daß derzeit bei den Beteiligten die Meinung vorherrscht, daß einerseits die Regelungen des »Fußballgesetzes«[40] Bestand haben werden und daß man andererseits zunächst vom Fortbestand der Existenz beider Digitalplattformen ausgeht.

Daß *Telefónica* mit ihrer Mehrheitsbeteiligung an *Antena 3 TV* und GMA sich über das spanische Gesetz zum Privatfernsehen, das 25 % als Höchstgrenze für Einzelbeteiligungen festlegt, hinweggesetzt hat, scheint vor dem Hintergrund der politischen und wirtschaftlichen Interessen, die hier auf dem Spiel stehen, nur eine Marginalie zu sein. Kein geringerer als der stellvertretende Ministerpräsident, Francisco Álvarez Cascos, gab bereits bekannt, daß die Regierung nicht etwa beabsichtige, die Justiz anzurufen, sondern vielmehr das hinderliche Gesetz zu ändern. Dies macht auf politischer Ebene insofern Sinn, als ab Beginn 1998 sowieso der Telekommunikationsmarkt – innerhalb der EU-Richtlinien – liberalisiert werden wird und die wenigen »Beschränkungen«, die die aktuellen Bestimmungen zum Privatfernsehen noch enthalten, ohnehin durch Interessenverbindungen und von Strohmännern geleitete Firmen ausgehebelt wurden.[41] Trotzdem bleibt festzuhalten, daß es sich nur der wirtschaftlich potenteste und der Regierung nahestehende Konzern *Telefónica* leisten konnte, spanische Gesetze schlicht zu ignorieren. Ob ihm dies auch gegenüber dem Verbot der Wettbewerbskommission der EU[42] gelingen wird, ist noch nicht entschieden.

Die weitere Entwicklung auf dem digitalen Fernsehmarkt ist also wieder vollständig offen. Einem wirtschaftlich erfolgreichen, international verankerten, aber von der aktuellen Regierung angefeindeten Anbieter, CSD, der auf der europaweit potentesten Satellitengruppe Astra angesiedelt ist, steht ein noch im Aufbau befindlicher Anbieter, *Vía Digital*, gegenüber, der nach Kräften von der Regierung und der ihr nahestehenden Wirtschaft unterstützt wird. Er soll auf Hispasat, einem dominant auf Spanien, Lateinamerika und die USA ausgerichteten Satelliten, etabliert werden und damit dessen Marktposition, die in Europa außerhalb Spaniens unbedeutend ist, festigen helfen. Das Filetstück aller Programme, um das sich alle öffentlichen oder privaten, analog oder digital sendenden, terre-

---

40 Vgl. *ABC* und *El Mundo*, 10.2.1997, sowie *El País* v. 11. und 22.2.1997.
41 Die relative Hilflosigkeit nationaler Kontrollbehörden gegenüber dieser Entwicklung ist offenkundig. Wenn sie nicht sowieso eine weitgehende Deregulierung unterstützen, so sind sie zumindest in schwerwiegende Interessenkonflikte – der Abwägung von wirtschaftlichen und sozialen Vorteilen (Arbeitsplätze) durch die Ansiedlung von Unternehmen gegenüber den Kontrollinteressen des Staates – verstrickt.
42 Die Wettbewerbskommission der EU sprach sich in einer Eilentscheidung gegen den Kauf von *Antena 3 TV* durch *Telefónica* aus. Vgl. *El País* v. 14.8.1997.

strisch, per Kabel oder Satellit übertragenden Anbieter streiten, sind Fußballübertragungen, mit denen täglich bis zum Überdruß die Kanäle gefüllt werden.

Werbezeiten und Werbetypen (1995)	
Typ	Minuten
Konventionelle Werbung	**335.909**
Spotwerbung	333.048
Werbereportage	240
Einblendungen	2.621
Sponsoring	**67.403**
Vor der Sendung	9.340
Integriert in die Sendung	53.391
Spot des Sponsors	4.672
Eigenwerbung	**160.188**
Trailer	13.942
Vor der Sendung	146.245
Teleshopping	**47.233**
Summe	**610.733**
Quelle: *Comunicación Social 1995*, Fundesco 1995.	

Die Kosten, mit denen diese Sportrechte belastet sind, haben in Spanien Dimensionen erreicht, die das europäische Niveau deutlich überschreiten. Der Verband der spanischen Werbeindustrie, *Asociación Española de Anunciantes* (AEA), warnt bereits vor den Folgen dieser Entwicklung,[43] die dadurch verschärft wird, daß das spanische Fernsehen von jeher einen hohen Anteil von Werbeeinblendungen enthielt, der sich in den letzten Jahren noch gesteigert hat und sich nicht in dem Maße steigern läßt, wie es allein für die Refinanzierung der Fußballrechte notwendig wäre.[44] Auch die Kunden der PPV-Anbieter sind nach Umfrageergebnissen nicht bereit, die von den Anbietern anvisierten Preise von zwischen 2,50 DM (zweite Liga) und 20 DM (bei Spitzenspielen) zu zahlen, und die Regelungen des »Fußballgesetzes« könnten diese Einkünfte zusätzlich schmälern.

---

43 Die Umsätze des Werbemarktes im Bereich der Printmedien und des Rundfunks (TV und Hörfunk) sind relativ stabil: 566.017 Mio. Ptas. (1992); 531.238 Mio. Ptas. (1993); 536.763 Mio. Ptas. (1994). Der Gesamtumsatz des Werbemarktes von 1994 wird – von einer anderen Quelle – mit 567.161 beziffert. Er verteilt sich zu 48,1% auf Printmedien, zu 37,2% auf Fernsehgesellschaften, zu 9,3% auf den Hörfunk und zu 4,5% auf Plakat- und Kinowerbung. – Die längerfristige Entwicklung der Werbezeiten des Fernsehens belegt regelmäßige Zuwächse: 886 Std. (1989); 3.404 Std. (1992), 5.555 Std. (1994) und 6.000 Std. 1995. Die Zeiten für die Eigenwerbung der Sender sind darin nicht berücksichtigt. Vgl. Salamanca: *Spaniens Medien* (Anm. 15), S. 212, 218.

44 Vgl. Salamanca: *Sport als Erfolgsgarant* (Anm. 3), S. 77.

Die gegenwärtige Phase läßt sich unter wirtschaftlichen Gesichtspunkten nur als ein Kampf um künftige Marktpositionen und eine noch weit in der Zukunft liegende Marktführerschaft interpretieren. Unter den Auswirkungen dieses Konflikts haben besonders die chronisch defizitären öffentlichen Anbieter zu leiden, die ihre strukturellen Nachteile im Wettbewerb mit den rein kommerziellen Sendern nie werden beheben können.[45] Der Streit um das Digitalfernsehen verdeutlicht aber auch, daß marktwirtschaftliche Rationalität nicht ausreicht, um die Härte der Auseinandersetzungen und die Dimensionen der eingesetzten Mittel und der eingegangenen Risiken zu erklären. Der »Krieg« um das Digitalfernsehen belegt vielmehr, daß dieses Leitmedium der öffentlichen Aufmerksamkeit seinen Doppelcharakter als Wirtschaftsunternehmung und – zumindest potentielles – politisches Machtinstrument im Bewußtsein der spanischen Medienveranstalter und Zuschauer behalten hat.

Ausgewählte Daten und Ereignisse aus der Rundfunkgeschichte Spaniens

1908 Runkfunkmonopol des spanischen Staates
Per königlichem Dekret wird die Zuständigkeit für alle bestehenden und zukünftigen Formen der Funkentelegraphie sowie für alle weiteren Technologien dieser Art dem Staat übertragen.

1924 Erste Radiolizenz
EAJ-1 sendet in Barcelona als erster staatlich lizensierter Radiosender in Spanien. Die erste Rundfunksendung von *Radio Castilla* fand bereits mit einer staatlichen Sonderlizenz im Jahr 1921 statt. *Radio Castilla* übertrug regelmäßig Konzerte aus dem Königlichen Theater in Madrid.

1934-
1935 Staatsmonopol für Hörfunk und Fernsehen
Die Rundfunkgesetze der Zweiten Republik weiten das Rundfunkmonopol auch auf Bildübertragungen und alle sonstigen zukünftigen Technologien der Ton- und Bildübertragung aus. In der Praxis kontrolliert der Staat jedoch nur Frequenzzuteilungen und ermutigt den Betrieb leistungsschwacher lokaler Hörfunksender.

1939 Nationalisierung des Hörfunks nach dem Sieg Francos im spanischen Bürgerkrieg
1948-
1956 Fernsehversuchssendungen in Madrid
1956 Eröffnung des spanischen Fernsehens

---

45 Bei der TVE standen sich z.B. 1995 tägliche Einnahmen von ca. 210 Mio. Ptas. und Ausgaben von ca. 525 Mio. Ptas. gegenüber. Der Verlust betrug also ca. 315 Mio. Ptas. täglich. Vgl. *Cinco Días* v. 28.3.1986. – Deshalb wird in Zeiten knapper öffentlicher Haushaltsmittel und der kommenden Umstrukturierungen des Telekommunikationsmarktes immer wieder über die Privatisierung von öffentlichen Sendern nachgedacht. Vgl. Manuel Campo Vidal: *La transición audiovisual pendiente*. Barcelona 1996.

»Heute am Sonntag, den 28. Oktober, dem Tag des Christkönigs, dem alle Macht im Himmel und auf der Erde gegeben ist, werden die neuen Einrichtungen und Studios des spanischen Fernsehens eröffnet. Morgen, am 29. Oktober, dem XXIII. Jahrestag der Gründung der Falange, beginnen die regelmäßigen und täglichen Programme des Fernsehens.

Wir haben diese beiden Tage ausgewählt, um damit die beiden fundamentalen Grundsätze zu verkünden, die der künftigen Entwicklung des spanischen Fernsehens voranstehen, sie unterstützen und kennzeichnen werden: es sind dies Orthodoxie und Strenge in religiöser wie moralischer Hinsicht, unter Beachtung der Regeln, die die katholische Kirche in dieser Hinsicht vorschreibt, und die Orientierung des Dienstes und der Dienst selbst an den fundamentalen Prinzipien und den großen Idealen der nationalen Bewegung. Unter dieser doppelten Ausrichtung und im Vertrauen auf technische, künstlerische, kulturelle und erzieherische Verbesserungen der Programme, die stets ansprechend und abwechslungsreich sein müssen, hoffe ich mit Ihrer Hilfe, daß das spanische Fernsehen sich zu einem der besten erzieherischen Instrumente für die individuelle und die kollektive Vervollkommnung der spanischen Familie entwickeln wird.

Die neuen Einrichtungen und Studios des spanischen Fernsehens sind hiermit eröffnet. Viva Franco! Arriba España!«[46]

Eine Messe aus dem neuen TV-Studio und die zitierte Rede eröffnen den regelmäßigen Programmdienst des spanischen Fernsehens am 28. Oktober 1956. – Erster Generaldirektor der *Radiodifusión y Televisión Española* (RTVE) ist Jesús Suevos Fernández. Zu dieser Zeit gibt es im Raum Madrid ca. 3.000 Empfangsgeräte, die Reichweite des Senders beträgt 70 km. Neben einigen Eigenproduktionen (Unterhaltungs- und Kinderprogramme) basieren viele der ersten Sendungen auf Material der Botschaft der USA. Nachrichtensendungen beginnen 1957. Das offizielle Bildmaterial wird durch angekauftes Nachrichtenmaterial von CBS und *United Press* ergänzt. Das Fernsehen finanziert sich zum Teil durch Werbung sowie durch eine Luxussteuer, die auf den Besitz und den Gebrauch der Empfänger erhoben wird.

1959 Ausweitung der TVE nach Barcelona und Zaragoza; Anschluß an die Eurovision
Nach Barcelona (20.000 Geräte) werden weite Teile Kataloniens, Kastiliens, der Extremadura und der Kantabrischen Küstenregion an das Sendenetz der TVE angeschlossen. – Übertragungen von Fußballspielen sind bereits Publikumsrenner. Die Partie Real Madrid gegen FC Barcelona führt zum Ausverkauf aller Geräte in Barcelona. Ein anderer Publikumsmagnet sind Fürstenhochzeiten. Die Übertragung der Hochzeit des belgischen Königs Baudouin mit Fabiola (1960) ist ein solches Medienereignis, das dem Fernsehen einen Popularitätsschub versetzt. – Eine der ersten amerikanischen Erfolgsserien ist *Papá lo sabe todo*, sie läuft zur gleichen Zeit in der BRD unter dem Titel: *Vater ist der Beste*.

1960-
1962 Fernsehempfang in Andalusien, Galicien und der Region von Málaga
Das spanische Fernsehen ist zu dieser Zeit noch fast ausschließlich ein städtisches Phänomen. Es existieren zwei Produktionszentren, Madrid und Barcelona. Ma-

---

46 Eröffnungsrede von Gabriel Fernando Arias Salgado, *Ministro de Información y Turismo*, Madrid 1956. Zitiert nach: Díaz: *Televisión* (Anm. 8), S. 713.

drid bildet das politisch gewollte Zentrum, sowohl was die technische Ausstattung betrifft, als auch im Hinblick auf die Anteile der produzierten Eigenprogramme. Madrid ist zudem die Sendezentrale für ganz Spanien. – 1960 erhält die TVE die ersten Magnetaufzeichnungsgeräte (AMPEX) und überträgt die erste bedeutende Eurovisions-Sendung: das Europacupspiel Madrid gegen Nizza. Im Herbst 1961 sind ca. 420.000 TV-Empfänger in Spanien in Betrieb, deren Sendungen nach optimistischen Schätzungen 65-69% der Bevölkerung erreichen.

1963 Beginn regelmäßiger Fußballübertragungen
Die Preise für Fernsehgeräte sind gemessen am Durchschnittseinkommen noch sehr hoch. Unterstützt vom Staat, etabliert sich der kollektive Fernsehempfang in Bars und anderen öffentlichen Räumen. Ob der vom Staat gewünschte Propagandaerfolg erzielt wird, bleibt fraglich. Zeitzeugen berichten oft von einer durch die kollektive Rezeption des Fernsehens verstärkten Oppositionshaltung.

1965-
1976 Aufhebung der Luxussteuer auf Fernsehgeräte (1965); regionale Produktionszentren
Die Werbeeinnahmen zur Finanzierung des Fernsehens erreichen zu Beginn der 60er Jahre eine Größenordnung von einer Mio. Dollar jährlich und wachsen bis 1973 auf über 100 Mio. Die Programmzeiten weiten sich von 28 (1958) auf 70 (1968) und 110 (1970) Wochenstunden aus. Weitere regionale Produktionszentren werden in den frühen 70er Jahren aufgebaut, doch nur in Barcelona und auf den Kanarischen Inseln reichen die technischen und materiellen Kapazitäten aus, um umfangreichere Beiträge zu produzieren. Von den 5.348 Programmstunden, die 1976 für TVE 1 und TVE 2 produziert werden, tragen die Produktionszentren von Barcelona 161 Std. (3%) und Las Palmas auf den Kanarischen Inseln 154 Std. (2,9%) bei. Die restlichen Zentren kommen zusammen auf einen Anteil von 1,8 bis 1,9%. Eine Auswertung der Nachrichtenbeiträge belegt für 1982, daß nur 7,2% aller Nachrichten in den Regionen produziert wurden. Den größten Teil davon machen Zusammenfassungen von Fußballspielen aus. Anfang der 80er Jahre gab es 11 und 1988 schließlich 16 regionale Zentren im Produktionsnetz der RTVE. Mit Ausnahme der Kanaren und Kataloniens stimmte keine dieser »Produktionsregionen« geographisch mit den politisch definierten Autonomen Regionen oder deren sprachlichen und kulturellen Grenzen überein.

1976 Umwandlung der RTVE in eine autonome und kommerziell orientierte Anstalt
Diese Änderung bedeutet einen ersten – zaghaften – Versuch einer Reform der Rundfunkorganisation und setzt die Rundfunkgesetze Francos außer Kraft. Mittlerweile existieren 8,2 Mio. TV-Geräte, davon 800.000 Farbfernseher, in Spanien. Generaldirektor der RTVE wird der dem linken christlich-demokratischen Flügel zuzurechnende Fernando Arias Salgado. Er repräsentiert als Sohn jenes falangistischen Ministers, der die Eröffnungsrede der TVE 1956 gehalten hat, einen in jener Epoche häufigen politischen Generationskonflikt. Sein Bruder Rafael Arias Salgado, Entwicklungsminister der Regierung Aznar, wird 1997 das Gesetz zum Digitalfernsehen einbringen.

1978 Übernahme des PAL-Systems als definitive Norm für das Farbfernsehen
1979 Aufdeckung vielfältiger Finanz- und Organisationsskandale durch Presseberichte

Die Berichterstattung von *El País* über die kaum glaubliche Mißwirtschaft und das organisatorische Chaos innerhalb der RTVE hinterlassen einen nachhaltigen Eindruck in der öffentlichen Meinung. Auch eine parlamentarische Kontrollkommission kann diese Skandale nicht beenden. Eine Reform der RTVE wird für die UCD-Regierung zu einer politischen Notwendigkeit.

1980 RTVE-Statut
Das Reform-Statut zielt eher darauf, die politische Kontrolle über die RTVE festzulegen, als die finanziellen und internen Mißstände zu bereinigen. Die TVE wird als öffentliche Anstalt definiert, die der Meinungspluralität verpflichtet sein soll. Die Umsetzung dieses Grundsatzes bevorzugt die großen politischen Gruppierungen.

1981 Versuchter Staatsstreich durch die Besetzung des Parlaments und der TVE
Am Morgen des 23.2.1981 besetzt der franquistische Putschist Antonio Tejero Molina mit 300 Zivilgardisten das Parlament und die Fernsehanstalt. Während des 18stündigen Putschversuchs mußte die TVE die Nachrichtenkommuniqués der Aufständischen verbreiten. Die ebenfalls von ihnen kontrollierte nationale Radiokette RNE sendete dazu Marschmusik. In einer spät in der folgenden Nacht übertragenen Fernsehansprache verkündete König Juan Carlos das Scheitern der Militärrevolte gegen die konstitutionelle Monarchie. Die Berichte von privaten Radiostationen waren während des Putsches die wichtigsten Informationsquellen über den Ablauf der Ereignisse. – Später wurde bekannt, daß die USA sich explizit geweigert hatten, in die Auseinandersetzung zugunsten der demokratischen Kräfte einzugreifen. – Fernando Castedo übernimmt die Generaldirektion der RTVE.

1982 Anstieg der Zuschauer auf 20,952 Millionen
Weltweiter Erfolg der US-Serie *Dallas* – in Spanien wird sie von durchschnittlich 22 Millionen Zuschauern gesehen – gefolgt von *Dynasty* und *Falcon Crest*. Die private Radiokette *Antena 3* wird unter Beteiligung der Zeitschrift *Vanguardia* gegründet.

1983- 1985 Autonome Fernsehstationen im Baskenland, in Galicien und Katalonien
José María Calviño wird Generaldirektor der RTVE. – Nach ersten Versuchssendungen (1983) beginnen 1984 die Sender des Baskenlands, ETB, und Kataloniens, TV-3, mit der Ausstrahlung eines regelmäßigen Programms. Galicien, CRTVG, folgt 1985. Der Rechtsstreit um den Status und die Kontrolle über diese Sender wird auch durch das nationale Gesetz über die dritten Programme (1984), verabschiedet erst nach deren Sendebeginn, nicht beigelegt. Die PSOE-Regierung kann nur in den Regionen, in denen sie auch über die Mehrheit in den Regionalparlamenten verfügt, den Sendebeginn regionaler TV-Stationen – in Andalusien, Valencia und Madrid – bis 1989 verzögern.

1986 Beginn des nationalen Frühstücksfernsehens
Pilar Miró wird zur Generaldirektorin der RTVE gewählt. – ETB 2 nimmt als zweiter regionaler Anbieter im Baskenland den Sendebetrieb in *kastilischer* Sprache auf.

1987 Verabschiedung des Telekommunikationsgesetzes LOT

Die Liberalisierung des Fernsehens

Die *Ley de Ordenamiento de la Telecomunicación* faßt zum ersten Mal die verschiedenen Bereiche der Telekommunikationsgesetzgebung zusammen.

1988 Verabschiedung des Gesetzes zur Regelung privater Fernsehlizenzen; Gründung der FORTA
Ausweitung des TVE-Programms auf 24 Stunden am Wochenende. Der Konkurrenzdruck der zukünftigen privaten Fernsehanbieter macht sich bereits bemerkbar. Pilar Miró steht dabei mit mehreren Maßnahmen zur Ausweitung der Zuschauerquoten der TVE – u.a. auch zum Nachteil der nächtlichen Radioprogramme – im Zentrum der Kritik. – Ab 1988 sendet TVE 1 sein Programm auch über Eutelsat 1. Mit dem *Canal América* baut TVE ein Angebot auf, das an ein internationales spanischsprechendes Publikum gerichtet ist. – Sendebeginn des zweiten katalanischen Kanals C 33. Gründung der *Federación de Organizaciones de Radiotelevisiones Autonómicas* (FORTA), einer Kooperation der Fernsehgesellschaften in den autonomen Regionen. Sie dient der Verbesserung der Marktposition der Mitgliedsgesellschaften – z.B. beim Programmeinkauf – dem Programmaustausch und der Koordinierung ihrer Interessen gegenüber dem nationalen Fernsehen.

1990 Sendebeginn der Privatstationen: *Antena 3 TV; Tele 5* und *Canal+*
Aufgrund der begrenzten Sendereichweiten erzielen die privaten Anbieter 1990 nur 10,4% der gesamten Zuschauerquote. Zwei Jahre später erzielen sie 44,1%, und 1994 konnten sie 47,3% auf sich vereinigen. Seitdem verlangsamten sich die Zuwachsraten, und der Gesamtanteil stabilisierte sich bei einem Anteil zwischen 45 und 48%. Außer *Canal+*, einem *PAY-TV*-Anbieter mit einem geringen Anteil an Werbeeinnahmen (8%), sind die restlichen privaten Sender ausschließlich auf das Werbegeschäft ausgerichtet. Dies führt zu einem Preiskampf und läßt die Werbeeinnahmen seit 1993 stagnieren. Besonders betroffen ist davon die RTVE. Dies hatte, verstärkt durch eine immer noch unzureichende interne Kostenkontrolle, wiederum Auswirkungen auf die Mittel, die für die Produktion von Eigenprogrammen zur Verfügung stehen. Produktionen unabhängiger spanischer Produzenten machen 1991 deshalb nurmehr 2% des Programms aus. Der Anteil von Wiederholungen, ein weiteres Anzeichen für die finanzielle Zwangslage der RTVE, steigt demgegenüber auf 54%, was einer Verdoppelung gegenüber 1989 und einer Verdreifachung gegenüber 1979 entspricht.

1992 Beitritt Spaniens zur Europäischen Gemeinschaft (EU)
Der Beitritt macht die Anpassung nationaler medienrechtlicher Bestimmungen – u.a. Abbau von Wettbewerbsvorteilen spanischer Firmen – an die EU-Regelungen notwendig. In den aktuellen Auseinandersetzungen spielen EU-Richtlinien und Gesetze zum Medien- und Wettbewerbsrecht eine nicht zu unterschätzende Rolle.

1993 Betriebsbeginn von Hispasat 1 B
Neben den schon über die Satelliten Astra, Intelsat und Eutelsat erreichbaren Programmen von *Galavisión* (ein Ableger des mexikanischen Senders *Televisa*), *Eurosport, TVE International, Super Channel* etc. sind durch Hispasat nun auch alle privaten spanischen Sender per Satellit zu empfangen. Neben zwölf Radioprogrammen sind derzeit über Hispasat die TV-Kanäle: *Tele Deporte, Canal Clásico, Cinemania* (verschlüsselt), *Telesat 5, Antena 3 International, Antena 3 TV, ETB 1, Taurus Prog. Service, Tele 5 España, Canal+ España* (verschlüsselt)

und *TV-3 de Catalunya* zu empfangen. Das digitale *Pay-TV*-Angebot von *Canal Satélite Digital* wird über Astra 1E – 1G verbreitet.

1995 Verabschiedung des Gesetzes zum Kabelfernsehen

Sendezeit des Fernsehens in Stunden (1995)					
Sender:	Std.	%	Sender:	Std.	%
Autonomías	**49.796**	**55,18**	**TVE**	**15.294**	**16,95**
Canal Sur	6.706	7,43	TVE-1	7.660	8,49
ETB-1	6.345	7,03	La 2	7.634	8,46
ETB-2	5.909	6,55	**Privatsender**	**25.158**	**27,87**
TVGalicia	5.855	6,49	Antena 3	8.718	9,66
TV-3	6.542	7,25	Tele 5	8.151	9,03
TVMadrid	7.235	8,02	Canal+	8.289	9,18
Canal 33	4.272	4,73	**SUMME**	**90.248**	**100**
Canal 9	6.932	7,68			
Quelle: *Comunicación Social 1995*, Fundesco 1995.					

1996 Auseinandersetzungen um Fußballübertragungsrechte
Mit immer neuen Angeboten überbieten sich private Sender und Sendergemeinschaften (FORTA). Als Vertragspartner treten sowohl Vertreter der Profi-Liga als auch die Vereine selbst auf. *Antonio Asensio* (GMA) kann die Übertragungsrechte von 27 Vereinen für *Antena 3 TV* aufkaufen. Der Konkurrenzkampf wird beendet durch die Gründung von *Audiovisual Sport*, einer Rechteverwertungsgesellschaft, zu der sich *Antena 3 TV* (GMA), *Sogecable* und TV-3 zusammenschließen.

1997 Beginn des Digitalfernsehens als neue Form des *Pay-TV*, Aufkauf von *Antena 3 TV* durch *Telefónica*
Verabschiedung des Gesetzes über das Digitalfernsehen, das eine »offene« Plattform vorschreibt. Verabschiedung des »Fußballgesetzes«, das ein generelles gesellschaftliches Interesse an unverschlüsselten Direktübertragungen feststellt. Heftige Auseinandersetzungen um die technischen und wirtschaftlichen Normen des Digitalfernsehens. Auf Drängen der EU zeichnet sich eine gesetzliche Zulassung beider Codierungsverfahren – Simulcrypt (*Canal Satélite Digital*, PRISA) und Multicrypt (*Vía Digital, Telefónica*) – ab. – *Canal Satélite Digital* kann als erster Anbieter auf dem spanischen Markt im Juli 100.000 Abonnenten verzeichnen.

1998 Liberalisierung des Telekommunikationsmarktes

VI

Anhang

Abkürzungsverzeichnis

ABI	Acuerdo Básico Interconfederal
AC-INC	Asamblea Canaria – Izquierda Nacionalista Canaria
AEA	Asociación Española de Anunciantes
AES	Acuerdo Económico y Social
AGAL	Associaçom Galega da Lingua
AHI	Agrupación Herreña Independiente
AI	Acuerdo Interconfederal
AIC	Agrupaciones Independientes de Canarias
AISS	Administración Institucional de Servicios Socioprofesionales
AM	Asamblea Majorera
AMI	Acuerdo Marco Interconfederal
ANE	Acuerdo Nacional de Empleo
AP	Alianza Popular
ARCO	Feria Internacional de Arte Contemporáneo
ASPGP	Associaçom Sócio-Política Galaico-Portuguesa
BBV	Banco Bilbao Vizcaya
BIP	Bruttoinlandsprodukt
BJC	Boletín de Jurisprudencia Constitucional
BNPG	Bloque Nacionalista Popular Galego
BOE	Boletín Oficial del Estado
BUP	Bachillerato Unificado y Polivalente
CC	Coalición Canaria
CCAA	Comunidades Autónomas
CCOO	Comisiones Obreras
CD	Coalición Democrática
CDAE	Comisión Delegada del Gobierno para Asuntos Económicos
CDC	Convergència Democrática de Catalunya
CDN	Centro Dramático Nacional
CDMC	Centro para la Difusión de la Música Contemporánea
CDS	Centro Democrático y Social
CEDA	Confederación Española de Derechas Autónomas
CEDEFOP	Centro Europeo de Formación Profesional (Europäisches Zentrum für die Förderung der Berufsbildung
CEE	Comunidad Económica Europea
CEOE	Confederación Española de Organizaciones Empresariales
CEPAL	Comisión Económica para América Latina
CEPYME	Confederación Española de la Pequeña y Mediana Empresa
CESID	Centro Superior de Informaciones de la Defensa
CG	Coalición Galega
CIG	Confederación Intersindical Galega
CIS	Centro de Investigaciones Sociológicas
CiU	Convergència i Unió
CNC	Consejo Nacional de Canarias
CNNTE	Centro Nacional de Nuevas Tendencias Escénicas
CNT	Confederación Nacional del Trabajo

CNTC	Compañía Nacional de Teatro Clásico
CONC	Comisión Obrera Nacional de Catalunya
COPE	Cadena de Ondas Populares
COS	Coordinadora de Organizaciones Sindicales
COU	Curso de Orientación Universitaria
CP	Coalición Popular
CSD	Canal Satélite Digital
CSIC	Consejo Superior de Investigaciones Científicas
CSUT	Confederación de Sindicatos Unitarios de Trabajadores
DGAM	Dirección General de Armamento y Material
EA	Eusko Alkartasuna
ECVT	Encuesta sobre Condiciones de Vida y Trabajo
EE	Euskadiko Eskerra
EEA	Einheitliche Europäische Akte
EG	Europäische Gemeinschaft
EGB	Educación General Básica
ELA-STV	Eusko Langilleen Alkartasuna – Solidaridad de Trabajadores Vascos
EPA	Encuesta Sobre la Población Activa
ER	Esquerra Republicana
ERC	Esquerra Republicana de Catalunya
ETA	Euskadi Ta Askatasuna
ETB	Euskal Telebista (TV Baskenland)
EWS	Europäisches Währungssystem
EXU	Extremadura Unida
FAI	Federación Anarquista Ibérica
FCI	Fondo de Compensación Interterritorial
FCS	Fuerzas y Cuerpos de Seguridad
FIR	Fuerzas de Intervención Rápida
FORTA	Federación de Organizaciones de Radiotelevisiones Autonómicas
FP	Formación Profesional
GAL	Grupos Armados de Liberación
GAP	Gemeinsame Agrarpolitik
GMA	Gestora de Medios Audiovisuales
GRAPO	Grupos de Resistencia Antifascista Primero de Octubre
HB	Herri Batasuna
HOAC	Hermandades Obreras de Acción Católica
ICAA	Instituto de Cinematografía y de Artes Audiovisuales
IDA	International Development Agency
IEC	Institut d'Estudis Catalans
IEAL	Instituto de Estudios de Administración Local
ILO	International Labour Office
INAEM	Instituto Nacional de Artes Escénicas y de la Música
INE	Instituto Nacional de Estadística
INEM	Instituto Nacional de Empleo
INH	Instituto Nacional de Hidrocarburos
INI	Instituto Nacional de Industria
INSALUD	Instituto Nacional de la Salud

INSERSO	Instituto Nacional de Servicios Sociales
IPMI	Instituto de la Pequeña y Mediana Empresa Industrial
IRCAM	Institut de Recherche et de Coordination Acoustique/Musique
IU	Izquierda Unida
IWF	Internationaler Währungsfond
JEMAD	Jefe de Estado Mayor de la Defensa
JOC	Juventud Obrera Católica
JONDE	Joven Orquesta Nacional de España
JUJEM	Junta de Jefes de Estado Mayor
KI	Kommunistische Internationale
KSZE	Konferenz für Sicherheit und Zusammenarbeit in Europa
LAB	Langile Abertzalen Batzordeak
LFP	Liga de Fútbol Profesional
LGE	Ley General de Educación y Financiamiento de la Reforma Educativa
LNLC	Llei de Normalització Lingüística a Catalunya
LOAPA	Ley Orgánica de Armonización del Proceso Autonómico
LODE	Ley Orgánica del Derecho a la Educación
LODN	Ley Orgánica de Defensa Nacional
LOECE	Ley Orgánica del Estatuto de Centros Escolares
LOGSE	Ley Orgánica de Ordenación General del Sistema Educativo
LOPEG	Ley Orgánica de la Participación, la Evaluación, y el Gobierno de los centros docentes
LOTRACA	Ley Orgánica de Transferencia de Competencias complementarias a Canarias en materia de titularidad estatal
LOTRAVA	Ley Orgánica de Transferencia de Competencias complementarias a la Comunidad Valenciana en materia de titularidad estatal
LRU	Ley de Reforma Universitaria
MAPA	Ministerio de Agricultura, Pesca y Alimentación
MEC	Ministerio de Educación y Ciencia
MINER	Ministerio de Industria y Energía
MPAIAC	Movimiento para la Autodeterminación e Independencia del Archipiélago Canario
NATO	North Atlantic Treaty Organization
OECD	Organization for Economic Cooperation and Development
OJD	Oficina de Justificación de la Difusión
ORT	Organización Revolucionaria de Trabajadores
PA	Partido Andalucista
PANE	Plan Nacional de Autopistas Españolas
PAR	Partido Aragonés Regionalista
PC	Partido Carlista
PCE	Partido Comunista de España
PDP	Partido Democrático Popular
PEC	Plan Estratégico Conjunto
PEIN	Plan Electrónico e Informático Nacional
PEN	Plan Energético Nacional
PER	Plan de Empleo Rural
PNV	Partido Nacionalista Vasco

PP	Partido Popular
PR	Partido Regionalista
PRC	Partido Regionalista de Cantabria
PRISA	Promotora de Informaciones, S.A.
PRP	Partido Riojano Progresista
PSA	Partido Socialista de Andalucía
PSC	Partit dels Socialistes de Catalunya
PSM	Partit Socialista de Mallorca
PSOE	Partido Socialista Obrero Español
PSP	Partido Socialista Popular
PSP	Propuesta Sindical Prioritaria
PSUC	Partit Socialista Unificat de Catalunya
PSV	Partit Socialista del Pais Valencià
PSV	Promotora Social de Viviendas
PTE	Partido del Trabajo de España
PTE-UC	Partido del Trabajo de España – Unidad Comunista
PYME	Pequeña y Mediana Empresa
RAG	Real Academia Galega
RTVE	Radiotelevisión Española
SAP	Sozialistische Arbeiterpartei
SER	Sociedad Española de Radiodifusión
SOC	Sindicato de Obreros del Campo
SOGETEL	Sociedad General de Televisión
SU	Sindicato Unitario
TEC	Teatro Estable Castellano
TEI	Teatro Experimental Independiente
TVE	Televisión Española
TVG	Televisión de Galicia
UCD	Unión de Centro Democrático
UDPV	Unión Democrática del Pais Valencià
UGT	Unión General de Trabajadores
UM	Unió Mallorquina
UMD	Unión de Militares Democráticos
UNO	United Nations Organization
UPC	Unión del Pueblo Canario
UPCA	Unión para el Progreso de Cantabria
UPN	Unión del Pueblo Navarro
URA	Unión Romaní de Andalucía
URV	Unión Regional Valencianista
USO	Unión Sindical Obrera
UV	Unió Valenciana
WEU	Westeuropäische Union
WWU	Wirtschafts- und Währungsunion
ZUR	Zonas de Urgente Reindustrialización

Chronologie (1975-1997)

1975

- 20.11. Tod Francos
- 22.11. Proklamation von Juan Carlos zum König von Spanien
- 5.12. Abermals wird Carlos Arias Navarro (seit 1973) mit dem Amt des Ministerpräsidenten betraut.

1976

- Januar Bildung der Übergangsregierung unter Arias Navarro (wichtige Positionen der Gruppe von Manuel Fraga Iribarne)
- 24.1. Unterzeichnung des Freundschafts- und Kooperationsvertrags zwischen Spanien und den USA (Henry Kissinger)
- 27.4. (Verbotene) Hommage auf den Dichter León Felipe
- 4.5. Erscheinen der ersten unabhängigen Tageszeitung *El País*
- 25.5. Aufhebung des Verbots politischer Versammlungen und Demonstrationen
- 9.6. Gesetz über politische Zusammenschlüsse (Parteiengesetz)
- 1.7. Rücktritt von Arias Navarro als Regierungschef
- 3.7. Ernennung von Adolfo Suárez, dem Generalsekretär der »Bewegung«, zum neuen Ministerpräsidenten
- 17.7. Verkündigung des Reformprogramms der Regierung Suárez
- 4.8. Amnestiegesetz
- 12.9. Ausrufung eines Generalstreiks durch verschiedene Linksparteien und Gewerkschaftszentralen (Beteiligung von ca. 500.000 Beschäftigten) mit der Forderung nach rascher Demokratisierung
- 18.11. Gesetz über die politische Reform (faktische Selbstauflösung der noch franquistischen *Cortes*)
- 1.12. Eröffnung des *Teatre Lliure* in Barcelona. Direktor: Lluís Pasqual
- 5.12. Erster nach dem Bürgerkrieg in Spanien abgehaltener Kongreß der Sozialistischen Arbeiterpartei (PSOE)
- 10.12. Vorübergehende Verhaftung des Führers der noch illegalen Kommunistischen Partei (PCE), Santiago Carrillo
- 15.12. Volksabstimmung zugunsten der politischen Reform
- 23.12. Erste Verhandlungen zwischen dem späteren Madrider Bürgermeister (Enrique Tierno Galván) und dem heutigen katalanischen Regierungschef Jordi Pujol mit Regierungschef Adolfo Suárez

1977

24.1. Entführung des Präsidenten des Obersten Militärgerichts, Emilio Villaescusa, durch ein Kommando der rechtsextremen Terrororganisation GRAPO

24.1. Ermordung von fünf Arbeiteranwälten in der Nähe des Madrider Bahnhofs Atocha durch ein rechtsextremes Terrorkommando (»Matanza de Atocha«)

2.3. Erstes eurokommunistisches Gipfeltreffen in Madrid unter Beteiligung von Enrico Berlinguer, Georges Marchais und Santiago Carrillo

28.3. Wiederaufnahme diplomatischer Beziehungen zwischen Spanien und Mexiko (nach 38 Jahren Unterbrechung)

30.3. Erlaß eines neuen Gewerkschaftsgesetzes, Legalisierung freier Gewerkschaften

April Zulassung aller politischen Parteien und Gewerkschaften, einschließlich des PCE

27.4. Rafael Alberti kehrt aus dem Exil nach Spanien zurück.

12.5. Schwere Zusammenstöße zwischen Demonstranten und Polizei im Baskenland in der Folge von Pro-Amnestie-Kampagnen

13.5. Rückkehr der legendären PCE-Führerin Dolores Ibárruri (»La Pasionaria«) aus sowjetischem Exil

14.5. Thronverzicht des Vaters des Königs, Conde de Barcelona

15.6. Erste nachfranquistische Parlamentswahlen; Wahlsieg (34,3% der Stimmen und 46% der Abgeordnetensitze) der neugebildeten Demokratischen Zentrumsunion (UCD) von Adolfo Suárez; PSOE: 28,5% der Stimmen, 37% der Sitze

11.7. Abwertung der Pesete um 20%

28.7. Offizieller Aufnahmeantrag Spaniens in die EG

7.9. Premiere des Stücks »La torna« (Die Rückkehr) in Barbastro, aufgrund derer Albert Boadella, Leiter der Gruppe *Els Joglars*, wegen angeblicher Verunglimpfung des Militärs das Land verlassen muß.

8.9. Erster offizieller Besuch eines spanischen Königs in Lateinamerika seit der »Entdeckung«

29.9. Vorläufige Wiederzulassung der katalanischen *Generalitat*

3.10. Erste Sendung (um 14.30 Uhr) eines nichtstaatlichen Rundfunkprogramms (Cadena SER) nach Ablauf des Informationsmonopols von *Radio Nacional de España*

6.10. Literatur-Nobelpreis für Vicente Aleixandre

18.10. Ernennung von Josep Tarradellas zum Präsidenten der provisorischen *Generalitat* von Katalonien

25.10.	»Pakt von Moncloa« zwischen Regierung und Oppositionsparteien zur Überwindung der Wirtschaftskrise
24.11.	Beitritt Spaniens zum Europarat
1.12.	Endgültige Abschaffung der Zensur
16.12.	Straffreiheit für den Kauf von Empfängnisverhütungsmitteln
30.12.	Vorläufiges Autonomiestatut für das Baskenland

1978

10.2.	Carmen Conde wird als erste Frau in die *Real Academia Española* gewählt
24.3.	9. Parteitag des PCE: Bekenntnis zum Eurokommunismus, Preisgabe des Leninismus
28.4.	Zusammenschluß des PSOE und des *Partido Socialista Popular* (PSP, Leitung: Enrique Tierno Galván)
21.6.	Erster Kongreß der Arbeiterkommissionen (CCOO) in Madrid (1.300 Delegierte)
Juli	Schwere Zusammenstöße zwischen Polizei und Bevölkerung im Baskenland
Oktober	Gründung des Spanischen Nationalballets. Leiter: Antonio Gades und Víctor Ullate
20.10.	Erster Kongreß der Regierungspartei UCD; Entscheidung für den Eintritt Spaniens in die NATO
30.10.	Attentat auf die Redaktion von *El País*
31.10.	Verabschiedung der neuen Verfassung
19.11.	Aufdeckung einer Militärverschwörung (»Operation Galaxia«)
21.11.	Das *Centro Dramático Nacional* (CDN) im Teatro María Guerrero nimmt mit der Premiere von »Bodas que fueron famosas del Pingajo y de la Fandanga« von José María Rodríguez Méndez seinen Betrieb auf. Erster Direktor: Adolfo Marsillach
7.12.	Billigung der neuen Verfassung durch Volksabstimmung
23.12.	Ausschreibung von Neuwahlen für das Frühjahr 1979

1979

3.1.	Ablösung des Konkordats mit dem Vatikan aus dem Jahr 1953 durch vier Einzelverträge
8.2.	Ehrung aus Anlaß seines 40. Todestages des 1939 im französischen Exil verstorbenen Dichters Antonio Machado
1.3.	Parlamentswahlen, erneuter Sieg der UCD

4.4. Gemeindewahlen: Übernahme vieler Stadtverwaltungen durch PSOE/ PCE-Bündnisse; Madrider Oberbürgermeister: Enrique Tierno Galván
Mai 28. Kongreß des PSOE; Rücktritt von Felipe González als Generalsekretär infolge der Auseinandersetzungen um den Marxismus
Juli Erstes nationales Manteltarifabkommen zwischen dem Unternehmerverband CEOE und der sozialistischen Gewerkschaft UGT
19.7. Öffentliche Hommage für den Dichter Blas de Otero
Sept. Ein Dreiergremium (Nuria Espert, José Luis Gómez, Ramón Tamayo) löst Adolfo Marsillach in der Leitung des CDN ab
26.9. Wiederwahl (mit überwältigender Mehrheit) von Felipe González als PSOE-Generalsekretär
Herbst Beginnende Krise der UCD
25.10. Annahme durch Volksentscheide der Autonomiestatute für das Baskenland und Katalonien
26.11. Verabschiedung des Autonomiestatuts für Galicien
12.12. Verbot der Aufführung des Films »El crimen de Cuenca« durch das Kulturministerium

1980

Frühjahr Diskussion um das Autonomiestatut für Andalusien
27.1. Reform des Zivilrechts (Ehescheidung)
9.3. Wahl zum baskischen Regionalparlament; Sieg der nationalistischen Parteien
20.3. Wahl zum katalanischen Regionalparlament; knapper Sieg der bürgerlichen Nationalisten
10.4. Wahl von Carlos Garaicoetxea zum baskischen, von Jordi Pujol zum katalanischen Regierungschef
16.4. Wiedereröffnung des *Teatro Español* in Madrid, nun als Städtische Bühne
9.5. Verurteilung (durch das Oberste Gericht) des Direktors von *El País* (3 Monate Gefängnis) wegen der Veröffentlichung eines kritischen Artikels über »Presse und Demokratie«
20.5. Konstruktiver Mißtrauensantrag des PSOE gegen die Regierung Suárez (knappe Ablehnung)
24.7. Gesetz über Religionsfreiheit, Trennung von Staat und Kirche
Juli Neuerliche Gewaltwelle im Baskenland
14.9. Tod des christdemokratischen Ministers der II. Republik, José María Gil Robles

Herbst   Wiederholte Kabinettsumbildungen, Rücktritt verschiedener Minister, zunehmende Regierungskritik aus den Streitkräften wegen des Terrorismusproblems
21.12.   Volksabstimmung in Galicien über das Autonomiestatut

1981

Januar   Sonderparteitag der UCD: Rücktritt von Adolfo Suárez als Parteivorsitzender
3.2.   Besuch des Königs im Baskenland
15.2.   Rücktritt von Adolfo Suárez als Regierungschef
23.2.   Putschversuch von Antonio Tejero, Oberstleutnant der *Guardia Civil*
25.2.   Wahl von Leopoldo Calvo Sotelo zum neuen Regierungschef
1.5.   Beginn des sogenannten Speiseölskandals; in den folgenden Monaten einige Hundert Tote durch Vergiftung
2.8.   Abkommen zwischen UCD und PSOE über die Umwandlung Spaniens in einen dezentralisierten Staat
Sept.   Beginnende Krise der Regierung Calvo Sotelo; Rücktritt des Finanzministers Fernández Ordóñez: Zusammenfassung der »Sozialdemokraten« in der UCD in einer eigenen Parlamentsgruppe
10.9.   Rückkehr von Picassos Gemälde »Guernica« nach Spanien
20.10.   Andalusisches Referendum über das Autonomiestatut; Wahlen in Galicien zum Regionalparlament (Sieg der AP)

1982

10.2.   Zum ersten Mal wird die Kunstmesse »Arco« in Madrid eröffnet.
Frühjahr Verschärfung der Krise innerhalb der Regierungspartei UCD
         Interne Spannungen im PCE zwischen dem »eurokommunistischen« und dem »prosowjetischen« Flügel; drastischer Mitgliederschwund und schließliche Spaltung der Partei
         Die private Radiokette *Antena 3* wird unter Beteiligung der Zeitschrift *Vanguardia* gegründet.
März   Grundsatzurteil des obersten Gerichts zum kommerziellen Fernsehen: Es stellt fest, daß die Lizensierung privater Fernsehveranstalter verfassungsrechtlich nicht notwendig, aber im Rahmen eines zukünftigen Organ-Gesetzes zulässig ist.
20.3.   Verleihung der »Medalla de Oro« der katalanischen *Generalitat* an Salvador Dalí

28.3.	Gedenkveranstaltung aus Anlaß des 40. Todestages des Dichters Miguel Hernández
April-Oktober	Über siebzig Anträge für eine TV-Sendelizenz von kommerziellen und anderen gesellschaftlichen Gruppierungen
23.5.	Parlamentswahlen in Andalusien; Sieg des PSOE
30.5.	Spanien 16. NATO-Mitgliedsland
Juni	Schließung (aus wirtschaftlichen Gründen) der langjährigen Zeitschriften *Triunfo* und *Tiempo de Historia*
14.6.	Prozeß (in Almería) gegen Mitglieder der *Guardia Civil* (Vorwurf: Folterung und Ermordung von ETA-Mitgliedern)
30.6.	Gesetz zur Harmonisierung des Autonomieprozesses
3.7.	Unterzeichnung eines neuen Stützpunktvertrages zwischen Spanien und den USA
20.7.	Vorzeitige Auflösung des Parlaments
28.10.	Vorgezogene Parlamentswahlen, Sieg der Sozialisten; Niedergang der bisherigen Regierungspartei UCD
2.12.	Wahl von Felipe González zum Ministerpräsidenten

1983

Februar	Auflösung der UCD als Partei
April	Verstaatlichung des Rumasa-Konzerns
8.5.	Kommunal- und Regionalwahlen; Sieg der Sozialisten; Umformung Spaniens in einen dezentralisierten Staat
Juni	Streiks infolge der sozialistischen Modernisierungspolitik in der Wirtschaft (besonders Sagunto); Anstieg der offiziellen Arbeitslosenrate auf 22%
3.6.	Massendemonstrationen (ca. 500.000 Teilnehmer) zugunsten des NATO-Referendums und des Austritts aus dem Militärbündnis
29.7.	Tod des Filmemachers Luis Buñuel in Mexiko
9.8.	Außerkraftsetzung mehrerer Artikel der Autonomiegesetzgebung durch das Verfassungsgericht
Oktober	Vorstellung des Agrarreformprojektes durch die sozialistische Regionalregierung Andalusiens; Ziel: Reform der Nutzung (nicht des Eigentums) und Erhöhung der Produktivität
8.10.	Beginn der ersten Spielzeit am *Centro Dramático Nacional* unter dem neuen Leiter Lluís Pasqual
20.12.	Parlamentarische Verabschiedung des neuen Bildungsgesetzes LODE; Massendemonstrationen konservativer Verbände dagegen

1983-
1985 Autonome Fernsehstationen im Baskenland, in Galicien und Katalonien

1984

Januar	Neubesetzung der militärischen Führungsspitze; Verringerung der Zahl der Militärregionen von 11 auf 7
15.1.	Bildung einer neuen prosowjetischen Kommunistischen Partei »wahrer Kommunisten« unter Ignacio Gallego
26.2.	Baskische Regionalwahlen; relativer Sieg der Bürgerlich-Nationalistischen Partei PNV
29.4.	Katalanische Regionalwahlen; absolute Mehrheit für Jordi Pujol (CiU)
3.6.	Rücktritt des »Superministers« für Wirtschaft und Handel, Miguel Boyer
17.6.	Grundsatzentscheidung der Regierung für einen Verbleib in der NATO
Sept.	Gründung des *Centro Nacional de Nuevas Tendencias Escénicas* (CNNTE). Direktor: Guillermo Heras
9.10.	Erscheinen der Linkszeitung *Liberación*

1985

30.1.	Legislaturpakt im Baskenland zwischen PNV und PSOE
Februar	Wiedereröffnung des Grenzübergangs nach Gibraltar
24.4.	Gründung des *Instituto Nacional de Artes Escénicas y de la Música* (INAEM), Zusammenschluß der einstigen *Dirección General de Teatro* und verschiedener autonomer Institutionen (Orchester, Chöre)
29.4.	Kritik an der Wirtschaftspolitik der PSOE-Regierung durch den Chef der sozialistischen Gewerkschaft UGT, Nicolás Redondo
4.6.	Massendemonstrationen (300.000 Personen) an verschiedenen Orten Spaniens gegen die Wirtschaftspolitik der Regierung
12.6.	Unterzeichnung der Beitrittsprotokolle zur EG
4.7.	Regierungskrise und -umbildung
28.8.	Harsche Kritik von *El País* an der Regierungspolitik
Sept.	Während des Theaterfestivals in Almagro wird die Gründung der *Compañía Nacional de Teatro Clásico* (CNTC) bekanntgegeben. Direktor: Adolfo Marsillach
24.9.	Beginn der »Europalia« in Brüssel, der ersten – dreimonatigen – kulturellen Darstellung Spaniens
30.11.	Die deutsche Polizei übergibt Joaquín Ruiz-Mateos in Frankfurt an die spanische Polizei.

1986

1.1. Vollmitgliedschaft Spaniens in der EG
13.1. Tod von Enrique Tierno Galván, des Oberbürgermeisters von Madrid. Nachfolger: Juan Barranco
12.3. NATO-Referendum; Mehrheit für Verbleib in der Atlantischen Allianz (Beteiligung: 59,7%; 52,5% Ja-Stimmen, 39,8% Nein-Stimmen)
22.5. Eröffnung des *Centro de Arte Reina Sofía* im ehemaligen *Hospital Provincial* in Madrid, zugleich Sitz des Zentrums für Verbreitung zeitgenössischer Musik
22.6. Vorgezogene Parlamentswahlen; trotz beträchtlicher Verluste abermalige absolute Mehrheit der Sozialisten; zweite Regierung Felipe González
18.7. Offizielle Verdrängung des 50. Jahrestags des Bürgerkriegsbeginns
19.8. Gedenkfeiern in ganz Spanien zum fünfzigsten Todestag von Federico García Lorca
30.11. Vorgezogene Regionalwahlen im Baskenland; Koalitionsregierung PNV-PSOE
Dez. Massendemonstrationen Hunderttausender Schüler und Studenten gegen die Bildungspolitik der sozialistischen Regierung (Bildungsminister Maravall): Opposition gegen universitäre Aufnahmeprüfungen, Studiengebühren und das bestehende Stipendiensystem
2.12. Rücktritt von Manuel Fraga Iribarne als Chef der konservativen AP

1987

8.2. Gründung (durch Santiago Carrillo, den ehemaligen Chef der Eurokommunisten) der dritten spanischen Kommunistischen Partei: »Partei der Arbeiter/Kommunistische Einheit« (PTE-UC)
Frühjahr Massenhafte Arbeitskonflikte und Demonstrationen gegen die Wirtschafts- und Sozialpolitik der Regierung (Metallarbeiter der kantabrischen Stadt Reinosa, Streik des medizinischen Personals für höhere Löhne und bessere Ausstattung der Krankenhäuser, Streiks des Zugpersonals für Lohnerhöhungen und bessere Arbeitsbedingungen)
30.3. Beginn des »Jahrhundertprozesses« gegen die vermutlichen Speiseölpanscher
Juni Umstrittener internationaler Intellektuellenkongreß in Valencia zur Erinnerung an den im Bürgerkrieg (1937) abgehaltenen Kongreß (*Valencia, Capital de la República*)
10.6. Kommunal-, Regional- und Europawahlen; deutliche Einbußen der Sozialisten

26.7. Durch ministerielle Verordnung werden Spanisches Nationalballett und Klassisches Ballett jeweils selbständige künstlerische Einheiten
5.11. Kündigung des Stützpunktabkommens mit den USA
7.11. Federico Mayor Zaragoza neuer UNESCO-Generalsekretär

1988

13.1. Pakt baskischer Parteien gegen den Terrorismus
15.1. Einigung mit den USA über den Abzug von 72 taktischen F-16-Jagdbombern vom Stützpunkt Torrejón (Verlagerung nach Italien)
22.1. XXXI. PSOE-Kongreß
7.4. Vorläufige Überlassung der Kunstsammlung des Barons von Thyssen an Spanien
10.6. Josep Tarradellas, früherer Präsident der katalanischen Generalitat, stirbt.
8.7. Der Schriftsteller Jorge Semprún wird Kulturminister.
Herbst Gründung der FORTA (Verband der autonomen Fernsehanstalten)
Oktober Verurteilung von Polizeikommissaren wegen der Organisation der illegalen Kampfeinheit GAL gegen die ETA
21.10. Eröffnung des neuerbauten *Auditorio Nacional* in Madrid. Zugleich Schließung des bislang als Konzertsaal genutzten *Teatro Real*, das wieder zum Opernhaus umgestaltet wird.
1.12. Neuer Stützpunktvertrag zwischen Spanien und den USA; Verringerung der Zahl der US-Soldaten von 12.000 auf 8.000
14.12. Größter, gemeinsam von UGT und CCOO ausgerufener Generalstreik in der Geschichte Spaniens (14-D) gegen die Sozial- und Wirtschaftspolitik der Regierung (7 Mio. Streikende)

1989

Januar Abermalige Übernahme des AP-Parteivorsitzes durch Fraga Iribarne; Umbenennung der AP in PP (*Partido Popular*)
1.1. Übernahme der EG-Präsidentschaft durch Spanien
Frühjahr Pakt zwischen CDS (Adolfo Suárez) und PP zum Sturz sozialistischer Bürgermeister in zahlreichen Städten; in Madrid Ablösung von Oberbürgermeister Juan Barranco (PSOE) durch Agustín Rodríguez Sahagún (CDS)
27.4. Beitritt Spaniens zur Westeuropäischen Union (WEU)
15.6. Wahlen zum Europaparlament; geringe Stimmenverluste des PSOE, deutliche Verluste für CDS und PP, Zugewinne der Linken und der Regionalparteien

19.6. Eingliederung der Pesete in das Europäische Währungssystem (EWS); Leitkurs: 133.804 gegenüber ECU
19.10. Camilo José Cela erhält den Literatur-Nobelpreis.
29.10. Vorgezogene Parlamentswahlen; Verfehlung der abermaligen absoluten Mehrheit der Sozialisten um ein Abgeordnetenmandat (dritte Regierungsperiode Felipe González)
12.11. Die dreiundneunzigjährige Dolores Ibárruri (»La Pasionaria«) stirbt.
17.12. Wahlen in Galicien; absolute Mehrheit für Manuel Fraga Iribarne (*Partido Popular*)

1990

Januar Anhaltende Diskussion über das Recht der einzelnen »Nationen« im spanischen Staat auf Selbstbestimmung; Korruptionsskandal um Juan Guerra, den Bruder des Vize-Ministerpräsidenten Alfonso Guerra; Hungerstreik von GRAPO-Häftlingen

Februar Lösung der Führungskrise im *Banco Bilbao Vizcaya* (nach dem unerwarteten Tod seines Präsidenten Pedro Toledo) durch Ernennung des neuen Präsidenten Emilio de Ybarra

5.2. Manuel Fraga Iribarne übernimmt in Galicien das Amt des regionalen Regierungschefs.

April José María Aznar wird (als Nachfolger von Fraga Iribarne) Vorsitzender des *Partido Popular*; formeller institutioneller Bruch zwischen UGT und PSOE auf dem 35. UGT-Kongreß.

23.6. Wahlen in Andalusien; Sieg des PSOE (Regierungschef: Manuel Chaves)

12.7. Belastung des spanisch-kubanischen Verhältnisses durch kubanische Botschaftsflüchtlinge

20.8. Teilnahme spanischer Kriegsschiffe an den Sanktionsmaßnahmen gegen den Irak

23.9. Festnahme von José Javier Zabaleta (Waldo), der »Nummer 2« von ETA, durch die französische Polizei

Herbst Der Korruptionsskandal um Juan Guerra, den Bruder des stellvertretenden Ministerpräsidenten Alfonso Guerra, weitet sich aus. Weitere Korruptionsskandale wegen Hinterziehung der Mehrwertsteuer; massive Regierungskampagne zur Nutzung von Präservativen im Kampf gegen AIDS (heftige Gegnerschaft katholisch-konservativer Kreise)

28.10. Trotz Bestätigung der baskischen Regierungskoalition (PNV/PSOE) bei Regionalwahlen kommt das Regierungsbündnis nicht wieder zustande.

Nov. Krise in *Izquierda Unida* wegen der Frage, ob die einzelnen Parteien im Bündnis sich auflösen sollen oder nicht
2.11. Krise in der kantabrischen Regionalregierung; Ablösung (im Dezember) von Regierungschef Juan Hormaechea (PP) durch Jaime Blanco (PSOE)
9.11. 32. PSOE-Kongreß; Verabschiedung des »Programm 2000«
20.12. Spanisch-marokkanisches Gipfeltreffen in Rabat

1991

12.1. Rücktritt des stellvertretenden Regierungschefs Alfonso Guerra im Zusammenhang mit dem Korruptionsskandal um seinen Bruder Juan; neuer *Vicepresidente* wird Narcís Serra.
9.2. Schlag gegen das ETA-Kommando »Gohierri-Costa« (11 Festnahmen)
März Regierungsrevirement (u.a. Übernahme des Wirtschaftsministeriums durch Carlos Solchaga, Rücktritt des Kulturministers Jorge Semprún und Übernahme des Ressorts durch Jordi Solé-Tura, Berufung jüngerer Technokraten)
26.5. Parlaments- und Lokalwahlen in 13 Autonomen Gemeinschaften; PSOE kann seine Position im wesentlichen halten, PP verbessert sich, CDS erleidet Schiffbruch. Der PSOE verliert die Bürgermeisterposten in Madrid, Sevilla, Valencia; in anderen Großstädten ist er zur Koalition mit *Izquierda Unida* gezwungen. Adolfo Suárez tritt, wegen des Wahldebakels seiner Partei, vom CDS-Vorsitz zurück.
25.6. Beitritt Spaniens zum Schengener Abkommen
3.7. Freundschaftsvertrag mit Marokko
15.7. Auflösung der katalanischen Terrororganisation *Terra Lliure*
Sept. Katalanische und baskische Nationalisten stellen (unter dem Einfluß der Ereignisse im Baltikum und in Jugoslawien) die spanische Staatsorganisation und das praktizierte Autonomiemodell in Frage; Bruch der »nationalistischen« baskischen Regierung; neue Regierungskoalition PNV/PSOE.
Oktober Spanien ist Schwerpunktthema der Internationalen Frankfurter Buchmesse.
11.12. Festnahme führender ETA-Mitglieder in Südfrankreich
Während des ganzen Jahres gerieten immer wieder verschiedene Korruptionsfälle (auch und gerade in der Regierungspartei PSOE) an die Öffentlichkeit.

1991- Nach einer Versuchsphase nehmen die privaten Fernsehsender *Antena 3*
1992 *TV, Tele 5* und *Canal+* den regulären Sendebetrieb auf. Bereits 1991 schrumpft der Zuschaueranteil der beiden staatlichen Sender von einst 90% auf 55,4%.

1992

1.1. Reduzierung der Wehrdienstzeit von 12 auf 9 Monate
15.3. Autonomiewahlen in Katalonien; Bestätigung der Vorherrschaft von *Convergència i Unió*
20.4.- Weltausstellung in Sevilla (Expo 92); während des ganzen Jahres (um-
12.10. strittene) Veranstaltungen aus Anlaß des 500. Jahrestages der »Entdeckung« Amerikas, Madrid Kulturhauptstadt Europas
28.4. Urteil im Prozeß um den Speiseölskandal von 1981 (bis zu 77 Jahren Gefängnisstrafe)
22.6. Javier Solana wird (nach dem gesundheitsbedingten Rücktritt und späteren Tod von Franciso Fernández Ordóñez) neuer Außenminister.
Juli Zweites Iberoamerikanisches Gipfeltreffen in Madrid, Eröffnung des *Palacio Linares* als spanisch-lateinamerikanisches Kulturzentrum
2.7. Der populäre Flamenco-*Cantaor* Camarón de la Isla (José Monge) stirbt.
25.7. Eröffnung der Olympischen Spiele in Barcelona
9.9. Neueröffnung des *Centro de Arte Reina Sofía* mit Dauerausstellung spanischer Kunst und Picassos eigens dorthin transportiertem »Guernica«-Gemälde
Herbst Wiederholte Abwertung der Pesete (September: um 5%, November: um 6%)
9.10. Eröffnung der Sammlung Thyssen in dem aufwendig hergerichteten *Palacio de Villahermosa* in der Nähe des Madrider Prado
16.12. Der Dichter Rafael Alberti, letzter lebender Vertreter der »Generation von 1927«, feiert seinen neunzigsten Geburtstag.

1993

1.4. Tod von Don Juan de Borbón, Vater des Königs Juan Carlos
6.6. Vorgezogene Neuwahlen; abermaliger Sieg des PSOE (allerdings keine absolute Mehrheit im Parlament)
23.6. Spanien kauft die Sammlung Thyssen-Bornemisza nach intensiver Debatte im *Congreso de los Diputados*.
12.8. Die Tageszeitung *Ya* stellt ihr Erscheinen ein.
30.8. Entsendung spanischer Blauhelmsoldaten nach Bosnien-Herzegovina

19.11. Rücktritt von Innenminister José Luis Corcuera wegen eines verfassungswidrigen Verbrechensbekämpfungsgesetzes
Tiefe Wirtschaftsrezession, Zunahme von Korruptionsskandalen in der Regierungspartei
Anläßlich des 100. Geburtstags von Joan Miró findet im *Centro de Arte Reina Sofía* eine große Retrospektive zu Ehren des katalanischen Malers statt.
Große Goya-Ausstellung im Prado: »El capricho y la invención«
Betriebsbeginn von Hispasat 1 B. Damit sind neben lateinamerikanischen Sendern zum ersten Mal alle spanischen Privatkanäle über Satellit zu empfangen.

1994

10.2. »Historischer Kompromiß« zwischen dem PSOE und der katalanischen Partei *Convergència i Unió*
März Oscar für den besten ausländischen Film an *Belle Époque* (Regie: Fernando Trueba). Gleichzeitig meistbesuchter Film des Jahres in Spanien
18.3. 33. PSOE-Parteitag (Reformprogramm)
29.4. Haftbefehl gegen Luis Roldán, den ehemaligen Generaldirektor der Sicherheitspolizei *Guardia Civil*
12.6. Regionalwahlen in Andalusien und Europawahlen, Stimmenverluste des PSOE
18.10. Verhaftung des Großfinanziers Javier de la Rosa wegen Korruptionsverdachtes
23.10. Regionalwahlen im Baskenland, Stimmenverluste des PSOE
10.12. Verdacht des Staatsterrorismus wegen mutmaßlicher Unterstützung der GAL durch die Regierung

1995

8.2. Verdacht gegenüber Felipe González, die illegalen GAL-Aktivitäten unterstützt zu haben
28.5. Kommunal- und Regionalwahlen, hohe Verluste des PSOE, Zugewinne des PP
1.7. Präsidentschaft Spaniens in der EU
15.9. Aufkündigung der parlamentarischen Unterstützung des PSOE durch die Katalanen

20.10. Beschluß des Obersten Gerichtshofes zugunsten von Felipe González in der GAL-Affäre
30.10. Ablehnung des Staatshaushaltes durch das Parlament
6.11. Neues Strafgesetzbuch
20.11. Regionalwahlen in Katalonien; Verluste für *Convergència i Unió* und den PSOE
14.12. Das Parlament beschließt (gegen die Stimmen des PP) die sogenannte *Ley de cable*, durch die der zukünftige Telekommunikationsmarkt in Spanien geregelt wird.
18.12. Javier Solana neuer NATO-Generalsekretär
Eröffnung des *Museo de Arte Contemporáneo* de Barcelona, entworfen vom New Yorker Architekten Richard Meier

1996

Januar Der Dichter Ángel González tritt in die *Real Academia de la Lengua* ein.
10.1. 12. Kongreß des PP
Februar Die um ein Jahr verschobenen Skiweltmeisterschaften finden endlich in der Sierra Nevada statt.
Der peruanische Schriftsteller Mario Vargas Llosa wird in die *Real Academia de la Lengua* aufgenommen.
6.2. Ermordung des baskischen Politikers Fernando Múgica Herzog durch ETA
14.2. Ermordung des früheren Präsidenten des Verfassungsgerichts Francisco Tomás y Valiente durch ETA
3.3. Vorgezogene Neuwahlen; knapper Sieg des PP (38,85%) vor dem PSOE (37,48%)
Zugleich Regionalwahlen in Andalusien, dort Sieg des PSOE
4.5. Wahl Aznars zum Ministerpräsidenten mit Unterstützung der regionalistischen Parteien
Neues Finanzierungsmodell für die Autonomen Gemeinschaften
Positive volkswirtschaftliche Entwicklung
Die Schriftsteller Antonio Muñoz Molina und Ana María Matute werden Mitglieder der *Real Academia de la Lengua*.
4.10. Strenger Sparhaushalt für 1997
Nov. Gründung der Plattform für das digitale Fernsehen, von der *Canal+* ausgeschlossen wird, und die von *Telefónica* mehrheitlich (zusammen mit den übrigen TV-Sendern und den Tageszeitungen *ABC* und *El Mundo*) geführt wird.

Dez. Mit Luis María Ansón (Herausgeber der konservativen Tageszeitung *ABC*) und Juan Luis Cebrián (Mitbegründer von *El País*) werden zum ersten Mal zwei Journalisten in die *Real Academia de la Lengua* aufgenommen.

11.12. Landesweite Streiks der öffentlich Bediensteten gegen die Sparpolitik der Regierung
Verabschiedung des Gesetzes zum Kabelfernsehen
Auseinandersetzung um Fußballübertragungsrechte
Alejandro Amenábar erzielt mit seinem ersten Spielfilm *Tesis*, der die Gewalt in Fernsehen und Videos thematisiert, einen durchschlagenden Erfolg bei Kritik und Publikum (7 Goyas).

1997

2.2. Gesetz (*decreto-ley*) über die Einführung des Digitalfernsehens, das die Ausstrahlung von Programmen durch *Canal Satélite Digital* (CSD), den Digitalkanal der Gruppe PRISA, behindert.
Versuch der Regierung, die Mediengruppe PRISA um die Zeitung *El País* zu schwächen

8.4. Neuer Konvergenzplan der Regierung zur Erfüllung der Maastricht-Kriterien
Reform des Arbeitsmarktes: Erleichterung von Entlassungen, Neuregelung der Zeitarbeitsverträge, Vereinfachung von Tarifrunden, Einrichtung einer neuen Schiedsstelle
Niedrigster Stand der Arbeitslosenquote (13,9%) seit 15 Jahren

18.4. Gesetz (*decreto-ley*) über die Einführung des Digitalfernsehens, das die Ausstrahlung von Programmen durch *Canal Satélite Digital* (CSD), den Digitalkanal der Gruppe PRISA, behindert.
Versuch der Regierung, die Mediengruppe PRISA um die Zeitung *El País* zu schwächen

15.5. Positives Frühjahrsgutachten der EU-Kommission für Spanien
Erfüllung der Maastricht-Kriterien für Inflation, Zins- und Wechselkurs, noch nicht für die Gesamtstaatsverschuldung
»Euforia« (Aufbruchstimmung) an der Börse
Leitzinssenkung der Zentralbank auf 5,5%
Starkes Wachstum der Volkswirtschaft (über 3%)
Neustrukturierung der Industrie, Liberalisierung des Energiesektors, beschleunigte Privatisierung (*Repsol*, *Telefónica*, *Endesa*), Neuordnung im Kohlebergbau
Politisch gereiztes Klima zwischen Regierung und Opposition

19./22.6. 34. PSOE-Kongreß
Verzicht von Felipe González auf eine Wiederwahl als Generalsekretär der Partei. Joaquín Almunia, Fraktionssprecher des PSOE im Parlament und früherer Minister, wird neuer Generalsekretär.

8./9.7. NATO-Gipfelkonferenz in Madrid
Beginn des Digitalfernsehens als neue Form des *Pay-TV*

10.7. Entführung und Ermordung (13.7.) durch ETA des baskischen Kommunalpolitikers Miguel Ángel Blanco Garrido; daraufhin millionenfache Anti-ETA-Demonstrationen in ganz Spanien

7.8. Absetzung des (der ETA nahestehenden) Herri Batasuna-Bürgermeisters von Mondragón durch die übrigen im Stadtrat vertretenen Parteien

28.8. Entdeckung von Höhlenmalereien in Kantabrien, die 3.000 bis 4.000 Jahre älter sind als jene von Altamira.

Sept. Größter Kapitalzustrom in der Geschichte des Landes. Devisenreserven: 70 Mrd. US-Dollar

10.9. Auseinanderbrechen der Parteienkoalition »Vereinigte Linke« (*Izquierda Unida*); Ausschluß durch den leninistischen Vorsitzenden Julio Anguita der reformistischen »Demokratischen Partei der Neuen Linken« (PDNI), der IU-Regionalpartei Galiciens (*Esquerda Unida-Esquerda Galega*) und der katalanischen Schwesterorganisation »Initiative für Katalonien« (*Iniciativa per Catalunya*)

14.9. Verabschiedung eines »mehrjährigen Beschäftigungsprogramms« (*Programa Plurianual de Empleo*) mit einem Finanzvolumen von umgerechnet 30 Mrd. DM zur Schaffung von einer Million neuer Arbeitsplätze in vier Jahren

15.10. Die Filmregisseurin und ehemalige Direktorin von RTVE, Pilar Miró, stirbt.

18.10. Eröffnung des Guggenheim-Museums in Bilbao (Architekt Frank Gerhry) überschattet von einem Attentatsversuch der ETA

19.10. Regionalwahlen in Galicien; absolute Mehrheit von Manuel Fraga Iribarne (*Partido Popular*), der ein drittes Mal hintereinander Regierungschef wird

29.10. Hohe Gefängnisstrafe im »Fall Filesa« wegen irregulärer Wahlfinanzierung des PSOE

1.12. Verurteilung der 23 Vorstandsmitglieder der ETA-nahen Partei Herri Batasuna zu je sieben Jahren Gefängnis wegen »Zusammenarbeit mit bewaffneter Bande«

2.12. Beitritt Spaniens zur Militärstruktur der NATO

Auswahlbibliographie

(Hinweis: Die folgende Bibliographie versteht sich als Auswahlbibliographie. Vollständigkeit der Titelaufnahmen war weder möglich noch erstrebt. Im Hinblick auf den deutschen Benutzer wurden nicht-spanische Titel mehr als üblich berücksichtigt. Auch längere Aufsätze haben Aufnahme gefunden. Die Zuordnung einzelner Titel zu bestimmten Bereichen ließ sich nicht immer eindeutig vornehmen.)

1. Transition

Abel, Christopher / Nissa Torrens (Hgg.): *Spain. Conditional Democracy.* London 1984

Abella, Rafael u.a.: *España diez años después de Franco (1975-1985).* Barcelona 1986

Águila, Rafael del / Ricardo Montoro: *El discurso político de la transición española.* Madrid 1984

Alba, Víctor: *Transition in Spain: From Franco to Democracy.* New Brunswick 1978

Alonso Zaldívar, Carlos / Manuel Castells: *España, fin de siglo.* Madrid 1992

Amodia, José: *Franco's Political Legacy. From Dictatorship to Façade Democracy.* London 1977

Antoni, Michael: *Spanien auf dem Weg zur parlamentarischen Demokratie.* Frankfurt a.M. 1981

Arango, E. Ramón: *The Spanish Political System: Franco's Legacy.* Colorado 1978

Areilza, José María: *Cuadernos de la transición.* Barcelona 1983

Artola, Miguel (Hg.): *Enciclopedia de Historia de España.* 3 Bde. Madrid 1988

Bailby, Edouard: *¿España hacia la democracia?* Barcelona 1977

Banting, Keith G. / Richard Simeon (Hgg.): *The Politics of Constitutional Change in Industrial Nations.* London 1985

Bell, David S. (Hg.): *Democratic Politics in Spain.* London 1983

Bernecker, Walther L.: *Spaniens Geschichte seit dem Bürgerkrieg.* München 1997

Bernecker, Walther L. / Carlos Collado Seidel (Hgg.): *Spanien nach Franco. Der Übergang von der Diktatur zur Demokratie.* München 1993

Beyme, Klaus von / Claus Offe (Hgg.): *Theorien in der Ära der Transformation.* PVS-Sonderheft, Nr. 26, Opladen 1996

Botti, Alfonso: »La transizione spagnola alla democrazia. Una proposta bibliografica«, in: *Spagna contemporanea* Nr. 8, 1995, S. 183-214

Calvo Hernando, Pedro: *Juan Carlos, escucha. Primer balance de la España sin Franco.* Madrid 1976

Calvo Sotelo, Leopoldo: *Memoria viva de la transición.* Barcelona 1990

Carr, Raymond / Juan Pablo Fusi: *España de la dictadura a la democracia.* Barcelona 1979

Cebrián, Juan Luis: *La España que bosteza. Apuntes para una historia crítica de la transición.* Madrid 1981

Chao, Ramón: *Après Franco, l'Espagne*. Paris 1975 (sp.: *Después de Franco, España*. Madrid 1976)

Cierva, Ricardo de la: *Crónicas de la transición. De la muerte de Carrero a la proclamación del Rey*. Barcelona 1975

Club Siglo XXI: *La Corona y la nueva sociedad española ante un año histórico*. Madrid 1977

Cotarelo, Ramón (Hg.): *Transición política y consolidación democrática. España (1975-1986)*. Madrid 1992

Coverdale, John: *The Political Transformation of Spain after Franco*. New York 1979

Cuenca Toribio, José Manuel: *La Andalucía de la transición (1975-1984)*. Madrid 1984

Diario 16: Diez años que cambiaron España, 1973-1983. Historia de la transición. Madrid 1985

Equipos de Estudio: *Prueba de fuerza entre el reformismo y la ruptura*. Madrid 1976

Esteban, Jorge de / Luis López Guerra: *De la dictadura a la democracia. (Diario político de un período constituyente)*. Madrid 1979

Fernández de Castro, Ignacio: *De las Cortes de Cádiz al posfranquismo (1808-1980)*. 2 Bde. Barcelona 1981

Fundación FOESSA: *Informe sociológico sobre el cambio político en España 1975/1981*. Madrid 1981

García San Miguel, Luis: *Teoría de la transición. Un análisis del modelo español, 1975-1978*. Madrid 1981

Gilmour, David: *La transformación de España*. Madrid 1986

Gómez Yáñez, José A.: »Bibliografía básica sobre la transición democrática en España«, in: *Sistema* Nr. 68/69, 1985, S. 149-173

González Casanova, *José Antonio: El cambio inacabable (1975-1985)*. Barcelona 1986

González Seara, Luis: *La década del cambio*. Madrid 1987

Graham, Robert: *España: Anatomía de una democracia*. Barcelona 1984

Graham, Robert: *Spain: Change of a Nation*. London 1984

Gunther, Richard / Nikiforos P. Diamandouros / Hans-Jürgen Puhle (Hgg.): *The Politics of Democratic Consolidation. Southern Europe in Comparative Perspective*. Baltimore 1995

Haensch, Günther / Gisela Haberkamp de Antón: *Kleines Spanien-Lexikon*. München 1989

Haubrich, Walter: *Spaniens schwieriger Weg in die Freiheit. Von der Diktatur zur Demokratie*. Bd. 1: *1973-1975*. Berlin 1995: Bd. 2: *1975-1977*. Berlin 1997

Hernández Bravo de Laguna, Juan: *Franquismo y Transición política*. Santa Cruz de Tenerife 1992

Hommel, Klaus: *Spanien und die Europäische Wirtschaftsgemeinschaft*. Baden-Baden 1992

Huneeus, Carlos: *La Unión de Centro Democrático y la transición a la democracia en España*. Madrid 1985

Kohler, Beate: *Politischer Umbruch in Südeuropa. Portugal, Griechenland, Spanien auf dem Weg zur Demokratie*. Bonn 1981

Lago, Julián: *La España transitiva. La confesión de 90 políticos del bunker a la oposición*. Barcelona 1976

Lancaster, Thomas D. / Gary Prevost (Hgg.): *Politics and Change in Spain*. New York 1985

Lauth, Hans-Joachim / Wolfgang Merkel (Hgg.): *Zivilgesellschaft und Transformation. Länderbeiträge zu Süd- und Osteuropa, Lateinamerika, Ostasien, Afrika und Nahost*. Mainz 1997

L'Espagne démocratique (= Pouvoirs 8, 1979). Paris 1979

Linz, Juan José / Eduardo García de Enterría (Hgg.): *España: un presente para el futuro*. 2 Bde. Madrid 1984

Linz, Juan José / Alfred Stepan: *Problems of Democratic Transition and Consolidation. Southern Europe, South America, and Post-communist Europe*. Baltimore 1996

López Pintor, Rafael: *La opinión pública española del franquismo a la democracia*. Madrid 1982

Maravall, José María: *La política de la transición*. Madrid 1985

Menges, Constantine Christopher: *Spain. The Struggle for Democracy Today*. Washington 1978

Merkel, Wolfgang / Eberhard Sandschneider / Dieter Segert (Hgg.): *Systemwechsel 2. Die Institutionalisierung der Demokratie*. Opladen 1996

Miguel, Amando de: *La herencia del franquismo*. Madrid 1976

Míguez González, Santiago: *La preparación de la transición a la democracia en España*. Zaragoza 1990

Morán, Gregorio: *El precio de la transición*. Barcelona 1991

Morodo, Raul: *La transición política*. Madrid 1985

Moxon-Browne, Edward: *Political Change in Spain*. London/New York 1989

Nohlen, Dieter / Andreas Hildebrand: *Spanien. Wirtschaft, Gesellschaft, Politik*. Opladen 1992

O'Donnell, Guillermo u.a. (Hgg.): *Transition from Authoritarian Rule*. 4 Bde. Baltimore 1986

Oneto, José: *Anatomía de un cambio de régimen*. Barcelona 1985

Payne, Stanley G. (Hg.): *The Politics of Democratic Spain*. Chicago 1986

Pensamiento Iberoamericano Nr. 5, 1984 (= Monographische Nummer zu Regime-Übergängen auf der Iberischen Halbinsel und Lateinamerika)

Powell, Charles T.: *El piloto del cambio. El Rey, la monarquía y la transición a la democracia*. Barcelona 1991

Preston, Paul: *Dictatorship, Terrorism and Subversion: The Making of Democratic Spain, 1968-1982*. London 1985.

Preston, Paul: *Spanien. Der Kampf um die Demokratie*. Rheda-Wiedenbrück 1987

Recio, Juan-Luis / Octavio Uña / Rafael Díaz-Salazar: *Para comprender la transición española: Religión y política*. Estella (Navarra) 1991

Revista de Occidente Nr. 54, 1985 (= Monographische Nummer zum Übergang in die Demokratie)

Rony, Jean: *La lente rupture. L'Espagne du franquisme à la démocratie*. Paris 1977

Saiz Fernández, José Ramón: *Los mil días del Presidente. Claves históricas de una transición*. Madrid 1979

Santamaría, Julián (Hg.): *Transición a la democracia en el sur de Europa y América Latina*. Madrid 1982

Sarasqueta, Antxón: *De Franco a Felipe (España 1975-1985)*. Madrid 1984

Sarasqueta, Antxón: *La agonía del duque. El enigma de Adolfo Suárez*. Madrid 1991

Share, Donald: *The Making of Spanish Democracy*. New York 1986

Silva Muñoz, Federico: *La transición inacabada*. Barcelona 1980

Sistema Nr. 68/69, 1985 (= Sondernummer zu: »La transición democrática en España«)

Tezanos, José Félix / Ramón Cotarelo / Andrés de Blas (Hgg.): *La transición democrática española*. Madrid 1989

Trabert, Franz-Georg: *Die politische Transformation Spaniens nach Franco. Zum Problem des demokratieorientierten Wandels autoritärer Regime*. Frankfurt a.M. 1984

Tusell, Javier: *La transición española a la democracia*. Madrid 1991

Vázquez Montalbán, Manuel: *Cómo liquidaron el franquismo en dieciséis meses y un día*. Barcelona 1977

Vilar, Sergio: *La década sorprendente, 1976-1986*. Barcelona 1986

Waldmann, Peter u.a.: *Sozialer Wandel und Herrschaft im Spanien Francos*. Paderborn 1984

Williams, Allan (Hg.): *Southern Europe Transformed. Political and Economic Change in Greece, Italy, Portugal and Spain*. London 1984

Ysart, Federico José: *¿Quién hizo el cambio?* Barcelona 1984

Zeitschrift für Parlamentsfragen 3/1988, Sondernummer: *Spaniens Übergang zur Demokratie: Planung und Improvisation*

2. Wirtschaft und Gesellschaft

Alberdi, Inés: *Historia y sociología del divorcio en España*. Madrid 1979

Alcobendas Tirado, María Pilar: *Datos sobre el trabajo de la mujer en España*. Madrid 1983

Anuario de las relaciones laborales en España 1976: La crisis, la reforma y los trabajadores. Madrid 1977

Ariza, Julián: *La confederación sindical de Comisiones Obreras*. Barcelona 1977

Arroyo, Luis u.a.: *Estudio sobre delincuencia juvenil mediante autoinforme en España. Informe presentado al Ministerio de Justicia*. Madrid 1994

Asociación Española de Dirección de Personal: *Reivindicaciones y conflictos laborales (España 1976)*. Madrid 1977

Bachoud, Andrée / María Francisca Mourier-Martínez: *España, una democracia joven*. Paris 1990

Ballarín Domingo, Pilar / Mª Teresa Gallego Méndez / Isabel Martínez Benlloch: *Los estudios de las mujeres en las universidades españolas 1975-1991. Libro Blanco*. Madrid 1995

Banco de Bilbao (Hg.): *La Renta Nacional de España y su distribución provincial en 1985*. Bilbao 1988

Banco de Bilbao-Vizcaya: *Renta nacional de España y su distribución provincial*. Bilbao 1990

Bernecker, Walther L. (Hg.): *Gewerkschaftsbewegung und Staatssyndikalismus in Spanien. Quellen und Materialien zu den Arbeitsbeziehungen 1936-1980*. Frankfurt a.M. 1985

Bernecker, Walther L.: *Sozialgeschichte Spaniens im 19. und 20. Jahrhundert*. Frankfurt a.M. 1990

Bernecker, Walther L.: *Arbeiterbewegung und Sozialkonflikte im Spanien des 19. und 20. Jahrhunderts*. Frankfurt a.M. 1993

Bernecker, Walther L. u.a.: *Spanien-Lexikon. Wirtschaft, Politik, Kultur, Gesellschaft*. München 1990

Bernecker, Walther L. / Horst Pietschmann: *Geschichte Spaniens. Von der frühen Neuzeit bis zur Gegenwart*. Stuttgart ²1997

Brenan, Gerald: *Das Gesicht Spaniens*. Kassel 1991

Brunet, Ferrán: *Banca y precios de España*. Barcelona 1986

Campo, Salustiano del: *Estado actual y perspectivas de la sociedad española*. Madrid 1993

Castells, Manuel: *El impacto de las nuevas tecnologías en la economía internacional. Implicaciones para la economía española. Informes del Instituto de Estudios de Prospectiva. Secretaría de Estado de Economía*. Madrid 1990

Cazorla Pérez, José: *Retorno al Sur*. Madrid 1989

Centro de Investigaciones Sociológicas CIS (Hg.): *Relaciones interpersonales: actitudes y valores en la España de los ochenta. Estudios y Encuestas,* Nr. 11, Madrid 1989

Colectivo de Estudios por la autonomía obrera: *Luchas autónomas en la transición democrática*. 2 Bde., Madrid 1977

Collado, Juan C. (Hg.): *Efectos del mercado único sobre los sectores productivos españoles*. Madrid 1993

Comas, Domingo: *El uso de drogas en la juventud*. Madrid 1985

Comas, Domingo: *Los jóvenes y el uso de drogas en los años noventa*. Madrid 1994

La Comunidad Europea y las mujeres españolas. Seminario europeo (1983). Madrid 1984

Conde, Rosa (Hg.): *Familia y cambio social en España*. Madrid 1982

Córdoba Ordóñez, Juan / José María García Alvarado: *Geografía de la pobreza y la desigualdad*. Madrid 1991

Cruz Rocke, Ignacio: *Política social y crisis económica*. Madrid 1985

Cuadrado Roura, Juan R. / Clemente del Río Gómez: *Los servicios en España*. Madrid 1993

Däubler, Wolfgang (Hg.): *Arbeitsbeziehungen in Spanien. Geschichte – Ideologien – Rechtsnormen*. Köln 1982

Diccionario de Ecología, Ecologismo y Medio Ambiente, hg. v. Fernando Parra. Madrid 1984

Diccionario de Economía, hg. v. Ramón Tamames. Madrid o.J.

Elliot, John H.: *Die spanische Welt. Geschichte – Kultur – Gesellschaft*. Freiburg / Basel / Wien 1991

Engell, Karin / Andrés López Blasco: »Spanien – sechs Jahre nach dem Franco-Regime: Bestandsaufnahme der sozio-ökonomischen Situation«, in: *Deutsch lernen*, Heft 3, 1981, S. 3-61

Enríquez de Salamanca, Rita / Francisco Alvira Martín: *Estudio de los hábitos de consumo de bebidas alcohólicas en la población adulta española*. Madrid 1984

Equipo Confederal de la CNT: *Confederación Nacional del Trabajo*. Barcelona 1976

Equipos de Estudio: *La clase obrera, protagonista del cambio*. Madrid 1976

Espina, Álvaro u.a. (Hgg.): *Estudios de economía del trabajo en España*. 2 Bde. Madrid 1987

Estudios sobre la situación social de la mujer en España (1984-85). Madrid 1985

Etxezarreta, Miren: *La reestructuración del capitalismo en España 1970-1990*. Barcelona 1991

European Trade Union Institute: *Collective Bargaining in Western Europe 1985-1995*. Brüssel 1996

Ferner, Anthony / Richard Hyman (Hgg.): *Industrial Relations in the new Europe*. Oxford / Cambridge MA 1992

Fischer, Klaus B. / Anna K. Fischer: *Spanisches Handels- und Wirtschaftsrecht*. Heidelberg 1983

Führer-Ries, Ilse Marie: *Gewerkschaften in Spanien*. Frankfurt a.M. 1991

Fundación FOESSA: *V Informe sociológico sobre la situación social en España*. Madrid 1994

Fundación Francisco Largo Caballero: *Elecciones sindicales de 1982. Un primer análisis*. Madrid 1983

Fundación Friedrich Ebert: *Los trabajadores ante la concertación social*. Madrid 1985

García Delgado, José Luis (Hg.): *España. Economía*. Madrid 1988

García Delgado, José Luis: *Economía española de la transición y de la democracia*. Madrid 1990

García Delgado, José Luis / Julio Segura: *Reformismo y crisis económica: la herencia de la dictadura*. Madrid 1977

García San Miguel, Luis: *Las clases sociales en la España actual*. Madrid 1981

Giner, Salvador (Hg.): *España, sociedad y política*. Madrid ²1991

Goetze, Dieter: »Spanien«, in: Oskar Anweiler u.a.: *Bildung in Europa*. Weinheim 1996, S. 213-230

Gómez Casas, Juan: *El relanzamiento de la C.N.T. 1975-1979*. (Con un epílogo hasta la primavera de 1984). Madrid 1984

González, Anabel: *El feminismo en España, hoy*. Madrid 1979

Goytisolo, Juan: *Spanien und die Spanier*. Frankfurt a.M. 1982

Guinea, José Luis: *Los sindicatos en la España de hoy*. Madrid 1977

Hernández-Sandoica, Elena / José Luis Peset: *Universidad, poder académico y cambio social*. Madrid 1990

Hölzle, Claudia: *Bildungspolitik in der Europäischen Gemeinschaft. Die Angleichungsproblematik von Bildungssystemen in der Europäischen Gemeinschaft am Beispiel Spa-*

niens (Studien und Dokumentation zur vergleichenden Bildungsforschung, Bd. 56). Köln 1994

Informe FOESSA: *Informe sociológico sobre el cambio social en España (1975-1983)*. Madrid 1983

Instituto de la Mujer (Hg.): *Las españolas en el umbral del siglo XXI. Informe presentado por España a la IV Conferencia Mundial sobre las Mujeres, Beijing 1995*. Madrid 1994.

Instituto de la Mujer (Hg): *La mujer en cifras*. Madrid 1997

Instituto de la Mujer (Hg.): *III Plan para la Igualdad de Oportunidades de las Mujeres (1997-2000)*. Madrid 1997

El Instituto de la Mujer (1983-1986). Madrid 1986

Institutos Universitarios de Criminología de las Universidades de Santiago de Compostela y Complutense de Madrid (Hgg.): *La problemática de la droga en España. (Análisis y propuestas político-criminales)*. Madrid 1984

Jacoby, Otto / Philippe Pochet (Hgg.): *Gemeinsamer Währungsraum – Fragmentierter Lohnraum?* Düsseldorf 1996

Juliá, Santos (Hg.): *La desavenencia. Partido, sindicatos y huelga general*. Madrid 1989

Köhler, Holm-Detlev: *Spaniens Gewerkschaftsbewegung. Demokratischer Übergang, Regionalismus, ökonomische Modernisierung*. Münster 1993

Köhler, Holm-Detlev / Reiner Tosstorff (Hgg.): *Forschungen zur Arbeiterschaft und Arbeiterbewegung in Spanien. Mitteilungsblatt des Instituts zur Erforschung der europäischen Arbeiterbewegung*, Heft 17/96, Bochum 1996

Lauterbach, Uwe u.a.: *Internationales Handbuch der Berufsbildung*. Baden-Baden 1995

Leal, José Luis: *Una política económica para España: lo necesario y lo posible durante la transición*. Barcelona 1982

Linz, Juan J.: »La transición a la democracia en España en perspectiva comparada«, in: Ramón Cotarelo (Hg.): *Transición política y consolidación democrática. España (1975-1986)*. Madrid 1992

López-Casero, Francisco u.a (Hgg.): *El precio de la modernización. Formas y retos del cambio de valores en la España de hoy*. Frankfurt a.M. 1994

Maliniak, Thierry: *Les Espagnols: de la movida à l'Europe. La décennie socialiste*. Paris 1990

Mancha Navarro, Tomás: *Economía y votos en España*. Madrid 1993

Maravall, José María: *Los resultados de la democracia. Un estudio del Sur y el Este de Europa*. Madrid 1995

Marimón, Ramón (Hg.): *La economía española: una visión diferente*. Barcelona 1996

Martín Arahuetes, Ana: *Estudios sobre la situación social de la mujer en España (1984-85)*. Madrid 1985

Merkel, Wolfgang (Hg.): *Systemwechsel. Bd. I.: Theorien, Ansätze, Konzeptionen*. Opladen 1994

Miclescu, María / Ottilie Arndt: *Prüfungen und Leistungsbewertungen: Spanien* (Studien und Dokumentationen zur vergleichenden Bildungsforschung, Bd. 64/1). Köln 1996

Miguel, Amando de: *España cíclica. Ciclos económicos y generaciones demográficas en la sociedad española contemporánea*. Madrid 1987

Miguel, Amando de: *La economía oculta*. Madrid 1988

Miguel, Amando de: *Los Españoles*. Madrid 1990
Miguel, Amando de: *Cien años de urbanidad. Crítica de costumbres de la vida española*. Barcelona 1991
Miguel, Amando de: *La sociedad española 1994-1995*. Madrid 1994
Miguélez, Faustino / Carlos Prieto (Hgg.): *Las relaciones de empleo en España*. Madrid 1997
Ministerio de Cultura, Instituto de la Mujer (Hg.): *Mujer y educación. Primeras jornadas*. Madrid 1985
Ministerio de Economía y Hacienda: *Condiciones de vida y trabajo en España*. Madrid 1986
Ministerio de Economía y Hacienda: *Análisis de las condiciones de vida y trabajo en España*. Madrid 1988
Ministerio de Educación y Ciencia, Secretaría de Estado de la Educación (Hg.): *Guía de Orientación Educativa*. Madrid 1996
Ministerio de Educación y Cultura, Secretaría General Técnica (Hg.): *Estadística de la Enseñanza en España 1995/96. Datos avance y evolución del alumnado*. Madrid 1996
Ministerio del Interior (Hg.): *Violencia contra la mujer*. Madrid 1991
Mochón, Fernando u.a.: *Economía española 1964-1987. Introducción al análisis económico*. Madrid 1987
Montoya Melgar, Alfredo: *Ideología y lenguaje en las leyes laborales de España (1873-1978)*. Madrid 1992
Montoya Melgar, Alfredo / Juan García Abellán (Hgg.): *Legislación sindical*. Madrid 1986
Morán, María Luz / Josefa Cruz Cantero: *Problemas sociales: actitudes y opiniones de los españoles ante la natalidad, el aborto y la eutanasia*. Madrid 1989
Moya, Carlos: *Señas de Leviatán. Estado nacional y sociedad industrial: España 1936-1980*. Madrid 1984
Mückenberger, Ulrich / Eberhardt Schmidt / Rainer Zoll (Hgg.): *Die Modernisierung der Gewerkschaften in Europa*. Münster 1996
Navarro, José u.a.: *El consumo de drogas en España*. Madrid 1985
Ojeda Avilés, Antonio: *La concertación tras la crisis*. Barcelona 1990
Orizo, Andrés Francisco: *Los nuevos valores de los españoles. España en la Encuesta Europea de Valores*. Madrid 1991
Ostermann, Roland: *Sozialer Wandel in Spanien 1975-1992. Die sozialen Kosten des Wandels: Marginalisierung – Armut – Devianz*. Mesa Redonda Nr. 14. Institut für Spanien- und Lateinamerikastudien (ISLA). Augsburg 1993
Papeles de Economía Española (Madrid), Jgge. 1975-1990
Pérez Díaz, Víctor: *Clase obrera, partidos y sindicatos*. Madrid 1979
Pérez Díaz, Víctor: *Clase obrera, orden social y conciencia de clase*. Madrid 1980
Pérez Díaz, Víctor: *El retorno de la sociedad civil. Respuestas sociales a la transición política, la crisis económica y los cambios culturales en España, 1975-1985*. Madrid 1987
Pérez Díaz, Víctor: *La primacía de la sociedad civil*. Madrid 1993
Pérez-Díaz, Víctor: *España puesta a prueba. 1976-1996*. Madrid 1996

Pérez Yruela, Manuel / Salvador Giner (Hgg.): *El corporatismo en España*. Barcelona 1988
PSOE: *Programa 2000. La sociedad en transformación. Escenarios para el año 2000*. Madrid 1988
Revista de Economía Nr. 1, 1989 (= Schwerpunkt zu: 10 años de economía en democracia)
Ruesga Benito, Santos M.: *Al otro lado de la economía. Cómo funciona la economía sumergida en España*. Madrid 1988
Ruiz, David (Hg.): *Historia de Comisiones Obreras (1958-1988)*. Madrid 1993
Sagardoy Bengoechea, Juan Antonio / David León Blanco: *El poder sindical en España*. Barcelona 1982
Sánchez, Ángel: *Quién es quién en la democracia española: Veinte años nombre a nombre*. Barcelona 1995
Schröder, Pablo Francisco: *Die Integration Spaniens in die Europäische Gemeinschaft. Eine vergleichende Analyse der industriellen Beziehungen*. Frankfurt a.M. 1982
Schütz, Roland / Regina Konle-Seidl: *Arbeitsbeziehungen und Interessenrepräsentation in Spanien: vom alten zum neuen Korporatismus?* Baden-Baden 1990
Setién, Julio: *El movimiento obrero y el sindicalismo de clase en España (1939-1981)*. Madrid 1982
Tezanos, José Félix: *Estructura de clases y conflictos de poder en la España postfranquista*. Madrid 1978
Tezanos, José Félix: *¿Crisis de la conciencia obrera?* Madrid 1982
Torrero Mañas, Antonio: *Tendencias del sistema financiero español*. Madrid 1982
USO: *20 años de autonomía sindical. Aniversario carta fundacional (1961-1981)*. Madrid 1981
Vázquez, Jesús María / Antonio García Gómez: *La moralidad pública a debate*. Madrid 1991
Vidal-Beneyto, José (Hg.): *España a debate. Sociedad y política. Bd. II.: La sociedad*. Madrid 1991
Villa, Luis Enrique de la (Hg.): *Materiales para el estudio del sindicato*. Madrid 1979
Villa, Luis Enrique de la: *Panorama de las relaciones laborales en España*. Madrid 1983
Villa, Luis Enrique de la (Hg.): *Los grandes pactos colectivos a partir de la transición democrática*. Madrid 1985
Wallenborn, Manfred: *Jugendarbeitslosigkeit BRD – Spanien. Ein Vergleich unter Berücksichtigung staatlicher Lösungsansätze*. Frankfurt a.M. 1987
Zaragoza, Ángel (Hg.): *Pactos sociales, sindicatos y patronal en España*. Madrid 1988

3. Machtfaktoren und Institutionen

Agüero, Felipe: *Militares, civiles y democracia. La España postfranquista en perspectiva comparada*. Madrid 1995
Aguiar de Luque, Luis / Ricardo Blanco Canales (Hgg.): *Constitución Española 1978-1988*. Madrid 1988
Alvira, Francisco u.a.: *La enseñanza militar en España*. Madrid 1986
Alzaga, Oscar: *Comentario sistemático a la Constitución española de 1978*. Madrid 1978

Aparicio, Miguel Ángel: *Introducción al sistema político y constitucional español. (Constitución de 1978)*. Barcelona 1980

Attard, Emilio: *La Constitución por dentro. Evocaciones del proceso constituyente. Valores, derechos, libertades*. Barcelona 1983

Ballbé, Manuel: *Orden público y militarismo en la España constitucional (1812-1983)*. Madrid 1985

Bañón, Rafael / José Antonio Olmeda: *La institución militar en el Estado contemporáneo*. Madrid 1985

Bassols Coma, Martín: *Constitución y sistema económico*. Madrid 1985

Beltrán, Miguel: *La élite burocrática española*. Barcelona 1977

Bernecker, Walther L.: *Religion in Spanien. Darstellung und Daten zu Geschichte und Gegenwart*. Gütersloh 1995

Bernecker, Walther L. / Carlos Collado Seidel / Paul Hoser (Hgg.): *Die spanischen Könige. 18 historische Porträts vom Mittelalter bis zur Gegenwart*. München 1997

Blanch, Antonio: *Crónicas de la increencia en España*. Santander 1988

Blázquez, Feliciano: *La traición de los clérigos en la España de Franco. Crónica de una intolerancia (1936-1975)*. Madrid 1977

Bonachella Messas, Manuel: *Las élites andaluzas*. Madrid 1984

Borchardt, Ulrike: *Militär und Politik in Spanien*. Hamburg 1989

Botti, Alejandro: *El nacionalcatolicismo en España (1881-1975)*. Madrid 1992

Busquets, Julio u.a.: *El golpe: anatomía y claves del asalto al Congreso*. Barcelona 1981

Busquets, Julio: *El militar de carrera en España*. Barcelona 1984

Busquets, Julio (Hg.): *El papel de las Fuerzas Armadas en la transición española*. Madrid 1986 (= Sondernummer 36, 1986 der Zeitschrift: *Revista Española de Investigaciones Sociológicas*)

Busquets, Julio: *Pronunciamientos y golpes de Estado en España*. Barcelona 1992

Bustamante, Enrique: *Los amos de la información en España*. Madrid 1982

Carcel Ortí, V.: *¿España neopagana? Análisis de la situación y discursos del Papa en las visitas »ad limina«*. Valencia 1991

Carrillo, Santiago: *El año de la constitución*. Barcelona 1978

Carvajal, José de / Carlos Corral (Hgg.): *Iglesia y Estado en España. Régimen jurídico de sus relaciones*. Madrid 1980

Cortes Generales: *Constitución española. Trabajos parlamentarios*. 4 Bde. Madrid 1980

Cruz Villalón, Pedro: »Landesbericht Spanien«, in: Christian Starck: *Grundgesetz und deutsche Verfassungsrechtsprechung im Spiegel ausländischer Verfassungsentwicklung*. Baden-Baden 1990

Cuenca Toribio, José Manuel: *Relaciones Iglesia – Estado en la España contemporánea (1833-1985)*. Madrid 1985

Debate sobre el servicio militar. Madrid 1987

Díaz-Salazar, Rafael: *Iglesia, dictadura y democracia: catolicismo y sociedad en España, 1953-1979*. Madrid 1981

Díaz-Salazar, Rafael / Salvador Giner (Hgg.): *Religión y sociedad en España*. Madrid 1993

Diez años de Constitución española. Zaragoza 1988

Díez Roncall, Ángel: *Mil cuarenta preguntas sobre la Constitución española*. Madrid 1985
Dirección General de lo Contencioso del Estado (Hg.): *La Constitución española y las fuentes del derecho*. Madrid 1979
Enrique y Tarancón, Vicente: *Confesiones*. Madrid 1996
Enrique y Tarancón, Vicente / Narciso Jubany / Marcelo González (Hgg.): *Iglesia y política en la España de hoy*. Salamanca 1980
Esteban, Jorge de: *El estado de la Constitución. Diez años de gobierno del PSOE*. Madrid 1992
Esteban, Jorge de / Luis López Guerra: *El régimen constitucional español*. Barcelona 1980
Fernández, Carlos: *Los militares en la transición política*. Barcelona 1982
Fischer, Martina: »Rüstungs- und Technologiepolitik in Spanien. Versuche technologischer Ankopplung an Westeuropa«, in: Wilfried Karl (Hg.): *Rüstungskooperation und Technologiepolitik als Problem der westeuropäischen Integration*. Opladen 1994
Fischer, Martina: *Spaniens ungeliebtes Militär. Legitimitätsdefizite: Öffentliche Meinung, Protestbewegungen und die Reaktionen des Militärapparats (1982-1992)*. Frankfurt a.M. 1996
Fortes, José / Luis Otero: *Proceso a nueve militares demócratas: las Fuerzas Armadas y la UMD*. Barcelona 1983
Fraga Iribarne, Manuel: *La Constitución y otras cuestiones fundamentales*. Barcelona 1978
García Becedas, G.: *Reconversiones industriales y ordenamiento laboral*. Madrid 1989
García de Enterría, Eduardo / A. Predieri (Hgg.): *La Constitución española de 1978. Estudio sistemático*. Madrid 1980
García de Enterría, Eduardo: *La Constitución como norma y el tribunal constitucional*. Madrid 1981
García Hernando, Julián: *Pluralismo religioso en España*. 2 Bde. Madrid 1983
Garrido Faya, F. u.a.: *El modelo económico de la Constitución española*. 2 Bde. Madrid 1981
Garrorena Morales, Ángel: *El Estado español como estado social y democrático de derecho*. Madrid 1984
González Blasco, Pedro / Juan González-Anleo: *Religión y sociedad en la España de los 90*. Madrid 1992
González Encinar, José Juan (Hg.): *Diccionario del sistema político español*. Madrid 1984
Guerra, Antonio: *Las Filípicas. Diez años de gobierno socialista, 1982-1992*. Barcelona 1992
Hernández Gil, Antonio: *El cambio político español y la Constitución*. Barcelona 1982
Hernández Gil, Antonio: *Crónica de la cruz y de la rosa*. Barcelona 1984
Heywood, Paul: *The government and politics of Spain*. London 1995
Labatut, Bernard: *Renaissance d'une puissance? Politique de défense et réforme militaire dans l'Espagne démocratique*. Paris 1993
Lannon, Frances / Paul Preston (Hgg.): *Elites and power in twentieth-century Spain*. Oxford 1990
Laot, Françoise: *Juan Carlos und Sofía*. München 1988
Lavroff, Dimitri Georges: *Dix ans de démocratie constitutionnelle en Espagne*. Paris 1991

Linde, Enrique (Hg.): *Constitución y tribunal constitucional*. Madrid 1986

López Garrido, Diego: *El aparato policial en España*. Barcelona 1987

Martín Descalzo, José Luis: *Tarancón, el cardenal del cambio*. Barcelona 1982

Martínez Paricio, Jesús: *Para conocer a nuestros militares*. Madrid 1983

Maxwell, Kenneth (Hg.): *The Press and the Rebirth of Iberian Democracy*. London 1983

Mérida, María: *Mis conversaciones con los generales*. Barcelona 1979

Mérida, María: *Entrevista con la Iglesia*. Barcelona 1982

Merkel, Wolfgang / Eberhard Sandschneider (Hgg.): *Systemwechsel 4. Verbände*. Opladen 1997

Meyer-Stabley, B.: *Juan Carlos Roi d'Espagne*. Paris 1992

Ministerio de Defensa: *Memoria de la Legislatura (1982-1986)*. Madrid 1986

Morales, José Luis / Juan Calada: *La alternativa militar: El golpismo después de Franco*. Madrid 1981

Morell Ocaña, Luis: *La administración local*. Madrid 1984

Munilla, Eduardo: »El ejército español y la OTAN«, in: *Ideas para la Democracia* 1, 1984

Nieto, Alejandro: *La organización del desgobierno*. Barcelona 1984

Nohlen, Dieter / Edgar Geiselhardt: »Konstitutionsbedingungen und Entwicklungstendenzen der Regionalismen in Spanien«, in: Dirk Gerdes (Hg.): *Aufstand der Provinz. Regionalismus in Westeuropa*. Frankfurt a.M. 1980, S. 107-137

Nohlen, Dieter / Andreas Hildenbrand: *Spanien. Wirtschaft, Gesellschaft, Politik*. Opladen 1992

Oneto, José: *La verdad sobre el caso Tejero. El proceso del siglo*. Barcelona 1982

Palacio Atard, Vicente: *Juan Carlos I y el advenimiento de la democracia*. Madrid 1989

Payne, Stanley: *El catolicismo español*. Barcelona 1982

Peces-Barba, Gregorio: *La Constitución española de 1978*. Valencia 1981

Pérez Luño, Antonio Enrique: *Los derechos fundamentales*. Madrid 1984

Powell, Charles T.: *El piloto del cambio. El Rey, la monarquía y la transición a la democracia*. Barcelona 1991

Powell, Charles T.: *Juan Carlos. Un Rey para la democracia*. Barcelona 1995

Prieto, Martín: *Técnica de un golpe de Estado*. Barcelona 1982

Ramírez, Manuel: *Partidos políticos y Constitución*. Madrid 1989

Ramírez, Manuel (Hg.): *El desarrollo de la Constitución de 1978*. Zaragoza 1983

Randelzhofer, Albrecht (Hg.): *Deutsch-Spanisches Verfassungsrechts-Kolloquium vom 18.-20. Juni 1980 in Berlin*. Berlin 1982

Recio, Juan-Luis / Octavio Uña / Rafael Díaz-Salazar: *Para comprender la transición española. Religión y política*. Estella 1990

Rodríguez, Pedro: *Vicente Enrique y Tarancón*. Madrid 1991

Rodríguez Díaz, Ángel: *Transición política y consolidación constitucional de los partidos políticos*. Madrid 1989

Romero Maura, Joaquín: »After Franco, Franquismo? The Armed Forces, The Crown and Democracy«, in: *Government and Opposition* 11, 1, 1976, S. 35-64

Ross, Christopher J.: *Contemporary Spain. A Handbook*. London 1997

Rubio Llorente, Francisco: *La forma del poder. (Estudios sobre la Constitución)*. Madrid 1993

Rubio Llorente, Francisco: *Derechos fundamentales y principios constitucionales. (Doctrina jurisprudencial)*. Barcelona 1995

Ruiz Giménez, Joaquín u.a.: *Iglesia, Estado y sociedad en España, 1930-1982*. Barcelona 1984

Sánchez Agesta, Luis: *El sistema político de la Constitución española de 1978*. Barcelona 1980

Sánchez Morón, Miguel (Hg.): *Justicia constitucional*. Madrid 1987

Sommermann, Karl Peter: *Der Schutz der Grundrechte in Spanien nach der Verfassung von 1978*. Berlin 1984

Statistisches Bundesamt: *Länderbericht Spanien 1991*. Wiesbaden 1991

Tamames, Laura / Ramón Tamames: *Introducción a la Constitución española*. Madrid ^{5}1991

Tornos, Andrés / Rosa Aparicio: *¿Quién es creyente en España hoy?* Madrid 1995

Tusell, Javier: *Juan Carlos I. La restauración de la monarquía*. Madrid 1995

Unión Militar Democrática: *Los militares y la lucha por la democracia*. Madrid 1976

Vilallonga, José Luis de: *Juan Carlos. Die autorisierte Biographie*. München 1993

4. Staat, Autonomien, Regionalismus

Acosta España, Rafael u.a.: *La España de las Autonomías*. 2 Bde. Madrid 1981

Aja, Eliseo u.a. (Hg.): *El sistema jurídico de las Comunidades Autónomas*. Madrid 1985

Aranzadi, Juan: *Milenarismo vasco. Edad de oro, etnia y nativismo*. Madrid 1987

Aranzadi, Juan / Jon Juaristi / Patxo Unzueta: *Auto de terminación. (Raza, nación y violencia en el País Vasco)*. Madrid 1994

Armet, Lluís u.a.: *Federalismo y Estado de las Autonomías*. Barcelona 1988

Aznar, José María: *España. La segunda transición*. Madrid 1995

Beneyto, Juan: *Las autonomías. El poder regional en España*. Madrid 1980

Campo, Salustiano del u.a.: *La cuestión regional española*. Madrid 1977

Castells, Antoni: *Hacienda autonómica. Una perspectiva de federalismo fiscal*. Barcelona 1988

Castillo, Pilar del (Hg.): *Comportamiento político y electoral*. Madrid 1994

Clark, Robert P.: *The Basques: The Franco Years and beyond*. Reno 1979

Clark, Robert P.: *The Basque Insurgents: ETA 1952-1980*. Madison 1984

Clavero, Bartolomé: *Manual de historia constitucional de España*. Madrid 1989

Clavero Arévalo, Manuel: *España desde el centralismo a las Autonomías*. Barcelona 1983

Colomer, Gabriel (Hg.): *La política en Europa*. Rom / Bari 1995

Cruz Villalón, Pedro: »Die Neugliederung des Spanischen Staates durch die Autonomen Gemeinschaften«, in: *Jahrbuch des Öffentlichen Rechts der Gegenwart* 34, 1985

Díez Medrano, Juan: *Divided Nations. Class, Politics and Nationalism in the Basque Country and Catalonia*. Ithaca / London 1995

Diputación Provincial de Córdoba (Hg.): *Nacionalismo y regionalismo en España*. Córdoba 1985

Fundació Carles Pi i Sunyer: *Informe Pi i Sunyer sobre Comunidades Autónomas 1993*. Barcelona 1994

Fusi, Juan Pablo: *El País Vasco. Pluralismo y nacionalidad*. Madrid 1984

García Fernández, Javier: *El origen del municipio constitucional: autonomía y centralización en Francia y en España*. Madrid 1983

García Ferrando, Manuel: *Regionalismo y autonomías en España 1976-1979*. Madrid 1982

García Ferrando, Manuel / Eduardo López-Aranguren / Miguel Beltrán: *La conciencia nacional y regional en la España de las autonomías*. Madrid 1994

Garmendia, José Mari: *Historia de ETA*. 2 Bde. San Sebastián 1979/80

Geiselhardt, Edgar: *Regionalismus in Andalusien*. Frankfurt a.M. 1985

Giner, Salvador: *Social Structure of Catalonia*. Sheffield 1980

González Encinar, José Juan: *El Estado unitario-federal. La autonomía como principio estructural del Estado*. Madrid 1985

González Encinar, José Juan / Dieter Nohlen (Hgg.): *Der Staat der Autonomen Gemeinschaften in Spanien*. Opladen 1991

Heiberg, Marianne: *The Making of the Basque Nation*. Cambridge 1989

Hernández, Francesc / Francesc Mercadé (Hgg.): *Estructuras sociales y cuestión nacional en España*. Barcelona 1986

Herzog, Werner (Hg.): *Terror im Baskenland – Gefahr für Spaniens Demokratie?* Hamburg 1979

Herzog, Werner: *Spanien – die zerbrechliche Einheit*. Zürich 1982

Instituto de Derecho Público: *Informe Comunidades Autónomas 1994*. Barcelona 1995

Instituto de Estudios de Administración Local (Hg.): *Legislación preautonómica*. Madrid 1980

Instituto de Estudios de Administración Local (Hg.): *La España de las autonomías*. Madrid 1985

Instituto de Estudios Fiscales (Hg.): *Organización territorial del Estado (Comunidades Autónomas)*. 4 Bde. Madrid 1984

Instituto Vasco de Administración Pública (Hg.): *La acción exterior y comunitaria de los Länder, Regiones, Cantones y Comunidades Autónomas*. 2 Bde., Bilbao 1996

Jiménez Blanco, José u.a.: *La conciencia regional en España*. Madrid 1977

Justel, Manuel: *La abstención electoral en España, 1977-1993*. Madrid 1995

Kraus, Peter A.: *Nationalismus und Demokratie*. Wiesbaden 1996

Lang, Josef: *Das baskische Labyrinth. Unterdrückung und Widerstand in Euskadi*. Frankfurt a.M. 1983

Lasuén, José Ramón: *El Estado multiregional. España descentrada*. Madrid 1986

Liebert, Ulrike: *Neue Automiebewegung und Dezentralisierung in Spanien. Der Fall Andalusien*. Frankfurt a.M. 1986

López-Aranguren, Eduardo: *La conciencia regional en el proceso autonómico español*. Madrid 1983

Martín-Retortillo, Sebastián: *Autonomías regionales en España: Traspaso de funciones y servicios*. Madrid 1978

Martín-Retortillo, Sebastián (Hg.): *Pasado, presente y futuro de las Comunidades Autónomas*. Madrid 1989

Mauersberger, Volker: *Spanien – Wandel nach Europa*. Aarau 1991

Medina Guerrero, Manuel: *Los regímenes financieros en la Constitución de 1978*. (Instituto Vasco de Administración Pública) Oñati 1991

Mercadé, Francesc: *Cataluña: intelectuales políticos y cuestión nacional. Análisis sociológico de las ideologías políticas en la Cataluña democrática*. Barcelona 1982

Mercadé, Francesc u.a.: *Once tesis sobre la cuestión nacional en España*. Barcelona 1983

Merkel, Wolfgang / Sandschneider, Eberhard: *Systemwechsel 3. Parteien und Parteiensystem*. Opladen 1997

Ministerio de Justicia e Interior (Hg.): *Anuario Estadístico del Ministerio del Interior*. Madrid 1994

Ministerio del Interior y Justicia del Gobierno Vasco: *Informe de la Comisión Internacional sobre la violencia en el País Vasco*. Vitoria 1986

Montero, José R.: *Non-voting in Spain. Some Quantitative and Attitudinal Aspects*. Barcelona 1990

Muñoz Alonso, Alejandro: *El terrorismo en España*. Madrid 1982

Nohlen, Dieter / José Juan González Encinar: *Der Staat der Autonomen Gemeinschaften in Spanien*. Opladen 1992

Oltra, Benjamín u.a.: *La ideología nacional catalana*. Barcelona 1981

Parlamento Vasco / Parlamento de Cataluña / Parlamento de Galicia / Parlamento de Andalucía (Hgg.): *Los procesos de formación de las Comunidades Autónomas. Aspectos jurídicos y perspectivas políticas*. Bd. 1. Granada 1984

Pérez-Agote, Alfonso: *La reproducción del nacionalismo: el caso vasco*. Madrid 1984

Pinilla de las Heras, Esteban: *Estudios sobre cambio social y estructuras sociales en Cataluña*. Madrid 1979

Porras Nadales, Antonio: *Geografía electoral de Andalucía*. Madrid 1985

Presidencia del Gobierno (Hg.): *Regímenes preautonómicos*. Madrid 1978

Presidencia del Gobierno (Hg.): *Acuerdos autonómicos firmados por el Gobierno de la Nación y el Partido Socialista Obrero Español el 31 de julio de 1981*. Madrid 1981

Ramallo Massanet, Juan / Juan Zornoza Pérez: »Sistema y modelos de financiación autonómica«, in: *Papeles de Economía Española. Perspectivas del Sistema Financiero*, 51, 1995, S. 9-46.

Román, Paloma (Hg.): *Sistema político español*. Madrid 1995

Sangrador García, José Luis: *Estereotipos de las nacionalidades y regiones de España*. Madrid 1981

Schütz, Roland: *Die Autonomiebewegung des Landes Valencia*. Bochum 1982

Solé Tura, Jordi: *Nacionalidades y nacionalismos en España. Autonomías, federalismo, autodeterminación*. Madrid 1985

Soriano, José Eugenio: *Comunidades Autónomas y Comunidad Europea*. Madrid 1990

Sotelo, Ignacio: *El desplome de la izquierda*. Madrid 1994

Thiery, Peter: *Der spanische Autonomiestaat.* Saarbrücken 1989

Waldmann, Peter: *Ethnischer Radikalismus. Ursachen und Folgen gewaltsamer Minderheitenkonflikte am Beispiel des Baskenlandes, Nordirlands und Quebecs.* Opladen 1989

Waldmann, Peter: *Militanter Nationalismus im Baskenland.* Frankfurt a.M. 1990

Zirakzadeh, Cyrus Ernesto: *A Rebellious People. Basques, Protest and Politics.* Reno 1991

5. Spanien und das Fremde

Anderson, Benedict: *Die Erfahrung der Nation. Zur Karriere eines folgenreichen Konzepts.* Frankfurt a.M. 1988

Calvo Buezas, Tomás: »Actitudes de los españoles ante otros pueblos y culturas«, in: *La nueva Europa y la cuenca sur del Mediterráneo.* Madrid 1992, S. 93-101

Douglas, Mary: *Reinheit und Gefährdung. Eine Studie zu Vorstellungen von Verunreinigung und Tabu.* Berlin 1985 [1966]

Enrich, Silvia: *Historia diplomática entre España e Iberoamérica en el contexto de las relaciones internacionales (1955-1985).* Madrid 1989

Frey, Peter: *Spanien und Europa.* Bonn 1988

Gabriel, Oscar W. / Frank Brettschneider (Hgg.): *Die EU-Staaten im Vergleich.* Opladen 1994

García Manrique, E.: »El Turismo«, in: Bielza de Ory (Hg.): *Territorio y Sociedad en España II.* Madrid 1989

García y Ocaña: »La organización del espacio de la Costa Mediterránea andaluza«, in: *Baética,* Nr. 5, 1982, S. 15-27

Gillespie, Richard / Fernando Rodrigo / Jonathan Story (Hgg.): *Las relaciones exteriores de la España democrática.* Madrid 1996

Instituto de Cooperación Iberoamericana (Hg.): *Realidades y posibilidades de las relaciones entre España y América en los ochenta.* Madrid 1986

Instituto Español de Estudios Estratégicos (Hg.): *Aportación de España en las cumbres iberoamericanas: Guadalajara 1991 - Madrid 1992.* Madrid 1993

König, Andreas: *Zur spanischen Kultur und Identität.* Frankfurt a.M. 1996

Kristeva, Julia: *Etrangers à nous-même.* Paris 1988

Marchena Gómez, Manuel: *Territorio y turismo en Andalucía.* Junta de Andalucía. Sevilla 1987

Marías, Julián: *La Corona y la Comunidad Hispánica de Naciones.* Madrid 1992

Ministerio de Comercio y Turismo / Instituto de Estudios Turísticos: *Entrada y comportamiento turístico de los visitantes extranjeros en 1996.* Madrid 1997

Pereira, Juan Carlos / Ángel Cervantes: *Las relaciones diplomáticas entre España y América.* Madrid 1992

Pérez de Mendiola, Marina (Hg.): *Bridging the Atlantic. Toward a Reassessment of Iberian and Latin American Cultural Ties.* New York 1996

Racionero, Lluis: *España y Europa.* Barcelona 1980

Rehrmann, Norbert: *Lateinamerika aus spanischer Sicht. Exilliteratur und Panhispanismus zwischen Realität und Fiktion (1936-1975).* Frankfurt a.M. 1996

Roy, Joaquín / Juan Antonio March: *El espacio iberoamericano: dimensiones y percepciones de la relación especial entre España y América Latina*. Barcelona 1996

Subirats, Eduardo: *Después de la lluvia. Sobre la ambigua modernidad española*. Madrid 1993

Todorov, Tzvetan: *Die Eroberung Amerikas. Das Problem des Anderen*. Frankfurt a.M. 1985

Wierlacher, Alois: *Kulturthema Fremdheit. Zeitbegriffe und Problemfelder kulturwissenschaftlicher Fremdheitsforschung*. München 1993

6. Medien und Kultur

Abellán, José Luis: *Historia del pensamiento español. De Séneca a nuestros días*. Madrid 1996

Alemany Ferrer, Rafael (Hg.): *Els processos de normalització lingüística a l'Estat espanyol actual*. Alacant (Alicante) 1988

Allières, Jacques: *Manuel pratique de Basque*. Paris 1979

Álvarez, Santiago: *Galicia, nacionalidad histórica*. Madrid 1980

Aranguren, José Luis López, Daniel Lacalle u.a. (Hgg.): *La función social del intelectual*. Madrid 1983

Azevedo Maia, Clarinda de: *Historia do Galego-Português. Estado lingüístico de Galiza e do Noroeste de Portugal desde o século XIII ao século XVI (con referência à situaçao do galego moderno)*. Coimbra 1986

Becerra Hiraldo, José M.: *Lenguas especiales de Andalucía. Repertorios léxicos*. Granada 1992

Bennassar, Bartolomé / Bernard Bessière: *Le défi espagnol*. Paris 1993

Berschin, Helmut / Julio Fernández-Sevilla / Josef Felixberger: *Die spanische Sprache. Verbreitung, Geschichte, Struktur*. München 1987

Blanco Aguinaga, Carlos / Julio Rodríguez Puértolas / Iris M. Zavala: *Historia social de la literatura española (en lengua castellana)*, Bd. III., Madrid ²1983

Brummer, Rudolf: *Katalanische Sprache und Literatur*. München 1975

Bustamante, Enrique: »Riesgos nacionales, retos internacionales«, in: Ders. / J. Villafañe (Hgg.): *La televisión en España mañana*. Madrid 1986, S. 251-281

Campo Vidal, Manuel: *La transición audiovisual pendiente*. Barcelona 1996

Cebollada, Pascual / Luis Rubio Gil: *Enciclopedia del cine español*. Bd. 1. Barcelona 1996

Cheval, Jean-Jacques: *La radio en Espagne. Actualité et mutation*. Bordeaux 1990

Cine Español (1896-1988). Ministerio de Cultura. Madrid 1989

Colomines, Joan: *La lengua nacional de Catalunya*. Barcelona 1992

Díaz, Elías: *Ética contra política. Los intelectuales y el poder*. Madrid 1990

Díaz, Lorenzo: *La radio en España. 1923-1993*. Madrid 1993

Díaz, Lorenzo: *La televisión española 1949-1995*. Madrid 1994

Doménech, Ricardo: »El teatro desde 1936«, in: José María Diez Borque (Hg.): *Historia de la literatura española*, Bd. IV. Madrid 1980

Eichenlaub, Hans M.: *Carlos Saura – Ein Filmbuch*. Freiburg i. Br. 1984

El año literario 1975ff. Madrid 1976ff.

Equipo Reseña: *Doce años de cultura española (1976-1987).* Madrid 1989

Fàbregas, Xavier: *Historia del Teatre Català.* Barcelona 1978

Faus Belau, Ángel: *La era audiovisual. Historia de los primeros cien años de la radio y la televisión.* Barcelona 1995

Floeck, Wilfried (Hg.): *Spanisches Theater im 20. Jahrhundert. Gestalten und Tendenzen.* Tübingen 1990

García de León, María Antonia / Teresa Maldonado: *Pedro Almodóvar, la otra España cañí. Sociología y crítica cinematográficas.* Ciudad Real ^{2}1989

García Lorenzo, Luciano: *El teatro español hoy.* Barcelona 1975

Gómez Mesa, Luis: *La literatura Española en el Cine Nacional. Filmoteca Nacional de España.* Madrid 1978

Goytisolo, Juan: *El furgón de cola.* Barcelona 1976

Goytisolo, Juan: *España y los españoles.* Barcelona 1979

Holguín, Antonio: *Pedro Almodóvar.* Madrid 1994

Hopewell, John: *El Cine Español después de Franco.* Madrid 1989

Ingenschay, Dieter / Hans-Jörg Neuschäfer (Hgg.): *Aufbrüche. Die Literatur Spaniens seit 1975.* Berlin 1991

Kremnitz, Georg (Hg.): *Sprachen im Konflikt. Theorie und Praxis der katalanischen Soziolinguisten. Eine Textauswahl.* Tübingen 1979

Lang, Josef: *Das baskische Labyrinth. Unterdrückung und Widerstand in Euskadi.* Frankfurt a.M. 1983

Letras españolas 1976-1986. Madrid 1987

Letras españolas 1987. Madrid 1988

Lüdtke, Jens: *Katalanisch. Eine einführende Sprachbeschreibung.* München 1984

Mangini, Shirley: *Rojos y rebeldes. La cultura de la disidencia durante el franquismo.* Madrid 1987

Marco, Joaquín: *Poesía española. Siglo XX.* Barcelona 1986

Marco, Tomás: *Historia de la música española*, Bd. 6 *Siglo XX*. Madrid ^{2}1989

Martínez Cachero, José María: *La novela española entre 1936 y 1980. Historia de una aventura.* Madrid 1986

Maxwell, Robert: *The Spectacle of Democracy. Spanish Television, Nationalism, and Political Transition.* Minneapolis 1995

Miguel, Amando de: *Los intelectuales bonitos.* Barcelona 1980

Molina-Foix, Vicente: *New Cinema in Spain. British Film Institute.* London 1977

Neuschäfer, Hans-Jörg: *Macht und Ohnmacht der Zensur. Literatur, Theater und Film in Spanien (1933-1976).* Stuttgart 1991

Neuschäfer, Hans-Jörg: *Spanische Literaturgeschichte.* Stuttgart 1997.

Oliva, César: *El teatro desde 1936.* Madrid 1989

Pérez Merinero, David y Carlos: *Cine y Control.* Madrid 1975

Pörtl, Klaus (Hg.): *Reflexiones sobre el nuevo teatro español.* Tübingen 1986

Quintana, Artur: *Handbuch des Katalanischen.* Barcelona ^{3}1986

Rehrmann, Norbert (Hg.): *Spanien. Kulturgeschichtliches Lesebuch*. Frankfurt a.M. 1991
Röntgen, Karl-Heinz: *Einführung in die katalanische Sprache*. Bonn ²1988
Rotellar, Manuel: *Cine español de la República. 25.° Festival Internacional del Cine*. San Sebastián 1977
Sánchez Vidal, Agustín: *El cine de Carlos Saura*. Zaragoza 1988
Sanz Villanueva, Santos: *Historia de la literatura española 6/2: Literatura actual*. Barcelona 1984
Schuch, Wolfgang (Hg.): *Spanische Filmtexte: Luis Buñuel, Carlos Saura, Juan Antonio Bardem*. Berlin 1982
Sinova, Justino: *El poder y la prensa. El control político de la información en la España felipista*. Pamplona 1995
Strosetzki, Christoph (Hg.): *Geschichte der spanischen Literatur*. Tübingen 1991
Tietz, Manfred (Hg.): *Die spanische Lyrik der Moderne. Einzelinterpretationen*. Frankfurt a.M. 1990
Torres, Augusto M.: *Diccionario del cine español*. Madrid 1994
Umbral, Francisco: *La escritura perpetua*. Barcelona 1989
Vázquez Montalbán, Manuel: *Felípicas. Sobre las miserias de la razón práctica*. Barcelona 1994
Vázquez Montalbán, Manuel: *Un polaco en la corte del rey Juan Carlos*. Barcelona 1996
Vidal, Nuria: *El cine de Pedro Almodóvar*. Barcelona 1988
Villanueva, Darío: Los nuevos nombres: 1975-1990, in: Rico, Francisco (Hg.): *Historia y crítica de la literatura española*, Bd. 9, Barcelona 1992
Ynduráin, Domingo: »Época contemporánea: 1939-1980«, in: Rico, Francisco (Hg.): *Historia y crítica de la literatura española*, Bd. 8, Barcelona 1980
Zeitschrift für Katalanistik 2, 1989: Vier Beiträge zur Katalanischen Soziolinguistik, Rezensionen zu thematisch verwandten Büchern; Aufsätze und Informationen zur Katalanistik.
Zueras Torrens, Francisco: *La gran aportación cultural del exilio español (1939). Poesía. Narrativa. Ensayo. Pintura. Arquitectura. Música. Teatro*. Córdoba 1990

Autorinnen und Autoren

Barro, Ana: geb. 1963; studierte Hispanistik und Lusitanistik in Bristol, Buenos Aires und Lissabon. 1986-1990 arbeitete sie als Sprachlehrerin und Übersetzerin in London. 1990-1996 war sie »Lecturer in Hispanic Studies« an der Thames Valley University in London. Seit 1996 ist sie als Wissenschaftliche Assistentin an der Universität Passau (Romanistik) tätig. PhD 1995 mit einer Dissertation über San Juan de la Cruz. Arbeitsschwerpunkte: spanische Mystik; lateinamerikanische Literatur und Kultur, interkulturelle Kommunikation.

Bernecker, Walther L.: geb. 1947; Studium der Geschichte, Germanistik und Hispanistik an der Friedrich-Alexander-Universität Erlangen-Nürnberg, 1973-1977 und 1979-1984 Wissenschaftlicher Mitarbeiter bzw. Akademischer Rat am Lehrstuhl für Neuere Geschichte der Universität Augsburg, 1984/85 »Visiting Fellow« am »Center of Latin American Studies« der University of Chicago, 1986 Habilitation, 1986-1988 Lehrstuhlvertretungen in Augsburg und Bielefeld, 1988-1992 Lehrstuhl für Neuere Geschichte an der Universität Bern, seit 1992 Lehrstuhl für Auslandswissenschaft an der Universität Erlangen-Nürnberg; Gastprofessuren an den Universitäten Fribourg, Pittsburgh, México. Wichtigste Veröffentlichungen: *Anarchismus und Bürgerkrieg*. Hamburg 1978, span. Ausg. Barcelona 1982; *Gewerkschaftsbewegung und Staatssyndikalismus in Spanien*. Frankfurt a.M. 1985; *Spaniens Geschichte seit dem Bürgerkrieg*. München 3. Aufl. 1997; *Die Handelskonquistadoren. Europäische Interessen und mexikanischer Staat im 19. Jahrhundert*. Stuttgart 1988; *Sozialgeschichte Spaniens im 19. und 20. Jahrhundert*. Frankfurt a.M. 2. Aufl. 1991; *Krieg in Spanien 1936-1939*. Darmstadt 1991, span. Ausg. Madrid 1996; (zus. mit anderen) *Spanien-Lexikon*. München 1991; (zus. mit H. Pietschmann) *Geschichte Spaniens. Von der frühen Neuzeit bis zur Gegenwart*. Stuttgart 2. Aufl. 1997.

Castellani, Jean-Pierre: geb. 1940; *Agrégation* in spanischer Literatur; Professor für Spanische Sprache, Literatur und Landeskunde an der Universität François Rabelais in Tours (Frankreich); *Thèse* zum Thema *Formes et fonctions du discours autobiographique et audiovisuel* (1995); freie Mitarbeit bei *Contrepoint, Combat, Le Quotidien de Paris, Le Figaro-Magazine, Le Monde*.

Collado Seidel, Carlos: geb. 1966; Studium der Neueren und Neuesten Geschichte, Sozial- und Wirtschaftsgeschichte und Politikwissenschaft an der Ludwig-Maximilians-Universität München und der Universidad Complutense in Madrid; Wissenschaftlicher Mitarbeiter am Institut für Zeitgeschichte der Universidad Nacional de Educación a Distancia in Madrid (1991-1994); Wissenschaftlicher Angestellter am Seminar für Neuere Geschichte der Philipps-Universität Marburg (1995-1997); Veröffentlichungen zur Geschichte Spaniens, u.a.: *Die deutsch-spanischen Beziehungen in der Nachkriegszeit: Das Projekt deutscher Militärstützpunkte in Spanien 1960.* Saarbrücken 1991; (Hg. zus. mit Walther L. Bernecker) *Spanien nach Franco. Der Übergang von der Diktatur zur Demokratie 1975-1982.* München 1993; »Zufluchtsstätte für Nationalsozialisten? Spanien, die Alliierten und die Behandlung deutscher Agenten 1944-1947«, in: *Vierteljahrshefte für Zeitgeschichte* (1/1995); (Hg. zus. mit Walther L. Bernecker und Paul Hoser) *Die spanischen Könige. 18 historische Porträts vom Mittelalter bis zur Gegenwart.* München 1997.

Dirscherl, Klaus: geb. 1940; studierte Romanistik, Anglistik und Germanistik in München, Manchester und Bordeaux. Seit 1981 lehrt er an der Universität Passau als Professor für Romanische Literaturen und Kulturen. Arbeitsschwerpunkte: Literatur der französischen Aufklärung, moderne Lyrik Spaniens, Frankreichs und Portugals, Mentalität und Kultur im Spanien der Franco-Zeit, Bild- und Textmedien im Dialog, speziell Werbung und Film der dreißiger Jahre. Veröffentlichungen u.a.: *Zur Typologie der poetischen Sprechweisen bei Baudelaire.* München 1975; *Der Roman der Philosophen. Voltaire, Diderot, Rousseau.* Tübingen 1985; *Die italienische Stadt als Paradigma der Urbanität* (Hg.). Passau 1989; *Bild und Text im Dialog.* Passau 1993.

Domínguez Rodríguez, Rafael: geb. 1949; Studium an der Philosophischen Fakultät in Granada, seit 1983 Doktor und *Profesor Titular* für Geographische Regionalanalyse an der Universität Málaga; seit 1993 Direktor der Geographieabteilung selbiger Universität; Forschungsarbeiten und Veröffentlichungen zur Thematik der Raumordnung, insbesondere über den Konkurrenzkampf zwischen Landwirtschaft und Tourismus und die Problematik mangelhafter Infrastruktur. U.a.: *Estudio de la Población de Torremolinos para su inclusión en el Plan General de Ordenación Urbana del mismo municipio.* Torremolinos 1991; (in Zusammenarbeit) *Análisis comparativo de los problemas del uso del suelo y de la organización del espacio costero derivados del desarrollo turístico y recreativo en Irlanda del Norte y Andalucía.* Málaga 1991.

Fischer, Martina: geb. 1958; Studium der Germanistik, Geschichte, Publizistik und politischen Wissenschaften an der Westfälischen Wilhelms-Universität Münster und an der Freien Universität Berlin, Dr. phil., Politikwissenschaftlerin; Mitarbeiterin in verschiedenen Einrichtungen der Friedensforschung, darunter dem »Institut für Friedensforschung und Sicherheitspolitik« (IFSH) in Hamburg und dem Berghofinstitut für Friedens- und Konfliktforschung in Berlin, sowie im Redaktionsrat der »Friedensanalysen« (Suhrkamp-Verlag). Veröffentlichungen (u.a.): *Spaniens ungeliebtes Militär. Legitimitätsdefizite: Öffentliche Meinung, Protestbewegungen und die Reaktionen des Militärapparats (1982-1992)*. Frankfurt a.M. 1996.

Haubrich, Walter: geb. 1935; Studium der romanischen und deutschen Philologie, Philosophie und Politologie an den Universitäten Frankfurt am Main, Dijon, Salamanca, Madrid und Mainz; Lektor für Deutsche Sprache und Literatur an den Universitäten Santiago de Compostela und Valladolid, dann Korrespondent der *Frankfurter Allgemeinen Zeitung* in Madrid. Berichtet aus Spanien, Portugal, dem Maghreb und Lateinamerika. Buchveröffentlichungen: *Francos Erben. Spanien auf dem Weg in die Gegenwart*. 1976; *Andalusien*. 1983; *Madrid - Toledo*. 1987; *Städte Lateinamerikas*. 1994 und *Spaniens schwieriger Weg in die Freiheit*, Band I 1995, Band II 1997.

Hildenbrand, Andreas: geb. 1957; Studium der Politikwissenschaft, Geographie und Geschichte an der Universität Heidelberg; Mitarbeit an Forschungsprojekten zu Lateinamerika und Spanien (Leitung: Prof. Dr. Dieter Nohlen); 1987-1988 Stipendiat der Stiftung Volkswagenwerk; 1989-1992 Lehrtätigkeit am Institut für Fremdsprachen der Universität Sevilla; seit 1992 Beamter im Höheren Dienst der Regionalregierung Andalusiens, derzeit Leiter der Sektion Koordination der Wirtschaftspolitik im Generalsekretariat für Wirtschaft des andalusischen Wirtschafts- und Finanzministeriums; zahlreiche Veröffentlichungen zur Dezentralisierung und Regionalpolitik in Spanien sowie zur Raumordnung in den Mitgliedstaaten der Europäischen Union; Buchveröffentlichungen u.a.: (zus. mit Dieter Nohlen): *Spanien. Wirtschaft, Gesellschaft, Politik*. Opladen 1992; *Política de ordenación del territorio en Europa*. 1996.

Hölzle, Claudia: studierte Wirtschaftswissenschaften an der Universität Frankfurt a.M., war 1984-1986 Stipendiatin der Generaldirektion für Kulturelle Beziehungen des spanischen Außenministeriums in Madrid, promovierte 1992 an der Universität Frankfurt mit einer Dissertation zum Thema *Bildungspolitik in der Europäischen Gemeinschaft. Die Angleichungsproblematik von Bildungssystemen in der Europäischen Gemeinschaft am Beispiel Spaniens* und ist derzeit in der freien Wirtschaft tätig.

Köhler, Holm-Detlev: geb. 1956; Ausbildung im gehobenen Verwaltungsdienst, Studium der Volkswirtschaft, Politikwissenschaft und Wirtschaftspädagogik an der Johann-Wolfgang-Goethe-Universität Frankfurt a.M., 1986-1987 DAAD-

Stipendiat an der Universität von Barcelona, 1992 Promotion, 1993-1997 Lehrbeauftragter für Sozial- und Politikwissenschaft an den Universitäten Frankfurt a.m., Darmstadt und Bochum, 1993-1996 wissenschaftlicher Mitarbeiter des Instituts zur Erforschung der europäischen Arbeiterbewegung der Ruhr-Universität Bochum, 1993-1997 Gastdozent und wissenschaftlicher Mitarbeiter der Fakultät für Wirtschaftswissenschaften der Universität von Oviedo, seit 1997 wissenschaftlicher Mitarbeiter des Sozialwissenschaftlichen Forschungszentrums der Universität Erlangen-Nürnberg. Wichtigste Veröffentlichungen: *Ökonomie und Autonomie. Historische und aktuelle Entwicklungen genossenschaftlicher Bewegungen.* Frankfurt a.M. 1986; *Spaniens Gewerkschaftsbewegung. Demokratischer Übergang – Regionalismus – Ökonomische Modernisierung.* Münster 1993, span. Ausg. Madrid 1995; (zus. mit M. Wannöffel) *Gewerkschaften und Neoliberalismus in Lateinamerika.* Münster 1993, span. Ausg. México 1993; *Strukturwandel in altindustriellen Regionen.* Düsseldorf 1994; *Asturien. Der Niedergang einer industriellen Region in Europa*, Essen 1997, span. Ausg. Gijón 1996; (zus. mit R. Tosstorff) *Forschungen zur Arbeiterschaft und Arbeiterbewegung in Spanien*, Mitteilungsblatt des Instituts zur Erforschung der europäischen Areiterbewegung, Nr. 17, Bochum 1996.

Kraus, Peter A.: geb. 1960; Studium der Soziologie und Politikwissenschaft in Augsburg und Bielefeld; Diplom-Soziologe; von 1989 bis 1995 wissenschaftlicher Mitarbeiter an den Universitäten Bielefeld und Mannheim; 1990/1991 und 1992/1993 längere Forschungsaufenthalte in Spanien als Stipendiat der Volkswagen-Stiftung; 1994 Promotion in Politikwissenschaft; seit 1995 wissenschaftlicher Assistent am Institut für Sozialwissenschaften der Humboldt-Universität zu Berlin. Zahlreiche Veröffentlichungen in den Bereichen der vergleichenden Demokratisierungsforschung und der politischen Soziologie Südeuropas sowie zu Nationalismus- und Minderheitenfragen; Verfasser des Bandes *Nationalismus und Demokratie. Politik im spanischen Staat der Autonomen Gemeinschaften.* Wiesbaden 1996.

Kreis, Karl-Wilhelm: geb. 1936; Studium der Hispanistik und der Galloromanistik in Göttingen; Promotion Göttingen 1971; Habilitation Hamburg 1984; Lehrtätigkeiten als deutscher Lektor an den Universitäten von Murcia und Aix-Marseille sowie als Hochschullehrer an den Universitäten von Hamburg, Gießen und Göttingen; Professor für Iberoromanische Literaturen an der Universität Göttingen; Veröffentlichungen zur spanischen Sprache, zur spanischen und lateinamerikanischen Literatur und zur Landeskunde; Beiträge besonders zur Frauenproblematik in der spanischen Geschichte und in spanischen Texten in Studien zum 17. Jahrhundert (Akten des Romanistentages in Gießen 1979), zum 18.

Jahrhundert (*Iberoamericana* 25/26, 1985), zum 19. und 20. Jahrhundert (in: J. Heymann / M. Mullor Heymann (Hgg.): *Frauenbilder – Männerwelten.* Berlin 1997) und speziell zur Psychopathologie der Geschlechterbeziehungen während der Franco-Ära (*Zur Ästhetik des Obszönen. Arrabals Theater und die repressive Sexualpolitik des Franco-Regimes.* Hamburg 1990).

Merkel, Wolfgang: geb. 1952; Studium der Politischen Wissenschaft, Geschichte, Sport und International Relations in Heidelberg und Bologna; Habilitation 1993 in Heidelberg; seit 1994 Professor für Politikwissenschaft in Mainz. Veröffentlichungen: zahlreiche Aufsätze zur Parteienforschung, Transformationsforschung, zu politischen Systemen, zur Europäischen Integration. Buchpublikationen u.a.: *Die Sozialistische Partei Italiens.* 1985; *Ende der Sozialdemokratie.* Frankfurt a.M. / New York 1993; (Hg.) *Entre la modernidad y el postmaterialismo.* Madrid 1994; (Hg.) *Systemwechsel.* Bde. 1-4, Opladen 1994, 1996, 1997; (Hg. mit H.-J. Lauth) *Zivilgesellschaft und Transformation.* Mainz 1997.

Neuschäfer, Hans-Jörg: geb. 1933; Professor für Romanische Philologie an der Universität des Saarlandes. Zahlreiche Veröffentlichungen zur französischen, spanischen und italienischen Literatur. Als Buchpublikationen erschienen zuletzt von ihm: *Adiós a la España eterna. La dialéctica de la censura. Novela, teatro y cine bajo el franquismo.* Barcelona 1994; *Spanische Literaturgeschichte.* Stuttgart 1997.

Oeing, Dag: geb. 1969; Studium der Betriebswirtschaftslehre in Osnabrück und Nürnberg, 1992/1993 Tätigkeit als Wirtschaftsprüfer in Mexiko, ferner Mitarbeiter am Dokumentations- und Informationszentrum für Menschenrechte in Lateinamerika. Titel der Diplomarbeit: *Wahlenthaltung in Spanien. Die Nichtwählerschaft im Strukturwandel? Profil und Motive der spanischen Nichtwähler.* Nürnberg 1996 (MS).

Ostermann, Roland: geb. 1959; Studium der Geschichte, Germanistik und Hispanistik an der Universität Augsburg und der Universidad Complutense/Madrid. Mitglied des Instituts für Spanien- und Lateinamerikastudien (ISLA) der Universität Augsburg. Forschungen zur Geschichte der deutsch-spanischen Beziehungen in den dreißiger Jahren. Mitarbeit an verschiedenen Forschungsprojekten zum sozialen Wandel in Spanien nach 1975. Veröffentlichungen (u.a.): *Sozialer Wandel in Spanien 1975-1992. Die sozialen Kosten des Wandels: Marginalisierung – Armut – Devianz.* Augsburg 1993.

Pérez-Alcalá, Gabriel M.: geb. 1961; studierte Wirtschaftswissenschaften in Madrid (ICADE). Seit 1987 ist er als Professor für Volkswirtschaft, speziell Wirtschaftspolitik an der Universität Córdoba tätig. 1997 promovierte er mit einer Dissertation über *La política de racionamiento: un modelo desde la teoría de la política económica positiva*. Zahlreiche Veröffentlichungen in Zeitschriften und Monographien, u.a. zum EG-Beitritt Spaniens, zur Arbeitslosigkeit in Spanien; zu wirtschaftlichen Problemen in Osteuropa und in der Dritten Welt; zur Wirtschaft Andalusiens und der Wirtschaftspolitik der verschieden spanischen Regierungen.

Rehrmann, Norbert: geb. 1951; Studium der Hispanistik, Politik und Medienwissenschaften in Göttingen und Salamanca. Wissenschaftlicher Angestellter in der Lateinamerika-Dokumentationsstelle der Universität/Gesamthochschule Kassel und Privatdozent für Iberoromanistik an der Universität Bremen. Neben zahlreichen Aufsätzen und Büchern zu Literatur und Kulturgeschichte Spaniens und Lateinamerikas hat er sich mit allgemeinen ästhetisch-kultursoziologischen Themen beschäftigt. Zur Zeit ist er insbesondere mit einem von der VW-Stiftung finanzierten Forschungsprojekt befaßt: der Sephardenthematik in der spanischen Literatur und Essayistik des frühen 20. Jahrhunderts.

Spangenberg, Peter M.: geb. 1949; Studium der Romanistik, Philosophie und der Allgemeinen Literaturwissenschaft in Bochum. Arbeitsbereiche: Mediävistik, Literaturtheorie, Geschichte und Theorie der Medien, Promotion 1984 an der Universität/GH Siegen zum Thema: *Maria ist immer und überall. Die Alltagswelten des spätmittelalterlichen Mirakels*; Lehrtätigkeit an den Universitäten Bochum, Siegen, Essen und Mannheim; derzeit Mitarbeiter am Teilprojekt: »Hybridkultur, Bildschirmmedien und Evolutionsformen der Künste« des Siegener Sonderforschungsbereichs 240: »Ästhetik, Pragmatik und Geschichte der Bildschirmmedien«, Habilitation zur *Wahrnehmung und Kommunikation im Leitmedium Fernsehen*. Veröffentlichungen (u.a.): »Autoritätsmaschinen – Bewußtseinsmaschinen«, in: Kray, R. / Pfeiffer, K.L. / Studer, Th. (Hgg.): *Autorität. Spektren harter Kommunikation*. Opladen 1992; »Mediengeschichte – Medientheorie«, in: Fohrmann, J. / Müller, H. (Hgg.): *Literaturwissenschaft*. München 1995.

Walter, Klaus-Peter: geb. 1953; Studium der Fächer Romanistik und Germanistik in Saarbrücken, Strasbourg und Paris. 1984 Promotion über Ponson du Terrail und den französischen Feuilletonroman, 1996 Habilitation über Realismuskonzepte im Spielfilm der *Nouvelle Vague* (Chabrol, Rohmer, Truffaut). 1979-1997 Wissenschaftlicher Assistent am Romanistischen Institut der Universität des Saarlandes. Seit 1997 Professor für Romanische Literaturwissenschaft und Landeskunde an der Universität Passau. Zahlreiche Publikationen zur französischen und spanischen Literatur, insbesondere zum französischen Populärroman und zum Spielfilm in Frankreich und Spanien.

Winter, Ulrich: geb. 1964; Studium der Romanistik, Germanistik und Geschichte in Heidelberg; Studienaufenthalt in Spanien; 1996 Promotion über *Selbstrepräsentation im spanischen Roman des 15.-17. und 20. Jahrhunderts*. Tübingen 1998; seit 1996 Wissenschaftlicher Mitarbeiter am Institut für Romanistik der Universität Regensburg; Veröffentlichungen zur spanischen Literatur nach 1975.

Personen- und Sachregister

A

ABC 154, 156, 340, 518, 525, 537, 556, 566ff., 580, 610f., 628
Abril, Victoria 327, 591
Abtreibungsgesetz 342, 348ff.
Academia General Militar 192
Aguirre, Esperanza 19, 358, 377f., 421
Aguirre, Jesús 562
Alberdi, Cristina 409, 417, 420
Alberti, Rafael 465, 530
Alborch, Carmen 417, 562
Aldecoa, Josefina 546
Alenyà, Miquel 444
Alfaguara 548, 551
Alfonso de Borbón y Dampierre 170
Alfonso XIII 166, 170, 188
Alianza (Verlag) 522
Alianza Popular 10, 16, 166, 410, 447
Alkoholismus 305, 310f.
Allende, Isabel 548
Almodóvar, Pedro 581ff.
Álvarez Cascos, Francisco 19, 348, 633
Alzaga, Oscar 148
Amado Blanco, Luis 465
Amador, Ángeles 417
El amante bilingüe 599, 602
Amenábar, Alejandro 558f., 607f.
Amor propio 598
Anagrama 526, 548, 551
Andalusien, andalusisch 45, 58, 102, 107, 113, 358, 413, 442, 503, 512, 575, 615f., 636
Andújar, Manuel 465
Anguita, Julio 149
Ansón, Luis María 556
Antena 3 TV 548, 579, 584, 619f., 622, 625, 628f., 631ff., 638ff.
Anthropos 533
Antiamerikanismus 531
Antifaschistischer Schriftstellerkongreß 539
Antiklerikalismus 340

Araber 429, 432
Aranda, Vicente 598, 602
Arbeiterkommissionen; s. *Comisiones Obreras*
Arbeitskosten 250ff.
Arbeitslosenquote 165, 234, 246ff., 261f., 401
Arbeitslose, Arbeitslosigkeit 11, 14, 20, 53, 90, 97, 110, 165, 234, 248ff., 256f., 260, 264, 276, 286, 289, 298ff., 305, 319, 328, 353, 403, 441
Arbeitsmarkt 88, 249, 252f., 283
Arbeitsmarktreform 263
Ardanza, José Antonio 132
La ardilla roja 602
Argentaria 264, 555
Argüello, Kiko 330
Argullol, Rafael 527
Arias Navarro, Carlos 163f., 172ff.
Arias Salgado, Fernando 637
Arias Salgado, Gabriel Fernando 636f.
Arias Salgado, Rafael 637
Armada 184, 209
Armendáriz, Montxo 603, 608
As 567f., 574
Asociación Española de Anunciantes (AEA) 634
Assimilation 602
Asturien 102, 289, 293, 413
¡Átame! 587, 590, 593, 596f.
Atxaga, Bernardo 546
Aub, Max 465
Audiencia Nacional 533
Aufklärung 452, 461
Ausgrenzung 427f.
Ausländer 440, 443f.
Auswanderung 253
Außenhandelsbilanz 233, 256
Außenhandelsdefizit 234, 257

Autonome Gemeinschaft, Autonome Regionen, Autonomieproblematik 44ff., 55, 101ff., 165, 191, 227, 357f., 368f., 377, 412f., 431, 434f., 443, 453, 493, 501, 575, 601ff., 615, 637
Autonomía militar 192
Autorenkino, -film 585, 598, 600f., 608
Avantgarden 452
¡Ay, Carmela! 598
Ayala, Francisco 465
Azaña, Manuel 521f.
Aznar, José María 16ff., 133, 147, 149, 155, 220, 222, 259, 264, 290, 346, 411, 421f., 428, 434, 447, 539, 576, 579, 612, 629, 631, 637
Azorín 517

B

Babelia 576
Bajo Ulloa, Juanma 602
Bakunin, Michail A., 268
Balcells, Albert 435
Balcells, Carmen 546ff., 552
Balearen 102, 112f, 119f., 413f., 435, 442ff., 492f., 500ff., 512, 572
Balmaseda, Enrique 586
Bank von Spanien 254, 258f., 262
Barcelona 13, 170, 193, 306, 317, 347, 437, 490, 505, 507, 528, 566, 575, 635ff.
Bardem, Juan Antonio 598
Baskenland/*Euskadi*; Baske, baskisch 18, 20, 44ff., 58, 101f., 110ff., 117, 122, 165, 205, 279, 289, 293, 300, 358, 413f., 427, 433, 435, 500, 575, 603, 606, 614ff., 624
Belle époque 584, 598
Beltenebros 599
Bertelsmann-Stiftung 548
berufliche Bildung 354f., 360ff., 369ff., 377ff., 389
Beschäftigungsgrad 247f.
Biblioteca Nacional 459
Bigas Luna, José Juan 594, 605
Bild-Zeitung 571
Blanco y Negro 555, 573

Blanco, Miguel Ángel, 169, 428
Blázquez, Ricardo 350
Boca a boca 598
Bodas de sangre 599
Bodenpreise 444, 495, 508
Boletín Oficial del Estado, BOE 528
Bosque, Ignacio 555
Boulevardpresse 570f.
Bourdieu, Pierre 518
Boyer, Miguel 11, 255, 525
Bradlee, Ben 577
»Brudernationen« 430, 445, 451
Brüssel 49f., 438, 449, 454
Bruño 554
Buero Vallejo, Antonio 555
Buñuel, Luis 598
BUP (*Bachillerato Unificado y Polivalente*) 359ff., 388f.
Bürgerkrieg 41, 161, 166f., 170, 265, 268, 446, 461f., 521ff., 530, 565, 598, 613
Bush, George 526

C

Cabeza Calahorra, Manuel 192
Cadalso y Vázquez, José 517
Cadena-SER 548
Calviño, José María 638
Calvo Serer, Rafael 518
Calvo Sotelo, Leopoldo 107, 192, 618
Camacho, Marcelino 292
Cambio 16 419, 565, 618
Camino Neocatecumenal 330
Campmany, Jaime 144
Campo Vidal 632
Camps, Victoria 527
Camus, Mario 598f.
Canal+ 154f., 548, 574, 584, 622, 625, 639f.
Canal Satélite Digital, CSD 579, 612, 620, 626ff., 633, 640
El cant dels segadors 602
Cardenal Fernández, Jesús, 422
Carlos Hugo de Borbón y Parma 170
Carmen 599
Carrero Blanco, Luis 162, 169, 172
Carrillo, Santiago 166, 530

La casa de Bernarda Alba 599
Casa del Libro 554
Casal, Luz 592
Casanovas, Mercedes 548
Castedo, Fernando 470, 638
Castro, Américo 467, 517
Catalunya, catalán; s. Katalonien, katalonisch
Cebrián, Juan Luis 556, 575
CEDEFOP (Europäisches Zentrum für die Förderung der Berufsbildung) 354, 379
Cela, Camilo José 544ff., 555, 599
Centro Democrático y Social, CDS 205
Ceuta 104, 214f., 439f.
charnego; s. *xarnego*
Chávarri, Jaime 600
Chirac, Jacques 447
Cinco Días 567, 574
Claro 571, 577
Coalición Canaria, CC 18, 114
Col·legi de Filosofía de Barcelona 526
La colmena 599
Comisión Obrera Nacional de Catalunya, CONC 292
Comisiones Obreras, CCOO 52, 58, 267ff., 322
Comte, Auguste 461
Comunidad Autónoma, CCAA; s. Autonome Gemeinschaft
Concha, Raquel de la 548
Conde, Carmen 555
Conde, Mario 147, 156
Confederación Española de Organizaciones Empresariales, CEOE 51f., 278, 283, 291
Confederación Española de Pequeñas y Medianas Empresas, CEPYME 278
Confederación Nacional del Trabajo, CNT 268, 272ff.
Congreso de los Diputados 128
Consejo General del País Vasco 104
Consejo Superior de Investigaciones Científicas, CSIC 467
Consejo Superior del Poder Judicial 153
consenso 42ff.
continuismo 162

Convergència i Unió, CiU 15, 18, 47, 112, 114, 135ff., 158, 205, 219f., 415, 631
COPE (*Cadena de Ondas Populares*) 341
El corazón del bosque 600
El Correo 568, 580
El Corte Inglés 602
Cortes 15, 61, 129, 164, 169, 172ff., 185f., 255, 322
Cortina, Adela 527
Costa del Sol 442, 498
COU (*Curso de Orientación Universitaria*) 361, 363, 368ff., 388f.
Crisol 554
Cristina de Borbón y Grecia 437
Cruz, Juan 185, 464, 548, 550f.
Los Cuadernos del Norte 533
Cuadernos para el diálogo 525
cultura del pelotazo 147

D

Darío, Rubén 455, 461, 484
Darwin, Charles 461
decreto ley 619
Defensor del Pueblo / Ombudsman 204
Delgado, Fernando 543, 553
Delibes, Miguel 544ff., 555, 599
Demonios en el jardín 600
desencanto 59, 524
Deutschland 39, 62, 64, 74, 227, 232, 235f., 238, 241ff., 247f., 291, 307ff., 315f., 430, 447ff., 490, 567, 570ff., 612, 627, 629
Dezentralisierung 23, 45, 54, 101ff., 124, 358, 575, 614
Diario 16 157, 525, 567, 571, 575, 577
Diario Libre 571
Días contados 604
Díaz, Elías 59, 465, 524, 530
Díaz-Plaja, Guillermo 525
Díaz Yanes, Agustín 606
Diderot, Denis 518
Dienstleistungsbereich 30, 228, 231f., 263
Digitalfernsehen 609, 626ff., 635, 640

Dirección General de Cinematografía 585
Dissidenz 521f., 532
Drogen, -konsum, -problematik 165, 297ff., 299, 305ff., 318ff., 339, 605
Duque de Alba 562

E

Las edades de Lulú 551
EDB 554
Edelvives 554
EGB (*Educación General Básica*) 359f., 362, 367ff., 373, 387ff.
Einwanderer 250, 427f., 435, 439, 441f.
Einwanderungsland 439f.
ELA-STV (*Euzko Langilleen Alkartasuna-Solidaridad de Trabajadores Vascos*) 52, 276, 279
Elite 37, 43, 55, 163, 178, 518, 522f.
Emigration, Emigranten 287, 430
England 458
Enrique y Tarancón, Vicente 322
Entlassung 252
Época 155
Erice, Victor 601f., 608
Erwerbsquote 234, 248f.
Erzählliteratur 542
Escrivá de Balaguer, José María 341
Escuela maternal 359
España es diferente 430
Esquerra Republicana de Catalunya, ERC 103
Estado de las Autonomías 45,
ETA (*Euskadi Ta Askatasuna*) 54, 56, 62, 104, 165, 193, 204, 206, 211, 428, 446, 603f.
ETB (*Euskal Telebista*) 615f., 625, 638ff.
Europaeuphorie 450
Europäische Gemeinschaft, EG 12, 25, 38, 144, 161, 165, 195, 205, 225ff., 287, 353, 355, 364, 375, 379, 403, 440, 445ff., 453
Europäische Union, EU 14, 59f., 102, 151, 161, 203, 225, 227, 233, 235f., 238ff., 253ff., 280, 286, 291, 302, 316, 353f., 364, 378f., 417f., 443, 445ff., 456, 499, 626, 628, 630f., 633, 639
Europäisches Parlament 16, 449
Europäisches Währungssystem, EWS 222, 233, 258, 262f.
Europalia 450
Europarat 16, 449
Europarecht 444
Euroskepsis 449ff.
Eurozentrismus 469
Euskadi; s. Baskenland
evolucionismo 163
Exil, Exilierte 170, 428, 457, 465ff., 484, 521ff.
Expansión 567
Exporte 230, 233, 237f., 263

F

Falange, *falangistas* 141, 456, 461f., 473, 521, 523, 602, 636f.
Familie 139, 181, 299, 304, 328, 357, 382, 397ff., 486, 636
Felipe de Asturias 448
Felipismo 18
Feminismus, feministisch 386, 420, 532
Fernández, Manuel »Lito« 293
Fernández, Matilde 417
Fernández Buey, Francisco 521
Fernández Campo, Sabino 184
Fernández Miranda, Torcuato 176f.
Fernández Ordóñez, Francisco 259
Fiktionsfilm 601
Fischerei 273, 508
Fiskalpolitik 124, 137, 232, 243, 254ff.
La flor de mi secreto 587f., 590, 593ff.
FNAC 554
Fondo de Compensación Interterritorial, FCI 123ff.
Foralsystem 122
Formación Profesional, FP; s. berufliche Bildung
FORTA (*Federación de Organizaciones de Radiotelevisiones Autonómicas*) 615, 623, 628f., 639f.
Fortún, Elena 553

Fraga Iribarne, Manuel 16f., 113, 137, 166, 179, 381, 410
Franco, Francisco 7, 9f, 37, 41, 43, 50ff., 58, 103, 115, 141, 145, 148f., 151, 161ff., 192, 194, 200, 204, 244, 251, 268ff., 273, 277f., 291, 300, 303, 322ff., 327, 329, 339, 356f., 375, 381, 386, 388, 391f., 400f., 410, 418, 423, 430f., 433, 446, 463, 481, 521, 523f., 529f., 565f., 572, 575, 589, 598, 599, 603, 610, 612
Franco, Ricardo 599
Frankreich 74f., 97, 232, 235f., 238, 247f., 257, 285, 291, 427, 430, 440f., 445ff., 490, 518, 567, 570ff., 600
Franquismus, franquistisch 8, 10, 24, 37, 41, 44, 54, 148, 162f., 174f., 180, 189f., 268, 270, 272, 278, 280, 284, 302, 306, 313, 321ff., 327, 329, 340f., 346, 381, 389, 393, 395, 397, 401, 406, 418f., 423, 430f., 446, 470, 481, 519, 520, 522f., 526, 528ff., 566, 575, 586, 614
Frauenpolitik 421ff.
Freizeitindustrie 442, 541
Fuentes, Carlos 464
Fuerzas de Intervención Rápida, FIR 216
Fuga de Segovia 603
Fußball, Fußballübertragung 431, 628ff., 636

G
La Gaceta de los negocios 567
Gade, Reinhard 578
GAL (*Grupos Antiterroristas de Liberación*) 16, 56f., 211, 577, 611
Gala, Antonio 157, 483, 531, 537, 546, 599
Galicien 45, 101f., 103, 107, 109ff., 113, 117, 136, 193, 279, 292, 333, 358, 413f., 433, 435, 493, 500f., 511, 575, 615f., 636, 638
Gándara, Alejandro 537

Garaikoextea, Carlos 106
García Berlanga, Luis 598
García Lorca, Federico 438, 599
García Márquez, Gabriel 548, 612
Garzón, Baltasar 153, 533
Geburtenkontrolle 400f.
Geldpolitik 244f., 254ff.
Generación del 56 524ff.
Generación del 98 (98er Generation) 458, 517, 520, 535, 539
Generalitat 104, 192
Generalstreik 233, 256, 288f., 529
Gestora de Medios Audiovisuales, GMA 620, 631, 633, 640
Gesundheitswesen 119, 123
Gewaltvideos 558f.
Ghettoisierung 442
Gibraltar 213, 439f.
Gil Robles, José María 449
Globalisierung 453
Godó 580, 611
Goldenes Zeitalter, Siglo de Oro 479, 483, 517
Golfkrieg 216, 257, 486, 530ff., 578
Göllner, Michael 444
golpe blando 192
Gómez de la Serna, Ramón 521
Gómez de Liaño, Javier 153, 155, 628
Gómez Pereira, Manuel 598
González, Felipe 10ff., 25, 50, 126, 144ff., 156, 168, 195, 200, 209, 219, 255, 257, 259, 287, 381, 411, 417f., 446, 449, 474, 479, 533, 574, 577, 611, 619f.
Goyas 558, 607
Goytisolo, Juan 152, 157, 478, 483, 517f., 526f., 530
Gramsci, Antonio 521
Grandes, Almudena 544ff., 551f., 562
Grebe, Manfred 548
Großbritannien 72, 74, 189, 213, 236, 238, 291, 427, 440, 490, 567, 570ff.
Guardia Civil 55, 147, 157, 197, 312, 317, 409, 441, 577
The Guardian 570, 574
Gutiérrez Aragón, Manuel 600, 608
Gutiérrez, Chus 600

H

hardcore 587ff.
Haro-Tecglen, Eduardo 560
Haushaltsdefizit 227, 243f., 257f., 262
Herralde, Jorge 548
Herrero, Gerardo 594
Herri Batasuna, HB 179, 204, 604
Hierro, José 560
hispanidad 451ff., 457ff.
Homosexualität, homosexuell 423
Humanidades 390

I

Identität 185, 333, 338, 428ff., 436, 438, 443, 528, 532
Identitätsmanifestationen 431, 433, 435
Iglesia, Alex de la 602, 606, 608
Iglesia, Eloy de la 604
Illegalität 299, 304ff., 310ff., 317, 410
Immigranten; s. Einwanderer
Immobilien 495
El Imparcial 566
Importe 233, 237f., 256, 263
The Independent 570, 574, 612
El Independiente 577
Induráin, Miguel 431
Inflation, Inflationsunterschied 281, 283
informaciones 566, 575
infotainment 556, 559, 580
Inquisition 429, 461
Insertion 438
Institución Libre de Enseñanza 519
Instituto de Cervantes 454
Instituto de Cinematografía y de Artes Audiovisuales, ICAA 586
Instituto de Cooperación Iberoamericana 463, 471, 473
Instituto de Cultura Hispánica 463 473
Instituto de la Mujer 385, 406ff.
Instituto Nacional de Calidad y Evaluación 376
Instituto Nacional de Empleo, INEM
Instituto Nacional de Industria, INI 273
Integration 114, 177f., 185, 195, 212, 219, 222, 229, 237, 267, 353, 378f., 386, 408, 437f., 441

Integrationspolitik 441
Interkulturelle Kommunikation 429
interventionistisch 244, 251
Interviú 518, 537, 571, 580
INTG/CNTG (*Intersindical Nacional de Traballadores Galegos/Confederación Xeral de Traballadores Galegos*) 279
Investitionstätigkeit 239, 246
Isolationismus 531
Italien 39, 48, 62, 67, 232, 235f., 238, 285, 291, 309, 441, 490, 570f., 574, 622
Izquierda Unida, IU 49, 114, 150, 205, 415

J

Japan 39, 48, 62, 97, 238, 247, 572
JEMAD (*Jefe de Estado Mayor de la Defensa*) 196, 212
Jiménez Losantos, Federico 533, 539
Journalismus / Journalisten 147, 152, 154ff., 526, 538, 566, 572, 575
Jovellanos, Gaspar Melchor 517
Juan Carlos I de Borbón 9f., 161ff., 475
Juden 329, 429, 432
Jugend 305f., 311f., 317f., 324, 353
Jugendarbeitslosigkeit 353
Jugendliteratur 553f.
JUJEM (*Junta de Jefes de Estado Mayor*) 196
Justicia Democrática 153

K

Kanarische Inseln 101f., 103, 117, 119f., 413, 490, 492f., 498, 500ff., 513
Kantabrien 101, 111, 113, 119f., 413f., 493, 500ff., 512
Karlisten 170
Kastilien, kastilisch 102, 430
Katalonien, Katalane, katalanisch 44, 45, 58, 101f., 113, 117, 204, 345, 358, 414, 427, 433, 435, 442f., 493, 500ff., 512, 599, 602, 614ff., 624, 629

Katholische Basisgemeinde 330, 340
Katholizismus 43, 271, 323ff., 381, 418f., 528f.
Kerrigan, Antonia 548
Kinderliteratur 394, 553
Kino 558, 581ff., 625
Kohl, Helmut 448
Korporatismus / Neokorporatismus 52, 284
Korruption 15, 59, 96, 143, 145, 147f., 297, 300, 339, 557, 577
krausismo 447, 519
Kriegsdienstverweigerer 203, 205ff., 210, 220
Kriminalität 297ff., 317ff., 339, 353, 605
Kulturelle Identität 103, 455, 479, 614, 616f.
Kulturgeschichte 466

L

La 2 622, 625, 640
LAB (*Langile Abertzalen Batzordeak*) 279
Laberinto de pasiones 587ff., 596
Lacalle, Daniel 529
Ladoire, Oscar 598
Laguna, Mónica 598
Laín Entralgo, Pedro 430, 436, 470, 518, 524f.
Land and freedom 598f.
Landero, Luis 537
Landflucht 241, 243, 273, 508
Landwirtschaft 82f., 228f., 237, 240f., 243, 250, 253, 263, 273, 302, 404f.
Larra, Mariano José de 517
Lateinamerika, lateinamerikanisch 430ff., 447, 451ff., 456, 458, 466f., 470ff., 475, 478f., 481
Lateinamerikapolitik 473
Lazkano, Arantxa 600, 605
Lebenshaltungskosten 245
Legalisierung 180, 270, 272, 279, 349f., 420, 441
Lepenies, Wolf 518
Ley Corcuera 531

Ley de Cine Carmen Alborch 586
Ley de Costas 134, 499
Ley de Extranjería 440
Ley de Reforma Universitaria, LRU 358
La ley del deseo 587f., 590, 595, 604
Ley Fraga Iribarne 565
Ley General de Educación y Financiamiento de la Reforma Educativa, LGE 355, 359ff.
Ley Miró 585, 599
Ley Orgánica de Defensa Nacional 196
Ley Orgánica de la Participación, la Evaluación y el Gobierno de los Centros Docentes, LOPEG 365
Ley Orgánica de Ordenación General del Sistema Educativo, LOGSE 347, 356, 364ff.
Ley Orgánica del Derecho a la Educación, LODE 357f., 364
Ley Orgánica del Estatuto de Centros Escolares, LOECE 357
Ley Orgánica / Organgesetz 65
Ley Semprún 586
Libération 570, 579
Libertarias 598
Liga de Fútbol Profesional, LFP 628f.
Literaturpreise 552
Literaturverfilmung 599f.
Llamazares, Julio 157, 534, 537, 560
llengua valenciana 435
Llovet, Jordi 526
Loach, Kenneth 599
Löhne 230, 232, 250ff., 264, 613
Lohnerhöhungen 252, 262, 281ff.
Lope de Vega Carpio, Félix 562, 599
López, Antonio 601
López Aranguren, José Luis 524f.
Luces de Bohemia 599
Luhmann, Niklas 447

M

Machado, Antonio 265, 446
machismo, macho, machistisch 417, 420
Madariaga, Salvador de 467, 517
madre patria 456

Madrid 13f., 16, 101ff., 108, 110, 113, 119, 126, 168, 184, 204, 243, 298, 306, 330, 333, 335ff., 394, 412ff., 428, 433f., 436f., 489f., 493, 500f., 504ff., 528, 542, 566, 572, 575, 615f., 635f.
Madrid, Juan 560
Maeztu, Ramiro de 461, 473, 517
maître à penser 533
Malena es un nombre de tango 494
Marañón, Gregorio 469
Maravall, José María 364, 517
Marca 567ff.
Marginalität 437
María Gárate, Antonio 606
Marías, Javier 544ff., 550f., 562
Marías, Julián 467, 470, 517, 524, 555
Marías, Miguel 586
Marín, Manuel 449
Marokkaner, Marokko 440, 451
Marrakesch 450
Marsé, Juan 546, 599, 602
Martín-Santos, Luis 599
Marxismus, marxistisch 268
Massenmedien 534, 536, 590, 610
Massentourismus 497, 511
Matador 587f., 594f.
Matute, Ana María 544ff., 555
Médem, Julio 602
Medienkonzentration 624
Melilla 104, 214f., 275, 439f., 500
Méndez-Leite, Fernando 586
Mendoza, Eduardo 546
Menem, Carlos 536
Mentalität, Mentalitätsgeschichte 427, 438
Mérimée, Prosper 599
Migration 304, 511
Miguel, Amando de 419, 519, 527f.
Militär 10, 24, 39, 178, 191ff. 270f.
Militärputsch 529
Millás, Juan José 157, 534, 536f., 550, 562
Minderheit 194, 328, 348, 437f.
Ministerio de Educación y Cultura, MEC 358, 361, 368f., 371, 376
Miró, Pilar 585, 599f., 638f.

Mitterrand, François 446
Modernisierung 11ff., 56, 58, 82f., 97, 195ff., 203, 227, 253, 273, 298, 300ff., 453, 519, 522, 527
Moix, Terenci 537, 546
Molière 562
Molina, Josefina 546, 600
Monarchie, Monarchismus 43, 161ff.
Moncloa-Pakt 48, 53, 165
Le Monde 570, 574, 612
Montero, Rosa 537f., 543, 545f., 557
Monzó, Quim 546
Mora Gama, Jesús 606
Moreno, María 601
Moslems 329, 346
Moura, Beatriz de 548
movida 13, 541ff., 589, 598, 600
El Movimiento (Einheitsgewerkschaft) 565
Mujeres al borde de un ataque de nervios 587ff.
Multikulturalität 436
Multimediakonzerne 580
El Mundo 13, 154, 156, 518, 537, 567, 569ff., 576ff., 611, 628
El Mundo Deportivo 567
Muñoz Molina, Antonio 157, 532, 534, 537, 544ff., 550f., 555, 557, 562, 599
Murcia 102, 111ff., 119, 126, 406, 413f., 493, 500f., 505, 507, 512, 615
Mythisierung, Mythos 331, 335, 439, 465, 474, 477ff.

N

nación, nacionalidad 433
nacionalidades históricas 103
Nachfolgegesetz 167ff.
Napoleon I 445
Nationalismus 56, 111, 158, 431ff., 464
Nationalkatholizismus 339
NATO 10, 14, 19, 56, 144ff., 161, 192, 19f., 200, 204, 210ff., 255, 271, 445, 449f., 531f.
Navarra 18, 101f., 112f., 117, 122, 170, 279, 345, 347, 358, 414, 493, 501, 572

Nazi-Deutschland 432
Neoliberalismus, neoliberal 286 f., 529
Neoscholastik, neoscholastisch 526
Newsweek 176
Nordafrika, Nordafrikaner 214f., 217, 427, 439ff.
Nordamerika, nordamerikanisch; s. USA
Nouvelle Vague 598, 600
novela rosa 593
nueva narrativa española 542
Nuevo Estado 431

O

O Público 574
Obskurantismus 521, 528
Ochoa, Elena 537
OECD (*Organization for Economic Cooperation and Development*) 221
Oficina de Justificación de la Difusión, OJD 568, 573
Ökologie 518, 532
Ölkrise 486
Operación Lucero 169
Opus Dei 20, 169, 273, 341, 343, 347, 422f., 539
Ortega, Félix 535
Ortega y Gasset, Andrés 447
Ortega y Gasset, José 447, 482, 517
Oscar 584

P

La Página 533
El País 13, 155, 518, 522, 525, 531, 535, 537, 539, 542ff., 565, 570, 572ff., 578ff., 610, 618
El País de las Tentaciones 576
El País Digital 575
El País Negocios 576
El País Semanal 537, 542ff., 573
País Valencià 443
Palma de Mallorca 444, 489, 504
panhispanismo / Panhispanismus 456ff., 465ff., 480f., 483
Paradores del Estado 497, 502
Paris 170, 450, 517

Parität 262
Partido Comunista de España, PCE 42, 47f., 54, 104, 149, 166, 180, 191, 410, 417
Partido Nacionalista Vasco, PNV 18f., 103, 114, 158, 219, 350, 415
Partido Popular, PP 16ff., 47f., 103, 114, 135ff., 142, 148f., 205, 219f., 223, 290, 326f., 342f., 348f., 358, 377, 411ff., 421, 423, 428, 434, 539, 559
Partido Socialista Obrero Español, PSOE 10ff., 29, 42ff, 69, 104, 107, 114, 119, 143ff., 186, 192, 195ff., 219, 252, 255f., 259, 263, 268, 274, 280, 282, 285, 287f., 293, 313, 326f., 340, 342, 347, 349, 358, 383, 410, 414f., 417, 421, 447, 474, 477f., 559, 574, 577, 612, 615, 619, 621, 638
Partit Socialista Unificat de Catalunya, PSUC 536, 526
patria chica 433
Pay-TV 579, 609f., 612, 617, 626
Pérez de Ayala, Ramón 521
Pérez Galdós, Benito 483
Pérez Gómez, Ángel 586
Pérez Reverte, Arturo 551
El Periódico de Cataluña 568f.
Periodismo, periodistas 534
Perote, Juan Alberto 157
Philipp IV 606
Philipp V 554
Pivot, Bernard 518
Plan de Esponjamiento 499
Plan Director de Infraestructuras 1993 - 2007 498
Plan Estratégico Conjunto, PEC 215
Plan Marco de Competivided del Turismo Español 499
Plan Nacional de Autopistas Españolas, PANE 497
Plan Nacional de Desarrollo Gitano 438
Planeta 544, 560
Plaza y Janés 548
Plenilunio 544, 557

pluriempleo 525
poder moderador
Polanco, Jesús de 548, 618
Policía Nacional 312, 317
Pornographie 341, 423, 597
Portugal, Portugiesen 64, 76, 213
Postfranquismus 56
Postmoderne 300
preautonomías 104
Preise 228, 232f., 236, 240, 244, 256, 261, 488, 496, 624, 628, 634, 637
Preisentwicklung 245f., 257
El Premio 561
Premio Nadal 552
Premio Planeta 552
La Prensa 574
Prensa Española 571, 580, 611
Prensa Ibérica 611
Pressefreiheit 146
Pressekonzentration 580
pretransición política 163
Primo de Rivera, José Antonio 461
Primo de Rivera, Miguel 182, 512f.
Principat 443
PRISA 548, 551, 556, 574f., 579f., 610ff., 620f., 626ff.
Privatfernsehen 617ff., 633
Privatschulen 357, 387, 422, 554
Pro-Kopf-Einkommen 227, 246
El proceso de Burgos 603
Produktivität 229, 231, 245ff.
Programa 2000 124
Programa Nacional de Formación Profesional 371
Promiskuität 341, 595, 606
pronunciamiento 191
Prostitution 605
Protestanten 329
PSOE; s. *Partido Socialisto Obrero Español*
Pueblo 566
Pujol, Jordi 15, 17, 128, 259
Punk 259, 597

Q

Qualitätspresse 570f.
Qualitätstourismus 498ff., 511

¿Qué he hecho yo para merecer esto? 587ff., 593f.
Queipo de Llano, Gonzalo 613
Quevedo y Villegas, Francisco de 517

R

Racionero, Lluis 445
Ramírez, Manuel 519
Ramirez, Pedro J. 577
ranking 548, 551f.
Rassismus 432, 451
Rato, Rodrigo 20, 259, 264
Raumplanung 511
Real Academia Española 554
reality show, reality-TV 591, 607
Recoletos 611
Red Técnica Española de Televisión 621
Reformation 452, 461
Regás, Rosa 546
régimen común 122
régimen foral; s. Foralsystem
La Repubblica 570, 574, 612
Retevisión 621f., 631
La Revista 578
Revista de Occidente 522, 533
Rico, Francisco 264, 555
Ridruejo, Mónica 629
Rivas, Manuel 157, 546, 550
Rizzolo-Corriere della Sera 579
Rodríguez, Claudio 555
Roig, Montserrat 477, 560
Roldán, Luis 15, 147, 157, 577
Romancero gitano 438
Romeo, Roberto 606
Rosales, Luis 530
RTVE (*Radiotelevisión Española*) 612ff.
Rundfunk 157, 192, 635
Rundfunkmonopol 619, 635
ruptura 37, 41, 163, 175, 614

S

S.M. (Verlag) 554
San Sebastián 56, 168
Sánchez Albornoz, Claudio 517

Sánchez Ferlosio, Rafael 457, 477f.
Sánchez-Cámara, Ignacio 521, 534
Los Santos inocentes 599
Sartre, Jean-Paul 520
Saura, Carlos 587, 598, 605, 608
Savater, Fernando 157, 433, 435, 518, 527, 532, 560
Schengener Abkommen 440
Schriftstellerparlament 518
Schweiz 73f., 98, 125, 430, 490
Seix Barral 551
selectividad 361
Semprún, Jorge 478, 525
Sender, Ramón 465, 483
Sevilla 13
Silbernes Zeitalter 521
Sistema 519, 525
snuff-Video 558
socialismo light 531
Sociedad Española de Radiodifusión, SER 574, 621
Sogecable (Tochtergesellschaft von PRISA) 620, 626, 628ff., 640
SOGETEL (*Sociedad General de Televisión*) 621
El Sol 577
Solana, Javier 14, 144ff., 450
Solbes, Pedro 259
Solchaga, Carlos 255, 259
Sotelo, Ignacio 531
Sozialcharta 451
Sozialversicherung 406, 411
Spaniendebatte 429
Spanienkritik 429
Spanische Identität 109f.
Staatsausgaben 122, 233, 255, 257, 259, 262f.
Staatshaushalt 20, 131, 135
Steuern 14, 20, 122f. 125f., 137, 242, 278
Stierkampf 588, 595
Straßburg 449, 518
Studenten 141, 152, 289, 389, 391, 435
Suárez, Adolfo 10, 16, 21, 42, 54, 104, 106, 149, 164, 166, 177, 179, 189, 272, 347, 613

Subirats, Eduardo 116, 430, 451ff., 456f., 465, 472, 480, 483, 527
sudaca 452
Südamerika, Südamerikaner 441, 447
Süddeutsche Zeitung 574
Suevos Fernández, Jesús 636

T

Tacones lejanos 587, 590, 593ff.
Tamames, Ramón 525, 530
Tartuffe 652
Tasio 603
Technologie, technologisch 618, 626, 635
Tejero Molina, Antonio / Tejerazo 55, 165
Tele Cinco, Tele 5 622, 639
Telefónica Nacional de España 579, 612, 631f.
Televisa 453, 620, 629, 639
El Temps 444
Terrorismus 298ff.
Tertiarisierung 240f., 302
Tesis 558f., 607
Tiempo 580
Tiempo de silencio 599
Tierno Galván, Enrique 524f.
The Times 570
Toledano, Manuel 606
Tomás y Valiente, Francisco 520
Torrent, Ana 608
Torrente Ballester, Gonzalo 599, 606
Torres, Maruja 536ff., 543, 546
Tour de France 431
Tourismus, Touristen 239, 427ff., 439, 442ff., 485ff.
tradition de la qualité 598f.
Transvestit 595f., 604
Trías, Eugenio 527
Triunfo 525
Trivialliteratur 549
Trueba, Fernando 584, 598
Truffaut, François 605
Turismo Andaluz S. A. 503
Tusquets (Verlag) 548, 552

TV-3 615
TVE (*Televisión Española*) 539, 614, 619, 622, 624f., 635ff.

U

Umbral, Francisco 157, 530f., 537f., 560ff.
Umwelt, -schutz, -zerstörung 57, 254, 415, 499, 511
Unamuno, Miguel de 447, 517, 519, 521f.
Unidad Editorial 577, 579f., 611
Unión de Centro Democrático, UCD 10, 21, 42, 44, 47, 49, 54, 56, 106f., 142, 192, 195, 199, 201, 272, 274, 280, 358, 410, 412, 416, 613f., 618f., 638
Unión General de Trabajadores, UGT 52, 268, 272, 275ff., 282, 285, 287, 291, 293
Unión Radio 613
Unión Romaní de Andalucía, URA 438
Universidad Autónoma de Barcelona 435
Unternehmen, Unternehmer 12, 15, 22, 39, 52, 83, 226, 230ff., 247, 250ff., 256, 269, 273, 277f., 280f., 284, 371, 386, 406, 624
Unternehmensstruktur 251
Urdangarín, Iñaki, 437
Uribe, Imanol 599, 603f., 608
USA 46, 62, 98, 125, 209, 225, 227, 236, 235, 238, 427, 458ff., 490, 524, 570f., 577, 633, 636, 638

V

Valencia 102, 117, 615f., 638
Valle-Inclán, Ramón María del 483
Valverde, José María 560
La Vanguardia 518, 525, 566ff., 580, 618
La vaquilla 598
Vargas, Chavela 592
Vargas Llosa, Mario 555
Vázquez Figueroa, Augusto 546
Vázquez Montalbán, Manuel 157, 478f., 518, 522, 526, 531, 535, 546, 561f.

Ventós, Xavier Rubert de 460, 469, 476f., 527
Vereinigte Staaten; s. USA
Verfassung 12ff., 42ff., 55, 132, 136, 170, 185ff., 244, 259f., 272, 284, 329, 337, 346, 357f., 382f., 385, 388, 396, 430, 566, 575, 619
Vergés, Rosa 600
Vía Digital 579, 612, 620, 627, 630ff.
Vicens, Antoni 527
Vicent, Manuel 537
Villas Turísticas de Andalucía 503
Voltaire 561
La Voz de Galicia 568

W

Währungsunion 14, 19f., 137, 229, 258ff., 287, 290
Wahlverhalten 63ff.
Washington Post 570, 577
Wechselkurs 230, 232f., 237, 257f., 261
Werbung 397ff., 420, 541, 572
Wiedervereinigung 258, 448
Wochenendbeilage 572ff., 578
writer's watch 518

X

xarnego/a 602
Xenophobie 431

Y

Ya 341, 567

Z

Zeitverträge 252
Zensur 9, 141, 304, 556, 565, 575
Zentralstaat 117, 123, 433f.
Zeta 580
Zigeuner 432, 437f.
Zola, Emile 554
Zona Abierta 533
zona de influencia 499
zona de servidumbre y protección 499
Zweisprachigkeit 436
Zweite Republik 521